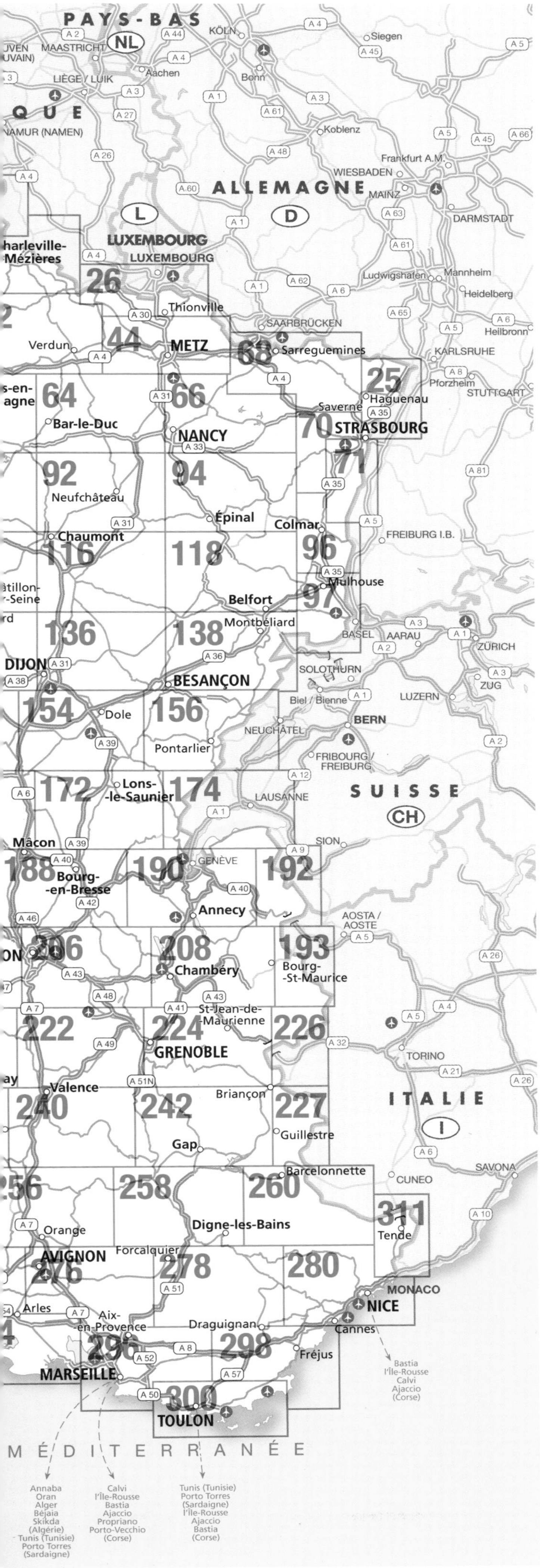

F Tableau d'a
NL Kaartindel
D Kartenübe
GB Map pages
E Mapas
I Pagine della carta

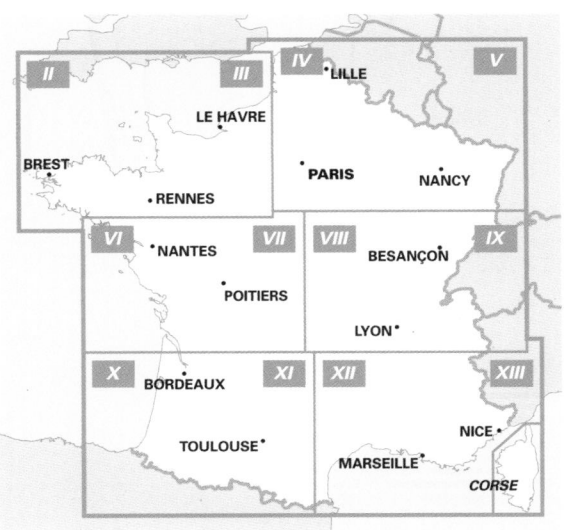

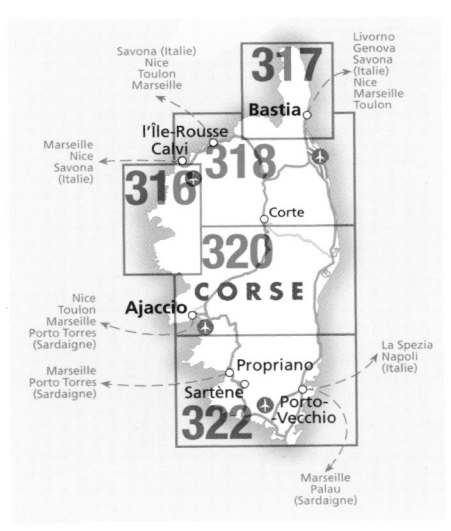

EASY READ
FRANCE

Contents

Key to map pages	inside front cover
Route planner 1:1,250,000	*II–XIII*
Map legend	*XIV–1*
Road maps 1:180,000	**2–323**
France	2–315
Corsica	316–323
Environs maps 1:100,000	**324–331**
Lille	324
Lyon	326-327
Marseille	325
Paris	328-331
Central Paris	**332–335**
Town plans	**336–353**
Key to town plans	336
Town plans	337–353
Département map	**354**
Index to place names	**355–418**
Distances and journey times	**inside back cover**

Scale 1:180,000
or 2.84 miles to 1 inch
(1.8km to 1cm)

13th edition June 2017

© AA Media Limited 2017
Original edition printed 2004

Copyright: © IGN-FRANCE 2016
The IGN Data or maps in this atlas are from the latest IGN editions, the years of which may be different. www.ign.fr. Licence number 40000556.

Distances and journey times data © OpenStreetMap contributors

Published by AA Publishing (a trading name of AA Media Limited, whose registered office is Fanum House, Basing View, Basingstoke, Hampshire RG21 4EA, UK. Registered number 06112600).

ISBN: 978 0 7495 7869 5

A CIP catalogue record for this book is available from The British Library.

Printed in Romania by G. Canale & C. S.A.

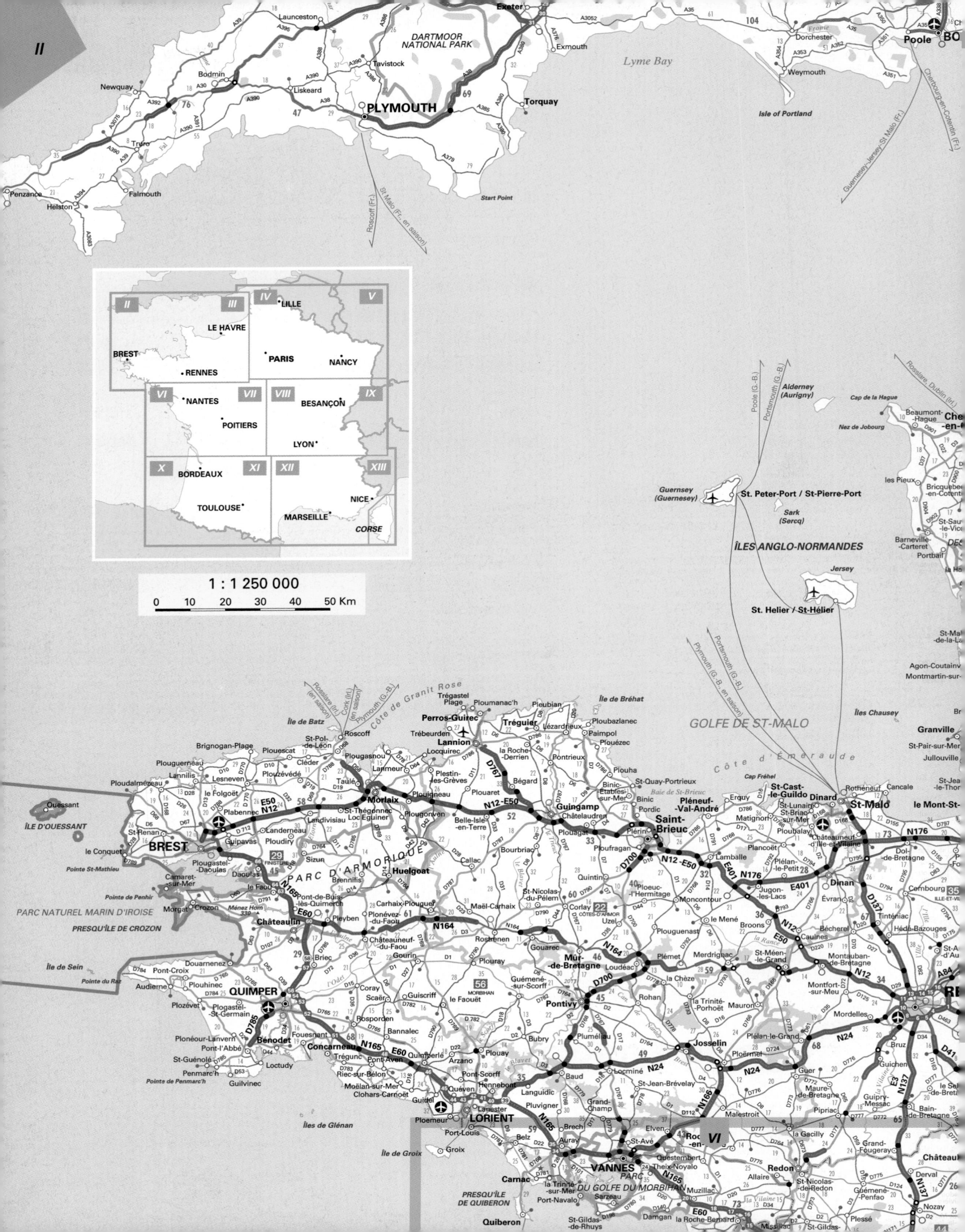

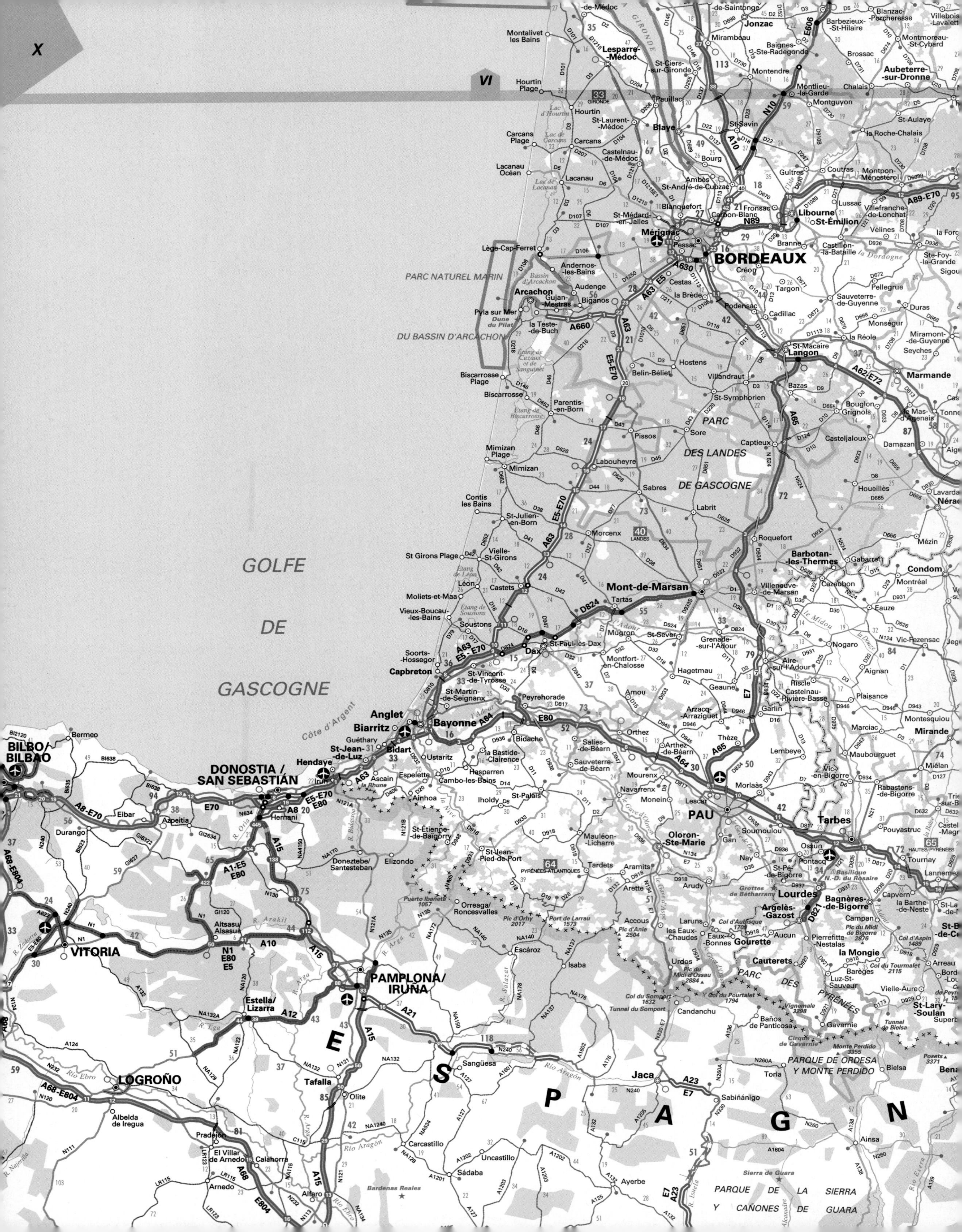
X
VI
GOLFE
DE
GASCOGNE
PARC NATUREL MARIN
DU BASSIN D'ARCACHON
Côte d'Argent
BORDEAUX
Mérignac
Pessac
Libourne
St-Émilion
Blaye
Lesparre-Médoc
Jonzac
Montalivet les Bains
Hourtin Plage
Hourtin
Carcans Plage
Carcans
Lacanau Océan
Lacanau
Castelnau-de-Médoc
Pauillac
St-Laurent-Médoc
Blanquefort
St-Médard-en-Jalles
Lège-Cap-Ferret
Andernos-les-Bains
Audenge
Arcachon
Gujan-Mestras
Biganos
Pyla sur Mer
Dune du Pilat
la Teste-de-Buch
Cestas
la Brède
Créon
Targon
Podensac
Cadillac
St-Macaire
Langon
Marmande
Biscarrosse Plage
Biscarrosse
Parentis-en-Born
Belin-Béliet
Hostens
Villandraut
St-Symphorien
Bazas
Pissos
Sore
PARC
DES LANDES
DE GASCOGNE
Captieux
Casteljaloux
Mimizan Plage
Mimizan
Labouheyre
Sabres
Contis les Bains
St-Julien-en-Born
Labrit
Morcenx
Roquefort
Barbotan-les-Thermes
Condom
St Girons Plage
Vielle-St-Girons
Léon
Castets
Moliets-et-Maa
Vieux-Boucau-les-Bains
Soustons
Mont-de-Marsan
Tartas
Villeneuve-de-Marsan
Eauze
Soorts-Hossegor
Capbreton
Dax
St-Paul-lès-Dax
Mugron
St-Sever
Grenade-sur-l'Adour
Nogaro
Vic-Fezensac
Montfort-en-Chalosse
Aire-sur-l'Adour
St-Vincent-de-Tyrosse
St-Martin-de-Seignanx
Hagetmau
Amou
Geaune
Riscle
Castelnau-Rivière-Basse
Plaisance
Peyrehorade
Anglet
Biarritz
Bayonne
Guéthary
St-Jean-de-Luz
Bidart
Hendaye
Irun
Ustaritz
Bidache
la Bastide-Clairence
Hasparren
Salies-de-Béarn
Sauveterre-de-Béarn
Orthez
Arzacq-Arraziguet
Arthez-de-Béarn
Thèze
Garlin
Marciac
Mirande
Maubourguet
Lembeye
Vic-en-Bigorre
Rabastens-de-Bigorre
Espelette
Cambo-les-Bains
Ascain
Ainhoa
Iholdy
St-Palais
Navarrenx
Mourenx
Monein
Lescar
PAU
Morlaàs
Tarbes
Soumoulou
St-Étienne-de-Baïgorry
Mauléon-Licharre
Oloron-Ste-Marie
St-Jean-Pied-de-Port
Tardets
Aramits
Arette
Arudy
Nay
Ossun
Pontacq
St-Pé-de-Bigorre
Lourdes
Bagnères-de-Bigorre
Argelès-Gazost
Lannemezan
Tournay
PYRÉNÉES-ATLANTIQUES
HAUTES-PYRÉNÉES
LANDES
GIRONDE
Accous
Laruns
les Eaux-Chaudes
Eaux-Bonnes
Gourette
Aucun
Cauterets
Pierrefitte-Nestalas
la Mongie
Barèges
Luz-St-Sauveur
Vielle-Aure
St-Lary-Soulan
Gavarnie
Urdos
Candanchu
Baños de Panticosa
PARC DES PYRÉNÉES
Pic d'Anie 2504
Pic d'Orhy 2017
Port de Larrau 1573
Col d'Aubisque 1709
Pic du Midi d'Ossau 2884
Col du Somport 1632
Tunnel du Somport
Col du Pourtalet 1794
Pic du Midi de Bigorre 2876
Col du Tourmalet 2115
Col d'Aspin 1489
Vignemale 3298
Monte Perdido 3355
Posets 3371
Tunnel de Bielsa
Cirque de Gavarnie
PARQUE DE ORDESA
Y MONTE PERDIDO
Puerto Ibañeta 1057
Orreaga/Roncesvalles
Elizondo
Doneztebe/Santesteban
Escároz
Isaba
BILBO/
BILBAO
Bermeo
DONOSTIA /
SAN SEBASTIÁN
Hernani
Eibar
Azpeitia
Durango
Altsasu/Alsasua
VITORIA
PAMPLONA/
IRUÑA
Estella/
Lizarra
LOGROÑO
Tafalla
Olite
Sangüesa
Jaca
Sabiñánigo
Torla
Bielsa
Ainsa
Carcastillo
Uncastillo
Sádaba
Ayerbe
Alfaro
Calahorra
Arnedo
El Villar de Arnedo
Pradejón
Albelda de Iregua
Bardenas Reales
Sierra de Guara
PARQUE DE LA SIERRA
Y CAÑONES DE GUARA
E
S
P
A
G
N
A10
A63
A64
A65
A660
A62-E72
A89-E70
A630
N10
N89
E5-E70
E80
A8-E70
A1-E5
A15
A10
A12
A21
A23
A68
A68-E804
E804
N240
D824
D821

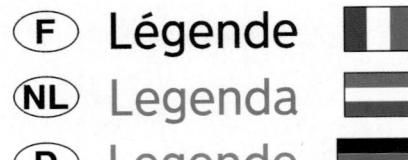

(F) Légende

(NL) Legenda

(D) Legende

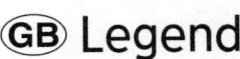
(GB) Legend

(E) Leyenda

(I) Legenda

Autoroute, section à péage	Motorway, toll section
Autosnelweg, gedeelte met tol	Autopista de peaje
Autobahn, gebührenpflichtiger Abschnitt	Autostrada, tratto a pedaggio
Autoroute, section libre	Motorway, toll-free section
Autosnelweg, tolvrij gedeelte	Autopista gratuita
Autobahn, gebührenfreier Abschnitt	Autostrada, tratto libero
Voie à caractère autoroutier	Dual carriageway with motorway characteristics
Weg van het type autosnelveg	Autovía
Schnellstraße	Strada con caratteristiche autostradale
Échangeur: complet (1), partiel (2), numéro	Junction: complete (1), restricted (2), number
Knooppunt: volledig (1), gedeeltelijk (2), nummer	Acceso: completo (1), parcial (2), número
Vollanschlußstelle (1), beschränkte Anschlußstelle (2), Nummer	Svincolo: completo (1), parziale (2), numero
Barrière de péage (1), Aire de service (2), Aire de repos (3)	Toll gate (1), Service area (2), Rest area (3)
Tolversperring (1), Tankstation (2), Rustplaats (3)	Barrera de peaje (1), Área de servicio (2), Área de descanso (3)
Mautstelle (1), Tankstelle (2), Rastplatz (3)	Barriera di pedaggio (1), Area di servizio (2), Area di riposo (3)
Péage Loire Neulise	
Autoroute en construction	Motorway under construction
Autosnelweg in aanleg	Autopista en construcción
Autobahn im Bau	Autostrada in costruzione
Route appartenant au réseau vert	Connecting road between main towns (green road sign)
Verbindingsweg tussen belangrijke plaatsen (groene verkeersborden)	Carretera de la red verde (comunicación entre dos ciudades importantes)
Verbindungsstraße zwischen wichtigen Städten (grüne Verkehrsschilder)	Strada di grande comunicazione fra città importante (cartelli stradali verdi)
Autre route de liaison principale	Other main road
Hoofdweg	Otra carretera principal
Hauptstraße	Strada di grande comunicazione
Route de liaison régionale	Regional connecting road
Streekverbindingsweg	Carretera regional
Regionale Verbindungsstraße	Strada di collegamento regionale
Autre route	Other road
Andere weg	Carretera local
Sonstige Straße	Altra strada
Route en construction	Road under construction
Weg in aanleg	Carretera en construcción
Straße im Bau	Strada in construzione
Route irrégulièrement entretenue (1), Chemin (2)	Not regularly maintained road (1), Footpath (2)
Onregelmatig onderhoude weg (1), Pad (2)	Carretera sin revestir (1), Camino (2)
Nicht regelmäßig instandgehaltene Straße (1), Fußweg (2)	Strada di irregolare manutenzione (1), Sentiero (2)
Tunnel (1), Route interdite (2)	Tunnel (1), Prohibited road (2)
Tunnel (1), Verboden weg (2)	Túnel (1), Carretera prohibida (2)
Tunnel (1), Gesperrte Straße (2)	Galleria (1), Strada vietata (2)
Distances kilométriques (km), Numérotation: Autoroute, type autoroutier	Distances in kilometres (km) on motorway, Road numbering: Motorway
Afstanden in kilometers (km), Wegnummers: Autosnelweg	Distancia en kilómetros (km), Numeración de las carreteras: Autopista
Entfernungen in Kilometern (km), Straßennumerierung: Autobahn	Distanze in chilometri (km), Numero di strada: Autostrada
E11 5 A75	
Distances kilométriques sur route, Numérotation: Autre route	Distances in kilometres on road, Road numbering: Other road
Wegafstanden in kilometers, Wegnummers: Andere weg	Distancia en kilómetros por carretera, Numeración de las carreteras: Otra carretera
Straßenentfernungen in Kilometern, Straßennumerierung: Sonstige Straße	Distanze in chilometri su strada, Numero di strada: Altra strada
3 2 5 D937	
Chemin de fer, gare, arrêt, tunnel	Railway, station, halt, tunnel
Spoorweg, station, halte, tunnel	Ferrocarril, estación, parada, túnel
Eisenbahn, Bahnhof, Haltepunkt, Tunnel	Ferrovia, stazione, fermata, galleria
Liaison maritime	Ferry route
Bootdienst met autovervoer	Linea maritima (ferry)
Autofähre	Collegamento maritimo (ferry)
Bastia →	
Aéroport (1), Aérodrome (2)	Airport (1), Airfield (2)
Luchthaven (1), Vliegveld (2)	Aeropuerto (1), Aeródromo (2)
Flughafen (1), Flugplatz (2)	Aeroporto (1), Aerodromo (2)
Zone bâtie	Built-up area
Bebouwde kom	Zona edificada
Geschlossene Bebauung	Zona urbanistica
Zone industrielle	Industrial park
Industriegebied	Zona industrial
Industriegebeit	Zona industriale
Bois	Woodland
Bos	Bosque
Wald	Bosco

Limite de département		Département boundary
Departementsgrens		Límite de departamento
Departementsgrenze		Confine di dipartimento

Limite d'État		International boundary
Staatsgrens		Límite de Nación
Staatsgrenze	+ + + + + + + + + + + +	Confine di Stato

Limite de camp militaire (1), Limite de Parc	1 2	Military camp boundary (1), Park boundary (2)
Grens van militair kamp (1), Parkgrens (2)		Límite de campo militar (1), Límite de Parque (2)
Truppenübungsplatzgrenze (1), Naturparkgrenze (2)		Limite di campo militare (1), Limite di parco (2)

Marais (1), Marais salants (2), Glacier (3)	1 2 3	Marsh (1), Salt pan (2), Glacier (3)
Moeras (1), Zoutpan (2), Gletsjer (3)		Marisma (1), Salinas (2), Glaciar (3)
Sumpf (1), Salzteiche (2), Gletscher (3)		Palude (1), Saline (2), Ghiacciaio (3)

Région sableuse (1), Sable humide (2)	1 2	Dry sand (1), Wet sand (2)
Zandig gebied (1), Getijdengebied (2)		Zona arenosa (1), Arena húmida (2)
Sandgebiet (1), Gezeiten (2)		Area sabbiosa (1), Sabbia bagnata (2)

Cathédrale (1), Abbaye (2)	1 2	Cathedral (1), Abbey (2)
Kathedraal (1), Abdij (2)	☩ ⛪	Catedral (1), Abadía (2)
Dom (1), Abtei (2)		Cattedrale (1), Abbazia (2)

Église (1), Chapelle (2)	1 2	Church (1), Chapel (2)
Kerkgebouw (1), Kapel (2)	☦ ☩	Iglesia (1), Capilla (2)
Kirche (1), Kapelle (2)		Chiesa (1), Cappella (2)

Château (1), Château ouvert au public (2), Musée (3)	1 2 3	Castle (1), Castle open to the public (2), Museum (3)
Kasteel (1), Kasteel open voor publiek (2), Museum (3)	⊨ ⊭ M	Castillo (1), Castillo abierto al público (2), Museo (3)
Schloß (1), Schloßbesichtigung (2), Museum (3)		Castello (1), Castello aperto al pubblico (2), Museo (3)

Localité d'intérêt touristique	**LA ROCHELLE**	Town or place of tourist interest
Bezienswaardige plaats		Localidad de interés turistico
Sehenswerter Ort	*Baou-des-Blanc*	Località di interesse turistico

Phare (1), Moulin (2)	1 2	Lighthouse (1), Mill (2)
Vuurtoren (1), Molen (2)		Faro (1), Molino (2)
Leuchtturm (1), Mühle (2)		Faro (1), Mulino (2)

Curiosité (1), Cimetière militaire (2)	1 2	Place of interest (1), Military cemetery (2)
Bezienswaardigheid (1), Militaire begraafplaats (2)	★★	Curiosidad (1), Cementerio militar (2)
Sehenswürdigkeit (1), Soldatenfriedhof (2)		Curiosità (1), Cimitero militare (2)

Grotte (1), Mégalithe (2)	1 2	Cave (1), Megalith (2)
Grot (1), Megaliet (2)	⌒	Cueva (1), Megalito (2)
Höhle (1), Megalith (2)		Grotta (1), Megalite (2)

Vestiges antiques (1), Ruines (2)	1 2	Antiquities (1), Ruins (2)
Historische overblijfselen (1), Ruïnes (2)		Vestigios antiguos (1), Ruinas (2)
Altertümliche Ruinen (1), Ruinen (2)		Vestigia antiche (1), Rovine (2)

Gorge (1), Cascade ou source (2)	1 2	Gorge (1), Waterfall or spring (2)
Kloof (1), Waterval of bron (2)	★ ★	Barranco (1), Cascada o fuente (2)
Klamm (1), Wasserfall oder Quelle (2)		Burrone (1), Cascata o sorgente (2)

Pointe de vue (1), Panorama (2)	1 2	Viewpoint (1), Panorama (2)
Uitzichtspunt (1), Panorama (2)		Punto de vista (1), Panorama (2)
Aussichtspunkt (1), Rundblick (2)		Punto di vista (1), Panorama (2)

Station thermale (1), Sports d'hiver (2)	1 2	Spa resort (1), Winter sports resort (2)
Kuuroord (1), Wintersport (2)	⚓	Estación termal (1), Estación de deportes de invierno (2)
Kurort mit Thermalbad (1), Wintersportort (2)		Stazione termale (1), Stazione di sport invernali (2)

Refuge (1), Activités de loisirs (2)	1 2	Refuge hut (1), Leisure activities (2)
Schuilhut (1), Recreatieactiviteiten (2)	⌂	Refugio (1), Actividades de ocios (2)
Berghütte (1), Freizeittätigkeiten (2)		Rifugio (1), Attività di divertimenti (2)

Maison du Parc (1), Réserve naturelle (2), Parc ou jardin (3)	1 2 3	Park visitor centre (1), Nature reserve (2), Park or garden (3)
Informatiebureau van natuurreservaat (1), Natuurreservaat (2), Park of tuin (3)		Casa del parque (1), Reserva natural (2), Parque o jardín (3)
Informationsbüro des Parks (1), Naturschutzgebiet (2), Park oder Garten (3)		Casa del parco (1), Riserva naturale (2), Parco o giardino (3)

Chemin de fer touristique (1), Téléphérique (2)	1 2	Tourist railway (1), Aerial cableway (2)
Toeristische trein (1), Kabelspoor (2)		Tren turístico (1), Teleférico (2)
Touristische Kleinbahn (1), Seilbahn (2)		Ferrovia di interesse turistco (1), Teleferica (2)

Taille en mètres (1), Col (2)	1 2	Height in metres (1), Mountain pass (2)
Hoogte in meters (1), Bergpas (2)	614 ·963	Altura en metros (1), Puerto de montaña (2)
Höhe in meter (1), Passstrasse (2)	▲	Altitudine in metri (1), Passo montano (2)

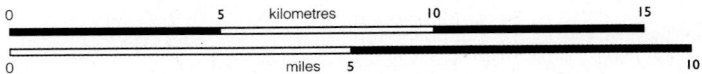

0	5	kilometres 10	15

0	miles 5	10

PAS DE CALAIS

CÔTE D'OPALE

CAP BLANC NEZ

CAP GRIS NEZ

Tunnel sous la Manche

Dover (Grande-Bretagne)

CALAIS

Sangatte

Coquelles

Peuplingues

Escalles

Wissant

Hervelinghen

Sombre

Camp de César

St-Inglevert

Hauteville

les Deux Caps

Cim. can.

Audembert

Tardinghen

Leubringhen

Framzelle

Audinghen

Onglevert

Cran aux Œufs

le Châtelet

Audresselles

Raventhun

Bazinghen

Leulinghen-Bernes

Marquise

Hydrequent

Beuvrequen

Ledquent

Rinxent

l'Épitre

Offrethun

Ambleteuse

Dunes de la Slack

Pointe aux Oies

Slack

la Côte d'Opale

Wacquinghen

Maninghen-Henne

Rety

Hardinghen

Wierre-Effroy

Wimereux

Rochers du Fort Croi

Chât. Lozembrune

Wimille

Pittefaux

Pernes-lès-Boulogne

Houllefort

Rebertingue

Boursin

Alembon

Licques

BOULOGNE-SUR-MER

Colonnade la Grande Armée

Basil. Crypte

Nausicaa aquarium Casino

Chât. de Souverain Moulin

St-Martin-Boulogne

Conteville-lès-Boulogne

Belle-et-Houllefort

le Wast

Colembert

Surques

le Portel

Mont Lambert

la Capelle-lès-Boulogne

Maquinghen

Bellebrune

Alinctun

Henneveux

Longueville

Escœuilles

Outreau

Bainctun

du Boulonnais

Nabringhen

Brunembert

Echinghen Péage

Questinghen

Crémarest

Bournonville

Selles

St-Léonard

Chât. de Pont de Briques

Wirwignes

la Commune du Croqc

Menneville

St-Martin-Choquel

Vieil-Moutier

St-Étienne-au-Mont

Équihen-Plage

Isques

Brucquedal

Questrecques

Desvres

Campagnette

la Calique

Condette

le Choquel

Manoir de la Haye

Hesdigneul-lès-Boulogne

Hesdin-l'Abbé

Écault

Longfossé

Wierre-au-Bois

les Courteaux

Sacriquier

Courset

Samer

Carly

Verlincthun

Bécourt

Dignopre

Brunehaut

PAS DE OPALE

les Hemmes d'Oye

les Hemmes de Marck

Oye-Plage

Rés. Natur. du Platier d'Oye

les Dunes d'Oye

le Tape

Waldam

le Fort Vert

Tr. du Guet

Blériot Plage

Citad.

Mon. des Bourgeois de Calais

Casino

Cité Civry

Marck

Offekerque

Offekerque

Nouvelle-Église

Beau Marais

Bois en Ardres

le Pont d'Ardres

Frethun

Terminal Eurotunnel

Coulogne

Nielles-lès-Calais

St-Tricat

Bonningues-lès-Calais

Hames-Boucres

Wadenthun

les Attaques

le Marais de Guines

Tour de l'Horloge

Guînes

Andres

Balinghem

Brêmes

Ardres

Nielles-lès-Ardres

Zutkerque

Zutkerque

Nortkerque

Nortkerque

Guemps

Pihen-lès-Guînes

Landrethun-le-Nord

Caffiers

Campagne-lès-Guines

Autingues

Rodelinghem

le Fresne

Louches

Landrethun-lès-Ardres

Berthum

Chap. du Monastère de Beaulieu

Colonne Blanchard

Ferques

Fiennes

Bouquehault

Écottes

Chap. St-Louis

Zouafques

le Val

Guémy

Tour-sur-

Elinghen

Bœucres

Hermelinghen

Hardinghen

Clerques

Nort-Le

Rebertingue

Boursin

Anc. Abb.

Audenfort

Herbinghen

Sanghen

Hocquinghen

le Poirier

Bonningues-lès-Ardres

Mento-Nortbéc

Audrehem

Audrehem

Audrembert

Forêt Domaniale de Tournehem

Collines du Parc

Mais du Parc

Bainghen

Rebergues

Journy

Haute-Pannée

Quercamps

Haut-Loquin

Alquines

Bouvelinghem

Westbéco

Fromentel

Quesques

Coulomby

Wes

Harlettes

le Verval

Seningham

Lottinghen

Watterdal

N.-D. des Ardents

Nielles-lès-Bléquin

Affri

St-Fe

Bléquin

Vaudringhem

Canter

le Maisnil Boutry

Drion

Ledinghem

Senlecques

Chaussée

PARC NATUR. RÉG. DES CAPS ET MARAIS D

A16

E402

A16

E15

A26

N42

N216

A216

N216

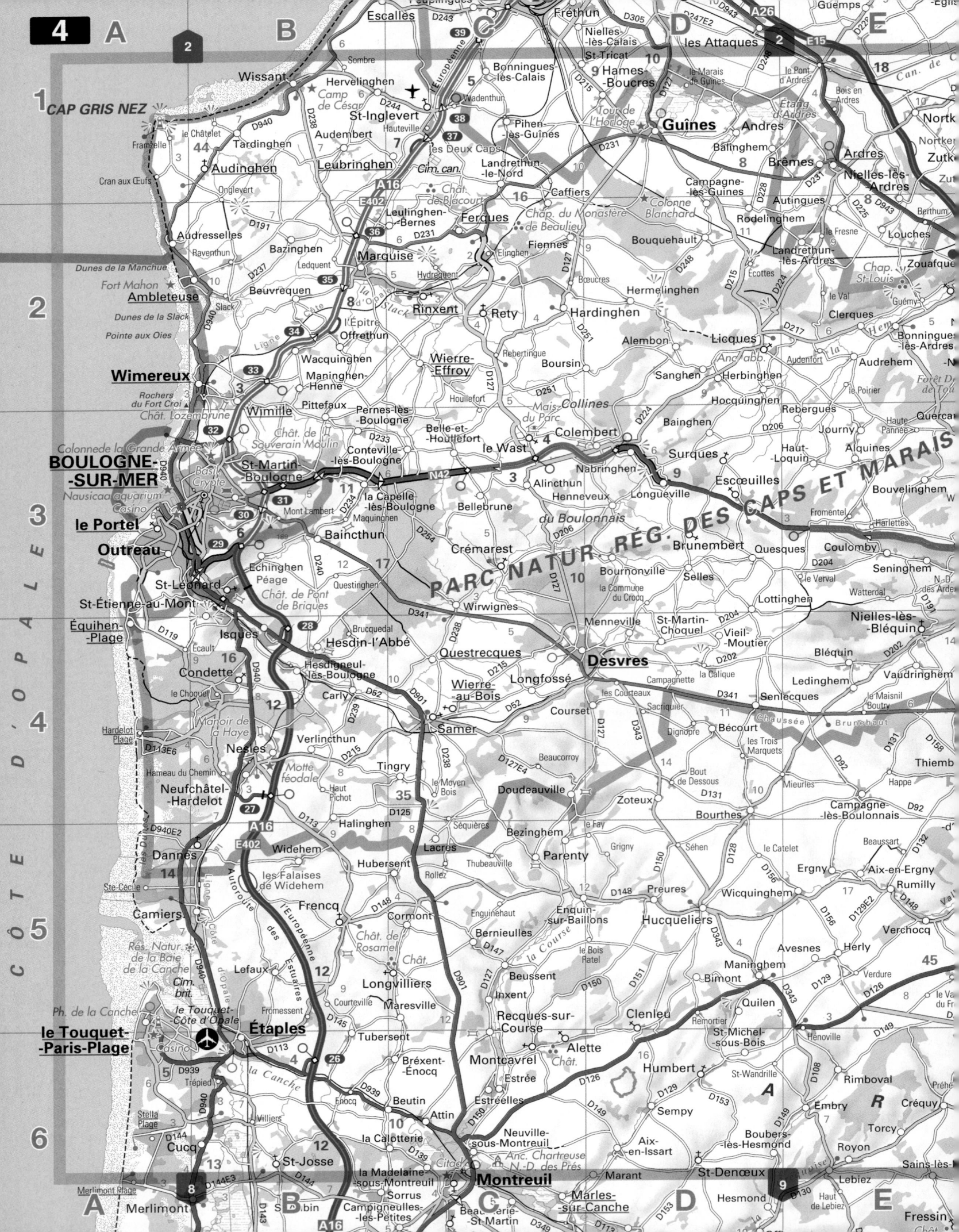

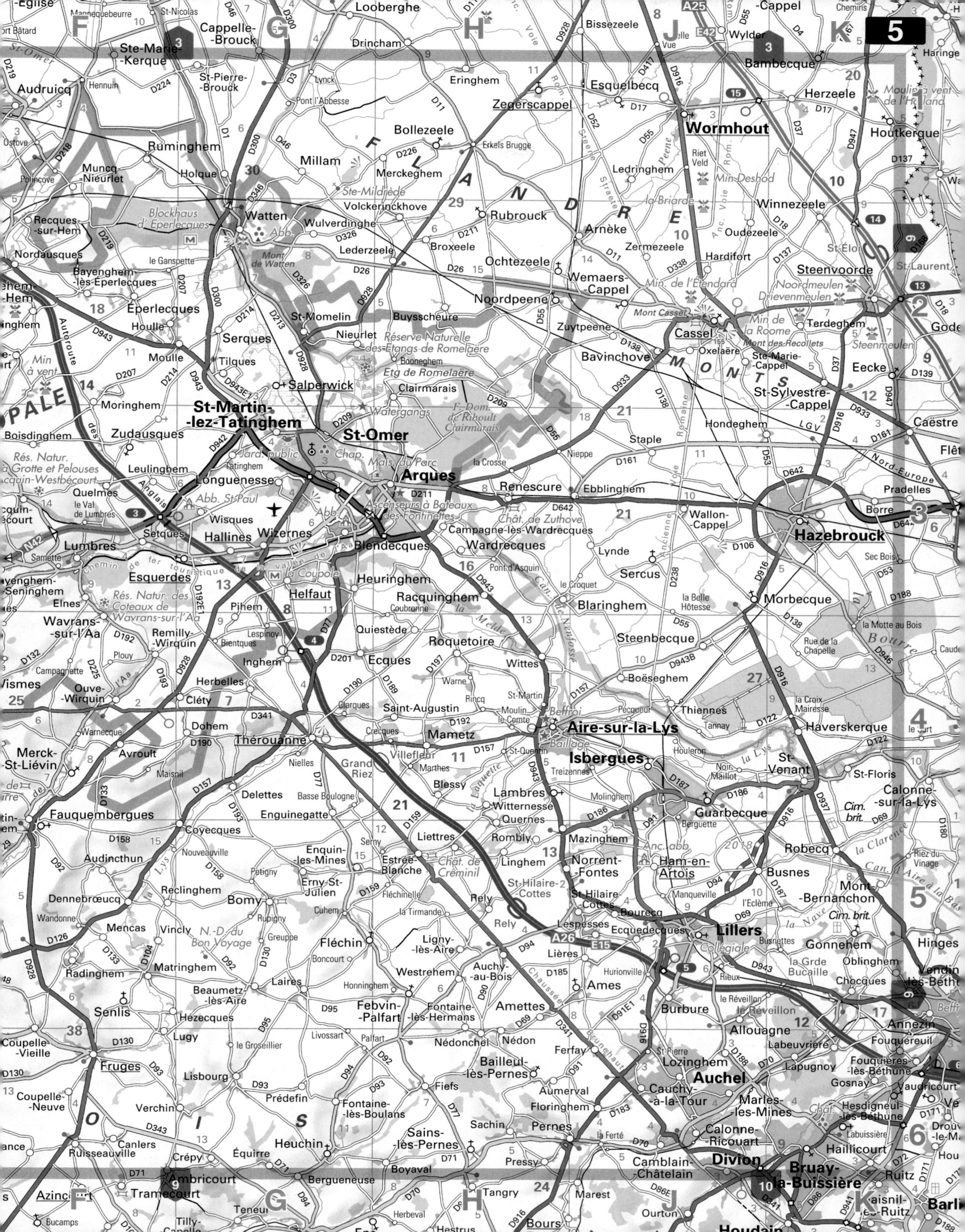

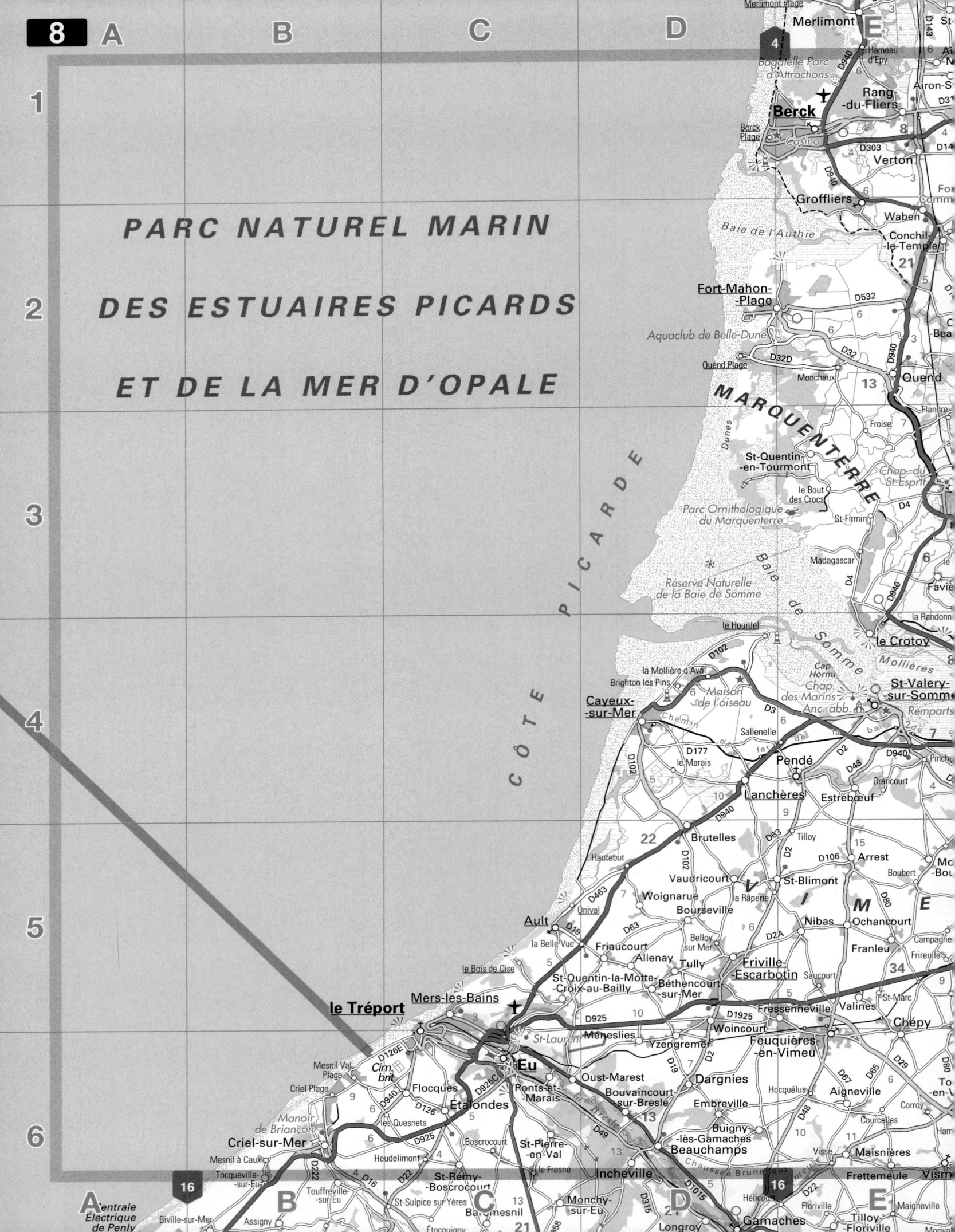

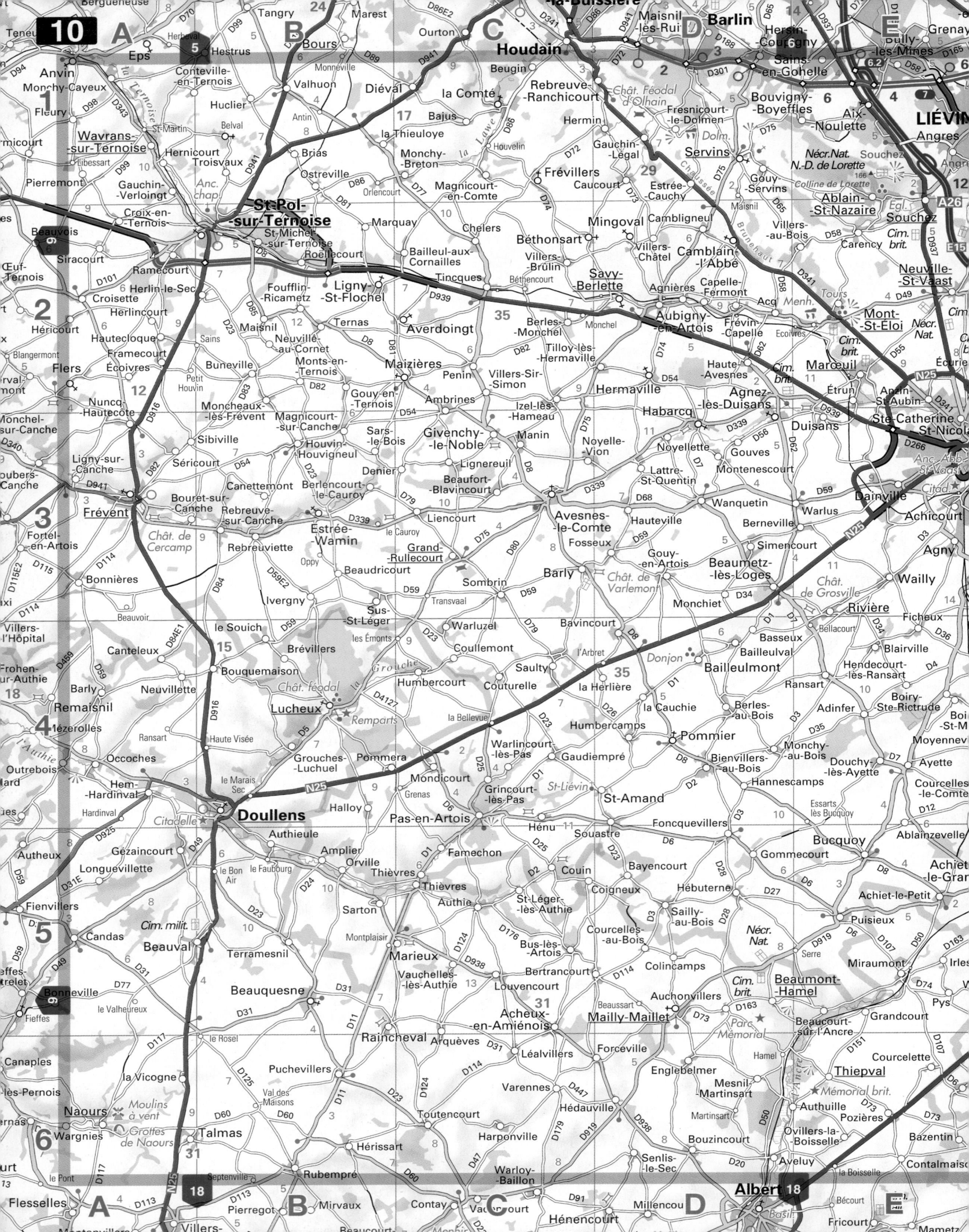

1

2

3

St-Martin-
-aux-Buneaux 11

les Petites Dalles
les Grandes Dalles

St-Pierre-en-Port 12   Vinnen

Écretteville-   Sassetot-le-
-sur-Mer   -Mauconduit   D479

Életot   D79

C   Senneville-
    sur-Fécamp   Ste-Hélène-   Ancretteville-
    Bondeville   sur-Mer   Annevi

O   *N.-D. du Salut*   Bondeville   Angerville-   Theuv-
        -la-Martel   aux-M   21

T   D79   4   D33   D17

Fécamp   *Chât.*   D73   8   3   D5

    Palais   Colleville   Thérouldeville
    Bénédictine   D150   *Anc. abb.*

E   Criquebeuf-   St-Léonard   *Valmont*   **Valmont**
    en-Caux   D486   D68   Toussaint   Ge
    D211   Yport   6   Ganzeville   D10
Vattetot-sur-Mer   15   Froberville   D925   Tourville-   Contremoulins   D69   D217   D33   D150
    Falaise d'Amont   Bénouville   D11   -les-Ifs   Thiergeville   5   Riv
        D11   D940   Épreville   D11   D68   la Roussiec   *Chât. du*   Thiétreville
Étretat   *Train Tour d'Étretat*   D72   13   **17**   Bec-de-   D73   D28   *Grand Daubeuf*   Biville   Sor
    les Aygues   de Caux   Gerville   D104   **13**   Mortagne   Daubeuf-   D10   Limpiville   Ypreville-
Falaise d'Aval   D940   Bordeaux-   les Loges   Viertot   Mentheville   Serville   *Chât.*   -Biville
Cap d'Antifer   D39   -St-Clair   Maniquerville   7   Annouville-   Angerville-   *de Vaudroc*   9
Phare d'Antifer   la Place   D74   Fongueusemare   Auberville-   -Vilmesnil   Bailleul   Bénarville   Bennetot
la Poterie-   le Tilleul   11   D72   -la-Renault   Bretteville-du-   Trémauville   E-
-Cap-d'Antifer   Pierrefiques   9   Beaurepaire   D68   Grand-Caux   10   Tocqueville-   D28   e
Mon.   D32   D79   Grainville-   -les-Murs   D17   6   F
Bruneval   Ste-Marie-   Villainville   Cuverville   Sausseuzemare-   D10A   Goderville   Ymauville   9   St-Maclou-   Hattenville
Port Pétrolier   -au-Bosc   Écrainville   en-Caux   8   D75   Gonfreville-   -la-Brière   Bielleville   D17
du Havre-Antifer   Gonneville-   D139   D10   Caillot   D73
St-Jouin-Bruneval   -la-Mallet   4   D139   Criquetot-   D68   7   D10   Bornambusc   D910   D452   Vattetot-   Yébleron
    D111   D32   3   l'Esneval   D925   D252   Bréauté   D52   -sous-Beaumont   D149   Bolleville
22   Anglesqueville-   4   D39   Manneville-   D10   Bernières   D52   Auz
Heuqueville   11   -l'Esneval   Vergetot   D925   -la-Goupil   D52   **10**   Mirville   Rouville   -Au
    D125   St-Sauveur-   Houquetot   D52   des   D52   **14**   Estuaires   **17**
Cauville-   St-Martin-   3   Turretot   d'Émalleville   St-Sauveur   13   Nointot   *Chât. de*   Raffetot
sur-Mer   Buglise   -du-Bec   Hermeville   1   Virville   *Baclair*   D109   B
    Chât.   N.-D.   P   A   Y   S   Autoroute   D72
Mannevillette   *du Bec*   -du-Bec   3   Angerville-   D434   Beuzeville-   Lanquetot   10   D6
Écqueville   **26**   D52   l'Orcher   St-Gilles-   -la-Grenier   7   St-Jean-   Beuzevillette
Octeville-   Rolleville   Manéglise   Graimbouville   de-la-Neuville   Parc-   de-la-Neuville
sur-Mer   D31   St-Barthélemy   7   D39   d'Anxtot   9   **Bolbec**   Gruchet-
    Cim. de   Fontenay   Épouville   8   D10   Péage   4   -le-Valasse
Montivilliers   *Brisegaret*   Sainneville   *Chât.*   St-Eustache-
St-Andrieux   Fontaine-   Étainhus   des Fillières   Gommerville   -la-Forêt   St-Antoine-
le Havre-   -la-Mallet   6   D925   D31   **6**   les Trois-   St-Romain-   -la-Forêt   le Becquet
-Octeville   Édreville   4   Ancy.   13   Péage   **9**   Pierres   Mélamare   3   **34**   D81   **Lillebonn**
33   le Mont   D488   de Bévilliers   Épretot   **A29**   D31   de-Colbosc   D81   D173
CAP   Gaillard   D6382   4   St-Martin-   St-Laurent-   *le Nord*   St-Jean-
A HEVE   Rouelles   -du-Manoir   -de-Brèvedent   **E44**   D6015   la Remuée   *Monde*   -de-Folleville   D484
    Gournay   Gainneville   **27**   St-Aubin-   D81   St-Vincent-   **16**   -Donj
Sanvic   **Harfleur** Rogerville   -Routot   la Cerlangue   Cramesnil   D39

A 6 B 7 C D 16 E

4 5 6

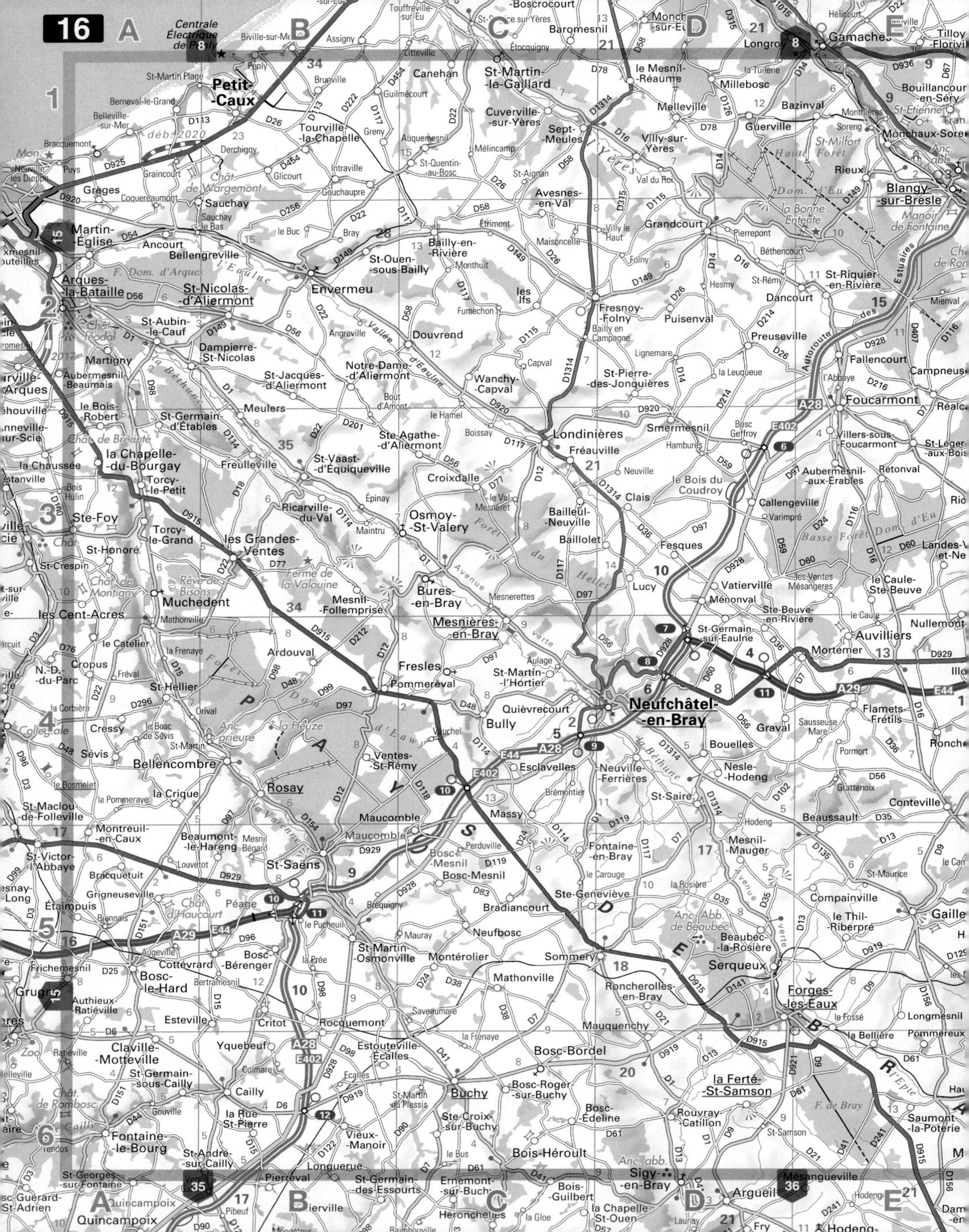

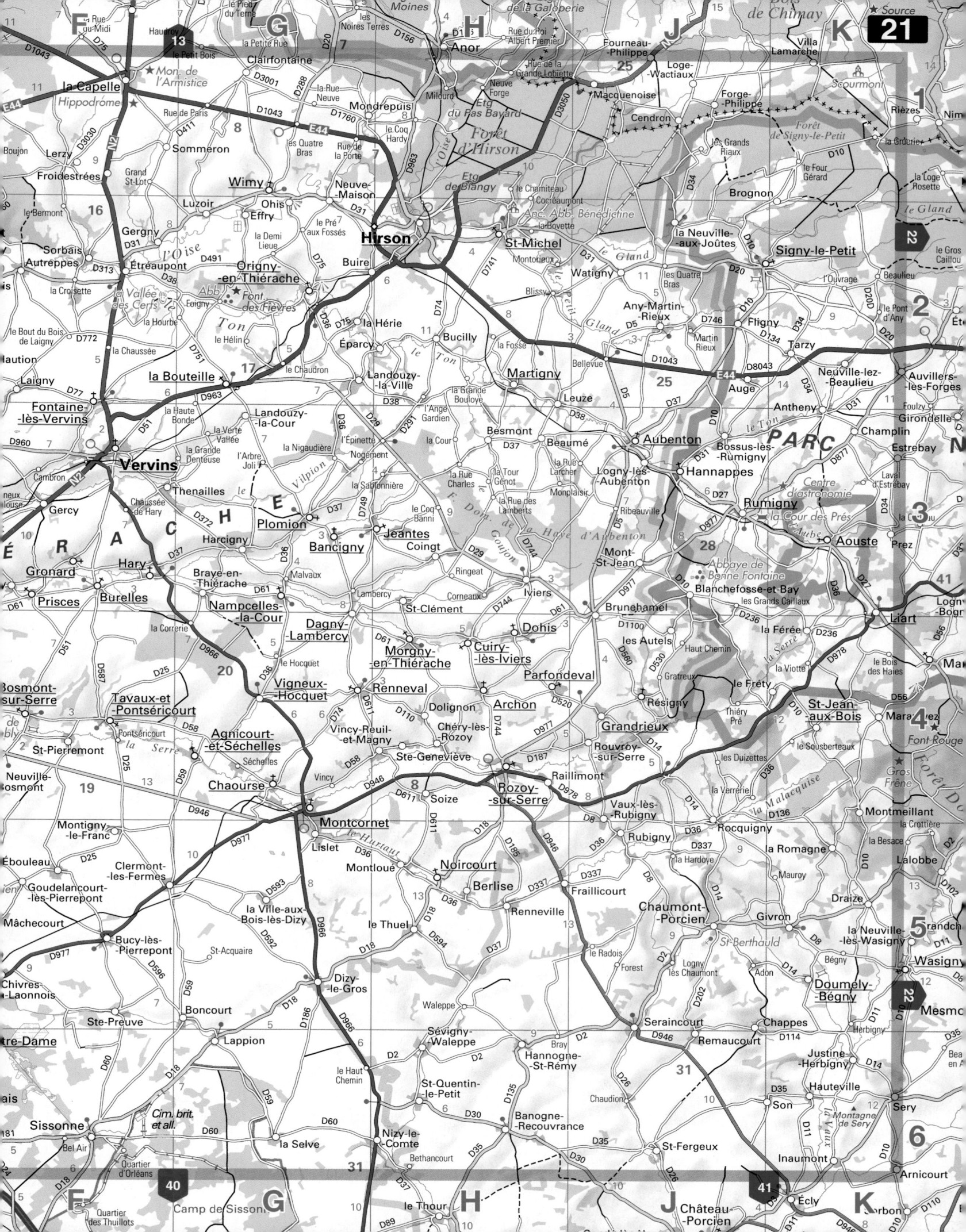

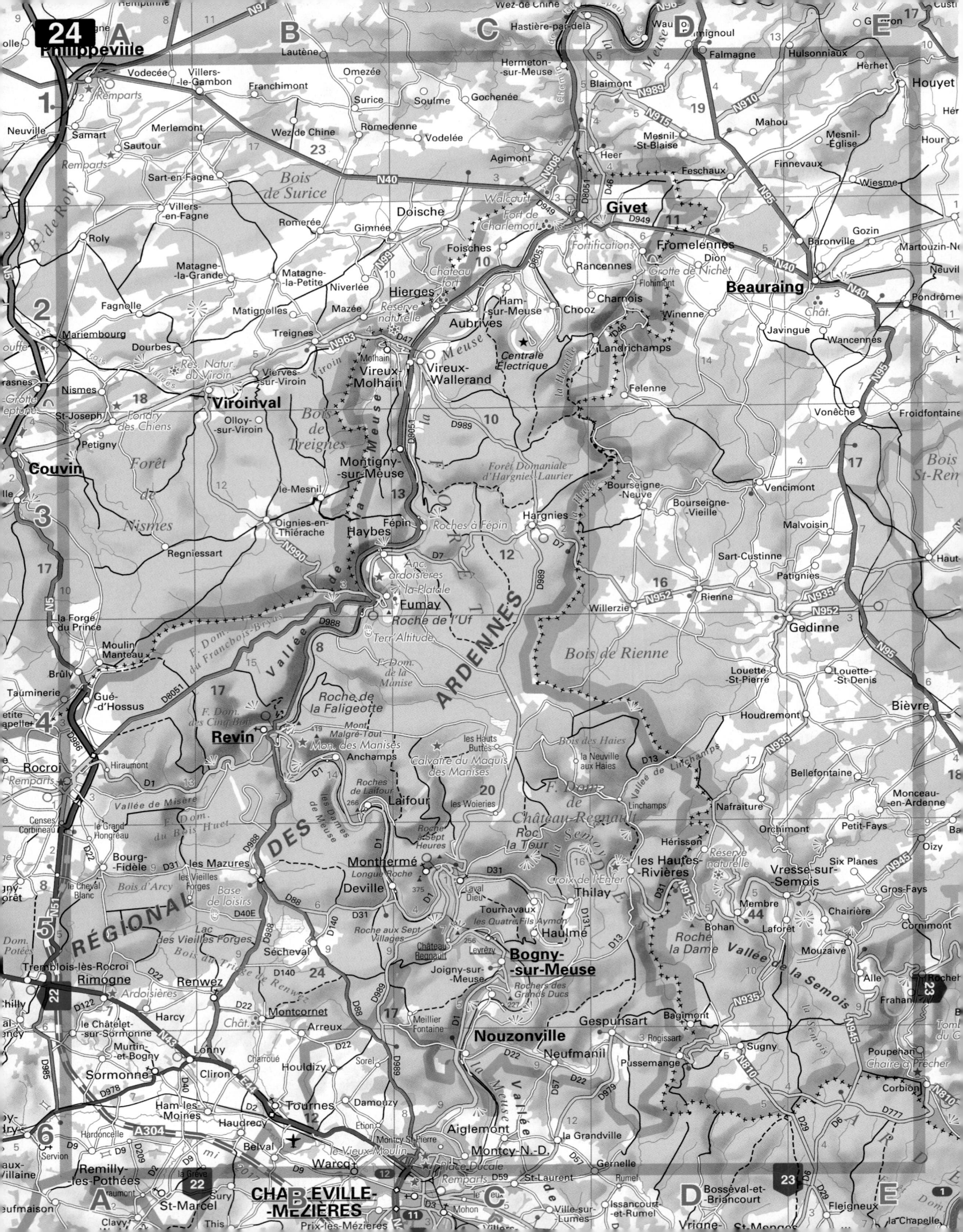

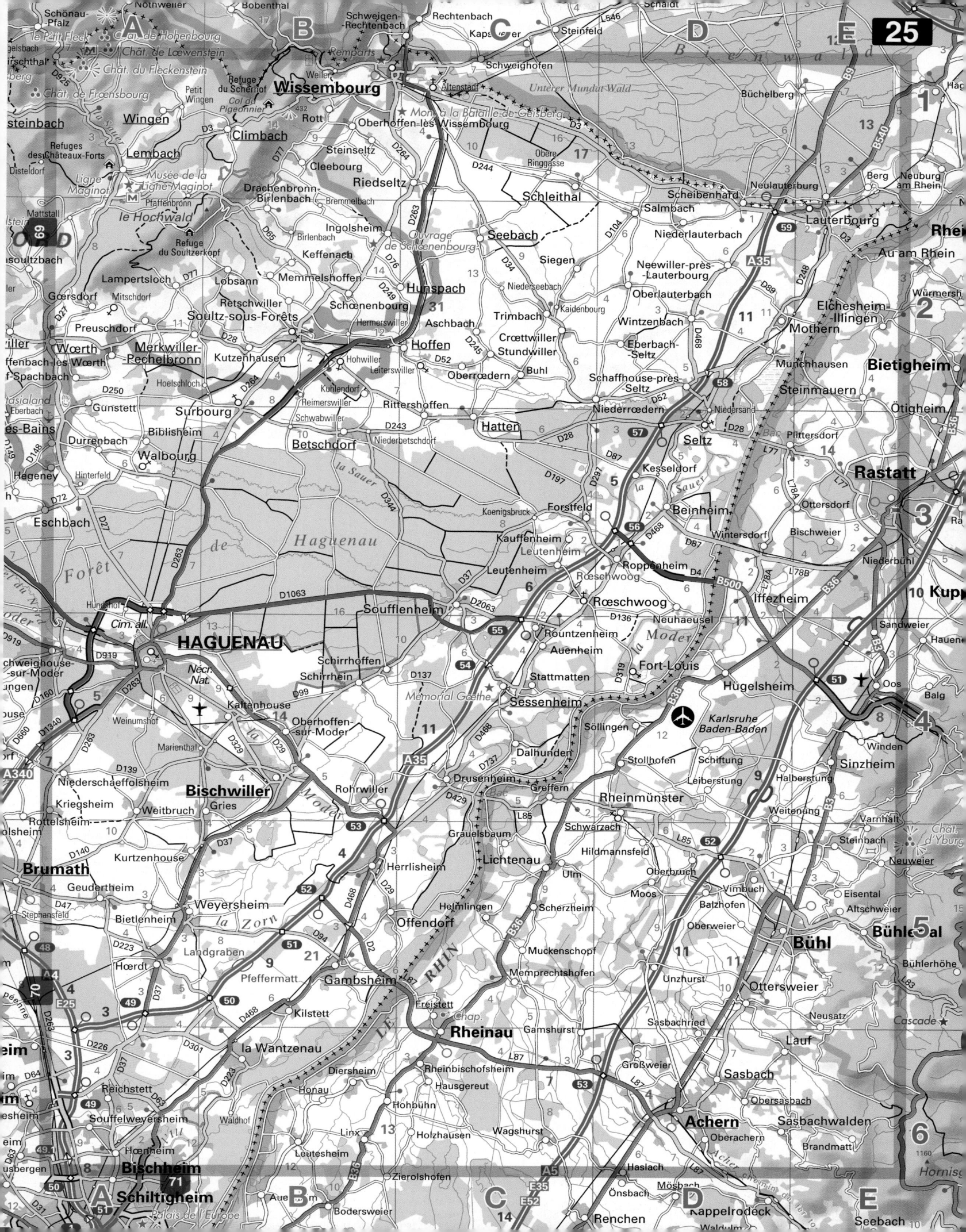

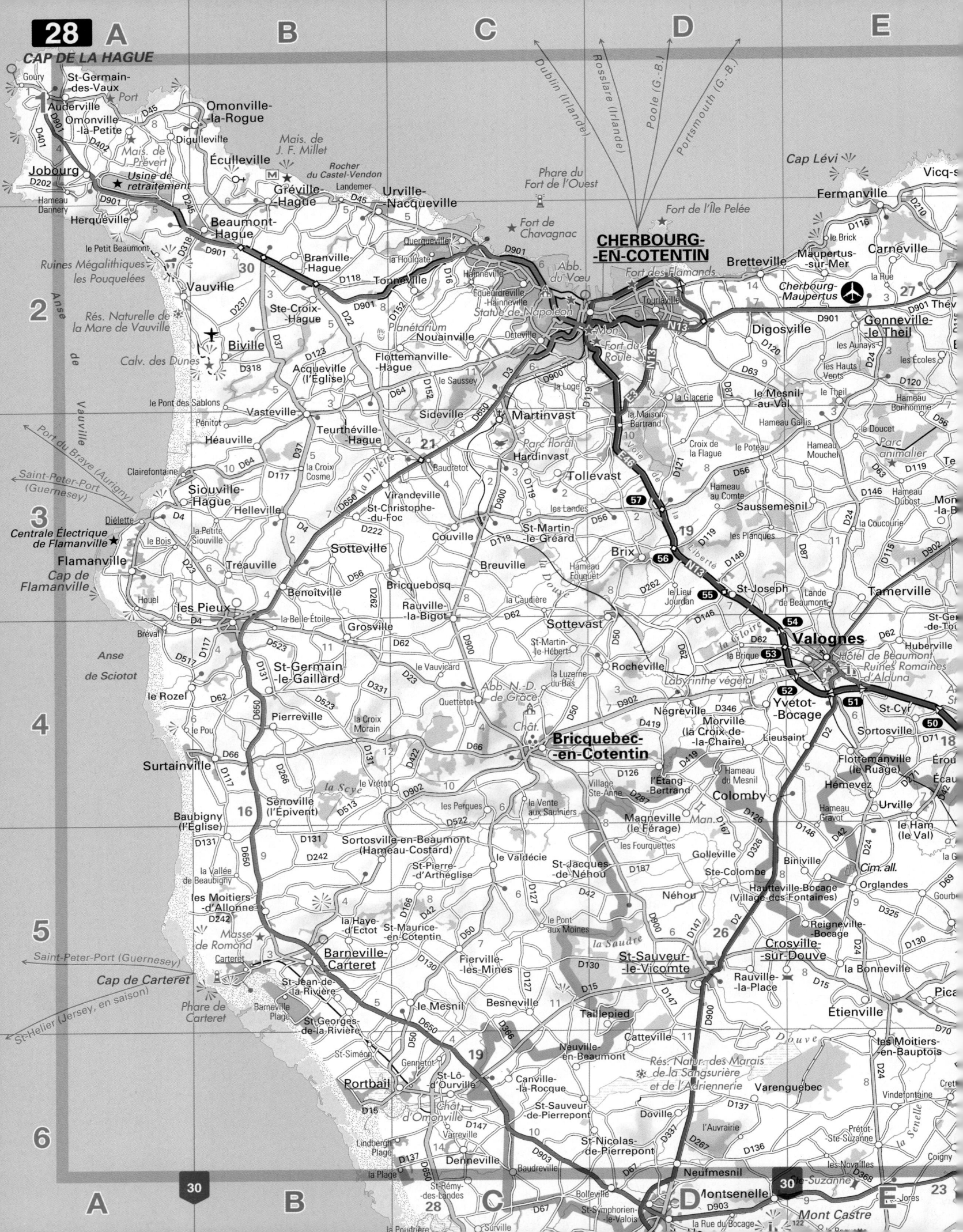

1

Réthoville

Néville-sur-Mer

D116

Gouberville

Varouville

Phare
de Gatteville

POINTE DE BARFLEUR

Tocqueville

Gatteville-le-Phare

2

D901

D902

Barfleur

Ste-Geneviève

Montfarville

D10

Landemer

D25

Canteloup

9

Valcanville

le Vicel

Anneville-
-en-Saire

Crasville

Manoir de
la Crasvillerie

le Vast

D125

T. d'orient.

la Pernelle

D10

Réville

Hameau
Néel

D26

le Tronquet

la Buhotterie

Pointe de Saire

3

Quettehou

D56

Île
de Tatihou

25

D902

D1

St-Vaast-
-la-Hougue

Piédechou

Morsalines

Fort de
la Hougue

Videcosville

D216

Crasville
teville-
-Avenel

10

D62

Aumeville-
-Lestre

St-Martin-
d'Audouville

D14

Chap.
St-Michel

Lestre

Vaudreville

Quinéville

4

D42

Ozeville

D42

P L A G E S

St-Floxel

Fontenay-
-sur-Mer

les Gougins

ntebourg

Dangueville

Musée de la
Batterie de Crisbecq

Ravenoville Plage

Vauduville

D69

D269

Grand Hameau
des Dunes

Joganville

St-Marcouf

Émondeville

D115

Azeville

Ravenoville

la Selleraie

D U

D269

D17

Cibrantot

Monument

D17

Foucarville

Utah Beach

ville

Neuville-
-au-Plain

Beuzeville-
-au-Plain

St-Germain-
-de-Varreville

48

Liberté

St-Martin-
-de-Varreville

D421

Monument

5

Ste-Mère-
Église

D115

la Madeleine

Musée du Débarquement

Pointe du Hoc

D É B A R Q U E M E N T

32

Mus. Airborne

Audouville-
-la-Hubert

Mon.

47

Turqueville

le Grand
Chemin

D913

Réserve Naturelle
de Beauguillot

Grandcamp-
-Maisy

St-Pierre-
-du-Mont

Écoqueneauville

Boutteville

Maisy

D514

31

Englesqueville-
-en-Percée

3

Ste-Marie-
-du-Mont

Pouppeville

D113A

Cricqueville-
-en-Bessin

D194

Vierville-
-sur-Mer

6

Sébeville
(les Fontaines)

D70

Brucheville

l'Hermerel

D199

D113

Chât. de
Beaumont

Chât.
de Vaumicel

Omaha Beach

Blosville

Hiesville

la Dune

Asnières-
-en-Bessin

Louvières

Mon.

Carquebut

Liesville-
-sur-Douve

Vierville

le Grand Vey

Géfosse-Fontenay
(le Bas-de-Géfosse)

les Vignets

Deux-
Jumeaux

St-Laurent-
sur-Mer

Cim. am.

Houesville

D270

le Becquet

Angoville-
-au-Plain

D89

Cardonville

D200

la Cambe

D613

St-Louis

Formigny

6

St-Côme-du-Mont

le Moulin

Brévands

D514

D124

Longueville

-lle-
-sur-Mer

PARC

Mais. du Parc

le Rivage

NATUREL

les Veys
(l'Église)

Catz

RÉGIONAL

Normandy Tank
Museum

Osmanville

Isigny-
-sur-Mer

D613

St-Germain-
-du-Pert

Cim.
all.

Canchy

Aigneville
(Norm

31

ville)

Surrain

le Hamel
u Marais

**Carentan
les Marais**

31

F

St-Hilaire-

N13 E46

Monfréville

D5

G

Monf

H

J

Aure

Écrammeville

D123

K

Étréh

D903

Auve

3

Monfréville

6

Trévières

D29

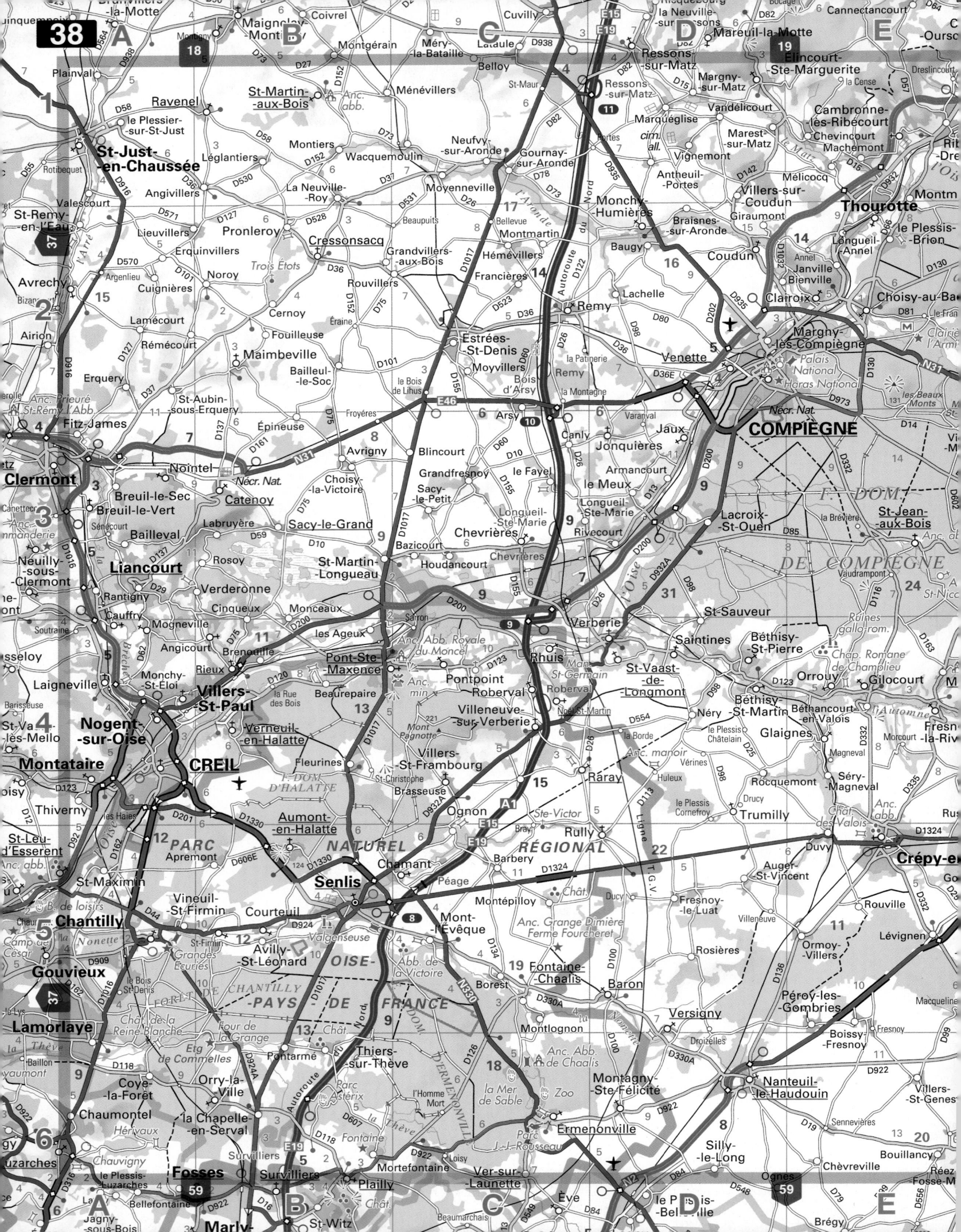

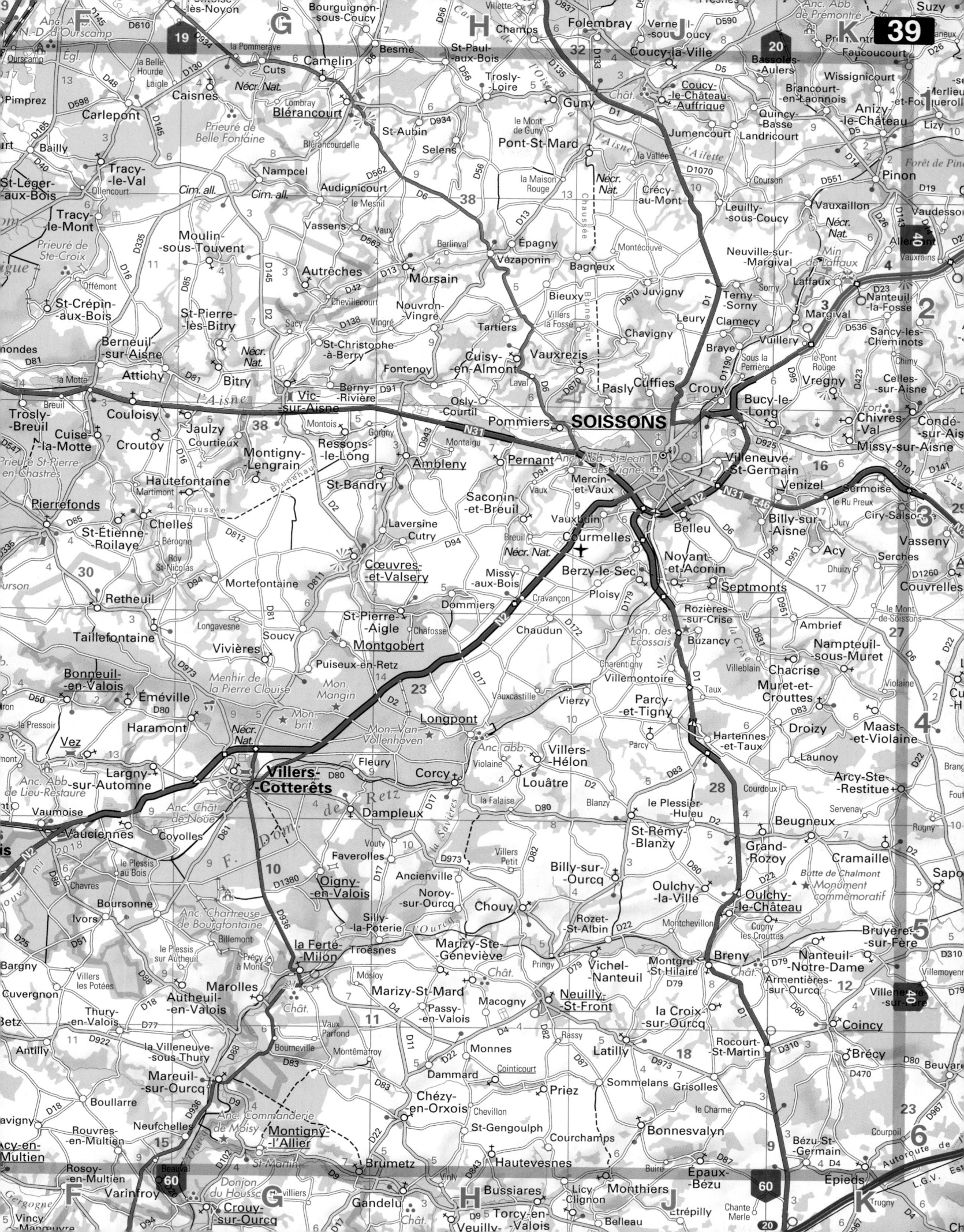

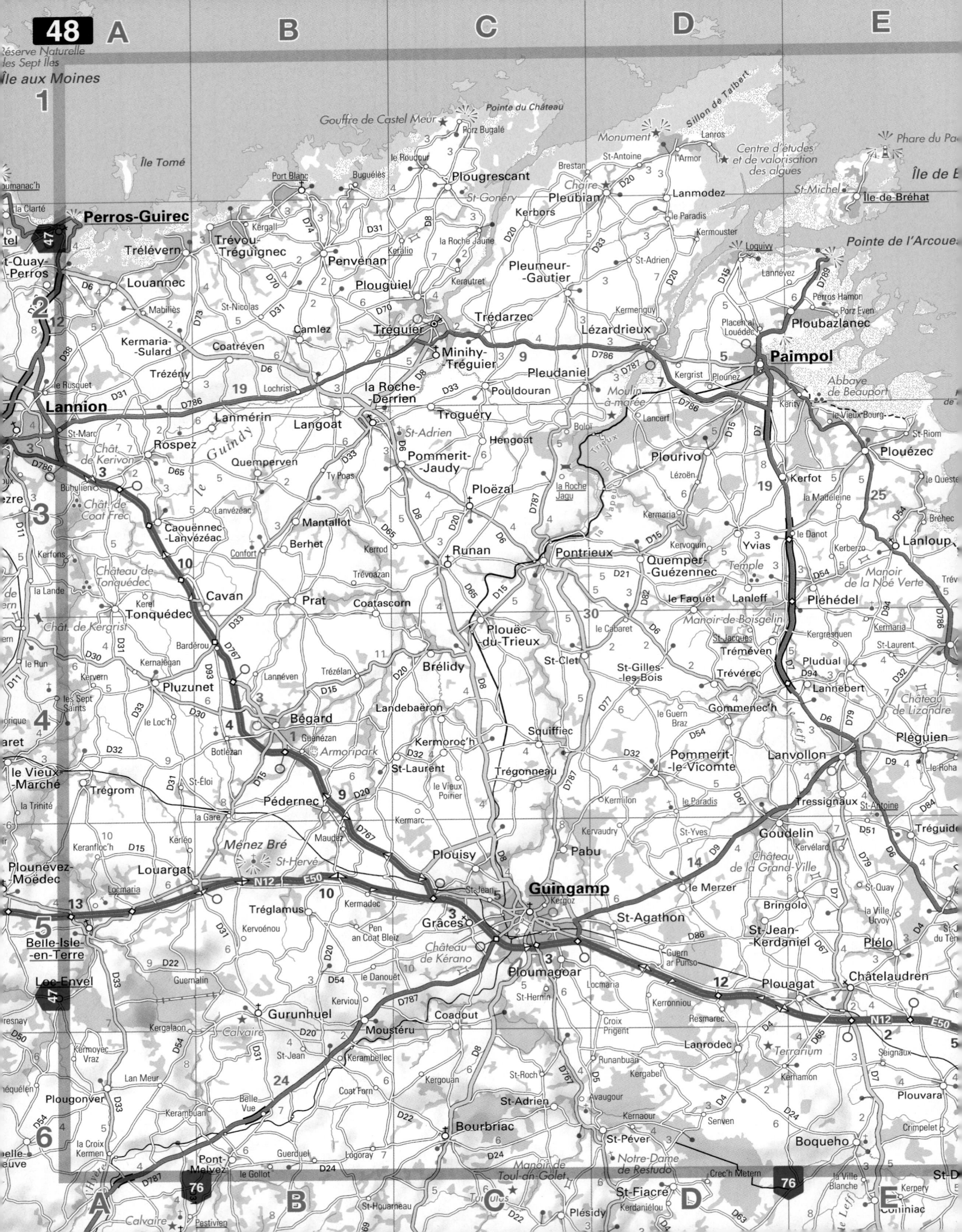

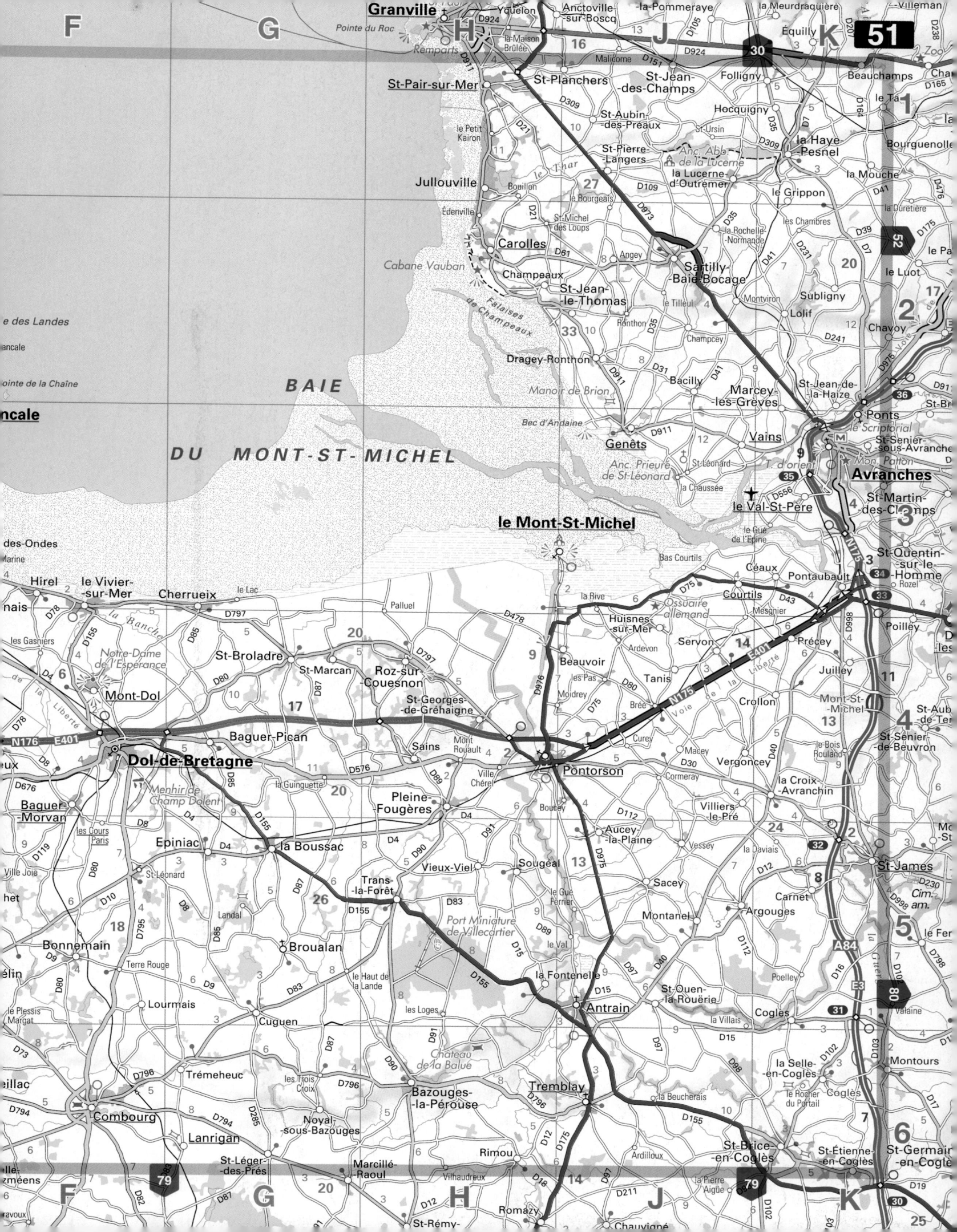

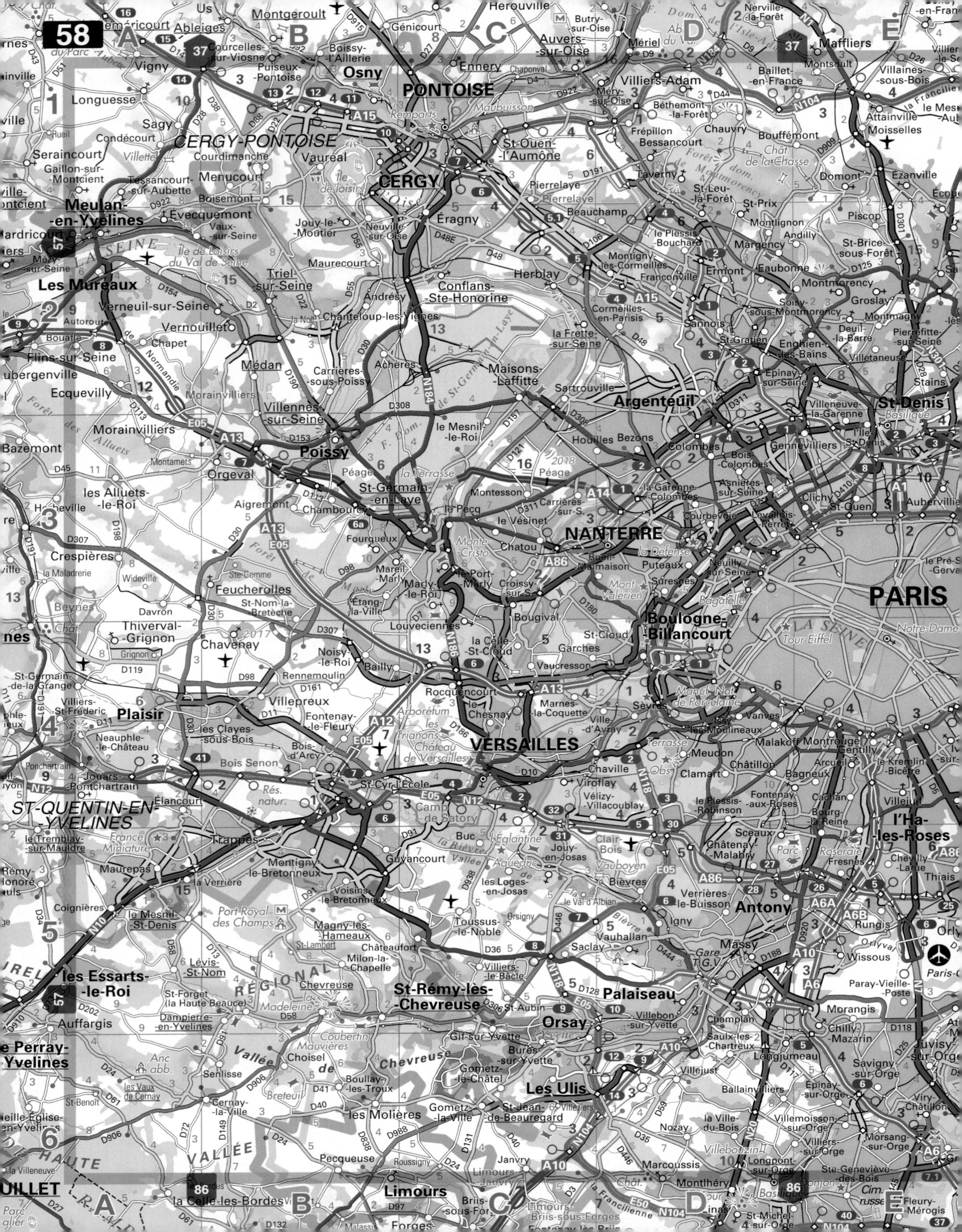

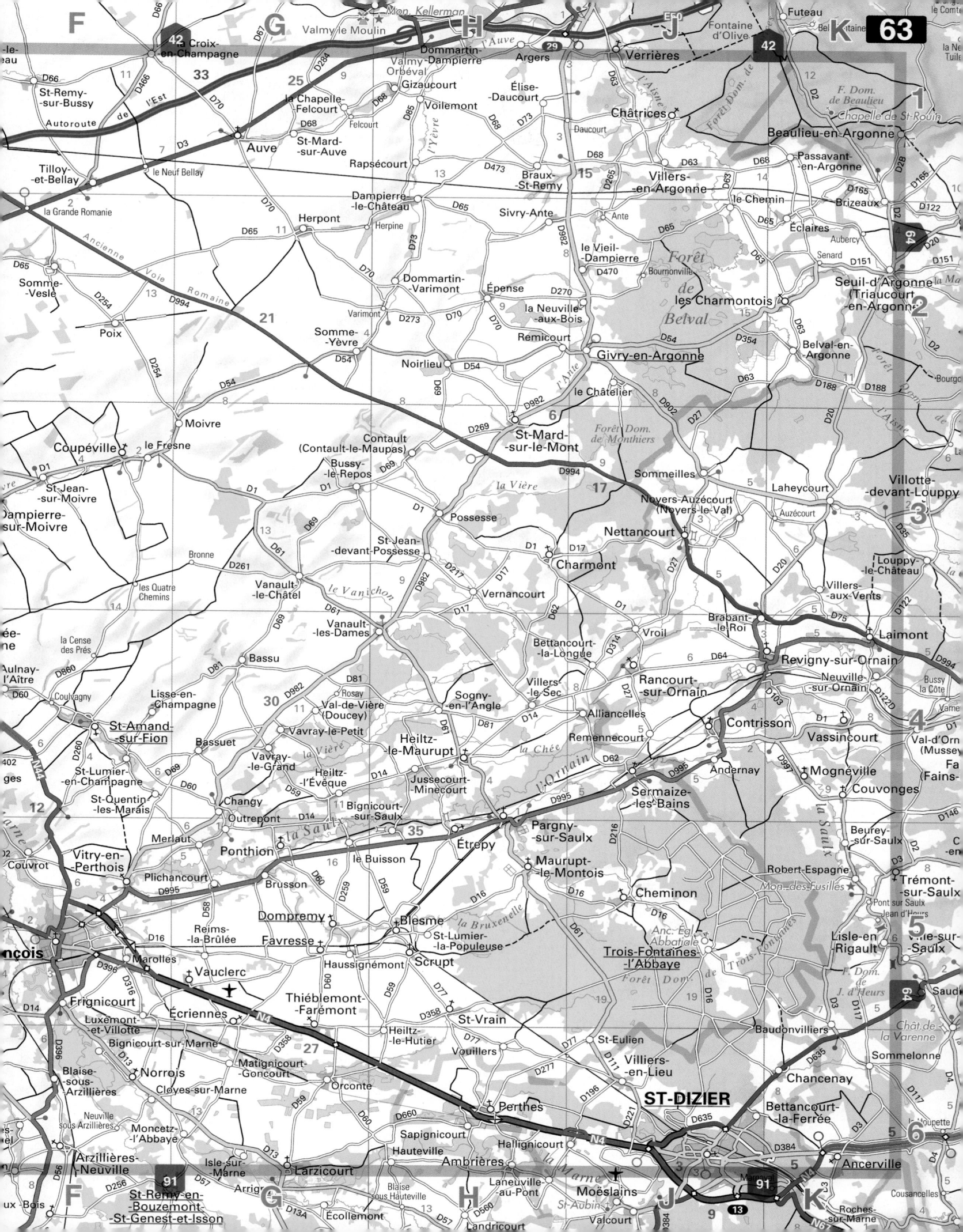

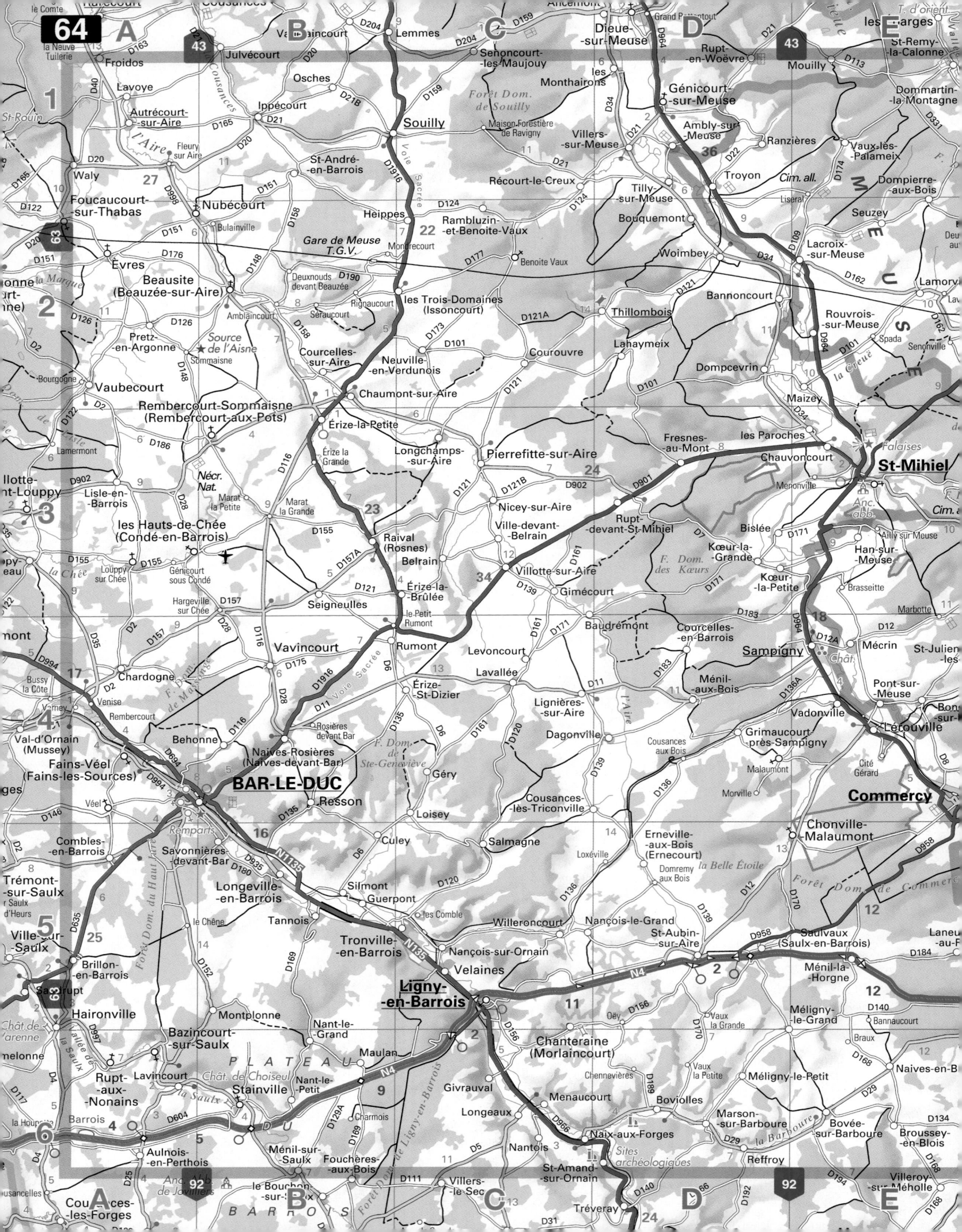

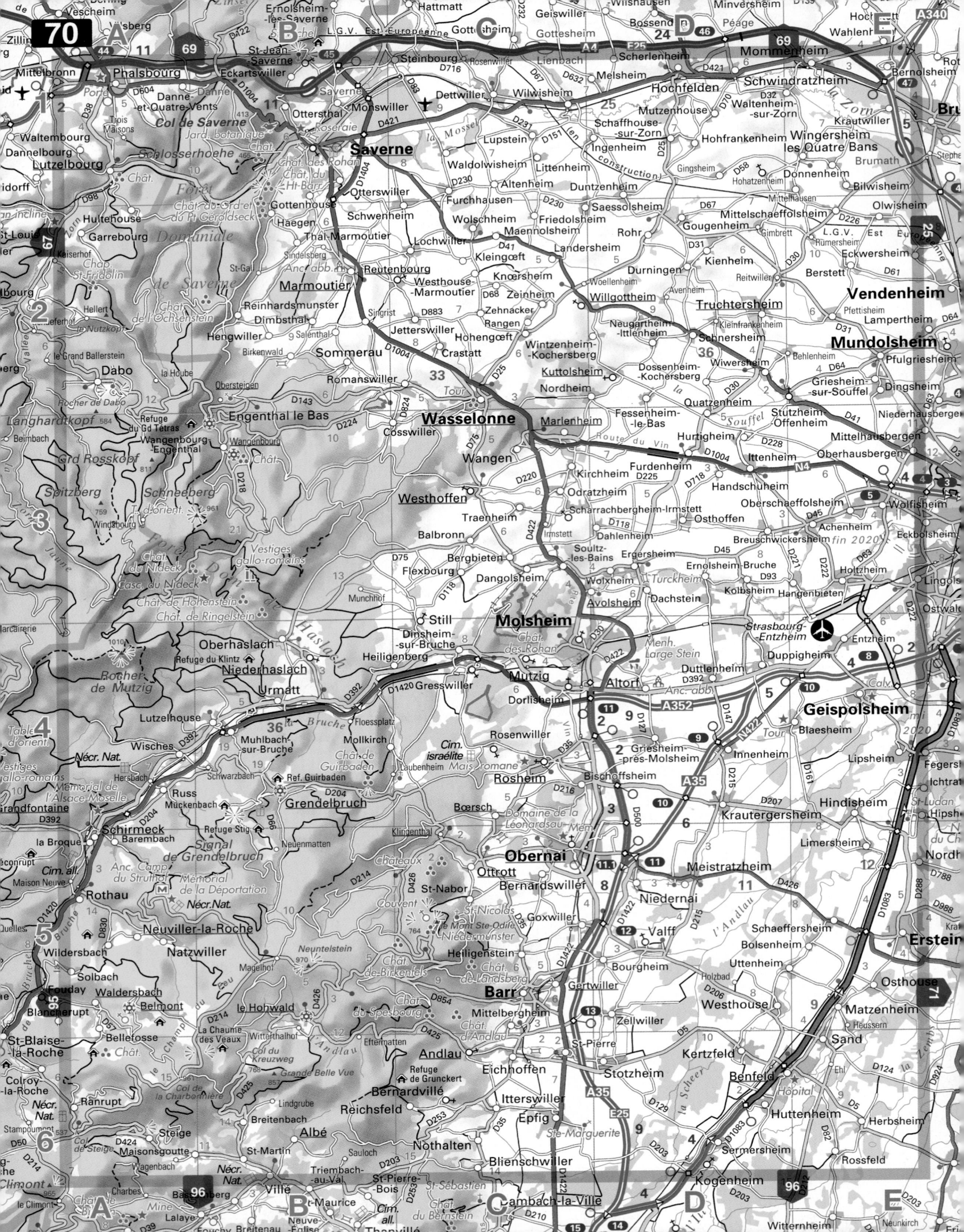

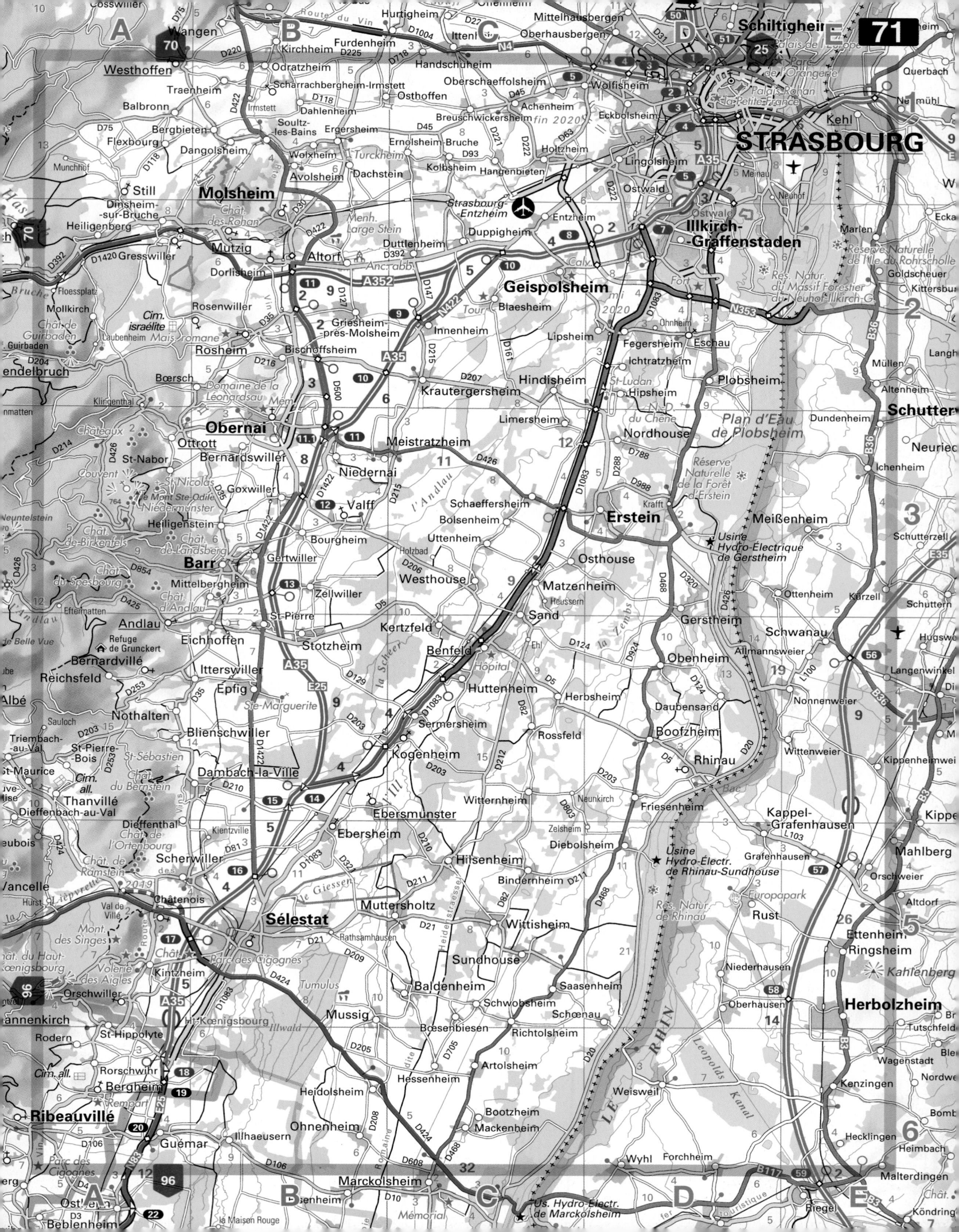

Île d'Ouessant

Phare de de Créac'h
Niou Uhella
Frugullou
Phare du Stiff
Île-Moléne 30mn
Notre-Dame de Bon Voyage
Ouessant (Lampaul)
Feunteun Vélen
Passage du Fromveur

Île Vierge
Phare de l'Île Vierge
St-Michel
le Curnic
Kélerdut
Guissé
Iliz Koz Tremenec'h
St-Cava
la Martyre
Lanrivan
Plouguerneau
Aber Wrac'h
Kerdélant
Château de Kérouartz
Grouanec
Landéda
Coum
Prat Torchen
Loc-Bréval
Morgan
Lampaul-Ploudalmézeau
St-Pabu
Lannilis
Tréglonou
Tariec
St-Jean Balanan
Trémazan
Portsall
Chât.
Kersaint
Ploudalmézeau
Pointe de Landunvez
Argenton
Landunvez
Plouguin
Plouvien
Radénoc
Kerdalaès
St-Jaoua
Loc Maria
Porspoder
Kerazant
Plourin
Menhir de Kervignen
Coat-Méal
Menhirs
Bourg-Blanc
Melon
Manoir de Bel-air
Tréouergat
Narret
Plab
Brélès
Guipronvel
Château de Kergroadez
Lanrivoaré
Lanner
les Trois Curés
Perros
Lanildut
Lanvénec
Milizac
Kergoat
Quillien
Lampaul-Plouarzel
Erragounan
la-Récré des Trois Curés
Gouesnou
Brest-Bretagne
Keresçar
Kerviniou
Restic
Phare de Trézien
Plouarzel
l'Aber Ildut
St-Renan
Guilers
Bohars
Ruscumunoc
Menhir de Kerloas
Lamber
N12
Pointe de Corsen
Kerhornou
Trégorff
Penfeld
Conservatoire Botanique
Ploumoguer
Kerlazou
le Bouguen
St-Marc
Illien
Arsenal
Océanopolis
Locmaria-Plouzané
Plouzané
Kerarmazé
Pont A. Louppe
Île de Béniguet
Trébabu
la Trinité
BREST
Traouidan
le Conquet
Porsmilin
St-Pierre Quilbignon
Musée de la fr et du patrim
Lochrist
Trégana
Ste-Anne du Portzic
le Trez Hir
Plougonvelin
POINTE DE ST-MATHIEU
St-Mathieu
Abbaye
Pointe du Petit Minou
Goulet de Brest
RADE DE BREST
Pointe des Espagnols
Ste-Christine
St-Adri
St-Gué
Kerdéniel
Keramène
PARC NATUREL
Roscanvel
Lanvernazal
Fort
Quélern
MARIN D'IROISE
N.-D. de Roch Amadour
St-Fiacre
Taladerc'h
Lanvéoc
Camaret-sur-Mer
Tour Vauban
Anse de Pe
Alignements de Lagatjar
PRESQU'ÎLE DE CROZON
Monument
POINTE DE PEN-HIR
les Tas de Pois
Gaoulac'h
Crozon
Pointe de Dinan
Morgat
Pointe des Grottes
Grottes
la Palue
St-Hernot
Maison minéraux

Île-Molène

Île d'Ouessant
le Conquet
Île-Molène
Île Molène
Réserve Naturelle d'Iroise

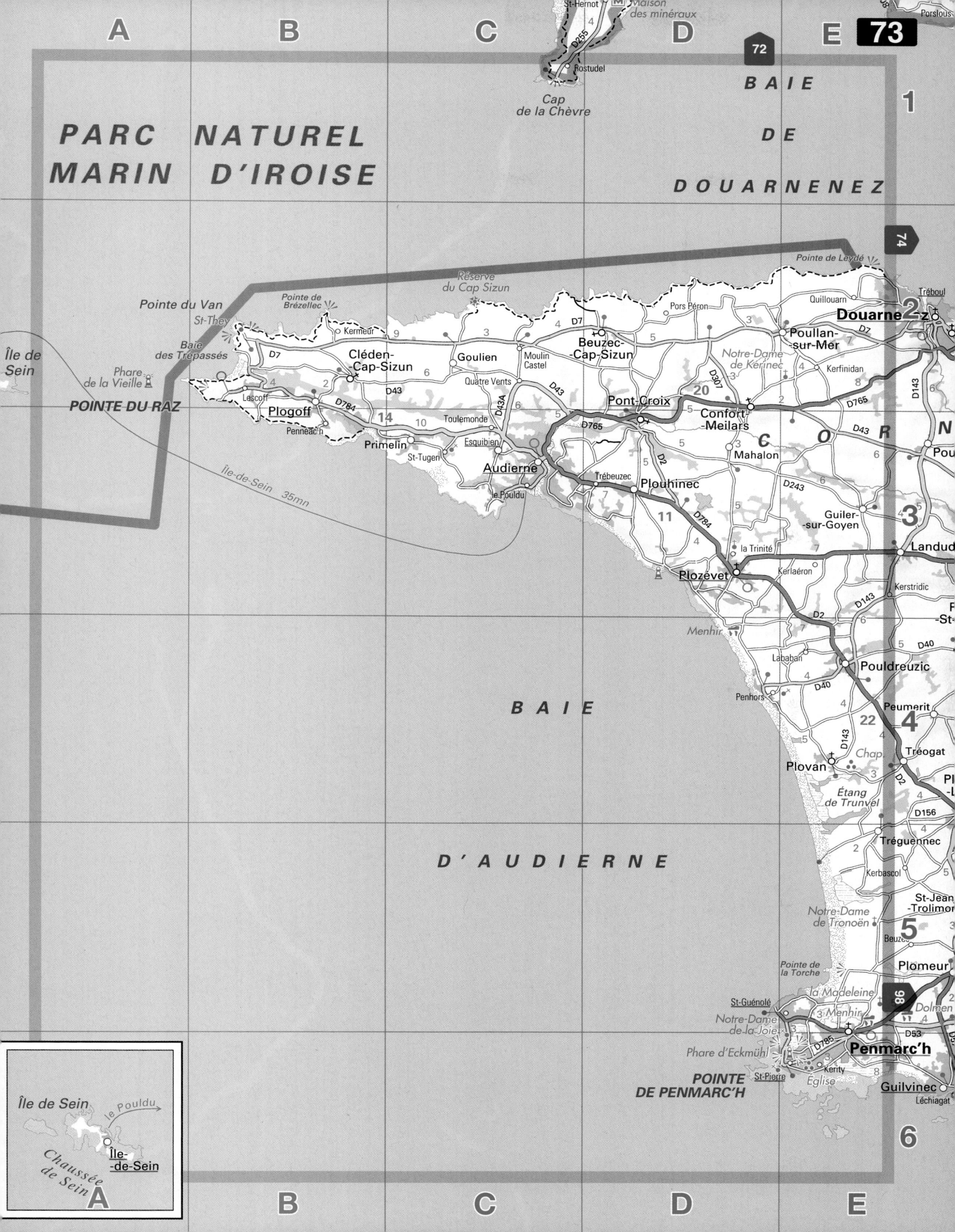

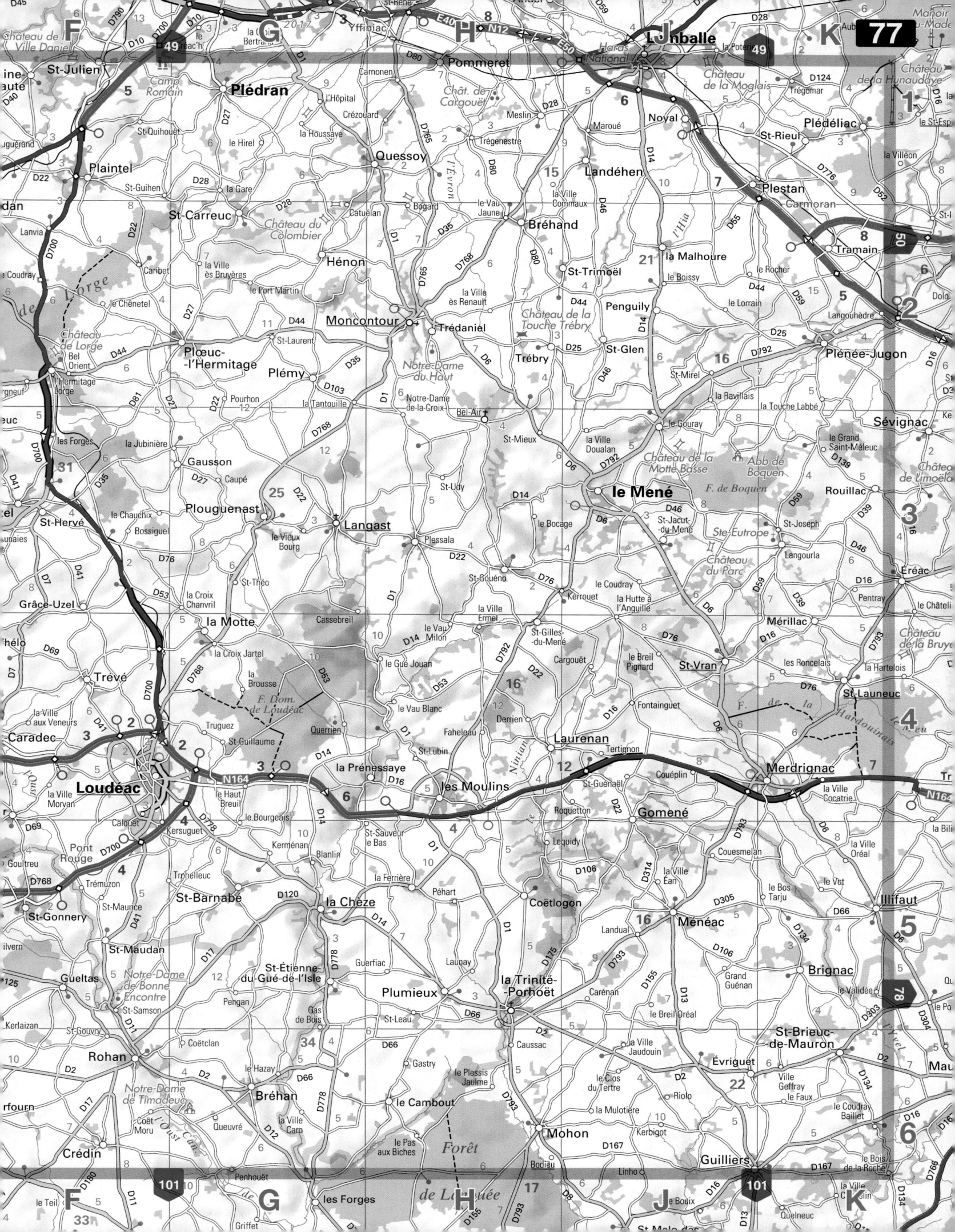

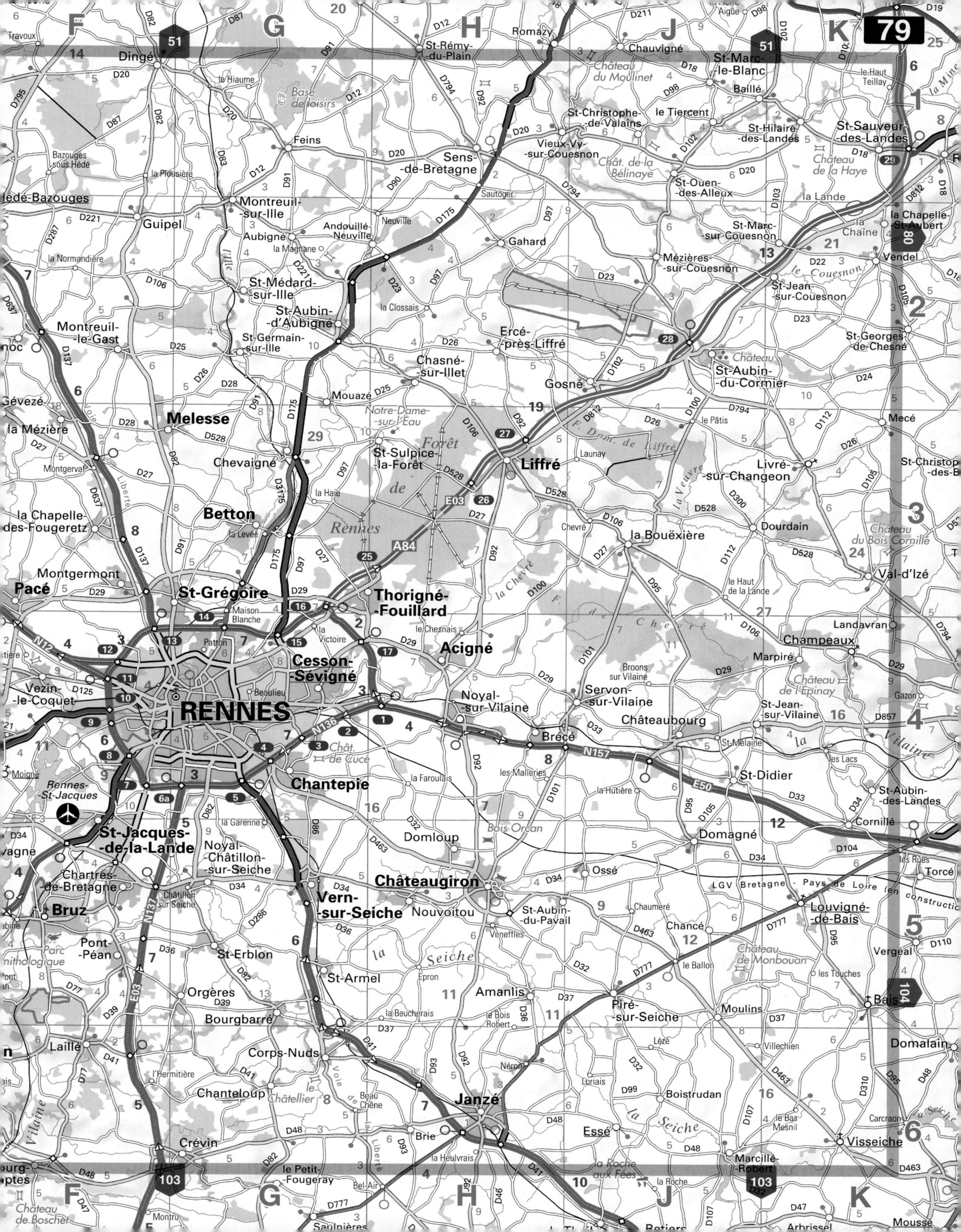

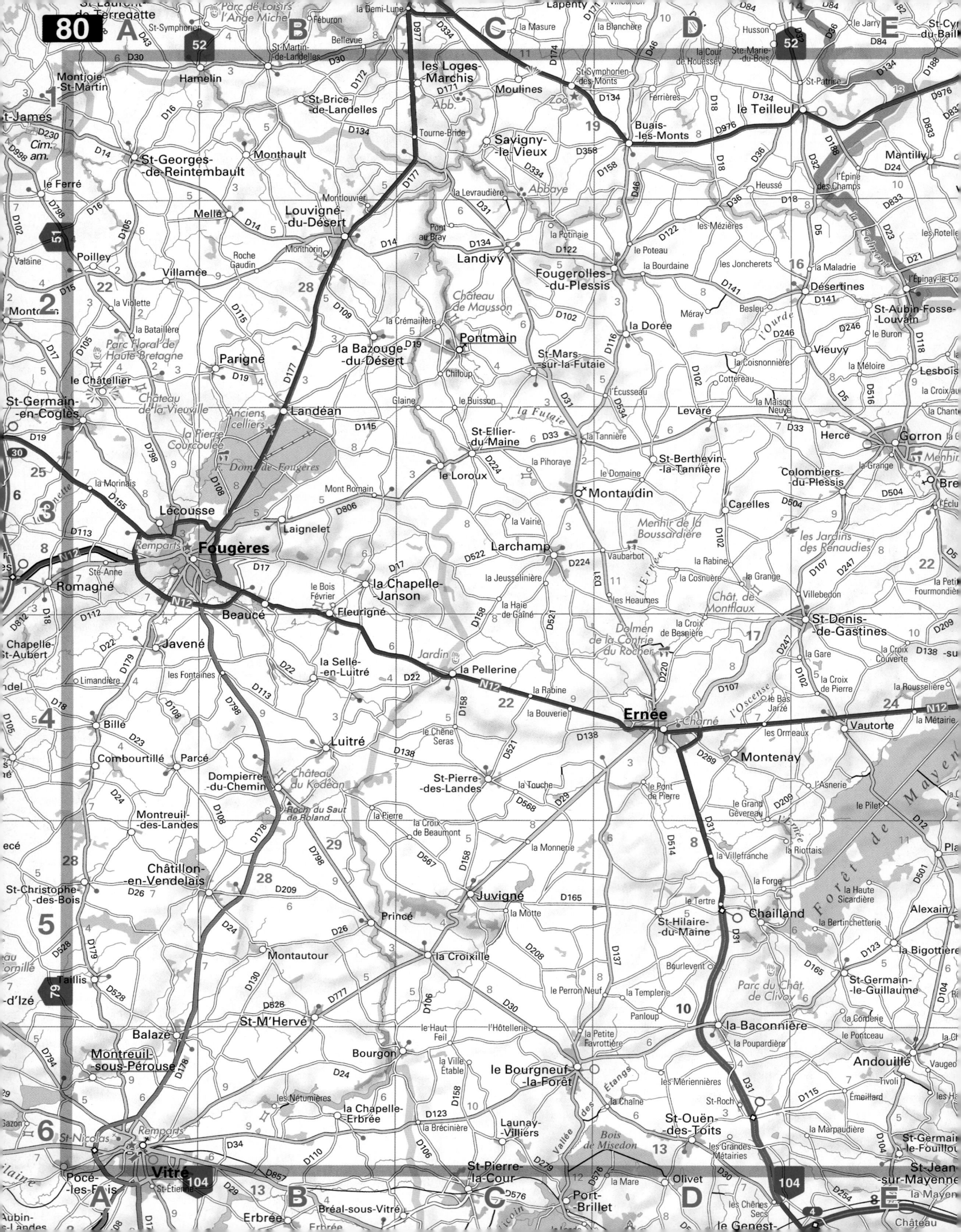

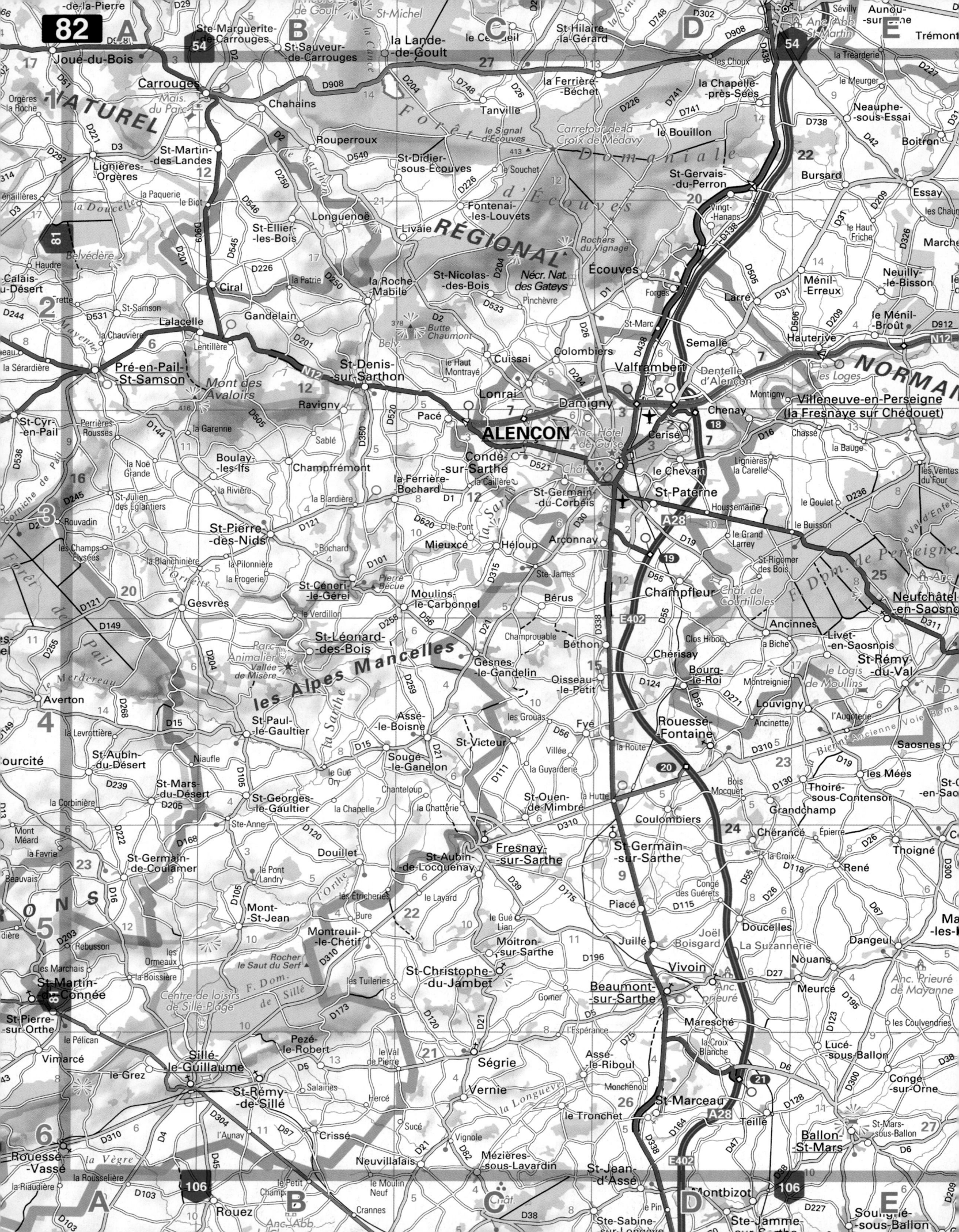

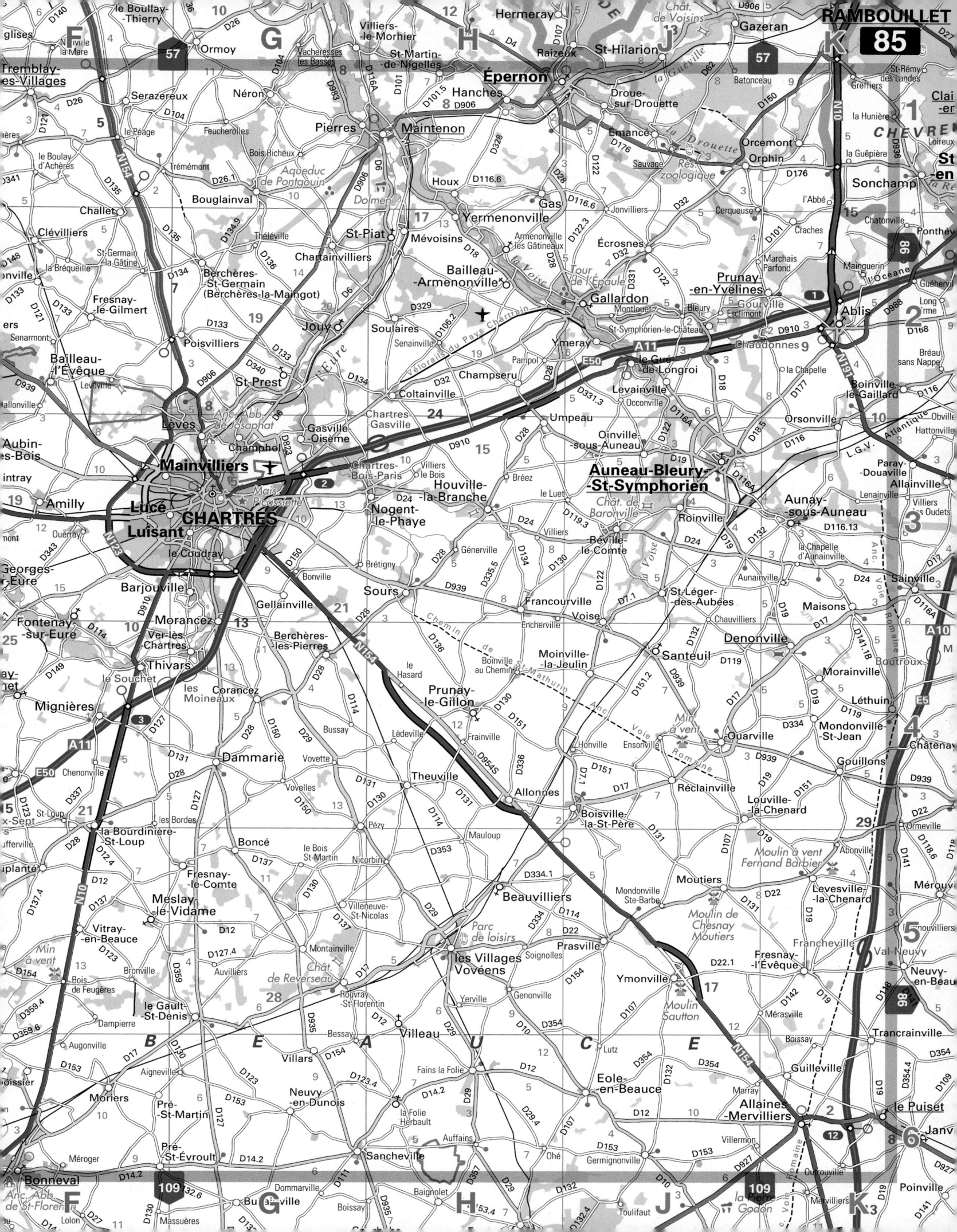

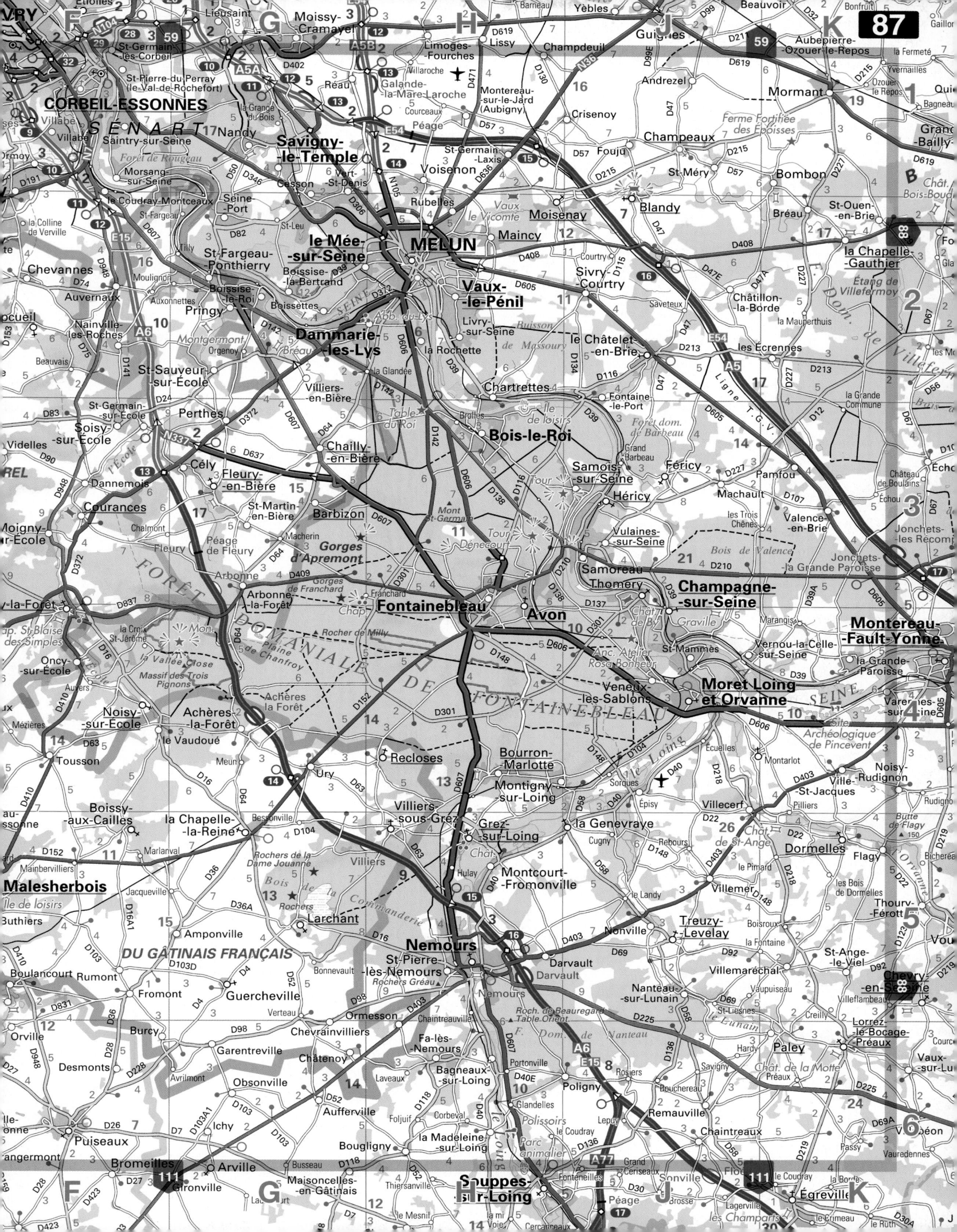

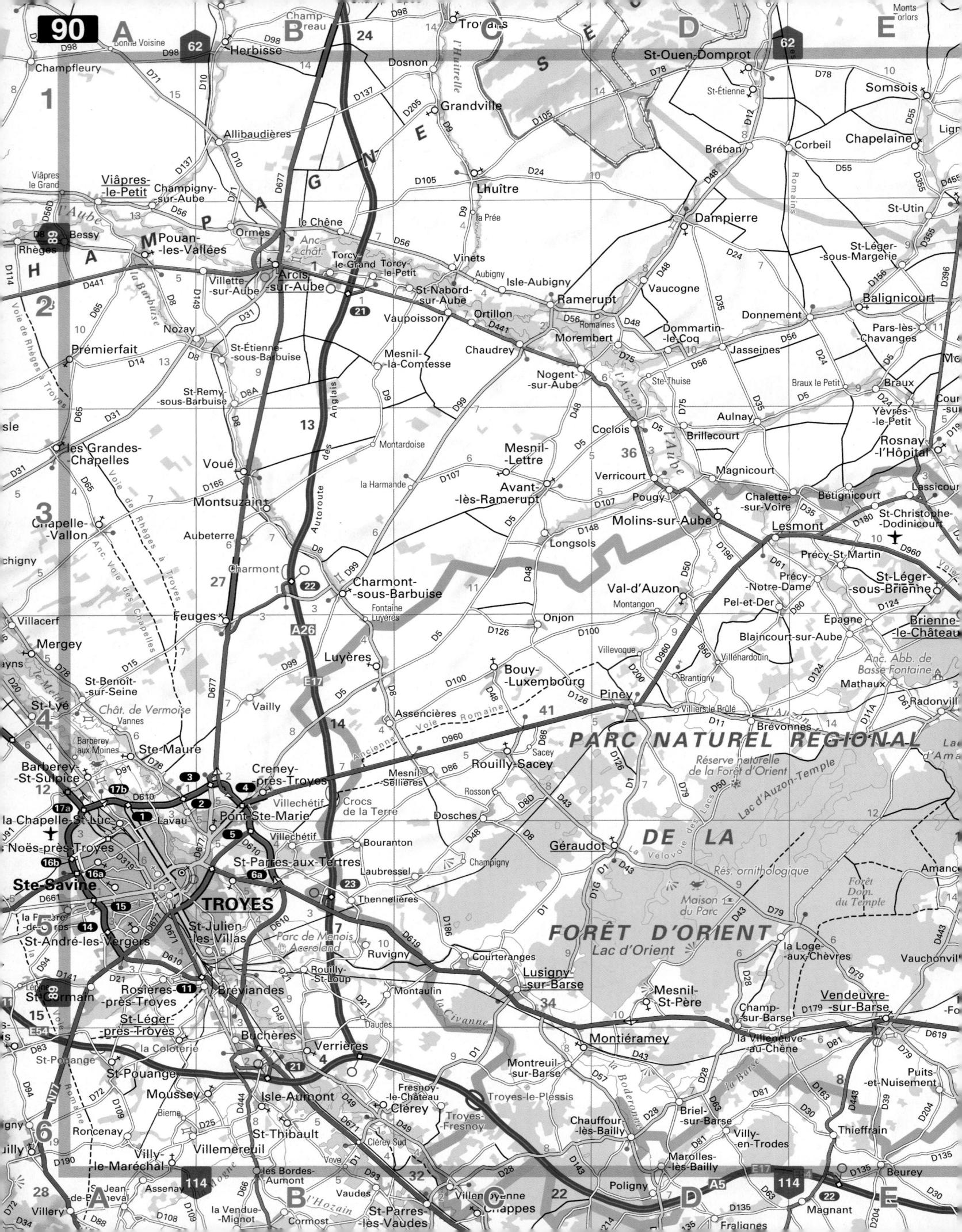

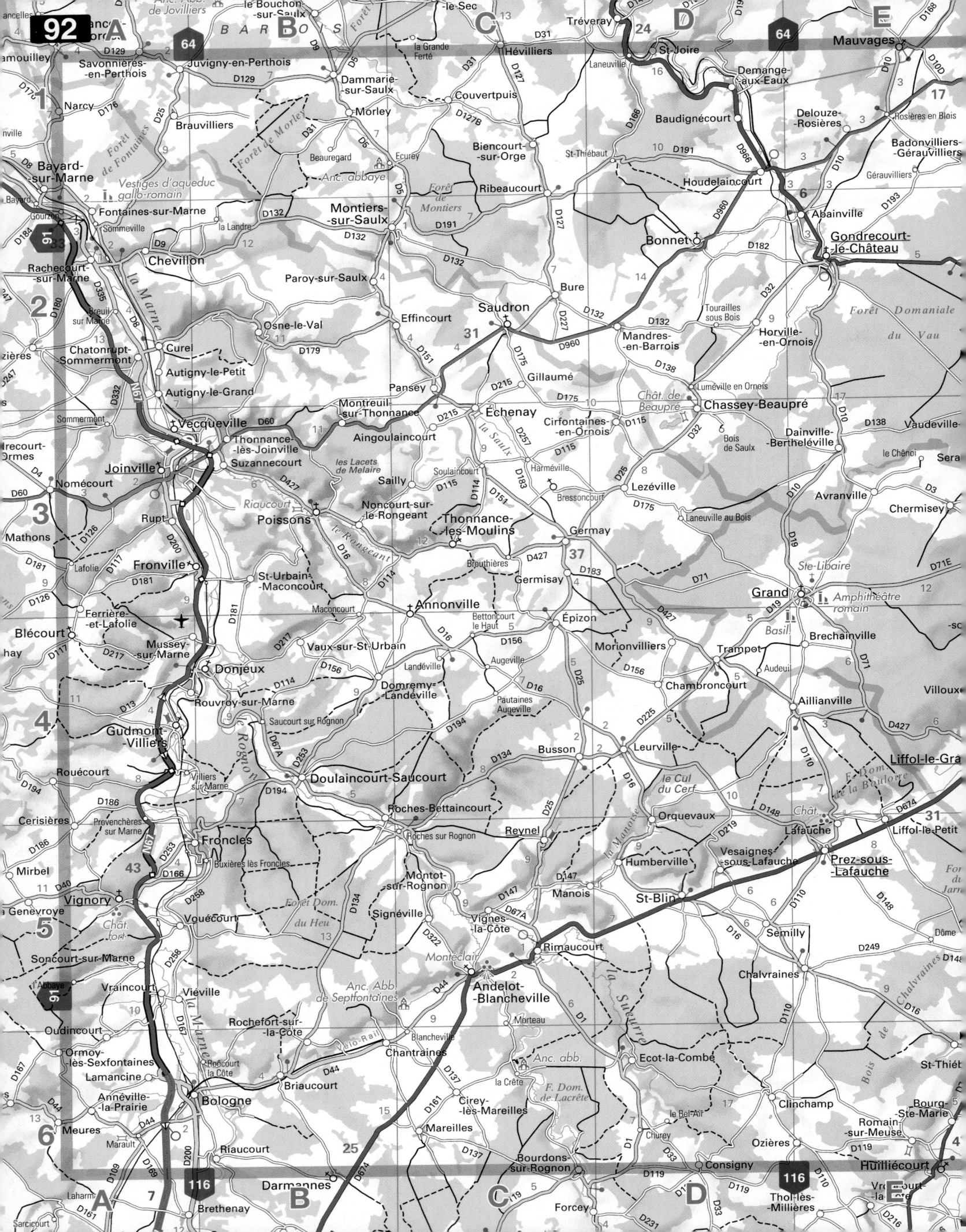

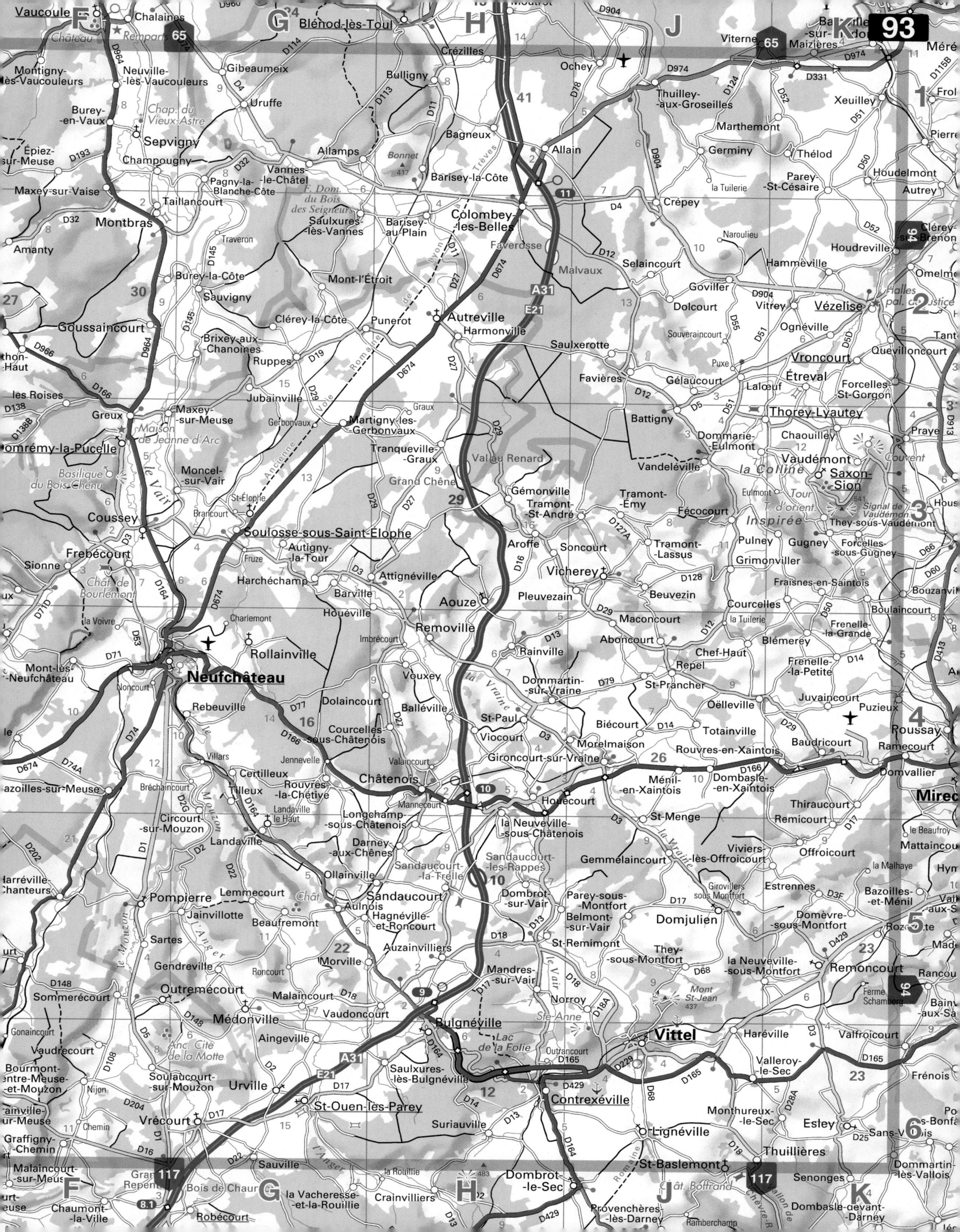

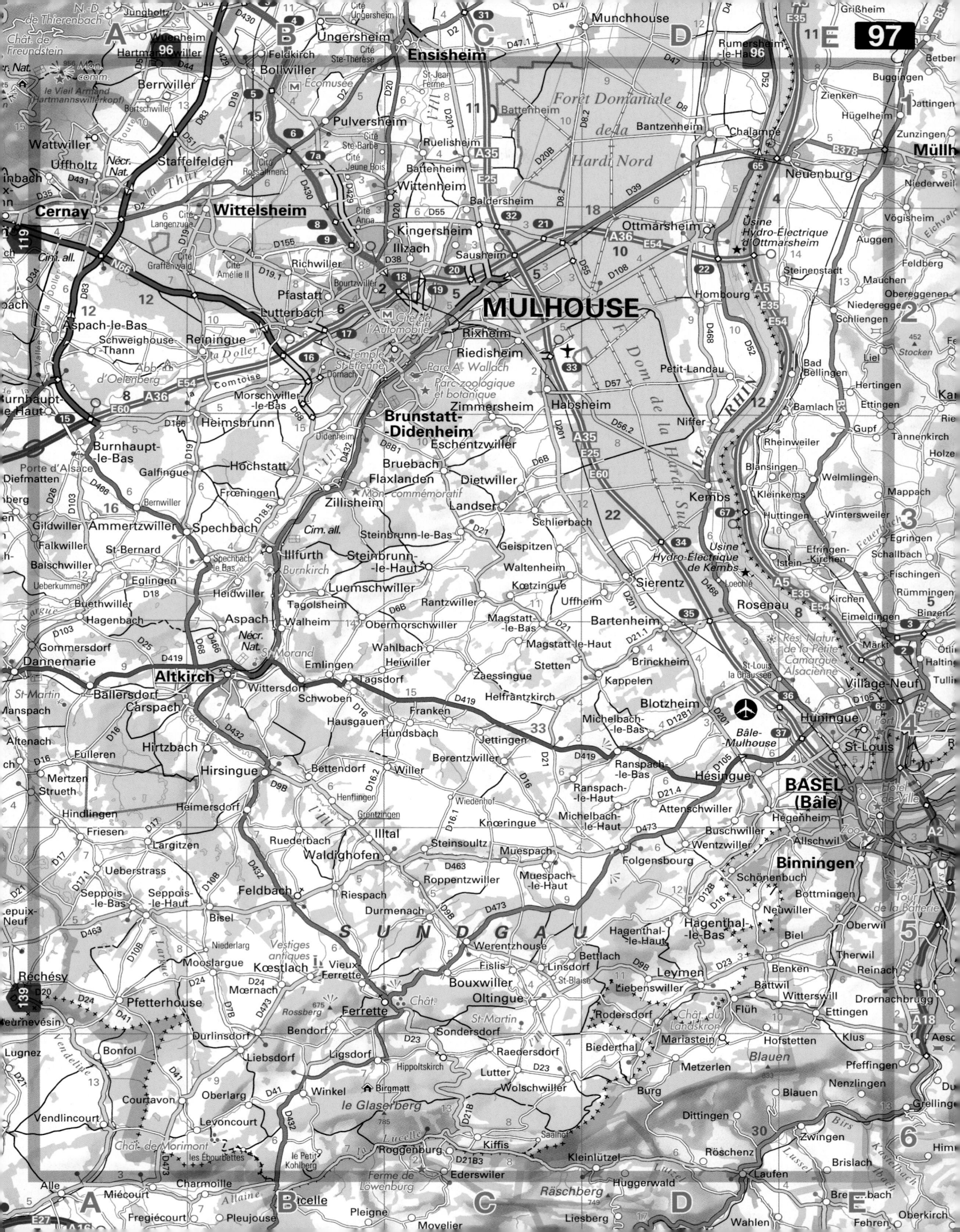

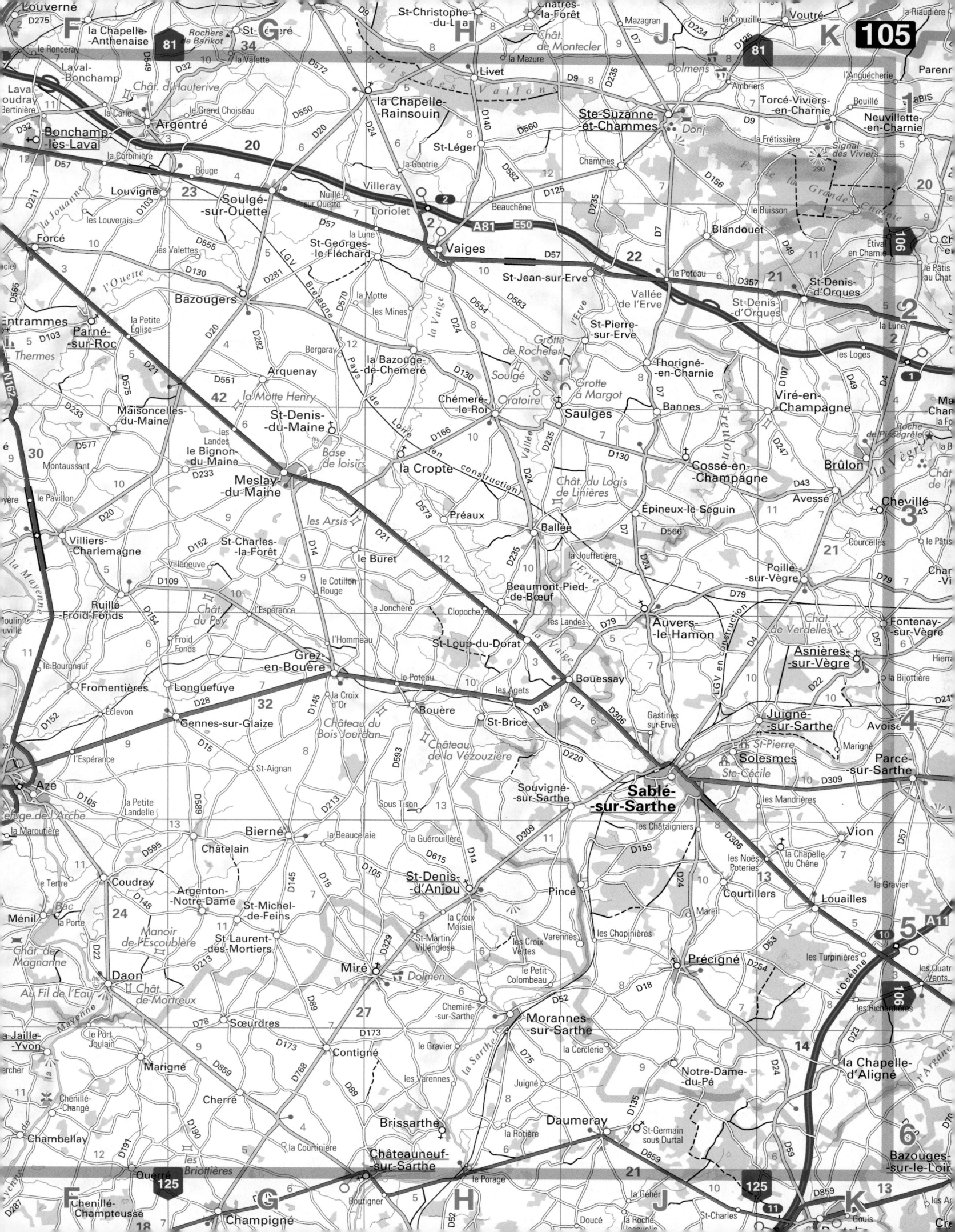

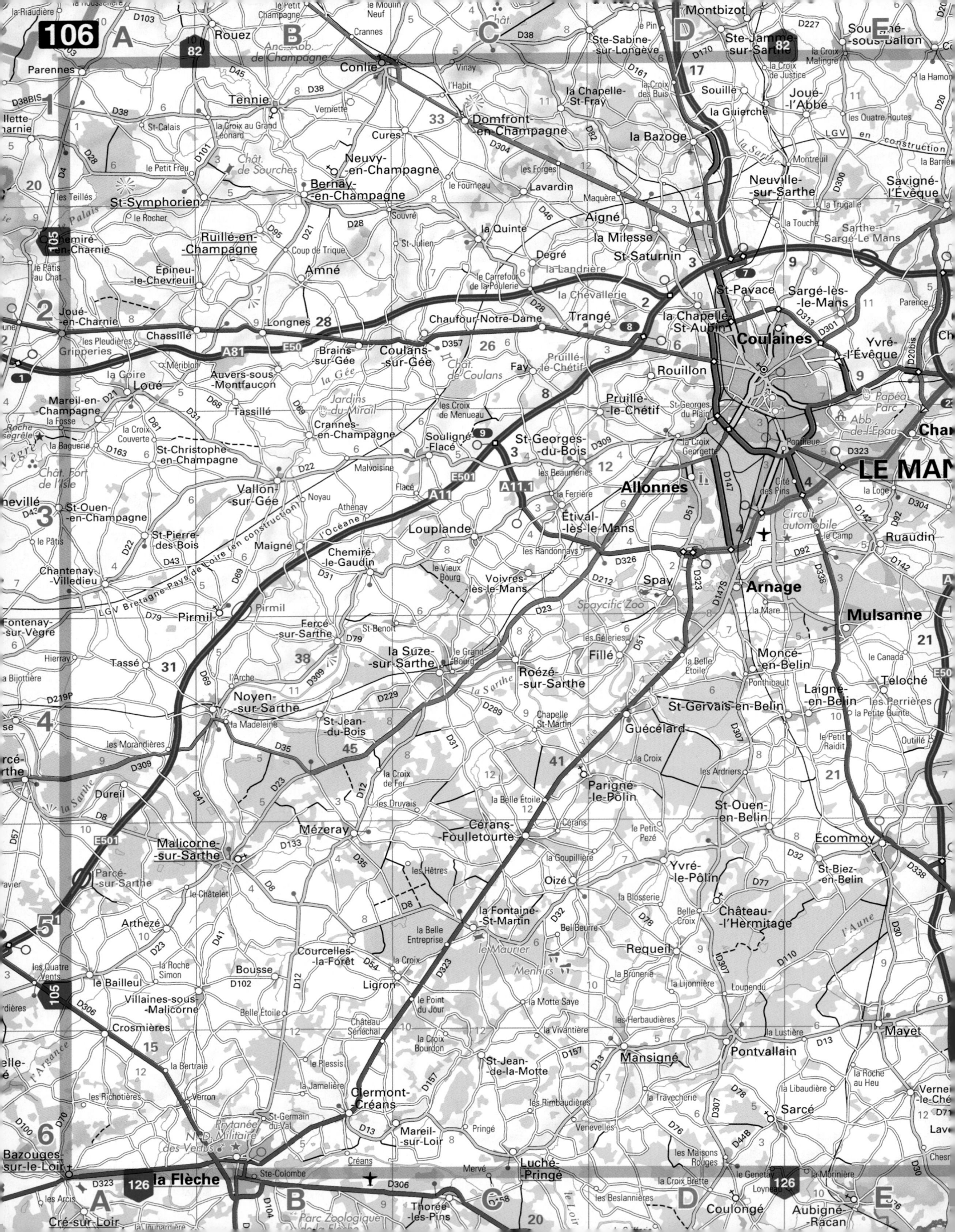

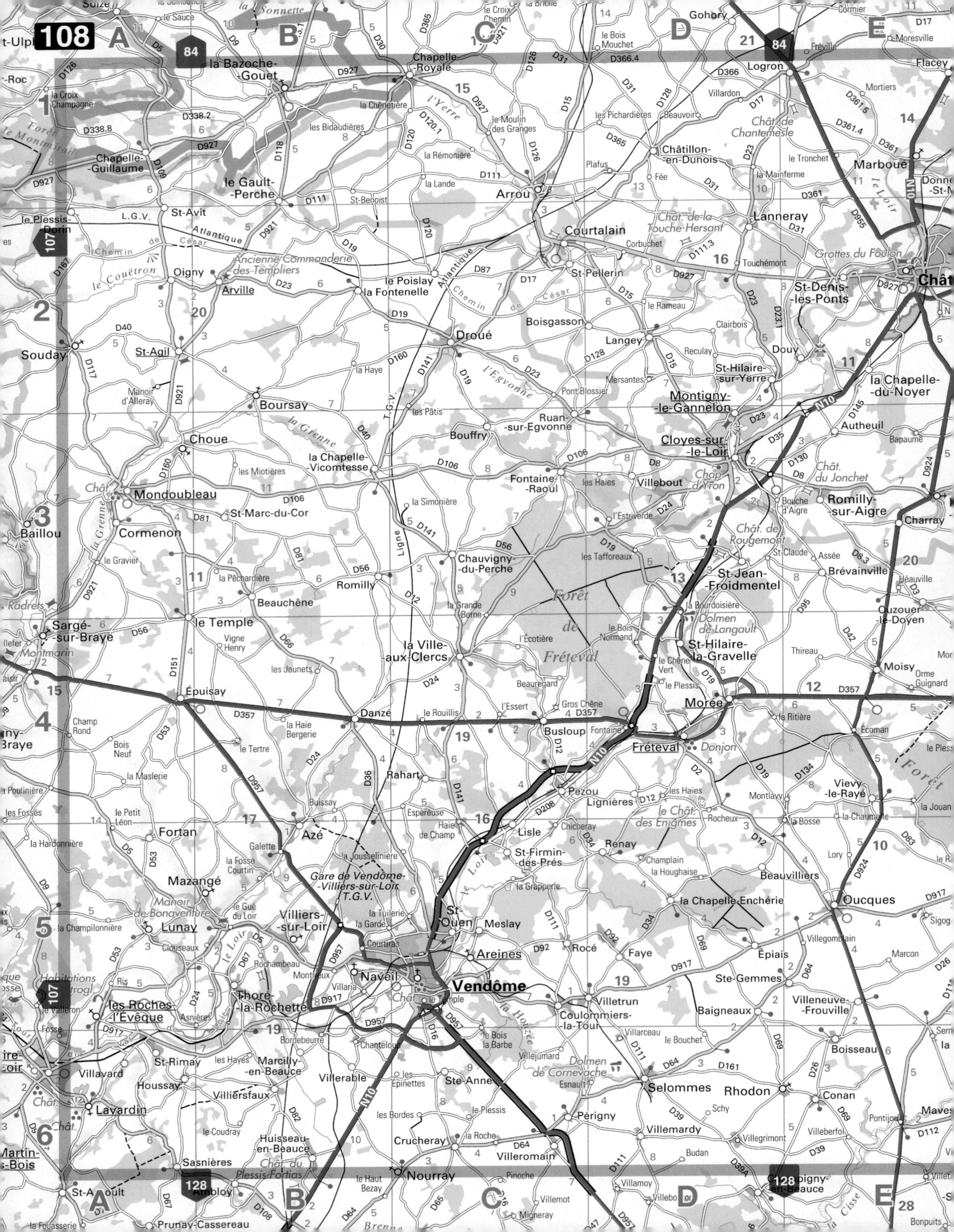

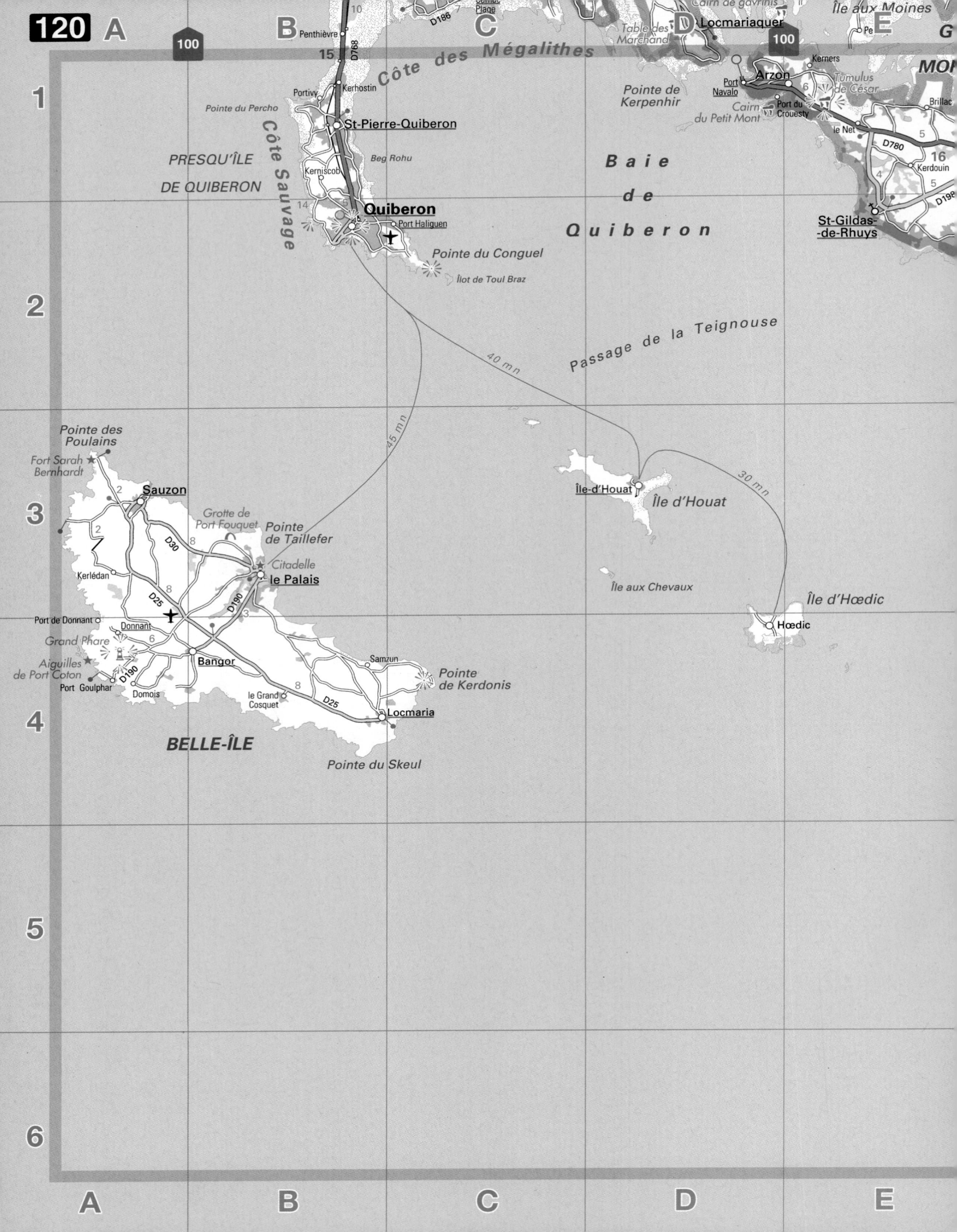

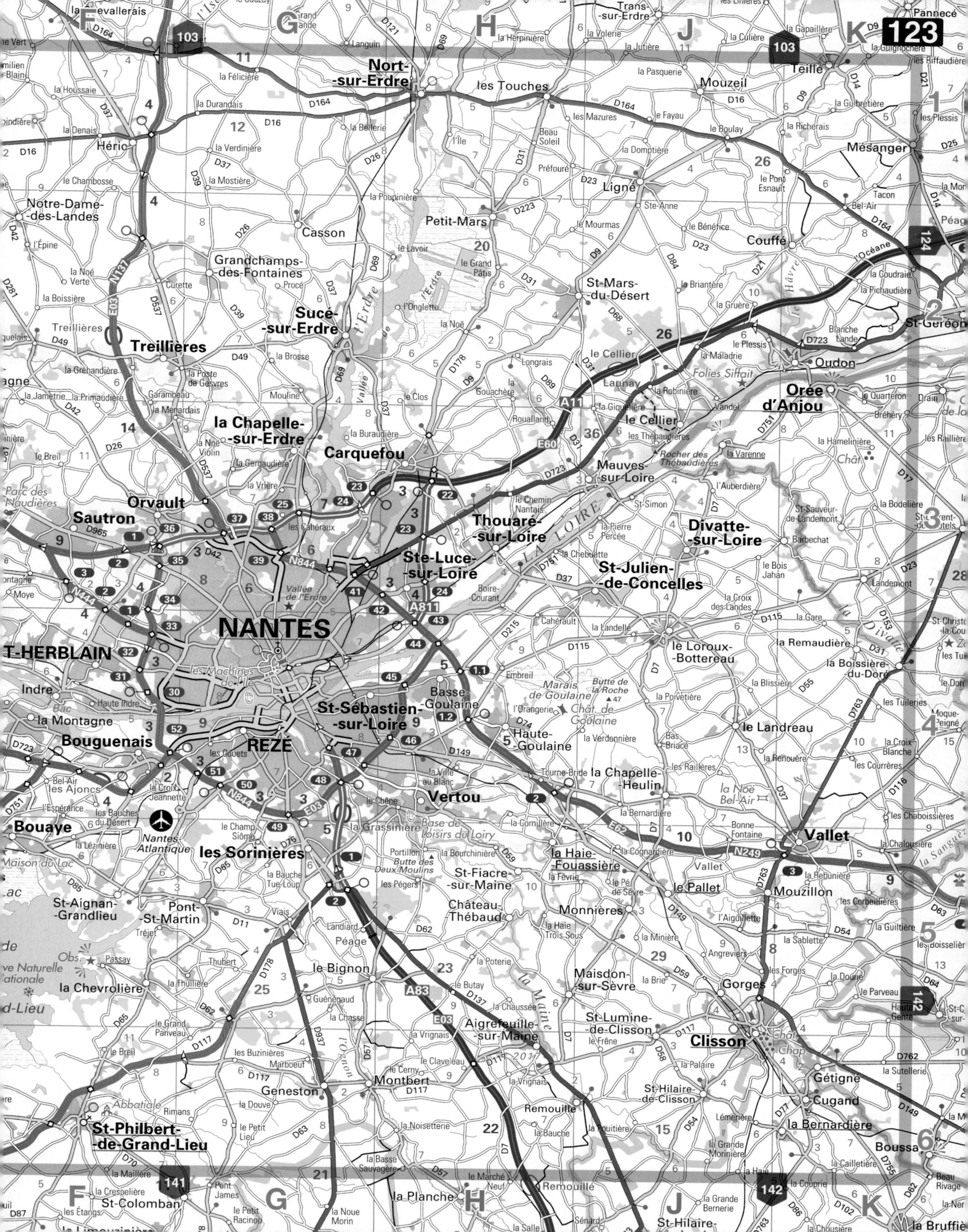

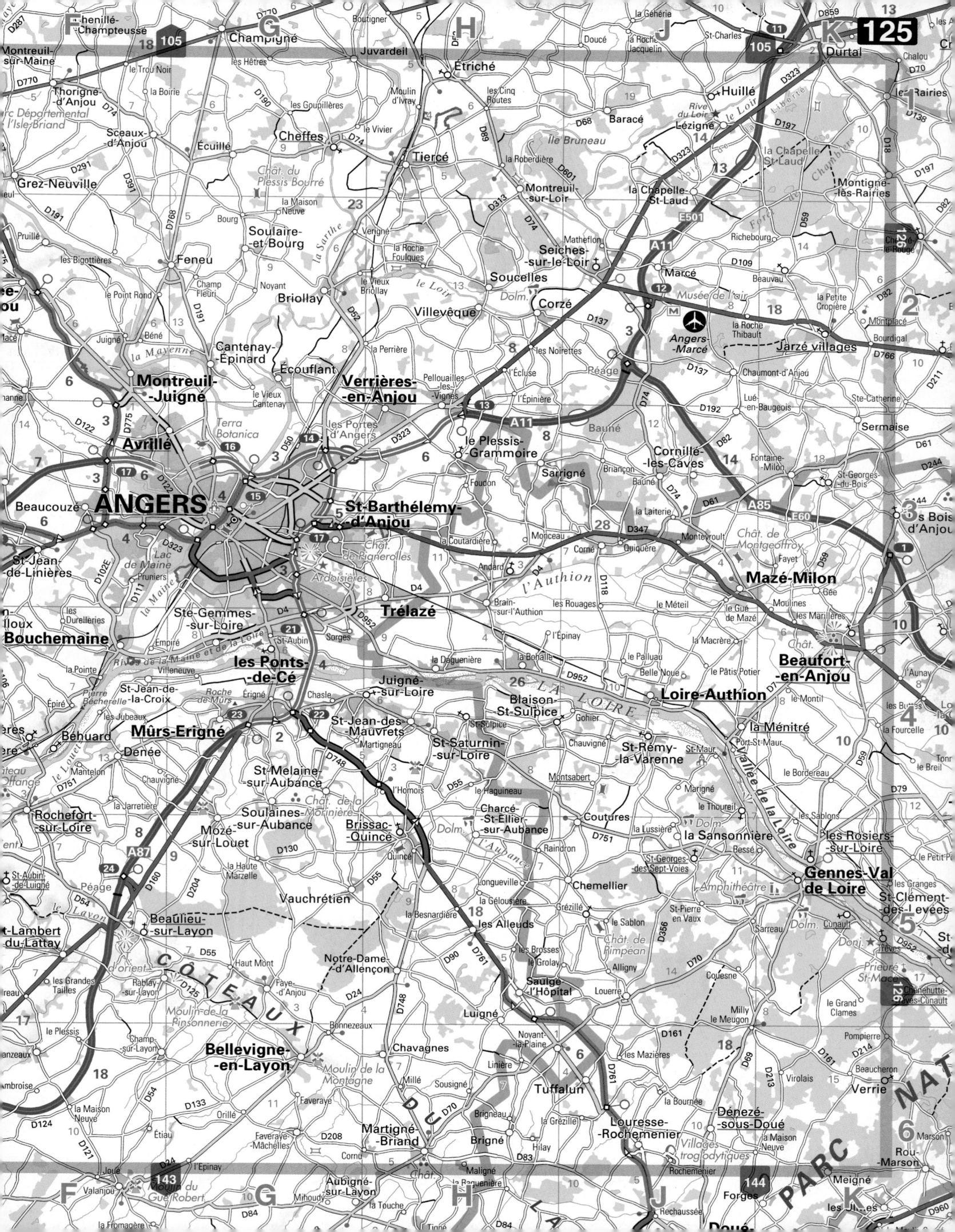

la Rochandière la Sévère D136 D5 D266
D96 7 les G...ins le Poirier Brandais
la Plaine- C la Ferté D86 Chauvé 122 12 E
-sur-Mer 10 Remartin D6 le Pas
D313 4 les Raises la Michelais Haute de la Haie
Pointe St-Gildas le Bourrelière des Marais Perché D5
Préfailles le Portmain 10 Pornic le Clion le Pont la Baconnière Chémeré
le Portcau Allée- sur Mer D751 le Port Chaumes-
couverte D13 -en-Retz
Ste-Marie D213 10 7 la Tartouzerie la Laurière
Corniche de la Noëveillard D66 l'Auvière la Milsandrie St-
de-Ch
Côte de Jade Dolmen 13 D13 le Poteau D67 D5 10 Noveux
de la Joselière la Bernerie D97 D758
Baie -en-Retz Chap. le Temple la C...
Pointe Anc. Abb. Pointe les Moutiers de Prigny l'O...
Pointe de de la Blanche des Charniers de -en-Retz la Croix la Guérivière 14
l'Herbaudière la Madeleine Villeneuve les Rivières la Glèmerie la
l'Herbaudière D5 le Grand -en-Retz aux Guérins D80
Plage 5 Vieil Bourgneuf St-Cyr
de Luzéronde D95 Phare Port en Retz
3 des Dames du Collet D758 Fresnay-
Noirmoutier-en-l'Île les Brochets D21 9 la Haute -en-Retz
la Bosse Crypte Réserve Naturelle Folie Loyau M
D38 des Marais de Müllembourg D118 la Neuve le Sud -Sa
l'Épine 6 D948 Port le Port D59 Châteauneuf
la Guérinière des Champs 17 la Roche la Frette 18 le Fallero
D95 Bouin la Chauvinerie D21A les Rochettes
Île le Fier Passage du Gois D758 le Frêne D59 D21 Bois-
de Noirmoutier 22 (praticable à le Marais M A R A I S l'Île -de-
Barbâtre marée basse) D95 Salé Chauvet Abb.
les Onchères D38 Époids Châteauneuf
la Frandière D948 10 D51 Beauvoir- la Chapelle D28 11 la Loge
la Fosse 5 la Croix sur-Mer la Pierre le Petit Moulin D71
8 Rouge 4 Blanche D58
Fromentine le Grand 3 15 Belle D75
Phare Pont St-Gervais Fontaine les Quatre le Mollin
de Fromentine 4 la Barre- D22 St-Urbain les Morandières D948 Moulins la Croix
-de-Monts D103 D103 Joslain Pont
la Graffinière 3 15 la Croix 6 Habert
B R E T O N le Pré D51 Min à Vent Sallertaine
Notre-Dame- D82 la Grande Cheminée D59 de Raire D71 Challans
-de-Monts Croix 9 le Vieux la Vairée D103 15 D753
13 Cerne la Botte D82 le Perrier 15
D38 la Lande 6 D753 D205 Chât.
les Vignes 8 le Bois D82 de la Vérie
St-Jean- Notaire 9 Soullans D32
-de-Monts 10 D38B les Mattes D69
Atlantis 5 Orouet D38 Villevert
la Pège 16 Notre-Dame- Villeneuve
D123 -de-Riez Dolmer
Sion sur l'Océan D38 le Pissot D83 Pierre
5 2 Beaulieu
St-Hilaire-de-Riez le Pont le Fenouiller
158 D6A le Plessis D754
D6

Pointe Dolmens Fromentine l'Île-d'Yeu
du But (Port Joinville)
Île d'Yeu
Côte le Grand St-Sauveur
Phare Chât. Menhir
Pointe du Port de la Croix
Châtelet la Meule
Sauvage Pointe Pointe
de la Tranche des Corbeaux
A B C D E

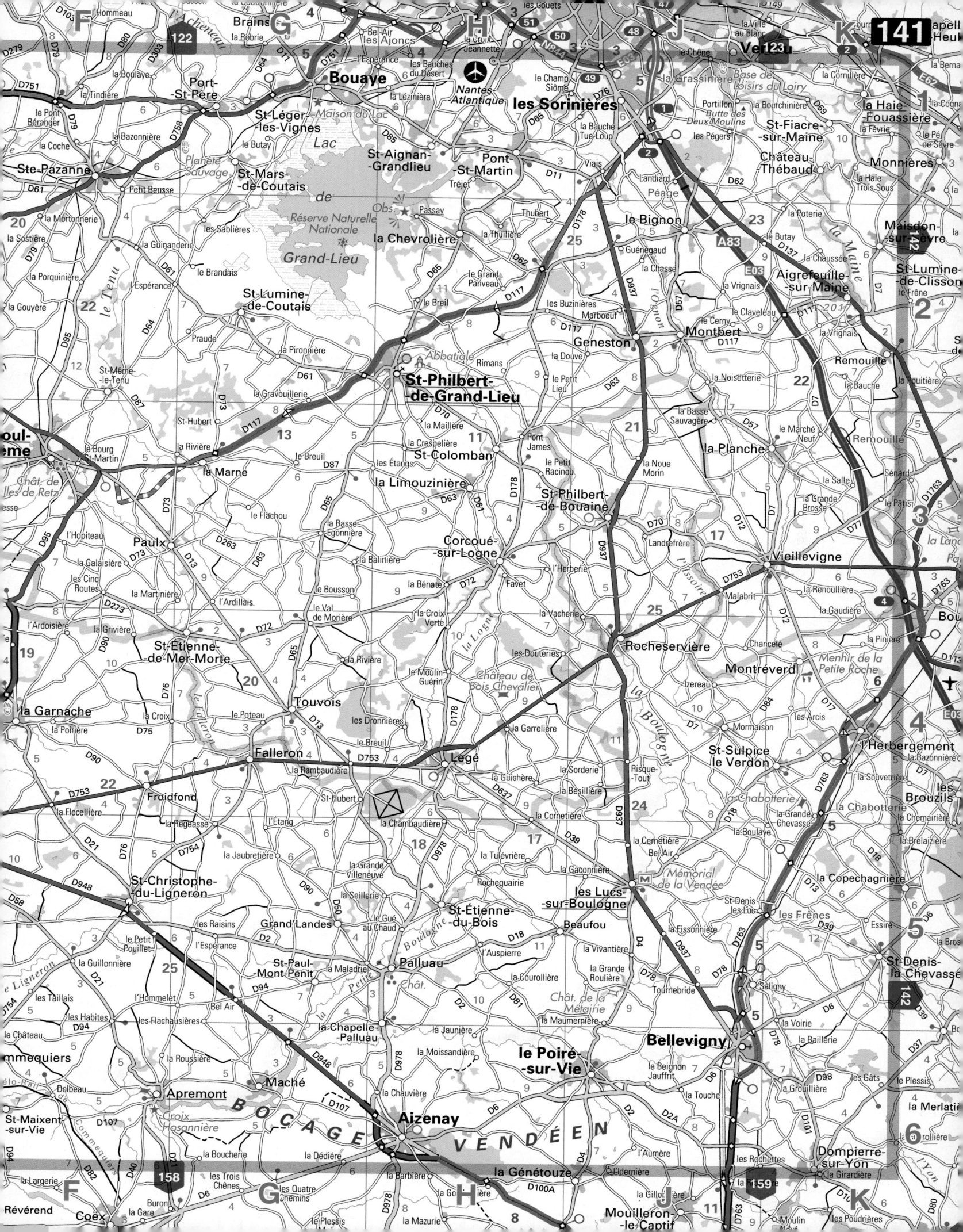

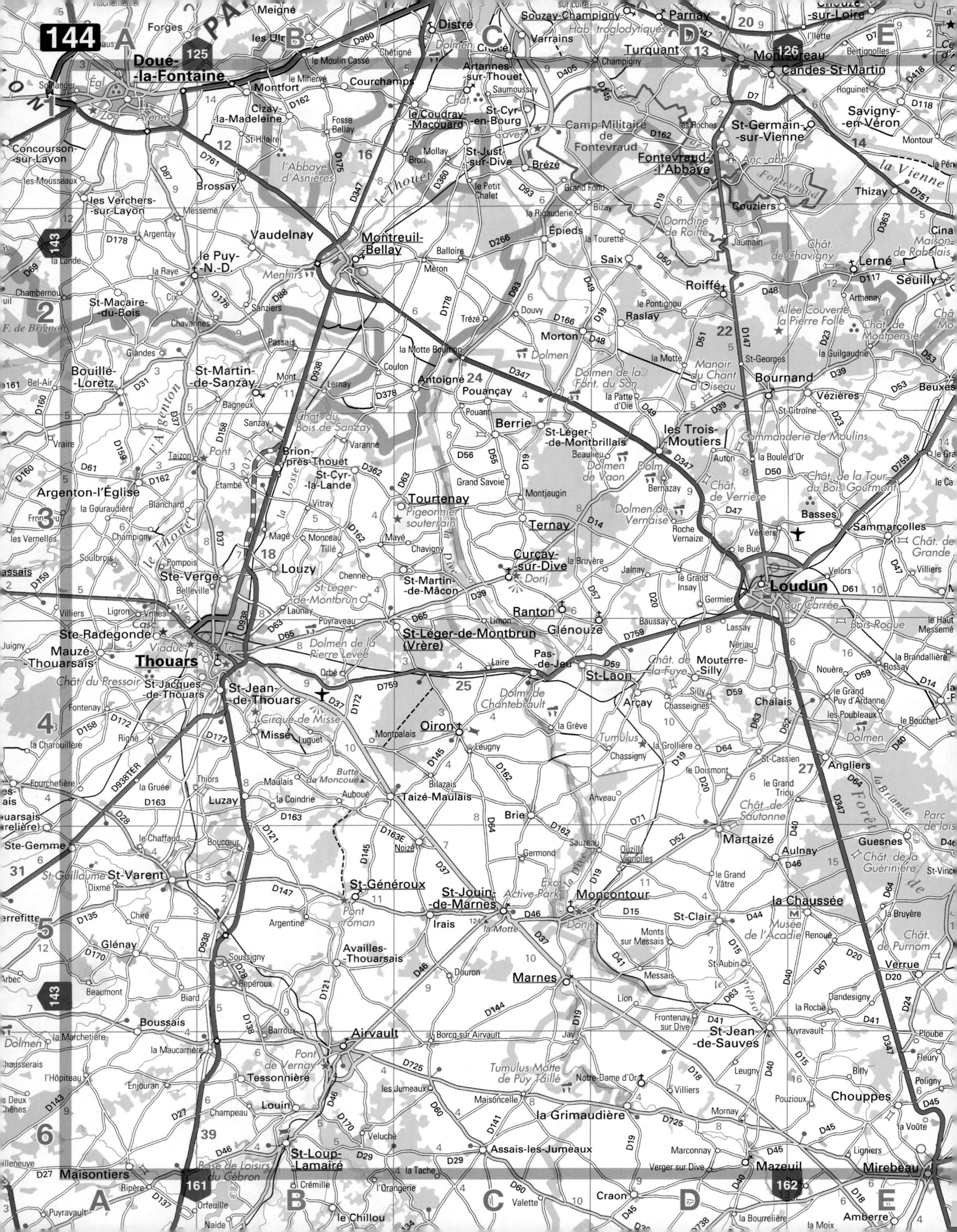

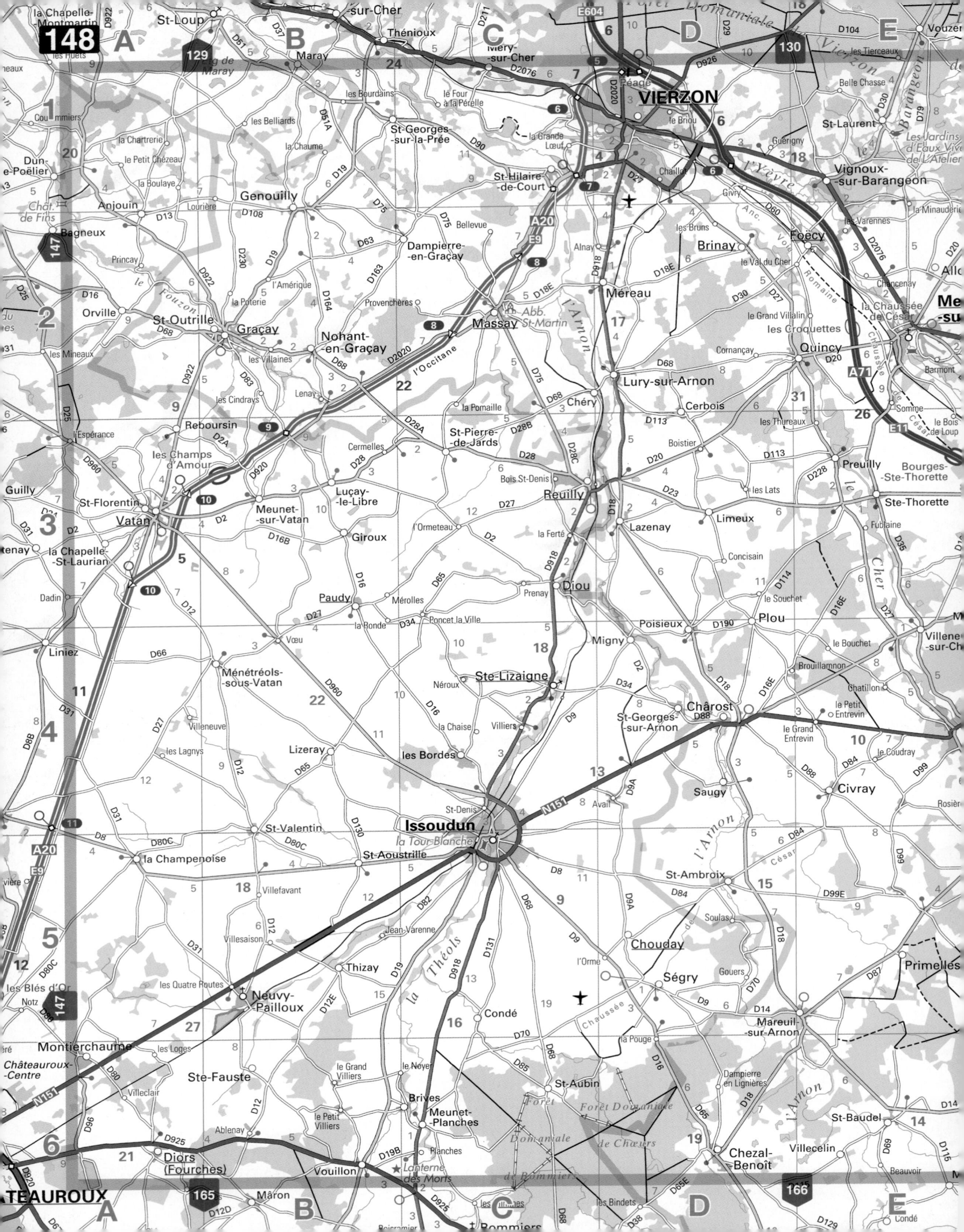

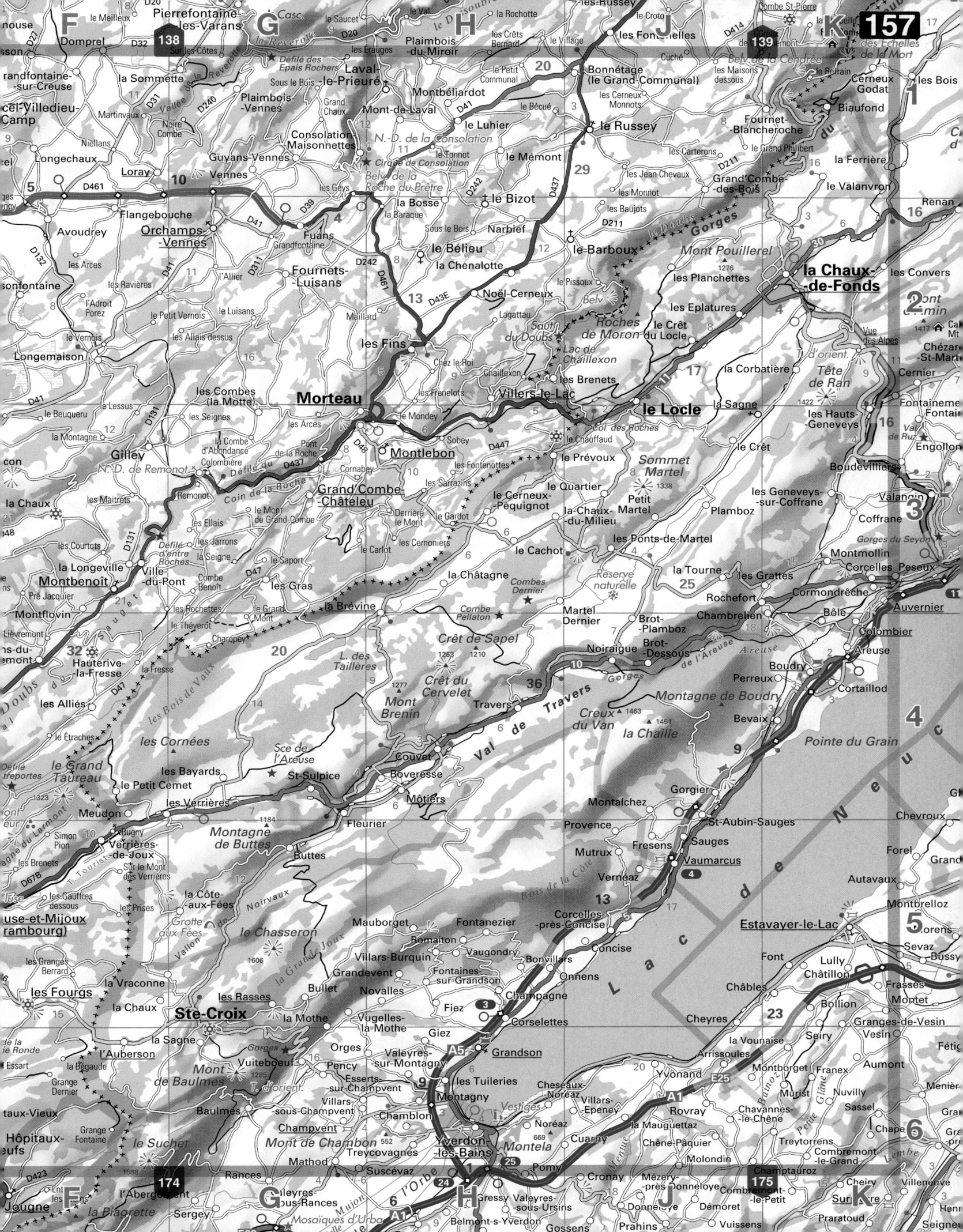

1

140

St-Gilles-
-Croix-de-Vie

Givrand

la Chaize-
-Giraud

la Sauzaie

Brem-sur-Mer

les Granges

Bretignolles-
sur-Mer

la Parée

le Marais Girard

St-Nicolas
de Brem

Chât. de
Beaumarchais

D38

D38B

D12

D42

D32

Lac
du Jaunay

St-Révérand

26

141

Coëx

Buron
la Gare

l'Aiguillon-
sur-Vie

la Faverie
la St-Hubert
le Pré
la Roche
Baudouin
le Noyer
l'Edmondière

Landevieille

23

la Sourderie

la Frémière
le Plessis
la Bassellèr

D54

D54

2

Menhir
la Conche Verte

la Burelière

Vairé

la Salaire
la Flaivière
les Re
le Petit
Besson

29

D80

D38

l'Île-
-d'Olonne

Champclou

la Baudière

Observatoire

Bourgneuf

D87

la Poulinière

D760

3

F. Dom d'Olonne

10

Olonne-
-sur-Mer

la Girvière

Gahou

D2052

2

D32

la
Ver

6

Château
de
Pierre Levé

D949

la Chaume

Fort St-Nicolas

Phare de l'Armandèche

les Sables-
-d'Olonne

la Pironnière

Château-
-d'Olonne

Zoo

le Petit
Brandais

4

Puits d'Enfer

Baie de Cayola

Aquarium

D129

Ds

5

Pointe des
Baleines

Phare
des Baleines

le Gillieux

St-Clément-
-des-Baleines
(le Chabot)

D101

Rés. Natur.
de Lileau
des Niges

Bois de
Trousse-Chemise

Pertuis

les Portes-en-Ré

Loix

D102

Ars-en-Ré

8

la Passe

2

la Couarde-sur-Mer

D201

le Bois-Plage-en-Ré

Phare
de Chanchardon

Ensembles Littoraux et Marais
de l'Île de Ré

les Gros
Joncs

D201

10

la Noue

B r e t o n

D735

5

St-Martin-de-Ré

Remparts

2

D103

le Morinant

Anc.-Abb.
des Châteliers

la Flotte

Fort de
la Prée

D201E1

Rivedoux-
-Plage

Ste-Marie-
-de-Ré

Sablanceaux

Péage

D735

4

la Pallice

Po

6

ÎLE DE RÉ

A B C D E

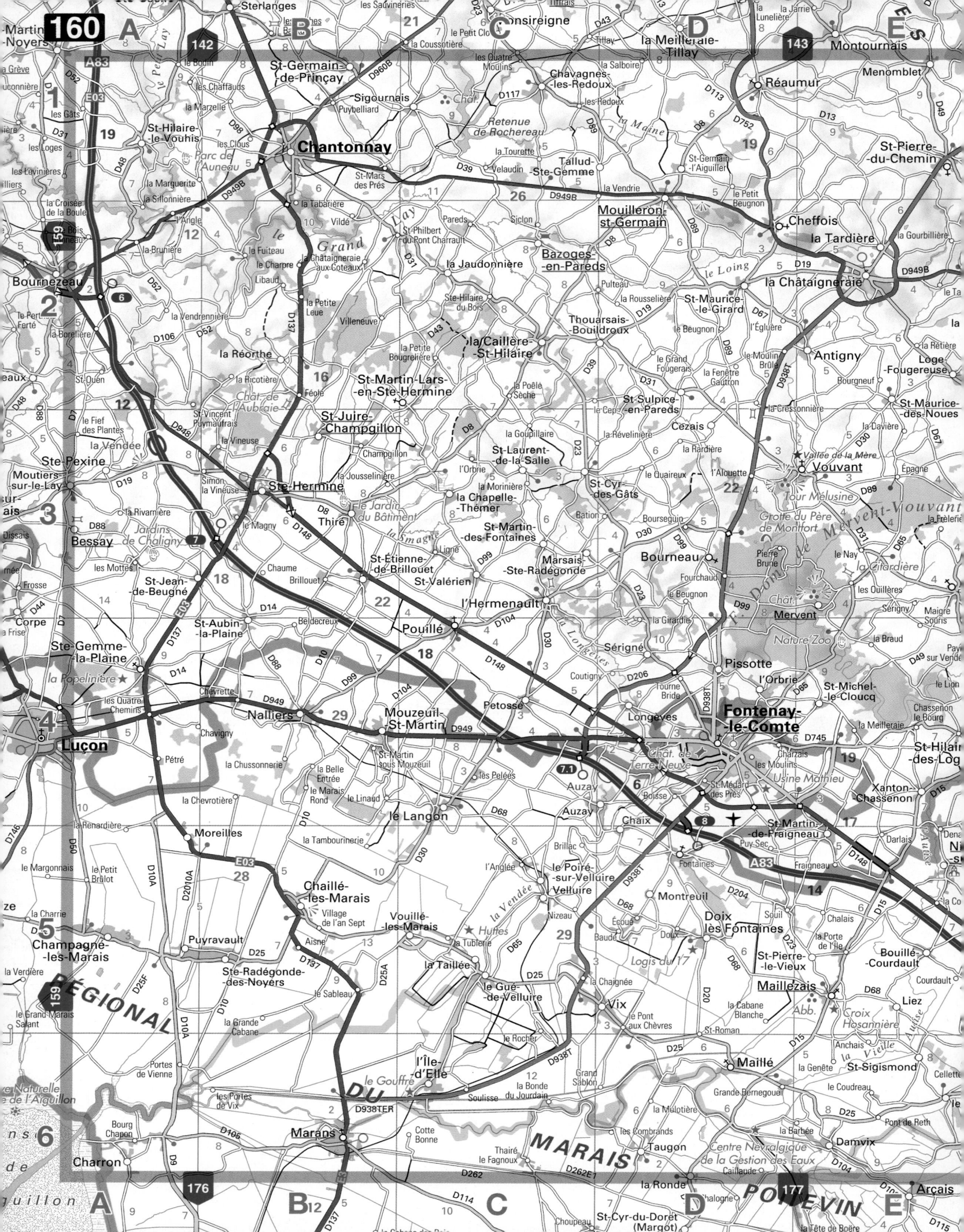

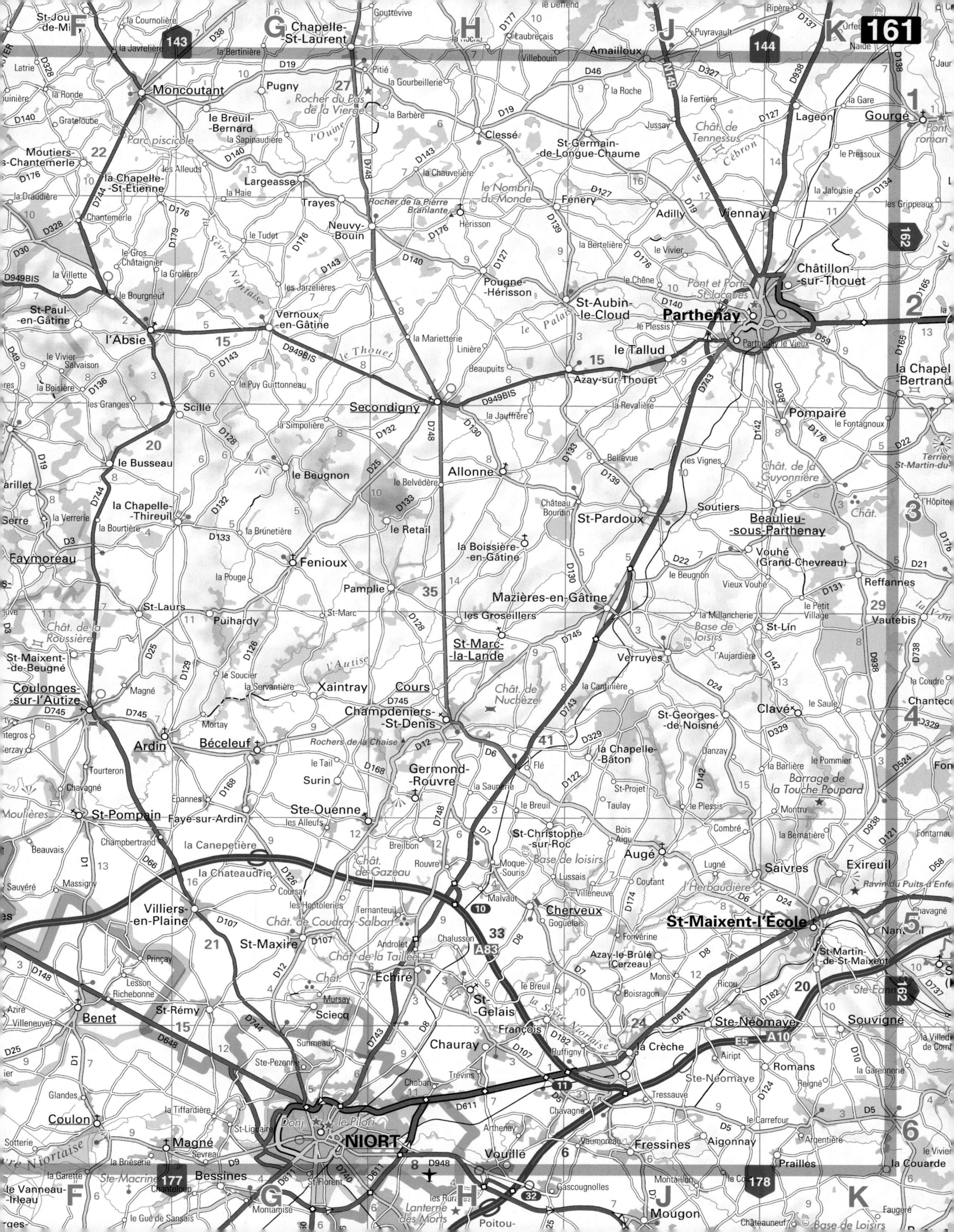

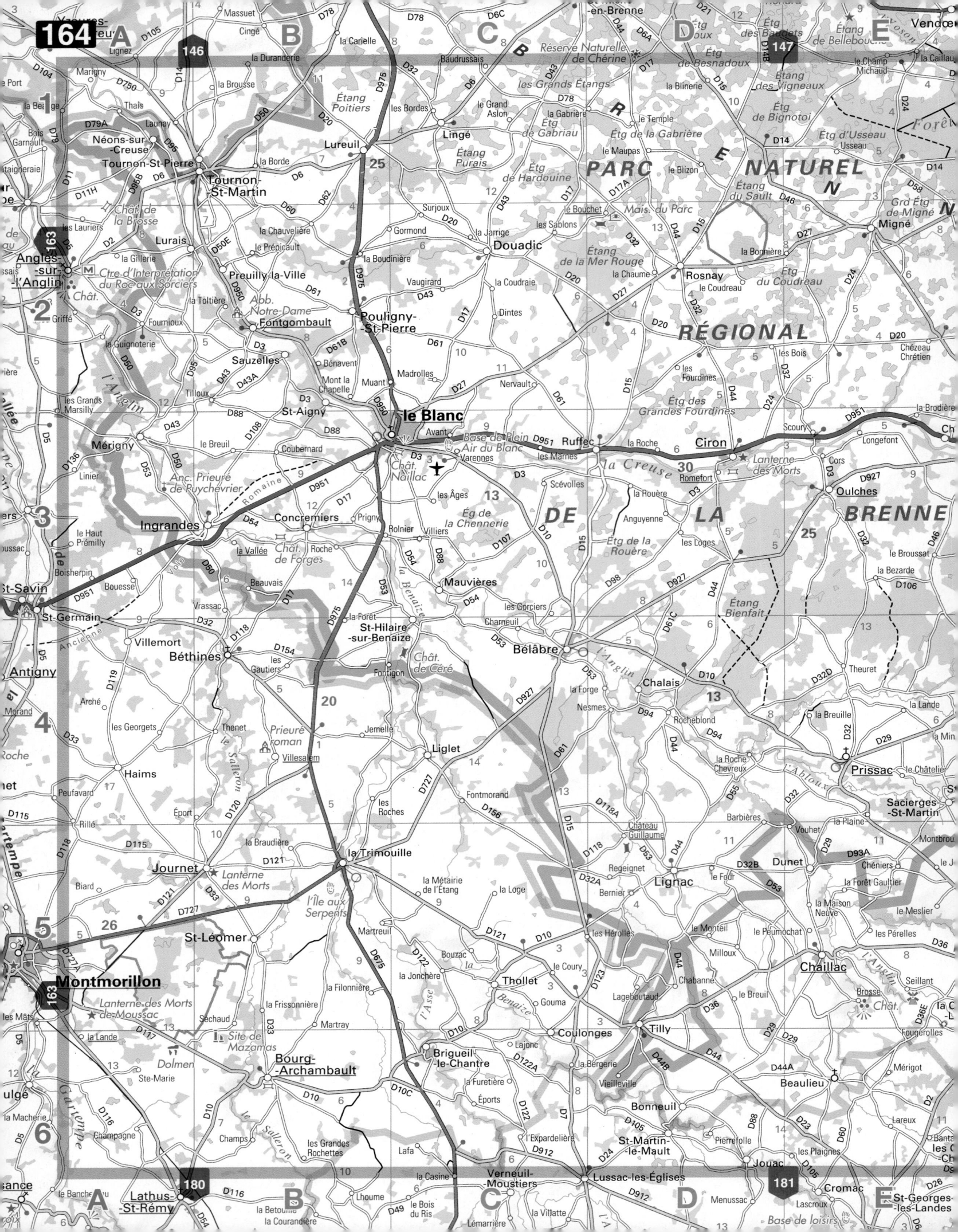

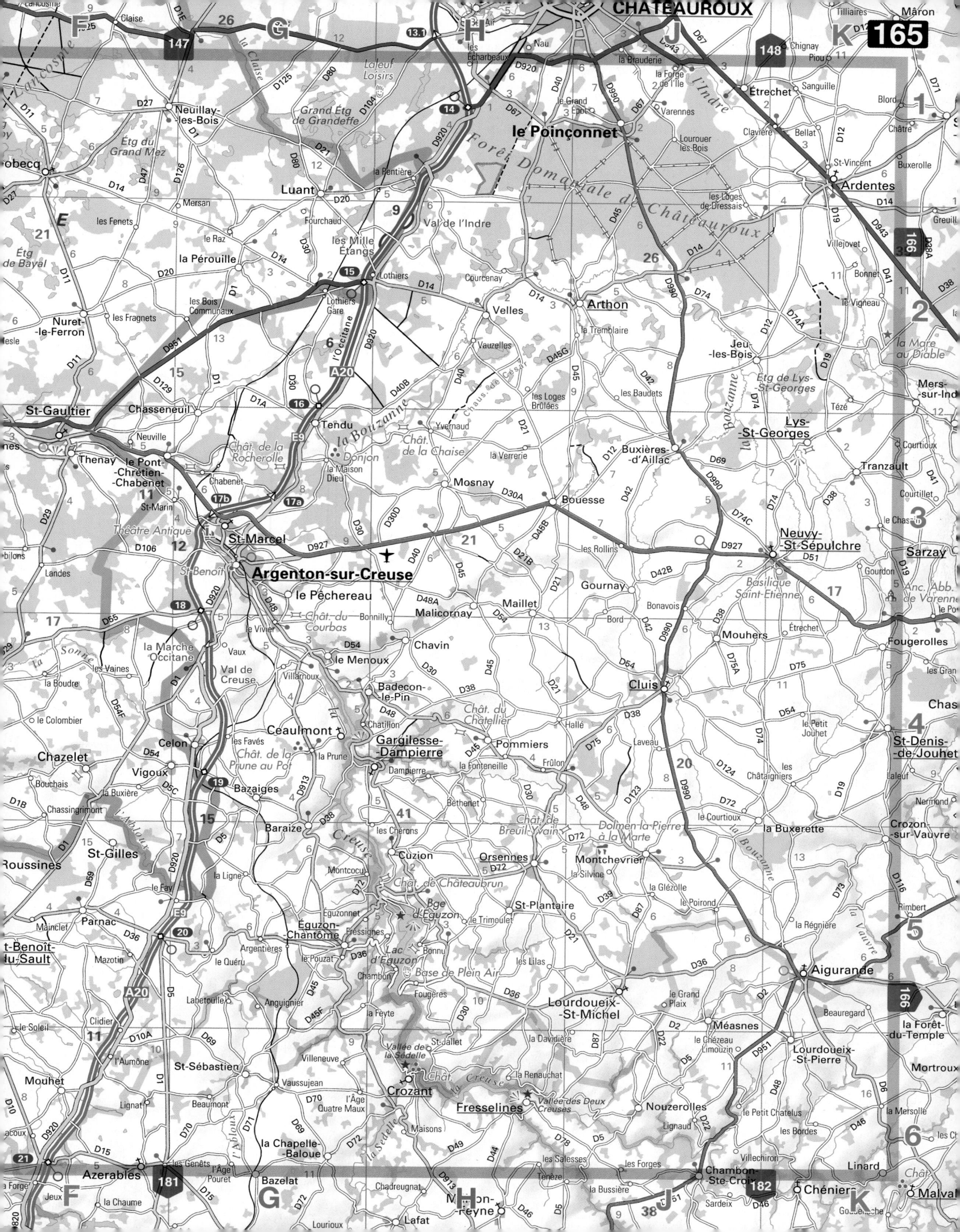

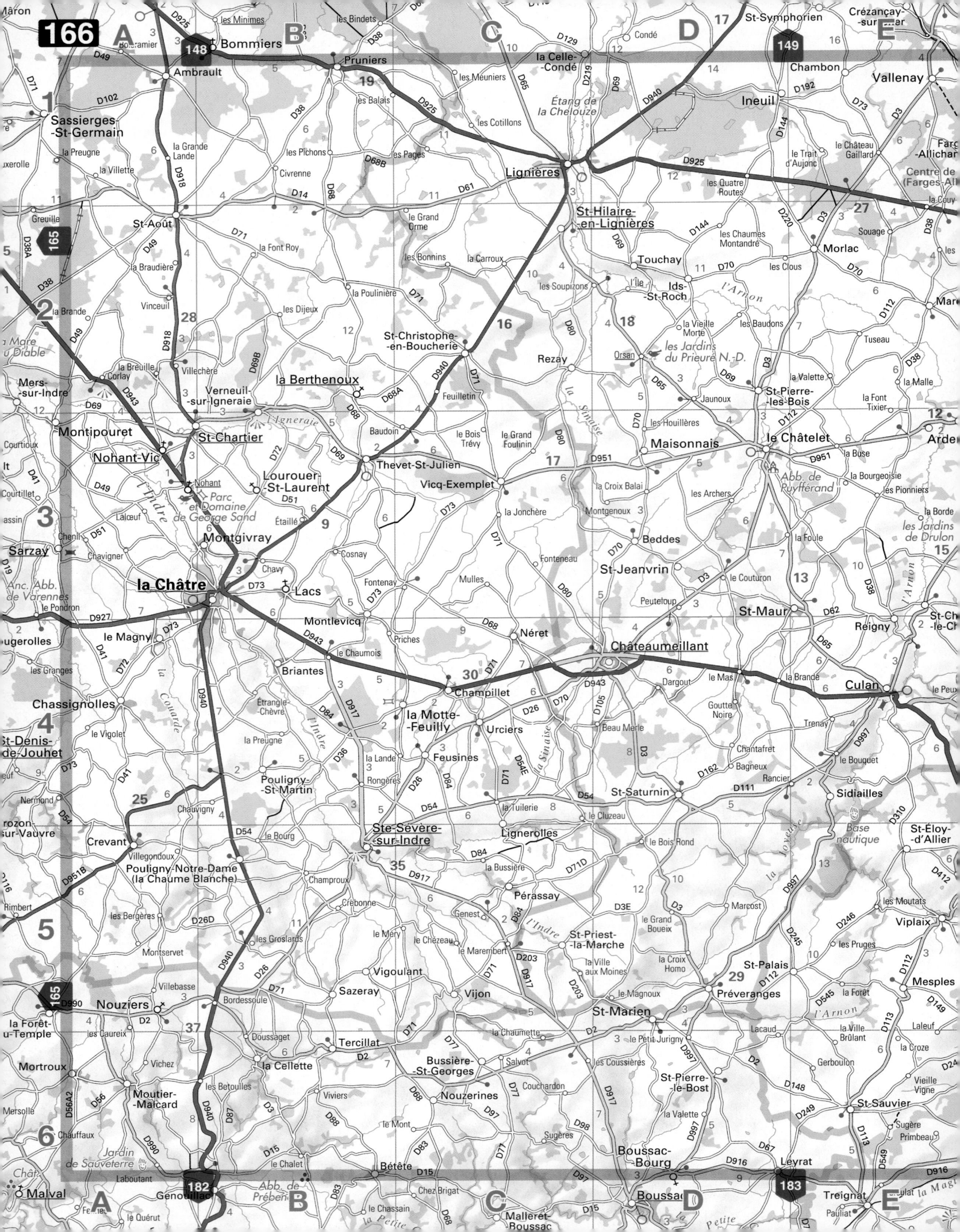

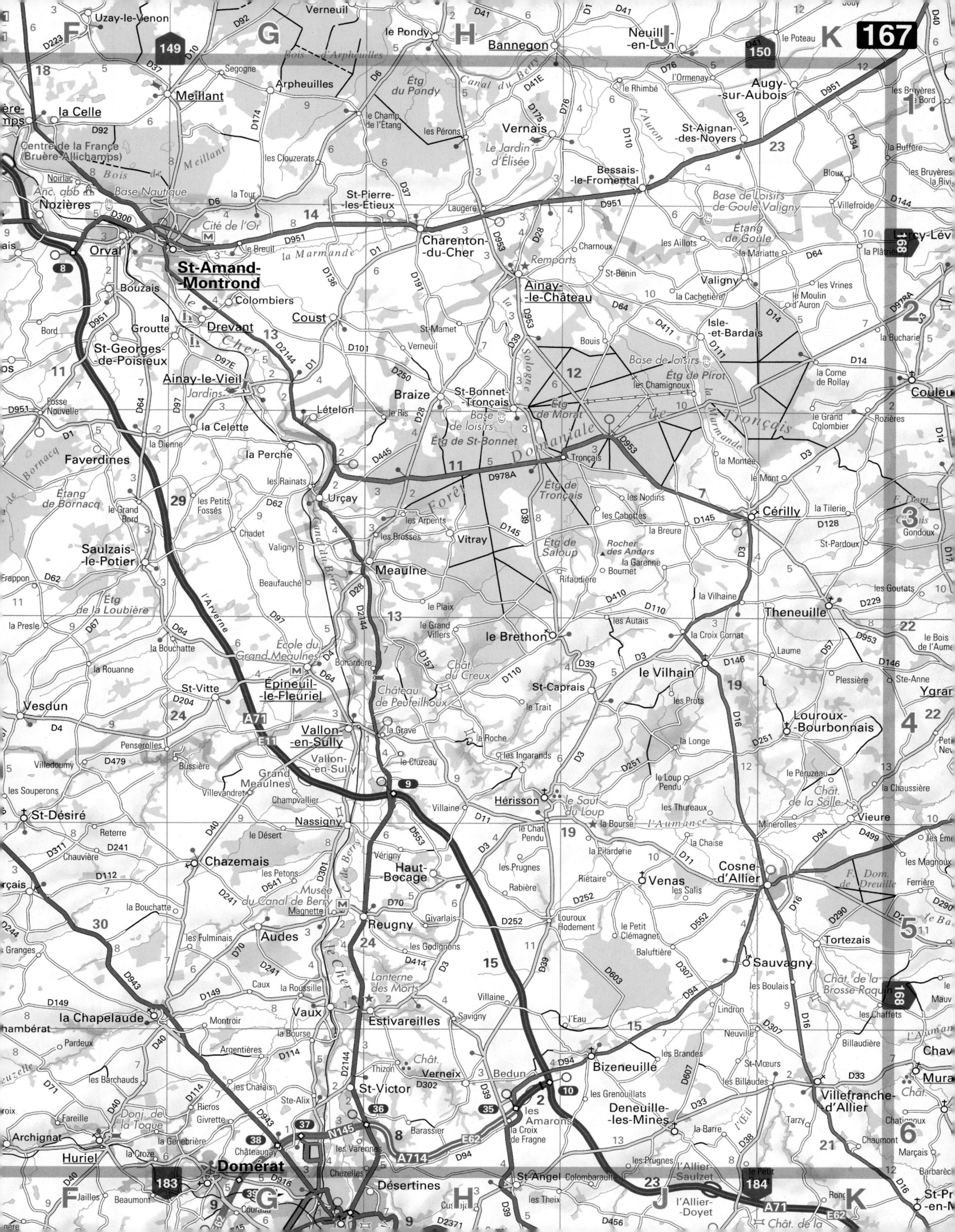

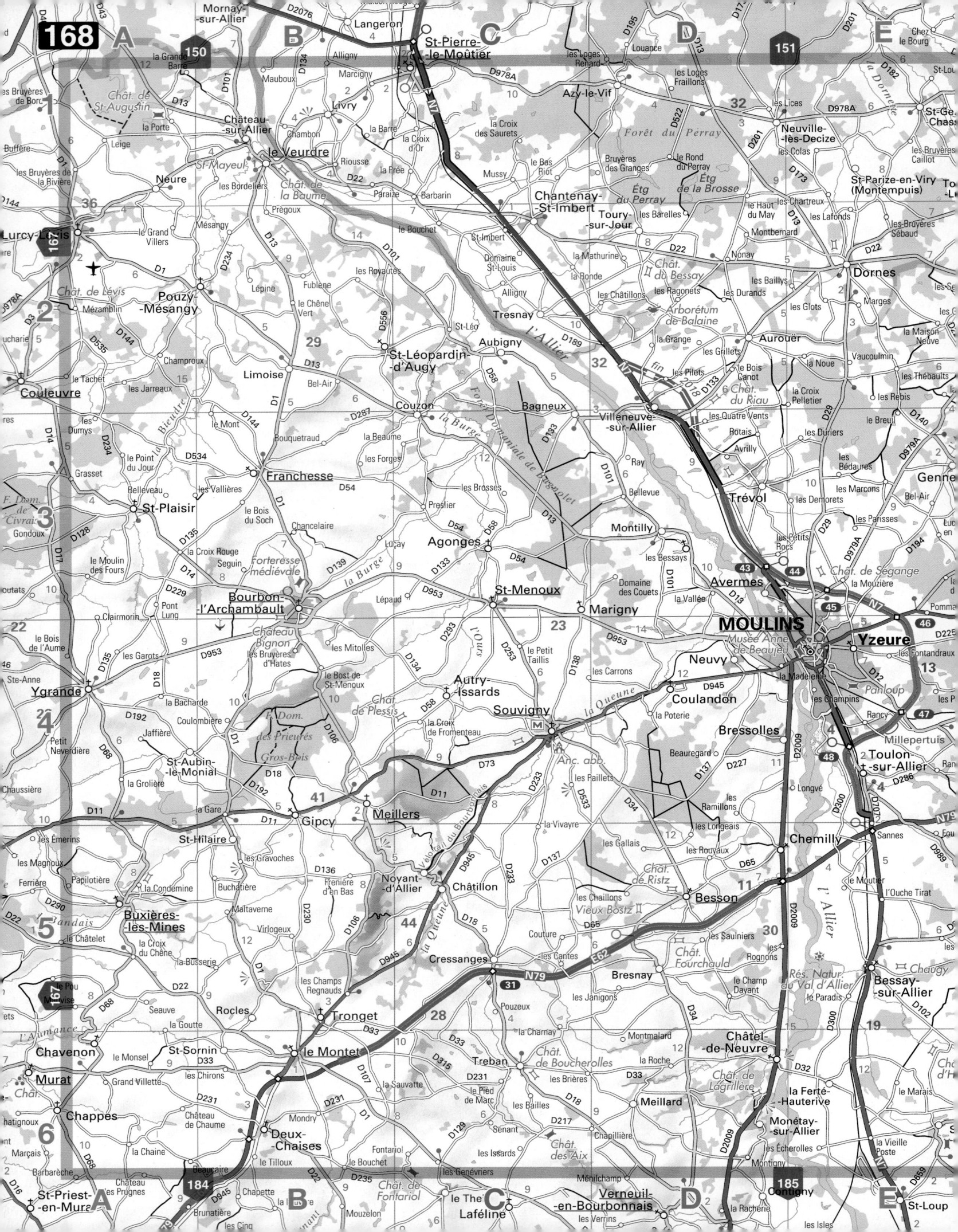

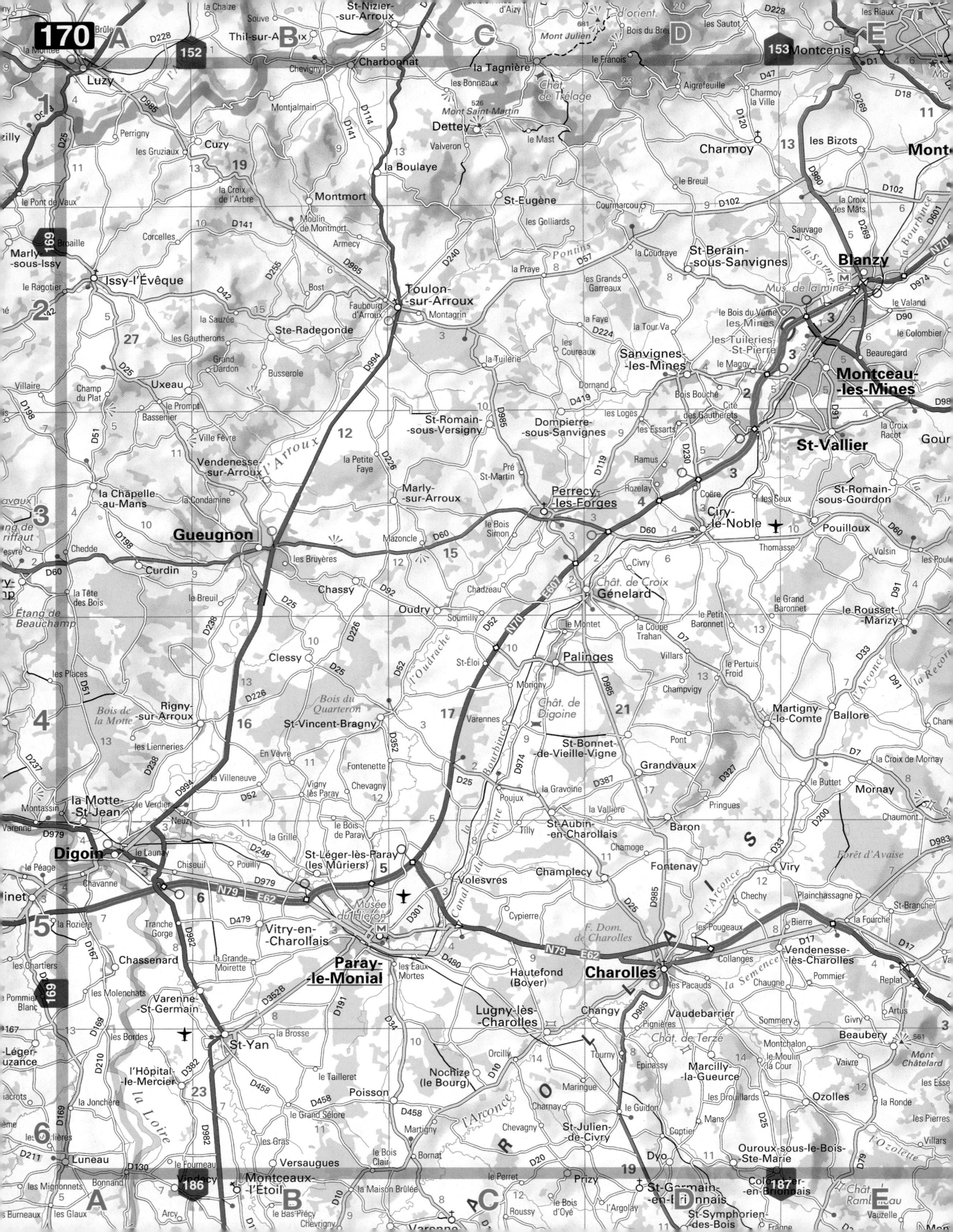

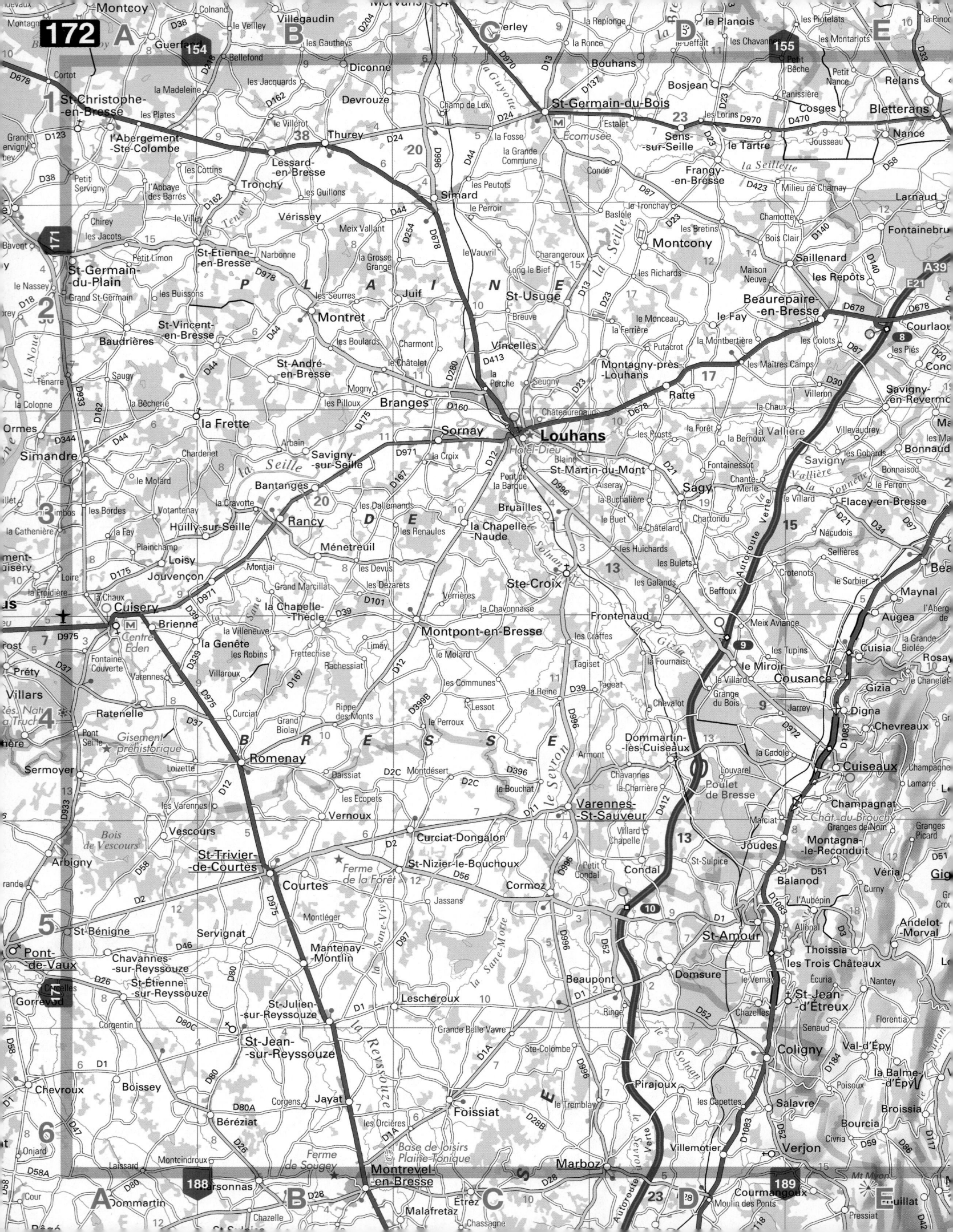

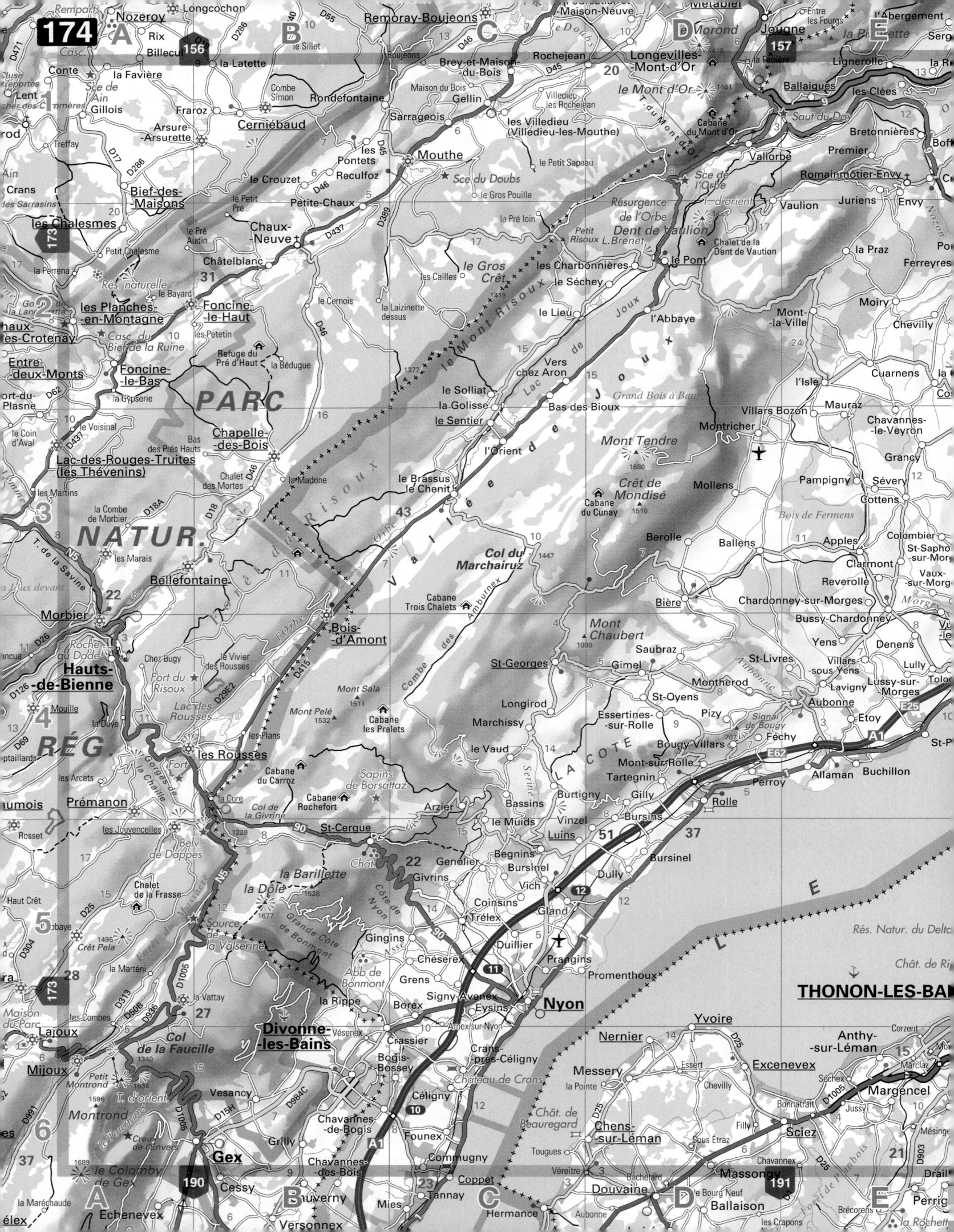

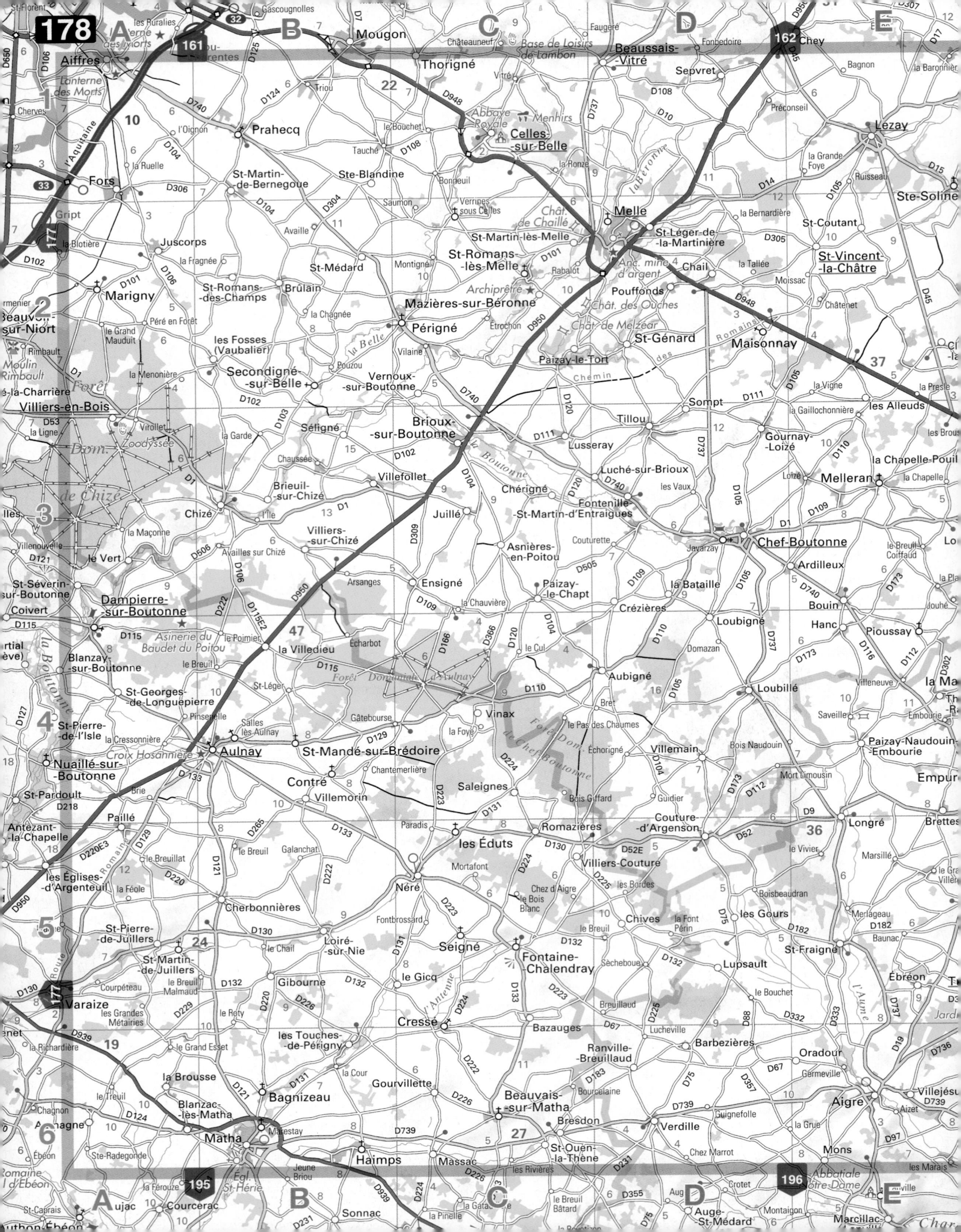

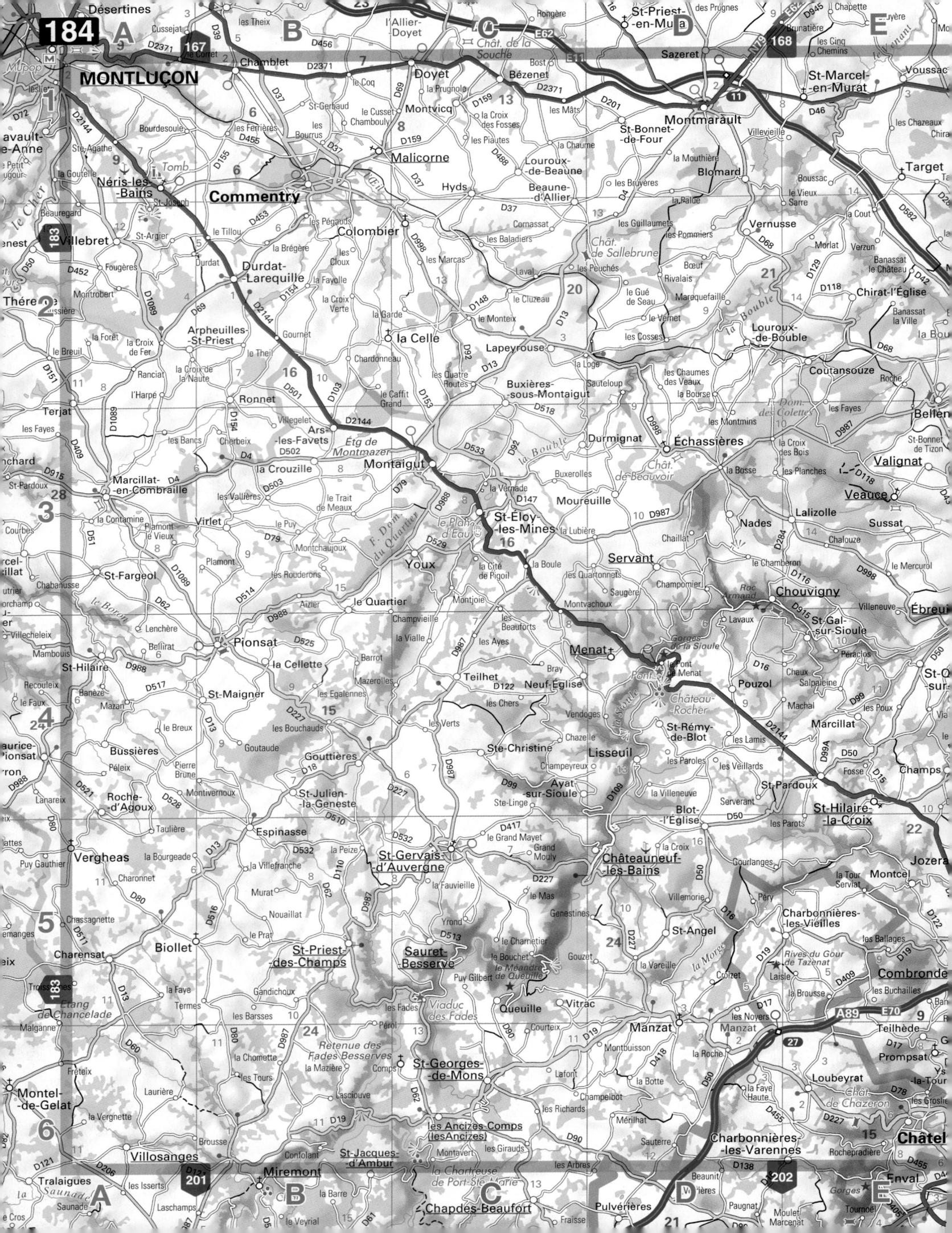

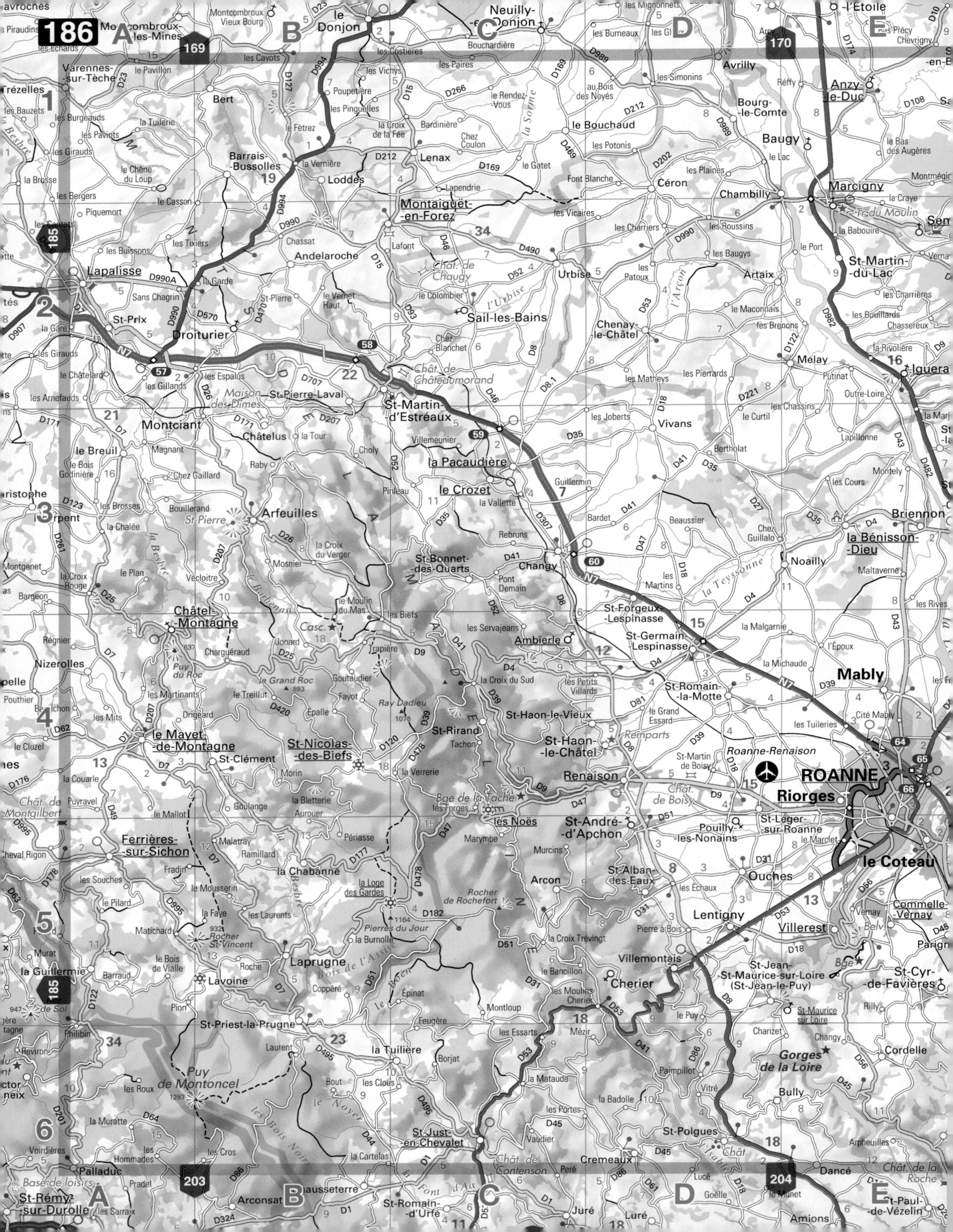

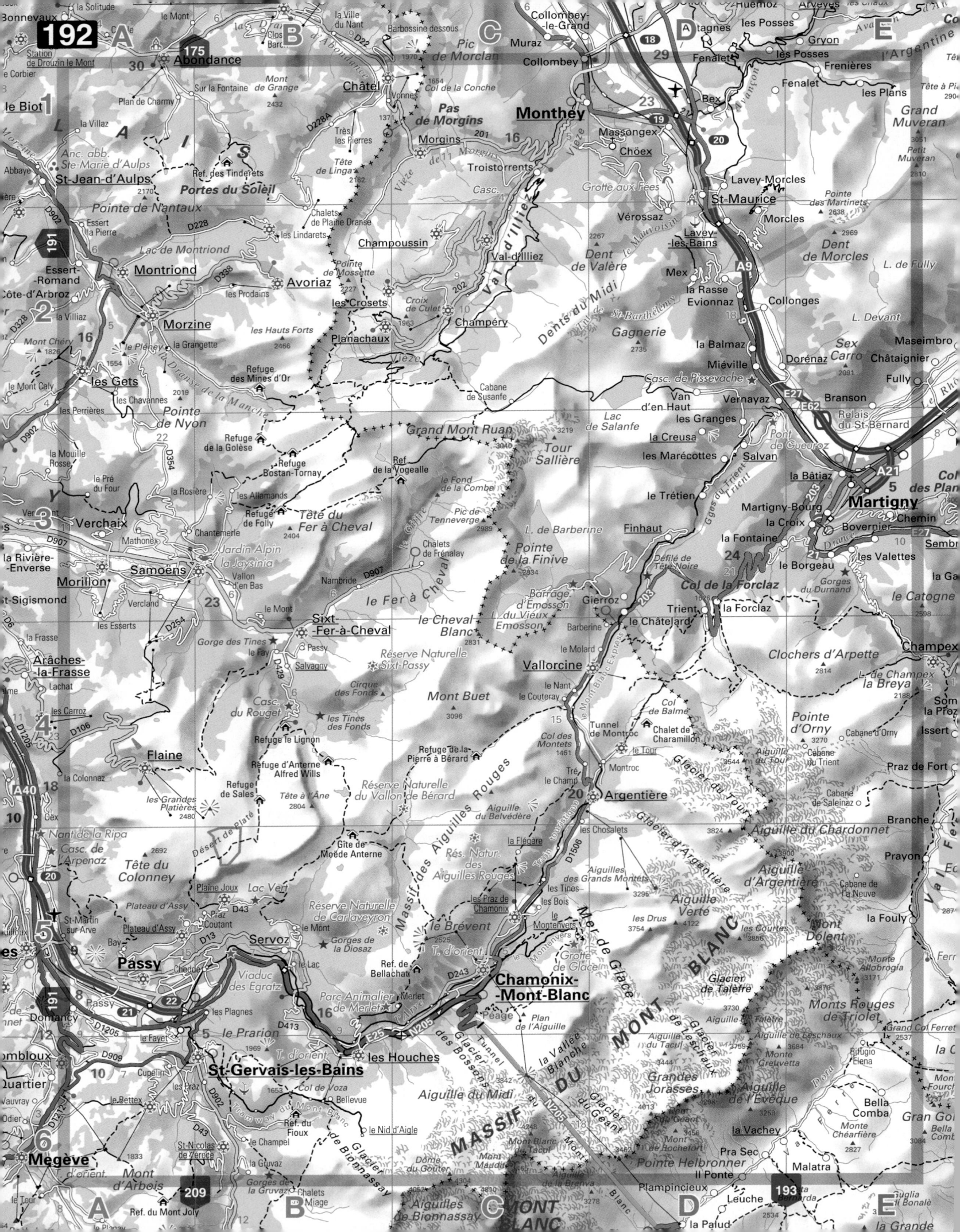

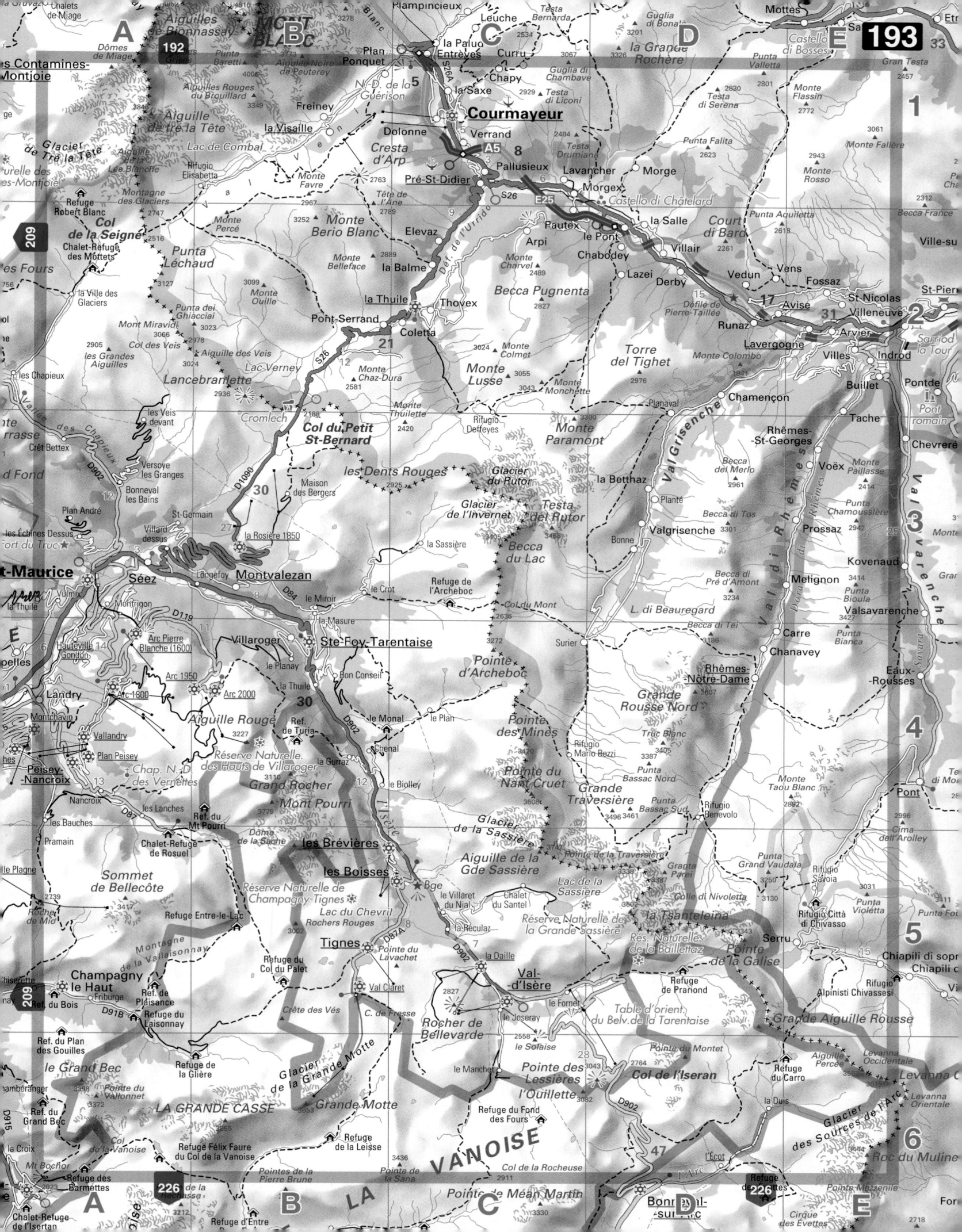

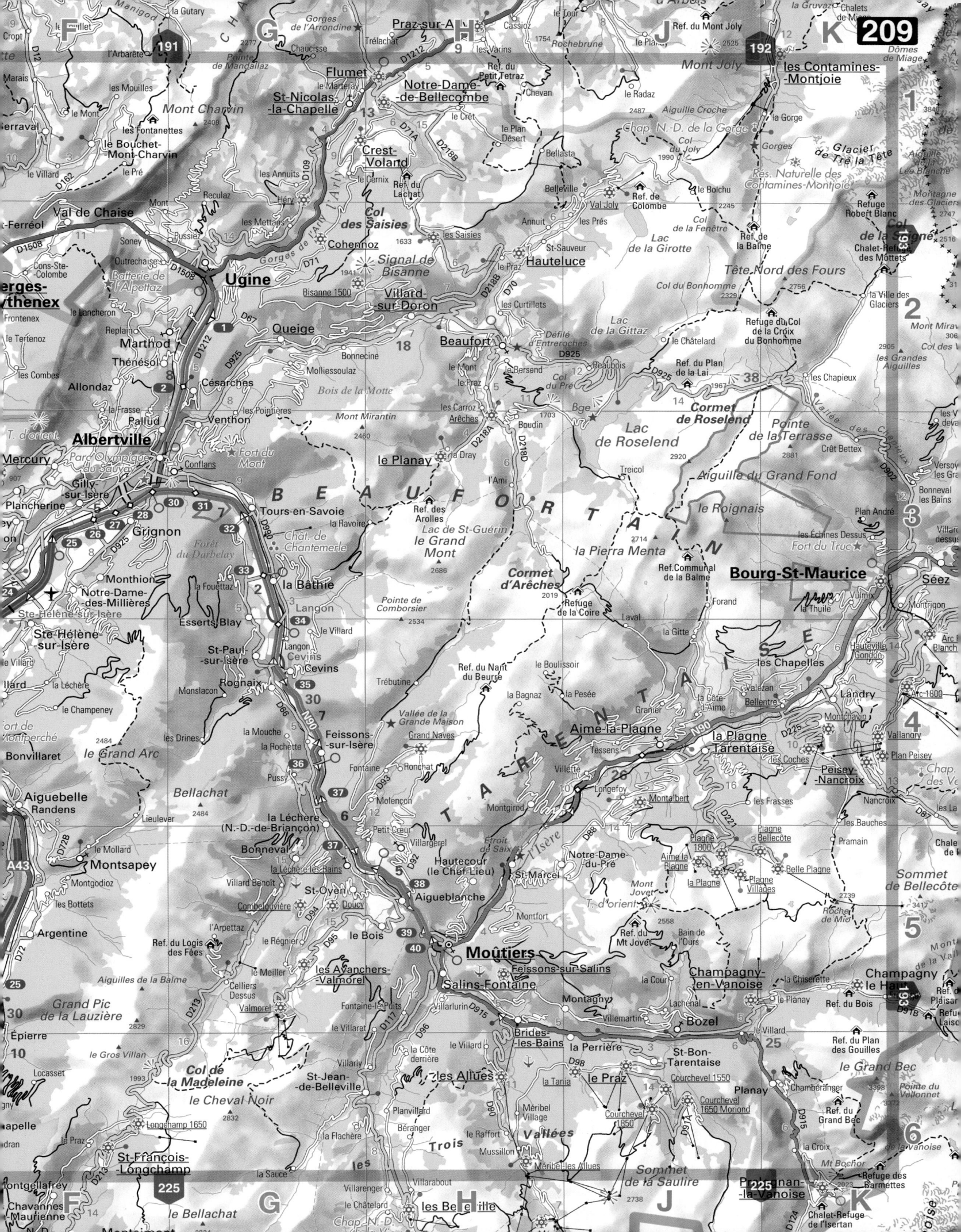

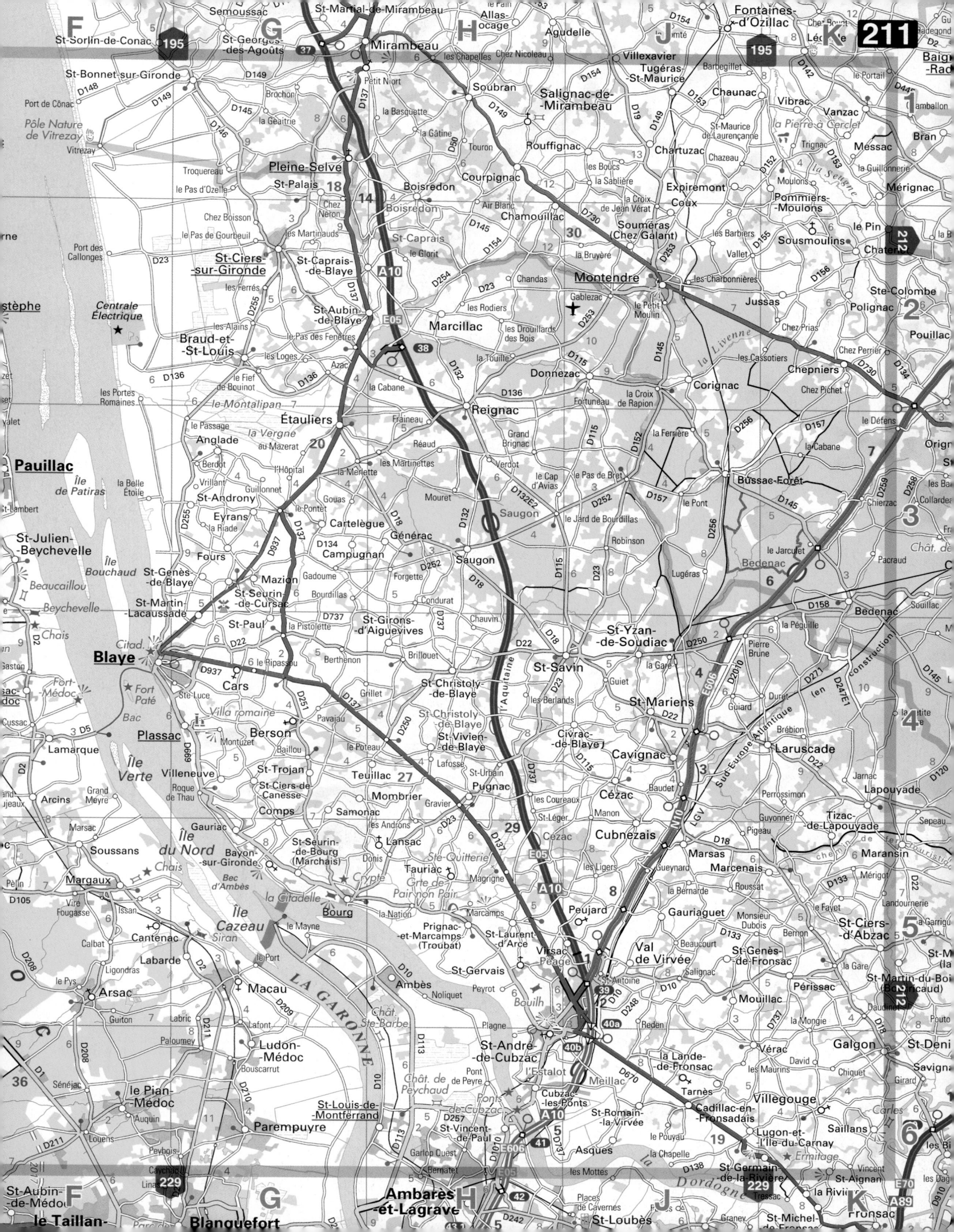

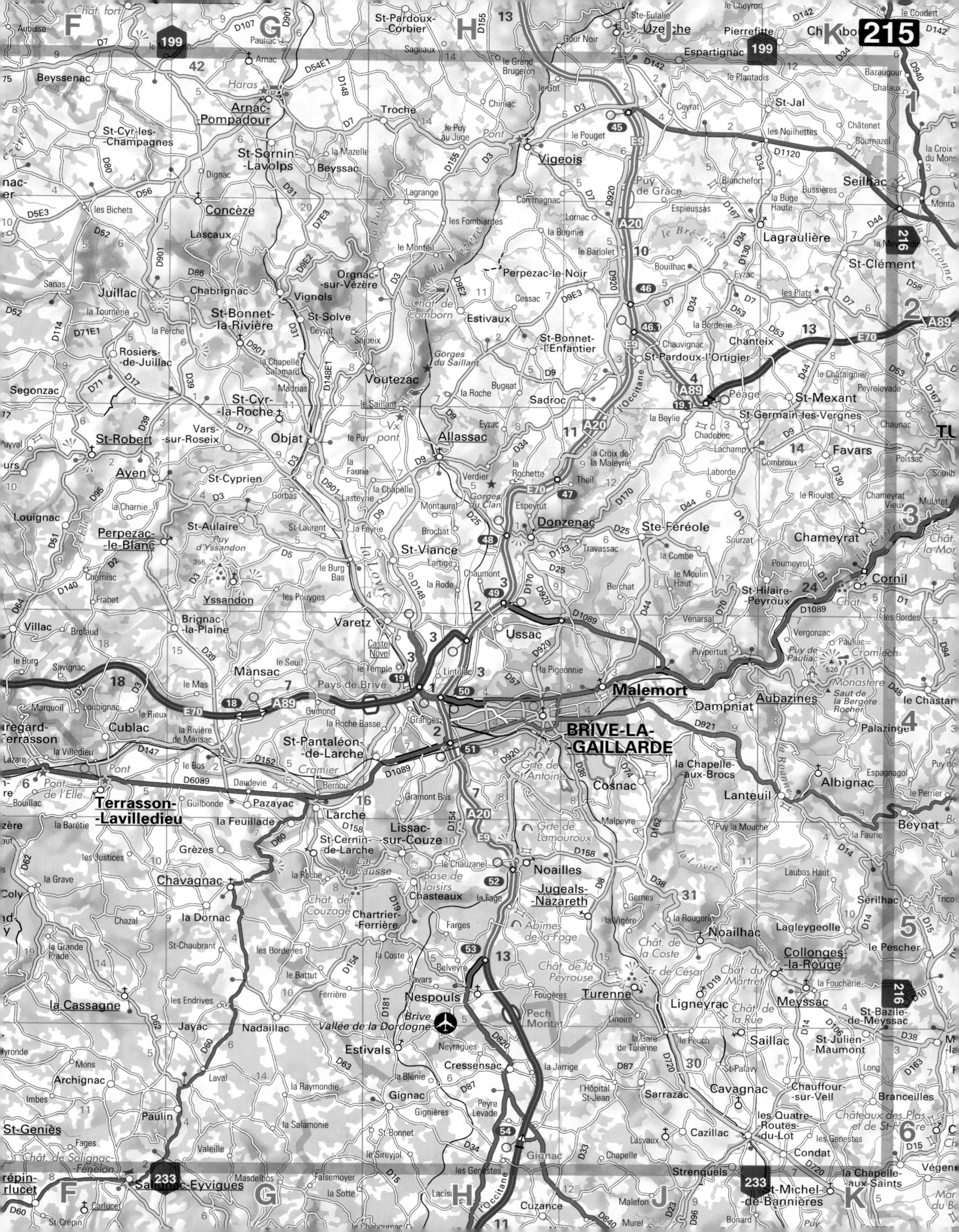

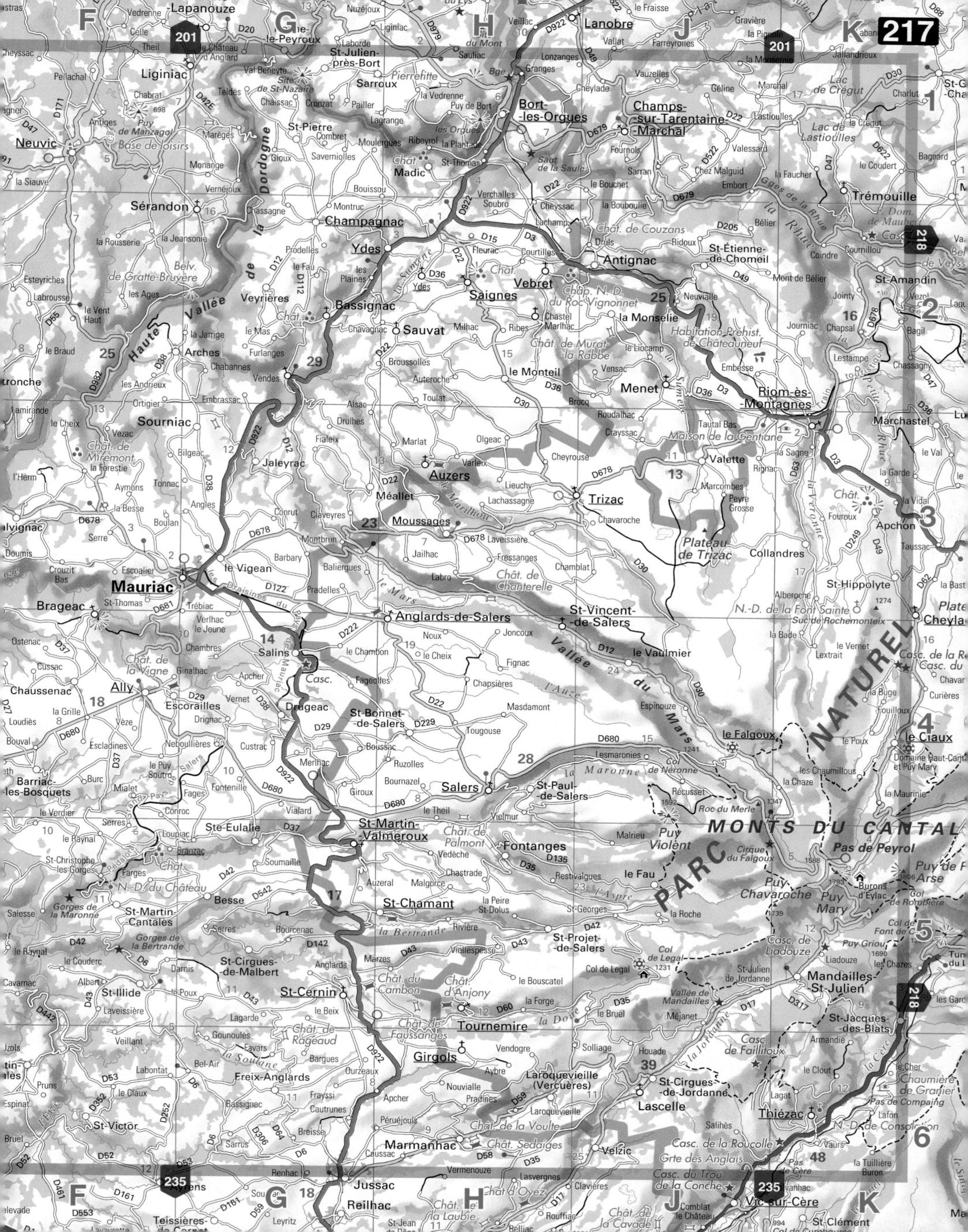

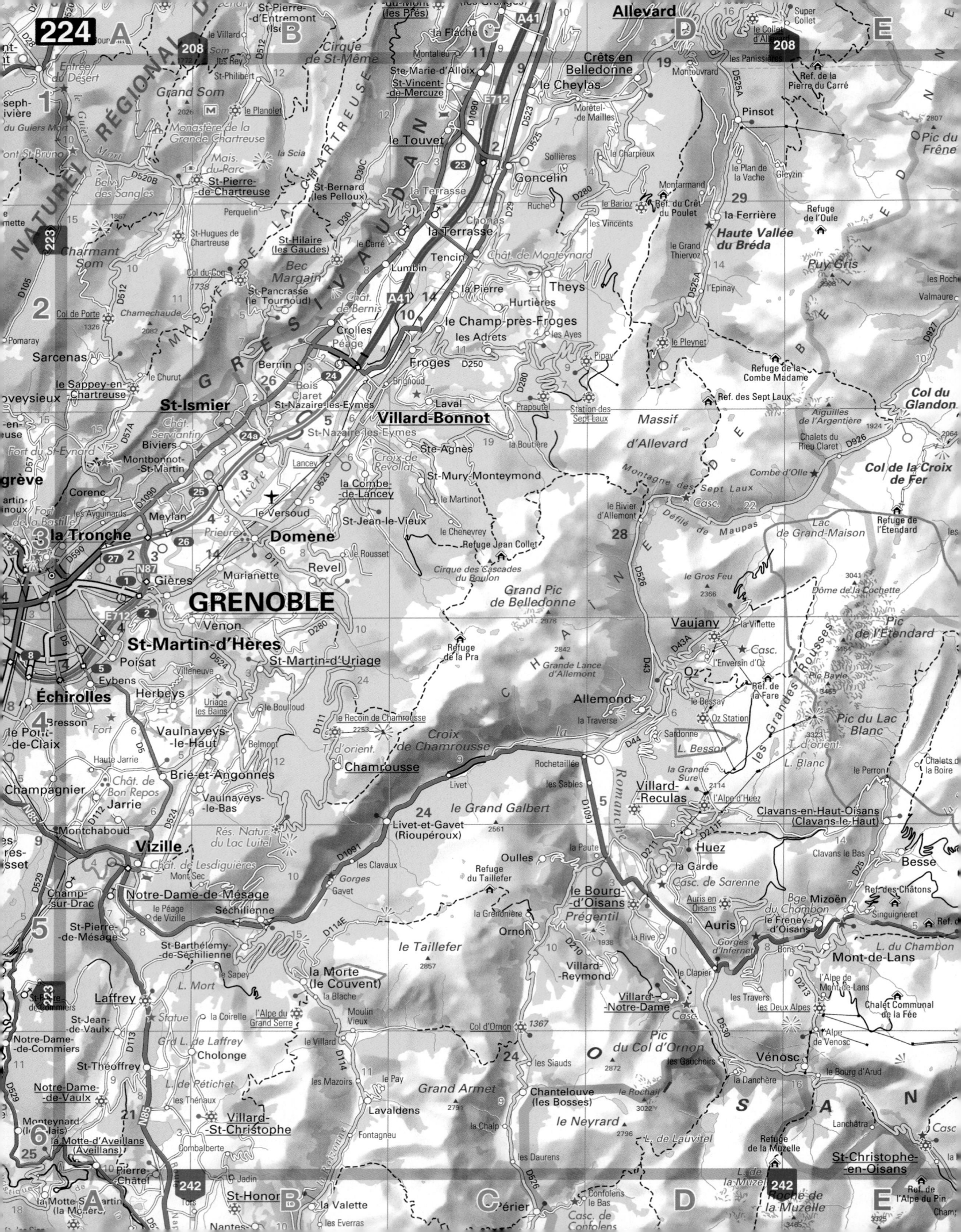

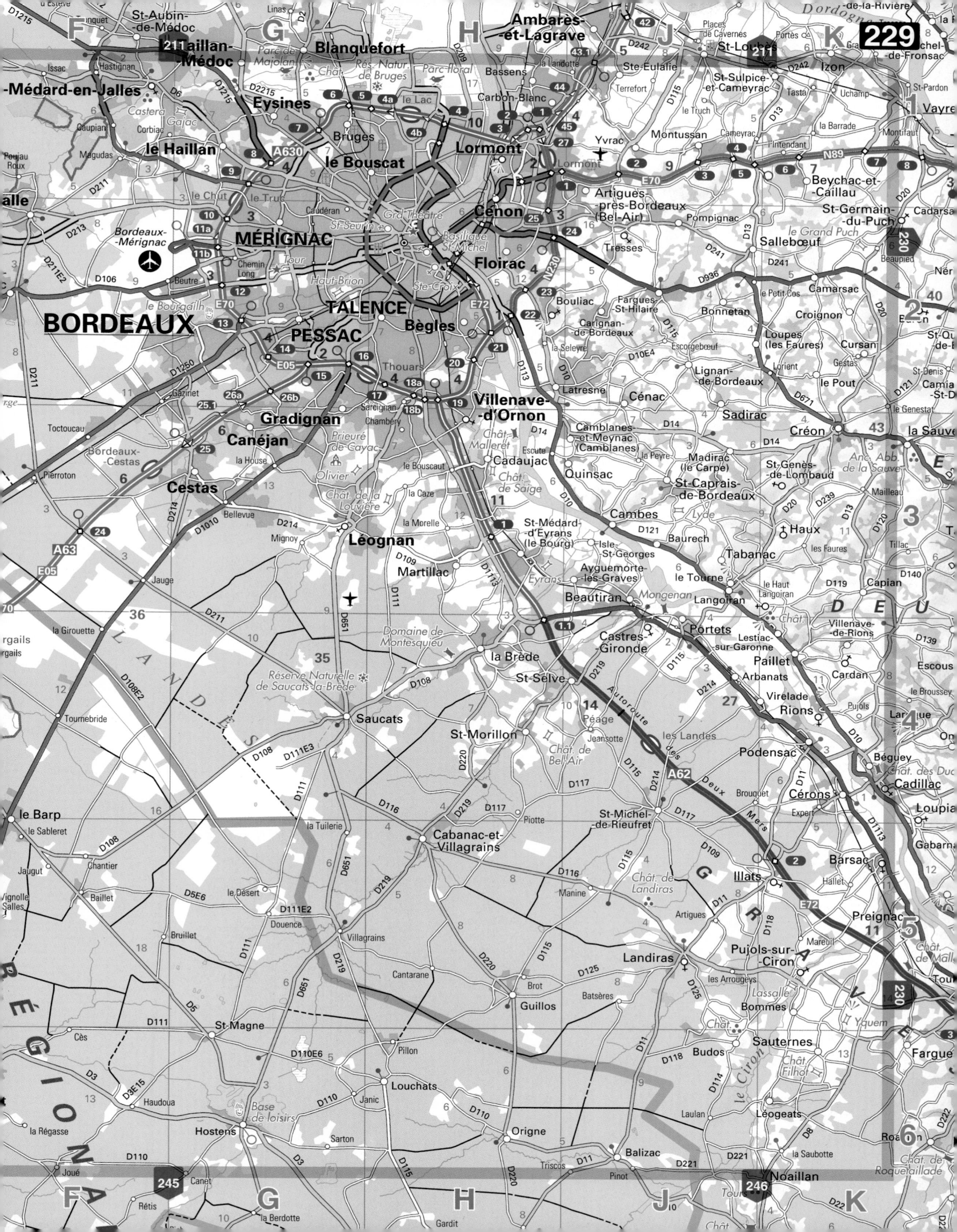

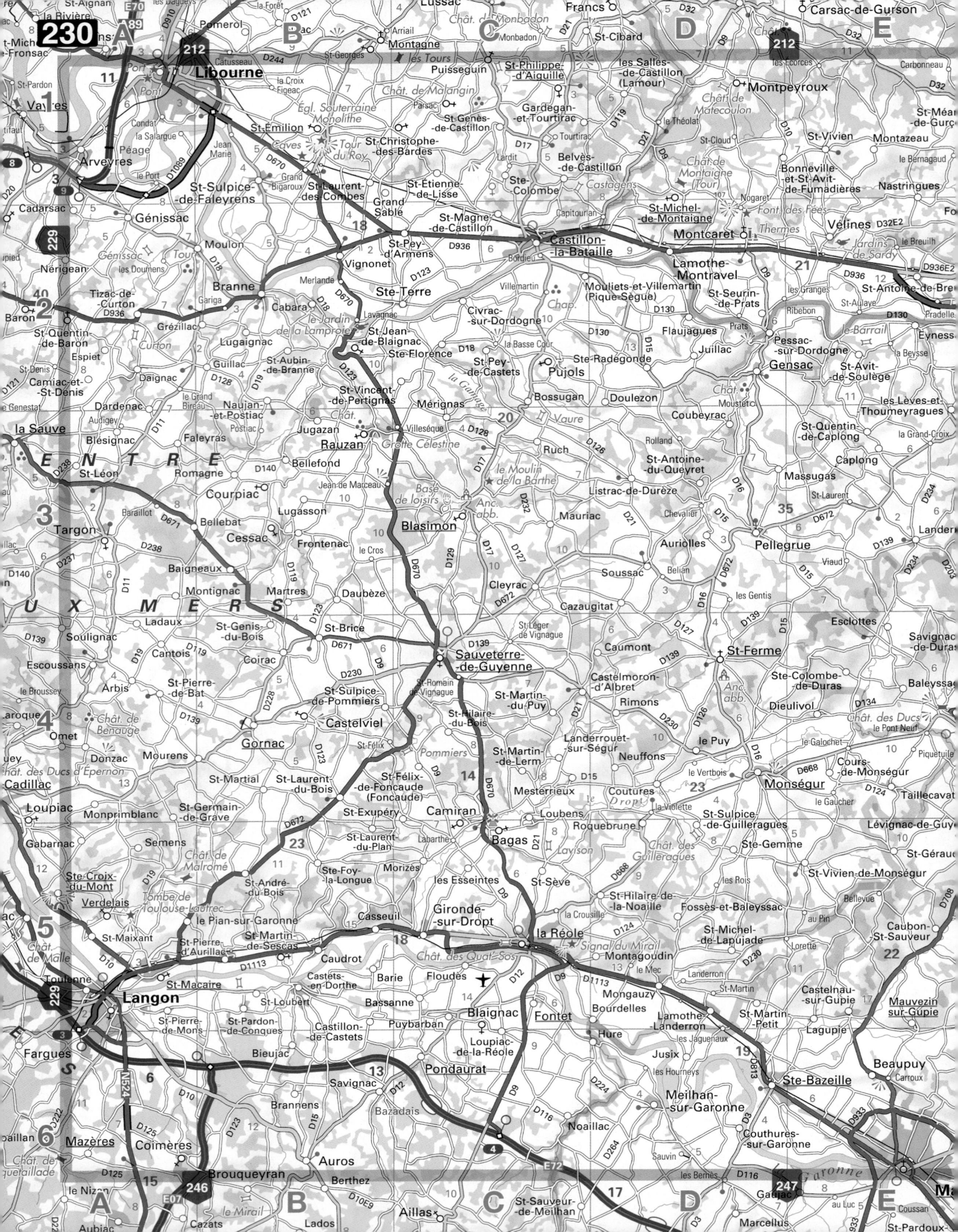

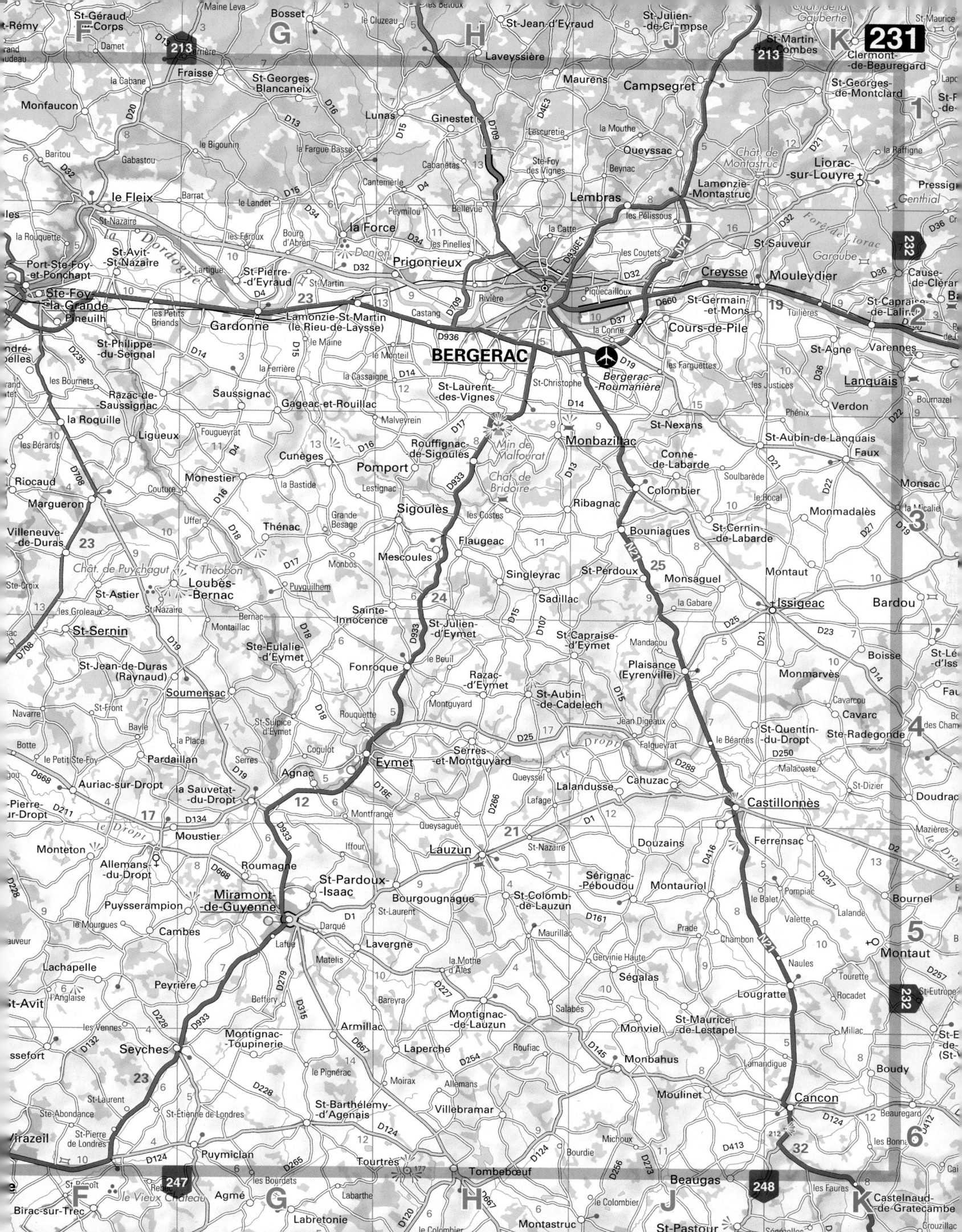

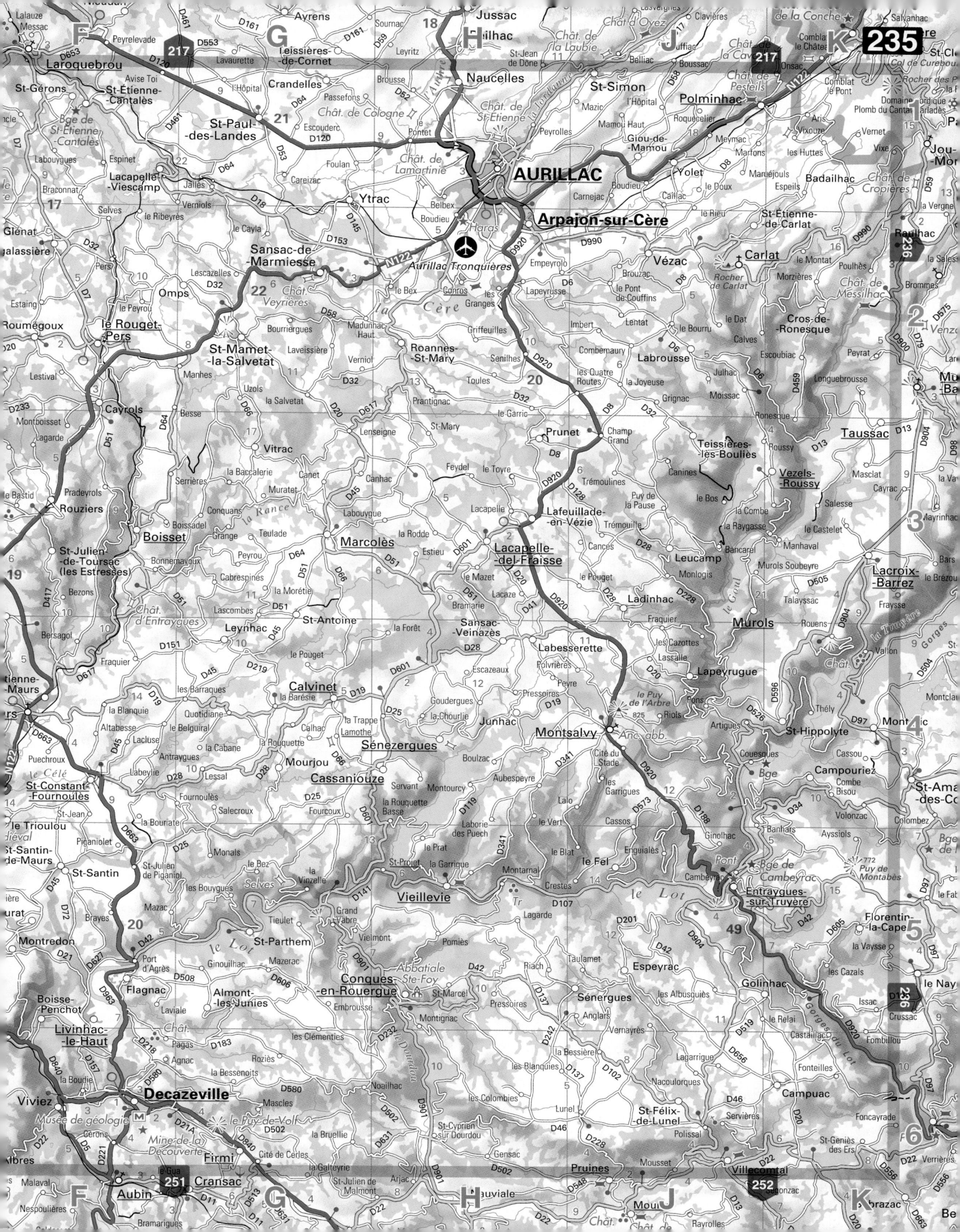

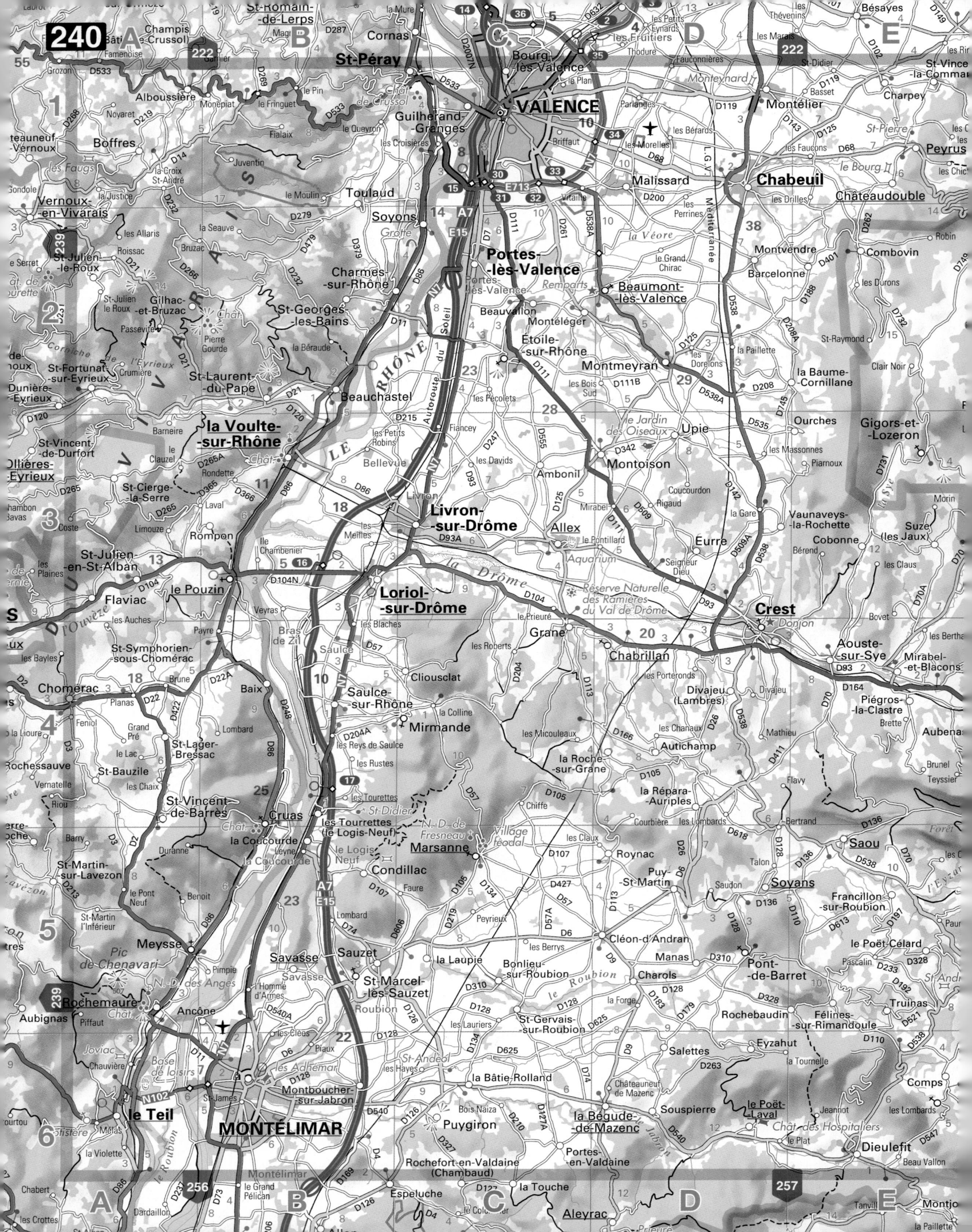

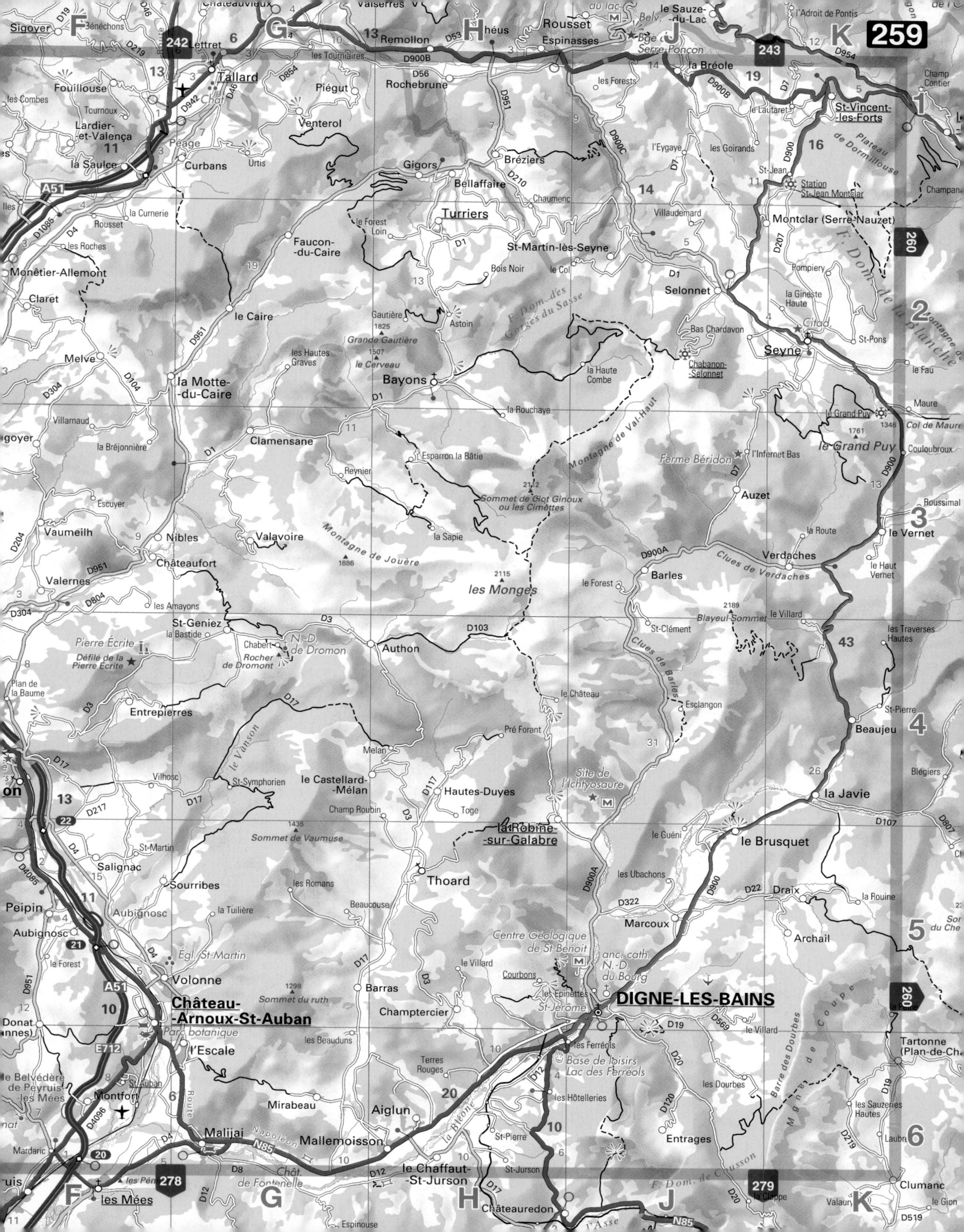

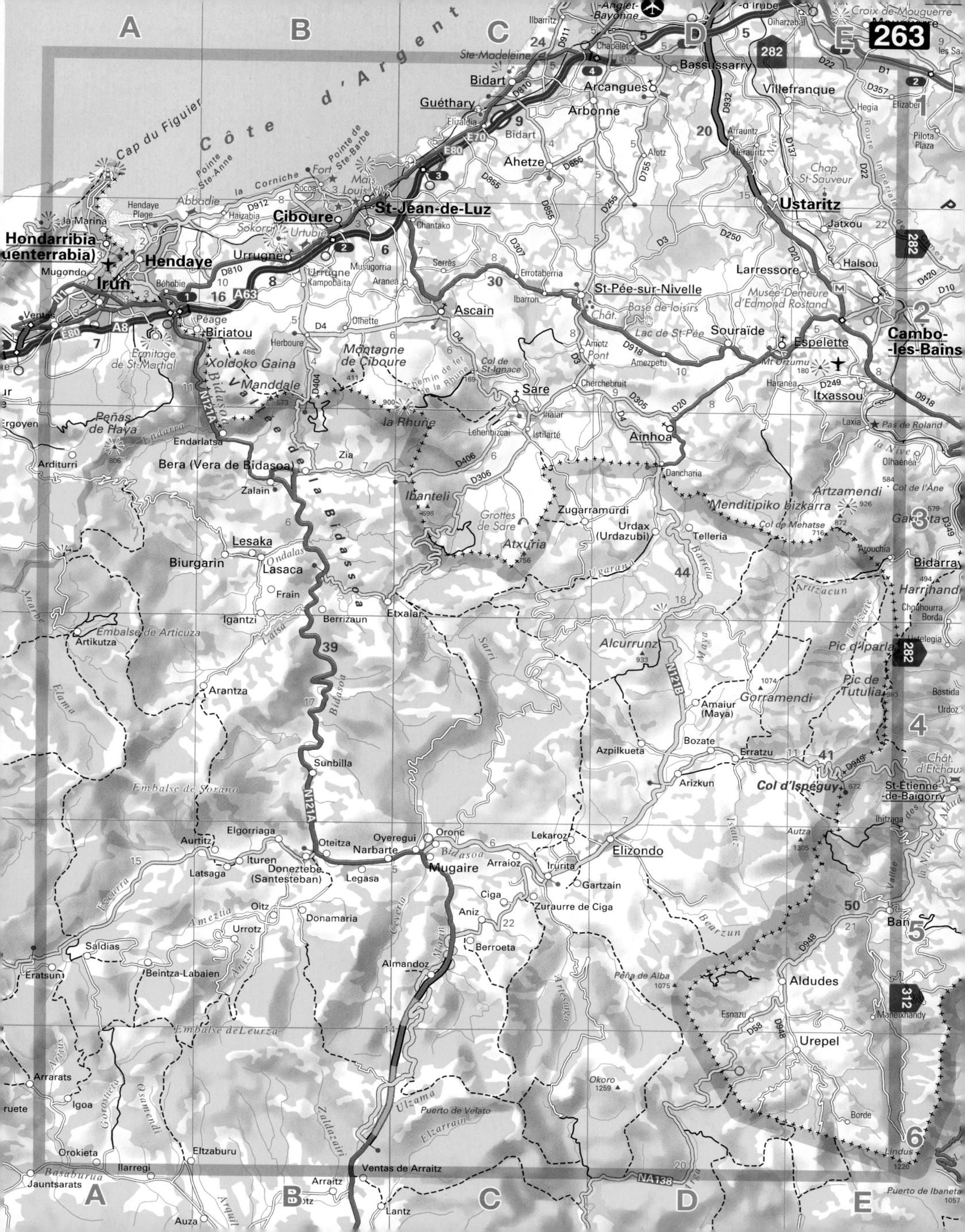

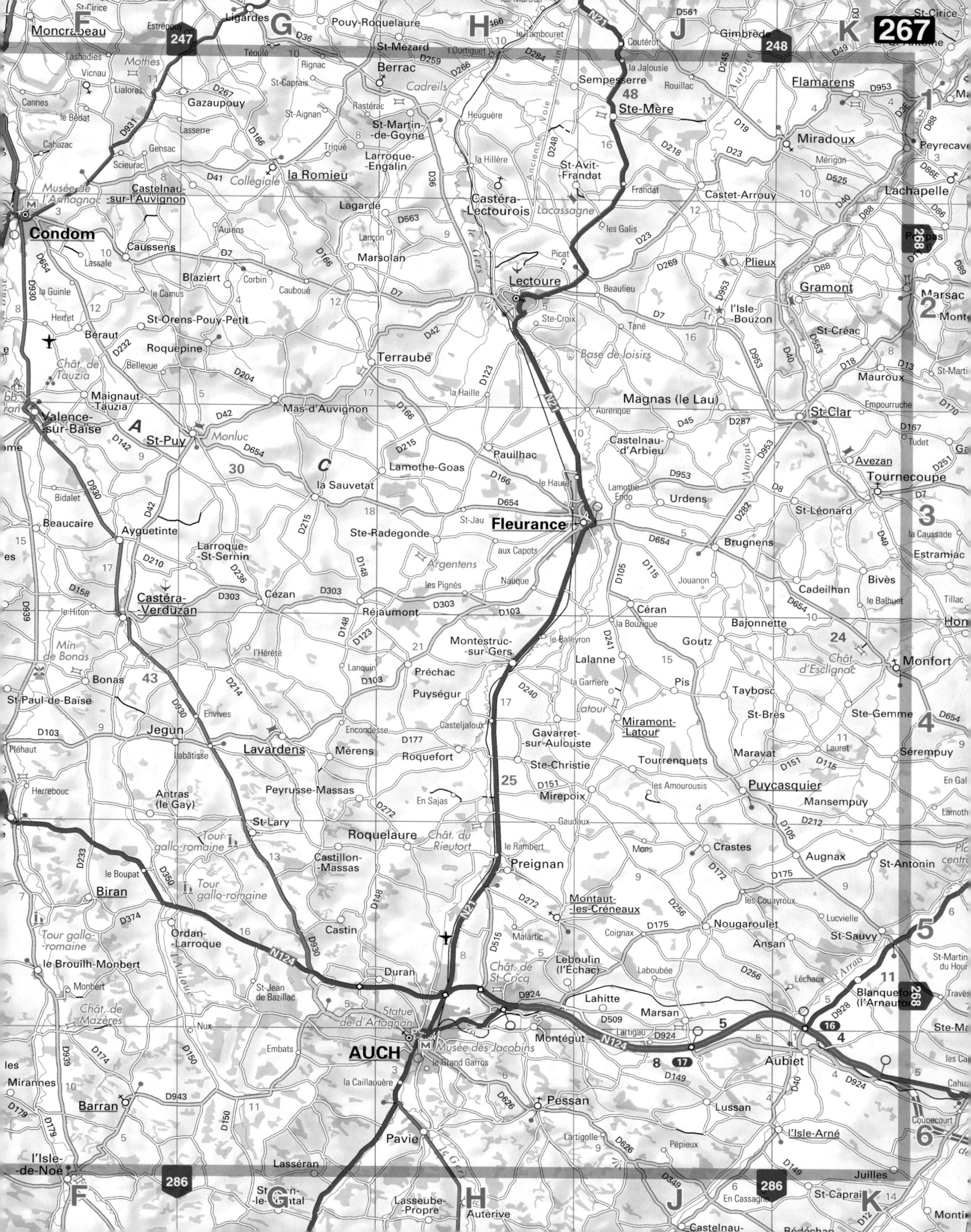

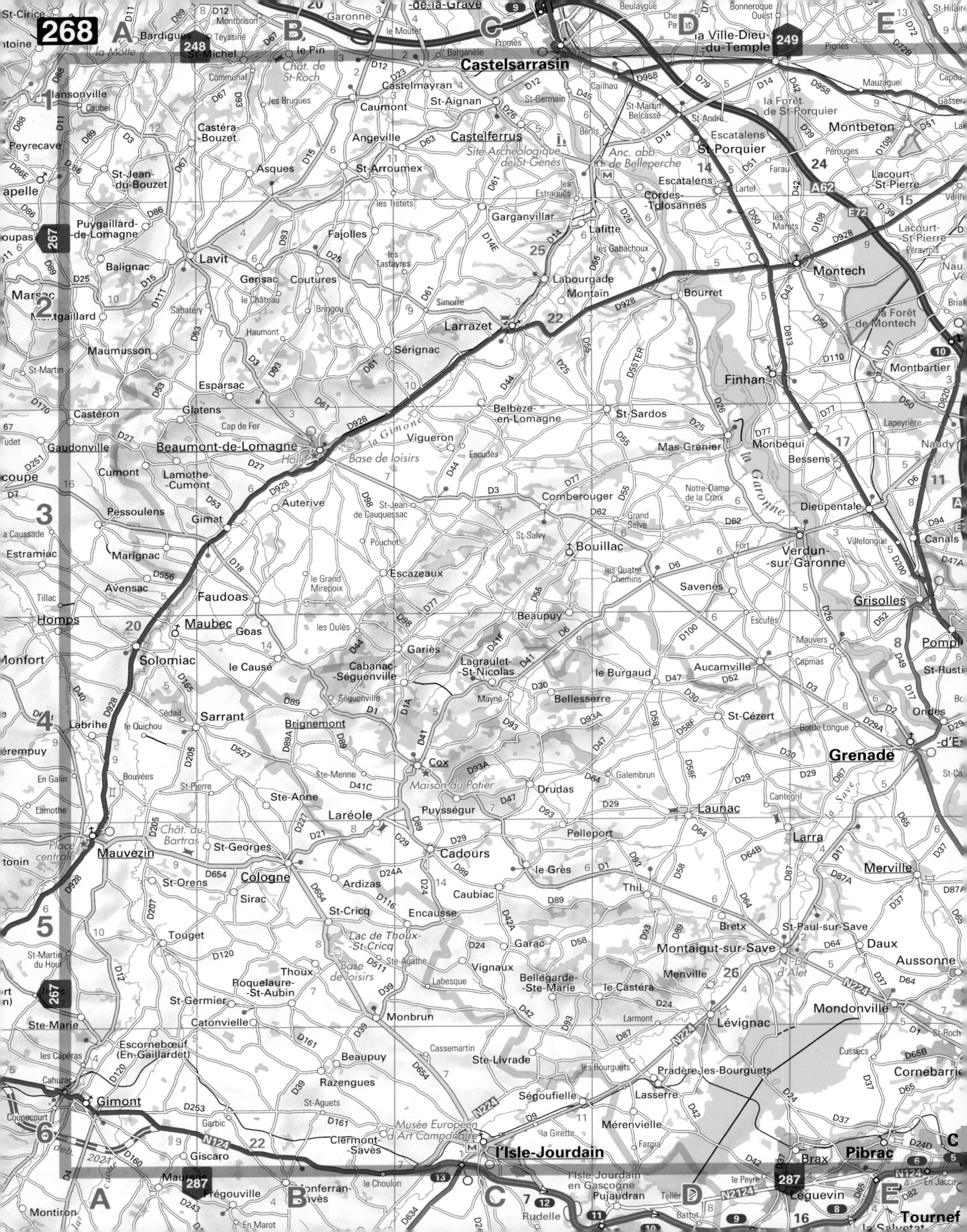

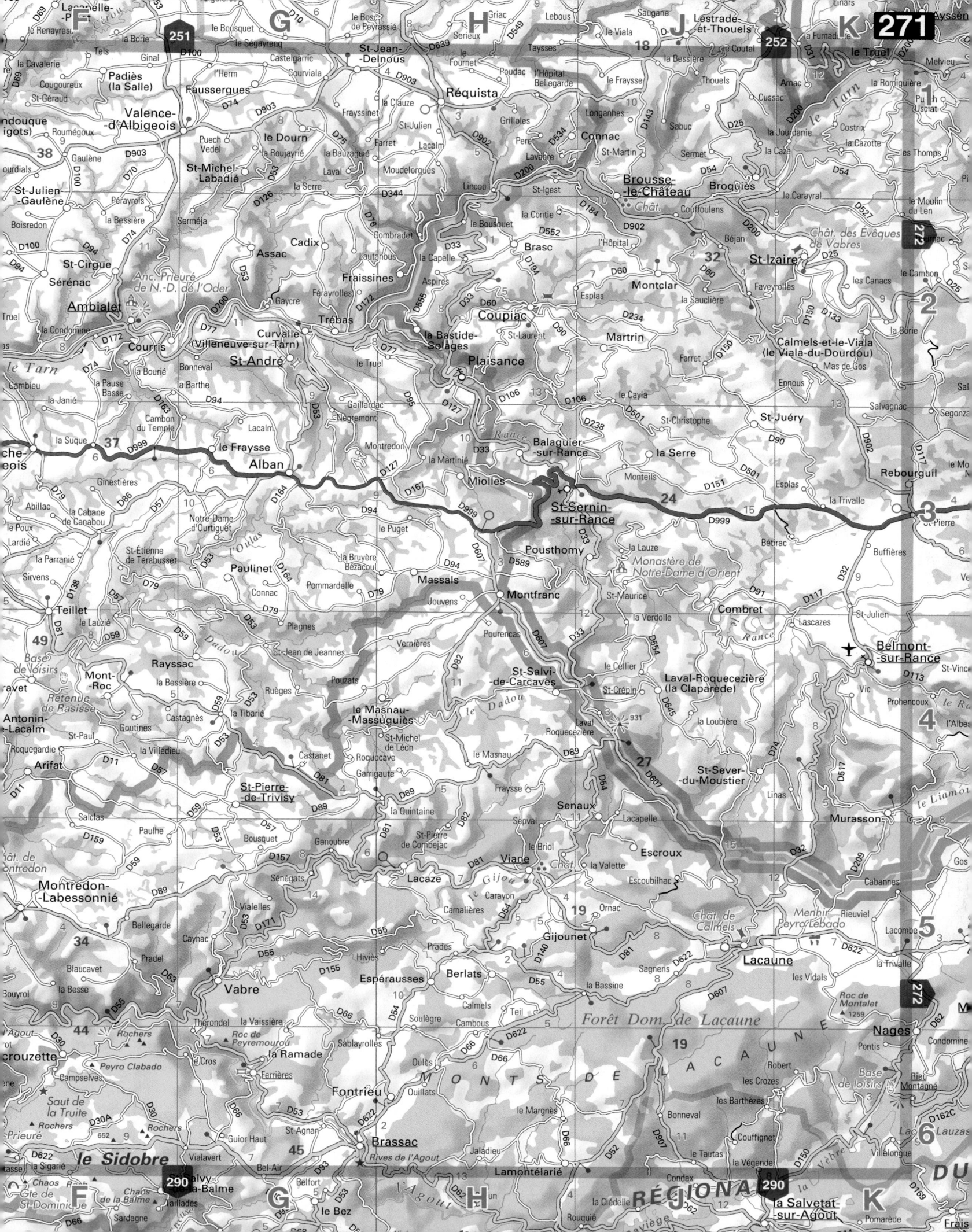

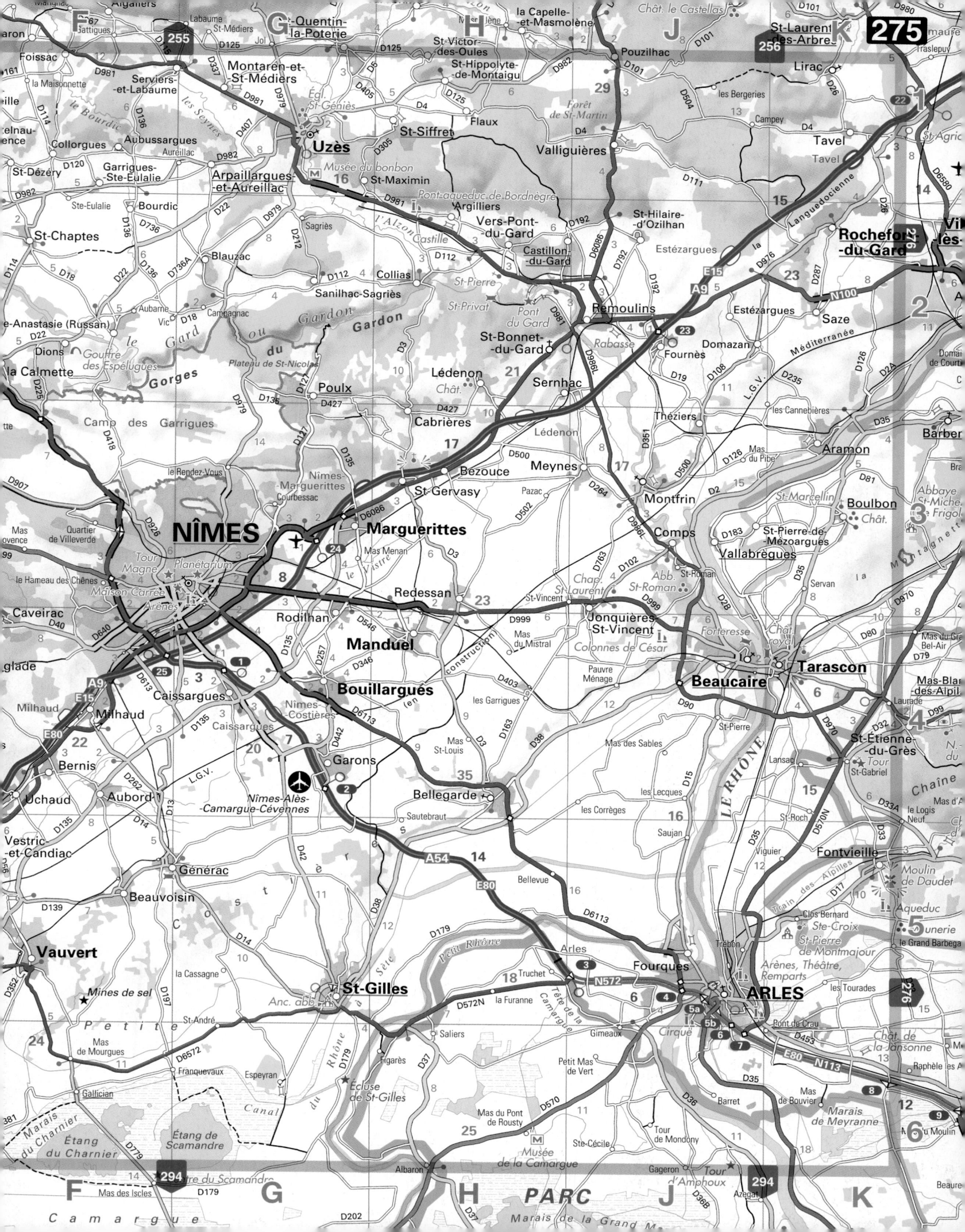

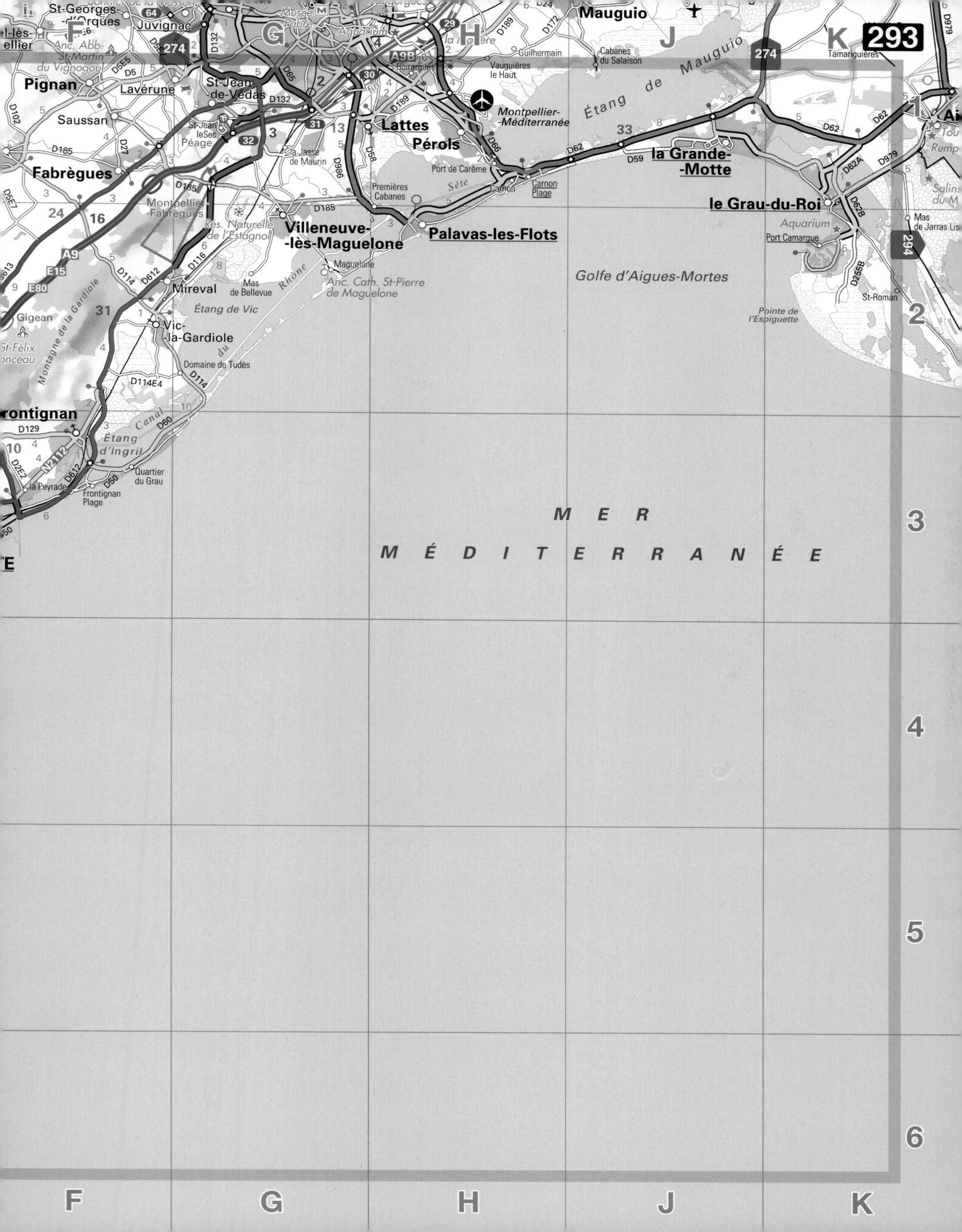

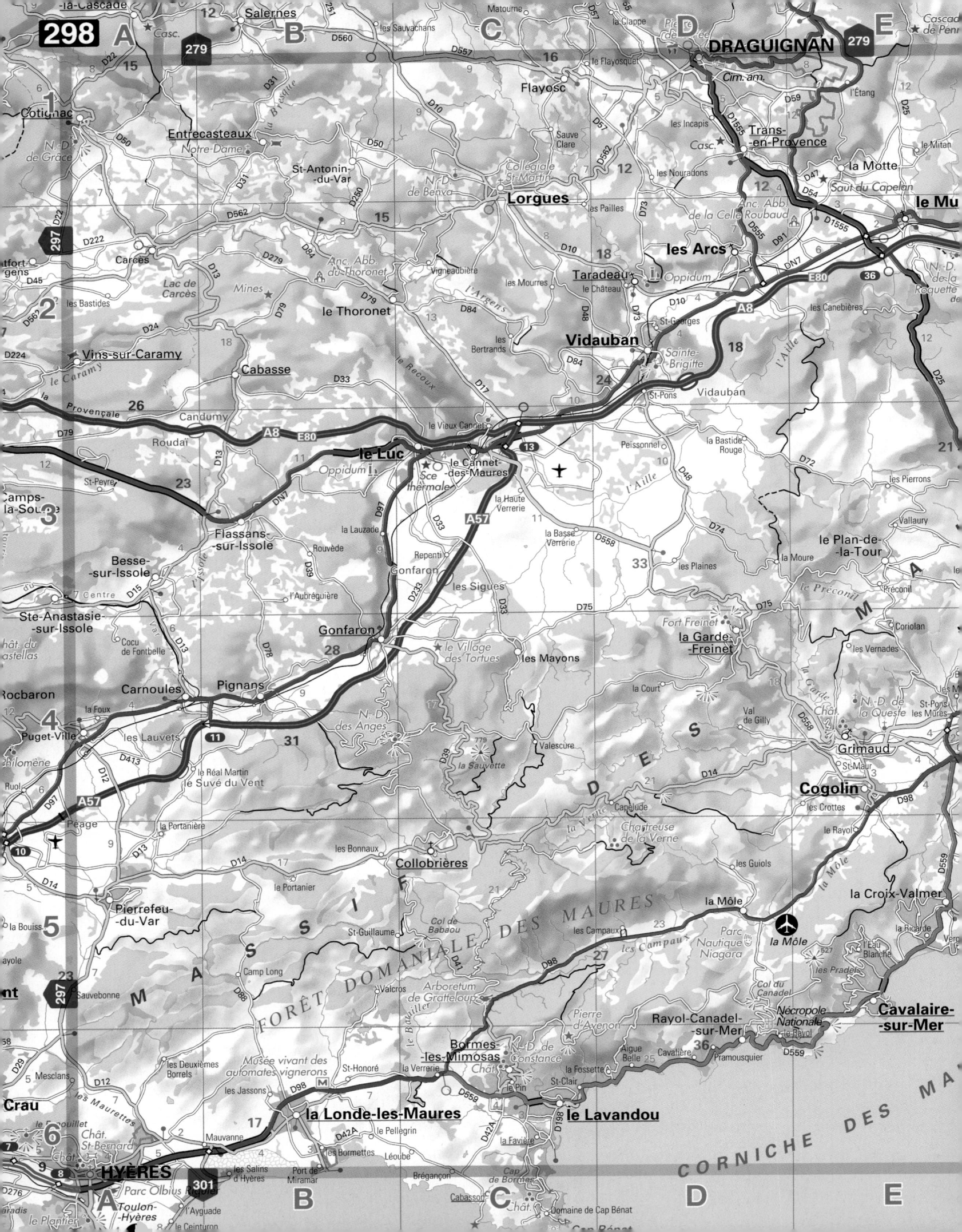

F   **G**   12   **H**   40   **J**   8   **K**

le Ruel

280

Bagnols-
en-Forêt

27

l'Esterel

Les Adrets-de-l'Esterel
(le Planestel)

30

614

Mont
Vinaigre

Forêt
Domaniale
de l'Esterel

Cannes
la Napoule

Fort Ste-Marguerite

Île Ste-Marguerite

Musée de la Mer

Île St-Honorat

Abb. de Lérins

ÎLES DE LÉRINS

Théoule-sur-Mer

Miramar

la Galère

Pointe de l'Esquillon

T. d'orient.

la Lieutenante

les Agates

D47

la Provençale

N.-D.
de Jérusalem

492

Pic de
l'Ours

Pic d'Aurelle

le Trayas

T. d'orient.

17

D4

les Blavets

le Canaver

16

16'

Parc Zoologique
de Fréjus

Péage du Capitou

12

37

Jas
Pellicot

Puget
St-Pierre -sur-Argens

Roquebrune-
sur-Argens

D7

Mosquée

Chât. Aurélien

Arènes
Théâtre

Nécropole Nationale
des Guerres en Indochine

Pagode bouddhique

Pic du
C. Roux

21

Pointe du Cap
Roux

Agay

Anthéor

34

D559

CORNICHE DE L'ESTEREL

FRÉJUS

Villeneuve

Aqualand

Fréjus
Plage

Boulouris

le Rastel
d'Agay

le Dramont

Valescure

Cap du Dramont

ST-RAPHAËL

Nécr.
Nationale

Sémaphore

10

la Rouvière

13

6

Vernède

RE

S

Fournel

les Petits Maures

St-Aygulf

les Terrasses

14

les Hauts
des Issambres

20

Val d'Esquières

les Issambres

la Nartelle

Pointe des
Sardinaux

Sémaphore

Maxime

Croisette

8

Golfe de St-Tropez

St-Tropez

Citadelle

Musée naval

Rabiou

la Moutte

les Salins

MER MÉDITERRANÉE

la
Bouillabaisse

Ste-Anne

Moulin

Val
de Rian

Pinet

sin

D61

D93

Pampelonne

Ramatuelle

Cap Camarat

Camarat

131

Col de
Collebasse

l'Escalet

St-Michel

Bastide Blanche

S

Cap Lardier

Cap Taillat ou Cap
Cartaya

1

2

3

4

5

6

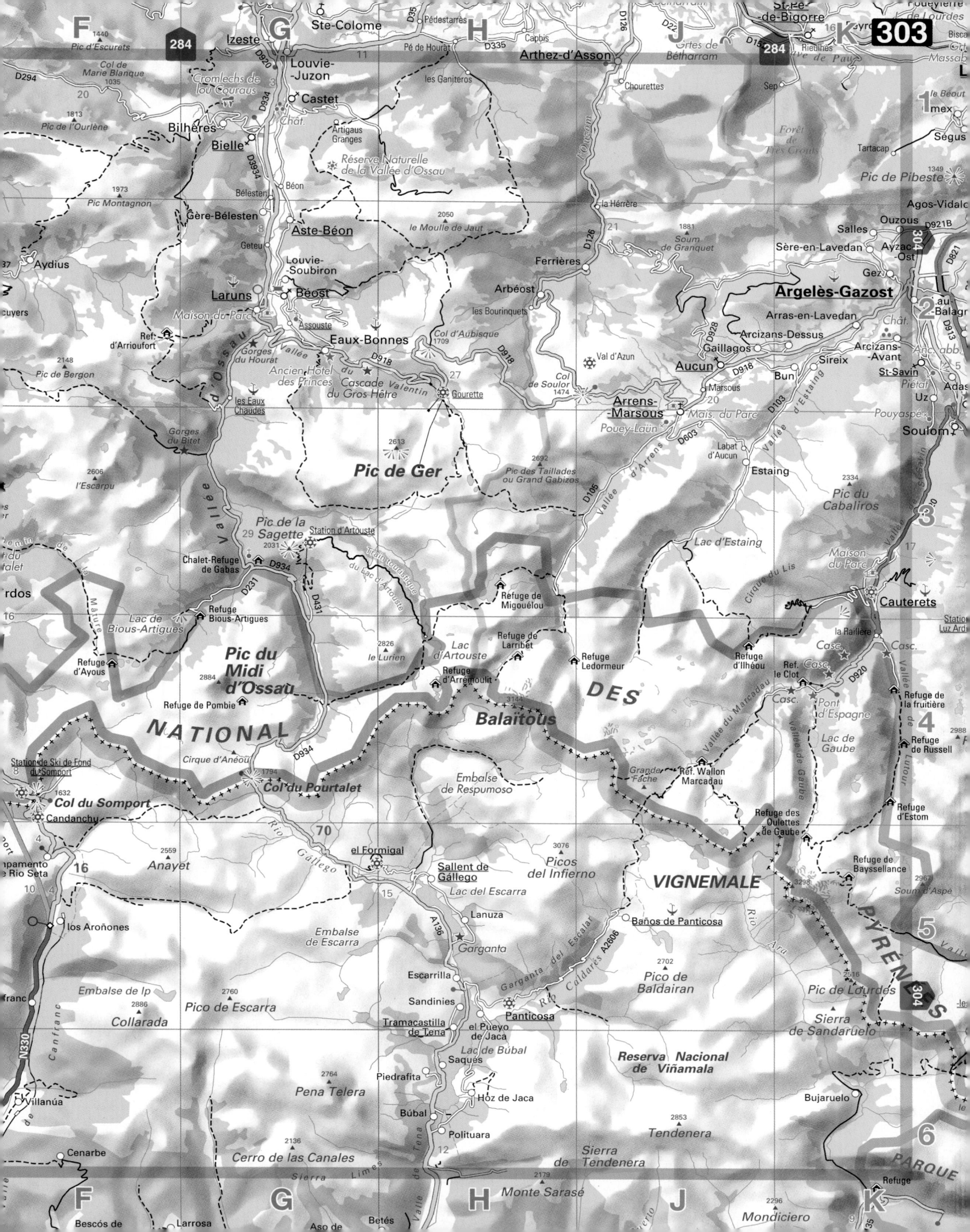

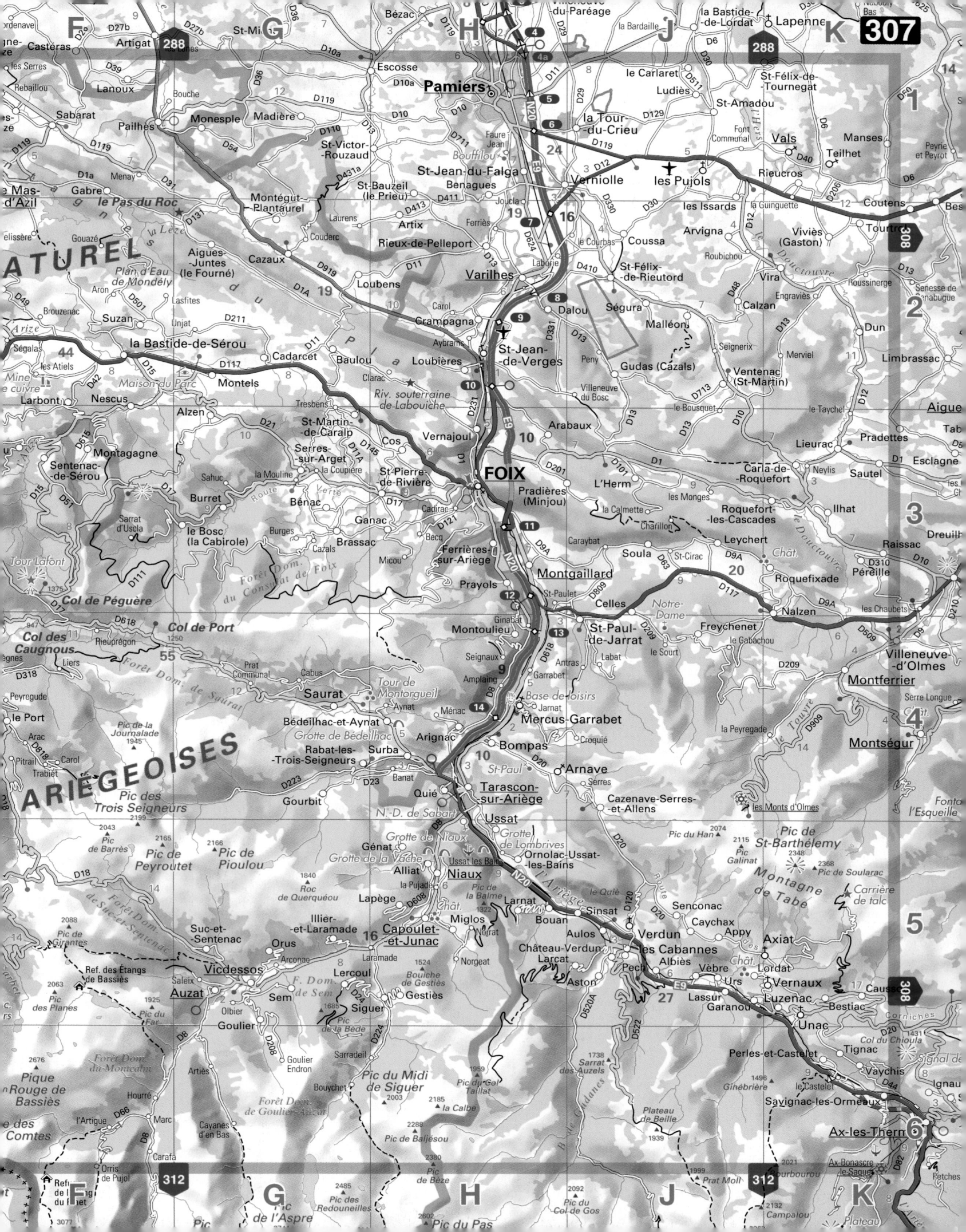

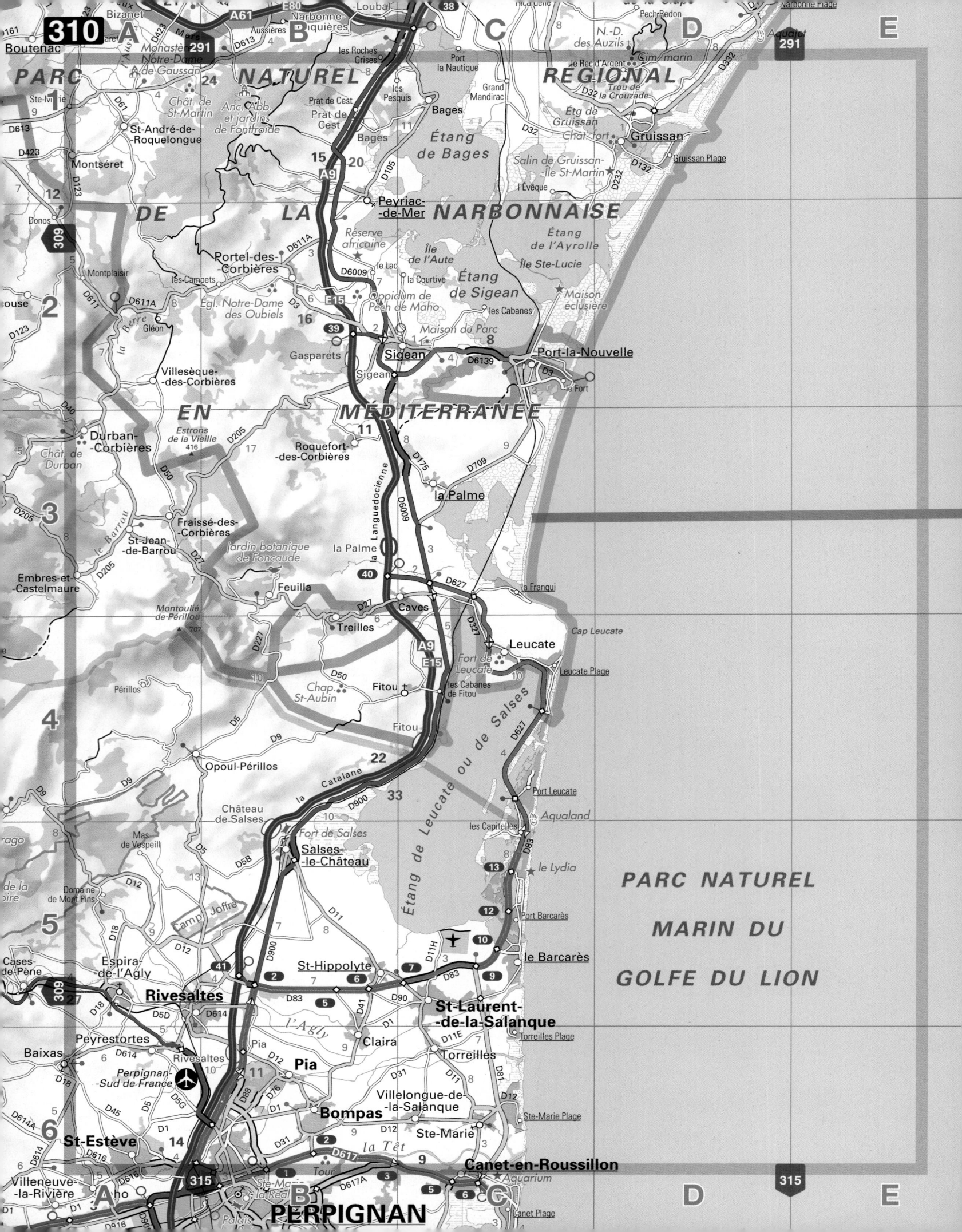

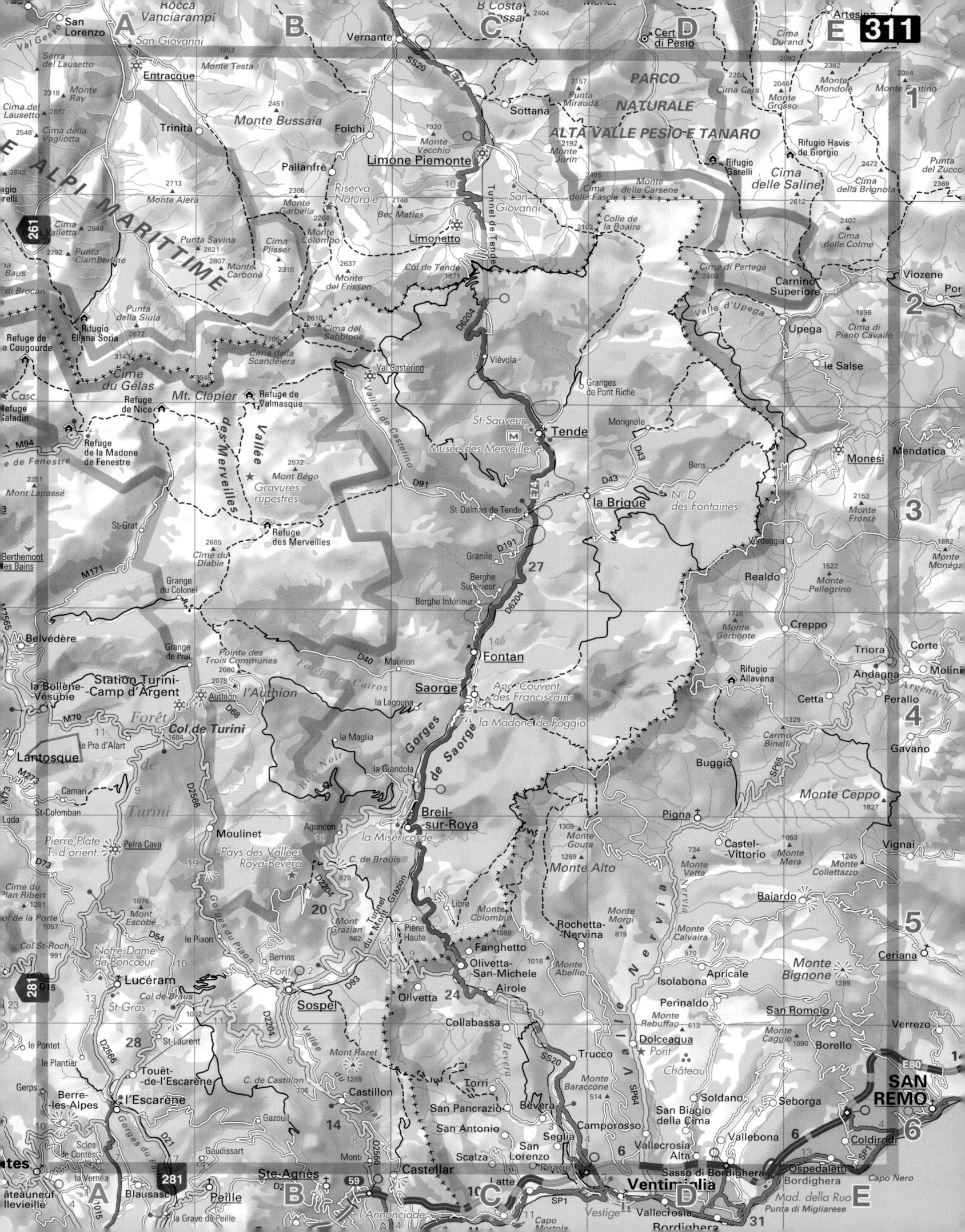

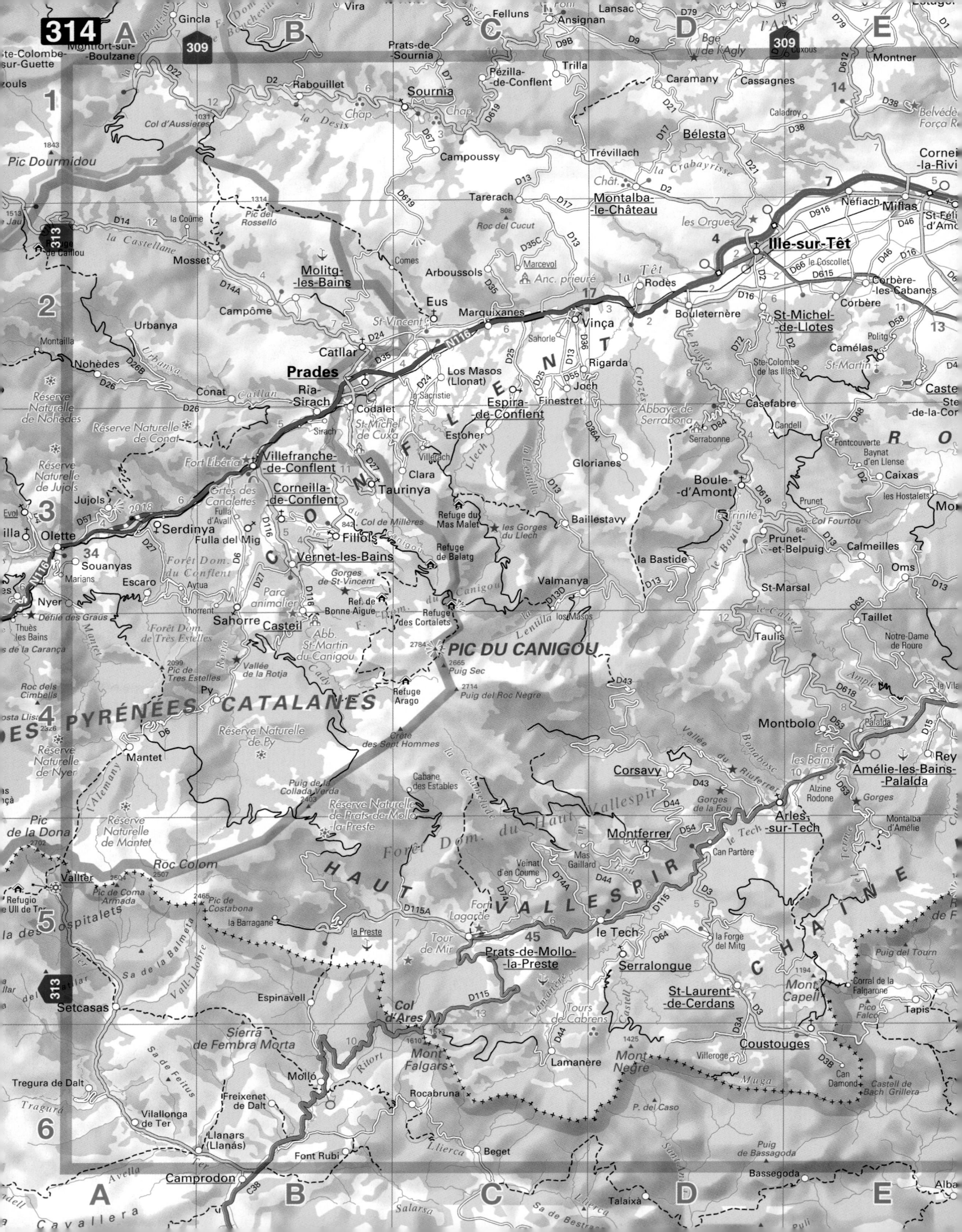

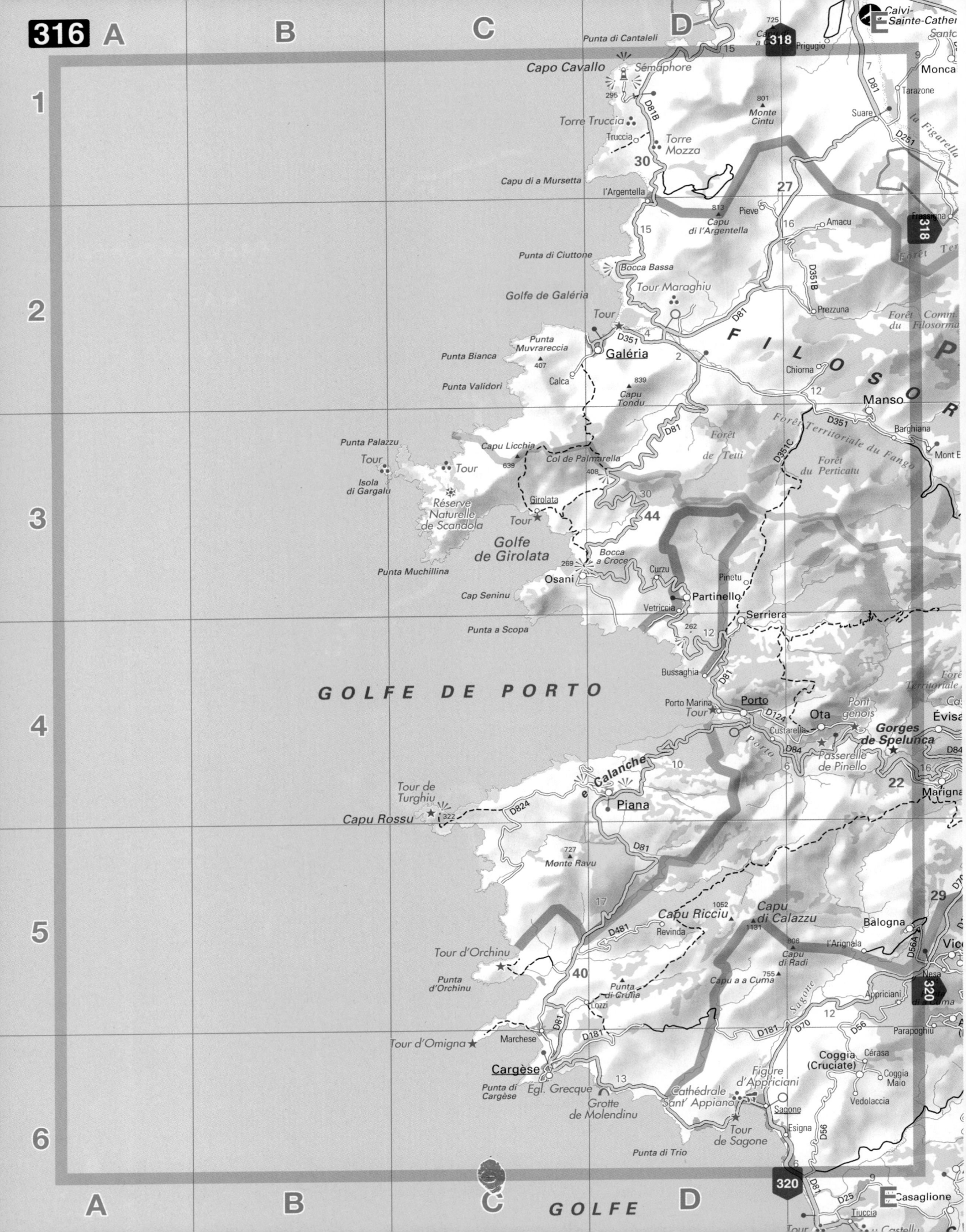

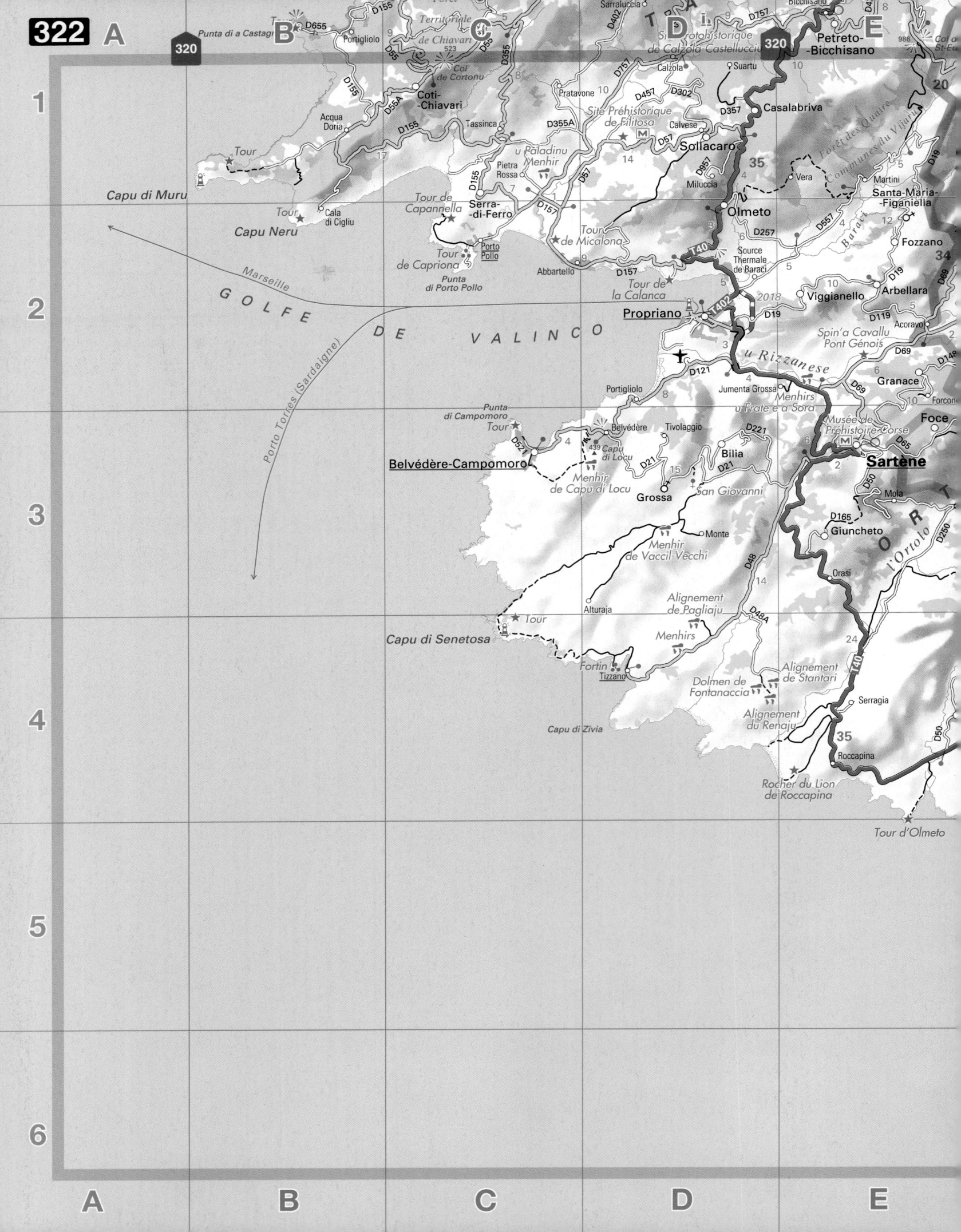

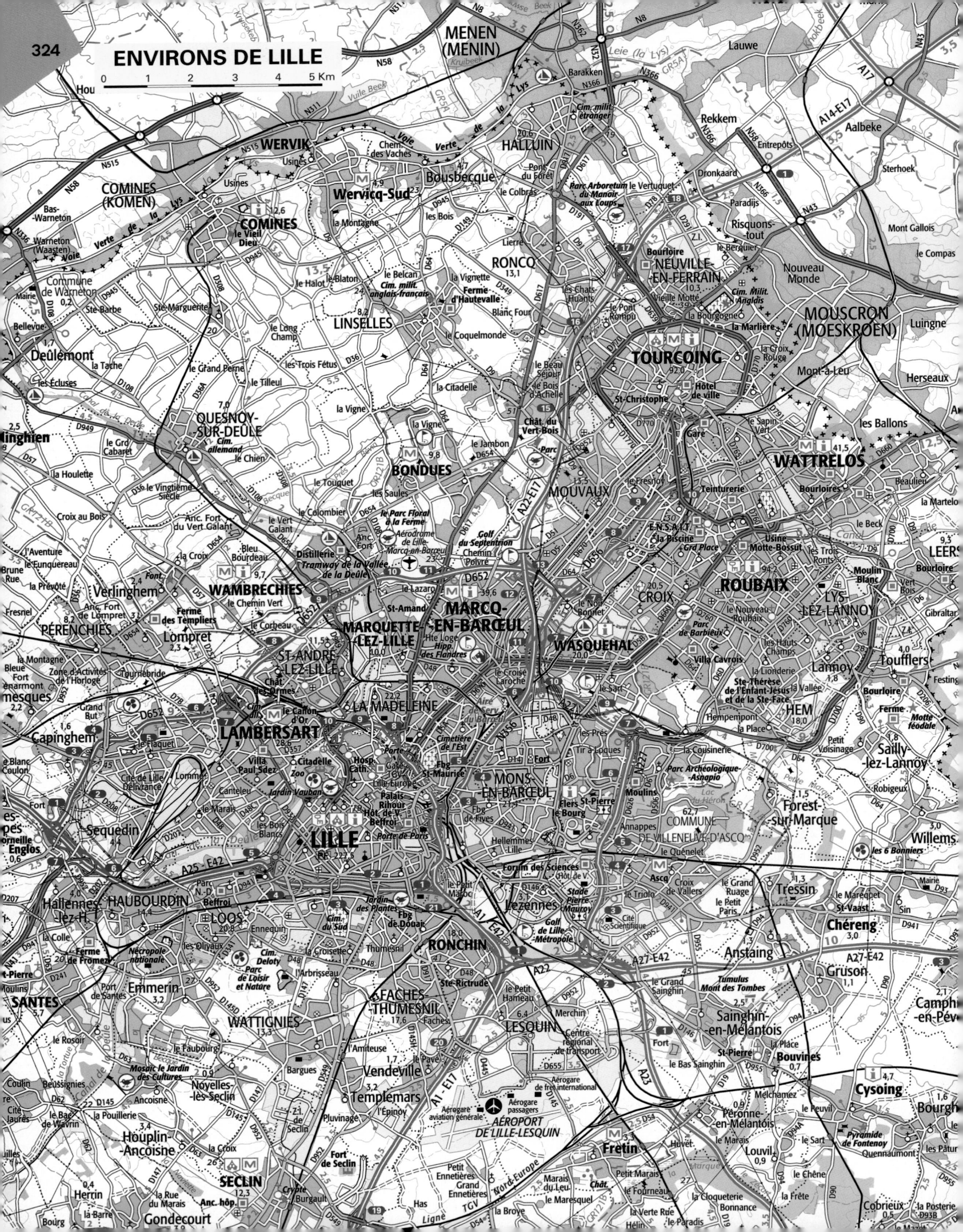

ENVIRONS DE PARIS

0 1 2 3 4 5 Km

PLACE DE LA NATION

PLACE DE LA BASTILLE

Opéra Bastille

Seine

Gare de Lyon

Parc de Bercy

Palais Omnisports de Paris-Bercy (P.O.P.B.)

PONT CH. DE GAULLE

PONT D'AUSTERLITZ

PONT DE BERCY

Ministère du Budget des Comptes Publics et de la Fonction Publique

Ministère de l'Économie des Finances et de l'Emploi

Hôpital Saint-Antoine

Hôpital des Quinze-Vingts

Hôpital des Diaconesses

Caserne de Reuilly

Jardin de Reuilly

Office National des Forêts

BOULEVARD VOLTAIRE

BOULEVARD DIDEROT

BOULEVARD DE CHARONNE

BOULEVARD DE BERCY

AVENUE DAUMESNIL

RUE DU FAUBOURG SAINT-ANTOINE

AVENUE LEDRU-ROLLIN

RUE DE CHARONNE

RUE DE MONTREUIL

RUE DE REUILLY

RUE DE CHARENTON

QUAI DE LA RAPEE

QUAI DE BERCY

PLACE LÉON BLUM

PLACE FÉLIX EBOUE

PLACE LACHAMBEAUDIE

PLACE DU 8 FÉVRIER 1962

PLACE DU COLONEL BOURGOIN

Maison du Cinéma

Gare Auto-Train Paris-Bercy

Institut Médico-Légal

Maison de la R.A.T.P.

Lycée Arago

Bibliothèque

(F) Légende de plans de ville

(NL) Legenda stadsplattegronden

(D) Legende: Stadtpläne

(GB) Key to town plans

(E) Leyenda plano de ciudad

(I) Legenda pianta di città

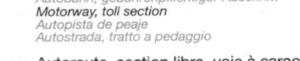

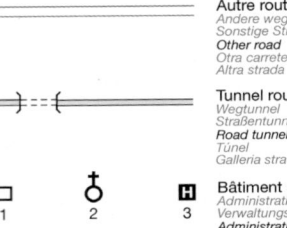

Autoroute, section à péage
Autosnelweg met tol
Autobahn, gebührenpflichtiger Abschnitt
Motorway, toll section
Autopista de peaje
Autostrada, tratto a pedaggio

Autoroute, section libre, voie à caractère autoroutier
Autosnelweg of hoofdroute met gescheiden rijbanen
Autobahn, gebührenfreier Abschnitt, Schnellverkehrsstraße
Motorway, toll-free section, dual carriageway with motorway characteristics
Autopista libre, autovía
Autostrada, tratto senza pedaggio, strada con carretterische autostradali

Échangeur : complet (1), partiel (2), numéro
Knooppunt: volledig (1), gedeeltelijk (2), nummer
Vollanschlußstelle (1), beschränkte Anschlußstelle (2), Nummer
Junction : complete (1), restricted (2), number
Acceso: completo (1), parcial (2), número
Svincolo: completo (1) parziale (2), numero

Barrière de péage (1), aire de service (2)
Tolstation (1), tankstation (2)
Mautstelle (1), Tankstelle (2)
Toll gate (1), service area (2)
Punto de peaje (1), área de servicio (2)
Barriera di pedaggio (1), area di servizio (2)

Route appartenant au réseau vert
Verbindingsweg tussen grote steden (groene borden)
Verbindungsstraße zwischen wichtigen Städten (grüne Verkehrsschilder)
Connecting road between main towns (green road sign)
Carretera verde (comunicación entre dos ciudades importantes)
Collegamento stradale tra città principali (cartelli stradali verdi)

Autre route de liaison principale
Hoofdweg
Fernverkehrsstraße
Other main road
Otra carretera principal
Strada di grande comunicazione

Route de liaison régionale
Regionale verbindingsweg
Regionale Verbindungsstraße
Regional connecting road
Carretera regional
Strada di collegamento regionale

Autre route
Andere weg
Sonstige Straße
Other road
Otra carretera
Altra strada

Tunnel routier
Wegtunnel
Straßentunnel
Road tunnel
Túnel
Galleria stradale

Bâtiment administratif (1), église, chapelle (2), hôpital (3)
Administratief gebouw (1), kerk, kapel (2), ziekenhuis (3)
Verwaltungsgebäude (1), Kirche, Kapelle (2), Krankenhaus (3)
Administrative building (1), church, chapel (2), hospital (3)
Edificio administrative (1), iglesia, capilla (2), hospital (3)
Edificio pubblico (1), chiesa, cappella (2), ospedale (3)

Limite de commune, de canton
Gemeente-, provinciegrens
Gemeindegrenze, Kreisgrenze
Commune, canton boundary
Límite de municipio, límite de cantón
Confine di comune, confine di cantone

Limite d'arrondissement, de département
Arrondissements-, departementsgrens
Bezirksgrenze, Departementsgrenze
Arrondissement, département boundary
Límite de arrondissement, límite de departamento
Confine di arrondissement, confine di dipartimento

Limite de région, d'État
Gewest-, staatsgrens
Regionsgrenze, Staatsgrenze
Region, international boundary
Límite de región, límite de nación
Confine di regione, confine di stato

Zone bâtie, superficie > 8 ha (1), < 8 ha (2), zone industrielle (3)
Bebouwde kom, groter dan 8 ha (1), kleiner dan 8 ha (2), industriegebied (3)
Geschlossene Bebauung, über 8 ha (1), unter 8 ha (2), industriegebiet (3)
Built-up area, more than 8 ha (1), less than 8 ha (2), industrial park (3)
Zona edificada: más de 8 ha (1), menos de 8 ha (2), polígono industrial (3)
Area edificata, più di 8 ha (1), meno di 8 ha (2), zona industriale (3)

Aix-en-Provence	337		
Ajaccio	337		
Albi	337		
Amiens	337		
Angers	337		
Angoulême	337		
Annecy	338		
Auch	338		
Avignon	338		
Bar-le-Duc	338		
Bastia	338		
Bayeux	338		
Bayonne-Anglet-Biarritz	339		
Belfort	339		
Besançon	339		
Béziers	339		
Bordeaux	340		
Boulogne-sur-Mer	339		
Bourges	341		
Brest	340		
Briançon	341		
Caen	341		
Calais	341		
Cannes	341		
Châlons-en-Champagne	341		
Chambéry	342		
Charleville-Mézières	342		
Chartres	342		
Cherbourg-en-Cotentin	342		
Clermont-Ferrand	342		
Colmar	342		
Corte	343		
Dieppe	343	Mulhouse	349
Dijon	343	Nancy	349
Dole	343	Nantes	349
Dunkerque	343	Nice	349
Épinal	343	Nîmes	349
Fontainebleau	344	Niort	350
Fougères	344	Orléans	350
Gap	344	Pau	350
Genève	344	Perpignan	350
Grenoble	344	Poitiers	350
Guéret	344	Porto-Vecchio	350
Guingamp	345	Reims	351
la Rochelle	345	Rennes	351
le Havre	346	Rouen	351
le Mans	346	St-Brieuc	351
Lille	345	St-Étienne	351
Limoges	346	St-Malo	351
Lorient	346	St-Nazaire	352
Luxembourg	346	St-Quentin	352
Lyon-Villeurbanne	347	Strasbourg	352
Marseille	347	Tarbes	352
Melun	348	Toulon	352
Metz	348	Toulouse	352
Monaco	348	Tours	353
Mont-de-Marsan	349	Troyes	353
Montauban	348	Valence	353
Montpellier	348	Vannes	353

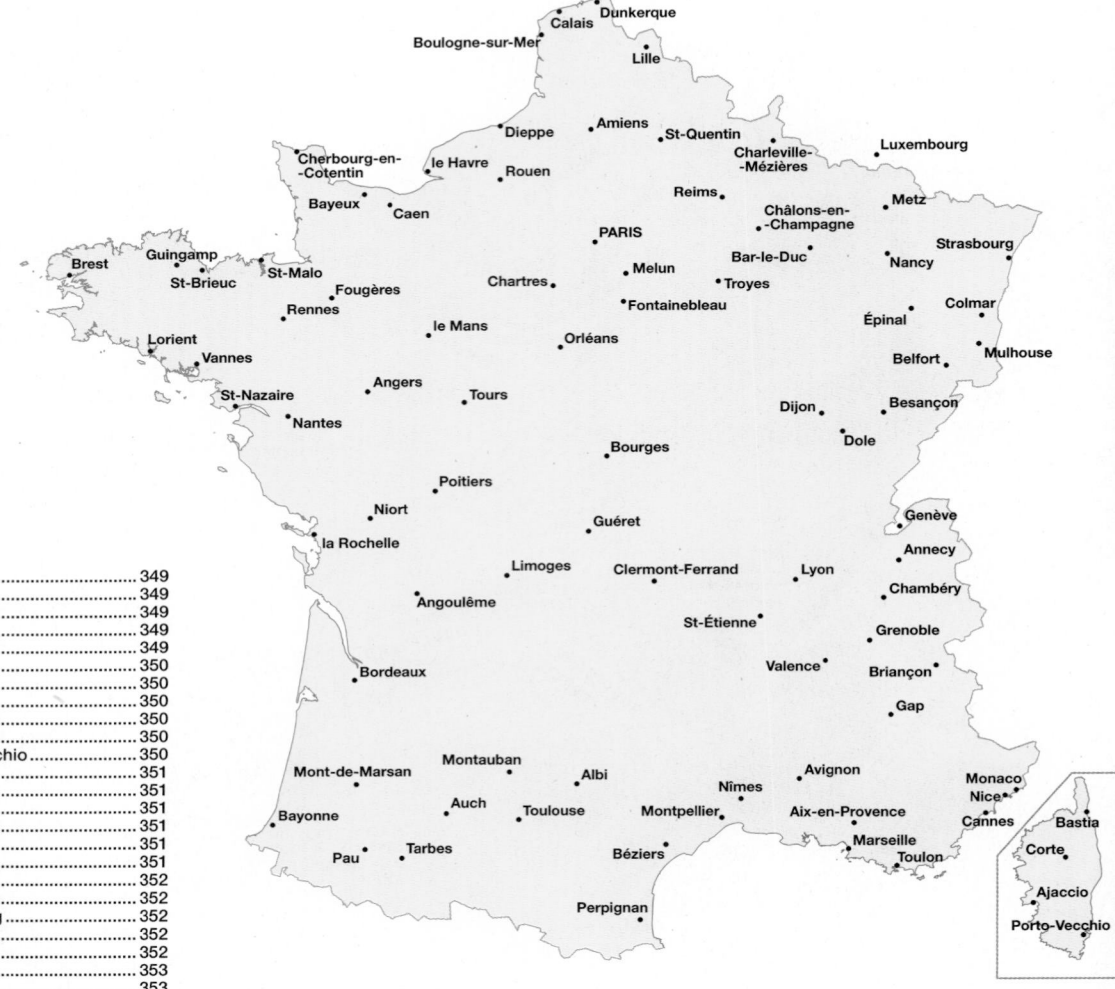

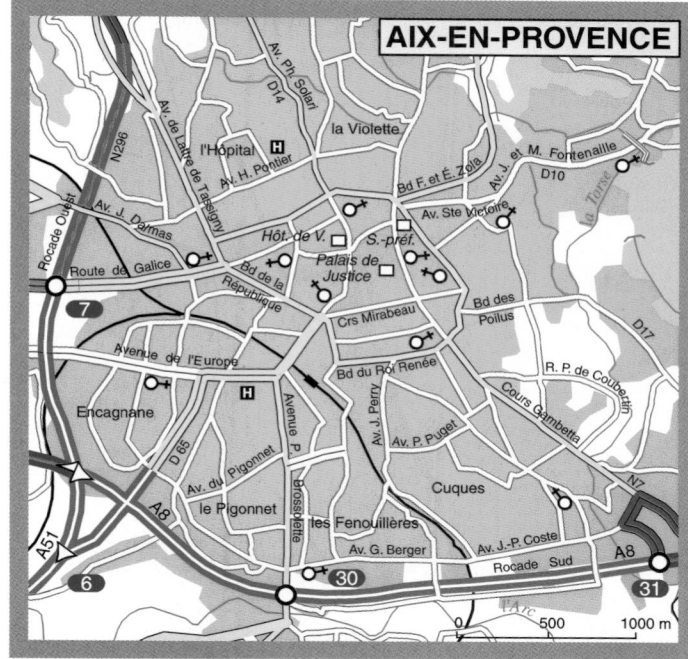

AIX-EN-PROVENCE

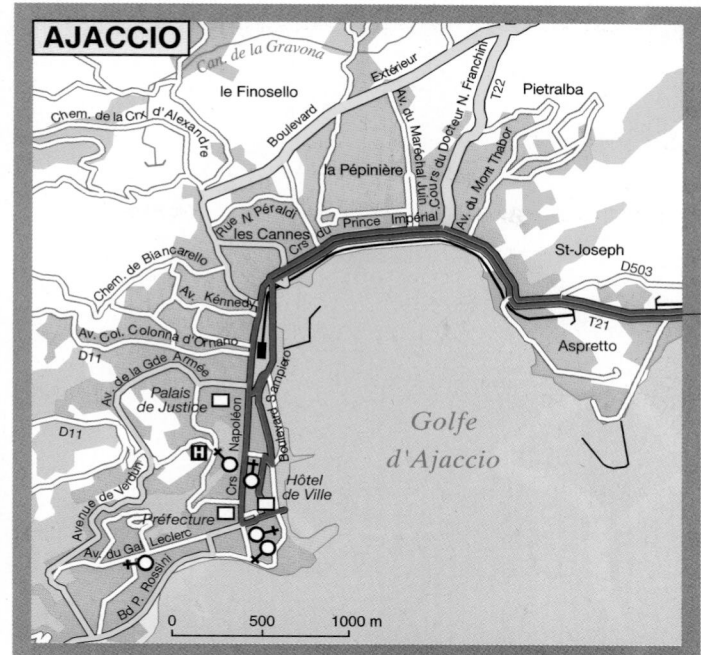

AJACCIO

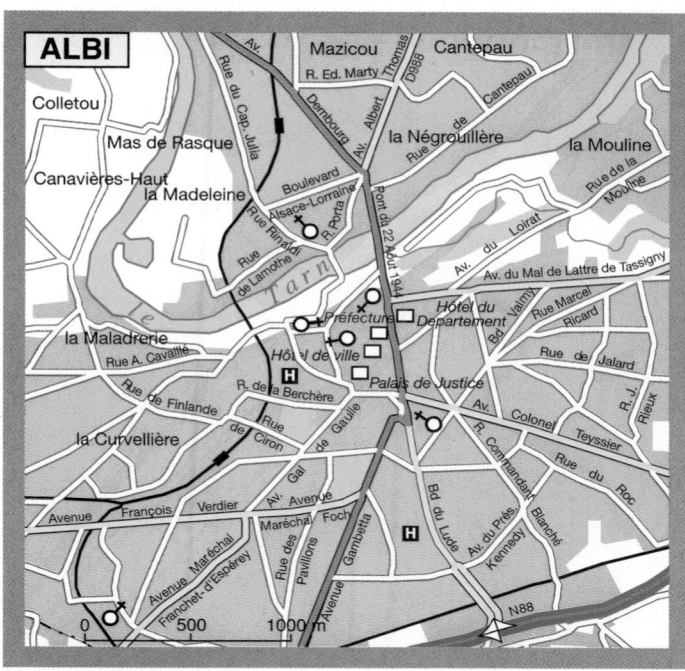

ALBI

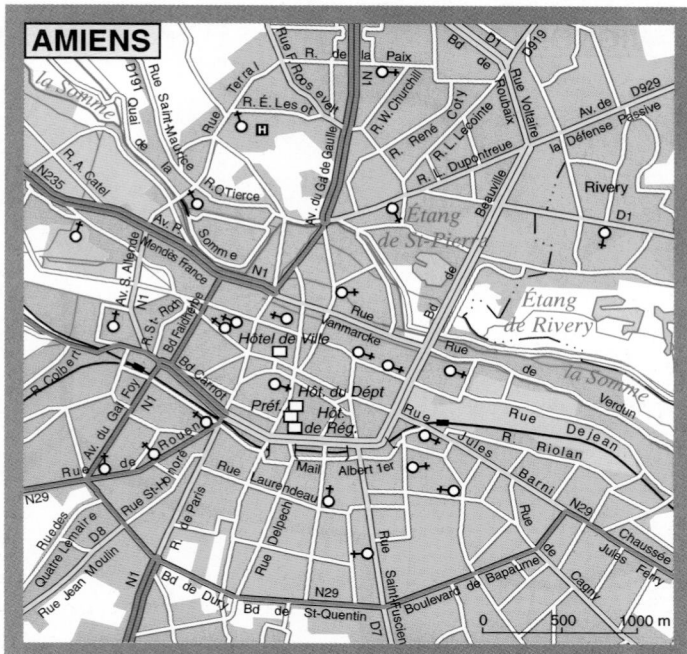

AMIENS

ANGERS

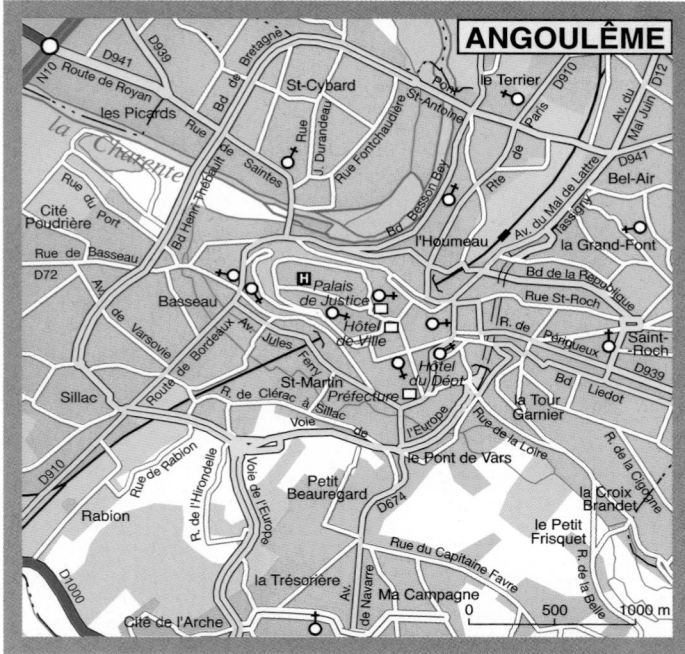

ANGOULÊME

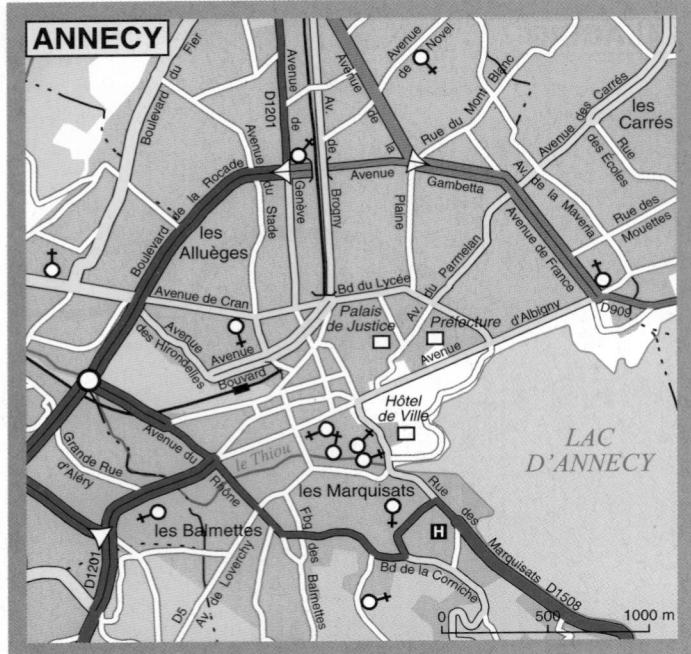

ANNECY

AUCH

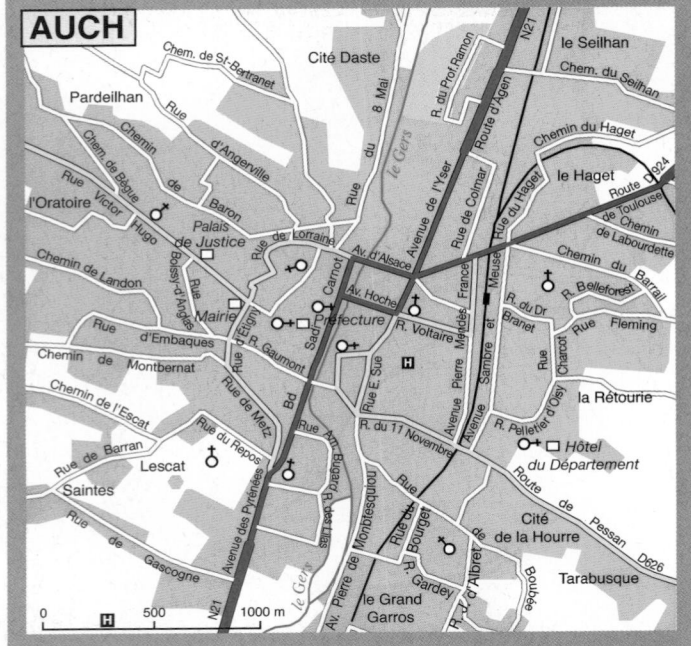

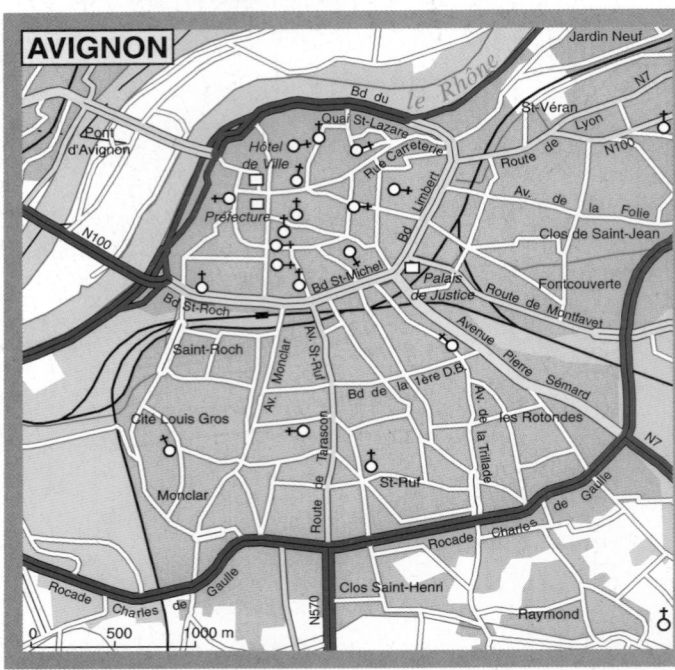

AVIGNON

BAR-LE-DUC

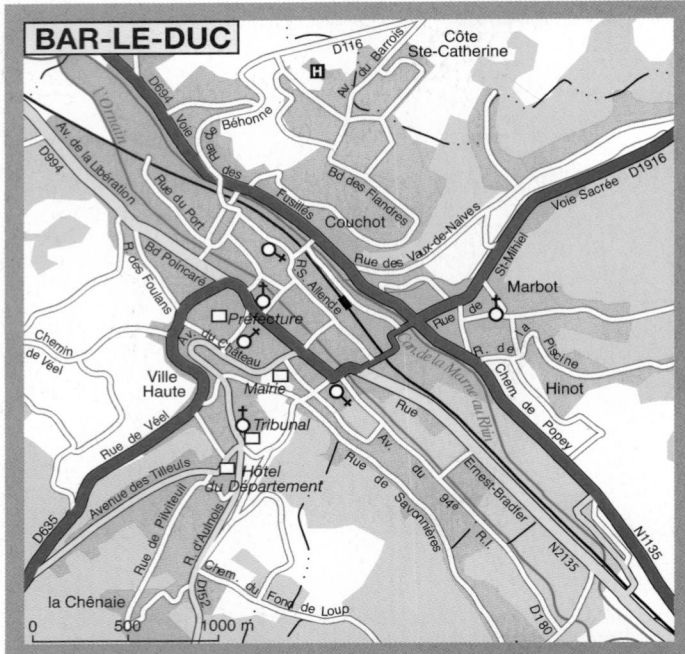

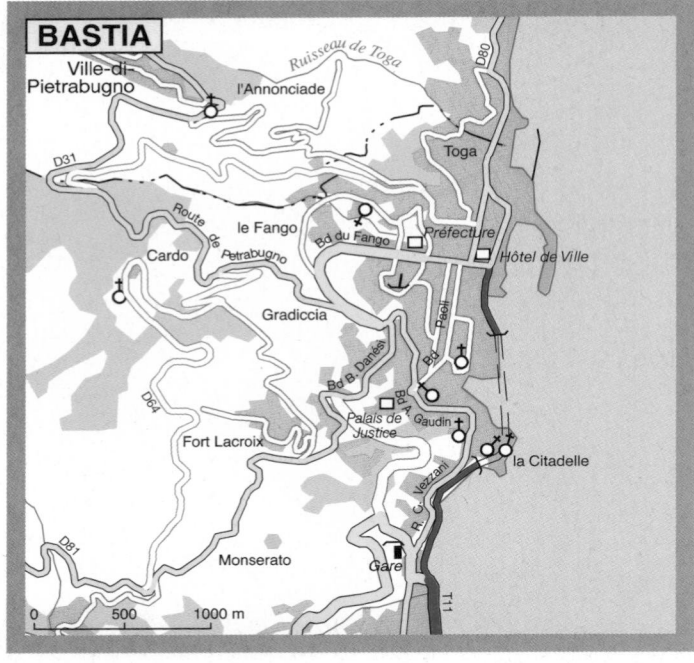

BASTIA

BAYEUX

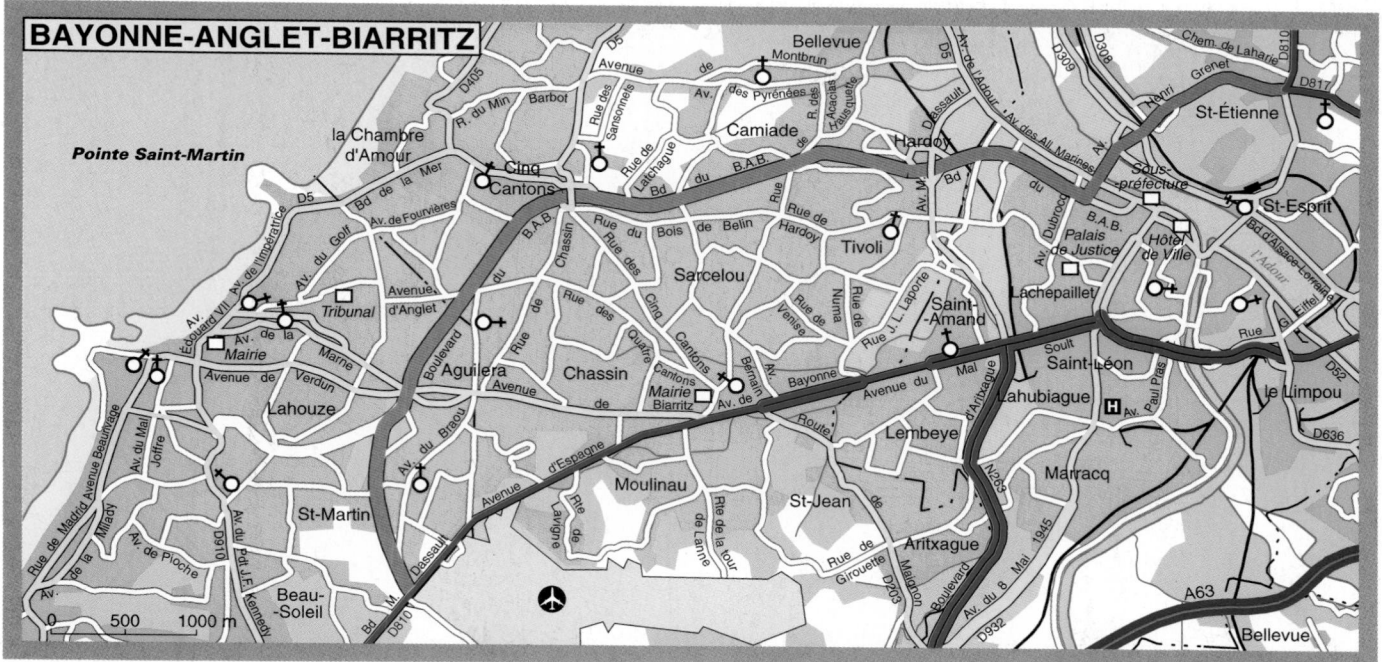
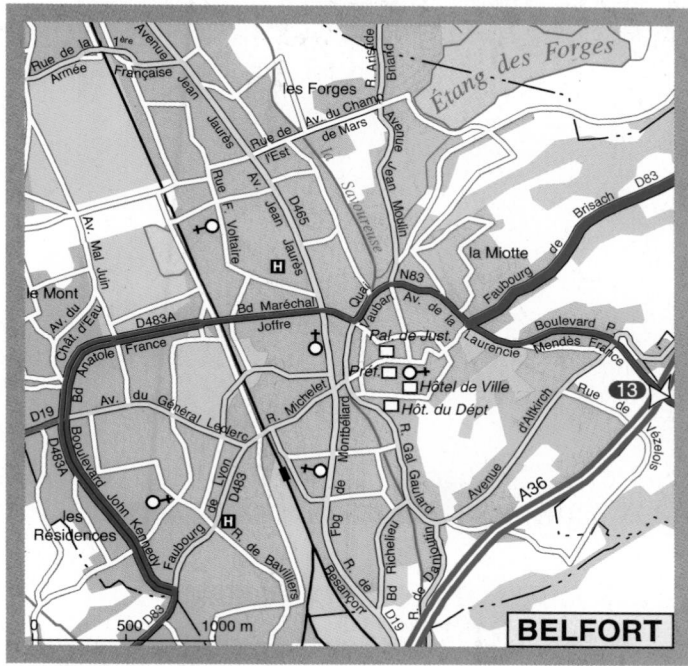

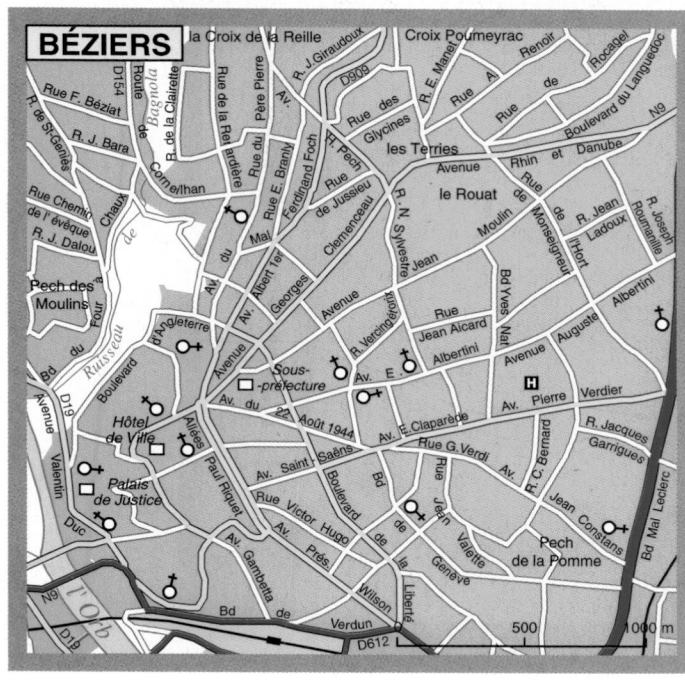

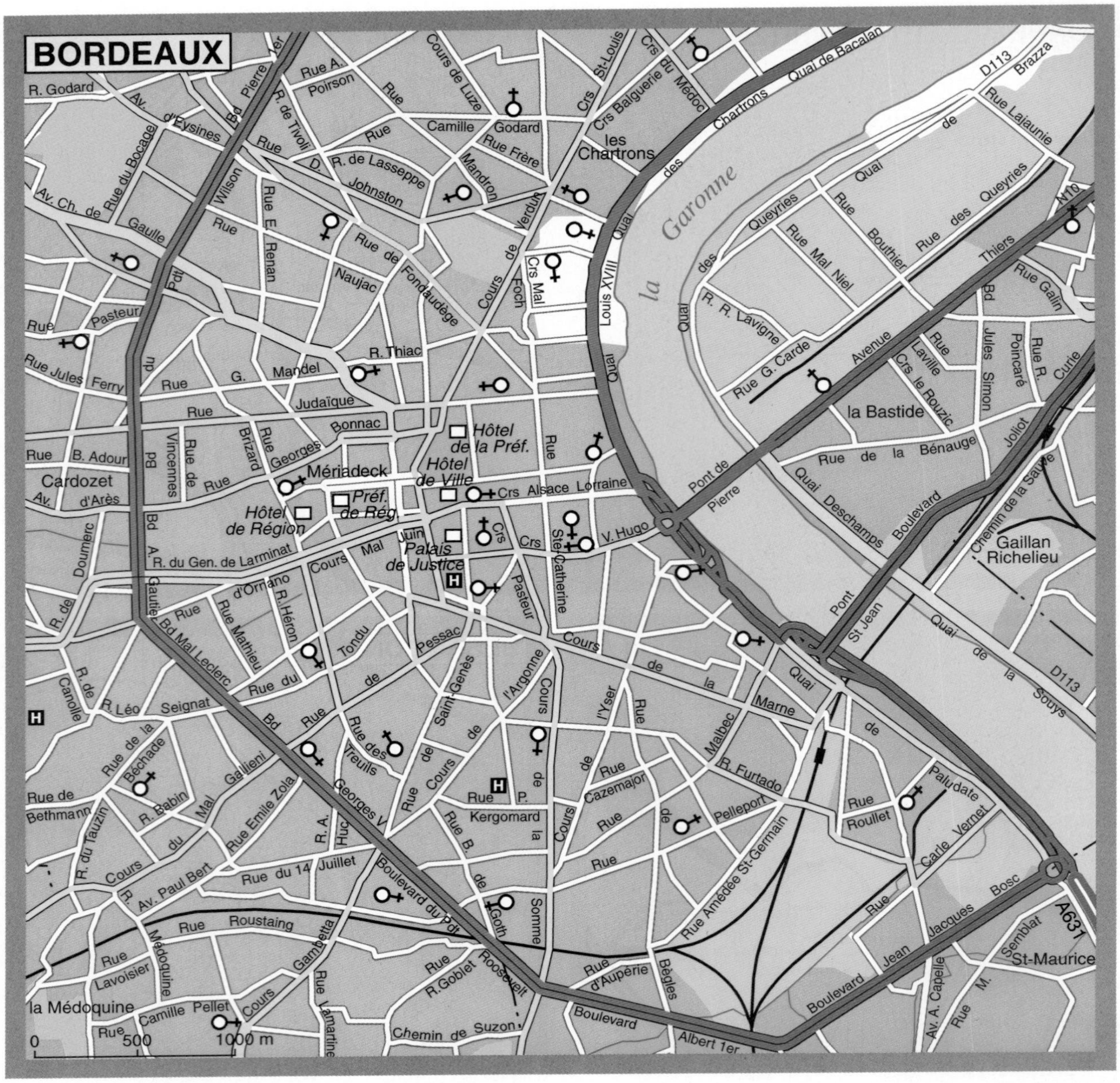

BORDEAUX

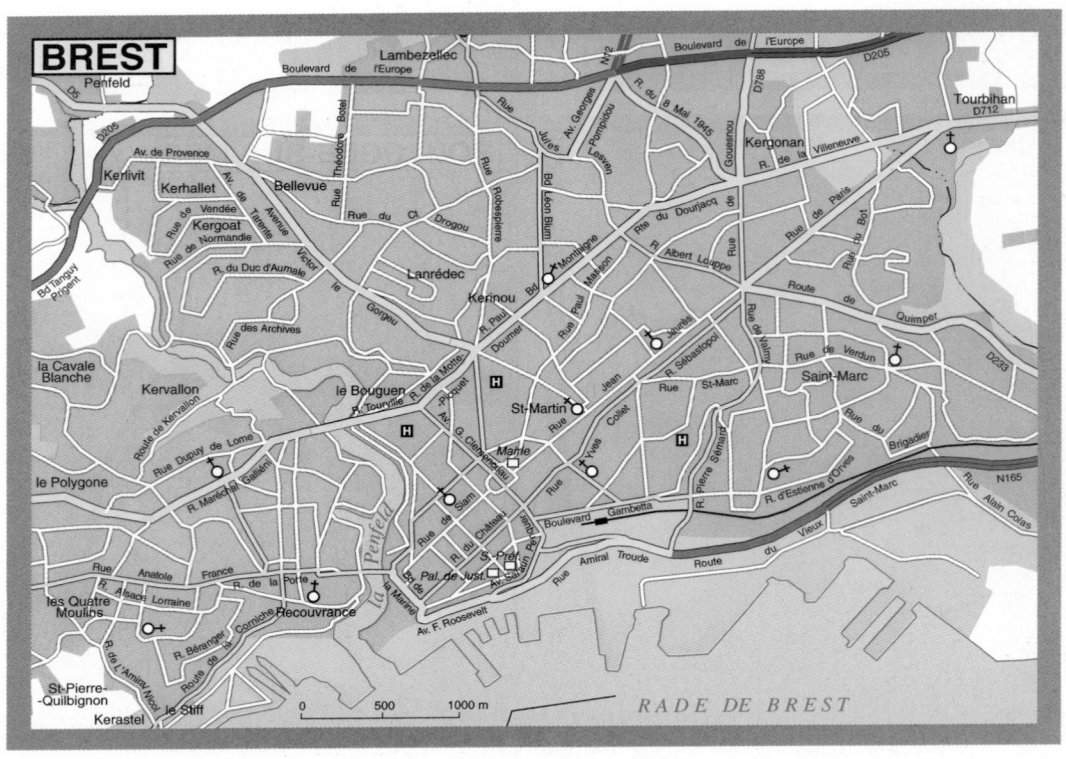

BREST

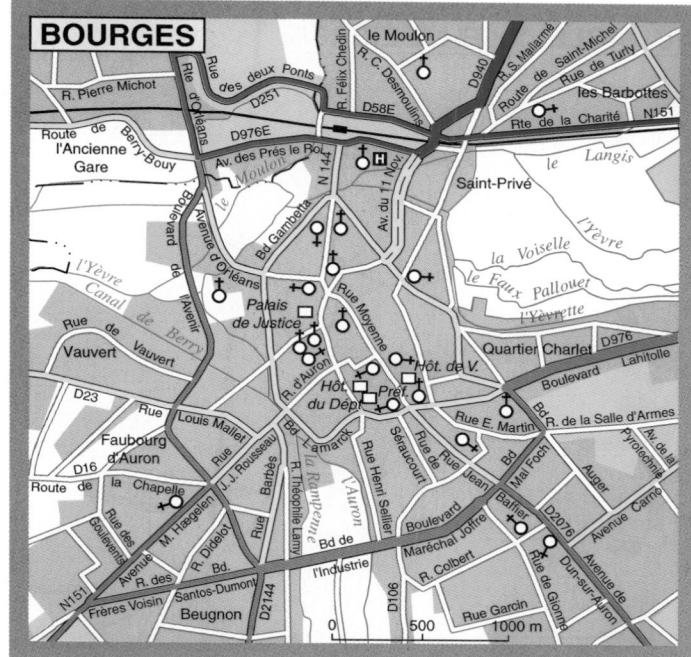

BOURGES

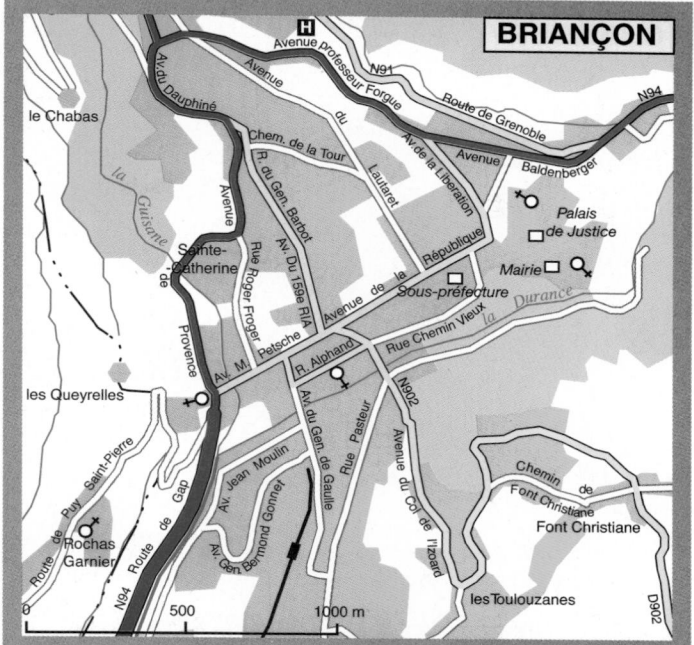

BRIANÇON

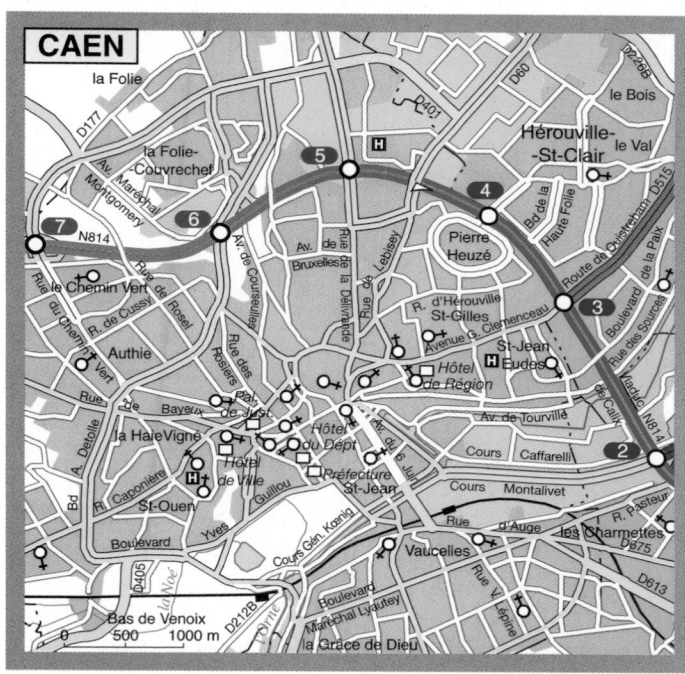

CAEN

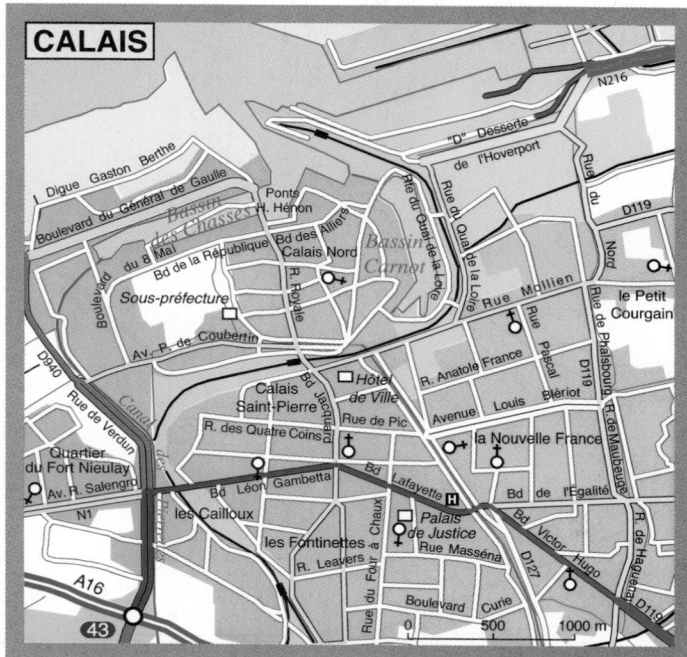

CALAIS

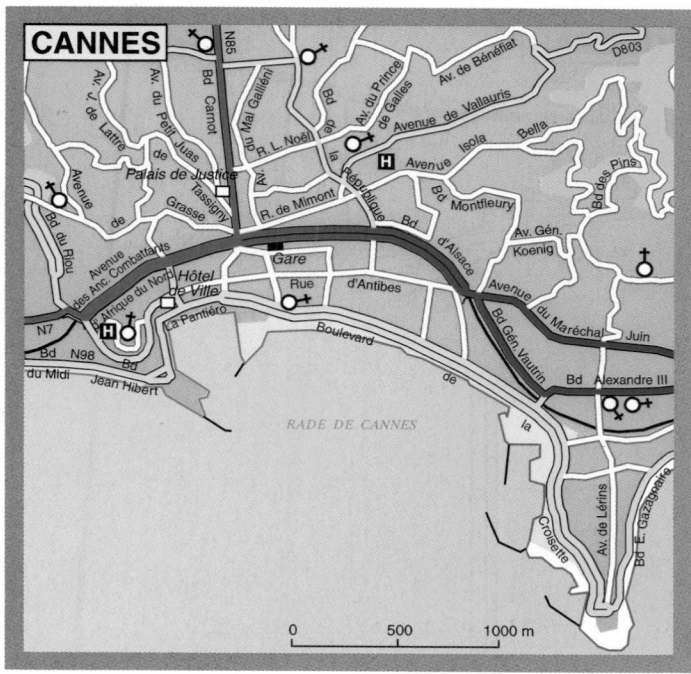

CANNES

CHÂLONS-EN-CHAMPAGNE

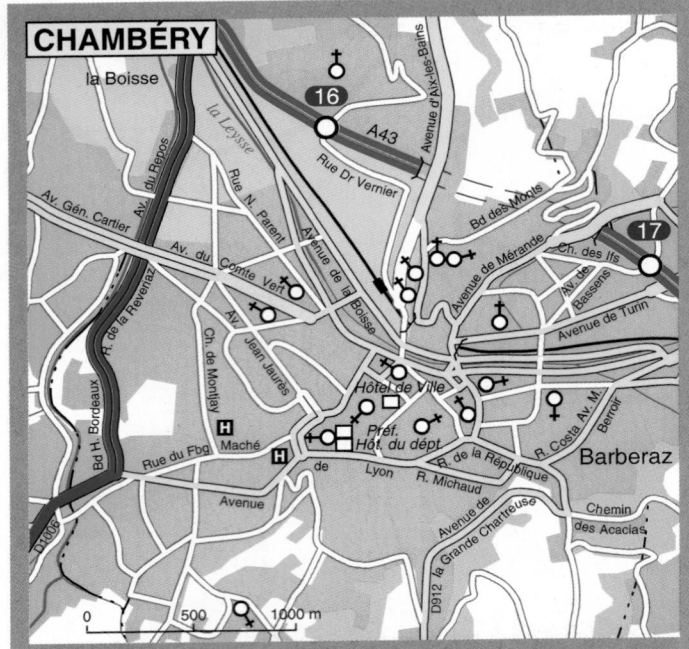

CHAMBÉRY

la Boisse

A43

la Leysse

Av. Gén. Cartier

Bd des Monts

Rue Dr Vernier

Avenue d'Aix-les-Bains

Rue N Parent

Ch. du Reposoir

Av. du Comte Vert

Rue de la Boisse

Avenue de Mérande

Ch. des Ils

Av. de Bassens

Avenue de Turin

R. de la Revenaz

Ch. de Montjay

Ch. Jean Jaurès

Bd H Bordeaux

Hôtel de Ville

Préf.
Hôt. du dépt

Rue du Fbg Maché

de Lyon

R. Michaud

R. de la République

R. Costa Av. M.
Benoît

Barberaz

Avenue

Avenue de la Grande Chartreuse

Chemin des Acacias

D912 la Grande Chartreuse

0   500   1000 m

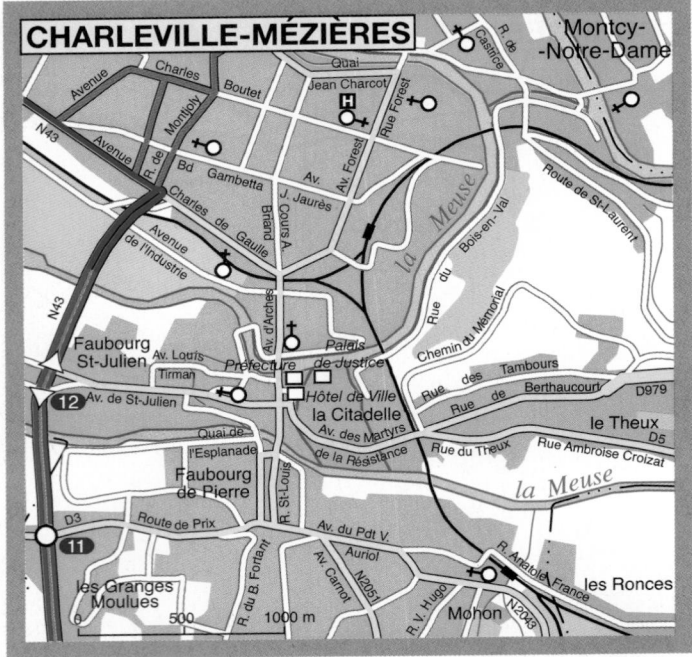

CHARLEVILLE-MÉZIÈRES

Montcy-Notre-Dame

Quai

Charles

Boutet

Avenue

Jean Charcot

Rue Forest

Bd Gambetta

Av. Forest

Route de St-Laurent

N43

R. de Montjoly

Charles de Gaulle

J. Jaurès

Av. Cours A.

la Meuse

Avenue de l'Industrie

R. d'Arches

Faubourg St-Julien

Av. Louis Tirman

Préfecture

Palais de Justice

Chemin du Mémorial

Rue des Tambours

Rue de Berthaucourt   D979

N43

Av. de St-Julien

Hôtel de Ville
la Citadelle

R. St-Louis

Av. des Martyrs

de la Résistance

Rue du Theux

Rue Ambroise Croizat

le Theux   D5

Quai de l'Esplanade

Faubourg de Pierre

la Meuse

12

D3

Route de Prix

Av. du Pdt V.

Av. Auriol

N2051

R. Anatole France

les Ronces

11

les Granges Moulues

Rue du B. Fontan

Av. Carnot

R. V. Hugo

N203

Mohon

0   500   1000 m

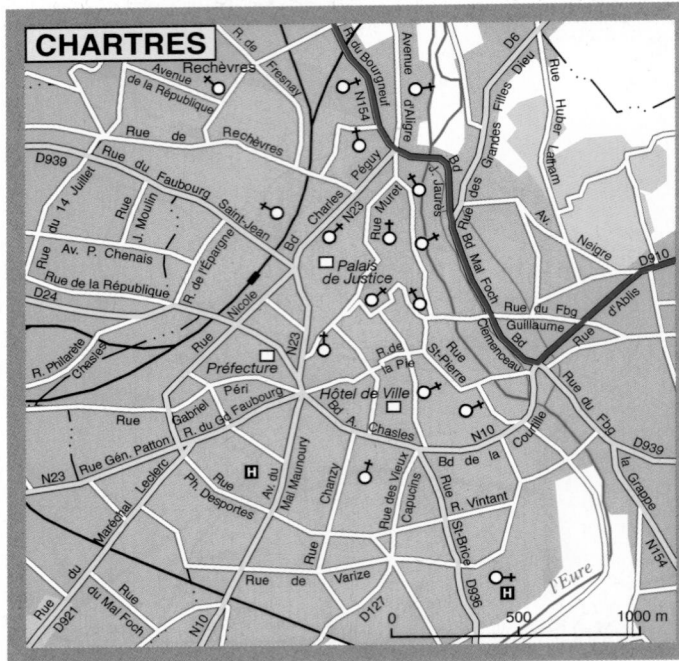

CHARTRES

Rechèvres

Avenue de la République

Avenue d'Aligre

D6

Filles Dieu

Rue Huber Latam

Rue de Rechèvres

Rue du 14 Juillet

N154

Rue Peguy

Charles

N23

Rue Muret

J. Jaurès

Bd des Grandes

Av.

Neigre

D910

D939

J. Moulin

Av. P. Chenais

Palais de Justice

D24

Rue de la République

R. de l'Épargne

Nicole

N23

Rue

Bd Mal Foch

Rue du Fbg Guillaume

Rue d'Ablis

R. Philarète

Chesles

Péri

Gabriel

R. du Gd Faubourg

Préfecture

R. de la Pié

Rue St-Pierre

Clemenceau

Rue

D939

Rue Gén. Patton

Hôtel de Ville
Hôt. A. Chasles

Bd de la Courtille

N10

la Grappe

N23

Ph. Desportes

Maréchal Leclerc

Rue du

Mal Maunoury

Chanzy

Av. du

Rue des Vœux

Capucins

R. St-Brice

R. V. Vintant

N154

Rue

Rue

Varize

Rue de

l'Eure

D127

Rue du

Mal Foch

D921

D936

0   500   1000 m

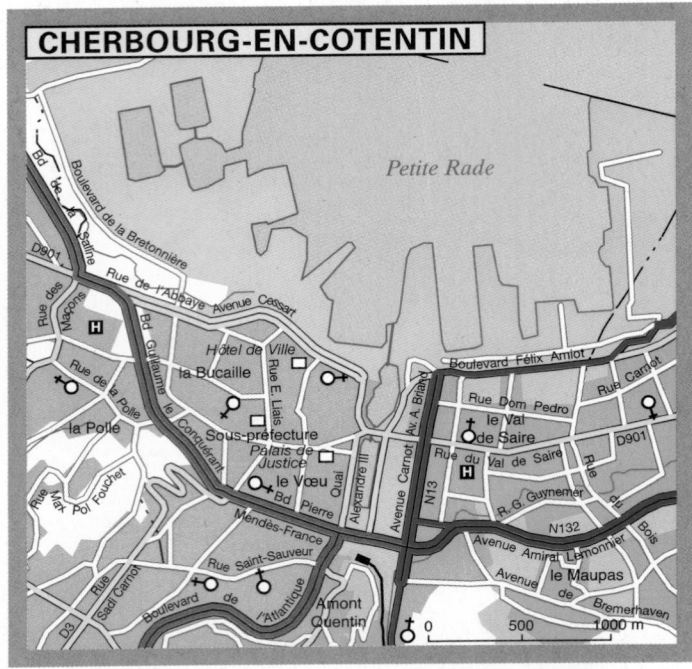

CHERBOURG-EN-COTENTIN

Petite Rade

Bd de la Saline

Boulevard de la Bretonnière

Rue de l'Abbaye   Avenue Cessart

D901

Rue des Maçons

Rue de la Polle

Bd Guillaume le Conquérant

Hôtel de Ville
la Bucaille

Rue E. Liais

Boulevard Félix Amiot

Rue Dom Pedro

Rue Carnot

la Polle

Rue de la Polle

Sous-préfecture
Palais de Justice

Av. A. Briand

le Val de Saire

D901

Rue Max Pol Fouchet

le Vœu

Bd Pierre

Alexandre III

Quai

Avenue Carnot

Rue du Val de Saire

R. G. Guynemer

N132

N13

Avenue Amiral Lemonnier

Rue du Bois

Mendès-France

Rue Sad Carnot

Rue Saint-Sauveur

Avenue

le Maupas

D3

Boulevard   de   l'Atlantique

Amont Quentin

Bremerhaven

0   500   1000 m

CLERMONT-FERRAND

Catarou

D69

Bd Gordon Bennett

Chamfeu

Rue du Clos Four

les Carmes

Fontgiève

Av. Barbier Daubrée

N9

Avenue de la République

Rue du Ressort

Lavoisier

Bd J.B. Dumas

R. St-Alyre

R. de Blanzat

H. Barbusse

Avenue

Rue Niel

Rue Auger

E.

Michelin

R. Fontgiève

R. Mollier R. Montlosier

Av. d'Italie

Av. de l'Union Soviétique

R. G. Guynemer

France
Herbet

Tribunal
Hôtel de Ville

N89

Anatole

Bd Berthelot

R. Menat

Péri

Av. Carnot

Rue la Pradelle

R. Blatin

Hôt. du Dépt

Rue de la Cartoucherie

D5

Av. Julien

Préfecture

R. Gilbert   Bd Lafayette

Côte Blatin

Rue de la Pradelle

A. Briand

Bd Pasteur

Bd Mitterrand

Neut Soleil

Bd Lafayette

Rue Clovis Hugues
l'Oradou

R. Pasteur

R. des Salins

D69

Av. J. Jaurès

Léon Blum

R. de Bellevue

R. André Theuriet

Dornoy

St-Jacques

Rue des Chambrettes

Bd P. Pochet Lagaye

D771

D389

la Raye Dieu

N9

les Ormeaux

0   500   1000 m

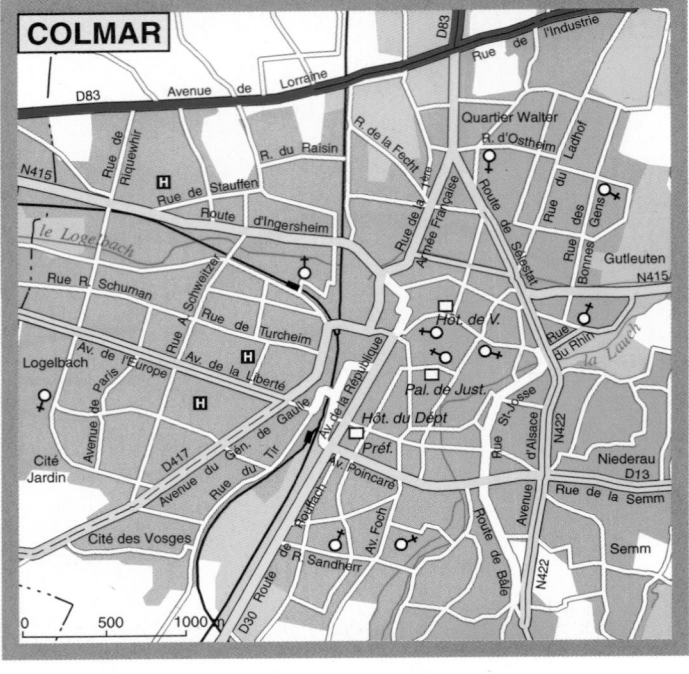

COLMAR

D83

Rue de l'Industrie

D83

Avenue de Lorraine

Quartier Walter

R. d'Ostheim

N415

Rue de Riquewihr

R. de la Fecht

R. du Raisin

Rue de Stauffen

Route d'Ingersheim

Rue de Lattre Française

Rue du Ladhof

Route de Sélestat

Rue des Gens

le Logelbach

Rue R. Schuman

Rue A. Schweitzer

Rue de Turcheim

Bonnes

Gutleuten

N415

Av. de l'Europe

Av. de la Liberté

Hôt. de V.

Rue du Rhin

le Lauch

Logelbach

Avenue de Paris

Pal. de Just.

Rue St-Josse

D422

Cité Jardin

D417

Av. du Gén. de Gaulle

Hôt. du Dépt
Préf.

Av. Poincaré

Niederau
D13

Cité des Vosges

R. Sandherr

Rue du Tir

Rue de la Semm

Rue de Bâle

Av. Foch

Semm

N422

0   500   1000 m

CORTE

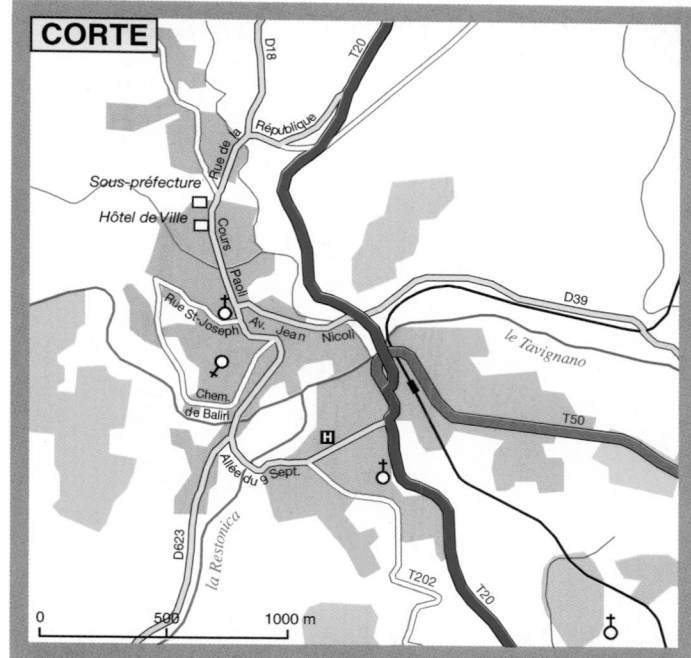

Rue de République · D18 · T20 · D623 · la Restonica · D39 · Sous-préfecture · Hôtel de Ville · Cours Paoli · Rue St-Joseph · Av. Jean Nicoll · le Tavignano · T50 · Chem. de Balin · Allée du 9 Sept. · H · T202 · T20 · 0 · 500 · 1000 m

DIEPPE

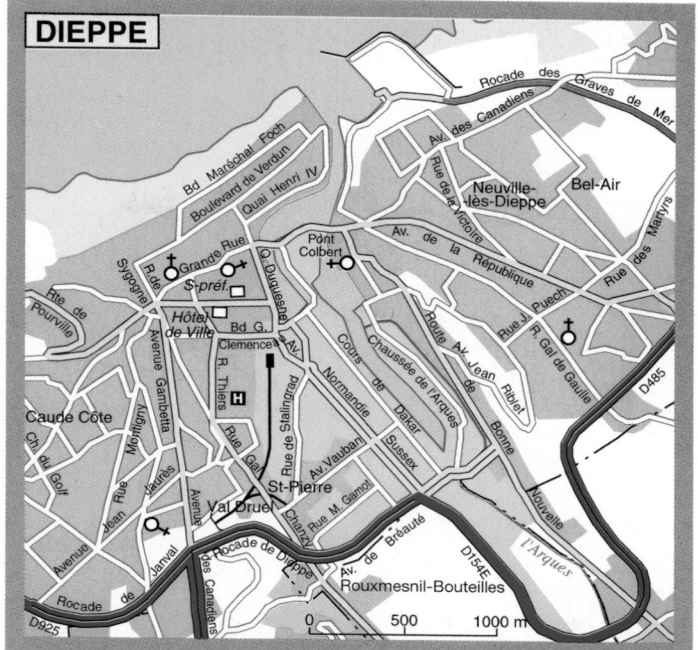

Rocade des Graves de Mer · Bd Maréchal Foch · Boulevard de Verdun · Quai Henri IV · Av. des Canadiens · Neuville-lès-Dieppe · Bel-Air · Av. de la Victoire · Grande Rue · Pont Colbert · Av. de la République · Rue des Martyrs · Rue J. Puech · Rue J.R. Gal de Gaulle · St-préf. · Syagogne · Q. Duquesne · Route Av. Jean Ribet · Hôtel de Ville · Bd G. Clemenceau · Av. R. Thiers · Normandie · Chaussée de l'Arques · Cours de Dalvat · Bonne · D485 · Caude Côte · Ch. du Golf · Rue du Montigny · Avenue Gambetta · Rue Jadres · Rue de Stalingrad · Av. Vauban · Sussex · St-Pierre · Rue M. Genol · Nouvelle · D154E · l'Arques · Avenue · Rue Jean · Val Druel · Avenue Chanzy · Janval · Rocade de Dieppe · Av. de Bréauté · Rouxmesnil-Bouteilles · Rocade de · D925 · 0 · 500 · 1000 m

DIJON

les Génois · Rue de Rijon · Bd des Allobroges · Avenue du Drapeau · Bd Pascal · D28 · Av. Champollion · la Maladière · Bd F · A. Legros · Rue de l'Égalité · Montchapet · Av. A. Briand · Rue Léon Mauris · Bd des Martyrs · de la Résistance · Avenue · D971 · D107 · Clémenceau · Av. R. Poincaré · Rue Victor Hugo · les Perrières · des Marmuzots · Devosge · Hôtel de Région · Av. Mal Lyautey · D70 · Rue de Gray · R.A. Joanne · Bd Paul Doumer · Préfecture · Bd Thiers · Rue Jeanne d'Arc · Hôtel de Ville · Bd Carnot · Rue Voltaire · Bd de Strasbourg · D905 · Tribunal · Bd de · D107 · Av. Albert 1er · Rue Pasteur · Mirande · Quai A. Galliot · H · Rue de · Fbg St-Pierre · Rue de · Bd Gabriel · D108G · R. du Transvaal · Bd du Castel · Rue C. Dumont · Bd de l'Université · d'Auxonne · Bd Mansart · les Bourroches · N7 · Avenue Jean Jaurès · Rue Chevreuil · D996 · D905B · les Péjoces · 0 · 500 · 1000 m

DOLE

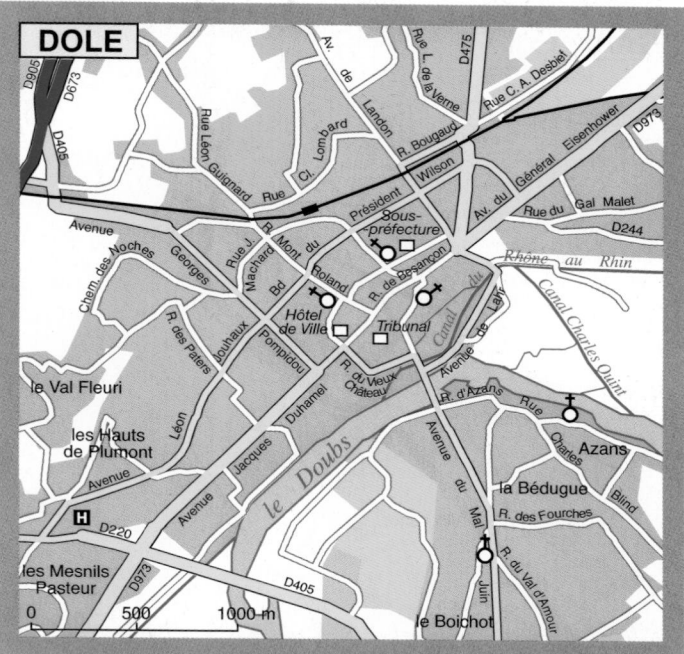

D905 · D673 · Av. de la Verne · D475 · D405 · Rue L.C. Desbief · Rue C.A. Desbief · D973 · Rue Léon Guignard · Rue Cl. Lombard · Rue Bougaud · Wilson · D244 · Avenue · Chem. des Noches Georges · Rue J. · Président · Sous-préfecture · Av. du Général Eisenhower · Rue du Gal Malet · Machard Mont du Roland · R. de Besançon · Rhône au Rhin · Canal Charles Quint · le Val Fleuri · R. des Pâtres · Hôtel de Ville · Pompidou · Tribunal · Canal du Lan · les Hauts de Plumont · Léon · Jouhaux · Duhamel · R. du Vieux Château · Rt. d'Azans · Avenue du Lan · Rue Charles · Azans · Jacques · le Doubs · la Bédugue · Blind · les Mesnils Pasteur · Avenue · Avenue du Mal Juin · R. des Fourches · H · D220 · D973 · D405 · R. du Val d'Amour · le Boichot · 0 · 500 · 1000 m

DUNKERQUE

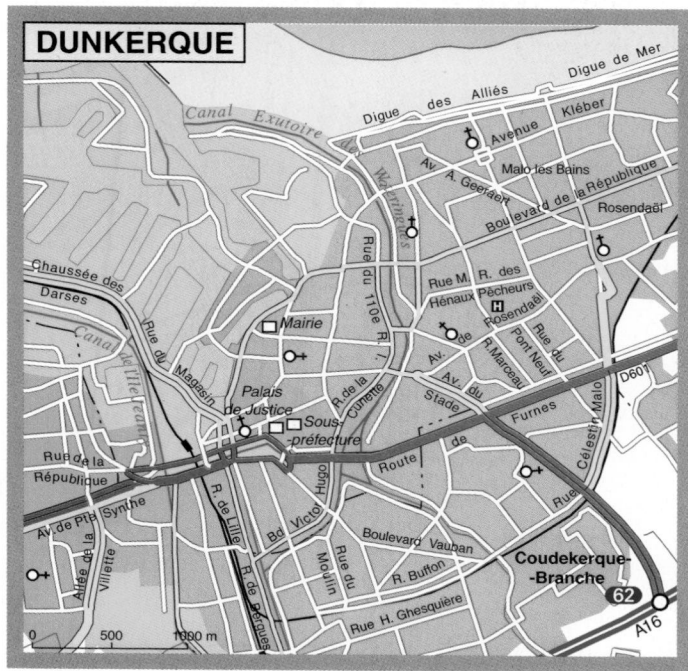

Canal Exutoire · Digue de Mer · Digue des Alliés · Kléber · Avenue · Malo les Bains · Av. A. Geeraert · Boulevard de la République · Rosendaël · Chaussée des Darses · Rue du 110e · R. des Pêcheurs · Rue M. Hénaux · Rosendaël · Canal de la Villette · Rue du Magasin · Mairie · Av. de · Pont Neuf · Rue Marceau · Palais de Justice · R. de la Cunette · Rue du · Sous-préfecture · Stade · Furnes · Rue de la République · R. de l'Ille · Av. du · Route · de · Céléstin Malo · Rue H · Av. de Pte Synthe · Bd Victor Hugo · Villette · Rue du Moulin · Rue du Buffon · Boulevard Vauban · Rue H. Ghesquière · Coudekerque-Branche · 62 · A16 · 0 · 500 · 1000 m

ÉPINAL

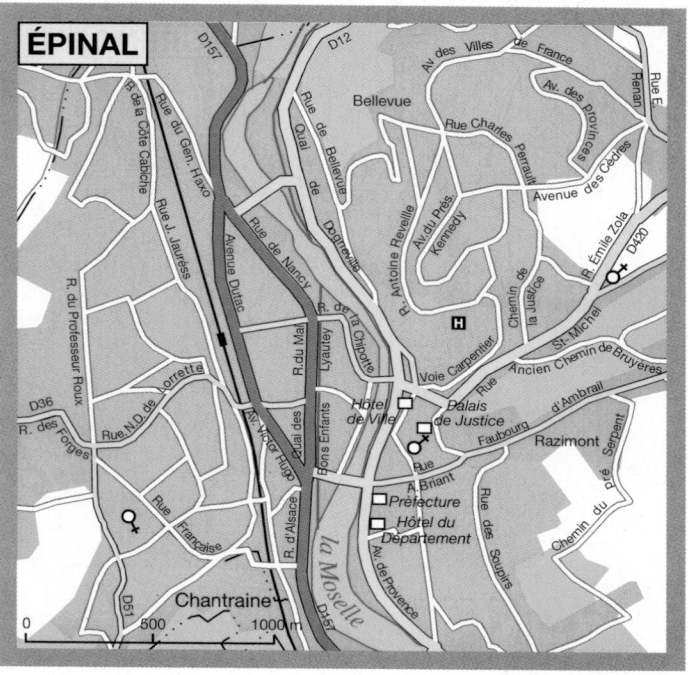

D157 · D12 · Av. des Villes · Rue de France · Bellevue · Rue Charles Perrault · Av. des provinces · Renan · Rue E. · Rue de la Côte Caloche · Quai de Belleville · Avenue des Cèdres · Rue du Gén. Haxo · Rue de Nancy · R. Antoine Revelle · Av. du Prés. Kennedy · D420 · R. du Professeur Roux · Rue J. Jaurès · Avenue Dutrac · Ancien Chemin de Bruyères · St-Michel · R. des Forges · Rue N.D. de Lorette · Voie Carpentier · Lyautey · H · d'Ambrail · Hôtel de Ville · Palais de Justice · Razimont · Rue · Faubourg · D36 · Av. Victor Hugo · Bons Enfants · A. Briant · Préfecture · Rue · Hôtel du Département · Rue Française · Chantraine · D51 · la Moselle · Chemin du pré Sement · 0 · 500 · 1000 m

FONTAINEBLEAU

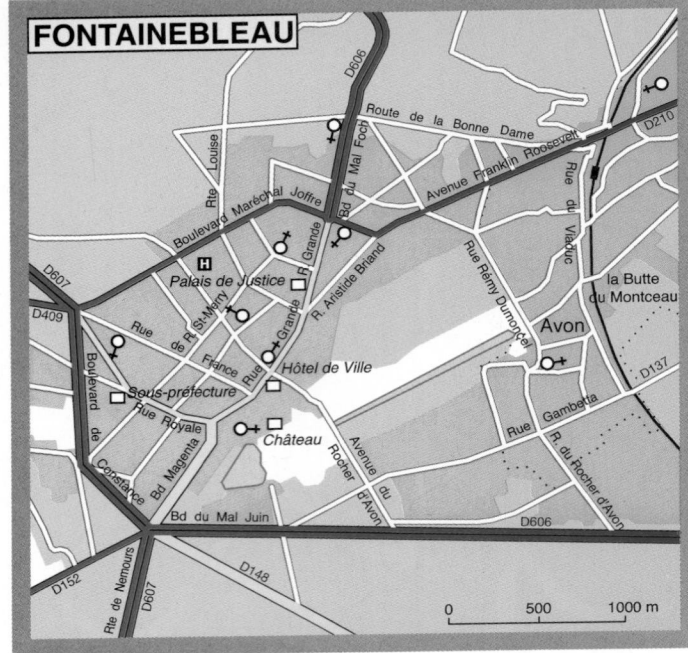

FOUGÈRES

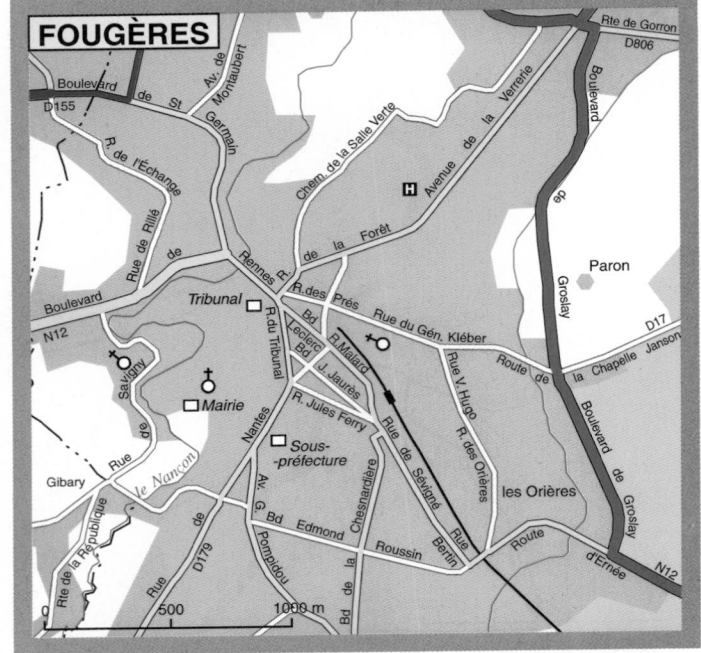

GAP

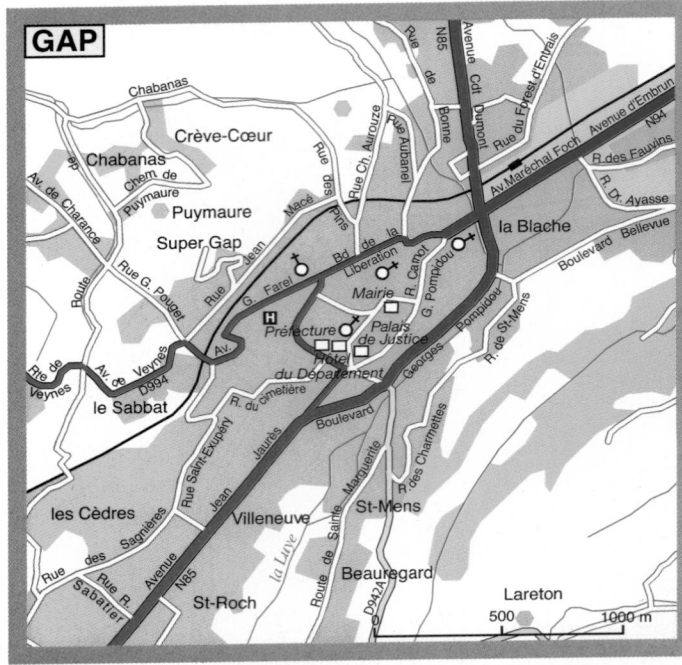

GENÈVE

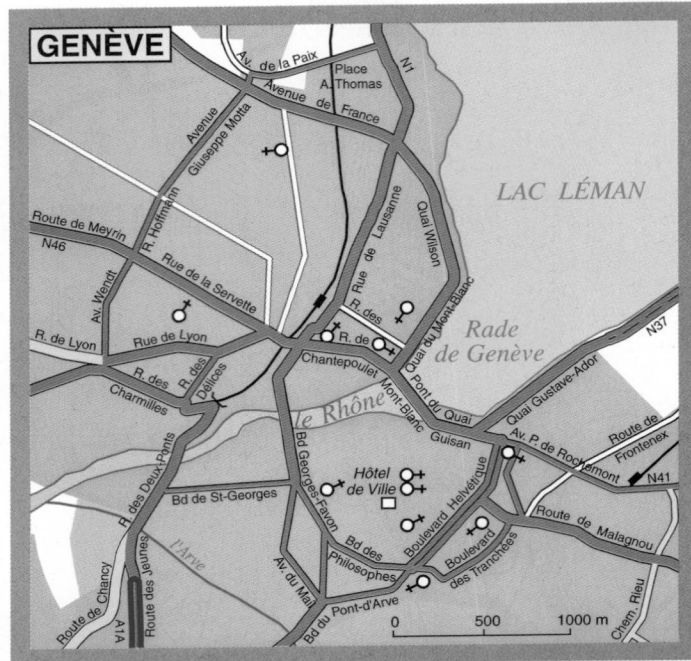

GRENOBLE

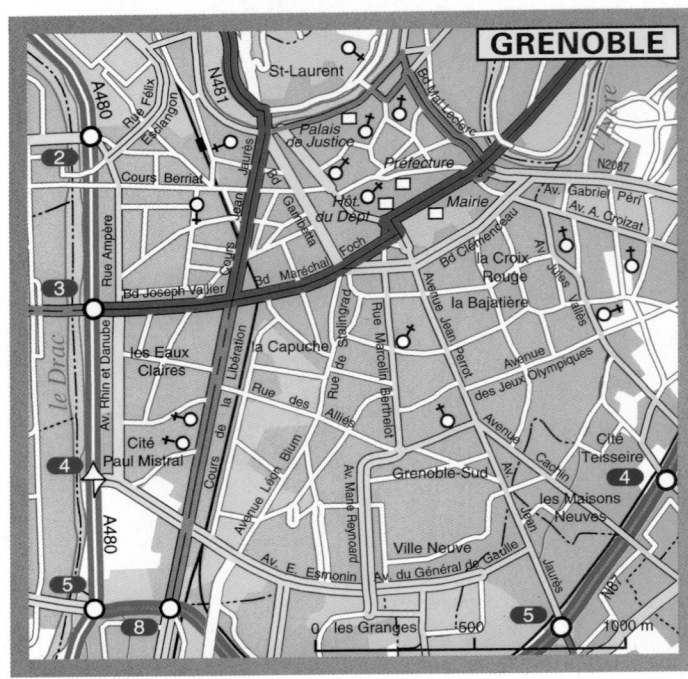

GUÉRET

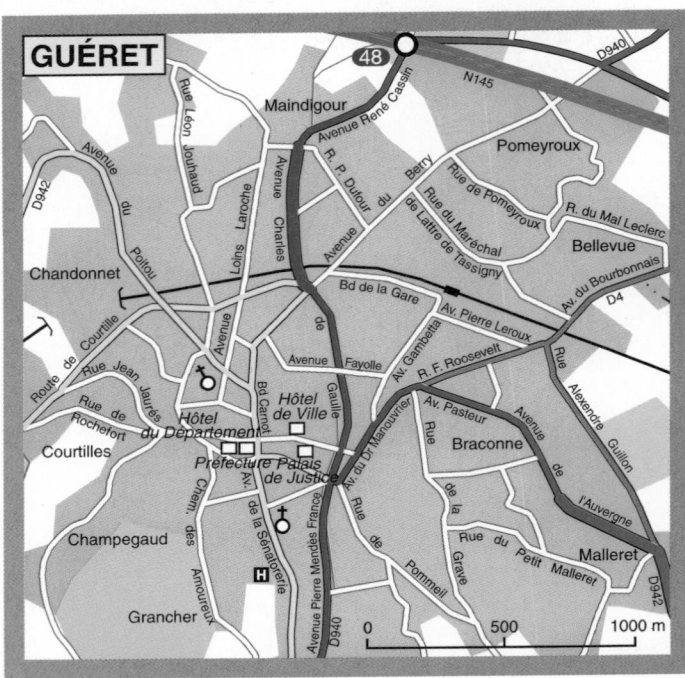

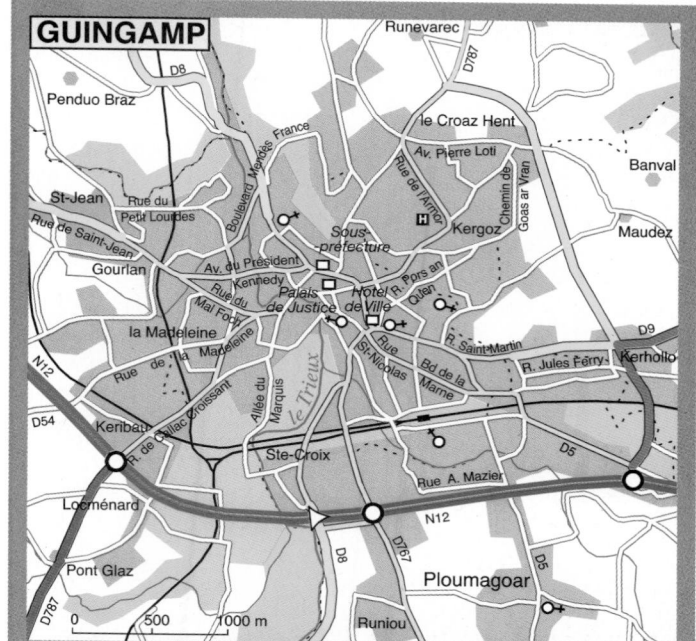

LILLE

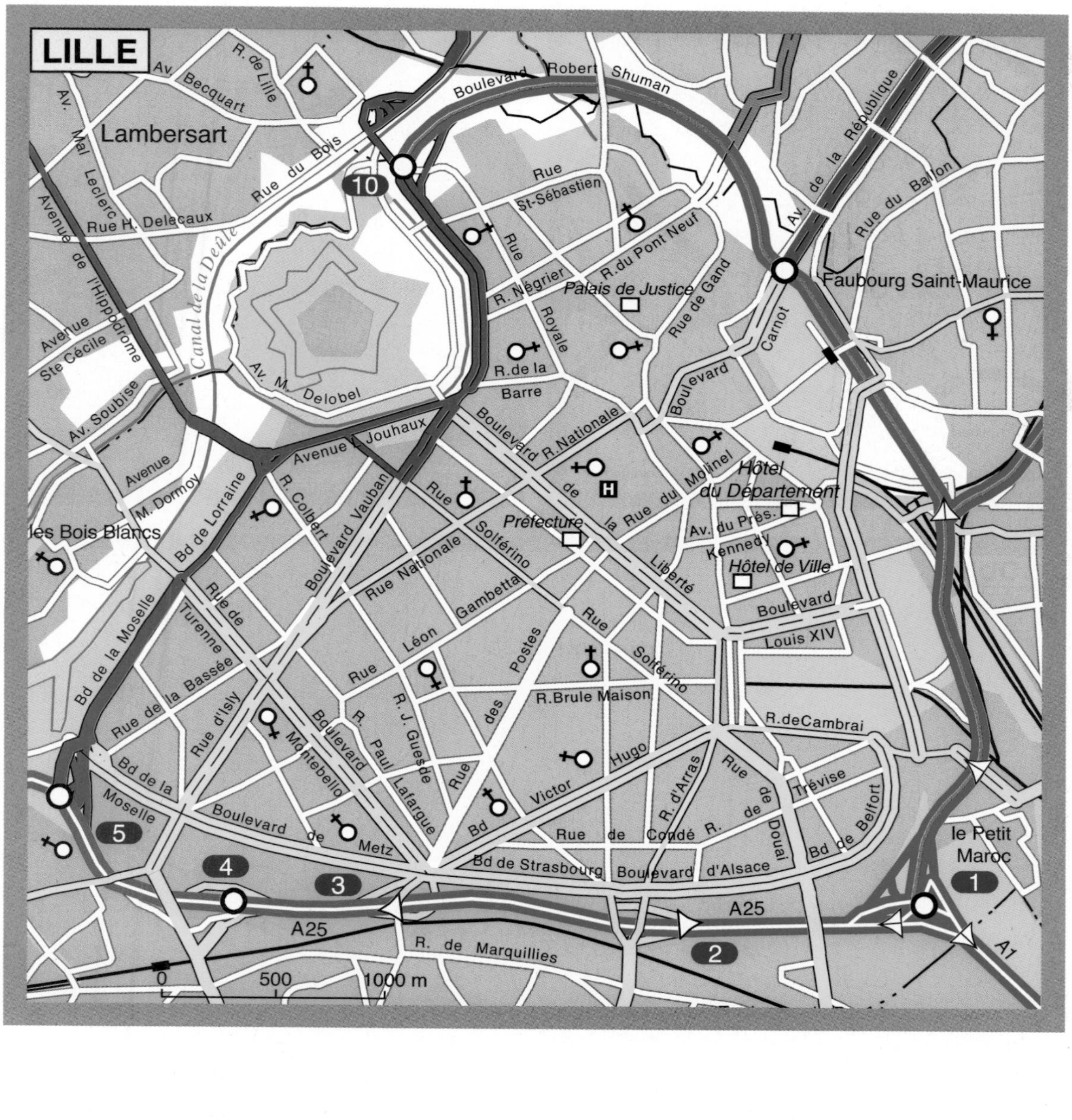

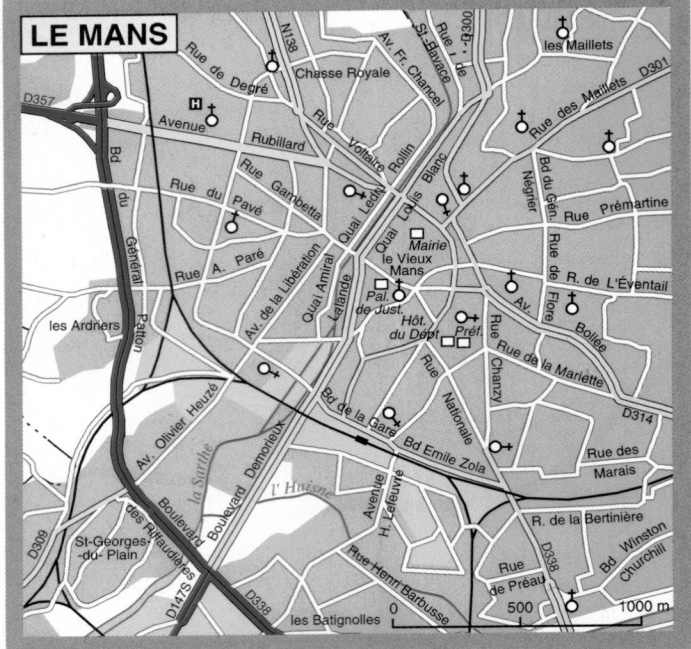

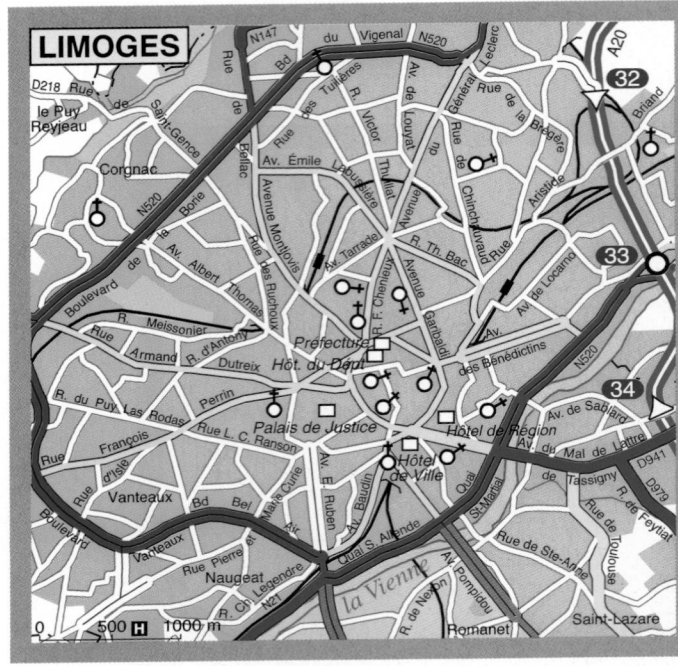

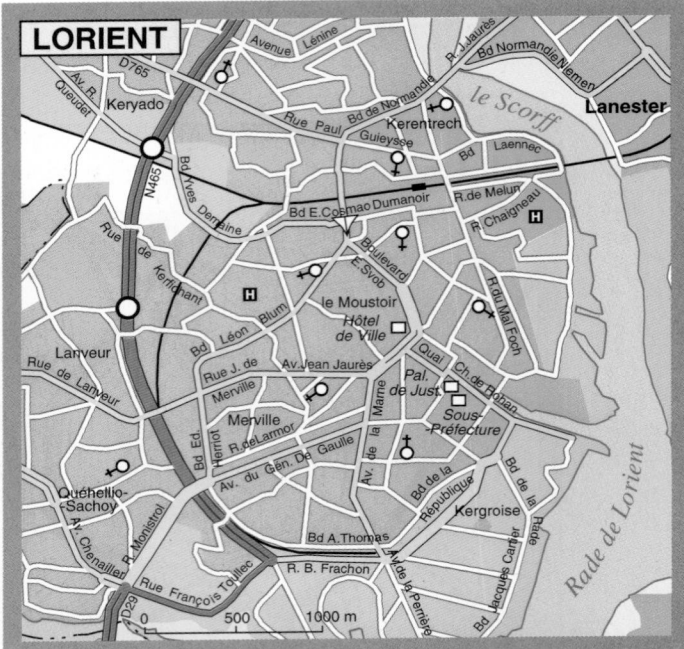

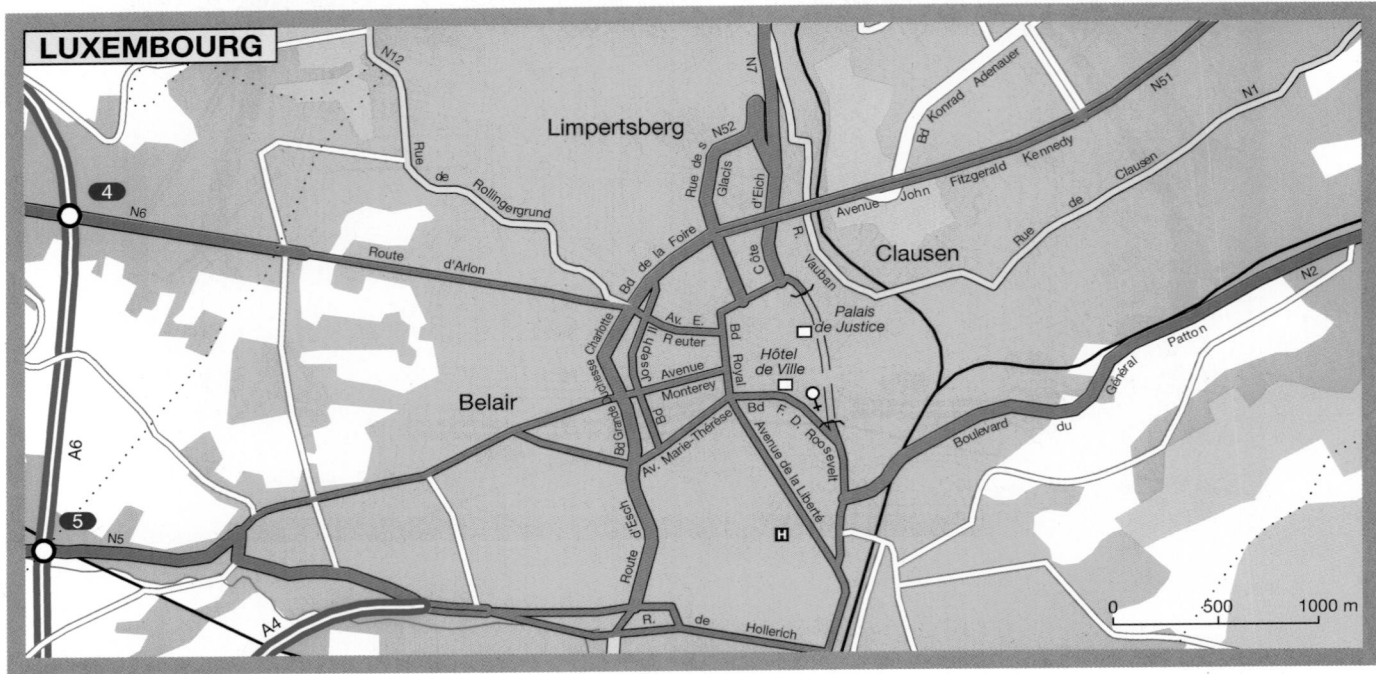

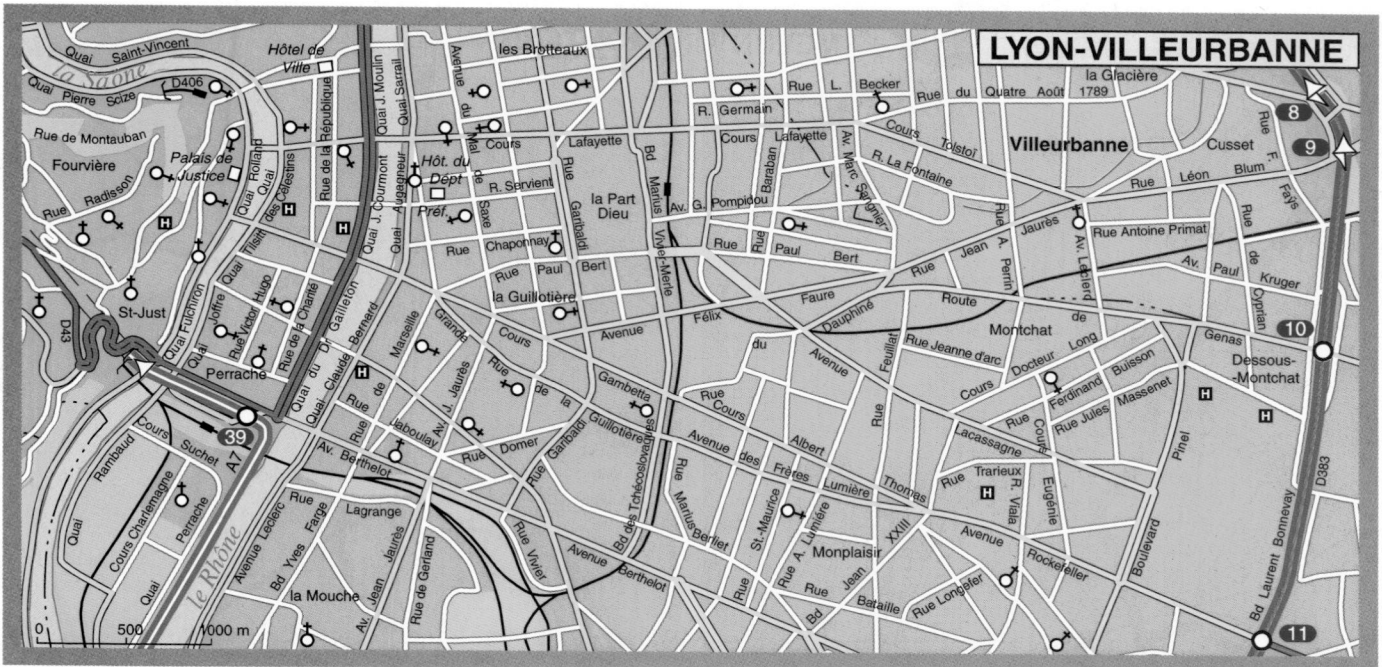

LYON-VILLEURBANNE

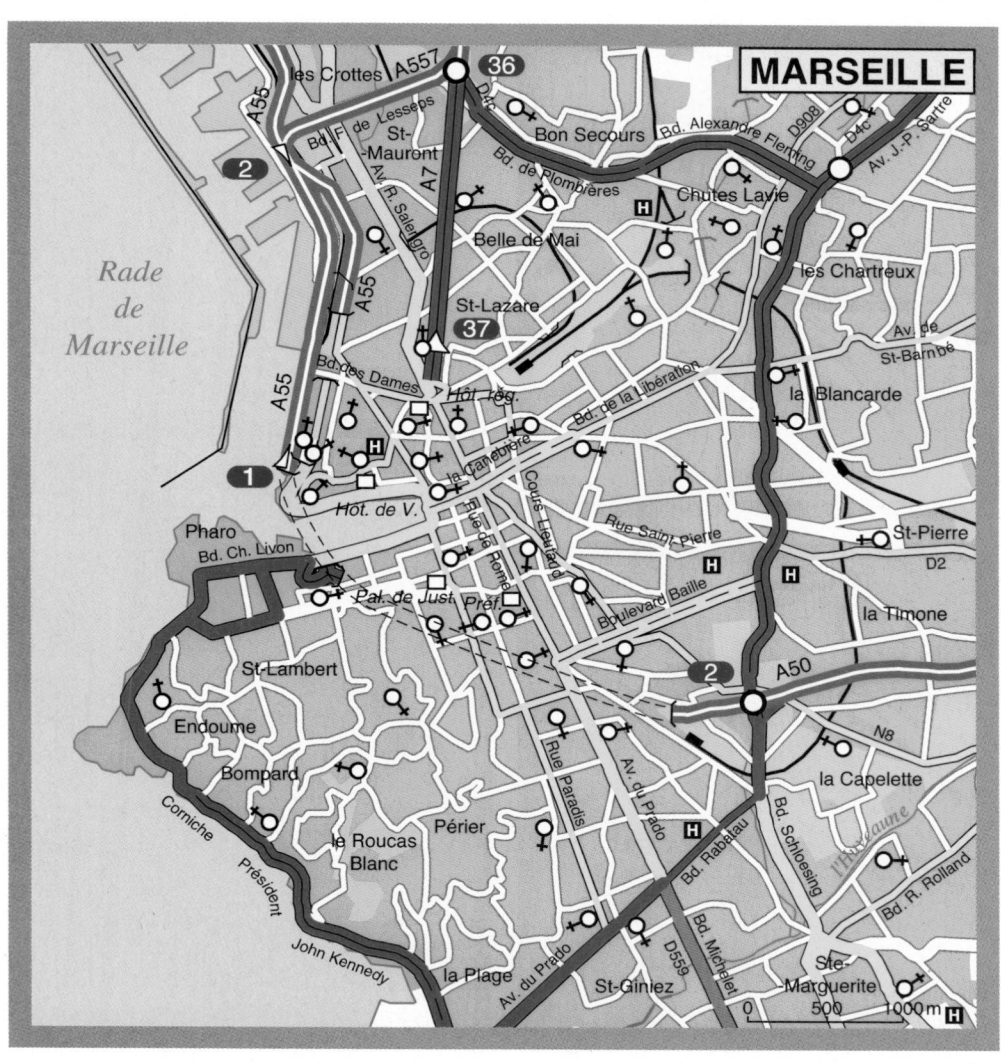

MARSEILLE

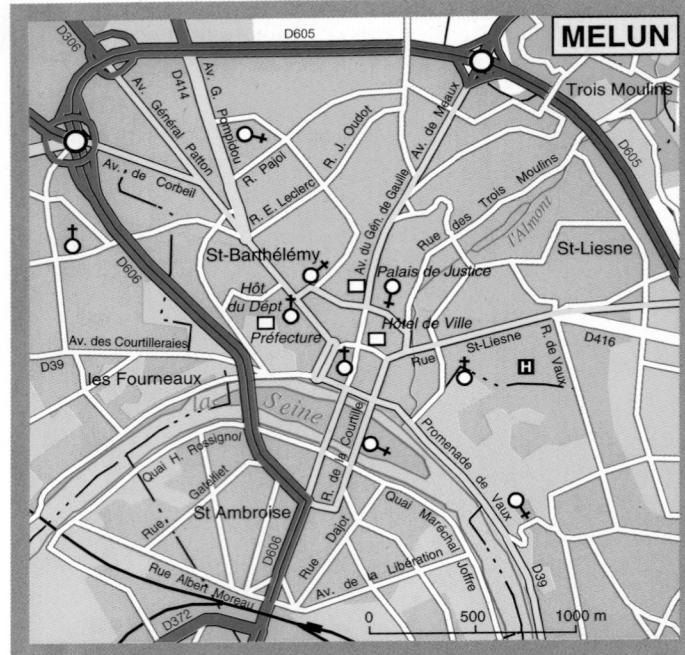

MELUN

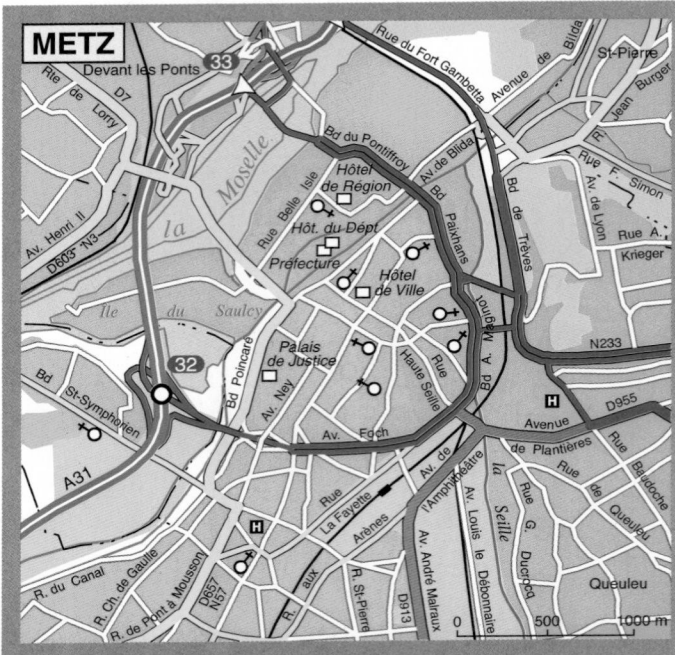

METZ

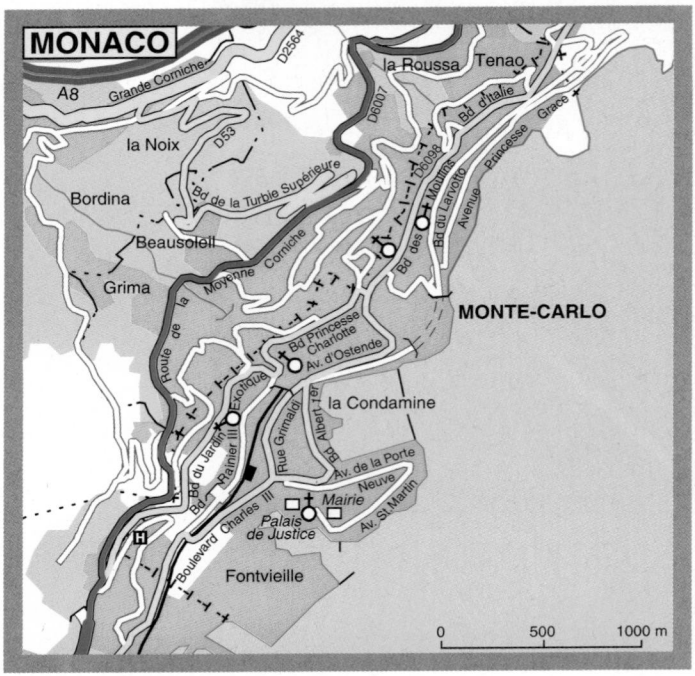

MONACO

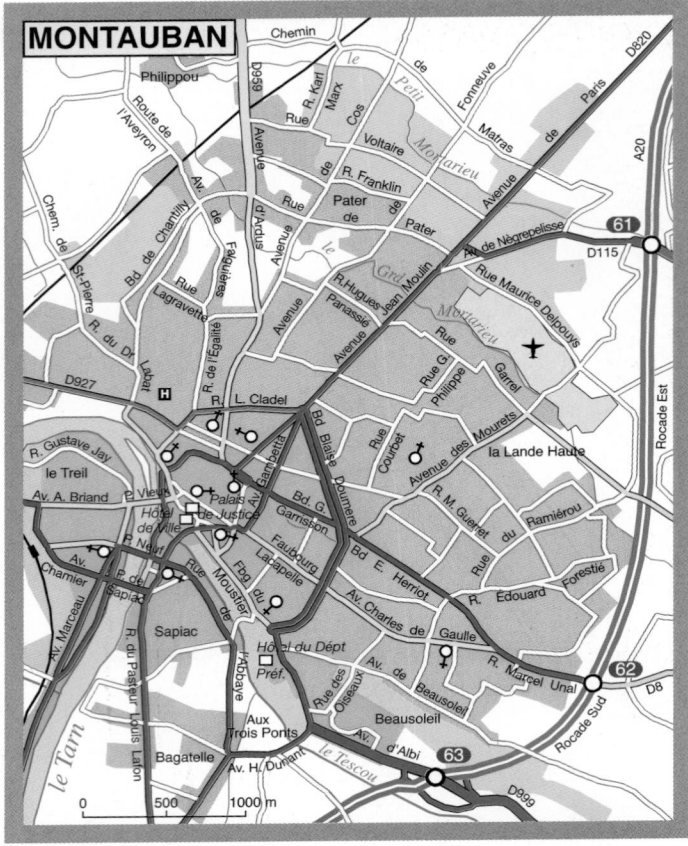

MONTAUBAN

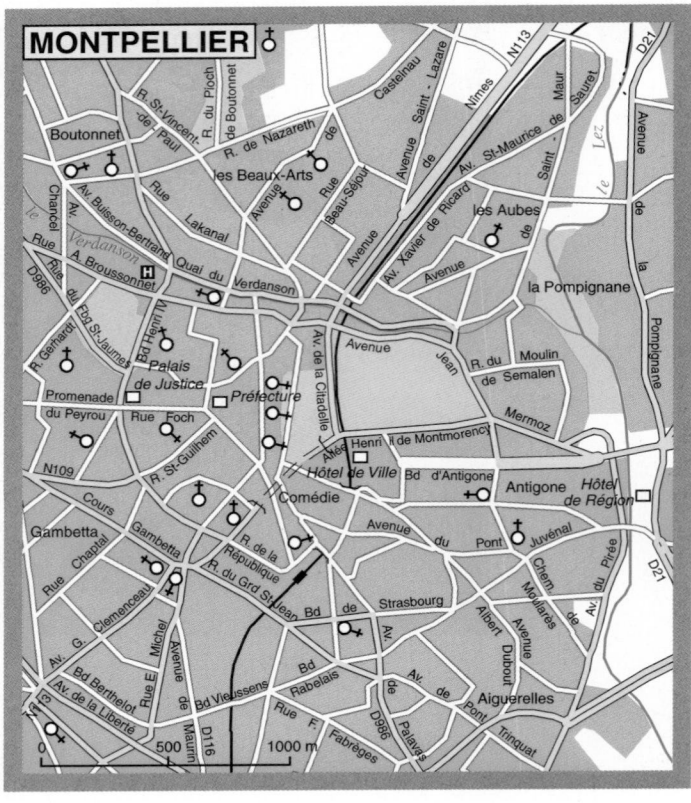

MONTPELLIER

MONT-DE-MARSAN

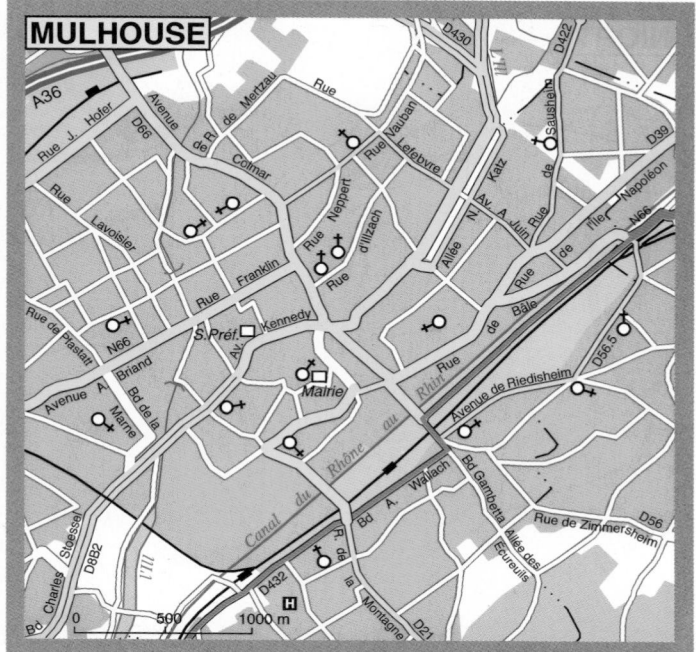

MULHOUSE

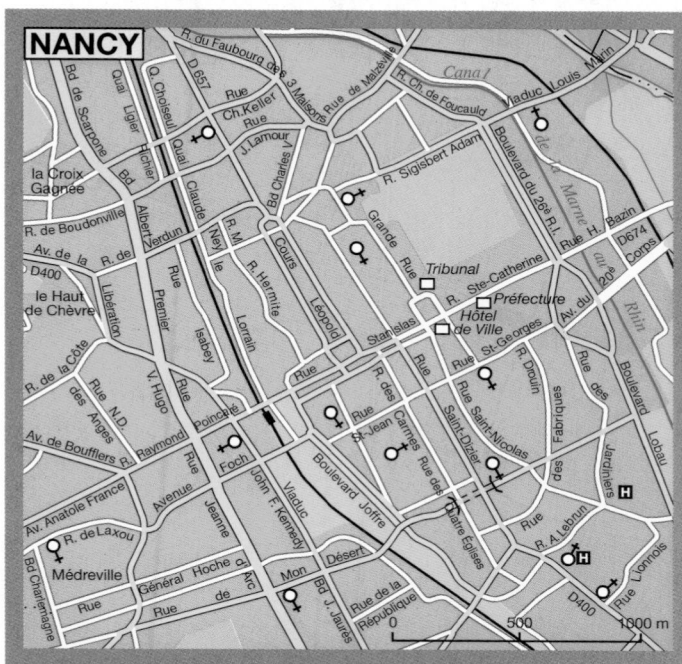

NANCY

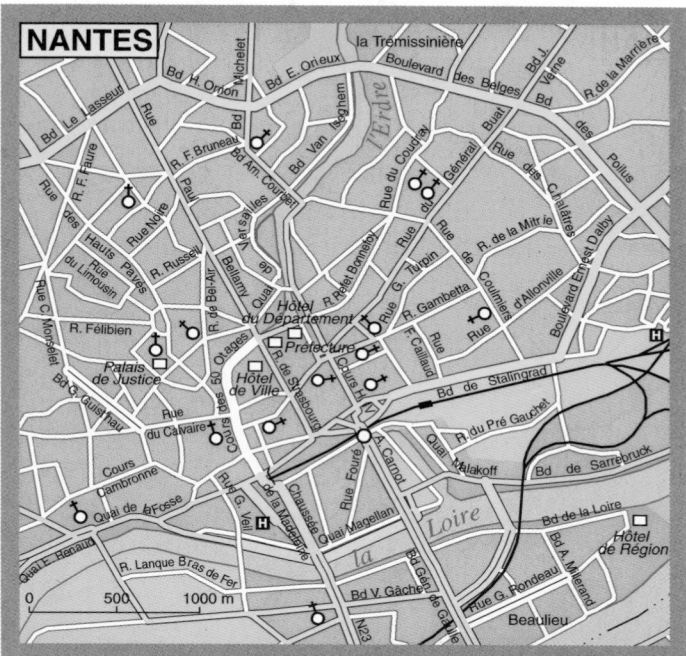

NANTES

NICE

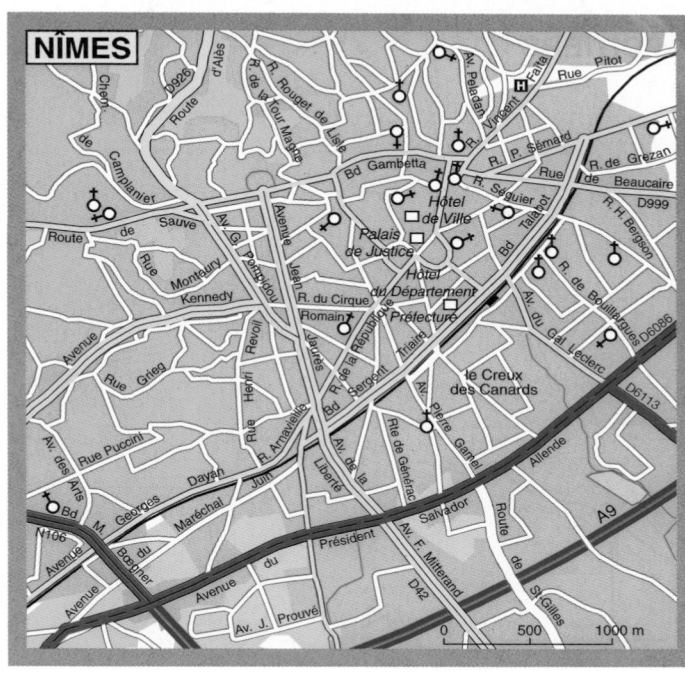

NÎMES

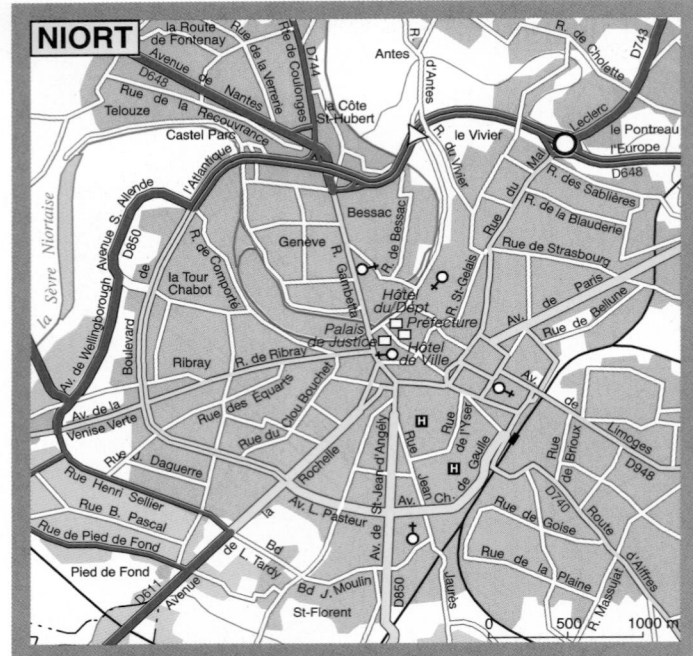

NIORT

la Route de Fontenay
Rue de la Verrerie
R. de Cholette
D743
Antes
R. de Nantes
Leclerc
le Pontreau
D648
Rue de la Recouvrance
la Côte St-Hubert
le Vivier
l'Europe
D648
Telouze
l'Atlantique
R. du Vivier
R. des Sablières
Castel Parc
D850
Rue de Bellune
Bessac
Rue de la Blauderie
Geneve
R. Gambetta
Rue de Strasbourg
la Tour Chabot
R. St-Gelais
Hôtel du Dépt
Av. de Paris
Préfecture
Palais de Justice
Hôtel de Ville
Ribray
R. de Ribray
Av. de Wellingborough
Av. de la Venise Verte
Rue des Equarts
H
Rue du
Rue de Broux
Limoges
Rochelle
D948
Rue Henri Sellier
Rue J. Daguerre
Rue de Golse
Rue B. Pascal
H
Route
Rue de Pied de Fond
Av. L. Pasteur
Av. Ch.
D740
Pied de Fond
de L. Tardy
Bd
Bd J. Moulin
Rue de la Plaine
d'Aiffres
D611
Avenue
D850
St-Florent
R. Massujat

0   500   1000 m

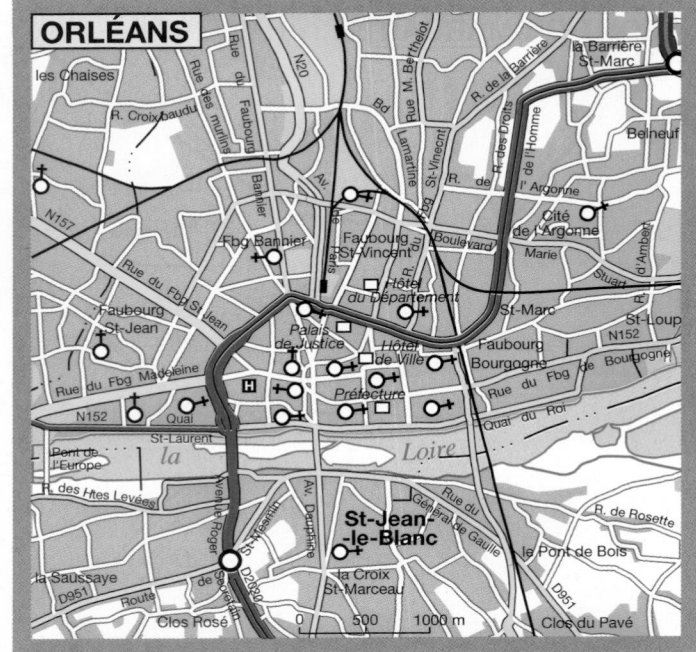

ORLÉANS

les Chaises
la Barrière St-Marc
N20
R. de la Barrière
R. M. Berthelot
R. Croixbaudu
Belneuf
Faubourg
Cité de l'Argonne
Boulevard
N157
Fbg Barnier
Faubourg St-Vincent
Hôtel du Département
St-Marc
Faubourg St-Jean
St-Loup
Palais de Justice
Hôtel de Ville
Faubourg Bourgogne
N152
Rue du Fbg Madeleine
Préfecture
Rue du Fbg de Bourgogne
N152
H
Quai
Quai du Roi
St-Laurent
Loire
Pont de l'Europe
la
R. des Htes Levées
St-Jean-le-Blanc
Vieilles Roger
la Saussaye
la Croix St-Marceau
le Pont de Bois
D951
Clos Rosé
Route
D2020
D951
Clos du Pavé

0   500   1000 m

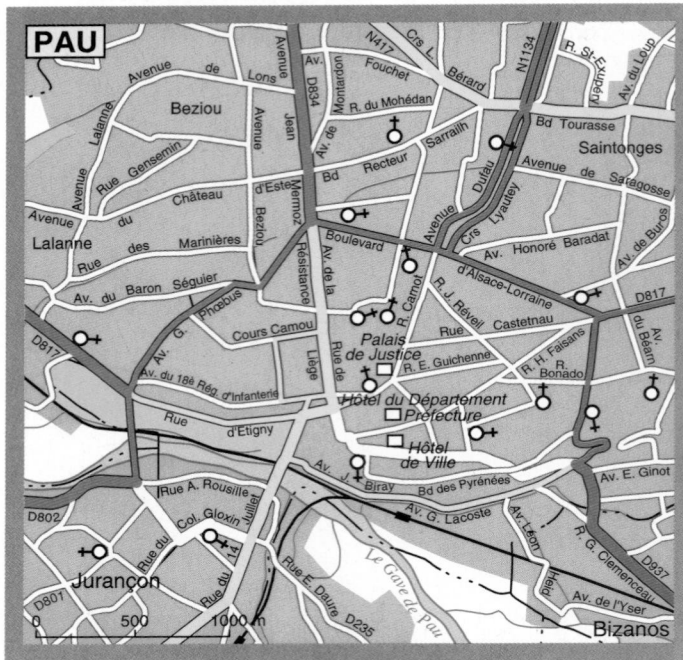

PAU

Avenue
N417
Crs L. Bérard
N1134
R. St-F.
Lalanne
Avenue de Lons
Fouchet
R. du Loup
Beziou
R. du Mohédan
Avenue Jean
Bd Tourasse
Recteur
Sarrailh
Saintonges
Château
Bd
Dufau
Avenue de Satégosse
Lalanne
des Marinières
Boulevard
Crs Lyautey
Av. Honoré Baradat
Rue
Av. de Buros
Av. du Baron Séguier
Carnot
d'Alsace-Lorraine
D817
Cours Camou
R.J. Réveil
Castetnau
Liège
R.E. Guichenné
R H Faisans
R. Bonado
D817
Palais de Justice
Hôtel du Département
Rue
Préfecture
Av. du 18è Rég. d'Infanterie
Hôtel de Ville
Rue d'Etigny
Av. J. Biray
Av. E. Ginot
Rue A. Rousille
Bd des Pyrénées
D802
Col. Gloxin Tillet
Av. G. Lacoste
R. G. Clemenceau
D837
Jurançon
Rue du
Rue E. Dauta
D235
Av. de l'Yser
Le Gave de Pau
D801
Bizanos

0   500   1000 m

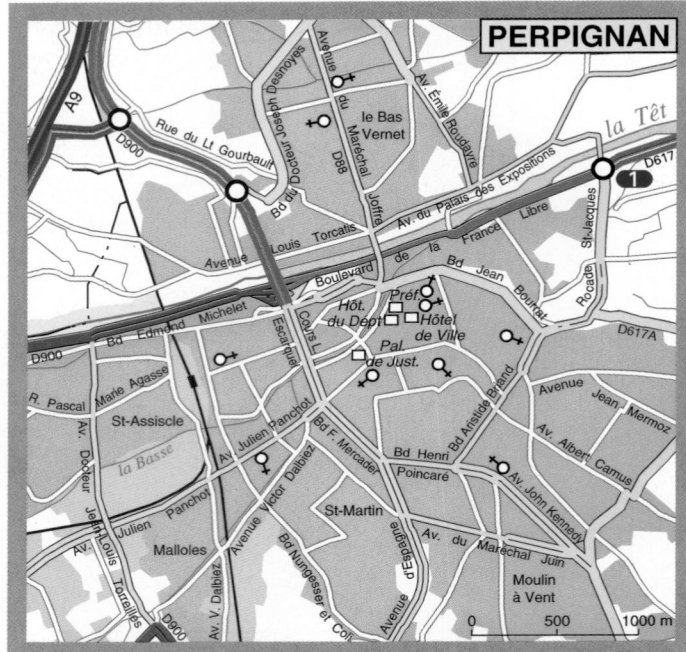

PERPIGNAN

Av. Rue Desnoyes
Av. du Maréchal Joffre
la Têt
A9
Rue du Lt Gourbault
D900
le Bas Vernet
D88
D617
1
Av. du Palais des Expositions
France
Libre
D617A
Avenue Louis Torcatis
Boulevard de la
Bd Jean Bourrat
Rocade St-Jacques
Hôt. du Dépt
Préf.
D617A
Bd Edmond Michelet
Hôtel de Ville
D900
Escal quel
Pal. de Just.
R. Pascal
Marie Agasse
Avenue Jean - Mermoz
Av. Docteur
Bd F. Mercader
Av. Albert Camus
St-Assiscle
Bd Henri
la Basse
Av. Julien Panchot
Bd Aristide Briand
Poincaré
Av. John Kennedy
St-Martin
Jean Louis
Avenue Victor Dalbiez
Av. du Maréchal Juin
Av. Julien Panchot
Malloles
Bd Nungesser et Coli
Moulin à Vent
Avenue d'Espagne
Av. A. Dalbiez

0   500   1000 m

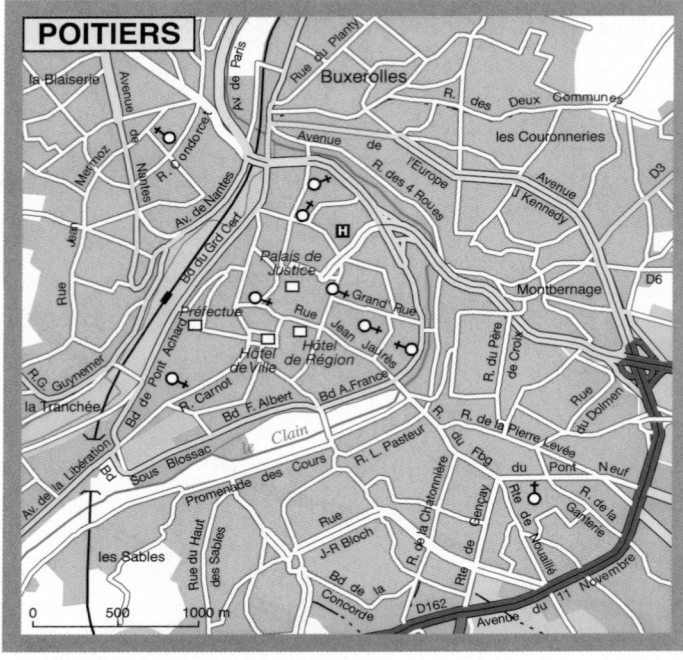

POITIERS

Rue du Planty
Av. de Paris
la Blaiserie
Avenue
Buxerolles
R. des Deux Communes
Mermoz
Av. de Nantes
R. Condorcet
Avenue de l'Europe
les Couronneries
R. des 4 Roues
D3
Av. de Nantes
Avenue
Jean
J. Kennedy
Rue
H
Palais de Justice
Grand'Rue
Montbernage
D6
Préfecture
Rue Jean Jaurès
Hôtel de Région
Hôtel de Ville
R. du Père
R. de Croix
la Tranchée
R.G. Guynemer
Bd de Pont Achard
R. Carnot
Bd F. Albert
Bd A. France
Rue de la Pierre Levée
Av. de la Libération
Sous Blossac
le Clain
R. L. Pasteur
Rue du Fbg du Pont Neuf
les Sables
Promenade des Cours
Rue
Rue du Haut des Sables
J-R Bloch
Rte de Chatonnière
Gencay
Rte de Noaillé
Genève
D162
Bd de la Concorde
Avenue du 11 Novembre
Bd de la

0   500   1000 m

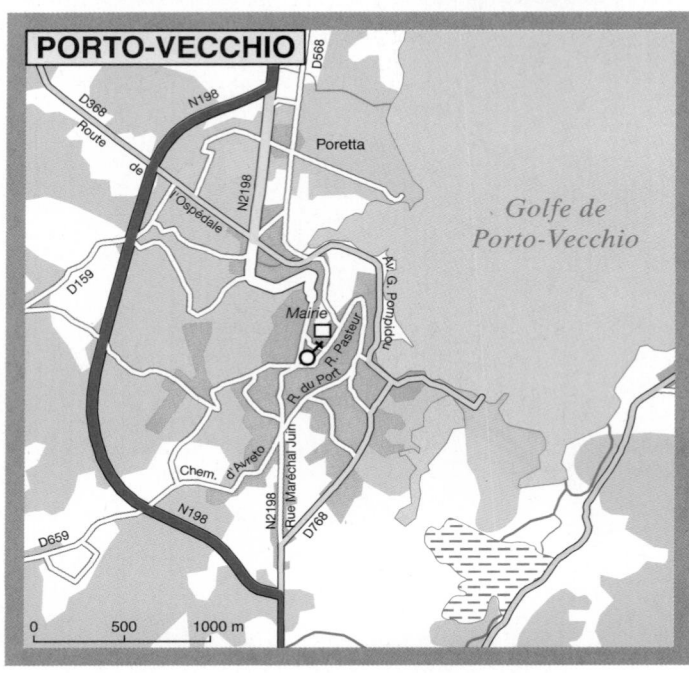

PORTO-VECCHIO

D568
D368
N198
Route
la Têt
Poretta
N2198
l'Ospédale
Golfe de Porto-Vecchio
D159
Av. G. Pompidou
Mairie
R. Pasteur
R. du Port
Chem. d'Aveto
Rue Maréchal Juin
D659
N198
N2198
D768

0   500   1000 m

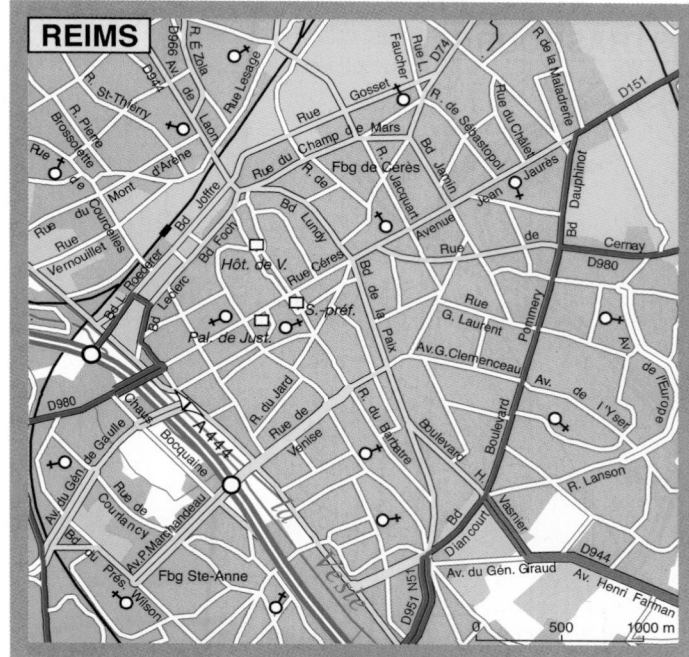

REIMS

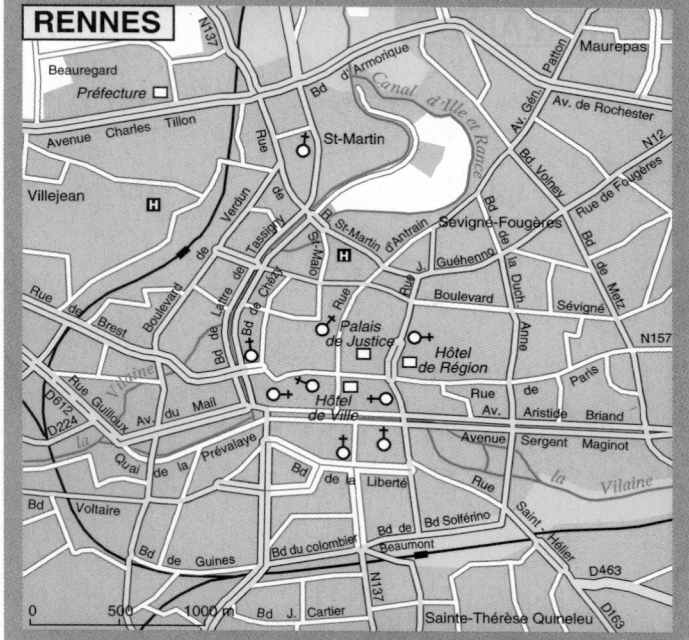

RENNES

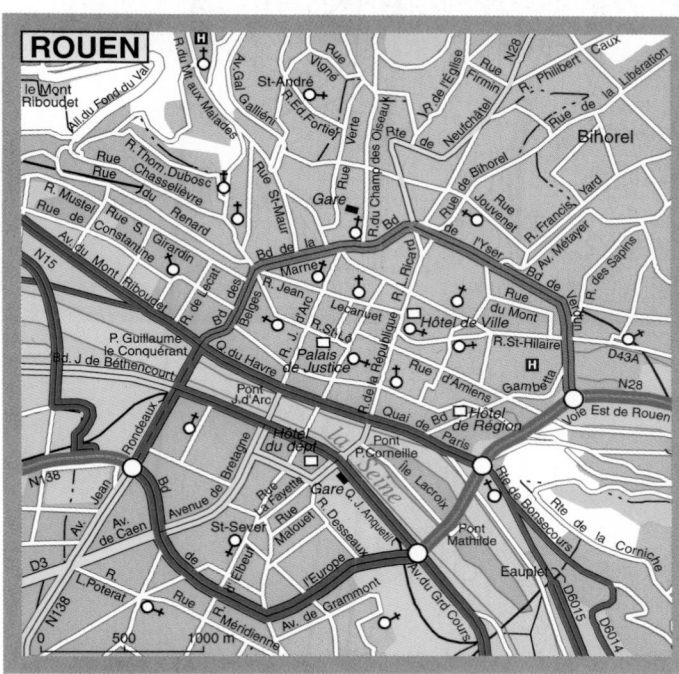

ROUEN

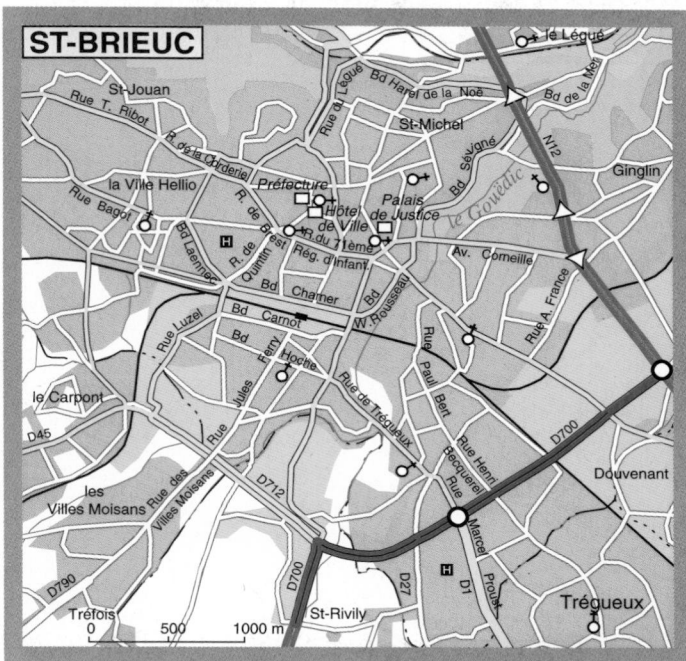

ST-BRIEUC

ST-ÉTIENNE

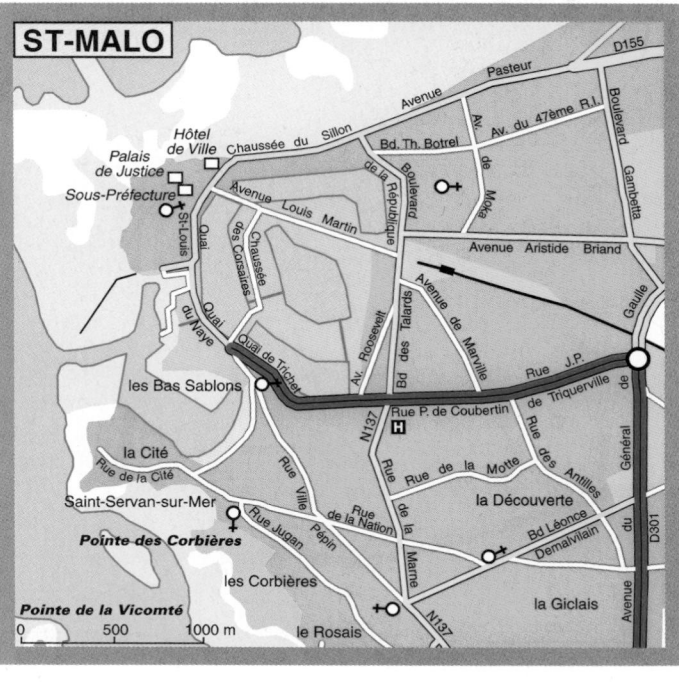

ST-MALO

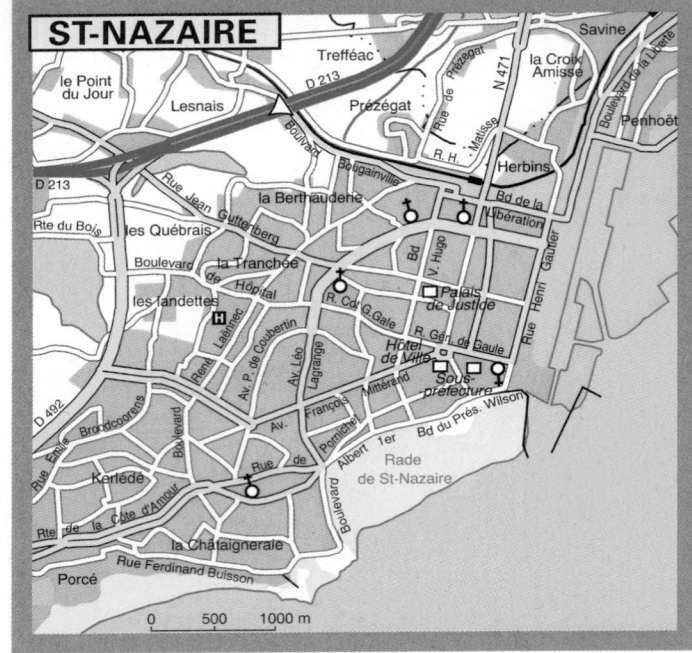

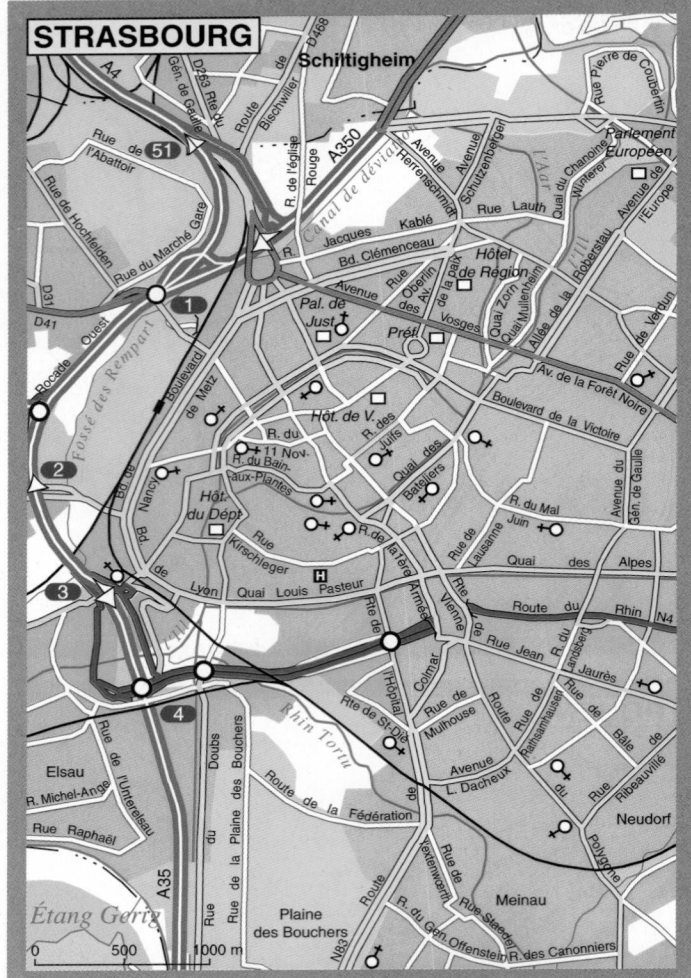

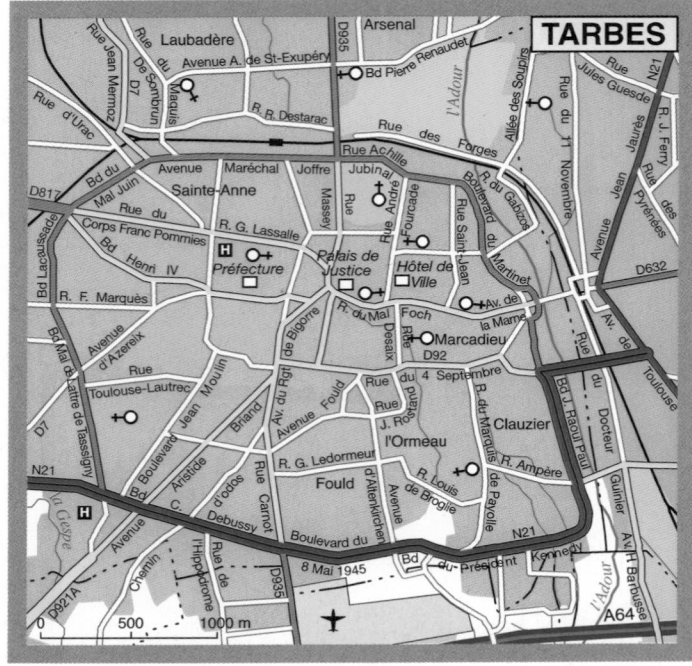

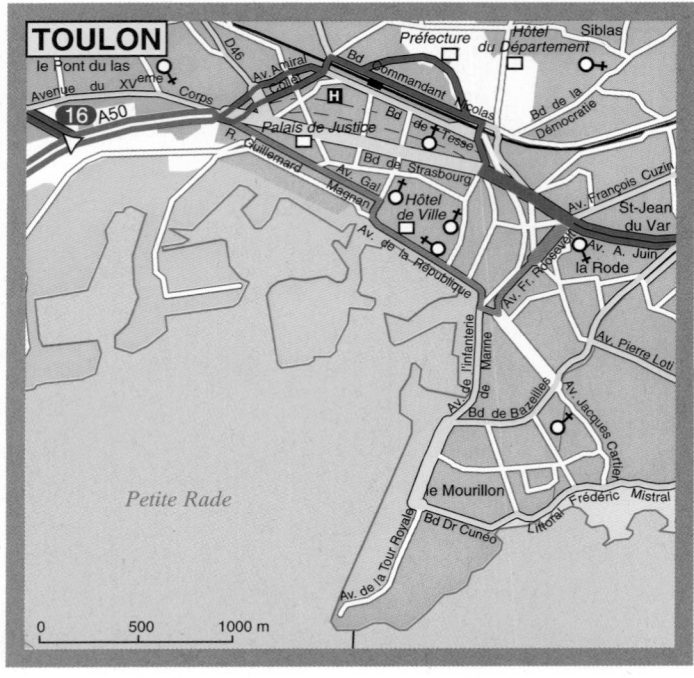

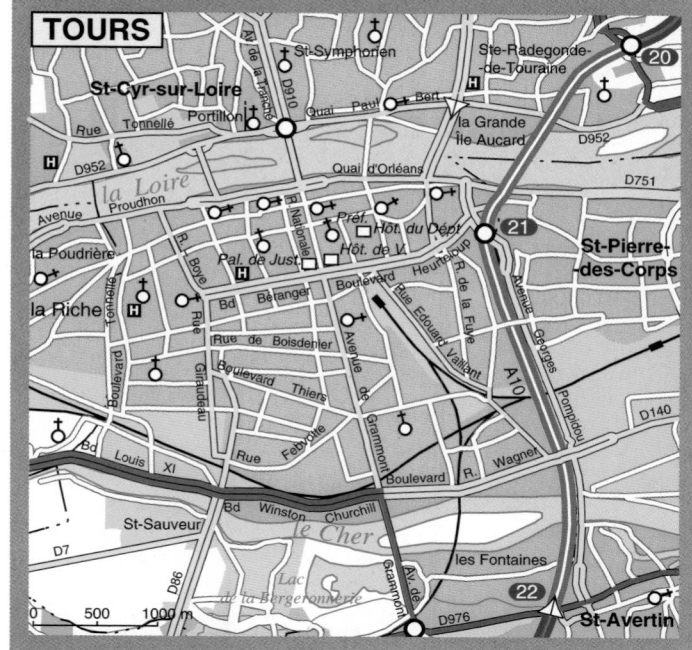

TOURS

St-Symphorien
St-Cyr-sur-Loire
Ste-Radegonde-de-Touraine
Portillon
Quai Paul
Bert
la Grande
Ile Aucard
Rue Tennelle
Quai d'Orléans
D952
D952
D751
la Loire
Proudhon
Avenue
la Poudrière
Préf.
Hôt. du Dépt
St-Pierre-des-Corps
Pal. de Just.
Hôt. de V.
Heurteloup
la Riche
Bd Bérange
Boulevard
Rue de Boisdenier
Bd Béranger
Avenue de Grammont
Rue Edouard Vaillant
A10
Bd
Rue
Thiers
Boulevard
Rue Febvotte
Rue
Wagner
Bd Louis XI
Boulevard
R.
Avenue de
St-Sauveur
Bd Winston Churchill
le Cher
les Fontaines
D7
Lac de la Bergeronnerie
D976
St-Avertin
D140
500 1000 m

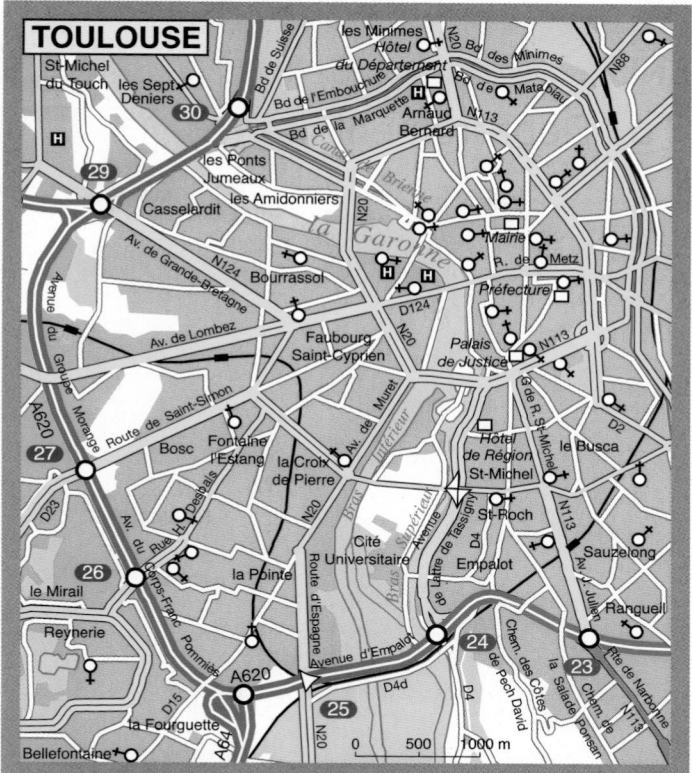

TOULOUSE

les Minimes
Hôtel du Département
St-Michel du Touch
les Sept Deniers
Arnaud Bernard
les Ponts Jumeaux
les Amidonniers
la Garonne
Casselardit
Mairie
R. de Metz
Av. de Grande-Bretagne
Bourrassol
Préfecture
Avenue du
Av. de Lombez
Faubourg Saint-Cyprien
N124
N20
D124
Palais de Justice
N113
Route de Saint-Simon
Bosc
Fontaine l'Estang
la Croix de Pierre
Hôtel de Région
St-Michel
le Busca
A620
la Pointe
Cité Universitaire
St-Roch
Empalot
le Mirail
Avenue d'Empalot
Sauzelong
Reynerie
A620
24
Ranguell
la Fourguette
D4d
D4
25
23
Bellefontaine
A64
N20
500 1000 m

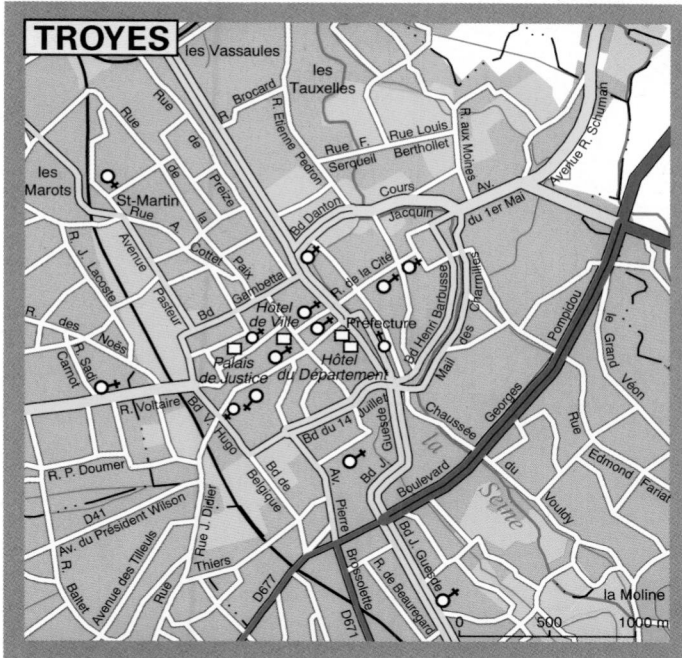

TROYES

les Vassaules
les Tauxelles
les Marots
St-Martin
Rue Louis Berthollet
Bd Damon
Jacquin
Cours
du 1er Mai
Avenue R. Schuman
Bd Gambetta
Rue de la Cité
Hôtel de Ville
Préfecture
Palais de Justice
Hôtel du Département
Bd Henri Barbusse
R. des Noès
R. Voltaire
Bd V. Hugo
Bd du 14 Juillet
Chaussée
Pompidou
le Grand Véon
R. P. Doumer
Bd de Belgique
Boulevard
la Seine
Edmond Fariat
D41
Av. du Président Wilson
Thiers
D677
D671
la Moline
500 1000 m

Rondeau
N2000
N532
le Rhône
Bourg-lès-Valence
Bd G. André
Rue Barnave
Préfecture
Avenue de Verdun
Romans
Rue G. Bonnet
Hôtel de Ville
le Polygone
Palais de Justice
Avenue
Avenue de Chabeuil
A7
Boulevard Winston Churchill
Rue des Alpes
Rue
Faventines
Roosevelt
N7
Thibert
Châteauvert
Viteron
Valensole
les Baumes
1000 m
VALENCE

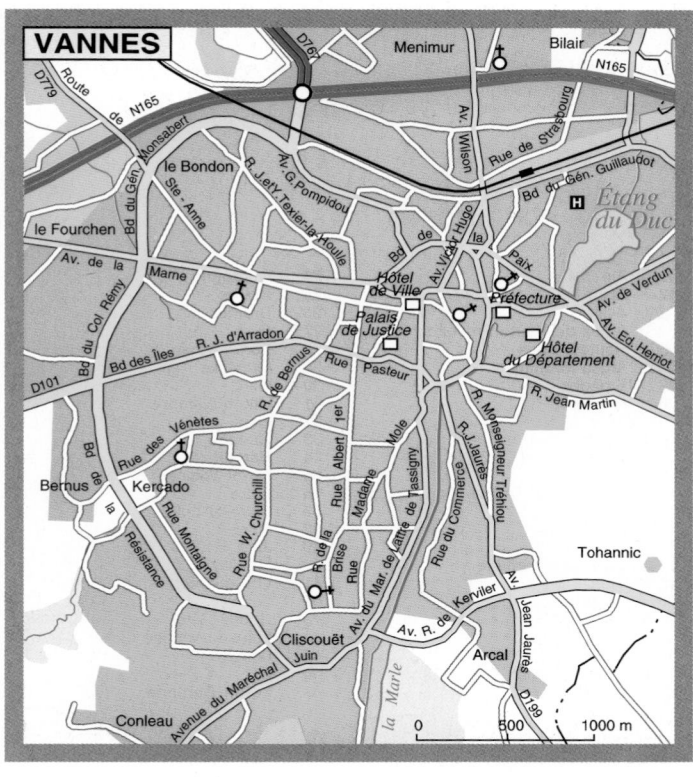

VANNES

Menimur
Bilair
D779
Route de N165
N165
le Bondon
R. G. Pompidou
Av. Wilson
Rue de Strasbourg
Bd du Gén. Guillaudot
Étang du Duc
le Fourchen
Ste-Anne
Marne
Hôtel de Ville
Préfecture
Av. de Verdun
D101
Palais de Justice
R. J. d'Arradon
Rue Pasteur
Hôtel du Département
Bd des Îles
R. de Bernus
Av. Ed Herriot
Bernus
Kercado
Rue des Vénètes
R. Jean Martin
Cliscouët
Arcal
Tohannic
Conleau
Avenue du Maréchal
la Marle
D199
500 1000 m

F France administrative

GB Département map

NL Overzicht departementen

E Mapa departamental

D Departementskarte

I Carta dipartimentale

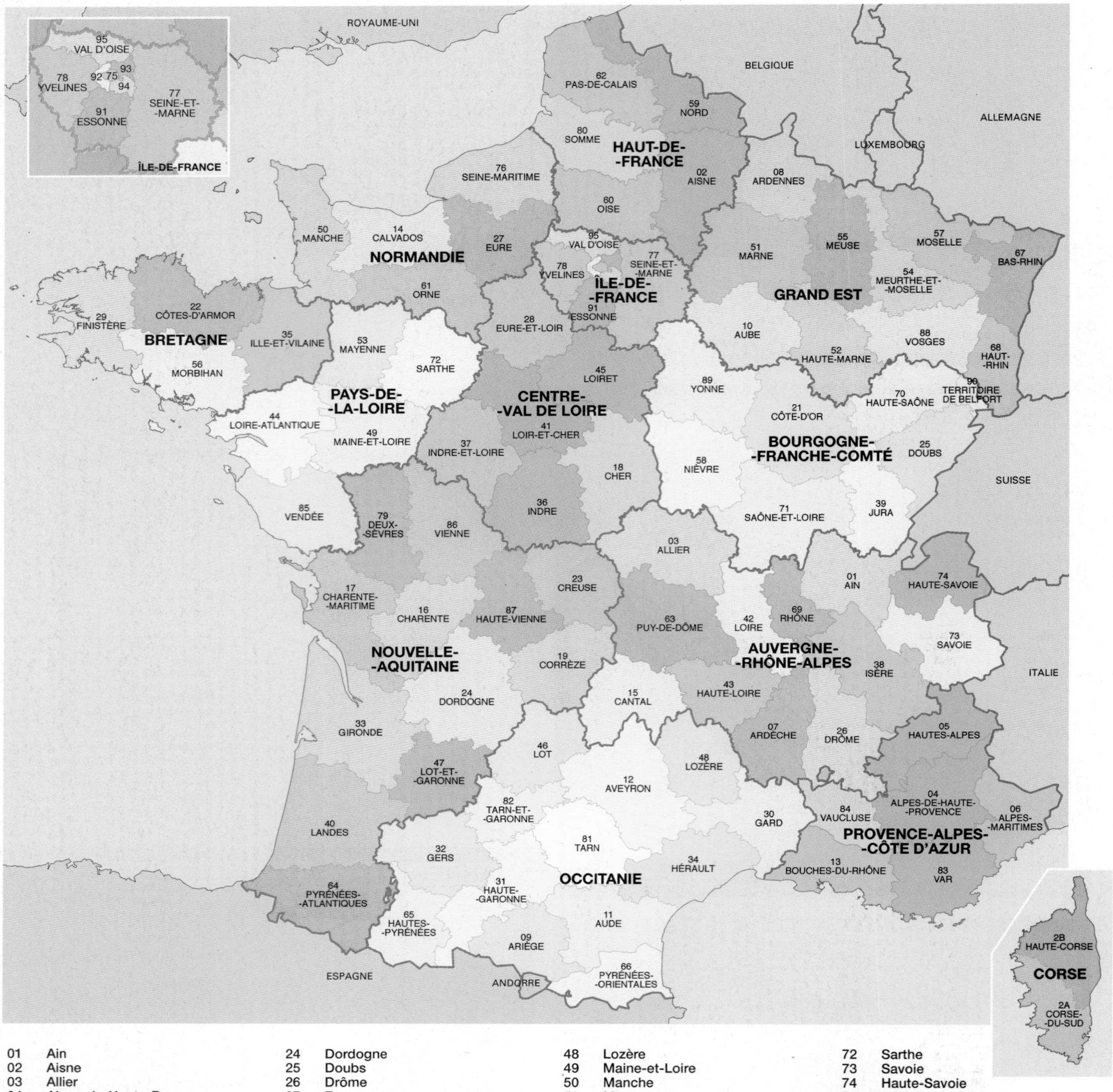

ROYAUME-UNI
BELGIQUE
ALLEMAGNE
LUXEMBOURG
SUISSE
ITALIE
ESPAGNE
ANDORRE

ÎLE-DE-FRANCE
95 VAL D'OISE
78 YVELINES
92 75 93
94
91 ESSONNE
77 SEINE-ET-MARNE

62 PAS-DE-CALAIS
59 NORD
80 SOMME
HAUT-DE-FRANCE
02 AISNE
08 ARDENNES
76 SEINE-MARITIME
60 OISE
50 MANCHE
14 CALVADOS
27 EURE
95 VAL D'OISE
78 YVELINES
77 SEINE-ET-MARNE
51 MARNE
55 MEUSE
57 MOSELLE
67 BAS-RHIN
NORMANDIE
61 ORNE
ÎLE-DE-FRANCE
91 ESSONNE
54 MEURTHE-ET-MOSELLE
GRAND EST
22 CÔTES-D'ARMOR
29 FINISTÈRE
BRETAGNE
35 ILLE-ET-VILAINE
53 MAYENNE
72 SARTHE
28 EURE-ET-LOIR
10 AUBE
52 HAUTE-MARNE
88 VOSGES
68 HAUT-RHIN
90 TERRITOIRE DE BELFORT
56 MORBIHAN
45 LOIRET
89 YONNE
21 CÔTE-D'OR
70 HAUTE-SAÔNE
PAYS-DE-LA-LOIRE
44 LOIRE-ATLANTIQUE
49 MAINE-ET-LOIRE
CENTRE-VAL DE LOIRE
37 INDRE-ET-LOIRE
41 LOIR-ET-CHER
18 CHER
58 NIÈVRE
BOURGOGNE-FRANCHE-COMTÉ
25 DOUBS
85 VENDÉE
79 DEUX-SÈVRES
86 VIENNE
36 INDRE
71 SAÔNE-ET-LOIRE
39 JURA
03 ALLIER
17 CHARENTE-MARITIME
16 CHARENTE
87 HAUTE-VIENNE
23 CREUSE
01 AIN
74 HAUTE-SAVOIE
NOUVELLE-AQUITAINE
19 CORRÈZE
63 PUY-DE-DÔME
42 LOIRE
69 RHÔNE
73 SAVOIE
AUVERGNE-RHÔNE-ALPES
38 ISÈRE
24 DORDOGNE
15 CANTAL
43 HAUTE-LOIRE
33 GIRONDE
46 LOT
07 ARDÈCHE
26 DRÔME
05 HAUTES-ALPES
47 LOT-ET-GARONNE
82 TARN-ET-GARONNE
12 AVEYRON
48 LOZÈRE
04 ALPES-DE-HAUTE-PROVENCE
06 ALPES-MARITIMES
40 LANDES
30 GARD
84 VAUCLUSE
PROVENCE-ALPES-CÔTE D'AZUR
32 GERS
81 TARN
34 HÉRAULT
13 BOUCHES-DU-RHÔNE
83 VAR
64 PYRÉNÉES-ATLANTIQUES
31 HAUTE-GARONNE
OCCITANIE
11 AUDE
65 HAUTES-PYRÉNÉES
09 ARIÈGE
66 PYRÉNÉES-ORIENTALES

CORSE
2B HAUTE-CORSE
2A CORSE-DU-SUD

01	Ain	24	Dordogne	48	Lozère	72	Sarthe
02	Aisne	25	Doubs	49	Maine-et-Loire	73	Savoie
03	Allier	26	Drôme	50	Manche	74	Haute-Savoie
04	Alpes-de-Haute-Provence	27	Eure	51	Marne	75	Paris
05	Hautes-Alpes	28	Eure-et-Loir	52	Haute-Marne	76	Seine-Maritime
06	Alpes-Maritimes	29	Finistère	53	Mayenne	77	Seine-et-Marne
07	Ardèche	30	Gard	54	Meurthe-et-Moselle	78	Yvelines
08	Ardennes	31	Haute-Garonne	55	Meuse	79	Deux-Sèvres
09	Ariège	32	Gers	56	Morbihan	80	Somme
10	Aube	33	Gironde	57	Moselle	81	Tarn
11	Aude	34	Hérault	58	Nièvre	82	Tarn-et-Garonne
12	Aveyron	35	Ille-et-Vilaine	59	Nord	83	Var
13	Bouches-du-Rhône	36	Indre	60	Oise	84	Vaucluse
14	Calvados	37	Indre-et-Loire	61	Orne	85	Vendée
15	Cantal	38	Isère	62	Pas-de-Calais	86	Vienne
16	Charente	39	Jura	63	Puy-de-Dôme	87	Haute-Vienne
17	Charente-Maritime	40	Landes	64	Pyrénées-Atlantiques	88	Vosges
18	Cher	41	Loir-et-Cher	65	Hautes-Pyrénées	89	Yonne
19	Corrèze	42	Loire	66	Pyrénées-Orientales	90	Territoire de Belfort
2A	Corse-du-Sud	43	Haute-Loire	67	Bas-Rhin	91	Essonne
2B	Haute-Corse	44	Loire-Atlantique	68	Haut-Rhin	92	Hauts-de-Seine
21	Côte-d'Or	45	Loiret	69	Rhône	93	Seine-Saint-Denis
22	Côtes d'Armor	46	Lot	70	Haute-Saône	94	Val-de-Marne
23	Creuse	47	Lot-et-Garonne	71	Saône-et-Loire	95	Val-d'Oise

A

Commune	Page	Grid
Aast (64)	285	F4
Abainville (55)	92	E2
Abancourt (59)	11	J3
Abancourt (60)	17	F4
Abaucourt (54)	66	B3
Abaucourt-Hautecourt (55)	43	K5
Abbans-Dessous (25)	155	K2
Abbans-Dessus (25)	156	A2
Abbaretz (44)	103	G5
Abbécourt (02)	19	J6
Abbecourt (60)	37	H3
Abbenans (25)	138	D3
Abbeville (80)	9	G5
Abbéville-la-Rivière (91)	86	C4
Abbéville-lès-Conflans (54)	44	C5
Abbéville-Saint-Lucien (60)	37	H1
Abbévillers (25)	139	J3
Abeilhan (34)	292	A3
Abelcourt (70)	118	C5
Abère (64)	284	E3
l'Abergement-Clémenciat (01)	188	D3
l'Abergement-de-Cuisery (71)	172	A3
l'Abergement-de-Varey (01)	189	H5
Abergement-la-Ronce (39)	155	F3
Abergement-le-Grand (39)	155	J5
Abergement-le-Petit (39)	155	J5
Abergement-lès-Thésy (39)	156	A5
l'Abergement-Sainte-Colombe (71)	172	A1
Abidos (64)	284	A3
Abilly (37)	146	A4
Abitain (64)	283	G2
Abjat-sur-Bandiat (24)	197	K4
Ablain-Saint-Nazaire (62)	10	E1
Ablaincourt-Pressoir (80)	19	F3
Ablainzevelle (62)	10	E4
Ablancourt (51)	62	E4
Ableiges (95)	37	F6
les Ableuvenettes (88)	94	A6
Ablis (78)	85	K2
Ablon (14)	34	A2
Ablon-sur-Seine (94)	59	F5
Aboën (42)	220	E1
Aboncourt (54)	93	J4
Aboncourt (57)	45	G4
Aboncourt-Gesincourt (70)	117	J5
Aboncourt-sur-Seille (57)	66	B4
Abondance (74)	192	A1
Abondant (28)	57	F4
Abos (64)	284	A3
Abreschviller (57)	67	J5
Abrest (03)	185	J4
les Abrets en Dauphiné (38)	207	H5
Abriès (05)	227	D2
Abscon (59)	12	B2
l'Absie (79)	161	F2
Abzac (16)	180	B3
Abzac (33)	212	B5
Accolans (25)	138	E3
Accolay (89)	133	H1
Accons (07)	239	H2
Accous (64)	302	E2
Achain (57)	66	E2
Achen (57)	68	E3
Achenheim (67)	71	C1
Achères (18)	131	F6
Achères (78)	58	B2
Achères-la-Forêt (77)	87	G4
Achery (02)	20	B5
Acheux-en-Amiénois (80)	10	C5
Acheux-en-Vimeu (80)	8	E5
Acheville (62)	11	F2
Achey (70)	137	F2
Achicourt (62)	10	E3
Achiet-le-Grand (62)	11	F5
Achiet-le-Petit (62)	10	E5
Achun (58)	151	J2
Achy (60)	17	H6
Acigné (35)	79	H4
Aclou (27)	34	E5
Acon (27)	56	C5
Acq (62)	10	D2
Acqueville (14)	53	J2
Acqueville (50)	28	B2
Acquigny (27)	35	J5
Acquin-Westbécourt (62)	5	F3
Acy (02)	39	K3
Acy-en-Multien (60)	39	F6
Acy-Romance (08)	41	H1
Adaincourt (57)	66	C1
Adainville (78)	57	H5
Adam-lès-Passavant (25)	138	D5
Adam-lès-Vercel (25)	156	E1
Adamswiller (67)	68	C5
Adast (65)	304	A2
Adé (65)	285	G6
Adelange (57)	66	E1
Adelans-et-le-Val-de-Bithaine (70)	118	D6
Adervielle-Pouchergues (65)	305	F4
Adilly (79)	161	J2
Adinfer (62)	10	E4
Adissan (34)	292	C2
les Adjots (16)	179	G4
Adon (45)	111	J6
les Adrets (38)	224	C2
Les Adrets-de-l'Esterel (83)	299	H1
Adriers (86)	180	C2
Affieux (19)	199	K5
Affléville (54)	44	B4
Affoux (69)	205	G1
Affracourt (54)	94	A2
Affringues (62)	5	F3
Agassac (31)	287	F3
Agde (34)	292	C4
Agel (34)	291	G4
Agen (47)	248	B4
Agen-d'Aveyron (12)	252	C3
Agencourt (21)	154	B2
Agenville (80)	9	J4
Agenvillers (80)	9	H4
les Ageux (60)	38	B4
Ageville (52)	116	C1
Agey (21)	135	H6
Aghione (2B)	321	J2
Agincourt (54)	66	B5
Agmé (47)	247	J1
Agnac (47)	231	G4
Agnat (43)	219	H2
Agneaux (50)	31	H3
Agnetz (60)	37	K3
Agnez-lès-Duisans (62)	10	D3
Agnicourt-et-Séchelles (02)	21	G4
Agnières (62)	10	D2
Agnin (38)	222	B2
Agnos (64)	284	A5
Agny (62)	10	E3
Agon-Coutainville (50)	30	C4
Agonac (24)	214	A2
Agonès (34)	273	K3
Agonges (03)	168	C3
Agos-Vidalos (65)	304	A2
Agris (16)	197	F2
Agudelle (17)	195	H6
Aguessac (12)	253	G5
Aguilcourt (02)	40	E2
Aguts (81)	289	G2
Agy (14)	32	A4
Ahaxe-Alciette-Bascassan (64)	282	E5
Ahetze (64)	263	C1
Ahéville (88)	94	A4
Ahuillé (53)	104	D2
Ahun (23)	182	E4
Ahuy (21)	136	A5
Aibes (59)	13	J3
Aibre (25)	139	F2
Aïcirits-Camou-Suhast (64)	283	G3
Aiffres (79)	178	A1
Aigaliers (30)	255	J6
l'Aigle (61)	55	J4
Aiglemont (08)	22	D3
Aiglepierre (39)	155	K4
Aigleville (27)	57	F2
Aiglun (04)	259	H6
Aiglun (06)	280	C2
Aignan (32)	266	C5
Aignay-le-Duc (21)	135	H1
Aigne (34)	291	F4
Aigné (72)	106	D2
Aignerville (14)	29	K6
Aignes (31)	288	D4
Aignes-et-Puypéroux (16)	196	D6
Aigneville (80)	8	E5
Aigny (51)	62	B1
Aigonnay (79)	161	J6
Aigre (16)	178	E6
Aigrefeuille (31)	288	D1
Aigrefeuille-d'Aunis (17)	177	F3
Aigrefeuille-sur-Maine (44)	141	K2
Aigremont (30)	274	D2
Aigremont (52)	117	G2
Aigremont (78)	58	B3
Aigremont (89)	113	J6
Aiguebelette-le-Lac (73)	208	A5
Aiguebelle (73)	209	F4
Aigueblanche (73)	209	H5
Aiguefonde (81)	290	A2
Aigueperse (63)	185	F5
Aigueperse (69)	187	H1
Aigues-Juntes (09)	307	G2
Aigues-Mortes (30)	294	A3
Aigues-Vives (09)	308	A3
Aigues-Vives (11)	290	C5
Aigues-Vives (30)	274	E5
Aigues-Vives (34)	291	F4
Aiguèze (30)	256	B3
Aiguilhe (43)	220	C5
Aiguilles (05)	227	C2
l'Aiguillon (09)	308	A4
l'Aiguillon (47)	247	H3
l'Aiguillon-sur-Mer (85)	159	J6
l'Aiguillon-sur-Vie (85)	158	D1
Aiguines (83)	279	F4
Aigurande (36)	165	K5
Ailhon (07)	239	G5
Aillant-sur-Milleron (45)	111	K5
Aillant-sur-Tholon (89)	112	D4
Aillas (33)	246	D1
Ailleux (42)	204	B2
Aillevans (70)	138	D2
Ailleville (10)	91	G5
Aillevillers-et-Lyaumont (70)	118	C3
Aillianville (52)	92	E4
Aillières-Beauvoir (72)	83	F3
Aillon-le-Jeune (73)	208	C4
Aillon-le-Vieux (73)	208	D3
Ailloncourt (70)	118	D5
Ailly (27)	35	K5
Ailly-le-Haut-Clocher (80)	9	H5
Ailly-sur-Noye (80)	18	B4
Ailly-sur-Somme (80)	17	K2
Aimargues (30)	274	E5
Aime-la-Plagne (73)	209	J4
Ainay-le-Château (03)	167	H2
Ainay-le-Vieil (18)	167	G2
Aincille (64)	282	E5
Aincourt (95)	57	J1
Aincreville (55)	43	F3
Aingeray (54)	65	J5
Aingeville (88)	93	G6
Aingoulaincourt (52)	92	C3
Ainharp (64)	283	G4
Ainhice-Mongelos (64)	282	E5
Ainhoa (64)	263	D3
Ainvelle (70)	118	B4
Ainvelle (88)	117	H2
Airaines (80)	17	H1
Airan (14)	33	G6
Aire-sur-la-Lys (62)	5	H4
Aire-sur-l'Adour (40)	265	J5
Airel (50)	31	H2
les Aires (34)	291	J1
Airion (60)	38	A2
Airon-Notre-Dame (62)	8	E1
Airon-Saint-Vaast (62)	8	E1
Airoux (11)	289	F4
Airvault (79)	144	B6
Aiserey (21)	154	D2
Aisey-et-Richecourt (70)	117	J3
Aisey-sur-Seine (21)	115	F6
Aisonville-et-Bernoville (02)	20	C2
Aïssey (25)	138	C6
Aisy-sous-Thil (21)	134	D5
Aisy-sur-Armançon (89)	134	C1
Aiti (2B)	319	G4
Aiton (73)	208	E4
Aix (19)	201	G4
Aix (59)	7	G6
les Aix-d'Angillon (18)	149	H1
Aix-en-Ergny (62)	4	E5
Aix-en-Issart (62)	4	E1
Aix-en-Provence (13)	296	D1
Aix-la-Fayette (63)	203	H5
Aix-les-Bains (73)	208	B3
Aix-Noulette (62)	10	E1
Aix-Villemaur-Pâlis (10)	89	H6
Aixe-sur-Vienne (87)	198	D2
Aizac (07)	239	G4
Aizanville (52)	115	J1
Aize (36)	147	K3
Aizecourt-le-Bas (80)	19	H1
Aizecourt-le-Haut (80)	19	H1
Aizelles (02)	40	D1
Aizenay (85)	141	H6
Aizier (27)	34	D2
Aizy-Jouy (02)	40	A2
Ajac (11)	308	D2
Ajaccio (2A)	320	B5
Ajain (23)	182	E2
Ajat (24)	214	C4
Ajoncourt (57)	66	B3
Ajoux (07)	239	J3
Alaigne (11)	308	C1
Alaincourt (02)	20	A4
Alaincourt (70)	117	K3
Alaincourt-la-Côte (57)	66	B2
Alairac (11)	289	K6
Alan (31)	287	G5
Alando (2B)	319	G5
Alata (2A)	320	B4
Alba-la-Romaine (07)	239	K6
Alban (81)	271	G3
Albaret-le-Comtal (48)	236	E2
Albaret-Sainte-Marie (48)	237	F2
Albas (11)	309	K2
Albas (46)	249	H1
Albé (67)	70	B6
Albefeuille-Lagarde (82)	249	H6
l'Albenc (38)	223	H3
Albepierre-Bredons (15)	218	B5
l'Albère (66)	315	G4
Albert (80)	10	D6
Albertacce (2B)	318	D5
Albertville (73)	209	F3
Albestroff (57)	68	B5
Albi (81)	270	D2
Albiac (31)	289	F1
Albiac (46)	234	B3
Albias (82)	249	K6
Albières (11)	309	G3
Albiès (09)	307	J5
Albiez-le-Jeune (73)	225	G2
Albiez-Montrond (73)	225	G3
Albignac (19)	215	K4
Albigny-sur-Saône (69)	206	A1
Albine (81)	290	D2
Albitreccia (2A)	320	D5
Albon (26)	222	B3
Albon-d'Ardèche (07)	239	H3
Aboussière (07)	240	A1
les Albres (12)	234	E6
Albussac (19)	216	B4
Alby-sur-Chéran (74)	208	C1
Alçay-Alçabéhéty-Sunharette (64)	283	H6
Aldudes (64)	263	D5
Alembon (62)	2	D1
Alençon (61)	82	D3
Alénya (66)	315	H2
Aléria (2B)	321	K4
Alès (30)	255	H5
Alet-les-Bains (11)	308	E3
Alette (62)	4	C6
Aleu (09)	306	E4
Alex (74)	191	G6
Alexain (53)	80	E5
Aleyrac (26)	256	E1
Alfortville (94)	59	F4
Algajola (2B)	318	C2
Algans (81)	289	G1
Algolsheim (68)	96	D5
Algrange (57)	44	D3
Alièze (39)	173	G3
Alignan-du-Vent (34)	292	B2
Alincourt (08)	41	H2
Alincthun (62)	4	C3
Alise-Sainte-Reine (21)	134	E3
Alissas (07)	239	K4
Alix (69)	188	A6
Alixan (26)	222	D6
Alizay (27)	35	J3
Allain (54)	93	H1
Allaines (80)	19	G1
Allaines-Mervilliers (28)	85	K6
Allainville (28)	56	E5
Allainville (78)	86	A3
Allaire (56)	102	B4
Allamont (54)	44	B6
Allamps (54)	93	G1
Allan (26)	256	D1
Allanche (15)	218	C3
Alland'Huy-et-Sausseuil (08)	41	K1
Allarmont (88)	95	J2
Allas-Bocage (17)	195	H6
Allas-Champagne (17)	195	J5
Allas-les-Mines (24)	232	D2
Allassac (19)	215	H3
Allauch (13)	296	E2
Allègre (43)	219	K4
Allègre-les-Fumades (30)	255	H5
Alleins (13)	276	E5
Allemagne-en-Provence (04)	278	D4
Allemanche-Launay-et-Soyer (51)	89	H1
Allemans (24)	213	F2
Allemans-du-Dropt (47)	231	F5
Allemant (02)	39	K2
Allemant (51)	61	H5
Allemond (38)	224	D4
Allenay (80)	8	D5
Allenc (48)	238	A6
Allenjoie (25)	139	H2
Allennes-les-Marais (59)	6	D5
Allerey (21)	153	G1
Allerey-sur-Saône (71)	154	B5
Allériot (71)	154	B6
Allery (80)	17	H1
Alles-sur-Dordogne (24)	232	B2
les Alleuds (49)	125	H5
les Alleuds (79)	178	E2
Alleuze (15)	236	E1
Allevard (38)	224	D1
Allèves (74)	208	C2
Allex (26)	240	C3
Alleyrac (43)	238	D2
Alleyras (43)	238	A2
Alleyrat (19)	200	E5
Alleyrat (23)	183	F5
Allez-et-Cazeneuve (47)	248	B2
Alliancelles (51)	63	J4
Alliat (09)	307	H5
Allibaudières (10)	90	B1
Allichamps (52)	91	J1
Allier (65)	285	H6
Allières (09)	307	F2
les Alliés (25)	157	F4
Alligny-Cosne (58)	132	B4
Alligny-en-Morvan (58)	152	D1
Allineuc (22)	76	E3
Allinges (74)	174	E6
Allogny (18)	149	F1
Allondans (25)	139	G2
Allondaz (73)	209	F2
Allondrelle-la-Malmaison (54)	43	K1
Allonne (60)	37	H2
Allonne (79)	161	H3
Allonnes (28)	85	H4
Allonnes (49)	126	B6
Allonnes (72)	106	D3
Allons (04)	279	J1
Allons (47)	246	E4
Allonville (80)	18	B1
Allonzier-la-Caille (74)	190	E5
Allos (04)	260	C3
Allouagne (62)	5	J5
Alloue (16)	179	K4
Allouis (18)	148	E2
Allouville-Bellefosse (76)	15	F5
les Allues (73)	209	H6
les Alluets-le-Roi (78)	58	A3
Alluy (58)	151	J3
Alluyes (28)	84	E6
Ally (15)	217	H4
Ally (43)	219	F4
Almayrac (81)	251	G6
Almenêches (61)	54	D5
Almont-les-Junies (12)	235	G3
Alos (09)	306	C3
Alos (81)	270	A1
Alos-Sibas-Abense (64)	283	H6
Aloxe-Corton (21)	154	A3
Alquines (62)	4	E3
Alrance (12)	252	C6
Alsting (57)	68	C2
Altagène (2A)	323	F2
Alteckendorf (67)	69	J6
Altenach (68)	139	K1
Altenheim (67)	70	C1
Althen-des-Paluds (84)	276	C1
Altiani (2B)	319	G6
Altier (48)	254	D1
Altillac (19)	216	B6
Altkirch (68)	97	B4
Altorf (67)	71	B2
Altrippe (57)	68	B4
Altviller (57)	68	A3
Altwiller (67)	68	C5
Aluze (71)	153	J6
Alvignac (46)	234	A2
Alvimare (76)	15	F5
Alzen (09)	307	G3
Alzon (30)	273	G2
Alzonne (11)	289	K5
Amage (70)	118	D4
Amagne (08)	41	K1
Amagney (25)	138	B5
Amailloux (79)	161	J1
Amance (10)	90	E5
Amance (54)	66	B4
Amance (70)	117	K5
Amancey (25)	156	C3
Amancy (74)	191	G3
Amange (39)	155	G2
Amanlis (35)	79	H5
Amanty (55)	93	F2
Amanvillers (57)	44	D5
Amanzé (71)	187	G1
Amarens (81)	270	B1
Amathay-Vésigneux (25)	156	D3
Amayé-sur-Orne (14)	32	D6
Amayé-sur-Seulles (14)	32	B6
Amazy (58)	133	G5
Ambacourt (88)	94	A4
Ambarès-et-Lagrave (33)	211	H6
Ambax (31)	287	G3
Ambazac (87)	181	J5
Ambel (38)	242	D2
Ambenay (27)	55	K4
Ambérac (16)	196	D1
Ambérieu-en-Bugey (01)	189	H5
Ambérieux (69)	188	B6
Ambérieux-en-Dombes (01)	188	C5
Ambernac (16)	179	K5
Amberre (86)	162	D1
Ambert (63)	203	K5
Ambès (33)	211	H5
Ambeyrac (12)	250	E1
Ambialet (81)	271	F2
Ambiegna (2A)	320	C3
Ambierle (42)	186	C4
Ambiévillers (70)	118	A3
Ambillou (37)	127	F4
Ambilly (74)	191	F2
Amblainville (60)	37	H5
Amblans-et-Velotte (70)	118	D6
Ambleny (02)	39	H3
Ambléon (01)	207	H2
Ambleteuse (62)	2	A4
Ambleville (16)	196	A4
Ambleville (95)	36	D6
Amblie (14)	32	D3
Ambloy (41)	108	B6
Ambly-Fleury (08)	41	K1
Ambly-sur-Meuse (55)	64	D1
Amboise (37)	128	B4
Ambon (56)	121	H1
Ambonil (71)	240	C3
Ambonnay (51)	62	B1
Ambonville (52)	91	K4
Ambrault (36)	166	A1
Ambricourt (62)	5	F6
Ambrief (02)	39	K4
Ambrières (51)	63	H6
Ambrières-les-Vallées (53)	81	G3
Ambrines (62)	10	C3
Ambronay (01)	189	H5
Ambrugeat (19)	200	D5
Ambrumesnil (76)	15	J2
Ambrus (47)	247	G4
Ambutrix (01)	189	H5
Amécourt (27)	36	D3
Amel-sur-l'Étang (55)	44	A4
Amelécourt (57)	66	D3
Amélie-les-Bains-Palalda (66)	314	E4
Amendeuix-Oneix (64)	283	F3
Amenoncourt (54)	67	G6
Amenucourt (95)	36	C6
Ames (62)	5	J5
Amettes (62)	5	H5
Ameugny (71)	171	H4
Ameuvelle (88)	117	J3
Amfreville (14)	33	F4
Amfreville-la-Mi-Voie (76)	35	J2
Amfreville-les-Champs (27)	35	K3
Amfreville-les-Champs (76)	15	H4
Amfreville-Saint-Amand (27)	35	G5
Amfreville-sous-les-Monts (27)	35	K4
Amfreville-sur-Iton (27)	35	J5
Amfroipret (59)	13	F3
Amiens (80)	18	B2
Amifontaine (02)	40	E1
Amigny (50)	31	G3
Amigny-Rouy (02)	20	A6
Amillis (77)	60	B5
Amilly (28)	85	F3
Amilly (45)	111	J3
Amions (42)	204	C1
Amirat (06)	280	B2
Ammerschwihr (68)	96	B3
Ammertzwiller (68)	97	A3
Amné (72)	106	B2
Amnéville (57)	44	E4

Amoncourt (70) 117 K6
Amondans (25) 156 B3
Amont-et-Effreney (70) 118 E4
Amorots-Succos (64) 283 F3
Amou (40) 264 D6
Ampilly-le-Sec (21) 115 F5
Ampilly-les-Bordes (21) 135 G2
Amplepuis (69) 187 H5
Amplier (62) 10 B5
Ampoigné (53) 104 E4
Amponville (77) 87 G5
Ampriani (2B) 319 H6
Ampuis (69) 206 A6
Ampus (83) 279 G6
Amuré (79) 177 J1
Amy (60) 19 F5
Anais (16) 196 E2
Anais (17) 177 F2
Anan (31) 287 F4
Ance (64) 283 K6
Anceaumeville (76) 15 K5
Ancelle (05) 243 F5
Ancemont (55) 43 H6
Ancenis (44) 124 A4
Ancerville (55) 63 K6
Ancerville (57) 66 C1
Ancerviller (54) 95 G1
Ancey (21) 135 J5
Anchamps (08) 22 C1
Anché (37) 145 G2
Anché (86) 162 E6
Anchenoncourt-et-Chazel (70) . 118 A4
Ancienville (02) 39 H5
Ancier (70) 137 F4
Ancinnes (72) 82 D4
Ancizan (65) 304 E4
les Ancizes-Comps (63) 184 C6
Ancône (26) 240 B5
Ancourt (76) 16 A2
Ancourteville-sur-Héricourt (76) . 15 F4
Ancretiéville-Saint-Victor (76) . 15 J5
Ancretteville-sur-Mer (76) 14 E3
Ancteville (50) 30 D3
Anctoville (14) 32 B5
Anctoville-sur-Boscq (50) 30 D6
Ancy (69) 205 H1
Ancy-Dornot (57) 44 E6
Ancy-le-Franc (89) 114 B6
Ancy-le-Libre (89) 114 B5
Andainville (80) 17 G2
Andance (07) 222 A3
Andancette (26) 222 A3
Andé (27) 35 K4
Andechy (80) 18 E4
Andel (22) 49 H6
Andelain (02) 20 A5
Andelaroche (03) 186 B2
Andelarre (70) 138 A2
Andelarrot (70) 138 A2
Andelat (15) 218 D5
Andelnans (90) 139 H1
Andelot-Blancheville (52) 92 C5
Andelot-en-Montagne (39) ... 156 A5
Andelot-Morval (39) 172 E5
Andelu (78) 57 K3
les Andelys (27) 36 A4
Andernay (55) 63 J4
Andernos-les-Bains (33) 228 C3
Anderny (54) 44 C3
Andert-et-Condon (01) 207 J1
Andeville (60) 37 H4
Andillac (81) 270 A1
Andilly (17) 176 E1
Andilly (54) 65 H4
Andilly (74) 190 E4
Andilly (95) 58 E2
Andilly-en-Bassigny (52) 116 E3
Andiran (47) 247 H6
Andlau (67) 71 A4
Andoins (64) 284 E4
Andolsheim (68) 96 C4
Andon (06) 280 B3
Andonville (45) 86 B5
Andornay (70) 138 E1
Andouillé (53) 80 E6
Andouillé-Neuville (35) 79 H2
Andouque (81) 271 F1
Andrein (64) 283 H2
Andres (62) 2 D4
Andrest (65) 285 H4
Andrésy (78) 58 B2
Andrezel (77) 87 J1
Andrézieux-Bouthéon (42) 204 E5
Andryes (89) 133 F3
Anduze (30) 274 C1
Anères (65) 305 F1
Anet (28) 57 F3
Angaïs (64) 284 E5
Angé (41) 128 D5
Angeac-Champagne (16) 195 K4
Angeac-Charente (16) 196 B3
Angecourt (08) 23 F7
Angeduc (16) 196 B5
Angely (89) 134 A3
Angeot (90) 119 J6
Angers (49) 125 G3
Angerville (14) 33 H4
Angerville (91) 86 B5
Angerville-Bailleul (76) 14 D3
Angerville-la-Campagne (27) .. 56 D2
Angerville-la-Martel (76) 14 E3
Angerville-l'Orcher (76) 14 C5
Angervilliers (91) 86 B1
Angeville (82) 268 C1

Angevillers (57) 44 D2
Angicourt (60) 38 B4
Angiens (76) 15 G3
Angirey (70) 137 H4
Angivillers (60) 38 B1
Anglade (33) 211 G3
Anglards-de-Saint-Flour (15) . 218 E6
Anglards-de-Salers (15) 217 H4
Anglars (46) 234 C4
Anglars-Juillac (46) 249 G1
Anglars-Nozac (46) 233 H1
Anglars-Saint-Félix (12) 251 H2
Anglefort (01) 190 B6
Anglemont (88) 95 F3
Angles (04) 279 J1
les Angles (30) 276 A2
les Angles (65) 304 B1
les Angles (66) 313 H3
Anglès (81) 290 D1
les Angles (85) 159 H5
les Angles-sur-Corrèze (19) . 216 A2
Angles-sur-l'Anglin (86) 164 A2
Anglesqueville-la-
  -Bras-Long (76) 15 G3
Anglesqueville-l'Esneval (76) . 14 B5
Anglet (64) 282 B1
Angliers (17) 177 F2
Angliers (86) 144 E4
Anglure (51) 89 J1
Anglure-sous-Dun (71) 187 H2
Angluzelles-et-Courcelles (51) . 61 J6
Angoisse (24) 198 D6
Angomont (54) 95 H1
Angos (65) 285 J5
Angoulême (16) 196 D3
Angoulins (17) 176 D3
Angoumé (40) 262 E4
Angous (64) 283 J4
Angoustrine-Villeneuve-
  -des-Escaldes (66) 313 G4
Angoville (14) 53 J2
Angres (62) 10 E1
Angresse (40) 262 B5
Angrie (49) 124 C2
Anguilcourt-le-Sart (02) 20 B5
Angy (60) 37 K3
Anhaux (64) 282 D5
Anhiers (59) 11 J1
Aniane (34) 273 K5
Aniche (59) 12 A2
Anisy (14) 32 E4
Anizy-le-Château (02) 39 K1
Anjeux (70) 118 B4
Anjou (38) 222 B2
Anjouin (36) 148 A2
Anjoutey (90) 119 J6
Anla (65) 305 G2
Anlezy (58) 151 H4
Anlhiac (24) 214 E2
Annay (58) 131 K3
Annay (62) 11 F1
Annay-la-Côte (89) 133 J3
Annay-sur-Serein (89) 113 K6
Annebault (14) 33 J4
Annecy (74) 190 E6
Annecy-le-Vieux (74) 191 F6
Annelles (08) 41 J2
Annemasse (74) 191 F2
Annéot (89) 133 J3
Annepont (17) 177 J6
Annequin (62) 6 B6
Annesse-et-Beaulieu (24) ... 213 J4
Annet-sur-Marne (77) 59 H3
Anneux (59) 11 J4
Anneville-Ambourville (76) 35 G2
Anneville-en-Saire (50) 29 F2
Annéville-la-Prairie (52) 92 A6
Anneville-sur-Mer (50) 30 C3
Anneville-sur-Scie (76) 15 K3
Anneyron (26) 222 B3
Annezay (17) 177 H4
Annezin (62) 5 K5
Annœullin (59) 6 C5
Annoire (39) 154 E4
Annois (02) 19 J4
Annoisin-Chatelans (38) 206 E2
Annoix (18) 149 H4
Annonay (07) 221 K3
Annonville (52) 92 C4
Annot (04) 279 K1
Annouville-Vilmesnil (76) 14 D4
Annoux (89) 134 A2
Annoville (50) 30 D5
Anor (59) 21 H1
Anos (64) 284 D3
Anost (71) 152 C3
Anould (88) 95 H5
Anoux (54) 44 C4
Anoye (64) 285 F3
Anquetierville (76) 15 F6
Anrosey (52) 117 G5
Ansac-sur-Vienne (16) 180 A5
Ansacq (60) 37 K3
Ansan (32) 267 K5
Ansauville (54) 65 G4
Ansauvillers (60) 18 B6
Anse (69) 188 B6
Ansignan (66) 309 H6
Ansost (65) 285 H1
Ansouis (84) 277 H4
Anstaing (59) 7 F5
Antagnac (47) 246 E2
Anterrieux (15) 236 D2
Anteuil (25) 138 E4

Antezant-la-Chapelle (17) ... 177 K5
Anthé (47) 248 E2
Anthelupt (54) 66 C6
Anthenay (51) 40 C6
Antheny (08) 21 K3
Antheuil (21) 153 J2
Antheuil-Portes (60) 38 D1
Anthien (58) 133 H6
Anthon (38) 206 D2
Anthy-sur-Léman (74) 174 E6
Antibes (06) 280 E6
Antichan (65) 305 G2
Antichan-de-Frontignes (31) . 305 H1
Antignac (15) 217 J2
Antignac (31) 305 G4
Antigny (85) 160 E2
Antigny (86) 163 K4
Antigny-la-Ville (21) 153 H4
Antilly (57) 45 F5
Antilly (60) 39 F6
Antin (65) 285 K4
Antisanti (2B) 321 H1
Antist (65) 285 H6
Antogny-le-Tillac (37) 145 J4
Antoigné (49) 144 C2
Antoingt (63) 202 E6
Antonne-et-Trigonant (24) ... 214 B3
Antony (92) 58 D5
Antraigues-sur-Volane (07) .. 239 H4
Antrain (35) 51 J5
Antran (86) 145 J5
Antras (09) 306 A4
Antras (32) 267 F4
Antrenas (48) 237 G6
Antugnac (11) 308 E3
Antully (71) 153 F5
Anvéville (76) 15 G4
Anville (16) 196 B1
Anvin (62) 10 A1
Any-Martin-Rieux (02) 21 J2
Anzat-le-Luguet (63) 218 D2
Anzeling (57) 45 H4
Anzême (23) 182 C2
Anzex (47) 247 G3
Anzin (59) 12 D2
Anzin-Saint-Aubin (62) 10 E2
Anzy-le-Duc (71) 186 E1
Aoste (38) 207 J4
Aougny (51) 40 C5
Aouste (08) 21 K3
Aouste-sur-Sye (26) 240 E4
Aouze (88) 93 H3
Apach (57) 45 G1
Apchat (63) 218 E1
Apchon (15) 217 K3
Apinac (42) 220 C1
Appelle (81) 289 G1
Appenai-sous-Bellême (61) .. 83 H4
Appenans (25) 138 E3
Appenwihr (68) 96 C4
Appeville (50) 29 F6
Appeville-Annebault (27) 34 D3
Appietto (2A) 320 B4
Appilly (60) 19 J6
Appoigny (89) 113 F4
Apprieu (38) 223 H1
Appy (09) 307 J5
Apremont (01) 190 A2
Apremont (08) 42 E4
Apremont (60) 38 B5
Apremont (70) 137 F4
Apremont (73) 208 B5
Apremont (85) 141 F6
Apremont-la-Forêt (55) 65 F3
Apremont-sur-Allier (18) 150 C5
Aprey (52) 116 B6
Apt (84) 277 G3
Arabaux (09) 307 H3
Arâches-la-Frasse (74) 191 K4
Aragnouet (65) 304 D5
Aragon (11) 290 A5
Aramits (64) 283 H6
Aramon (30) 275 K3
Aranc (01) 189 J5
Arancou (64) 283 F2
Arandas (01) 189 J6
Arandon (38) 207 G3
Araujuzon (64) 283 J3
Araules (43) 220 E5
Araux (64) 283 J3
Arbanats (33) 229 J4
Arbas (31) 306 A2
Arbent (01) 190 A1
Arbéost (65) 303 H2
Arbérats-Sillègue (64) 283 G3
Arbigny (01) 172 A5
Arbigny-sous-Varennes (52) . 117 F4
Arbin (73) 208 B5
Arbis (33) 230 A4
Arblade-le-Bas (32) 265 K5
Arblade-le-Haut (32) 266 A4
Arbois (39) 155 J5
Arbon (31) 305 J2
Arbonne (64) 263 C1
Arbonne-la-Forêt (77) 87 G3
Arboras (34) 273 H5
Arbori (2A) 320 C2
Arbot (52) 115 K5
Arbouans (25) 139 H3
Arbourse (58) 150 E1
Arbouet-Sussaute (64) 283 G3

Arboussols (66) 314 C2
Arboys en Bugey (01) 207 J2
l'Arbresle (69) 205 J1
Arbrissel (35) 103 K1
Arbus (64) 284 B3
Arbusigny (74) 191 F3
Arc-en-Barrois (52) 115 K3
Arc-et-Senans (25) 155 J3
Arc-lès-Gray (70) 137 F4
Arc-sous-Cicon (25) 156 E3
Arc-sous-Montenot (25) 156 B5
Arc-sur-Tille (21) 136 B5
Arcachon (33) 228 B4
Arçais (79) 160 E6
Arcambal (46) 250 A1
Arcangues (64) 263 D1
Arçay (18) 149 F5
Arçay (86) 144 D4
Arceau (21) 136 B5
Arcenant (21) 153 K2
Arcens (07) 239 G2
Arces (17) 194 D4
Arces-Dilo (89) 113 G2
Arcey (21) 135 J6
Arcey (25) 139 F2
Archail (04) 259 K5
Archamps (74) 190 E3
Archelange (39) 155 G2
Arches (15) 217 F2
Arches (88) 118 E1
Archettes (88) 118 E1
Archiac (17) 195 K5
Archignac (24) 215 F6
Archignat (03) 167 F6
Archigny (86) 163 H2
Archingeay (17) 177 H5
Archon (02) 21 H4
Arcinges (42) 187 G3
Arcins (33) 211 F4
Arcis-le-Ponsart (51) 40 C5
Arcis-sur-Aube (10) 90 B2
Arcizac-Adour (65) 285 H6
Arcizac-Ez-Angles (65) 304 B1
Arcizans-Avant (65) 303 K2
Arcizans-Dessus (65) 303 K2
Arcomps (18) 167 F2
Arçon (25) 156 E4
Arcon (42) 186 C5
Arconcey (21) 153 G1
Arçonnay (72) 82 D3
Arconsat (63) 203 K1
Arconville (10) 115 G1
les Arcs (83) 298 D2
Arcueil (94) 58 E4
Arcy-Sainte-Restitue (02) 39 K4
Arcy-sur-Cure (89) 133 H2
Ardelles (28) 84 D2
Ardelu (28) 86 A4
Ardenais (18) 166 E3
Ardenay-sur-Mérize (72) 107 F3
Ardengost (65) 305 F3
Ardentes (36) 165 K1
Ardes (63) 218 E1
Ardeuil-et-Montfauxelles (08) . 42 B4
Ardiège (31) 305 H1
les Ardillats (69) 187 K3
Ardilleux (79) 178 E3
Ardillières (17) 177 F3
Ardin (79) 161 F4
Ardizas (32) 268 B5
Ardoix (07) 222 A4
Ardon (39) 156 A6
Ardon (45) 109 K6
Ardouval (76) 16 B4
Ardres (62) 2 C5
Aregno (2B) 318 C2
Areines (41) 108 C5
Arelaune-en-Seine (76) 34 E1
Aren (64) 283 K4
Arengosse (40) 264 D1
Arenthon (74) 191 G3
Arès (33) 228 B2
Aresches (39) 156 A5
Aressy (64) 284 D4
Arette (64) 283 J6
Arfeuille-Châtain (23) 183 J4
Arfeuilles (03) 186 B3
Arfons (81) 289 J3
Argagnon (64) 283 K2
Arganchy (14) 32 A4
Argançon (10) 91 F5
Argancy (57) 45 F5
Argein (09) 306 B3
Argelès-Bagnères (65) 304 D1
Argelès-Gazost (65) 303 K2
Argelès-sur-Mer (66) 315 H3
Argeliers (11) 291 G4
Argelliers (34) 273 J5
Argelos (40) 264 E6
Argelos (64) 284 D2
Argelouse (40) 245 H2
Argences (14) 33 F5
Argences en Aubrac (12) 236 B3
Argens-Minervois (11) 291 F5
Argent-sur-Sauldre (18) 131 F3
Argentan (61) 54 C5
Argentat (19) 216 C5
Argentenay (89) 114 B5
Argenteuil (95) 58 D2
l'Argentière-la-Bessée (05) .. 243 K2
Argentières (77) 59 K6
Argentine (73) 209 F5
Argenton (47) 247 F2
Argenton-l'Église (79) 144 A3

Argenton-Notre-Dame (53) .. 105 G5
Argenton-sur-Creuse (36) 165 G3
Argentonnay (79) 143 J4
Argentré (53) 105 F1
Argentré-du-Plessis (35) 104 B1
Argenvières (18) 150 C2
Argenvilliers (28) 84 B5
Argers (51) 63 H1
Arget (64) 284 D1
Argiésans (90) 139 H1
Argilliers (70) 137 F5
Argilliers (30) 275 H2
Argilly (21) 154 B3
Argis (01) 189 J6
Argiusta-Moriccio (2A) 320 E6
Argœuves (80) 18 A2
Argol (29) 74 B2
Argonay (74) 191 F5
Argouges (50) 51 J5
Argoules (80) 9 G2
Argueil (76) 16 D6
Arguel (25) 156 B1
Arguel (80) 17 G2
Arguenos (31) 305 J3
Argut-Dessous (31) 305 J4
Argy (36) 147 G5
Arhansus (64) 283 F4
Aries-Espénan (65) 286 C1
Arifat (81) 271 F4
Arignac (09) 307 H4
Arinthod (39) 173 F5
Arith (73) 208 C2
Arjuzanx (40) 245 F6
Arlanc (63) 219 K1
Arlay (39) 173 F1
Arlebosc (07) 221 K5
Arlempdes (43) 238 C2
Arles (13) 275 J5
Arles-sur-Tech (66) 314 D4
Arlet (43) 219 G5
Arleuf (58) 152 C3
Arleux (59) 11 H3
Arleux-en-Gohelle (62) 11 F2
Arlos (31) 305 J4
Armaillé (49) 104 B6
Armancourt (60) 38 D3
Armancourt (80) 18 E5
Armaucourt (54) 66 B4
Armbouts-Cappel (59) 3 H2
Armeau (89) 112 D2
Armendarits (64) 282 E3
Armentières (59) 6 C4
Armentières-en-Brie (77) 60 A2
Armentières-sur-Avre (27) 56 A5
Armentières-sur-Ourcq (02) ... 39 J5
Armentieux (32) 285 H1
Armes (58) 133 F4
Armillac (47) 231 G6
Armissan (11) 291 J6
Armix (01) 207 H1
Armous-et-Cau (32) 266 D6
Armoy (74) 175 F6
Arnac (15) 217 F5
Arnac-la-Poste (87) 181 H2
Arnac-Pompadour (19) 215 G1
Arnac-sur-Dourdou (12) 272 B5
Arnage (72) 106 D3
Arnancourt (52) 91 J4
Arnas (69) 188 B5
Arnaud-Guilhem (31) 287 F6
Arnave (09) 307 H4
Arnaville (54) 65 J1
Arnay-le-Duc (21) 153 G2
Arnay-sous-Vitteaux (21) 134 E4
Arnayon (26) 257 J1
Arné (65) 286 B6
Arnéguy (64) 282 D6
Arnèke (59) 3 H4
Arnicourt (08) 21 K6
Arnières-sur-Iton (27) 56 C2
Arnos (64) 284 B2
Arnouville (95) 59 F2
Arnouville-lès-Mantes (78) 57 J3
Aroffe (88) 93 H3
Aromas (39) 189 J1
Aron (53) 81 G4
Aroue-Ithorots-Olhaïby (64) . 283 H3
Aroz (70) 137 K2
Arpaillargues-et-Aureillac (30) . 275 G1
Arpajon (91) 86 D1
Arpajon-sur-Cère (15) 235 H2
Arpavon (26) 257 J2
Arpenans (70) 138 D1
Arpheuilles (18) 167 G1
Arpheuilles (36) 147 F5
Arpheuilles-Saint-Priest (03) . 184 A2
Arphy (30) 273 J1
Arquenay (53) 105 G2
Arques (11) 309 F3
Arques (12) 252 D3
les Arques (46) 233 F5
Arques (62) 5 H3
Arques-la-Bataille (76) 16 A2
Arquettes-en-Val (11) 309 G1
Arquèves (80) 10 C5
Arquian (58) 132 A3
Arracourt (54) 66 D5
Arradon (56) 100 E5
Arrainville (57) 66 D1
Arrancourt (91) 86 C4
Arrancy (02) 40 C1
Arrancy-sur-Crusne (55) 44 A2
Arrans (21) 134 D1
Arras (62) 10 E3

Arras-en-Lavedan (65)............303 K2
Arras-sur-Rhône (07)............222 B4
Arrast-Larrebieu (64)............283 H4
Arraute-Charritte (64)............283 F2
Arraye-et-Han (54)............66 B3
Arre (30)............273 H2
Arreau (65)............304 E3
Arrelles (10)............114 C2
Arrembécourt (10)............91 F2
Arrènes (23)............181 K4
Arrens-Marsous (65)............303 J3
Arrentès-de-Corcieux (88)............95 H6
Arrentières (10)............91 G5
Arrest (80)............8 E1
Arreux (08)............22 C3
Arriance (57)............66 D1
Arricau-Bordes (64)............285 F2
Arrien (64)............285 F4
Arrien-en-Bethmale (09)............306 B4
Arrigas (30)............273 H2
Arrigny (51)............63 G6
Arro (2A)............320 C3
Arrodets (65)............304 D2
Arrodets-Ez-Angles (65)............304 B1
Arromanches-les-Bains (14)............32 C3
Arronnes (03)............185 K4
Arronville (95)............37 H5
Arros-de-Nay (64)............284 D5
Arrosès (64)............285 F1
Arrou (28)............108 C1
Arrouède (32)............286 D3
Arrout (09)............306 B3
Arry (57)............65 J1
Arry (80)............9 F3
Ars (16)............195 J3
Ars (23)............182 E5
Ars-en-Ré (17)............158 B5
Ars-Laquenexy (57)............45 G6
Ars-les-Favets (63)............184 B3
Ars-sur-Formans (01)............188 C5
Ars-sur-Moselle (57)............44 E6
Arsac (33)............211 F5
Arsac-en-Velay (43)............220 C6
Arsague (40)............264 D6
Arsans (70)............137 F5
Arsonval (10)............91 G5
Arsure-Arsurette (39)............174 B1
les Arsures (39)............155 K4
Arsy (60)............38 C2
Art-sur-Meurthe (54)............66 B6
Artagnan (65)............285 H3
Artaise-le-Vivier (08)............22 E6
Artaix (71)............186 D2
Artalens-Souin (65)............304 A1
Artannes-sur-Indre (37)............127 H6
Artannes-sur-Thouet (49)............144 C1
Artas (38)............206 D5
Artassenx (40)............265 H3
Artemare (01)............190 A6
Artemps (02)............19 J4
Artenay (45)............109 K2
Arthaz-Pont-Notre-Dame (74)............191 G2
Arthel (58)............151 G1
Arthémonay (26)............222 D4
Arthenac (17)............195 K5
Arthès (81)............270 E2
Arthez-d'Armagnac (40)............265 J2
Arthez-d'Asson (64)............303 J1
Arthez-de-Béarn (64)............284 A2
Arthezé (72)............106 A5
Arthies (95)............36 E6
Arthon (36)............165 J2
Arthonnay (89)............114 C4
Arthun (42)............204 C2
Artigat (09)............307 F1
Artignosc-sur-Verdon (83)............278 E5
Artigue (31)............305 H4
Artigueloutan (64)............284 E4
Artiguelouve (64)............284 B4
Artiguemy (65)............285 J6
Artigues (09)............313 H1
Artigues (11)............308 D5
Artigues (65)............304 B1
Artigues (83)............278 B6
les Artigues-de-Lussac (33)............212 B6
Artigues-près-Bordeaux (33)............229 J1
Artins (41)............107 J6
Artix (09)............307 H2
Artix (64)............284 A3
Artolsheim (67)............71 C6
Artonne (63)............185 F5
Artres (59)............12 D3
Artzenheim (68)............96 D3
Arudy (64)............284 C6
Arue (40)............246 B6
Arvert (17)............194 B2
Arveyres (33)............230 A1
Arvieu (12)............252 B5
Arvieux (05)............227 B2
Arvigna (09)............307 J2
Arvillard (73)............208 D6
Arville (41)............108 B2
Arville (77)............87 G6
Arvillers (80)............18 E4
Arx (40)............247 F5
Arzacq-Arraziguet (64)............284 C1
Arzal (56)............121 J2
Arzano (29)............99 K3
Arzay (38)............206 D6
Arzembouy (58)............151 F1
Arzenc-d'Apcher (48)............236 E2
Arzenc-de-Randon (48)............237 K5
Arzens (11)............289 K6
Arzillières-Neuville (51)............63 F6
Arzon (56)............120 E1
Arzviller (57)............67 K4
Asasp-Arros (64)............284 A6
Ascain (64)............263 C2
Ascarat (64)............282 D5
Aschbach (67)............25 C2
Aschères-le-Marché (45)............110 B1
Asco (2B)............318 E4
Ascou (09)............313 F1
Ascoux (45)............110 D1
Ascros (06)............280 D2
Asfeld (08)............41 F2
Aslonnes (86)............162 E5
Asnan (58)............133 F6
Asnans-Beauvoisin (39)............155 F4
Asnelles (14)............32 C3
Asnières (27)............34 B5
Asnières-en-Bessin (14)............29 J6
Asnières-en-Montagne (21)............114 C6
Asnières-en-Poitou (79)............178 C3
Asnières-la-Giraud (17)............177 K6
Asnières-lès-Dijon (21)............136 A5
Asnières-sous-Bois (89)............133 G4
Asnières-sur-Blour (86)............180 C3
Asnières-sur-Nouère (16)............196 D2
Asnières-sur-Oise (95)............37 K6
Asnières-sur-Saône (01)............171 K6
Asnières-sur-Seine (92)............58 D3
Asnières-sur-Vègre (72)............105 K4
Asnois (58)............133 G5
Asnois (86)............179 J3
Aspach (57)............67 H5
Aspach (68)............97 B4
Aspach-le-Bas (68)............97 A2
Aspach-Michelbach (68)............97 A2
Aspères (30)............274 C4
Asperjoc (07)............239 H4
Aspet (31)............305 K2
Aspin-Aure (65)............304 E3
Aspin-en-Lavedan (65)............304 A1
Aspiran (34)............292 C1
Aspremont (05)............242 B6
Aspremont (06)............281 F3
les Aspres (61)............55 H5
Aspres-lès-Corps (05)............242 D2
Aspres-sur-Buëch (05)............242 B6
Aspret-Sarrat (31)............305 J1
Asprières (12)............234 E6
Asque (65)............304 D2
Asques (33)............211 J4
Asques (82)............268 B1
Asquins (89)............133 H4
Assac (81)............271 G2
Assainvillers (80)............18 D5
Assais-les-Jumeaux (79)............144 C6
Assas (34)............274 B5
Assat (64)............284 D5
Assay (37)............145 F3
Assé-le-Bérenger (53)............81 J6
Assé-le-Boisne (72)............82 C4
Assé-le-Riboul (72)............82 C6
Assenay (10)............90 A6
Assencières (10)............90 B4
Assenoncourt (57)............67 G4
Assérac (44)............121 J3
Assevent (59)............13 H3
Assevillers (80)............19 F2
Assier (46)............234 C4
Assieu (38)............222 B1
Assignan (34)............291 G3
Assigny (18)............131 J4
les Assions (07)............255 H2
Assis-sur-Serre (02)............20 C5
Asson (64)............284 D6
Asswiller (67)............69 F5
Astaffort (47)............248 B6
Astaillac (19)............234 B1
Asté (65)............304 C2
Aste-Béon (64)............303 G2
Astet (07)............238 E4
Astillé (53)............104 D3
Astis (64)............284 D2
Aston (09)............307 J5
Astugue (65)............304 B1
Athée (21)............155 F1
Athée (53)............104 C3
Athée-sur-Cher (37)............128 A5
Athesans-Étroitefontaine (70)............138 C2
Athie (21)............134 C3
Athie (89)............134 A3
Athienville (54)............66 D5
Athies (62)............11 F3
Athies (80)............19 H3
Athies-sous-Laon (02)............20 D6
Athis (51)............62 B2
Athis-Mons (91)............58 E5
Athis-Val de Rouvre (61)............53 H4
Athos-Aspis (64)............283 G2
Attainville (95)............58 E1
Attancourt (52)............91 J2
les Attaques (62)............2 D1
Attenschwiller (68)............97 D4
Attiches (59)............6 E6
Attichy (60)............39 F2
Attignat (01)............189 F1
Attignat-Oncin (73)............207 K5
Attignéville (88)............93 H3
Attigny (08)............42 A1
Attigny (88)............117 K2
Attilloncourt (57)............66 C4
Attilly (02)............19 J2
Attin (62)............4 C6
Atton (54)............65 K3
Attray (45)............110 C1
Attricourt (70)............136 D3
Aubagnan (40)............265 G5
Aubagne (13)............296 E4
Aubaine (21)............153 J2
Aubais (30)............274 D4
Aubarède (65)............285 J4
Aubas (24)............214 E5
Aubazat (43)............219 H4
Aubazines (19)............215 K4
Aube (57)............66 B1
Aube (61)............55 H5
Aubéguimont (76)............17 F3
Aubenas (07)............239 H5
Aubenas-les-Alpes (04)............277 K2
Aubenasson (26)............241 F4
Aubencheul-au-Bac (59)............11 J3
Aubencheul-aux-Bois (02)............12 B6
Aubenton (02)............21 J3
Aubepierre-Ozouer-
-le-Repos (77)............87 K1
Aubepierre-sur-Aube (52)............115 J4
Auberchicourt (59)............11 J2
Aubercourt (80)............18 D3
Aubergenville (78)............57 K2
Aubérive (51)............41 J5
Auberive (52)............116 A5
Auberives-en-Royans (38)............223 F5
Auberives-sur-Varèze (38)............206 A4
Aubermesnil-aux-Érables (76)............16 E3
Aubermesnil-Beaumais (76)............16 A2
Aubers (59)............6 B5
Aubertin (64)............284 B4
Auberville (14)............33 H3
Auberville-la-Manuel (76)............15 F3
Auberville-la-Renault (76)............14 D4
Aubervilliers (93)............58 E3
Aubeterre (10)............90 B3
Aubeterre-sur-Dronne (16)............212 E2
Aubiac (33)............246 C1
Aubiac (47)............248 A5
Aubiat (63)............185 F5
Aubière (63)............202 D2
Aubiet (32)............267 K6
Aubignan (84)............257 F6
Aubignas (07)............239 K5
Aubigné (35)............79 G2
Aubigné (79)............178 D4
Aubigné-Racan (72)............106 E6
Aubigné-sur-Layon (49)............143 J1
Aubignosc (04)............259 J4
Aubigny (03)............168 C2
Aubigny (14)............54 A2
Aubigny (79)............162 A1
Aubigny (80)............18 C2
Aubigny-les-Clouzeaux (85)............159 H2
Aubigny-au-Bac (59)............11 J3
Aubigny-aux-Kaisnes (02)............19 J4
Aubigny-en-Artois (62)............10 D2
Aubigny-en-Laonnois (02)............40 C1
Aubigny-en-Plaine (21)............154 D2
Aubigny-la-Ronce (21)............153 H4
Aubigny-les-Clouzeaux (85)............159 H2
Aubigny-les-Pothées (08)............22 A3
Aubigny-lès-Sombernon (21)............135 G6
Aubigny-sur-Nère (18)............131 F4
Aubilly (51)............40 D5
Aubin (12)............235 F6
Aubin (64)............284 C2
Aubin-Saint-Vaast (62)............9 H1
Aubinges (18)............149 J1
Auboncourt-Vauzelles (08)............22 B6
Aubonne (25)............156 D5
Aubord (30)............275 F4
Auboué (54)............44 D4
Aubous (64)............265 K6
Aubres (26)............257 H2
Aubréville (55)............42 E5
Aubrives (08)............24 C2
Aubry-du-Hainaut (59)............12 C2
Aubry-en-Exmes (61)............54 D4
Aubry-le-Panthou (61)............54 E3
Aubure (68)............96 A2
Aubussargues (30)............275 F1
Aubusson (23)............183 F6
Aubusson (61)............53 H4
Aubusson-d'Auvergne (63)............203 J2
Aubvillers (80)............18 C4
Auby (59)............11 H1
Aucaleuc (22)............50 C5
Aucamville (31)............269 F5
Aucamville (82)............268 C4
Aucazein (09)............306 B3
Aucelon (26)............241 H5
Aucey-la-Plaine (50)............51 J5
Auch (32)............267 H6
Auchel (62)............5 J6
Auchonvillers (80)............10 D5
Auchy-au-Bois (62)............5 H5
Auchy-la-Montagne (60)............17 K6
Auchy-lès-Hesdin (62)............9 J1
Auchy-les-Mines (62)............6 B6
Auchy-lez-Orchies (59)............7 F2
Aucun (65)............303 J2
Audaux (64)............283 J2
Audelange (39)............155 H2
Audeloncourt (52)............116 E1
Audembert (62)............2 B4
Audenge (33)............228 C3
Auderville (50)............28 A1
Audes (03)............167 G5
Audeux (25)............137 J6
Audeville (45)............86 D5
Audierne (29)............73 C3
Audignicourt (02)............39 G2
Audignies (59)............13 F3
Audignon (40)............265 F4
Audigny (02)............20 D2
Audincourt (25)............139 H3
Audincthun (62)............5 F5
Audinghen (62)............2 A4
Audon (40)............264 C3
Audouville-la-Hubert (50)............29 G5
Audrehem (62)............2 E5
Audressein (09)............306 B3
Audresselles (62)............2 A4
Audrieu (14)............32 C4
Audrix (24)............232 C2
Audruicq (62)............3 F3
Audun-le-Roman (54)............44 C2
Audun-le-Tiche (57)............44 C1
Auenheim (67)............25 C4
Auffargis (78)............58 A5
Auffay (76)............15 K4
Aufferville (77)............87 G6
Auffreville-Brasseuil (78)............57 J2
Auflance (08)............23 J5
Auga (64)............284 C2
Augan (56)............78 A6
Auge (08)............21 J2
Auge (23)............183 H2
Augé (79)............161 J5
Auge-Saint-Médard (16)............196 B1
Augea (39)............172 E3
Auger-Saint-Vincent (60)............38 C5
Augerans (39)............155 H3
Augères (23)............182 B4
Augerolles (63)............203 J3
Augers-en-Brie (77)............60 D6
Augerville-la-Rivière (45)............87 F5
Augicourt (70)............117 J5
Augignac (24)............197 K4
Augirein (09)............306 A3
Augisey (39)............173 F3
Augnat (63)............218 E1
Augnax (32)............267 K5
Augne (87)............199 K2
Augny (57)............44 E6
Auguaise (61)............55 H5
Augy (02)............40 A3
Augy (89)............113 G6
Augy-sur-Aubois (18)............167 K1
Aujac (17)............178 A6
Aujac (30)............255 F3
Aujan-Mournède (32)............286 B3
Aujargues (30)............274 D4
Aujeurres (52)............116 B6
Aujols (46)............250 F4
Aulan (26)............257 K4
Aulas (30)............273 J1
Aulhat-Flat (63)............203 F5
Aullène (2A)............323 F1
Aulnat (63)............202 D2
Aulnay (10)............90 D3
Aulnay (17)............178 B4
Aulnay (86)............144 D5
Aulnay-la-Rivière (45)............86 E6
Aulnay-l'Aître (51)............63 F4
Aulnay-sous-Bois (93)............59 F2
Aulnay-sur-Iton (27)............56 C2
Aulnay-sur-Marne (51)............62 B2
Aulnay-sur-Mauldre (78)............57 K3
les Aulneaux (72)............83 F3
Aulnois (88)............93 G5
Aulnois-en-Perthois (55)............64 A6
Aulnois-sous-Laon (02)............20 D6
Aulnois-sur-Seille (57)............66 B3
Aulnoy (77)............60 B4
Aulnoy-lez-Valenciennes (59)............12 D2
Aulnoy-sur-Aube (52)............115 K5
Aulnoye-Aymeries (59)............13 G4
Aulon (23)............182 B4
Aulon (31)............287 F6
Aulon (65)............304 D6
Aulos (09)............307 J5
Ault (80)............8 C5
Aulus-les-Bains (09)............306 E4
Aulx-lès-Cromary (70)............138 A4
Aumagne (17)............178 A6
Aumale (76)............17 F3
Aumâtre (80)............17 G2
Aumelas (34)............292 D1
Auménancourt (51)............41 F3
Aumerval (62)............5 H6
Aumes (34)............292 C2
Aumessas (30)............273 H2
Aumetz (57)............44 C2
Aumeville-Lestre (50)............29 F3
Aumont (39)............155 H5
Aumont (80)............17 H2
Aumont-Aubrac (48)............237 G4
Aumont-en-Halatte (60)............38 B5
Aumur (39)............154 E3
Aunac (16)............179 G6
Aunat (11)............308 C5
Aunay-en-Bazois (58)............151 J2
Aunay-les-Bois (61)............83 F1
Aunay-sous-Auneau (28)............85 K3
Aunay-sous-Crécy (28)............56 E6
Aunay-sur-Odon (14)............53 G1
Auneau-Bleury-Saint-
-Symphorien (28)............85 J3
Auneuil (60)............37 G3
Aunou-le-Faucon (61)............54 C5
Aunou-sur-Orne (61)............54 E6
Auppegard (76)............15 K3
Aups (83)............279 F6
Auradé (32)............287 H1
Auradou (47)............248 C3
Auragne (31)............288 C3
Auray (56)............100 D5
Aure (08)............42 A4
Aurec-sur-Loire (43)............220 E1
Aureil (87)............199 G2
Aureilhan (40)............244 C3
Aureilhan (65)............285 H5
Aureille (13)............276 C4
Aurel (26)............241 G4
Aurel (84)............258 A5
Aurensan (32)............265 J6
Aurensan (65)............285 H4
Aureville (31)............288 B2
Auriac (11)............309 G3
Auriac (19)............216 E4
Auriac (64)............284 D2
Auriac-du-Périgord (24)............214 E5
Auriac-Lagast (12)............252 B5
Auriac-l'Église (15)............218 E3
Auriac-sur-Dropt (47)............231 F4
Auriac-sur-Vendinelle (31)............289 F2
Auriat (23)............199 J1
Auribail (31)............288 B4
Auribeau (84)............277 H3
Auribeau-sur-Siagne (06)............280 C6
Aurice (40)............265 F3
Auriébat (65)............285 H2
Aurières (63)............202 B3
Aurignac (31)............287 F5
Aurillac (15)............235 H1
Aurimont (32)............287 F1
Aurin (31)............288 E1
Auriol (13)............296 E3
Auriolles (33)............230 D3
Aurions-Idernes (64)............285 F1
Auris (38)............224 D5
Aurons (13)............276 E5
Auros (33)............230 B6
Aurouër (03)............168 D2
Auroux (48)............238 A3
Aussac (81)............270 C3
Aussac-Vadalle (16)............196 E1
Ausseing (31)............287 H6
Aussevielle (64)............284 B3
Aussillon (81)............290 B2
Aussois (73)............226 A2
Ausson (31)............305 H1
Aussonce (08)............41 H3
Aussonne (31)............268 E5
Aussos (32)............286 D3
Aussurucq (64)............283 G5
Autainville (41)............109 F4
Autechaux (25)............138 D4
Autechaux-Roide (25)............139 H4
les Autels (02)............21 J4
les Autels-Villevillon (28)............84 B6
Auterive (31)............288 C4
Auterive (32)............267 H6
Auterive (82)............268 B3
Auterrive (64)............283 G2
Autet (70)............137 G2
Auteuil (60)............37 G3
Auteuil (78)............57 K4
Autevielle-Saint-
-Martin-Bideren (64)............283 G2
Authe (08)............42 D2
Autheuil (28)............108 E3
Autheuil-Authouillet (27)............35 K6
Autheuil-en-Valois (60)............39 G5
Autheux (80)............9 K5
Authevernes (27)............36 C5
Authezat (63)............202 E4
Authie (14)............32 C5
Authie (80)............10 C5
Authieule (80)............10 B5
les Authieux (27)............56 E3
les Authieux-du-Puits (61)............55 F5
les Authieux-Papion (14)............33 H6
Authieux-Ratiéville (76)............16 A5
les Authieux-sur-Calonne (14)............34 A3
les Authieux-sur-le-
-Port-Saint-Ouen (76)............35 J3
Authiou (58)............132 E6
Authoison (70)............138 A3
Authon (04)............259 H4
Authon (41)............128 A1
Authon-du-Perche (28)............84 A6
Authon-Ébéon (17)............195 J1
Authon-la-Plaine (91)............86 A3
Authou (27)............34 E4
Authuille (80)............10 D6
Authume (39)............155 G2
Authumes (71)............154 E5
Autichamp (26)............240 D4
Autignac (34)............291 K2
Autigny (76)............15 H3
Autigny-la-Tour (88)............93 G3
Autigny-le-Grand (52)............92 A2
Autigny-le-Petit (52)............92 A2
Autingues (62)............2 E4
Autoire (46)............234 B2
Autoreille (70)............137 H5
Autouillet (78)............57 K4
Autrac (43)............218 E2
Autrans-Méaudre
en Vercors (38)............223 H4
Autrèche (37)............128 B3
Autrechêne (90)............139 J1
Autrêches (60)............39 G2
Autrecourt-et-Pourron (08)............23 G5
Autrécourt-sur-Aire (55)............64 A1
Autremencourt (02)............20 E4

Autrepierre (54) 67 G6
Autreppes (02) 21 F2
Autretot (76) 15 G5
Autreville (02) 19 K6
Autreville (88) 93 H2
Autréville-Saint-Lambert (55)....... 23 G6
Autreville-sur-la-Renne (52) 115 K1
Autreville-sur-Moselle (54) 65 K3
Autrey (54) 94 A1
Autrey (88) 95 F4
Autrey-le-Vay (70) 138 D2
Autrey-lès-Cerre (70) 138 C1
Autrey-lès-Gray (70) 136 E3
Autricourt (21) 115 F3
Autruche (08) 42 D2
Autruy-sur-Juine (45) 86 C5
Autry (08) 42 C4
Autry-Issards (03) 168 C4
Autry-le-Châtel (45) 131 G2
Autun (71) 152 E5
Auty (82) 249 K5
Auvare (06) 280 C1
Auve (51) 63 G1
Auvernaux (91) 87 F2
Auvers (43) 219 G6
Auvers (50) 31 F1
Auvers-le-Hamon (72) 105 J4
Auvers-Saint-Georges (91) 86 D2
Auvers-sous-Montfaucon (72) 106 B2
Auvers-sur-Oise (95) 58 C1
Auverse (49) 126 C3
Auvet-et-la-Chapelotte (70) 136 E3
Auvillar (82) 248 D6
Auvillars (14) 33 J5
Auvillars-sur-Saône (21) 154 C3
Auvilliers-les-Forges (08) 21 K2
Auvilliers (76) 16 E4
Auvilliers-en-Gâtinais (45) 111 F3
aux-Aussat (32) 285 K2
Auxais (50) 31 F2
Auxange (39) 155 H1
Auxant (21) 153 H2
Auxelles-Bas (90) 119 G5
Auxelles-Haut (90) 119 G5
Auxerre (89) 113 F5
Auxey-Duresses (21) 153 J4
Auxi-le-Château (62) 9 J3
aux Marais (60) 37 G2
Auxon (10) 113 K2
Auxon (70) 118 A6
Auxonne (21) 155 H1
les Auxons (25) 137 K5
Auxy (45) 111 F1
Auxy (71) 153 F4
Auzainvilliers (88) 93 H5
Auzances (23) 183 J5
Auzas (31) 287 F6
Auzat (09) 307 G5
Auzat-la-Combelle (63) 203 F6
Auzay (85) 160 D4
Auzebosc (76) 15 G5
Auzelles (63) 203 H4
Auzers (15) 217 H3
Auzet (04) 259 J3
Auzeville-Tolosane (31) 288 C2
Auzielle (31) 288 C1
Auzits (12) 251 J1
Auzon (43) 219 G1
Auzouer-en-Touraine (37) 128 A3
Auzouville-Auberbosc (76) 14 E5
Auzouville-l'Esneval (76) 15 H5
Auzouville-sur-Ry (76) 35 K2
Auzouville-sur-Saâne (76) 15 J4
Availles-en-Châtellerault (86) 163 H1
Availles-Limouzine (86) 180 B3
Availles-sur-Seiche (35) 104 A2
Availles-Thouarsais (79) 144 B5
Avajan (65) 305 F4
Avallon (89) 133 K4
les Avanchers-Valmorel (73) 209 G5
Avançon (05) 243 F6
Avançon (08) 41 G1
Avanne-Aveney (25) 156 A1
Avant-lès-Marcilly (10) 89 F3
Avant-lès-Ramerupt (10) 90 C3
Avanton (86) 162 E2
Avapessa (2B) 318 C2
Avaray (41) 109 G6
Avaux (08) 41 F2
Aveize (69) 205 G3
Aveizieux (42) 205 F5
Avelanges (21) 135 K2
Avelesges (80) 17 H2
Avelin (59) 6 E5
Aveluy (80) 10 D6
Avenas (69) 187 K2
Avenay (14) 32 D6
Avenay-Val-d'Or (51) 62 A1
Avène (34) 272 D4
les Avenières
    Veyrins-Thuellin (38) 207 H4
Avensac (32) 268 A3
Avensan (33) 210 E5
Aventignan (65) 305 G1
Averan (65) 285 G6
Averdoingt (62) 10 C2
Averdon (41) 128 E1
Avermes (03) 168 D3
Avernes (95) 58 A1
Avernes-Saint-Gourgon (61) 55 F2
Avernes-sous-Exmes (61) 54 E4
Avéron-Bergelle (32) 266 C4
Averton (53) 82 A4
Avesnelles (59) 13 H5

Avesnes (62) 4 E5
Avesnes-Chaussoy (80) 17 G2
Avesnes-en-Bray (76) 36 D2
Avesnes-en-Saosnois (72) 83 F5
Avesnes-en-Val (76) 16 C2
Avesnes-le-Comte (62) 10 C3
Avesnes-le-Sec (59) 12 C3
Avesnes-les-Aubert (59) 12 C4
Avesnes-lès-Bapaume (62) 11 F5
Avesnes-sur-Helpe (59) 13 G5
Avessac (44) 102 C4
Avessé (72) 105 K3
Aveux (65) 305 G2
Avezac-Prat-Lahitte (65) 304 E1
Avezan (32) 267 K3
Avèze (30) 273 J2
Avèze (63) 201 J4
Avezé (72) 83 J5
Aviernoz (74) 191 F5
Avignon (84) 276 A2
Avignon-lès-Saint-Claude (39) ... 173 J5
Avignonet (38) 223 K6
Avignonet-Lauragais (31) 289 F4
Avillers (54) 44 B3
Avillers (88) 94 B4
Avillers-Sainte-Croix (55) 65 F1
Avilley (25) 138 C4
Avilly-Saint-Léonard (60) 38 B5
Avion (62) 11 F1
Avioth (55) 23 K6
Aviré (49) 104 E6
Avirey-Lingey (10) 114 C2
Aviron (27) 56 D1
Avize (51) 61 K2
Avocourt (55) 43 F5
Avoine (37) 144 E1
Avoine (61) 54 B5
Avoise (72) 105 K4
Avolsheim (67) 71 B1
Avon (77) 87 H4
Avon (79) 162 B6
Avon-la-Pèze (10) 89 G4
Avon-les-Roches (37) 145 H2
Avondance (62) 5 F6
Avord (18) 149 J4
Avosnes (21) 135 G5
Avot (21) 135 K2
Avoudrey (25) 157 F2
Avrainville (54) 65 H4
Avrainville (88) 94 B3
Avrainville (91) 86 D2
Avranches (50) 51 K3
Avranville (88) 92 E3
Avrechy (60) 38 A2
Avrecourt (52) 116 E3
Avrée (58) 152 A6
Avremesnil (76) 15 J2
Avreuil (10) 114 A2
Avricourt (54) 67 G5
Avricourt (57) 67 G5
Avricourt (60) 19 G5
Avrieux (73) 226 A3
Avrigney-Virey (70) 137 H5
Avrigny (60) 38 B3
Avril (54) 44 D3
Avril-sur-Loire (58) 151 F6
Avrillé (49) 125 G3
Avrillé (85) 159 G4
Avrillé-les-Ponceaux (37) 126 E4
Avrilly (03) 186 D1
Avrilly (61) 81 G1
Avroult (62) 5 F4
Avy (17) 195 H4
Awoingt (59) 12 B4
Ax-les-Thermes (09) 313 F1
Axat (11) 308 E5
Axiat (09) 307 K5
Aÿ-Champagne (51) 61 K1
Ay-sur-Moselle (57) 45 F4
Ayat-sur-Sioule (63) 184 C4
Aydat (63) 202 C4
Aydie (64) 266 A6
Aydius (64) 303 F2
Aydoilles (88) 94 C3
Ayen (19) 215 F3
Ayencourt (80) 18 D5
Ayette (62) 10 E4
Ayguatébia-Talau (66) 313 K3
Ayguemorte-les-Graves (33) 229 J3
Ayguesvives (31) 288 D3
Ayguetinte (32) 267 F3
Ayherre (64) 282 D2
Ayn (73) 207 K4
Aynac (46) 234 B3
les Aynans (70) 138 D1
Ayrens (15) 217 F6
Ayron (86) 162 C2
Ayros-Arbouix (65) 304 A2
Ayse (74) 191 H3
Ayssènes (12) 252 D6
Aytré (17) 176 D2
les Ayvelles (08) 22 D4
Ayzac-Ost (65) 303 K2
Ayzieu (32) 266 B3
Azannes-et-Soumazannes (55) 43 J4
Azas (31) 269 J3
Azat-Châtenet (23) 182 B4
Azat-le-Ris (87) 180 E1
Azay-le-Brûlé (79) 161 J5
Azay-le-Ferron (36) 146 D6
Azay-le-Rideau (37) 127 G6
Azay-sur-Cher (37) 127 K5
Azay-sur-Indre (37) 146 C1

Azay-sur-Thouet (79) 161 J2
Azé (41) 108 B5
Azé (53) 105 F4
Azé (71) 171 J5
Azelot (54) 94 B1
Azerables (23) 165 F6
Azerailles (54) 95 F2
Azerat (24) 214 D4
Azérat (43) 219 G1
Azereix (65) 285 G5
Azet (65) 304 E5
Azeville (50) 29 F4
Azillanet (34) 290 E5
Azille (11) 290 E5
Azilone-Ampaza (2A) 320 E5
Azincourt (62) 5 F6
Azolette (69) 187 H3
Azoudange (57) 67 G4
Azur (40) 262 C3
Azy (18) 149 K2
Azy-le-Vif (58) 168 D1
Azy-sur-Marne (02) 60 D2
Azzana (2A) 320 D2

B

Baâlon (55) 43 G1
Baâlons (08) 22 C6
Babeau-Bouldoux (34) 291 G3
Babœuf (60) 19 J6
Baby (77) 88 D4
Baccarat (54) 95 F2
Baccon (45) 109 H4
Bach (46) 250 B3
Bachant (59) 13 G4
la Bachellerie (24) 214 E4
Bachas (31) 287 G5
Bachivillers (60) 37 F4
Bachos (31) 305 H3
Bachy (59) 7 F5
Bacilly (50) 51 J2
Baconnes (51) 41 H5
la Baconnière (53) 80 D5
Bacouël (60) 18 B5
Bacouel-sur-Selle (80) 18 A3
Bacourt (57) 66 C2
Bacquepuis (27) 35 H6
Bacqueville (27) 36 A3
Bacqueville-en-Caux (76) 15 J3
Badailhac (15) 235 K1
Badaroux (48) 237 J6
Badecon-le-Pin (36) 165 G4
Badefols-d'Ans (24) 214 E3
Badefols-sur-Dordogne (24) 232 B2
Baden (56) 100 D5
Badens (11) 290 C6
Badevel (25) 139 J3
Badménil-aux-Bois (88) 94 D4
Badonviller (54) 95 H2
Badonvilliers-Gérauvilliers (55) ... 92 E1
Baerendorf (67) 68 D6
Baerenthal (57) 69 H4
la Baffe (88) 94 C6
Baffie (63) 204 A6
Bagard (30) 255 F6
Bagas (33) 230 C5
Bagat-en-Quercy (46) 249 H2
Bâgé-la-Ville (01) 188 D1
Bâgé-le-Châtel (01) 188 D1
Bagert (09) 306 C1
Bages (11) 310 C1
Bages (66) 315 G3
Bagiry (31) 305 H3
Bagnac-sur-Célé (46) 234 E5
Bagneaux (89) 89 G6
Bagneaux-sur-Loing (77) 87 H6
Bagnères-de-Bigorre (65) 304 C1
Bagnères-de-Luchon (31) 305 G5
Bagneux (02) 39 J2
Bagneux (03) 168 C3
Bagneux (36) 148 A2
Bagneux (51) 89 J2
Bagneux (54) 93 H1
Bagneux (92) 58 E4
Bagneux-la-Fosse (10) 114 C2
Bagnizeau (17) 178 B6
Bagnoles (11) 290 B5
Bagnoles de
    l'Orne Normandie (61) 81 J1
Bagnolet (93) 59 F3
Bagnols (63) 201 J6
Bagnols (69) 187 K6
Bagnols-en-Forêt (83) 299 F1
Bagnols-les-Bains (48) 254 C1
Bagnols-sur-Cèze (30) 256 B5
Bagnot (21) 154 C2
Baguer-Morvan (35) 51 F4
Baguer-Pican (35) 51 G4
Baho (66) 315 F1
Bahus-Soubiran (40) 265 H5
Baigneaux (28) 109 K1
Baigneaux (33) 230 B3
Baigneaux (41) 108 D5
Baignes (70) 137 K2
Baignes-Sainte-
    -Radegonde (16) 212 A1
Baigneux-les-Juifs (21) 135 G2
Baigts (40) 264 D5
Baigts-de-Béarn (64) 283 H1
Baillargues (34) 274 C6
Baillé (35) 79 J1
Bailleau-Armenonville (28) 85 H2
Bailleau-le-Pin (28) 84 E4
Bailleau-l'Évêque (28) 85 F2

Baillestavy (66) 314 C3
Baillet-en-France (95) 58 E1
Bailleul (59) 6 B3
Bailleul (61) 54 C4
le Bailleul (72) 106 A5
Bailleul (80) 9 G6
Bailleul-aux-Cornailles (62) 10 C1
Bailleul-la-Vallée (27) 34 B5
Bailleul-le-Soc (60) 38 B2
Bailleul-lès-Pernes (62) 5 H6
Bailleul-Neuville (76) 16 C3
Bailleul-Sir-Berthoult (62) 11 F2
Bailleul-sur-Thérain (60) 37 J3
Bailleulmont (62) 10 D4
Bailleulval (62) 10 D4
Bailleval (60) 38 A3
Baillolet (76) 16 D3
Baillou (41) 107 K3
Bailly (60) 39 F1
Bailly (78) 58 B4
Bailly-aux-Forges (52) 91 J3
Bailly-en-Rivière (76) 16 C2
Bailly-le-Franc (10) 91 G2
Bailly-Romainvilliers (77) 59 J4
Bain-de-Bretagne (35) 103 F2
Baincthun (62) 4 B3
Bainghen (62) 4 D3
Bains (43) 220 A6
Bains-les-Bains (88) 118 B2
Bains-sur-Oust (35) 102 C3
Bainville-aux-Miroirs (54) 94 B3
Bainville-aux-Saules (88) 94 A5
Bainville-sur-Madon (54) 93 K1
Bairols (06) 280 C1
Bairon et ses environs (08) 42 B1
Bais (35) 79 K5
Bais (53) 81 J5
Baisieux (59) 7 F4
Baissey (52) 116 C6
Baives (59) 13 K6
Baix (07) 240 B4
Baixas (66) 310 A6
Baizieux (80) 18 D1
le Baizil (51) 61 H2
Bajamont (47) 248 B4
Bajonnette (32) 267 K4
Bajus (62) 10 C1
Balacet (09) 306 B4
Baladou (46) 233 J1
Balagny-sur-Thérain (60) 37 K4
Balaguères (09) 306 B3
Balaguier-d'Olt (12) 234 D6
Balaguier-sur-Rance (12) 271 H3
Balaiseaux (39) 155 G4
Balaives-et-Butz (08) 22 D5
Balan (01) 206 D1
Balan (08) 23 F4
Balanod (39) 172 D5
Balansun (64) 283 K1
Balanzac (17) 194 E2
Balaruc-le-Vieux (34) 292 E2
Balaruc-les-Bains (34) 292 E3
Balâtre (80) 19 G4
Balazé (35) 80 A6
Balazuc (07) 255 J1
Balbigny (42) 204 E1
Balbins (38) 222 E1
Balbronn (67) 71 A1
Baldenheim (67) 71 C5
Baldersheim (68) 97 C2
la Baleine (50) 52 A2
Baleix (64) 285 F3
Balesta (31) 286 C5
Baleyssagues (47) 230 E4
Balgau (68) 96 D6
Balham (08) 41 G1
Balignac (82) 268 A2
Balignicourt (10) 90 E2
Bâlines (27) 56 B5
Balinghem (62) 2 D4
Baliracq-Maumusson (64) 284 E1
Baliros (64) 284 D5
Balizac (33) 229 J6
Ballainvilliers (91) 58 D6
Ballaison (74) 191 G1
Ballan-Miré (37) 127 H5
Ballancourt-sur-Essonne (91) 86 E2
Ballans (17) 196 A1
Ballay (08) 42 B2
Balledent (87) 181 G3
Ballée (53) 105 H3
Balleray (58) 150 E3
Balleroy-sur-Drôme (14) 31 K2
Ballersdorf (68) 97 A4
Balléville (88) 93 H4
Ballon (17) 176 E3
Ballon-Saint-Mars (72) 82 E6
Ballons (26) 258 C4
Ballore (71) 170 E4
Ballots (53) 104 C3
Balloy (77) 88 C4
la Balme (73) 207 K3
la Balme-de-Sillingy (74) 190 E5
la Balme-de-Thuy (74) 191 G6
la Balme-d'Épy (39) 172 E6
la Balme-les-Grottes (38) 207 F1
Balnot-la-Grange (10) 114 C3
Balnot-sur-Laignes (10) 114 C2
Balogna (2A) 316 D3
Balot (21) 114 E5
Balsac (12) 251 K2
Balschwiller (68) 97 A3
Balsièges (48) 253 K1

Baltzenheim (68) 96 D3
Balzac (16) 196 D2
Bambecque (59) 3 K3
Bambiderstroff (57) 45 J6
Ban-de-Laveline (88) 95 J5
Ban-de-Sapt (88) 95 J3
le Ban-Saint-Martin (57) 44 E5
Ban-sur-Meurthe-Clefcy (88) 95 J6
Banassac-Canilhac (48) 253 H2
Banca (64) 282 C6
Bancigny (02) 21 J3
Bancourt (62) 11 F5
Bandol (83) 300 A4
Baneins (01) 188 C3
Baneuil (24) 232 A2
Bangor (56) 120 B4
Banios (65) 304 D2
Banize (23) 182 E6
Bannalec (29) 99 G2
Bannans (25) 156 D5
Bannay (18) 131 K5
Bannay (51) 61 H4
Bannay (57) 45 H5
Banne (07) 255 G3
Bannegon (18) 167 H1
Bannes (46) 234 C3
Bannes (51) 61 K4
Bannes (52) 116 D4
Bannes (53) 105 J3
Banneville-la-Campagne (14) 33 F5
Bannières (81) 269 K6
Bannoncourt (55) 64 D2
Bannost-Villegagnon (77) 60 C6
Banogne-Recouvrance (08) 21 H6
Banon (04) 258 C6
Banos (40) 264 E4
Bans (39) 155 H4
Bansat (63) 203 F6
Bantanges (71) 172 B3
Banteux (59) 11 J6
Banthelu (95) 36 E6
Bantheville (55) 42 E3
Bantigny (59) 11 J4
Bantouzelle (59) 11 J6
Bantzenheim (68) 97 D1
Banvillars (90) 139 H1
Banville (14) 32 D3
Banvou (61) 53 H5
Banyuls-dels-Aspres (66) 315 G3
Banyuls-sur-Mer (66) 315 J4
Baon (89) 114 B5
Baons-le-Comte (76) 15 G3
Bapaume (62) 11 F5
Bar (19) 216 B2
Bar-le-Duc (55) 64 B4
Bar-lès-Buzancy (08) 42 D2
Bar-sur-Aube (10) 91 G6
le Bar-sur-Loup (06) 280 D4
Bar-sur-Seine (10) 114 D1
Baracé (49) 125 J1
Baraigne (11) 289 F4
Baraize (36) 165 G5
Baralle (62) 11 H4
Baraqueville (12) 251 K4
Barastre (62) 11 G5
Baratier (05) 243 J5
Barbachen (65) 285 H2
Barbaggio (2B) 317 D2
Barbaira (11) 290 C6
Barbaise (08) 22 C5
Barbas (54) 67 G6
Barbaste (47) 247 H5
Barbâtre (85) 140 B3
Barbazan (31) 305 H2
Barbazan-Debat (65) 285 H5
Barbazan-Dessus (65) 285 H6
la Barben (13) 276 E6
Barbentane (13) 276 A3
Barberaz (73) 208 B4
Barberey-Saint-Sulpice (10) 90 A4
Barberier (03) 185 G3
Barbery (14) 53 K1
Barbery (60) 38 C5
Barbeville (14) 32 A3
Barbey (77) 88 B4
Barbey-Seroux (88) 95 G6
Barbezières (16) 178 D6
Barbezieux-Saint-Hilaire (16) 196 A5
Barbières (26) 240 E1
Barbirey-sur-Ouche (21) 135 H6
Barbizon (77) 87 G3
Barbonne-Fayel (51) 61 H6
Barbonville (54) 94 C1
le Barboux (25) 157 J2
Barbuise (10) 89 F3
Barby (08) 41 H1
Barby (73) 208 C4
Barc (27) 56 A1
le Barcarès (66) 310 C5
Barcelonne (26) 240 E2
Barcelonne-du-Gers (32) 265 J5
Barcelonnette (04) 260 C2
Barchain (57) 67 H5
Barcillonnette (05) 258 E1
Barcugnan (32) 286 A3
Barcus (64) 283 J5
Barcy (77) 59 K2
Bard (42) 204 C4
Bard-le-Régulier (21) 152 E2
Bard-lès-Époisses (21) 134 C3
Bard-lès-Pesmes (70) 137 F6
la Barde (17) 212 C4
Bardenac (16) 212 C2
Bardigues (82) 248 D6

le Bardon (45) 109 H5
Bardos (64) 282 E1
Bardou (24) 231 K3
Bardouville (76) 35 G2
Barèges (65) 304 B3
Bareilles (65) 305 F3
Barembach (67) 70 A5
Baren (31) 305 H4
Barentin (76) 15 J6
Barenton (50) 52 E6
Barenton-Bugny (02) 20 D5
Barenton-Cel (02) 20 D5
Barenton-sur-Serre (02) 20 D5
Barésia-sur-l'Ain (39) 173 H3
Barfleur (50) 29 G2
Bargème (83) 279 J4
Bargemon (83) 279 J5
Barges (21) 154 C1
Barges (43) 238 C2
Barges (70) 117 H4
Bargny (60) 39 F5
Barie (33) 230 B5
les Barils (27) 55 K5
Barinque (64) 284 D3
Barisey-au-Plain (54) 93 H2
Barisey-la-Côte (54) 93 H1
Barisis-aux-Bois (02) 20 A6
Barizey (71) 171 H1
Barjac (09) 306 C2
Barjac (30) 255 J3
Barjac (48) 253 K1
Barjols (83) 297 J1
Barjon (21) 135 K2
Barjouville (28) 85 G3
Barles (04) 259 J3
Barlest (65) 285 F6
Barleux (80) 19 G2
Barlieu (18) 131 G4
Barlin (62) 10 D1
Barly (62) 10 C5
Barly (80) 10 A4
Barmainville (28) 86 A5
Barnas (07) 239 F4
Barnave (26) 241 H4
Barnay (71) 153 F3
Barneville-Carteret (50) 28 B5
Barneville-la-Bertran (14) 33 K2
Barneville-sur-Seine (27) 35 F3
les Baroches (54) 44 C4
Baromesnil (76) 16 C1
Baron (30) 275 F1
Baron (33) 229 K2
Baron (60) 38 D5
Baron (71) 170 D4
Baron-sur-Odon (14) 32 D5
la Baronnie (27) 56 E2
Baronville (57) 66 E2
Barou-en-Auge (14) 54 C2
Baroville (10) 91 G6
le Barp (33) 229 F5
Barquet (27) 56 A1
Barr (67) 71 B3
Barrais-Bussolles (03) 186 B1
Barran (32) 267 F6
Barrancoueu (65) 304 E3
Barras (04) 259 G5
Barraute-Camu (64) 283 H3
Barraux (38) 208 C6
la Barre (39) 155 J2
la Barre (70) 138 B4
Barre (81) 272 A5
la Barre-de-Monts (85) 140 C4
la Barre-de-Semilly (50) 31 H5
Barre-des-Cévennes (48) 254 B4
Barrême (04) 279 G1
Barret (16) 196 A5
Barret-de-Lioure (26) 258 A4
Barret-sur-Méouge (05) 258 D3
Barretaine (39) 155 J6
Barrettali (2B) 317 C3
Barriac-les-Bosquets (15) 217 F4
Barro (16) 179 G5
Barrou (37) 146 A5
le Barroux (84) 257 G5
Barry (65) 285 G6
Barry-d'Islemade (82) 249 H6
Bars (24) 214 D5
Bars (32) 285 K1
Barsac (26) 241 G3
Barsac (33) 229 K5
Barst (57) 68 B3
Bart (25) 139 G3
Bartenheim (68) 97 D4
Barthe (65) 286 B4
la Barthe-de-Neste (65) 304 E1
Barthelémont (54) 66 D5
Bathernay (26) 222 C4
la Bâthie (73) 209 G3
la Bâtie-des-Fonds (26) 242 A6
la Bâtie-Montgascon (38) 207 H4
la Bâtie-Montsaléon (05) 258 D1
la Bâtie-Neuve (05) 243 F5
la Bâtie-Rolland (26) 240 C6
la Bâtie-Vieille (05) 243 F5
les Bâties (70) 137 J3
Batilly (54) 44 D5
Batilly-en-Gâtinais (45) 110 E2
Batilly-en-Puisaye (45) 131 K2
Bats (40) 265 G5
Batsère (65) 304 D1
Battenans-les-Mines (25) 138 C4
Battenans-Varin (25) 139 G6
Battenheim (68) 97 C1
Battexey (88) 94 A3
Battigny (54) 93 J3
Battrans (70) 137 G1
Batz-sur-Mer (44) 121 H5
Batzendorf (67) 69 K6
Baubigny (21) 153 J4
Baubigny (50) 28 B5
la Bauche (73) 207 K5
Baud (56) 100 D2
Baudement (51) 89 H1
Baudemont (71) 187 G1
Baudignan (40) 247 F6
Baudignécourt (55) 92 D1
Baudinard-sur-Verdon (83) 278 E4
Baudoncourt (70) 118 C5
Baudonvilliers (55) 63 K5
Baudre (50) 31 H3
Baudrecourt (52) 91 J3
Baudrecourt (57) 66 C2
Baudreix (64) 284 D5
Baudrémont (55) 64 C3
Baudres (36) 147 J3
Baudreville (28) 86 A4
Baudricourt (88) 93 K4
Baudrières (71) 172 A2
Bauduen (83) 278 E4
Baugé-en-Anjou (49) 126 A2
Baugy (18) 149 K3
Baugy (60) 38 D2
Baugy (71) 186 E1
Baulay (70) 117 K5
Baule (45) 109 H5
la Baule-Escoublac (44) 121 J5
Baulme-la-Roche (21) 135 H5
Baulne (91) 86 E2
Baulny (55) 42 E4
Baulon (35) 78 D5

Baslieux-lès-Fismes (51) 40 C3
Baslieux-sous-Châtillon (51) 40 D6
Basly (14) 32 D3
Bassac (16) 196 B3
Bassan (34) 292 A3
Bassanne (33) 230 C5
Basse-Goulaine (44) 123 H4
Basse-Ham (57) 45 F2
Basse-Rentgen (57) 45 F1
Basse-sur-le-Rupt (88) 119 G2
la Basse-Vaivre (70) 117 K3
la Bassée (59) 6 B5
Bassemberg (67) 70 B6
Basseneville (14) 33 G4
Bassens (33) 229 H1
Bassens (73) 208 B4
Bassercles (40) 264 E6
Basses (86) 144 E3
Bassevelle (77) 60 D3
Bassignac (15) 217 G2
Bassignac-le-Bas (19) 216 B6
Bassignac-le-Haut (19) 216 D3
Bassigney (70) 118 B5
Bassillac (24) 214 A3
Bassillon-Vauzé (64) 285 F2
Bassing (57) 68 B6
Bassoles-Aulers (02) 39 J1
Bassoncourt (52) 116 E2
Bassou (89) 113 F4
Bassoues (32) 266 D6
Bassu (51) 63 G4
Bassuet (51) 63 G4
Bassurels (48) 254 B5
Bassussarry (64) 263 D1
Bassy (74) 190 C5
Bastanès (64) 283 J3
Bastelica (2A) 320 E4
Bastelicaccia (2A) 320 C5
Bastennes (40) 264 D5
Bastia (2B) 317 E5
la Bastide (66) 314 D3
la Bastide (83) 279 K4
la Bastide-Clairence (64) 282 D2
la Bastide-de-Besplas (09) 287 K6
la Bastide-de-Bousignac (09) 308 A2
la Bastide-de-Lordat (09) 307 J1
la Bastide-de-Sérou (09) 307 F2
la Bastide-d'Engras (30) 256 A6
la Bastide-des-Jourdans (84) 277 K4
la Bastide-du-Salat (09) 306 B2
la Bastide-Pradines (12) 272 C1
la Bastide-Puylaurent (48) 238 C5
la Bastide-Solages (12) 271 F2
la Bastide-sur-l'Hers (09) 308 A3
la Bastidonne (84) 277 J5
le Bastit (46) 233 K4
Basville (23) 201 G1
la Bataille (79) 178 D3
Bathelémont (54) 66 D5

Baulou (09) 307 G2
la Baume (74) 191 K1
la Baume-Cornillane (26) 240 D2
la Baume-de-Transit (26) 256 E3
la Baume-d'Hostun (26) 223 F5
Baume-les-Dames (25) 138 C5
Baume-les-Messieurs (39) 173 G2
Baupte (50) 29 F6
Bauquay (14) 53 G1
Baurech (33) 229 J3
la Baussaine (35) 78 E1
Bauvin (59) 6 C6
les Baux-de-Breteuil (27) 56 A3
les Baux-de-Provence (13) 276 A4
les Baux-Sainte-Croix (27) 56 C2
Bauzemont (54) 66 D5
Bauzy (41) 129 H3
Bavans (25) 139 G3
Bavay (59) 13 F3
Bavelincourt (80) 18 C1
Bavent (14) 33 F4
Baverans (39) 155 G2
Bavilliers (90) 139 H1
Bavinchove (59) 3 J5
Bavincourt (62) 10 C5
Bax (31) 287 K5
Bay (70) 137 G5
Bay-sur-Aube (52) 116 A5
Bayac (24) 232 A3
Bayard-sur-Marne (52) 92 A1
Bayas (33) 212 A5
Baye (29) 99 H3
Baye (51) 61 H4
Bayecourt (88) 94 B3
Bayel (10) 91 H6
Bayencourt (80) 10 D5
Bayenghem-
   lès-Éperlecques (62) 3 F4
Bayenghem-
   lès-Seninghem (62) 5 F3
Bayers (16) 179 G6
Bayet (03) 185 G2
Bayeux (14) 32 B3
Bayon (54) 94 B2
Bayon-sur-Gironde (33) 211 G5
Bayonne (64) 282 B1
Bayons (04) 259 H2
Bayonville (08) 42 E2
Bayonville-sur-Mad (54) 65 J1
Bayonvillers (80) 18 D2
Bazac (16) 212 D3
Bazaiges (36) 165 G4
Bazailles (54) 44 B2
Bazainville (78) 57 H4
Bazancourt (51) 41 G3
Bazancourt (60) 17 F6
Bazarnes (89) 133 G1
Bazas (33) 246 C1
Bazauges (17) 178 C5
Bazegney (88) 94 B5
Bazeilles (08) 23 F5
Bazeilles-sur-Othain (55) 43 H1
Bazelat (23) 165 G6
Bazemont (78) 57 K3
Bazens (47) 247 J4
Bazentin (80) 10 E6
Bazenville (14) 32 C3
Bazet (65) 285 H4
la Bazeuge (87) 181 F2
Bazian (32) 266 E5
Bazicourt (60) 38 C3
Bazièges (31) 288 D2
Bazien (88) 95 F3
Bazillac (65) 285 H3
Bazincourt-sur-Epte (27) 36 E4
Bazincourt-sur-Saulx (55) 64 A6
Bazinghen (62) 2 B1
Bazinval (76) 16 E1
la Bazoche-Gouet (28) 108 B1
Bazoches (58) 133 J5
Bazoches-au-Houlme (61) 54 A4
Bazoches-en-Dunois (28) 109 G1
Bazoches-lès-Bray (77) 88 C4
Bazoches-les-Gallerandes (45) 110 B1
Bazoches-les-Hautes (28) 109 K1
Bazoches-sur-Guyonne (78) 57 K4
Bazoches-sur-Hoëne (61) 83 G1
Bazoches-sur-le-Betz (45) 112 A1
Bazoches-sur-Vesles (02) 40 B4
la Bazoge (50) 52 C5
la Bazoge (72) 106 D1
la Bazoge-Montpinçon (53) 81 G4
Bazoges-en-Paillers (85) 142 C4
Bazoges-en-Pareds (85) 160 C2
Bazoilles-et-Ménil (88) 93 K5
Bazoilles-sur-Meuse (88) 93 F4
Bazolles (58) 151 J2
Bazoncourt (57) 45 G6
la Bazoque (14) 31 K3
la Bazoque (61) 53 G2
Bazoques (27) 34 C5
Bazordan (65) 286 C5
la Bazouge-de-Chemeré (53) 105 H2
la Bazouge-des-Alleux (53) 81 G6
la Bazouge-du-Désert (35) 80 B2
Bazougers (53) 105 G2
Bazouges-la-Pérouse (35) 51 H6
Bazouges-sur-le-Loir (72) 106 A6
Bazuel (59) 12 D5
Bazugues (32) 286 A2
Bazus (31) 269 G5
Bazus-Aure (65) 304 E4
Bazus-Neste (65) 304 E2
le Béage (07) 238 E2

Béalcourt (80) 9 K4
Béalencourt (62) 9 J1
Béard (58) 151 F6
Béart-Géovreissiat (01) 189 K2
Beaubec-la-Rosière (76) 16 D5
Beaubery (71) 170 E6
Beaubray (27) 56 B3
Beaucaire (30) 275 J4
Beaucaire (32) 267 F3
Beaucamps-le-Jeune (80) 17 G3
Beaucamps-le-Vieux (80) 17 G3
Beaucamps-Ligny (59) 6 C5
Beaucé (35) 80 B3
Beauce la Romaine (41) 109 G4
Beaucens (65) 304 A2
le Beaucet (84) 276 D1
Beauchalot (31) 305 K1
Beauchamp (95) 58 D2
Beauchamps (50) 51 K1
Beauchamps (80) 8 D6
Beauchamps-sur-Huillard (45) 111 F4
Beauchastel (07) 240 B2
Beauche (28) 56 B6
Beauchemin (52) 116 C4
Beauchêne (41) 108 B3
Beauchêne (61) 53 F5
Beauchery-Saint-Martin (77) 88 C1
Beauclair (55) 43 F2
Beaucoudray (50) 31 G5
Beaucourt (90) 139 J3
Beaucourt-en-Santerre (80) 18 D3
Beaucourt-sur-l'Ancre (80) 10 E5
Beaucourt-sur-l'Hallue (80) 18 C1
Beaucouzé (49) 125 F3
Beaucroissant (38) 223 H2
Beaudéan (65) 304 C2
Beaudéduit (60) 17 J5
Beaudignies (59) 12 D3
Beaudricourt (62) 10 B3
Beaufai (61) 55 H5
Beaufay (72) 107 F1
Beauficel (50) 52 D4
Beauficel-en-Lyons (27) 36 B2
Beaufin (38) 242 D3
Beaufort (31) 287 J2
Beaufort (34) 291 F5
Beaufort (38) 222 D2
Beaufort (39) 172 E3
Beaufort (59) 13 H4
Beaufort (73) 209 H2
Beaufort-Blavincourt (62) 10 C3
Beaufort-en-Anjou (49) 125 K4
Beaufort-en-Argonne (55) 43 F1
Beaufort-en-Santerre (80) 18 E4
Beaufort-sur-Gervanne (26) 241 F3
Beaufou (85) 141 H5
Beaufour-Druval (14) 33 H4
Beaufremont (88) 93 G5
Beaugas (47) 231 J6
Beaugeay (17) 176 E6
Beaugency (45) 109 H6
Beaugies-sous-Bois (60) 19 J5
Beaujeu (04) 259 K4
Beaujeu (69) 187 K3
Beaujeu-Saint-Vallier-
   -Pierrejux-et-Quitteur (70) 137 G3
Beaulencourt (62) 11 F5
Beaulieu (07) 255 H3
Beaulieu (15) 201 H6
Beaulieu (21) 115 H6
Beaulieu (34) 274 C5
Beaulieu (36) 164 E6
Beaulieu (38) 223 G3
Beaulieu (43) 220 C4
Beaulieu (58) 151 H1
Beaulieu (61) 55 K6
Beaulieu (63) 203 F6
Beaulieu-en-Argonne (55) 63 K1
Beaulieu-les-Fontaines (60) 19 G5
Beaulieu-lès-Loches (37) 146 C2
Beaulieu-sous-la-Roche (85) 159 F1
Beaulieu-sous-Parthenay (79) 161 K3
Beaulieu-sur-Dordogne (19) 216 B6
Beaulieu-sur-Layon (49) 125 F5
Beaulieu-sur-Loire (45) 131 J3
Beaulieu-sur-Mer (06) 281 G4
Beaulieu-sur-Oudon (53) 104 C2
Beaulieu-sur-Sonnette (16) 179 J6
Beaulon (03) 169 H3
Beaumais (14) 54 B3
Beaumarchés (32) 266 C6
Beaumé (02) 21 H3
la Beaume (05) 242 A6
Beauménil (88) 95 F6
Beaumerie-Saint-Martin (62) 4 C6
Beaumes-de-Venise (84) 257 F5
Beaumesnil (14) 52 D2
Beaumettes (84) 276 E3
Beaumetz (80) 9 J5
Beaumetz-lès-Aire (62) 5 G5
Beaumetz-lès-Cambrai (62) 11 G5
Beaumetz-lès-Loges (62) 10 D3
Beaumont (07) 239 F6
Beaumont (19) 216 A1
Beaumont (32) 266 E2
Beaumont (43) 219 G2
Beaumont (63) 202 D2
Beaumont (74) 190 E3
Beaumont (86) 163 F1
Beaumont (89) 113 F4
Beaumont-de-Lomagne (82) 268 B3
Beaumont-de-Pertuis (84) 277 K4
Beaumont-du-Gâtinais (77) 111 F1

Beaumont-du-Lac (87) 200 A2
Beaumont-du-Ventoux (84) 257 H5
Beaumont-en-Argonne (08) 23 G6
Beaumont-en-Auge (14) 33 J4
Beaumont-en-Beine (02) 19 J5
Beaumont-en-Cambrésis (59) 12 C5
Beaumont-en-Diois (26) 241 J5
Beaumont-en-Verdunois (55) 43 H4
Beaumont-en-Véron (37) 144 E1
Beaumont-Hague (50) 28 B2
Beaumont-Hamel (80) 10 D5
Beaumont-la-Ferrière (58) 150 E2
Beaumont-la-Ronce (37) 127 J2
Beaumont-le-Hareng (76) 16 B5
Beaumont-le-Roger (27) 34 E6
Beaumont-les-Autels (28) 84 B5
Beaumont-les-Nonains (60) 37 G3
Beaumont-lès-Randan (63) 185 H5
Beaumont-lès-Valence (26) 240 D2
Beaumont-Monteux (26) 222 C6
Beaumont-Pied-de-Bœuf (53) 105 H3
Beaumont-Pied-de-Bœuf (72) 107 F6
Beaumont-Sardolles (58) 151 G5
Beaumont-sur-Dême (72) 127 H1
Beaumont-sur-Grosne (71) 171 J2
Beaumont-sur-Lèze (31) 288 A3
Beaumont-sur-Oise (95) 37 J6
Beaumont-sur-Sarthe (72) 82 D5
Beaumont-sur-Vesle (51) 41 G5
Beaumont-sur-Vingeanne (21) 136 D2
Beaumont-Village (37) 146 E2
Beaumontel (27) 34 E6
Beaumontois en Périgord (24) 232 A3
Beaumotte-Aubertans (70) 138 B4
Beaumotte-lès-Pin (70) 137 H5
Beaunay (51) 61 J3
Beaune (21) 153 K3
Beaune-d'Allier (03) 184 C2
Beaune-la-Rolande (45) 111 F2
Beaune-sur-Arzon (43) 220 B3
Beaunotte (21) 135 G1
Beaupont (01) 172 D5
Beaupouyet (24) 213 F6
Beaupréau-en-Mauges (49) 124 C6
Beaupuy (31) 269 H6
Beaupuy (32) 268 B6
Beaupuy (47) 230 E6
Beaupuy (82) 268 C3
Beauquesne (80) 10 B5
Beaurain (59) 12 D4
Beaurains (62) 11 F3
Beaurains-lès-Noyon (60) 19 H6
Beaurainville (62) 9 G1
Beaurecueil (13) 296 E2
Beauregard (01) 188 B5
Beauregard (46) 250 C3
Beauregard-Baret (26) 222 E6
Beauregard-de-Terrasson (24) 214 E4
Beauregard-et-Bassac (24) 213 J6
Beauregard-l'Évêque (63) 203 F2
Beauregard-Vendon (63) 185 F6
Beaurepaire (38) 222 D2
Beaurepaire (60) 38 B4
Beaurepaire (76) 14 B4
Beaurepaire (85) 142 C4
Beaurepaire-en-Bresse (71) 172 C2
Beaurepaire-sur-Sambre (59) 13 F6
Beaurevoir (02) 12 B6
Beaurières (26) 241 K5
Beaurieux (02) 40 C3
Beaurieux (59) 13 J4
Beauronne (24) 213 G5
Beausemblant (26) 222 B3
Beausite (55) 64 B2
Beausoleil (06) 281 H4
Beaussac (24) 197 H5
Beaussais-Vitré (79) 178 D1
Beaussault (76) 16 E5
le Beausset (83) 300 B3
Beauteville (31) 288 E4
Beautheil (77) 60 B5
Beautiran (33) 229 J3
Beautor (02) 20 A5
Beautot (76) 15 K5
Beauvain (61) 53 K6
Beauvais (60) 37 G2
Beauvais-sur-Matha (17) 178 C6
Beauvais-sur-Tescou (81) 269 H2
Beauval (80) 10 B5
Beauval-en-Caux (76) 15 J4
Beauvallon (26) 240 C2
Beauvène (07) 239 J2
Beauvernois (71) 155 F6
Beauvezer (04) 260 B5
Beauville (31) 289 F2
Beauville (47) 248 D3
Beauvilliers (28) 85 H5
Beauvilliers (41) 108 D5
Beauvilliers (89) 134 A4
Beauvoir (50) 51 J4
Beauvoir (60) 18 B6
Beauvoir (77) 59 K6
Beauvoir (89) 112 E5
Beauvoir-de-Marc (38) 206 D3
Beauvoir-en-Lyons (76) 36 C1
Beauvoir-en-Royans (38) 223 G4
Beauvoir-sur-Mer (85) 140 D4
Beauvoir-sur-Niort (79) 177 K2
Beauvoir-Wavans (62) 9 K4
Beauvois (62) 10 A2
Beauvois-en-Cambrésis (59) 12 C5
Beauvois-en-Vermandois (02) 19 J3
Beauvoisin (26) 257 H3
Beauvoisin (30) 275 F5

Beaux (43)........................220 D4
Beauzac (43)........................220 D3
Beauzelle (31)........................269 F5
Beauziac (47)........................247 F3
Bébing (57)........................67 H5
Beblenheim (68)........................96 B3
Bec-de-Mortagne (76)........................14 D4
le Bec-Hellouin (27)........................34 E4
le Bec-Thomas (27)........................35 G4
Beccas (32)........................285 J2
Béceleuf (79)........................161 G4
Béchamps (54)........................44 B4
Bécherel (35)........................78 D2
Bécheresse (16)........................196 D5
Béchy (57)........................66 C1
Bécon-les-Granits (49)........................124 E3
Bécordel-Bécourt (80)........................18 E1
Bécourt (62)........................4 D2
Becquigny (02)........................12 C6
Becquigny (80)........................18 D4
Bédarieux (34)........................272 D6
Bédarrides (84)........................276 B1
Beddes (18)........................166 D3
Bédéchan (32)........................287 F1
Bédée (35)........................78 D3
Bédeilhac-et-Aynat (09)........................307 H4
Bédeille (09)........................306 C1
Bédeille (64)........................285 F3
Bedenac (17)........................211 K3
Bédoin (84)........................257 H5
Bedous (64)........................302 E2
Bédouès-Cocurès (48)........................254 B3
Béduer (46)........................234 C6
Beffes (18)........................150 C3
Beffia (39)........................173 F4
Beffu-et-le-Morthomme (08)........................42 D3
Bégaar (40)........................264 C3
Bégadan (33)........................210 D1
Béganne (56)........................102 A4
Bégard (22)........................48 B4
Bègles (33)........................229 H2
Begnécourt (88)........................94 A5
Bégole (65)........................286 A6
Bégrolles-en-Mauges (49)........................142 E1
la Bégude-de-Mazenc (26)........................240 D6
Bègues (03)........................185 F3
Béguey (33)........................229 K4
Béguios (64)........................283 F3
Béhagnies (62)........................11 F5
Béhasque-Lapiste (64)........................283 G3
Béhen (80)........................9 F6
Béhencourt (80)........................18 C1
Béhéricourt (60)........................19 H6
Behonne (55)........................64 B4
Béhorléguy (64)........................282 E6
Béhoust (78)........................57 J4
Behren-lès-Forbach (57)........................68 C2
Béhuard (49)........................125 F4
Beignon (56)........................78 B5
Beillé (72)........................107 G2
Beine (89)........................113 H5
Beine-Nauroy (51)........................41 G4
Beinheim (67)........................25 D3
Beire-le-Châtel (21)........................136 B4
Beire-le-Fort (21)........................154 D1
Beissat (23)........................201 F2
Bélâbre (36)........................164 C4
Belan-sur-Ource (21)........................115 G3
Bélarga (34)........................292 C1
Bélaye (46)........................249 G1
Belberaud (31)........................288 D2
Belbeuf (76)........................35 J2
Belbèze-de-Lauragais (31)........................288 C3
Belbèze-en-Comminges (31)........................306 B1
Belbèze-en-Lomagne (82)........................268 C2
Belcaire (11)........................308 B5
Belcastel (12)........................251 J2
Belcastel (81)........................269 K6
Belcastel-et-Buc (11)........................309 F2
Belcodène (13)........................296 C5
Bélesta (09)........................308 B4
Bélesta (66)........................314 D1
Bélesta-en-Lauragais (31)........................289 F3
Beleymas (24)........................213 H6
Belfahy (70)........................119 G5
Belfays (25)........................139 J6
Belflou (11)........................289 F4
Belfonds (61)........................54 D6
Belfort (90)........................139 H1
Belfort-du-Quercy (46)........................250 A4
Belfort-sur-Rebenty (11)........................308 C5
Belgeard (53)........................81 G5
Belgentier (83)........................300 D3
Belgodère (2B)........................318 D2
Belhade (40)........................245 H2
Belhomert-Guéhouville (28)........................84 C2
le Bélieu (25)........................157 H2
Béligneux (01)........................206 D1
Belin-Béliet (33)........................228 E6
Bélis (40)........................245 K6
Bellac (87)........................180 E3
Bellaffaire (04)........................259 H1
Bellaing (59)........................12 C2
Bellancourt (80)........................9 G5
Bellange (57)........................66 E2
Bellavilliers (61)........................83 G3
le Bellay-en-Vexin (95)........................37 F6
Belle-Église (60)........................37 J5
Belle-et-Houllefort (62)........................4 C3
Belle-Isle-en-Terre (22)........................48 A5
Belleau (02)........................60 D1
Belleau (54)........................66 A3
Bellebat (33)........................230 A3
Bellebrune (62)........................4 C3

Bellechassagne (19)........................200 E4
Bellechaume (89)........................113 G2
Bellecombe (39)........................173 K6
Bellecombe-en-Bauges (73)........................208 D2
Bellecombe-Tarendol (26)........................257 K2
Bellefond (21)........................136 A3
Bellefond (33)........................230 B3
Bellefonds (86)........................163 H4
Bellefontaine (39)........................174 A3
Bellefontaine (50)........................52 D5
Bellefontaine (88)........................118 D2
Bellefontaine (95)........................38 A6
Bellefosse (67)........................70 A5
Bellegarde (30)........................275 H4
Bellegarde (32)........................286 D3
Bellegarde (45)........................111 F3
Bellegarde-du-Razès (11)........................308 C1
Bellegarde-en-Diois (26)........................241 H6
Bellegarde-en-Forez (42)........................205 F4
Bellegarde-en-Marche (23)........................183 G5
Bellegarde-Marsal (81)........................270 E3
Bellegarde-Poussieu (38)........................222 C1
Bellegarde-Sainte-Marie (31)........................268 C5
Bellegarde-sur-Valserine (01)........................190 B3
Belleherbe (25)........................139 F6
Bellemagny (68)........................119 K6
Bellême (61)........................83 H4
Bellenaves (03)........................184 E2
Bellencombre (76)........................16 B4
Belleneuve (21)........................136 C5
Bellenglise (02)........................19 K2
Bellengreville (14)........................33 F5
Bellengreville (76)........................16 B2
Bellenod-sur-Seine (21)........................135 G1
Bellenot-sous-Pouilly (21)........................135 F6
Belleray (55)........................43 H6
Bellerive-sur-Allier (03)........................185 H4
Belleroche (42)........................187 H3
Belles-Forêts (57)........................68 C6
Belleserre (81)........................289 H2
Belleserre (31)........................268 C4
Belleu (02)........................39 J3
Belleuse (80)........................17 K4
Bellevaux (74)........................191 J1
Bellevesvre (71)........................155 F6
Bellevigne-en-Layon (49)........................125 G6
Belleville (54)........................65 K4
Belleville (69)........................188 B4
Belleville (79)........................177 K3
Belleville-en-Caux (76)........................15 J4
Belleville-et-
   -Châtillon-sur-Bar (08)........................42 C2
Belleville-sur-Loire (18)........................131 J3
Belleville-sur-Meuse (55)........................43 H5
Bellevue-la-Montagne (43)........................220 B3
Belley (01)........................207 J2
Belleydoux (01)........................190 B1
Bellicourt (02)........................19 K1
la Bellière (61)........................54 C6
la Bellière (76)........................16 E6
Bellignat (01)........................189 K2
Bellignies (59)........................13 F2
la Belliole (89)........................112 B1
Belloc (09)........................308 B2
Belloc-Saint-Clamens (32)........................286 B2
Bellocq (64)........................283 H1
Bellon (16)........................212 D2
Bellonne (62)........................11 H3
Bellot (77)........................60 D4
Bellou-en-Houlme (61)........................53 J5
Bellou-le-Trichard (61)........................83 H5
Belloy (60)........................38 C1
Belloy-en-France (95)........................58 E1
Belloy-en-Santerre (80)........................19 F2
Belloy-Saint-Léonard (80)........................17 H2
Belloy-sur-Somme (80)........................17 K1
Belluire (17)........................195 G4
Belmesnil (76)........................15 K3
Belmont (25)........................138 D6
Belmont (32)........................266 D5
Belmont (38)........................207 F6
Belmont (39)........................155 H3
Belmont (52)........................116 E6
Belmont (67)........................70 A5
Belmont (70)........................118 E5
Belmont-Bretenoux (46)........................234 C2
Belmont-d'Azergues (69)........................205 J1
Belmont-de-la-Loire (42)........................187 H4
Belmont-lès-Darney (88)........................117 K1
Belmont-Luthézieu (01)........................190 A6
Belmont-Sainte-Foi (46)........................250 B4
Belmont-sur-Buttant (88)........................95 G5
Belmont-sur-Rance (12)........................271 K4
Belmont-sur-Vair (88)........................93 H5
Belmont-Tramonet (73)........................207 J4
Belonchamp (70)........................119 F5
Belpech (11)........................288 E6
Belrain (55)........................64 C3
Belrupt (88)........................117 K1
Belrupt-en-Verdunois (55)........................43 H5
Bélus (40)........................262 E6
Belval (08)........................22 C3
Belval (50)........................30 E4
Belval (88)........................95 J3
Belval-Bois-des-Dames (08)........................42 E1
Belval-en-Argonne (51)........................63 K2
Belval-sous-Châtillon (51)........................40 E6
Belvédère (06)........................261 K6
Belvédère-Campomoro (2A)........................322 C3
Belverne (70)........................139 F1
Belvès-de-Castillon (33)........................230 C4
Belvèze (82)........................249 F3
Belvèze-du-Razès (11)........................308 C1
Belvézet (30)........................255 K6

Belvezet (48)........................238 B6
Belvianes-et-Cavirac (11)........................308 D4
Belvis (11)........................308 C4
Belvoir (25)........................139 F5
Belz (56)........................100 B5
Bémécourt (27)........................56 A3
Bénac (09)........................307 G3
Bénac (65)........................285 G6
Benagues (09)........................307 H1
Benais (37)........................126 D6
Bénaix (09)........................308 A4
Bénaménil (54)........................95 F1
Bénarville (76)........................14 E4
Benassay (86)........................162 C3
Benay (02)........................20 A4
Benayes (19)........................199 G5
Bendejun (06)........................281 G2
Bendorf (68)........................97 B5
Bénéjacq (64)........................284 E5
Benerville-sur-Mer (14)........................33 H3
Bénesse-lès-Dax (40)........................264 A5
Bénesse-Maremne (40)........................262 B5
Benest (16)........................179 J4
Bénestroff (57)........................68 A5
Bénesville (76)........................15 H4
Benet (85)........................161 F5
Beneuvre (21)........................135 K1
Bénévent-l'Abbaye (23)........................182 A3
Beney-en-Woëvre (55)........................65 G2
Benfeld (67)........................71 C4
Bengy-sur-Craon (18)........................149 K4
Bénifontaine (62)........................6 C6
Béning-lès-Saint-Avold (57)........................68 B2
la Bénisson-Dieu (42)........................186 E3
Bénivay-Ollon (26)........................257 H3
Bennecourt (78)........................57 H1
Bennetot (76)........................14 E4
Benney (54)........................94 B2
Bennwihr (68)........................96 B3
Bénodet (29)........................98 C3
Benoisey (21)........................134 D2
Benoîtville (50)........................28 B3
Benon (17)........................177 G2
Bénonces (01)........................207 G1
Bénouville (14)........................33 F4
Bénouville (76)........................14 C4
Benque (31)........................287 G5
Benqué (65)........................304 D1
Benque-Dessous-
   -et-Dessus (31)........................305 G5
Benquet (40)........................265 G3
Bentayou-Sérée (64)........................285 F3
Bény (01)........................189 G1
Bény-sur-Mer (14)........................32 D3
Béon (01)........................207 K1
Béon (89)........................113 G2
Béost (64)........................303 G2
Bérat (31)........................287 J3
Béraut (32)........................267 F2
Berbérust-Lias (65)........................304 A1
Berbezit (43)........................219 J3
Berbiguières (24)........................232 D2
Bercenay-en-Othe (10)........................89 J6
Bercenay-le-Hayer (10)........................89 G4
Berche (25)........................139 G3
Berchères-les-Pierres (28)........................85 G4
Berchères-Saint-Germain (28)........................85 G2
Berchères-sur-Vesgre (28)........................57 G4
Berck (62)........................8 E1
Bercloux (17)........................195 H1
Berd'huis (61)........................83 K4
Berdoues (32)........................286 A2
Bérelles (59)........................13 J4
Bérengeville-la-Campagne (27)........................35 H6
Berentzwiller (68)........................97 C4
Bérenx (64)........................283 H1
Béréziat (01)........................172 B3
Berfay (72)........................107 K3
Berg (67)........................68 E5
Berg-sur-Moselle (57)........................45 G2
Berganty (46)........................250 B2
Bergbieten (67)........................71 B1
Bergerac (24)........................231 H2
Bergères (10)........................91 G6
Bergères-lès-Vertus (51)........................62 A3
Bergères-sous-Montmirail (51)........................61 G4
Bergesserin (71)........................171 G6
Bergheim (68)........................71 A6
Bergholtz (68)........................96 B6
Bergholtzzell (68)........................96 B6
Bergicourt (80)........................17 J4
Bergnicourt (08)........................41 H2
Bergonne (63)........................202 E5
Bergouey (40)........................264 D5
Bergouey-Viellenave (64)........................283 F2
Bergueneuse (62)........................5 G6
Bergues (59)........................3 J2
Bergues-sur-Sambre (02)........................12 E6
Berhet (22)........................48 B3
Bérig-Vintrange (57)........................68 A4
Bérigny (50)........................31 J3
Berjou (61)........................53 H3
Berlaimont (59)........................13 F4
Berlancourt (02)........................20 E3
Berlancourt (60)........................19 H5
Berlats (81)........................271 H1
Berlencourt-le-Cauroy (62)........................10 B3
Berles-au-Bois (62)........................10 D6
Berles-Monchel (62)........................10 C2
la Berlière (08)........................42 D1
Berling (57)........................69 F6
Berlise (02)........................21 H5
Berlou (34)........................291 H2
Bermerain (59)........................12 D3

Berméricourt (51)........................40 E3
Bermeries (59)........................13 F3
Bermering (57)........................68 A5
Bermesnil (80)........................17 F2
Bermicourt (62)........................9 K1
Bermont (90)........................139 H2
Bermonville (76)........................15 F5
Bernac (16)........................179 G4
Bernac (81)........................270 C2
Bernac-Debat (65)........................285 H6
Bernac-Dessus (65)........................285 H6
Bernadets (64)........................284 D3
Bernadets-Debat (65)........................285 K3
Bernadets-Dessus (65)........................285 K5
le Bernard (85)........................159 G4
la Bernardière (85)........................142 A2
Bernardswiller (67)........................71 B3
Bernardvillé (67)........................71 A4
Bernâtre (80)........................9 J4
Bernaville (80)........................9 K5
Bernay (27)........................34 D6
Bernay-en-Champagne (72)........................106 D1
Bernay-en-Ponthieu (80)........................9 F3
Bernay-Saint-Martin (17)........................177 J3
Bernay-Vilbert (77)........................59 K6
Berné (56)........................99 K2
Bernécourt (54)........................65 H3
Bernède (32)........................265 J5
la Bernerie-en-Retz (44)........................122 B5
Bernes (80)........................19 J2
Bernes-sur-Oise (95)........................37 J6
Bernesq (14)........................31 J1
Berneuil (16)........................212 C1
Berneuil (17)........................195 G3
Berneuil (80)........................9 K5
Berneuil (87)........................181 F4
Berneuil-en-Bray (60)........................37 G3
Berneuil-sur-Aisne (60)........................39 F2
Berneville (62)........................10 E3
Bernex (74)........................175 G5
Bernienville (27)........................35 G6
Bernières-d'Ailly (14)........................54 B2
Bernières-sur-Mer (14)........................32 D3
Bernières-sur-Seine (27)........................36 A4
Bernieulles (62)........................4 C5
Bernin (38)........................224 B2
Bernis (30)........................275 F4
Bernolsheim (67)........................70 E1
Bernon (10)........................114 A3
Bernos-Beaulac (33)........................246 C2
Bernot (02)........................20 C2
Bernouil (89)........................113 J4
Bernouville (27)........................36 D4
Berny-en-Santerre (80)........................19 F2
Berny-Rivière (02)........................39 G2
Bérou-la-Mulotière (28)........................56 C5
Berrac (32)........................267 G1
Berre-les-Alpes (06)........................281 G3
Berre-l'Étang (13)........................296 A2
Berriac (11)........................290 B6
Berrias-et-Casteljau (07)........................255 H2
Berric (56)........................101 H4
Berrie (86)........................144 C3
Berrien (29)........................75 G1
Berrieux (02)........................40 D1
Berrogain-Laruns (64)........................283 H4
Berru (51)........................41 G4
Berriwiller (68)........................97 A1
Berry-au-Bac (02)........................40 D2
Berry-Bouy (18)........................149 F3
le Bersac (05)........................258 D2
Bersac-sur-Rivalier (87)........................181 J4
Bersaillin (39)........................155 H5
Bersée (59)........................11 H2
Bersillies (59)........................13 H2
Berson (33)........................211 G4
Berstett (67)........................70 E2
Berstheim (67)........................69 K6
Bert (03)........................186 B1
Bertangles (80)........................18 B1
Bertaucourt-Epourdon (02)........................20 B5
Berteaucourt-les-Dames (80)........................9 K6
Berteaucourt-lès-Thennes (80)........................18 C3
Bertheauville (76)........................15 F3
Berthecourt (60)........................37 J3
Berthegon (86)........................145 F5
Berthelange (25)........................155 J1
Berthelming (57)........................68 D6
Berthen (59)........................6 A2
Berthenay (37)........................127 G5
Berthenicourt (02)........................20 B4
la Berthenoux (36)........................166 B2
Berthez (33)........................230 B6
Bertholène (12)........................252 D2
Berthouville (27)........................34 D5
Bertignat (63)........................203 J4
Bertignolles (10)........................114 E1
Bertincourt (62)........................11 G5
Bertoncourt (08)........................41 J1
Bertrambois (54)........................67 H6
Bertrancourt (80)........................10 D5
Bertrange (57)........................45 F3
Bertre (81)........................289 G1
Bertren (65)........................305 H2
Bertreville (76)........................15 F3
Bertreville-Saint-Ouen (76)........................15 K3
Bertric-Burée (24)........................213 G3
Bertrichamps (54)........................95 G2
Bertricourt (02)........................40 D2
Bertrimont (76)........................15 J5
Bertrimoutier (88)........................95 J4
Bertry (59)........................12 C5
Béru (89)........................113 J5

Béruges (86)........................162 D3
Bérulle (10)........................113 G1
Bérus (72)........................82 C3
Berville (76)........................15 H4
Berville (95)........................37 G5
Berville-en-Roumois (27)........................35 F4
Berville-la-Campagne (27)........................56 B1
Berville-sur-Mer (27)........................34 B2
Berville-sur-Seine (76)........................35 G1
Berviller-en-Moselle (57)........................45 K3
Berzé-la-Ville (71)........................171 H6
Berzé-le-Châtel (71)........................171 H6
Berzème (07)........................239 K5
Berzieux (51)........................42 C5
Berzy-le-Sec (02)........................39 J3
la Besace (08)........................23 F6
Besain (39)........................155 K6
Besançon (25)........................137 K6
Bésayes (26)........................222 D6
Bescat (64)........................284 C6
Bésignan (26)........................257 J3
Bésingrand (64)........................284 A3
Beslon (50)........................52 B3
Besmé (02)........................39 G1
Besmont (02)........................21 H3
Besnans (70)........................138 B3
Besné (44)........................122 B1
Besneville (50)........................28 C5
Besny-et-Loizy (02)........................20 C6
Bessac (16)........................196 C6
Bessais-le-Fromental (18)........................167 J1
Bessamorel (43)........................220 D5
Bessan (34)........................292 C4
Bessancourt (95)........................58 D1
Bessans (73)........................226 C1
Bessas (07)........................255 J3
le Bessat (42)........................221 H1
Bessay (85)........................160 A3
Bessay-sur-Allier (03)........................168 E5
Besse (15)........................217 G5
Bessé (16)........................179 F5
Besse (24)........................232 E4
Besse (38)........................224 E5
Besse-et-Saint-Anastaise (63)........................202 B5
Bessé-sur-Braye (72)........................107 J5
Besse-sur-Issole (83)........................298 A3
Bessède-de-Sault (11)........................308 D5
Bessèges (30)........................255 G3
Bessenay (69)........................205 H2
Bessens (82)........................268 E3
Besset (09)........................308 A1
Bessey (42)........................221 K4
Bessey-en-Chaume (21)........................153 J3
Bessey-la-Cour (21)........................153 H3
Bessey-lès-Cîteaux (21)........................154 D2
la Besseyre-Saint-Mary (43)........................237 H1
Bessières (31)........................269 H4
Bessines (79)........................161 G6
Bessines-sur-Gartempe (87)........................181 H4
Bessins (38)........................223 F3
Besson (03)........................168 D5
Bessoncourt (90)........................139 J1
Bessonies (46)........................234 E3
les Bessons (48)........................237 F3
Bessuéjouls (12)........................252 C1
Bessy (51)........................90 A2
Bessy-sur-Cure (89)........................133 H2
Bestiac (09)........................307 K5
Bétaille (46)........................234 C1
Betaucourt (70)........................117 J4
Betbèze (65)........................286 C4
Betbezer-d'Armagnac (40)........................265 K1
Betcave-Aguin (32)........................286 D2
Betchat (09)........................306 B1
Bétête (23)........................166 B6
Béthancourt-en-Valois (60)........................38 E4
Béthancourt-en-Vaux (02)........................19 J5
Béthelainville (55)........................43 G5
Béthemont-la-Forêt (95)........................58 D1
Béthencourt (59)........................12 C5
Béthencourt-sur-Mer (80)........................8 D4
Béthencourt-sur-Somme (80)........................19 G3
Bétheniville (51)........................41 J4
Bétheny (51)........................41 F4
Béthincourt (55)........................43 G4
Béthines (86)........................164 B4
Béthisy-Saint-Martin (60)........................38 D4
Béthisy-Saint-Pierre (60)........................38 D4
Bethmale (09)........................306 B4
Bethon (51)........................89 G1
Béthon (72)........................82 C3
Béthoncourt (25)........................139 G2
Béthonsart (62)........................10 C2
Béthonvilliers (28)........................84 A6
Bethonvilliers (90)........................119 J6
Béthune (62)........................6 A5
Bétignicourt (10)........................90 E3
Beton-Bazoches (77)........................60 C5
Betoncourt-lès-Brotte (70)........................118 C6
Betoncourt-Saint-Pancras (70)........................118 A3
Betoncourt-sur-Mance (70)........................117 G5
Bétous (32)........................266 B4
Betplan (32)........................285 J3
Betpouey (65)........................304 C4
Betpouy (65)........................286 B4
Bétracq (64)........................285 G1
Betschdorf (67)........................25 B3
Bettainvillers (54)........................44 C3
Bettancourt-la-Ferrée (52)........................63 J6
Bettancourt-la-Longue (51)........................63 J4
Bettange (57)........................45 H4
Bettant (01)........................189 H5
Bettborn (57)........................68 D6
Bettegney-Saint-Brice (88)........................94 B4

Bettelainville (57) 45 G4
Bettembos (80) 17 G3
Bettencourt-Rivière (80) 17 H1
Bettencourt-Saint-Ouen (80) 9 J6
Bettendorf (68) 97 B4
Bettes (65) 304 D1
Bettignies (59) 13 H2
Betting (57) 68 B2
Bettlach (68) 97 C5
Betton (35) 79 G3
Betton-Bettonet (73) 208 E5
Bettoncourt (88) 94 A4
Bettrechies (59) 13 F2
Bettviller (57) 69 F3
Bettwiller (67) 68 E5
Betz (60) 39 F6
Betz-le-Château (37) 146 G4
Beugin (62) 10 C1
Beugnâtre (62) 11 F5
Beugneux (02) 39 K5
Beugnies (59) 13 H4
le Beugnon (79) 161 G3
Beugnon (89) 113 J3
Beugny (62) 11 G5
Beuil (06) 261 F5
le Beulay (88) 95 J4
Beulotte-Saint-Laurent (70) 119 F4
Beure (25) 156 B1
Beurey (10) 90 E6
Beurey-Bauguay (21) 153 F1
Beurey-sur-Saulx (55) 63 K5
Beurières (63) 204 A6
Beurizot (21) 134 E5
Beurlay (17) 177 F6
Beurville (52) 91 H4
Beussent (62) 4 C5
Beuste (64) 284 E5
Beutal (25) 139 F3
Beutin (62) 4 C6
Beuvardes (02) 40 A6
Beuveille (54) 44 A2
Beuvezin (54) 93 J3
Beuvillers (14) 33 K5
Beuvillers (54) 44 C2
Beuvrages (59) 12 D2
Beuvraignes (80) 19 F5
Beuvrequen (62) 2 B4
Beuvrigny (50) 31 H5
Beuvron (58) 133 F5
Beuvron-en-Auge (14) 33 H5
Beuvry (62) 6 A6
Beuvry-la-Forêt (59) 7 G6
Beux (57) 66 B1
Beuxes (86) 144 E2
Beuzec-Cap-Sizun (29) 73 D2
Beuzeville (27) 34 B3
Beuzeville-la-Bastille (50) 28 E6
Beuzeville-la-Grenier (76) 14 D5
Beuzeville-la-Guérard (76) 15 F4
Beuzevillette (76) 14 E6
Bévenais (38) 223 G1
Beveuge (70) 138 E2
Béville-le-Comte (28) 85 J3
Bévillers (59) 12 C4
Bevons (04) 258 E4
Bévy (21) 154 A2
Bey (01) 188 C2
Bey (71) 154 B6
Bey-sur-Seille (54) 66 B4
Beychac-et-Caillau (33) 229 K1
Beylongue (40) 264 C6
Beynac (87) 198 E2
Beynac-et-Cazenac (24) 232 E2
Beynat (19) 215 K4
Beynes (04) 279 F1
Beynes (78) 57 K4
Beynost (01) 206 C1
Beyrède-Jumet (65) 304 E3
Beyren-lès-Sierck (57) 45 F1
Beyrie-en-Béarn (64) 284 B3
Beyrie-sur-Joyeuse (64) 283 F3
Beyries (40) 264 E6
Beyssac (19) 215 G1
Beyssenac (19) 215 F1
le Bez (81) 271 G6
Bez-et-Esparon (30) 273 H2
Bézac (09) 288 C6
Bezalles (77) 60 C6
Bézancourt (76) 36 C2
Bezange-la-Grande (54) 66 D4
Bezange-la-Petite (57) 66 E4
Bezannes (51) 40 E5
Bézaudun-les-Alpes (06) 280 E3
Bézaudun-sur-Bîne (26) 241 F6
Bezaumont (54) 65 K3
Bèze (21) 136 C4
Bézenac (24) 232 E2
Bézenet (03) 184 C1
Bézéril (32) 287 F1
Béziers (34) 291 K4
Bezinghem (62) 4 C5
Bezins-Garraux (31) 305 H3
la Bezole (11) 308 C2
Bezolles (32) 266 E3
Bezons (95) 58 D3
Bezonvaux (55) 43 J3
Bezouce (30) 275 H3
Bézouotte (21) 136 D5
Bézu-la-Forêt (27) 36 C2
Bézu-le-Guéry (02) 60 C2
Bézu-Saint-Éloi (27) 36 D4
Bézu-Saint-Germain (02) 39 K6
Bézues-Bajon (32) 286 C3
Biache-Saint-Vaast (62) 11 G3

Biaches (80) 19 G2
Bians-les-Usiers (25) 156 D4
Biard (86) 162 E3
Biarne (39) 155 F2
Biarre (80) 19 G4
Biarritz (64) 282 A1
Biarrotte (40) 262 C6
Biars-sur-Cère (46) 234 B1
Bias (40) 244 C4
Bias (47) 248 B2
Biaudos (40) 262 C6
Bibiche (57) 45 H3
Biblisheim (67) 25 A3
Bibost (69) 205 H2
Bichancourt (02) 19 K6
Biches (58) 151 J4
Bickenholtz (57) 68 E6
Bicqueley (54) 65 H5
Bidache (64) 282 E1
Bidarray (64) 282 C4
Bidart (64) 263 C1
Bidestroff (57) 68 B6
Biding (57) 68 B3
Bidon (07) 256 A2
Bidos (40) 284 A5
Biécourt (88) 93 J4
Biederthal (68) 97 D6
Bief (25) 139 G5
Bief-des-Maisons (39) 174 A1
Bief-du-Fourg (39) 156 C6
Biefmorin (39) 155 G5
Biefvillers-lès-Bapaume (62) 11 F5
Bielle (64) 303 G1
Biencourt (80) 17 F1
Biencourt-sur-Orge (55) 92 C1
Bienville (60) 38 D2
Bienville-la-Petite (54) 66 D6
Bienvillers-au-Bois (62) 10 D4
Biermes (08) 41 J1
Biermont (60) 18 E6
Bierné (53) 105 G5
Bierne (59) 3 H2
Bierre-lès-Semur (21) 134 D4
Bierry-les-Belles-Fontaines (89) .. 134 B2
Biert (09) 306 E4
Bierville (76) 16 B6
Biesheim (68) 96 D4
Biesles (52) 116 C2
Bietlenheim (67) 25 A5
Bieujac (33) 230 B6
Bieuxy (02) 39 H2
Bieuzy (56) 100 C1
Biéville (50) 31 K4
Biéville-Beuville (14) 32 E4
Biéville-Quétiéville (14) 33 H6
Bièvres (02) 40 C1
Bièvres (08) 23 J6
Bièvres (91) 58 D5
Biffontaine (88) 95 G5
Biganos (33) 228 D4
Bignan (56) 101 F2
Bignay (17) 177 J5
la Bigne (14) 53 F1
Bignicourt (08) 41 J2
Bignicourt-sur-Marne (51) 63 F6
Bignicourt-sur-Saulx (51) 63 H5
le Bignon (44) 123 G5
le Bignon-du-Maine (53) 105 G3
le Bignon-Mirabeau (45) 111 K1
Bignoux (86) 163 G3
Bigorno (2B) 319 G3
la Bigottière (53) 80 E5
Biguglia (2B) 317 D6
Bihorel (76) 35 H2
Bihucourt (62) 11 F5
Bilhac (19) 234 B1
Bilhères (64) 303 G1
Bilia (2A) 322 D3
Bilieu (38) 207 H6
Billancelles (28) 84 D2
Billancourt (80) 19 G4
les Billanges (87) 181 K5
les Billaux (33) 212 A6
Billé (35) 80 A1
Billecul (39) 174 A1
Billère (64) 284 C4
Billey (21) 155 F2
Billezois (03) 185 K2
Billiat (01) 190 B4
Billième (73) 208 A2
Billière (31) 305 G5
Billiers (56) 121 H1
Billio (56) 101 G3
Billom (63) 203 F3
Billy (03) 185 J2
Billy (14) 33 F6
Billy (41) 129 G6
Billy-Berclau (62) 6 C6
Billy-Chevannes (58) 151 G4
Billy-le-Grand (51) 41 G6
Billy-lès-Chanceaux (21) 135 G3
Billy-Montigny (62) 11 G1
Billy-sous-Mangiennes (55) 43 K3
Billy-sur-Aisne (02) 39 J3
Billy-sur-Oisy (58) 132 E4
Billy-sur-Ourcq (02) 39 J5
Biltzheim (67) 96 C5
Bilwisheim (67) 70 E1
Bimont (62) 4 D5
Binarville (51) 42 D4
Binas (41) 109 F4
Bindernheim (67) 71 C1
Binges (21) 136 C5
Binic-Étables-sur-Mer (22) 49 F4

Bining (57) 69 F3
Biniville (50) 28 E5
Binos (31) 305 H3
Binson-et-Orquigny (51) 40 C6
Bio (46) 234 B3
Biol (38) 207 G5
la Biolle (73) 208 B2
Biollet (63) 184 A5
Bioncourt (57) 66 C4
Bionville (54) 95 J2
Bionville-sur-Nied (57) 45 H6
Biot (06) 280 E5
le Biot (74) 191 K1
Bioule (82) 250 A6
Bioussac (16) 179 H4
Biozat (03) 185 G4
Birac (16) 196 B4
Birac (33) 246 D1
Birac-sur-Trec (47) 247 H1
Biran (32) 267 F5
Biras (24) 213 J2
Biriatou (64) 263 A2
Birieux (01) 188 B5
Biron (17) 195 H3
Biron (24) 232 B5
Biron (64) 283 J2
Biscarrosse (40) 244 C1
Bischheim (67) 25 A6
Bischholtz (67) 69 H5
Bischoffsheim (67) 71 B2
Bischwihr (68) 96 C4
Bischwiller (67) 25 B4
Bisel (68) 97 B5
Bisinchi (2B) 319 H3
Bislée (55) 64 D3
Bissert (67) 68 D5
Bissey-la-Côte (21) 115 G4
Bissey-la-Pierre (21) 114 E5
Bissey-sous-Cruchaud (71) 171 H1
Bissezeele (59) 3 H3
Bissières (14) 33 G6
Bissy-la-Mâconnaise (71) 171 J5
Bissy-sous-Uxelles (71) 171 H5
Bissy-sur-Fley (71) 171 G2
Bisten-en-Lorraine (57) 45 J5
Bistroff (57) 68 A4
Bitche (57) 69 G3
Bitry (58) 132 B4
Bitry (60) 39 G2
Bitschhoffen (67) 69 H5
Bitschwiller-lès-Thann (68) 119 K4
Bivès (32) 267 K3
Biviers (38) 224 A3
Biville (50) 28 B2
Biville-la-Baignarde (76) 15 K4
Biville-la-Rivière (76) 15 J3
Bizanet (11) 291 G6
Bizanos (64) 284 D4
Bize (52) 117 F5
Bize (65) 305 F2
Bize-Minervois (11) 291 G4
Bizeneuille (03) 167 J6
Biziat (01) 188 D2
Bizonnes (38) 207 F6
le Bizot (25) 157 H2
les Bizots (71) 170 E1
Bizou (61) 83 K2
Bizous (65) 305 F1
Blacé (69) 188 A4
Blacourt (60) 36 E2
Blacqueville (76) 15 H6
Blacy (51) 63 F5
Blacy (89) 134 A2
Blaesheim (67) 71 C2
Blagnac (31) 269 F6
Blagny (08) 23 H5
Blagny-sur-Vingeanne (21) 136 D4
Blaignac (33) 230 C5
Blaignan (33) 210 D1
Blain (44) 102 E6
Blaincourt-lès-Précy (60) 37 K5
Blaincourt-sur-Aube (10) 90 E4
Blainville-Crevon (76) 35 K1
Blainville-sur-l'Eau (54) 94 C1
Blainville-sur-Mer (50) 30 C3
Blainville-sur-Orne (14) 32 E4
Blairville (62) 10 E4
Blaise-sous-Arzillières (51) 63 F6
Blaison-Saint-Sulpice (49) 125 H4
Blaisy (52) 91 K6
Blaisy-Bas (21) 135 H5
Blaisy-Haut (21) 135 H5
Blajan (31) 286 D5
Blamont (25) 139 H4
Blâmont (54) 67 G6
Blan (81) 289 H2
le Blanc (36) 164 C3
le Blanc-Mesnil (93) 59 H4
Blancafort (18) 131 F3
Blancey (21) 134 E6
Blancfossé (60) 17 K5
Blanche-Église (57) 66 E4
Blanchefosse-et-Bay (08) 21 J3
Blancherupt (67) 70 A5
Blandainville (28) 84 E5
Blandas (30) 273 H2
Blandin (38) 207 G6
Blandouet (53) 105 J2
Blandy (77) 87 J2
Blandy (91) 86 D5
Blangerval-Blangermont (62) 9 K2
Blangy-le-Château (14) 34 A4
Blangy-sous-Poix (80) 17 J4
Blangy-sur-Bresle (76) 16 E1

Blangy-sur-Ternoise (62) 9 K1
Blangy-Tronville (80) 18 C2
Blannay (89) 133 H3
Blanot (21) 152 E2
Blanot (71) 171 H5
Blanquefort (32) 267 K5
Blanquefort (33) 229 G1
Blanquefort-sur-Briolance (47) 232 C5
Blanzac (43) 220 B5
Blanzac (87) 181 F3
Blanzac-lès-Matha (17) 178 A6
Blanzac-Porcheresse (16) 196 C5
Blanzaguet-Saint-Cybard (16) 197 F6
Blanzat (63) 202 D1
Blanzay (86) 179 G2
Blanzay-sur-Boutonne (17) 178 A4
Blanzée (55) 43 J5
Blanzy (71) 170 E2
Blanzy-la-Salonnaise (08) 41 G1
Blanzy-lès-Fismes (02) 40 B3
Blargies (60) 17 F5
Blarians (25) 138 B4
Blaringhem (59) 5 H3
Blars (46) 234 A6
Blaru (78) 57 G1
Blasimon (33) 230 C3
Blaslay (86) 162 E1
Blassac (43) 219 G4
Blaudeix (23) 182 E1
Blausasc (06) 281 G3
Blauvac (84) 276 E1
Blauzac (30) 275 G2
Blavignac (48) 237 G2
Blavozy (43) 220 C5
Blay (14) 31 K1
Blaye (33) 211 F4
Blaye-les-Mines (81) 270 D1
Blaymont (47) 248 E1
Blaziert (32) 267 G2
Blécourt (52) 92 A4
Blécourt (59) 11 J4
Bleigny-le-Carreau (89) 113 G5
Blémerey (54) 67 F6
Blémerey (88) 93 K4
Blendecques (62) 5 G3
Bléneau (89) 132 A1
Blennes (77) 88 A5
Blénod-lès-
   -Pont-à-Mousson (54) 65 J3
Blénod-lès-Toul (54) 93 H1
Bléquin (62) 4 E4
Blérancourt (02) 39 G1
Bléré (37) 128 B5
Bléruais (35) 78 B4
Blésignac (33) 230 A3
Blesle (43) 218 E2
Blesme (51) 63 H5
Blesmes (02) 60 E1
Blessac (23) 183 F5
Blessonville (52) 115 J3
Blessy (62) 5 H4
Blet (18) 149 K5
Bletterans (39) 172 E1
Bleurville (88) 117 J2
Blevaincourt (88) 117 F1
Blèves (72) 83 F2
Blicourt (60) 17 J6
Blienschwiller (67) 71 A4
Blies-Ébersing (57) 68 E2
Bliesbruck (57) 68 E2
Blieux (04) 279 G2
Blignicourt (10) 90 E3
Bligny (10) 91 F6
Bligny (51) 40 D5
Bligny-le-Sec (21) 135 H4
Bligny-lès-Beaune (21) 153 K4
Bligny-sur-Ouche (21) 153 J3
Blincourt (60) 38 C3
Blingel (62) 9 K1
Blis-et-Born (24) 214 B4
Blismes (58) 152 A2
Blodelsheim (68) 96 D6
Blois (41) 128 E2
Blois-sur-Seille (39) 173 G1
Blomac (11) 290 D6
Blomard (03) 184 D1
Blombay (08) 22 A3
Blond (87) 180 E4
Blondefontaine (70) 117 H4
Blonville-sur-Mer (14) 33 H3
Blosseville (76) 15 G2
Blosville (50) 29 F5
Blot-l'Église (63) 184 D5
Blotzheim (68) 97 D4
Blou (49) 126 B5
Blousson-Sérian (32) 285 J2
la Bloutière (50) 52 A2
Bloye (74) 208 B1
Bluffy (74) 191 F6
Blumeray (52) 91 J4
Blussangeaux (25) 139 F4
Blussans (25) 139 F4
Blye (01) 206 E1
le Bô (14) 53 J2
Bobigny (93) 59 F3
Bobital (22) 50 C6
le Bocasse (76) 15 K5
Bocognano (2A) 320 D5
Bocquegney (88) 94 B5
le Bodéo (22) 76 E2
Bodilis (29) 46 D5
Boé (47) 248 B5

Boëcé (61) 83 G2
Boëge (74) 191 H2
Boeil-Bezing (64) 284 D5
Boën-sur-Lignon (42) 204 C2
Boersch (67) 71 B2
Boeschepe (59) 6 A2
Boëséghem (59) 5 J4
Boësenbiesen (67) 71 C5
Boëssé-le-Sec (72) 107 H1
Boësses (45) 111 H4
Bœurs-en-Othe (89) 113 H1
Boffles (62) 9 K3
Boffres (07) 240 A1
Bogève (74) 191 H2
Bogny-sur-Meuse (08) 22 D2
Bogy (07) 222 A2
Bohain-en-Vermandois (02) 20 B1
Bohal (56) 101 J4
Bohars (29) 72 D3
Bohas-Meyriat-Rignat (01) 189 H3
Boigneville (91) 86 E4
Boigny-sur-Bionne (45) 110 B4
Boinville-en-Mantois (78) 57 J3
Boinville-en-Woëvre (55) 44 A5
Boinville-le-Gaillard (78) 85 K2
Boinvilliers (78) 57 H3
Boiry-Becquerelle (62) 11 F4
Boiry-Notre-Dame (62) 11 G3
Boiry-Saint-Martin (62) 10 E4
Boiry-Sainte-Rictrude (62) 10 E4
Bois (17) 195 G5
le Bois (73) 209 H5
Bois-Anzeray (27) 55 J2
Bois-Arnault (27) 55 K4
Bois-Bernard (62) 11 G2
Bois-Colombes (92) 58 D3
Bois-d'Amont (39) 174 B4
les Bois d'Anjou (49) 125 K3
Bois-d'Arcy (78) 58 B4
Bois-d'Arcy (89) 133 H3
Bois-de-Céné (85) 140 E3
Bois-de-Champ (88) 95 G5
Bois-de-Gand (39) 155 G6
Bois-de-la-Pierre (31) 287 J4
Bois-d'Ennebourg (76) 35 K2
le Bois-d'Oingt (69) 187 K6
Bois-Grenier (59) 6 C4
Bois-Guilbert (76) 16 C6
Bois-Guillaume (76) 35 H2
le Bois-Hellain (27) 34 B4
Bois-Héroult (76) 16 C6
Bois-Herpin (91) 86 D4
Bois-Himont (76) 15 G6
Bois-Jérôme-Saint-Ouen (27) 36 B6
Bois-le-Roi (27) 57 F3
Bois-le-Roi (77) 87 H3
Bois-lès-Pargny (02) 20 D4
Bois-l'Évêque (76) 35 K2
Bois-Normand-près-Lyre (27) 55 J3
le Bois-Plage-en-Ré (17) 158 C6
le Bois-Robert (76) 16 A3
Bois-Sainte-Marie (71) 187 H1
Boisbergues (80) 9 K4
Boisbreteau (16) 212 B2
Boischampré (61) 54 C6
Boiscommun (45) 110 E2
Boisdinghem (62) 5 F3
Boisdon (77) 60 C6
Boisemont (27) 36 B4
Boisemont (95) 58 B1
Boisgasson (28) 108 D2
Boisgervilly (35) 78 C3
Boisjean (62) 9 F1
le Boisle (80) 9 H3
Boisleux-au-Mont (62) 11 F4
Boisleux-Saint-Marc (62) 11 F4
Boismé (79) 143 J6
Boismont (54) 44 B2
Boismont (80) 9 F4
Boismorand (45) 111 H6
Boisné-la-Tude (16) 196 E5
Boisney (27) 34 D5
Boisredon (17) 211 H1
Boissay (76) 36 A1
la Boisse (01) 206 C1
Boisse (24) 231 K4
Boisse-Penchot (12) 235 F5
Boisseau (41) 108 E6
Boisseaux (45) 86 B5
Boissède (31) 287 F3
Boissei-la-Lande (61) 54 C5
Boisserolles (79) 177 K3
Boisseron (34) 274 D4
Boisset (15) 235 F3
Boisset (34) 290 E3
Boisset (43) 220 C2
Boisset-et-Gaujac (30) 274 C1
Boisset-lès-Montrond (42) 204 E4
Boisset-les-Prévanches (27) 56 E2
Boisset-Saint-Priest (42) 204 D5
Boissets (78) 57 H3
Boissettes (77) 87 G2
Boisseuil (87) 199 F2
Boisseuilh (24) 214 E2
Boissey (01) 172 A6
Boissey (14) 54 D1
Boissey-le-Châtel (27) 34 E4
Boissezon (81) 290 B1
la Boissière (14) 33 J5
la Boissière (27) 57 F2
la Boissière (34) 273 J6
la Boissière (39) 173 F5
la Boissière (53) 104 C5

la Boissière-d'Ans (24)..............214 C3
la Boissière-de-Montaigu (85) 142 B4
la Boissière-des-Landes (85).......159 H3
la Boissière-du-Doré (44)...........123 K4
la Boissière-École (78)...............57 H6
la Boissière-en-Gâtine (79)........161 H3
Boissières (30)........................274 E4
Boissières (46)........................233 H6
Boisse-la-Bertrand (77)...............87 G2
Boissise-le-Roi (77)...................87 G2
Boissy-aux-Cailles (77)...............87 F5
Boissy-en-Drouais (28)...............56 E5
Boissy-Fresnoy (60)...................38 E5
Boissy-la-Rivière (91).................86 C4
Boissy-l'Aillerie (95)..................58 B1
Boissy-Lamberville (27)...............34 D5
Boissy-le-Bois (60)....................37 F4
Boissy-le-Châtel (77)..................60 B4
Boissy-le-Cutté (91)...................86 D3
Boissy-le-Repos (51)..................61 G4
Boissy-le-Sec (91).....................86 C3
Boissy-lès-Perche (28)................56 A5
Boissy-Mauvoisin (78).................57 H2
Boissy-Saint-Léger (94)...............59 F5
Boissy-sans-Avoir (78)................57 K4
Boissy-sous-Saint-Yon (91)..........86 D2
Boistrudan (35).........................79 J6
Boisville-la-Saint-Père (28).........85 J4
Boisyvon (50)...........................52 B3
Boitron (61).............................82 E1
Boitron (77).............................60 D3
Bolandoz (25).........................156 C3
Bolazec (29).............................47 J6
Bolbec (76)..............................14 E6
Bollène (84)...........................256 D3
la Bollène-Vésubie (06)..............261 K6
Bolleville (76)...........................14 E5
Bollezeele (59)...........................3 H4
Bolliwiller (68)..........................97 B1
Bologne (52)............................92 A6
Bolozon (01)...........................189 J2
Bolquère (66)..........................313 H4
Bolsenheim (67)........................71 C3
Bombon (77).............................87 K1
Bommes (33)...........................229 K5
Bommiers (36).........................166 B1
Bompas (09)...........................307 H4
Bompas (66)...........................310 B6
Bomy (62)..................................5 G5
Bon-Encontre (47)....................248 B6
Bona (58)...............................151 G3
Bonac-Irazein (09)....................306 B4
Bonas (32)..............................267 F4
Bonboillon (70)........................137 G5
Boncé (28)................................85 G5
Bonchamp-lès-Laval (53)...........105 F1
Boncourt (02)............................21 G5
Boncourt (27)............................56 E1
Boncourt (28)............................57 G4
Boncourt (54)............................44 B5
Boncourt-le-Bois (21)...............154 B2
Boncourt-sur-Meuse (55)............64 E4
Bondaroy (45)..........................110 D1
Bondeval (25)..........................139 H3
Bondigoux (31)........................269 H3
les Bondons (48)......................254 B2
Bondoufle (91)..........................86 E1
Bondues (59)..............................6 E3
Bondy (93)................................59 F3
Bongheat (63)..........................203 G3
le Bonhomme (68)......................95 K6
Bonifacio (2A).........................323 G5
Bonlier (60)..............................37 H2
Bonlieu (39)............................173 J3
Bonlieu-sur-Roubion (26)..........240 C5
Bonloc (64).............................282 D3
Bonnac (09).............................288 D6
Bonnac (15).............................218 E3
Bonnac-la-Côte (87).................181 G6
Bonnal (25).............................138 C3
Bonnard (89)...........................113 F4
Bonnat (23).............................182 D1
Bonnaud (39)...........................172 E3
Bonnay (25).............................137 K5
Bonnay (71).............................171 G4
Bonnay (80)..............................18 C1
Bonne (74)..............................191 G2
Bonnebosq (14).........................33 J4
Bonnecourt (52).......................116 E3
Bonnée (45).............................110 E5
Bonnefamille (38).....................206 D4
Bonnefoi (61)............................55 H6
Bonnefond (19)........................200 C5
Bonnefont (65).........................286 A5
Bonnefontaine (39)...................173 H1
Bonnegarde (40)......................264 D6
Bonneil (02)..............................60 D2
Bonnelles (78)..........................86 B1
Bonnemain (35).........................51 F5
Bonnemaison (14)......................53 G1
Bonnemazon (65)......................304 D1
Bonnencontre (21)...................154 D3
Bonnes (16).............................212 E3
Bonnes (86).............................163 H3
Bonnesvalyn (02)......................39 J6
Bonnet (55)...............................92 D2
Bonnétable (72)........................83 G6
Bonnétage (25)........................157 J1
Bonnetan (33)..........................229 J2
Bonneuil (16)...........................196 B4
Bonneuil (36)...........................164 D6
Bonneuil-en-France (95).............59 F2
Bonneuil-en-Valois (60)..............39 F4
Bonneuil-les-Eaux (60)...............18 A5

Bonneuil-Matours (86)..............163 H2
Bonneuil-sur-Marne (94).............59 F5
Bonneval (28)............................85 F6
Bonneval (43)...........................220 A2
Bonneval (73)...........................209 G5
Bonneval-sur-Arc (73)...............193 D6
Bonnevaux (25).........................156 D6
Bonnevaux (30).........................255 F3
Bonnevaux (74).........................175 G6
Bonneveau (41)........................107 J5
Bonnevent-Velloreille (70)..........137 J4
Bonneville (16).........................196 C1
la Bonneville (50).......................28 E5
Bonneville (74).........................191 H3
Bonneville (80)...........................10 A5
Bonneville-Aptot (27).................34 E4
Bonneville-et-Saint-Avit-
   -de-Fumadières (24)................230 D1
Bonneville-la-Louvet (14)............34 A4
la Bonneville-sur-Iton (27)...........56 C2
Bonneville-sur-Touques (14).........33 J3
Bonnières (60)...........................37 F1
Bonnières (62)...........................10 A3
Bonnières-sur-Seine (78).............57 H1
Bonnieux (84)...........................277 F3
Bonningues-lès-Ardres (62)............2 E5
Bonningues-lès-Calais (62)............2 C3
Bonnœil (14).............................53 J2
Bonnœuvre (44).......................103 K6
Bonnut (64).............................264 D6
Bonny-sur-Loire (45)................131 J3
Bono (56)...............................100 D5
Bonrepos (65)..........................286 A5
Bonrepos-Riquet (31)................269 H5
Bonrepos-sur-Aussonnelle (31)....287 J1
Bons-en-Chablais (74)...............191 H1
Bons-Tassilly (14)......................54 A2
Bonsecours (76)........................35 J2
Bonsmoulins (61).......................55 H6
Bonson (06).............................281 F2
Bonson (42).............................204 E5
Bonvillard (73).........................209 F4
Bonvillaret (73)........................209 F4
Bonviller (54)............................66 D6
Bonvillers (60)..........................18 B6
Bonvillet (88)..........................117 K1
Bony (02)..................................19 K1
Bonzac (33).............................212 A5
Bonzée (55)..............................43 K6
Boô-Silhen (65)........................304 A2
Boofzheim (67)..........................71 D4
Boos (40)................................264 D6
Boos (76)..................................35 J2
Bootzheim (67)..........................71 C6
Boqueho (22).............................48 E6
Bor-et-Bar (12)........................251 F5
Boran-sur-Oise (60)....................37 K5
Borce (64)...............................302 E3
Bord-Saint-Georges (23)............183 H2
Bordeaux (33)..........................229 H2
Bordeaux-en-Gâtinais (45)..........111 F2
Bordeaux-Saint-Clair (76)............14 C4
Bordères (64)...........................284 E5
Bordères-et-Lamensans (40).......265 H4
Bordères-Louron (65)................304 E4
Bordères-sur-l'Échez (65)..........285 H5
les Bordes (36)........................148 C4
les Bordes (45)........................110 E5
Bordes (64).............................284 D5
Bordes (65).............................285 J5
les Bordes (71)........................154 B5
les Bordes (89)........................112 E2
les Bordes-Aumont (10)..............90 B6
Bordes-de-Rivière (31)..............305 H1
les Bordes-sur-Arize (09)...........307 F1
les Bordes-sur-Lez (09).............306 B4
Bordezac (30)..........................255 G3
Bords (17)...............................177 G6
Borée (07)...............................239 F2
Boresse-et-Martron (17)............212 B2
Borest (60)................................38 C5
Borey (70)...............................138 C2
Borgo (2B)..............................319 H2
Bormes-les-Mimosas (83)...........301 G4
le Born (31)..............................269 H3
le Born (48).............................237 J6
Bornambusc (76)........................14 C5
Bornay (39).............................173 F3
Borne (07)...............................238 D5
Borne (43)...............................220 A5
Bornel (60)...............................37 J5
Boron (90)...............................139 J2
Borre (59)..................................5 K3
Borrèze (24)............................233 H1
Bors (16)................................212 A2
Bors (16)................................212 E1
Bort-les-Orgues (19)................217 H1
Bort-l'Étang (63).....................203 G2
Borville (54)..............................94 C2
le Bosc (09)............................307 G3
le Bosc (34)............................273 G5
Bosc-Bérenger (76)....................16 B5
Bosc-Bordel (76)........................16 C6
le Bosc du Theil (27)...................35 F4
Bosc-Édeline (76).......................16 C6
Bosc-Guérard-
   -Saint-Adrien (76)...................15 K6
Bosc-Hyons (76).........................36 D2
Bosc-le-Hard (76).......................16 A5
Bosc-Mesnil (76)........................16 B5
le Bosc-Renoult (61)...................55 F2
le Bosc-Renoult-en-Roumois (27)....34 E4
le Bosc-Roger-en-Roumois (27).....35 G4
Bosc-Roger-sur-Buchy (76)..........16 C6

Boscamnant (17)......................212 C3
Bosdarros (64).........................284 C5
Bosgouet (27)............................35 F3
Bosguérard-de-Marcouville (27)....35 F4
Bosjean (71)............................172 D1
Bosmie-l'Aiguille (87)................198 E2
Bosmont-sur-Serre (02)...............21 F4
Bosmoreau-les-Mines (23)..........182 B5
Bosnormand (27)........................35 G4
Bosquel (80)..............................18 A4
Bosquentin (27)..........................36 C2
Bosrobert (27)...........................34 E4
Bosroger (23)...........................183 G5
Bossancourt (10)........................91 F5
Bossay-sur-Claise (37)..............146 C6
la Bosse (25)...........................157 H2
la Bosse (72)..............................83 G6
la Bosse-de-Bretagne (35)..........103 G1
Bossée (37).............................146 A2
Bosselshausen (67).....................69 H6
Bossendorf (67).........................69 J6
Bosset (24)..............................213 G6
Bosseval-et-Briancourt (08).........22 E4
Bossey (74).............................191 F3
Bossieu (38)............................206 D6
Bossugan (33)..........................230 C2
Bossus-lès-Rumigny (08).............21 J3
Bost (03).................................185 J3
Bostens (40)............................265 H1
Bosville (76)..............................15 G3
Botans (90).............................139 H1
Botmeur (29).............................75 F1
Botsorhel (29)............................47 H5
les Bottereaux (27).....................55 J3
Bou (45)...................................110 B4
Bouafle (78)...............................58 A2
Bouafles (27)............................36 A5
Bouan (09)...............................307 H5
Bouaye (44).............................123 F5
Boubers-lès-Hesmond (62)............4 D6
Boubers-sur-Canche (62)..............9 K3
Boubiers (60).............................37 F5
Bouc-Bel-Air (13)......................296 C2
Boucagnères (32)......................286 D1
Boucau (64).............................262 A6
Boucé (03)...............................185 J1
Boucé (61)................................54 B6
le Bouchage (16)......................179 J4
le Bouchage (38)......................207 H3
Bouchain (59)............................12 B3
Bouchamps-lès-Craon (53).........104 C4
le Bouchaud (03)......................186 C1
Bouchavesnes-Bergen (80)...........19 G1
Bouchemaine (49).....................125 F4
Boucheporn (57)........................45 K5
Bouchet (26)............................256 E3
le Bouchet-Mont-Charvin (74).....209 F1
le Bouchet-Saint-Nicolas (43)......238 B2
Bouchevilliers (27).....................36 D2
Bouchoir (80)............................18 E4
Bouchon (80)...............................9 H6
le Bouchon-sur-Saulx (55)...........64 B6
les Bouchoux (39).....................190 B1
Bouchy-Saint-Genest (51)...........61 F6
Boucieu-le-Roi (07)...................221 K5
Bouclans (25)...........................138 B6
Boucoiran-et-Nozières (30).........274 E1
Bouconville (08)........................42 C4
Bouconville-sur-Madt (55)...........65 F3
Bouconville-Vauclair (02)............40 C2
Bouconvillers (60).....................37 F5
Boucq (54)................................65 G5
Boudes (63).............................202 E6
Boudeville (76)..........................15 H4
Boudou (82).............................248 E6
Boudrac (31)............................286 C6
Boudreville (21)........................115 H4
Boudy-de-Beauregard (47).........231 K6
Boué (02)..................................12 E6
Bouée (44)...............................122 D2
Boueilh-Boueilho-Lasque (64)....284 D1
Bouelles (76)..............................16 D4
Bouër (72)...............................107 H2
Bouère (53).............................105 H4
Bouessay (53)..........................105 J4
Bouesse (36)............................165 H3
Bouëx (16)...............................197 F4
la Bouëxière (35)........................79 J3
Bouffémont (95)........................58 E1
Boufféré (85)...........................142 A3
Bouffignereux (02).....................40 D3
Boufflers (80).............................9 H3
Bouffry (41).............................108 C2
Bougainville (80)........................17 J2
Bougarber (64).........................284 B3
Bougé-Chambalud (38).............222 B2
Bouges-le-Château (36)..............147 K3
Bougey (70).............................117 H5
Bougival (78).............................58 C3
Bouglainval (28).........................85 G1
Bougligny (77)...........................87 H6
Bouglon (47)............................247 F2
Bougneau (17)..........................195 H4
Bougnon (70)...........................118 A6
Bougon (79).............................162 A6
Bougue (40).............................265 H2
Bouguenais (44).......................123 F4
Bougy (14)................................32 C5
Bougy-lez-Neuville (45).............110 B2
Bouhans (71)............................172 D1
Bouhans-et-Feurg (70)...............136 E3
Bouhans-lès-Lure (70)...............118 D6
Bouhans-lès-Montbozon (70).....138 C3
Bouhet (17)..............................177 F2

Bouhey (21).............................153 J1
Bouhy (58)...............................132 C4
Bouilh-devant (65)....................285 K4
Bouilh-Péreuilh (65)..................285 J4
Bouilhonnac (11).......................290 C5
Bouillac (12)............................234 E6
Bouillac (24)............................232 C3
Bouillac (82)............................268 C3
la Bouilladisse (13)...................296 E3
Bouillancourt-en-Séry (80)...........16 E2
Bouillancourt-la-Bataille (80).......18 D5
Bouillancy (60)..........................38 E6
Bouilland (21)...........................153 K2
Bouillargues (30)......................275 G4
la Bouille (76)............................35 G3
Bouillé-Courdault (85)...............160 E5
Bouillé-Loretz (79)....................144 A2
Bouillé-Ménard (49)..................104 C5
Bouillé-Saint-Paul (79)...............143 K3
le Bouillon (61)..........................82 D1
Bouillon (64)............................284 B1
Bouillonville (54).......................65 H2
Bouilly (10)................................90 A6
Bouilly (51)................................40 D5
Bouilly-en-Gâtinais (45)............110 D2
Bouin (79)...............................178 B3
Bouin (85)...............................140 D3
Bouin-Plumoison (62)...................9 H2
Bouisse (11)............................309 G3
Bouix (21)...............................114 E4
Boujailles (25).........................156 C5
Boujan-sur-Libron (34)..............292 A4
Boulages (10)............................89 K1
Boulaincourt (88).......................93 K3
Boulancourt (77)........................87 F5
Boulange (57)............................44 C2
Boulaur (32)............................286 E1
le Boulay (37)..........................127 K2
Boulay-les-Barres (45)..............109 J3
Boulay-les-Ifs (53).....................82 B3
le Boulay-Morin (27)...................35 J6
Boulay-Moselle (57)...................45 H5
la Boulaye (71).........................170 B1
Boulazac Isle Manoire (24).........214 A4
Boulbon (13)............................275 K3
Boulc (26)...............................241 K4
Boule-d'Amont (66)...................314 D3
Bouleternère (66).....................314 D2
Bouleurs (77)............................59 K3
Bouleuse (51)............................40 D5
Bouliac (33).............................229 H2
Boulieu-lès-Annonay (07)...........221 K3
Bouligneux (01)........................188 D5
Bouligney (70)..........................118 B4
Bouligny (55)............................44 B3
Boulin (65)..............................285 H5
Boullarre (60)............................39 F6
le Boullay-les-Deux-Églises (28)...56 E6
Boullay-les-Troux (91)................58 B6
le Boullay-Mivoye (28)................57 F6
le Boullay-Thierry (28)................57 F6
Boulleret (18)..........................131 K4
Boulleville (27)..........................34 B3
Bouloc (31)..............................269 F4
Bouloc (82)..............................249 G3
Boulogne-Billancourt (92)...........58 D4
Boulogne-la-Grasse (60).............18 E6
Boulogne-sur-Gesse (31)............286 C6
Boulogne-sur-Helpe (59).............13 G5
Boulogne-sur-Mer (62)..................4 B3
Bouloire (72)............................107 H3
Boulon (14)...............................32 D6
Boulot (70)..............................137 J5
le Boulou (66)..........................315 G4
Boult (70)................................137 K4
Boult-aux-Bois (08)....................42 C2
Boult-sur-Suippe (51).................41 G3
le Boulvé (46)..........................249 G3
Boulzicourt (08).........................22 D4
Boumourt (64)..........................284 B2
Bouniagues (24).......................231 J3
le Boupère (85)........................142 D6
Bouquehault (62)........................2 B4
Bouquelon (27)..........................34 C2
Bouquemaison (80)....................10 B4
Bouquemont (55).......................64 D2
Bouquet (30)............................255 J5
Bouquetot (27)..........................34 E3
Bouqueval (95)..........................59 F1
Bouranton (10)..........................90 B5
Bouray-sur-Juine (91).................86 D2
Bourbach-le-Bas (68)................119 K5
Bourbach-le-Haut (68)...............119 J5
Bourberain (21)........................136 C3
Bourbévelle (70).......................117 J3
Bourbon-Lancy (71)..................169 J3
Bourbon-l'Archambault (03).......168 B3
Bourbonne-les-Bains (52)...........117 G3
la Bourboule (63).....................201 K4
Bourbourg (59)...........................3 G3
Bourbriac (22)...........................48 C6
Bourcefranc-le-Chapus (17).......176 C6
Bourcia (39).............................172 E6
Bourcq (08)...............................42 A3
Bourdainville (76).......................15 H5
Bourdalat (40)..........................265 K3
Bourdeau (73)..........................208 A3
Bourdeaux (26).........................241 F5
Bourdeilles (24)........................213 J2
le Bourdeix (24)........................197 J4
Bourdenay (10)..........................89 J3
le Bourdet (79)........................177 J1

Bourdettes (64)........................284 D5
Bourdic (30)............................275 F2
la Bourdinière-Saint-Loup (28)...85 F4
Bourdon (80)............................17 J1
Bourdonnay (57)........................67 F5
Bourdonné (78).........................57 H5
Bourdons-sur-Rognon (52)..........92 C6
Bourecq (62)...............................5 J5
Bouresches (02).........................60 D1
Bouresse (86)...........................163 H6
Bouret-sur-Canche (62)...............10 A3
Boureuilles (55).........................42 E5
Bourg (33)...............................211 G5
Bourg (52)...............................116 C5
le Bourg (46)............................234 C4
Bourg-Achard (27)......................35 F3
Bourg-Archambault (86).............164 B6
Bourg-Argental (42)..................221 J2
Bourg-Beaudouin (27).................35 K3
Bourg-Blanc (29).......................72 D3
Bourg-Bruche (67)......................95 K3
Bourg-Charente (16)..................196 A3
Bourg-de-Bigorre (65)...............304 D1
Bourg-de-Péage (26).................222 D5
Bourg-de-Sirod (39)..................173 K1
Bourg-de-Visa (82)...................248 E4
Bourg-des-Comptes (35)..............79 F6
Bourg-des-Maisons (24).............213 H2
le Bourg-d'Hem (23)..................182 C1
le Bourg-d'Iré (49)....................104 C6
le Bourg-d'Oisans (38)...............224 D5
Bourg-d'Oueil (31)....................305 F4
le Bourg-Dun (76)......................15 H2
Bourg-en-Bresse (01)................189 F2
Bourg-et-Comin (02)...................40 B3
Bourg-Fidèle (08).......................22 B2
Bourg-la-Reine (92)....................58 E5
Bourg-Lastic (63)......................201 H4
Bourg-le-Comte (71).................186 D1
Bourg-le-Roi (72).......................82 D4
Bourg-l'Évêque (49)..................104 C5
Bourg-Madame (66)..................313 G6
Bourg-Saint-Andéol (07)............256 C2
Bourg-Saint-Bernard (31)...........269 J6
Bourg-Saint-Christophe (01).....189 F6
le Bourg-Saint-Léonard (61).........54 D4
Bourg-Saint-Maurice (73)...........209 K3
Bourg-Sainte-Marie (52)..............92 E6
Bourg-sous-Châtelet (90)...........119 J6
Bourgaltroff (57)........................68 A4
Bourganeuf (23).......................182 B6
Bourgbarré (35).........................79 G5
Bourgeauville (14)......................33 J4
Bourges (18)............................149 G3
le Bourget (93)..........................59 F3
le Bourget-du-Lac (73)..............208 A3
Bourget-en-Huile (73)...............208 E5
Bourgheim (67)..........................71 B3
Bourghelles (59)..........................7 F5
Bourgnac (24)..........................213 G6
Bourgneuf (17)..........................176 E2
Bourgneuf (73).........................208 E4
le Bourgneuf-la-Forêt (53)..........80 C6
Bourgogne (51)..........................41 F3
Bourgoin-Jallieu (38).................206 E4
Bourgon (53)..............................80 C6
la Bourgonce (88)......................95 G4
Bourgougnague (47).................231 H5
Bourgs sur Colagne (48)............253 H1
Bourguébus (14)........................32 E5
Bourgueil (37)..........................126 D6
Bourguenolles (50)......................52 A3
le Bourguet (83).......................279 J3
Bourguignon (25)......................139 G4
Bourguignon-lès-Conflans (70)....118 A5
Bourguignon-lès-la-Charité (70)..137 J3
Bourguignon-lès-Morey (70).......117 G6
Bourguignon-sous-Coucy (02).....39 G1
Bourguignon-sous-
   -Montbavin (02)......................40 A1
Bourguignons (10)....................114 D1
Bourgvallées (50).......................31 G4
Bourgvilain (71)........................171 G6
Bourideys (33).........................246 A2
Bourièje (11)............................308 D3
Bourigeole (11)........................308 D3
Bourisp (65)............................304 E4
Bourlens (47)...........................248 E2
Bourlon (62)..............................11 H4
Bourmont entre Meuse et
   Mouzon (52)...........................93 F6
Bournainville-Faverolles (27)....34 C6
Bournan (37)...........................146 A3
Bournand (86)..........................144 D2
Bournazel (12).........................251 H1
Bournazel (81).........................250 E6
Bourneau (85)..........................160 D3
Bournel (47).............................231 K5
Bourneville-Sainte-Croix (27)....34 D2
Bournezeau (85).......................160 A2
Bourniquel (24).........................232 B2
Bournois (25)...........................138 E3
Bournoncle-Saint-Pierre (43)....219 F2
Bournonville (62)........................4 D3
Bournos (64)............................284 C2
Bourogne (90)..........................139 J2
Bourran (47)............................247 J3
Bourréac (65)...........................304 B1
Bourret (82).............................268 D2
Bourriot-Bergonce (40).............246 C5
Bourron-Marlotte (77)................87 H4
Bourrou (24)............................213 J5

Bourrouillan (32) 266 B3
Bours (62) 10 B1
Bours (65) 285 H4
Boursault (51) 61 J1
Boursay (41) 108 B2
Bourscheid (57) 67 K4
Bourseul (22) 50 B5
Bourseville (80) 8 D5
Boursières (70) 137 K2
Boursies (59) 11 H5
Boursin (62) 4 D2
Boursonne (60) 39 F5
Bourth (27) 56 A4
Bourthes (62) 4 D4
Bourville (76) 15 H3
Boury-en-Vexin (60) 36 D4
Bousbach (57) 68 C2
Bousbecque (59) 6 E2
le Bouscat (33) 229 H1
Bousies (59) 12 E4
Bousignies (59) 12 B1
Bousignies-sur-Roc (59) 13 K3
le Bousquet (11) 308 D6
le Bousquet-d'Orb (34) 272 D5
Boussac (12) 251 J4
Boussac (23) 166 D6
la Boussac (35) 51 G5
Boussac (46) 234 C5
Boussac-Bourg (23) 166 D6
Boussais (79) 144 A5
Boussan (31) 287 F5
Boussay (37) 146 B6
Boussay (44) 142 B2
Bousse (57) 45 F3
Bousse (72) 106 B5
Bousselange (21) 154 E4
Boussenac (09) 307 F4
Boussenois (21) 136 B2
Boussens (31) 287 G6
Bousseraucourt (70) 117 J3
Boussès (47) 247 F5
Bousseviller (57) 69 H2
Boussey (21) 135 F5
Boussicourt (80) 18 D3
Boussières (25) 156 A2
Boussières-en-Cambrésis (59) .. 12 B4
Boussières-sur-Sambre (59) 13 G3
Boussois (59) 13 H3
Boussy (74) 190 D6
Boussy-Saint-Antoine (91) 59 G6
Boust (57) 45 F2
Boustroff (57) 66 E1
Bout-du-Pont-de-Larn (81) 290 B2
Boutancourt (08) 22 D4
Boutavent (60) 17 F5
la Bouteille (02) 21 G2
Bouteilles-Saint-Sébastien (24) .. 213 F1
Boutenac (11) 309 K1
Boutenac-Touvent (17) 194 E5
Boutencourt (60) 36 E3
Boutervilliers (91) 86 B3
Bouteville (16) 196 B4
Boutiers-Saint-Trojan (16) 195 K2
Boutigny (77) 59 K3
Boutigny-Prouais (28) 57 H5
Boutigny-sur-Essonne (91) 86 E3
Bouttencourt (80) 16 E1
Boutteville (50) 29 G5
Boutx (31) 305 J3
Bouvaincourt-sur-Bresle (80) ... 8 D6
Bouvancourt (51) 40 D3
Bouvante (26) 223 F6
Bouvelinghem (62) 4 E3
Bouvellemont (08) 22 C6
Bouverans (21) 156 D5
Bouvesse-Quirieu (38) 207 G2
Bouvières (26) 241 F6
Bouvignies (59) 11 K1
Bouvigny-Boyeffles (62) 10 E1
Bouville (28) 85 F5
Bouville (76) 15 H6
Bouville (91) 86 D3
Bouvincourt-en-
-Vermandois (80) 19 H2
Bouvines (59) 7 H5
Bouvresse (60) 17 F5
Bouvron (44) 122 D1
Bouvron (54) 65 H5
Boux-sous-Salmaise (21) 135 G4
Bouxières-aux-Bois (88) 94 C5
Bouxières-aux-Chênes (54) 66 B4
Bouxières-aux-Dames (54) 66 A4
Bouxières-sous-Froidmont (54) .. 65 K2
Bouxurulles (88) 94 B4
Bouxwiller (67) 69 H6
Bouxwiller (68) 97 C5
Bouy (51) 41 J6
Bouy-Luxembourg (10) 90 C4
Bouy-sur-Orvin (10) 89 F3
Bouyon (06) 280 E3
le Bouyssou (46) 234 C4
Bouzais (18) 167 F2
Bouzancourt (52) 91 J4
Bouzanville (54) 93 K3
Bouze-lès-Beaune (21) 153 K3
Bouzel (63) 203 F2
Bouzemont (88) 94 B5
Bouzeron (71) 153 J5
Bouzic (24) 233 F4
Bouziès (46) 250 B1
Bouzigues (34) 292 E3
Bouzin (31) 287 F6
Bouzincourt (80) 10 D6
Bouzon-Gellenave (32) 266 B5

Bouzonville (57) 45 J3
Bouzonville-aux-Bois (45) 110 D2
Bouzy (51) 41 G6
Bouzy-la-Forêt (45) 110 E5
Bovée-sur-Barboure (55) 64 E6
Bovel (35) 78 D6
Bovelles (80) 17 K2
Boves (80) 18 B3
Boviolles (55) 64 D6
Boyaval (62) 5 H6
Boyelles (62) 11 F4
Boyer (42) 187 F4
Boyer (71) 171 K3
Boyeux-Saint-Jérôme (01) 189 J4
Boynes (45) 110 E1
Boz (01) 171 K5
Bozas (07) 221 K5
Bozel (73) 209 H3
Bozouls (12) 252 C1
Brabant-en-Argonne (55) 43 F6
Brabant-le-Roi (55) 63 J4
Brabant-sur-Meuse (55) 43 G4
Brach (33) 210 D5
Brachay (52) 91 K4
Braches (80) 18 C4
Brachy (76) 15 J3
Bracieux (41) 129 G3
Bracon (39) 156 A4
Bracquetuit (76) 16 A5
Bradiancourt (76) 16 C5
Bragassargues (30) 274 D2
Bragayrac (31) 287 H2
Brageac (15) 217 F4
Bragelogne-Beauvoir (10) 114 C3
Bragny-sur-Saône (71) 154 C5
Braillans (25) 138 A5
Brailly-Cornehotte (80) 9 H4
Brain (21) 135 F4
Brain-sur-Allonnes (49) 126 C5
Brainans (39) 155 H5
Braine (02) 40 A3
Brains (44) 122 E4
Brains-sur-Gée (72) 106 B2
Brains-sur-les-Marches (53) .. 104 A3
Brainville (50) 30 D3
Brainville (54) 44 B5
Brainville-sur-Meuse (52) 93 F6
Braisnes-sur-Aronde (60) 38 D2
Braize (03) 167 H2
Bralleville (54) 94 A3
Bram (11) 289 J5
Bramans (73) 226 A3
Brametot (76) 15 H3
Bramevaque (65) 305 G2
Bran (17) 212 A1
Branceilles (19) 215 K6
Branches (89) 113 F4
Brancourt-en-Laonnois (02) 39 K1
Brancourt-le-Grand (02) 20 A1
Brandérion (56) 100 B3
Brandeville (55) 43 G2
Brandivy (56) 100 D3
Brando (2B) 317 E4
Brandon (71) 171 G6
Brandonnet (12) 251 G2
Brandonvillers (51) 91 F1
Branges (71) 172 C2
Brangues (38) 207 H3
Brannay (89) 88 B6
Branne (25) 138 E4
Branne (33) 230 B2
Brannens (33) 230 B6
Branoux-les-Taillades (30) 255 F4
Brans (39) 155 G1
Bransat (03) 185 G1
Branscourt (51) 40 D4
Bransles (77) 111 J1
Brantes (84) 257 J4
Brantigny (88) 94 B4
Brantôme en Périgord (24) 213 K1
Branville (14) 33 H4
Branville-Hague (50) 28 B2
Braquis (55) 44 A5
Bras (83) 297 J2
Bras-d'Asse (04) 278 E2
Bras-sur-Meuse (55) 43 H5
Brasc (12) 271 H2
Braslou (37) 145 G4
Brasles (02) 60 E1
Brasparts (29) 74 E2
Brassac (09) 307 G3
Brassac (81) 271 G6
Brassac (82) 248 E4
Brassac-les-Mines (63) 219 F1
Brassempouy (40) 264 E5
Brasseuse (60) 38 C4
Brassy (58) 133 K6
Brassy (80) 17 J4
Bratte (54) 66 A4
Braud-et-Saint-Louis (33) 211 G2
Brauvilliers (55) 92 A1
Braux (04) 280 A1
Braux (10) 90 E2
Braux (21) 134 E4
Braux-le-Châtel (52) 115 J1
Braux-Saint-Remy (51) 63 H1
Braux-Sainte-Cohière (51) 42 C7
Brax (31) 268 E6
Brax (47) 248 A4
Bray (27) 35 F6
Bray (71) 171 H4
Bray-Dunes (59) 3 J1
Bray-en-Val (45) 110 E5
Bray-et-Lû (95) 36 D6

Bray-lès-Mareuil (80) 9 G6
Bray-Saint-Christophe (02) 19 J4
Bray-sur-Seine (77) 88 C3
Bray-sur-Somme (80) 18 E1
Braye (02) 39 J2
Braye-en-Laonnois (02) 40 B2
Braye-en-Thiérache (02) 21 G3
Braye-sous-Faye (37) 145 G4
Braye-sur-Maulne (37) 126 E2
Brazey-en-Morvan (21) 152 E2
Brazey-en-Plaine (21) 154 D2
Bréal-sous-Montfort (35) 78 E5
Bréal-sous-Vitré (35) 104 C1
Bréançon (95) 37 G6
Bréau (77) 87 K2
Bréau-et-Salagosse (30) 273 H2
Bréauté (76) 14 D5
Bréban (51) 90 D1
Brebières (62) 11 H2
Brebotte (90) 139 J2
Brécé (35) 79 H4
Brécé (53) 80 E3
Brécey (50) 52 B4
Brech (56) 100 D4
Brechainville (88) 92 E4
Bréchamps (28) 57 G6
Bréchaumont (68) 119 K6
Brèches (37) 127 F2
Breconchaux (25) 138 C5
Brécy (02) 39 K6
Brécy (18) 149 J2
Brécy-Brières (08) 42 C3
la Brède (33) 229 H4
Brée (53) 81 H6
la Brée-les-Bains (17) 176 B4
Brégnier-Cordon (01) 207 J3
Brégy (60) 59 K1
Bréhain (57) 66 D2
Bréhain-la-Ville (54) 44 C2
Bréhal (50) 30 D6
Bréhan (56) 77 G6
Bréhand (22) 77 H2
Bréhémont (37) 127 F6
Bréhéville (55) 43 H2
Breidenbach (57) 69 G2
Breil (49) 126 D3
le Breil-sur-Mérize (72) 107 G2
Breil-sur-Roya (06) 281 J1
la Breille-les-Pins (49) 126 C5
Breilly (80) 17 K1
Breistroff-la-Grande (57) 45 F1
Breitenau (67) 96 B1
Breitenbach (67) 70 B2
Breitenbach-Haut-Rhin (68) .. 119 K2
Brélès (29) 72 C3
Brélidy (22) 48 C1
Brem-sur-Mer (85) 158 D2
Bréménil (54) 95 H1
Brêmes (62) 2 E1
Bremoncourt (25) 139 K4
Brémoncourt (54) 94 C2
Bremondans (25) 138 D6
Brémontier-Merval (76) 36 C1
Brémoy (14) 53 F1
Brémur-et-Vaurois (21) 115 F6
Bren (26) 222 C4
Brenas (34) 272 E6
Brenat (63) 203 F5
Brénaz (01) 190 B5
Brenelle (02) 40 A3
Brengues (46) 234 B6
Brennes (52) 116 C5
Brennilis (29) 75 F1
Brénod (01) 189 K4
Brenon (83) 279 J4
Brenouille (60) 38 B4
Brenoux (48) 254 A1
Brens (01) 207 J2
Brens (81) 270 B3
Brenthonne (74) 191 H1
Breny (02) 39 J5
la Bréole (04) 259 J1
Brères (25) 155 K3
Bréry (39) 155 H6
Bresdon (17) 178 C6
les Bréseux (25) 139 H5
Bresilley (70) 137 G6
Bresle (80) 18 D1
Bresles (60) 37 J2
Bresnay (03) 185 G5
la Bresse (88) 119 H2
Bresse-sur-Grosne (71) 171 H3
Bressey-sur-Tille (21) 136 B6
Bressieux (38) 223 F2
Bressolles (01) 206 D1
Bressolles (03) 168 D4
Bressols (82) 249 F4
Bresson (38) 224 A4
Bressuire (79) 143 J5
Brest (29) 72 D4
Brestot (27) 34 E3
Bretagne (36) 147 K4
Bretagne (90) 139 J1
Bretagne-d'Armagnac (32) ... 266 C2
Bretagne-de-Marsan (40) 265 G3
Bretagnolles (27) 57 F2
Breteau (45) 131 K1
Breteil (35) 78 D3
Bretenière (21) 154 C1
la Bretenière (25) 138 C4
la Bretenière (39) 155 H2
Bretenières (39) 155 G5
Bretenoux (46) 234 B1
Breteuil (27) 56 B4

Breteuil (60) 18 A5
Brethel (61) 55 H5
Brethenay (52) 116 A1
le Brethon (03) 167 H4
Bretigney (25) 139 F3
Bretigney-Notre-Dame (25) .. 138 C5
Bretignolles (79) 143 H5
Bretignolles-sur-Mer (85) 158 D2
Bretigny (21) 136 A4
Brétigny (27) 34 D5
Brétigny-sur-Orge (91) 86 E1
Bretoncelles (61) 84 A3
la Bretonnière-la-Claye (85) .. 159 K4
Bretonvillers (25) 139 F6
Brette (25) 241 G5
Brette-les-Pins (72) 107 F4
Bretten (68) 119 K6
Brettes (16) 178 E4
Bretteville (50) 28 D2
Bretteville-du-Grand-Caux (76) .. 14 D5
Bretteville-le-Rabet (14) 54 A1
Bretteville-l'Orgueilleuse (14) .. 32 C4
Bretteville-Saint-Laurent (76) .. 15 H3
Bretteville-sur-Ay (50) 30 C1
Bretteville-sur-Dives (14) 54 C1
Bretteville-sur-Laize (14) 32 E6
Bretteville-sur-Odon (14) 32 D5
Brettnach (57) 45 J4
Bretx (31) 268 D5
Breuches (70) 118 C5
Breuchotte (70) 118 D4
Breugnon (58) 132 E4
le Breuil (03) 186 A3
Breuil (51) 40 C4
le Breuil (51) 61 G2
le Breuil (69) 187 K6
le Breuil (71) 171 F1
Breuil (80) 19 G4
Breuil-Barret (85) 160 E2
le Breuil-Bernard (79) 161 G1
Breuil-Bois-Robert (78) 57 J2
le Breuil-en-Auge (14) 33 K4
le Breuil-en-Bessin (14) 31 K1
Breuil-la-Réorte (17) 177 H3
Breuil-le-Sec (60) 38 A3
Breuil-le-Vert (60) 38 A3
Breuil-Magné (17) 176 E4
le Breuil-sur-Couze (63) 202 E6
Breuilaufa (87) 181 F4
Breuilh (24) 214 A5
Breuillet (17) 194 C2
Breuillet (91) 86 C1
Breuilpont (27) 57 F2
Breurey-lès-Faverney (70) 118 A5
Breuschwickersheim (67) 71 C1
Breuvannes-en-Bassigny (52) .. 117 F1
Breuvery-sur-Coole (51) 62 C3
Breuville (50) 28 C3
Breux (55) 23 K6
Breux-Jouy (91) 86 C2
Breux-sur-Avre (27) 56 C5
Brévainville (41) 108 E3
Bréval (78) 57 G2
Brévands (50) 29 G6
Brevans (39) 155 G2
le Brévedent (14) 34 A4
les Bréviaires (78) 57 K5
Bréviandes (10) 90 B5
Bréville (16) 195 K1
Bréville-les-Monts (14) 33 H4
Bréville-sur-Mer (50) 30 C6
Brévillers (62) 9 H2
Brévillers (80) 10 B4
Brevilliers (70) 139 G2
Brévilly (08) 23 G5
Brévonnes (10) 90 D4
Bréxent-Énocq (62) 4 C6
Brey-et-Maison-du-Bois (25) .. 174 C1
Brézé (49) 144 C1
Bréziers (05) 259 H1
Brézilhac (11) 289 J6
Brézins (38) 223 F1
Brezolles (28) 56 C5
Brezons (15) 236 B1
Briançon (05) 227 A1
Briançonnet (06) 280 A2
Brianny (21) 134 D2
Briant (71) 187 F1
Briantes (36) 166 B4
Briare (45) 131 H2
Briarres-sur-Essonne (45) 87 F6
Brias (62) 10 B1
Briastre (59) 12 C4
Briatexte (81) 270 B4
Briaucourt (52) 92 B6
Briaucourt (70) 118 B5
Bricon (52) 115 K2
Briconville (28) 85 F2
Bricquebec-en-Cotentin (50) .. 28 C4
Bricquebosq (50) 28 C3
Bricqueville (14) 31 J1
Bricqueville-la-Blouette (50) ... 30 D4
Bricqueville-sur-Mer (50) 30 D5
Bricy (45) 109 J3
Brides-les-Bains (73) 209 H5
la Bridoire (73) 207 K5
Bridoré (37) 146 D3
Brie (02) 20 B6
Brie (09) 288 C6
Brie (16) 196 E2
Brie (35) 79 H6
Brie (79) 144 C4

Brie (80) 19 G2
Brie-Comte-Robert (77) 59 G6
Brié-et-Angonnes (38) 224 A4
Brie-sous-Archiac (17) 195 K5
Brie-sous-Barbezieux (16) 196 C6
Brie-sous-Chalais (16) 212 C2
Brie-sous-Matha (17) 196 A1
Brie-sous-Mortagne (17) 194 E5
Briec (29) 74 E4
Briel-sur-Barse (10) 90 D6
Brielles (35) 104 B2
Brienne (71) 172 A4
Brienne-la-Vieille (10) 90 E4
Brienne-le-Château (10) 90 E4
Brienne-sur-Aisne (08) 41 F2
Briennon (42) 186 E3
Brienon-sur-Armançon (89) .. 113 G3
Brières-les-Scellés (91) 86 C3
Brieuil-sur-Chizé (79) 178 B3
Brieulles-sur-Bar (08) 42 C1
Brieulles-sur-Meuse (55) 43 F3
Brieux (61) 54 B3
Briey (54) 44 C4
Briffons (63) 201 J3
Brignac (34) 273 G6
Brignac (56) 77 K5
Brignac-la-Plaine (19) 215 G4
Brignais (69) 205 K3
Brignancourt (95) 37 F6
Brigné (49) 125 H6
Brignemont (31) 268 B4
Brignogan-Plage (29) 46 B3
Brignoles (83) 297 K3
Brignon (30) 274 C2
le Brignon (43) 238 C1
la Brigue (06) 311 C3
Brigueil-le-Chantre (86) 164 C6
Brigueuil (16) 180 C5
Briis-sous-Forges (91) 86 C1
Brillac (16) 180 C4
la Brillanne (04) 278 B2
Brillecourt (10) 90 D3
Brillevast (50) 28 E2
Brillon (59) 12 B1
Brillon-en-Barrois (55) 64 A5
Brimeux (62) 9 G1
Brimont (51) 41 F3
Brin-sur-Seille (54) 66 C4
Brinay (18) 148 D2
Brinay (58) 151 J4
Brinckheim (68) 97 D4
Brindas (69) 205 J3
Bringolo (22) 48 E5
Brinon-sur-Beuvron (58) 133 F6
Brinon-sur-Sauldre (18) 130 D3
Briod (39) 173 G2
Briollay (49) 125 G2
Brion (01) 189 K3
Brion (36) 147 K4
Brion (38) 223 G2
Brion (48) 236 E3
Brion (71) 152 D5
Brion (86) 163 F6
Brion (89) 113 F3
Brion-près-Thouet (79) 144 B3
Brion-sur-Ource (21) 115 G4
la Brionne (23) 182 C3
Brionne (27) 34 E5
Briord (01) 207 G2
Briosne-lès-Sables (72) 83 F6
Briot (60) 17 H5
Briou (41) 109 F5
Brioude (43) 219 G2
Brioux-sur-Boutonne (79) 178 C3
Briouze (61) 53 J5
Briquemesnil-Floxicourt (80) .. 17 J2
Briquenay (08) 42 D2
Briscous (64) 282 D1
Brison-Saint-Innocent (73) ... 208 B2
Brissac (34) 273 K3
Brissac-Quincé (49) 125 H5
Brissarthe (49) 105 H6
Brissay-Choigny (02) 20 A4
Brissy-Hamégicourt (02) 20 A4
Brive-la-Gaillarde (19) 215 H4
Brives (36) 148 C6
Brives-Charensac (43) 220 C5
Brives-sur-Charente (17) 195 H3
Brivezac (19) 216 B6
Brix (50) 28 D3
Brixey-aux-Chanoines (55) 93 G2
Brizambourg (17) 195 H1
Brizay (37) 145 G2
Brizeaux (55) 63 K2
Brizon (74) 191 H4
le Broc (06) 280 E3
Broc (49) 126 D2
le Broc (63) 202 E6
Brocas (40) 245 J6
Brochon (21) 154 B1
Brocourt (80) 17 G2
Brocourt-en-Argonne (55) 43 F6
Broglie (27) 55 H1
Brognard (25) 139 H2
Brognon (08) 21 K2
Brognon (21) 136 B4
Broin (21) 154 C2
Broindon (21) 154 C1
Broissia (39) 173 F6
Brombos (60) 17 H5
Bromeilles (45) 87 F6
Brommat (12) 236 A3
Bromont-Lamothe (63) 202 A1
Bron (69) 206 B2

Bronvaux (57) ... 44 E5
Broons (22) ... 78 A1
la Broque (67) ... 70 A5
Broquiers (60) ... 17 G5
Broquiès (12) ... 271 J1
Brossac (16) ... 212 C1
Brossainc (07) ... 221 K2
Brossay (49) ... 144 B1
la Brosse-Montceaux (77) ... 88 A4
Brosses (89) ... 133 H3
Brosville (27) ... 35 H6
Brotte-lès-Luxeuil (70) ... 118 C5
Brotte-lès-Ray (70) ... 137 G2
Brou (28) ... 84 D6
Brou-sur-Chantereine (77) ... 59 G3
Brouains (50) ... 52 D4
Broualan (35) ... 51 G5
Brouay (14) ... 32 C4
Brouchaud (24) ... 214 C3
Brouchy (80) ... 19 J4
Brouck (57) ... 45 J5
Brouckerque (59) ... 3 G2
Brouderdorff (57) ... 67 J5
Broué (28) ... 57 G5
Brouennes (55) ... 43 G1
le Brouilh-Monbert (32) ... 267 F5
Brouilla (66) ... 315 G3
Brouillet (51) ... 40 C5
Brouqueyran (33) ... 230 B6
la Brousse (17) ... 178 A4
Brousse (23) ... 183 J5
Brousse (63) ... 203 G4
Brousse (81) ... 270 C5
Brousse-le-Château (12) ... 271 J1
Brousses-et-Villaret (11) ... 289 K4
Brousseval (52) ... 91 J2
Broussey-en-Blois (55) ... 64 E6
Broussey-Raulecourt (55) ... 65 F4
Broussy-le-Grand (51) ... 61 J4
Broussy-le-Petit (51) ... 61 J4
Broût-Vernet (03) ... 185 G3
Brouvelieures (88) ... 95 F5
Brouville (54) ... 95 F2
Brouviller (57) ... 67 K4
Brouy (91) ... 86 D5
Brouzet-lès-Alès (30) ... 255 H5
Brouzet-lès-Quissac (30) ... 274 C3
les Brouzils (85) ... 142 A4
Broxeele (59) ... 3 H4
Broye (71) ... 152 E5
Broye-Aubigney-
  -Montseugny (70) ... 136 E5
Broye-les-Loups-
  -et-Verfontaine (70) ... 136 D4
Broyes (51) ... 61 H5
Broyes (60) ... 18 C5
Broze (81) ... 270 A2
Brû (88) ... 95 F4
Bruailles (71) ... 172 C3
Bruay-la-Buissière (62) ... 5 K6
Bruay-sur-l'Escaut (59) ... 12 D1
Bruc-sur-Aff (35) ... 102 C2
Brucamps (80) ... 9 J5
Bruch (47) ... 247 J4
Brucheville (50) ... 29 G6
Brucourt (14) ... 33 G4
Brue-Auriac (83) ... 297 J1
Bruebach (68) ... 97 C3
Brueil-en-Vexin (78) ... 57 K1
Bruère-Allichamps (18) ... 167 F1
la Bruère-sur-Loir (72) ... 127 F1
la Bruffière (85) ... 142 B3
Brugairolles (11) ... 308 C1
le Brugeron (63) ... 203 K3
Bruges (33) ... 229 G1
Bruges-Capbis-Mifaget (64) ... 284 D6
Brugheas (03) ... 185 H4
Brugnac (47) ... 247 K1
Brugnens (32) ... 267 J3
Brugny-Vaudancourt (51) ... 61 J2
la Bruguière (30) ... 255 K6
Bruguières (31) ... 269 F5
Bruille-lez-Marchiennes (59) ... 11 K2
Bruille-Saint-Amand (59) ... 7 H6
Bruis (05) ... 258 A1
Brûlain (79) ... 178 B2
les Brulais (35) ... 102 C1
Brulange (57) ... 66 D2
la Brûlatte (53) ... 104 D1
Bruley (54) ... 65 H5
Brullemail (61) ... 55 F6
Brullioles (69) ... 205 H2
Brûlon (72) ... 105 K3
Brumath (67) ... 25 A5
Brumetz (02) ... 39 G6
Brunehamel (02) ... 21 J4
Brunelles (28) ... 84 A4
les Brunels (11) ... 289 H3
Brunembert (62) ... 4 D3
Brunémont (59) ... 11 J2
Brunet (04) ... 278 D2
Bruniquel (82) ... 269 J1
Brunoy (91) ... 59 F6
Brunstatt-Didenheim (68) ... 97 B2
Brunvillers-la-Motte (60) ... 18 C6
Brusque (12) ... 272 B4
le Brusquet (04) ... 259 J5
Brussey (70) ... 137 H5
Brussieu (69) ... 205 H2
Brusson (51) ... 63 G5
Brusvily (22) ... 50 C6
Brutelles (80) ... 8 D5
Bruville (54) ... 44 C5
Brux (86) ... 179 G2

la Bruyère (70) ... 118 D4
Bruyères (88) ... 95 F5
Bruyères-et-Montbérault (02) ... 40 D1
Bruyères-le-Châtel (91) ... 86 C1
Bruyères-sur-Fère (02) ... 39 K5
Bruyères-sur-Oise (95) ... 37 K6
Bruys (02) ... 40 A4
Bruz (35) ... 79 F5
Bry (59) ... 12 E2
Bry-sur-Marne (94) ... 59 G4
Bû (28) ... 57 G4
le Bû-sur-Rouvres (14) ... 54 A1
Buais-les-Monts (50) ... 80 D1
Buanes (40) ... 265 G4
Bubry (56) ... 100 B1
Buc (78) ... 58 C5
Buc (90) ... 139 G1
Bucamps (60) ... 37 K1
Bucéels (14) ... 32 B4
Bucey-en-Othe (10) ... 89 J5
Bucey-lès-Gy (70) ... 137 H4
Bucey-lès-Traves (70) ... 137 J1
Buchelay (78) ... 57 J2
Buchères (10) ... 90 B6
Buchy (57) ... 66 B1
Buchy (76) ... 16 C6
Bucilly (02) ... 21 H2
Bucquoy (62) ... 10 E5
Bucy-le-Long (02) ... 39 K3
Bucy-le-Roi (45) ... 110 A2
Bucy-lès-Cerny (02) ... 20 C6
Bucy-lès-Pierrepont (02) ... 21 F5
Bucy-Saint-Liphard (45) ... 109 J4
Budelière (23) ... 183 J2
Buding (57) ... 45 G3
Budling (57) ... 45 G3
Budos (33) ... 229 J6
Bué (18) ... 131 J6
Bueil (27) ... 57 F3
Bueil-en-Touraine (37) ... 127 G1
Buellas (01) ... 189 F2
Buethwiller (68) ... 97 A3
Buffard (25) ... 155 K3
Buffières (71) ... 171 F5
Buffignécourt (70) ... 117 K5
Buffon (21) ... 134 C1
Bugarach (11) ... 309 F4
Bugard (65) ... 285 K5
Bugeat (19) ... 200 B4
Bugnein (64) ... 283 J3
Bugnicourt (59) ... 11 J3
Bugnières (52) ... 116 A3
Bugny (25) ... 156 E3
le Bugue (24) ... 232 C1
Buhl (67) ... 25 C2
Buhl (68) ... 96 A6
Buhl-Lorraine (57) ... 67 J4
Buhy (95) ... 36 D5
Buicourt (60) ... 36 E1
Buigny-l'Abbé (80) ... 9 H5
Buigny-lès-Gamaches (80) ... 8 D6
Buigny-Saint-Maclou (80) ... 9 G4
Buire (02) ... 21 G2
Buire-au-Bois (62) ... 9 K3
Buire-Courcelles (80) ... 19 H2
Buire-le-Sec (62) ... 9 G2
Buire-sur-l'Ancre (80) ... 18 D1
Buironfosse (02) ... 21 F1
le Buis (87) ... 181 G4
Buis-les-Baronnies (26) ... 257 J3
Buis-sur-Damville (27) ... 56 C4
Buissard (05) ... 243 F4
la Buisse (38) ... 223 J2
la Buissière (38) ... 208 C6
le Buisson (48) ... 237 F5
le Buisson (51) ... 63 G5
Buisson (84) ... 257 F3
le Buisson-de-Cadouin (24) ... 232 C2
Buissoncourt (54) ... 66 C5
Buissy (62) ... 11 H4
Bujaleuf (87) ... 199 J2
Bulan (65) ... 304 D2
Bulat-Pestivien (22) ... 76 A1
Bulcy (58) ... 150 C1
Buléon (56) ... 101 G2
Bulgnéville (88) ... 93 H6
Bulhon (63) ... 185 H6
Bullainville (28) ... 85 G6
Bulle (25) ... 156 D5
Bullecourt (62) ... 11 G4
Bulles (60) ... 37 K2
Bulligny (54) ... 93 H1
Bullion (78) ... 86 B1
Bullou (28) ... 84 D5
Bully (42) ... 186 D6
Bully (69) ... 205 H1
Bully (76) ... 16 C4
Bully-les-Mines (62) ... 10 E1
Bulson (08) ... 23 F5
Bult (88) ... 94 E4
Bun (65) ... 303 K2
Buncey (21) ... 115 F5
Buneville (62) ... 10 B2
Buno-Bonnevaux (91) ... 86 E4
Bunus (64) ... 283 F5
Bunzac (16) ... 197 F3
Buoux (84) ... 277 G3
Burbach (67) ... 68 E5
la Burbanche (01) ... 207 H1
Burbure (62) ... 5 J5
Burcin (38) ... 207 G6
Burcy (77) ... 87 F6
Burdignes (42) ... 221 J3
Burdignin (74) ... 191 H2

Bure (55) ... 92 C2
Buré (61) ... 83 G2
Bure-les-Templiers (21) ... 115 J6
Burelles (02) ... 21 F3
Bures (54) ... 66 E5
Bures (61) ... 83 G1
Bures-en-Bray (76) ... 16 C3
Bures-sur-Yvette (91) ... 58 C6
le Buret (53) ... 105 H4
Burey (27) ... 56 B2
Burey-en-Vaux (55) ... 93 F1
Burey-la-Côte (55) ... 93 F2
Burg (65) ... 285 K5
Burgalays (31) ... 305 H4
Burgaronne (64) ... 283 H2
le Burgaud (31) ... 268 D4
Burgille (25) ... 137 H6
Burgnac (87) ... 198 D3
Burgy (71) ... 171 J5
Burie (17) ... 195 J2
Buriville (54) ... 95 F1
Burlats (81) ... 271 F6
Burlioncourt (57) ... 66 E3
Burnand (71) ... 171 G3
Burnevillers (25) ... 139 K5
Burnhaupt-le-Bas (68) ... 97 A3
Burnhaupt-le-Haut (68) ... 97 A2
Buros (64) ... 284 D1
Burosse-Mendousse (64) ... 284 E1
Burret (09) ... 307 G3
Bursard (61) ... 82 E1
Burthecourt-aux-Chênes (54) ... 94 B1
Burtoncourt (57) ... 45 H4
Bury (60) ... 37 K4
Burzet (07) ... 239 F4
Burzy (71) ... 171 G3
Bus (62) ... 11 F5
Bus-la-Mésière (80) ... 18 E5
Bus-lès-Artois (80) ... 10 C5
Buschwiller (68) ... 97 D4
Busigny (59) ... 12 C6
Busloup (41) ... 108 C4
Busnes (62) ... 5 J5
Busque (81) ... 270 B4
Bussac (24) ... 213 J2
Bussac-Forêt (17) ... 211 J3
Bussac-sur-Charente (17) ... 195 G1
Bussang (88) ... 119 H4
le Busseau (79) ... 161 F3
Busseaut (21) ... 115 G6
Busséol (63) ... 202 E3
Busserolles (24) ... 197 J3
Busserotte-et-Montenaille (21) ... 135 K1
Busset (03) ... 185 J4
Bussiares (02) ... 39 H6
la Bussière (45) ... 111 J4
la Bussière (86) ... 163 K3
Bussière-Badil (24) ... 197 J3
Bussière-Dunoise (23) ... 182 B2
Bussière-Galant (87) ... 198 C4
Bussière-Nouvelle (23) ... 183 J5
Bussière-Poitevine (87) ... 180 D2
Bussière-Saint-Georges (23) ... 166 C5
la Bussière-sur-Ouche (21) ... 153 J1
Bussières (21) ... 135 K1
Bussières (42) ... 204 E1
Bussières (63) ... 184 A4
Bussières (70) ... 137 K5
Bussières (71) ... 171 H6
Bussières (77) ... 60 C3
Bussières (89) ... 134 A4
Bussières-et-Pruns (63) ... 185 G5
Busson (52) ... 92 C4
Bussu (80) ... 19 H1
Bussunarits-Sarrasquette (64) ... 282 E5
Bussus-Bussuel (80) ... 9 H5
Bussy (18) ... 149 J5
Bussy (60) ... 19 H5
Bussy-Albieux (42) ... 204 C2
Bussy-aux-Bois (91) ... 91 F1
Bussy-en-Othe (89) ... 113 F3
Bussy-la-Pesle (21) ... 135 G5
Bussy-la-Pesle (58) ... 133 F6
Bussy-le-Château (51) ... 62 E1
Bussy-le-Grand (21) ... 135 F2
Bussy-le-Repos (51) ... 63 G3
Bussy-le-Repos (89) ... 112 C2
Bussy-lès-Daours (80) ... 18 C2
Bussy-lès-Poix (80) ... 17 J3
Bussy-Lettrée (51) ... 62 C4
Bussy-Saint-Georges (77) ... 59 H4
Bussy-Saint-Martin (77) ... 59 H4
Bust (67) ... 69 F6
Bustanico (2B) ... 319 G6
Bustince-Iriberry (64) ... 282 E5
Buswiller (67) ... 69 J6
Busy (25) ... 156 A1
Buthiers (70) ... 137 K5
Buthiers (77) ... 87 F5
Butot (76) ... 15 K5
Butot-Vénesville (76) ... 15 F3
Butry-sur-Oise (95) ... 58 D1
Butteaux (89) ... 113 J3
Butten (67) ... 68 E4
Buverchy (80) ... 19 H4
Buvilly (39) ... 155 J5
la Buxerette (36) ... 165 J4
Buxerolles (21) ... 115 J5
Buxerolles (86) ... 163 F5
Buxeuil (10) ... 114 D2
Buxeuil (36) ... 147 K2
Buxeuil (86) ... 145 K4
Buxières-d'Aillac (36) ... 165 J3
Buxières-lès-Clefmont (52) ... 116 D1

Buxières-les-Mines (03) ... 168 A5
Buxières-lès-Villiers (52) ... 115 K1
Buxières-sous-les-Côtes (55) ... 65 F2
Buxières-sous-Montaigut (63) ... 184 C2
Buxières-sur-Arce (10) ... 114 E1
Buxy (71) ... 171 H2
Buysscheure (59) ... 3 H4
Buzan (09) ... 306 B3
Buzançais (36) ... 147 G5
Buzancy (02) ... 39 J4
Buzancy (08) ... 42 D2
Buzet-sur-Baïse (47) ... 247 H4
Buzet-sur-Tarn (31) ... 269 H4
Buziet (64) ... 284 B6
Buzignargues (34) ... 274 C4
Buzon (65) ... 285 J2
Buzy (64) ... 284 B6
Buzy-Darmont (55) ... 44 A5
By (25) ... 156 A3
Byans-sur-Doubs (25) ... 155 K2

C

Cabanac (65) ... 285 J4
Cabanac-Cazaux (31) ... 305 J2
Cabanac-et-Villagrains (33) ... 229 H5
Cabanac-Séguenville (31) ... 268 C4
la Cabanasse (66) ... 313 J4
Cabanès (12) ... 251 H5
Cabanès (81) ... 270 B5
le Cabanial (31) ... 289 G2
les Cabannes (09) ... 307 J5
les Cabannes (13) ... 276 C3
les Cabannes (81) ... 250 E6
Cabara (33) ... 230 B4
Cabariot (17) ... 177 F5
Cabas-Loumassès (32) ... 286 C3
Cabasse (83) ... 298 B2
Cabestany (66) ... 315 H2
Cabidos (64) ... 284 C1
Cabourg (14) ... 33 G3
Cabrerets (46) ... 250 B1
Cabrerolles (34) ... 291 J1
Cabrespine (11) ... 290 C4
Cabrières (30) ... 275 H4
Cabrières (34) ... 292 B1
Cabrières-d'Aigues (84) ... 277 H4
Cabrières-d'Avignon (84) ... 276 E3
Cabriès (13) ... 296 C2
Cabris (06) ... 280 C5
Cachan (94) ... 58 E4
Cachen (40) ... 246 A6
Cachy (80) ... 18 C3
Cadalen (81) ... 270 B3
Cadarcet (09) ... 307 G2
Cadarsac (33) ... 230 A2
Cadaujac (33) ... 229 H3
Cadéac (65) ... 304 E4
Cadeilhan (32) ... 267 K3
Cadeilhan-Trachère (65) ... 304 E6
Cadeillan (32) ... 287 F3
Cademène (25) ... 156 B2
Caden (56) ... 101 K6
Cadenet (84) ... 277 G4
Caderousse (84) ... 256 D6
la Cadière-d'Azur (83) ... 300 A3
la Cadière-et-Cambo (30) ... 274 A2
Cadillac (33) ... 229 K4
Cadillac-en-Fronsadais (33) ... 211 J6
Cadillon (64) ... 285 F1
Cadix (81) ... 271 G2
Cadolive (13) ... 296 E3
Cadours (31) ... 268 C5
Cadrieu (46) ... 250 D1
Caen (14) ... 32 E5
Caëstre (59) ... 5 K3
Caffiers (62) ... 2 C4
Cagnac-les-Mines (81) ... 270 D6
Cagnano (2B) ... 317 D2
Cagnes-sur-Mer (06) ... 280 E5
Cagnicourt (62) ... 11 G4
Cagnoncles (59) ... 12 B4
Cagnotte (40) ... 264 A6
Cagny (14) ... 33 F5
Cagny (80) ... 18 B2
Cahagnes (14) ... 32 A6
Cahagnolles (14) ... 32 A5
Cahan (61) ... 53 J3
Caharet (65) ... 285 K6
Cahon (80) ... 9 F5
Cahors (46) ... 249 K1
Cahus (46) ... 234 C1
Cahuzac (11) ... 289 F6
Cahuzac (47) ... 231 J4
Cahuzac (81) ... 289 J2
Cahuzac-sur-Adour (32) ... 266 B5
Cahuzac-sur-Vère (81) ... 270 B2
Caignac (31) ... 288 E4
le Cailar (30) ... 294 A2
Cailhau (11) ... 308 D1
Cailhavel (11) ... 289 J6
Cailla (11) ... 308 D5
Caillac (46) ... 249 J1
Caillavet (32) ... 266 E5
Caille (06) ... 280 A3
la Caillère-Saint-Hilaire (85) ... 160 C2
Cailleville (76) ... 15 G3
Caillouël-Crépigny (02) ... 19 J5
Caillouet-Orgeville (27) ... 56 E2
Cailloux-sur-Fontaines (69) ... 206 A1
Cailly (76) ... 16 B6
Cailly-sur-Eure (27) ... 35 J6
la Caine (14) ... 53 H1
Cairanne (84) ... 256 E4

le Caire (04) ... 259 G2
Cairon (14) ... 32 D4
Caisnes (60) ... 39 G1
Caissargues (30) ... 275 G4
Caix (80) ... 18 E3
Caixas (66) ... 314 E3
Caixon (65) ... 285 G3
Cajarc (46) ... 250 D1
Calacuccia (2B) ... 318 E5
Calais (62) ... 2 D1
Calamane (46) ... 233 G6
Calan (56) ... 100 A2
Calanhel (22) ... 47 K6
Calavanté (65) ... 285 J5
Calcatoggio (2A) ... 320 B3
Calce (66) ... 309 K6
Calenzana (2B) ... 318 C3
Calès (24) ... 232 B2
Calès (46) ... 233 J3
Calignac (47) ... 247 J5
Caligny (61) ... 53 G4
Callac (22) ... 75 K1
Callas (83) ... 279 J6
Callen (40) ... 245 K3
Callengeville (76) ... 16 D3
Calleville (27) ... 34 E5
Calleville-les-Deux-Églises (76) ... 15 J4
Callian (32) ... 266 E6
Callian (83) ... 280 A5
Calmeilles (66) ... 314 E3
Calmels-et-le-Viala (12) ... 271 K2
la Calmette (30) ... 275 F2
Calmont (12) ... 252 A4
Calmont (31) ... 288 D5
Calmoutier (70) ... 138 C1
Caloire (42) ... 221 F1
Calonges (47) ... 247 H2
Calonne-Ricouart (62) ... 5 J6
Calonne-sur-la-Lys (62) ... 5 K4
Calorguen (22) ... 50 D6
la Calotterie (62) ... 4 C6
Caluire-et-Cuire (69) ... 206 A2
Calvi (2B) ... 318 B2
Calviac-en-Périgord (24) ... 233 G2
Calvignac (46) ... 250 C1
Calvinet (15) ... 235 G4
Calvisson (30) ... 274 E4
Calzan (09) ... 307 J2
Camalès (65) ... 285 H3
Camarade (09) ... 306 E1
Camarès (12) ... 272 B4
Camaret-sur-Aigues (84) ... 256 E5
Camaret-sur-Mer (29) ... 72 C5
Camarsac (33) ... 229 K2
Cambayrac (46) ... 249 H2
la Cambe (14) ... 29 J6
Cambernard (31) ... 287 J2
Cambernon (50) ... 30 E3
Cambes (33) ... 229 J3
Cambes (46) ... 234 C5
Cambes (47) ... 231 F5
Cambes-en-Plaine (14) ... 32 E4
Cambia (2B) ... 319 G5
Cambiac (31) ... 289 F2
Cambieure (11) ... 308 D1
Camblain-Châtelain (62) ... 5 J6
Camblain-l'Abbé (62) ... 10 D2
Camblanes-et-Meynac (33) ... 229 J3
Cambligneul (62) ... 10 D2
Cambo-les-Bains (64) ... 263 E2
Cambon (81) ... 270 E5
Cambon-et-Salvergues (34) ... 272 A6
Cambon-lès-Lavaur (81) ... 289 F1
Camboulazet (12) ... 251 K4
Camboulit (46) ... 234 C5
Cambounès (81) ... 290 C1
Cambounet-sur-le-Sor (81) ... 289 J1
le Cambout (22) ... 77 H6
Cambrai (59) ... 11 J4
Cambremer (14) ... 33 H5
Cambrin (62) ... 6 B6
Cambron (80) ... 9 F5
Cambronne-lès-Clermont (60) ... 37 K3
Cambronne-lès-Ribécourt (60) ... 38 E1
Camburat (46) ... 234 D5
Came (64) ... 283 F1
Camélas (66) ... 314 E2
Camelin (02) ... 39 G1
Camembert (61) ... 54 E3
Cametours (50) ... 31 F4
Camiac-et-Saint-Denis (33) ... 230 A2
Camiers (62) ... 4 B5
Camiran (33) ... 230 C5
Camjac (12) ... 251 J5
Camlez (22) ... 48 B3
les Cammazes (81) ... 289 J3
Camoël (56) ... 121 J2
Camon (09) ... 308 D2
Camon (80) ... 18 B2
Camors (56) ... 100 D3
Camou-Cihigue (64) ... 283 H6
Camous (65) ... 304 E3
Campagna-de-Sault (11) ... 308 C5
Campagnac (12) ... 253 G2
Campagnac (81) ... 270 A1
Campagnac-lès-Quercy (24) ... 232 E4
Campagnan (34) ... 292 C2
Campagne (24) ... 232 C1
Campagne (34) ... 274 C4
Campagne (40) ... 264 E2
Campagne (60) ... 19 G5
Campagne-d'Armagnac (32) ... 266 B3
Campagne-lès-Boulonnais (62) ... 4 E4
Campagne-lès-Guines (62) ... 2 D4

Campagne-lès-Hesdin (62) 9 G1
Campagne-lès--Wardrecques (62) 5 H3
Campagne-sur-Arize (09) 306 E1
Campagne-sur-Aude (11) 308 D4
Campagnolles (14) 52 D2
Campan (65) 304 C2
Campana (2B) 319 H4
Campandré-Valcongrain (14) 53 G1
Camparan (65) 304 E4
Campbon (44) 122 C1
Campeaux (60) 17 F5
Campel (35) 78 C6
Campénéac (56) 78 A6
Campestre-et-Luc (30) 273 G2
Campet-et-Lamolère (40) 265 F2
Camphin-en-Carembault (59) 6 E1
Camphin-en-Pévèle (59) 7 F5
Campi (2B) 319 J6
Campigneulles-les--Grandes (62) 9 F1
Campigneulles-les-Petites (62) 4 G1
Campigny (14) 32 A4
Campigny (27) 34 C3
Campile (2B) 319 H3
Campistrous (65) 286 A6
Campitello (2B) 319 G3
Camplong (34) 272 D6
Camplong-d'Aude (11) 309 J1
Campneuseville (76) 17 H2
Campo (2A) 320 E5
Campôme (66) 314 B6
Campouriez (12) 235 K4
Campoussy (66) 314 C1
Campremy (60) 18 B6
Camprond (50) 30 E3
Camps-en-Amiénois (80) 17 H2
Camps-la-Source (83) 297 K3
Camps-Saint-Mathurin--Léobazel (19) 216 C6
Camps-sur-l'Agly (11) 309 G4
Camps-sur-l'Isle (33) 212 C5
Campsas (82) 268 E3
Campsegret (24) 231 J1
Campuac (12) 235 K6
Campugnan (33) 211 G3
Campuzan (65) 286 B4
Camurac (11) 308 A5
Canale-di-Verde (2B) 319 J6
Canals (82) 268 E3
Canaples (80) 9 K6
Canappeville (27) 35 H5
Canapville (14) 33 J3
Canapville (61) 54 E2
Canari (2B) 317 C3
Canaules-et-Argentières (30) ...274 C2
Canavaggia (2B) 319 G3
Canaveilles (66) 313 K3
Cancale (35) 50 E3
Canchy (14) 29 J6
Canchy (80) 9 G4
Cancon (47) 231 K6
Candas (80) 10 A5
Candé (49) 124 B2
Candé-sur-Beuvron (41) 128 D3
Candes-Saint-Martin (37) 144 D1
Candillargues (34) 274 D6
Candor (60) 19 G5
Candresse (40) 264 B4
Canehan (76) 16 C1
Canéjan (33) 229 G3
Canens (31) 288 A5
Canenx-et-Réaut (40) 265 G1
Canet (11) 291 G5
Canet (34) 292 C1
Canet-de-Salars (12) 252 C4
Canet-en-Roussillon (66) 315 H1
Canettemont (62) 10 B3
Cangey (37) 128 B4
Caniac-du-Causse (46) 233 K5
Canihuel (22) 76 D2
Canisy (50) 31 G4
Canlers (62) 5 F6
Canly (60) 38 C3
Cannectancourt (60) 19 G6
Cannelle (2A) 320 C6
Cannes (06) 280 D6
Cannes-Écluse (77) 88 A4
Cannes-et-Clairan (30) 274 D2
Cannessières (80) 17 F1
le Cannet (06) 280 D6
Cannet (32) 266 A4
le Cannet-des-Maures (83) ...298 C3
Canny-sur-Matz (60) 19 F6
Canny-sur-Thérain (60) 17 F6
Canohès (66) 315 G2
la Canourgue (48) 253 H2
Canouville (76) 15 F3
Cans et Cévennes (48) 254 B4
Cantaing-sur-Escaut (59) 11 J5
Cantaous (65) 305 F1
Cantaron (06) 281 G3
Canté (09) 288 C5
Canteleu (76) 35 H2
Canteleux (80) 10 A4
Canteloup (14) 33 G5
Canteloup (50) 29 F2
Cantenac (33) 211 H5
Cantenay-Épinard (49) 125 D3
Cantigny (80) 18 C5
Cantillac (24) 213 H1
Cantin (59) 11 J3
Cantoin (12) 236 B2
Cantois (33) 230 A4

Canville-la-Rocque (50) 28 C6
Canville-les-Deux-Églises (76) ...15 H3
Cany-Barville (76) 15 F3
Caorches-Saint-Nicolas (27) ...34 C6
Caouënnec-Lanvézéac (22) 48 A3
Caours (80) 9 G5
Cap-d'Ail (06) 281 H4
Capavenir Vosges (88) 94 D5
Capbreton (40) 262 B5
Capdenac (46) 234 D6
Capdenac-Gare (12) 234 E6
Capdrot (24) 232 C4
la Capelle (02) 21 F1
la Capelle (59) 12 D3
la Capelle-Balaguier (12) 250 E2
la Capelle-Bleys (12) 251 G3
la Capelle-Bonance (12) 253 F2
la Capelle-et-Masmolène (30) ...275 H1
Capelle-Fermont (62) 10 D2
la Capelle-lès-Boulogne (62) 4 B3
Capelle-les-Grands (27) 55 G1
Capelle-lès-Hesdin (62) 9 H2
Capendu (11) 290 D6
Capens (31) 287 K4
Capestang (34) 291 J4
Capian (33) 229 K3
Capinghem (59) 6 D4
Caplong (33) 230 E3
Capoulet-et-Junac (09) 307 H5
Cappel (57) 68 B3
Cappelle-Brouck (59) 3 G3
Cappelle-en-Pévèle (59) 7 F6
Cappelle-la-Grande (59) 3 H2
Cappy (80) 19 F2
Captieux (33) 246 C3
Capvern (65) 304 E1
Caragoudes (31) 288 E2
Caraman (31) 288 E2
Caramany (66) 309 H6
Carantec (29) 47 H3
Carantilly (50) 31 F4
Carayac (46) 234 C6
Carbay (49) 104 A5
Carbes (81) 270 D6
Carbini (2A) 323 G2
Carbon-Blanc (33) 229 H1
Carbonne (31) 287 K4
Carbuccia (2A) 320 D3
Carcagny (14) 32 B4
Carcanières (09) 313 J1
Carcans (33) 210 C4
Carcarès-Sainte-Croix (40) ...264 D3
Carcassonne (11) 290 B6
Carcen-Ponson (40) 264 D2
Carcès (83) 298 A2
Carcheto-Brustico (2B) 319 H5
Cardaillac (46) 234 D4
Cardan (33) 229 K4
Cardeilhac (31) 286 D5
Cardesse (64) 284 A4
Cardet (30) 274 D1
Cardo-Torgia (2A) 320 E5
Cardonnette (80) 18 B1
le Cardonnois (80) 18 C5
Cardonville (14) 29 H6
Cardroc (35) 78 E2
Carency (62) 10 E2
Carennac (46) 234 A1
Carentan les Marais (50) 31 G1
Carentoir (56) 102 B2
Cargèse (2A) 316 C6
Cargiaca (2A) 323 F1
Carhaix-Plouguer (29) 75 J2
Carignan (08) 23 H5
Carignan-de-Bordeaux (33) ...229 J2
Carisey (89) 113 J4
Carla-Bayle (09) 288 B6
Carla-de-Roquefort (09) 307 K3
le Carlaret (09) 307 J1
Carlat (15) 235 J4
Carlencas-et-Levas (34) 272 E6
Carlepont (60) 39 F1
Carling (57) 68 A2
Carlipa (11) 289 H4
Carlucet (46) 233 K4
Carlus (81) 270 D3
Carlux (24) 233 G2
Carly (62) 4 B4
Carmaux (81) 270 D1
Carnac (56) 100 C6
Carnac-Rouffiac (46) 249 H2
Carnas (30) 274 C4
Carnet (50) 51 K5
Carnetin (77) 59 H3
Carneville (50) 28 E2
Carnières (59) 12 B4
Carnin (59) 6 D6
Carnoët (22) 75 J1
Carnoules (83) 298 A4
Carnoux-en-Provence (13) ...296 C5
Carnoy (80) 19 F1
Caro (56) 101 K3
Caro (64) 282 D5
Carolles (50) 51 H2
Caromb (84) 257 G6
Carpentras (84) 257 G6
Carpineto (2B) 319 H5
Carpiquet (14) 32 D5
Carquebut (50) 29 F5
Carquefou (44) 123 H3
Carqueiranne (83) 300 E5
Carrépuis (80) 19 F4
Carrère (64) 284 D2

Carresse-Cassaber (64) 283 G1
Carrières-sous-Poissy (78) 58 B2
Carrières-sur-Seine (78) 58 C3
Carros (06) 281 F3
Carrouges (61) 82 B1
Carry-le-Rouet (13) 296 A5
Cars (33) 211 G4
les Cars (87) 198 D3
Carsac-Aillac (24) 233 F2
Carsac-de-Gurson (24) 230 E1
Carsan (30) 256 B4
Carsix (27) 34 D5
Carspach (68) 97 A4
Cartelègue (33) 211 G3
Carticasi (2B) 319 G5
Cartignies (59) 13 G5
Cartigny (80) 19 H2
Cartigny-l'Épinay (14) 31 J2
Carves (24) 232 D3
Carville-la-Folletière (76) 15 H6
Carville-Pot-de-Fer (76) 15 G4
Carvin (62) 6 D6
Casabianca (2B) 319 H4
Casaglione (2A) 320 C3
Casalabriva (2A) 322 D1
Casalta (2B) 319 H4
Casamaccioli (2B) 318 D5
Casanova (2B) 319 F6
Cascastel-des-Corbières (11) ...309 K3
Casefabre (66) 314 D2
Caseneuve (84) 277 H2
Cases-de-Pène (66) 309 K5
Casevecchie (2B) 321 H2
Cassagnabère-Tournas (31) ...286 E5
Cassagnas (48) 254 C4
la Cassagne (24) 215 F5
Cassagne (31) 306 B1
Cassagnes (46) 232 E6
Cassagnes (66) 309 H6
Cassagnes-Bégonhès (12) 252 A5
Cassagnoles (30) 274 D1
Cassagnoles (34) 290 A2
la Cassaigne (11) 289 H6
Cassaigne (32) 266 C2
Cassaignes (11) 308 E3
Cassaniouze (15) 235 H4
Cassel (59) 3 J4
Cassen (40) 264 C4
Casseneuil (47) 248 B1
les Cassés (11) 289 F3
Casseuil (33) 230 B5
Cassignas (47) 248 C1
Cassis (13) 296 E5
Casson (44) 123 G2
Cassuéjouls (12) 236 B4
Cast (29) 74 C4
Castagnac (31) 288 A5
Castagnède (31) 306 B2
Castagnède (64) 283 G2
Castagniers (06) 281 F3
Castaignos-Souslens (40) 264 E6
Castandet (40) 265 H3
Castanet (12) 251 H4
Castanet (81) 270 C2
Castanet (82) 250 E4
Castanet-le-Haut (34) 272 B6
Castanet-Tolosan (31) 288 C2
Castans (11) 290 C3
Casteide-Cami (64) 284 B2
Casteide-Candau (64) 284 B1
Casteide-Doat (64) 285 G3
Casteil (66) 314 B3
Castel-Sarrazin (40) 264 D5
Castelbajac (65) 286 A6
Castelbiague (31) 306 A2
Castelculier (47) 248 B5
Castelferrus (82) 268 C1
Castelfranc (46) 249 H1
Castelgaillard (31) 287 F4
Castelginest (31) 269 F5
Casteljaloux (47) 247 F3
Castella (47) 248 B3
Castellane (04) 279 J3
Castellar (06) 281 J3
le Castellard-Mélan (04) 259 H4
Castellare-di-Casinca (2B) ...319 J3
Castellare-di-Mercurio (2B) ...319 G5
le Castellet (04) 278 C2
le Castellet (83) 300 B4
Castellet (84) 277 H3
Castellet-lès-Sausses (04) ...280 A1
Castello-di-Rostino (2B) 319 G3
Castelmary (12) 251 H5
Castelmaurou (31) 269 G5
Castelmayran (82) 268 C1
Castelmoron-d'Albret (33) ...230 C4
Castelmoron-sur-Lot (47) 247 K2
Castelnau-Barbarens (32) 286 E1
Castelnau-Chalosse (40) 264 C5
Castelnau-d'Anglès (32) 266 E6
Castelnau-d'Arbieu (32) 267 J3
Castelnau-d'Aude (11) 290 E5
Castelnau d'Auzan
    Labarrère (32) 266 C2
Castelnau-de-Guers (34) 292 C3
Castelnau-de-Lévis (81) 270 C2
Castelnau-de-Mandailles (12) ...236 C6
Castelnau-de-Médoc (33) 210 E5
Castelnau-de-Montmiral (81) ...270 A2
Castelnau-d'Estrétefonds (31) ...269 F4
Castelnau-de-Lez (34) 274 B6
Castelnau-le-Lez (34) 274 B6
Castelnau-Magnoac (65) 286 B4
Castelnau-Montratier (46) 249 J4

Castelnau-Pégayrols (12) 252 E6
Castelnau-Picampeau (31) ...287 H4
Castelnau-Rivière-Basse (65) ...266 B6
Castelnau-sur-Gupie (47) 230 E5
Castelnau-sur-l'Auvignon (32) ...267 G1
Castelnau-Tursan (40) 265 G5
Castelnau-Valence (30) 274 E1
Castelnaud-de--Gratecambe (47) 248 B1
Castelnaud-la-Chapelle (24) ...232 E3
Castelnaudary (11) 289 G4
Castelnavet (32) 266 C5
Castelner (40) 265 G5
Castelnou (66) 314 E2
Castelreng (11) 308 D2
Castels (24) 232 D2
Castelsagrat (82) 248 E5
Castelsarrasin (82) 268 C1
Castelvieilh (65) 285 J4
le Castéra (31) 268 D5
Castéra-Bouzet (82) 268 A1
Castéra-Lanusse (65) 285 K6
Castéra-Lectourois (32) 267 H1
Castéra-lou (65) 285 J4
Castéra-Loubix (64) 285 G3
Castéra-Verduzan (32) 267 F4
Castéra-Vignoles (31) 286 E5
Castéras (09) 307 F1
Casterets (65) 286 C4
Castéron (32) 268 A3
Castet (64) 303 G1
Castet-Arrouy (32) 267 J1
Castetbon (64) 283 J3
Castétis (64) 283 K2
Castetnau-Camblong (64) 283 J3
Castetner (64) 283 J2
Castetpugon (64) 265 J6
Castets (40) 262 E2
Castets-en-Dorthe (33) 230 B5
Castex (09) 288 A6
Castex (32) 285 K3
Castex-d'Armagnac (32) 265 K3
Casties-Labrande (31) 287 H4
Castifao (2B) 318 E4
Castiglione (2B) 319 F6
Castillon (06) 281 H2
Castillon (14) 32 A4
Castillon (64) 284 A2
Castillon (64) 285 F2
Castillon (65) 304 D1
Castillon-de-Castets (33) 230 B5
Castillon-de-Larboust (31) ...305 G5
Castillon-de-Saint-Martory (31) ...287 F6
Castillon-Debats (32) 266 D4
Castillon-du-Gard (30) 275 H2
Castillon-en-Auge (14) 54 D1
Castillon-en-Couserans (09) ...306 B3
Castillon-la-Bataille (33) 230 C2
Castillon-Massas (32) 267 G5
Castillon-Savès (32) 267 G5
Castillonnès (47) 231 J4
Castilly (14) 31 J1
Castin (32) 267 G5
Castineta (2B) 319 G4
Castirla (2B) 319 F5
Castres (02) 19 K3
Castres (81) 270 E6
Castres-Gironde (33) 229 J4
Castries (34) 274 C5
le Cateau-Cambrésis (59) 12 D5
le Catelet (02) 11 K6
le Catelier (76) 16 A4
Catenay (76) 36 A1
Catenoy (60) 38 B3
Cateri (2B) 318 C2
Cathervielle (31) 305 G5
Catheux (60) 17 K5
Catigny (60) 19 G5
Catillon-Fumechon (60) 37 K1
Catillon-sur-Sambre (59) 12 E5
Catllar (66) 314 B2
Catonvielle (32) 268 B5
Cattenières (59) 12 B5
Cattenom (57) 45 F2
Catteville (50) 28 D6
Catus (46) 233 G6
Catz (50) 29 G6
Caubeyres (47) 247 G4
Caubiac (31) 268 C5
Caubios-Loos (64) 284 C2
Caubon-Saint-Sauveur (47) ...230 D5
Caubous (31) 305 G4
Caubous (65) 285 J6
Caucalières (81) 290 A2
la Cauchie (62) 10 D4
Cauchy-à-la-Tour (62) 5 H2
Caucourt (62) 10 D1
Caudan (56) 99 K4
Caudebec-lès-Elbeuf (76) 35 H4
Caudebronde (11) 290 A3
Caudecoste (47) 248 C5
Caudiès-de-Conflent (66) 313 J3
Caudiès-de-Fenouillèdes (66) ...309 F5
Caudrot (33) 230 B5
Caudry (59) 12 C5
Cauffry (60) 38 A4
Caugé (27) 56 C1
Caujac (31) 288 B4
Caulaincourt (02) 19 J2
le Caule-Sainte-Beuve (76) ...16 B3
Caulières (80) 17 H3
Caullery (59) 12 B5
Caulnes (22) 78 B1

Caumont (02) 19 J5
Caumont (09) 306 C2
Caumont (27) 35 C3
Caumont (32) 266 A5
Caumont (33) 230 D4
Caumont (62) 9 J3
Caumont (82) 268 B1
Caumont-l'Éventé (14) 32 A4
Caumont-sur-Durance (84) ...276 C3
Caumont-sur-Garonne (47) ...247 G1
Cauna (40) 264 E3
Caunay (79) 179 F2
Cauneille (40) 264 A6
Caunes-Minervois (11) 290 C4
la Caunette (34) 291 F4
Caunette-sur-Lauquet (11) ...309 G2
Caunettes-en-Val (11) 309 H2
Caupenne (40) 264 D5
Caupenne-d'Armagnac (32) ...266 A4
la Caure (51) 61 H3
Caurel (22) 76 D4
Caurel (51) 41 G4
Cauro (2A) 320 D5
Cauroir (59) 12 B4
Cauroy (08) 41 K3
Cauroy-lès-Hermonville (51) ...40 E3
le Causé (82) 268 B4
Cause-de-Clérans (24) 231 K2
Caussade (82) 250 A5
Caussade-Rivière (65) 285 G1
Causse-Bégon (30) 273 F1
Causse-de-la-Selle (34) 273 J4
Causse-et-Diège (12) 251 F1
Caussens (32) 267 F2
Causses-et-Veyran (34) 291 J2
Caussiniojouls (34) 291 K1
Caussols (06) 280 C4
Caussou (09) 307 K5
Cauterets (65) 303 K3
Cauverville-en-Roumois (27) ...34 D3
Cauvicourt (14) 54 A1
Cauvignac (33) 246 D1
Cauvigny (60) 37 J4
Cauville (14) 53 H2
Cauville-sur-Mer (76) 14 A5
Caux (34) 292 B2
Caux-et-Sauzens (11) 289 K5
Cauzac (47) 248 C3
Cavagnac (46) 215 G3
Cavaillon (84) 276 D3
Cavalaire-sur-Mer (83) 301 J3
la Cavalerie (12) 272 D1
Cavan (22) 48 B3
Cavanac (11) 290 A6
Cavarc (47) 231 K4
Caveirac (30) 275 F4
Caves (11) 310 C3
Cavignac (33) 211 J4
Cavigny (50) 31 H2
Cavillargues (30) 256 A6
Cavillon (80) 17 J2
Cavron-Saint-Martin (62) 9 H1
Caychax (09) 307 J5
Cayeux-en-Santerre (80) 18 D3
Cayeux-sur-Mer (80) 8 D4
le Caylar (34) 273 F3
Caylus (82) 250 C4
Cayrac (82) 249 K6
Cayres (43) 238 B1
Cayriech (82) 250 B4
le Cayrol (12) 236 B6
Cayrols (15) 235 F2
Cazac (31) 287 G4
Cazalis (33) 246 A2
Cazalis (40) 264 E5
Cazalrenoux (11) 289 G6
Cazals (46) 233 F5
Cazals (82) 250 C6
Cazals-des-Baylès (09) 308 B1
Cazarilh-Tambourès (31) 286 C6
Cazarilh (65) 305 G5
Cazarilh-Laspènes (31) 305 G5
Cazats (33) 246 C1
Cazaubon (32) 266 A2
Cazaugitat (33) 230 D3
Cazaunous (31) 305 J2
Cazaux (09) 307 G2
Cazaux-d'Anglès (32) 266 D5
Cazaux-debat (65) 304 E4
Cazaux-Fréchet-Anéran--Camors (65) 305 F4
Cazaux-Layrisse (31) 305 H3
Cazaux-Savès (32) 287 G1
Cazaux-Villecomtal (32) 285 J2
Cazavet (09) 306 B2
Cazedarnes (34) 291 H3
Cazenave-Serres-et-Allens (09) ...307 J4
Cazeneuve (32) 266 D2
Cazeneuve-Montaut (31) 287 F6
Cazères (31) 287 H3
Cazères-sur-l'Adour (40) 265 H4
Cazes-Mondenard (82) 249 G4
Cazevieille (34) 274 A4
Cazideroque (47) 248 E2
Cazilhac (11) 290 B6
Cazilhac (34) 273 K2
Cazillac (46) 215 J6
Cazoulès (24) 233 H2
Cazouls-d'Hérault (34) 292 C3
Cazouls-lès-Béziers (34) 291 H3
Ceaucé (61) 81 G2
Ceaulmont (36) 165 G4
Céaux (50) 51 K3

Céaux-d'Allègre (43) 220 A4
Ceaux-en-Couhé (86) 162 D6
Ceaux-en-Loudun (86) 145 F3
Cébazan (34) 291 H3
Cébazat (63) 202 D1
Ceffonds (52) 91 H3
Ceignes (01) 189 J3
Ceilhes-et-Rocozels (34) 272 D4
Ceillac (05) 227 B4
Ceilloux (63) 203 H4
Ceintrey (54) 94 A2
la Celette (18) 167 G3
la Celle (03) 184 B2
la Celle (18) 167 F1
Cellé (41) 107 K5
la Celle (63) 201 H1
la Celle (83) 297 K3
la Celle-Condé (18) 166 C1
la Celle-Dunoise (23) 182 C1
la Celle-en-Morvan (71) 152 D4
la Celle-Guenand (37) 146 B4
la Celle-les-Bordes (78) 58 A6
Celle-Lévescault (86) 162 D5
la Celle-Saint-Avant (37) 145 J3
la Celle-Saint-Cloud (78) 58 C4
la Celle-Saint-Cyr (89) 112 D3
la Celle-sous-Chantemerle (51) 89 G1
la Celle-sous-Gouzon (23) 183 G2
la Celle-sur-Loire (58) 131 K4
la Celle-sur-Morin (77) 60 A4
la Celle-sur-Nièvre (58) 150 E1
Cellefrouin (16) 179 J4
Celles (09) 307 J3
Celles (15) 218 C5
Celles (17) 195 J4
Celles (24) 213 G2
Celles (34) 273 F6
Celles-en-Bassigny (52) 116 E4
Celles-lès-Condé (02) 61 F2
Celles-sur-Aisne (02) 39 K2
Celles-sur-Belle (79) 178 C1
Celles-sur-Durolle (63) 203 J1
Celles-sur-Ource (10) 114 D2
Celles-sur-Plaine (88) 95 H2
la Cellette (23) 166 B6
la Cellette (63) 184 B4
Cellettes (16) 179 F6
Cellettes (41) 128 E3
le Cellier (44) 123 J3
Cellier-du-Luc (07) 238 C4
Cellieu (42) 205 H5
Celon (36) 165 G4
Celoux (15) 219 F4
Celsoy (52) 116 E4
Cély (77) 87 G3
Cemboing (70) 117 H4
Cempuis (60) 17 H5
Cénac (33) 229 J2
Cénac-et-Saint-Julien (24) 233 F3
Cenans (70) 138 B4
Cendras (30) 255 F5
le Cendre (63) 202 E3
Cendrecourt (70) 117 J4
Cendrey (25) 138 B4
Cendrieux (24) 214 A6
Cénevières (46) 250 C1
Cenne-Monestiés (11) 289 J4
Cenon (33) 229 H1
Cenon-sur-Vienne (86) 163 G1
Censeau (39) 156 C6
Censerey (21) 153 F1
Censy (89) 134 A1
les Cent-Acres (76) 16 A3
Centrès (12) 251 K5
Centuri (2B) 317 D1
Cenves (69) 188 A2
Cépet (31) 269 F4
Cépie (11) 308 E1
Cepoy (45) 111 H2
Céran (32) 267 J3
Cérans-Foulletourte (72) 106 C5
Cerbère (66) 315 K5
Cerbois (18) 148 D2
Cercié (69) 188 A3
Cercier (74) 190 E4
Cercles (24) 213 H1
Cercottes (45) 109 K3
Cercoux (17) 212 A4
le Cercueil (61) 54 C6
Cercy-la-Tour (58) 151 J6
Cerdon (01) 189 J4
Cerdon (45) 130 E2
Cère (40) 265 F1
Céré-la-Ronde (37) 128 D6
Cerelles (37) 127 J3
Cérences (50) 30 E5
Céreste (04) 277 J3
Céret (66) 315 F4
Cerfontaine (59) 13 H3
le Cergne (42) 187 G3
Cergy (95) 58 B1
Cérilly (03) 167 J3
Cérilly (21) 114 E4
Cérilly (89) 89 G6
Cerisé (61) 82 D3
Cerisières (52) 92 A5
Cerisiers (89) 113 F1
Cerisy (80) 18 E2
Cerisy-Belle-Étoile (61) 53 G4
Cerisy-Buleux (80) 17 F1
Cerisy-la-Forêt (50) 31 J2
Cerisy-la-Salle (50) 31 F4
Cerizay (79) 143 G5
Cérizols (09) 306 C1

Cerizy (02) 20 A4
la Cerlangue (76) 34 B1
Cernans (39) 156 A4
Cernay (14) 55 F1
Cernay (28) 84 D4
Cernay (68) 97 A2
Cernay (86) 145 F6
Cernay-en-Dormois (51) 42 C5
Cernay-la-Ville (78) 58 B6
Cernay-l'Église (25) 139 H6
Cernay-lès-Reims (51) 41 F4
Cerneux (77) 60 D6
Cernex (74) 190 E4
Cerniébaud (39) 174 B1
Cernion (08) 22 A3
Cernon (39) 173 G5
Cernon (51) 62 D4
Cernoy (60) 38 B2
Cernoy-en-Berry (45) 131 H3
Cernusson (49) 143 J1
Cerny (91) 86 D3
Cerny-en-Laonnois (02) 40 B2
Cerny-lès-Bucy (02) 20 C6
Céron (71) 186 D1
Cérons (33) 229 K4
les Cerqueux (49) 143 G3
Cerre-lès-Noroy (70) 138 C2
Cers (34) 292 B4
Cersay (79) 143 K3
Cerseuil (02) 40 A3
Cersot (71) 171 G2
Certilleux (88) 93 G4
Certines (01) 189 G3
Cervens (74) 191 H1
Cervières (05) 227 B1
Cervières (42) 203 K1
Cerville (54) 66 B5
Cervione (2B) 319 J5
Cervon (58) 151 K1
Cerzat (43) 219 H4
Cesancey (39) 173 F3
Césarches (39) 209 G2
Césarville-Dossainville (45) 86 D5
Cescau (09) 306 B3
Cescau (64) 284 B2
Cesny-aux-Vignes (14) 33 G6
Cesny-Bois-Halbout (14) 53 J1
Cessac (33) 230 B3
Cessales (31) 288 E2
Cesse (55) 43 F1
Cessenon-sur-Orb (34) 291 J3
Cesseras (34) 290 E4
Cesset (03) 185 G1
Cesseville (27) 35 G5
Cessey (25) 156 A2
Cessey-sur-Tille (21) 136 C6
Cessières (02) 20 C6
Cessieu (38) 207 F4
Cesson (77) 87 G2
Cesson-Sévigné (35) 79 G4
Cessoy-en-Montois (77) 88 C2
Cessy (01) 174 B6
Cessy-les-Bois (58) 132 C5
Cestas (33) 229 G3
Cestayrols (81) 270 C4
Ceton (61) 83 K5
Cette-Eygun (64) 302 E3
Cevins (73) 209 G4
Ceyras (34) 273 G4
Ceyrat (63) 202 C3
Ceyreste (13) 297 F5
Ceyroux (23) 182 A4
Ceyssac (43) 220 B6
Ceyssat (63) 202 B2
Ceyzériat (01) 189 G3
Ceyzérieu (01) 207 K1
Cézac (33) 211 J4
Cézac (46) 249 J3
Cezais (85) 160 D3
Cézan (32) 267 G3
Cezay (42) 204 B2
Cézens (15) 236 C1
Cézia (39) 173 G6
Cézy (89) 112 D3
Chabanais (16) 180 B6
la Chabanne (03) 186 B5
Chabestan (05) 258 D1
Chabeuil (26) 240 D1
Chablis (89) 113 J5
Châbons (38) 207 G6
Chabottes (05) 243 F4
Chabournay (86) 162 E1
Chabrac (16) 180 B6
Chabreloche (63) 203 K1
Chabrignac (19) 215 G3
Chabrillan (26) 240 D4
Chabris (36) 147 J1
Chacé (49) 144 C1
Chacenay (10) 115 F1
Chacrise (02) 39 K4
Chadeleuf (63) 202 E4
Chadenac (17) 195 H4
Chadenet (48) 254 B1
Chadrac (43) 220 B5
Chadron (43) 238 C1
le Chaffal (26) 241 F2
le Chaffaut-Saint-Jurson (04) 259 H4
Chaffois (25) 156 D4
Chagey (70) 139 G1
Chagnon (42) 205 H5
Chagny (08) 22 D6
Chagny (71) 153 K5
Chahaignes (72) 107 G6

Chahains (61) 82 B1
Chaignay (21) 136 A3
Chaignes (27) 57 F1
Chail (79) 178 D2
Chaillac (36) 164 E5
Chaillac-sur-Vienne (87) 180 C6
Chailland (53) 80 D5
Chaillé-les-Marais (85) 160 B5
Chailles (41) 128 E3
la Chailleuse (39) 173 F3
Chaillevette (17) 194 C2
Chaillevois (02) 40 A1
Chailley (89) 113 H3
Chaillon (55) 65 F2
Chailloué (61) 54 E6
Chailly-en-Bière (77) 87 G3
Chailly-en-Brie (77) 60 B4
Chailly-en-Gâtinais (45) 111 G4
Chailly-lès-Ennery (57) 45 F4
Chailly-sur-Armançon (21) 153 F4
Chainaz-les-Frasses (74) 208 C2
Chaînée-des-Coupis (39) 155 F6
Chaingy (45) 109 J4
Chaintré (71) 188 B2
Chaintreaux (77) 87 J6
Chaintrix-Bierges (51) 62 B3
la Chaise (03) 91 J4
la Chaise-Baudouin (50) 52 A4
la Chaise-Dieu (43) 219 K2
Chaise-Dieu-du-Theil (27) 55 K4
Chaix (85) 160 D5
la Chaize-Giraud (85) 158 D1
la Chaize-le-Vicomte (85) 159 J1
Chalabre (11) 308 B3
Chalagnac (24) 213 K5
Chalain-d'Uzore (42) 204 C3
Chalain-le-Comtal (42) 204 D4
Chalaines (55) 93 F1
Chalais (16) 212 D2
Chalais (24) 198 B5
Chalais (36) 164 D4
Chalais (86) 145 J6
Chalamont (01) 189 F5
Chalampé (68) 97 D1
Chalancey (52) 136 B1
Chalancon (26) 241 H6
Chalandray (86) 162 B2
Chalandry (02) 20 D5
Chalandry-Élaire (08) 22 D4
Chalaux (58) 133 K5
Chaleins (01) 188 B4
Chalencon (07) 239 K2
les Chalesmes (39) 174 A2
Châlette-sur-Loing (45) 111 H3
Chalette-sur-Voire (10) 90 D5
Chaley (01) 189 J5
Chalèze (25) 138 A6
Chalezeule (25) 138 A6
Chaliers (15) 237 F1
Chalifert (77) 59 J3
Chaligny (54) 65 K6
Chalinargues (15) 218 C4
Chalindrey (52) 116 D5
Chalivoy-Milon (18) 149 K6
Challain-la-Potherie (49) 124 B1
Challans (85) 140 E5
Challement (58) 133 G6
Challerange (08) 42 B3
Challes (72) 107 F3
Challes-la-Montagne (01) 189 J4
Challes-les-Eaux (73) 208 C4
Challet (28) 85 F2
Challex (01) 190 D2
Challignac (16) 196 B6
Challonges (74) 190 C4
Challuy (58) 150 D5
Chalmaison (77) 88 C2
Chalmazel-Jeansagnière (42) 204 A3
Chalmoux (71) 169 J3
Chalo-Saint-Mars (91) 86 B3
le Chalon (26) 222 D4
Chalon (38) 206 B6
Chalon-sur-Saône (71) 171 J1
Chalonnes-sous-le-Lude (49) 126 D2
Chalonnes-sur-Loire (49) 124 E4
Châlons-du-Maine (53) 81 F6
Châlons-en-Champagne (51) 62 D2
Châlons-sur-Vesle (51) 40 E4
Châlonvillars (70) 139 G1
Chalou-Moulineux (91) 86 B4
Chaltrait (51) 61 J3
Chalus (63) 202 E6
Châlus (87) 198 C3
Chalvignac (15) 217 F3
Chalvraines (52) 92 E5
Chamadelle (33) 212 B4
Chamagne (88) 94 B3
Chamagnieu (38) 206 D3
Chamalières (63) 202 D2
Chamalières-sur-Loire (43) 220 D5
Chamaloc (26) 241 H3
Chamant (60) 38 C5
Chamarande (91) 86 D2
Chamarandes-Choignes (52) 116 B1
Chamaret (26) 257 F5
la Chamba (42) 203 K2
Chambain (21) 115 J5
Chambaron sur Morge (63) 185 F5
Chambeire (21) 136 C6
Chambellay (49) 105 F6

Chambéon (42) 204 E3
Chambérat (03) 167 F5
Chamberaud (23) 182 E4
Chamberet (19) 199 K4
Chambéria (39) 173 F5
Chambéry (73) 208 B4
Chambezon (43) 219 F1
Chambilly (71) 186 E1
Chamblac (27) 55 H2
Chamblanc (21) 154 D3
Chamblay (39) 155 J4
Chambles (42) 204 E6
Chamblet (03) 184 B1
Chambley-Bussières (54) 65 H1
Chambly (60) 37 J5
Chambœuf (21) 154 A1
Chambœuf (42) 205 F4
Chambois (27) 56 D2
Chambois (61) 54 D4
Chambolle-Musigny (21) 154 B1
le Chambon (07) 239 G2
Chambon (17) 177 G3
Chambon (18) 166 E1
Chambon (30) 255 F3
Chambon (37) 146 B6
le Chambon-Feugerolles (42) 221 F1
Chambon-la-Forêt (45) 110 D2
Chambon-le-Château (48) 238 A2
Chambon-Sainte-Croix (23) 165 J2
Chambon-sur-Cisse (41) 128 D2
Chambon-sur-Dolore (63) 203 J6
Chambon-sur-Lac (63) 202 B5
le Chambon-sur-Lignon (43) 221 F6
Chambon-sur-Voueize (23) 183 J3
Chambonas (07) 255 G5
Chambonchard (23) 183 K3
la Chambonie (42) 203 K2
Chamborand (23) 182 A3
Chambord (27) 55 J3
Chambord (41) 129 G2
Chamboret (87) 181 F5
Chamborigaud (30) 255 F3
Chambornay-lès-Bellevaux (70) 138 A4
Chambornay-lès-Pin (70) 137 J3
Chambors (60) 36 E4
Chambost-Allières (69) 187 J5
Chambost-Longessaigne (69) 205 F2
Chamboulive (19) 199 K6
Chambourcy (78) 58 B3
Chambourg-sur-Indre (37) 146 C1
Chambray (27) 56 E1
Chambray-lès-Tours (37) 127 J5
la Chambre (73) 225 F1
Chambrecy (51) 40 D5
Chambretaud (85) 142 D4
Chambrey (57) 66 D4
Chambroncourt (52) 92 D4
Chambry (02) 20 D6
Chambry (77) 59 K2
Chaméane (63) 203 G5
Chamelet (69) 187 J5
Chamery (51) 40 E5
Chamesey (25) 139 F6
Chamesol (25) 139 H5
Chamesson (21) 115 F5
Chameyrat (19) 215 K3
Chamigny (77) 60 C2
Chamilly (71) 153 J5
Chamole (39) 155 J4
Chamonix-Mont-Blanc (74) 192 C5
Chamouillac (17) 211 H2
Chamouille (02) 40 B2
Chamouilley (52) 91 K1
Chamousset (73) 208 E4
Chamoux (89) 133 G4
Chamoux-sur-Gelon (73) 208 E5
Chamoy (10) 113 K1
le Champ-de-la-Pierre (61) 54 A6
Champ-d'Oiseau (21) 134 D3
Champ-Dolent (27) 56 C2
Champ-du-Boult (14) 52 D4
Champ-Haut (61) 55 F5
Champ-Laurent (73) 208 E5
Champ-le-Duc (88) 95 F5
le Champ-près-Froges (38) 224 C2
le Champ-Saint-Père (85) 159 J3
Champ-sur-Barse (10) 90 D6
Champ-sur-Drac (38) 224 A5
Champagnac (15) 217 G2
Champagnac (17) 195 J6
Champagnac-de-Belair (24) 213 K1
Champagnac-la-Noaille (19) 216 C2
Champagnac-la-Prune (19) 216 C4
Champagnac-la-Rivière (87) 198 B3
Champagnac-le-Vieux (43) 219 H2
Champagnat (23) 183 G5
Champagnat (71) 172 E4
Champagnat-le-Jeune (63) 203 G6
Champagne (07) 222 A3
Champagne (17) 177 F6
Champagné (72) 107 F2
Champagne-au-Mont-d'Or (69) 206 A2
Champagne-en-Valromey (01) 190 A6
Champagne-et-Fontaine (24) 197 F6
Champagné-le-Sec (86) 179 G2
Champagné-les-Marais (85) 160 A5
Champagne-Mouton (16) 179 J5
Champagne-Saint-Hilaire (86) 162 E6
Champagne-sur-Loue (39) 155 K5
Champagne-sur-Oise (95) 37 J6
Champagne-sur-Seine (77) 87 J4
Champagne-sur-Vingeanne (21) 136 D4
Champagne-Vigny (16) 196 C5
Champagneux (73) 207 J4

Champagney (25) 137 J6
Champagney (39) 136 E6
Champagney (70) 119 F6
Champagnier (38) 224 A4
Champagnole (39) 173 K1
Champagnolles (17) 195 F5
Champagny (21) 135 H4
Champagny-en-Vanoise (73) 209 J5
Champagny-sous-Uxelles (71) 171 J3
Champallement (58) 151 G1
Champanges (74) 175 F5
Champaubert (51) 61 H3
Champcella (05) 243 K3
Champcenest (77) 60 D6
Champcerie (61) 54 A4
Champcevinel (24) 213 K3
Champcevrais (89) 112 A6
Champclause (43) 220 E6
Champcueil (91) 87 F2
Champdeniers-Saint-Denis (79) 161 H4
Champdeuil (77) 87 H1
Champdieu (42) 204 C4
Champdivers (39) 155 F4
Champdolent (17) 177 G5
Champdor-Corcelles (01) 189 K4
Champdôtre (21) 154 E1
Champdray (88) 95 G6
Champeau-en-Morvan (21) 134 B6
Champeaux (35) 79 K4
Champeaux (50) 51 H2
les Champeaux (61) 54 D3
Champeaux (77) 87 J1
Champeaux-et-la-Chapelle-Pommier (24) 197 J6
Champeaux-sur-Sarthe (61) 83 G1
Champeix (63) 202 D4
Champenard (27) 35 K6
la Champenoise (36) 148 A5
Champenoux (54) 66 C4
Champéon (53) 81 H3
Champétières (63) 203 K5
Champey (70) 139 F2
Champey-sur-Moselle (54) 65 J2
Champfleur (72) 82 D3
Champfleury (10) 90 A1
Champfleury (51) 40 E5
Champforgeuil (71) 154 A6
Champfrémont (53) 82 B3
Champfromier (01) 190 B2
Champgenéteux (53) 81 J4
Champguyon (51) 61 F5
Champhol (28) 85 G3
Champien (80) 19 G5
Champier (38) 207 F6
Champigné (49) 125 G1
Champignelles (89) 112 B6
Champigneul-Champagne (51) 62 B2
Champigneul-sur-Vence (08) 22 C4
Champigneulle (08) 42 D3
Champigneulles (54) 66 A5
Champigneulles-en-Bassigny (52) 117 F1
Champignol-lez-Mondeville (10) 115 G1
Champignolles (21) 153 H3
Champignolles (27) 55 K2
Champigny (51) 40 E4
Champigny (89) 88 B5
Champigny-en-Beauce (41) 108 D6
Champigny-la-Futelaye (27) 56 E3
Champigny-le-Sec (86) 162 D1
Champigny-lès-Langres (52) 116 C4
Champigny-sous-Varennes (52) 117 F4
Champigny-sur-Aube (10) 90 A2
Champigny-sur-Marne (94) 59 F4
Champigny-sur-Veude (37) 145 G3
Champillet (36) 166 C4
Champillon (51) 61 K1
Champis (07) 240 A1
Champlan (91) 58 D5
Champlat-et-Boujacourt (51) 40 D6
Champlay (89) 112 E4
Champlecy (71) 170 D5
Champlemy (58) 132 D6
Champlin (08) 21 K3
Champlin (58) 151 G1
Champlitte (70) 136 E2
Champlive (25) 138 B5
Champlost (89) 113 G3
Champmillon (16) 196 C3
Champmotteux (91) 86 E4
Champnétery (87) 199 J1
Champneuville (55) 43 H4
Champniers (16) 196 E2
Champniers (86) 179 H2
Champniers-et-Reilhac (24) 197 K3
Champoléon (05) 243 G3
Champoly (42) 204 A1
Champosoult (61) 54 E3
Champougny (55) 93 F1
Champoulet (45) 131 K1
Champoux (25) 138 A5
Champrenault (21) 135 G5
Champrepus (50) 52 A3
Champrond (72) 107 J2
Champrond-en-Gâtine (28) 84 C3
Champrond-en-Perchet (28) 84 A4
Champrougier (39) 155 G5
Champs (02) 39 H1
Champs (63) 184 E4
les Champs-de-Losque (50) 31 G2
les Champs-Géraux (22) 50 D6
Champs-Romain (24) 198 A5

Champs-sur-Marne (77) 59 G4
Champs-sur-
-Tarentaine-Marchal (15)..... 217 J1
Champs-sur-Yonne (89).......... 113 G6
Champsac (87) 198 C3
Champsanglard (23) 182 D2
Champsecret (61) 53 H6
Champseru (28) 85 H2
Champsevraine (52) 116 E6
Champtercier (04) 259 H5
Champtocé-sur-Loire (49) 124 D4
Champtonnay (70) 137 G5
Champvallon (89) 112 D4
Champvans (39) 155 F2
Champvans (70) 137 F4
Champvans-les-Moulins (25)... 137 J6
Champvert (58) 151 H6
Champvoisy (51) 40 B4
Champvoux (58) 150 C2
Chamrousse (38) 224 B4
Chamvres (89) 112 E3
Chanac (48) 253 J1
Chanac-les-Mines (19) 216 B3
Chanaleilles (43) 237 J2
Chanas (38) 222 B2
Chanat-la-Mouteyre (63) 202 C1
Chanay (01) 190 B5
Chanaz (73) 207 K1
Chançay (37) 128 A4
Chancé (35) 79 J5
Chanceaux (21) 135 G3
Chanceaux-près-Loches (37) .. 146 C2
Chanceaux-sur-Choiselle (37). 127 J3
Chancelade (24) 213 K3
Chancenay (52) 63 K6
Chancey (70) 137 G5
Chancia (39) 173 G6
Chandai (61) 55 K5
Chandolas (07) 255 H2
Chanéac (07) 239 G1
Chaneins (01) 188 C4
Chânes (71) 188 B2
le Change (24) 214 B3
Changé (53) 104 E1
Change (71) 153 H5
Changé (72) 106 E3
Changey (52) 116 D3
Changis-sur-Marne (77)......... 60 A2
Changy (42) 186 C3
Changy (51) 63 G4
Changy (71) 170 D5
Chaniat (43) 219 H1
Chaniers (17) 195 G2
Channay (21) 114 D4
Channay-sur-Lathan (37) 126 E3
Channes (10) 114 C4
Chanonat (63) 202 D3
Chanos-Curson (26) 222 C5
Chanousse (05) 258 C2
Chanoy (52) 116 C4
Chanoz-Châtenay (01) 188 E2
Chanteau (45) 110 A3
Chantecoq (45) 112 A4
Chantecorps (79) 162 A4
Chanteheux (54) 66 D6
Chanteix (19) 215 J2
Chantelle (03) 185 F2
Chanteloup (35) 79 G6
Chanteloup (50) 30 D6
Chanteloup (79) 143 H6
Chanteloup-en-Brie (77) 59 H4
Chanteloup-les-Bois (49) 143 G2
Chanteloup-les-Vignes (78) 58 D2
Chantelouve (38) 224 C6
Chantemerle (51) 89 G1
Chantemerle-les-Blés (26)..... 222 B5
Chantemerle-lès-Grignan (26). 256 D2
Chantemerle-sur-la-Soie (17).. 177 H5
Chantenay-Saint-Imbert (58).. 168 C2
Chantenay-Villedieu (72) 106 A3
Chantepie (35) 79 G6
Chantérac (24) 213 H4
Chanteraine (55) 64 C5
Chanterelle (15) 218 B1
Chantes (70) 137 J1
Chantesse (38) 223 H3
Chanteuges (43) 219 H5
Chantillac (16) 212 A1
Chantilly (60) 38 A5
Chantonnay (85) 160 B1
Chantraine (88) 94 D6
Chantraines (52) 92 B6
Chantrans (25) 156 C3
Chantrigné (53) 81 G3
Chanu (61) 53 H4
Chanville (57) 45 H6
Chaon (41) 130 C2
Chaouilley (54) 93 K3
Chaource (10) 114 B2
Chaourse (02) 21 G4
Chapaize (71) 171 H4
Chapareillan (38) 208 C6
Chapdes-Beaufort (63) 184 C6
Chapdeuil (24) 213 H1
Chapeau (03) 169 F5
Chapeiry (74) 208 C1
Chapelaine (51) 90 E1
la Chapelaude (03) 167 F5
la Chapelle (03) 185 K4
la Chapelle (08) 23 H4
la Chapelle (16) 196 C1
la Chapelle (73) 209 F6
la Chapelle-Achard (85) 159 F2
la Chapelle-Agnon (63) 203 J4

la Chapelle-Anthenaise (53)..... 81 F6
la Chapelle-au-Mans (71) 170 A3
la Chapelle-au-Moine (61) 53 G5
la Chapelle-au-Riboul (53)...... 81 H4
la Chapelle-Aubareil (24) 214 E6
la Chapelle-aux-Bois (88) 118 C2
la Chapelle-aux-Brocs (19) ... 215 J4
la Chapelle-aux-Chasses (03). 169 F2
la Chapelle-aux-Choux (72) .. 126 E1
la Chapelle-aux-Filtzméens (35).. 50 E6
la Chapelle-aux-Lys (85) 161 F2
la Chapelle-aux-Naux (37) 127 F5
la Chapelle-aux-Saints (19) .. 215 K6
la Chapelle-Baloue (23) 165 G6
la Chapelle-Bâton (79) 161 J4
la Chapelle-Bâton (86) 179 J2
la Chapelle-Bayvel (27) 34 B4
la Chapelle-Bertin (43) 219 K3
la Chapelle-Bertrand (79) 161 K2
la Chapelle-Biche (61) 53 G5
la Chapelle-Blanche (22) 78 B2
la Chapelle-Blanche (73) 208 D6
la Chapelle-Blanche-
-Saint-Martin (37)............. 146 A3
la Chapelle-Bouëxic (35) 78 D6
la Chapelle-Cécelin (50) 52 B3
la Chapelle-Chaussée (35) 78 D5
la Chapelle-Craonnaise (53) .. 104 D3
la Chapelle-d'Abondance (74). 175 H6
la Chapelle-d'Alagnon (15) ... 218 B5
la Chapelle-d'Aligné (72) 105 K6
la Chapelle-d'Angillon (18) ... 131 F5
la Chapelle-d'Armentières (59) .. 6 C4
la Chapelle-d'Aurec (43) 220 E2
la Chapelle-de-Bragny (71)... 171 H3
la Chapelle-de-Brain (35) 102 D3
la Chapelle-de-Guinchay (71). 188 B2
la Chapelle-de-la-Tour (38) .. 207 G4
la Chapelle-de-Surieu (38) ... 222 B1
la Chapelle-des-Bois (25) 174 B3
la Chapelle-des-Fougeretz (35).. 79 F3
la Chapelle-des-Marais (44) .. 102 A6
la Chapelle-des-Pots (17) 195 H2
la Chapelle-devant-
-Bruyères (88) 95 G6
Chapelle-d'Huin (25) 156 C4
la Chapelle-du-Bard (38) 208 D6
la Chapelle-du-Bois (72) 83 H6
la Chapelle-du-
-Bois-des-Faulx (27)............ 35 J6
la Chapelle-du-Bourgay (76) .. 16 A3
la Chapelle-du-Châtelard (01). 188 E4
la Chapelle du Lou du Lac (35). 78 D3
la Chapelle-du-
-Mont-de-France (71) 171 F6
la Chapelle-du-
-Mont-du-Chat (73) 208 A3
la Chapelle-du-Noyer (28) 108 E2
la Chapelle-en-Lafaye (42) ... 204 C6
la Chapelle-en-Serval (60) 38 B6
la Chapelle-en-
-Valgaudémar (05) 243 F2
la Chapelle-en-Vercors (26) .. 223 G6
la Chapelle-en-Vexin (95)....... 36 D5
la Chapelle-Enchérie (41) 108 D5
la Chapelle-Erbrée (35) 80 B6
la Chapelle-Faucher (24) 214 A1
la Chapelle-Felcourt (51) 63 G1
la Chapelle-Forainvilliers (28). 57 G5
la Chapelle-Fortin (28) 56 A6
la Chapelle-Gaceline (56) 102 B2
la Chapelle-Gaugain (72) 107 J5
la Chapelle-Gauthier (27) 55 G2
la Chapelle-Gauthier (77) 87 K2
la Chapelle-Geneste (43) 219 K2
la Chapelle-Glain (44) 124 A1
la Chapelle-Gonaguet (24) ... 213 J3
la Chapelle-Grésignac (24) ... 213 G1
Chapelle-Guillaume (28) 108 A1
la Chapelle-Hareng (27) 34 B6
la Chapelle-Hermier (85) 158 E1
la Chapelle-Heulin (44) 142 A1
la Chapelle-Hugon (18) 150 B5
la Chapelle-Hullin (49) 104 B5
la Chapelle-Huon (72) 107 J4
la Chapelle-Iger (77) 60 A6
la Chapelle-Janson (35) 80 B3
la Chapelle-la-Reine (77) 87 G5
la Chapelle-Lasson (51) 89 J1
la Chapelle-Launay (44) 122 C2
la Chapelle-Laurent (15) 219 F4
la Chapelle-lès-Luxeuil (70) .. 118 C5
la Chapelle-Marcousse (63) .. 202 D6
la Chapelle-Montabourlet (24). 213 H1
la Chapelle-Montbrandeix (87).. 198 B3
la Chapelle-Montligeon (61) ... 83 J2
la Chapelle-Montlinard (18) .. 150 C2
la Chapelle-Montmartin (41) . 129 J6
la Chapelle-Montmoreau (24). 197 J6
la Chapelle-Montreuil (86) 162 C4
la Chapelle-Moulière (86) 163 G2
la Chapelle-Moutils (77) 60 E5
la Chapelle-Naude (71) 172 C3
la Chapelle-Neuve (22) 47 K6
la Chapelle-Neuve (56) 100 D2
la Chapelle-Onzerain (45) 109 H2
la Chapelle-Orthemale (36) .. 147 H6
la Chapelle-Palluau (85) 141 H5
la Chapelle-Pouilloux (79) 178 D3
la Chapelle-près-Sées (61) 82 D1
la Chapelle-Rablais (77) 88 A2
la Chapelle-Rainsouin (53).... 105 H1
la Chapelle-Rambaud (74) 191 F4
la Chapelle-Réanville (27) 36 A6

Chapelle-Royale (28) 108 C1
la Chapelle-Saint-André (58) . 132 D5
la Chapelle-Saint-Aubert (35) .. 79 K2
la Chapelle-Saint-Aubin (72) . 106 D2
la Chapelle-Saint-Étienne (79). 161 F2
la Chapelle-Saint-Fray (72) ... 106 C1
la Chapelle-Saint-Géraud (19). 216 C6
la Chapelle-Saint-Jean (24) .. 214 E3
la Chapelle-Saint-Laud (49) .. 125 J1
la Chapelle-Saint-Laurent (79). 161 G1
la Chapelle-Saint-Luc (10) 90 A5
la Chapelle-Saint-Martial (23). 182 D5
la Chapelle-Saint-Martin (73). 207 K3
la Chapelle-Saint-
-Martin-en-Plaine (41) 109 F6
la Chapelle-Saint-Maurice (74). 208 D2
la Chapelle-Saint-Mesmin (45). 109 K4
la Chapelle-Saint-Ouen (76) ... 36 B1
la Chapelle-Saint-Quillain (72). 137 H3
la Chapelle-Saint-Rémy (72) . 107 G1
la Chapelle-Saint-Sauveur (71). 154 E6
la Chapelle-Saint-Sépulcre (45). 111 J3
la Chapelle-Saint-Sulpice (77). 88 C2
la Chapelle-Saint-Ursin (18) . 149 F3
la Chapelle-Souëf (61) 83 H4
la Chapelle-sous-Brancion (71). 171 J4
la Chapelle-sous-Dun (71) 187 G2
la Chapelle-sous-Orbais (51) .. 61 H3
la Chapelle-sous-Uchon (71) . 152 E6
Chapelle-Spinasse (19) 216 D2
la Chapelle-sur-Aveyron (45) . 111 K5
la Chapelle-sur-Chézy (02) 60 E2
la Chapelle-sur-Coise (69) ... 205 H4
la Chapelle-sur-Dun (76) 15 H2
la Chapelle-sur-Erdre (44) 123 G3
la Chapelle-sur-Furieuse (39). 156 A4
la Chapelle-sur-Loire (37) 126 D6
la Chapelle-sur-Oreuse (89) ... 88 D5
la Chapelle-sur-Oudon (49) .. 104 D6
la Chapelle-sur-Usson (63) ... 203 G6
la Chapelle-Taillefert (23) 182 C4
la Chapelle-Thècle (71) 172 B4
la Chapelle-Thémer (85) 160 C3
la Chapelle-Thireuil (79) 161 G3
la Chapelle-Thouarault (35) 78 E4
la Chapelle-Urée (50) 52 B5
Chapelle-Vallon (10) 90 A3
la Chapelle-Vaupelteigne (89). 113 H5
la Chapelle-Vendômoise (41) . 128 D1
la Chapelle-Vicomtesse (41) .. 108 B3
la Chapelle-Viel (61) 55 J5
la Chapelle-Villars (42) 205 K6
Chapelle-Viviers (86) 163 J4
Chapelle-Voland (39) 155 F6
les Chapelles (73) 209 K4
les Chapelles-Bourbon (77) 59 J5
Chapelon (45) 111 G2
la Chapelotte (18) 131 G5
Chapet (78) 58 D2
Chapois (39) 156 B6
Chaponnay (69) 206 B4
Chaponost (69) 205 K4
Chappes (03) 168 A6
Chappes (08) 21 J5
Chappes (10) 114 C1
Chappes (63) 202 E1
Chaptelat (87) 181 G6
Chaptuzat (63) 185 F5
Charancieu (38) 207 H5
Charantonnay (38) 206 D5
Charavines (38) 207 H6
Charbogne (08) 42 A1
Charbonnat (71) 170 B1
Charbonnier-les-Mines (63) .. 219 F1
Charbonnières (28) 84 B6
Charbonnières (71) 171 J6
Charbonnières-les-Bains (69). 205 K2
Charbonnières-les-Sapins (25). 156 D2
Charbonnières-
-les-Varennes (63) 184 E6
Charbonnières-les-Vieilles (63). 184 E5
Charbuy (89) 112 E5
la Charce (26) 258 A1
Charcé-Saint-
-Ellier-sur-Aubance (49) 125 H5
Charcenne (70) 137 H5
Charchigné (53) 81 J3
Charchilla (39) 173 H5
Charcier (39) 173 H2
Chard (23) 183 J6
Chardeny (08) 42 A2
Chardogne (55) 64 A4
Chardonnay (71) 171 J4
Chareil-Cintrat (03) 185 G2
Charencey (21) 135 G4
Charency (39) 156 B6
Charency-Vezin (54) 43 J1
Charens (26) 241 J6
Charensat (63) 184 A5
Charentay (69) 188 A4
Charentenay (89) 133 F2
Charentilly (37) 127 H3
Charenton-du-Cher (18) 167 H2
Charenton-le-Pont (94) 59 H4
Charentonnay (18) 150 B2
Charette (08) 207 H1
Charette-Varennes (71) 154 D5
Charey (54) 65 H1
Charézier (39) 173 H3
Chargé (37) 128 B4
Chargey-lès-Gray (70) 137 F3
Chargey-lès-Port (70) 117 K6
Chariez (70) 138 A1

Charigny (21) 134 E4
la Charité-sur-Loire (58) 150 C2
Charix (01) 190 A2
Charlas (31) 286 D5
Charleval (13) 277 F5
Charleval (27) 36 A3
Charleville (51) 61 H4
Charleville-Mézières (08) 22 D1
Charleville-sous-Bois (57) 45 H5
Charlieu (42) 187 F3
Charly (18) 149 K5
Charly (69) 206 A4
Charly (69) 206 A4
Charly-Oradour (57) 45 F5
Charly-sur-Marne (02) 60 D2
Charmauvillers (25) 139 J6
Charmé (16) 179 F5
la Charme (39) 155 G6
la Charme (45) 112 A5
la Charme (71) 171 J2
Charmeil (03) 185 H3
le Charmel (02) 40 A6
Charmensac (15) 218 D3
Charmentray (77) 59 J2
Charmes (02) 20 A5
Charmes (03) 185 G4
Charmes (21) 136 D5
Charmes (52) 116 D4
Charmes (88) 94 B3
Charmes-en-l'Angle (52) 91 K4
Charmes-la-Côte (54) 65 H6
Charmes-la-Grande (52) 91 K4
Charmes-Saint-Valbert (70) .. 117 G6
Charmes-sur-l'Herbasse (26). 222 D4
Charmes-sur-Rhône (07) 240 B2
Charmoille (25) 139 F6
Charmoille (70) 138 A1
Charmois (54) 94 C1
Charmois (90) 139 J2
Charmois-devant-Bruyères (88).. 94 E6
Charmois-l'Orgueilleux (88) .. 118 B1
Charmont (51) 63 H3
Charmont (95) 36 E6
Charmont-en-Beauce (45) 86 C6
Charmont-sous-Barbuise (10). 90 B3
les Charmontois (51) 63 K2
Charmoy (10) 89 K6
Charmoy (71) 171 D1
Charmoy (89) 113 F4
Charnas (07) 222 A2
Charnat (63) 185 J6
Charnay (25) 156 A2
Charnay (69) 188 A6
Charnay-lès-Chalon (71) 154 C4
Charnay-lès-Mâcon (71) 188 B1
Charnècles (38) 223 H1
Charnizay (37) 146 C5
Charnod (39) 173 F6
Charnois (08) 24 D2
Charnoz-sur-Ain (01) 189 F6
Charny (21) 134 C5
Charny (77) 59 J2
Charny-le-Bachot (10) 89 K2
Charny Oreé de Puisaye (89). 112 B4
Charny-sur-Meuse (55) 43 H5
Charolles (71) 170 D5
Charols (26) 240 D5
Charonville (28) 84 E5
Chârost (18) 148 D4
Charpentry (55) 42 E4
Charpey (26) 240 E1
Charpont (28) 57 F5
Charquemont (25) 139 J6
Charrais (86) 162 D2
Charraix (43) 219 J6
Charras (16) 197 G5
Charray (28) 108 E3
Charre (64) 283 H3
Charrecey (71) 153 J6
Charrey-sur-Saône (21) 154 D3
Charrey-sur-Seine (21) 114 E3
Charrin (58) 169 G1
Charritte-de-Bas (64) 283 H4
Charron (17) 160 A6
Charron (23) 183 K4
Charroux (03) 185 F3
Charroux (86) 179 J3
Chars (95) 37 F5
Charsonville (45) 109 G4
Chartainvilliers (28) 85 G2
Chartèves (02) 61 F1
la Chartre-sur-le-Loir (72) 107 H6
Chartres (28) 85 G3
Chartres-de-Bretagne (35) 79 F5
Chartrettes (77) 87 H2
Chartrier-Ferrière (19) 215 H5
Chartronges (77) 60 D5
Chartuzac (17) 211 J1
Charvieu-Chavagneux (38)... 206 D3
Charvonnex (74) 191 F5
Chas (63) 203 F2
Chaserey (10) 114 A3
Chasnais (85) 159 K4
Chasnay (58) 150 D1
Chasné-sur-Illet (35) 79 H2
la Chassagne (39) 155 F5
Chassagne (63) 202 D6
Chassagne-Montrachet (21) . 153 J5
Chassagne-Saint-Denis (25). 156 C2
Chassagnes (43) 219 J3
Chassagny (69) 205 K4
Chassaignes (24) 213 F3

Chassal (39) 173 J6
Chassant (28) 84 C5
Chasse-sur-Rhône (38) 206 A4
Chasseguey (50) 52 C5
Chasselas (71) 188 B1
Chasselay (38) 223 G3
Chasselay (69) 205 K1
Chassemy (02) 40 A3
Chassenard (03) 170 A5
Chasseneuil (36) 165 G3
Chasseneuil-du-Poitou (86) .. 163 F2
Chasseneuil-sur-Bonnieure (16). 197 G1
Chassenon (16) 198 A1
Chasseradès (48) 238 B6
Chassey (21) 134 E4
Chassey-Beaupré (55) 92 D3
Chassey-le-Camp (71) 153 J5
Chassey-lès-Montbozon (70). 138 C3
Chassey-lès-Scey (70) 137 J1
Chassiecq (16) 179 H5
Chassiers (07) 239 G6
Chassieu (69) 206 B2
Chassignelles (89) 114 B6
Chassignieu (38) 207 H5
Chassignolles (36) 166 A4
Chassignolles (43) 219 H1
Chassigny (52) 116 D6
Chassigny-sous-Dun (71)..... 187 G2
Chassillé (72) 106 B2
Chassors (16) 196 A3
Chassy (18) 150 A3
Chassy (71) 170 B3
Chassy (89) 112 D5
le Chastang (19) 216 A4
Chastanier (48) 238 B4
Chasteaux (19) 215 H5
Chastel (43) 219 F5
Chastel-Arnaud (26) 241 F4
Chastel-Nouvel (48) 237 J6
Chastel-sur-Murat (15) 218 B5
Chastellux-sur-Cure (89) 133 J5
Chastreix (63) 201 K5
la Châtaigneraie (85) 160 E2
Chatain (86) 179 J4
Châtaincourt (28) 56 D5
Châtas (88) 95 J3
Château (71) 171 G5
Château-Arnoux-
-Saint-Auban (04) 259 F5
Château-Bernard (38) 223 F6
Château-Bréhain (57) 66 D2
Château-Chalon (39) 173 G1
Château-Chervix (87) 199 F4
Château-Chinon (58) 152 B3
Château-Chinon (58) 152 B3
le Château-d'Almenêches (61).. 54 D5
Château-des-Prés (39) 173 K4
le Château-d'Oléron (17) 176 C5
Château-d'Olonne (85) 158 E3
Château-du-Loir (72) 107 F6
Château-Gaillard (01) 189 G5
Château-Garnier (86) 179 J1
Château-Gontier (53) 105 F4
Château-Guibert (85) 159 K2
Château-la-Vallière (37) 126 E2
Château-l'Abbaye (59) 7 H6
Château-Landon (77) 111 H1
Château-Larcher (86) 162 E5
Château-l'Évêque (24) 213 K3
Château-l'Hermitage (72) 106 D5
Château-Porcien (08) 41 G1
Château-Renard (45) 111 K4
Château-Renault (37) 128 A2
Château-Rouge (57) 45 J3
Château-Salins (57) 66 D3
Château-sur-Allier (03) 168 B1
Château-sur-Cher (63) 183 K4
Château-sur-Epte (27) 36 D5
Château-Thébaud (44) 123 H5
Château-Thierry (02) 60 E1
Château-Verdun (09) 307 J5
Château-Ville-Vieille (05) 227 B3
Château-Voué (57) 66 E3
Châteaubernard (16) 195 K3
Châteaubleau (77) 88 B2
Châteaubourg (07) 222 B6
Châteaubourg (35) 79 J4
Châteaubriant (44) 103 J3
Châteaudouble (26) 240 E1
Châteaudouble (83) 279 H6
Châteaudun (28) 108 E2
Châteaufort (04) 259 F3
Châteaufort (78) 58 C5
Châteaugay (63) 202 D1
Châteaugiron (35) 79 H5
Châteaulin (29) 74 D3
Châteaumeillant (18) 166 D4
Châteauneuf (21) 153 H1
Châteauneuf (42) 205 J5
Châteauneuf (71) 187 G2
Châteauneuf (73) 208 E4
Châteauneuf (85) 140 E4
Châteauneuf-de-Bordette (26). 257 H3
Châteauneuf-de-Gadagne (84). 276 D2
Châteauneuf-de-Galaure (26). 222 C3
Châteauneuf-de-Randon (48). 238 A5
Châteauneuf-d'Entraunes (06). 260 E5
Châteauneuf-d'Ille-
-et-Vilaine (35).................... 50 E4
Châteauneuf-d'Oze (05) 242 C6
Châteauneuf-du-Faou (29) 75 F3
Châteauneuf-du-Pape (84) ... 256 D6
Châteauneuf-du-Rhône (26).. 256 C1

Châteauneuf-en-Thymerais (28).... 84 D1
Châteauneuf-Grasse (06) 280 D5
Châteauneuf-la-Forêt (87) 199 J3
Châteauneuf-le-Rouge (13) 296 E2
Châteauneuf-les-Bains (63) 184 D5
Châteauneuf-les-Martigues (13)...295 K5
Châteauneuf-Miravail (04) 258 D5
Châteauneuf-sur-Charente (16)...196 B4
Châteauneuf-sur-Cher (18) 149 F6
Châteauneuf-sur-Isère (26) 222 C6
Châteauneuf-sur-Loire (45) 110 D5
Châteauneuf-sur-Sarthe (49) 105 H6
Châteauneuf-Val-de-Bargis (58) .. 132 C6
Châteauneuf-Val-
-Saint-Donat (04) 259 F5
Châteauneuf-Villevieille (06) 281 D5
Châteauponsac (87) 181 G3
Châteauredon (04) 279 F1
Châteaurenard (13) 276 B3
Châteauroux (36) 147 K6
Châteauroux-les-Alpes (05) 243 J5
Châteauvert (83) 297 J1
Châteauvieux (05) 242 E6
Châteauvieux (41) 147 G1
Châteauvieux (83) 279 J4
Châteauvieux-les-Fossés (25) .. 156 D3
Châteauvilain (38) 207 F5
Châteauvillain (52) 115 J2
le Châtel (73) 225 G2
Châtel (74) 192 B1
Châtel-Censoir (89) 133 G3
Châtel-Chéhéry (08) 42 D4
Châtel-de-Joux (39) 173 J4
Châtel-de-Neuvre (03) 168 D6
Châtel-Gérard (89) 134 B2
Châtel-Guyon (63) 184 E6
Châtel-Montagne (03) 186 A4
Châtel-Moron (71) 171 G1
Châtel-Saint-Germain (57) 44 E5
Châtel-sur-Moselle (88) 94 C4
Châtelaillon-Plage (17) 176 D3
Châtelain (53) 105 G5
la Châtelaine (39) 155 K5
Châtelais (49) 104 D5
Châtelard (23) 183 J5
le Châtelard (73) 208 D3
Châtelaudren (22) 48 E5
Chatelay (39) 155 J3
Châtelblanc (25) 174 B2
Châteldon (63) 185 J5
le Châtelet (18) 166 D3
le Châtelet-en-Brie (77) 87 J2
le Châtelet-sur-Meuse (52) 117 F3
le Châtelet-sur-Retourne (08) 41 H2
le Châtelet-sur-Sormonne (08) .. 22 B3
les Châtelets (28) 56 B6
le Chateley (39) 155 G5
le Châtelier (51) 63 J2
Châtellenot (21) 153 G1
Châtellerault (86) 145 J6
le Châtellier (35) 80 A2
le Châtellier (61) 53 G5
les Châtelliers-Notre-Dame (28) .. 84 D1
Châtelneuf (39) 173 K2
Châtelneuf (42) 204 C4
Châtelperron (03) 169 H6
Châtelraould-
-Saint-Louvent (51) 63 F6
Châtelus (03) 186 B3
Châtelus (38) 223 G5
Châtelus (42) 205 G4
Châtelus-le-Marcheix (23) 182 A5
Châtelus-Malvaleix (23) 182 E1
Châtenay (01) 189 F4
Châtenay (28) 85 K4
Châtenay (38) 223 F2
Châtenay (71) 187 H1
Châtenay-en-France (95) 59 F1
Chatenay-Mâcheron (52) 116 D4
Châtenay-Malabry (92) 58 D5
Châtenay-sur-Seine (77) 88 B3
Chatenay-Vaudin (52) 116 D4
Chatenet (17) 211 K2
le Châtenet-en-Dognon (87) 181 K6
Châteney (70) 118 C6
Châtenois (39) 155 G2
Châtenois (67) 71 A5
Châtenois (70) 118 C6
Châtenois (88) 93 H4
Châtenois-les-Forges (90) 139 H2
Châtenoy (45) 110 E4
Châtenoy (77) 87 G6
Châtenoy-en-Bresse (71) 154 A6
Châtenoy-le-Royal (71) 153 K6
Châtignac (16) 212 C1
Chatignonville (91) 86 A3
Châtillon (03) 168 C5
Châtillon (39) 173 H2
Châtillon (69) 205 J1
Châtillon (86) 162 D6
Châtillon (92) 58 D4
Châtillon-Coligny (45) 111 J5
Châtillon-en-Bazois (58) 151 J3
Châtillon-en-Diois (26) 241 J4
Châtillon-en-Dunois (28) 108 D1
Châtillon-en-Michaille (01) 190 B3
Châtillon-en-Vendelais (35) 80 B5
Châtillon-Guyotte (25) 138 B5
Châtillon-la-Borde (77) 87 J2
Châtillon-la-Palud (01) 189 G5
Châtillon-le-Duc (25) 137 K5
Châtillon-le-Roi (45) 110 C1
Châtillon-lès-Sons (02) 20 D4
Châtillon-Saint-Jean (26) 222 E5

Châtillon-sous-les-Côtes (55)......43 J5
Châtillon-sur-Broué (51) 91 G2
Châtillon-sur-Chalaronne (01)....188 D3
Châtillon-sur-Cher (41) 129 F6
Châtillon-sur-Cluses (74) 191 K3
Châtillon-sur-Colmont (53) 81 F4
Châtillon-sur-Indre (36) 146 E4
Châtillon-sur-Lison (25) 156 B2
Châtillon-sur-Loire (45) 131 J2
Châtillon-sur-Marne (51) 40 C6
Châtillon-sur-Morin (51) 61 F5
Châtillon-sur-Oise (02) 20 B3
Châtillon-sur-Saône (88) 117 H3
Châtillon-sur-Seine (21) 115 H5
Châtillon-sur-Thouet (79) 161 K2
Châtin (58) 152 A3
Châtonnay (38) 206 E5
Chatonnay (39) 173 F5
Chatonrupt-Sommermont (52) .. 92 A2
Chatou (78) 58 C3
la Châtre (36) 166 B3
la Châtre-Langlin (36) 165 F5
Châtres (10) 89 J2
Châtres (24) 214 E4
Châtres (77) 59 J5
Châtres-la-Forêt (53) 81 H6
Châtres-sur-Cher (41) 129 K6
Châtrices (51) 63 J1
Chattancourt (55) 43 G5
Chatte (38) 223 F4
Chatuzange-le-Goubet (26) 222 D6
Chaucenne (25) 137 J6
Chauchailles (48) 236 E3
Chauché (85) 142 A5
le Chauchet (23) 183 H4
Chauchigny (10) 89 K3
Chauconin-Neufmontiers (77) ...59 J2
Chaudardes (02) 40 C3
Chaudebonne (26) 257 H1
Chaudefonds-sur-Layon (49)....124 E5
Chaudefontaine (25) 138 B5
Chaudefontaine (51) 42 D6
Chaudenay (52) 116 E5
Chaudenay (71) 153 K5
Chaudenay-la-Ville (21) 153 J2
Chaudenay-le-Château (21) 153 H2
Chaudeney-sur-Moselle (54) 65 H6
Chaudes-Aigues (15) 236 D2
Chaudeyrac (48) 238 B5
Chaudeyrolles (43) 239 F1
la Chaudière (26) 241 F5
Chaudon (28) 57 G6
Chaudon-Norante (04) 279 G1
Chaudrey (10) 90 C2
Chaudun (02) 39 H4
Chauffailles (71) 187 H2
Chauffayer (05) 242 D3
Chauffecourt (88) 94 A4
Chauffour-lès-Bailly (10) 90 D6
Chauffour-lès-Étréchy (91) 86 C2
Chauffour-sur-Vell (19) 215 K6
Chauffours (28) 84 E4
Chauffourt (52) 116 D3
Chauffry (77) 60 C4
Chaufour-lès-Bonnières (78).........57 G1
Chaufour-Notre-Dame (72) 106 C2
Chaugey (21) 115 K6
Chaulgnes (58) 150 D2
Chaulhac (48) 237 F1
Chaulieu (50) 52 E4
la Chaulme (63) 204 B6
Chaulnes (80) 19 F3
Chaum (31) 305 H3
Chaumard (58) 152 B2
la Chaume (21) 115 H4
Chaume-et-Courchamp (21) 136 D2
Chaume-lès-Baigneux (21) 135 F2
Chaumeil (19) 200 B6
Chaumercenne (70) 137 F6
Chaumergy (39) 155 G6
Chaumes-en-Brie (77) 59 J6
Chaumes-en-Retz (44) 122 C5
Chaumesnil (10) 91 F4
Chaumont (18) 149 K6
Chaumont (52) 116 A1
Chaumont (61) 55 F3
Chaumont (74) 190 D4
Chaumont (89) 88 B5
Chaumont-devant-
-Damvillers (55) 43 H3
Chaumont-en-Vexin (60)..........37 H4
Chaumont-la-Ville (52) 117 F1
Chaumont-le-Bois (21) 115 F4
Chaumont-le-Bourg (63) 203 K6
Chaumont-Porcien (08) 21 J5
Chaumont-sur-Aire (55) 64 B2
Chaumont-sur-Loire (41) 128 D3
Chaumont-sur-Tharonne (41) 130 A2
Chaumontel (95) 38 A6
Chaumot (58) 151 J1
Chaumot (89) 112 C2
Chaumousey (88) 94 C6
Chaumoux-Marcilly (18) 150 A2
Chaumussay (37) 146 B5
la Chaumusse (39) 173 K3
Chaumuzy (51) 40 D5
Chaunac (17) 211 K1
Chaunay (86) 179 G2
Chauny (02) 19 K5
Chauray (79) 161 H6
Chauriat (63) 203 F2
la Chaussade (23) 183 G5
Chaussan (69) 205 J4
la Chaussée (76) 16 A3

la Chaussée (86) 144 E5
la Chaussée-d'Ivry (28) 57 G3
la Chaussée-Saint-Victor (41) ...128 E2
la Chaussée-sur-Marne (51) 62 E4
la Chaussée-Tirancourt (80) 17 K1
Chaussenac (15) 217 F4
Chaussenans (39) 155 J6
Chausseterre (42) 186 B6
Chaussin (39) 155 F4
Chaussoy-Epagny (80) 18 B4
Chaussy (45) 110 A1
Chaussy (95) 36 D6
le Chautay (18) 150 B4
Chauvac-Laux-Montaux (26) 258 B3
Chauvé (44) 122 C4
Chauvency-le-Château (55) 43 G1
Chauvency-Saint-Hubert (55) 23 J6
Chauvigné (35) 79 J1
Chauvigny (86) 163 H3
Chauvigny-du-Perche (41) 108 C3
Chauvincourt-Provemont (27) 36 C4
Chauvirey-le-Châtel (70) 117 G5
Chauvirey-le-Vieil (70) 117 G5
Chauvoncourt (55) 64 E3
Chauvry (95) 58 D1
Chaux (21) 154 A2
la Chaux (25) 157 F3
la Chaux (61) 53 K6
la Chaux (71) 154 E4
Chaux (90) 119 H6
Chaux-Champagny (39) 156 A5
Chaux-des-Crotenay (39) 173 K2
la Chaux-du-Dombief (39) 173 K3
la Chaux-en-Bresse (39) 155 G6
Chaux-la-Lotière (70) 137 K4
Chaux-lès-Clerval (25) 138 E4
Chaux-lès-Passavant (25) 138 D6
Chaux-lès-Port (70) 117 K6
Chaux-Neuve (25) 174 B2
Chauzon (07) 255 J1
Chavagnac (15) 218 B4
Chavagnac (24) 215 G5
Chavagne (35) 79 H4
Chavagnes (49) 125 H6
Chavagnes-en-Paillers (85) 142 A4
Chavagnes-les-Redoux (85) 160 C1
Chavaignes (49) 126 C2
Chavanac (19) 200 A5
Chavanat (23) 182 D6
Chavanatte (90) 139 K2
Chavanay (42) 222 A1
Chavanges (10) 91 F2
Chavaniac-Lafayette (43) 219 J4
Chavannaz (74) 190 D4
Chavanne (70) 139 F2
la Chavanne (73) 208 D5
Chavannes (18) 149 G6
Chavannes (26) 222 C5
les Chavannes-
-en-Maurienne (73) 209 F6
Chavannes-les-Grands (90) 139 K1
Chavannes-sur-l'Étang (68) 139 J1
Chavannes-sur-Reyssouze (01)...172 A5
Chavannes-sur-Suran (01) 189 H1
Chavanod (74) 190 E6
Chavanoz (38) 206 D2
Chavaroux (63) 202 E1
la Chavatte (80) 19 F4
Chaveignes (37) 145 G3
Chavelot (88) 94 D5
Chavenay (78) 58 B4
Chavençon (60) 37 G5
Chavenon (03) 168 A6
Chavéria (39) 173 F4
Chaveroche (19) 200 E5
Chaveyriat (01) 188 E2
Chavignon (02) 40 A1
Chavigny (02) 39 J2
Chavigny (54) 65 K6
Chavigny-Bailleul (27) 56 D3
Chaville (92) 58 C4
Chavin (36) 165 H4
Chavonne (02) 40 A2
Chavornay (01) 190 B6
Chavot-Courcourt (51) 61 K2
Chavoy (50) 51 K2
Chavroches (03) 169 G6
le Chay (17) 194 D3
Chay (25) 155 K3
Chazay-d'Azergues (69) 205 K1
la Chaze-de-Peyre (48) 237 F4
Chazé-Henry (49) 104 B5
Chazé-sur-Argos (49) 124 D1
Chazeaux (07) 239 G5
Chazelet (36) 165 F4
Chazelles (15) 219 G5
Chazelles (16) 197 F2
Chazelles (43) 219 H6
Chazelles-sur-Albe (54) 67 G6
Chazelles-sur-Lavieu (42) 204 C5
Chazelles-sur-Lyon (42) 205 G4
Chazemais (03) 167 G3
Chazeuil (21) 136 C2
Chazeuil (58) 132 E6
Chazey-Bons (01) 207 J1
Chazey-sur-Ain (01) 189 G6
Chazilly (21) 153 H2
Chazot (25) 138 E5
Chécy (45) 110 B4
Chédigny (37) 146 C1
Chef-Boutonne (79) 178 D3
Chef-Haut (88) 93 J4
Cheffes (49) 125 G1
Cheffois (85) 160 D2

Cheignieu-la-Balme (01) 207 J1
Cheillé (37) 127 F6
Cheilly-lès-Maranges (71) 153 J5
Chein-Dessus (31) 306 A2
Cheissoux (87) 199 J1
le Cheix (63) 185 F6
Cheix-en-Retz (44) 122 E4
Chélan (32) 286 C6
Chelers (62) 10 C2
Chélieu (38) 207 G5
Chelle-debat (65) 285 J4
Chelle-Spou (65) 285 J6
Chelles (60) 39 F3
Chelles (77) 59 G3
Chelun (35) 104 A4
Chemaudin (25) 156 A1
Chemazé (53) 104 E5
Chemellier (49) 125 J5
Chemenot (39) 155 G5
Chémeré-le-Roi (53) 105 H3
Chémery (41) 129 F5
Chémery-Chéhéry (08) 22 E5
Chémery-les-Deux (57) 45 H3
Chemilla (39) 173 F6
Chemillé-en-Anjou (49) 124 E6
Chemillé-sur-Dême (37) 127 H1
Chemillé-sur-Indrois (37) 146 E2
Chemilli (61) 83 G4
Chemilly (03) 168 D5
Chemilly (70) 137 K1
Chemilly-sur-Serein (89) 113 J6
Chemilly-sur-Yonne (89) 113 F4
Chemin (39) 154 E4
le Chemin (51) 63 J2
Chemin-d'Aisey (21) 115 F6
Cheminas (07) 222 A4
Cheminon (51) 63 J5
Cheminot (57) 65 G2
Chemiré-en-Charnie (72) 106 A2
Chemiré-le-Gaudin (72) 106 B3
Chemy (59) 6 D5
Chenac-Saint-
-Seurin-d'Uzet (17) 194 E5
Chenailler-Mascheix (19) 216 B5
la Chenalotte (25) 157 H2
Chénas (69) 188 B2
Chenay (51) 40 E4
Chenay (72) 82 D3
Chenay (79) 162 B6
Chenay-le-Châtel (71) 186 E6
le Chêne (10) 90 B2
Chêne-Bernard (39) 155 G5
Chêne-en-Semine (74) 190 C4
Chêne-Sec (71) 155 F5
Chenebier (70) 139 G1
Chenecey-Buillon (25) 156 A2
Cheneché (86) 162 E1
Chénelette (69) 187 J3
Chénérailles (23) 183 F4
Chenereilles (42) 204 D6
Chenereilles (43) 221 F4
Chenevelles (86) 163 H1
Chenevières (54) 94 E1
Chenevrey-et-Morogne (70) 137 G6
Chênex (74) 190 D3
Cheney (89) 113 K4
Chenicourt (54) 66 B3
Chenières (54) 44 B1
Chéniers (23) 165 K6
Cheniers (51) 62 C3
Chenillé-Champteussé (49) 105 F6
Cheniménil (88) 94 E6
Chennebrun (27) 55 K6
Chennegy (10) 89 J6
Chennevières-lès-Louvres (95)...59 G1
Chennevières-sur-Marne (94) 59 G4
Chenois (57) 66 D2
Chenoise (77) 88 C1
Chenommet (16) 179 G5
Chenon (16) 179 G5
Chenonceaux (37) 128 C5
Chenou (77) 111 H1
Chenôve (21) 135 K6
Chenôves (71) 171 H2
Chens-sur-Léman (74) 174 D6
Chenu (72) 126 E2
Cheny (89) 113 F3
Chepniers (17) 211 K2
Chepoix (60) 18 B6
la Cheppe (51) 62 E1
Cheppes-la-Prairie (51) 62 E4
Cheppy (55) 42 E4
Cheptainville (91) 86 D2
Chepy (51) 62 E3
Chépy (80) 8 E6
Chérac (17) 195 J2
Chérancé (53) 104 C5
Chérancé (72) 82 D5
Chéraute (64) 283 H4
Cherbonnières (17) 178 B5
Cherbourg-en-Cotentin (50) 28 D2
Chérence (95) 36 D6
Chérencé-le-Héron (50) 52 B3
Chérencé-le-Roussel (50) 52 C5
Chéreng (59) 7 F4
les Chères (69) 188 B6
Chérêt (02) 40 B1
Chériennes (62) 9 J2
Cherier (42) 186 D5
Chérigné (79) 178 C3
Chérisay (72) 82 D4
Chérisey (57) 66 A1
Cherisy (28) 57 F5
Chérisy (62) 11 G3

Chérizet (71) 171 G4
Chermignac (17) 195 F3
Chermisey (88) 92 E3
Chermizy-Ailles (02) 40 C2
Chéronnac (87) 198 A2
Chéronvilliers (27) 55 K4
Chéroy (89) 88 A6
Cherré (49) 105 G6
Cherré (72) 83 J6
Cherreau (72) 83 J6
Cherrueix (35) 51 G3
Cherval (24) 213 G1
Cherveix-Cubas (24) 214 D2
Cherves (86) 162 B1
Cherves-Châtelars (16) 197 H1
Cherves-Richemont (16) 195 J2
Chervettes (17) 177 H4
Cherveux (79) 161 H5
Chervey (10) 114 E1
Cherville (51) 62 B1
Chéry (18) 148 C2
Chéry-Chartreuve (02) 40 B4
Chéry-lès-Pouilly (02) 20 D5
Chéry-lès-Rozoy (02) 21 H4
le Chesnay (78) 58 C4
Chesnois-Auboncourt (08) 22 B6
Chesny (57) 45 F6
Chessenaz (74) 190 C4
Chessy (69) 188 A6
Chessy (77) 59 J3
Chessy-les-Prés (10) 113 K3
Chéu (89) 113 H3
Cheuge (21) 136 D4
Cheust (65) 304 B1
Cheux (14) 32 C5
Chevagnes (03) 169 G3
Chevagny-les-Chevrières (71) ...188 B1
Chevagny-sur-Guye (71) 171 F4
Chevaigné (35) 79 G3
Chevaigné-du-Maine (53) 81 J3
le Chevain (72) 82 D7
Cheval-Blanc (84) 276 D4
Chevaline (74) 208 E2
la Chevallerais (44) 103 F6
Chevanceaux (17) 212 A2
Chevannay (21) 135 G5
Chevannes (21) 153 K2
Chevannes (45) 111 K1
Chevannes (89) 113 F6
Chevannes (91) 87 F2
Chevannes-Changy (58) 132 B4
Chevennes (02) 20 E3
Chevenon (58) 150 E5
Chevenoz (74) 175 G6
Cheverny (41) 129 F3
Cheveuges (08) 22 E5
Chevières (08) 42 D3
Chevigney (70) 137 F5
Chevigney-lès-Vercel (25) 156 E1
Chevigney-sur-l'Ognon (25)......137 H6
Chevigny (39) 155 G1
Chevigny-en-Valière (21) 154 B4
Chevigny-Saint-Sauveur (21) 136 B6
Chevillard (01) 189 K3
Chevillé (72) 105 K3
Chevillon (52) 92 A2
Chevillon-sur-Huillard (45) 111 G3
la Chevillotte (25) 156 C1
Chevilly (45) 109 K2
Chevilly-Larue (94) 58 E5
Chevinay (69) 205 J2
Chevincourt (60) 38 E1
Chevrainvilliers (77) 87 G6
Chevreaux (39) 172 E4
Chevregny (02) 40 B2
Chèvremont (90) 139 J1
la Chèvrerie (16) 179 F4
Chevresis-Monceau (02) 20 C4
Chevreuse (78) 58 B5
Chèvreville (60) 38 E6
Chevrier (74) 190 C3
Chevrières (38) 223 F4
Chevrières (42) 205 G4
Chevrières (60) 38 C3
Chevroches (58) 133 F4
la Chevrolière (44) 123 F5
Chevrotaine (39) 173 J2
Chevroux (01) 171 K6
Chevroz (25) 137 K5
Chevru (77) 60 C5
Chevry (01) 190 D1
Chevry-Cossigny (77) 59 H5
Chevry-en-Sereine (77) 87 K5
Chevry-sous-le-Bignon (45) 111 K1
Chey (79) 178 E2
Cheylade (15) 217 K3
le Cheylard (07) 239 H1
Cheylard-l'Évêque (48) 238 B5
le Cheylas (38) 224 C1
Cheyssieu (38) 206 A6
Chezal-Benoît (18) 148 D6
la Chèze (22) 77 G5
Chèze (65) 304 A3
Chézeaux (52) 117 F4
Chezelle (03) 185 F2
Chezelles (36) 147 J5
Chezelles (37) 145 H3
Chèzeneuve (38) 206 E5
Chézery-Forens (01) 190 C2
Chézy (03) 169 F3
Chézy-en-Orxois (02) 39 H6
Chézy-sur-Marne (02) 60 D2
Chiatra (2B) 319 J5

Chiché (79) 143 K6
Chicheboville (14) 33 F6
Chichée (89) 113 J5
Chichery (89) 113 F4
Chichey (51) 61 H6
Chichilianne (38) 241 K2
Chicourt (57) 66 D2
Chiddes (58) 152 B6
Chiddes (71) 171 F5
Chidrac (63) 202 D5
Chierry (02) 60 E1
Chieulles (57) 45 F5
Chigné (49) 126 C2
Chignin (73) 208 C5
Chigny (02) 20 E2
Chigny-les-Roses (51) 41 F5
Chilhac (43) 219 H4
Chillac (16) 212 C1
Chille (39) 173 H4
Chilleurs-aux-Bois (45) 110 C2
le Chillou (79) 144 B6
Chilly (08) 22 B3
Chilly (74) 190 D5
Chilly (80) 19 F3
Chilly-le-Vignoble (39) 173 F2
Chilly-Mazarin (91) 58 E5
Chilly-sur-Salins (39) 156 A5
Chimilin (38) 207 J4
Chindrieux (73) 208 A1
Chinon (37) 145 F1
Chipilly (80) 18 E2
Chirac (16) 180 A6
Chirac-Bellevue (19) 201 F6
Chirassimont (42) 187 G6
Chirat-l'Église (03) 184 C2
Chiré-en-Montreuil (86) 162 C2
Chirens (38) 207 H4
Chirmont (80) 18 B4
Chirols (07) 239 G4
Chiroubles (69) 188 A3
Chiry-Ourscamp (60) 39 F1
Chis (65) 285 H4
Chisa (2B) 321 H4
Chissay-en-Touraine (41) 128 C5
Chisseaux (37) 128 C5
Chisséria (39) 173 F6
Chissey-en-Morvan (71) 152 E2
Chissey-lès-Mâcon (71) 171 H4
Chissey-sur-Loue (39) 155 J3
Chitenay (41) 128 E3
Chitray (36) 164 E3
Chitry (89) 113 H6
Chitry-les-Mines (58) 151 J1
Chives (17) 178 D5
Chivres (21) 154 C4
Chivres-en-Laonnois (02) 21 F5
Chivres-Val (02) 39 K3
Chivy-lès-Étouvelles (02) 40 B1
Chizé (79) 178 B3
Chocques (62) 5 K5
Choilley-Dardenay (52) 136 D1
Choisel (78) 58 B6
Choiseul (52) 116 C2
Choisey (39) 155 F3
Choisies (59) 13 H4
Choisy (74) 190 E6
Choisy-au-Bac (60) 38 E2
Choisy-en-Brie (77) 60 C5
Choisy-la-Victoire (60) 38 B3
Choisy-le-Roi (94) 58 E4
Cholet (49) 142 E2
Cholonge (38) 224 B6
Choloy-Ménillot (54) 65 G6
Chomelix (43) 220 B3
Chomérac (07) 240 A4
la Chomette (43) 219 H3
Chonas-l'Amballan (38) 206 A6
Chonville-Malaumont (55) 64 C6
Chooz (08) 24 C2
Choqueuse-les-Bénards (60) 17 J5
Choranche (38) 223 G5
Chorey-les-Beaune (21) 154 A3
Chorges (05) 243 G5
Chouain (14) 32 B4
Chouday (36) 148 D5
Choue (41) 108 A3
Chougny (58) 151 K3
Chouilly (51) 61 K1
Chouppes (86) 144 E6
Chourgnac (24) 214 D4
Choussy (41) 128 E5
Chouvigny (03) 184 D3
Choux (39) 190 B1
les Choux (45) 111 H5
Chouy (02) 39 H6
Chouzé-sur-Loire (37) 126 C6
Chouzelot (25) 156 A2
Chouzy-sur-Cisse (41) 128 D3
Choye (70) 137 H4
Chozeau (38) 206 E3
Chuelles (45) 112 A3
Chuffilly-Roche (08) 42 A2
Chuignes (80) 19 F2
Chuignolles (80) 18 E2
Chuisnes (28) 84 D3
Chusclan (30) 256 C5
Chuyer (42) 205 K6
Chuzelles (38) 206 A4
Ciadoux (31) 286 E5
Ciamannacce (2A) 321 F4
Ciboure (64) 263 B2
Cideville (76) 15 H5
Ciel (71) 154 C5
Cier-de-Luchon (31) 305 H4

Cier-de-Rivière (31) 305 H1
Cierges (02) 40 B5
Cierges-sous-Montfaucon (55) 42 E4
Cierp-Gaud (31) 305 H3
Cierrey (27) 56 E2
Cierzac (17) 195 K4
Cieurac (46) 250 A2
Cieutat (65) 285 G6
Cieux (87) 180 E5
Ciez (58) 132 C4
Cigogné (37) 128 A6
Cilly (02) 21 F4
Cinais (37) 144 E2
Cindré (03) 185 K1
Cinq-Mars-la-Pile (37) 127 G5
Cinqueux (60) 38 B4
Cintegabelle (31) 288 C4
Cintheaux (14) 32 E6
Cintray (27) 56 E2
Cintray (28) 85 F3
Cintré (35) 78 E4
Cintrey (70) 117 G6
la Ciotat (13) 296 E6
Cipières (06) 280 C3
Ciral (61) 82 B2
Ciran (37) 146 B3
Circourt (88) 94 B5
Circourt-sur-Mouzon (88) 93 G4
Ciré-d'Aunis (17) 177 F3
Cirès (31) 305 G4
Cires-lès-Mello (60) 37 K4
Cirey (70) 138 A4
Cirey-lès-Mareilles (52) 92 C6
Cirey-lès-Pontailler (21) 136 C6
Cirey-sur-Blaise (52) 91 J4
Cirey-sur-Vezouze (54) 67 H6
Cirfontaines-en-Azois (52) 115 J1
Cirfontaines-en-Ornois (52) 92 D3
Cirières (79) 143 G5
Ciron (36) 164 D3
Ciry-le-Noble (71) 170 D3
Ciry-Salsogne (02) 39 K3
Cisai-Saint-Aubin (61) 55 F4
Cisery (89) 134 A3
Cissac-Médoc (33) 210 E4
Cissé (86) 162 D2
Cisternes-la-Forêt (63) 201 K2
Cistrières (43) 219 J2
Citerne (80) 17 G1
Citers (70) 118 D6
Citey (70) 137 H4
Citou (11) 290 D4
Citry (77) 60 C2
Civaux (86) 163 H5
Civens (42) 204 E2
Civrac-de-Blaye (33) 211 J4
Civrac-en-Médoc (33) 210 D1
Civrac-sur-Dordogne (33) 230 C2
Civray (18) 148 E4
Civray (86) 179 H3
Civray-de-Touraine (37) 128 B5
Civray-sur-Esves (37) 145 K3
Civrieux (01) 188 C6
Civrieux-d'Azergues (69) 205 K1
Civry (28) 109 G2
Civry-en-Montagne (21) 135 G6
Civry-la-Forêt (78) 57 H3
Cizancourt (80) 19 G3
Cizay-la-Madeleine (49) 144 B1
Cize (01) 189 H2
Cize (39) 173 K1
Cizely (58) 151 G4
Cizos (65) 286 B5
Clacy-et-Thierret (02) 40 A1
Cladech (24) 232 D2
Claira (66) 310 B6
Clairac (47) 247 J2
Clairavaux (23) 200 E2
Clairefontaine-en-Yvelines (78) 86 A1
Clairegoutte (70) 139 F1
Clairfayts (59) 13 J4
Clairfontaine (02) 21 G1
Clairmarais (62) 5 H2
Clairoix (60) 38 E2
Clairvaux-d'Aveyron (12) 251 K2
Clairvaux-les-Lacs (39) 173 H3
Clairy-Saulchoix (80) 17 K2
Clais (76) 16 D3
Claix (16) 196 C4
Claix (38) 223 K4
Clam (17) 195 H5
Clamanges (51) 62 A4
Clamart (92) 58 D4
Clamecy (02) 39 J2
Clamecy (58) 133 F4
Clamensane (04) 259 G3
Clamerey (21) 134 E5
Clans (06) 261 H6
Clans (70) 137 K2
Clansayes (26) 256 D2
le Claon (55) 42 D6
le Clapier (12) 272 D4
Clapiers (34) 274 B6
Clara (66) 314 C3
Clarac (31) 305 H1
Clarac (65) 285 J5
Claracq (64) 284 D1
Clarafond-Arcine (74) 190 C6
Clarbec (14) 33 J4
Clarens (65) 286 A6
Clarensac (30) 274 E4
Claret (04) 259 F2
Claret (34) 274 B3
Clary (59) 12 C5
Classun (40) 265 G4

Clastres (02) 19 K4
Clasville (76) 15 F3
le Clat (11) 308 D5
Claudon (88) 117 K2
le Claux (15) 217 K4
Clavans-en-Haut-Oisans (38) 224 E4
Clavé (79) 161 K4
Claveisolles (69) 187 K1
Clavette (17) 176 E2
Claveyson (26) 222 C4
Clavières (15) 219 F6
Claviers (83) 279 J6
Claville (27) 56 C1
Claville-Motteville (76) 16 A6
Clavy-Warby (08) 22 B4
Claye-Souilly (77) 59 H2
Clayes (35) 78 E3
les Clayes-sous-Bois (78) 58 B4
la Clayette (71) 187 G1
Clayeures (54) 94 C2
Clécy (14) 53 H2
Cléden-Cap-Sizun (29) 73 B2
Cléden-Poher (29) 75 H3
Cléder (29) 46 D3
Clèdes (40) 265 H6
Cleebourg (67) 25 B1
Clef Vallée d'Eure (27) 35 K6
Clefmont (52) 116 E1
Clefs (49) 126 B1
les Clefs (74) 191 G6
Cléguer (56) 99 K3
Cléguérec (56) 76 C5
Clelles (38) 241 K2
Clémencey (21) 154 A1
Clémensat (63) 202 D5
Clémery (54) 66 A3
Clémont (18) 130 D3
Clénay (21) 136 B4
Clenleu (62) 4 D5
Cléon (76) 35 H3
Cléon-d'Andran (26) 240 D5
Cleppé (42) 204 E2
Clérac (17) 212 A3
Cléré-du-Bois (36) 146 D5
Cléré-les-Pins (37) 127 F4
Cléré-sur-Layon (49) 143 J2
Clères (76) 15 K6
Clérey (10) 90 B6
Clérey-la-Côte (88) 93 G2
Clérey-sur-Brenon (54) 94 A2
Clergoux (19) 216 C3
Clérieux (26) 222 C5
les Clérimois (89) 88 E6
le Clerjus (88) 118 C3
Clerlande (63) 185 F6
Clermain (71) 171 G6
Clermont (09) 306 E2
Clermont (40) 264 B5
Clermont (60) 38 A3
Clermont (74) 190 C5
Clermont-Créans (72) 106 B6
Clermont-de-Beauregard (24) 231 K1
Clermont-Dessous (47) 247 J4
Clermont-d'Excideuil (24) 214 D1
Clermont-en-Argonne (55) 42 E6
Clermont-Ferrand (63) 202 D2
Clermont-le-Fort (31) 288 B2
Clermont-les-Fermes (02) 21 F5
Clermont-l'Hérault (34) 273 G6
Clermont-Pouyguillès (32) 286 C2
Clermont-Savès (32) 268 B6
Clermont-Soubiran (47) 248 D5
Clermont-sur-Lauquet (11) 309 G2
Cléron (25) 156 B2
Clerques (62) 2 E4
Clerval (25) 138 E4
Cléry (21) 136 E6
Cléry (73) 209 F3
Cléry-en-Vexin (95) 36 E6
Cléry-le-Grand (55) 43 F3
Cléry-le-Petit (55) 43 F3
Cléry-Saint-André (45) 109 J5
Cléry-sur-Somme (80) 19 G1
Clesles (51) 89 J2
Clessé (71) 171 J4
Clessé (79) 161 H1
Clessy (71) 170 B4
Cléty (62) 5 G4
Cleurie (88) 119 F2
Cleuville (76) 15 F4
Cléville (14) 33 G5
Cléville (76) 15 F5
Clévilliers (28) 85 F2
Cleyrac (33) 230 C3
Cleyzieu (01) 189 H6
Clézentaine (88) 94 D3
Clichy (92) 58 E3
Clichy-sous-Bois (93) 59 G3
Climbach (67) 25 B1
Clinchamp (52) 92 D6
Clinchamps-sur-Orne (14) 32 D6
Clion (17) 195 H5
Clion (36) 146 E5
Cliousclat (26) 240 C4
Cliponville (76) 15 F4
Cliron (08) 22 C3
la Clisse (17) 194 E2
Clisson (44) 142 A2
Clitourps (50) 29 F2
Clohars-Carnoët (29) 99 H4
Clohars-Fouesnant (29) 98 D2
le Cloître-Pleyben (29) 75 H3
le Cloître-Saint-Thégonnec (29) 47 G6
Clomot (21) 153 G1

Clonas-sur-Varèze (38) 222 A1
Clos-Fontaine (77) 88 A1
la Clotte (17) 212 B4
Clouange (57) 44 E4
Cloué (86) 162 D5
Cloyes-sur-le-Loir (28) 108 D3
Cloyes-sur-Marne (51) 63 F6
Clucy (39) 156 A4
Clugnat (23) 183 F1
Cluis (36) 165 J4
Clumanc (04) 259 K6
Cluny (71) 171 H5
la Clusaz (74) 191 H6
la Cluse (74) 191 H6
la Cluse-et-Mijoux (25) 157 F5
les Cluses (66) 315 G4
Cluses (74) 191 K4
Clussais-la-Pommeraie (79) 178 E2
Clux-Villeneuve (71) 154 C4
Coadout (22) 48 C5
Coaraze (06) 281 G2
Coarraze (64) 284 E6
Coat-Méal (29) 72 D2
Coatascorn (22) 48 B3
Coatréven (22) 48 B2
Cobonne (26) 240 E3
Cobrieux (59) 7 F5
la Cochère (61) 54 D5
Cocherel (77) 60 B2
Cocheren (57) 68 B2
Coclois (10) 90 D3
Cocquerel (80) 9 H6
Cocumont (47) 246 E1
Codalet (66) 314 B3
Codognan (30) 274 E5
Codolet (30) 256 C5
Coësmes (35) 103 J1
Coëtlogon (22) 77 H5
Coëtmieux (22) 49 H6
Cœur de Causse (46) 233 J5
Cœuvres-et-Valsery (02) 39 G3
Coëx (85) 158 E1
Coggia (2A) 316 E6
Coglès (35) 51 K5
Cogna (39) 173 H5
Cognac (16) 195 K3
Cognac-la-Forêt (87) 198 C1
Cognat-Lyonne (03) 185 G4
Cogners (72) 107 J4
Cognet (38) 242 B1
Cognières (70) 138 C3
Cognin (73) 208 B4
Cognin-les-Gorges (38) 223 G4
Cognocoli-Monticchi (2A) 320 D6
Cogny (18) 149 J6
Cogny (69) 188 A5
Cogolin (83) 298 E4
Cohade (43) 219 G2
Cohennoz (73) 209 G2
Cohiniac (22) 48 E6
Cohons (52) 116 D5
Coiffy-le-Bas (52) 117 G4
Coiffy-le-Haut (52) 117 G4
Coigneux (80) 10 C5
Coignières (78) 58 A5
Coigny (50) 28 E5
Coimères (33) 230 A6
Coin-lès-Cuvry (57) 65 K1
Coin-sur-Seille (57) 66 A1
Coinces (45) 109 J3
Coinches (88) 95 J5
Coincourt (54) 66 E4
Coincy (02) 39 K5
Coincy (57) 45 G6
Coings (36) 147 K5
Coingt (02) 21 H3
Coirac (33) 230 B4
Coise (69) 205 G4
Coise-Saint-Jean-Pied-Gauthier (73) 208 D5
Coiserette (39) 173 J6
Coisevaux (70) 139 G2
Coisia (39) 189 K1
Coisy (80) 18 B1
Coivert (17) 177 K3
Coivrel (60) 38 B1
Coizard-Joches (51) 61 J4
Colayrac-Saint-Cirq (47) 248 A4
Colembert (62) 4 D3
Coligny (01) 172 D6
Colincamps (80) 10 D5
Collan (89) 113 J5
la Collancelle (58) 151 J2
Collandres (15) 217 K3
Collandres-Quincarnon (27) 56 A2
Collanges (63) 202 E6
Collat (43) 219 J3
la Colle-sur-Loup (06) 280 E4
Collégien (77) 59 H4
Collemiers (89) 112 C1
Colleret (59) 13 J3
le Collet-de-Dèze (48) 254 E4
Colletot (27) 34 D3
Colleville (76) 14 D4
Colleville-Montgomery (14) 32 E4
Colleville-sur-Mer (14) 29 K6
Collias (30) 275 H2
Colligis-Crandelain (02) 40 B2
Colligny-Maizery (57) 45 G6
Colline-Beaumont (62) 8 E2
Collioure (66) 315 J4
Collobrières (83) 301 G3
Collonge-en-Charollais (71) 171 F3
Collonge-la-Madeleine (71) 153 G3
Collonges (01) 190 C3
Collonges-au-Mont-d'Or (69) 206 A1

Collonges-la-Rouge (19) 215 K5
Collonges-lès-Bévy (21) 154 A2
Collonges-lès-Premières (21) 154 E1
Collonges-sous-Salève (74) 190 E3
Collongues (06) 280 B2
Collongues (65) 285 J5
Collorec (29) 75 G2
Collorgues (30) 275 F1
Colmar (68) 96 C4
Colmars (04) 260 C4
Colmen (57) 45 J2
Colméry (58) 132 D5
Colmesnil-Manneville (76) 15 K2
Colmey (54) 43 K1
Colmier-le-Bas (52) 115 K6
Colmier-le-Haut (52) 115 K5
Colognac (30) 274 A1
Cologne (32) 268 B5
Colomars (06) 281 F3
Colombe (38) 223 H1
la Colombe (50) 52 B2
Colombé-la-Fosse (10) 91 H5
Colombé-le-Sec (10) 91 H5
Colombe-lès-Vesoul (70) 138 B1
Colombelles (14) 32 E4
Colombes (92) 58 D3
Colombey-les-Belles (54) 93 H2
Colombey-les-Deux-Églises (52) 91 J6
Colombier (03) 184 C2
Colombier (21) 153 J2
Colombier (24) 231 J3
Colombier (42) 221 J2
Colombier (70) 138 B1
Colombier-en-Brionnais (71) 170 D6
Colombier-Fontaine (25) 139 F3
Colombier-le-Cardinal (07) 222 A3
Colombier-le-Jeune (07) 221 K6
Colombier-le-Vieux (07) 221 K5
Colombier-Saugnieu (69) 206 D3
Colombières (14) 31 J1
Colombières-sur-Orb (34) 291 H1
Colombiers (17) 195 G3
Colombiers (18) 167 G2
Colombiers (34) 291 K4
Colombiers (61) 82 C2
Colombiers (86) 163 F1
Colombiers-du-Plessis (53) 80 E3
Colombiers-sur-Seulles (14) 32 C3
Colombiès (12) 251 J3
Colombotte (70) 138 C1
Colomby (50) 28 D4
Colomby-Anguerny (14) 32 D4
Colomiers (31) 268 E6
Colomieu (01) 207 J2
Colondannes (23) 182 A1
Colonfay (02) 20 D2
Colonne (39) 155 H5
Colonzelle (26) 256 E2
Colpo (56) 101 F3
Colroy-la-Roche (67) 70 A6
Coltainville (28) 85 H2
Coltines (15) 218 C5
Coly (24) 215 F5
Combaillaux (34) 274 A5
Combas (30) 274 D3
la Combe-de-Lancey (38) 224 B3
Combeaufontaine (70) 117 J6
Combefa (81) 270 C1
Comberanche-et-Épeluche (24) 213 F2
Comberjon (70) 138 B1
Comberouger (82) 268 C3
Combertault (21) 154 A4
les Combes (25) 157 G3
Combes (34) 291 J1
Comblanchien (21) 154 A2
Combles (80) 19 G1
Combles-en-Barrois (55) 64 A5
Comblessac (35) 102 C1
Combleux (45) 110 B4
Comblot (61) 83 H3
Combloux (74) 192 A6
Combon (27) 35 F6
Combourg (35) 51 F6
Combourtillé (35) 80 A4
Combovin (26) 240 E2
Combrailles (63) 201 J1
Combrand (79) 143 G5
Combray (14) 53 J2
Combre (42) 187 G5
Combrée (49) 104 C6
Combres (28) 84 C4
Combres-sous-les-Côtes (55) 65 F1
Combressol (19) 200 D6
Combret (12) 271 J3
Combreux (45) 110 D3
Combrimont (88) 95 J4
Combrit (29) 98 C2
Combronde (63) 184 E5
Combs-la-Ville (77) 59 G6
la Comelle (71) 153 D5
Comigne (11) 290 D6
Comines (59) 6 D3
Commana (29) 46 G6
Commarin (21) 135 G2
Commeaux (61) 54 B4
Commelle (38) 206 E6
Commelle-Vernay (42) 186 E5
Commenailles (39) 155 G6
Commenchon (02) 19 J5
Commensacq (40) 245 G4
Commentry (03) 184 B1
Commeny (95) 37 F6

Commequiers (85) 141 F6
Commer (53) 81 G5
Commercy (55) 64 E4
Commerveil (72) 83 F4
Commes (14) 32 A3
Communay (69) 206 A4
Compains (63) 202 B6
Compainville (76) 16 E5
Compans (77) 59 H2
le Compas (23) 183 J5
Compertrix (51) 62 D2
Compeyre (12) 253 G5
Compiègne (60) 38 D2
Compigny (89) 88 D4
Compolibat (12) 251 J2
la Compôte (73) 208 D3
Comprégnac (12) 252 E6
Compreignac (87) 181 G5
Comps (26) 240 E6
Comps (30) 275 J3
Comps (33) 211 G5
Comps-la-Grand-Ville (12) 252 A4
Comps-sur-Artuby (83) 279 J4
la Comté (62) 10 C1
Comus (11) 308 A5
Conan (41) 108 E6
Conand (01) 189 J6
Conat (66) 314 B2
Conca (2A) 323 H1
Concarneau (29) 98 C3
Concevreux (02) 40 C3
Concèze (19) 215 G2
Conches-en-Ouche (27) 56 B2
Conches-sur-Gondoire (77) 59 H4
Conchez-de-Béarn (64) 285 F1
Conchil-le-Temple (62) 8 E2
Conchy-les-Pots (60) 18 E6
Conchy-sur-Canche (62) 9 K3
Concorès (46) 233 H5
Concoret (56) 78 B4
Concots (46) 250 B2
Concoules (30) 254 E2
Concourson-sur-Layon (49) 143 K1
Concremiers (36) 164 B3
Concressault (18) 131 G4
Concriers (41) 109 F6
Condac (16) 179 G4
Condal (71) 172 D5
Condamine (01) 189 K3
Condamine (39) 172 E2
la Condamine-Châtelard (04) 260 D1
Condat (15) 218 A2
Condat (46) 215 K6
Condat-en-Combraille (63) 201 H1
Condat-lès-Montboissier (63) 203 H5
Condat-sur-Ganaveix (19) 199 J6
Condat-sur-Trincou (24) 213 K1
Condat-sur-Vézère (24) 214 E2
Condat-sur-Vienne (87) 198 E2
Condé (36) 148 C5
Condé-en-Brie (02) 61 F2
Condé-en-Normandie (14) 53 H3
Condé-Folie (80) 9 H6
Condé-lès-Autry (08) 42 C4
Condé-lès-Herpy (08) 41 G1
Condé-Northen (57) 45 H5
Condé-Sainte-Libiaire (77) 59 J3
Condé-sur-Aisne (02) 39 K3
Condé-sur-Ifs (14) 54 B1
Condé-sur-l'Escaut (59) 12 D1
Condé-sur-Marne (51) 62 B1
Condé-sur-Risle (27) 34 D3
Condé-sur-Sarthe (61) 82 C3
Condé-sur-Seulles (14) 32 B4
Condé-sur-Suippe (51) 40 E2
Condé-sur-Vesgre (78) 57 H5
Condé-sur-Vire (50) 31 H4
Condécourt (95) 58 A1
Condeissiat (01) 188 E3
Condéon (16) 196 B6
Condes (39) 173 G6
Condes (52) 116 B1
Condette (62) 4 B3
Condezaygues (47) 248 E1
Condillac (26) 240 B5
Condom (32) 267 F2
Condom-d'Aubrac (12) 236 A5
Condorcet (26) 257 H2
Condren (02) 19 K5
Condrieu (69) 205 K6
Conflandey (70) 117 K6
Conflans-en-Jarnisy (54) 44 C5
Conflans-Sainte-Honorine (78) 58 C2
Conflans-sur-Anille (72) 107 J3
Conflans-sur-Lanterne (70) 118 B5
Conflans-sur-Loing (45) 111 J3
Conflans-sur-Seine (51) 89 G2
Confolens (16) 180 B5
Confolent-Port-Dieu (19) 201 H5
Confort (01) 190 B3
Confort-Meilars (29) 73 D2
Confracourt (70) 137 H1
Confrançon (01) 188 E1
Congé-sur-Orne (72) 82 E6
Congénies (30) 274 E4
Congerville-Thionville (91) 86 B4
Congis-sur-Thérouanne (77) 60 A2
Congrier (53) 104 B4
Congy (51) 61 J3
Conie-Molitard (28) 109 F1
Conilhac-Corbières (11) 290 E6
Conilhac-de-la-Montagne (11) 308 D1
Conjux (73) 208 A1
Conlie (72) 106 B1

Conliège (39) 173 G2
Connac (12) 271 H1
Connangles (43) 219 K2
Connantray-Vaurefroy (51) 62 A5
Connantre (51) 61 K5
Connaux (30) 256 B6
Conne-de-Labarde (24) 231 J3
Connelles (27) 35 K4
Connerré (72) 107 G2
Connezac (24) 197 H5
Connigis (02) 61 F1
Conquereuil (44) 102 E4
Conques-en-Rouergue (12) 235 H5
Conques-sur-Orbiel (11) 290 B5
le Conquet (29) 72 B4
Conqueyrac (30) 274 B2
Cons-la-Grandville (54) 44 A1
Consac (17) 195 G6
Conségudes (06) 280 D2
Consenvoye (55) 43 G4
Consigny (52) 92 D6
Consolation-Maisonnettes (25) 157 G1
Contalmaison (80) 10 E6
Contamine-Sarzin (74) 190 D4
Contamine-sur-Arve (74) 191 G3
les Contamines-Montjoie (74) 209 K1
Contault (51) 63 H3
Contay (80) 10 C6
Conte (39) 174 A1
Contes (06) 281 G3
Contes (62) 9 H1
Contescourt (02) 19 K3
Contest (53) 81 F5
Conteville (14) 33 F6
Conteville (27) 34 B2
Conteville (60) 17 J5
Conteville (76) 16 E4
Conteville (80) 9 J4
Conteville-en-Ternois (62) 10 A1
Conteville-lès-Boulogne (62) 4 C3
Conthil (57) 66 E2
Contigné (49) 105 G6
Contigny (03) 168 D6
Contilly (72) 83 F3
Continvoir (37) 126 D4
Contoire (80) 18 D4
Contrazy (09) 306 D2
Contré (17) 178 B4
Contre (80) 17 J4
Contréglise (70) 117 K5
Contremoulins (76) 14 D4
Contres (18) 149 H6
Contres (41) 129 F4
Contreuve (08) 42 A3
Contrevoz (01) 207 J1
Contrexéville (88) 93 H6
Contrières (50) 30 E5
Contrisson (55) 63 J4
Conty (80) 17 K4
Contz-les-Bains (57) 45 G1
Conzieu (01) 207 J2
Coole (51) 62 D5
Coolus (51) 62 D3
la Copechagnière (85) 141 K5
Copponex (74) 190 E4
Coquainvilliers (14) 33 K5
Coquelles (62) 2 C3
la Coquille (24) 198 C5
Corancez (28) 85 G4
Corancy (58) 152 B3
Coray (29) 75 F5
Corbara (2B) 318 C2
Corbarieu (82) 269 F2
Corbas (69) 206 B3
Corbehem (62) 11 H2
Corbeil (51) 90 E1
Corbeil-Cerf (60) 37 H4
Corbeil-Essonnes (91) 87 F1
Corbeilles (45) 111 G2
Corbel (73) 208 A4
Corbelin (38) 207 H4
Corbenay (70) 118 C4
Corbeny (02) 40 D2
Corbère (66) 314 E2
Corbère-Abères (64) 285 F2
Corbère-les-Cabanes (66) 314 E2
Corberon (21) 154 B4
Corbès (30) 254 E6
Corbie (80) 18 C2
la Corbière (70) 118 D5
Corbières (04) 278 A4
Corbières (11) 308 B2
Corbigny (58) 151 J1
Corbon (61) 83 J3
Corbonod (01) 190 C5
Corbreuse (91) 86 A2
Corcelle-Mieslot (25) 138 B5
Corcelles-en-Beaujolais (69) 188 B3
Corcelles-Ferrières (25) 155 K1
Corcelles-les-Arts (21) 153 K4
Corcelles-lès-Cîteaux (21) 154 C2
Corcelles-les-Monts (21) 135 K6
Corcieux (88) 95 H6
Corcondray (25) 137 H6
Corconne (30) 274 B3
Corcoué-sur-Logne (44) 141 H3
Corcy (02) 39 H4
Cordéac (38) 242 C2
Cordebugle (14) 34 B6
Cordelle (42) 186 E6
Cordemais (44) 122 D3
Cordes-sur-Ciel (81) 250 E6
Cordes-Tolosannes (82) 268 D1
Cordesse (71) 153 F3

Cordey (14) 54 A3
Cordon (74) 191 K5
Cordonnet (70) 137 J4
Coren (15) 218 D5
Corenc (38) 224 A3
Corent (63) 202 E3
Corfélix (51) 61 H4
Corgengoux (21) 154 B4
Corgnac-sur-l'Isle (24) 214 C1
Corgoloin (21) 154 A3
Corignac (17) 211 J2
Corlay (22) 76 D2
Corlier (01) 189 J4
Cormainville (28) 109 H1
Cormaranche-en-Bugey (01) 189 K5
Cormatin (71) 171 H4
Corme-Écluse (17) 194 D3
Corme-Royal (17) 194 E2
Cormeilles (27) 34 B4
Cormeilles (60) 17 K5
Cormeilles-en-Parisis (95) 58 D2
Cormeilles-en-Vexin (95) 37 G6
Cormelles-le-Royal (14) 32 E5
Cormenon (41) 108 A3
Cormeray (41) 129 F3
Cormery (37) 127 K6
Cormes (72) 83 J6
le Cormier (27) 56 E2
Cormolain (14) 31 K3
Cormont (62) 4 C5
Cormontreuil (51) 41 F5
Cormoranche-sur-Saône (01) 188 C2
Cormost (10) 114 B1
Cormot-le-Grand (21) 153 J4
Cormoyeux (51) 40 E6
Cormoz (01) 172 C5
Corn (46) 234 C5
Cornac (46) 234 C1
Cornant (89) 112 C1
Cornas (07) 240 C1
Cornay (08) 42 D4
Cornebarrieu (31) 268 E5
Corneilhan (34) 291 K3
Corneilla-de-Conflent (66) 314 B3
Corneilla-del-Vercol (66) 315 H2
Corneilla-la-Rivière (66) 314 E1
Corneillan (32) 265 K5
Corneville-la-Fouquetière (27) 55 J1
Corneville-sur-Risle (27) 34 D3
Cornier (74) 191 G3
Cornil (19) 215 K3
Cornillac (26) 257 K1
Cornille (24) 214 A3
Cornillé (35) 79 K5
Cornillé-les-Caves (49) 125 J3
Cornillon (30) 256 A4
Cornillon-Confoux (13) 295 J3
Cornillon-en-Trièves (38) 242 A2
Cornillon-sur-l'Oule (26) 257 K1
Cornimont (88) 119 H3
Cornod (39) 189 J1
Cornot (70) 117 H6
la Cornuaille (49) 124 C2
Cornus (12) 272 E3
Cornusse (18) 149 K5
Corny (27) 36 B4
Corny-Machéroménil (08) 22 A6
Corny-sur-Moselle (57) 65 J1
Coron (49) 143 G2
Corpe (85) 159 F4
Corpeau (21) 153 K5
Corpoyer-la-Chapelle (21) 135 F3
Corps (38) 242 C4
Corps-Nuds (35) 79 G6
Corquilleroy (45) 111 H2
Corquoy (18) 149 F5
Corrano (2A) 321 F5
Corravillers (70) 119 F4
Corre (70) 117 J3
Correncon-en-Vercors (38) 223 J5
Correns (83) 297 K2
Corrèze (19) 216 B1
Corribert (51) 61 H2
Corrobert (51) 61 G3
Corrombles (21) 134 C3
Corronsac (31) 288 C2
Corroy (51) 61 K5
Corsaint (21) 134 C3
Corsavy (66) 314 D4
Corscia (2B) 318 E5
Corsept (44) 122 B3
Corseul (22) 50 B5
Cortambert (71) 171 H5
Corte (2B) 319 F5
Cortevaix (71) 171 G4
Cortrat (45) 111 J4
les Corvées-les-Yys (28) 84 D4
Corveissiat (01) 189 J2
Corvol-d'Embernard (58) 132 E6
Corvol-l'Orgueilleux (58) 132 E4
Corzé (49) 125 H2
Cos (09) 307 H3
Cosges (39) 172 E1
Coslédaà-Lube-Boast (64) 284 E2
Cosmes (53) 104 D3
Cosnac (19) 215 J4
Cosne-Cours-sur-Loire (58) 131 K5
Cosne-d'Allier (03) 167 K5
Cosnes-et-Romain (54) 26 C2
Cossaye (58) 169 F1
Cossé-en-Champagne (53) 105 J3
Cossé-le-Vivien (53) 104 D3
Cossesseville (14) 53 J2

Cosswiller (67) 70 C3
Costa (2B) 318 D2
Costaros (43) 238 C2
les Costes (05) 242 E3
les Costes-Gozon (12) 272 A1
la Côte (70) 118 E6
la Côte-d'Arbroz (74) 192 A2
la Côte-en-Couzan (42) 204 A2
la Côte-Saint-André (38) 223 F1
le Coteau (42) 186 E5
Côtebrune (25) 138 C6
les Côtes-d'Arey (38) 206 B6
les Côtes-de-Corps (38) 242 C2
Coti-Chiavari (2A) 322 C1
Cotignac (83) 298 A1
Cottance (42) 205 F2
Cottenchy (80) 18 A3
Cottévrard (76) 16 B5
Cottun (14) 32 A3
la Couarde (79) 161 K6
la Couarde-sur-Mer (17) 158 B5
Couargues (18) 131 K6
Coubert (77) 59 H6
Coubeyrac (33) 230 D3
Coubisou (12) 236 A6
Coubjours (24) 215 F3
Coublanc (52) 136 E1
Coublanc (71) 187 G3
Coublevie (38) 223 J1
Coublucq (64) 284 D1
Coubon (43) 220 C6
Coubron (93) 59 G3
Couches (71) 153 H5
Couchey (21) 135 K6
la Coucourde (26) 240 B5
Coucouron (07) 238 D3
Coucy (02) 41 J1
Coucy-la-Ville (02) 39 J1
Coucy-le-Château-Auffrique (02) 39 J1
Coucy-lès-Eppes (02) 20 E6
Couddes (41) 129 F5
Coudehard (61) 54 D3
Coudekerque-Branche (59) 3 H2
Coudes (63) 202 E4
Coudeville-sur-Mer (50) 30 D6
Coudons (11) 308 D4
Coudoux (13) 296 B1
Coudray (27) 36 B3
le Coudray (28) 85 G3
Coudray (53) 105 F5
Coudray-au-Perche (28) 84 A5
le Coudray-Macouard (49) 144 C1
le Coudray-Montceaux (91) 87 F2
Coudray-Rabut (14) 33 K3
le Coudray-Saint-Germer (60) 36 E2
le Coudray-sur-Thelle (60) 37 H4
Coudreceau (28) 84 B4
Coudrecieux (72) 107 H3
Coudres (27) 56 E3
Coudroy (45) 111 F4
Coudun (60) 38 D2
Coudures (40) 265 F5
Coueilles (31) 287 F4
Couëron (44) 122 E4
Couesmes (37) 127 F2
Couesmes-Vaucé (53) 81 F2
Couffé (44) 123 K2
Couffoulens (11) 290 A6
Couffy (41) 147 H1
Couffy-sur-Sarsonne (19) 201 F4
Couflens (09) 306 D5
Coufouleux (81) 269 J4
Couhé (86) 179 G1
Couilly-Pont-aux-Dames (77) 59 K3
Couin (62) 10 C5
Couiza (11) 308 D3
Couladère (31) 287 H6
Coulaines (72) 106 D2
Coulandon (03) 168 D4
Coulangeron (89) 133 F2
Coulanges (03) 169 K5
Coulanges (41) 128 D3
Coulanges-la-Vineuse (89) 133 G1
Coulanges-lès-Nevers (58) 150 E4
Coulanges-sur-Yonne (89) 133 F3
Coulans-sur-Gée (72) 106 C2
Coulaures (24) 214 C2
Couleuvre (03) 168 A2
Coulevon (70) 138 B1
Coulgens (16) 197 F1
Coulimer (61) 83 G2
Coullemelle (80) 18 C5
Coullemont (62) 10 C4
Coullons (45) 131 F2
Coulmer (61) 55 F4
Coulmier-le-Sec (21) 114 E6
Coulmiers (45) 109 H4
Coulobres (34) 292 A3
Coulogne (62) 2 D3
Couloisy (60) 39 F3
Coulombiers (72) 82 D4
Coulombiers (86) 162 D4
Coulombs (14) 32 C4
Coulombs (28) 57 G6
Coulombs-en-Valois (77) 60 D1
Coulomby (62) 4 E3
Coulommes (77) 59 K3
Coulommes-et-Marqueny (08) 42 A2
Coulommes-la-Montagne (51) 40 E5
Coulommiers (77) 60 B4
Coulommiers-la-Tour (41) 108 C5
Coulon (79) 161 F6
Coulonces (61) 54 C4

la Coulonche (61) 53 H6
Coulongé (72) 106 D6
Coulonge (16) 196 D1
Coulonges (17) 195 J4
Coulonges (86) 164 C6
Coulonges-Cohan (02) 40 B5
Coulonges-sur-l'Autize (79) 161 F4
Coulonges-sur-Sarthe (61) 83 F2
Coulonges-Thouarsais (79) 143 K4
Coulonvillers (80) 9 H5
Couloumé-Mondebat (32) 266 C5
Coulounieix-Chamiers (24) 213 K3
Coulours (89) 113 G1
Couloutre (58) 132 C5
Coulouvray-Boisbenâtre (50) 52 C4
Coulx (47) 247 K1
Coume (57) 45 J4
Counozouls (11) 308 E6
Coupelle-Neuve (62) 5 F1
Coupelle-Vieille (62) 5 F5
Coupesarte (14) 33 J6
Coupetz (51) 62 D4
Coupiac (12) 271 H2
Coupray (52) 115 J3
Coupru (02) 60 D1
Couptrain (53) 81 K2
Coupvray (77) 59 J3
Couquèques (33) 210 E1
Cour-Cheverny (41) 129 F3
Cour-et-Buis (38) 206 C6
Cour-l'Évêque (52) 115 K3
la Cour-Marigny (45) 111 G4
Cour-Maugis sur Huisne (61) 83 J3
Cour-Saint-Maurice (25) 139 G6
Cour-sur-Loire (41) 129 F1
Courances (91) 87 F3
Courant (17) 177 J4
Courban (21) 115 H4
Courbehaye (28) 109 H1
Courbépine (27) 34 C6
Courbes (02) 20 B5
Courbesseaux (54) 66 C5
Courbette (39) 173 F3
Courbeveille (53) 104 D2
Courbevoie (92) 58 D3
Courbiac (47) 249 F2
Courbillac (16) 196 A2
Courboin (02) 61 F2
Courbouzon (39) 173 F2
Courbouzon (41) 109 G6
Courçais (03) 167 F5
Courçay (37) 128 A6
Courcebœufs (72) 106 E1
Courcelette (80) 10 E6
Courcelles (17) 177 K5
Courcelles (25) 156 A2
Courcelles (45) 110 E2
Courcelles (54) 93 K3
Courcelles (58) 132 E5
Courcelles (90) 139 K3
Courcelles-au-Bois (80) 10 D5
Courcelles-Chaussy (57) 45 H6
Courcelles-de-Touraine (37) 126 E3
Courcelles-en-Barrois (55) 64 D4
Courcelles-en-Bassée (77) 88 B3
Courcelles-en-Montagne (52) 116 B5
Courcelles-Epayelles (60) 18 D6
Courcelles-Frémoy (21) 134 B4
Courcelles-la-Forêt (72) 106 B5
Courcelles-le-Comte (62) 10 E4
Courcelles-lès-Gisors (60) 36 D4
Courcelles-lès-Lens (62) 11 H1
Courcelles-lès-Montbard (21) 134 D2
Courcelles-lès-Montbéliard (25) 139 G3
Courcelles-lès-Semur (21) 134 D4
Courcelles-Sapicourt (51) 40 D4
Courcelles-sous-Châtenois (88) 93 H4
Courcelles-sous-Moyencourt (80) 17 J3
Courcelles-sous-Thoix (80) 17 J4
Courcelles-sur-Aire (55) 64 B2
Courcelles-sur-Blaise (52) 91 J3
Courcelles-sur-Nied (57) 45 G6
Courcelles-sur-Seine (27) 36 A5
Courcelles-sur-Vesle (02) 40 A3
Courcelles-sur-Viosne (95) 58 B1
Courcelles-sur-Voire (10) 91 F3
Courcemain (51) 89 K1
Courcemont (72) 83 F6
Courcerac (17) 195 J1
Courceroy (10) 88 B3
Courchamp (77) 60 D6
Courchamps (02) 39 H6
Courchamps (49) 144 B1
Courchapon (25) 137 G6
Courchaton (70) 138 E3
Courchelettes (59) 11 H4
Courcité (53) 81 K4
Courcival (72) 83 F5
Courcôme (16) 179 F5
Courçon (17) 177 G1
Courcoué (37) 145 G3
Courcouronnes (91) 86 E1
Courcoury (17) 195 G2
Courcuire (70) 137 H5
Courcy (14) 54 C2
Courcy (50) 30 E4
Courcy (51) 40 E4
Courcy-aux-Loges (45) 110 D2
Courdemanche (27) 56 E4
Courdemanche (72) 107 H5
Courdemanges (51) 63 F5

Courdimanche (95) 58 B1
Courdimanche-sur-
 -Essonne (91) 86 E3
Couret (31) 305 K2
Courgains (72) 82 E5
Courgeac (16) 212 D1
Courgenard (72) 107 J1
Courgenay (89) 89 F5
Courgent (78) 57 H3
Courgeon (61) 83 H2
Courgeoût (61) 83 G2
Courgis (89) 113 H6
Courgivaux (51) 61 F5
Courgoul (63) 202 C5
Courjeonnet (51) 61 J4
Courlac (16) 212 D2
Courlandon (51) 40 C4
Courlans (39) 173 F2
Courlaoux (39) 172 E2
Courlay (79) 143 H6
Courléon (49) 126 D4
Courlon (21) 135 K1
Courlon-sur-Yonne (89) 88 C4
Courmangoux (01) 172 E6
Courmas (51) 40 E5
Courmelles (02) 39 J3
Courmemin (41) 129 H4
Courménil (61) 54 E4
Courmes (06) 280 D4
Courmont (02) 40 B6
Courmont (70) 139 F1
Cournanel (11) 308 E4
la Courneuve (93) 58 E3
Courniou (34) 290 E2
Cournols (63) 202 C4
Cournon (56) 102 B3
Cournon-d'Auvergne (63) 202 E3
Cournonsec (34) 293 F1
Cournonterral (34) 293 F1
la Couronne (16) 196 D4
Courouvre (55) 64 C2
Courpalay (77) 60 A4
Courpiac (33) 230 B3
Courpière (63) 203 H2
Courpignac (17) 211 H1
Courquetaine (77) 59 J6
Courrensan (32) 266 D4
Courrières (62) 11 G1
Courris (81) 271 F2
Courry (30) 255 G3
Cours (46) 233 J4
Cours (47) 248 A3
le Cours (56) 101 H4
Cours (69) 187 G4
Cours (79) 161 H4
Cours-de-Monségur (33) 230 E4
Cours-de-Pile (24) 231 J2
Cours-les-Bains (33) 246 E2
Cours-les-Barres (18) 150 C4
Coursac (24) 213 J4
Coursan (11) 291 J5
Coursan-en-Othe (10) 113 H4
Coursegoules (06) 280 D3
Courset (62) 4 D4
Courseulles-sur-Mer (14) 32 D3
Courson (14) 52 C3
Courson-les-Carrières (89) ... 133 F2
Courson-Monteloup (91) 86 C1
Courtacon (77) 60 D6
Courtagnon (51) 40 E6
Courtalain (28) 108 C2
Courtaoult (10) 113 J3
Courtauly (11) 308 C2
Courtavon (68) 97 A6
Courtefontaine (25) 139 J5
Courtefontaine (39) 155 F4
Courteilles (27) 56 B5
Courteix (19) 201 F4
Courtelevant (90) 139 K2
Courtemanche (80) 18 D5
Courtemaux (45) 111 K4
Courtémont (51) 42 C6
Courtemont-Varennes (02) 61 F2
Courtempierre (45) 111 G2
Courtenay (38) 207 F2
Courtenay (45) 112 B2
Courtenot (10) 114 C1
Courteranges (10) 90 C5
Courteron (10) 114 E3
Courtes (01) 172 B5
Courtesoult-et-Gatey (70) 137 F2
Courtetain-et-Salans (25) 138 D6
la Courtète (11) 308 C1
Courteuil (60) 38 B5
Courthézon (84) 256 E6
Courthiézy (51) 61 G1
Courties (32) 266 C6
Courtieux (60) 39 G3
Courtillers (72) 105 J3
Courtils (50) 51 J4
la Courtine (23) 200 E3
Courtisols (51) 62 E2
Courtivron (21) 135 K3
Courtoin (89) 112 B1
Courtois-sur-Yonne (89) 88 D6
Courtomer (61) 55 F6
Courtomer (77) 59 K6
Courtonne-la-Meurdrac (14) ... 34 A6
Courtonne-les-
 -Deux-Églises (14) 34 B6
Courtrizy-et-Fussigny (02) 40 C1
Courtry (77) 59 G3
Courvaudon (14) 53 H1
Courvières (25) 156 C5

Courville (51) 40 C4
Courville-sur-Eure (28) 84 D3
Courzieu (69) 205 H2
Cousance (39) 172 E4
Cousances-les-Forges (55) 92 A1
Cousances-lès-Triconville (55) .. 64 D4
Cousolre (59) 13 J3
Coussa (09) 307 J2
Coussac-Bonneval (87) 199 F5
Coussan (65) 285 J5
Coussay (86) 144 E6
Coussay-les-Bois (86) 146 A6
Coussegrey (10) 114 A3
Coussey (88) 93 F3
Coust (18) 167 G2
Coustaussa (11) 308 E3
Coustouge (11) 309 K2
Coustouges (66) 314 E6
Coutances (50) 30 E4
Coutansouze (03) 184 E2
Coutarnoux (89) 133 K2
Coutençon (77) 88 A3
Coutens (09) 307 K2
Couternon (21) 136 B5
Couteuges (43) 219 H4
Coutevroult (77) 59 K4
Couthenans (70) 139 G2
Couthures-sur-Garonne (47) .. 230 D6
Coutiches (59) 11 J1
Coutières (79) 162 A4
Coutouvre (42) 187 F4
Coutras (33) 212 B5
Couture (16) 179 H5
la Couture (62) 6 A5
la Couture (85) 159 J3
la Couture-Boussey (27) 57 F3
Couture-d'Argenson (79) 178 D5
Couture-sur-Loir (41) 107 J6
Couturelle (62) 10 C4
Coutures (24) 213 G2
Coutures (33) 230 D4
Coutures (49) 125 J5
Coutures (82) 268 B2
Couvains (50) 31 J3
la Couvertoirade (12) 273 F3
Couvertpuis (55) 92 C1
Couvignon (10) 91 G6
Couville (50) 28 C3
Couvonges (55) 63 K4
Couvrelles (02) 40 A3
Couvron-et-Aumencourt (02) ... 20 C5
Couvrot (51) 63 F5
Coux (07) 239 K4
Coux (17) 211 J2
Coux et Bigaroque-
 -Mouzens (24) 232 C2
Couy (18) 150 A2
la Couyère (35) 103 H1
Couze-et-Saint-Front (24) 232 A2
Couzeix (87) 198 E1
Couziers (37) 144 D2
Couzon (03) 168 C3
Couzon-au-Mont-d'Or (69) 206 A1
Couzou (46) 233 K3
Cox (31) 268 C4
Coye-la-Forêt (60) 38 A4
Coyecques (62) 5 G5
Coyolles (02) 39 F5
Coyrière (39) 173 J6
Coyron (39) 173 H4
Coyviller (54) 94 B1
Cozes (17) 194 E4
Cozzano (2A) 321 F4
Crach (56) 100 D5
Crachier (38) 206 E5
Crain (89) 133 F3
Craincourt (57) 66 B3
Craintilleux (42) 204 E4
Crainvilliers (88) 93 H6
Cramaille (02) 39 K5
Cramans (39) 155 J3
Cramant (51) 61 K2
Cramchaban (17) 177 H2
Craménil (61) 53 J4
Cramoisy (60) 37 K4
Cramont (80) 9 J5
Crampagna (09) 307 H2
Cran-Gevrier (74) 190 E6
Crancey (10) 89 G2
Crandelles (15) 235 G1
Crannes-en-Champagne (72) .. 106 B3
Crans (01) 189 F5
Crans (39) 173 K1
Cransac (12) 235 G6
Crantenoy (54) 94 B2
Cranves-Sales (74) 191 G2
Craon (53) 104 C4
Craon (86) 144 D6
Craonne (02) 40 C2
Craonnelle (02) 40 C2
Crapeaumesnil (60) 19 F5
Craponne (69) 205 K2
Craponne-sur-Arzon (43) 220 B2
Cras (38) 223 H2
Cras (46) 233 J6
Cras-sur-Reyssouze (01) 189 F1
Crassier (01) 174 B6
Crastatt (67) 70 C2
Crastes (32) 267 J5
Crasville (27) 35 H5
Crasville (50) 29 F3
Crasville-la-Mallet (76) 15 G3
Crasville-la-Rocquefort (76) ... 15 H3
la Crau (83) 300 E4

Cravanche (90) 139 H1
Cravans (17) 195 F4
Cravant (45) 109 G5
Cravant (89) 133 H1
Cravant-les-Côteaux (37) 145 G2
Cravencères (32) 266 B4
Cravent (78) 57 G2
Crayssac (46) 249 J1
Craywick (59) 3 G2
Crazannes (17) 177 H6
Cré-sur-Loir (72) 106 A6
Créances (50) 30 D2
Créancey (21) 153 H1
Crécey-sur-Tille (21) 136 B2
la Crèche (79) 161 J6
Crêches-sur-Saône (71) 188 B2
Créchets (65) 305 G2
Créchy (03) 185 J2
Crécy-au-Mont (02) 39 J1
Crécy-Couvé (28) 56 E6
Crécy-en-Ponthieu (80) 9 G3
Crécy-la-Chapelle (77) 59 K4
Crécy-sur-Serre (02) 20 D4
Crédin (56) 77 F6
Crégols (46) 250 C1
Crégy-lès-Meaux (77) 59 K2
Créhange (57) 45 J6
Créhange-Cité (57) 45 J6
Créhen (22) 50 B4
Creil (60) 38 A4
Creissan (34) 291 H4
Creissels (12) 253 F6
Crémarest (62) 4 C3
Cremeaux (42) 186 D6
Crémery (80) 19 F4
Crémieu (38) 206 E3
Crempigny-Bonneguête (74) .. 190 C5
Cremps (46) 250 B2
Crenans (39) 173 H5
Creney-près-Troyes (10) 90 B4
Crennes-sur-Fraubée (53) 81 K3
Créon (33) 229 K3
Créon-d'Armagnac (40) 266 A1
Créot (71) 153 H5
Crépand (21) 134 D2
Crépey (54) 93 J2
Crépol (26) 222 D4
Crépon (14) 32 C3
Crépy (02) 20 C6
Crépy (62) 5 G6
Crépy-en-Valois (60) 38 E5
Créquy (62) 4 E6
le Crès (34) 274 B6
Cresancey (70) 137 G4
Crésantignes (10) 114 A1
les Cresnays (50) 52 B4
Crespian (30) 274 D3
Crespières (78) 58 A3
Crespin (12) 251 H5
Crespin (59) 12 E1
Crespin (81) 270 A4
Crespinet (81) 271 F2
Crespy-le-Neuf (10) 91 F3
Cressac-Saint-Genis (16) 196 C6
Cressanges (03) 168 C5
Cressat (23) 183 F3
la Cresse (12) 253 G5
Cressé (17) 178 C5
Cressensac (46) 215 H6
Cresserons (14) 32 E3
Cresseveuille (14) 33 H4
Cressia (39) 173 F4
Cressin-Rochefort (01) 207 K2
Cressonsacq (60) 38 B2
Cressy (76) 16 A4
Cressy-Omencourt (80) 19 G4
Cressy-sur-Somme (71) 169 K2
Crest (26) 240 D5
le Crest (63) 202 D3
Crest-Voland (73) 209 G1
Creste (63) 202 C5
le Crestet (07) 221 K6
Crestet (84) 257 G4
Crestot (27) 35 G5
Créteil (94) 59 F4
Crêts en Belledonne (38) 224 D1
Creully (14) 32 C3
la Creuse (70) 118 C6
Creuse (80) 17 K3
le Creusot (71) 153 G6
Creutzwald (57) 45 K4
Creuzier-le-Neuf (03) 185 J3
Creuzier-le-Vieux (03) 185 J3
Crevans-et-la-Chapelle-
 -lès-Granges (70) 138 E2
Crevant (36) 166 A5
Crevant-Laveine (63) 185 H6
Crévéchamps (54) 94 B1
Crèvecœur-en-Auge (14) 33 H6
Crèvecœur-en-Brie (77) 59 K5
Crèvecœur-le-Grand (60) 17 J6
Crèvecœur-le-Petit (60) 18 C6
Crèvecœur-sur-l'Escaut (59) .. 12 A5
Creveney (70) 118 C6
Crévic (54) 66 C6
Crévin (35) 79 G6
Crévoux (05) 243 K5
Creys-Mépieu (38) 207 G2
Creyssac (24) 213 J1
Creysse (24) 231 J2
Creysse (46) 233 K2
Creysseilles (07) 239 J3
Creyssensac-et-Pissot (24) ... 213 K5
Crézançay-sur-Cher (18) 149 F6

Crézancy (02) 61 F1
Crézancy-en-Sancerre (18) ... 131 H6
Crézières (79) 178 D3
Crézilles (54) 93 H1
Cricquebœuf (14) 33 J2
Cricqueville-en-Auge (14) 33 G4
Cricqueville-en-Bessin (14) ... 29 J6
Criel-sur-Mer (76) 8 B6
Crillon (60) 37 F1
Crillon-le-Brave (84) 257 H5
Crimolois (21) 136 B6
Crion (54) 66 D6
la Crique (76) 16 A4
Criquebeuf-en-Caux (76) 14 C4
Criquebeuf-la-Campagne (27) .. 35 G5
Criquebeuf-sur-Seine (27) 35 H3
Criquetot-le-Mauconduit (76) .. 14 E3
Criquetot-l'Esneval (14) 14 C5
Criquetot-sur-Longueville (76) .. 15 K3
Criquetot-sur-Ouville (76) 15 H5
Criquiers (77) 17 F5
Crisenoy (77) 87 J1
Crisolles (60) 19 H5
Crissay-sur-Manse (37) 145 H2
Crissé (72) 82 B6
Crissey (39) 155 G3
Crissey (71) 154 A6
Cristinacce (2A) 320 C1
Cristot (14) 32 C4
Criteuil-la-Magdeleine (16) .. 196 A5
Critot (76) 16 B5
Croce (2B) 319 H4
Crochte (59) 3 H1
Crocicchia (2B) 319 H3
Crocq (23) 201 F5
le Crocq (60) 17 K5
Crocy (14) 54 B3
Croignon (33) 229 K2
Croisette (62) 10 A2
le Croisic (44) 121 H4
la Croisille (27) 35 J2
la Croisille-sur-Briance (87) .. 199 J4
Croisilles (14) 53 J1
Croisilles (28) 57 G6
Croisilles (61) 54 E4
Croisilles (62) 11 F4
Croismare (54) 66 E6
Croissanville (14) 33 G5
Croissy-Beaubourg (77) 59 H4
Croissy-sur-Celle (60) 17 K4
Croissy-sur-Seine (78) 58 C3
le Croisty (56) 76 A5
Croisy (18) 150 A5
Croisy-sur-Andelle (76) 36 A2
Croisy-sur-Eure (27) 57 F1
Croix (59) 6 E4
Croix (90) 139 J3
la Croix-aux-Bois (08) 42 C2
la Croix-aux-Mines (88) 95 J5
la Croix-Avranchin (50) 51 K4
la Croix-Blanche (47) 248 B3
Croix-Caluyau (59) 12 C5
Croix-Chapeau (17) 176 E3
la Croix-Comtesse (17) 177 K3
la Croix-de-la-Rochette (73) .. 208 D3
la Croix-du-Perche (28) 84 C5
la Croix-en-Brie (77) 88 B1
la Croix-en-Champagne (51) ... 63 F1
Croix-en-Ternois (62) 10 A1
la Croix-en-Touraine (37) 128 B5
la Croix-Fonsomme (02) 20 B2
la Croix-Helléan (56) 101 J1
Croix-Mare (76) 15 H5
Croix-Moligneaux (80) 19 H3
la Croix-sur-Gartempe (87) .. 180 E3
la Croix-sur-Ourcq (02) 39 J5
la Croix-sur-Roudoule (06) ... 280 B1
la Croix-Valmer (83) 301 J3
Croixanvec (56) 76 E5
Croixdalle (76) 16 C3
la Croixille (53) 80 C5
Croixrault (80) 17 H3
Croizet-sur-Gand (42) 187 G6
Crolles (38) 224 B2
Crollon (50) 51 K4
Cromac (87) 164 E6
Cromary (70) 138 A5
Cronat (71) 169 H2
Cronce (43) 219 G5
la Cropte (53) 105 H3
Cropus (76) 16 A4
Cros (30) 274 A2
le Cros (34) 273 F3
Cros (63) 201 J6
Cros-de-Géorand (07) 238 E3
Cros-de-Montvert (15) 216 E5
Cros-de-Ronesque (15) 235 K2
Crosey-le-Grand (25) 138 C5
Crosey-le-Petit (25) 138 E5
Crosmières (72) 106 A6
Crosne (91) 59 F5
Crossac (44) 122 A1
Crosses (18) 149 H4
Crosville-la-Vieille (27) 35 G5
Crosville-sur-Douve (50) 28 D5
Crosville-sur-Scie (76) 15 K3
Crotelles (37) 127 K3
Crotenay (39) 173 J5
Croth (27) 57 F4
le Crotoy (80) 8 E4
Crots (05) 243 J6
Crottes-en-Pithiverais (45) .. 110 B1
Crottet (01) 188 C1

le Crouais (35) 78 B3
Crouay (14) 32 A3
Crouseilles (64) 285 F1
Croutelle (86) 162 E4
les Croûtes (10) 113 J3
Croutoy (60) 39 F3
Crouttes (61) 54 D2
Crouttes-sur-Marne (02) 60 C2
Crouy (02) 39 J2
Crouy-en-Thelle (60) 37 K5
Crouy-Saint-Pierre (80) 17 J1
Crouy-sur-Cosson (41) 129 H1
Crouy-sur-Ourcq (77) 39 G6
le Crouzet (25) 174 B1
Crouzet-Migette (25) 156 B4
la Crouzille (63) 184 B3
Crouzilles (37) 145 H2
Crozant (23) 165 H6
Croze (23) 200 E2
Crozes-Hermitage (26) 222 B5
Crozet (01) 190 D1
le Crozet (42) 186 C3
les Crozets (39) 173 J5
Crozon (29) 72 D6
Crozon-sur-Vauvre (36) 165 K5
Cruas (07) 240 B4
Crucey-Villages (28) 56 C6
Crucheray (41) 108 C6
Cruet (73) 208 D5
Crugey (21) 153 J1
Crugny (51) 40 C4
Cruguel (56) 101 H2
Cruis (04) 258 E6
Crulai (61) 55 J5
Crupies (26) 241 F6
Crupilly (02) 20 E2
Cruscades (11) 291 F6
Cruseilles (74) 190 E4
Crusnes (54) 44 C2
Cruviers-Lascours (30) 274 E1
Crux-la-Ville (58) 151 H2
Cruzille (71) 171 J4
Cruzilles-lès-Mépillat (01) .. 188 C2
Cruzy (34) 291 H4
Cruzy-le-Châtel (89) 114 C5
Cry (89) 134 C1
Cubelles (43) 219 J6
Cubières (48) 254 D1
Cubières-sur-Cinoble (11) 309 G4
Cubiérettes (48) 254 D1
Cubjac (24) 214 C3
Cublac (19) 215 F4
Cublize (69) 187 H5
Cubnezais (33) 211 J5
Cubrial (25) 138 D3
Cubry (25) 138 D3
Cubry-lès-Faverney (70) 118 A5
Cubzac-les-Ponts (33) 211 H6
Cucharmoy (77) 88 C1
Cuchery (51) 40 D6
Cucq (62) 4 B6
Cucugnan (11) 309 H4
Cucuron (84) 277 H4
Cudos (33) 246 C2
Cudot (89) 112 C3
Cuébris (06) 280 D2
Cuélas (32) 286 B3
Cuers (83) 300 D3
Cuffies (02) 39 J2
Cuffy (18) 150 C4
Cugand (85) 142 B2
Cuges-les-Pins (13) 297 F4
Cugnaux (31) 288 A1
Cugney (70) 137 G5
Cugny (02) 19 J4
Cuguen (35) 51 G5
Cuguron (31) 305 G1
Cuhon (86) 162 C1
Cuignières (60) 38 A2
Cuigy-en-Bray (60) 36 E2
Cuillé (53) 104 B2
Cuinchy (62) 6 B6
Cuincy (59) 11 H2
le Cuing (31) 286 C6
Cuinzier (42) 187 G3
Cuirieux (02) 20 E5
Cuiry-Housse (02) 40 A4
Cuiry-lès-Chaudardes (02) 40 C3
Cuiry-lès-Iviers (02) 21 H4
Cuis (51) 61 K2
Cuise-la-Motte (60) 39 F3
Cuiseaux (71) 172 E4
Cuiserey (21) 136 C5
Cuisery (71) 172 A4
Cuisia (39) 172 E4
Cuisles (51) 40 C6
Cuissai (61) 82 C2
Cuissy-et-Geny (02) 40 C2
Cuisy (55) 43 F4
Cuisy (77) 59 J2
Cuisy-en-Almont (02) 39 H2
Culan (18) 166 E4
Culètre (21) 153 H2
Culey (55) 64 B5
Culey-le-Patry (14) 53 H2
Culhat (63) 203 F1
Culin (38) 206 E5
Culles-les-Roches (71) 171 G2
Cully (14) 32 C4
Culmont (52) 116 D5
Culoz (01) 207 K1
Cult (70) 137 G5
Cultures (48) 253 J1
Cumières (51) 61 K1

Cumières-le-Mort-Homme (55) 43 G4
Cumiès (11) 289 F4
Cumont (82) 268 A3
Cunac (81) 270 E2
Cuncy-lès-Varzy (58) 132 E5
Cunèges (24) 231 G3
Cunel (55) 43 F3
Cunelières (90) 139 J1
Cunfin (10) 115 G2
Cunlhat (63) 203 H4
Cuperly (51) 62 D1
Cuq (47) 248 B6
Cuq (81) 270 C6
Cuq-Toulza (81) 289 G1
Cuqueron (64) 284 B4
Curac (16) 212 D2
Curan (12) 252 D5
Curbans (04) 259 G1
Curbigny (71) 187 G1
Curçay-sur-Dive (86) 144 C3
Curchy (80) 19 G3
Curciat-Dongalon (01) 172 C5
Curdin (71) 170 A3
Curel (04) 258 C5
Curel (52) 92 A2
Curemonte (19) 216 A6
Cures (72) 106 C1
Curgies (59) 12 E2
Curgy (71) 153 F4
Curienne (73) 208 C4
Curières (12) 236 C5
Curis-au-Mont-d'Or (69) 206 A1
Curley (21) 154 A1
Curlu (80) 19 F1
Curmont (52) 91 J5
Curnier (26) 257 H2
Cursan (33) 229 K2
Curtafond (01) 188 E1
Curtil-Saint-Seine (21) 135 J4
Curtil-sous-Buffières (71) 171 F6
Curtil-sous-Burnand (71) 171 G3
Curtil-Vergy (21) 154 A2
Curvalle (81) 271 G2
Curzay-sur-Vonne (86) 162 C4
Curzon (85) 159 J4
Cusance (25) 138 D5
Cuse-et-Adrisans (25) 138 D3
Cusey (52) 136 D1
Cussac (15) 218 C6
Cussac (87) 198 B3
Cussac-Fort-Médoc (33) 211 F4
Cussac-sur-Loire (43) 220 B6
Cussangy (10) 114 B3
Cussay (37) 146 A3
Cusset (03) 185 J3
Cussey-les-Forges (21) 136 A1
Cussey-sur-Lison (25) 156 A3
Cussey-sur-l'Ognon (25) 137 J5
Cussy (14) 32 A3
Cussy-en-Morvan (71) 152 D3
Cussy-la-Colonne (21) 153 H3
Cussy-le-Châtel (21) 153 H2
Cussy-les-Forges (89) 134 A4
Custines (54) 66 A4
Cusy (74) 208 C2
Cutry (02) 39 H3
Cutry (54) 44 B1
Cuts (60) 39 G1
Cutting (57) 68 B6
Cuttoli-Corticchiato (2A) 320 D4
Cuttura (39) 173 J5
Cuvat (74) 190 E5
Cuve (55) 118 B4
Cuvergnon (60) 39 F5
Cuverville (14) 33 F5
Cuverville (27) 36 A4
Cuverville (76) 14 C5
Cuverville-sur-Yères (76) 16 C1
Cuves (50) 52 C4
Cuves (52) 116 D1
Cuvier (39) 156 C6
Cuvillers (59) 11 K4
Cuvilly (60) 38 C1
Cuvry (57) 66 A1
Cuxac-Cabardès (11) 290 A4
Cuxac-d'Aude (11) 291 H5
Cuy (60) 19 G6
Cuy (89) 88 D2
Cuy-Saint-Fiacre (76) 36 D1
Cuzac (46) 234 E6
Cuzance (46) 215 H6
Cuzieu (01) 207 J1
Cuzieu (42) 204 E4
Cuzion (36) 165 H5
Cuzorn (47) 232 C6
Cuzy (71) 170 B1
Cys-la-Commune (02) 40 A3
Cysoing (59) 7 F5

D

Dabo (57) 70 A2
Dachstein (67) 71 B1
Dadonville (45) 110 D1
Daglan (24) 233 F3
Dagneux (01) 206 C1
Dagny (77) 60 C5
Dagny-Lambercy (02) 21 G4
Dagonville (55) 64 D4
Dahlenheim (67) 71 B1
Daignac (33) 230 A2
Daigny (08) 23 F4
Daillancourt (52) 91 J5
Daillecourt (52) 116 E2

Dainville (62) 10 E3
Dainville-Bertheléville (55) 92 E3
Daix (21) 135 K5
Dalem (57) 45 J4
Dalhunden (67) 25 C4
Dalhain (57) 66 D3
Dallet (63) 202 E2
Dallon (02) 19 K3
Dalou (09) 307 H2
Dalstein (57) 45 H3
Daluis (06) 260 E6
Damas-aux-Bois (88) 94 D3
Damas-et-Bettegney (88) 94 B5
Damazan (47) 247 H3
Dambach (67) 69 J4
Dambach-la-Ville (67) 71 B4
Dambelin (25) 139 F4
Dambenois (25) 139 H2
Dambenoît-lès-Colombe (70) ... 118 C6
Damblain (88) 117 F1
Damblainville (14) 54 B2
Dambron (28) 109 K1
Dame-Marie (61) 83 H4
Dame-Marie-les-Bois (37) 128 B3
Damelevières (54) 94 C1
Daméraucourt (60) 17 H4
Damerey (71) 154 B6
Damery (51) 61 J1
Damery (80) 18 E4
Damgan (56) 121 G2
Damiatte (81) 270 B6
Damigny (61) 82 C3
Damloup (55) 43 J5
Dammard (02) 39 H6
Dammarie (28) 85 G4
Dammarie-en-Puisaye (45) 131 K2
Dammarie-les-Lys (21) 87 H2
Dammarie-sur-Loing (45) 111 K6
Dammarie-sur-Saulx (55) 92 B1
Dammartin-en-Goële (77) 59 H1
Dammartin-en-Serve (78) 57 H3
Dammartin-les-Templiers (25) ... 138 C5
Dammartin-Marpain (39) 137 F6
Dammartin-sur-Meuse (52) 117 D3
Dammartin-sur-Tigeaux (77) 59 K4
Damousies (59) 13 H4
Damouzy (08) 22 C3
Damparis (39) 155 F3
Dampierre (10) 90 D2
Dampierre (14) 31 K4
Dampierre (39) 155 J2
Dampierre (52) 116 D3
Dampierre-au-Temple (51) 62 D1
Dampierre-en-Bray (76) 36 D1
Dampierre-en-Bresse (71) 154 D6
Dampierre-en-Burly (45) 111 F6
Dampierre-en-Crot (18) 131 C4
Dampierre-en-Graçay (18) 148 C2
Dampierre-en-Montagne (21) ... 135 F4
Dampierre-en-Yvelines (78) 58 B5
Dampierre-et-Flée (21) 136 D3
Dampierre-le-Château (51) 63 H2
Dampierre-les-Bois (25) 139 J3
Dampierre-les-Conflans (70) 118 B4
Dampierre-Saint-Nicolas (76) 16 A2
Dampierre-sous-Bouhy (58) 132 B3
Dampierre-sous-Brou (28) 84 C6
Dampierre-sur-Avre (28) 56 D5
Dampierre-sur-Boutonne (17) ... 178 A4
Dampierre-sur-le-Doubs (25) ... 139 G3
Dampierre-sur-Linotte (70) 138 B3
Dampierre-sur-Moivre (51) 63 F3
Dampierre-sur-Salon (70) 137 G2
Dampjoux (25) 139 G5
Dampleux (02) 39 G4
Dampmart (77) 59 H3
Dampniat (19) 215 J4
Damprichard (25) 139 H6
les Damps (27) 35 J4
Dampvalley-lès-Colombe (70) ... 138 B1
Dampvalley-Saint-Pancras (70) ... 118 B3
Dampvitoux (54) 65 H1
Damrémont (52) 117 F3
Damvillers (55) 43 H3
Damvix (85) 160 E6
Dancé (42) 186 E6
Dancevoir (52) 115 J4
Dancourt (76) 16 E2
Dancourt-Popincourt (80) 18 D3
Dancy (28) 109 F1
Danestal (14) 33 H4
Dangé-Saint-Romain (86) 145 J4
Dangeau (28) 84 E6
Dangers (28) 84 E2
Dangeul (72) 82 E5
Dangolsheim (67) 71 B4
Dangu (27) 36 D4
Dangy (50) 31 G4
Danizy (02) 20 B5
Danjoutin (90) 139 H1
Danne-et-Quatre-Vents (57) 70 A1
Dannelbourg (57) 70 A1
Dannemarie (25) 139 H4
Dannemarie (68) 139 K4
Dannemarie (78) 57 H5
Dannemarie-sur-Crète (25) 155 K1
Dannemoine (89) 113 K4
Dannemois (91) 87 F3
Dannes (62) 4 B1
Dannevoux (55) 43 G3
Danvou-la-Ferrière (14) 53 G2
Danzé (41) 108 B4
Daon (53) 105 F5
Daoulas (29) 74 C1

Daours (80) 18 C2
Darazac (19) 216 D4
Darbonnay (39) 155 H6
Darbres (07) 239 J5
Darcey (21) 135 F3
Dardenac (33) 230 A2
Dardez (27) 35 J2
Dardilly (69) 205 K2
Dareizé (69) 187 J6
Dargies (60) 17 H4
Dargnies (80) 8 D6
Dargoire (42) 205 J5
Darmannes (52) 92 B6
Darnac (87) 180 D2
Darnétal (76) 35 J2
Darnets (19) 216 D1
Darney (88) 117 K1
Darney-aux-Chênes (88) 93 H5
Darnieulles (88) 94 C5
Darois (21) 135 K5
Darvault (77) 87 H5
Darvoy (45) 110 C3
Dasle (25) 139 H3
Daubensand (67) 71 D4
Daubeuf-la-Campagne (27) 35 H5
Daubeuf-près-Vatteville (27) 35 K4
Daubeuf-Serville (76) 14 E4
Daubèze (33) 230 B3
Dauendorf (67) 69 K6
Daumazan-sur-Arize (09) 288 A6
Daumeray (49) 105 J6
Dauphin (04) 278 A2
Dausse (47) 248 D2
Daux (31) 268 E5
Dauzat-sur-Vodable (63) 202 D6
Davayat (63) 185 F6
Davayé (71) 188 B1
Davejean (11) 309 H3
Davenescourt (80) 18 D4
Davézieux (07) 221 K3
Davignac (19) 200 A3
Davrey (10) 113 K2
Davron (78) 58 A3
Dax (40) 264 A4
Deauville (14) 33 J3
Deaux (30) 255 G6
Débats-Rivière-d'Orpra (42) 204 B2
Decazeville (12) 235 F6
Dechy (59) 11 J2
Décines-Charpieu (69) 206 B2
Decize (58) 151 G6
Dégagnac (46) 234 B2
Degré (72) 106 C2
Dehault (72) 83 H6
Dehéries (59) 12 B6
Dehlingen (67) 68 E4
Deinvillers (88) 94 E3
Delain (70) 137 F2
Delettes (62) 5 G4
Delincourt (60) 36 E4
Delle (90) 139 J2
Delme (57) 66 C3
Delouze-Rosières (55) 92 E1
le Déluge (60) 37 H4
Delut (55) 43 H2
Deluz (25) 138 B5
Demandolx (04) 279 J2
Demange-aux-Eaux (55) 92 D1
Demangevelle (70) 117 K3
Demi-Quartier (74) 192 A6
la Demie (70) 138 B2
Demigny (71) 153 K5
Démouville (14) 33 F5
Dému (32) 266 A4
Démuin (80) 18 D3
Denain (59) 12 C2
Dénat (81) 270 E6
Denazé (53) 104 D4
Denée (49) 125 F4
Dénestanville (76) 15 K3
Deneuille-lès-Chantelle (03) 185 F2
Deneuille-les-Mines (03) 167 J6
Deneuvre (54) 95 F2
Denèvre (70) 137 F2
Dénezé-sous-Doué (49) 125 J6
Dénezé-sous-le-Lude (49) 126 D3
Denezières (39) 173 J3
Denguin (64) 284 B3
Denicé (69) 188 A5
Denier (62) 10 C3
Denipaire (88) 95 H3
Dennebrœucq (62) 5 F5
Denneville (50) 28 C6
Dennevy (71) 153 J5
Denney (90) 119 H6
Denonville (28) 85 K4
Denting (57) 45 J4
Déols (36) 147 K6
Derbamont (88) 94 B5
Dercé (86) 145 F4
Dercy (02) 20 D4
Dernacueillette (11) 309 H3
Dernancourt (80) 18 E1
Derval (44) 103 F4
Désaignes (07) 221 H4
Désandans (25) 139 F2
Descartes (37) 145 K4
le Deschaux (39) 155 G4
Désertines (03) 167 H6
Désertines (53) 80 E2
les Déserts (73) 208 C4
Déservillers (25) 156 C5
Desges (43) 219 H6
Desingy (74) 190 C5

Desmonts (45) 87 F6
Desnes (39) 172 E1
Desseling (57) 67 A4
Dessenheim (68) 96 D5
Dessia (39) 173 F6
Destord (88) 94 E4
la Destrousse (13) 296 D1
Destry (57) 66 E2
Desvres (62) 4 C4
Détain-et-Bruant (21) 153 K2
Détrier (73) 208 D6
le Détroit (14) 53 K6
Dettey (71) 170 C1
Dettwiller (67) 70 A1
Deuil-la-Barre (95) 58 E2
Deuillet (02) 20 A5
Deûlémont (59) 6 D3
Deux-Chaises (03) 168 B6
Deux-Évailles (53) 81 H6
les Deux-Fays (39) 155 G5
Deux-Jumeaux (14) 29 J6
Deux-Verges (15) 236 D3
les Deux-Villes (08) 23 H5
Deuxville (54) 66 D6
Devay (58) 169 G1
Devecey (25) 137 K5
Devesset (07) 221 G5
Devèze (65) 286 C5
Deviat (16) 196 C6
Dévillac (47) 232 B5
Deville (08) 22 D2
Déville-lès-Rouen (76) 35 H1
Devise (80) 19 H2
Dévoluy (05) 242 D4
Devrouze (71) 172 B1
Deycimont (88) 95 F6
Deyme (31) 288 C2
Deyvillers (88) 94 D5
le Dézert (50) 31 G2
Dezize-lès-Maranges (71) 153 J5
D'Huison-Longueville (91) 86 E3
Dhuisy (77) 60 C1
Dhuizel (02) 40 B3
Dhuizon (41) 129 H2
Dhuys et Morin-en-Brie (02) 61 D3
Diancey (21) 153 F2
Diane-Capelle (57) 67 H4
Diant (77) 88 A5
Diarville (54) 94 A3
Diconne (71) 172 B1
Die (26) 241 H3
Diebling (57) 68 C2
Diebolsheim (67) 71 D5
Diedendorf (67) 68 D5
Dieffenbach-au-Val (67) 96 B1
Dieffenbach-lès-Wœrth (67) 25 A2
Dieffenthal (67) 71 A3
Diefmatten (68) 119 K6
Dième (69) 187 J5
Diemeringen (67) 68 E4
Diémoz (38) 206 D4
Diénay (21) 136 A3
Dienne (15) 218 A4
Dienné (86) 163 G5
Diennes-Aubigny (58) 151 H5
Dieppe (76) 15 K1
Dieppe-sous-Douaumont (55) ... 43 J4
Dierre (37) 128 A5
Dierrey-Saint-Julien (10) 89 J5
Dierrey-Saint-Pierre (10) 89 J4
Diesen (57) 45 K5
Dietwiller (68) 97 C3
Dieudonné (60) 37 J5
Dieue-sur-Meuse (55) 43 J6
Dieulefit (26) 240 E6
Dieulivol (33) 230 E4
Dieulouard (54) 65 K3
Dieupentale (82) 268 C3
Dieuze (57) 68 A6
Diéval (62) 10 C1
Diffembach-lès-Hellimer (57) 68 B4
Diges (89) 112 E6
Digna (39) 172 E4
Dignac (16) 197 F4
la Digne-d'Amont (11) 308 D2
la Digne-d'Aval (11) 308 D2
Digne-les-Bains (04) 259 J6
Dignonville (88) 94 D5
Digny (28) 84 D2
Digoin (71) 170 A6
Digosville (50) 28 D2
Digulleville (50) 28 A1
Dijon (21) 136 A5
Dimancheville (45) 87 F6
Dimbsthal (67) 70 B2
Dimechaux (59) 13 H4
Dimont (59) 13 H4
Dinan (22) 50 C5
Dinard (35) 50 C4
Dinéault (29) 74 C3
Dingé (35) 79 F1
Dingsheim (67) 70 B2
Dingy-en-Vuache (74) 190 D3
Dingy-Saint-Clair (74) 191 F6
Dinozé (88) 94 D6
Dinsac (87) 181 F2
Dinsheim-sur-Bruche (67) 71 A2
Dinteville (52) 115 H2
Dio-et-Valquières (34) 272 E6
Dions (30) 275 F2
Diors (36) 148 A6
Diou (03) 169 J4
Diou (36) 148 C3

Dirac (16) 196 E4
Dirinon (29) 46 C6
Dirol (58) 133 G6
Dissangis (89) 133 K2
Dissay (86) 163 F2
Dissay-sous-Courcillon (72) 127 G1
Dissé-sous-Ballon (72) 82 A5
Dissé-sous-le-Lude (72) 126 D2
Distré (49) 126 A6
Distroff (57) 45 F3
Diusse (64) 265 K6
Divajeu (26) 240 D4
Divatte-sur-Loire (44) 123 J3
Dives (60) 19 G6
Dives-sur-Mer (14) 33 G3
Divion (62) 5 J6
Divonne-les-Bains (01) 174 B6
Dixmont (89) 112 E2
Dizimieu (38) 207 F3
Dizy (51) 61 K1
Dizy-le-Gros (02) 21 G5
Doazit (40) 264 E5
Doazon (64) 284 B2
Docelles (88) 94 E6
Dœuil-sur-le-Mignon (17) 177 J3
Dognen (64) 283 J4
Dogneville (88) 94 D5
Dohem (62) 5 G4
Dohis (02) 21 H4
Doignies (59) 11 H5
Doingt (80) 19 G2
Doissat (24) 232 D4
Doissin (38) 207 G5
Doix lès Fontaines (85) 160 D5
Doizieux (42) 205 J6
Dol-de-Bretagne (35) 51 F4
Dolaincourt (88) 93 H4
Dolancourt (10) 91 F5
Dolcourt (54) 93 J2
Dole (39) 155 G2
Dolignon (02) 21 H4
Dolleren (68) 119 H4
Dollon (72) 107 H2
Dollot (89) 88 B6
Dolmayrac (47) 248 A2
Dolomieu (38) 207 H4
Dolus-d'Oléron (17) 176 B5
Dolus-le-Sec (37) 146 B2
Dolving (57) 67 J4
Dom-le-Mesnil (08) 22 E4
Domagné (35) 79 J5
Domaize (63) 203 H3
Domalain (35) 104 A2
Domancy (74) 192 A5
Domarin (38) 206 E4
Domart-en-Ponthieu (80) 9 J7
Domart-sur-la-Luce (80) 18 C3
Domats (89) 112 B1
Domazan (30) 275 J2
Dombasle-devant-Darney (88) ... 117 K1
Dombasle-en-Argonne (55) 43 F6
Dombasle-en-Xaintois (88) 93 H4
Dombasle-sur-Meurthe (54) 66 C6
Domblain (52) 91 K3
Domblans (39) 173 G1
Dombras (52) 43 J2
Dombrot-le-Sec (88) 93 J6
Dombrot-sur-Vair (88) 93 H5
Domecy-sur-Cure (89) 133 J5
Domecy-sur-le-Vault (89) 133 J3
Doméliers (60) 17 K5
Domène (38) 224 B3
Domérat (03) 167 G6
Domesmont (80) 9 K5
Domessargues (30) 274 E2
Domessin (73) 207 K5
Domèvre-en-Haye (54) 65 H4
Domèvre-sous-Montfort (88) 93 K5
Domèvre-sur-Avière (88) 94 C5
Domèvre-sur-Durbion (88) 94 D4
Domèvre-sur-Vezouze (54) 95 G1
Domeyrat (43) 219 H3
Domeyrot (23) 183 F2
Domezain-Berraute (64) 283 G3
Domfaing (88) 95 G5
Domfessel (67) 68 E4
Domfront (61) 18 D6
Domfront-en-
  -Champagne (72) 106 C1
Domfront-en-Poiraie (61) 53 G6
Domgermain (54) 65 H6
la Dominelais (35) 103 F3
Dominois (80) 9 G2
Domjean (50) 31 H5
Domjevin (54) 95 F1
Domjulien (88) 93 J5
Domléger-Longvillers (80) 9 J4
Domloup (35) 79 H5
Dommarie-Eulmont (54) 93 J3
Dommarien (52) 136 D1
Dommartemont (54) 66 A5
Dommartin (01) 172 A6
Dommartin (25) 156 E4
Dommartin (58) 152 A3
Dommartin (69) 205 K1
Dommartin (80) 18 B3
Dommartin-aux-Bois (88) 94 B6
Dommartin-Dampierre (51) 63 H1
Dommartin-la-Chaussée (54) 65 H1
Dommartin-la-Montagne (55) 64 E1
Dommartin-le-Coq (10) 90 D2
Dommartin-le-Franc (52) 91 J3
Dommartin-le-Saint-Père (52) ... 91 J3
Dommartin-lès-Cuiseaux (71) ... 172 D4

Dommartin-lès-
-Remiremont (88) 119 F2
Dommartin-lès-Toul (54) 65 H5
Dommartin-lès-Vallois (88) 93 K6
Dommartin-Lettrée (51) 62 C5
Dommartin-sous-Amance (54) ... 66 B4
Dommartin-sous-Hans (51) 42 C6
Dommartin-sur-Vraine (88) 93 H4
Dommartin-Varimont (51) 63 H2
Dommary-Baroncourt (55) 44 A4
Domme (24) 233 F3
Dommery (08) 22 B5
Dommiers (02) 39 H3
Domnom-lès-Dieuze (57) 68 B6
Domont (95) 58 E1
Dompaire (88) 94 B5
Dompcevrin (55) 64 D2
Dompierre (60) 18 D6
Dompierre (61) 53 H6
Dompierre (88) 94 E5
Dompierre-aux-Bois (55) 64 E2
Dompierre-Becquincourt (80) 19 F2
Dompierre-du-Chemin (35) 80 B4
Dompierre-en-Morvan (21) 134 C5
Dompierre-les-Églises (87) 181 G2
Dompierre-les-Ormes (71) 171 F6
Dompierre-les-Tilleuls (25) 156 B5
Dompierre-sous-Sanvignes (71) .. 170 C3
Dompierre-sur-Authie (80) 9 H3
Dompierre-sur-Besbre (03) 169 H4
Dompierre-sur-Chalaronne (01) 188 C3
Dompierre-sur-Charente (17) ... 195 H2
Dompierre-sur-Helpe (59) 13 G5
Dompierre-sur-Mer (17) 176 E2
Dompierre-sur-Mont (39) 173 G3
Dompierre-sur-Nièvre (58) 150 E1
Dompierre-sur-Veyle (01) 189 F4
Dompierre-sur-Yon (85) 141 K6
Dompnac (07) 238 E6
Domprel (25) 157 F1
Dompremy (51) 63 G5
Domprix (54) 44 B3
Domps (87) 199 K3
Domptail (88) 94 E2
Domptail-en-l'Air (54) 94 C2
Domptin (02) 60 D2
Domqueur (80) 9 J5
Domremy-la-Canne (55) 44 A3
Domrémy-la-Pucelle (88) 93 F3
Domrémy-Landéville (52) 92 B4
Domsure (01) 172 D5
Domvallier (88) 93 K4
Domvast (80) 9 H4
Don (59) 6 C5
Donazac (11) 308 D2
Donchery (08) 22 E4
Doncières (88) 94 E3
Doncourt-aux-Templiers (55) 65 F1
Doncourt-lès-Conflans (54) 44 C5
Doncourt-lès-Longuyon (54) 44 A2
Doncourt-sur-Meuse (52) 116 E1
Dondas (47) 248 D4
Donges (44) 122 D2
Donjeux (52) 92 B4
Donjeux (57) 66 C3
le Donjon (03) 169 J6
Donnay (14) 53 J2
Donnazac (81) 270 B1
Donnelay (57) 67 F4
Donnemain-Saint-Mamès (28) .. 109 F1
Donnemarie-Dontilly (77) 88 B3
Donnement (10) 90 E2
Donnenheim (67) 70 E1
Donnery (45) 110 C4
Donneville (31) 288 C2
Donnezac (33) 211 J2
Dontreix (23) 183 K5
Dontrien (51) 41 J4
Donville-les-Bains (50) 30 C6
Donzac (33) 230 A4
Donzac (82) 248 C6
Donzacq (40) 264 D5
le Donzeil (23) 182 E5
Donzenac (19) 215 H3
Donzère (26) 256 C1
Donzy (58) 132 B5
Donzy-le-National (71) 171 G5
Donzy-le-Pertuis (71) 171 H5
Doranges (63) 219 J1
Dorans (90) 139 H2
Dorat (63) 185 J6
le Dorat (87) 181 F2
Dordives (45) 111 J1
Dore-l'Église (63) 220 A1
la Dorée (53) 80 D2
Dorengt (02) 20 D1
Dorlisheim (67) 71 B2
Dormans (51) 61 G1
Dormelles (77) 87 K5
la Dornac (24) 215 G5
Dornas (07) 239 G2
Dornecy (58) 133 G4
Dornes (58) 168 E2
Dorres (66) 313 G4
Dortan (01) 173 G6
Dosches (10) 90 C4
Dosnon (10) 90 C1
Dossenheim-Kochersberg (67) .. 70 D2
Dossenheim-sur-Zinsel (67) 69 G6
Douadic (36) 164 C2
Douai (59) 11 H2
Douains (27) 57 F1
Douarnenez (29) 74 B4
Douaumont (55) 43 J4

Doubs (25) 156 E4
Doucelles (72) 82 D5
Douchapt (24) 213 H3
Douchy (02) 19 J3
Douchy-lès-Ayette (62) 10 E4
Douchy-les-Mines (59) 12 C3
Douchy-Montcorbon (45) 112 B4
Doucier (39) 173 H2
Doucy-en-Bauges (73) 208 D3
Doudeauville (62) 4 C4
Doudeauville (76) 17 F6
Doudeauville-en-Vexin (27) 36 C3
Doudelainville (80) 9 F6
Doudeville (76) 15 G4
Doudrac (47) 231 K4
Doue (77) 60 C3
Doué-la-Fontaine (49) 144 A1
Douelle (46) 249 J1
le Douhet (17) 195 G1
Douillet (72) 82 B5
Douilly (80) 19 H3
Doulaincourt-Saucourt (52) 92 B4
Doulcon (55) 43 F2
Doulevant-le-Château (52) 91 J4
Doulevant-le-Petit (52) 91 J3
Doulezon (33) 230 D2
le Doulieu (59) 6 B4
Doullens (80) 10 B4
Doumely-Bégny (08) 21 K5
Doumy (64) 284 C2
Dounoux (88) 118 D1
Dourbies (30) 273 G1
Dourdain (35) 79 J3
Dourdan (91) 86 B2
Dourges (62) 11 G1
Dourgne (81) 289 J2
Douriez (62) 9 G2
Dourlers (59) 13 G4
le Dourn (81) 271 G1
Dournazac (87) 198 B4
Dournon (39) 156 B4
Dours (65) 285 H4
Doussard (74) 208 E2
Doussay (86) 145 F5
Douvaine (74) 174 D6
Douville (24) 213 J6
Douville-en-Auge (14) 33 H4
Douville-sur-Andelle (27) 35 K3
Douvrend (76) 16 C2
Douvres (01) 189 H5
Douvres-la-Délivrande (14) 32 E3
Douvrin (62) 6 C6
Doux (08) 41 J1
Doux (79) 162 B1
Douy (28) 108 E2
Douy-la-Ramée (77) 59 K1
Douzains (47) 231 J5
Douzat (16) 196 C2
la Douze (24) 214 B5
Douzens (11) 290 D6
Douzillac (24) 213 G5
Douzy (08) 23 G5
Doville (50) 28 D6
Doye (39) 174 A1
Doyet (03) 184 C1
Dozulé (14) 33 H4
Dracé (69) 188 B3
Draché (37) 145 J3
Drachenbronn-Birlenbach (67) .. 25 B2
Dracy (89) 112 C6
Dracy-le-Fort (71) 153 K6
Dracy-lès-Couches (71) 153 H5
Dracy-Saint-Loup (71) 153 F4
Dragey-Ronthon (50) 51 J2
Draguignan (83) 298 D1
Draillant (74) 174 E6
Draix (04) 259 K5
Draize (08) 21 K5
Drambon (21) 136 D5
Dramelay (39) 173 F5
Drancy (93) 59 F3
Drap (06) 281 G3
Dravegny (02) 40 B5
Draveil (91) 58 E6
Drée (21) 135 G5
Dréfféac (44) 102 C6
Drémil-Lafage (31) 269 H6
le Drennec (29) 46 B4
Dreuil-lès-Amiens (80) 18 A2
Dreuilhe (09) 308 A3
Dreux (28) 57 F5
Drevant (18) 167 G2
Dricourt (08) 41 K2
Driencourt (80) 19 H1
Drincham (59) 3 G3
Drocourt (62) 11 G2
Drocourt (78) 57 J1
Droisy (27) 56 D4
Droisy (74) 190 C5
Droiturier (03) 186 B2
Droizy (02) 39 K4
Drom (01) 189 H2
Dromesnil (80) 17 G2
Drosay (76) 15 G3
Drosnay (51) 91 F1
Droué (41) 108 C2
Droue-sur-Drouette (28) 85 J1
Drouges (35) 103 K1
Drouilly (51) 62 E5
Droupt-Saint-Basle (10) 89 K3
Droupt-Sainte-Marie (10) 89 K2
Drouville (54) 66 C5
Drouvin-le-Marais (62) 6 A6
Droux (87) 181 F3

Drubec (14) 33 J4
Drucat (80) 9 G5
Drucourt (27) 34 C6
Drudas (31) 268 C4
Druelle (12) 252 A3
Drugeac (15) 217 G4
Druillat (01) 189 G4
Drulhe (12) 251 G1
Druilingen (67) 68 E5
Drumettaz-Clarafond (73) 208 B3
Drusenheim (67) 25 C4
Druy-Parigny (58) 151 F6
Druye (37) 127 G5
Druyes-les-Belles-
-Fontaines (89) 132 E3
Dry (45) 109 J5
Duault (22) 75 K2
Ducey-les-Chéris (50) 52 A6
Duclair (76) 35 F1
Ducy-Sainte-Marguerite (14) 32 C4
Duerne (69) 205 H3
Duesme (21) 135 G1
Duffort (32) 286 B4
Dugny (93) 59 F2
Dugny-sur-Meuse (55) 43 H6
Duhort-Bachen (40) 265 H4
Duilhac-sous-Peyrepertuse (11) .. 309 H4
Duingt (74) 208 E1
Duisans (62) 10 E3
Dullin (73) 207 H4
Dumes (40) 265 F4
Dun (09) 307 K2
Dun-le-Palestel (23) 182 B1
Dun-le-Poëlier (36) 148 A1
Dun-les-Places (58) 134 A6
Dun-sur-Auron (18) 149 H5
Dun-sur-Grandry (58) 151 K3
Dun-sur-Meuse (55) 43 F2
Duneau (72) 107 G2
Dunes (82) 248 C6
Dunet (36) 164 E5
Dung (25) 139 G3
Dunière-sur-Eyrieux (07) 239 K2
Dunières (43) 221 G3
Dunkerque (59) 3 H1
Duntzenheim (67) 70 D1
Duppigheim (67) 71 C2
Duran (32) 267 H5
Durance (47) 247 G5
Duranus (06) 281 F2
Duranville (27) 34 C5
Duras (47) 230 E4
Duravel (46) 232 D6
Durban (32) 286 C1
Durban-Corbières (11) 310 A3
Durban-sur-Arize (09) 306 E2
Durbans (46) 234 B4
Durcet (61) 53 J4
Durdat-Larequille (03) 184 B2
Dureil (72) 106 A4
Durenque (12) 252 B6
Durfort (09) 288 B6
Durfort (81) 289 H3
Durfort-et-Saint-Martin-de-
-Sossenac (30) 274 C2
Durfort-Lacapelette (82) 249 G5
Durlinsdorf (68) 97 B5
Durmenach (68) 97 C5
Durmignat (63) 184 C3
Durnes (25) 156 D2
Durningen (67) 70 D2
Durrenbach (67) 25 A3
Durrenentzen (68) 96 D2
Durstel (67) 68 E5
Durtal (49) 125 K1
Durtol (63) 202 C2
Dury (02) 19 J4
Dury (62) 11 H3
Dury (80) 18 A3
Dussac (24) 214 D1
Duttlenheim (67) 71 C2
Duvy (60) 38 C5
Duzey (55) 43 K3
Dyé (89) 113 J4
Dyo (71) 170 D6

E

Eancé (35) 104 A4
Eaubonne (95) 58 D2
Eaucourt-sur-Somme (80) 9 G6
Eaunes (31) 288 A3
Eaux-Bonnes (64) 303 G2
Eaux-Puiseaux (10) 113 J1
Eauze (32) 266 C3
Ébaty (21) 153 K5
Ebblinghem (59) 5 J3
Eberbach-Seltz (67) 25 D2
Ebersheim (67) 71 B5
Ebersmunster (67) 71 B4
Éblange (57) 45 H4
Ébouleau (02) 21 F5
Ébréon (16) 178 E5
Ébreuil (03) 184 E4
l'Écaille (08) 41 G2
Écaillon (59) 11 J2
Écalles-Alix (76) 15 G4
Écaquelon (27) 34 E4
Écardenville-la-Campagne (27) .. 35 F6
Écausseville (50) 29 F4
Écauville (27) 35 G4
Eccica-Suarella (2A) 320 D5
Eccles (59) 13 J4

Échalas (69) 205 K5
Échallat (16) 196 C2
Échallon (01) 190 B2
Échalot (21) 135 J2
Échalou (61) 53 H5
Échandelys (63) 203 H5
Échannay (21) 135 G3
Écharcon (91) 86 E1
Échassières (03) 184 D3
Échauffour (61) 55 F5
Échavanne (70) 139 G1
l'Échelle (08) 22 B3
l'Échelle-Saint-Aurin (80) 18 E5
les Échelles (73) 207 K6
Échemines (10) 89 J4
Échenans (25) 139 F2
Échenans-sous-
-Mont-Vaudois (70) 139 G1
Échenay (52) 92 C3
Échenevex (01) 190 D1
Échenon (21) 154 E2
Échenoz-la-Méline (70) 138 A4
Échenoz-le-Sec (70) 138 A2
Échevannes (21) 136 A3
Échevannes (25) 156 D2
Échevis (26) 223 G6
Échevronne (21) 153 K2
Échigey (21) 154 D1
Échillais (17) 176 E4
Échilleuses (45) 111 F1
Échinghen (62) 4 B3
Échiré (79) 161 H5
Échirolles (38) 224 A4
Échouboulains (77) 88 A3
Échourgnac (24) 212 E4
Eckartswiller (67) 70 D1
Eckbolsheim (67) 71 D1
Eckwersheim (67) 70 E2
Éclaibes (59) 13 G4
Éclaires (51) 63 K2
Éclance (10) 91 F5
Éclans-Nenon (39) 155 H2
Éclaron-Braucourt-
-Sainte-Livière (52) 91 H1
Éclassan (07) 222 A4
Écleux (39) 155 J4
Éclimeux (62) 9 K1
Eclose-Badinières (38) 207 F6
Éclusier-Vaux (80) 19 F1
Écluzelles (28) 57 F5
Écly (08) 21 K6
Écoche (42) 187 G3
Écoivres (62) 10 A3
École (73) 208 D3
École-Valentin (25) 137 K6
Écollemont (51) 91 G1
Écommoy (72) 106 E5
Écorcei (61) 55 H5
Écorches (61) 54 D3
Écordal (08) 42 A1
Écorpain (72) 107 J3
Écot (25) 139 G4
Écot-la-Combe (52) 92 D6
Écotay-l'Olme (42) 204 D4
Écouché-les-Vallées (61) 54 B5
Écouen (95) 58 E2
Écouflant (49) 125 G2
Écouis (27) 36 B3
Écourt-Saint-Quentin (62) 11 H3
Écoust-Saint-Mein (62) 11 G4
Écouves (61) 82 D7
Écouviez (55) 26 A2
l'Écouvotte (25) 138 B5
Écoyeux (17) 195 H1
Ecquedecques (62) 5 J5
Ecques (62) 5 G5
Écquevilly (78) 58 A2
Écrainville (76) 14 C5
Écrammeville (14) 29 J6
les Écrennes (77) 87 K2
Écretteville-lès-Baons (76) 15 F5
Écretteville-sur-Mer (76) 14 E3
Écriennes (51) 63 G5
Écrille (39) 173 G6
Écromagny (70) 118 E5
Écrosnes (28) 85 J2
Écrouves (54) 65 H5
Ectot-l'Auber (76) 15 J5
Ectot-lès-Baons (76) 15 H5
Écueil (51) 40 E5
Écueillé (36) 147 G3
Écuélin (59) 13 G4
Écuelle (70) 137 F2
Écuelles (71) 154 C4
Écuillé (49) 125 G1
Écuires (62) 9 F1
Écuisses (71) 171 F1
Éculleville (50) 28 B1
Écully (69) 205 K2
Écuras (16) 197 H3
Écurat (17) 195 F1
Écurey-en-Verdunois (55) 43 H3
Écurey-le-Repos (51) 62 A4
Écury-sur-Coole (51) 62 D3
Écutigny (21) 153 H3
Écuvilly (60) 19 G5
Edern (29) 74 E4
Édon (16) 197 F5

les Éduts (17) 178 C5
Eecke (59) 5 K2
Effiat (63) 185 G4
Effincourt (52) 92 C2
Effry (02) 21 G2
Égat (66) 313 H4
Égleny (89) 112 E5
Égletons (19) 216 D1
Égligny (77) 88 B3
Eglingen (68) 97 A3
Église-Neuve-de-Vergt (24) 214 A5
Église-Neuve-d'Issac (24) 213 G6
l'Église-aux-Bois (19) 200 A4
Égliseneuve-d'Entraigues (63) .. 218 B1
Égliseneuve-des-Liards (63) ... 203 G5
Égliseneuve-près-Billom (63) ... 203 G3
les Églises-d'Argenteuil (17) ... 178 A5
Églisolles (63) 204 B6
les Églisottes-et-Chalaures (33) .. 212 C4
Égly (91) 86 D1
Égreville (77) 111 K1
Égrisselles-le-Bocage (89) 112 C1
Égry (45) 111 F2
Éguelshardt (57) 69 H3
Eguenigue (90) 119 J6
l'Éguille (17) 194 C2
Éguilles (13) 296 C1
Éguilly (21) 135 F6
Éguilly-sous-Bois (10) 115 F1
Eguisheim (68) 96 B4
Éguzon-Chantôme (36) 165 G3
Éhuns (70) 118 C5
Eichhoffen (67) 71 B4
Eincheville (57) 66 E1
Einvaux (54) 94 C2
Einville-au-Jard (54) 66 D5
Eix (55) 43 J5
Élan (08) 22 D5
Élancourt (78) 58 A4
Elbach (68) 139 K1
Elbeuf (76) 35 G4
Elbeuf-en-Bray (76) 36 D1
Elbeuf-sur-Andelle (76) 36 A1
Élencourt (60) 17 H4
Élesmes (59) 13 J3
Életot (76) 14 D3
Éleu-dit-Leauwette (62) 11 F1
Élincourt (59) 12 B6
Élincourt-Sainte-
-Marguerite (60) 38 D1
Élise-Daucourt (51) 63 H1
Ellecourt (76) 17 F3
Elliant (29) 99 F1
Ellon (14) 32 B4
Elne (66) 315 H3
Elnes (62) 5 F3
Éloie (90) 119 H6
Éloise (74) 190 C4
Éloyes (88) 118 E1
Elsenheim (67) 96 D3
Elvange (57) 45 J6
Elven (56) 101 G4
Elzange (57) 45 F2
Émagny (25) 137 J5
Émalleville (27) 35 J6
Émancé (78) 85 J1
Émanville (27) 56 B1
Émanville (76) 15 J5
Emberménil (54) 67 F6
Embres-et-Castelmaure (11) ... 310 A3
Embreville (80) 8 D6
Embrun (05) 243 J5
Embry (62) 4 E6
Émerainville (77) 59 G4
Émerchicourt (59) 11 K3
Émeringes (69) 188 A2
Éméville (60) 39 F4
Émiéville (14) 33 F5
Emlingen (68) 97 B4
Emmerin (59) 6 D5
Émondeville (50) 29 F4
Empeaux (31) 287 H1
Empurany (07) 221 J6
Empury (58) 133 J5
Encausse (32) 268 C5
Encausse-les-Thermes (31) ... 305 J2
Enchastrayes (04) 260 C2
Enchenberg (57) 69 G4
Encourtiech (09) 306 D3
Endoufielle (32) 287 H1
Énencourt-le-Sec (60) 37 F4
Énencourt-Léage (60) 36 E4
Enfonvelle (52) 117 H3
Engayrac (47) 248 D4
Engente (10) 91 H5
Engenthal-le-Bas (67) 70 B3
Engenville (45) 86 D6
Enghien-les-Bains (95) 58 E2
Engins (38) 223 J3
Englancourt (02) 20 E2
Englebelmer (80) 10 D6
Englefontaine (59) 12 E4
Englesqueville-en-Auge (14) 33 J4
Englesqueville-la-Percée (14) ... 29 J6
Engomer (09) 306 C3
Enguinegatte (62) 5 G4
Engwiller (67) 69 J5
Ennemain (80) 19 G3
Ennery (57) 45 F4
Ennery (95) 58 C1
Ennetières-en-Weppes (59) 6 C4
Ennevelin (59) 6 E5

Ennezat (63) 185 G6
Ennordres (18) 130 E4
Enquin-les-Mines (62) 5 G5
Enquin-sur-Baillons (62) 4 C5
Ens (65) 304 E5
Ensigné (79) 178 C3
Ensisheim (68) 97 C1
Ensuès-la-Redonne (13) 296 A4
Entrages (04) 259 E4
Entraigues (38) 242 D1
Entraigues (63) 202 E1
Entraigues-sur-la-Sorgue (84) 276 B1
Entrains-sur-Nohain (58) 132 D4
Entrammes (53) 105 F2
Entrange (57) 44 E2
Entraunes (06) 260 D4
Entraygues-sur-Truyère (12) 235 J5
Entre-Deux-Eaux (88) 95 J5
Entre-deux-Guiers (38) 207 K6
Entre-deux-Monts (39) 173 K2
Entrecasteaux (83) 298 B1
Entrechaux (84) 257 G4
Entrelacs (73) 208 B2
Entremont (74) 191 H5
Entremont-le-Vieux (73) 208 B2
Entrepierres (04) 259 F4
Entrevaux (04) 280 B1
Entrevennes (04) 278 D2
Entrevernes (74) 208 D1
Entzheim (67) 71 C2
Enval (63) 184 E6
Enveitg (66) 313 G4
Envermeu (76) 16 B2
Environville (76) 15 F5
Eole-en-Beauce (28) 85 J6
Éourres (05) 258 C4
Eoux (31) 287 F5
Épagne (10) 90 E4
Épagne-Épagnette (80) 9 G5
Épagny (02) 39 H7
Épagny (21) 136 A4
Épagny Metz-Tessy (74) 190 D6
Épaignes (27) 34 B4
Épaney (14) 54 B2
Épannes (79) 177 J1
Éparcy (02) 21 H2
les Éparges (55) 43 K6
Épargnes (17) 194 E4
les Éparres (38) 207 F3
Épaumesnil (80) 17 G2
Épaux-Bézu (02) 39 J6
Épeautrolles (28) 84 E5
Épécamps (80) 9 K5
Épégard (27) 35 F5
Épehy (80) 11 J6
Épeigné-les-Bois (37) 128 C6
Épeigné-sur-Dême (37) 127 H1
Épénancourt (80) 19 G3
Épenède (16) 179 K4
Épenouse (25) 157 F1
Épenoy (25) 156 E2
Épense (51) 63 H2
Épercieux-Saint-Paul (42) 204 E2
Éperlecques (62) 3 F4
Épernay (51) 61 K1
Épernay-sous-Gevrey (21) 154 B1
Épernon (28) 85 H1
Eperrais (61) 83 H3
Épertully (71) 153 H5
Épervans (71) 171 K1
les Epesses (85) 142 E5
Épeugney (25) 156 B2
Epfig (67) 71 B4
Épiais (41) 108 D5
Épiais-lès-Louvres (95) 59 G1
Épiais-Rhus (95) 37 G6
Épieds (02) 39 K6
Épieds (27) 57 F2
Épieds (49) 144 C2
Épieds-en-Beauce (45) 109 H3
Épierre (73) 209 F6
Épiez-sur-Chiers (54) 43 J1
Épiez-sur-Meuse (55) 93 F1
Épinac (71) 153 G4
Épinal (88) 94 D6
Épinay-Champlâtreux (95) 59 F1
Épinay-sous-Sénart (91) 59 F6
Épinay-sur-Duclair (76) 35 F1
Épinay-sur-Odon (14) 32 B6
Épinay-sur-Orge (91) 58 E6
Épinay-sur-Seine (93) 58 E2
l'Épine (05) 258 B2
l'Épine (51) 62 E2
l'Épine (85) 140 B3
l'Épine-aux-Bois (02) 60 E3
Épineau-les-Voves (89) 113 F4
Épineu-le-Chevreuil (72) 106 B2
Épineuil (89) 113 K4
Épineuil-le-Fleuriel (18) 167 G4
Épineuse (60) 38 B3
Épineux-le-Seguin (53) 105 J3
Épiniac (35) 51 G5
Épinonville (55) 42 E4
Épinouze (26) 222 C2
Épinoy (62) 11 J4
Epiry (58) 151 K2
Épizon (52) 92 C4
Éplessier (80) 17 H3
Éply (54) 66 A2
Époisses (21) 134 B3
Épône (78) 57 K2
Épothémont (10) 91 G3
Épouville (76) 14 G6
Époye (51) 41 G4

Eppe-Sauvage (59) 13 K5
Eppes (02) 20 E6
Eppeville (80) 19 H4
Epping (57) 69 F2
Épretot (76) 14 C6
Épreville (76) 14 C3
Épreville-en-Lieuvin (27) 34 C5
Épreville-près-le-Neubourg (27) 35 F6
Épron (14) 32 K4
Eps (62) 10 A1
Épuisay (41) 108 A4
Équancourt (80) 11 H6
Équemauville (14) 33 H2
Équennes-Éramecourt (80) 17 H4
Équevilley (70) 118 B5
Équevillon (39) 173 K1
Équihen-Plage (62) 4 A4
Équilly (50) 51 K1
Équirre (62) 5 G6
Éragny (95) 58 C2
Éragny-sur-Epte (60) 36 E3
Éraines (14) 54 B2
Éraville (16) 196 B4
Erbajolo (2B) 319 G6
Erbéviller-sur-Amezule (54) 66 C5
Erbray (44) 103 K4
Erbrée (35) 104 B1
Ercé (09) 306 E4
Ercé-en-Lamée (35) 103 G2
Ercé-près-Liffré (35) 79 H2
Erceville (45) 86 B6
Erches (80) 18 E4
Ercheu (80) 19 G4
Erchin (59) 11 J2
Erching (57) 69 F2
Erckartswiller (67) 69 G5
Ercourt (80) 9 F6
Ercuis (60) 37 J5
Erdeven (56) 100 B5
Erdre-en-Anjou (49) 124 D1
Éréac (22) 77 K3
Ergersheim (67) 71 B1
Ergnies (80) 9 J5
Ergué-Gabéric (29) 74 D6
Érin (62) 9 K1
Éringes (21) 134 E2
Eringhem (59) 3 H3
Érize-la-Brûlée (55) 64 C3
Érize-la-Petite (55) 64 B3
Érize-Saint-Dizier (55) 64 C4
Erlon (02) 20 D4
Erloy (02) 20 E2
Ermenonville (60) 38 C6
Ermenonville-la-Grande (28) 85 F4
Ermenonville-la-Petite (28) 84 E5
Ermenouville (76) 15 G3
Ermont (95) 58 D2
Ernée (53) 80 D4
Ernemont-Boutavent (60) 17 G6
Ernemont-la-Villette (76) 36 D3
Ernemont-sur-Buchy (76) 16 C6
Ernes (14) 54 B1
Ernestviller (57) 68 C3
Erneville-aux-Bois (55) 64 D5
Ernolsheim-Bruche (67) 71 C1
Ernolsheim-lès-Saverne (67) 69 G6
Erny-Saint-Julien (62) 5 G5
Érôme (26) 222 B4
Érone (2B) 319 G5
Éroudeville (50) 28 E4
Erp (09) 306 D3
Erquery (60) 38 A2
Erquinghem-le-Sec (59) 6 C4
Erquinghem-Lys (59) 6 C4
Erquinvillers (60) 38 A2
Erquy (22) 49 K5
Err (66) 313 H5
Erre (59) 12 B2
Errevet (70) 119 G6
Errouville (54) 44 C2
Ersa (2B) 317 D1
Erstein (67) 71 D3
Erstroff (57) 68 A4
Ervauville (45) 112 A2
Ervillers (62) 11 F4
Ervy-le-Châtel (10) 113 K2
Esbareich (65) 305 G3
Esbarres (21) 154 D3
Esboz-Brest (70) 59 J3
Esca (65) 305 F1
Escala (65) 305 F1
Escalans (40) 266 B3
l'Escale (04) 259 G6
Escales (11) 290 E5
Escalles (62) 2 B3
Escalquens (31) 288 C2
Escames (60) 17 G6
Escamps (46) 250 B2
Escamps (89) 113 G6
Escandolières (12) 251 J1
Escanecrabe (31) 286 C6
Escardes (51) 61 F6
l'Escarène (06) 281 G2
Escarmain (59) 12 D4
Escaro (66) 314 A3
Escassefort (47) 231 F6
Escatalens (82) 268 D1
Escaudain (59) 12 B2
Escaudes (33) 246 C3
Escaudœuvres (59) 12 B4
Escaunets (65) 285 F3
Escautpont (59) 12 D1

Escazeaux (82) 268 B3
Eschau (67) 71 D2
Eschbach (67) 69 K5
Eschbach-au-Val (68) 96 A4
Eschbourg (67) 69 F6
Eschentzwiller (68) 97 C3
Esches (60) 37 H5
Eschwiller (67) 68 E6
Esclagne (09) 308 A3
Esclainvillers (80) 18 B5
Esclanèdes (48) 253 J1
Esclassan-Labastide (32) 286 C3
Esclauzels (46) 250 B2
Esclavelles (76) 16 C4
Esclavolles-Lurey (51) 89 G2
Escles (88) 118 A1
Escles-Saint-Pierre (60) 17 G4
Esclottes (47) 230 E4
Escobecques (59) 6 C4
Escœuilles (62) 4 D3
Escoire (24) 214 B3
Escolives-Sainte-Camille (89) 133 G1
Escombres-et-le-Chesnois (08) 23 G4
Escondeaux (65) 285 H4
Esconnets (65) 304 D1
Escorailles (15) 217 F4
Escornebœuf (32) 268 A4
Escorpain (28) 56 D5
Escos (64) 283 G2
Escosse (09) 307 H1
Escot (64) 302 E1
Escots (65) 304 D1
Escou (64) 284 B5
Escoubès (64) 284 E2
Escoubès-Pouts (65) 304 D1
Escoulis (31) 306 D1
Escouloubre (11) 308 D6
Escource (40) 244 E4
Escoussans (33) 230 A4
Escoussens (81) 289 K2
Escout (64) 284 A5
Escoutoux (63) 203 H2
Escoville (14) 33 F4
Escragnolles (06) 280 B4
Escrennes (45) 110 C1
Escrignelles (45) 131 J1
Escroux (81) 271 J5
Escueillens-et-Saint-Just-
-de-Bélengard (11) 308 C1
Escurès (64) 285 F2
Escurolles (03) 185 G3
Eslettes (76) 15 K6
Esley (88) 93 K6
Eslourenties-Daban (64) 285 F4
Esmans (77) 88 A4
Esmery-Hallon (80) 19 H4
Esmoulières (70) 119 F4
Esmoulins (70) 137 F4
Esnandes (17) 176 D1
Esnans (25) 138 C5
Esnes (59) 12 B5
Esnes-en-Argonne (55) 43 G5
Esnon (89) 113 F3
Esnouveaux (52) 116 C1
Espagnac (19) 216 B3
Espagnac-Sainte-Eulalie (46) 234 B5
Espalais (82) 248 D6
Espalem (43) 219 F2
Espalion (12) 252 C1
Espaly-Saint-Marcel (43) 220 B5
Espanès (31) 288 C2
Espaon (32) 287 F3
Esparron (05) 258 E1
Esparron (31) 286 E5
Esparron (83) 278 B6
Esparron-de-Verdon (04) 278 C4
Esparros (65) 304 E2
Esparsac (82) 268 B2
Espartignac (19) 215 J1
Espas (32) 266 C4
Espaubourg (60) 37 F2
Espèche (65) 304 E1
Espéchède (64) 284 E4
Espédaillac (46) 234 B5
Espelette (64) 263 D2
Espeluche (26) 240 B6
Espenel (26) 241 F4
Espérausses (81) 271 H5
Espéraza (11) 308 E3
Esperce (31) 288 B4
Espère (46) 233 G6
Espès-Undurein (64) 283 H4
Espeyrac (12) 235 J5
Espeyroux (46) 234 B2
Espezel (11) 308 C5
Espieilh (65) 304 D1
Espiens (47) 247 J5
Espiet (33) 230 A2
Espinas (82) 250 D5
Espinasse (15) 236 C2
Espinasse (63) 184 B5
Espinasse-Vozelle (03) 185 H3
Espinasses (05) 259 H1
Espinchal (63) 218 B1
Espins (14) 53 J1
Espira-de-Conflent (66) 314 C2
Espira-de-l'Agly (66) 310 A5
Espirat (63) 203 F2
Espiute (64) 283 H3
Esplantas-Vazeilles (43) 237 J2
Esplas (09) 288 C6
Esplas-de-Sérou (09) 307 F3
Espoey (64) 284 E5

Espondeilhan (34) 292 A3
Esprels (70) 138 C2
Esquay-Notre-Dame (14) 32 D5
Esquay-sur-Seulles (14) 32 B3
Esquéhéries (02) 20 E1
Esquelbecq (59) 3 J3
Esquennoy (60) 18 A5
Esquerchin (59) 11 H2
Esquerdes (62) 5 G3
Esquièze-Sère (65) 304 A3
Esquiule (64) 283 K5
les Essards (16) 212 C3
les Essards (17) 194 E1
les Essards (37) 126 C6
les Essards-Taignevaux (39) 155 F5
Essarois (21) 115 H6
Essars (62) 6 A5
les Essarts (41) 107 J6
Essarts en Bocage (85) 142 B6
les Essarts-le-Roi (78) 58 A5
les Essarts-le-Vicomte (51) 61 F6
les Essarts-lès-Sézanne (51) 61 G5
Essay (61) 82 E1
Esse (16) 180 B4
Essé (35) 79 J6
Essegney (88) 94 B3
les Esseintes (33) 230 C5
Essert (74) 139 H1
Essert-Romand (74) 192 C3
Essertaux (80) 18 A4
Essertenne (71) 153 F6
Essertenne-et-Cecey (70) 136 E4
Essertines-en-Châtelneuf (42) 204 C4
Essertines-en-Donzy (42) 205 F2
Esserts-Blay (73) 209 G3
Esserval-Tartre (39) 156 E6
Essey (21) 153 G1
Essey-et-Maizerais (54) 65 G2
Essey-la-Côte (54) 94 D3
Essey-lès-Nancy (54) 66 A5
Essigny-le-Grand (02) 19 J3
Essigny-le-Petit (02) 20 A2
Essises (02) 60 E1
Essômes-sur-Marne (02) 60 E1
Esson (14) 53 J2
Essouvert (17) 177 K5
Essoyes (10) 115 F2
Essuiles (60) 37 J1
les Estables (43) 239 F2
Estables (48) 237 J5
Establet (26) 241 J6
Estadens (31) 305 K2
Estagel (66) 309 K3
Estaing (12) 236 A6
Estaing (65) 303 J3
Estaires (59) 6 B4
Estal (46) 234 C1
Estampes (32) 285 K3
Estampures (65) 285 K3
Estancarbon (31) 305 K2
Estandeuil (63) 203 G3
Estang (32) 266 C3
Estarvielle (65) 305 F4
Estavar (66) 313 H4
Esteil (63) 203 F6
Esténos (31) 305 H3
Estensan (65) 304 C4
Estérençuby (64) 282 E6
Esterre (65) 304 B4
Estevelles (62) 6 C6
Esteville (76) 16 B5
Estézargues (30) 275 J2
Estialescq (64) 284 A5
Estibeaux (40) 264 B6
Estigarde (40) 246 D6
Estillac (47) 248 A5
Estipouy (32) 286 A1
Estirac (65) 285 G2
Estissac (10) 89 J5
Estivals (19) 215 H6
Estivareilles (03) 167 H5
Estivareilles (42) 220 C1
Estivaux (19) 215 J2
Estoher (66) 314 C3
Estos (64) 284 A5
Estoublon (04) 278 E2
Estouches (91) 86 C5
Estourmel (59) 12 B5
Estouteville-Écalles (76) 16 B6
Estouy (45) 86 E6
Estrablin (38) 206 B5
Estramiac (32) 268 A3
Estrebay (08) 21 K3
Estrébœuf (80) 8 E4
l'Estréchure (30) 254 D6
Estrée (62) 4 C6
Estrée-Blanche (62) 5 H5
Estrée-Cauchy (62) 10 D1
Estrée-Wamin (62) 10 A3
Estréelles (62) 4 C6
Estrées (02) 19 K1
Estrées (59) 11 H5
Estrées-Deniécourt (80) 19 F2
Estrées-la-Campagne (14) 54 A1
Estrées-lès-Crécy (80) 9 H3
Estrées-Mons (80) 19 F2
Estrées-Saint-Denis (60) 38 C3
Estrées-sur-Noye (80) 18 B3
Estrennes (88) 93 K5
Estreux (59) 12 D2
Estrun (59) 12 B4
Esves-le-Moutier (37) 146 B3
Esvres (37) 127 K6

Eswars (59) 12 B4
Étable (73) 208 D5
Étables (07) 222 A5
Étagnac (16) 180 C6
Étaimpuis (76) 16 A5
Étain (55) 43 K4
Étaing (62) 11 G3
Étainhus (76) 14 C6
Étais (21) 134 E1
Étais-la-Sauvin (89) 132 D3
Étalans (25) 156 D1
Étalante (21) 135 H1
Étalle (08) 22 A3
Étalleville (76) 15 H4
Étalon (80) 19 F4
Étalondes (76) 8 C6
Étampes (91) 86 C3
Étampes-sur-Marne (02) 60 E1
l'Étang-Bertrand (50) 28 D4
l'Étang-la-Ville (78) 58 B3
Étang-sur-Arroux (71) 152 D6
l'Étang-Vergy (21) 154 A2
les Étangs (57) 45 G5
Étaples (62) 4 B6
Étaule (89) 133 K3
Étaules (17) 194 B2
Étaules (21) 135 K4
Étauliers (33) 211 G3
Étaux (74) 191 G4
Étaves-et-Bocquiaux (02) 20 B1
Étavigny (60) 39 F6
Etcharry (64) 283 G3
Etchebar (64) 283 H6
Éteignières (08) 22 A2
Éteimbes (68) 119 K6
Étel (56) 100 B5
Ételfay (80) 18 D5
Étercy (74) 190 D6
Éternoz (25) 156 B3
Éterpigny (62) 11 G3
Éterpigny (80) 19 G2
Éterville (14) 32 D5
Étevaux (21) 136 C5
Eth (59) 12 E2
Étienville (50) 28 E5
Étigny (89) 112 D1
les Étilleux (28) 83 K5
Étinehem (80) 18 E2
Étiolles (91) 59 F6
Étival (39) 173 G2
Étival-Clairefontaine (88) 95 G3
Étival-lès-le-Mans (72) 106 C3
Étivey (89) 134 B1
Étobon (70) 139 F1
Étoges (51) 61 J3
l'Étoile (39) 173 F1
l'Étoile (80) 9 J6
Étoile-Saint-Cyrice (05) 258 C3
Étoile-sur-Rhône (26) 240 C2
Éton (54) 44 A4
Étormay (21) 135 F2
Étouars (24) 197 J4
Étourvy (10) 114 B3
Étoutteville (76) 15 G4
Étouvans (25) 139 G3
Étouvelles (02) 40 B1
Étouy (60) 37 K2
Étrabonne (25) 137 G6
Étrappe (25) 138 E3
l'Étrat (42) 205 G6
Étray (25) 156 E2
Étraye (55) 43 H3
Étréaupont (02) 21 F2
Étrechet (36) 165 J1
Étréchy (18) 149 K2
Étréchy (51) 61 K3
Étréchy (91) 86 C2
Étréham (14) 32 A3
Étreillers (02) 19 J3
Étréjust (80) 17 H2
Étrelles (35) 104 A1
Étrelles-et-la-Montbleuse (70) 137 H3
Étrelles-sur-Aube (10) 89 J2
Étrembières (74) 191 F2
Étrépagny (27) 36 C4
Étrepigney (39) 155 G2
Étrépigny (08) 22 D4
Étrépilly (77) 59 K1
Étrepy (51) 63 H5
Étretat (76) 14 B4
Étreux (02) 20 D1
Étreval (54) 93 K2
Étréville (27) 34 D3
Étrez (01) 172 C6
Étriac (16) 196 C5
Étriché (49) 125 H1
Étricourt-Manancourt (80) 11 H6
Étrigny (71) 171 J3
Étrochey (21) 115 F4
Étrœungt (59) 13 G6
Étroussat (03) 185 G2
Étrun (62) 10 E2
Etsaut (64) 302 E3
Ettendorf (67) 69 J6
Etting (57) 68 E3
Étueffont (90) 119 H6
Étupes (25) 139 H3
Éturqueraye (27) 34 E3
Étuz (70) 137 J5
Étzling (57) 68 C2
Eu (76) 8 C5
Euffigneix (52) 116 A1
Eugénie-les-Bains (40) 265 H5

Euilly-et-Lombut (08) 23 G5
Eulmont (54) 66 A4
Eup (31) 305 H3
Eurre (26) 240 D3
Eurville-Bienville (52) 91 K1
Eus (66) 314 C2
Euvezin (54) 65 H2
Euville (55) 65 F5
Euvy (51) 62 A5
Euzet (30) 255 H6
Évaillé (72) 107 H4
Évans (39) 155 J1
Évaux-et-Ménil (88) 94 B4
Évaux-les-Bains (23) 183 J3
Ève (60) 59 H1
Évecquemont (78) 58 A2
Évellys (56) 101 F1
Évenos (83) 300 B4
Évergnicourt (02) 41 F2
Everly (77) 88 C3
Évette-Salbert (90) 119 G6
Éveux (69) 205 J1
Évian-les-Bains (74) 175 G5
Évigny (08) 22 C4
Évillers (25) 156 D3
Évin-Malmaison (62) 11 H1
Évires (74) 191 F4
Évisa (2A) 318 B6
Évosges (01) 189 J5
Évran (22) 50 D6
Évrange (57) 45 F1
Évrecy (14) 32 C6
Évres (55) 64 A2
Évreux (27) 56 D1
Évricourt (60) 19 G6
Évriguet (56) 77 J2
Évron (53) 81 J6
Évry (89) 88 D5
Évry (91) 87 F1
Evry-Grégy-sur-Yerre (77) 59 H6
Excenevex (74) 174 D6
Excideuil (24) 214 D2
Exermont (08) 42 E4
Exideuil (16) 180 B6
Exincourt (25) 139 H3
Exireuil (79) 161 K5
Exmes (61) 54 E4
Exoudun (79) 162 A6
Expiremont (17) 211 J1
Eybens (38) 224 A4
Eybouleuf (87) 199 H2
Eyburie (19) 199 J6
Eycheil (09) 306 D3
Eydoche (38) 207 F6
Eygalayes (26) 258 C4
Eygalières (13) 276 C4
Eygaliers (26) 257 J4
Eygliers (05) 227 A4
Eygluy-Escoulin (26) 241 F3
Eyguières (13) 276 D5
Eygurande (19) 201 G4
Eygurande-et-Gardedeuil (24) 212 D5
Eyjeaux (87) 199 G2
Eyliac (24) 214 D2
Eymet (24) 231 G4
Eymeux (26) 222 E5
Eymouthiers (16) 197 H3
Eymoutiers (87) 199 K3
Eyne (66) 313 H6
Eynesse (33) 230 E2
Eyragues (13) 276 B3
Eyrans (33) 211 G3
Eyrein (19) 216 C2
Eyres-Moncube (40) 265 F4
Eyroles (26) 257 H2
Eysines (33) 229 G1
Eysson (25) 157 F1
Eysus (64) 284 A6
Eyvirat (24) 214 A2
Eywiller (67) 68 C5
Eyzahut (26) 240 D6
Eyzerac (24) 214 C1
les Eyzies-de-Tayac-Sireuil (24)..232 D1
Eyzin-Pinet (38) 206 C6
Ézanville (95) 58 A1
Èze (06) 281 G4
Ézy-sur-Eure (27) 57 F3

F

Fa (11) 308 D3
Fabas (09) 306 C1
Fabas (31) 287 H3
Fabas (82) 269 F3
Fabras (07) 239 G5
Fabrègues (34) 293 F1
Fabrezan (11) 309 J1
Faches-Thumesnil (59) 6 E5
Fâchin (58) 152 B4
la Fage-Montivernoux (48) 236 E3
la Fage-Saint-Julien (48) 237 F3
le Faget (31) 289 F1
Faget-Abbatial (32) 286 D2
Fagnières (51) 62 C2
Fagnon (08) 22 C4
Fahy-lès-Autrey (70) 136 E3
Failly (57) 45 F5
Faimbe (25) 139 F3
Fain-lès-Montbard (21) 134 D2
Fain-lès-Moutiers (21) 134 C2
Fains (27) 57 F2
Fains-Véel (55) 64 A4
Faissault (08) 22 B5
Fajac-en-Val (11) 309 G1

Fajac-la-Relenque (11) 288 E5
Fajoles (46) 233 H3
la Fajolle (11) 308 B5
Fajolles (82) 268 B2
Falaise (08) 42 B3
Falaise (14) 54 A3
la Falaise (78) 57 K2
Falck (57) 45 K4
Faleyras (33) 230 A3
Falga (31) 289 F2
le Falgoux (15) 217 J4
Falicon (06) 281 G4
Falkwiller (68) 97 A3
Fallencourt (76) 16 E2
Fallerans (25) 156 E2
Falleron (85) 141 G4
Falletans (39) 155 G2
Fallon (70) 138 E3
la Faloise (80) 18 B4
Fals (47) 248 B6
Falvy (80) 19 G3
Famars (59) 12 D2
Famechon (62) 10 C5
Famechon (80) 17 J4
Fameck (57) 44 E3
Fampoux (62) 11 F3
Fanjeaux (11) 289 H6
Fanlac (24) 214 D5
le Faou (29) 74 C2
le Faouët (22) 48 D3
le Faouët (56) 75 J6
Faramans (01) 189 F6
Faramans (38) 222 E1
Farbus (62) 11 F2
Farceaux (27) 36 B4
la Fare-en-Champsaur (05) 242 E4
la Fare-les-Oliviers (13) 296 A1
Farébersviller (57) 68 B2
Fareins (01) 188 B5
Faremoutiers (77) 60 A4
Farges (01) 190 C2
les Farges (24) 214 E4
Farges-Allichamps (18) 166 E1
Farges-en-Septaine (18) 149 J3
Farges-lès-Chalon (71) 153 K6
Farges-lès-Mâcon (71) 171 K4
Fargues (33) 230 A6
Fargues (40) 265 G4
Fargues (46) 249 G2
Fargues-Saint-Hilaire (33) 229 J2
Fargues-sur-Ourbise (47) 247 G4
Farincourt (52) 117 G6
Farinole (2B) 317 D1
la Farlède (83) 300 D4
Farnay (42) 205 J5
Farschviller (57) 68 B3
Fatines (72) 107 F2
Fatouville-Grestain (27) 34 A2
le Fau (15) 217 J5
Fau-de-Peyre (48) 237 F4
Fauch (81) 270 E4
Faucigny (74) 191 H3
Faucogney-et-la-Mer (70) 118 C4
Faucompierre (88) 95 F6
Faucon (84) 257 H4
Faucon-de-Barcelonnette (04) 260 C1
Faucon-du-Caire (04) 259 G2
Fauconcourt (88) 94 E3
Faucoucourt (02) 39 K1
Faudoas (82) 268 B3
le Fauga (31) 288 A3
Faugères (07) 255 G1
Faugères (34) 291 K1
Fauguernon (14) 34 A5
Fauguerolles (47) 247 H1
Fauillet (47) 247 H1
le Faulq (14) 34 A4
Faulquemont (57) 45 J6
Faulx (54) 66 A4
Faumont (59) 6 E6
Fauquembergues (62) 5 F5
la Faurie (05) 242 B5
Faurilles (24) 232 A4
Fauroux (82) 248 E4
Faussergues (81) 271 G1
la Faute-sur-Mer (85) 159 J6
Fauverney (21) 136 B6
Fauville (27) 56 D1
Fauville-en-Caux (76) 15 F5
Faux (08) 41 K1
Faux (24) 231 K3
Faux-Fresnay (51) 61 K6
Faux-la-Montagne (23) 200 B2
Faux-Mazuras (23) 182 C5
Faux-Vésigneul (51) 62 D4
Faux-Villecerf (10) 89 H4
Favalello (2B) 319 G6
Favars (19) 215 K3
Faverdines (18) 167 F3
Faverelles (45) 131 K2
Faverges-de-la-Tour (38) 207 H4
Faverges-Seythenex (74) 208 C2
Faverney (70) 118 A5
Faverois (90) 139 K2
Faverolles (02) 39 H5
Faverolles (28) 57 H6
Faverolles (36) 147 G2
Faverolles (52) 116 B3
Faverolles (61) 53 K5
Faverolles (80) 18 D5
Faverolles-et-Coëmy (51) 40 C5
Faverolles-la-Campagne (27) 56 B1
Faverolles-lès-Lucey (21) 115 J5
Faverolles-sur-Cher (41) 128 D5

la Favière (39) 174 A1
Favières (28) 84 D2
Favières (54) 93 J2
Favières (77) 59 J5
Favières (80) 8 E3
Favresse (51) 63 G5
Favreuil (62) 11 F5
Favrieux (78) 57 H2
le Favril (27) 34 C5
le Favril (28) 84 D3
le Favril (59) 13 F5
Fay (61) 55 G6
le Fay (71) 172 D2
Fay (72) 106 C2
Fay (80) 19 F2
Fay-aux-Loges (45) 110 C4
Fay-de-Bretagne (44) 122 K1
Fay-en-Montagne (39) 173 H1
Fay-le-Clos (26) 222 B3
Fay-les-Étangs (60) 37 F4
Fay-lès-Marcilly (10) 89 G4
Faÿ-lès-Nemours (77) 87 H6
le Fay-Saint-Quentin (60) 37 J2
Fay-sur-Lignon (43) 221 F6
Faycelles (46) 234 D6
la Faye (16) 179 F4
Faye (41) 108 D5
Faye-la-Vineuse (37) 145 G4
Faye-l'Abbesse (79) 143 K5
Faye-sur-Ardin (79) 161 G4
le Fayel (60) 38 C3
Fayence (83) 280 A5
Fayet (02) 19 K2
Fayet (12) 272 B4
Fayet-le-Château (63) 203 G3
Fayet-Ronaye (63) 219 H1
Fayl-Billot (52) 117 F5
Faymont (70) 139 F1
Faymoreau (85) 161 F3
Fays (52) 91 K2
Fays (88) 95 F5
Fays-la-Chapelle (10) 114 A1
Fayssac (81) 270 B2
Féas (64) 283 K6
Febvin-Palfart (62) 5 H5
Fécamp (76) 14 D3
Féchain (59) 11 J3
Fêche-l'Église (90) 139 J3
Fécocourt (54) 93 J3
Fédry (70) 137 J2
Fegersheim (67) 71 D2
Fégréac (44) 102 C5
Feigères (74) 190 E3
Feigneux (60) 38 E4
Feignies (59) 13 G3
Feillens (01) 188 C1
Feings (41) 128 E4
Feings (61) 83 J1
Feins (35) 79 G1
Feins-en-Gâtinais (45) 111 J6
Feissons-sur-Isère (73) 209 G4
Feissons-sur-Salins (73) 209 H5
le Fel (12) 235 J5
Fel (61) 54 D4
Felce (2B) 319 J5
Feldbach (68) 97 B5
Feldkirch (68) 97 B1
Feliceto (2B) 318 D3
Félines (07) 222 A2
Félines (43) 220 A3
Félines-Minervois (34) 290 D4
Félines-sur-Rimandoule (26) 240 E5
Félines-Termenès (11) 309 J1
Felleries (59) 13 H5
Fellering (68) 119 J3
Felletin (23) 200 E1
Felluns (66) 309 G6
Felon (90) 119 J6
Felzins (46) 234 E5
Fenain (59) 12 B2
Fénay (21) 154 C1
Fendeille (11) 289 G5
Fénery (79) 161 H2
Fénétrange (57) 68 D6
Feneu (49) 125 G2
Féneyrols (82) 250 D5
Féniers (23) 200 D2
Fenioux (17) 177 J6
Fenioux (79) 161 G3
Fenneviller (54) 95 H2
Fénols (81) 270 C3
le Fenouiller (85) 140 E6
Fenouillet (31) 269 F5
Fenouillet (66) 309 F5
Fenouillet-du-Razès (11) 289 H6
Fépin (08) 24 C3
Fercé (44) 103 J2
Fercé-sur-Sarthe (72) 106 B4
Ferdrupt (88) 119 F3
la Fère (02) 20 A5
Fère-Champenoise (51) 61 K5
Fère-en-Tardenois (02) 40 A5
Fèrebrianges (51) 61 J3
la Férée (08) 21 K4
Férel (56) 121 K2
Ferfay (62) 5 J6
Féricy (77) 87 J3
Férin (59) 11 H2
Fermanville (50) 28 E2
la Fermeté (58) 151 F4
Ferney-Voltaire (01) 190 E1
Fernoël (63) 201 G2
Férolles (45) 110 C5
Férolles-Attilly (77) 59 G2

Féron (59) 13 H6
Ferques (62) 2 C4
Ferrals-les-Corbières (11) 309 K1
Ferrals-les-Montagnes (34) 290 D3
Ferran (11) 289 J6
Ferrassières (26) 258 A5
le Ferré (35) 80 A1
Ferrensac (47) 231 K5
Ferrère (65) 305 G3
les Ferres (06) 280 E2
Ferrette (68) 97 C5
Ferreux-Quincey (10) 89 G3
la Ferrière (37) 127 J2
la Ferrière (38) 224 D2
la Ferrière (85) 159 J1
la Ferrière-Airoux (86) 163 F6
la Ferrière-au-Doyen (61) 55 G6
la Ferrière-aux-Étangs (61) 53 H5
la Ferrière-Béchet (61) 82 D1
la Ferrière-Bochard (61) 82 B3
la Ferrière-de-Flée (49) 104 D5
la Ferrière-en-Parthenay (79) 162 A2
Ferrière-et-Lafolie (52) 92 A3
la Ferrière-Grande (59) 13 H3
la Ferrière-la-Petite (59) 13 H4
la Ferrière-Larçon (37) 146 B2
la Ferrière-sur-Beaulieu (37) 146 D2
la Ferrière-sur-Risle (27) 55 K2
Ferrières (17) 177 F1
Ferrières (54) 94 B1
Ferrières (60) 18 C6
Ferrières (65) 303 J2
Ferrières (80) 17 K2
Ferrières-en-Bray (76) 36 D1
Ferrières-en-Brie (77) 59 H4
Ferrières-en-Gâtinais (45) 111 J2
Ferrières-Haut-Clocher (27) 56 D1
la Ferrière-la-Verrerie (61) 55 F6
Ferrières-le-Lac (25) 139 H6
Ferrières-les-Bois (25) 155 K1
Ferrières-lès-Ray (70) 137 H2
Ferrières-lès-Scey (70) 137 K1
Ferrières-les-Verreries (34) 274 A3
Ferrières-Poussarou (34) 291 G2
Ferrières-Saint-Hilaire (27) 55 H1
Ferrières-Saint-Mary (15) 218 D4
Ferrières-sur-Ariège (09) 307 H3
Ferrières-sur-Sichon (03) 186 A5
Ferrussac (43) 219 G5
Fertans (25) 156 B3
la Ferté (39) 155 H4
la Ferté-Alais (91) 86 E3
la Ferté-Beauharnais (41) 129 K3
la Ferté-Bernard (72) 83 J6
la Ferté-Chevresis (02) 20 C4
la Ferté-en-Ouche (61) 55 H3
la Ferté-Gaucher (77) 60 D5
la Ferté-Hauterive (03) 168 E6
la Ferté-Imbault (41) 130 A5
la Ferté-Loupière (89) 112 C4
la Ferté-Macé (61) 53 J6
la Ferté-Milon (02) 39 G5
la Ferté-Saint-Aubin (45) 130 A1
la Ferté-Saint-Cyr (41) 129 H1
la Ferté-Saint-Samson (76) 16 D1
la Ferté-sous-Jouarre (77) 60 B2
la Ferté-sur-Chiers (08) 23 H6
la Ferté-Vidame (28) 84 A1
la Ferté-Villeneuil (28) 108 E3
Fertrève (58) 151 H4
Fescamps (80) 18 E5
Fesches-le-Châtel (25) 139 H2
Fesmy-le-Sart (02) 12 E6
Fesques (76) 16 D3
Fessanvilliers-Mattanvilliers (28)... 56 C5
Fessenheim (68) 96 D6
Fessenheim-le-Bas (67) 70 D2
Fessevillers (25) 139 J5
les Fessey (70) 118 C4
Fessy (74) 191 H1
Festalemps (24) 213 F3
Festes-et-Saint-André (11) 308 D3
Festieux (02) 40 C1
Festigny (51) 61 H2
Festigny (89) 133 F3
Festubert (62) 6 B5
le Fête (21) 153 G2
Féternes (74) 175 F6
Fétigny (39) 173 G5
Feucherolles (78) 58 B3
Feuchy (62) 11 F3
Feugarolles (47) 247 J4
Feugères (50) 31 F3
Feuges (10) 90 B4
Feuguerolles (27) 35 H6
Feuguerolles-Bully (14) 32 D5
Feuilla (11) 310 B3
Feuillade (16) 197 H4
la Feuillade (24) 215 G5
la Feuillée (29) 75 F1
Feuillères (80) 19 F1
la Feuillie (50) 30 D2
la Feuillie (76) 36 B2
Feule (25) 139 G5
Feuquières (60) 17 G5
Feuquières-en-Vimeu (80) 8 E6
Feurs (42) 204 E2
Feusines (36) 166 C4
Feux (18) 150 A1
Fèves (57) 44 E5
Féy (57) 65 K1
Fey-en-Haye (54) 65 J3
Feyt (19) 201 G3
Feytiat (87) 199 F2

Feyzin (69) 206 A3
Fiac (81) 270 B5
Ficaja (2B) 319 H4
Ficheux (62) 10 E4
Fichous-Riumayou (64).............. 284 C2
le Fidelaire (27) 56 A2
le Fied (39) 173 H1
Fieffes-Montrelet (80) 9 K5
Fiefs (62) 5 H6
Fiennes (62) 2 C4
Fienvillers (80) 10 A5
Fierville-Bray (14) 33 F6
Fierville-les-Mines (50) 28 C5
Fierville-les-Parcs (14) 33 K4
le Fieu (33) 212 C5
Fieulaine (02) 20 B2
Fieux (47) 247 J6
Figanières (83) 279 J6
Figari (2A) 323 G4
Figarol (31) 306 A1
Figeac (46) 234 D5
Fignéville (88) 117 J3
Fignières (80) 18 D5
Filain (02) 40 A2
Filain (70) 138 B3
Fillé (72) 106 D4
Fillières (54) 44 B2
Fillièvres (62) 9 K2
Fillinges (74) 191 G2
Fillols (66) 314 B3
Filstroff (57) 45 J3
Fiménil (88) 95 F6
Finestret (66) 314 C2
Finhan (82) 268 D2
les Fins (25) 157 H2
Fins (80) 11 H6
Fiquefleur-Équainville (27) 34 A2
Firbeix (24) 198 C4
Firfol (14) 34 A5
Firmi (12) 235 G6
Firminy (42) 221 F1
Fislis (68) 97 C5
Fismes (51) 40 B4
Fitou (11) 310 C4
Fitz-James (60) 38 A3
Fix-Saint-Geneys (43) 219 K4
Fixem (57) 45 F1
Fixin (21) 154 B1
Flacey (21) 136 B4
Flacey (28) 108 E1
Flacey-en-Bresse (71) 172 E3
la Flachère (38) 208 B6
Flachères (38) 207 F6
Flacourt (78) 57 H3
Flacy (89) 89 G6
Flagey (26) 156 C3
Flagey (52) 116 C5
Flagey-Echézeaux (21) 154 B2
Flagey-lès-Auxonne (21)............ 155 F2
Flagey-Rigney (25) 138 B4
Flagnac (12) 235 F5
Flagy (70) 118 B6
Flagy (71) 171 G4
Flagy (77) 87 K5
Flaignes-Havys (08) 22 A3
Flainval (54) 66 C6
Flamanville (50) 28 A3
Flamanville (76) 15 H5
Flamarens (32) 267 K1
la Flamengrie (02) 13 G6
la Flamengrie (59) 13 F6
Flamets-Frétils (76) 16 E4
Flammerans (21) 155 F1
Flammerécourt (52) 91 K4
Flancourt-Crescy-
    -en-Roumois (27) 35 F3
Flangebouche (25) 157 F2
Flassan (84) 257 J6
Flassans-sur-Issole (83) 298 B3
Flassigny (55) 43 J1
Flastroff (57) 45 J2
Flaucourt (80) 19 G2
Flaugeac (24) 231 H3
Flaujac-Gare (46) 234 B4
Flaujac-Poujols (46) 249 K2
Flaujagues (33) 230 D2
Flaumont-Waudrechies (59) 13 H5
Flaux (30) 275 H1
Flavacourt (60) 36 E3
Flaviac (07) 240 A3
Flavignac (87) 198 D3
Flavignerot (21) 135 J6
Flavigny (18) 150 A4
Flavigny (51) 62 A2
Flavigny-le-Grand-
    -et-Beaurain (02) 20 D2
Flavigny-sur-Moselle (54) 94 A1
Flavigny-sur-Ozerain (21) 135 F3
Flavin (12) 252 B4
Flavy-le-Martel (02) 19 J4
Flavy-le-Meldeux (60) 19 H5
Flaxieu (01) 207 K1
Flaxlanden (68) 97 B3
Flayat (23) 201 G2
Flayosc (83) 298 C1
Fléac (16) 196 D3
Fléac-sur-Seugne (17) 195 G4
la Flèche (72) 106 B6
Fléchin (62) 5 G5
Fléchy (60) 18 A5
Flée (21) 134 D4
Flée (72) 107 G6
Fleigneux (08) 23 F4
Fleisheim (57) 67 K4

le Fleix (24)................................231 F2
Fleix (86).....................................163 J4
Fléré-la-Rivière (36) 146 D4
Flers (61)......................................53 G4
Flers (62)......................................10 A2
Flers (80)......................................11 F6
Flers-en-Escrebieux (59) 11 H1
Flers-sur-Noye (80) 18 A4
Flesquières (59) 11 H5
Flesselles (80) 18 A1
Flétrange (57) 45 J4
Flêtre (59) 6 A3
Fléty (58) 169 K1
Fleurac (16) 196 B2
Fleurac (24) 214 C6
Fleurance (32) 267 J3
Fleurat (23) 182 B2
Fleurbaix (62) 6 C4
Fleuré (61) 54 B5
Fleuré (86) 163 G4
Fleurey (25) 139 G5
Fleurey-lès-Faverney (70) 118 A6
Fleurey-lès-Lavoncourt (70).....137 H1
Fleurey-lès-Saint-Loup (70) 118 C3
Fleurey-sur-Ouche (21) 135 J6
Fleurie (69) 188 A2
Fleuriel (03) 185 F2
Fleurieu-sur-Saône (69) 206 A1
Fleurieux-sur-l'Arbresle (69) ...205 J1
Fleurigné (35) 80 B3
Fleurines (60) 38 B4
Fleurville (71) 171 K5
Fleury (02) 39 G4
Fleury (11) 291 J5
Fleury (50) 52 A3
Fleury (57) 66 A1
Fleury (60) 37 F4
Fleury (62) 10 A1
Fleury (80) 17 K4
Fleury-devant-Douaumont (55) 43 J5
Fleury-en-Bière (77) 87 G3
Fleury-la-Forêt (27) 36 C2
Fleury-la-Montagne (71) 187 F2
Fleury-la-Rivière (51) 40 D6
Fleury-la-Vallée (89) 112 E5
Fleury-les-Aubrais (45) 110 A4
Fleury-Mérogis (91) 86 E1
Fleury-sur-Andelle (27) 36 A3
Fleury-sur-Loire (58) 151 H6
Fleury-sur-Orne (14) 32 E5
Fléville (08) 42 D3
Fléville-devant-Nancy (54) 66 A6
Fléville-Lixières (54) 44 B4
Flévy (57) 45 F4
Flexanville (78) 57 J4
Flexbourg (67) 71 A1
Fley (71) 171 G2
Fleys (89) 113 J5
Flez-Cuzy (58) 133 G5
Fligny (08) 21 J2
Flin (54) 95 F2
Flines-lès-Mortagne (59) 7 H6
Flines-lez-Raches (59) 11 J1
Flins-Neuve-Église (78) 57 H1
Flins-sur-Seine (78) 57 K2
Flipou (27) 35 K3
Flirey (54) 65 H3
Flixecourt (80) 9 J6
Flize (08) 22 D4
Flocourt (57) 66 C2
Flocques (76) 8 C6
Flogny-la-Chapelle (89) 113 J3
Floing (08) 23 F4
Floirac (17) 194 E5
Floirac (33) 229 H2
Floirac (46) 233 K1
Florac Trois Rivières (48)..........254 B3
Florange (57) 44 F2
Florémont (88) 94 B3
Florensac (34) 292 C3
Florent-en-Argonne (51) 42 D6
Florentin (81) 270 C3
Florentin-la-Capelle (12) 235 K5
Floressas (46) 249 G1
Florimont (90) 139 K2
Florimont-Gaumier (24) 233 F4
Floringhem (62) 5 J4
la Flotte (17) 158 C6
Flottemanville (50) 28 E4
Flottemanville-Hague (50).........28 C2
Floudès (33) 230 C5
Floure (11) 290 C6
Flourens (31) 288 C1
Floursies (59) 13 H4
Floyon (59) 13 G6
Flumet (73) 209 H1
Fluquières (02) 19 J3
Fluy (80) 17 J2
Foameix-Ornel (55) 43 K4
Foce (2A) 322 K6
Focicchia (2B) 319 H6
Foëcy (18) 148 E2
le Fœil (22) 76 E1
Foisches (08) 24 C2
Foissac (12) 251 F1
Foissac (30) 275 F1
Foissiat (01) 172 C6
Foissy (21) 153 H2
Foissy-lès-Vézelay (89) 133 H4
Foissy-sur-Vanne (89) 89 F6
Foix (09) 307 H3
Folcarde (31) 289 F3
Folembray (02) 39 J1
Folgensbourg (68) 97 D5

le Folgoët (29) 46 B4
la Folie (14) 31 J1
Folies (80) 18 E4
Folkling (57) 68 B2
Follainville-Dennemont (78) 57 J1
Folles (87) 181 J3
la Folletière-Abenon (14) 55 G2
Folleville (27) 34 C5
Folleville (80) 18 B5
Folligny (50) 51 K1
Folschviller (57) 45 K6
Fomerey (88) 94 C5
Fomperron (79) 162 A4
Fonbeauzard (31) 269 G5
Foncegrive (21) 136 B2
Fonches-Fonchette (80) 19 F4
Foncine-le-Bas (39) 174 A2
Foncine-le-Haut (39) 174 A2
Foncquevillers (62) 10 D5
Fondamente (12) 272 D3
Fondettes (37) 127 H4
Fondremand (70) 137 K3
Fongrave (47) 248 A2
Fongueusemare (76) 14 C4
Fonroque (24) 231 H4
Fons (07) 239 G5
Fons (30) 274 C3
Fons (46) 234 C5
Fons-sur-Lussan (30) 255 J5
Fonsomme (02) 20 B2
Fonsorbes (31) 287 K1
Font-Romeu-Odeillo-Via (66)...313 H4
Fontain (25) 156 B1
Fontaine (10) 91 G6
Fontaine (38) 223 K3
Fontaine (90) 119 J6
Fontaine-au-Bois (59) 12 C5
Fontaine-au-Pire (59) 12 C5
Fontaine-Bellenger (27) 35 K5
Fontaine-Bonneleau (60) 17 K5
Fontaine-Chaalis (60) 38 C5
Fontaine-Chalendray (17) 179 F4
Fontaine-Couverte (53) 104 B3
Fontaine-de-Vaucluse (84).........276 E2
Fontaine-Denis-Nuisy (51) 89 G1
Fontaine-en-Bray (76)..................16 C5
Fontaine-en-Dormois (51).............42 B4
Fontaine-Étoupefour (14).............32 D5
Fontaine-Fourches (77) 88 E3
Fontaine-Française (21) 136 D3
Fontaine-Henry (14) 32 D3
Fontaine-la-Gaillarde (89) 88 E6
Fontaine-la-Guyon (28) 84 E3
Fontaine-la-Louvet (27) 34 B5
Fontaine-la-Mallet (76) 14 B6
Fontaine-la-Rivière (91) 86 C4
Fontaine-la-Soret (27) 34 E5
Fontaine-l'Abbé (27) 34 E6
Fontaine-Lavaganne (60) 17 H6
Fontaine-le-Bourg (76) 16 A6
Fontaine-le-Comte (86) 162 E4
Fontaine-le-Dun (76) 15 H3
Fontaine-le-Pin (14) 53 K2
Fontaine-le-Port (77) 87 J2
Fontaine-le-Sec (80) 17 G1
Fontaine-les-Bassets (61) 54 C3
Fontaine-lès-Boulans (62) 5 G6
Fontaine-lès-Cappy (80) 19 F2
Fontaine-lès-Clercs (02) 19 K3
Fontaine-lès-Clerval (25) 138 D4
Fontaine-lès-Coteaux (41) 107 K5
Fontaine-lès-Croisilles (62) 11 G4
Fontaine-lès-Dijon (21) 135 K5
Fontaine-les-Grès (10) 89 J3
Fontaine-lès-Hermans (62) 5 H5
Fontaine-les-Luxeuil (70) 118 C4
Fontaine-les-Ribouts (28) 56 E6
Fontaine-lès-Vervins (02) 21 F2
Fontaine-l'Étalon (62) 9 J3
Fontaine-Mâcon (10) 89 F3
Fontaine-Notre-Dame (59) 11 J4
Fontaine-Notre-Dame (02) 20 B2
Fontaine-Raoul (41) 108 C3
Fontaine-Saint-Lucien (60) 37 H1
la Fontaine-Saint-Martin (72)......106 C5
Fontaine-Simon (28) 84 B2
Fontaine-sous-Jouy (27) 56 E1
Fontaine-sous-Montdidier (80) 18 C5
Fontaine-sous-Préaux (76) 35 J1
Fontaine-sur-Ay (51) 62 A1
Fontaine-sur-Maye (80) 9 H3
Fontaine-sur-Somme (80) 9 H6
Fontaine-Uterte (02) 20 A2
Fontainebleau (77) 87 H3
Fontainebrux (39) 172 E2
Fontaines (71) 153 K6
Fontaines (89) 132 D1
Fontaines-d'Ozillac (17) 195 J6
Fontaines-en-Duesmois (21) 135 F1
Fontaines-en-Sologne (41) 129 G3
Fontaines-les-Sèches (21) 114 D6
Fontaines-Saint-Clair (55) 43 G3
Fontaines-Saint-Martin (69) 206 A1
Fontaines-sur-Marne (52) 92 A2
Fontaines-sur-Saône (69) 206 A1
Fontains (77) 88 A2
Fontan (06) 311 C4
Fontanès (30) 274 C3
Fontanès (34) 274 B4
Fontanès (42) 205 G5
Fontanes (46) 249 K3
Fontanès-de-Sault (11) 308 C5
Fontanges (15) 217 H5
Fontangy (21) 134 D5

Fontanières (23) 183 J4
Fontanil-Cornillon (38) 223 K3
Fontannes (43) 219 G2
Fontans (48) 237 H4
Fontarèches (30) 255 K6
Fontclaireau (16) 179 G6
Fontcouverte (11) 290 E6
Fontcouverte (17) 195 G1
Fontcouverte-la-Toussuire (73)...225 F2
la Fontelaye (76) 15 J4
Fontenai-les-Louvets (61) 82 C2
Fontenai-sur-Orne (61) 54 B5
Fontenailles (77) 88 A2
Fontenailles (89) 132 E2
Fontenay (36) 147 K3
Fontenay (71) 170 D5
Fontenay (76) 14 B6
Fontenay (88) 94 E5
Fontenay-aux-Roses (92) 58 E4
Fontenay-de-Bossery (10) 88 E3
Fontenay-en-Parisis (95) 59 F1
Fontenay-en-Vexin (27) 36 C5
Fontenay-le-Comte (85) 160 D4
Fontenay-le-Fleury (78) 58 B4
Fontenay-le-Marmion (14) 32 E6
Fontenay-le-Pesnel (14) 32 C5
Fontenay-le-Vicomte (91) 86 E2
Fontenay-lès-Briis (91) 86 C1
Fontenay-Mauvoisin (78) 57 H2
Fontenay-près-Chablis (89) 113 J5
Fontenay-près-Vézelay (89) 133 H4
Fontenay-Saint-Père (78) 57 J1
Fontenay-sous-Bois (94) 59 F4
Fontenay-sous-Fouronnes (89) ...133 G2
Fontenay-sur-Conie (28) 109 H1
Fontenay-sur-Eure (28) 85 F3
Fontenay-sur-Loing (45) 111 J2
Fontenay-sur-Mer (50) 29 F4
Fontenay-sur-Vègre (72) 105 K4
Fontenay-Torcy (60) 17 F6
Fontenay-Trésigny (77) 59 K5
Fontenelle (02) 13 G6
Fontenelle (21) 136 D1
la Fontenelle (35) 51 H5
la Fontenelle (41) 108 B2
Fontenelle (90) 139 J1
Fontenelle-Montby (25) 138 D3
les Fontenelles (25) 157 J1
Fontenermont (14) 52 C3
Fontenet (17) 177 K5
Fontenille (17) 179 F6
Fontenille-Saint-Martin-
  -d'Entraigues (79) 178 D3
Fontenilles (31) 287 J1
Fontenois-la-Ville (70) 118 A3
Fontenois-lès-Montbozon (70) ...138 B3
Fontenotte (25) 138 C4
Fontenoy (02) 39 H2
Fontenoy (89) 132 D2
Fontenoy-la-Joûte (54) 95 F2
Fontenoy-le-Château (88) 118 B3
Fontenoy-sur-Moselle (54) 65 J5
Fontenu (39) 173 J2
Fonteny (57) 66 C1
Fonters-du-Razès (11) 289 G5
Fontès (34) 292 B2
Fontet (33) 230 C5
Fontette (10) 115 F2
Fontevraud-l'Abbaye (49) 144 D1
Fontgombault (36) 164 B2
Fontguenand (36) 147 H1
Fontienne (04) 278 A1
Fontiers-Cabardès (11) 289 K4
Fontiès-d'Aude (11) 290 C6
Fontjoncouse (11) 309 K2
Fontoy (57) 44 B4
Fontpédrouse (66) 313 K4
Fontrabiouse (66) 313 J2
Fontrailles (65) 286 A4
Fontvannes (10) 89 J5
Fontvieille (13) 275 K5
Forbach (57) 68 B2
Forcalqueiret (83) 297 K4
Forcalquier (04) 278 A2
Forceville (80) 10 D6
Forceville-en-Vimeu (80) 17 G1
Forcey (52) 116 C1
Forciolo (2A) 320 E5
la Forclaz (74) 175 G6
Forest-en-Cambrésis (59) 12 D5
Forest-l'Abbaye (80) 9 G4
la Forest-Landerneau (29) 46 B6
Forest-Montiers (80) 9 F3
Forest-Saint-Julien (05) 243 F4
Forest-sur-Marque (59) 7 F4
Foreste (02) 19 J3
la Forestière (51) 61 G6
la Forêt-de-Tessé (16) 179 F4
la Forêt-du-Parc (27) 56 D1
la Forêt-du-Temple (23) 166 A5
la Forêt-Fouesnant (29) 98 E2
la Forêt-le-Roi (91) 86 B3
la Forêt-Sainte-Croix (91) 86 D4
la Forêt-sur-Sèvre (79) 143 G6
Forfry (77) 59 J1
la Forge (88) 119 F1
Forges (17) 177 F3
Forgès (19) 216 B4

Forges (49) 144 A1
les Forges (56) 77 G6
Forges (77) 88 A3
les Forges (79) 162 B3
le Fossat (09) 288 C6
Forges-la-Forêt (35) 103 K2
Forges-les-Bains (91) 86 C1
Forges-les-Eaux (76) 16 D5
Forges-sur-Meuse (55) 43 G4
Forges (31) 287 H3
Forges (71) 170 D5
la Forie (63) 203 K4
Forléans (21) 134 C4
Formentin (14) 33 J5
Formerie (60) 17 F5
Formigny (14) 29 K6
Formiguères (66) 313 J2
Fornex (09) 287 K6
Fors (79) 178 A1
Forstfeld (67) 25 C3
Forstheim (67) 69 K5
Fort-du-Plasne (39) 173 K3
Fort-Louis (67) 25 D4
Fort-Mahon-Plage (80) 8 E2
Fort-Moville (27) 34 B3
Fortan (41) 108 A5
la Forteresse (38) 223 G2
Fortel-en-Artois (62) 10 A3
Fortschwihr (68) 96 C4
Fos (31) 305 J4
Fos (34) 292 A1
Fos-sur-Mer (13) 295 H4
le Fossat (09) 288 B6
Fossé (08) 42 E7
Fossé (41) 128 E2
Fosse (66) 309 H4
la Fosse-Corduan (10) 89 G3
Fossemagne (24) 214 C4
Fossemanant (80) 17 K3
les Fosses (79) 178 B2
Fosses (95) 38 D4
Fossès-et-Baleyssac (33) 230 D5
Fosseux (62) 10 D3
Fossieux (57) 66 B3
Fossoy (02) 61 F1
Foucarmont (76) 16 B3
Foucart (76) 15 F5
Foucaucourt-en-Santerre (80) 19 F2
Foucaucourt-Hors-Nesle (80) 17 F2
Foucaucourt-sur-Thabas (55) 64 A2
Fouchécourt (70) 117 K5
Fouchécourt (88) 117 H2
Foucherans (25) 156 C1
Foucherans (39) 155 F3
Fouchères (10) 114 C1
Fouchères (89) 112 B1
Fouchères-aux-Bois (55) 64 B6
Foucherolles (45) 112 A2
Fouchy (67) 96 B1
Foucrainville (27) 56 E3
Fouday (67) 70 A5
Fouencamps (80) 18 C3
Fouesnant (29) 98 D2
Foufflin-Ricametz (62) 10 B2
Foug (54) 65 G5
Fougaron (31) 306 A2
Fougax-et-Barrineuf (09) 308 A4
Fougeré (85) 159 K2
Fougeré (49) 126 C2
Fougères-sur-Bièvre (41) 128 E4
les Fougerêts (56) 102 A3
Fougerolles (36) 165 K4
Fougerolles (70) 118 D4
Fougerolles-du-Plessis (53) 80 D2
Fougueyrolles (24) 230 E2
la Fouillade (12) 251 F4
Fouilleuse (60) 38 C2
Fouillouse (05) 259 F1
la Fouillouse (42) 205 F5
le Fouilloux (17) 212 B3
Fouilloy (60) 17 G4
Fouilloy (80) 18 C2
Fouju (77) 87 J1
Foulain (52) 116 B2
Foulangues (60) 37 K4
Foulayronnes (47) 248 B4
Foulbec (27) 34 B2
Foulcrey (57) 67 G6
Fouleix (24) 213 K6
Foulenay (39) 155 G5
Fouligny (57) 45 J6
Foulognes (14) 31 K3
Foulzy (08) 22 C3
Fouquebrune (16) 196 E5
Fouquenies (60) 37 G2
Fouquereuil (62) 5 K6
Fouquerolles (60) 37 J2
Fouquescourt (80) 19 F4
Fouqueure (16) 179 F6
Fouqueville (27) 35 G5
Fouquières-lès-Béthune (62) 5 K6
Fouquières-lès-Lens (62) 11 G1
Four (38) 206 E4
Fouras (17) 176 D4
Fourbanne (25) 138 C5
Fourcatier-et-Maison-Neuve (25) ..156 E6
Fourcès (32) 266 D1
Fourchambault (58) 150 D4
Fourches (14) 54 B3
Fourcigny (80) 17 G4
Fourdrain (02) 20 B6
Fourdrinoy (80) 17 K2
Fourg (25) 155 K2
les Fourgs (25) 157 F5
Fourilles (03) 185 F2
Fourmagnac (46) 234 D5

Fourmetot (27) 34 D2
Fourmies (59) 13 J6
Fournaudin (89) 113 G1
Fourneaux (42) 187 G6
Fourneaux (50) 31 H5
Fourneaux (73) 225 K3
Fourneaux-le-Val (14) 53 K3
Fournels (48) 236 E3
Fournès (30) 275 J2
Fournes-Cabardès (11) 290 B4
Fournes-en-Weppes (59) 6 C5
le Fournet (14) 33 J5
Fournet-Blancheroche (25) 157 K1
Fournets-Luisans (25) 157 G2
Fourneville (14) 33 K3
Fournival (60) 37 K2
Fournols (63) 203 J5
Fouronnes (89) 133 F2
Fourques (30) 275 J5
Fourques (66) 315 F3
Fourques-sur-Garonne (47) 247 G1
Fourqueux (78) 58 B3
Fourquevaux (31) 288 D2
Fours (33) 211 G3
Fours (58) 151 K6
Fourtou (11) 309 G4
Foussais-Payré (85) 160 E3
Foussemagne (90) 139 J1
le Fousseret (31) 287 H5
Foussignac (16) 196 B2
Fouvent-Saint-Andoche (70) 137 G1
Fouzilhon (34) 292 A2
Foville (57) 66 B2
Fox-Amphoux (83) 278 E6
la Foye-Monjault (79) 177 K2
Fozières (34) 273 F5
Fozzano (2A) 322 E2
Fragnes-la-Loyère (71) 154 A6
Frahier-et-Chatebier (70) 139 G1
Fraignot-et-Vesvrotte (21) 135 J1
Fraillicourt (08) 21 H5
Fraimbois (54) 94 D1
Frain (88) 117 H1
Frais (90) 139 J1
Fraisans (39) 155 J2
Fraisnes-en-Saintois (54) 93 K3
Fraisse (24) 231 G1
Fraisse-Cabardès (11) 290 A4
Fraisse-des-Corbières (11) 310 A3
Fraisse-sur-Agout (34) 291 F1
Fraisses (42) 221 F1
Fraissines (81) 271 H2
Fraissinet-de-Fourques (48) 254 A4
Fraize (88) 95 J5
Fralignes (10) 114 D1
la Framboisière (28) 84 B1
Frambouhans (25) 139 G6
Framecourt (62) 10 A2
Framerville-Rainecourt (80) 18 E2
Framicourt (80) 17 F1
Framont (70) 137 F2
Frampas (52) 91 H2
Francalmont (70) 118 B4
Francaltroff (57) 68 B4
Francarville (31) 288 E1
Francastel (60) 17 K6
Françay (41) 128 C2
Francazal (31) 306 B2
Francescas (47) 247 J6
Francheleins (01) 188 B4
Franchesse (03) 168 B3
Francheval (08) 23 G4
Franchevelle (70) 118 D5
la Francheville (08) 22 D4
Francheville (21) 135 J4
Francheville (27) 56 A4
Francheville (39) 155 G6
Francheville (51) 62 E3
Francheville (54) 65 H5
Francheville (61) 54 B6
Francheville (69) 205 K2
Francières (60) 38 C2
Francières (80) 9 H5
Francillon (36) 147 J5
Francillon-sur-Roubion (26) 240 E5
Francilly-Selency (02) 19 K3
Francin (73) 208 C5
Franclens (74) 190 C4
François (79) 161 H5
Francon (31) 287 G5
Franconville (54) 94 D2
Franconville (95) 58 D2
Francoulès (46) 233 H6
Francourt (70) 137 G1
Francourville (28) 85 H3
Francs (33) 212 C6
Francueil (37) 128 C6
Franey (25) 137 H6
Frangy (74) 190 D4
Frangy-en-Bresse (71) 172 D1
Franken (68) 97 C4
Franleu (80) 8 E5
Franois (25) 137 J6
Franquevielle (31) 286 C6
Franqueville (02) 20 E3
Franqueville (27) 34 E5
Franqueville (80) 9 J5
Franqueville-Saint-Pierre (76) 35 J2
Frans (01) 188 B5
Fransart (80) 19 F4
Fransèches (23) 182 E5
Fransu (80) 9 J5
Fransures (80) 18 A4
Franvillers (80) 18 C1

Franxault (21) ... 154 E3
Frapelle (88) ... 95 J4
Fraquelfing (57) ... 67 H5
Fraroz (39) ... 174 B1
Frasnay-Reugny (58) ... 151 H4
Frasne (25) ... 156 C5
Frasne-le-Château (70) ... 137 J3
Frasne-les-Meulières (39) ... 155 G1
la Frasnée (39) ... 173 J3
le Frasnois (39) ... 173 K2
Frasnoy (59) ... 12 E3
Frasseto (2A) ... 320 E5
Frauenberg (57) ... 68 E2
Frausseilles (81) ... 270 B1
Fravaux (10) ... 91 G5
le Fraysse (81) ... 271 G3
Frayssinet (46) ... 233 H4
Frayssinet-le-Gélat (46) ... 232 E5
Frayssinhes (46) ... 234 C2
Frazé (28) ... 84 C3
Fréauville (76) ... 16 B3
Frebécourt (88) ... 93 F3
Frébuans (39) ... 173 F2
le Frêche (40) ... 265 J2
Fréchède (65) ... 285 K5
Fréchencourt (80) ... 18 C1
Fréchendets (65) ... 304 D1
le Fréchet (31) ... 287 G6
Fréchet-Aure (65) ... 304 E3
Fréchou (47) ... 247 H6
Fréchou-Fréchet (65) ... 285 J6
Frécourt (52) ... 116 D3
Frédéric-Fontaine (70) ... 139 F1
la Frédière (17) ... 177 J6
Frédille (36) ... 147 H4
Frégimont (47) ... 247 K3
Frégouville (32) ... 287 G1
Fréhel (22) ... 50 A3
Freigné (49) ... 124 B2
Freissinières (05) ... 243 J3
la Freissinouse (05) ... 242 D6
Freistroff (57) ... 45 H3
Freix-Anglards (15) ... 217 G1
Fréjairolles (81) ... 270 D3
Fréjeville (81) ... 270 D4
Fréjus (83) ... 299 G2
Fréland (68) ... 96 A3
Frelinghien (59) ... 6 C3
Frémainville (95) ... 57 K1
Frémécourt (95) ... 37 G5
Fréménil (54) ... 95 F1
Frémeréville-sous--les-Côtes (55) ... 65 F4
Frémery (57) ... 66 D2
Frémestroff (57) ... 68 A4
Frémicourt (62) ... 11 G5
Fremifontaine (88) ... 95 F4
Frémontiers (80) ... 17 J4
Frémonville (54) ... 67 H6
la Frénaye (76) ... 14 E6
Frencq (62) ... 4 B3
Frenelle-la-Grande (88) ... 93 K4
Frenelle-la-Petite (88) ... 93 K4
Freneuse (76) ... 35 H3
Freneuse (78) ... 57 H1
Freneuse-sur-Risle (27) ... 34 D4
Freney (73) ... 225 J3
le Freney-d'Oisans (38) ... 224 C6
Fréniches (60) ... 19 H5
Frénois (21) ... 135 J3
Frénois (88) ... 94 A6
Frénouville (14) ... 33 F5
Frépillon (95) ... 58 D1
Fresles (76) ... 16 C4
la Fresnaie-Fayel (61) ... 54 E4
la Fresnais (35) ... 50 E4
Fresnay (10) ... 91 H4
Fresnay-le-Comte (28) ... 85 G5
Fresnay-le-Gilmert (28) ... 85 F2
Fresnay-le-Long (76) ... 15 K5
Fresnay-le-Samson (61) ... 54 E4
Fresnay-l'Évêque (28) ... 85 K5
Fresnay-sur-Sarthe (72) ... 82 C5
le Fresne (27) ... 56 A4
le Fresne (51) ... 63 F3
le Fresne-Camilly (14) ... 32 D4
Fresne-Cauverville (27) ... 34 C5
Fresné-la-Mère (14) ... 54 A1
Fresne-l'Archevêque (27) ... 36 A4
Fresne-le-Plan (76) ... 35 K2
Fresne-Léguillon (60) ... 37 H5
Fresne-lès-Reims (51) ... 41 F3
le Fresne-Poret (50) ... 52 E5
Fresne-Saint-Mamès (70) ... 137 H2
Fresneaux-Montchevreuil (60) ... 37 G4
Fresnes (02) ... 20 A6
Fresnes (21) ... 134 E2
Fresnes (41) ... 129 F4
Fresnes (89) ... 114 A6
Fresnes (94) ... 58 E5
Fresnes-au-Mont (55) ... 64 D3
Fresnes-en-Saulnois (57) ... 66 C3
Fresnes-en-Tardenois (02) ... 40 A4
Fresnes-en-Woëvre (55) ... 44 A6
Fresnes-lès-Montauban (62) ... 11 G2
Fresnes-Mazancourt (80) ... 19 G3
Fresnes-sur-Apance (52) ... 117 J3
Fresnes-sur-Escaut (59) ... 12 D1
Fresnes-sur-Marne (77) ... 59 J3
Fresnes-Tilloloy (80) ... 17 G1
Fresneville (80) ... 17 G2
Fresney (27) ... 56 E2
Fresney-le-Puceux (14) ... 32 E6
Fresney-le-Vieux (14) ... 53 J1

Fresnicourt-le-Dolmen (62) ... 10 D1
Fresnières (60) ... 19 F5
Fresnois-la-Montagne (54) ... 44 A1
Fresnoy (62) ... 9 J2
Fresnoy-Andainville (80) ... 17 G2
Fresnoy-au-Val (80) ... 17 J3
Fresnoy-en-Chaussée (80) ... 18 D4
Fresnoy-en-Gohelle (62) ... 11 F2
Fresnoy-en-Thelle (60) ... 37 J5
Fresnoy-Folny (76) ... 16 C2
Fresnoy-la-Rivière (60) ... 38 E4
Fresnoy-le-Château (10) ... 90 C6
Fresnoy-le-Grand (02) ... 20 B1
Fresnoy-le-Luat (60) ... 38 D5
Fresnoy-lès-Roye (80) ... 19 F4
Frespech (47) ... 248 D3
Fresquiennes (76) ... 15 J6
Fressac (30) ... 274 B1
Fressain (59) ... 11 J3
Fressancourt (02) ... 20 B5
Fresse (70) ... 119 F5
Fresse-sur-Moselle (88) ... 119 G4
Fresselines (23) ... 165 H6
Fressenneville (80) ... 8 E5
Fressies (59) ... 11 J3
Fressin (62) ... 9 J1
le Frestoy-Vaux (60) ... 18 D6
Fresville (50) ... 29 F5
Fréterive (73) ... 208 E4
Fréteval (41) ... 108 D4
Fréthun (62) ... 2 C3
Fretigney-et-Velloreille (70) ... 137 J3
Frétigny (28) ... 84 B4
Fretin (59) ... 6 E5
Frétoy (77) ... 60 C5
Frétoy-le-Château (60) ... 19 H5
la Frette (38) ... 223 G1
la Frette (71) ... 172 A3
la Frette-sur-Seine (95) ... 58 C2
Frettecuisse (80) ... 17 G2
Frettemeule (80) ... 8 E6
Fretterans (71) ... 154 E5
le Fréty (08) ... 21 K4
Freulleville (76) ... 16 B3
Frévent (62) ... 10 A3
Fréville (88) ... 93 F4
Fréville-du-Gâtinais (45) ... 111 F3
Frévillers (62) ... 10 C1
Frévin-Capelle (62) ... 10 D2
Freybouse (57) ... 68 A4
Freycenet-la-Cuche (43) ... 238 E2
Freycenet-la-Tour (43) ... 238 E1
Freychenet (09) ... 307 J4
Freyming-Merlebach (57) ... 68 B2
Freyssenet (07) ... 239 J4
Friaize (28) ... 84 C3
Friaucourt (80) ... 8 D5
Friauville (54) ... 44 C5
Fribourg (57) ... 67 G4
Fricamps (80) ... 17 J3
Frichemesnil (76) ... 16 A5
Fricourt (80) ... 18 E1
Fridefont (15) ... 236 E2
Friedolsheim (67) ... 70 C2
Friesen (68) ... 97 A5
Friesenheim (67) ... 71 D4
Frignicourt (51) ... 63 F5
Frise (80) ... 19 F1
Friville-Escarbotin (80) ... 8 D5
Frizon (88) ... 94 C4
Froberville (76) ... 14 C4
Frocourt (60) ... 37 G3
Frœningen (68) ... 97 B3
Frœschwiller (67) ... 69 K4
Froges (38) ... 224 C2
Frohen-sur-Authie (80) ... 9 K4
Frohmuhl (67) ... 69 F5
Froideconche (70) ... 118 D4
Froidefontaine (90) ... 139 J2
Froidestrées (02) ... 21 F1
Froideterre (70) ... 118 C4
Froidevaux (25) ... 139 G5
Froidfond (85) ... 141 F4
Froidmont-Cohartille (02) ... 20 D5
Froidos (55) ... 64 A1
Froissy (60) ... 18 A6
Frôlois (21) ... 135 G3
Frolois (54) ... 93 K1
Fromelennes (08) ... 24 D2
Fromelles (59) ... 6 C5
Fromental (87) ... 181 J3
Fromentières (51) ... 61 H3
Fromentières (53) ... 105 F4
Fromeréville-les-Vallons (55) ... 43 G5
Fromezey (55) ... 43 K4
Fromont (77) ... 87 F5
Fromy (08) ... 23 J5
Froncles (52) ... 92 A5
Fronsac (31) ... 305 H3
Fronsac (33) ... 230 A1
Frontenac (33) ... 230 B3
Frontenac (46) ... 234 D6
Frontenard (71) ... 154 D5
Frontenas (69) ... 188 A6
Frontenaud (71) ... 172 D4
Frontenay (39) ... 155 H6
Frontenay-Rohan-Rohan (79) ... 177 K1
Frontenex (73) ... 209 F1
Frontignan (34) ... 293 F3
Frontignan-de-Comminges (31) ... 305 H3
Frontignan-Savès (31) ... 287 G3
Fronton (31) ... 269 F3

Frontonas (38) ... 206 E3
Fronville (52) ... 92 B3
Frossay (44) ... 122 C3
Frotey-lès-Lure (70) ... 138 E1
Frotey-lès-Vesoul (70) ... 138 B1
Frouard (54) ... 65 K4
Frouville (95) ... 37 H6
Frouzins (31) ... 288 A2
Froville (54) ... 94 C2
Froyelles (80) ... 9 H3
Frozes (86) ... 162 C2
Frucourt (80) ... 9 G6
Frugères-les-Mines (43) ... 219 H6
Fruges (62) ... 5 F6
Frugières-le-Pin (43) ... 219 H3
Fruncé (28) ... 84 D3
Fry (76) ... 36 C1
Fuans (25) ... 157 G2
Fublaines (77) ... 59 K3
le Fugeret (04) ... 279 K1
Fuissé (71) ... 188 B1
Fuligny (10) ... 91 G4
Fulla del Mig (66) ... 314 B3
Fulleren (68) ... 97 A4
Fultot (76) ... 15 G3
Fulvy (89) ... 114 B6
Fumay (08) ... 24 B3
Fumel (47) ... 248 E1
Fumichon (14) ... 34 B5
Furchhausen (67) ... 70 C1
Furdenheim (67) ... 71 C1
Furiani (2B) ... 317 D5
Furmeyer (05) ... 242 C6
Fussey (21) ... 153 K2
Fussy (18) ... 149 G2
Fustérouau (32) ... 266 B5
Fustignac (31) ... 287 G2
Futeau (55) ... 42 E6
Fuveau (13) ... 296 C2
Fyé (72) ... 82 C4

G

Gaas (40) ... 264 A5
Gabarnac (33) ... 230 A5
Gabarret (40) ... 266 B1
Gabaston (64) ... 284 E3
Gabat (64) ... 283 F3
Gabian (34) ... 292 A2
Gabillou (24) ... 214 D3
Gabre (09) ... 307 F1
Gabriac (12) ... 252 D2
Gabriac (48) ... 254 C5
Gabrias (48) ... 237 H6
Gacé (61) ... 55 F4
la Gacilly (56) ... 102 B2
Gâcogne (58) ... 152 A1
Gadancourt (95) ... 36 E6
Gadencourt (27) ... 57 F2
Gaël (35) ... 78 B3
Gageac-et-Rouillac (24) ... 231 G2
Gagnac-sur-Cère (46) ... 234 C1
Gagnac-sur-Garonne (31) ... 269 F5
Gagnières (30) ... 255 G3
Gagny (93) ... 59 G3
Gahard (35) ... 79 H2
Gailhan (30) ... 274 C3
Gaillac (81) ... 270 A3
Gaillac-d'Aveyron (12) ... 252 E3
Gaillac-Toulza (31) ... 288 B3
Gaillagos (65) ... 303 J2
Gaillan-en-Médoc (33) ... 210 D1
Gaillard (74) ... 191 F2
Gaillardbois-Cressenville (27) ... 36 A3
la Gaillarde (76) ... 15 H3
Gaillefontaine (76) ... 16 E5
Gaillères (40) ... 265 H2
Gaillon (27) ... 36 A5
Gaillon-sur-Montcient (78) ... 58 A1
Gainneville (76) ... 14 C6
Gaja-et-Villedieu (11) ... 308 D1
Gaja-la-Selve (11) ... 289 G6
Gajac (33) ... 246 D1
Gajan (09) ... 306 C2
Gajan (30) ... 274 E3
Gajoubert (87) ... 180 C3
Galametz (62) ... 9 K2
Galan (65) ... 286 A5
Galapian (47) ... 247 J3
Galargues (34) ... 274 C4
Galéria (2B) ... 316 D2
Galey (09) ... 306 A3
Galez (65) ... 286 A5
Galfingue (68) ... 97 B3
Galgan (12) ... 251 J2
Galgon (33) ... 211 K6
Galiax (32) ... 266 B6
Galié (31) ... 305 H2
Galinagues (11) ... 308 D1
Gallardon (28) ... 85 J2
Gallargues-le-Montueux (30) ... 274 E5
le Gallet (60) ... 17 K5
Galluis (78) ... 57 K4
Gamaches (80) ... 16 E1
Gamaches-en-Vexin (27) ... 36 A4
Gamarde-les-Bains (40) ... 264 C4
Gamarthe (64) ... 282 E5
Gambais (78) ... 57 H5
Gambaiseuil (78) ... 57 J5
Gambsheim (67) ... 25 B5
Gan (64) ... 284 C5
Ganac (09) ... 307 H3
Ganagobie (04) ... 278 C1
Gancourt-Saint-Étienne (76) ... 17 F6

Gandelain (61) ... 82 B2
Gandelu (02) ... 39 H6
Gandrange (57) ... 44 E4
Ganges (34) ... 273 K2
Gannat (03) ... 185 F4
Gannay-sur-Loire (03) ... 169 G2
Gannes (60) ... 18 C6
Gans (33) ... 246 D1
Ganties (31) ... 305 K1
Ganzeville (76) ... 14 D4
Gap (05) ... 242 E5
Gapennes (80) ... 9 H4
Gâprée (61) ... 55 F6
Garac (31) ... 268 C5
Garancières (78) ... 57 J4
Garancières-en-Beauce (28) ... 86 A3
Garancières-en-Drouais (28) ... 56 E5
Garanou (09) ... 307 J5
Garat (16) ... 197 F4
Garcelles-Secqueville (14) ... 32 E6
Garches (92) ... 58 C4
Garchizy (58) ... 150 D3
Garchy (58) ... 132 B6
Gardanne (13) ... 296 D2
la Garde (04) ... 279 J3
la Garde (38) ... 224 D5
la Garde (83) ... 300 D4
la Garde-Adhémar (26) ... 256 D2
Garde-Colombe (05) ... 258 D2
la Garde-Freinet (83) ... 298 D4
Gardefort (18) ... 131 J6
Gardegan-et-Tourtirac (33) ... 230 C1
Gardères (65) ... 285 F4
Gardes-le-Pontaroux (16) ... 197 F5
Gardie (11) ... 308 E2
Gardonne (24) ... 231 G2
Gardouch (31) ... 288 E3
Garein (40) ... 245 H6
la Garenne-Colombes (92) ... 58 D3
Garennes-sur-Eure (27) ... 57 F3
Garentreville (77) ... 87 G6
Garéoult (83) ... 297 K4
Garganvillar (82) ... 268 C2
Gargas (31) ... 269 G4
Gargas (84) ... 277 G3
Gargenville (78) ... 57 K2
Garges-lès-Gonesse (95) ... 58 E2
Gargilesse-Dampierre (36) ... 165 H4
Garidech (31) ... 269 H5
Gariès (82) ... 268 C4
Garigny (18) ... 150 B3
Garin (31) ... 305 G5
Garindein (64) ... 283 H5
Garlan (29) ... 47 G4
Garlède-Mondebat (64) ... 284 D1
Garlin (64) ... 265 J6
le Garn (30) ... 256 A3
la Garnache (85) ... 141 F4
Garnat-sur-Engièvre (03) ... 169 H3
Garnay (28) ... 56 E5
Garnerans (01) ... 188 C2
Garons (30) ... 275 G4
Garos (64) ... 284 B1
Garravet (32) ... 287 G3
Garrebourg (57) ... 70 A2
Garrevaques (81) ... 289 H2
Garrey (40) ... 264 C5
le Garric (81) ... 270 D1
Garrigues (34) ... 274 C4
Garrigues (81) ... 269 J5
Garrigues-Sainte-Eulalie (30) ... 275 F1
Garris (64) ... 283 F3
Garrosse (40) ... 244 E6
Gars (06) ... 280 B2
Gartempe (23) ... 182 B3
Gas (28) ... 85 H1
Gasny (27) ... 36 C6
Gasques (82) ... 248 D5
Gassin (83) ... 301 K3
le Gast (14) ... 52 C3
Gastes (40) ... 244 D2
Gastines (53) ... 104 B3
Gastins (77) ... 88 A1
Gasville-Oisème (28) ... 85 G3
Gatey (39) ... 155 F4
Gathemo (50) ... 52 D4
Gatteville-le-Phare (50) ... 29 G2
Gattières (06) ... 281 F3
Gatuzières (48) ... 254 A5
Gaubertin (45) ... 111 F1
la Gaubretière (85) ... 142 C4
Gauchin-Légal (62) ... 10 D1
Gauchin-Verloingt (62) ... 10 A1
Gauchy (02) ... 19 K3
Gauciel (27) ... 56 E1
la Gaudaine (28) ... 84 B5
la Gaude (06) ... 280 E4
Gaudechart (60) ... 17 H5
Gaudent (65) ... 305 G2
Gaudiempré (62) ... 10 C4
Gaudiès (09) ... 288 E6
Gaudonville (32) ... 268 A3
Gaudreville-la-Rivière (27) ... 56 C2
Gaugeac (24) ... 232 B4
Gaujac (30) ... 256 B6
Gaujac (32) ... 287 F2
Gaujac (47) ... 230 E6
Gaujacq (40) ... 264 D5
Gaujan (32) ... 286 E3
le Gault-Perche (41) ... 108 B1
le Gault-Saint-Denis (28) ... 85 G5
le Gault-Soigny (51) ... 61 G4
Gauré (31) ... 269 H6
Gauriac (33) ... 211 G5

Gauriaguet (33) ... 211 J5
Gaussan (65) ... 286 B5
Gausson (22) ... 77 G3
Gauville (80) ... 17 G3
Gauville-la-Campagne (27) ... 56 C1
Gavarnie-Gèdre (65) ... 304 B5
Gavarret-sur-Aulouste (32) ... 267 H4
Gavaudun (47) ... 232 C6
Gavignano (2B) ... 319 G4
Gavisse (57) ... 45 G2
Gavray (50) ... 30 E6
le Gâvre (44) ... 102 E6
Gavrelle (62) ... 11 F2
Gâvres (56) ... 99 K5
Gavrus (14) ... 32 C5
Gayan (65) ... 285 H4
Gaye (51) ... 61 H6
Gayon (64) ... 284 E2
Gazaupouy (32) ... 267 G1
Gazave (65) ... 305 F2
Gazax-et-Baccarisse (32) ... 266 D6
Gazeran (78) ... 57 J6
Gazost (65) ... 304 D2
Geaune (40) ... 265 H5
Geay (17) ... 177 G6
Geay (79) ... 143 K5
Gée-Rivière (32) ... 265 K5
Geffosses (50) ... 30 D3
Géfosse-Fontenay (14) ... 29 H6
Gehée (36) ... 147 H3
Geishouse (68) ... 119 K3
Geispitzen (68) ... 97 C3
Geispolsheim (67) ... 71 C2
Geiswasser (68) ... 96 E5
Geiswiller (67) ... 69 H6
Gélacourt (54) ... 95 F2
Gélannes (10) ... 89 G3
Gélaucourt (54) ... 93 J2
Gellainville (28) ... 85 G3
Gellenoncourt (54) ... 66 C5
Gelles (63) ... 201 K2
Gellin (25) ... 174 C1
Gelos (64) ... 284 C4
Geloux (40) ... 264 E1
Gelucourt (57) ... 67 F4
Gelvécourt-et-Adompt (88) ... 94 A6
Gemaingoutte (88) ... 95 K5
Gembrie (65) ... 305 G2
Gemeaux (21) ... 136 B3
Gémenos (13) ... 296 E4
Gémigny (45) ... 109 H3
Gémil (31) ... 269 H5
Gemmelaincourt (88) ... 93 J5
Gémonval (25) ... 139 F2
Gémonville (54) ... 93 H3
Gémozac (17) ... 195 F4
Genac-Bignac (16) ... 196 C1
Genainville (95) ... 36 D6
Genas (69) ... 206 C2
Génat (09) ... 307 H5
Genay (21) ... 134 D3
Genay (69) ... 188 C6
Gençay (86) ... 163 F6
Gendreville (88) ... 93 G5
Gendrey (39) ... 155 J1
Génébrières (82) ... 269 G1
Genech (59) ... 7 F5
Génelard (71) ... 170 D3
Générac (30) ... 275 F5
Générac (33) ... 211 H3
Générargues (30) ... 255 F6
Générest (65) ... 305 G2
Generville (11) ... 289 G6
le Genest-Saint-Isle (53) ... 104 D1
Genestelle (07) ... 239 H4
Geneston (44) ... 141 J2
la Genête (71) ... 172 A4
la Génétouze (17) ... 212 C3
la Génétouze (85) ... 141 J6
Genêts (50) ... 51 J3
les Genettes (61) ... 55 H6
Geneuille (25) ... 137 K5
la Genevraie (61) ... 55 F5
la Genevraye (77) ... 87 J5
Genevreuille (70) ... 138 C1
Genevrey (70) ... 118 C6
Genevrières (52) ... 117 F6
la Genevroye (52) ... 91 K5
Geney (25) ... 138 E3
la Geneytouse (87) ... 199 G2
Génicourt (95) ... 37 G6
Génicourt-sur-Meuse (55) ... 64 D1
Genilac (42) ... 205 H5
Genillé (37) ... 146 D1
Génis (24) ... 214 E2
Génissac (33) ... 230 A2
Génissieux (26) ... 222 D5
Genlis (21) ... 136 C6
Gennes (25) ... 138 A4
Gennes-Ivergny (62) ... 9 J3
Gennes-sur-Glaize (53) ... 105 G4
Gennes-sur-Seiche (35) ... 104 B2
Gennes-Val de Loire (49) ... 125 K5
Genneteil (49) ... 126 C2
Gennetines (03) ... 168 E3
Genneton (79) ... 143 J3
Genneville (14) ... 34 A2
Gennevilliers (92) ... 58 E3
Genod (39) ... 173 F6
Génolhac (30) ... 254 D6
Génos (31) ... 305 H2
Génos (65) ... 304 E5
Genouillac (16) ... 197 J1
Genouillac (23) ... 166 B6

Genouillé (17) ... 177 G4
Genouillé (86) ... 179 H3
Genouilleux (01) ... 188 B3
Genouilly (18) ... 148 B1
Genouilly (71) ... 171 G2
Gensac (33) ... 230 D2
Gensac (65) ... 285 H2
Gensac (82) ... 268 B2
Gensac-de-Boulogne (31) ... 286 C5
Gensac-la-Pallue (16) ... 195 K3
Gensac-sur-Garonne (31) ... 287 J5
Genté (16) ... 195 K3
Gentelles (80) ... 18 C3
Gentilly (94) ... 58 E4
Gentioux-Pigerolles (23) ... 200 C2
Genvry (60) ... 19 H6
Geofans (70) ... 138 E2
Géovreisset (01) ... 189 K1
Ger (50) ... 52 E5
Ger (64) ... 285 G6
Ger (65) ... 304 A1
Geraise (39) ... 156 A4
Gérardmer (88) ... 119 H1
Géraudot (10) ... 90 D5
Gerbaix (73) ... 207 K4
Gerbamont (88) ... 119 G2
Gerbécourt (57) ... 66 D3
Gerbécourt-et-Haplemont (54) ... 94 A2
Gerbépal (88) ... 95 H6
Gerberoy (60) ... 36 E1
Gerbéviller (54) ... 94 D2
Gercourt-et-Drillancourt (55) ... 43 G4
Gercy (02) ... 21 F3
Gerde (65) ... 304 C1
Gerderest (64) ... 284 C5
Gère-Bélesten (64) ... 303 G2
Gergny (02) ... 21 F2
Gergueil (21) ... 153 K1
Gergy (71) ... 154 B5
Gerland (21) ... 154 B3
Germ (65) ... 305 F5
Germagnat (01) ... 189 H1
Germagny (71) ... 171 G2
Germaine (02) ... 19 J3
Germaine (51) ... 41 F6
Germaines (52) ... 115 K5
Germainville (28) ... 57 G5
Germainvilliers (52) ... 117 F1
Germay (52) ... 92 C3
Germéfontaine (25) ... 138 E6
Germenay (58) ... 133 G6
Germignac (17) ... 195 J4
Germigney (39) ... 155 J3
Germigney (70) ... 137 F5
Germigny (51) ... 40 D4
Germigny (89) ... 113 H3
Germigny-des-Prés (45) ... 110 D5
Germigny-l'Évêque (77) ... 59 K2
Germigny-l'Exempt (18) ... 150 B5
Germigny-sous-Coulombs (77) ... 60 C1
Germigny-sur-Loire (58) ... 150 C3
Germinon (51) ... 62 B3
Germiny (54) ... 93 J1
Germisay (52) ... 92 C3
Germolles-sur-Grosne (71) ... 187 K1
Germond-Rouvre (79) ... 161 H4
Germondans (25) ... 138 B4
Germont (08) ... 42 C2
Germonville (54) ... 94 B3
Germs-sur-l'Oussouet (65) ... 304 B1
Gernelle (08) ... 22 E3
Gernicourt (02) ... 40 D2
Géronce (64) ... 283 K4
Gerponville (76) ... 14 E3
Gerrots (14) ... 33 H5
Gerstheim (67) ... 71 D1
Gertwiller (67) ... 71 B3
Geruge (39) ... 173 F3
Gervans (26) ... 222 B5
Gerville (76) ... 14 C4
Géry (55) ... 64 C4
Gerzat (63) ... 202 D1
Gesnes (81) ... 81 G6
Gesnes-en-Argonne (55) ... 42 E3
Gesnes-le-Gandelin (72) ... 82 C4
Gespunsart (08) ... 22 E3
Gestas (64) ... 283 H3
Gestel (56) ... 99 J4
Gestiès (09) ... 307 H5
Gesvres (53) ... 82 A3
Gesvres-le-Chapitre (77) ... 59 K1
Gétigné (44) ... 142 B2
les Gets (74) ... 192 A2
Geu (65) ... 304 A2
Geudertheim (67) ... 25 A5
Géus-d'Arzacq (64) ... 284 B2
Géus-d'Oloron (64) ... 283 K4
Gévezé (35) ... 79 F3
Gevigney-et-Mercey (70) ... 117 J5
Geville (55) ... 65 F4
Gevingey (39) ... 173 F2
Gevresin (25) ... 156 B4
Gevrey-Chambertin (21) ... 154 B1
Gevrolles (21) ... 115 H3
Gevry (39) ... 155 F3
Gex (01) ... 174 B6
Geyssans (26) ... 222 D4
Gez (65) ... 303 K2
Gez-Ez-Angles (65) ... 304 B1
Gézaincourt (80) ... 10 A5
Gézier-et-Fontenelay (70) ... 137 J5
Gézoncourt (54) ... 65 J3
Ghisonaccia (2B) ... 321 J3
Ghisoni (2B) ... 321 G2

Ghissignies (59) ... 12 E4
Ghyvelde (59) ... 3 J1
Giat (63) ... 201 G2
Gibeaumeix (54) ... 93 G1
Gibel (31) ... 288 E4
Gibercourt (02) ... 20 A4
Giberville (14) ... 32 E5
Gibles (71) ... 187 H1
Gibourne (17) ... 178 B5
le Gicq (17) ... 178 C5
Gidy (45) ... 109 K3
Giel-Courteilles (61) ... 54 A4
Gien (45) ... 131 G1
Gien-sur-Cure (58) ... 152 C2
Gières (38) ... 224 A3
la Giettaz (73) ... 191 J6
Gièvres (41) ... 129 H6
Giey-sur-Aujon (52) ... 116 A4
Giez (74) ... 208 E2
Gif-sur-Yvette (91) ... 58 C5
Giffaumont-Champaubert (51) ... 91 G1
Gigean (34) ... 293 F2
Gignac (34) ... 273 H6
Gignac (46) ... 215 H6
Gignac (84) ... 277 H2
Gignac-la-Nerthe (13) ... 296 B3
Gignat (63) ... 202 E6
Gignéville (88) ... 117 J1
Gigney (88) ... 94 C5
Gigny (39) ... 172 E5
Gigny (89) ... 114 C5
Gigny-Bussy (51) ... 91 F1
Gigny-sur-Saône (71) ... 171 K2
Gigondas (84) ... 257 F5
Gigors (04) ... 259 H1
Gigors-et-Lozeron (26) ... 240 E3
Gigouzac (46) ... 233 H5
Gijounet (81) ... 271 J5
Gildwiller (68) ... 97 A3
Gilette (06) ... 280 E2
Gilhac-et-Bruzac (07) ... 240 A2
Gilhoc-sur-Ormèze (07) ... 221 K6
Gillancourt (52) ... 115 K1
Gillaumé (52) ... 92 C2
Gilles (28) ... 57 G3
Gilley (25) ... 157 F3
Gilley (52) ... 137 F1
Gillois (39) ... 174 A1
Gillonnay (38) ... 223 F1
Gilly-lès-Cîteaux (21) ... 154 B2
Gilly-sur-Isère (73) ... 209 F3
Gilly-sur-Loire (71) ... 169 J4
Gilocourt (60) ... 38 E4
Gimat (82) ... 268 B3
Gimbrède (32) ... 267 J1
Gimeaux (63) ... 184 E6
Gimécourt (55) ... 64 C3
Gimel-les-Cascades (19) ... 216 B2
Gimeux (16) ... 195 J3
la Gimond (42) ... 205 G5
Gimont (32) ... 268 A6
Gimouille (58) ... 150 D5
Ginai (61) ... 54 E5
Ginals (82) ... 250 A5
Ginasservis (83) ... 278 B5
Ginchy (80) ... 11 F6
Gincla (11) ... 309 F5
Gincrey (55) ... 43 K4
Gindou (46) ... 233 F5
Ginestas (11) ... 291 G5
Ginestet (24) ... 231 H1
Ginoles (11) ... 308 D4
Ginouillac (46) ... 233 H4
Gintrac (46) ... 234 B2
Giocatojo (2B) ... 319 H4
Gionges (51) ... 61 K3
Giou-de-Mamou (15) ... 235 J1
Gioux (23) ... 200 C3
Gipcy (03) ... 168 B4
Girac (46) ... 234 B1
Girancourt (88) ... 94 C6
Giraumont (54) ... 44 C5
Giraumont (60) ... 38 D2
Girauvoisin (55) ... 65 F4
Gircourt-lès-Viéville (88) ... 94 A4
Girecourt-sur-Durbion (88) ... 94 E5
Girefontaine (70) ... 118 A4
Giremoutiers (77) ... 60 A4
Girgols (15) ... 217 H6
Giriviller (54) ... 94 D2
Girmont-Val-d'Ajol (88) ... 118 E3
Girolles (45) ... 111 H2
Girolles (89) ... 133 J3
Giromagny (90) ... 119 H5
Giron (01) ... 190 B2
Gironcourt-sur-Vraine (88) ... 93 J4
Gironde-sur-Dropt (33) ... 230 C5
Girondelle (08) ... 22 A3
Gironville (77) ... 87 G6
Gironville-sur-Essonne (91) ... 86 E4
le Girouard (85) ... 159 F2
Giroussens (81) ... 269 K4
Giroux (36) ... 148 B3
Giry (58) ... 151 F1
Giscaro (32) ... 268 A6
Gisors (27) ... 36 C4
Gissac (12) ... 272 B3
Gissey-le-Vieil (21) ... 134 E6
Gissey-sous-Flavigny (21) ... 135 F3
Gissey-sur-Ouche (21) ... 135 H6
Gisy-les-Nobles (89) ... 88 C5
Giuncaggio (2B) ... 321 H1

Giuncheto (2A) ... 322 E3
Givardon (18) ... 150 A6
Givenchy-en-Gohelle (62) ... 10 C1
Givenchy-le-Noble (62) ... 10 C3
Givenchy-lès-la-Bassée (62) ... 6 B5
Giverny (27) ... 57 G1
Giverville (27) ... 34 G5
Givet (08) ... 24 C2
Givonne (08) ... 23 F4
Givors (69) ... 205 K4
Givraines (45) ... 110 E1
Givrand (85) ... 158 D1
Givrauval (55) ... 64 C6
le Givre (85) ... 159 H4
Givrezac (17) ... 195 G6
Givron (08) ... 21 K5
Givry (08) ... 41 K1
Givry (71) ... 171 H1
Givry (89) ... 133 J3
Givry-en-Argonne (51) ... 63 J2
Givry-lès-Loisy (51) ... 61 J3
Givrycourt (57) ... 68 C5
Gizaucourt (51) ... 63 H1
Gizay (86) ... 163 F5
Gizeux (37) ... 126 D4
Gizia (39) ... 172 E6
Gizy (02) ... 20 E6
Glageon (59) ... 13 J6
Glaignes (60) ... 38 E4
Glaine-Montaigut (63) ... 203 G2
Glaire (08) ... 23 F4
le Glaizil (05) ... 242 D3
Glamondans (25) ... 138 C6
Gland (02) ... 60 E1
Gland (89) ... 114 C5
Glandage (26) ... 241 K4
Glandon (87) ... 198 E6
Glanes (46) ... 234 C1
Glanges (87) ... 199 G3
Glannes (51) ... 63 F5
Glanon (21) ... 154 C3
Glanville (14) ... 33 J3
Glatens (82) ... 268 A4
Glatigny (57) ... 45 G5
Glatigny (60) ... 37 F1
Glay (25) ... 139 H4
Gleizé (69) ... 188 A5
Glénac (56) ... 102 B3
Glénat (15) ... 235 F2
Glénay (79) ... 144 A5
Glénic (23) ... 182 D2
Glénouze (86) ... 144 D4
Glère (25) ... 139 J4
Glisolles (27) ... 56 C2
Glisy (80) ... 18 B2
Glomel (22) ... 75 K3
Glonville (54) ... 95 F3
Glorianes (66) ... 314 D3
Glos (14) ... 34 A6
Glos-sur-Risle (27) ... 34 C4
Gluiras (07) ... 239 J2
Glun (07) ... 222 B6
Glux-en-Glenne (58) ... 152 C4
Goas (82) ... 268 B4
la Godefroy (50) ... 52 A4
Godenvillers (60) ... 18 D6
Goderville (76) ... 14 C5
Godewaersvelde (59) ... 6 A2
Godisson (61) ... 54 E5
la Godivelle (63) ... 218 C1
Godoncourt (88) ... 117 J2
Goerlingen (67) ... 68 D6
Goersdorf (67) ... 25 A2
Goès (64) ... 284 A5
Goetzenbruck (57) ... 69 G4
Gœulzin (59) ... 11 H1
Gogney (54) ... 67 G6
Gognies-Chaussée (59) ... 13 H2
la Gohannière (50) ... 52 A5
Gohory (28) ... 84 D6
Goin (57) ... 66 A1
Goincourt (60) ... 37 G2
Golancourt (60) ... 19 H4
Golbey (88) ... 94 D6
Goldbach-Altenbach (68) ... 119 K4
Golfech (82) ... 248 D5
Golinhac (12) ... 235 K5
Golleville (50) ... 28 D5
Gombergean (41) ... 128 C1
Gomelange (57) ... 45 H4
Gomené (22) ... 77 J4
Gomer (64) ... 284 E5
Gometz-la-Ville (91) ... 58 C6
Gometz-le-Châtel (91) ... 58 C6
Gomiécourt (62) ... 11 F5
Gommecourt (62) ... 10 D5
Gommecourt (78) ... 57 H1
Gommegnies (59) ... 12 E3
Gommenec'h (22) ... 48 D4
Gommersdorf (68) ... 97 A4
Gommerville (28) ... 86 A4
Gommerville (76) ... 14 C6
Gomméville (21) ... 114 C3
Gomont (08) ... 41 G1
Goncelin (38) ... 224 C1
Goncourt (52) ... 93 F5
Gond-Pontouvre (16) ... 196 E6
Gondecourt (59) ... 6 D5
Gondenans-les-Moulins (25) ... 138 D3
Gondenans-Montby (25) ... 138 D4
Gondeville (16) ... 196 B3
Gondrecourt-Aix (54) ... 44 B4
Gondrecourt-le-Château (55) ... 92 E2
Gondreville (45) ... 111 H2

Gondreville (54) ... 65 J5
Gondreville (60) ... 39 F5
Gondrexange (57) ... 67 H5
Gondrexon (54) ... 67 F6
Gondrin (32) ... 266 D2
les Gonds (17) ... 195 G2
Gonesse (95) ... 59 F2
Gonez (65) ... 285 J5
Gonfaron (83) ... 298 B4
Gonfreville (50) ... 30 E1
Gonfreville-Caillot (76) ... 14 D5
Gonfreville-l'Orcher (76) ... 33 K1
la Gonfrière (61) ... 55 G4
Gonnehem (62) ... 5 K5
Gonneville (50) ... 15 H3
Gonnetot (76) ... 15 H3
Gonneville-en-Auge (14) ... 33 F4
Gonneville-la-Mallet (76) ... 14 B5
Gonneville-le-Theil (50) ... 28 E2
Gonneville-sur-Honfleur (14) ... 33 K2
Gonneville-sur-Mer (14) ... 33 H4
Gonneville-sur-Scie (76) ... 15 K4
Gonsans (25) ... 138 C6
Gontaud-de-Nogaret (47) ... 247 H1
la Gonterie-Boulouneix (24) ... 213 J3
Gonzeville (76) ... 15 H3
Goos (40) ... 264 C4
Gorbio (06) ... 281 H3
Gorcy (54) ... 26 C2
Gordes (84) ... 276 E2
Gorenflos (80) ... 9 J5
Gorges (44) ... 142 A2
Gorges (50) ... 30 E1
Gorges (80) ... 9 K5
la Gorgue (59) ... 6 A4
Gorhey (88) ... 94 B6
Gornac (33) ... 230 B4
Gorniès (34) ... 273 J3
Gorre (87) ... 198 C2
Gorrevod (01) ... 171 K5
Gorron (53) ... 80 E3
Gorses (46) ... 234 D3
Gorze (57) ... 44 D6
Gosnay (62) ... 5 K6
Gosné (35) ... 79 J3
Gosselming (57) ... 67 H4
Gotein-Libarrenx (64) ... 283 H5
Gottenhouse (67) ... 70 B1
Gottesheim (67) ... 70 C1
Gouaix (77) ... 88 D3
Goualade (33) ... 246 D3
Gouarec (22) ... 76 C3
Gouaux (65) ... 304 E4
Gouaux-de-Larboust (31) ... 305 F5
Gouaux-de-Luchon (31) ... 305 H4
Goudargues (30) ... 256 A4
Goudelancourt-
  -lès-Berrieux (02) ... 40 D1
Goudelancourt-
  -lès-Pierrepont (02) ... 21 F5
Goudelin (22) ... 48 D5
Goudet (43) ... 238 C2
Goudex (31) ... 287 G3
Goudon (65) ... 285 J5
Goudourville (82) ... 248 E5
Gouesnach (29) ... 98 C2
Gouesnou (29) ... 72 E3
la Gouesnière (35) ... 50 E3
Gouex (86) ... 163 J6
Gouézec (29) ... 74 E4
Gougenheim (67) ... 70 D2
Gouhelans (25) ... 138 C3
Gouhenans (70) ... 138 D1
Gouillons (28) ... 85 K4
Gouise (03) ... 169 F6
Goujounac (46) ... 233 F5
la Goulafrière (27) ... 55 G2
Goulet (61) ... 54 B5
Goulien (29) ... 73 C2
Goulier (09) ... 307 G5
Goulles (19) ... 216 D6
les Goulles (21) ... 115 J4
Gouloux (58) ... 152 C1
Goult (84) ... 277 F3
Goulven (29) ... 46 C3
Goupillières (14) ... 53 H1
Goupillières (27) ... 34 E6
Goupillières (76) ... 15 J6
Goupillières (78) ... 57 J3
Gouraincourt (55) ... 44 A3
Gourbera (40) ... 264 A3
Gourbit (09) ... 307 G4
Gourchelles (60) ... 17 G4
Gourdan-Polignan (31) ... 305 G1
Gourdièges (15) ... 236 C1
Gourdon (06) ... 280 D4
Gourdon (07) ... 239 H4
Gourdon (46) ... 233 G4
Gourdon (71) ... 170 E3
Gourdon-Murat (19) ... 200 B5
Gourgançon (51) ... 62 A6
Gourgé (79) ... 161 K1
Gourgeon (70) ... 117 H6
Gourgue (65) ... 285 K6
Gourhel (56) ... 101 K2
Gourin (56) ... 75 H4
Gourlizon (29) ... 74 B5
Gournay (36) ... 165 J3
Gournay-en-Bray (76) ... 36 D1
Gournay-le-Guérin (27) ... 55 K5
Gournay-Loizé (79) ... 178 D3
Gournay-sur-Aronde (60) ... 38 C1
Gournay-sur-Marne (93) ... 59 G4
les Gours (16) ... 178 D5

Gours (33) ... 212 C6
Gourvieille (11) ... 289 F4
Gourville (16) ... 196 C1
Gourvillette (17) ... 178 C5
Goussaincourt (55) ... 93 F2
Goussainville (28) ... 57 G4
Goussainville (95) ... 59 F2
Goussancourt (02) ... 40 B5
Gousse (40) ... 264 C3
Goussonville (78) ... 57 J3
Goustranville (14) ... 33 G4
Gout-Rossignol (24) ... 197 G6
la Goutelle (63) ... 201 K1
Goutevernisse (31) ... 287 J5
Goutrens (12) ... 251 J2
Gouts (40) ... 264 D3
Gouttières (63) ... 184 B4
Goutz (32) ... 267 J4
Gouvernes (77) ... 59 H4
Gouves (62) ... 10 C3
Gouvets (50) ... 52 C2
Gouvieux (60) ... 38 A5
Gouville sur Mer (50) ... 30 C3
Gouvix (14) ... 53 K1
Goux (32) ... 266 D6
Goux-lès-Dambelin (25) ... 139 F4
Goux-les-Usiers (25) ... 156 D4
Goux-sous-Landet (25) ... 156 A2
Gouy (02) ... 19 K1
Gouy (76) ... 35 J3
Gouy-en-Artois (62) ... 10 D3
Gouy-en-Ternois (62) ... 10 B2
Gouy-les-Groseillers (60) ... 18 A4
Gouy-Saint-André (62) ... 9 G2
Gouy-Servins (62) ... 10 D1
Gouy-sous-Bellonne (62) ... 11 H3
Gouzangrez (95) ... 37 H6
Gouzeaucourt (59) ... 11 J6
Gouzens (31) ... 287 J6
Gouzon (23) ... 183 G3
Goven (35) ... 78 E5
Goviller (54) ... 93 J2
Goxwiller (67) ... 71 B3
Goyencourt (80) ... 19 F4
Goyrans (31) ... 288 B2
Grabels (34) ... 274 A6
Graçay (18) ... 148 B2
Grâce-Uzel (22) ... 77 F3
Grâces (22) ... 48 C5
Gradignan (33) ... 229 G3
Graffigny-Chemin (52) ... 93 H1
Gragnague (31) ... 269 H5
Graignes-Mesnil-Angot (50) ... 31 G2
Grailhen (65) ... 304 E4
Graimbouville (76) ... 14 C6
Graincourt-lès-Havrincourt (62) ... 11 H5
Grainville (27) ... 36 A3
Grainville-la-Teinturière (76) ... 15 F4
Grainville-Langannerie (14) ... 53 K1
Grainville-sur-Odon (14) ... 32 C5
Grainville-sur-Ry (76) ... 35 K1
Grainville-Ymauville (76) ... 14 D5
le Grais (61) ... 53 K6
Graissessac (34) ... 272 C5
Graix (42) ... 221 J2
Gramat (46) ... 234 A3
Gramazie (11) ... 308 C1
Grambois (84) ... 277 J4
Grammond (42) ... 205 G5
Gramond (12) ... 251 J4
Gramont (82) ... 267 K2
Granace (2A) ... 322 E3
Grancey-le-
  -Château-Neuvelle (21) ... 135 K1
Grancey-sur-Ource (21) ... 115 F3
Grand (88) ... 92 E3
Grand-Auverné (44) ... 103 J5
le Grand-Bornand (74) ... 191 H5
le Grand-Bourg (23) ... 182 A3
Grand Bourgtheroulde (27) ... 35 F4
Grand-Brassac (24) ... 213 H2
Grand-Camp (27) ... 55 H1
Grand-Camp (76) ... 15 F6
le Grand-Celland (50) ... 52 B5
Grand-Champ (56) ... 100 E4
Grand-Charmont (25) ... 139 H2
la Grand-Combe (30) ... 255 F4
Grand-Corent (01) ... 189 H2
Grand-Couronne (76) ... 35 G3
la Grand-Croix (42) ... 205 H5
Grand-Failly (54) ... 43 J2
Grand-Fayt (59) ... 13 F5
Grand-Fort-Philippe (59) ... 3 F2
Grand-Fougeray (35) ... 103 F3
Grand-Laviers (80) ... 9 F5
le Grand-Lemps (38) ... 223 G1
le Grand-Lucé (72) ... 107 G4
le Grand-Madieu (16) ... 179 J5
le Grand-Pressigny (37) ... 146 A5
Le Grand-Quevilly (76) ... 35 H2
Grand-Rozoy (02) ... 39 J5
Grand-Rullecourt (62) ... 10 C3
le Grand-Serre (26) ... 222 D2
Grand-Verly (02) ... 20 C1
le Grand-Village-Plage (17) ... 176 C6
Grandcamp-Maisy (14) ... 29 H5
Grandchamp (08) ... 22 A5
Grandchamp (52) ... 116 E6
Grandchamp (72) ... 82 D4
Grandchamp (78) ... 57 H5
Grandchamp-le-Château (14) ... 33 J6
Grandchamps-
  -des-Fontaines (44) ... 123 G2

Grand'Combe-Châteleu (25) 157 G3
Grand'Combe-des-Bois (25) 157 J1
Grandcourt (76) 16 D2
Grandcourt (80) 10 E5
la Grande-Fosse (88) 95 J3
la Grande-Motte (34) 293 J1
la Grande-Paroisse (77) 87 K4
la Grande-Résie (70) 137 F5
Grande-Rivière (39) 173 K4
Grande-Synthe (59) 3 G2
la Grande-Verrière (71) 152 D4
Grandecourt (70) 137 H1
les Grandes-Armoises (08) 42 D1
les Grandes-Chapelles (10) 90 A3
les Grandes-Loges (51) 62 C1
les Grandes-Ventes (76) 16 B3
Grandeyrolles (63) 202 C5
Grandfontaine (25) 156 A1
Grandfontaine (67) 95 K2
Grandfontaine-sur-Creuse (25) 157 H1
Grandfresnoy (60) 38 C3
Grandham (08) 42 C4
Grandjean (17) 177 J6
Grand'Landes (85) 141 G5
Grandlup-et-Fay (02) 20 E5
Grandparigny (50) 52 C6
Grandpré (08) 42 C3
Grandpuits-Bailly-Carrois (77) 88 A1
Grandrieu (48) 237 K3
Grandrieux (02) 21 J4
Grandrif (63) 204 A5
Grandris (69) 187 J4
Grandrû (60) 19 J6
Grandrupt (88) 95 J3
Grandrupt-de-Bains (88) 118 A2
les Grands-Chézeaux (87) 165 F6
Grandsaigne (19) 200 B6
Grandval (63) 203 J4
Grandvals (48) 236 D4
Grandvaux (71) 170 D4
Grandvelle-et-le-Perrenot (70) 137 K3
Grandvillars (90) 139 J2
la Grandville (08) 22 D3
Grandville (10) 90 C1
Grandvillers (88) 95 F5
Grandvillers-aux-Bois (60) 38 B2
Grandvilliers (27) 56 C4
Grandvilliers (60) 17 H5
Grane (26) 240 C4
Granès (11) 308 E4
la Grange (25) 139 F5
Grange-de-Vaivre (39) 155 K3
Grangermont (45) 87 F6
les Granges (10) 114 A2
Granges (71) 171 H1
Granges-Aumontzey (88) 95 G5
Granges-d'Ans (24) 214 D3
les Granges-Gontardes (26) 256 D2
Granges-la-Ville (70) 138 E2
Granges-le-Bourg (70) 138 E2
les Granges-le-Roi (91) 86 B2
Granges-les-Beaumont (26) 222 C5
Granges-Narboz (25) 156 D5
Granges-sur-Aube (51) 89 J1
Granges-sur-Lot (47) 247 K2
les Grangettes (25) 156 D5
Grangues (14) 33 H4
Granier (38) 207 H4
Grans (13) 295 J2
Granville (50) 30 C6
Granzay-Gript (79) 177 K2
Gras (07) 256 A2
les Gras (25) 157 G3
Grassac (16) 197 G4
Grasse (06) 280 C5
Grassendorf (67) 69 J4
Grateloup-Saint-Gayrand (47) 247 J2
Gratens (31) 287 J4
Gratentour (31) 269 F5
Gratibus (80) 18 D5
Gratot (50) 30 D4
Gratreuil (51) 42 B4
Grattepanche (80) 18 A3
le Gratteris (25) 156 C1
Grattery (70) 138 A1
le Grau-du-Roi (30) 293 K1
les Graulges (24) 197 G5
Graulhet (81) 270 B4
Grauves (51) 61 K2
Graval (76) 16 D4
la Grave (05) 225 F5
Gravelines (59) 3 F2
la Gravelle (53) 104 C1
Gravelotte (57) 44 D6
Graveron-Sémerville (27) 35 G6
Graves-Saint-Amant (16) 196 B3
Graveson (13) 276 A3
Gravières (07) 255 G2
Gravigny (27) 56 D1
Gravon (77) 88 B4
Gray (70) 137 F4
Gray-la-Ville (70) 137 F4
Grayan-et-l'Hôpital (33) 194 B5
Graye-et-Charnay (39) 172 E5
Graye-sur-Mer (14) 32 D3
Grayssas (47) 248 D5
Grazac (31) 288 E4
Grazac (43) 220 E4
Grazac (81) 269 J3
Grazay (53) 81 H4
Gréalou (46) 234 C6
Gréasque (13) 296 E3
Grébault-Mesnil (80) 9 F6
Grécourt (80) 19 H4

Gredisans (39) 155 G2
la Grée-Saint-Laurent (56) 101 J1
Gréez-sur-Roc (72) 107 K1
Greffeil (11) 309 F2
Grèges (76) 16 A1
Grémecey (57) 66 C4
Grémévillers (60) 17 H6
Gremilly (55) 43 J4
Grémonville (76) 15 H5
Grenade (31) 268 E4
Grenade-sur-l'Adour (40) 265 G4
Grenant (52) 116 E6
Grenant-lès-Sombernon (21) 135 G6
Grenay (38) 206 D3
Grenay (62) 10 E1
Grendelbruch (67) 70 B4
Greneville-en-Beauce (45) 86 C6
Grenier-Montgon (43) 218 E3
Gréning (57) 68 B4
Grenoble (38) 224 A3
Grenois (58) 133 F6
Grentheville (14) 32 E5
Gréolières (06) 280 C3
Gréoux-les-Bains (04) 278 A3
Grépiac (31) 288 B3
le Grès (31) 268 C5
Grésigny-Sainte-Reine (21) 134 E3
Gresin (73) 207 J4
la Gresle (42) 187 G4
Gresse-en-Vercors (38) 241 K5
Gressey (78) 57 H4
Gresswiller (67) 71 A2
Gressy (77) 59 H2
Grésy-sur-Aix (73) 208 B2
Grésy-sur-Isère (73) 208 E4
Gretz-Armainvilliers (77) 59 H5
Greuville (76) 15 J3
Greux (88) 93 F3
la Grève-sur-Mignon (17) 177 G1
Gréville-Hague (50) 28 B1
Grévillers (62) 11 F5
Grevilly (71) 171 J4
Grez (60) 17 H5
le Grez (72) 82 A6
Grez-en-Bouère (53) 105 G4
Grez-Neuville (49) 125 F1
Grez-sur-Loing (77) 87 H5
Grézac (17) 194 E3
Grézels (46) 249 G1
Grèzes (24) 215 G5
Grèzes (43) 237 J1
Grèzes (46) 234 B5
Grèzes (48) 253 J1
Grézet-Cavagnan (47) 247 F2
Grézian (65) 304 E4
Grézieu-la-Varenne (69) 205 J2
Grézieu-le-Marché (69) 205 G3
Grézieux-le-Fromental (42) 204 D4
Grézillac (33) 230 B2
Grézolles (42) 204 B1
Gricourt (02) 19 K2
Grièges (01) 188 C2
Gries (67) 25 B4
Griesbach-au-Val (68) 96 A4
Griesheim-près-Molsheim (67) 71 B2
Griesheim-sur-Souffel (67) 70 D2
Grignan (26) 256 E2
Grigneuseville (76) 16 A5
Grignols (24) 213 H5
Grignols (33) 246 E2
Grignon (21) 134 E3
Grignon (73) 209 F3
Grignoncourt (88) 117 J3
Grigny (62) 9 J2
Grigny (69) 206 A4
Grigny (91) 59 E6
la Grigonnais (44) 103 F6
Grillon (84) 256 E2
Grilly (01) 174 B6
Grimaucourt-en-Woëvre (55) 43 K5
Grimaucourt-près-Sampigny (55) 64 D4
Grimaud (83) 298 E4
la Grimaudière (86) 144 D6
Grimault (89) 133 K1
Grimbosq (14) 32 D6
Grimesnil (50) 30 E5
Grimonviller (54) 93 J3
Grincourt-lès-Pas (62) 10 C4
Grindorff-Bizing (57) 45 J2
la Gripperie-Saint-Symphorien (17) 194 D1
le Grippon (50) 51 K1
Gripport (54) 94 B3
Griscourt (54) 65 J3
Griselles (21) 114 D4
Griselles (45) 111 J2
Grisolles (02) 39 J4
Grisolles (82) 268 E3
Grisy-les-Plâtres (95) 37 G6
Grisy-Suisnes (77) 59 H6
Grisy-sur-Seine (77) 88 D3
Grives (24) 232 D3
Grivesnes (80) 18 C5
Grivillers (80) 18 E5
Grivy-Loisy (08) 42 A2
Groffliers (62) 8 E2
la Groise (59) 12 E5
Groises (18) 150 A1
Groissiat (01) 189 K2
Groisy (74) 191 F4
Groix (56) 99 J6
Groléjac (24) 233 G3
Gron (18) 149 K2

Gron (89) 112 D1
Gronard (02) 21 F3
Gros-Chastang (19) 216 C3
Gros-Réderching (57) 68 E2
Grosbliederstroff (57) 68 D2
Grosbois (25) 138 C5
Grosbois-en-Montagne (21) 135 F6
Grosbois-lès-Tichey (21) 154 D4
Grosbreuil (85) 159 F3
les Groseillers (79) 161 H4
Groslay (95) 58 E2
Groslée-Saint-Benoît (01) 207 H3
Grosley-sur-Risle (27) 56 A1
Grosmagny (90) 119 H6
Grosne (90) 139 J2
Grospierres (07) 255 J2
Grosrouvre (78) 57 J4
Grosrouvres (54) 65 H3
Grossa (2A) 322 D3
Grosseto-Prugna (2A) 320 E5
Grossœuvre (27) 56 D2
Grossouvre (18) 150 B5
Grostenquin (57) 68 A4
Grosville (50) 28 B3
Grouches-Luchuel (80) 10 B4
Grougis (02) 20 C1
la Groutte (18) 167 G2
Grozon (39) 155 J5
Gruchet-le-Valasse (76) 14 E6
Gruchet-Saint-Siméon (76) 15 H3
Grues (85) 159 J5
Gruey-lès-Surance (88) 118 A3
Gruffy (74) 208 C1
Grugé-l'Hôpital (49) 104 B5
Grugies (02) 19 K3
Grugny (76) 15 K5
Gruissan (11) 310 J1
Grumesnil (76) 17 F5
Grun-Bordas (24) 213 J5
Grundviller (57) 68 C3
Gruny (80) 19 F4
Grury (71) 169 K2
Gruson (59) 7 F5
Grusse (39) 173 F3
Grussenheim (68) 96 D3
Grust (65) 304 A3
Gruyères (08) 22 C4
le Gua (17) 194 D2
le Gua (38) 223 K6
Guagno (2A) 320 D2
Guainville (28) 57 G3
Guarbecque (62) 5 J4
Guargualé (2A) 320 D6
Guchan (65) 304 E4
Guchen (65) 304 E4
Gudas (09) 307 J2
Gudmont-Villiers (52) 92 A4
le Gué-d'Alleré (17) 177 F2
le Gué-de-la-Chaîne (61) 83 H4
le Gué-de-Longroi (28) 85 J2
le Gué-de-Velluire (85) 160 C5
Gué-d'Hossus (08) 22 B1
Guebenhouse (57) 68 C3
Gueberschwihr (68) 96 B5
Guébestroff (57) 68 A6
Guéblange-lès-Dieuze (57) 67 F4
Guébling (57) 68 A6
Guebwiller (68) 96 A6
Guécélard (72) 106 D4
Guégon (56) 101 H2
Guéhébert (50) 30 E5
Guéhenno (56) 101 G2
Gueltas (56) 77 F5
Guémappe (62) 11 F3
Guémar (68) 71 A6
Guémené-Penfao (44) 102 E4
Guémené-sur-Scorff (56) 76 B5
Guemps (62) 2 E1
Guénange (57) 45 F3
Guengat (29) 74 C5
Guénin (56) 100 D2
Guenroc (22) 78 C1
Guenrouet (44) 102 D5
Guenviller (57) 68 B3
Guêprei (61) 54 C3
Guer (56) 78 B6
Guérande (44) 121 J4
Guérard (77) 60 A4
Guerbigny (80) 18 E4
la Guerche (37) 145 K5
la Guerche-de-Bretagne (35) 104 A3
la Guerche-sur-l'Aubois (18) 150 B5
Guercheville (77) 87 G5
Guéreins (01) 188 B4
Guéret (23) 182 C3
Guerfand (71) 172 A1
Guérigny (58) 150 E3
Guérin (47) 247 F2
la Guérinière (85) 140 B3
Guerlesquin (29) 47 J5
Guermange (57) 67 G4
Guermantes (77) 59 H4
Guern (56) 76 C6
Guernes (78) 57 H2
le Guerno (56) 101 J4
Guerny (27) 36 D5
Guéron (14) 32 B4
Guerpont (55) 64 B5
Guerquesalles (61) 54 E3
les Guerreaux (71) 169 K4
Guerstling (57) 45 J3
Guerting (57) 45 J4
Guerville (76) 16 D1
Guerville (78) 57 J2

Gueschart (80) 9 H3
Guesnain (59) 11 J2
Guesnes (86) 144 E5
Guessling-Hémering (57) 66 D1
Guéthary (64) 263 C1
Gueudecourt (80) 11 F6
Gueugnon (71) 170 B3
Gueures (76) 15 J2
Gueutteville (76) 15 J5
Gueutteville-les-Grès (76) 15 G2
Gueux (51) 40 E4
Guevenatten (68) 119 K6
Guewenheim (68) 119 K5
Gugnécourt (88) 94 E5
Gugney (54) 93 K3
Gugney-aux-Aulx (88) 94 B4
Guibeville (91) 86 D1
Guichainville (27) 56 D2
la Guiche (71) 171 F4
Guiche (64) 282 E1
Guiclan (29) 46 E5
Guidel (56) 99 J4
la Guierche (72) 106 D1
Guignecourt (60) 37 H1
Guignemicourt (80) 17 K2
Guignen (35) 78 E6
Guignes (77) 59 J6
Guigneville (45) 86 C6
Guigneville-sur-Essonne (91) 86 E3
Guignicourt (02) 40 E2
Guignicourt-sur-Vence (08) 22 C5
Guigny (62) 9 H2
Guiler-sur-Goyen (29) 74 A5
Guilers (29) 72 D3
Guilherand-Granges (07) 240 C1
Guillac (33) 230 B2
Guillac (56) 101 J2
Guillaucourt (80) 18 D3
Guillaumes (06) 260 E5
Guillemont (80) 11 F6
la Guillermie (03) 186 A5
Guillerval (91) 86 C4
Guillestre (05) 227 A4
Guilleville (28) 85 K6
Guilliers (56) 77 J6
Guillon (89) 134 B3
Guillon-les-Bains (25) 138 C5
Guillonville (28) 109 H2
Guillos (33) 229 H5
Guilly (36) 147 K3
Guilly (45) 110 D5
Guilvinec (29) 98 B3
Guimaëc (29) 47 H3
Guimiliau (29) 46 E5
Guimps (16) 195 K5
Guinarthe-Parenties (64) 283 G3
Guincourt (08) 22 C6
Guindrecourt-aux-Ormes (52) 91 K3
Guindrecourt-sur-Blaise (52) 91 K5
Guinecourt (62) 9 K2
Guînes (62) 2 D1
Guingamp (22) 48 C5
Guinglange (57) 45 J6
Guinkirchen (57) 45 H4
Guinzeling (57) 68 B5
Guipavas (29) 46 A6
Guipel (35) 79 F2
Guipronvel (29) 72 D3
Guipry-Messac (35) 102 E2
Guipy (58) 151 H1
Guiry-en-Vexin (95) 36 E6
Guiscard (60) 19 H5
Guiscriff (56) 75 H5
Guise (02) 20 D2
Guiseniers (27) 36 B5
le Guislain (50) 31 F5
Guissény (29) 46 B3
Guisy (62) 9 H1
Guitalens-l'Albarède (81) 270 C6
Guitera-les-Bains (2A) 321 F5
Guitinières (17) 195 H6
Guitrancourt (78) 57 J2
Guîtres (33) 212 A5
Guitté (22) 78 C1
Guivry (02) 19 J5
Guizancourt (80) 17 H4
Guizengeard (16) 212 B2
Guizerix (65) 286 B4
Gujan-Mestras (33) 228 C4
Gumbrechtshoffen (67) 69 J5
Gumery (10) 88 E3
Gumiane (26) 241 G6
Gumières (42) 204 C5
Gumond (19) 216 C3
Gundershoffen (67) 69 K5
Gundolsheim (68) 96 B6
Gungwiller (67) 68 E5
Gunsbach (68) 96 A4
Gunstett (67) 25 A2
Guntzviller (57) 67 K5
Guny (02) 39 H1
Guran (31) 305 H4
Gurat (16) 197 F6
Gurcy-le-Châtel (77) 88 B3
Gurgy (89) 113 F5
Gurgy-la-Ville (21) 115 J3
Gurgy-le-Château (21) 115 J3
Gurmençon (64) 284 A6
Gurs (64) 283 J4
Gurunhuel (22) 48 B5
Gury (60) 19 F6

Gussignies (59) 13 F2
Guyancourt (78) 58 B5
Guyans-Durnes (25) 156 D2
Guyans-Vennes (25) 157 G1
Guyencourt (02) 40 D3
Guyencourt-Saulcourt (80) 19 H1
Guyencourt-sur-Noye (80) 18 B3
la Guyonnière (85) 142 B3
Guyonvelle (52) 117 G4
Guzargues (34) 274 B5
Gy (70) 137 H4
Gy-en-Sologne (41) 129 G5
Gy-les-Nonains (45) 111 J4
Gy-l'Évêque (89) 113 F6
Gye (54) 65 H6
Gyé-sur-Seine (10) 114 E2

H

Habarcq (62) 10 D3
Habas (40) 264 B6
Habère-Lullin (74) 191 H1
Habère-Poche (74) 191 J1
l'Habit (27) 57 F3
Hablainville (54) 95 F1
Habloville (61) 54 A4
Haboudange (57) 66 E2
Habsheim (68) 97 C2
Hachan (65) 286 B4
Hâcourt (52) 92 E6
Hacqueville (27) 36 C4
Hadancourt-le-Haut-Clocher (60) 36 E5
Hadigny-les-Verrières (88) 94 D4
Hadol (88) 118 D1
Haegen (67) 70 B2
Hagécourt (88) 94 A5
Hagedet (65) 285 G1
Hagen (57) 44 E1
Hagenbach (68) 97 A3
Hagenthal-le-Bas (68) 97 D5
Hagenthal-le-Haut (68) 97 D5
Haget (32) 285 J3
Hagetaubin (64) 284 A1
Hagetmau (40) 265 F5
Hagéville (54) 65 H1
Hagnéville-et-Roncourt (88) 93 G3
Hagnicourt (08) 22 C5
Hagondange (57) 44 E4
Haguenau (67) 25 A4
la Haie-Fouassière (44) 123 H5
la Haie-Traversaine (53) 81 G3
les Haies (69) 205 K5
Haigneville (54) 94 C2
Haillainville (88) 94 D3
le Haillan (33) 229 G1
Hailles (80) 18 C3
Haillicourt (62) 5 K6
Haimps (17) 178 B6
Haims (86) 164 A4
Hainvillers (60) 18 E6
Haironville (55) 64 A5
Haisnes (62) 6 B6
Halinghen (62) 4 B5
Hallencourt (80) 17 G1
Hallennes-lez-Haubourdin (59) 6 D5
Hallering (57) 45
les Halles (69) 205
Halles-sous-les-Côtes (55) 43
Hallignicourt (52) 63
Hallines (62) ....
Hallivillers (80) 1
la Hallotière (76) 3
Halloville (54) ....
Halloy (60) ....
Halloy (62) ....
Halloy-lès-Pernois (80) ....
Hallu (80) ....
Halluin (59) ....
Halsou (64) ....
Halstroff (57) ....
le Ham (50) ....
le Ham (53) ....
Ham (80) ....
Ham-en-Artois (62) ....
Ham-les-Moines (08) ....
Ham-sous-Varsberg (57) ....
Ham-sur-Meuse (08) ....
Hambach (57) ....
Hambers (53) ....
Hamblain-les-Prés (62) ....
Hambye (50) ....
Hamel (59) ....
le Hamel (60) ....
le Hamel (80) ....
Hamelet (80) ....
Hamelin (50) ....
Hamelincourt (62) ....
Hames-Boucres (62) ....
Hammeville (54) ....
Hamonville (54) ....
Hampigny (10) ....
Hampont (57) ....
Han-devant-Pierrepont (54) H1
Han-lès-Juvigny (55) E3
Han-sur-Meuse (55) C1
Han-sur-Nied (57) E3
Hanc (79) H1
Hanches (28) 19 H2
Hancourt (80) 71 C1
Handschuheim (67) 18 C3
Hangard (80) 71 C1
Hangenbieten (67) 18 D4
Hangest-en-Santerre (

Hangest-sur-Somme (80) 17 J1
Hangviller (57) 69 F6
Hannaches (60) 36 E1
Hannapes (02) 20 D1
Hannappes (08) 21 J3
Hannescamps (62) 10 D4
Hannocourt (57) 66 C2
Hannogne-Saint-Martin (08) 22 E5
Hannogne-Saint-Rémy (08) 21 H5
Hannonville-sous-
  -les-Côtes (55) 65 F1
Hannonville-Suzémont (54) 44 C6
le Hanouard (76) 15 F4
Hans (51) 42 B6
Hantay (59) 6 C5
Hanvec (29) 74 C1
Hanviller (57) 69 H2
Hanvoile (60) 37 F1
Haplincourt (62) 11 G5
Happencourt (02) 19 J3
Happonvilliers (28) 84 C4
Haramont (02) 39 G4
Haraucourt (08) 23 F5
Haraucourt (54) 66 C5
Haraucourt-sur-Seille (57) 66 E4
Haravesnes (62) 9 J3
Haravilliers (95) 37 G5
Harbonnières (80) 18 E3
Harbouey (54) 95 H1
Harcanville (76) 15 G4
Harchéchamp (88) 93 G3
Harcigny (02) 21 G3
Harcourt (27) 34 E5
Harcy (08) 22 B3
Hardancourt (88) 94 E3
Hardanges (53) 81 J4
Hardecourt-aux-Bois (80) 19 F1
Hardencourt-Cocherel (27) 56 E1
Hardifort (59) 3 J4
Hardinghen (62) 2 C4
Hardinvast (50) 28 C3
Hardivillers (60) 18 A5
Hardivillers-en-Vexin (60) 37 F4
Hardricourt (78) 58 A2
la Harengère (27) 35 G4
Haréville (88) 93 J6
Harfleur (76) 33 K1
Hargarten-aux-Mines (57) 45 J4
Hargeville (78) 57 J3
Hargicourt (02) 19 J1
Hargicourt (80) 18 D4
Hargnies (08) 24 C3
Hargnies (59) 13 G3
Harly (02) 20 A3
Harmonville (88) 93 H2
la Harmoye (22) 76 E2
Harnes (62) 11 G1
Harol (88) 94 B6
Haroué (54) 94 A2
Harponville (80) 10 C6
Harprich (57) 66 E2
Harquency (27) 36 B4
Harreberg (57) 67 K5
Harréville-les-Chanteurs (52) ... 93 F5
Harricourt (08) 42 D2
Harsault (88) 118 B2
Harskirchen (67) 68 D5
Hartennes-et-Taux (02) 39 J4
Hartmannswiller (68) 97 A1
Hartzviller (57) 67 J5
Harville (55) 44 B6
Hary (02) 21 F3
Haselbourg (57) 67 K5
Hasnon (59) 12 C1
Hasparren (64) 282 D2
Haspelschiedt (57) 69 H3
Haspres (59) 12 C3
Hastingues (40) 262 D6
Hatrize (54) 44 C5
Hatten (67) 25 C3
Hattencourt (80) 19 F4
Hattenville (76) 14 E5
Hattigny (57) 67 H6
Hattmatt (67) 69 G6
Hattstatt (68) 96 B5
Hauban (65) 304 C1
Haubourdin (59) 6 D4
Hauconcourt (57) 45 F4
⌐aucourt (60) 37 F1
⌐aucourt (62) 11 G3
⌐aucourt (76) 16 E5
⌐aucourt-en-Cambrésis (59) 12 B5
⌐aucourt-Moulaine (54) 44 B1
⌐dainville (55) 43 J6
⌐diomont (55) 43 K6
⌐dvillers (60) 37 J1
⌐onville (54) 94 D2
⌐ecy (08) 22 C3
⌐court (76) 17 F4
⌐in (59) 12 C2
⌐ (32) 286 D1
⌐ (08) 22 D2
⌐t-près-Samogneux (55) 43 H4
⌐) 264 E4
⌐n (68) 97 C4
⌐76) 17 F6
⌐mont (51) 63 G5
⌐ (51) 62 B5
⌐e (54) 94 B1
⌐H⌐ 12 C4
⌐Ha (03) 167 H5
⌐e H (57) 67 H4
⌐Haut (22) 76 D2
⌐rros (64) 284 D5

Haut-du-Them-Château-
  -Lambert (70) 119 G4
Haut-Lieu (59) 13 G5
Haut-Loquin (62) 4 E3
Haut-Mauco (40) 265 F3
le Haut Soultzbach (68) 119 K5
Haut Valromey (01) 190 A5
Hautaget (65) 305 F1
Hautbos (60) 17 G5
Haute-Amance (52) 116 E5
Haute-Avesnes (62) 10 D2
la Haute-Beaume (05) 242 A5
Haute-Épine (60) 17 J6
Haute-Goulaine (44) 123 H4
Haute-Isle (95) 36 D6
Haute-Kontz (57) 45 G1
la Haute-Maison (77) 60 A3
Haute-Rivoire (69) 205 G3
Haute-Vigneulles (57) 45 J6
Hautecloque (62) 10 A2
Hautecour (39) 173 H3
Hautecour (73) 209 H5
Hautecourt-Romanèche (01) .. 189 H3
Hautefage (19) 216 C5
Hautefage-la-Tour (47) 248 C3
Hautefaye (24) 197 H5
Hautefeuille (77) 60 A5
Hautefond (71) 170 C5
Hautefontaine (60) 39 G3
Hautefort (24) 214 E3
Hauteluce (73) 209 H2
Hauterive (03) 185 J4
Hauterive (61) 82 E2
Hauterive (89) 113 G4
Hauterive-la-Fresse (25) 157 F4
Hauterives (26) 222 D3
Hauteroche (21) 135 F3
Hauteroche (39) 173 G4
Hautes-Duyes (04) 259 H4
les Hautes-Rivières (08) 22 E2
Hautesvignes (47) 247 J1
Hautevelle (70) 118 B4
Hautevesnes (02) 39 H6
Hauteville (02) 20 C2
Hauteville (08) 21 K6
Hauteville (51) 63 H6
Hauteville (62) 10 D3
Hauteville (73) 208 D5
la Hauteville (78) 57 H5
Hauteville-la-Guichard (50) 31 H3
Hauteville-lès-Dijon (21) 135 K5
Hauteville-Lompnes (01) 189 K5
Hauteville-sur-Fier (74) 190 D6
Hauteville-sur-Mer (50) 30 D5
Haution (02) 21 F2
Hautmont (59) 13 G3
Hautmougey (88) 118 B2
Hautot-l'Auvray (76) 15 G3
Hautot-le-Vatois (76) 15 F5
Hautot-Saint-Sulpice (76) 15 G4
Hautot-sur-Mer (76) 15 K2
Hautot-sur-Seine (76) 35 G3
Hauts-de-Bienne (39) 174 A4
les Hauts-de-Chée (55) 64 A3
Hautteville-Bocage (50) 28 E5
Hautvillers (51) 61 K1
Hautvillers-Ouville (80) 9 K4
Hauville (27) 34 E2
Hauviné (08) 41 J4
Haux (33) 229 K3
Haux (64) 302 C1
Havange (57) 44 D2
Havelu (28) 57 G4
Haveluy (59) 12 C2
Havernas (80) 9 K6
Haverskerque (59) 5 K4
le Havre (76) 33 J1
Havrincourt (62) 11 H5
l'Haÿ-les-Roses (94) 58 E5
Hayange (57) 44 D3
Haybes (08) 24 B3
la Haye (50) 30 D1
la Haye (76) 36 B2
la Haye (88) 118 B2
la Haye-Aubrée (76) 34 E2
la Haye-Bellefond (50) 31 G5
la Haye-de-Calleville (27) 34 E5
la Haye-de-Routot (27) 34 E2
la Haye-d'Ectot (50) 28 B5
la Haye-du-Theil (27) 35 F4
la Haye-le-Comte (27) 35 J3
la Haye-Malherbe (27) 35 H4
la Haye-Pesnel (50) 51 K1
la Haye-Saint-Sylvestre (27) 55 J3
les Hayes (41) 107 K6
Hayes (57) 45 G5
Haynecourt (59) 11 J4
les Hays (39) 155 F5
Hazebrouck (59) 5 K3
Hazembourg (57) 68 C4
le Heaulme (95) 37 G5
Héauville (50) 28 B3
Hébécourt (27) 36 D3
Hébécourt (80) 18 A3
Héberville (76) 15 H3
Hébuterne (62) 10 D5
Hèches (65) 304 C2
Hecken (68) 119 K6
Hecmanville (27) 34 D5
Hécourt (27) 57 F2
Hécourt (60) 36 E1
Hecq (59) 12 E4
Hectomare (27) 35 G5
Hédauville (80) 10 D6

Hédé-Bazouges (35) 79 F2
Hédouville (95) 37 H6
Hegeney (67) 69 K5
Hégenheim (68) 97 D4
Heidolsheim (67) 71 B6
Heidwiller (68) 97 B3
Heiligenberg (67) 71 A2
Heiligenstein (67) 71 B3
Heillecourt (54) 66 A6
Heilles (60) 37 J3
Heilly (80) 18 D1
Heiltz-le-Hutier (51) 63 H6
Heiltz-le-Maurupt (51) 63 H4
Heiltz-l'Évêque (51) 63 G4
Heimersdorf (68) 97 B4
Heimsbrunn (68) 97 B3
Heining-lès-Bouzonville (57) 45 J3
Heippes (55) 64 C2
Heiteren (68) 96 D5
Heiwiller (68) 97 B4
Hélesmes (59) 12 B2
Hélette (64) 282 D3
Helfaut (62) 5 D3
Helfrantzkirch (68) 97 C4
Helléan (56) 101 J1
Hellering-lès-Fénétrange (57) ... 68 D6
Helleville (50) 28 B3
Hellimer (57) 68 B4
Héloup (61) 82 C3
Helstroff (57) 45 H5
Hem (59) 7 H1
Hem-Hardinval (80) 10 A4
Hem-Lenglet (59) 11 J3
Hem-Monacu (80) 19 F1
Hémevez (50) 28 E4
Hémévillers (60) 38 C2
Hémilly (57) 45 J6
Héming (57) 67 H5
Hémonstoir (22) 77 F4
Hénaménil (54) 66 C5
Hénanbihen (22) 49 K5
Hénansal (22) 49 K6
Hendaye (64) 263 A2
Hendecourt-
  -lès-Cagnicourt (62) 11 G4
Hendecourt-lès-Ransart (62) 10 E4
Hénencourt (80) 18 D1
Hengoat (22) 48 C3
Hengwiller (67) 70 B2
Hénin-Beaumont (62) 11 G1
Hénin-sur-Cojeul (62) 11 F4
Héninel (62) 11 F3
Hennebont (56) 100 A3
Hennecourt (88) 94 B5
Hennemont (55) 44 A5
Henneveux (62) 4 D3
Hennezel (88) 118 A2
Hennezis (27) 36 B5
Hénon (22) 77 G2
Hénonville (60) 37 G5
Hénouville (76) 35 G1
Henrichemont (18) 131 F6
Henridorff (57) 67 K4
Henriville (57) 68 B3
Hénu (62) 10 C4
Henvic (29) 47 F4
Hérange (57) 67 K4
Herbault (41) 128 C2
Herbécourt (80) 19 F2
Herbelles (62) 5 G4
l'Herbergement (85) 141 K4
Herbeuval (08) 23 J5
Herbeuville (55) 65 F1
Herbeville (78) 58 A3
Herbéviller (54) 95 F1
Herbeys (38) 224 A4
les Herbiers (85) 142 D5
Herbignac (44) 121 K3
Herbinghen (62) 4 D2
Herbisse (10) 90 B1
Herbitzheim (67) 68 D4
Herblay (95) 58 C2
Herbsheim (67) 71 C4
Hercé (53) 80 E3
Herchies (60) 37 G1
la Hérelle (60) 18 C6
Hérenguerville (50) 30 D5
Hérépian (34) 291 H1
Hères (65) 285 G1
Hergnies (59) 7 J6
Hergugney (88) 94 A3
Héric (44) 123 F1
Héricourt (62) 10 A2
Héricourt (70) 139 G2
Héricourt-en-Caux (76) 15 G4
Héricourt-sur-Thérain (60) 17 F6
Héricy (77) 87 J3
la Hérie (02) 21 G2
la Hérie-la-Viéville (02) 20 D3
Hériménil (54) 94 D1
Hérimoncourt (25) 139 H3
Hérin (59) 12 C2
Hérissart (80) 10 B6
Hérisson (03) 167 H4
Herleville (80) 19 F2
la Herlière (62) 10 D4
Herlies (59) 6 C5
Herlin-le-Sec (62) 10 B2
Herlincourt (62) 10 A2
Herly (62) 4 E5
Herly (80) 19 G4
l'Herm (09) 307 J3
Herm (40) 262 E3
Hermanville (76) 15 J3

Hermanville-sur-Mer (14) 32 E3
les Hermaux (48) 253 G1
Hermaville (62) 10 D2
Hermé (77) 88 D3
Hermelange (57) 67 J5
Hermelinghen (62) 2 D4
l'Hermenault (85) 160 C3
Herment (63) 201 H1
Hermeray (78) 57 H6
Hermes (60) 37 J3
Herméville-en-Woëvre (55) 43 K5
Hermies (62) 11 H5
Hermillon (73) 225 G2
Hermin (62) 10 D1
l'Hermitage (35) 78 E4
les Hermites (37) 127 J1
Hermival-les-Vaux (14) 34 A5
Hermonville (51) 40 E3
Hernicourt (62) 10 A1
Herny (57) 66 D1
le Héron (76) 36 A1
Héronchelles (76) 16 C6
Hérouville (95) 37 H6
Hérouville-Saint-Clair (14) 32 E4
Hérouvillette (14) 33 F4
Herpelmont (88) 95 F6
Herpont (51) 63 G2
Herpy-l'Arlésienne (08) 41 G1
Herqueville (27) 35 K4
Herqueville (50) 28 A2
Herran (31) 306 A3
Herré (40) 266 B1
Herrère (64) 284 B5
Herrin (59) 6 D5
Herrlisheim (67) 25 B5
Herrlisheim-près-Colmar (68) ... 96 B5
Herry (18) 150 B1
Herserange (54) 26 D2
Hersin-Coupigny (62) 10 D1
Hertzing (57) 67 H5
Hervelinghen (62) 2 B3
Hervilly (80) 19 J2
Héry (58) 133 G6
Héry (89) 113 G4
Héry-sur-Alby (74) 208 C1
Herzeele (59) 3 J3
Hesbécourt (80) 19 J1
Hescamps (80) 17 G4
Hesdigneul-lès-Béthune (62) 5 K6
Hesdigneul-lès-Boulogne (62) 4 B4
Hesdin (62) 9 J2
Hesdin-l'Abbé (62) 4 B4
Hésingue (68) 97 D4
Hesmond (62) 9 H1
Hesse (57) 67 J5
Hessenheim (67) 71 C6
Hestroff (57) 45 H4
Hestrud (59) 13 J4
Hestrus (62) 10 B1
Hétomesnil (60) 17 J5
Hettange-Grande (57) 44 E2
Hettenschlag (68) 96 C5
Heubécourt-Haricourt (27) 36 C6
Heuchin (62) 5 G6
Heucourt-Croquoison (80) 17 H2
Heudebouville (27) 35 J5
Heudicourt (27) 36 D3
Heudicourt (80) 11 H6
Heudicourt-sous-
  -les-Côtes (55) 65 F2
Heudreville-en-Lieuvin (27) 34 C5
Heudreville-sur-Eure (27) 35 J6
Heugas (40) 264 A5
Heugleville-sur-Scie (76) 15 K4
Heugnes (36) 147 G4
Heugueville-sur-Sienne (50) 30 D4
Heuilley-le-Grand (52) 116 D6
Heuilley-sur-Saône (21) 136 E5
Heuland (14) 33 H4
Heume-l'Église (63) 201 K3
la Heunière (27) 57 F1
Heuqueville (27) 36 A4
Heuqueville (76) 14 B5
Heuringhem (62) 5 G3
Heurteauville (76) 35 F2
Heutrégiville (51) 41 H3
Heuzecourt (80) 9 K4
Hévilliers (55) 92 C1
Heyrieux (38) 206 C4
Hézecques (62) 5 F5
le Hézo (56) 101 F6
Hibarette (65) 285 G6
Hières-sur-Amby (38) 207 F2
Hierges (08) 24 C2
Hiermont (80) 9 J4
Hiers-Brouage (17) 176 D6
Hiersac (16) 196 C3
Hiesse (16) 180 A4
Hiesville (50) 29 F6
Hiéville (14) 54 C1
Higuères-Souye (64) 284 C3
Hiis (65) 285 H6
Hilbesheim (57) 67 J4
Hillion (22) 49 H6
Hilsenheim (67) 71 C5
Hilsprich (57) 68 C4
Hinacourt (02) 20 A4
Hinckange (57) 45 H5
Hindisheim (67) 71 C2
Hindlingen (68) 97 A4
Hinges (62) 6 A5
le Hinglé (22) 50 C6
Hinsbourg (67) 69 F5

Hinsingen (67) 68 C4
Hinx (40) 264 B4
Hipsheim (67) 71 D2
Hirel (35) 51 F3
Hirschland (67) 68 E6
Hirsingue (68) 97 B4
Hirson (02) 21 H2
Hirtzbach (68) 97 B4
Hirtzfelden (68) 96 C6
His (31) 306 D1
Hitte (65) 285 H6
Hochfelden (67) 70 D1
Hochstatt (68) 97 B3
Hochstett (67) 69 K6
Hocquigny (50) 51 K1
Hocquinghen (62) 4 D2
Hodenc-en-Bray (60) 37 F2
Hodenc-l'Évêque (60) 37 H3
Hodeng-au-Bosc (76) 17 F2
Hodeng-Hodenger (76) 36 C1
Hodent (95) 36 E6
Hœdic (56) 120 D4
Hœnheim (67) 25 A6
Hœrdt (67) 25 A5
Hœville (54) 66 C5
Hoffen (67) 25 C2
les Hogues (27) 36 A2
la Hoguette (14) 54 B3
Hohengœft (67) 70 C2
Hohfrankenheim (67) 70 D1
Hohrod (68) 119 K1
le Hohwald (67) 70 B5
Holacourt (57) 66 D2
Holling (57) 45 H4
Holnon (02) 19 K2
Holque (59) 3 G4
Holtzheim (67) 71 C1
Holving (57) 68 C4
le Hom (14) 53 H1
Hombleux (80) 19 H4
Homblières (02) 20 A3
Hombourg (68) 97 D2
Hombourg-Budange (57) 45 G3
Hombourg-Haut (57) 68 A2
l'Hôme-Chamondot (61) 83 J1
Homécourt (54) 44 D4
Hommarting (57) 67 K4
Hommert (57) 67 K5
Hommes (37) 126 E4
le Hommet-d'Arthenay (50) 31 G2
Homps (11) 290 E5
Homps (32) 268 A4
Hon-Hergies (59) 13 F2
Hondainville (60) 37 J3
Hondeghem (59) 5 J3
Hondevilliers (77) 60 D3
Hondouville (27) 35 H6
Hondschoote (59) 3 K2
Honfleur (14) 33 K2
Honguemare-
  -Guenouville (27) 35 F3
Honnechy (59) 12 C6
Honnecourt-sur-Escaut (59) 11 J6
l'Honor-de-Cos (82) 249 J5
Honskirch (57) 68 C5
Hontanx (40) 265 J3
l'Hôpital (57) 68 A2
l'Hôpital-Camfrout (29) 74 C1
l'Hôpital-d'Orion (64) 283 H2
l'Hôpital-du-Grosbois (25) 156 D1
l'Hôpital-le-Grand (42) 204 E4
l'Hôpital-le-Mercier (71) 170 A6
l'Hôpital-Saint-Blaise (64) 283 J4
l'Hôpital-Saint-Lieffroy (25) 138 D4
l'Hôpital-sous-Rochefort (42) .. 204 B2
les Hôpitaux-Neufs (25) 157 F6
les Hôpitaux-Vieux (25) 156 E6
Horbourg-Wihr (68) 96 C4
Hordain (59) 12 B3
la Horgne (08) 22 C5
Horgues (65) 285 H5
l'Horme (42) 205 H6
Hornaing (59) 12 B2
Hornoy-le-Bourg (80) 17 H3
le Horps (53) 81 H3
Horsarrieu (40) 265 F5
Horville-en-Ornois (55) 92 D2
l'Hosmes (27) 56 C4
l'Hospitalet (04) 258 C6
l'Hospitalet-du-Larzac (12) 272 E2
l'Hospitalet-près-
  -l'Andorre (09) 313 F3
Hosta (64) 283 F5
Hoste (57) 68 B3
Hostens (33) 229 G6
Hostiaz (01) 189 J6
Hostun (26) 222 E5
l'Hôtellerie (14) 34 B5
l'Hôtellerie-de-Flée (49) 104 D5
Hotot-en-Auge (14) 33 H5
Hottot-les-Bagues (14) 32 B5
Hottviller (57) 69 G3
la Houblonnière (14) 33 J6
les Houches (74) 192 B6
Houchin (62) 6 A6
Houdain (62) 10 C1
Houdain-lez-Bavay (59) 13 F2
Houdan (78) 57 H4
Houdancourt (60) 38 C3
Houdelaincourt (55) 92 D1
Houdelmont (54) 93 K1
Houdemont (54) 66 A6
Houdetot (76) 15 H3
Houdilcourt (08) 41 F2

Houdreville (54).....93 K2
Houécourt (88).....93 H4
Houeillès (47).....246 E4
Houetteville (27).....35 H6
Houéville (88).....93 H3
Houeydets (65).....286 A6
le Houga (32).....265 K4
Houilles (78).....58 D3
Houlbec-Cocherel (27).....57 F1
Houlbec-près-le-
-Gros-Theil (27).....35 E4
Houldizy (08).....22 C3
Houlette (16).....196 A2
Houlgate (14).....33 G3
Houlle (62).....3 F4
le Houlme (76).....35 H1
l'Houmeau (17).....176 C2
Hounoux (11).....308 B1
Houplin-Ancoisne (59).....6 D5
Houplines (59).....6 C3
Houppeville (76).....35 H1
Houquetot (76).....14 D5
Hourc (65).....285 J5
Hourges (51).....40 C4
Hours (64).....284 E5
Hourtin (33).....210 C3
Houry (02).....21 F3
Houssay (41).....108 A6
Houssay (53).....104 E3
la Houssaye (27).....55 K2
la Houssaye-Béranger (76).....15 K5
la Houssaye-en-Brie (77).....59 K5
le Housseau-Brétignolles (53).....81 H2
Houssen (68).....96 C3
Housseras (88).....95 F4
Housséville (54).....93 K3
la Houssière (88).....95 H5
la Houssoye (60).....37 F3
Houtaud (25).....156 E4
Houtkerque (59).....3 K3
Houville-en-Vexin (27).....36 H4
Houville-la-Branche (28).....85 H3
Houvin-Houvigneul (62).....10 B3
Houx (28).....85 H1
Hoymille (59).....3 J2
Huanne-Montmartin (25).....138 C4
Hubersent (62).....4 C5
Hubert-Folie (14).....32 E5
Huberville (50).....28 E4
Huby-Saint-Leu (62).....9 J2
Huchenneville (80).....9 F6
Huclier (62).....10 B1
Hucqueliers (62).....4 D5
Hudimesnil (50).....30 D6
Hudiviller (54).....66 C6
Huelgoat (29).....75 G1
Huest (27).....56 D1
Huêtre (45).....109 J3
Huez (38).....224 D5
Hugier (70).....137 G5
Hugleville-en-Caux (76).....15 H5
Huillé (49).....125 J1
Huilliécourt (52).....92 E6
Huilly-sur-Seille (71).....172 B3
Huiron (51).....62 E5
Huismes (37).....145 F1
Huisnes-sur-Mer (50).....51 J4
Huisseau-en-Beauce (41).....108 B6
Huisseau-sur-Cosson (41).....129 F2
Huisseau-sur-Mauves (45).....109 J4
l'Huisserie (53).....104 E2
Hulluch (62).....6 B1
Hultehouse (57).....70 A2
Humbauville (51).....62 D6
Humbécourt (52).....91 J1
Humbercamps (62).....10 D3
Humbercourt (80).....10 C4
Humbert (62).....4 D6
Humberville (52).....92 D5
Humbligny (18).....149 J1
Humerœuille (62).....9 K1
Humes-Jorquenay (52).....116 C4
Humières (62).....9 K2
Hunawihr (68).....96 B3
Hundling (57).....68 C3
Hundsbach (68).....97 C4
Huningue (68).....97 K4
Hunspach (67).....25 B2
Hunting (57).....45 G2
Huos (31).....305 H1
Huparlac (12).....236 B4
Huppy (80).....9 F6
Hurbache (88).....95 H3
Hure (33).....230 D6
Hurecourt (70).....117 K4
Hures-la-Parade (48).....253 J4
Huriel (03).....167 F6
Hurigny (71).....171 J6
Hurtières (38).....224 C2
Hurtigheim (67).....70 D1
Husseren-les-Châteaux (68).....96 B4
Husseren-Wesserling (68).....119 K6
Hussigny-Godbrange (54).....44 C1
Huttendorf (67).....69 C6
Huttenheim (67).....71 C4
Hyds (03).....184 C1
Hyémondans (25).....139 C4
Hyencourt-le-Grand (80).....19 F3
Hyères (83).....300 E6
Hyet (70).....138 A3
Hyèvre-Magny (25).....138 D4
Hyèvre-Paroisse (25).....138 D4
Hymont (88).....94 A5

I

Ibarrolle (64).....283 F5
Ibigny (57).....67 H5
Ibos (65).....285 G5
Ichtratzheim (67).....71 D2
Ichy (77).....87 G6
Idaux-Mendy (64).....283 G5
Idrac-Respaillès (32).....286 B1
Idron (64).....284 D4
Ids-Saint-Roch (18).....166 D2
Iffendic (35).....78 C4
les Iffs (35).....78 E2
Ifs (14).....32 E5
les Ifs (76).....16 C2
Igé (61).....83 H4
Igé (71).....171 H6
Ignaucourt (80).....18 D3
Ignaux (09).....308 A6
Igney (54).....67 G5
Igney (88).....94 C5
Ignol (18).....150 A4
Igny (70).....137 H3
Igny (91).....58 D5
Igny-Comblizy (51).....61 H2
Igon (64).....284 E6
Igornay (71).....153 F3
Igoville (27).....35 J3
Iguerande (71).....186 E2
Iholdy (64).....282 E4
Île-aux-Moines (56).....100 E6
l'Île-Bouchard (37).....145 H2
Île-d'Aix (17).....176 C4
Île-d'Arz (56).....100 E6
Île-de-Batz (29).....46 E2
Île-de-Bréhat (22).....48 E2
Île-de-Sein (29).....73 A2
l'Île-d'Elle (85).....160 C6
Île-d'Houat (56).....120 D3
l'Île-d'Olonne (85).....158 E2
l'Île-d'Yeu (85).....140 B6
Île-Molène (29).....72 A6
l'Île-Rousse (2B).....318 C1
l'Île-Saint-Denis (93).....58 E3
Île-Tudy (29).....98 C3
Ilharre (64).....283 F2
Ilhat (09).....307 K3
les Ilhes (11).....290 B4
Ilhet (65).....304 E3
Ilheu (65).....305 H2
Illange (57).....45 F3
Illartein (09).....306 B3
Illats (33).....229 K5
Ille-sur-Têt (66).....314 C2
Illeville-sur-Montfort (27).....34 E3
Illfurth (68).....97 B3
Illhaeusern (68).....71 B6
Illiat (01).....188 C2
Illier-et-Laramade (09).....307 G5
Illiers-Combray (28).....84 D5
Illiers-l'Évêque (27).....56 E4
Illies (59).....6 C5
Illifaut (22).....77 K5
Illkirch-Graffenstaden (67).....71 D2
Illois (76).....16 E4
Illoud (52).....92 E6
Illtal (68).....97 B5
Illy (08).....23 F4
Illzach (68).....97 C2
Ilonse (06).....261 H6
Imbleville (76).....15 J4
Imécourt (08).....42 D3
Imling (57).....67 J4
Imphy (58).....150 E5
Inaumont (08).....21 K6
Incarville (27).....35 J4
Incheville (76).....8 D6
Inchy (59).....12 C5
Inchy-en-Artois (62).....11 H4
Incourt (62).....9 K1
Indevillers (25).....139 J5
Indre (44).....123 F4
Ineuil (18).....166 D1
Ingenheim (67).....70 D1
Ingersheim (68).....96 B4
Inghem (62).....5 G4
Inglange (57).....45 G3
Ingolsheim (67).....25 B2
Ingouville (76).....15 G2
Ingrandes (36).....164 B3
Ingrandes (86).....145 J5
Ingrandes-de-Touraine (37).....126 E6
Ingrandes-le Fresne
sur Loire (49).....124 C4
Ingrannes (45).....110 D3
Ingré (45).....109 K4
Inguiniel (56).....100 A1
Ingwiller (67).....69 H5
Injoux-Génissiat (01).....190 B4
Innenheim (67).....71 C2
Innimond (01).....207 H2
Inor (55).....23 H6
Insming (57).....68 B4
Insviller (57).....68 C5
Intres (07).....221 G6
Intréville (28).....86 A5
Intville-la-Guétard (45).....86 D5
Inval-Boiron (80).....17 F2
Inxent (62).....4 C5
Inzinzac-Lochrist (56).....100 A2
Ippécourt (55).....64 B1
Ippling (57).....68 C3
Irai (61).....55 J6
Irais (79).....144 C5

Irancy (89).....133 G1
Iré-le-Sec (55).....43 H1
Irigny (69).....206 A3
Irissarry (64).....282 D4
Irles (80).....10 E5
Irodouër (35).....78 D2
Iron (02).....20 D1
Irouléguy (64).....282 D5
Irreville (27).....35 J6
Irvillac (29).....74 C1
Is-en-Bassigny (52).....116 D2
Is-sur-Tille (21).....136 A3
Isbergues (62).....5 J4
Isches (88).....117 H2
Isdes (45).....130 D1
Isenay (58).....151 J5
Isigny-le-Buat (50).....52 B6
Isigny-sur-Mer (14).....29 H6
Island (89).....133 J4
Isle (87).....198 E2
l'Isle-Adam (95).....37 J6
l'Isle-Arné (32).....267 K6
Isle-Aubigny (10).....90 C2
Isle-Aumont (10).....90 B6
l'Isle-Bouzon (32).....267 J2
l'Isle-d'Abeau (38).....206 E4
l'Isle-de-Noé (32).....267 F6
l'Isle-d'Espagnac (16).....196 E3
Isle-et-Bardais (03).....167 J2
l'Isle-Jourdain (32).....268 C6
l'Isle-Jourdain (86).....180 B2
Isle-Saint-Georges (33).....229 J3
l'Isle-sur-la-Sorgue (84).....276 D2
l'Isle-sur-le-Doubs (25).....139 F3
Isle-sur-Marne (51).....63 G6
l'Isle-sur-Serein (89).....134 J2
les Isles-Bardel (14).....53 K3
Isles-les-Meldeuses (77).....60 A2
Isles-lès-Villenoy (77).....59 J3
les Islettes (55).....42 E6
Isneauville (76).....35 J1
Isola (06).....261 J4
Isolaccio-di-Fiumorbo (2B).....321 H3
Isômes (52).....136 C1
Ispagnac (48).....254 A3
Ispoure (64).....282 D5
Isques (62).....4 B4
Issac (24).....213 H6
Issamoulenc (07).....239 J3
Issancourt-et-Rumel (08).....22 E4
Issanlas (07).....238 D3
Issans (25).....139 G2
les Issards (09).....307 J1
Issarlès (07).....238 D2
Issé (44).....103 H4
Isse (51).....62 B1
Issel (11).....289 H4
Issendolus (46).....234 B4
Issenhausen (67).....69 H6
Issenheim (68).....96 B6
Issepts (46).....234 C4
Isserpent (03).....186 A3
Isserteaux (63).....203 G4
Issigeac (24).....231 K3
Issirac (30).....256 A4
Issoire (63).....202 E5
Issor (64).....283 K6
Issou (78).....57 K2
Issoudun (36).....148 C5
Issoudun-Létrieix (23).....183 F4
Issus (31).....288 C3
Issy-les-Moulineaux (92).....58 D4
Issy-l'Évêque (71).....170 A2
Istres (13).....295 J3
les Istres-et-Bury (51).....62 A2
Isturits (64).....282 E2
Itancourt (02).....20 A3
Iteuil (86).....162 E4
Ittenheim (67).....71 C1
Itterswiller (67).....71 B4
Itteville (91).....86 E2
Itxassou (64).....263 E2
Itzac (81).....270 A1
Ivergny (62).....10 B3
Iverny (77).....59 J2
Iviers (02).....21 H3
Iville (27).....35 G5
Ivors (60).....39 F5
Ivory (39).....155 K5
Ivoy-le-Pré (18).....131 F5
Ivrey (39).....156 A4
Ivry-la-Bataille (27).....57 G3
Ivry-le-Temple (60).....37 G5
Ivry-sur-Seine (94).....58 E4
Iwuy (59).....12 B3
Izaourt (65).....305 H2
Izaut-de-l'Hôtel (31).....305 J2
Izaux (65).....304 E1
Izé (53).....81 K5
Izeaux (38).....223 G2
Izel-lès-Équerchin (62).....11 G2
Izel-lès-Hameau (62).....10 C2
Izenave (01).....189 J4
Izernore (01).....189 J2
Izeron (38).....223 G4
Izeste (64).....303 G1
Izeure (21).....154 C2
Izier (21).....136 B6
Izieu (01).....207 J3
Izon (33).....229 K1
Izon-la-Bruisse (26).....258 B4
Izotges (32).....266 B5

J

Jablines (77).....59 J3
Jabreilles-les-Bordes (87).....181 K5
Jabrun (15).....236 D3
Jacob-Bellecombette (73).....208 B4
Jacou (34).....274 B6
Jacque (65).....285 J4
Jagny-sous-Bois (95).....59 F1
Jaignes (77).....60 B2
Jaillans (26).....222 E5
la Jaille-Yvon (49).....105 F6
Jaillon (54).....65 J4
Jailly (58).....151 G3
Jailly-les-Moulins (21).....135 F4
Jainvillotte (88).....93 G5
Jalesches (23).....183 F1
Jaleyrac (15).....217 G3
Jaligny-sur-Besbre (03).....169 G6
Jallanges (21).....154 D4
Jallans (28).....109 F2
Jallaucourt (57).....66 C3
Jallerange (25).....137 G6
Jalognes (18).....150 A1
Jalogny (71).....171 G5
Jâlons (51).....62 B2
Jambles (71).....171 H1
Jambville (78).....57 K1
Jaméricourt (60).....37 F4
Jametz (55).....43 H2
Janailhac (87).....198 A5
Janaillat (23).....182 B4
Jancigny (21).....136 D5
Jandun (08).....22 B5
Janneyrias (38).....206 D2
Jans (44).....103 G4
Janville (14).....33 G5
Janville (28).....85 K6
Janville (60).....38 E2
Janville-sur-Juine (91).....86 D2
Janvilliers (51).....61 G3
Janvry (51).....40 D4
Janvry (91).....58 C6
Janzé (35).....79 H6
Jarcieu (38).....222 C2
la Jard (17).....195 G3
Jard-sur-Mer (85).....159 F4
le Jardin (19).....216 D2
Jardin (38).....206 B5
Jardres (86).....163 G3
Jargeau (45).....110 C5
Jarjayes (05).....242 E6
Jarménil (88).....118 E1
Jarnac (16).....196 A3
Jarnac-Champagne (17).....195 J4
Jarnages (23).....182 E3
la Jarne (17).....176 D3
Jarnioux (69).....188 A5
Jarnosse (42).....187 G4
Jarny (54).....44 C5
Jarret (65).....304 E1
la Jarrie (17).....176 E3
Jarrie (38).....224 A4
la Jarrie-Audouin (17).....177 K4
Jarrier (73).....225 F2
Jars (18).....131 H5
Jarsy (73).....208 D3
Jarville-la-Malagrange (54).....66 A5
Jarzé Villages (49).....125 K2
Jas (42).....205 F2
Jasney (70).....118 B4
Jassans-Riottier (01).....188 B5
Jasseines (10).....90 D2
Jasseron (01).....189 G2
Jasses (64).....283 J4
Jatxou (64).....263 E2
Jau-Dignac-et-Loirac (33).....194 C6
Jaucourt (10).....91 G5
la Jaudonnière (85).....160 C2
Jaudrais (28).....84 C1
Jaujac (07).....239 G5
Jauldes (16).....197 F2
Jaulges (89).....113 H1
Jaulgonne (02).....61 F1
Jaulnay (37).....145 G4
Jaulnes (77).....88 D3
Jaulny (54).....65 H2
Jaulzy (60).....39 G3
Jaunac (07).....239 H1
Jaunay-Clan (86).....163 F2
Jaure (24).....213 J5
Jausiers (04).....260 D1
Jaux (60).....38 D3
Jauzé (72).....83 F6
Javaugues (43).....219 H2
Javené (35).....80 A4
Javerdat (87).....180 E5
Javerlhac-et-la-Chapelle-
-Saint-Robert (24).....197 H4
Javernant (10).....114 A1
la Javie (04).....259 K4
Javols (48).....237 G4
Javrezac (16).....195 J2
Javron-les-Chapelles (53).....81 J3
Jax (43).....219 J4
Jaxu (64).....282 E5
Jayac (24).....215 G6
Jayat (01).....172 B6
Jazeneuil (86).....162 C4
Jazennes (17).....195 G4
Jeancourt (02).....19 J2
Jeandelaincourt (54).....66 B3
Jeandelize (54).....44 B5
Jeanménil (88).....95 F4

Jeantes (02).....21 H3
Jebsheim (68).....96 D3
Jegun (32).....267 F4
la Jemaye (24).....213 F4
Jenlain (59).....12 E2
Jenzat (03).....185 F3
Jésonville (88).....118 A1
Jessains (10).....91 F5
Jettersviller (67).....70 C2
Jettingen (68).....97 C4
Jeu-les-Bois (36).....165 J4
Jeu-Maloches (36).....147 H3
Jeufosse (78).....57 G1
Jeugny (10).....114 A1
Jeumont (59).....13 J3
Jeurre (39).....173 H6
Jeux-lès-Bard (21).....134 C3
Jeuxey (88).....94 D5
Jevoncourt (54).....94 A3
Jezainville (54).....65 J3
Jézeau (65).....304 E3
Joannas (07).....239 G6
Job (63).....203 K4
Jobourg (50).....28 A1
Joch (66).....314 C2
Jœuf (54).....44 D4
Joganville (50).....29 F4
Joigny (89).....112 E3
Joigny-sur-Meuse (08).....22 D3
Joinville (52).....92 A3
Joinville-le-Pont (94).....59 F4
Joiselle (51).....61 F5
Jolimetz (59).....12 E4
Jolivet (54).....66 D6
Jonage (69).....206 C2
Joncels (34).....272 E5
la Jonchère (85).....159 H4
la Jonchère-Saint-Maurice (87).....181 J5
Jonchères (26).....241 H5
Joncherey (90).....139 J2
Jonchery (52).....116 A1
Jonchery-sur-Suippe (51).....41 K5
Jonchery-sur-Vesle (51).....40 D4
Joncourt (02).....20 A1
Joncreuil (10).....91 F2
Joncy (71).....171 G3
Jongieux (73).....207 K2
Jonquerettes (84).....276 C2
Jonquery (51).....40 C6
Jonquières (11).....309 K2
Jonquières (34).....273 G6
Jonquières (60).....38 D3
Jonquières (81).....270 D6
Jonquières (84).....256 E6
Jonquières-Saint-Vincent (30).....275 J3
Jons (69).....206 D2
Jonval (08).....22 C6
Jonvelle (70).....117 J3
Jonville-en-Woëvre (55).....44 B6
Jonzac (17).....195 H6
Jonzier-Épagny (74).....190 D4
Jonzieux (42).....221 G2
Joppécourt (54).....44 B2
Jort (14).....54 B2
Jorxey (88).....94 B4
Josat (43).....219 J2
Josnes (41).....109 G5
Josse (40).....262
Josselin (56).....101
Jossigny (77).....59
Jou-sous-Monjou (15).....23
Jouac (87).....16
Jouaignes (02).....
Jouancy (89).....13
Jouarre (77).....
Jouars-Pontchartrain (78).....
Jouaville (54).....
Joucas (84).....
Joucou (11).....
Joudes (71).....
Joudreville (54).....
Joué-du-Bois (61).....
Joué-du-Plain (61).....
Joué-en-Charnie (72).....
Joué-l'Abbé (72).....
Joué-lès-Tours (37).....
Joué-sur-Erdre (44).....
Jouet-sur-l'Aubois (18).....
Jouey (21).....
Jougne (25).....
Jouhe (39).....
Jouhet (86).....
Jouillat (23).....
Jouques (13).....
Jouqueviel (81).....
Jourgnac (87).....
Journans (01).....
Journet (86).....
Journiac (24).....
Journy (62).....
Jours-lès-Baigneux (21).....
Joursac (15).....
Joussé (86).....
Jouvençon (71).....
Joux (69).....
Joux-la-Ville (89).....
Jouy (21).....
Jouy (89).....
Jouy-aux-Arches (57).....43 G6
Jouy-en-Argonne (55).....58 C5
Jouy-en-Josas (78).....110 C1
Jouy-en-Pithiverais (45).....60 B6
Jouy-le-Châtel (77).....58 B2
Jouy-le-Moutier (95).....

Jouy-le-Potier (45) ... 109 K6
Jouy-lès-Reims (51) ... 40 E5
Jouy-Mauvoisin (78) ... 57 H2
Jouy-sous-Thelle (60) ... 37 F3
Jouy-sur-Eure (27) ... 56 E1
Jouy-sur-Morin (77) ... 60 D4
Joyeuse (07) ... 255 H1
Joyeux (01) ... 188 E5
Joze (63) ... 203 F1
Jozerand (63) ... 184 E5
Jû-Belloc (32) ... 266 B6
Juaye-Mondaye (14) ... 32 B4
Jubainville (88) ... 93 G2
Jublains (53) ... 81 H5
le Juch (29) ... 74 B5
Jugazan (33) ... 230 B3
Jugeals-Nazareth (19) ... 215 J5
Jugon-les-Lacs (22) ... 50 A6
Jugy (71) ... 171 J3
Juicq (17) ... 177 J6
Juif (71) ... 172 C2
Juignac (16) ... 212 E1
Juigné-des-Moutiers (44) ... 104 A6
Juigné-sur-Loire (49) ... 125 H4
Juigné-sur-Sarthe (72) ... 105 K4
Juignettes (27) ... 55 J3
Juillac (19) ... 215 F2
Juillac (32) ... 285 H1
Juillac (33) ... 230 D2
Juillac-le-Coq (16) ... 195 K4
Juillan (65) ... 285 G5
Juillé (16) ... 179 F5
Juillé (72) ... 82 D5
Juillé (79) ... 178 C3
Juillenay (21) ... 134 C5
Juilles (32) ... 267 K6
Juilley (50) ... 51 K4
Juilly (21) ... 134 E3
Juilly (77) ... 59 H2
Jujols (66) ... 314 A3
Jujurieux (01) ... 189 H4
Julianges (48) ... 237 G1
Juliénas (69) ... 188 A2
Julienne (16) ... 196 A3
Jullianges (43) ... 220 A2
Jullié (69) ... 188 A2
Jullouville (50) ... 51 H1
Jully (89) ... 114 C6
Jully-lès-Buxy (71) ... 171 H2
Jully-sur-Sarce (10) ... 114 D1
Julos (65) ... 285 G5
Julvécourt (55) ... 64 B1
Jumeauville (78) ... 57 K3
Jumeaux (63) ... 219 G1
Jumel (80) ... 18 B4
Jumelles (27) ... 56 D3
Jumencourt (02) ... 39 J1
Jumièges (76) ... 35 F2
Jumigny (02) ... 40 C2
Jumilhac-le-Grand (24) ... 198 D5
Junas (30) ... 274 D4
Junay (89) ... 113 K4
Juncalas (65) ... 304 B1
Jungholtz (68) ... 96 A6
Junhac (15) ... 235 H4
les Junies (46) ... 233 F6
Juniville (08) ... 41 J2
Jupilles (72) ... 107 F5
Jurançon (64) ... 284 C4
Juranville (45) ... 111 F2
Juré (42) ... 204 B1
Jurques (14) ... 53 F1
Jurvielle (31) ... 305 F4
Jury (57) ... 45 G4
Juscorps (79) ... 178 A2
Jusix (47) ... 230 D6
Jussac (15) ... 217 G6
Jussarupt (88) ... 95 G6
Jussas (17) ... 211 K2
Jussecourt-Minecourt (51) ... 63 H4
Jussey (70) ... 117 J5
Jussy (02) ... 19 K4
Jussy (57) ... 44 E4
Jussy (89) ... 113 J2
Jussy-Champagne (18) ... 149 J4
Jussy-le-Chaudrier (18) ... 150 B2
Justian (32) ... 266 E3
Justine-Herbigny (08) ... 21 K6
Justiniac (09) ... 288 C5
...tigny (77) ... 88 C2
...vaincourt (88) ... 93 K4
...vancourt (10) ... 115 H1
...anzé (10) ... 91 F4
...ardeil (49) ... 125 G1
...lize (57) ... 66 E4
...nnac (34) ... 293 H4
...né (53) ... 80 C5
...ries (60) ... 37 H1
...y (02) ... 39 J2
...(51) ... 62 C1
...(74) ... 191 H2
...en-Perthois (55) ... 92 A1
...e-Tertre (50) ... 52 C5
...sur-Loison (55) ... 43 H1
...ur-Orne (61) ... 54 C5
...r-Seulles (14) ... 32 B5
...d'Andaine (61) ... 81 H1
...(66) ... 66 B2
...(59) ... 239 G4
...-Damary (02) ... 40 D2
...rge (91) ... 58 E6
...Jux (4) ... 66 E4
...Juza... ... 283 F4
...) ... 91 F3

K

Kalhausen (57) ... 68 E3
Kaltenhouse (67) ... 25 B4
Kanfen (57) ... 44 E2
Kappelen (68) ... 97 D4
Kappelkinger (57) ... 68 C4
Katzenthal (68) ... 96 B3
Kauffenheim (67) ... 25 C3
Kaysersberg Vignoble (68) ... 96 B3
Kédange-sur-Canner (57) ... 45 G3
Keffenach (67) ... 25 C3
Kembs (68) ... 97 D3
Kemplich (57) ... 45 G3
Kerbach (57) ... 68 C2
Kerbors (22) ... 48 C2
Kerfot (22) ... 48 D3
Kerfourn (56) ... 77 F6
Kergloff (29) ... 75 H3
Kergrist (56) ... 76 E5
Kergrist-Moëlou (22) ... 76 A2
Kerien (22) ... 76 B1
Kerlaz (29) ... 74 B4
Kerling-lès-Sierck (57) ... 45 G2
Kerlouan (29) ... 46 B3
Kermaria-Sulard (22) ... 48 C2
Kermoroc'h (22) ... 48 C4
Kernascléden (56) ... 76 A4
Kernilis (29) ... 46 A4
Kernouës (29) ... 46 B4
Kerpert (22) ... 76 C2
Kerprich-aux-Bois (57) ... 67 H4
Kersaint-Plabennec (29) ... 46 B5
Kertzfeld (67) ... 71 C4
Kervignac (56) ... 100 B3
Keskastel (67) ... 68 D4
Kesseldorf (67) ... 25 D3
Kienheim (67) ... 70 D2
Kiffis (68) ... 97 C6
Killem (59) ... 3 K2
Kilstett (67) ... 25 B5
Kindwiller (67) ... 69 J5
Kingersheim (68) ... 97 C2
Kintzheim (67) ... 71 A5
Kirchberg (68) ... 119 J3
Kirchheim (67) ... 71 B1
Kirrberg (67) ... 68 D6
Kirrwiller (67) ... 69 H6
Kirsch-lès-Sierck (57) ... 45 G1
Kirschnaumen (57) ... 45 H2
Kirviller (57) ... 68 C4
Klang (57) ... 45 G3
Kleingœft (67) ... 70 C2
Knœringue (68) ... 97 C4
Knœrsheim (67) ... 70 C2
Knutange (57) ... 44 D3
Kœnigsmacker (57) ... 45 F2
Kœstlach (68) ... 97 B5
Kœtzingue (68) ... 97 C3
Kœur-la-Grande (55) ... 64 D3
Kœur-la-Petite (55) ... 64 D3
Kogenheim (67) ... 71 C4
Kolbsheim (67) ... 71 C1
Krautergersheim (67) ... 71 C2
Krautwiller (67) ... 70 E1
le Kremlin-Bicêtre (94) ... 58 E4
Kriegsheim (67) ... 25 A4
Kruth (68) ... 119 J3
Kunheim (68) ... 96 D4
Kuntzig (57) ... 45 F3
Kurtzenhouse (67) ... 25 A5
Kuttolsheim (67) ... 70 D2
Kutzenhausen (67) ... 25 B2

L

Laà-Mondrans (64) ... 283 J2
Laas (32) ... 286 A2
Laas (45) ... 110 D1
Laàs (64) ... 283 H3
Labalme (01) ... 189 J4
Labarde (33) ... 211 G5
Labaroche (68) ... 96 A3
Labarthe (32) ... 286 C2
Labarthe (82) ... 249 H4
Labarthe-Bleys (81) ... 250 C6
Labarthe-Inard (31) ... 305 K1
Labarthe-Rivière (31) ... 305 H1
Labarthe-sur-Lèze (31) ... 288 B2
Labarthète (32) ... 265 K6
Labassère (65) ... 304 C1
Labastide (65) ... 304 D1
Labastide-Beauvoir (31) ... 288 D2
Labastide-Castel-
-Amouroux (47) ... 247 F2
Labastide-Cézéracq (64) ... 284 B3
Labastide-Chalosse (40) ... 264 E6
Labastide-Clermont (31) ... 287 J4
Labastide-d'Anjou (11) ... 289 F4
Labastide-d'Armagnac (40) ... 265 K1
Labastide-de-Lévis (81) ... 270 C2
Labastide-de-Penne (82) ... 250 A4
Labastide-de-Virac (07) ... 255 K3
Labastide-Dénat (81) ... 270 D3
Labastide-du-Haut-Mont (46) ... 234 E2
Labastide-du-Temple (82) ... 249 G6
Labastide-du-Vert (46) ... 233 F6
Labastide-en-Val (11) ... 309 G2

Labastide-Esparbairenque (11) ... 290 B3
Labastide-Gabausse (81) ... 270 C1
Labastide-Marnhac (46) ... 249 J2
Labastide-Monréjeau (64) ... 284 B3
Labastide-Paumès (31) ... 287 G4
Labastide-Rouairoux (81) ... 290 E2
Labastide-Saint-Georges (81) ... 270 A5
Labastide-Saint-Pierre (82) ... 269 F2
Labastide-Saint-Sernin (31) ... 269 G5
Labastide-Savès (32) ... 287 J2
Labastide-sur-Bésorgues (07) ... 239 G4
Labastide-Villefranche (64) ... 283 G2
Labastidette (31) ... 287 K2
Labathude (46) ... 234 D3
Labatie-d'Andaure (07) ... 221 H6
Labatmale (64) ... 284 E5
Labatut (09) ... 288 C5
Labatut (40) ... 264 B6
Labatut (64) ... 285 G2
Labatut-Rivière (65) ... 285 H1
Labbeville (95) ... 37 H6
Labeaume (07) ... 255 J1
Labécède-Lauragais (11) ... 289 H3
Labège (31) ... 288 C2
Labégude (07) ... 239 H5
Labéjan (32) ... 286 C2
Labenne (40) ... 262 B5
Labergement-du-Navois (25) ... 156 C4
Labergement-Foigney (21) ... 136 C6
Labergement-lès-Auxonne (21) ... 155 F2
Labergement-lès-Seurre (21) ... 154 E6
Labergement-Sainte-Marie (25) ... 156 E6
Laberlière (60) ... 19 F6
Labescau (33) ... 246 D1
Labesserette (15) ... 235 H4
Labessette (63) ... 201 H6
Labessière-Candeil (81) ... 270 C4
Labets-Biscay (64) ... 283 F3
Labeuvrière (62) ... 5 K6
Labeyrie (64) ... 284 A1
Lablachère (07) ... 255 H1
Laboissière-en-Santerre (80) ... 18 E3
Laboissière-en-Thelle (60) ... 37 H4
Laborde (65) ... 304 E2
Laborel (26) ... 258 B3
Labosse (60) ... 37 F3
Laboulbène (81) ... 270 D6
Laboule (07) ... 239 F5
Labourgade (82) ... 268 C2
Labourse (62) ... 6 A2
Laboutarie (81) ... 270 D4
Labretonie (47) ... 247 J1
Labrihe (32) ... 268 A4
Labrit (40) ... 245 J5
Labroquère (31) ... 305 H2
Labrousse (15) ... 235 J2
Labroye (62) ... 9 H3
Labruguière (81) ... 289 K1
Labruyère (21) ... 154 D3
Labruyère (60) ... 38 B3
Labruyère-Dorsa (31) ... 288 B3
Labry (54) ... 44 C5
Laburgade (46) ... 250 A2
Lac-des-Rouges-Truites (39) ... 174 A3
le Lac-d'Issarlès (07) ... 238 E3
Lacabarède (81) ... 290 D2
Lacadée (64) ... 284 A1
Lacajunte (40) ... 265 G6
Lacanau (33) ... 210 B5
Lacanche (21) ... 153 H3
Lacapelle-Barrès (15) ... 236 A1
Lacapelle-Biron (47) ... 232 C5
Lacapelle-Cabanac (46) ... 249 F1
Lacapelle-del-Fraisse (15) ... 235 H3
Lacapelle-Livron (82) ... 250 C4
Lacapelle-Marival (46) ... 234 C4
Lacapelle-Pinet (81) ... 251 J6
Lacapelle-Ségalar (81) ... 250 C6
Lacapelle-Viescamp (15) ... 235 F1
Lacarre (64) ... 282 E5
Lacarry-Arhan-Charritte-
-de-Haut (64) ... 283 G6
Lacassagne (65) ... 285 J3
Lacaugne (31) ... 287 K4
Lacaune (31) ... 271 J5
Lacaussade (47) ... 232 B6
Lacave (09) ... 306 B2
Lacave (46) ... 233 J2
Lacaze (81) ... 271 H5
Lacelle (19) ... 200 A4
Lacenas (69) ... 188 A5
Lacépède (47) ... 247 K3
Lachaise (16) ... 195 K5
Lachalade (55) ... 42 D5
Lachambre (57) ... 68 A3
Lachamp (48) ... 237 H5
Lachamp-Raphaël (07) ... 239 G3
Lachapelle (47) ... 231 F5
Lachapelle (54) ... 95 G3
Lachapelle (80) ... 17 H4
Lachapelle (82) ... 267 K1
Lachapelle-aux-Pots (60) ... 37 F3
Lachapelle-Auzac (46) ... 233 H1
Lachapelle-en-Blaisy (52) ... 91 K6
Lachapelle-Graillouse (07) ... 238 D3
Lachapelle-Saint-Pierre (60) ... 37 J4
Lachapelle-sous-Aubenas (07) ... 239 G1
Lachapelle-sous-Chanéac (07) ... 239 G1
Lachapelle-sous-Chaux (90) ... 119 H6
Lachapelle-sous-Gerberoy (60) ... 37 F1
Lachapelle-sous-
-Rougemont (90) ... 119 J6

Lachassagne (69) ... 188 A6
Lachau (26) ... 258 C4
Lachaussée (55) ... 65 G1
Lachaussée-du-Bois-d'Écu (60) ... 17 K6
Lachaux (63) ... 185 K5
Lachelle (60) ... 38 D2
Lachy (51) ... 61 H5
Lacollonge (90) ... 119 J6
Lacombe (11) ... 289 H3
Lacommande (64) ... 284 B4
Lacoste (34) ... 273 G6
Lacoste (84) ... 277 F3
Lacougotte-Cadoul (81) ... 270 A6
Lacour (82) ... 248 E3
Lacour-d'Arcenay (21) ... 134 C5
Lacourt (09) ... 306 D2
Lacourt-Saint-Pierre (82) ... 268 E1
Lacq (64) ... 284 A2
Lacquy (40) ... 265 J1
Lacrabe (40) ... 265 F6
Lacres (62) ... 4 C5
Lacroisille (31) ... 289 G1
Lacroix-Barrez (12) ... 235 K3
Lacroix-Falgarde (31) ... 288 B2
Lacroix-Saint-Ouen (60) ... 38 D3
Lacroix-sur-Meuse (55) ... 64 C2
Lacropte (24) ... 214 B5
Lacrost (71) ... 171 J4
Lacrouzette (81) ... 271 F6
Lacs (36) ... 166 B3
Ladapeyre (23) ... 182 E2
Ladaux (33) ... 230 A4
Ladern-sur-Lauquet (11) ... 309 H1
Ladevèze-Rivière (32) ... 285 H1
Ladevèze-Ville (32) ... 285 H1
Ladignac-le-Long (87) ... 198 D4
Ladignac-sur-Rondelles (19) ... 216 B3
Ladinhac (15) ... 235 J3
Ladirat (46) ... 234 D3
Ladiville (16) ... 196 B5
Ladoix-Serrigny (21) ... 154 A3
Ladon (45) ... 111 G3
Lados (33) ... 246 D1
Ladoye-sur-Seille (39) ... 173 G1
Lafage (11) ... 289 F6
Lafage-sur-Sombre (19) ... 216 D2
Lafare (84) ... 257 G5
Lafarre (07) ... 221 H5
Lafarre (43) ... 238 D2
Lafat (23) ... 182 A1
Lafauche (52) ... 92 E5
Laféline (03) ... 185 F1
Laferté-sur-Amance (52) ... 117 G5
Laferté-sur-Aube (52) ... 115 H1
Lafeuillade-en-Vézie (15) ... 235 H3
Laffaux (02) ... 39 K2
Laffite-Toupière (31) ... 287 F6
Laffrey (38) ... 224 A5
Lafitole (65) ... 285 H2
Lafitte (82) ... 268 C2
Lafitte-sur-Lot (47) ... 247 J2
Lafitte-Vigordane (31) ... 287 J4
Lafox (47) ... 248 B5
Lafrançaise (82) ... 249 H5
Lafraye (60) ... 37 J1
Lafresguimont-
-Saint-Martin (80) ... 17 G3
Lafrimbolle (57) ... 67 J6
Lagamas (34) ... 273 H6
Lagarde (09) ... 308 B2
Lagarde (31) ... 288 E4
Lagarde (32) ... 267 H2
Lagarde (57) ... 67 F5
Lagarde (65) ... 285 G4
Lagarde-d'Apt (84) ... 277 H1
Lagarde-Enval (19) ... 216 A4
Lagarde-Hachan (32) ... 286 B3
Lagarde-Paréol (84) ... 256 E4
Lagarde-sur-le-Né (16) ... 196 A5
Lagardelle (46) ... 249 G1
Lagardelle-sur-Lèze (31) ... 288 B3
Lagardère (32) ... 266 E3
Lagardiolle (81) ... 289 J2
Lagarrigue (47) ... 247 J3
Lagarrigue (81) ... 290 A1
Lageon (79) ... 161 K1
Lagery (51) ... 40 C5
Lagesse (10) ... 114 B3
Lagleygeolle (19) ... 215 K5
Laglorieuse (40) ... 265 H2
Lagnes (84) ... 276 D3
Lagney (54) ... 65 H5
Lagnicourt-Marcel (62) ... 11 G4
Lagnieu (01) ... 189 H6
Lagny (60) ... 19 G6
Lagny-le-Sec (60) ... 59 J1
Lagny-sur-Marne (77) ... 59 H3
Lagor (64) ... 283 K3
Lagorce (07) ... 255 K1
Lagorce (33) ... 212 B5
Lagord (17) ... 176 D2
Lagos (64) ... 284 E5
Lagrâce-Dieu (31) ... 288 B4
Lagrange (40) ... 266 A1
Lagrange (65) ... 286 A6
Lagrange (90) ... 119 J6
Lagrasse (11) ... 309 J1
Lagraulet-du-Gers (32) ... 266 D2
Lagraulet-Saint-Nicolas (31) ... 268 C4
Lagraulière (19) ... 215 J2
Lagrave (81) ... 270 B3
Lagruère (47) ... 247 H2
Laguenne (19) ... 216 A3
Laguépie (82) ... 250 E5

Laguian-Mazous (32) ... 285 K3
Laguinge-Restoue (64) ... 283 H6
Laguiole (12) ... 236 B4
Lagupie (47) ... 230 E5
Lahage (31) ... 287 H3
Lahas (32) ... 287 H1
Lahaymeix (55) ... 64 D2
Lahayville (55) ... 65 G3
Laheycourt (55) ... 63 K3
Lahitère (31) ... 287 J6
Lahitte (32) ... 267 J4
Lahitte-Toupière (65) ... 285 G2
Lahonce (64) ... 282 C1
Lahontan (64) ... 283 G1
Lahosse (40) ... 264 D4
Lahourcade (64) ... 284 A3
Lahoussoye (80) ... 18 C1
Laifour (08) ... 22 C2
la Laigne (17) ... 177 G2
Laigné (53) ... 104 E4
Laigné-en-Belin (72) ... 106 E4
Laignelet (35) ... 80 B3
Laignes (21) ... 114 D5
Laigneville (60) ... 38 A4
Laigny (02) ... 21 F2
Laillé (35) ... 79 F6
Lailly (89) ... 89 F6
Lailly-en-Val (45) ... 109 H6
Laimont (55) ... 63 K4
Lain (89) ... 132 D2
Laines-aux-Bois (10) ... 89 K6
Lains (39) ... 173 F6
Lainsecq (89) ... 132 D3
Lainville-en-Vexin (78) ... 57 K1
Laire (25) ... 139 G2
Laires (62) ... 5 G5
Lairière (11) ... 309 G2
Lairoux (85) ... 159 J4
Laissac-Sévérac l'Église (12) ... 252 D2
Laissaud (73) ... 208 C6
Laissey (25) ... 138 B5
Laître-sous-Amance (54) ... 66 B4
Laives (71) ... 171 J2
Laix (54) ... 44 B2
Laiz (01) ... 188 C2
Laizé (71) ... 171 J6
Laize-la-Ville (14) ... 32 E6
Laizy (71) ... 152 D5
Lajo (48) ... 237 H2
Lajoux (39) ... 174 A6
Lalacelle (61) ... 82 B2
Lalande (89) ... 132 D1
Lalande-de-Pomerol (33) ... 212 A6
Lalande-en-Son (60) ... 36 E3
Lalandelle (60) ... 37 F2
Lalandusse (47) ... 231 J4
Lalanne (32) ... 267 J4
Lalanne (65) ... 286 C5
Lalanne-Arqué (32) ... 286 D4
Lalanne-Trie (65) ... 286 A4
Lalaye (67) ... 96 B1
Lalbenque (46) ... 250 A3
Laleu (61) ... 83 F1
Laleu (80) ... 17 H1
Lalevade-d'Ardèche (07) ... 239 G5
Lalheue (71) ... 171 J2
Lalinde (24) ... 232 A2
Lalizolle (03) ... 184 E3
Lallaing (59) ... 11 J2
Lalleu (35) ... 103 H2
Lalley (38) ... 242 A3
Lalobbe (08) ... 22 A5
Laloeuf (54) ... 93 J2
Lalongue (64) ... 284 E2
Lalonquette (64) ... 284 D2
Laloubère (65) ... 285 H5
Lalouvesc (07) ... 221 J4
Laluque (40) ... 264 B2
Lama (2B) ... 319 G2
Lamadeleine-Val-
-des-Anges (90) ... 119 H5
Lamagdelaine (46) ... 249 K1
Lamagistère (82) ... 248 D5
Lamaguère (32) ... 286 D2
Lamaids (03) ... 183 J1
Lamalou-les-Bains (34) ... 291 J1
Lamancine (52) ... 92 A6
Lamanère (66) ... 314 C6
Lamanon (13) ... 276 D5
Lamarche (88) ... 117 G2
Lamarche-sur-Saône (21) ... 136 D6
Lamargelle (21) ... 135 J3
Lamaronde (80) ... 17 H3
Lamarque (33) ... 211 F4
Lamarque-Pontacq (65) ... 285 F5
Lamarque-Rustaing (65) ... 285 K4
Lamasquère (31) ... 287 K2
Lamastre (07) ... 221 J6
Lamath (54) ... 94 D1
Lamayou (64) ... 285 G3
Lamazère (32) ... 286 B1
Lamazière-Basse (19) ... 216 E1
Lamazière-Haute (19) ... 201 G3
Lambach (57) ... 69 G3
Lamballe (22) ... 77 J1
Lambersart (59) ... 6 D4
Lamberville (50) ... 31 J4
Lamberville (76) ... 16 B4
Lambesc (13) ... 277 F5
Lamblore (28) ... 56 B6
Lambres (62) ... 5 H4
Lambres-lez-Douai (59) ... 11 H2
Lambrey (70) ... 117 J3

Lambruisse (04) 260 A6
Laméac (65) 285 J4
Lamécourt (60) 38 A2
Lamelouze (30) 255 F5
Lamenay-sur-Loire (58) 169 G1
Lametz (08) 42 B1
Lamillarié (81) 270 D3
Lammerville (76) 15 J3
Lamnay (72) 107 J1
Lamongerie (19) 199 H5
Lamontélarié (81) 271 H6
Lamontgie (63) 203 F6
Lamontjoie (47) 247 K6
Lamonzie-Montastruc (24) 231 J1
Lamonzie-Saint-Martin (24) 231 G2
Lamorlaye (60) 38 A6
Lamorville (55) 64 E2
Lamothe (40) 264 E3
Lamothe (43) 219 G2
Lamothe-Capdeville (82) 249 J6
Lamothe-Cassel (46) 233 J5
Lamothe-Cumont (82) 268 A3
Lamothe-en-Blaisy (52) 91 J5
Lamothe-Fénelon (46) 233 H4
Lamothe-Goas (32) 267 H3
Lamothe-Landerron (33) 230 D5
Lamothe-Montravel (24) 230 D2
Lamotte-Beuvron (41) 130 B2
Lamotte-Brebière (80) 18 B2
Lamotte-Buleux (80) 9 G4
Lamotte-du-Rhône (84) 256 C4
Lamotte-Warfusée (80) 18 D2
Lamouilly (55) 23 H6
Lamoura (39) 173 K5
Lampaul-Guimiliau (29) 46 E5
Lampaul-Plouarzel (29) 72 B3
Lampaul-Ploudalmézeau (29) 72 C2
Lampertheim (67) 70 E6
Lampertsloch (67) 25 A2
Lamure-sur-Azergues (69) 187 J4
Lanans (25) 138 D5
Lanarce (07) 238 D4
Lanarvily (29) 46 B4
Lanas (07) 239 H6
Lancé (41) 128 C1
Lanchères (80) 8 D4
Lanches-Saint-Hilaire (80) 9 J5
Lanchy (02) 19 H3
Lancié (69) 188 B3
Lancieux (22) 50 C3
Lancôme (41) 128 C1
Lançon (08) 42 D4
Lançon (65) 304 E4
Lançon-Provence (13) 295 K2
Lancrans (01) 190 C3
Landange (57) 67 H5
Landas (59) 7 G6
Landaul (56) 100 C4
Landaville (88) 93 G5
Landavran (35) 79 K4
la Lande-Chasles (49) 126 B3
la Lande-d'Airou (50) 52 A3
la Lande-de-Fronsac (33) 211 J6
la Lande-de-Goult (61) 82 B1
la Lande-de-Lougé (61) 53 K5
la Lande-Patry (61) 53 G4
la Lande-Saint-Léger (27) 34 B3
la Lande-Saint-Siméon (61) 53 J3
la Lande-sur-Drôme (14) 31 K4
Landéan (35) 80 B3
Landebaëron (22) 48 C4
Landébia (22) 50 A4
la Landec (22) 50 B5
Landécourt (54) 94 C2
Landéda (29) 72 D1
Landéhen (22) 77 J1
Landeleau (29) 75 G3
Landelles (28) 84 D3
Landelles-et-Coupigny (14) 52 D2
Landerneau (29) 46 C6
Landeronde (85) 159 G1
Landerrouat (33) 230 E3
Landerrouet-sur-Ségur (33) 230 C4
Landersheim (67) 70 C2
Landes (17) 177 J4
les Landes-Genusson (85) 142 C3
Landes-le-Gaulois (41) 128 C1
Landes-sur-Ajon (14) 32 C6
Landes-Vieilles-et-Neuves (76) ... 16 E3
Landévant (56) 100 C4
Landévennec (29) 74 B2
Landevieille (85) 158 D1
Landeyrat (15) 218 B3
Landifay-et-Bertaignemont (02) ... 20 D1
Landigou (61) 53 H4
le Landin (27) 35 F2
Landiras (33) 229 J3
Landisacq (61) 53 G4
Landivisiau (29) 46 D5
Landivy (53) 80 C2
Landogne (63) 201 J1
Landorthe (31) 286 D6
Landos (43) 238 B2
Landouzy-la-Cour (02) 21 G3
Landouzy-la-Ville (02) 21 G2
Landrais (17) 177 F3
le Landreau (44) 123 J4
Landrecies (59) 12 E5
Landrecourt-Lempire (55) 43 H6
Landremont (54) 65 K3
Landres (54) 44 B3
Landres-et-Saint-Georges (08) 42 E3
Landresse (25) 138 E6
Landrethun-le-Nord (62) 2 C4

Landrethun-lès-Ardres (62) 2 D4
Landrévarzec (29) 74 D4
Landreville (10) 114 E2
Landrichamps (08) 24 D2
Landricourt (02) 39 J1
Landricourt (51) 91 H1
Landroff (57) 66 E2
Landry (73) 209 K4
Landser (68) 97 C3
Landudal (29) 74 E5
Landudec (29) 74 A5
Landujan (35) 78 D2
Landunvez (29) 72 B2
Lanespède (65) 285 K6
Lanester (56) 99 K4
Lanet (11) 309 G3
Laneuvelle (52) 117 F3
Laneuvelotte (54) 66 B5
Laneuveville-aux-Bois (54) 66 E6
Laneuveville-derrière-Foug (54) .. 65 G5
Laneuveville-devant-Bayon (54) ... 94 B2
Laneuveville-devant-Nancy (54) ... 66 B6
Laneuveville-en-Saulnois (57) 66 C3
Laneuveville-lès-Lorquin (57) 67 J1
Laneuville-à-Rémy (52) 91 J2
Laneuville-au-Pont (52) 63 H6
Laneuville-au-Rupt (55) 64 E5
Laneuville-sur-Meuse (55) 43 F1
Lanfains (22) 76 E2
Lanfroicourt (54) 66 B4
Langan (35) 78 E2
Langast (22) 77 G3
Langatte (57) 67 H4
Langé (36) 147 H3
Langeac (43) 219 H5
Langeais (37) 127 F5
Langensoultzbach (67) 69 K4
Langeron (58) 150 D6
Langesse (45) 111 H5
Langey (28) 108 D2
Langlade (30) 275 F4
Langley (88) 94 C4
Langoat (22) 48 B3
Langoëlan (56) 76 B5
Langogne (48) 238 C4
Langoiran (33) 229 J3
Langolen (29) 74 E5
Langon (33) 230 A5
Langon (35) 102 E3
Langon (41) 129 K6
le Langon (85) 160 C4
Langonnet (56) 75 J5
Langouet (35) 78 E2
Langres (52) 116 C4
Langrolay-sur-Rance (22) 50 D3
Langrune-sur-Mer (14) 32 E3
Languédias (22) 50 B6
Languenan (22) 50 C4
Langueux (22) 49 G6
Languevoisin-Quiquery (80) 19 G4
Languidic (56) 100 B3
Languimberg (57) 67 G4
Langy (03) 185 J2
Lanhélin (35) 50 E5
Lanhères (54) 44 A5
Lanhouarneau (29) 46 C4
Lanildut (29) 72 A3
Laning (57) 68 A3
Laniscat (22) 76 B3
Laniscourt (02) 20 C6
Lanleff (22) 48 D3
Lanloup (22) 48 E3
Lanmérin (22) 48 B3
Lanmeur (29) 47 H4
Lanmodez (22) 48 D2
Lanne (65) 285 G6
Lanne-en-Barétous (64) 283 J6
Lanne-Soubiran (32) 266 A4
Lannéanou (29) 47 H6
Lannebert (22) 48 E4
Lannecaube (64) 284 E2
Lannédern (29) 75 F2
Lannemaignan (32) 265 K2
Lannemezan (65) 286 A6
Lannepax (32) 266 D4
Lanneplaà (64) 283 J2
Lanneray (28) 108 D2
Lannes (47) 247 H6
Lanneuffret (29) 46 C5
Lannilis (29) 72 D2
Lannion (22) 47 K3
Lannoy (59) 7 F4
Lannoy-Cuillère (60) 17 F4
Lannux (32) 265 J5
Lano (2B) 319 G4
Lanobre (15) 201 H6
Lanouaille (24) 214 E1
Lanouée (56) 101 H1
Lanoux (09) 307 H1
Lanquais (24) 231 K2
Lanques-sur-Rognon (52) 116 D1
Lanquetot (76) 14 E6
Lanrelas (22) 78 A2
Lanrigan (35) 51 G6
Lanrivain (22) 76 B2
Lanrivoaré (29) 72 C3
Lanrodec (22) 48 D6
Lans (71) 171 K1
Lans-en-Vercors (38) 223 J4
Lansac (33) 211 H5
Lansac (65) 285 J5
Lansac (66) 309 H5
Lansargues (34) 274 D6
Lanslebourg-Mont-Cenis (73) 226 B2

Lanslevillard (73) 226 C2
Lanta (31) 288 D1
Lantabat (64) 282 E4
Lantages (10) 114 C2
Lantan (18) 149 J5
Lantéfontaine (54) 44 C4
Lantenay (01) 189 J4
Lantenay (21) 135 J3
Lantenne-Vertière (25) 137 H6
Lantenot (70) 118 E5
la Lanterne-et-les-Armonts (70) .. 118 D4
Lanteuil (19) 215 K4
Lanthenans (25) 139 F4
Lanthes (21) 154 D4
Lantheuil (14) 32 C3
Lantic (22) 49 F5
Lantignié (69) 187 K3
Lantillac (56) 101 G1
Lantilly (21) 134 D3
Lanton (33) 228 C3
Lantosque (06) 281 G1
Lantriac (43) 220 G6
Lanty (58) 152 A6
Lanty-sur-Aube (52) 115 H2
Lanuéjols (30) 253 G6
Lanuéjols (48) 254 B1
Lanuéjouls (12) 251 G2
Lanvallay (22) 50 D5
Lanvaudan (56) 100 A2
Lanvellec (22) 47 J4
Lanvénégen (56) 99 J1
Lanvéoc (29) 72 E5
Lanvollon (22) 48 E4
Lanzac (46) 233 H2
Laon (02) 20 D6
Laons (28) 56 D5
Lapalisse (03) 186 A2
Lapalud (84) 256 C3
Lapan (18) 149 F5
Lapanouse-de-Cernon (12) 272 D2
Laparade (47) 247 K2
Laparrouquial (81) 251 F6
Lapège (09) 307 H5
Lapenche (82) 250 A4
Lapenne (09) 288 E6
Lapenty (50) 52 C6
Laperche (47) 231 H6
Laperrière-sur-Saône (21) 154 E2
Lapeyre (65) 286 A4
Lapeyrère (31) 288 A4
Lapeyrouse (01) 188 D5
Lapeyrouse (63) 184 C6
Lapeyrouse-Fossat (31) 269 G5
Lapeyrouse-Mornay (26) 222 C2
Lapeyrugue (15) 235 J4
Lapleau (19) 216 E2
Laplume (47) 248 A5
Lapoutroie (68) 96 A3
Lapouyade (33) 211 K4
Lappion (02) 21 G6
Laprade (11) 290 A3
Laprade (16) 212 E4
Laprugne (03) 186 B5
Laps (63) 202 E5
Lapte (43) 220 E4
Lapugnoy (62) 5 K6
Laquenexy (57) 45 G6
Laqueuille (63) 201 K4
Laragne-Montéglin (05) 258 D3
Larajasse (69) 205 H4
Laramière (46) 250 D3
Laran (65) 286 B5
Larbey (40) 264 D4
Larbont (09) 307 F2
Larbroye (60) 19 G6
Larcan (31) 286 E6
Larcat (09) 307 J5
Larceveau-Arros-Cibits (64) 283 F4
Larchamp (53) 80 C3
Larchant (77) 87 H3
Larche (19) 215 G4
le Larderet (39) 156 A6
Lardier-et-Valença (05) 259 F1
Lardiers (04) 258 D6
le Lardin-Saint-Lazare (24) 214 D2
Lardy (91) 86 D2
Larée (32) 266 B2
Laréole (31) 268 B5
Largeasse (79) 161 G1
Largentière (07) 239 G6
Largillay-Marsonnay (39) 173 G3
Largitzen (68) 97 A5
Largny-sur-Automne (02) 39 F4
Larians-et-Munans (70) 138 B4
Larivière (90) 119 J6
Larivière-Arnoncourt (52) 117 G2
Larmor-Baden (56) 100 E6
Larmor-Plage (56) 99 K5
Larnac (30) 255 H4
Larnage (26) 222 B5
Larnagol (46) 250 C1
Larnas (07) 256 B1
Larnat (09) 307 H5
Larnaud (39) 172 E2
Larnod (25) 156 B1
Laroche-près-Feyt (19) 201 H3
Laroche-Saint-Cydroine (89) 113 F3
Larochemillay (58) 152 C5
Larodde (63) 201 H5
Laroin (64) 284 C4
Laronxe (54) 94 E1
Laroque (33) 229 K4
Laroque (34) 273 K2

Laroque-de-Fa (11) 309 H3
Laroque-des-Albères (66) 315 H4
Laroque-des-Arcs (46) 249 K1
Laroque-d'Olmes (09) 308 A3
Laroque-Timbaut (47) 248 C3
Laroquebrou (15) 235 F1
Laroquevieille (15) 217 H6
Larouillies (59) 13 G6
Larra (31) 268 D5
Larrazet (82) 268 C2
Larrau (64) 302 B1
Larré (56) 101 H5
Larré (61) 82 D2
Larressingle (32) 266 E2
Larressore (64) 263 E2
Larret (70) 137 F1
Larreule (64) 284 B2
Larreule (65) 285 G2
Larrey (21) 114 E4
Larribar-Sorhapuru (64) 283 G4
Larringes (74) 175 F5
Larrivière-Saint-Savin (40) 265 G4
Larrivoire (39) 173 J6
Larroque (31) 286 C5
Larroque (65) 286 B4
Larroque (81) 269 J1
Larroque-Engalin (32) 267 G1
Larroque-Saint-Sernin (32) 267 G3
Larroque-sur-l'Osse (32) 266 E1
Larroque-Toirac (46) 250 E1
Lartigue (33) 246 D3
Lartigue (32) 286 E1
Laruns (64) 303 G2
Laruscade (33) 211 K4
Larzac (24) 232 D3
Larzicourt (51) 63 G6
Lasalle (30) 274 B1
Lasbordes (11) 289 H5
Lascabanes (46) 249 H3
Lascaux (19) 215 G2
Lascazères (65) 285 G1
Lascelle (15) 217 J6
Lasclaveries (64) 284 D2
Lasfaillades (81) 290 C1
Lasgraisses (81) 270 C4
Laslades (65) 285 J5
Lassales (65) 286 B5
Lassay-les-Châteaux (53) 81 H2
Lassay-sur-Croisne (41) 129 H5
Lasse (49) 126 B2
Lasse (64) 282 D5
Lasserade (32) 266 B6
Lasséran (32) 267 G6
Lasserre (09) 306 D1
Lasserre (31) 268 D6
Lasserre (47) 247 J6
Lasserre (64) 285 F1
Lasserre-de-Prouille (11) 289 J6
Lasseube (64) 284 B5
Lasseube-Propre (32) 286 C1
Lasseubetat (64) 284 B5
Lassicourt (10) 90 E3
Lassigny (60) 19 F6
Lasson (89) 113 J2
Lassouts (12) 252 D1
Lassur (09) 307 J5
Lassy (14) 53 G2
Lassy (35) 78 E6
Lassy (95) 38 A6
Lastic (15) 218 E5
Lastic (63) 201 H4
Lastours (11) 290 B4
Lataule (60) 38 C1
le Latet (39) 156 A6
la Latette (39) 174 B1
Lathuile (74) 208 E1
Lathus-Saint-Rémy (86) 164 A6
Latillé (86) 162 C3
Latilly (02) 39 J4
Latoue (31) 286 E6
Latouille-Lentillac (46) 234 C2
Latour (31) 287 K6
Latour-Bas-Elne (66) 315 H3
Latour-de-Carol (66) 313 G6
Latour-de-France (66) 309 H5
Latour-en-Woëvre (55) 44 B6
Latrape (31) 287 K5
Latrecey-Ormoy-sur-Aube (52) 115 J3
Latresne (33) 229 H2
Latrille (40) 265 J5
Latronche (19) 216 E2
Latronquière (46) 234 E3
Lattainville (60) 36 E4
Lattes (34) 293 H1
Lattre-Saint-Quentin (62) 10 D3
Lau-Balagnas (65) 303 K2
Laubach (67) 69 K5
Laubert (48) 237 K6
les Laubies (48) 237 H4
Laubressel (10) 90 C5
Laubrières (53) 104 B3
Laucourt (80) 19 F5
Laudrefang (57) 45 K6
Laudun-l'Ardoise (30) 256 C6
Laugnac (47) 248 B2
Laujuzan (32) 266 A3
Laulne (50) 30 E2
Laumesfeld (57) 45 H2
Launac (31) 268 D4
Launaguet (31) 269 G5
Launay (27) 34 E4
Launay-Villiers (53) 80 C6
Launois-sur-Vence (08) 22 B5
Launoy (02) 39 K4

Launstroff (57) 45 H1
la Laupie (26) 240 C5
Laurabuc (11) 289 H5
Laurac (11) 289 H5
Laurac-en-Vivarais (07) 255 J1
Lauraët (32) 266 D2
Lauraguel (11) 308 D1
Laure-Minervois (11) 290 A6
Laurède (40) 264 D4
Laurenan (22) 77 H4
Laurens (34) 291 K2
Lauresses (46) 234 E3
Lauret (34) 274 B3
Lauret (40) 265 H6
Laurie (15) 218 D3
Laurière (87) 181 J4
Lauris (84) 277 F4
Lauroux (34) 273 F4
Laussonne (43) 238 D1
Laussou (47) 232 B5
Lautenbach (68) 96 A6
Lautenbachzell (68) 96 A6
Lauterbourg (67) 25 E2
Lauthiers (86) 163 J3
Lautignac (31) 287 H3
Lautrec (81) 270 D5
Lauw (68) 119 J5
Lauwin-Planque (59) 11 H2
Lauzach (56) 101 H6
Lauzerte (82) 249 G4
Lauzerville (31) 288 D1
Lauzès (46) 233 J6
le Lauzet-Ubaye (04) 260 A1
Lauzun (47) 231 H5
Lavacquerie (60) 17 J5
Laval (38) 224 C2
Laval (53) 104 E1
Laval-Atger (48) 238 A3
Laval-d'Aix (26) 241 H4
Laval-d'Aurelle (07) 238 D6
Laval-de-Cère (46) 234 C1
Laval-du-Tarn (48) 253 J3
Laval-en-Brie (77) 88 A3
Laval-en-Laonnois (02) 40 B1
Laval-le-Prieuré (25) 157 H1
Laval-Morency (08) 22 B3
Laval-Pradel (30) 255 G6
Laval-Roquecezière (12) 271 J4
Laval-Saint-Roman (30) 256 A3
Laval-sur-Doulon (43) 219 J2
Laval-sur-Luzège (19) 216 E3
Laval-sur-Tourbe (51) 42 B6
Laval-sur-Vologne (88) 95 F5
Lavalade (24) 232 B4
Lavaldens (38) 224 B6
Lavalette (11) 290 A6
Lavalette (31) 269 H6
Lavalette (34) 272 E5
Lavallée (55) 64 C4
Lavancia-Epercy (39) 173 H6
le Lavandou (83) 301 H2
Lavangeot (39) 155 H2
Lavannes (51) 41 G3
Lavans-lès-Dole (39) 155 H2
Lavans-lès-Saint-Claude (39) 173 J5
Lavans-Quingey (25) 156 A2
Lavans-sur-Valouse (39) 173 F6
Lavans-Vuillafans (25) 156 D2
Lavaqueresse (02) 20 D1
Lavardac (47) 247 H5
Lavardens (32) 267 G4
Lavardin (41) 108 A6
Lavardin (72) 106 C1
Lavaré (72) 107 J2
Lavars (38) 242 A2
Lavastrie (15) 236 D1
Lavatoggio (2B) 318 C2
Lavau (10) 90 A4
Lavau (89) 132 A2
Lavau-sur-Loire (44) 122 C2
Lavaudieu (43) 219 H3
Lavaufranche (23) 183 G1
Lavault-de-Frétoy (58) 152 C3
Lavault-Sainte-Anne (03) 183 K1
Lavaur (24) 232 D2
Lavaur (81) 269 K5
Lavaurette (82) 250 B5
Lavausseau (86) 162 C3
Lavaveix-les-Mines (23) 183 F4
Lavazan (33) 246 D2
Laveissenet (15) 218 B5
Laveissière (15) 218 A5
Lavelanet (09) 308 A3
Lavelanet-de-Comminges (31) 287 J5
Laveline-devant-Bruyères (88) 95 G5
Laveline-du-Houx (88) 95 F6
Lavenay (72) 107 J5
Laventie (62) 6 B4
Laveraët (32) 285 J1
Lavercantière (46) 233 G5
Laverdines (18) 150 A4
Lavergne (46) 234 A3
Lavergne (47) 231 G5
Lavernat (72) 106 E6
Lavernay (25) 137 H6
Lavernhe (12) 252 C3
Lavernose-Lacasse (31) 287 K3
Lavernoy (52) 117 F4
Laverrière (60) 17 J5
Laversine (02) 39 H3
Laversines (60) 37 H2
Lavérune (34) 293 G1
Laveyron (26) 222 B3
Laveyrune (07) 238 C5
Laveyssière (24) 231 H1

Lavieu (42) 204 C5
Laviéville (80) 18 D1
Lavigerie (15) 218 A4
Lavignac (87) 198 D3
Lavigney (70) 117 H6
Lavigny (39) 173 G1
Lavillatte (07) 238 D4
Laville-aux-Bois (52) 116 B1
Lavilledieu (07) 239 H6
Lavilleneuve (52) 116 E2
Lavilleneuve-au-Roi (52) 115 J1
Lavilletertre (60) 37 F5
Lavincourt (55) 64 A6
Laviolle (07) 239 G3
Laviron (25) 138 E6
Lavit (82) 268 A2
Lavoine (03) 186 B5
Lavoncourt (70) 137 H1
Lavours (01) 207 K1
Lavoûte-Chilhac (43) 219 G4
Lavoûte-sur-Loire (43) 220 B5
Lavoux (86) 163 G3
Lavoye (54) 64 A1
Lawarde-Mauger-l'Hortoy (80) 18 A4
Laxou (54) 66 A5
Lay (42) 187 G5
Lay-Lamidou (64) 283 K4
Lay-Saint-Christophe (54) 66 A4
Lay-Saint-Remy (54) 65 G5
Laye (05) 242 E4
Laymont (32) 287 G3
Layrac (47) 248 B5
Layrac-sur-Tarn (31) 269 H3
Layrisse (65) 285 G6
Lays-sur-le-Doubs (71) 154 E5
Laz (29) 75 F4
Lazenay (18) 148 D3
Lazer (05) 258 E2
Léalvillers (80) 10 C6
Léaupartie (14) 33 H5
Léaz (01) 190 C1
Lebetain (90) 139 J3
Lebeuville (54) 94 B3
Lebiez (62) 4 E6
Leboulin (31) 267 H5
Lebucquière (62) 11 G5
Lécaude (14) 33 J6
Lecci (2A) 323 H2
Lecelles (59) 7 G6
Lecey (52) 116 D4
Lechâtelet (21) 154 D3
Léchelle (62) 11 G6
Léchelle (77) 88 E1
la Léchère (73) 209 G4
les Lèches (24) 213 G6
Lécluse (59) 11 H3
Lécousse (35) 80 A3
Lecques (30) 274 D3
Lect (39) 173 H5
Lectoure (32) 267 H2
Lecumberry (64) 282 E6
Lécussan (31) 286 B6
Lédas-et-Penthiès (81) 251 J6
Lédat (47) 248 B1
Lédenon (30) 275 H2
Lédergues (12) 251 K6
Lederzeele (59) 3 G4
Ledeuix (64) 284 A5
Lédignan (30) 274 D2
Ledinghem (62) 4 E4
Ledringhem (59) 3 J4
Lée (64) 284 D4
Leers (59) 7 F4
Lées-Athas (64) 302 E2
Lefaux (62) 4 B5
Leffard (14) 53 K2
Leffincourt (08) 41 K3
Leffonds (52) 116 B3
Leffrinckoucke (59) 3 J1
Leforest (62) 11 H1
Lège (31) 305 H4
Legé (44) 141 H4
Lège-Cap-Ferret (33) 228 B2
Légéville-et-Bonfays (88) 94 A6
Léglantiers (60) 38 B1
Légna (39) 173 G5
Légny (69) 187 K6
Léguevin (31) 268 D6
Léguillac-de-Cercles (24) 213 H1
Léguillac-de-l'Auche (24) 213 J3
Lehaucourt (02) 19 K2
Léhon (22) 50 D5
Leigné-les-Bois (86) 163 J1
Leigné-sur-Usseau (86) 145 H5
Leignes-sur-Fontaine (86) 163 J4
Leigneux (42) 204 C2
Leimbach (68) 119 K5
Leintrey (54) 67 F6
Lélex (01) 190 C1
Lelin-Lapujolle (32) 265 K5
Lelling (57) 68 A3
Lemainville (54) 94 A2
Lembach (67) 25 A1
Lemberg (57) 69 G4
Lembeye (64) 285 F2
Lembras (24) 231 J1
Lemé (02) 20 D1
Lème (64) 284 D1
Leménil-Mitry (54) 94 B2
Lémeré (37) 145 G2
Lemmecourt (88) 93 G5
Lemmes (55) 64 B1
Lemoncourt (57) 66 C3
Lempaut (81) 289 H2

Lempdes (63) 202 E2
Lempdes-sur-Allagnon (43) 219 F1
Lempire (02) 19 J1
Lemps (07) 222 A5
Lemps (26) 257 K2
Lempty (63) 203 F1
Lempzours (24) 214 B1
Lemud (57) 66 C1
Lemuy (39) 156 B5
Lenax (03) 186 C1
Lencloître (86) 145 G6
Lencouacq (40) 246 A5
Lengelsheim (57) 69 G2
Lengronne (50) 30 E5
Lenharrée (51) 62 B5
Léning (57) 68 B4
Lennon (29) 75 F3
Lenoncourt (54) 66 B5
Lens (62) 11 F1
Lens-Lestang (26) 222 D2
Lent (01) 189 F3
Lent (39) 173 K1
Lentigny (42) 186 D5
Lentillac-du-Causse (46) 233 K6
Lentillac-Saint-Blaise (46) 234 E5
Lentillères (07) 239 G5
Lentilles (10) 91 F2
Lentilly (69) 205 J1
Lentiol (38) 222 D2
Lento (2B) 319 G3
Léobard (46) 233 G4
Léogeats (33) 229 K6
Léognan (33) 229 G3
Léojac (82) 269 G1
Léon (40) 262 C2
Léoncel (26) 241 F1
Léotoing (43) 218 E2
Léouville (45) 86 B6
Léoville (17) 211 K1
Lépanges-sur-Vologne (88) 95 H6
Lépaud (23) 183 H2
Lépin-le-Lac (73) 208 A5
Lépinas (23) 182 D4
Lépine (62) 9 F2
Lépron-les-Vallées (08) 22 B4
Lepuix (90) 119 G5
Lepuix-Neuf (90) 139 K2
Léran (09) 308 A3
Lercoul (09) 307 G5
Léré (18) 131 K4
Léren (64) 283 F1
Lérigneux (42) 204 B4
Lerm-et-Musset (33) 246 D3
Lerné (37) 144 E2
Lérouville (55) 64 E4
Lerrain (88) 94 A6
Léry (21) 135 J3
Léry (27) 35 J4
Lerzy (02) 21 F1
Lesbœufs (80) 11 F6
Lesbois (53) 80 E2
Lescar (64) 284 C3
Leschaux (74) 208 D2
Leschelle (02) 20 E1
Lescheraines (73) 208 D2
Leschères (39) 173 J5
Leschères-sur-le-Blaiseron (52) 91 K4
Lescherolles (77) 60 D5
Lescheroux (01) 172 C5
Lesches (77) 59 J3
Lesches-en-Diois (26) 241 J5
Lescouët-Gouarec (22) 76 B4
Lescousse (09) 288 C6
Lescout (81) 289 J1
Lescun (64) 302 E3
Lescuns (31) 287 H5
Lescure (09) 306 D2
Lescure-d'Albigeois (81) 270 D2
Lescure-Jaoul (12) 251 G4
Lescurry (65) 285 J4
Lesdain (59) 12 B5
Lesdins (02) 20 A2
Lesges (02) 40 A4
Lesgor (40) 264 C2
Lésignac-Durand (16) 197 J1
Lésigny (77) 59 G5
Lésigny (86) 146 A6
le Leslay (22) 76 E1
le Lesme (27) 56 A3
Lesme (71) 169 H3
Lesménils (54) 65 K2
Lesmont (10) 90 D3
Lesneven (29) 46 B4
Lesparre-Médoc (33) 210 D1
Lesparrou (09) 308 A3
Lespéron (07) 238 C4
Lesperon (40) 264 A1
Lespesses (62) 5 J5
Lespielle (64) 285 F2
Lespignan (34) 291 K5
Lespinasse (31) 269 F5
Lespinassière (11) 290 D3
Lespinoy (62) 9 G1
Lespiteau (31) 305 J1
Lespouey (65) 285 J5
Lespourcy (64) 285 F3
Lespugue (31) 286 D5
Lesquerde (66) 309 H5
Lesquielles-Saint-Germain (02) 20 D1
Lesquin (59) 6 E5
Lessac (16) 180 B4
Lessard-en-Bresse (71) 172 B1
Lessard-et-le-Chêne (14) 33 J6
Lessard-le-National (71) 154 A5

Lessay (50) 30 D2
Lesse (57) 66 D2
Lesseux (88) 95 K4
Lessy (57) 44 E5
Lestanville (76) 15 J4
Lestards (19) 200 B5
Lestelle-Bétharram (64) 284 E6
Lestelle-de-Saint-Martory (31) 306 C1
Lesterps (16) 180 C5
Lestiac-sur-Garonne (33) 229 K4
Lestiou (41) 109 G6
Lestrade-et-Thouels (12) 271 J1
Lestre (50) 29 F4
Lestrem (62) 6 A4
Létanne (08) 23 G6
Lételon (03) 167 G3
Léthuin (28) 85 K4
Letia (2A) 320 C1
Létra (69) 187 J5
Létricourt (54) 66 B3
Letteguives (27) 36 A2
Lettret (05) 259 G1
Leubringhen (62) 2 B4
Leuc (11) 309 F1
Leucamp (15) 235 J3
Leucate (11) 310 C4
Leuchey (52) 116 B6
Leudeville (91) 86 E1
Leudon-en-Brie (77) 60 D5
Leuglay (21) 115 H5
Leugny (86) 145 K5
Leugny (89) 132 E1
Leuhan (29) 75 G5
Leuilly-sous-Coucy (02) 39 J2
Leulinghem (62) 5 F3
Leulinghen-Bernes (62) 2 B4
Leurville (52) 92 D4
Leury (02) 39 J2
Leutenheim (67) 25 C3
Leuville-sur-Orge (91) 86 D1
Leuvrigny (51) 61 H1
le Leuy (40) 264 E3
Leuze (02) 21 H2
Levainville (28) 85 J2
Leval (59) 13 G4
Leval (90) 119 J5
Levallois-Perret (92) 58 D3
Levaré (53) 80 D1
Levécourt (52) 116 E1
Levens (06) 281 F2
Levergies (02) 20 A1
Levernois (21) 154 A4
Lèves (28) 85 G3
les Lèves-et-Thoumeyragues (33) 230 E3
Levesville-la-Chenard (28) 85 K5
Levet (18) 149 G5
Levie (2A) 323 F2
Levier (25) 156 C4
Lévignac (31) 268 D5
Lévignac-de-Guyenne (47) 230 E5
Lévignacq (40) 244 C6
Lévignen (60) 38 E5
Lévigny (10) 91 G5
Levis (89) 132 D1
Lévis-Saint-Nom (78) 58 A5
Levoncourt (55) 64 C4
Levoncourt (68) 97 B6
Levroux (36) 147 J4
Lewarde (59) 11 J2
Lexy (54) 44 A1
Ley (57) 66 E4
Leychert (09) 307 J3
Leyme (46) 234 C3
Leymen (68) 97 D5
Leyment (01) 189 G6
Leynes (71) 188 B2
Leynhac (15) 235 G4
Leyr (54) 66 B4
Leyrat (23) 166 D6
Leyrieu (38) 206 E2
Leyritz-Moncassin (47) 247 G3
Leyssard (01) 189 J3
Leyvaux (15) 218 D2
Leyviller (57) 68 B3
Lez (31) 305 J3
lez-Fontaine (59) 13 J4
Lézan (30) 274 C1
Lézardrieux (22) 48 D2
Lézat-sur-Lèze (09) 288 A5
Lezay (79) 178 E1
Lezennes (59) 6 E4
Lézéville (52) 92 D3
Lezey (57) 66 E4
Lézignan (65) 304 B1
Lézignan-Corbières (11) 291 F6
Lézignan-la-Cèbe (34) 292 C2
Lézigné (49) 125 J1
Lézigneux (42) 204 C5
Lézinnes (89) 114 B5
Lezoux (63) 203 G1
Lhéraule (60) 37 F1
Lherm (31) 287 K3
Lherm (46) 233 F6
Lhéry (51) 40 C5
Lhez (65) 285 J5
Lhommaizé (86) 163 H5
Lhomme (72) 107 H6
Lhôpital (01) 190 B4
Lhor (57) 68 B5
Lhospitalet (46) 249 J3
Lhoumois (79) 162 A1
Lhuis (01) 207 H2
Lhuître (10) 90 C1

Lhuys (02) 40 A4
Liac (65) 285 H3
Liancourt (60) 38 A3
Liancourt-Fosse (80) 19 F4
Liancourt-Saint-Pierre (60) 37 F4
Liart (08) 21 K3
Lias (32) 287 J1
Lias-d'Armagnac (32) 266 A3
Liausson (34) 273 F6
Libaros (65) 286 A5
Libercourt (62) 6 D6
Libermont (60) 19 H5
Libourne (33) 230 A1
Licey-sur-Vingeanne (21) 136 D3
Lichans-Sunhar (64) 283 H1
Lichères (16) 179 G6
Lichères-près-Aigremont (89) 113 J6
Lichères-sur-Yonne (89) 133 G3
Lichos (64) 283 H4
Lichtenberg (67) 69 H5
Licourt (80) 19 G3
Licq-Athérey (64) 302 B1
Licy-Clignon (02) 39 H6
Lidrezing (57) 68 A5
Liebenswiller (68) 97 D5
Liebsdorf (68) 97 B6
Liebvillers (25) 139 G5
Liederschiedt (57) 69 H2
Lieffrans (70) 137 J3
le Liège (37) 146 D1
Liéhon (57) 66 B1
Liencourt (62) 10 C5
Lieoux (31) 286 E6
Lièpvre (68) 96 B1
Liercourt (80) 9 G6
Lières (62) 5 J5
Liergues (69) 188 A5
Liernais (21) 152 E1
Liernolles (03) 169 J6
Lierval (02) 40 B1
Lierville (60) 37 F5
Lies (65) 304 D1
Liesle (25) 155 K3
Liesse-Notre-Dame (02) 20 E6
Liessies (59) 13 J5
Liesville-sur-Douve (50) 29 F4
Liettres (62) 5 H5
Lieu-Saint-Amand (59) 12 B3
Lieuche (06) 261 G6
Lieucourt (70) 137 F5
Lieudieu (38) 206 E6
Lieuran-Cabrières (34) 292 C1
Lieuran-lès-Béziers (34) 292 A3
Lieurey (27) 34 C4
Lieuron (35) 102 D1
Lieusaint (50) 28 E4
Lieusaint (77) 87 G1
Lieutadès (15) 236 C2
Lieuvillers (60) 38 A2
Liévans (70) 138 C1
Liévin (62) 10 E1
Liez (02) 20 A3
Liez (85) 160 E5
Liézey (88) 119 G1
Liffol-le-Grand (88) 92 E4
Liffol-le-Petit (52) 92 E3
Liffré (35) 79 H3
Ligardes (32) 247 K6
Ligescourt (80) 9 G2
Liginiac (19) 217 G1
Liglet (86) 164 C4
Lignac (36) 164 D5
Lignairolles (11) 308 B1
Lignan-de-Bazas (33) 246 B1
Lignan-de-Bordeaux (33) 229 J2
Lignan-sur-Orb (34) 291 K4
Lignareix (19) 201 F4
Ligné (16) 179 F6
Ligné (44) 123 J1
Lignères (61) 55 F5
Lignereuil (62) 10 C3
Lignerolles (03) 183 K2
Lignerolles (21) 115 J4
Lignerolles (27) 56 E4
Lignerolles (36) 166 C4
Lignéville (88) 93 J6
Ligneyrac (19) 215 J5
Lignières (10) 113 K3
Lignières (18) 166 C1
Lignières (41) 108 D4
Lignières (80) 18 E5
Lignières-Châtelain (80) 17 G3
Lignières-de-Touraine (37) 127 F6
Lignières-en-Vimeu (80) 17 F2
Lignières-Orgères (53) 82 A1
Lignières-Sonneville (16) 196 A4
Lignières-sur-Aire (55) 64 C4
Lignol (56) 76 B6
Lignol-le-Château (10) 91 H6
Lignon (51) 90 E1
Lignorelles (89) 113 H5
Lignou (61) 53 J5
Ligny-en-Barrois (55) 64 C5
Ligny-en-Brionnais (71) 187 F2
Ligny-en-Cambrésis (59) 12 C5
Ligny-le-Châtel (89) 113 H4
Ligny-le-Ribault (45) 129 J1
Ligny-lès-Aire (62) 5 H5
Ligny-Saint-Flochel (62) 10 B2
Ligny-sur-Canche (62) 10 A3
Ligny-Thilloy (62) 11 F5

Ligré (37) 145 F2
Ligron (72) 106 C5
Ligsdorf (68) 97 B6
Ligueil (37) 146 B3
Ligueux (33) 231 F3
Ligugé (86) 162 E4
Lihons (80) 19 F3
Lihus (60) 17 J6
les Lilas (93) 59 F3
Lilhac (31) 287 F4
Lille (59) 6 E4
Lillebonne (76) 34 C1
Lillemer (35) 50 E4
Lillers (62) 5 J5
Lilly (27) 36 C2
Limalonges (79) 179 G3
Limans (04) 278 A1
Limanton (58) 151 K4
Limas (69) 188 B5
Limay (78) 57 J2
Limbrassac (09) 307 K2
Limé (02) 40 A3
Limeil-Brévannes (94) 59 F5
Limendous (64) 284 E4
Limeray (37) 128 B4
Limersheim (67) 71 C3
Limerzel (56) 101 K6
Limésy (76) 15 J3
Limetz-Villez (78) 57 G1
Limeuil (24) 232 C2
Limeux (18) 148 D3
Limeux (80) 9 G6
Limey-Remenauville (54) 65 H3
Limeyrat (24) 214 C4
Limoges (87) 199 F1
Limoges-Fourches (77) 87 H1
Limogne-en-Quercy (46) 250 C2
Limoise (03) 168 B2
Limon (58) 151 F4
Limonest (69) 205 K1
Limons (63) 185 J5
Limont-Fontaine (59) 13 G4
Limony (07) 222 A2
Limours (91) 58 B6
Limousis (11) 290 B4
Limoux (11) 308 E2
la Limouzinière (44) 141 H3
Limpiville (76) 14 E4
Linac (46) 234 E5
Linard (23) 165 K6
Linards (87) 199 H3
Linars (16) 196 D3
Linas (91) 86 D1
Linay (08) 23 H5
Linazay (86) 179 G3
Lindebeuf (76) 15 H4
le Lindois (16) 197 J2
Lindre-Basse (57) 67 F4
Lindre-Haute (57) 68 A6
Lindry (89) 112 E5
Linexert (70) 118 D5
Lingé (36) 164 C1
Lingeard (50) 52 C4
Lingèvres (14) 32 B5
Linghem (62) 5 H5
Lingolsheim (67) 71 D1
Lingreville (50) 30 D5
Linguizzetta (2B) 319 G6
Linières-Bouton (49) 126 C3
Liniers (86) 163 G3
Liniez (36) 148 A4
Linsdorf (68) 97 C5
Linselles (59) 6 E3
Linthal (68) 119 K3
Linthelles (51) 61 J5
Linthes (51) 61 J5
Lintot (76) 14 E6
Lintot-les-Bois (76) 15 K3
Linxe (40) 262 D1
Liny-devant-Dun (55) 43 F3
Linzeux (62) 9 K2
Liocourt (57) 66 B2
Liomer (80) 17 G2
le Lion-d'Angers (49) 124 E1
Lion-devant-Dun (55) 43 G2
Lion-en-Beauce (45) 110 A1
Lion-en-Sullias (45) 111 F6
Lion-sur-Mer (14) 32 E3
Liorac-sur-Louyre (24) 231 K1
Liouc (30) 274 C3
Liourdres (19) 234 B1
Lioux (84) 277 F2
Lioux-les-Monges (23) 183 J6
Liposthey (40) 245 F2
Lipsheim (67) 71 D2
Lirac (30) 275 K1
Lirey (10) 114 A1
Lironcourt (88) 117 J3
Lironville (54) 65 H3
Liry (08) 42 B4
Lisbourg (62) 5 G6
Lisieux (14) 33 K5
Lisle (24) 213 J2
Lisle (41) 108 C5
Lisle-en-Barrois (55) 64 A3
Lisle-en-Rigault (55) 63 K5
Lisle-sur-Tarn (81) 270 A3
Lislet (02) 21 G5
Lison (14) 31 H1
Lisores (14) 54 E2
Lisors (27) 36 B3
Lissac (09) 288 C6
Lissac (43) 220 A4
Lissac-et-Mouret (46) 234 D5

Lissac-sur-Couze (19) ... 215 H5
Lissay-Lochy (18) ... 149 G4
Lisse-en-Champagne (51) ... 63 F4
Lisses (91) ... 87 F1
Lisseuil (63) ... 184 D4
Lissey (55) ... 43 H3
Lissieu (69) ... 205 K1
Lissy (77) ... 87 H1
Listrac-de-Durèze (33) ... 230 D3
Listrac-Médoc (33) ... 210 E4
Lit-et-Mixe (40) ... 244 B6
Litteau (14) ... 31 K3
Littenheim (67) ... 70 C1
Litz (60) ... 37 K2
Livaie (61) ... 82 C2
Livarot-Pays-d'Auge (14) ... 54 D1
Liverdun (54) ... 65 K4
Liverdy-en-Brie (77) ... 59 J6
Livernon (46) ... 234 B5
Livers-Cazelles (81) ... 270 C1
Livet (53) ... 105 H1
Livet-en-Saosnois (72) ... 82 E4
Livet-et-Gavet (38) ... 224 B4
Livet-sur-Authou (27) ... 34 D4
Livilliers (95) ... 37 H6
Livinhac-le-Haut (12) ... 235 F1
la Livinière (34) ... 290 D4
Livré-la-Touche (53) ... 104 C4
Livré-sur-Changeon (35) ... 79 K3
Livron (64) ... 285 F5
Livron-sur-Drôme (26) ... 240 C3
Livry (14) ... 32 A5
Livry (58) ... 168 B1
Livry-Gargan (93) ... 59 G3
Livry-Louvercy (51) ... 41 H6
Livry-sur-Seine (77) ... 87 H2
Lixhausen (67) ... 69 J6
Lixheim (57) ... 67 K4
Lixing-lès-Rouhling (57) ... 68 C2
Lixing-lès-Saint-Avold (57) ... 68 A3
Lixy (89) ... 88 B6
Lizac (82) ... 249 G6
Lizant (86) ... 179 H4
Lizeray (36) ... 148 B4
Lizières (23) ... 181 K2
Lizine (25) ... 156 B3
Lizines (77) ... 88 C2
Lizio (56) ... 101 H3
Lizos (65) ... 285 J4
Lizy (02) ... 39 K1
Lizy-sur-Ourcq (77) ... 60 A1
la Llagonne (66) ... 313 J4
Llauro (66) ... 315 F3
Llo (66) ... 313 H4
Llupia (66) ... 315 F2
Lobsann (67) ... 25 B2
Loc-Brévalaire (29) ... 46 A4
Loc-Eguiner (29) ... 46 D5
Loc-Envel (22) ... 48 A5
Locarn (22) ... 75 K2
Loché-sur-Indrois (37) ... 146 E3
Loches (37) ... 146 C2
Loches-sur-Ource (10) ... 114 E2
le Locheur (14) ... 32 C6
Lochieu (01) ... 190 B5
Lochwiller (67) ... 70 C2
Locmalo (56) ... 76 B5
Locmaria (56) ... 120 B4
Locmaria-Berrien (29) ... 75 H1
Locmaria-Grand-Champ (56) ... 101 F4
Locmaria-Plouzané (29) ... 72 C4
Locmariaquer (56) ... 100 D6
Locmélar (29) ... 46 D6
Locminé (56) ... 100 E2
Locmiquélic (56) ... 99 K5
Locoal-Mendon (56) ... 100 C4
Locon (62) ... 6 A5
Loconville (60) ... 37 H4
Locqueltas (56) ... 101 F4
Locquénolé (29) ... 47 F4
Locquignol (59) ... 13 F4
Locquirec (29) ... 47 J3
Locronan (29) ... 74 C4
Loctudy (29) ... 98 C3
Locunolé (29) ... 99 J2
Loddes (03) ... 186 B1
Lodes (31) ... 286 D6
Lodève (34) ... 273 F5
Lods (25) ... 156 D3
Lœuilley (70) ... 136 D2
Loeuilly (80) ... 17 K3
Loffre (59) ... 11 J2
la Loge (62) ... 9 J1
la Loge-aux-Chèvres (10) ... 90 D5
Loge-Fougereuse (85) ... 160 E2
la Loge-Pomblin (10) ... 114 A2
Logelheim (68) ... 96 C4
les Loges (14) ... 32 A6
les Loges (52) ... 116 E5
les Loges (76) ... 14 C4
les Loges-en-Josas (78) ... 58 C5
les Loges-Marchis (50) ... 80 C1
les Loges-Margueron (10) ... 114 B2
les Loges-Saulces (14) ... 53 K3
les Loges-sur-Brécey (50) ... 52 B4
Lognes (77) ... 59 G4
Logny-Bogny (08) ... 22 A3
Logny-lès-Aubenton (02) ... 21 J3
Logonna-Daoulas (29) ... 74 B1
Logrian-Florian (30) ... 274 C2
Logron (28) ... 108 E1
Loguivy-Plougras (22) ... 47 K3
Lohéac (35) ... 102 D1
Lohitzun-Oyhercq (64) ... 283 G4

Lohr (67) ... 69 F5
Lohuec (22) ... 47 J6
Loigné-sur-Mayenne (53) ... 104 E4
Loigny-la-Bataille (28) ... 109 J1
Loiré (49) ... 124 C1
Loire-Authion (49) ... 125 J4
Loire-les-Marais (17) ... 177 F4
Loiré-sur-Nie (17) ... 178 B5
Loire-sur-Rhône (69) ... 206 A5
Loireauxence (44) ... 124 B4
Loiron-Ruillé (53) ... 104 D1
Loisail (61) ... 83 H2
Loisey (55) ... 64 C4
Loisia (39) ... 172 E4
Loisieux (73) ... 207 K3
Loisin (74) ... 191 G1
Loison (55) ... 43 K3
Loison-sous-Lens (62) ... 11 F1
Loison-sur-Créquoise (62) ... 9 H1
Loisy (54) ... 65 K3
Loisy (71) ... 172 A3
Loisy-en-Brie (51) ... 61 J3
Loisy-sur-Marne (51) ... 63 F5
Loivre (51) ... 40 E3
Loix (17) ... 158 B5
Lolif (50) ... 51 K2
Lolme (24) ... 232 B4
Lombard (25) ... 155 K3
Lombard (39) ... 155 G6
Lombers (81) ... 270 D4
Lombez (32) ... 287 G2
Lombia (64) ... 285 F4
Lombrès (65) ... 305 G1
Lombreuil (45) ... 111 G4
Lombron (72) ... 107 F2
Lommerange (57) ... 44 D3
Lommoye (78) ... 57 G2
Lomné (65) ... 304 E2
Lomont (70) ... 139 F1
Lomont-sur-Crête (25) ... 138 D5
Lompnas (01) ... 207 H1
Lompnieu (01) ... 190 A5
Lompret (59) ... 6 D4
Lonçon (64) ... 284 C2
la Londe (76) ... 35 G3
la Londe-les-Maures (83) ... 301 F4
Londigny (16) ... 179 F4
Londinières (76) ... 16 C3
Long (80) ... 9 H6
Longages (31) ... 287 K4
Longaulnay (35) ... 78 D1
Longavesnes (80) ... 19 H1
Longchamp (21) ... 136 C6
Longchamp (52) ... 116 D1
Longchamp (88) ... 94 D5
Longchamp-sous-
  Châtenois (88) ... 93 H3
Longchamp-sur-Aujon (10) ... 115 H1
Longchamps (21) ... 36 C3
Longchamps-sur-Aire (55) ... 64 C3
Longchaumois (39) ... 173 K4
Longcochon (39) ... 156 C6
Longeau-Percey (52) ... 116 C5
Longeault (21) ... 154 D1
Longeaux (55) ... 64 C6
Longechaux (25) ... 157 F1
Longechenal (38) ... 207 F6
Longecourt-en-Plaine (21) ... 154 D1
Longecourt-lès-Culêtre (21) ... 153 H2
Longemaison (25) ... 157 F2
Longepierre (71) ... 154 D4
Longes (69) ... 205 J5
Longessaigne (69) ... 205 G2
Longevelle (70) ... 138 D2
Longevelle-lès-Russey (25) ... 139 F6
Longevelle-sur-Doubs (25) ... 139 F3
Longèves (17) ... 176 E1
Longèves (85) ... 160 D4
Longeville (25) ... 156 D3
la Longeville (25) ... 157 F3
Longeville-en-Barrois (55) ... 64 B5
Longeville-lès-Metz (57) ... 44 E6
Longeville-lès-Saint-Avold (57) ... 45 K5
Longeville-sur-Mer (85) ... 159 G4
Longeville-sur-Mogne (10) ... 114 A1
Longevilles-Mont-d'Or (25) ... 174 D1
Longfossé (62) ... 4 C4
la Longine (70) ... 118 E4
Longjumeau (91) ... 58 D6
Longlaville (54) ... 26 D2
Longmesnil (76) ... 16 E5
Longnes (72) ... 106 B2
Longnes (78) ... 57 H3
Longny les Villages (61) ... 83 K2
Longperrier (77) ... 59 H1
Longpont (02) ... 39 H4
Longpont-sur-Orge (91) ... 58 D6
Longpré-le-Sec (10) ... 90 E6
Longpré-les-Corps-Saints (80) ... 9 H6
Longraye (14) ... 32 B5
Longré (16) ... 178 E5
Longroy (76) ... 16 D1
Longsols (10) ... 90 C3
Longué-Jumelles (49) ... 126 A4
Longueau (80) ... 18 B2
Longuefuye (53) ... 105 F4
Longueil (76) ... 15 J2
Longueil-Annel (60) ... 38 E2
Longueil-Sainte-Marie (60) ... 38 C3
Longuenée-en-Anjou (49) ... 125 F2
Longuenesse (62) ... 5 G3
Longuerue (76) ... 16 B6
Longues-sur-Mer (14) ... 32 B3

Longuesse (95) ... 58 A1
Longueval (80) ... 11 F6
Longueville (14) ... 29 J6
Longueville (47) ... 247 G1
Longueville (50) ... 30 C6
la Longueville (59) ... 13 G3
Longueville (62) ... 4 D3
Longueville (77) ... 88 C2
Longueville-sur-Aube (10) ... 89 J2
Longueville-sur-Scie (76) ... 15 K3
Longuevillette (80) ... 10 A5
Longuyon (54) ... 43 K1
Longvic (21) ... 136 A6
Longvillers (14) ... 32 B6
Longvilliers (62) ... 4 C5
Longvilliers (78) ... 86 B1
Longwé (08) ... 42 C2
Longwy (54) ... 26 C2
Longwy-sur-le-Doubs (39) ... 155 F4
Lonlay-l'Abbaye (61) ... 53 F5
Lonlay-le-Tesson (61) ... 53 J6
Lonnes (16) ... 179 F5
Lonny (08) ... 22 C3
Lonrai (61) ... 82 C2
Lons (64) ... 284 C4
Lons-le-Saunier (39) ... 173 F2
Lonzac (17) ... 195 J4
le Lonzac (19) ... 199 K6
Looberghe (59) ... 3 G3
Loon-Plage (59) ... 3 G2
Loos (59) ... 6 D4
Loos-en-Gohelle (62) ... 11 F1
Looze (89) ... 112 E3
Lopérec (29) ... 74 D2
Loperhet (29) ... 74 B1
Lopigna (2A) ... 320 C2
Loqueffret (29) ... 75 F2
Lor (02) ... 41 F1
Loray (25) ... 157 F1
Lorcières (15) ... 237 G1
Lorcy (45) ... 111 G2
Lordat (09) ... 307 J5
Lorentzen (67) ... 68 E4
Loreto-di-Casinca (2B) ... 319 J3
Loreto-di-Tallano (2A) ... 322 E1
Lorette (42) ... 205 H5
le Loreur (50) ... 30 C6
Loreux (41) ... 129 K5
le Lorey (50) ... 31 F3
Lorey (54) ... 94 B2
Lorges (41) ... 109 G5
Lorgies (62) ... 6 A5
Lorgues (83) ... 298 C1
Lorient (56) ... 99 K5
Loriges (03) ... 185 H2
Lorignac (17) ... 195 F5
Lorigné (79) ... 179 F3
Loriol-du-Comtat (84) ... 257 F6
Loriol-sur-Drôme (26) ... 240 B3
Lorlanges (43) ... 219 F2
Lorleau (27) ... 36 B2
Lormaison (60) ... 37 H4
Lormaye (28) ... 57 G6
Lormes (58) ... 133 J4
Lormont (33) ... 229 H1
Lornay (74) ... 190 C6
Loromontzey (54) ... 94 C3
le Loroux (35) ... 80 C3
le Loroux-Bottereau (44) ... 123 J4
Lorp-Sentaraille (09) ... 306 C2
Lorquin (57) ... 67 H5
Lorrez-le-Bocage-Préaux (77) ... 87 K6
Lorris (45) ... 111 F4
Lorry-lès-Metz (57) ... 44 E5
Lorry-Mardigny (57) ... 65 K1
Lortet (65) ... 304 E2
Loscouët-sur-Meu (22) ... 78 A3
Los Masos (66) ... 314 C2
Losne (21) ... 154 E2
Losse (40) ... 246 D5
Lostanges (19) ... 216 A5
Lostroff (57) ... 68 B6
Lothey (29) ... 74 D3
Lottinghen (62) ... 4 D3
Louailles (72) ... 105 K5
Louan-Villegruis-Fontaine (77) ... 89 F1
Louannec (22) ... 48 A2
Louans (37) ... 146 A1
Louargat (22) ... 48 B5
Louâtre (02) ... 39 H4
Loubajac (65) ... 285 F6
Loubaresse (07) ... 238 E5
Loubaut (09) ... 288 A6
Loubédat (32) ... 266 B4
Loubejac (24) ... 232 E5
Loubens (09) ... 307 G2
Loubens (33) ... 230 C4
Loubens-Lauragais (31) ... 289 F1
Loubers (81) ... 270 A1
Loubersan (32) ... 286 B2
Loubès-Bernac (47) ... 231 F3
Loubeyrat (63) ... 184 E6
Loubieng (64) ... 283 J2
la Loubière (12) ... 252 B3
Loubières (09) ... 307 H1
Loubigné (79) ... 178 D4
Loubillé (79) ... 178 D4
Loubressac (46) ... 234 B2
Loucelles (14) ... 32 C4
Louchats (33) ... 229 H6
Louches (62) ... 2 E4
Louchy-Montfand (03) ... 185 G1
Loucrup (65) ... 285 H6
Loudéac (22) ... 77 F4

Loudenvielle (65) ... 305 F5
Loudervielle (65) ... 305 F5
Loudes (43) ... 220 A5
Loudet (31) ... 286 C6
Loudrefing (57) ... 68 B6
Loudun (86) ... 144 D3
Loué (72) ... 106 A2
Louer (40) ... 264 C4
Louesme (21) ... 115 H4
Louestault (37) ... 127 H2
Loueuse (60) ... 17 G6
Louey (65) ... 285 G6
Lougé-sur-Maire (61) ... 54 A5
Lougratte (47) ... 231 K5
Lougres (25) ... 139 F3
Louhans (71) ... 172 C3
Louhossoa (64) ... 282 C5
Louignac (19) ... 215 F3
Louin (79) ... 144 B6
Louisfert (44) ... 103 H4
Louit (65) ... 285 J4
Loulans-Verchamp (70) ... 138 B3
Loulay (17) ... 177 K4
Loulle (39) ... 173 J1
la Loupe (28) ... 84 B2
Loupeigne (02) ... 40 A4
Loupershouse (57) ... 68 C3
Loupes (33) ... 229 J2
Loupfougères (53) ... 81 J4
Loupia (11) ... 308 C2
Loupiac (33) ... 229 K4
Loupiac (46) ... 233 H3
Loupiac (81) ... 269 K4
Loupiac-de-la-Réole (33) ... 230 C6
Loupian (34) ... 292 E3
Louplande (72) ... 106 C3
Loupmont (55) ... 65 F2
Louppy-le-Château (55) ... 63 K3
Louppy-sur-Loison (55) ... 43 H1
la Louptière-Thénard (10) ... 88 E4
Lourches (59) ... 12 B2
Lourde (31) ... 305 H2
Lourdes (65) ... 304 A1
Lourdios-Ichère (64) ... 302 E1
Lourdoueix-Saint-Michel (36) ... 165 J3
Lourdoueix-Saint-Pierre (23) ... 165 K6
Lourenties (64) ... 284 E4
Loures-Barousse (65) ... 305 H2
Louresse-Rochemenier (49) ... 125 J6
Lourmais (35) ... 51 F5
Lourmarin (84) ... 277 G4
Lournand (71) ... 171 G5
Lourouer-Saint-Laurent (36) ... 166 B3
le Louroux (37) ... 146 A2
le Louroux-Béconnais (49) ... 124 D2
Louroux-Bourbonnais (03) ... 167 K4
Louroux-de-Beaune (03) ... 184 C1
Louroux-de-Bouble (03) ... 184 D4
Lourquen (40) ... 264 D4
Lourties-Monbrun (32) ... 286 C2
Loury (45) ... 110 B3
Louslitges (32) ... 266 C6
Loussous-Débat (32) ... 266 C5
Lousteau Neuf (33) ... 246 E2
Loutehel (35) ... 78 C6
Loutzviller (57) ... 69 G2
Louvagny (14) ... 54 C2
Louvaines (49) ... 104 E6
Louvatange (39) ... 155 J1
Louveciennes (78) ... 58 C4
Louvemont (52) ... 91 J2
Louvemont-Côte-
  du-Poivre (55) ... 43 H4
Louvencourt (80) ... 10 C5
Louvenne (39) ... 173 F5
Louverné (53) ... 81 F6
le Louverot (39) ... 173 G1
Louversey (27) ... 56 B2
Louvetot (76) ... 15 G6
Louvie-Juzon (64) ... 303 G1
Louvie-Soubiron (64) ... 303 G2
la Louvière-Lauragais (11) ... 288 E5
Louvières (14) ... 29 K6
Louvières (52) ... 116 C2
Louvières-en-Auge (61) ... 54 C3
Louviers (27) ... 35 J4
Louvigné (53) ... 105 F1
Louvigné-de-Bais (35) ... 79 K5
Louvigné-du-Désert (35) ... 80 B2
Louvignies-Quesnoy (59) ... 12 E4
Louvigny (14) ... 32 D5
Louvigny (57) ... 66 A2
Louvigny (64) ... 284 C1
Louvigny (72) ... 82 E4
Louvil (59) ... 7 F5
Louville-la-Chenard (28) ... 85 J4
Louvilliers-en-Drouais (28) ... 56 E5
Louvilliers-lès-Perche (28) ... 56 C6
Louvrechy (80) ... 18 B4
Louvres (95) ... 59 F1
Louvroil (59) ... 13 H3
Louye (27) ... 56 E4
Louzac-Saint-André (16) ... 195 J2
Louzes (72) ... 83 F3
Louzignac (17) ... 196 A1
Louzouer (45) ... 111 K2
Louzy (79) ... 144 B2
Lovagny (74) ... 190 E6
Loyat (56) ... 101 K1
la Loye (39) ... 155 G3
Loye-sur-Arnon (18) ... 166 E3
Loyettes (01) ... 206 E2
Lozanne (69) ... 205 J1
Lozay (17) ... 177 J4

Loze (82) ... 250 C4
Lozinghem (62) ... 5 J6
Lozzi (2B) ... 318 D5
Luant (36) ... 165 G1
le Luart (72) ... 107 H2
Lubbon (40) ... 246 E5
Lubécourt (57) ... 66 D3
Lubersac (19) ... 199 G6
Lubey (54) ... 44 C4
Lubilhac (43) ... 219 F3
Lubine (88) ... 95 K4
Lublé (37) ... 126 E3
Lubret-Saint-Luc (65) ... 285 K4
Luby-Betmont (65) ... 285 K4
Luc (48) ... 238 C5
Luc (65) ... 285 J6
le Luc (83) ... 298 C3
Luc-Armau (64) ... 285 F2
Luc-en-Diois (26) ... 241 J5
Luc-la-Primaube (12) ... 252 A3
Luc-sur-Aude (11) ... 308 E3
Luc-sur-Mer (14) ... 32 E3
Luc-sur-Orbieu (11) ... 291 F6
Lucarré (64) ... 285 F2
Luçay-le-Libre (36) ... 148 B3
Luçay-le-Mâle (36) ... 147 H2
Lucbardez-et-Bargues (40) ... 265 H1
Lucciana (2B) ... 319 H2
Lucé (28) ... 85 F3
Lucé-sous-Ballon (72) ... 82 E6
Luceau (72) ... 107 F6
Lucelle (68) ... 97 B6
Lucenay (69) ... 188 A6
Lucenay-le-Duc (21) ... 135 F2
Lucenay-lès-Aix (58) ... 169 F2
Lucenay-l'Évêque (71) ... 152 E3
Lucéram (06) ... 281 G2
la Lucerne-d'Outremer (50) ... 51 J1
Lucey (21) ... 115 J5
Lucey (54) ... 65 H5
Lucey (73) ... 207 K2
Lucgarier (64) ... 284 E5
Luchapt (86) ... 180 C3
Luchat (17) ... 194 E2
Luché-Pringé (72) ... 106 C6
Luché-sur-Brioux (79) ... 178 D3
Luché-Thouarsais (79) ... 144 A5
Lucheux (80) ... 10 B4
Luchy (60) ... 17 K6
Lucinges (74) ... 191 G2
Lucmau (33) ... 246 B2
Luçon (85) ... 160 A4
Lucq-de-Béarn (64) ... 283 K4
Lucquy (08) ... 41 K1
les Lucs-sur-Boulogne (85) ... 141 J5
Lucy (57) ... 66 D2
Lucy (76) ... 16 D3
Lucy-le-Bocage (02) ... 60 D1
Lucy-le-Bois (89) ... 133 J3
Lucy-sur-Cure (89) ... 133 H2
Lucy-sur-Yonne (89) ... 133 G3
le Lude (72) ... 126 D1
Ludes (51) ... 41 F5
Ludesse (63) ... 202 D4
Ludiès (09) ... 307 J1
Ludon-Médoc (33) ... 211 G6
Ludres (54) ... 66 A6
Lüe (40) ... 244 E3
Luemschwiller (68) ... 97 B3
Lugagnac (46) ... 250 C2
Lugagnan (65) ... 304 A1
Lugaignac (33) ... 230 B2
Lugan (12) ... 251 H1
Lugan (81) ... 269 J5
Lugarde (15) ... 218 A2
Lugasson (33) ... 230 B3
Luglon (40) ... 245 H5
Lugny (02) ... 20 E3
Lugny (71) ... 171 J5
Lugny-Bourbonnais (18) ... 149 K5
Lugny-Champagne (18) ... 150 A2
Lugny-lès-Charolles (71) ... 170 C6
Lugo-di-Nazza (2B) ... 321 H3
Lugon-et-l'Île-du-Carnay (33) ... 211 J6
Lugos (33) ... 228 D6
Lugrin (74) ... 175 G3
Lugy (62) ... 5 F6
le Luhier (25) ... 157 H1
Luigné (49) ... 125 H5
Luigny (28) ... 84 B5
Luisant (28) ... 85 G3
Luisetaines (77) ... 88 C3
Luitré (35) ... 80 B4
Lullin (74) ... 191 J1
Lully (74) ... 191 H1
Lumbin (38) ... 224 B2
Lumbres (62) ... 5 F3
Lumeau (28) ... 109 J1
Lumes (08) ... 22 D4
Lumigny-Nesles-Ormeaux (77) ... 59 K5
Lumio (2B) ... 318 C2
Lunac (12) ... 251 G4
Lunan (46) ... 234 E5
Lunas (24) ... 231 H1
Lunas (34) ... 272 E5
Lunax (31) ... 286 D4
Lunay (41) ... 108 A5
Luneau (03) ... 170 A6
Lunegarde (46) ... 234 A4
Lunel (34) ... 274 D5
Lunel-Viel (34) ... 274 D5
Luneray (76) ... 15 J3
Lunery (18) ... 149 F5
Lunéville (54) ... 66 D6

le Luot (50) 51 K2
Lupcourt (54) 66 B6
Lupé (42) 221 K1
Lupersat (23) 183 H5
Lupiac (32) 266 D5
Luplanté (28) 85 F5
Luppé-Violles (32) 265 K4
Luppy (57) 66 B1
Lupsault (16) 178 D5
Lupstein (67) 70 C1
Luquet (65) 285 F4
Lurais (36) 164 A2
Luray (28) 57 F5
Lurbe-Saint-Christau (64) 284 A6
Lurcy (01) 188 B4
Lurcy-le-Bourg (58) 151 F2
Lurcy-Lévis (03) 168 A4
Luré (42) 204 B1
Lure (70) 118 E6
Lureuil (36) 164 B1
Luri (2B) 317 D2
Luriecq (42) 204 D6
Lurs (04) 278 B1
Lury-sur-Arnon (18) 148 D2
Lus-la-Croix-Haute (26) 242 A4
Lusanger (44) 103 G4
Luscan (31) 305 H2
Lusignac (24) 213 F2
Lusignan (86) 162 C5
Lusignan-Petit (47) 248 A4
Lusigny (03) 169 F3
Lusigny-sur-Barse (10) 90 C5
Lusigny-sur-Ouche (21) 153 J2
Lussac (16) 197 H1
Lussac (17) 195 H5
Lussac (33) 212 B6
Lussac-les-Châteaux (86) 163 J5
Lussac-les-Églises (87) 164 C6
Lussagnet (40) 265 J4
Lussagnet-Lusson (64) 284 E2
Lussan (30) 255 K5
Lussan (32) 267 J6
Lussan-Adeilhac (31) 287 G4
Lussant (17) 177 G5
Lussas (07) 239 J5
Lussas-et-Nontronneau (24) 197 J5
Lussat (23) 183 H4
Lussat (63) 202 E1
Lussault-sur-Loire (37) 128 A4
Lusse (88) 95 K4
Lusseray (79) 178 C3
Lustar (65) 286 A4
Luthenay-Uxeloup (58) 150 E6
Lutilhous (65) 286 A6
Luttange (57) 45 G4
Luttenbach-près-Munster (68) 119 K2
Lutter (68) 97 C6
Lutterbach (68) 97 B2
Lutz-en-Dunois (28) 109 F2
Lutzelbourg (57) 70 A1
Lutzelhouse (67) 70 B4
Luvigny (88) 95 J1
Lux (21) 136 B3
Lux (31) 289 F3
Lux (71) 171 J1
Luxé (16) 179 F6
Luxe-Sumberraute (64) 283 F3
Luxémont-et-Villotte (51) 63 C5
Luxeuil-les-Bains (70) 118 C5
Luxey (40) 245 K3
Luxiol (25) 138 C4
Luyères (10) 90 B4
Luynes (37) 127 G5
Luz-Saint-Sauveur (65) 304 A4
Luzancy (77) 60 C2
Luzarches (95) 38 A6
Luzay (79) 144 B4
Luzé (37) 145 H3
Luze (70) 139 G1
Luzech (46) 249 H1
Luzenac (09) 307 K5
Luzeret (36) 165 F4
la Luzerne (50) 31 H3
Luzillat (63) 185 H6
Luzillé (37) 128 B6
Luzinay (38) 206 B4
Luzoir (02) 21 G2
Luzy (58) 170 A1
Luzy-Saint-Martin (55) 43 F1
Luzy-sur-Marne (52) 116 B2
Ly-Fontaine (02) 20 A4
Lyas (07) 239 K3
Lyaud (74) 175 F6
Lye (36) 147 H1
Lynde (59) 5 J3
Lyoffans (70) 138 E1
Lyon (69) 206 A2
Lyons-la-Forêt (27) 36 B2
Lys (58) 133 G5
Lys (64) 284 C6
Lys-Haut-Layon (49) 143 H1
Lys-lez-Lannoy (59) 7 F4
Lys-Saint-Georges (36) 165 K3

M

Maast-et-Violaine (02) 39 K4
Maâtz (52) 116 E6
Mably (42) 186 K4
Macau (33) 211 G5
Macaye (64) 282 D3
Macé (61) 54 D6
Macey (10) 89 K5
Machault (08) 41 K3

Machault (77) 87 J3
Maché (85) 141 G6
Machecoul-Saint-Même (44) 141 F3
Mâchecourt (02) 21 F5
Machemont (60) 38 E1
Macheren (57) 68 A3
Machézal (42) 187 G6
Machiel (80) 9 G3
Machilly (74) 191 G1
la Machine (58) 151 G5
Machy (10) 114 A1
Machy (80) 9 G3
Mackenheim (67) 71 C6
Mackwiller (67) 68 E5
Maclas (42) 221 K1
Macogny (02) 39 H5
Mâcon (71) 188 C1
Maconcourt (88) 93 J4
Maconge (21) 153 H1
Macornay (39) 173 F2
Macqueville (17) 196 A1
Macquigny (02) 20 C2
Madaillan (47) 248 A3
Madecourt (88) 94 A5
Madegney (88) 94 B4
la Madelaine-sous-Montreuil (62) 4 C6
la Madeleine (59) 6 D4
la Madeleine-Bouvet (61) 84 A2
la Madeleine-de-Nonancourt (27) 56 D4
la Madeleine-sur-Loing (77) 87 H6
la Madeleine-Villefrouin (41) 109 F6
Madic (15) 217 H1
Madière (09) 307 G1
Madirac (33) 229 J3
Madiran (65) 285 G1
Madonne-et-Lamerey (88) 94 B5
Madranges (19) 200 A6
Madré (53) 81 J2
Madriat (63) 218 E1
Maël-Carhaix (22) 75 K3
Maël-Pestivien (22) 76 B1
Maennolsheim (67) 70 C2
Maffliers (95) 58 E1
Maffrécourt (51) 42 C6
Magalas (34) 292 A2
la Magdelaine-sur-Tarn (31) 269 H4
la Magdeleine (16) 179 F4
le Mage (61) 83 K2
Magenta (51) 61 K1
les Mages (30) 255 H4
Magescq (40) 262 D3
Magland (74) 191 K4
Magnac-Bourg (87) 199 G4
Magnac-Laval (87) 181 F2
Magnac-Lavalette-Villars (16) 196 E5
Magnac-sur-Touvre (16) 196 E3
Magnan (32) 266 A4
Magnant (10) 90 E6
Magnanville (78) 57 J2
Magnas (32) 267 J2
Magnat-l'Étrange (23) 201 F2
Magné (79) 161 F6
Magné (86) 163 F6
Magnet (03) 185 J2
Magneux (51) 40 C4
Magneux (52) 91 K2
Magneux-Haute-Rive (42) 204 D3
Magneville (50) 28 D4
Magnicourt (10) 90 D3
Magnicourt-en-Comte (62) 10 C1
Magnicourt-sur-Canche (62) 10 B3
Magnien (21) 153 G3
Magnières (54) 94 E2
Magnieu (01) 207 K2
les Magnils-Reigniers (85) 159 K4
Magnivray (70) 118 D5
Magnoncourt (70) 118 B4
le Magnoray (70) 138 A3
Magny (28) 84 E4
le Magny (36) 166 A4
Magny (68) 139 K1
les Magny (70) 138 D2
Magny (89) 133 K4
Magny-Châtelard (25) 138 C6
Magny-Cours (58) 150 D5
Magny-Danigon (70) 119 F6
Magny-en-Bessin (14) 32 B3
Magny-en-Vexin (95) 36 G5
Magny-Fouchard (10) 91 F5
Magny-Jobert (70) 138 E1
Magny-la-Campagne (14) 54 B1
Magny-la-Fosse (02) 19 K2
Magny-la-Ville (21) 134 E4
Magny-Lambert (21) 135 F1
Magny-le-Désert (61) 81 K1
Magny-le-Freule (14) 33 G6
Magny-le-Hongre (77) 59 J3
Magny-lès-Aubigny (21) 154 D2
Magny-les-Hameaux (78) 58 B5
Magny-lès-Jussey (70) 117 J4
Magny-lès-Villers (21) 154 A3
Magny-Lormes (58) 133 H6
Magny-Montarlot (21) 136 D6
Magny-Saint-Médard (21) 136 C5
Magny-Vernois (70) 138 D1
Magoar (22) 76 C1
Magrie (11) 308 D2
Magrin (81) 270 B6
Magstatt-le-Bas (68) 97 C4
Magstatt-le-Haut (68) 97 C4
Mahalon (29) 73 D2

Mahéru (61) 55 G6
Maîche (25) 139 H6
Maidières (54) 65 J3
Maignaut-Tauzia (32) 267 F2
Maigné (72) 106 B3
Maignelay-Montigny (60) 18 C6
Mailhac (11) 291 F4
Mailhac-sur-Benaize (87) 181 H1
Mailhoc (81) 270 C1
Mailholas (31) 287 K5
Maillane (13) 276 A3
Maillas (40) 246 C3
Maillat (01) 189 J3
Maillé (37) 145 J3
Maillé (85) 160 D6
Maillé (86) 162 C2
Maillebois (28) 56 D6
Maillères (40) 245 K6
Mailleroncourt-Charette (70) 118 B6
Mailleroncourt-Saint-Pancras (70) 118 A3
Maillet (36) 165 H3
Mailley-et-Chazelot (70) 137 K2
Maillezais (85) 160 E5
Maillot (89) 112 D1
Mailly (71) 186 E2
Mailly-Champagne (51) 41 F5
Mailly-la-Ville (89) 133 G2
Mailly-le-Camp (10) 62 B6
Mailly-le-Château (89) 133 G2
Mailly-Maillet (80) 10 D5
Mailly-Raineval (80) 18 C4
Mailly-sur-Seille (54) 66 B2
les Maillys (21) 154 E2
Maimbeville (60) 38 B2
Maincy (77) 87 H2
Maine-de-Boixe (16) 196 E1
Maing (59) 12 C3
Mainneville (27) 36 D3
Mainsat (23) 183 H4
Maintenay (62) 9 G2
Maintenon (28) 85 H1
Mainvillers (57) 66 D1
Mainvilliers (28) 85 F3
Mainxe (16) 196 A3
Mainzac (16) 197 H5
Mairé (86) 146 A5
Mairé-Levescault (79) 179 F3
Mairieux (59) 13 H2
Mairy-Mainville (54) 44 C3
Mairy-sur-Marne (51) 62 D3
Maisdon-sur-Sèvre (44) 142 C1
Maisey-le-Duc (21) 115 G5
Maisnières (80) 8 E6
le Maisnil (59) 6 C4
Maisnil (62) 10 B3
Maisnil-lès-Ruitz (62) 10 D1
Maisod (39) 173 H4
Maison-des-Champs (10) 91 F5
la Maison-Dieu (58) 133 G4
Maison-Feyne (23) 182 B1
Maison-Ponthieu (80) 9 J4
Maison-Roland (80) 9 H5
Maison-Rouge (77) 88 C2
Maisoncelle (62) 9 K1
Maisoncelle-et-Villers (08) 22 E6
Maisoncelle-Saint-Pierre (60) 37 H1
Maisoncelle-Tuilerie (60) 18 A6
Maisoncelles (52) 116 E1
Maisoncelles (72) 107 H3
Maisoncelles-du-Maine (53) 105 F3
Maisoncelles-en-Brie (77) 60 A4
Maisoncelles-en-Gâtinais (77) 87 G6
Maisoncelles-Pelvey (14) 32 B6
Maisoncelles-sur-Ajon (14) 32 C6
Maisonnais (18) 166 D3
Maisonnais-sur-Tardoire (87) 197 K3
Maisonnay (79) 178 D2
Maisonneuve (86) 162 C1
Maisonnisses (23) 182 D4
Maisons (11) 309 J3
Maisons (14) 32 A3
Maisons (28) 85 K3
Maisons-Alfort (94) 59 F4
Maisons-du-Bois-Lièvremont (25) 157 F4
Maisons-en-Champagne (51) 62 E5
Maisons-Laffitte (78) 58 C2
Maisons-lès-Chaource (10) 114 B3
Maisons-lès-Soulaines (10) 91 H5
Maisonsgoutte (67) 70 A6
Maisontiers (79) 144 A6
Maisse (91) 86 E4
Maissemy (02) 19 J2
Maixe (54) 66 C6
Maizeray (55) 44 A6
Maizeroy (57) 45 H6
Maizet (14) 32 D6
Maizey (55) 64 E2
Maizicourt (80) 9 J4
Maizières (14) 54 B1
Maizières (52) 91 K2
Maizières (54) 93 K1
Maizières (62) 10 D2
Maizières (70) 137 K3
Maizières-la-Grande-Paroisse (10) 89 H2
Maizières-lès-Brienne (10) 91 F3
Maizières-lès-Metz (57) 44 E4
Maizières-lès-Vic (57) 67 F5
Maizières-sur-Amance (52) 117 F5
Maizilly (42) 187 G3
Maizy (02) 40 C3
Majastres (04) 279 F2

Malabat (32) 285 J2
la Malachère (70) 138 A4
Malafretaz (01) 189 F1
Mâlain (21) 135 H5
Malaincourt (88) 93 G5
Malaincourt-sur-Meuse (52) 93 F6
Malakoff (92) 58 D4
Malancourt (55) 43 F4
Malandry (08) 23 H6
Malange (39) 155 H1
Malans (25) 156 B3
Malans (70) 137 F6
Malansac (56) 101 K5
Malarce-sur-la-Thines (07) 255 G2
Malataverne (26) 256 D1
Malaucène (84) 257 G5
Malaucourt-sur-Seille (57) 66 C3
Malaunay (76) 15 K6
Malause (82) 248 E6
Malaussanne (64) 265 G6
Malaussène (06) 280 E1
Malauzat (63) 202 C1
Malaville (16) 196 B4
Malavillers (54) 44 C3
Malay (71) 171 H4
Malay-le-Grand (89) 112 D1
Malay-le-Petit (89) 112 E1
Malbo (15) 236 B1
Malbosc (07) 255 G3
Malbouhans (70) 118 E6
Malbouzon (48) 236 E4
Malbrans (25) 156 C2
Malbuisson (25) 156 E6
Malegoude (09) 308 B1
Malemort (19) 215 J4
Malemort-du-Comtat (84) 276 E1
la Malène (48) 253 J3
le Malesherbois (45) 86 E5
Malestroit (56) 101 J3
Maleville (12) 251 G2
Malguénac (56) 76 D5
Malherbe-sur-Ajon (14) 32 C6
la Malhoure (22) 77 J2
Malicornay (36) 165 H3
Malicorne (03) 184 B1
Malicorne-sur-Sarthe (72) 106 B5
Maligny (21) 153 G3
Maligny (89) 113 H4
Malijai (04) 259 G6
Malincourt (59) 12 B6
Malintrat (63) 202 E2
Malissard (26) 240 D1
Mallefougasse-Augès (04) 258 E6
Malleloy (54) 66 A4
Mallemoisson (04) 259 H6
Mallemort (13) 276 E5
Malléon (09) 307 J2
Malleret (23) 201 F2
Malleret-Boussac (23) 183 F1
Mallerey (39) 172 E3
Malleval (42) 221 K1
Malleval-en-Vercors (38) 223 H4
Malleville-les-Grès (76) 15 F3
Malleville-sur-le-Bec (27) 34 E4
Mallièvre (85) 142 E1
Malling (57) 45 G2
la Malmaison (02) 40 E1
Malmerspach (68) 119 J4
Malmy (51) 42 C5
Malons-et-Elze (30) 255 F2
Malouy (27) 34 C6
Malpart (80) 18 C4
Malpas (25) 156 E6
Malras (11) 308 D2
Malrevers (43) 220 C5
Malroy (57) 45 F5
Maltat (71) 169 J2
Maltot (14) 32 D5
Malval (23) 165 K6
Malvalette (43) 220 E2
Malves-en-Minervois (11) 290 C5
Malvezie (31) 305 H2
Malvières (43) 220 A2
Malviès (11) 308 D1
Malville (44) 122 D2
Malvillers (70) 117 H6
Malzéville (54) 66 A5
le Malzieu-Forain (48) 237 H2
le Malzieu-Ville (48) 237 G2
Malzy (02) 20 E2
Mamers (72) 83 F4
Mametz (62) 5 H4
Mametz (80) 18 E1
Mamey (54) 65 J3
Mamirolle (25) 156 C1
Manas (26) 240 D5
Manas-Bastanous (32) 286 A3
Manaurie (24) 214 C6
Mance (54) 44 C4
la Mancelière (28) 56 B6
Mancenans (25) 138 E3
Mancenans-Lizerne (25) 139 G6
Mancey (71) 171 J4
Manciet (32) 266 B3
Mancieulles (54) 44 C4
Mancioux (31) 287 G6
Mancy (51) 61 K2
Mandagout (30) 273 J1
Mandailles-Saint-Julien (15) 217 K5
Mandelieu-la-Napoule (06) 280 C6
Manderen (57) 45 H1
Mandeure (25) 139 H3
Mandeville (27) 35 G5
Mandeville-en-Bessin (14) 31 K1

Mandray (88) 95 J5
Mandres (27) 56 A5
Mandres-aux-Quatre-Tours (54) 65 G3
Mandres-en-Barrois (55) 92 D2
Mandres-la-Côte (52) 116 C2
Mandres-les-Roses (94) 59 G6
Mandres-sur-Vair (88) 93 H5
Mandrevillars (70) 139 G1
Manduel (30) 275 H4
Mane (04) 278 A2
Mane (31) 306 A1
Manéglise (76) 14 C6
Manéhouville (76) 15 K3
Manent-Montané (32) 286 C4
Manerbe (14) 33 K5
Mangiennes (55) 43 J3
Manglieu (63) 203 F4
Mangonville (54) 94 B2
Manhac (12) 251 K4
Manheulles (55) 43 K6
Manhoué (57) 66 B3
Manicamp (02) 19 J6
Manigod (74) 191 H6
Manin (62) 10 C3
Maninghem (62) 4 D5
Maninghen-Henne (62) 4 B2
Maniquerville (76) 14 C4
Manlay (21) 153 F2
Manneville-ès-Plains (76) 15 G2
Manneville-la-Goupil (76) 14 C5
Manneville-la-Pipard (14) 33 K4
Manneville-la-Raoult (27) 34 A3
Manneville-sur-Risle (27) 34 C3
Mannevillette (76) 14 B5
le Manoir (14) 32 C4
le Manoir (27) 35 J3
Manois (52) 92 C5
Manom (57) 45 F2
Manoncourt-en-Vermois (54) 66 B6
Manoncourt-en-Woëvre (54) 65 H4
Manonville (54) 65 H3
Manonviller (54) 66 E6
Manosque (04) 278 A3
Manot (16) 180 A5
Manou (28) 84 B2
Manre (08) 42 B4
le Mans (72) 106 D2
Mansac (19) 215 G4
Mansan (65) 285 J2
Mansat-la-Courrière (23) 182 C5
Mansempuy (32) 267 K4
Mansencôme (32) 266 E3
Manses (09) 307 K1
Mansigné (72) 106 D6
Mansle (16) 179 G6
Manso (2B) 316 E3
Mansonville (82) 268 A1
Manspach (68) 139 K1
Mant (40) 265 F6
Mantallot (22) 48 B3
Mantenay-Montlin (01) 172 B5
Mantes-la-Jolie (78) 57 J2
Mantes-la-Ville (78) 57 J2
Mantet (66) 314 A4
Manteyer (05) 242 D6
Manthelan (37) 146 A2
Manthes (26) 222 C2
Mantilly (61) 80 E1
Mantoche (70) 136 E4
Mantry (39) 155 H6
Manvieux (14) 32 B3
Many (57) 66 D1
Manzac-sur-Vern (24) 213 J5
Manzat (63) 184 D5
Manziat (01) 171 K6
Marac (52) 116 B3
Marainville-sur-Madon (88) 94 A3
Marainviller (54) 66 E6
le Marais-la-Chapelle (14) 54 C3
Marais-Vernier (27) 34 C2
Marambat (32) 266 E3
Marandeuil (21) 136 D5
Marange-Silvange (57) 44 E4
Marange-Zondrange (57) 45 J5
Marans (17) 160 B6
Marans (49) 124 D1
Maransin (33) 211 K5
Marant (62) 4 D6
Maranville (52) 115 J1
Maranwez (08) 21 K4
Marast (70) 138 D2
Marat (63) 203 J4
Maraussan (34) 291 K4
Maravat (32) 267 J4
Maray (41) 148 B3
Maraye-en-Othe (10) 113 J1
Marbache (54) 65 K4
Marbaix (59) 13 G5
Marbeuf (27) 35 G5
Marbéville (52) 91 K5
Marbois (27) 56 B3
Marboué (28) 108 E1
Marboz (01) 172 C4
Marby (08) 22 A3
Marc-la-Tour (19) 216 B3
Marçais (18) 166 E2
Marçay (37) 145 F2
Marçay (86) 162 D5
Marcé (49) 125 J4
Marcé-sur-Esves (37) 145 K3
Marcelcave (80) 18 D3
Marcellaz (74) 191 G3
Marcellaz-Albanais (74) 190 D6

Marcellois (21) 135 G5
Marcellus (47) 247 F1
Marcenais (33) 211 K5
Marcenat (03) 185 H2
Marcenat (15) 218 B2
Marcenay (21) 114 D4
Marcenod (42) 205 G5
Marcey-les-Grèves (50) 51 K2
Marchais (02) 20 E6
Marchamp (01) 207 H2
Marchampt (69) 187 K3
Marchastel (15) 217 K3
Marchastel (48) 236 E5
Marchaux (25) 138 A5
la Marche (58) 150 C2
Marché-Allouarde (80) 19 G4
Marchélepot (80) 19 G3
Marchemaisons (61) 83 F2
Marchémoret (77) 59 J1
Marchenoir (41) 109 F5
Marcheprime (33) 228 E3
Marches (26) 222 D6
les Marches (73) 208 C5
Marcheseuil (21) 153 F2
Marchésieux (50) 31 F2
Marchéville (28) 84 E4
Marchéville-en-Woëvre (55) 44 A6
Marchezais (28) 57 G5
Marchiennes (59) 12 B1
Marciac (32) 285 J1
Marcieu (38) 242 A1
Marcieux (73) 207 K4
Marcigny (71) 186 E2
Marcigny-sous-Thil (21) 134 D5
Marcilhac-sur-Célé (46) 234 B6
Marcillac (33) 211 H2
Marcillac-la-Croisille (19) 216 D3
Marcillac-la-Croze (19) 216 A6
Marcillac-Lanville (16) 196 C1
Marcillac-Saint-Quentin (24) 233 F1
Marcillac-Vallon (12) 251 K1
Marcillat (63) 184 E4
Marcillat-en-Combraille (03) 184 A3
Marcillé-la-Ville (53) 81 H4
Marcillé-Raoul (35) 51 G6
Marcillé-Robert (35) 79 J6
Marcilloles (38) 222 E2
Marcilly (50) 52 A5
Marcilly (77) 59 K1
Marcilly-d'Azergues (69) 205 K1
Marcilly-en-Bassigny (52) 116 E4
Marcilly-en-Beauce (41) 108 B6
Marcilly-en-Gault (41) 129 K4
Marcilly-en-Villette (45) 110 B6
Marcilly-et-Dracy (21) 134 E5
Marcilly-la-Campagne (27) 56 D4
Marcilly-la-Gueurce (71) 170 D6
Marcilly-le-Châtel (42) 204 C3
Marcilly-le-Hayer (10) 89 G4
Marcilly-Ogny (21) 153 F1
Marcilly-sur-Eure (27) 57 F4
Marcilly-sur-Maulne (37) 126 E2
Marcilly-sur-Seine (51) 89 H2
Marcilly-sur-Tille (21) 136 B3
Marcilly-sur-Vienne (37) 145 J3
Marck (62) 2 D3
Marckolsheim (67) 96 D3
Marclopt (42) 204 E3
Marcoing (59) 11 J5
Marcolès (15) 235 G3
Marcollin (38) 222 D2
Marcols-les-Eaux (07) 239 H3
Marçon (72) 107 G6
Marconne (62) 9 J2
Marconnelle (62) 9 H2
Marcorignan (11) 291 G5
Marcoussis (91) 58 D6
Marcoux (04) 259 J5
Marcoux (42) 204 C3
Marcq (08) 42 D3
Marcq (78) 57 K2
Marcq-en-Barœul (59) 6 E4
Marcq-en-Ostrevent (59) 11 K3
Marcy (02) 20 B3
Marcy (58) 132 E6
Marcy (69) 188 A6
Marcy-l'Étoile (69) 205 K2
Marcy-sous-Marle (02) 20 E4
Mardeuil (51) 61 K1
Mardié (45) 110 B4
Mardilly (61) 55 F4
Mardor (52) 116 B4
Mareau-aux-Bois (45) 110 C2
Mareau-aux-Prés (45) 109 J5
Mareil-en-Champagne (72) 106 A3
Mareil-en-France (95) 59 F1
Mareil-le-Guyon (78) 57 K4
Mareil-Marly (78) 58 B3
Mareil-sur-Loir (72) 106 C6
Mareil-sur-Mauldre (78) 57 K3
Mareilles (52) 92 C6
Marenla (62) 9 G1
Marennes (17) 176 D6
Marennes (69) 206 B4
Maresché (72) 82 D5
Maresches (59) 12 D3
Maresquel-Ecquemicourt (62) 9 H1
Marest (62) 5 J6
Marest-Dampcourt (02) 19 J6
Marest-sur-Matz (60) 38 D1
Marestaing (32) 287 H1
Marestmontiers (80) 18 D5
Maresville (62) 4 C5
les Marêts (77) 60 D6

Maretz (59) 12 C6
Mareugheol (63) 202 D6
Mareuil (16) 196 B2
Mareuil (24) 197 G6
Mareuil-Caubert (80) 9 G5
Mareuil-en-Brie (51) 61 H2
Mareuil-en-Dôle (02) 40 A4
Mareuil-la-Motte (60) 38 D1
Mareuil-le-Port (51) 61 H1
Mareuil-lès-Meaux (77) 59 K3
Mareuil-sur-Arnon (18) 148 E5
Mareuil-sur-Cher (41) 128 E6
Mareuil-sur-Lay-Dissais (85) 159 K3
Mareuil-sur-Ourcq (60) 39 G6
Marey (88) 117 H1
Marey-lès-Fussey (21) 154 A2
Marey-sur-Tille (21) 136 A2
Marfaux (51) 40 D5
Marfontaine (02) 20 E3
Margaux (33) 211 F5
Margencel (74) 174 E6
Margency (95) 58 D2
Margerides (19) 201 G6
Margerie-Chantagret (42) 204 C5
Margerie-Hancourt (51) 90 E2
Margès (26) 222 D4
Margival (02) 39 K2
Margny (08) 23 J5
Margny (51) 61 G3
Margny-aux-Cerises (60) 19 G5
Margny-lès-Compiègne (60) 38 D2
Margny-sur-Matz (60) 38 D1
Margon (28) 84 A4
Margon (34) 292 B2
Margouët-Meymes (32) 266 C4
Margueray (50) 52 B2
Marguerittes (30) 275 G3
Margueron (33) 231 F3
Marguestau (32) 266 B2
Margut (08) 23 J6
Mariac (07) 239 H2
Maricourt (80) 19 F1
Marie (06) 261 H6
Marieulles (57) 65 K1
Marieux (80) 10 C5
Marigna-sur-Valouse (39) 173 F5
Marignac (17) 195 H5
Marignac (31) 305 H3
Marignac (82) 268 A3
Marignac-en-Diois (26) 241 G3
Marignac-Lasclares (31) 287 H4
Marignac-Laspeyres (31) 287 G5
Marignana (2A) 320 C1
Marignane (13) 296 A3
Marigné (49) 105 F6
Marigné-Laillé (72) 107 F5
Marigné-Peuton (53) 104 E4
Marignier (74) 191 J3
Marignieu (01) 207 K1
Marigny (03) 168 C3
Marigny (39) 173 H2
Marigny (51) 61 J6
Marigny (71) 171 F2
Marigny (79) 178 A2
Marigny-Brizay (86) 163 F1
Marigny-Chemereau (86) 162 D5
Marigny-en-Orxois (02) 60 C1
Marigny-le-Cahouët (21) 134 E4
Marigny-le-Châtel (10) 89 H4
Marigny-l'Église (58) 133 K5
Marigny-le-Lozon (50) 31 F3
Marigny-lès-Reullée (21) 154 B4
Marigny-les-Usages (45) 110 B3
Marigny-Marmande (37) 145 H4
Marigny-Saint-Marcel (74) 208 B1
Marigny-sur-Yonne (58) 133 G6
Marillac-le-Franc (16) 197 G2
Marillet (85) 161 F3
Marimbault (33) 246 C1
Marimont-lès-Bénestroff (57) 68 B5
Marin (74) 175 F5
Marines (95) 37 G6
Maringes (42) 205 F3
Maringues (63) 185 H6
Mariol (03) 185 J5
Marions (33) 246 D2
Marizy-Saint-Mard (02) 39 H5
Marizy-Sainte-Geneviève (02) 39 H5
Marle (02) 20 E4
Marlemont (08) 21 K4
Marlenheim (67) 70 C3
Marlers (80) 17 G4
Marles-en-Brie (77) 59 K5
Marles-les-Mines (62) 5 J6
Marles-sur-Canche (62) 4 C6
Marlhes (42) 221 G2
Marliac (31) 288 B5
Marliens (21) 154 D1
Marlieux (01) 188 E4
Marlioz (74) 190 D4
Marly (57) 44 E6
Marly (59) 12 D2
Marly-Gomont (02) 20 E2
Marly-la-Ville (95) 59 F1
Marly-le-Roi (78) 58 C3
Marly-sous-Issy (71) 169 K2
Marly-sur-Arroux (71) 170 C3
Marmagne (18) 149 F3
Marmagne (21) 134 D2
Marmagne (71) 153 F6
Marmande (47) 230 E6
Marmanhac (15) 217 H6
Marmeaux (89) 134 B2
Marminiac (46) 233 F4

Marmont-Pachas (47) 248 A6
Marmoutier (67) 70 B2
Marnac (24) 232 D2
Marnans (38) 223 F2
Marnaves (81) 250 D6
Marnay (70) 137 H6
Marnay (71) 171 K2
Marnay (86) 162 E5
Marnay-sur-Marne (52) 116 B2
Marnay-sur-Seine (10) 89 F2
Marnaz (74) 191 J4
la Marne (44) 141 G3
Marnes (79) 144 C5
Marnes-la-Coquette (92) 58 C4
Marnézia (39) 173 G3
Marnhagues-et-Latour (12) 272 C3
Marnoz (39) 155 K4
Maroeuil (62) 10 E2
Maroilles (59) 13 F5
la Marolle-en-Sologne (41) 129 J2
Marolles (14) 34 B5
Marolles (41) 128 E1
Marolles (51) 63 F5
Marolles (60) 39 G5
Marolles-en-Beauce (91) 86 D4
Marolles-en-Brie (77) 60 C5
Marolles-en-Brie (94) 59 G5
Marolles-en-Hurepoix (91) 86 D2
Marolles-lès-Bailly (10) 90 D6
Marolles-les-Braults (72) 83 F5
Marolles-les-Buis (28) 84 B4
Marolles-lès-Saint-Calais (72) 107 K4
Marolles-sous-Lignières (10) 113 K3
Marolles-sur-Seine (77) 88 A4
Marollette (72) 83 F4
Marols (42) 204 C6
Maromme (76) 35 H1
Mâron (36) 148 B6
Maron (54) 65 K6
Maroncourt (88) 94 A5
Marpaps (40) 264 E6
Marpent (59) 13 J3
Marpiré (35) 79 K4
Marquaix (80) 19 H1
Marquay (24) 232 E1
Marquay (62) 10 B2
Marquefave (31) 287 K4
Marquéglise (60) 38 D1
Marquein (11) 288 E4
Marquerie (65) 285 J5
Marques (76) 17 F3
Marquette-en-Ostrevant (59) 12 B3
Marquette-lez-Lille (59) 6 E4
Marquigny (08) 22 D6
Marquillies (59) 6 C5
Marquion (62) 11 H4
Marquise (62) 2 B4
Marquivillers (80) 18 E5
Marquixanes (66) 314 C2
Marray (37) 127 J2
la Marre (39) 173 H1
Marre (55) 43 G5
Mars (07) 221 F6
les Mars (23) 183 J5
Mars (30) 273 H1
Mars (42) 187 G3
Mars-la-Tour (54) 44 C6
Mars-sous-Bourcq (08) 42 A4
Mars-sur-Allier (58) 150 C6
Marsa (11) 308 D5
Marsac (16) 196 D2
Marsac (23) 182 A4
Marsac (65) 285 H4
Marsac (82) 267 K2
Marsac-en-Livradois (63) 203 K6
Marsac-sur-Don (44) 103 F5
Marsac-sur-l'Isle (24) 213 K3
Marsainvilliers (45) 86 D6
Marsais (17) 177 J3
Marsais-Sainte-
-Radégonde (85) 160 C3
Marsal (57) 66 E4
Marsalès (24) 232 C4
Marsan (32) 267 J5
Marsaneix (24) 214 A5
Marsangis (51) 89 J1
Marsangy (89) 112 D1
Marsannay-la-Côte (21) 135 K6
Marsannay-le-Bois (21) 136 A4
Marsanne (26) 240 C5
Marsas (33) 211 J5
Marsas (65) 304 D1
Marsat (63) 202 D1
Marseillan (32) 285 K2
Marseillan (34) 292 D4
Marseillan (65) 285 J4
Marseille (13) 296 C4
Marseille-en-Beauvaisis (60) 17 H6
Marseilles-lès-Aubigny (18) 150 C3
Marseillette (11) 290 D6
Marsillargues (34) 274 E6
Marsilly (17) 176 D1
Marsilly (57) 45 G6
Marsolan (32) 267 G2
Marson (51) 62 E3
Marson-sur-Barboure (55) 64 D6
Marsonnas (01) 172 B6
Marsoulas (31) 306 B1
Marssac-sur-Tarn (81) 270 C2
Martagny (27) 36 D2
Martailly-lès-Brancion (71) 171 J4
Martainneville (80) 9 F6
Martainville (14) 53 K2

Martainville (27) 34 B3
Martainville-Épreville (76) 35 K2
Martaizé (86) 144 D5
Martel (46) 233 K1
Marthemont (54) 93 K1
Marthille (57) 66 D2
Marthod (73) 209 G2
Marthon (16) 197 G4
Martiel (12) 250 E2
Martigna (39) 173 H5
Martignargues (30) 274 E1
Martignas-sur-Jalle (33) 229 F2
Martignat (01) 189 K2
Martigné-Briand (49) 125 H6
Martigné-Ferchaud (35) 103 K2
Martigné-sur-Mayenne (53) 81 F5
Martigny (02) 21 H2
Martigny (76) 16 A2
Martigny-Courpierre (02) 40 B1
Martigny-le-Comte (71) 170 D4
Martigny-les-Bains (88) 117 H1
Martigny-les-Gerbonvaux (88) 93 G3
Martigny-sur-l'Ante (14) 53 K3
Martigues (13) 295 J5
Martillac (33) 229 H3
Martin-Église (76) 16 A2
Martincourt (54) 65 J3
Martincourt (60) 37 F1
Martincourt-sur-Meuse (55) 43 F1
le Martinet (30) 255 G4
Martinet (85) 159 F1
Martinpuich (62) 10 E6
Martinvast (50) 28 C3
Martinvelle (88) 117 J3
Martisserre (31) 287 F3
Martizay (36) 146 D6
Martot (27) 35 H4
Martragny (14) 32 C4
la Martre (83) 279 K4
Martres (33) 230 B3
les Martres-d'Artière (63) 202 E1
Martres-de-Rivière (31) 305 H1
les Martres-de-Veyre (63) 202 E3
Martres-sur-Morge (63) 185 G6
Martres-Tolosane (31) 287 G6
Martrin (12) 271 J2
Martrois (21) 135 F6
la Martyre (29) 46 D6
les Martys (11) 290 A3
Maruéjols-lès-Gardon (30) 274 D1
Marval (87) 198 A4
Marvaux-Vieux (08) 42 B4
Marvejols (48) 237 G6
Marvelise (25) 139 F2
Marville (55) 43 J2
Marville-Moutiers-Brûlé (28) 57 F6
Mary (71) 171 F3
Mary-sur-Marne (77) 60 A2
Marzan (56) 121 K1
Marzens (81) 270 A6
Marzy (58) 150 D4
le Mas (06) 280 B3
Mas-Blanc-des-Alpilles (13) 276 A4
Mas-Cabardès (11) 290 B4
le Mas-d'Agenais (47) 247 G2
le Mas-d'Artige (23) 200 E3
Mas-d'Auvignon (32) 267 G2
le Mas-d'Azil (09) 307 F1
Mas-de-Londres (34) 273 K4
le Mas-de-Tence (43) 221 G4
Mas-des-Cours (11) 309 G1
Mas-d'Orcières (48) 254 C1
Mas-Grenier (82) 268 D3
Mas-Saint-Chély (48) 253 K3
Mas-Stes-Puelles (11) 289 G4
Masbaraud-Mérignat (23) 182 B5
Mascaraàs-Haron (64) 284 E1
Mascaras (32) 285 K1
Mascaras (65) 285 J5
Mascarville (31) 288 E1
Masclat (46) 233 H2
Masevaux-Niederbruck (68) 119 J5
Maslacq (64) 283 K2
Masléon (87) 199 H2
Maslives (41) 129 F2
le Masnau-Massuguiès (81) 271 H4
Masnières (59) 11 J5
Masny (59) 11 J2
Masparraute (64) 283 F2
Maspie-Lalonquère-
-Juillacq (64) 285 F2
Masquières (47) 249 F2
Massabrac (31) 288 A5
Massac (11) 309 H4
Massac (17) 178 C6
Massac-Séran (81) 270 A6
Massaguel (81) 289 J2
Massais (79) 143 K3
Massals (81) 271 H3
Massanes (30) 274 D1
Massangis (89) 133 K2
Massat (09) 306 E4
Massay (18) 148 C2
le Massegros (48) 253 G3
Masseilles (33) 246 E2
Massels (47) 248 D3
Massérac (44) 102 A4
Masseret (19) 199 H5
Masseube (32) 286 C3
Massiac (15) 218 E3
Massieu (38) 207 J6
Massieux (01) 188 C6
Massiges (51) 42 B5
Massignac (16) 197 J2

Massignieu-de-Rives (01) 207 K2
Massillargues-Attuech (30) 274 C1
Massilly (71) 171 H4
Massingy (21) 115 F4
Massingy (74) 208 B1
Massingy-lès-Semur (21) 134 E3
Massingy-lès-Vitteaux (21) 135 F5
Massognes (86) 162 C1
Massoins (06) 280 E1
Massongy (74) 174 D6
Massoulès (47) 248 D3
Massugas (33) 230 D3
Massy (71) 171 G5
Massy (76) 16 C4
Massy (91) 58 D5
Mastaing (59) 12 B3
Matafelon-Granges (01) 189 J1
les Matelles (34) 274 A5
Maternale (66) 313 J3
Matha (17) 178 B6
Mathaux (10) 90 E4
Mathay (25) 139 G3
Mathenay (39) 155 J4
les Mathes (17) 194 B2
Mathieu (14) 32 E4
Mathons (52) 91 K3
Mathonville (76) 16 C5
Matignicourt-Goncourt (51) 63 G6
Matignon (22) 50 A3
Matigny (80) 19 H3
Matougues (51) 62 C2
Matour (71) 187 J1
Matra (2B) 319 H6
Matringhem (62) 5 F5
Mattaincourt (88) 94 A5
Mattexey (54) 94 D2
Matton-et-Clémency (08) 23 H5
Matzenheim (67) 71 C3
Maubec (38) 206 E4
Maubec (82) 268 A4
Maubec (84) 276 E3
Maubert-Fontaine (08) 22 A2
Maubeuge (59) 13 H3
Maubourguet (65) 285 H2
Mauchamps (91) 86 D2
Maucomble (76) 16 C5
Maucor (64) 284 D3
Maucourt (60) 19 H5
Maucourt (80) 19 F3
Maucourt-sur-Orne (55) 43 J4
Maudétour-en-Vexin (95) 36 E6
Mauges-sur-Loire (49) 124 D4
Mauguio (34) 274 C6
Maulan (55) 64 B6
Maulay (86) 145 F4
Maulde (59) 7 H6
Maule (78) 57 K3
Mauléon (79) 143 F4
Mauléon-Barousse (65) 305 G3
Mauléon-d'Armagnac (32) 265 K2
Mauléon-Licharre (64) 283 H5
Maulers (60) 17 K6
Maulette (78) 57 H4
Maulévrier (49) 143 F3
Maulévrier-Sainte-Gertrude (76) 15 G6
Maulichères (32) 266 A5
Maumusson (44) 124 B3
Maumusson (82) 268 A2
Maumusson-Laguian (32) 266 A6
Mauny (76) 35 F2
Maupas (10) 114 A1
Maupas (32) 265 K3
Mauperthuis (77) 60 B5
Maupertus-sur-Mer (50) 28 E2
Mauprévoir (86) 179 K3
Mauquenchy (76) 16 D6
Mauran (31) 287 H6
Maure (64) 285 F3
Maure-de-Bretagne (35) 102 C1
Maurecourt (78) 58 B2
Mauregard (77) 59 G1
Mauregny-en-Haye (02) 40 C1
Maureilhan (34) 291 J4
Maureillas-las-Illas (66) 315 F4
Mauremont (31) 288 E2
Maurens (24) 231 H1
Maurens (31) 289 F2
Maurens (32) 268 A6
Maurens-Scopont (81) 289 F1
Maurepas (78) 58 A5
Maurepas (80) 19 F1
Mauressac (31) 288 B4
Mauressargues (30) 274 E2
Maureville (31) 288 E2
Mauriac (15) 217 G3
Mauriac (33) 230 C3
Mauries (40) 265 H6
Maurines (15) 236 E2
Maurois (59) 12 C5
Mauron (56) 78 A4
Mauroux (32) 267 K2
Mauroux (46) 249 F1
Maurrin (40) 265 H3
Maurs (15) 235 F4
Maurupt-le-Montois (51) 63 H5
Maury (66) 309 H5
Mausoléo (2B) 318 D3
Maussac (19) 200 D6
Maussane-les-Alpilles (13) 276 A5
Maussans (70) 138 B4
Mautes (23) 183 H6
Mauvages (55) 92 E1
Mauvaisin (31) 288 C4

Mauves (07) 222 B5
Mauves-sur-Huisne (61) 83 H3
Mauves-sur-Loire (44) 123 J3
Mauvezin (31) 287 G3
Mauvezin (32) 268 A5
Mauvezin (65) 304 D1
Mauvezin-d'Armagnac (40) 266 A2
Mauvezin-de-Prat (09) 306 B2
Mauvezin-de-Sainte-Croix (09) 306 D1
Mauvezin sur Gupie (47) 230 E5
Mauvières (36) 164 C3
Mauvilly (21) 135 G1
Maux (58) 151 K3
Mauzac (31) 288 A3
Mauzac-et-Grand-Castang (24) 232 B2
Mauzé-sur-le-Mignon (79) 177 H2
Mauzé-Thouarsais (79) 144 A4
Mauzens-et-Miremont (24) 214 B6
Mauzun (63) 203 G3
Maves (41) 108 E6
Mavilly-Mandelot (21) 153 J3
la Maxe (57) 45 F5
Maxent (35) 78 C5
Maxéville (54) 66 A5
Maxey-sur-Meuse (88) 93 F3
Maxey-sur-Vaise (55) 93 F1
Maxilly-sur-Léman (74) 175 G5
Maxilly-sur-Saône (21) 136 D5
Maxou (46) 233 H6
Maxstadt (57) 68 B3
May-en-Multien (77) 60 A1
le May-sur-Èvre (49) 142 K1
May-sur-Orne (14) 32 E6
Mayac (24) 214 C2
Mayenne (53) 81 G4
Mayet (72) 106 E5
le Mayet-de-Montagne (03) 186 A4
le Mayet-d'École (03) 185 G3
Maylis (40) 264 E4
Maynal (39) 172 E3
les Mayons (83) 298 C4
Mayot (02) 20 B4
Mayrac (46) 233 J2
Mayran (12) 251 J2
Mayrègne (31) 305 G4
Mayres (07) 238 E4
Mayres (63) 219 K1
Mayres-Savel (38) 242 A2
Mayreville (11) 289 F5
Mayrinhac-Lentour (46) 234 B3
Mayronnes (11) 309 H2
Maysel (60) 37 K4
Mazamet (81) 290 B2
Mazan (84) 257 C6
Mazan-l'Abbaye (07) 238 E4
Mazangé (41) 108 B5
Mazaugues (83) 297 H3
Mazaye (63) 202 B2
le Mazeau (85) 160 E6
Mazeirat (23) 182 D3
Mazeley (88) 94 C5
Mazé-Milon (49) 125 J3
Mazerat-Aurouze (43) 219 J4
Mazeray (17) 177 J5
Mazères (09) 288 E5
Mazères (33) 230 A6
Mazères-de-Neste (65) 305 G1
Mazères-Lezons (64) 284 C4
Mazères-sur-Salat (31) 287 G6
Mazerier (03) 185 F3
Mazerny (08) 22 C5
Mazerolles (16) 197 H2
Mazerolles (17) 195 G4
Mazerolles (40) 265 G2
Mazerolles (64) 284 B2
Mazerolles (65) 285 K3
Mazerolles (86) 163 J5
Mazerolles-du-Razès (11) 308 C1
Mazerolles-le-Salin (25) 137 J6
Mazerulles (54) 66 C4
Mazet-Saint-Voy (43) 221 F5
Mazeuil (86) 144 D6
Mazeyrat-d'Allier (43) 219 H5
Mazeyrolles (24) 232 D4
la Mazière-aux--Bons-Hommes (23) 201 G1
Mazières (07) 197 J1
Mazières-de-Touraine (37) 127 F5
Mazières-en-Gâtine (79) 161 J3
Mazières-en-Mauges (49) 143 F3
Mazières-Naresse (47) 232 A4
Mazières-sur-Béronne (79) 178 C2
Mazille (71) 171 G6
Mazingarbe (62) 6 B6
Mazinghem (62) 5 H5
Mazinghien (59) 12 E6
Mazion (33) 211 G3
Mazirat (03) 183 K2
Mazirot (88) 94 A4
le Mazis (80) 17 G2
Mazoires (63) 218 D1
Mazouau (65) 305 F2
Mazuby (11) 308 C5
les Mazures (08) 22 C2
Mazzola (2B) 319 H5
Méailles (04) 260 C6
Méallet (15) 217 G3
Méasnes (23) 165 J5
Meaucé (61) 84 B2
la Meauffe (50) 31 H2
la Méaugon (22) 49 F6
Meaulne (03) 167 H3
Méaulte (80) 18 E1
Méautis (50) 31 F1

Meaux (77) 59 K2
Meaux-la-Montagne (69) 187 H4
Meauzac (82) 249 H6
Mecé (35) 79 K3
Mechmont (46) 233 H6
Mécleuves (57) 66 B1
Mecquignies (59) 13 F3
Mécrin (55) 64 E4
Mécringes (51) 61 F3
Médan (78) 58 B2
Médavy (61) 54 D5
Medeyrolles (63) 220 A1
Médière (25) 139 F3
Médillac (16) 212 C3
Médis (17) 194 C3
Médonville (88) 93 G5
Médréac (35) 78 C2
le Mée (28) 109 F3
Mée (53) 104 D5
le Mée-sur-Seine (77) 87 G2
les Mées (04) 259 F6
Mées (40) 262 E4
les Mées (72) 82 E4
Mégange (57) 45 H4
Mégève (74) 191 K6
Mégevette (74) 191 J2
Mégrit (22) 50 B6
Méharicourt (80) 18 C3
Méharin (64) 282 E3
Méhers (41) 129 F5
Méhoncourt (54) 94 C2
Méhoudin (61) 81 J2
Mehun-sur-Yèvre (18) 148 E2
Meigné (49) 125 K6
Meigné-le-Vicomte (49) 126 D3
Meigneux (77) 88 B2
Meigneux (80) 17 H4
Meilhac (87) 198 D3
Meilhan (32) 286 D3
Meilhan (40) 264 E2
Meilhan-sur-Garonne (47) 230 D4
Meilhards (19) 199 J3
Meilhaud (63) 202 D5
Meillac (35) 51 F6
Meillant (18) 167 F1
Meillard (03) 168 D6
le Meillard (80) 9 K4
la Meilleraie-Tillay (85) 160 D1
Meilleray (77) 60 E4
la Meilleraye-de-Bretagne (44) 103 J5
Meillerie (74) 175 H5
Meillers (03) 168 B4
Meillon (64) 284 D4
Meillonnas (01) 189 H2
Meilly-sur-Rouvres (21) 153 H1
Meisenthal (57) 69 G4
Meistratzheim (67) 71 B3
le Meix (21) 135 K2
le Meix-Saint-Epoing (51) 61 G5
le Meix-Tiercelin (51) 62 D6
Méjannes-le-Clap (30) 255 J4
Méjannes-lès-Alès (30) 255 G6
Mela (2A) 323 F2
Mélagues (12) 272 C5
Mélamare (76) 14 D6
Melay (52) 117 H4
Melay (71) 186 E2
le Mêle-sur-Sarthe (61) 83 F2
Mélecey (70) 138 E3
Melesse (35) 79 F3
Melgven (29) 99 F2
Mélicocq (60) 38 E1
Mélicourt (27) 55 H3
Méligny-le-Grand (55) 64 D5
Méligny-le-Petit (55) 64 D6
Melin (70) 117 H6
Melincourt (70) 118 A4
Mélisey (70) 118 E5
Mélisey (89) 114 A4
Meljac (12) 251 K5
Mellac (29) 99 H3
Mellé (35) 80 B2
Melle (79) 178 D2
Mellecey (71) 153 J6
Melleran (79) 178 E3
Melleray (72) 107 K1
Melleroy (45) 112 A4
Melles (31) 305 J4
Melleville (76) 16 D1
Mellionnec (22) 76 A4
Mello (60) 37 K4
Meloisey (21) 153 J3
Melrand (56) 100 C1
Melsheim (67) 70 D1
Melun (77) 87 H2
Melve (04) 259 F2
Melz-sur-Seine (77) 88 D2
Membrey (70) 137 G2
la Membrolle-sur-Choisille (37) 127 H4
Méménil (88) 94 E5
Memmelshoffen (67) 25 B2
le Mémont (25) 157 H1
Menades (89) 133 J4
Ménarmont (88) 94 E3
Menars (41) 129 F2
Menat (63) 184 D4
Menaucourt (55) 64 C6
Mencas (62) 5 F5
Menchhoffen (67) 69 H5
Mende (48) 254 A1
Mendionde (64) 282 D3
Menditte (64) 283 H5
Mendive (64) 282 E6
le Mené (22) 77 J3

Ménéac (56) 77 J5
Ménerbes (84) 276 E3
Ménerval (76) 16 E6
Ménerville (78) 57 H2
Menesble (21) 115 J6
Méneslies (80) 8 D6
Ménesplet (24) 212 D5
Ménesqueville (27) 36 A3
Ménessaire (21) 152 D2
Menestreau (58) 132 D4
Ménestreau-en-Villette (45) 130 B1
Menet (15) 217 J2
Menetou-Couture (18) 150 B3
Menetou-Râtel (18) 131 J5
Menetou-Salon (18) 149 H1
Menetou-sur-Nahon (36) 147 J1
Ménétréol-sous-Sancerre (18) 131 K6
Ménétréol-sur-Sauldre (18) 130 D4
Ménétreuil (71) 172 B3
Ménétreux-le-Pitois (21) 134 E3
Ménétrol (63) 202 D1
Ménétru-le-Vignoble (39) 173 G1
Ménétrux-en-Joux (39) 173 J3
Ménévillers (60) 38 B1
Menglon (26) 241 J4
Ménigoute (79) 162 H4
Ménil (53) 105 F5
le Ménil (88) 119 G3
Ménil-Annelles (08) 41 J2
Ménil-aux-Bois (55) 64 D4
le Ménil-Bérard (61) 55 H5
le Ménil-Broût (61) 82 E2
le Ménil-Ciboult (61) 52 E4
le Ménil-de-Briouze (61) 53 J5
Ménil-de-Senones (88) 95 H4
Ménil-en-Xaintois (88) 93 J4
Ménil-Erreux (61) 82 E2
Ménil-Froger (61) 54 E5
Ménil-Gondouin (61) 53 K4
le Ménil-Guyon (61) 83 F1
Ménil-Hermei (61) 53 K3
Ménil-Hubert-en-Exmes (61) 54 E4
Ménil-Hubert-sur-Orne (61) 53 J3
Ménil-la-Horgne (55) 64 E5
Ménil-la-Tour (54) 65 H4
le Ménil-Lépinois (08) 41 H3
le Ménil-Scelleur (61) 54 B6
Ménil-sur-Belvitte (88) 95 F3
Ménil-sur-Saulx (55) 64 B4
le Ménil-Vicomte (61) 55 F5
Ménil-Vin (61) 53 K3
Ménilles (27) 57 F1
la Ménitré (49) 125 J4
Mennecy (91) 87 F2
Mennessis (02) 19 K5
Mennetou-sur-Cher (41) 129 K6
Menneval (27) 34 D6
Menneville (02) 40 E2
Menneville (62) 4 D1
Mennevret (02) 20 C1
Mennouveaux (52) 116 D1
Ménoire (19) 216 A5
Menomblet (85) 160 E1
Menoncourt (90) 119 J6
Ménonval (76) 16 D3
Menotey (39) 155 G3
Menou (58) 132 D5
Menouville (95) 37 H6
le Menoux (36) 165 G4
Menoux (70) 118 A5
Mens (38) 242 B2
Mensignac (24) 213 J3
Menskirch (57) 45 H3
Mentheville (76) 14 D4
Menthon-Saint-Bernard (74) 191 F6
Menthonnex-en-Bornes (74) 191 F4
Menthonnex-sous--Clermont (74) 190 D5
Mentières (15) 218 E5
Menton (06) 281 J3
Mentque-Nortbécourt (62) 3 F5
Menucourt (95) 58 B1
les Menus (61) 84 B2
Menville (31) 268 D5
Méobecq (36) 165 F1
Méolans-Revel (04) 260 B1
Méon (49) 126 C3
Méounes-lès-Montrieux (83) 297 J4
Mer (41) 129 G1
Méracq (64) 284 C1
Méral (53) 104 C3
Méras (09) 288 A6
Mercatel (62) 11 F3
Mercenac (09) 306 C2
Merceuil (21) 154 A4
Mercey (27) 57 F1
Mercey-le-Grand (25) 155 J1
Mercey-sur-Saône (70) 137 G3
Mercin-et-Vaux (02) 39 H3
Merck-Saint-Liévin (62) 5 F4
Merckeghem (59) 3 G4
Mercœur (19) 216 C6
Mercœur (43) 219 F4
Mercuer (07) 239 H5
Mercuès (46) 249 J1
Mercurey (71) 153 J6
Mercurol-Veaunes (26) 222 B5
Mercury (73) 209 F3
Mercus-Garrabet (09) 307 H4
Mercy (03) 169 F5
Mercy (89) 113 G2
Mercy-le-Bas (54) 44 B2
Mercy-le-Haut (54) 44 B2

Merdrignac (22) 77 K4
Méré (78) 57 K4
Méré (89) 113 J4
Méreau (18) 148 D2
Méréaucourt (80) 17 H4
Méréglise (28) 84 D5
Mérélessart (80) 17 G1
Mérens (32) 267 G4
Mérens-les-Vals (09) 313 F2
Mérenvielle (31) 268 D5
Méreuil (05) 258 D2
Méréville (54) 94 A1
Méréville (91) 86 B5
Merey (27) 57 F2
Mérey-sous-Montrond (25) 156 B2
Mérey-Vieilley (25) 138 A5
Merfy (51) 40 E4
Mergey (10) 89 K4
Meria (2B) 317 D2
Mérial (11) 308 B5
Méricourt (62) 11 F1
Méricourt (78) 57 H1
Méricourt-en-Vimeu (80) 17 H2
Méricourt-l'Abbé (80) 18 D1
Méricourt-sur-Somme (80) 18 E2
Mériel (95) 58 D1
Mérifons (34) 273 F6
Mérignac (16) 196 B3
Mérignac (17) 211 K1
Mérignac (33) 229 G2
Mérignas (33) 230 C3
Mérignat (01) 189 H4
Mérignies (59) 6 E6
Mérigny (36) 164 A3
Mérigon (09) 306 D1
Mérilheu (65) 304 C1
Mérillac (22) 77 K4
Mérinchal (23) 183 J6
Mérindol (84) 276 E4
Mérindol-les-Oliviers (26) 257 H3
Mérinville (45) 111 K2
le Mériot (10) 88 E2
Mérítein (64) 283 J3
Merkwiller-Pechelbronn (67) 25 A2
Merlas (38) 207 J6
la Merlatière (85) 142 A6
Merlaut (51) 63 G5
Merle-Leignec (42) 220 D1
Merléac (22) 76 E3
le Merlerault (61) 55 F5
Merles (82) 248 E6
Merles-sur-Loison (55) 43 J2
Merlevenez (56) 100 B4
Merlieux-et-Fouquerolles (02) 40 A1
Merlimont (62) 4 B6
Merlines (19) 201 G4
Mernel (35) 102 D1
Mérobert (91) 86 B3
Mérona (39) 173 G3
Mérouville (28) 86 A5
Meroux (90) 139 H1
Merpins (16) 195 J3
Merrey (52) 117 F2
Merrey-sur-Arce (10) 114 D2
Merri (61) 54 C3
Merris (59) 6 A3
Merry-la-Vallée (89) 112 D5
Merry-Sec (89) 133 F1
Merry-sur-Yonne (89) 133 G3
Mers-les-Bains (80) 8 C5
Mers-sur-Indre (36) 165 K2
Merschweiller (57) 45 H1
Mersuay (70) 118 A5
Merten (57) 45 K4
Mertrud (52) 91 J3
Mertzen (68) 97 A4
Mertzwiller (67) 69 K5
Méru (60) 37 H5
Mervans (71) 154 D6
Mervent (85) 160 E3
Mervilla (31) 288 C2
Merville (31) 268 E5
Merville (59) 6 A4
Merville-Franceville-Plage (14) 33 F3
Merviller (54) 95 G2
Merxheim (68) 96 B6
Méry-Corbon (14) 33 G5
Méry-ès-Bois (18) 130 E6
Méry-la-Bataille (60) 38 C1
Méry-Prémecy (51) 40 D4
Méry-sur-Cher (18) 148 C1
Méry-sur-Marne (77) 60 C2
Méry-sur-Oise (95) 58 D1
Méry-sur-Seine (10) 89 J2
le Merzer (22) 48 D5
Mésandans (25) 138 D4
Mésanger (44) 123 K1
Mésangueville (76) 16 E6
Mesbrecourt-Richecourt (02) 20 C4
Meschers-sur-Gironde (17) 194 C4
Mescoules (24) 231 H3
le Mesge (80) 17 J1
Mesgrigny (10) 89 J2
Mésigny (74) 190 D5
Meslan (56) 99 K2
Mesland (41) 128 C3
Meslay (14) 53 J2
Meslay (41) 108 C5
Meslay-du-Maine (53) 105 G3
Meslay-le-Grenet (28) 85 F4
Meslay-le-Vidame (28) 85 F5
Meslières (25) 139 H4
Mesmay (25) 155 K3

Mesmont (08) 22 A5
Mesmont (21) 135 H6
Mesnac (16) 195 J1
Mesnard-la-Barotière (85) 142 C5
Mesnay (39) 155 K5
les Mesneux (51) 40 E5
la Mesnière (61) 83 G2
le Mesnil (50) 28 C5
le Mesnil-Adelée (50) 52 C5
le Mesnil-Amand (50) 30 D4
le Mesnil-Amelot (77) 59 G2
le Mesnil-Amey (50) 31 G3
le Mesnil-au-Grain (14) 32 C6
le Mesnil-au-Val (50) 28 D2
le Mesnil-Aubert (50) 30 E5
le Mesnil-Aubry (95) 58 E1
le Mesnil-Auzouf (14) 53 F1
le Mesnil-Benoist (14) 52 D3
Mesnil-Bruntel (80) 19 G2
le Mesnil-Caussois (14) 52 C3
Mesnil-Clinchamps (14) 52 D3
le Mesnil-Conteville (60) 17 J5
Mesnil-Domqueur (80) 9 J5
le Mesnil-Durdent (76) 15 G3
Mesnil-en-Arrouaise (80) 11 G6
Mesnil-en-Ouche (27) 55 J1
le Mesnil-en-Thelle (60) 37 J5
le Mesnil-Esnard (76) 35 J2
le Mesnil-Eudes (14) 33 K6
le Mesnil-Eury (50) 31 G3
Mesnil-Follemprise (76) 16 B3
le Mesnil-Fuguet (27) 56 C1
le Mesnil-Garnier (50) 52 A3
le Mesnil-Gilbert (50) 52 C4
le Mesnil-Guillaume (14) 34 A6
le Mesnil-Hardray (27) 56 B2
le Mesnil-Herman (50) 31 G4
le Mesnil-Jourdain (27) 35 H5
Mesnil-la-Comtesse (10) 90 B2
le Mesnil-le-Roi (78) 58 C3
Mesnil-Lettre (10) 90 C3
le Mesnil-Lieubray (76) 36 B1
Mesnil-Martinsart (80) 10 D6
le Mesnil-Mauger (14) 33 H6
Mesnil-Mauger (76) 16 D5
le Mesnil-Ozenne (50) 52 A5
Mesnil-Panneville (76) 15 H6
le Mesnil-Patry (14) 32 C4
le Mesnil-Rainfray (50) 52 C5
Mesnil-Raoul (76) 35 K2
le Mesnil-Réaume (76) 16 D1
le Mesnil-Robert (14) 52 D3
le Mesnil-Rogues (50) 30 E6
Mesnil-Rousset (27) 55 H3
le Mesnil-Rouxelin (50) 31 H3
le Mesnil-Saint-Denis (78) 58 A5
le Mesnil-Saint-Firmin (60) 18 C5
Mesnil-Saint-Georges (80) 18 D5
Mesnil-Saint-Laurent (02) 20 A3
Mesnil-Saint-Loup (10) 89 H5
Mesnil-Saint-Nicaise (80) 19 G3
le Mesnil-Saint-Père (10) 90 D5
Mesnil-Sellières (10) 90 C4
le Mesnil-Simon (14) 33 J6
le Mesnil-Simon (28) 57 G3
le Mesnil-sous-Jumièges (76) 35 F2
Mesnil-sous-Vienne (27) 36 D3
le Mesnil-sur-Blangy (14) 34 A4
le Mesnil-sur-Bulles (60) 37 K1
le Mesnil-sur-l'Estrée (27) 56 E1
le Mesnil-sur-Oger (51) 61 K2
le Mesnil-Théribus (60) 37 G4
le Mesnil-Thomas (28) 84 C1
le Mesnil-Tôve (50) 52 C5
le Mesnil-Véneron (50) 31 G2
Mesnil-Verclives (27) 36 B3
le Mesnil-Vigot (50) 31 F3
le Mesnil-Villeman (50) 52 A3
le Mesnil-Villement (14) 53 J3
le Mesnilbus (50) 31 F3
le Mesnillard (50) 52 C6
Mesnois (39) 173 H3
les Mesnuls (78) 57 K5
Mespaul (29) 46 E4
Mesplède (64) 283 K1
Mesples (03) 166 E5
Mespuits (91) 86 D4
Mesquer (44) 121 H3
Messac (17) 211 K1
Messanges (21) 154 A2
Messanges (40) 262 B3
Messas (45) 109 H5
Messé (79) 179 F1
Messei (61) 53 H5
Messein (54) 66 A6
Messeix (63) 201 H4
Messemé (86) 144 E3
Messery (74) 174 D6
Messey-sur-Grosne (71) 171 H3
Messia-sur-Sorne (39) 173 F2
Messigny-et-Vantoux (21) 135 K4
Messimy (69) 205 J3
Messimy-sur-Saône (01) 188 B4
Messincourt (08) 23 H4
Messon (10) 89 J5
Messy (77) 59 H2
Mesterrieux (33) 230 C4
Mestes (19) 201 F6
Mesves-sur-Loire (58) 150 C1
Mesvres (71) 152 E6
Métabief (25) 156 E6
les Métairies (16) 196 A2

Métairies-Saint-Quirin (57)........67 J5
Méteren (59)........6 A3
Méthamis (84)........276 E1
Métigny (80)........17 H1
Metting (57)........69 F6
Mettray (37)........127 H4
Metz (57)........45 F5
Metz-en-Couture (62)........11 H4
Metz-le-Comte (58)........133 G5
Metz-Robert (10)........114 B2
Metzeral (68)........119 K2
Metzeresche (57)........45 G3
Metzervisse (57)........45 G3
Metzing (57)........68 C3
Meucon (56)........101 H4
Meudon (92)........58 D4
Meuilley (21)........154 A2
Meulan-en-Yvelines (78)........58 A2
Meulers (76)........16 B3
Meulson (21)........135 G1
Meunet-Planches (36)........148 C6
Meunet-sur-Vatan (36)........148 B3
Meung-sur-Loire (45)........109 H5
Meurcé (72)........82 E5
Meurchin (62)........6 C6
Meurcourt (70)........118 B5
la Meurdraquière (50)........30 E6
Meures (52)........92 A6
Meurival (02)........40 C3
Meursac (17)........194 E3
Meursanges (21)........154 B4
Meursault (21)........153 K4
Meurville (10)........91 F6
Meusnes (41)........147 H1
Meussia (39)........173 H4
Meuvaines (14)........32 C3
Meux (17)........195 J1
le Meux (60)........38 D3
Meuzac (87)........199 G5
Mévoisins (28)........85 H2
Mévouillon (26)........258 A4
Meximieux (01)........189 F6
Mexy (54)........44 B1
Mey (57)........45 F5
Meyenheim (68)........96 C6
Meylan (38)........224 A4
Meymac (19)........200 D5
Meynes (30)........275 J3
Meyrals (24)........232 D1
Meyrannes (30)........255 H4
Meyrargues (13)........277 J4
Meyras (07)........239 G4
Meyreuil (13)........296 D2
Meyrié (38)........207 F5
Meyrieu-les-Étangs (38)........206 E5
Meyrieux-Trouet (73)........207 K3
Meyrignac-l'Église (19)........216 B1
Meyronne (46)........233 J2
Meyrueis (48)........253 K5
Meys (69)........205 G3
Meyssac (19)........215 K5
Meysse (07)........240 A5
Meyssiez (38)........206 C6
Meythet (74)........190 E6
la Meyze (87)........198 E4
Meyzieu (69)........206 C2
Mézangers (53)........81 H6
Mèze (34)........292 E3
Mézel (04)........278 E1
Mezel (63)........202 E2
Mézens (81)........269 J4
Mézeray (72)........106 B5
Mézères (43)........220 D4
Mézériat (01)........188 E2
Mézerolles (80)........10 A4
Mézerville (11)........289 H1
Mézidon-Canon (14)........33 G6
la Mézière (35)........79 F3
Mézières-au-Perche (28)........84 E5
Mézières-en-Brenne (36)........146 B6
Mézières-en-Drouais (28)........57 F5
Mézières-en-Gâtinais (45)........111 F2
Mézières-en-Santerre (80)........18 D4
Mézières-en-Vexin (27)........36 B5
Mézières-lez-Cléry (45)........109 J5
Mézières-sous-Lavardin (72)........82 C6
Mézières-sur-Couesnon (35)........79 J2
Mézières-sur-Oise (02)........20 D1
Mézières-sur-Ponthouin (72)........82 E6
Mézières-sur-Seine (78)........57 K2
Mézilhac (07)........239 G3
Mézilles (89)........132 C1
Mézin (47)........247 H6
Méziré (90)........139 J2
Mézos (40)........244 C4
Mézy-Moulins (02)........61 F1
Mézy-sur-Seine (78)........58 A2
Mhère (58)........152 A1
Mialet (24)........198 B5
Mialet (30)........254 E6
Mialos (64)........284 C1
Miannay (80)........9 F5
Michelbach-le-Bas (68)........97 D4
Michelbach-le-Haut (68)........97 D4
Michery (89)........88 C5
Midrevaux (88)........93 F3
Mièges (39)........156 B6
Miélan (32)........285 K2
Miellin (88)........119 G5
Miermaigne (28)........84 B5
Miers (46)........234 A2
Miéry (39)........155 J6
Mietesheim (67)........69 J5
Mieussy (74)........191 J3

Mieuxcé (61)........82 C3
Migé (89)........133 F1
Migennes (89)........113 F3
Miglos (09)........307 H5
Mignaloux-Beauvoir (86)........163 F4
Mignavillers (70)........138 E2
Migné (36)........164 E2
Migné-Auxances (86)........162 E3
Mignères (45)........111 G2
Mignerette (45)........111 G2
Mignéville (54)........95 G1
Mignières (28)........85 F4
Mignovillard (39)........156 C6
Migny (36)........148 D4
Migré (17)........177 J3
Migron (17)........195 J1
Mijanès (09)........308 C6
Mijoux (01)........174 A6
la Milesse (72)........106 D2
Milhac (46)........233 G3
Milhac-d'Auberoche (24)........214 B4
Milhac-de-Nontron (24)........198 A6
Milhars (81)........250 D6
Milhas (31)........305 K2
Milhaud (30)........275 F4
Milhavet (81)........270 C1
Milizac (29)........72 D3
Millac (86)........180 B2
Millam (59)........3 G4
Millançay (41)........129 J4
Millas (66)........314 E2
Millau (12)........253 F6
Millay (58)........152 B6
Millebosc (76)........16 D1
Millemont (78)........57 J4
Millencourt (80)........18 D1
Millencourt-en-Ponthieu (80)........9 J4
Millery (21)........134 D3
Millery (54)........65 K4
Millery (69)........206 A4
Millevaches (19)........200 D4
Millières (50)........30 E2
Millières (52)........116 D1
Millonfosse (59)........12 C1
Milly-la-Forêt (91)........87 F4
Milly-Lamartine (71)........171 H6
Milly-sur-Bradon (55)........43 F2
Milly-sur-Thérain (60)........37 G1
Milon-la-Chapelle (78)........58 B5
Mimbaste (40)........264 B5
Mimet (13)........296 D3
Mimeure (21)........153 G2
Mimizan (40)........244 C4
Minaucourt-le-
  -Mesnil-lès-Hurlus (51)........42 B5
Minerve (34)........291 H4
Mingot (65)........285 J3
Mingoval (62)........10 D2
Miniac-Morvan (35)........50 E5
Miniac-sous-Bécherel (35)........78 D2
le Minihic-sur-Rance (35)........50 D4
Minihy-Tréguier (22)........48 C2
Minorville (54)........65 H4
Minot (21)........135 J1
Minversheim (67)........69 J6
Minzac (24)........212 C6
Minzier (74)........190 D4
Miolles (81)........271 H3
Mionnay (01)........188 D6
Mions (69)........206 B3
Mios (33)........228 D4
Miossens-Lanusse (64)........284 D2
Mirabeau (04)........259 G6
Mirabeau (84)........277 K5
Mirabel (07)........239 J5
Mirabel (82)........249 J5
Mirabel-aux-Baronnies (26)........257 G3
Mirabel-et-Blacons (26)........240 E4
Miradoux (32)........267 K1
Miramas (13)........295 J3
Mirambeau (17)........211 G1
Mirambeau (31)........287 F3
Miramont-d'Astarac (32)........286 B6
Miramont-de-Comminges (31)........305 J1
Miramont-de-Guyenne (47)........231 G5
Miramont-de-Quercy (82)........249 F4
Miramont-Latour (32)........267 J4
Miramont-Sensacq (40)........265 H6
Mirande (32)........286 B1
Mirandol-Bourgnounac (81)........251 G3
Mirannes (32)........267 F6
Miraumont (80)........10 E5
Miraval-Cabardès (11)........290 B3
Mirbel (52)........91 K5
Miré (49)........105 H3
Mirebeau (86)........144 E6
Mirebeau-sur-Bèze (21)........136 C4
Mirecourt (88)........94 A4
Mirefleurs (63)........202 E3
Miremont (31)........288 B3
Miremont (63)........184 B6
Mirepeisset (11)........291 G5
Mirepeix (64)........284 D5
Mirepoix (09)........308 A1
Mirepoix (32)........267 J4
Mirepoix-sur-Tarn (31)........269 H4
Mireval (34)........293 F2
Mireval-Lauragais (11)........289 G5
Miribel (01)........206 B1
Miribel (26)........222 D3
Miribel-Lanchâtre (38)........223 J4
Miribel-les-Échelles (38)........207 K6
Mirmande (26)........240 C4
le Miroir (71)........172 D4

Mirvaux (80)........10 B6
Mirville (76)........14 D5
Miscon (26)........241 G5
Miserey (27)........56 E1
Miserey-Salines (25)........137 K6
Misérieux (01)........188 C5
Misery (80)........19 G3
Mison (04)........258 A3
Missé (79)........144 B4
Missècle (81)........270 B5
Missègre (11)........309 F2
Missery (21)........134 D6
Missillac (44)........102 B6
Missiriac (56)........101 K3
Misson (40)........264 B6
Missy-aux-Bois (02)........39 H3
Missy-lès-Pierrepont (02)........20 E5
Missy-sur-Aisne (02)........39 K3
Misy-sur-Yonne (77)........88 B4
Mitry-Mory (77)........59 G2
Mittainville (78)........57 H6
Mittainvilliers-Vérigny (28)........84 E2
Mittelbergheim (67)........71 B3
Mittelbronn (57)........70 A1
Mittelhausbergen (67)........70 E3
Mittelschaeffolsheim (67)........70 E2
Mittelwihr (68)........96 B3
Mittersheim (57)........68 C6
Mittlach (68)........119 J2
Mittois (14)........54 C1
Mitzach (68)........119 J4
Mizérieux (42)........204 D2
Mizoën (38)........224 E5
Moca-Croce (2A)........320 E6
Modane (73)........225 K3
Modène (84)........257 G6
Moëlan-sur-Mer (29)........99 H4
Mœrnach (68)........97 B5
Mœslains (52)........63 J6
Mœurs-Verdey (51)........61 G5
Mœuvres (59)........11 H4
Moëze (17)........176 E5
Moffans-et-Vacheresse (70)........138 E1
Mogeville (55)........43 J4
Mogneneins (01)........188 B3
Mognéville (55)........63 K4
Mogneville (60)........38 A4
Mogues (08)........23 J5
Mohon (56)........77 H6
Moidieu-Détourbe (38)........206 C5
Moigny-sur-École (91)........87 F3
Moimay (70)........138 D2
Moineville (54)........44 C4
Moinville-la-Jeulin (28)........85 J4
Moirans (38)........223 J2
Moirans-en-Montagne (39)........173 H5
Moirax (47)........248 A5
Moiré (69)........187 K6
Moiremont (51)........42 D6
Moirey-Flabas-Crépion (55)........43 H3
Moiron (39)........173 F2
Moiry (08)........23 J6
Moisdon-la-Rivière (44)........103 J4
Moisenay (77)........87 H2
Moislains (80)........19 G1
Moissac (82)........249 F6
Moissac-Bellevue (83)........278 E5
Moissac-Vallée-Française (48)........254 D5
Moissannes (87)........199 H1
Moissat (63)........203 F2
Moisselles (95)........58 E1
Moissey (39)........155 G1
Moissieu-sur-Dolon (38)........222 C1
Moisson (78)........57 H1
Moissy-Cramayel (77)........87 G1
Moissy-Moulinot (58)........133 H6
Moisville (27)........56 D2
Moisy (41)........108 E4
Moïta (2B)........319 J6
les Moitiers-d'Allonne (50)........28 B5
les Moitiers-en-Bauptois (50)........28 E6
Moitron (21)........135 H1
Moitron-sur-Sarthe (72)........82 C5
Moivre (51)........63 G3
Moivrons (54)........66 B3
Molac (56)........101 J4
Molagnies (76)........36 D1
Molain (02)........12 D6
Molain (39)........155 K6
Molamboz (39)........155 J4
Molandier (11)........288 E5
Molas (31)........286 E3
Molay (39)........155 F3
Molay (70)........117 G6
Môlay (89)........113 K6
le Molay-Littry (14)........31 K2
la Môle (83)........301 H3
Moléans (28)........109 F1
Molèdes (15)........218 D3
Molère (65)........304 E1
Molesme (21)........114 D4
Molesmes (89)........132 E2
Molezon (48)........254 C5
Moliens (60)........17 G5
Molières (24)........232 B2
Molières (46)........234 C3
Molières (82)........249 J5
les Molières (91)........58 B6
Molières-Cavaillac (30)........273 H2
Molières-sur-Cèze (30)........255 G4
Moliets-et-Maa (40)........262 C2
Molinchart (02)........20 C6
Molines-en-Queyras (05)........227 C3
Molinet (03)........169 K5

Molinges (39)........173 H6
Molinons (89)........89 F6
Molinot (21)........153 H4
Molins-sur-Aube (10)........90 D3
Molitg-les-Bains (66)........314 B2
Mollans (70)........138 C1
Mollans-sur-Ouvèze (26)........257 H4
Mollau (68)........119 J4
Mollégès (13)........276 C4
Molles (03)........185 K4
les Mollettes (73)........208 B2
Molleville (11)........289 F4
Molliens-au-Bois (80)........18 B1
Molliens-Dreuil (80)........17 J2
Mollkirch (67)........71 A2
Molompize (15)........218 E3
Molosmes (89)........114 A4
Moloy (21)........135 J3
Molphey (21)........134 C5
Molring (57)........68 B5
Molsheim (67)........71 B2
Moltifao (2B)........318 E3
les Molunes (39)........173 K6
Momas (64)........284 C2
Mombrier (33)........211 G4
Momères (65)........285 H6
Momerstroff (57)........45 J5
Mommenheim (67)........70 E1
Momuy (40)........264 E6
Momy (64)........285 F3
Monacia-d'Aullène (2A)........322 E4
Monacia-d'Orezza (2B)........319 H4
Monaco (06)........281 H4
Monampteuil (02)........40 A2
Monassut-Audiracq (64)........284 E2
le Monastère (12)........252 B3
le Monastier-sur-Gazeille (43)........238 D1
Monay (39)........155 H6
Monbahus (47)........231 J6
Monbalen (47)........248 C3
Monbardon (32)........286 E3
Monbazillac (24)........231 H3
Monbéqui (82)........268 E3
Monblanc (32)........287 G2
Monbrun (32)........268 B5
Moncale (2B)........318 C3
Moncassin (32)........286 B2
Moncaup (31)........305 J3
Moncaup (64)........285 G2
Moncaut (47)........247 K5
Moncayolle-Larrory-
  -Mendibieu (64)........283 H4
Moncé-en-Belin (72)........106 D4
Moncé-en-Saosnois (72)........83 F5
Monceau-le-Neuf-
  -et-Faucouzy (02)........20 D4
Monceau-le-Waast (02)........20 D5
Monceau-lès-Leups (02)........20 B5
Monceau-Saint-Waast (59)........13 G4
Monceau-sur-Oise (02)........20 D2
les Monceaux (14)........33 J6
Monceaux (60)........38 B3
Monceaux-en-Bessin (14)........32 B4
Monceaux-l'Abbaye (60)........17 G5
Monceaux-le-Comte (58)........133 G6
Monceaux-sur-Dordogne (19)........216 B5
Moncel-lès-Lunéville (54)........94 D1
Moncel-sur-Seille (54)........66 C4
Moncel-sur-Vair (88)........93 G3
la Moncelle (08)........23 F4
Moncetz-l'Abbaye (51)........63 G6
Moncetz-Longevas (51)........62 D3
Moncey (25)........138 A5
Monchaux-Soreng (76)........16 E1
Monchaux-sur-Écaillon (59)........12 C3
Moncheaux (59)........11 H1
Moncheaux-lès-Frévent (62)........10 B2
Monchecourt (59)........11 J3
Monchel-sur-Canche (62)........9 K3
Moncheux (57)........66 B2
Monchiet (62)........10 D3
Monchy-au-Bois (62)........10 D4
Monchy-Breton (62)........10 C1
Monchy-Cayeux (62)........10 A1
Monchy-Humières (60)........38 D2
Monchy-Lagache (80)........19 H3
Monchy-le-Preux (62)........11 F3
Monchy-Saint-Éloi (60)........38 A4
Monchy-sur-Eu (76)........8 C6
Moncla (64)........265 H6
Monclar (32)........266 A2
Monclar (47)........248 A1
Monclar-de-Quercy (82)........269 H2
Monclar-sur-Losse (32)........286 A1
Moncley (25)........137 J3
Moncontour (22)........77 H2
Moncontour (86)........144 C5
Moncorneil-Grazan (32)........286 D2
Moncourt (57)........66 E5
Moncoutant (79)........161 F1
Moncrabeau (47)........267 F1
Moncy (61)........53 F3
Mondavezan (31)........287 H5
Mondelange (57)........44 E4
Mondement-Montgivroux (51)........61 H4
Mondescourt (60)........19 J6
Mondevert (35)........104 B1
Mondeville (14)........32 E5
Mondeville (91)........87 F2
Mondicourt (62)........10 C4
Mondigny (08)........22 C4
Mondilhan (31)........286 E4
Mondion (86)........145 H4
Mondon (25)........138 C4

Mondonville (31)........268 E5
Mondonville-Saint-Jean (28)........85 K4
Mondorff (57)........45 F1
Mondoubleau (41)........108 A3
Mondouzil (31)........269 H6
Mondragon (84)........256 C4
Mondrainville (14)........32 C5
Mondrepuis (02)........21 G1
Mondreville (77)........111 G1
Mondreville (78)........57 H3
Monein (64)........284 A3
Monès (31)........287 H3
Monesple (09)........307 G3
Monestier (03)........185 F2
Monestier (07)........221 H3
Monestier (24)........231 G3
le Monestier (63)........203 J5
Monestier-d'Ambel (38)........242 D3
Monestier-de-Clermont (38)........241 K1
le Monestier-du-Percy (38)........242 A3
Monestier-Merlines (19)........201 G4
Monestier-Port-Dieu (19)........201 H6
Monestiés (81)........251 F6
Monestrol (31)........288 D4
Monétay-sur-Allier (03)........168 D3
Monétay-sur-Loire (03)........169 J5
Monéteau (89)........113 G5
Monêtier-Allemont (05)........259 F2
le Monêtier-les-Bains (05)........225 H6
Monfaucon (24)........231 F1
Monfaucon (65)........285 H2
Monferran-Plavès (32)........286 D2
Monferran-Savès (32)........287 G1
Monflanquin (47)........232 A6
Monfort (32)........267 K4
Monfréville (14)........31 H1
Mongaillard (47)........247 H4
Mongausy (32)........287 F2
Mongauzy (33)........230 D5
Monget (40)........265 F6
Monguilhem (32)........265 K3
Monheurt (47)........247 H3
Monhoudou (72)........83 F5
Monieux (84)........257 K6
Monistrol-d'Allier (43)........237 K1
Monistrol-sur-Loire (43)........220 E2
Monlaur-Bernet (32)........286 C5
Monléon-Magnoac (65)........286 C5
Monlet (43)........219 K3
Monlezun (32)........285 J2
Monlezun-d'Armagnac (32)........265 K3
Monlong (65)........286 B5
Monmadalès (24)........231 K3
Monmarvès (24)........231 K4
Monnaie (37)........127 K3
Monneren (57)........45 H3
la Monnerie-le-Montel (63)........203 J1
Monnerville (91)........86 B4
Monnes (02)........39 H6
Monnet-la-Ville (39)........173 J1
Monnetay (39)........173 H5
Monnetier-Mornex (74)........191 F2
Monneville (60)........37 F5
Monnières (39)........155 F2
Monnières (44)........142 A1
Monoblet (30)........274 B1
Monpardiac (32)........285 K2
Monpazier (24)........232 C4
Monpezat (64)........285 G1
Monplaisant (24)........232 D3
Monprimblanc (33)........230 A4
Mons (16)........178 E6
Mons (17)........195 J1
Mons (30)........255 H6
Mons (31)........269 H6
Mons (34)........291 H1
Mons (63)........185 J5
Mons (83)........280 A5
Mons-Boubert (80)........8 E5
Mons-en-Barœul (59)........6 A4
Mons-en-Laonnois (02)........40 A1
Mons-en-Montois (77)........88 C2
Mons-en-Pévèle (59)........6 A5
Monsac (24)........232 A3
Monsaguel (24)........231 J3
Monsec (24)........197 H6
Monségur (33)........230 D4
Monségur (40)........265 F6
Monségur (47)........248 D1
Monségur (64)........285 G2
la Monselie (15)........217 J2
Monsempron-Libos (47)........248 E1
Monsireigne (85)........142 D6
Monsols (69)........187 J2
Monsteroux-Milieu (38)........206 B6
Monsures (80)........17 K4
Monswiller (67)........70 B1
Mont (64)........283 K2
Mont (65)........305 F4
Mont (71)........169 J3
le Mont (88)........95 J3
Mont-Bernanchon (62)........5 K5
Mont-Bonvillers (54)........44 B3
Mont-Cauvaire (76)........15 K6
Mont-d'Astarac (32)........286 C4
Mont-Dauphin (05)........227 A4
Mont-de-Galié (31)........305 H2
Mont-de-Lans (38)........224 E5
Mont-de-Laval (25)........157 H1
Mont-de-Marrast (32)........286 A3
Mont-de-Marsan (40)........265 G2
Mont-de-Vougney (25)........139 G6
Mont-devant-Sassey (55)........43 F2
le Mont-Dieu (08)........22 E6

Mont-Disse (64) 285 F1
Mont-Dol (35) 51 F4
Mont-Dore (63) 202 A5
Mont-d'Origny (02) 20 C3
Mont-et-Marré (58) 151 J3
Mont-Laurent (08) 41 K2
Mont-le-Vernois (70) 137 K2
Mont-le-Vignoble (54) 65 H6
Mont-lès-Lamarche (88) 117 H2
Mont-lès-Neufchâteau (88) 93 F4
Mont-lès-Seurre (71) 154 C4
Mont-l'Étroit (54) 93 G2
Mont-l'Évêque (60) 38 C5
Mont-Louis (66) 313 J4
Mont-Notre-Dame (02) 40 B4
Mont-Ormel (61) 54 D3
Mont-près-Chambord (41) 129 F3
Mont-Roc (81) 271 F4
le Mont-Saint-Adrien (60) 37 G2
Mont-Saint-Aignan (76) 35 H4
Mont-Saint-Éloi (62) 10 E2
Mont-Saint-Jean (02) 21 J3
Mont-Saint-Jean (21) 134 E6
Mont-Saint-Jean (72) 82 B5
Mont-Saint-Léger (70) 137 H1
Mont-Saint-Martin (02) 40 B4
Mont-Saint-Martin (08) 42 A3
Mont-Saint-Martin (38) 223 K2
Mont-Saint-Martin (54) 26 D2
le Mont-Saint-Michel (50) 51 J3
Mont-Saint-Père (02) 61 F1
Mont-Saint-Remy (08) 41 K3
Mont-Saint-Sulpice (89) 113 G3
Mont-Saint-Vincent (71) 171 F3
Mont-Saxonnex (74) 191 J4
Mont-sous-Vaudrey (39) 155 H4
Mont-sur-Courville (51) 40 B4
Mont-sur-Meurthe (54) 94 D1
Mont-sur-Monnet (39) 173 J1
Montabard (61) 54 B4
Montabon (72) 127 F1
Montabot (50) 52 C2
Montacher-Villegardin (89) 112 A1
Montadet (32) 287 G3
Montady (34) 291 J4
Montagagne (09) 307 F3
Montagna-le-Reconduit (39) 172 E5
Montagna-le-Templier (39) 172 E6
Montagnac (30) 274 D2
Montagnac (34) 292 C2
Montagnac-d'Auberoche (24) 214 C4
Montagnac-la-Crempse (24) 213 H6
Montagnac-Montpezat (04) 278 E4
Montagnac-sur-Auvignon (47) 247 K5
Montagnac-sur-Lède (47) 232 B6
Montagnat (01) 189 G3
Montagne (33) 230 B1
Montagne (38) 222 E4
la Montagne (44) 123 F4
la Montagne (70) 118 E3
Montagne-Fayel (80) 17 H2
Montagney (70) 137 G6
Montagney-Servigney (25) 138 C3
Montagnieu (01) 207 G2
Montagnieu (38) 207 G5
Montagnol (12) 272 C3
Montagnole (73) 208 B5
Montagny (42) 187 G5
Montagny (69) 205 K4
Montagny (73) 209 J5
Montagny-en-Vexin (60) 36 E5
Montagny-lès-Beaune (21) 154 A4
Montagny-lès-Buxy (71) 171 F2
Montagny-les-Lanches (74) 190 E6
Montagny-les-Seurre (21) 154 C3
Montagny-près-Louhans (71) 172 D2
Montagny-Sainte-Félicité (60) 38 D6
Montagny-sur-Grosne (71) 171 G2
Montagoudin (33) 230 D5
Montagrier (24) 213 H2
Montagudet (82) 249 F4
Montagut (64) 284 B1
Montaignac-Saint-
  -Hippolyte (19) 216 C2
Montaigu (02) 40 D1
Montaigu (39) 173 F2
Montaigu (85) 142 A3
Montaigu-de-Quercy (82) 249 F3
Montaigu-la-Brisette (50) 28 E3
Montaigu-le-Blin (03) 185 J1
Montaigu-les-Bois (50) 52 A2
Montaiguët-en-Forez (03) 186 B2
Montaigut (63) 184 C3
Montaigut-le-Blanc (23) 182 B3
Montaigut-le-Blanc (63) 202 D4
Montaigut-sur-Save (31) 268 D5
Montaillé (72) 107 J3
Montailleur (73) 208 E3
Montaillou (09) 308 A5
Montaimont (73) 225 G1
Montain (39) 173 F1
Montaïn (82) 268 C2
Montainville (78) 57 K3
Montalba-le-Château (66) 314 D1
Montalembert (79) 179 F3
Montalet-le-Bois (78) 57 K1
Montaliveu-Vercieu (38) 207 G1
Montalzat (82) 249 K4
Montamat (32) 287 F2
Montambert (58) 169 H1
Montamel (46) 233 H5
Montamisé (86) 163 F3
Montanay (69) 206 A1
Montandon (25) 139 H5

Montanel (50) 51 J5
Montaner (64) 285 G3
Montanges (01) 190 B3
Montans (81) 270 A3
Montapas (58) 151 H3
Montarcher (42) 204 C6
Montardit (09) 306 D2
Montardon (64) 284 D3
Montaren-et-Saint-Médiers (30) .. 275 G1
Montargis (45) 111 H3
Montarlot-lès-Rioz (70) 137 K4
Montarnaud (34) 273 K6
Montaron (58) 151 K5
Montastruc (47) 247 K1
Montastruc (65) 286 A5
Montastruc (82) 249 H6
Montastruc-de-Salies (31) 306 A2
Montastruc-la-Conseillère (31) ... 269 H5
Montastruc-Savès (31) 287 H4
le Montat (46) 249 K2
Montataire (60) 38 A4
Montauban (82) 269 F1
Montauban-de-Bretagne (35) 78 C3
Montauban-de-Luchon (31) 305 H5
Montauban-de-Picardie (80) 10 E6
Montauban-sur-l'Ouvèze (26) 258 A3
Montaud (34) 274 C5
Montaud (38) 223 J2
Montaudin (53) 80 C3
Montaulieu (26) 257 H2
Montaulin (10) 90 B5
Montaure (27) 35 H4
Montauriol (11) 289 F5
Montauriol (47) 231 J5
Montauriol (66) 314 C4
Montauriol (81) 251 J6
Montauroux (83) 280 B5
Montaut (09) 288 D6
Montaut (24) 231 K3
Montaut (31) 288 A4
Montaut (32) 286 B3
Montaut (40) 264 E4
Montaut (47) 231 K5
Montaut (64) 284 E6
Montaut-les-Créneaux (32) 267 H5
Montautour (35) 80 B5
Montauville (54) 65 J3
Montay (59) 12 D5
Montayral (47) 248 E1
Montazeau (24) 230 E1
Montazels (11) 308 E2
Montbard (21) 134 D2
Montbarla (82) 249 F4
Montbarrey (39) 155 H3
Montbarrois (45) 110 E2
Montbartier (82) 268 E2
Montbavin (02) 40 A1
Montbazens (12) 251 H1
Montbazin (34) 292 E2
Montbazon (37) 127 J6
Montbel (09) 308 B3
Montbel (48) 238 A5
Montbéliard (25) 139 G3
Montbéliardot (25) 157 H1
Montbellet (71) 171 K5
Montbenoît (25) 157 F3
Montberaud (31) 287 J6
Montbernard (31) 286 E4
Montberon (31) 269 G5
Montbert (44) 141 J2
Montberthault (21) 134 B4
Montbeton (82) 268 E1
Montbeugny (03) 169 F4
Montbizot (72) 82 D6
Montblainville (55) 42 E4
Montblanc (34) 292 B3
Montboillon (70) 137 J5
Montboissier (28) 85 F6
Montbolo (66) 314 E4
Montbonnot-Saint-Martin (38) .. 224 A3
Montboucher (23) 182 B6
Montboucher-sur-Jabron (26) ... 240 B6
Montboudif (15) 218 A1
Montbouton (90) 139 J1
Montbouy (45) 111 J5
Montboyer (16) 212 D2
Montbozon (70) 138 B3
Montbrand (05) 242 A5
Montbras (55) 93 F2
Montbray (50) 52 C2
Montbré (51) 41 F5
Montbrehain (02) 20 A1
Montbrison (42) 204 C4
Montbrison-sur-Lez (26) 257 F1
Montbron (16) 197 H3
Montbronn (57) 69 F4
Montbrun (46) 250 E1
Montbrun (48) 254 A3
Montbrun-Bocage (31) 306 E1
Montbrun-des-Corbières (11) 290 E6
Montbrun-Lauragais (31) 288 C2
Montbrun-les-Bains (26) 258 A5
Montcabrier (46) 232 D6
Montcabrier (81) 269 J6
Montcaret (24) 230 D2
Montcarra (38) 207 G4
Montceau-et-Écharnant (21) 153 J3
Montceau-les-Mines (71) 170 E2
Montceaux (01) 188 B4
Montceaux-lès-Meaux (77) 60 A3
Montceaux-lès-Provins (77) 60 D5
Montceaux-lès-Vaudes (10) 114 B1
Montceaux-l'Étoile (71) 170 B6

Montceaux-Ragny (71) 171 J3
Montcel (63) 184 E5
Montcel (73) 208 C2
Montcenis (71) 170 E1
Montcet (01) 188 E2
Montcey (70) 138 B1
Montchaboud (38) 224 A4
Montchal (42) 205 F1
Montchâlons (02) 40 C1
Montchamp (15) 218 A5
Montchanin (71) 171 F1
Montcharvot (52) 117 G4
Montchauvet (78) 57 H3
Montchenu (26) 222 D3
Montcheutin (08) 42 C4
Montchevrel (61) 83 F1
Montchevrier (36) 165 J5
Montclar (04) 259 J2
Montclar (11) 308 E1
Montclar (12) 271 J2
Montclar-de-Comminges (31) ... 287 H6
Montclar-Lauragais (31) 288 E4
Montclar-sur-Gervanne (26) 241 F3
Montclard (43) 219 J3
Montcléra (46) 233 F5
Montclus (05) 258 C2
Montclus (30) 255 K5
Montcombroux-les-Mines (03) .. 169 H6
Montcony (71) 172 D2
Montcornet (02) 21 G4
Montcornet (08) 22 C3
Montcourt (70) 117 J3
Montcourt-Fromonville (77) 87 H5
Montcoy (71) 154 B6
Montcresson (45) 111 J4
Montcuit (50) 31 F3
Montcuq-en-Quercy-Blanc (46) .. 249 G3
Montcusel (39) 173 G6
Montcy-Notre-Dame (08) 22 D3
Montdardier (30) 273 J2
Montdauphin (77) 60 E4
Montdidier (57) 68 B5
Montdidier (80) 18 D5
Montdoré (70) 117 K3
Montdoumerc (46) 250 A3
Montdragon (81) 270 C4
Montdurausse (81) 269 H2
Monte (2B) 319 H3
Monteaux (41) 128 C3
Montebourg (50) 29 F4
Montech (82) 268 E2
Montécheroux (25) 139 H5
Montegrosso (2B) 318 C3
Montégut (32) 267 H5
Montégut (40) 265 K2
Montégut (65) 305 G1
Montégut-Arros (32) 285 J3
Montégut-Bourjac (31) 287 G5
Montégut-en-Couserans (09) ... 306 C3
Montégut-Lauragais (31) 289 G2
Montégut-Plantaurel (09) 307 G2
Montégut-Savès (32) 287 G2
Monteignet-sur-l'Andelot (03) ... 185 G3
le Monteil (15) 217 H2
le Monteil (43) 220 C5
le Monteil-au-Vicomte (23) 182 D6
Monteille (14) 33 H6
Monteils (12) 250 E4
Monteils (30) 255 H6
Monteils (82) 250 A5
Montel-de-Gelat (63) 183 K6
Montéléger (26) 240 C2
Montélier (26) 240 D1
Montélimar (26) 240 B6
le Montellier (01) 188 E6
Montels (09) 307 G2
Montels (34) 291 H5
Montels (81) 270 A2
Montembœuf (16) 197 H2
Montenach (57) 45 G2
Montenay (53) 80 D4
Montendre (17) 211 J2
Montendry (73) 208 E5
Montenescourt (62) 10 D3
Monteneuf (56) 102 A1
Montenils (77) 61 F4
Montenois (25) 139 F3
Montenoison (58) 151 G1
Montenoy (54) 66 A4
Montépilloy (60) 38 C5
Monteplain (39) 155 J2
Montépreux (51) 62 B5
Monterblanc (56) 101 G4
Montereau (45) 111 G5
Montereau-Fault-Yonne (77) 88 A4
Montereau-sur-le-Jard (77) 87 H1
Monterfil (35) 78 D4
Montérolier (76) 16 C5
Monterrein (56) 101 K3
Montertelot (56) 101 J2
Montescot (66) 315 H3
Montescourt-Lizerolles (02) 19 K4
Montespan (31) 305 K1
Montesquieu (34) 292 A1
Montesquieu (47) 247 J4
Montesquieu (82) 249 F5
Montesquieu-Avantès (09) 306 D2
Montesquieu-des-Albères (66) .. 315 G4
Montesquieu-Guittaut (31) 286 E4
Montesquieu-Lauragais (31) 288 D3
Montesquieu-Volvestre (31) 287 K5
Montessaux (70) 118 E5
Montesson (78) 58 C3

Montestruc-sur-Gers (32) 267 H4
le Montet (03) 168 B6
Montet-et-Bouxal (46) 234 D4
Monteton (47) 231 F5
Monteux (84) 276 C1
Montévrain (77) 59 J3
Monteynard (38) 224 A6
Montézic (12) 235 K4
Montfa (09) 306 E1
Montfa (81) 270 E5
Montfalcon (38) 222 E3
Montfarville (50) 29 G2
Montfaucon (02) 60 E2
Montfaucon (25) 138 A6
Montfaucon (30) 256 D6
Montfaucon (46) 233 J4
Montfaucon-d'Argonne (55) 43 F4
Montfaucon-en-Velay (43) 221 F4
Montfermeil (93) 59 G3
Montfermier (82) 249 J4
Montfermy (63) 202 A1
Montferrand (11) 289 F4
Montferrand-du-Périgord (24) .. 232 B3
Montferrand-la-Fare (26) 258 A2
Montferrand-le-Château (25) ... 156 A1
Montferrat (38) 207 J5
Montferrat (83) 279 H6
Montferrer (66) 314 D5
Montferrier (09) 307 K4
Montferrier-sur-Lez (34) 274 B6
Montfey (10) 113 J2
Montfiquet (14) 31 K3
Montfleur (39) 172 E6
Montflours (53) 81 F6
Montflovin (25) 157 F3
Montfort (04) 259 F6
Montfort (25) 156 A3
Montfort (49) 144 B1
Montfort (64) 283 H3
Montfort-en-Chalosse (40) 264 C4
Montfort-l'Amaury (78) 57 K5
Montfort-le-Gesnois (72) 107 F2
Montfort-sur-Argens (83) 297 K2
Montfort-sur-Boulzane (11) 308 E6
Montfort-sur-Meu (35) 78 D3
Montfort-sur-Risle (27) 34 D4
Montfranc (12) 271 H3
Montfrin (30) 275 J3
Montfroc (26) 258 C5
Montfuron (04) 277 K3
Montgaillard (09) 307 H3
Montgaillard (11) 309 J4
Montgaillard (40) 265 G4
Montgaillard (65) 285 H6
Montgaillard (81) 269 H2
Montgaillard (82) 268 A2
Montgaillard-de-Salies (31) 306 A2
Montgaillard-Lauragais (31) 288 E3
Montgaillard-sur-Save (31) 286 E5
Montgardin (05) 243 G5
Montgaroult (61) 54 B4
Montgauch (09) 306 C2
Montgaudry (61) 83 F3
Montgazin (31) 288 A4
Montgé-en-Goële (77) 59 J1
Montgeard (31) 288 D4
Montgellafrey (73) 209 F6
Montgenèvre (05) 226 A6
Montgenost (51) 89 G1
Montgérain (60) 38 B1
Montgermont (35) 79 F3
Montgeron (91) 59 F5
Montgeroult (95) 58 B1
Montgesoye (25) 156 D2
Montgesty (46) 233 G5
Montgey (81) 289 G2
Montgibaud (19) 199 G5
Montgilbert (73) 208 E4
Montgiscard (31) 288 D2
Montgivray (36) 166 B3
Montgobert (02) 39 G4
Montgon (08) 42 B1
Montgradail (11) 308 C1
Montgras (31) 287 H2
Montgreleix (15) 218 B2
Montgru-Saint-Hilaire (02) 39 J5
Montguers (26) 258 A3
Montgueux (10) 89 K5
Montguillon (49) 104 E6
Montguyon (17) 212 A3
les Monthairons (55) 64 D1
Montharville (28) 84 E6
Monthault (35) 80 B1
Monthaut (11) 308 C1
Monthelie (21) 153 K4
Monthelon (51) 61 K2
Monthelon (71) 152 E4
Monthenault (02) 40 B1
Montheries (52) 91 J6
Monthermé (08) 22 D2
Monthiers (02) 39 J6
Monthieux (01) 188 D5
Monthion (73) 209 F3
Monthois (08) 42 B3
Montholier (39) 155 H5
Monthou-sur-Bièvre (41) 128 E4
Monthou-sur-Cher (41) 128 E5
Monthuchon (50) 30 E3
Monthurel (02) 61 F1
Monthureux-le-Sec (88) 93 K6
Monthureux-sur-Saône (88) 117 J2
Monthyon (77) 59 J2

Monticello (2B) 318 D2
Montier-en-l'Isle (10) 91 G5
Montiéramey (10) 90 C6
Montierchaume (36) 148 A6
Montiers (60) 38 B1
Montiers-sur-Saulx (55) 92 C2
Monties (32) 286 D3
Montignac (24) 214 E6
Montignac (33) 230 A3
Montignac (65) 285 J5
Montignac-Charente (16) 196 D2
Montignac-de-Lauzun (47) 231 H5
Montignac-le-Coq (16) 212 E1
Montignac-Toupinerie (47) 231 G6
Montignargues (30) 274 E2
Montigné (16) 196 B1
Montigné-le-Brillant (53) 104 E2
Montigné-lès-Rairies (49) 125 K1
Montigny (14) 32 C6
Montigny (18) 149 J1
Montigny (45) 110 C1
Montigny (54) 95 G1
Montigny (76) 35 G2
Montigny-aux-Amognes (58) 151 F4
Montigny-devant-Sassey (55) ... 43 F2
Montigny-en-Arrouaise (02) 20 B2
Montigny-en-Cambrésis (59) 12 C5
Montigny-en-Gohelle (62) 11 G1
Montigny-en-Morvan (58) 152 A2
Montigny-en-Ostrevent (59) 11 J2
Montigny-la-Resle (89) 113 G5
Montigny-l'Allier (02) 39 G6
Montigny-le-Bretonneux (78) ... 58 B5
Montigny-le-Chartif (28) 84 D5
Montigny-le-Franc (02) 21 F5
Montigny-le-Gannelon (28) 108 D3
Montigny-le-Guesdier (77) 88 C4
Montigny-Lencoup (77) 88 B3
Montigny-Lengrain (02) 39 G3
Montigny-lès-Arsures (39) 155 K4
Montigny-lès-Cherlieu (70) 117 H5
Montigny-lès-Condé (02) 61 F2
Montigny-lès-Cormeilles (95) ... 58 D2
Montigny-lès-Jongleurs (80) 9 J4
Montigny-lès-Metz (57) 44 E6
Montigny-lès-Monts (10) 113 K2
Montigny-lès-Vaucouleurs (55) .. 93 F1
Montigny-lès-Vesoul (70) 137 K1
Montigny-Montfort (21) 134 D2
Montigny-Mornay-Villeneuve-
  -sur-Vingeanne (21) 136 D2
Montigny-Saint-
  -Barthélemy (21) 134 C4
Montigny-sous-Marle (02) 20 E4
Montigny-sur-Armançon (21) ... 134 D4
Montigny-sur-Aube (21) 115 H3
Montigny-sur-Avre (28) 56 C5
Montigny-sur-Canne (58) 151 J5
Montigny-sur-Chiers (54) 44 A1
Montigny-sur-Crécy (02) 20 C4
Montigny-sur-l'Ain (39) 173 H1
Montigny-sur-l'Hallue (80) 18 C1
Montigny-sur-Loing (77) 87 H4
Montigny-sur-Meuse (08) 24 C3
Montigny-sur-Vence (08) 22 C5
Montigny-sur-Vesle (51) 40 D3
Montilliers (49) 143 J1
Montillot (89) 133 H3
Montilly (03) 168 D3
Montilly-sur-Noireau (61) 53 G3
Montils (17) 195 H3
les Montils (41) 128 E3
Montipouret (36) 166 A3
Montirat (11) 290 B6
Montirat (81) 251 F5
Montireau (28) 84 B3
Montiron (32) 287 F1
Montivernage (25) 138 D5
Montivilliers (76) 14 B6
Montjardin (11) 308 C3
Montjaux (12) 252 E6
Montjavoult (60) 36 E5
Montjay (05) 258 B2
Montjay (71) 154 E6
Montjean (16) 179 F3
Montjean (53) 104 C2
Montjoi (11) 309 G3
Montjoi (82) 248 D6
Montjoie-en-Couserans (09) 306 D2
Montjoie-le-Château (25) 139 J4
Montjoie-Saint-Martin (50) 80 A1
Montjoire (31) 269 H4
Montjoux (26) 240 E6
Montjoyer (26) 256 E1
Montjustin (04) 277 K3
Montjustin-et-Velotte (70) 138 C1
Montlandon (28) 84 B3
Montlaur (11) 309 H1
Montlaur (12) 272 A3
Montlaur (31) 288 D2
Montlaur-en-Diois (26) 241 H5
Montlaux (04) 258 E6
Montlauzun (46) 249 G3
Montlay-en-Auxois (21) 134 C5
Montlebon (25) 157 H3
Montlevicq (36) 166 B3
Montlevon (02) 61 F2
Montlhéry (91) 58 D6
Montliard (45) 110 E3
Montlieu-la-Garde (17) 212 A2
Montlignon (95) 58 D2
Montliot-et-Courcelles (21) 115 F4
Montlivault (41) 129 F2
Montlognon (60) 38 C5

Montloué (02) ... 21 H5
Montlouis (18) ... 148 E6
Montlouis-sur-Loire (37) ... 127 K5
Montluçon (03) ... 184 A1
Montluel (01) ... 206 C1
Montmachoux (77) ... 88 A5
Montmacq (60) ... 38 E1
Montmagny (95) ... 58 E2
Montmahoux (25) ... 156 B4
Montmain (21) ... 154 C3
Montmain (76) ... 35 K2
Montmançon (21) ... 136 D5
Montmarault (03) ... 184 D1
Montmarlon (39) ... 156 B5
Montmartin (60) ... 38 C2
Montmartin-en-Graignes (50) ... 31 G1
Montmartin-le-Haut (10) ... 91 F6
Montmartin-sur-Mer (50) ... 30 D4
Montmaur (05) ... 242 C5
Montmaur (11) ... 289 F3
Montmaur-en-Diois (26) ... 241 H4
Montmaurin (31) ... 286 D5
Montmédy (55) ... 43 H1
Montmeillant (08) ... 21 K4
Montmelard (71) ... 187 H1
Montmelas-Saint-Sorlin (69) ... 187 K5
Montmélian (73) ... 208 C5
Montmérac (16) ... 196 A6
Montmerle-sur-Saône (01) ... 188 B4
Montmerrei (61) ... 54 C6
Montmeyan (83) ... 278 D5
Montmeyran (26) ... 240 D2
Montmirail (51) ... 61 F3
Montmirail (72) ... 107 K1
Montmiral (26) ... 222 E4
Montmirat (30) ... 274 D3
Montmirey-la-Ville (39) ... 155 G1
Montmirey-le-Château (39) ... 155 G1
Montmoreau-Saint-Cybard (16) ... 212 E1
Montmorency (95) ... 58 E2
Montmorency-Beaufort (10) ... 91 F2
Montmorillon (86) ... 164 A5
Montmorin (05) ... 258 B1
Montmorin (63) ... 203 F3
Montmorot (39) ... 173 F2
Montmort (71) ... 170 B1
Montmort-Lucy (51) ... 61 J3
Montmotier (88) ... 118 A3
Montmoyen (21) ... 115 H6
Montmurat (15) ... 235 F5
Montner (66) ... 309 J6
Montoillot (21) ... 135 G6
Montoir-de-Bretagne (44) ... 122 B2
Montoire-sur-le-Loir (41) ... 107 K6
Montois-la-Montagne (57) ... 44 D4
Montoison (26) ... 240 D3
Montoldre (03) ... 185 J1
Montolieu (11) ... 289 K4
Montoulieu (09) ... 307 H4
Montoulieu (34) ... 274 A2
Montoulieu-Saint-Bernard (31) ... 287 F5
Montournais (85) ... 160 E1
Montours (35) ... 51 K6
Montourtier (53) ... 81 G2
Montoussé (65) ... 305 F1
Montoussin (31) ... 287 H5
Montoy-Flanville (57) ... 45 G5
Montpellier (34) ... 274 B6
Montpellier-de-Médillan (17) ... 195 F3
Montpensier (63) ... 185 G5
Montperreux (25) ... 156 E6
Montpeyroux (12) ... 236 B5
Montpeyroux (24) ... 230 D1
Montpeyroux (34) ... 273 H5
Montpeyroux (63) ... 202 E4
Montpezat (30) ... 274 E3
Montpézat (32) ... 287 G3
Montpezat (47) ... 247 K2
Montpezat-de-Quercy (82) ... 249 K4
Montpezat-sous-Bauzon (07) ... 239 F4
Montpinchon (50) ... 31 F4
Montpinier (81) ... 270 D5
Montpitol (31) ... 269 J5
Montplonne (55) ... 64 B5
Montpon-Ménestérol (24) ... 212 E6
Montpont-en-Bresse (71) ... 172 C4
Montpothier (10) ... 89 F1
Montpouillan (47) ... 247 F1
Montrabé (31) ... 269 G5
Montrabot (50) ... 31 K3
Montracol (01) ... 188 E2
Montravers (79) ... 143 F5
Montréal (07) ... 239 G6
Montréal (11) ... 289 J6
Montréal (32) ... 266 D2
Montréal (89) ... 134 A3
Montréal-la-Cluse (01) ... 189 K2
Montréal-les-Sources (26) ... 257 J2
Montrécourt (59) ... 12 C3
Montredon (46) ... 235 F5
Montredon-des-Corbières (11) ... 291 G6
Montredon-Labessonnié (81) ... 271 F5
Montregard (43) ... 221 G4
Montréjeau (31) ... 305 G1
Montrelais (44) ... 124 C4
Montrem (24) ... 213 J4

Montrésor (37) ... 146 E2
Montret (71) ... 172 B2
Montreuil (28) ... 57 F4
Montreuil (62) ... 4 C6
Montreuil (85) ... 160 D5
Montreuil (93) ... 59 F4
Montreuil-au-Houlme (61) ... 53 K5
Montreuil-aux-Lions (02) ... 60 C2
Montreuil-Bellay (49) ... 144 B2
Montreuil-Bonnin (86) ... 162 C3
Montreuil-des-Landes (35) ... 80 A5
Montreuil-en-Auge (14) ... 33 H5
Montreuil-en-Caux (76) ... 16 A5
Montreuil-en-Touraine (37) ... 128 A3
Montreuil-Juigné (49) ... 125 F2
Montreuil-la-Cambe (61) ... 54 C3
Montreuil-l'Argillé (27) ... 55 G2
Montreuil-le-Chétif (72) ... 82 B5
Montreuil-le-Gast (35) ... 79 F2
Montreuil-le-Henri (72) ... 107 H4
Montreuil-Poulay (53) ... 81 H3
Montreuil-sous-Pérouse (35) ... 80 A6
Montreuil-sur-Barse (10) ... 90 C6
Montreuil-sur-Blaise (52) ... 91 J2
Montreuil-sur-Brêche (60) ... 37 J1
Montreuil-sur-Epte (95) ... 36 D5
Montreuil-sur-Ille (35) ... 79 G2
Montreuil-sur-Loir (49) ... 125 H1
Montreuil-sur-Lozon (50) ... 31 G3
Montreuil-sur-Maine (49) ... 125 F1
Montreuil-sur-Thérain (60) ... 37 H3
Montreuil-sur-Thonnance (52) ... 92 B3
Montreuillon (58) ... 151 K2
Montreux (54) ... 95 H1
Montreux-Château (90) ... 139 J1
Montreux-Jeune (68) ... 139 K1
Montreux-Vieux (68) ... 139 J1
Montrevault-sur-Èvre (49) ... 124 B2
Montrevel (38) ... 207 G5
Montrevel (39) ... 173 F5
Montrevel-en-Bresse (01) ... 172 B6
Montréverd (85) ... 141 K4
Montrichard Val de Cher (41) ... 128 D5
Montricher-Albanne (73) ... 225 G2
Montricoux (82) ... 250 B6
Montrieux-en-Sologne (41) ... 129 J3
Montrigaud (26) ... 222 E3
Montriond (74) ... 192 A2
Montrodat (48) ... 237 G6
Montrol-Sénard (87) ... 180 D4
Montrollet (16) ... 180 D5
Montromant (69) ... 205 H3
Montrond (05) ... 258 D2
Montrond (39) ... 155 K6
Montrond-le-Château (25) ... 156 B2
Montrond-les-Bains (42) ... 204 E4
Montrosier (81) ... 250 D5
Montrottier (69) ... 205 G2
Montroty (76) ... 36 D2
Montrouge (92) ... 58 E4
Montrouveau (41) ... 107 J6
Montroy (17) ... 176 B2
Montrozier (12) ... 252 C2
Montry (77) ... 59 J3
Monts (37) ... 127 H6
Monts (60) ... 37 G5
les Monts d'Andaine (61) ... 53 J6
Monts-en-Bessin (14) ... 32 C5
Monts-en-Ternois (62) ... 10 B2
Monts-sur-Guesnes (86) ... 145 F5
les Monts-Verts (48) ... 237 F2
Montsalès (12) ... 250 E1
Montsalier (04) ... 277 J1
Montsalvy (15) ... 235 J4
Montsapey (73) ... 209 F5
Montsauche-les-Settons (58) ... 152 C1
le Montsaugeonnais (52) ... 136 C1
Montsaunès (31) ... 306 A1
Montsec (55) ... 65 F3
Montsecret-Clairefougère (61) ... 53 G4
Montségur (09) ... 307 K4
Montségur-sur-Lauzon (26) ... 256 E2
Montselgues (07) ... 238 D6
Montsenelle (50) ... 28 D4
Montséret (11) ... 310 A1
Montsérié (65) ... 305 F2
Montseron (09) ... 306 E2
Montséveroux (38) ... 206 C6
Montsoreau (49) ... 144 D1
Montsoué (40) ... 265 G4
Montsoult (95) ... 58 E1
Montsûrs (53) ... 81 G6
Montsurvent (50) ... 30 D3
Montsuzain (10) ... 90 B3
Montureux-et-Prantigny (70) ... 137 F3
Montureux-lès-Baulay (70) ... 117 J5
Montusclat (43) ... 220 E6
Montussaint (25) ... 138 C4
Montussan (33) ... 229 J1
Montvalen (81) ... 269 H3
Montvalent (46) ... 233 K2
Montvalezan (73) ... 193 B3
Montvendre (26) ... 240 D2
Montverdun (42) ... 204 C3
Montvernier (73) ... 225 G1
Montvert (15) ... 216 E6
Montvicq (03) ... 184 C1
Montviette (14) ... 54 D1
Montville (76) ... 15 K6
Montzéville (55) ... 43 G5
Monviel (47) ... 231 J5
Moon-sur-Elle (50) ... 31 H2
Moosch (68) ... 119 K3

Mooslargue (68) ... 97 B5
Moraches (58) ... 133 F6
Moragne (17) ... 177 G5
Morainville (28) ... 85 K4
Morainville-Jouveaux (27) ... 34 B4
Morainvilliers (78) ... 58 A3
Morancé (69) ... 188 A6
Morancez (28) ... 85 G3
Morancourt (52) ... 91 K3
Morand (37) ... 128 B2
Morangis (51) ... 61 J2
Morangis (91) ... 58 E5
Morangles (60) ... 37 J5
Morannes-sur-Sarthe (49) ... 105 H5
Moranville (55) ... 43 K5
Moras (38) ... 206 B3
Moras-en-Valloire (26) ... 222 C2
Morbecque (59) ... 5 J3
Morbier (39) ... 174 A4
Morcenx (40) ... 245 F6
Morchain (80) ... 19 G3
Morchies (62) ... 11 G5
Morcourt (02) ... 20 A2
Morcourt (80) ... 18 E2
Mordelles (35) ... 78 E4
Moréac (56) ... 101 F2
Morée (41) ... 108 D4
Moreilles (85) ... 160 A5
Morelmaison (88) ... 93 J4
Morembert (10) ... 90 D2
Morestel (38) ... 207 G3
Moret Loing et Orvanne (77) ... 87 J4
Morette (38) ... 223 H2
Moreuil (80) ... 18 C4
Morey (71) ... 153 H6
Morey-Saint-Denis (21) ... 154 B1
Morfontaine (54) ... 44 B2
Morganx (40) ... 265 F6
Morgemoulin (55) ... 43 K4
Morgny (27) ... 36 C3
Morgny-en-Thiérache (02) ... 21 H4
Morgny-la-Pommeraye (76) ... 35 K1
Morhange (57) ... 66 E2
Moriat (63) ... 219 F1
Morienne (76) ... 17 F3
Morienval (60) ... 38 E4
Morières-lès-Avignon (84) ... 276 B2
Moriers (28) ... 85 F6
Morieux (22) ... 49 H6
Moriez (04) ... 279 H1
Morigny (50) ... 52 C2
Morigny-Champigny (91) ... 86 C3
Morillon (74) ... 192 A3
Morionvilliers (52) ... 92 D4
Morisel (80) ... 18 C4
Moriville (88) ... 94 D4
Moriviller (54) ... 94 D2
Morizécourt (88) ... 117 H2
Morizès (33) ... 230 C5
Morlaàs (64) ... 284 D3
Morlac (18) ... 166 E2
Morlaix (29) ... 47 G4
Morlancourt (80) ... 18 D1
Morlanne (64) ... 284 B1
Morlet (71) ... 153 G4
Morley (55) ... 92 B1
Morlhon-le-Haut (12) ... 251 H3
Morlincourt (60) ... 19 H6
Mormant (77) ... 87 K1
Mormant-sur-Vernisson (45) ... 111 H4
Mormès (32) ... 265 K3
Mormoiron (84) ... 257 H6
Mornac (16) ... 197 F3
Mornac-sur-Seudre (17) ... 194 C2
Mornand-en-Forez (42) ... 204 D3
Mornans (26) ... 240 E5
Mornant (69) ... 205 J4
Mornas (84) ... 256 C4
Mornay (71) ... 170 E4
Mornay-Berry (18) ... 150 B3
Mornay-sur-Allier (18) ... 150 C6
Moroges (71) ... 171 H1
Morogues (18) ... 149 J1
Morosaglia (2B) ... 319 G4
Morre (25) ... 138 A6
Morsain (02) ... 39 H2
Morsains (51) ... 61 H4
Morsalines (50) ... 29 F3
Morsan (27) ... 34 D5
Morsang-sur-Orge (91) ... 58 E6
Morsang-sur-Seine (91) ... 87 F1
Morsbach (57) ... 68 B2
Morsbronn-les-Bains (67) ... 69 K5
Morschwiller (67) ... 69 J6
Morschwiller-le-Bas (68) ... 97 B3
Morsiglia (2B) ... 317 C2
Mortagne (85) ... 95 G4
Mortagne-au-Perche (61) ... 83 H2
Mortagne-du-Nord (59) ... 7 H1
Mortagne-sur-Gironde (17) ... 194 E5
Mortagne-sur-Sèvre (85) ... 142 D3
Mortain-Bocage (50) ... 52 D5
Mortcerf (77) ... 59 K4
la Morte (38) ... 224 B5
Morteau (25) ... 157 G3
Morteaux-Coulibœuf (14) ... 54 B2
Mortefontaine (02) ... 39 G3
Mortefontaine (60) ... 38 B6
Mortefontaine-en-Thelle (60) ... 37 H4
Mortemart (87) ... 180 D4
Mortemer (60) ... 18 E6
Mortemer (76) ... 16 E4
Mortery (77) ... 88 D1

Morthomiers (18) ... 149 F3
Mortiers (02) ... 20 D5
Mortiers (17) ... 195 J6
Morton (28) ... 144 C2
Mortrée (61) ... 54 D6
Mortroux (23) ... 166 A6
Morval (62) ... 11 F6
Morville (50) ... 28 D4
Morville (88) ... 93 H5
Morville-en-Beauce (45) ... 86 C5
Morville-lès-Vic (57) ... 66 D3
Morville-sur-Andelle (76) ... 36 B1
Morville-sur-Nied (57) ... 66 C2
Morville-sur-Seille (54) ... 66 A2
Morvillers (60) ... 17 G6
Morvillers-Saint-Saturnin (80) ... 17 G3
Morvilliers (10) ... 91 F1
Morvilliers (28) ... 56 B6
Mory (62) ... 11 F4
Mory-Montcrux (60) ... 18 B6
Morzine (74) ... 192 A2
Mosles (14) ... 32 A3
Moslins (51) ... 61 K2
Mosnac (16) ... 196 C6
Mosnac (17) ... 195 H5
Mosnay (36) ... 165 H3
Mosnes (37) ... 128 C4
Mosset (66) ... 314 B2
Mosson (21) ... 115 G4
Mostuéjouls (12) ... 253 G5
Motey-Besuche (70) ... 137 G6
Motey-sur-Saône (70) ... 137 G3
la Mothe-Achard (85) ... 159 F2
la Mothe-Saint-Héray (79) ... 162 A6
Mothern (67) ... 25 D2
Motreff (29) ... 75 J3
la Motte (22) ... 77 G4
la Motte (83) ... 298 E1
la Motte-Chalancon (26) ... 257 K1
la Motte-d'Aigues (84) ... 277 H4
la Motte-d'Aveillans (38) ... 224 A6
la Motte-de-Galaure (26) ... 222 B3
la Motte-du-Caire (04) ... 259 F2
la Motte-en-Bauges (73) ... 208 D2
la Motte-en-Champsaur (05) ... 242 E3
la Motte-Fanjas (26) ... 223 F5
la Motte-Feuilly (36) ... 166 C4
la Motte-Fouquet (61) ... 81 K1
la Motte-Saint-Jean (71) ... 170 A4
la Motte-Saint-Martin (38) ... 224 A6
la Motte-Servolex (73) ... 208 B4
la Motte-Ternant (21) ... 134 D6
la Motte-Tilly (10) ... 88 E3
Mottereau (28) ... 84 D5
Motteville (76) ... 15 H5
Mottier (38) ... 207 F6
Motz (73) ... 190 C6
Mouacourt (54) ... 66 E5
Mouais (44) ... 103 G3
Mouans-Sartoux (06) ... 280 D5
Mouaville (54) ... 44 B4
Mouazé (35) ... 79 G2
Mouchamps (85) ... 142 C6
Mouchan (32) ... 266 E2
Mouchard (39) ... 155 K4
la Mouche (50) ... 51 K1
Mouchès (32) ... 286 B1
Mouchin (59) ... 7 G6
Mouchy-le-Châtel (60) ... 37 J3
Moudeyres (43) ... 238 E1
Mouen (14) ... 32 D5
Mouettes (27) ... 57 F3
Mouffy (89) ... 133 F2
Mouflaines (27) ... 36 C4
Mouflers (80) ... 9 J6
Mouflières (80) ... 17 F2
Mougins (06) ... 280 D6
Mougon (79) ... 178 B1
Mouguerre (64) ... 282 C1
Mouhers (36) ... 165 J4
Mouhet (36) ... 165 F6
Mouhous (64) ... 284 C2
Mouillac (33) ... 211 J5
Mouillac (82) ... 250 B4
Mouilleron (52) ... 136 A1
Mouilleron-le-Captif (85) ... 159 H1
Mouilleron-Saint-Germain (85) ... 160 D1
Mouilly (55) ... 64 E1
Moulainville (55) ... 43 J5
Moularès (81) ... 251 H6
Moulay (53) ... 81 G4
Moulayrès (81) ... 270 C5
Moulédous (65) ... 285 J5
Moulès-et-Baucels (34) ... 273 K2
Mouleydier (24) ... 231 J2
Moulézan (30) ... 274 D2
Moulhard (28) ... 84 C6
Moulidars (16) ... 196 C3
Mouliets-et-Villemartin (33) ... 230 C2
Mouliherne (49) ... 126 B3
Moulin-Mage (81) ... 272 A4
Moulin-Neuf (09) ... 308 B2
Moulin-Neuf (24) ... 212 D5
Moulin-sous-Touvent (60) ... 39 G2
Moulineaux (76) ... 35 G3
Moulines (14) ... 53 K1
Moulines (50) ... 80 C1
Moulinet (06) ... 281 H1
Moulinet (47) ... 231 J6
le Moulinet-sur-Solin (45) ... 111 G5
Moulins (02) ... 40 B2
Moulins (03) ... 168 E4
les Moulins (22) ... 77 H4

Moulins (35) ... 79 J5
Moulins-en-Tonnerrois (89) ... 114 A6
Moulins-Engilbert (58) ... 152 A4
Moulins-la-Marche (61) ... 55 G6
Moulins-le-Carbonnel (72) ... 82 C3
Moulins-lès-Metz (57) ... 44 E6
Moulins-Saint-Hubert (55) ... 23 G6
Moulins-sur-Céphons (36) ... 147 J4
Moulins-sur-Orne (61) ... 54 B4
Moulins-sur-Ouanne (89) ... 132 D1
Moulins-sur-Yèvre (18) ... 149 H3
Moulis (09) ... 306 C3
Moulis-en-Médoc (33) ... 210 E5
Moulismes (86) ... 163 K6
Moulle (62) ... 3 F5
Moulon (33) ... 230 B2
Moulon (45) ... 111 G3
Moulotte (55) ... 44 B6
Moult (14) ... 33 H4
Moumoulous (65) ... 285 K3
Moumour (64) ... 283 K5
Mounes-Prohencoux (12) ... 272 A4
Mourède (32) ... 266 E4
Mourens (33) ... 230 B4
Mourenx (64) ... 284 A3
Mouret (12) ... 235 J6
Moureuille (63) ... 184 D3
Mourèze (34) ... 273 F6
Mouriès (13) ... 276 B5
Mouriez (62) ... 9 H2
Mourioux-Vieilleville (23) ... 182 A4
Mourjou (15) ... 235 G4
Mourmelon-le-Grand (51) ... 41 J6
Mourmelon-le-Petit (51) ... 41 H6
Mournans-Charbonny (39) ... 156 B6
Mouron (08) ... 42 C3
Mouron-sur-Yonne (58) ... 151 K2
Mouroux (77) ... 60 B4
Mours (95) ... 37 J6
Mours-Saint-Eusèbe (26) ... 222 D5
Mourvilles-Basses (31) ... 288 E2
Mourvilles-Hautes (31) ... 289 F3
Mouscardès (40) ... 264 C6
Moussac (30) ... 274 E2
Moussac (86) ... 180 B1
Moussages (15) ... 217 H3
Moussan (11) ... 291 H5
Moussé (35) ... 103 K1
Mousseaux-lès-Bray (77) ... 88 C3
Mousseaux-Neuville (27) ... 57 F3
Mousseaux-sur-Seine (78) ... 57 H1
Moussey (10) ... 90 B6
Moussey (57) ... 67 G5
Moussey (88) ... 95 J2
les Moussières (39) ... 173 K6
Mousson (54) ... 65 K2
Moussonvilliers (61) ... 55 K6
Moussoulens (11) ... 289 K5
Moussy (51) ... 61 K2
Moussy (58) ... 151 G2
Moussy (95) ... 37 F6
Moussy-le-Neuf (77) ... 59 G1
Moussy-le-Vieux (77) ... 59 G1
Moussy-Verneuil (02) ... 40 B2
Moustajon (31) ... 305 G5
Moustéru (22) ... 48 B5
Moustey (40) ... 245 G2
Moustier (47) ... 231 F5
Moustier-en-Fagne (59) ... 13 K5
Moustier-Ventadour (19) ... 216 D1
Moustiers-Sainte-Marie (04) ... 279 F3
le Moustoir (22) ... 75 J3
Moustoir-Ac (56) ... 100 E3
le Moutaret (38) ... 208 D6
Mouterhouse (57) ... 69 G4
Mouterre-Silly (86) ... 144 D4
Mouterre-sur-Blourde (86) ... 180 B2
Mouthe (25) ... 174 C1
le Moutherot (25) ... 137 G6
Mouthier-en-Bresse (71) ... 155 F5
Mouthier-Haute-Pierre (25) ... 156 D3
Mouthiers-sur-Boëme (16) ... 196 D4
Mouthoumet (11) ... 309 H3
Moutier-d'Ahun (23) ... 182 E4
Moutier-Malcard (23) ... 166 A6
Moutier-Rozeille (23) ... 183 G6
Moutiers (28) ... 85 J5
Moutiers (35) ... 104 A2
Moutiers (54) ... 44 D4
Moûtiers (73) ... 209 H5
Moutiers-au-Perche (61) ... 84 A2
les Moutiers-en-Cinglais (14) ... 53 J1
Moutiers-en-Puisaye (89) ... 132 C2
les Moutiers-en-Retz (44) ... 140 D2
Moutiers-les-Mauxfaits (85) ... 159 H3
Moutiers-Saint-Jean (21) ... 134 C2
Moutiers-sous-Chantemerle (79) ... 161 F1
Moutiers-sur-le-Lay (85) ... 160 A3
Mouton (16) ... 179 G6
Moutonne (39) ... 173 F4
Moutonneau (16) ... 179 G6
Moutoux (39) ... 156 A6
Moutrot (54) ... 65 H6
Mouvaux (59) ... 6 E3
Moux (11) ... 290 E6
Moux-en-Morvan (58) ... 152 D2
Mouxy (73) ... 208 B3
Mouy (60) ... 37 K4
Mouy-sur-Seine (77) ... 88 C3
Mouzay (37) ... 146 B3
Mouzay (55) ... 43 G1

Mouzeil (44) 123 J1
Mouzens (81) 289 G2
Mouzeuil-Saint-Martin (85) 160 B4
Mouzieys-Panens (81) 250 E6
Mouzieys-Teulet (81) 270 E3
Mouzillon (44) 142 A1
Mouzon (08) 23 G5
Mouzon (16) 197 J1
Moval (90) 139 H2
Moÿ-de-l'Aisne (02) 20 A4
Moyaux (14) 34 B5
Moydans (05) 258 A4
Moye (74) 190 C6
Moyemont (88) 94 E4
Moyen (54) 94 E2
Moyencourt (80) 19 G4
Moyencourt-lès-Poix (80) 17 J3
Moyenmoutier (88) 95 H3
Moyenneville (60) 38 C1
Moyenneville (62) 10 E4
Moyenneville (80) 9 F5
Moyenvic (57) 66 D4
Moyeuvre-Grande (57) 44 D4
Moyeuvre-Petite (57) 44 D4
Moyon Villages (50) 31 G5
Moyrazès (12) 251 K3
Moyvillers (60) 38 C2
Mozac (63) 184 E6
Mozé-sur-Louet (49) 125 G5
Muchedent (76) 16 A3
Mudaison (34) 274 C6
Muel (35) 78 B4
Muespach (68) 97 C5
Muespach-le-Haut (68) 97 C5
Mugron (40) 264 C4
Muhlbach-sur-Bruche (67) 70 B4
Muhlbach-sur-Munster (68) ... 119 K2
Muides-sur-Loire (41) 129 G1
Muidorge (60) 37 H1
Muids (27) 35 K5
Muille-Villette (80) 19 H5
Muirancourt (60) 19 H5
Muizon (51) 40 D4
les Mujouls (06) 280 B2
la Mulatière (69) 206 A4
Mulcent (78) 57 H3
Mulcey (57) 66 E4
Mulhausen (67) 69 J5
Mulhouse (68) 97 C2
Mulsanne (72) 106 E4
Mulsans (41) 129 F1
Mun (65) 285 K4
Munchhausen (67) 25 D2
Munchhouse (68) 96 D6
Muncq-Nieurlet (62) 3 F4
Mundolsheim (67) 25 A6
Muneville-le-Bingard (50) 30 D3
Muneville-sur-Mer (50) 30 D5
le Mung (17) 177 H6
Munster (57) 68 C5
Munster (68) 119 K1
Muntzenheim (68) 96 D3
Munwiller (68) 96 C6
Mur-de-Barrez (12) 236 A2
Mûr-de-Bretagne (22) 76 D4
Mur-de-Sologne (41) 129 H4
Muracciole (2B) 321 F1
Murasson (12) 271 K4
Murat (03) 167 K6
Murat (15) 218 B5
Murat-le-Quaire (63) 201 K4
Murat-sur-Vèbre (81) 272 A5
Murato (2B) 319 G2
la Muraz (74) 191 F3
Murbach (68) 96 A6
la Mure (38) 242 B1
la Mure-Argens (04) 279 J1
Mureaumont (60) 17 G5
Les Mureaux (78) 58 A2
Mureils (26) 222 C3
Mûres (74) 208 C1
Muret (31) 288 A2
Muret-et-Crouttes (02) 39 K4
Muret-le-Château (12) 252 B1
la Murette (38) 223 J1
Murianette (38) 224 B3
Murinais (38) 223 F3
Murles (34) 273 K5
Murlin (58) 150 D1
Muro (2B) 318 C3
Murol (63) 202 B5
Murols (12) 235 J3
Muron (17) 177 G4
Murs (36) 146 E5
Murs (84) 277 F2
Mûrs-Erigné (49) 125 G4
Murs-et-Gélignieux (01) 207 J3
Murtin-et-Bogny (08) 22 B3
Murvaux (55) 43 G2
Murviel-lès-Béziers (34) 291 K3
Murviel-lès-Montpellier (34) .. 293 F1
Murville (54) 44 B3
Murzo (2A) 320 C2
Mus (30) 274 E5
Muscourt (02) 40 C3
Musculdy (64) 283 G5
Musièges (74) 190 D4
Musigny (21) 153 G2
Mussey-sur-Marne (52) 92 A4
Mussidan (24) 213 G5
Mussig (67) 71 B5
Mussy-la-Fosse (21) 134 E3
Mussy-sous-Dun (71) 187 H2
Mussy-sur-Seine (10) 114 E3

Mutigney (39) 137 F6
Mutigny (51) 62 A1
Mutrécy (14) 32 D6
Muttersholtz (67) 71 C5
Mutzenhouse (67) 70 D1
Mutzig (67) 71 B2
le Muy (83) 298 E2
Muzeray (55) 43 K3
Muzillac (56) 121 H1
Muzy (27) 57 F4
Myans (73) 208 C5
Myennes (58) 131 K4
Myon (25) 156 A3

N

Nabas (64) 283 H3
Nabinaud (16) 212 E2
Nabirat (24) 233 G3
Nabringhen (62) 4 D3
Nachamps (17) 177 J4
Nadaillac (24) 215 G5
Nadaillac-de-Rouge (46) 233 H2
Nades (03) 184 D3
Nadillac (46) 233 J6
Nagel-Séez-Mesnil (27) 56 B3
Nages (81) 271 K6
Nages-et-Solorgues (30) 274 E4
Nahuja (66) 313 H5
Nailhac (24) 214 E3
Naillat (23) 182 A2
Nailloux (31) 288 D4
Nailly (89) 88 C6
Naintré (86) 163 G1
Nainville-les-Roches (91) 87 F2
Naisey-les-Granges (25) 156 D1
Naives-en-Blois (55) 64 E6
Naives-Rosières (55) 64 B4
Naix-aux-Forges (55) 64 C6
Najac (12) 250 E4
Nalliers (85) 160 B4
Nalliers (86) 163 K3
Nalzen (09) 307 K3
Nambsheim (68) 96 E5
Nampcel (60) 39 G1
Nampcelles-la-Cour (02) 21 G3
Nampont (80) 9 F2
Namps-Maisnil (80) 17 K3
Nampteuil-sous-Muret (02) .. 39 K4
Nampty (80) 17 K3
Nan-sous-Thil (21) 134 D5
Nançay (18) 130 C5
Nance (39) 172 E1
Nances (73) 208 A4
Nanchez (39) 173 J4
Nanclars (16) 196 E1
Nançois-le-Grand (55) 64 C5
Nançois-sur-Ornain (55) 64 C5
Nancras (17) 194 D2
Nancray (25) 138 B6
Nancray-sur-Rimarde (45) ... 110 E2
Nancuise (39) 173 F5
Nancy (54) 66 A5
Nancy-sur-Cluses (74) 191 K4
Nandax (42) 187 F4
Nandy (77) 87 G1
Nangis (77) 88 A2
Nangy (74) 191 G2
Nannay (58) 150 E1
Nans (25) 138 C5
les Nans (39) 156 B6
Nans-les-Pins (83) 297 H6
Nans-sous-Sainte-Anne (25) .. 156 B4
Nant (12) 273 F1
Nant-le-Grand (55) 64 B6
Nant-le-Petit (55) 64 B6
Nanteau-sur-Essonne (77) 87 F6
Nanteau-sur-Lunain (77) 87 J5
Nanterre (92) 58 D3
Nantes (44) 123 G4
Nantes-en-Ratier (38) 242 B1
Nanteuil (79) 161 K5
Nanteuil-Auriac-
   -de-Bourzac (24) 213 F1
Nanteuil-en-Vallée (16) 179 H5
Nanteuil-la-Forêt (51) 40 E6
Nanteuil-la-Fosse (02) 39 K2
Nanteuil-le-Haudouin (60) ... 38 D6
Nanteuil-lès-Meaux (77) 59 K3
Nanteuil-Notre-Dame (02) ... 39 K5
Nanteuil-sur-Aisne (08) 41 H1
Nanteuil-sur-Marne (77) 60 C2
Nantheuil (24) 214 C1
Nanthiat (24) 214 C1
Nantiat (87) 181 F5
Nantillé (17) 177 K6
Nantillois (55) 43 K4
Nantilly (70) 136 E4
Nantoin (38) 206 E6
Nantois (55) 64 C6
Nanton (71) 171 J4
Nantouillet (77) 59 H2
Nantoux (21) 153 K3
Nantua (01) 189 K3
Naours (80) 10 A6
Narbéfontaine (57) 45 J5
Narbief (25) 157 H2
Narbonne (11) 291 H6
Narcastet (64) 284 D4
Narcy (52) 92 A1
Narcy (58) 150 C1
Nargis (45) 111 J1
Narnhac (15) 236 B1
Narp (64) 283 H3

Narrosse (40) 264 B4
Nasbinals (48) 236 D5
Nassandres (27) 34 E6
Nassiet (40) 264 E6
Nassigny (03) 167 G5
Nastringues (24) 230 E1
Natzwiller (67) 70 A5
Naucelle (12) 251 J5
Naucelles (15) 235 H1
Naujac-sur-Mer (33) 210 C2
Naujan-et-Postiac (33) 230 B2
Nauroy (02) 19 K1
Naussac (12) 234 E6
Naussac-Fontanes (48) 238 B4
Naussannes (24) 232 A3
Nauvay (72) 83 F5
Nauviale (12) 251 K1
Navacelles (30) 255 H5
Navailles-Angos (64) 284 D2
Navarrenx (64) 283 J3
Naveil (41) 108 B5
Navenne (70) 138 B2
Naves (03) 185 F3
Naves (19) 216 A2
Naves (59) 12 B4
Naves (73) 191 K1
Nâves-Parmelan (74) 191 F5
Navilly (71) 154 D5
Nay (50) 30 E1
Nay (64) 284 D5
Nayemont-les-Fosses (88) ... 95 J4
le Nayrac (12) 236 A5
Nazelles-Négron (37) 128 A4
Néac (33) 212 A6
Néant-sur-Yvel (56) 101 K1
Neau (53) 81 H6
Neaufles-Auvergny (27) 55 K3
Neaufles-Saint-Martin (27) .. 37 H4
Neauphe-sous-Essai (61) 82 E1
Neauphe-sur-Dive (61) 54 D3
Neauphle-le-Château (78) ... 58 A4
Neauphle-le-Vieux (78) 57 K4
Neauphlette (78) 57 G3
Neaux (42) 187 F5
Nébian (34) 292 C1
Nébias (11) 308 C4
Nébing (57) 68 B5
Nébouzat (63) 202 B3
Nécy (61) 54 B3
Nedde (87) 200 A3
Nédon (62) 5 H6
Nédonchel (62) 5 H6
Neewiller-près-
   -Lauterbourg (67) 25 D2
Neffes (05) 242 E6
Neffiès (34) 292 B2
Néfiach (66) 314 E1
Nègrepelisse (82) 249 K6
Négreville (50) 28 D4
Négrondes (24) 214 B2
Néhou (50) 28 D5
Nelling (57) 68 B4
Nemours (77) 87 H5
Nempont-Saint-Firmin (62) ... 9 F2
Nénigan (31) 286 D3
Néons-sur-Creuse (36) 164 A1
Néoules (83) 297 J4
Néoux (23) 183 G6
Nepvant (55) 23 H6
Nérac (47) 247 H5
Nerbis (40) 264 C4
Nercillac (16) 196 A2
Néré (17) 178 C5
Néret (36) 166 C4
Nérigean (33) 230 A2
Nérignac (86) 180 B1
Néris-les-Bains (03) 184 A1
Nernier (74) 174 D6
Néron (28) 85 G1
Néronde (42) 204 E1
Néronde-sur-Dore (63) 203 H2
Nérondes (18) 150 A4
Ners (30) 274 C1
Nersac (16) 196 D4
Nervieux (42) 204 D2
Nerville-la-Forêt (95) 37 J6
Néry (60) 38 D4
Neschers (63) 202 D4
Nescus (09) 307 F3
Nesle (80) 19 G4
Nesle-et-Massoult (21) 114 E6
Nesle-Hodeng (76) 16 D4
Nesle-la-Reposte (51) 61 F6
Nesle-le-Repons (51) 61 H1
Nesle-l'Hôpital (80) 17 F2
Nesle-Normandeuse (76) 17 F2
Nesles (62) 4 B4
Nesles-la-Montagne (02) 60 E2
Nesles-la-Vallée (95) 37 H6
Neslette (80) 17 F2
Nesmy (85) 159 H2
Nesploy (45) 110 E3
Nespouls (19) 215 H5
Nessa (2B) 318 D3
Nestier (65) 305 F1
Nettancourt (55) 63 J3
Neublans-Abergement (39) ... 154 E5
Neubois (67) 96 B1
le Neubourg (27) 35 F5
Neuchâtel-Urtière (25) 139 G4
Neuf-Berquin (59) 6 A4
Neuf-Brisach (68) 96 D4
Neuf-Église (63) 184 C4
Neuf-Marché (76) 36 D2

Neuf-Mesnil (59) 13 G3
Neufbosc (76) 16 C5
le Neufbourg (50) 52 D5
Neufchâteau (88) 93 F4
Neufchâtel-en-Bray (76) 16 D4
Neufchâtel-en-Saosnois (72) .. 82 E4
Neufchâtel-Hardelot (62) 4 B4
Neufchâtel-sur-Aisne (02) ... 41 F2
Neufchef (57) 44 D3
Neufchelles (60) 39 G6
Neuffons (33) 230 D4
Neuffontaines (58) 133 H5
Neufgrange (57) 68 D3
Neuflieux (02) 19 J5
Neuflize (08) 41 H2
Neufmaison (08) 22 B4
Neufmaisons (54) 95 G2
Neufmanil (08) 22 D3
Neufmesnil (50) 28 D6
Neufmoulin (80) 9 G5
Neufmoulins (57) 67 H5
Neufmoutiers-en-Brie (77) ... 59 J5
le Neufour (55) 42 E6
Neufvillage (57) 68 B5
Neufvy-sur-Aronde (60) 38 C1
Neugartheim-Ittlenheim (67) .. 70 D2
Neuhaeusel (67) 25 D3
Neuil (37) 145 H1
Neuilh (65) 304 B1
Neuillac (17) 195 J5
Neuillay-les-Bois (36) 165 F1
le Neuillé (49) 126 B5
Neuillé-le-Lierre (37) 128 A3
Neuillé-Pont-Pierre (37) 127 G3
Neuilly (27) 57 F3
Neuilly (58) 151 G1
Neuilly-en-Donjon (03) 186 C1
Neuilly-en-Dun (18) 167 J1
Neuilly-en-Sancerre (18) 131 H6
Neuilly-en-Thelle (60) 37 J5
Neuilly-en-Vexin (95) 37 F5
Neuilly-la-Forêt (14) 31 H1
Neuilly-le-Bisson (61) 82 E2
Neuilly-le-Brignon (37) 146 A4
Neuilly-le-Dien (80) 9 A4
Neuilly-le-Réal (03) 169 F5
Neuilly-le-Vendin (53) 81 J2
Neuilly-lès-Dijon (21) 136 B6
Neuilly-l'Évêque (52) 116 D4
Neuilly-l'Hôpital (80) 9 G4
Neuilly-Plaisance (93) 59 F4
Neuilly-Saint-Front (02) 39 H5
Neuilly-sous-Clermont (60) .. 38 A3
Neuilly-sur-Marne (93) 59 G4
Neuilly-sur-Seine (92) 58 D3
Neuilly-sur-Suize (52) 116 B2
Neulette (62) 9 K2
Neulise (42) 187 F6
Neulles (17) 195 J5
Neulliac (56) 76 D3
Neung-sur-Beuvron (41) 129 J3
Neunkirchen-
   -lès-Bouzonville (57) 45 J2
Neure (03) 168 A1
Neurey-en-Vaux (70) 118 B5
Neurey-lès-la-Demie (70) ... 138 B2
Neussargues-Moissac (15) ... 218 C4
Neuve-Chapelle (62) 6 B5
Neuve-Église (67) 96 B1
la Neuve-Grange (27) 36 C3
la Neuve-Lyre (27) 55 K3
Neuve-Maison (02) 21 G2
Neuvecelle (74) 175 G5
Neuvéglise (15) 236 D1
Neuvelle-lès-Cromary (70) .. 138 A4
Neuvelle-lès-la-Charité (70) .. 137 J2
la Neuvelle-lès-Lure (70) 118 E6
la Neuvelle-lès-Scey (70) 117 J6
Neuvelle-lès-Voisey (52) 117 H4
Neuves-Maisons (54) 65 K6
la Neuveville-
   -devant-Lépanges (88) 95 F6
la Neuveville-
   -sous-Châtenois (88) 93 H4
la Neuveville-
   -sous-Montfort (88) 93 K5
Neuvic (19) 217 F1
Neuvic (24) 213 H4
Neuvic-Entier (87) 199 J3
Neuvicq (17) 212 A2
Neuvicq-le-Château (17) 196 B1
Neuvillalais (72) 82 C6
Neuville (19) 216 B5
la Neuville (59) 6 D6
Neuville (63) 203 G2
la Neuville-à-Maire (08) 22 E6
Neuville-au-Bois (80) 17 G1
Neuville-au-Cornet (62) 10 B2
Neuville-au-Plain (50) 29 F5
la Neuville-au-Pont (51) 42 C6
Neuville-aux-Bois (45) 110 B2
la Neuville-aux-Bois (51) 63 J2
la Neuville-aux-Joûtes (08) .. 21 J2
la Neuville-aux-Larris (51) .. 40 D6
Neuville-Bosc (60) 37 G5
la Neuville-Bosmont (02) ... 21 F4
Neuville-Bourjonval (62) 11 H6
la Neuville-Chant-d'Oisel (76) .. 35 K3
Neuville-Coppegueule (80) .. 17 F3
la Neuville-d'Aumont (60) ... 37 H4
Neuville-Day (08) 42 B1
Neuville-de-Poitou (86) 162 D2
la Neuville-du-Bosc (27) 35 F5
Neuville-en-Avesnois (59) ... 12 D4

Neuville-en-Beaumont (50) ... 28 C6
la Neuville-en-Beine (02) 19 J5
Neuville-en-Ferrain (59) 6 E3
la Neuville-en-Hez (60) 37 K2
la Neuville-en-
   -Tourne-à-Fuy (08) 41 J3
Neuville-en-Verdunois (55) .. 64 C2
Neuville-Ferrières (76) 16 D4
la Neuville-Garnier (60) 37 G5
la Neuville-Housset (02) 20 E3
la Neuville-lès-Bray (80) 18 E2
Neuville-lès-Dames (01) 188 D3
la Neuville-lès-Decize (58) .. 168 D1
la Neuville-lès-Dorengt (02) .. 20 D1
Neuville-lès-Lœuilly (80) 17 K3
la Neuville-lès-This (08) 22 C4
Neuville-lès-Vaucouleurs (55) .. 93 F1
la Neuville-lès-Wasigny (08) .. 21 K5
la Neuville-lez-Beaulieu (08) .. 21 K2
La Neuville-Roy (60) 38 B1
Neuville-Saint-Amand (02) .. 20 A3
la Neuville-Saint-Pierre (60) .. 37 J1
Neuville-Saint-Rémy (59) ... 11 J4
Neuville-Saint-Vaast (62) ... 10 E2
la Neuville-Sire-Bernard (80) .. 18 C4
Neuville-sous-Montreuil (62) .. 4 C5
Neuville-sur-Ailette (02) 40 C2
Neuville-sur-Ain (01) 189 H4
Neuville-sur-Authou (27) 34 D5
Neuville-sur-Brenne (37) 128 A2
Neuville-sur-Escaut (59) 12 B3
la Neuville-sur-Essonne (45) .. 86 E6
Neuville-sur-Margival (02) .. 39 K2
Neuville-sur-Oise (95) 58 B2
Neuville-sur-Ornain (55) 63 K4
la Neuville-sur-Oudeuil (60) .. 17 J6
la Neuville-sur-Ressons (60) .. 19 F6
Neuville-sur-Saône (69) 206 A1
Neuville-sur-Sarthe (72) 106 D2
Neuville-sur-Seine (10) 114 D2
Neuville-sur-Touques (61) ... 55 F3
Neuville-sur-Vanne (10) 89 H5
la Neuville-Vault (60) 37 F3
Neuville-Vitasse (62) 11 F3
Neuviller-la-Roche (67) 70 A5
Neuviller-lès-Badonviller (54) .. 95 G1
Neuviller-sur-Moselle (54) ... 94 B2
Neuvillers-sur-Fave (88) 95 J4
Neuvillette (02) 20 B3
Neuvillette (80) 10 A4
Neuvillette-en-Charnie (72) .. 105 K1
Neuvilley (39) 155 H5
Neuvilly (59) 12 D5
Neuvilly-en-Argonne (55) ... 42 E5
Neuvireuil (62) 11 G2
Neuvizy (08) 22 B5
Neuvy (03) 168 D4
Neuvy (41) 129 H3
Neuvy (51) 61 F5
Neuvy-au-Houlme (61) 54 A4
Neuvy-Bouin (79) 161 H2
Neuvy-Deux-Clochers (18) ... 131 H6
Neuvy-en-Beauce (28) 85 K5
Neuvy-en-Champagne (72) ... 106 B1
Neuvy-en-Dunois (28) 85 G6
Neuvy-en-Sullias (45) 110 D5
Neuvy-Grandchamp (71) 169 K3
Neuvy-le-Barrois (18) 150 C6
Neuvy-le-Roi (37) 127 H2
Neuvy-Pailloux (36) 148 B5
Neuvy-Saint-Sépulchre (36) .. 165 K3
Neuvy-Sautour (89) 113 H2
Neuvy-sur-Barangeon (18) ... 130 D6
Neuvy-sur-Loire (58) 131 K3
Neuwiller (68) 97 D5
Neuwiller-lès-Saverne (67) .. 69 G6
Névache (05) 225 J5
Nevers (58) 150 D4
Névez (29) 99 F3
Névian (11) 291 G6
Néville (76) 15 G3
Névoy (45) 131 G1
Nevy-lès-Dole (39) 155 G4
Nevy-sur-Seille (39) 173 G1
Nexon (87) 198 E3
Ney (39) 173 J1
Neydens (74) 190 E3
les Neyrolles (01) 190 A3
Neyron (01) 206 B1
Nézel (78) 57 K2
Nézignan-l'Évêque (34) 292 C3
Niafles (53) 104 C4
Niaux (09) 307 H5
Nibas (80) 8 E5
Nibelle (45) 110 E3
Nibles (04) 259 F3
Nice (06) 281 G4
Nicey (21) 114 D5
Nicey-sur-Aire (55) 64 C3
Nicole (47) 247 H3
Nicorps (50) 30 E4
Niderhoff (57) 67 J5
Niderviller (57) 67 J4
Niederbronn-les-Bains (67) ... 69 J4
Niederentzen (68) 96 C5
Niederhaslach (67) 70 B4
Niederhausbergen (67) 70 E2
Niederhergheim (68) 96 C5
Niederlauterbach (67) 25 D2
Niedermodern (67) 69 J5
Niedermorschwihr (68) 96 B4
Niedernai (67) 71 B3
Niederrœdern (67) 25 C2
Niederschaeffolsheim (67) ... 25 A4

Niedersoultzbach (67) 69 H6
Niedersteinbach (67) 69 K3
Niederstinzel (57) 68 D6
Niedervisse (57) 45 J5
Nielles-lès-Ardres (62) 2 E4
Nielles-lès-Bléquin (62) 4 E4
Nielles-lès-Calais (62) 2 C3
Nieppe (59) 6 C3
Niergnies (59) 12 A5
Nieudan (15) 217 F6
Nieuil (16) 179 K6
Nieuil-l'Espoir (86) 163 F4
Nieul (87) 181 F6
Nieul-le-Dolent (85) 159 G2
Nieul-le-Virouil (17) 195 G6
Nieul-lès-Saintes (17) 195 F2
Nieul-sur-l'Autise (85) 160 E5
Nieul-sur-Mer (17) 176 D1
Nieulle-sur-Seudre (17) 194 C2
Nieurlet (59) 3 G5
Niévroz (01) 206 C1
Niffer (68) 97 D3
Niherne (36) 147 J6
Nilvange (57) 44 D3
Nîmes (30) 275 G3
Ninville (52) 116 D2
Niort (79) 161 G6
Niort-de-Sault (11) 308 B5
Niozelles (04) 278 B2
Nissan-lez-Enserune (34) 291 J5
Nistos (65) 305 F2
Nitry (89) 133 J1
Nitting (57) 67 J5
Nivelle (59) 7 H6
Nivillac (56) 121 K2
Nivillers (60) 37 H2
Nivolas-Vermelle (38) 207 F5
Nivollet-Montgriffon (01) 189 J5
Nixéville-Blercourt (55) 43 G6
le Nizan (33) 230 A6
Nizan-Gesse (31) 286 C5
Nizas (32) 287 G2
Nizas (34) 292 C2
Nizerolles (03) 186 A4
Nizy-le-Comte (02) 21 H6
Noailhac (19) 215 J5
Noailhac (81) 290 B1
Noaillac (33) 230 C6
Noaillan (33) 229 K6
Noailles (19) 215 H5
Noailles (60) 37 H3
Noailles (81) 270 B1
Noailly (42) 186 E3
Noalhac (48) 236 E3
Noalhat (63) 185 J6
Noards (27) 34 C4
Nocario (2B) 319 H4
Noceta (2B) 321 G1
Nochize (71) 170 C6
la Nocle-Maulaix (58) 169 J1
Nod-sur-Seine (21) 115 F6
Noé (31) 287 K4
Noé (89) 112 E1
la Noë-Blanche (35) 103 F2
Noé-les-Mallets (10) 115 F4
la Noë-Poulain (27) 34 C4
Noël-Cerneux (25) 157 H2
Noëllet (49) 104 B6
les Noës (42) 186 C4
les Noës-près-Troyes (10) 90 A5
Nœux-lès-Auxi (62) 9 K3
Nœux-les-Mines (62) 6 A4
Nogaret (31) 289 G2
Nogaro (32) 266 B4
Nogent (52) 116 C2
Nogent-en-Othe (10) 113 J1
Nogent-l'Abbesse (51) 41 G4
Nogent-l'Artaud (02) 60 D2
Nogent-le-Bernard (72) 83 G5
Nogent-le-Phaye (28) 85 H3
Nogent-le-Roi (28) 57 G6
Nogent-le-Rotrou (28) 83 F4
Nogent-le-Sec (27) 56 B3
Nogent-lès-Montbard (21) 134 D2
Nogent-sur-Aube (10) 90 C2
Nogent-sur-Eure (28) 85 F4
Nogent-sur-Loir (72) 127 F1
Nogent-sur-Marne (94) 59 F4
Nogent-sur-Oise (60) 38 A4
Nogent-sur-Seine (10) 89 F2
Nogent-sur-Vernisson (45) 111 H5
Nogentel (02) 60 E2
Nogna (39) 173 G3
Noguères (64) 284 A3
Nohanent (63) 202 C2
Nohant-en-Goût (18) 149 H3
Nohant-en-Graçay (18) 148 B2
Nohant-Vic (36) 166 A3
Nohèdes (66) 314 A2
Nohic (82) 269 G3
Noidan (21) 134 D4
Noidans-le-Ferroux (70) 137 J2
Noidans-lès-Vesoul (70) 138 A1
Noidant-Chatenoy (52) 116 D5
Noidant-le-Rocheux (52) 116 C5
Noilhan (32) 287 G1
Nointel (60) 38 A3
Nointel (95) 37 J6
Nointot (76) 14 E5
Noircourt (02) 21 H5
Noirefontaine (25) 139 G5
Noirémont (60) 18 A6
Noirétable (42) 203 K2
Noirlieu (51) 63 H2

Noirmoutier-en-l'Île (85) 140 B2
Noiron (70) 137 F4
Noiron-sous-Gevrey (21) 154 C1
Noiron-sur-Bèze (21) 136 C4
Noiron-sur-Seine (21) 114 E3
Noironte (25) 137 J6
Noirval (08) 42 C2
Noiseau (94) 59 G5
Noisiel (77) 59 G4
Noisseville (57) 45 F5
Noisy-le-Grand (93) 59 G4
Noisy-le-Roi (78) 58 B4
Noisy-le-Sec (93) 59 F3
Noisy-Rudignon (77) 87 K4
Noisy-sur-École (77) 87 F4
Noisy-sur-Oise (95) 37 K6
Noizay (37) 128 A4
Nojeon-en-Vexin (27) 36 C3
Nolay (21) 153 H4
Nolay (58) 151 F2
Nolléval (76) 36 B1
Nollieux (42) 204 C2
Nomain (59) 7 F6
Nomdieu (47) 247 K6
Nomécourt (52) 92 A3
Nomeny (54) 66 A3
Nomexy (88) 94 C4
Nommay (25) 139 H2
Nompatelize (88) 95 G4
Nonac (16) 196 C6
Nonancourt (27) 56 D4
Nonant (14) 32 B4
Nonant-le-Pin (61) 54 E5
Nonards (19) 216 A6
Nonaville (16) 196 B5
Noncourt-sur-le-Rongeant (52) 92 B3
Nonette-Orsonnette (63) 203 F6
Nonglard (74) 190 D6
Nonhigny (54) 95 H1
Nonières (07) 239 J1
Nonsard-Lamarche (55) 65 G2
Nontron (24) 197 J5
Nonville (77) 87 J5
Nonville (88) 117 J1
Nonvilliers-Grandhoux (28) 84 D4
Nonza (2B) 317 C4
Nonzeville (88) 94 E5
Noordpeene (59) 3 H4
Nordausques (62) 3 F4
Nordheim (67) 70 D2
Nordhouse (67) 71 D3
Noreuil (62) 11 G4
Norges-la-Ville (21) 136 A4
Normandel (61) 55 J4
Normanville (27) 35 J6
Normanville (76) 15 F4
Normier (21) 134 E5
Norolles (14) 33 K5
Noron-la-Poterie (14) 32 A4
Noron-l'Abbaye (14) 54 A3
Noroy (60) 38 B2
Noroy-le-Bourg (70) 138 C1
Noroy-sur-Ourcq (02) 39 H5
Norrent-Fontes (62) 5 H5
Norrey-en-Auge (14) 54 C2
Norrois (51) 63 F6
Norroy (88) 93 J5
Norroy-le-Sec (54) 44 B4
Norroy-le-Veneur (57) 44 E5
Norroy-lès-Pont-à-Mousson (54) 65 J2
Nort-Leulinghem (62) 3 F4
Nort-sur-Erdre (44) 123 H1
Nortkerque (62) 2 E3
Norville (76) 34 D1
la Norville (91) 86 D1
Nossage-et-Bénévent (05) 258 D3
Nossoncourt (88) 95 F3
Nostang (56) 100 B4
Noth (23) 182 A2
Nothalten (67) 71 A4
Notre-Dame-d'Aliermont (76) 16 B2
Notre-Dame-d'Allençon (49) 125 H5
Notre-Dame-de-Bellecombe (73) 209 H1
Notre-Dame-de-Bliquetuit (76) 34 E1
Notre-Dame-de-Boisset (42) 187 F5
Notre-Dame-de-Bondeville (76) 35 H1
Notre-Dame-de-Cenilly (50) 31 F5
Notre-Dame-de-Commiers (38) 224 A6
Notre-Dame-de-la-Rouvière (30) 273 K1
Notre-Dame-de-l'Isle (27) 36 B6
Notre-Dame-de-Livaye (14) 33 H6
Notre-Dame-de-Livoye (50) 52 B4
Notre-Dame-de-Londres (34) 274 A4
Notre-Dame-de-l'Osier (38) 223 G3
Notre-Dame-de-Mésage (38) 224 A5
Notre-Dame-de-Monts (85) 140 C5
Notre-Dame-de-Riez (85) 140 E6
Notre-Dame-de-Sanilhac (24) 213 H4
Notre-Dame-de-Vaulx (38) 224 A6
Notre-Dame-d'Épine (27) 34 D5
Notre-Dame-des-Landes (44) 123 F2
Notre-Dame-des-Millières (73) 209 F3
Notre-Dame-d'Estrées-Corbon (33) 33 H5
Notre-Dame-d'Oé (37) 127 J4
Notre-Dame-du-Bec (76) 14 B5
Notre-Dame-du-Cruet (73) 225 F1
Notre-Dame-du-Hamel (27) 55 H3
Notre-Dame-du-Parc (76) 16 A4
Notre-Dame-du-Pé (72) 105 J6
Notre-Dame-du-Pré (73) 209 H5

Notre-Dame de la Cour (22) 48 E5
Nottonville (28) 109 G1
la Nouaille (23) 200 D1
Nouaillé-Maupertuis (86) 163 F4
Nouainville (50) 28 C2
Nouan-le-Fuzelier (41) 130 B3
Nouans (72) 82 E5
Nouans-les-Fontaines (37) 147 F2
Nouart (08) 42 E2
Nouâtre (37) 145 J3
la Nouaye (35) 78 D3
la Noue (51) 61 G5
Nouilles (31) 288 C3
Nougaroulet (32) 267 J5
Nouhant (23) 183 H1
Nouic (87) 180 D4
Nouilhan (65) 285 H2
les Nouillers (17) 177 H5
Nouillonpont (55) 44 A3
Nouilly (57) 45 F5
Noulens (32) 266 D3
Nourard-le-Franc (60) 37 K1
Nourray (41) 108 C3
Nousse (40) 264 C4
Nousseviller-lès-Bitche (57) 69 G2
Nousseviller-Saint-Nabor (57) 68 C2
Nousty (64) 284 E4
Nouvelle-Église (62) 2 E3
Nouvion (80) 9 F4
le Nouvion-en-Thiérache (02) 13 F6
Nouvion-et-Catillon (02) 20 B4
Nouvion-le-Comte (02) 20 B4
Nouvion-le-Vineux (02) 40 B1
Nouvion-sur-Meuse (08) 22 D4
Nouvoitou (35) 79 H5
Nouvron-Vingré (02) 39 H2
Nouzerines (23) 166 C6
Nouzerolles (23) 165 J6
Nouziers (23) 166 A5
Nouzilly (37) 127 J3
Nouzonville (08) 22 D3
Novacelles (63) 203 J6
Novalaise (73) 207 K4
Novale (2B) 319 J5
Novéant-sur-Moselle (57) 65 J1
Novel (74) 175 H5
Novella (2B) 318 E2
Noves (13) 276 B3
Noviant-aux-Prés (54) 65 H3
Novillard (90) 139 J1
Novillars (25) 138 A6
Novillers (60) 37 J4
Novion-Porcien (08) 22 A6
Novy-Chevrières (08) 41 J1
Noyal (22) 77 J1
Noyal-Châtillon-sur-Seiche (35) 79 G5
Noyal-Muzillac (56) 101 J4
Noyal-Pontivy (56) 76 E6
Noyal-sous-Bazouges (35) 51 G6
Noyal-sur-Brutz (44) 103 J3
Noyal-sur-Vilaine (35) 79 H4
Noyales (02) 20 C2
Noyant (49) 126 C3
Noyant-d'Allier (03) 168 C5
Noyant-de-Touraine (37) 145 J2
Noyant-et-Aconin (02) 39 J3
Noyant-la-Gravoyère (49) 104 C6
Noyarey (38) 223 J3
Noyelle-Vion (62) 10 C3
Noyelles-en-Chaussée (80) 9 H4
Noyelles-Godault (62) 11 G1
Noyelles-lès-Humières (62) 9 K2
Noyelles-lès-Seclin (59) 6 D5
Noyelles-lès-Vermelles (62) 6 B6
Noyelles-sous-Bellonne (62) 11 H3
Noyelles-sous-Lens (62) 11 F1
Noyelles-sur-Escaut (59) 11 J5
Noyelles-sur-Mer (80) 9 F3
Noyelles-sur-Sambre (59) 13 F4
Noyelles-sur-Selle (59) 12 C3
Noyellette (62) 10 D3
Noyen-sur-Sarthe (72) 106 B4
Noyen-sur-Seine (77) 88 D3
le Noyer (05) 242 D4
le Noyer (18) 131 H5
le Noyer (73) 208 C3
le Noyer-en-Ouche (27) 55 K1
Noyers (27) 36 D4
Noyers (45) 111 F4
Noyers (52) 116 C2
Noyers (89) 134 A1
Noyers-Auzécourt (55) 63 J3
Noyers-Missy (14) 32 C5
Noyers-Pont-Maugis (08) 23 F5
Noyers-Saint-Martin (60) 18 A6
Noyers-sur-Cher (41) 129 F6
Noyers-sur-Jabron (04) 258 E5
Noyon (60) 19 H6
Nozay (10) 90 B2
Nozay (44) 103 G5
Nozay (91) 58 D6
Nozeroy (39) 156 B6
Nozières (07) 221 J6
Nozières (18) 167 F2
Nuaillé (49) 143 F2
Nuaillé-d'Aunis (17) 177 F1
Nuaillé-sur-Boutonne (17) 178 A4
Nuars (58) 133 H5
Nubécourt (55) 64 A2
Nucourt (95) 36 E5
Nueil-les-Aubiers (79) 143 H4
Nueil-sous-Faye (86) 145 F4
Nuillé-le-Jalais (72) 107 G2
Nuillé-sur-Vicoin (53) 104 E2

Nuisement-sur-Coole (51) 62 C3
Nuits (89) 114 C6
Nuits-Saint-Georges (21) 154 B2
Nullemont (76) 16 E4
Nully (52) 91 H4
Nuncq-Hautecôte (62) 10 A3
Nuret-le-Ferron (36) 165 F2
Nurieux-Volognat (01) 189 J2
Nurlu (80) 11 H6
Nuzéjouls (46) 233 G6
Nyer (66) 314 A3
Nyoiseau (49) 104 D6
Nyons (26) 257 G2

O

Obenheim (67) 71 D4
Oberbronn (67) 69 J4
Oberbruck (68) 119 J4
Oberdorf-Spachbach (67) 25 A2
Oberdorff (57) 45 J3
Oberentzen (68) 96 C5
Obergailbach (57) 68 E2
Oberhaslach (67) 70 B4
Oberhausbergen (67) 71 D1
Oberhergheim (68) 96 C5
Oberhoffen-lès-Wissembourg (67) 25 B1
Oberhoffen-sur-Moder (67) 25 C4
Oberlarg (68) 97 B6
Oberlauterbach (67) 25 D2
Obermodern-Zutzendorf (67) 69 H6
Obermorschwihr (68) 96 B5
Obermorschwiller (68) 97 B3
Obernai (67) 71 B3
Oberrœdern (67) 25 C2
Obersaasheim (68) 96 D5
Oberschaeffolsheim (67) 71 C1
Obersoultzbach (67) 69 H5
Obersteinbach (67) 69 K3
Oberstinzel (57) 67 J4
Obervisse (57) 45 J5
Obies (59) 13 F3
Objat (19) 215 G3
Oblinghem (62) 5 K5
Obrechies (59) 13 H4
Obreck (57) 66 E3
Obsonville (77) 87 G6
Obterre (36) 146 D5
Obtrée (21) 115 F4
Ocana (2A) 320 D4
Occagnes (61) 54 B4
Occey (52) 136 C2
Occhiatana (2B) 318 D2
Occoches (80) 10 A4
Ochancourt (80) 8 E5
Oches (08) 42 D1
Ochey (54) 93 J1
Ochtezeele (59) 3 H4
Ocquerre (77) 60 B1
Ocqueville (76) 15 G3
Octeville (50) 28 C2
Octeville-l'Avenel (50) 29 F3
Octeville-sur-Mer (76) 14 A6
Octon (34) 273 F6
Odars (31) 288 D2
Odenas (69) 188 A4
Oderen (68) 119 J3
Odomez (59) 12 D1
Odos (65) 285 H5
Odratzheim (67) 71 B1
Oëlleville (88) 93 J4
Oermingen (67) 68 E4
Œting (57) 68 C2
Œuf-en-Ternois (62) 9 K2
Œuilly (02) 40 C3
Œuilly (51) 61 H1
Oeyregave (40) 262 E6
Oeyreluy (40) 264 A5
Offekerque (62) 2 E3
Offemont (90) 119 H6
Offendorf (67) 25 B5
Offignies (80) 17 G3
Offin (62) 9 H1
Offlanges (39) 155 G1
Offoy (60) 17 J4
Offoy (80) 19 H4
Offranville (76) 15 K2
Offrethun (62) 2 B5
Offroicourt (88) 93 K5
Offwiller (67) 69 H5
Ogenne-Camptort (64) 283 K4
Oger (51) 62 A2
Ogeu-les-Bains (64) 284 B6
Ogéviller (54) 95 F1
Ogliastro (2B) 317 C3
Ognes (02) 19 K6
Ognes (51) 61 J6
Ognes (60) 38 D6
Ognéville (54) 93 K2
Ognolles (60) 19 G5
Ognon (60) 38 C5
Ogy (57) 45 G6
Ohain (59) 13 J6
Oherville (76) 15 F4
Ohis (02) 21 G2
Ohlungen (67) 69 K6
Ohnenheim (67) 71 B6
Oigney (70) 117 H5
Oignies (62) 6 D6
Oigny (21) 135 G2
Oigny (41) 108 A2
Oigny-en-Valois (02) 39 G5
Oingt (69) 187 K6

Oinville-Saint-Liphard (28) 86 A6
Oinville-sous-Auneau (28) 85 J3
Oinville-sur-Montcient (78) 57 K1
Oiron (79) 144 C4
Oiry (51) 62 A1
Oiselay-et-Grachaux (70) 137 J4
Oisemont (80) 17 G1
Oisilly (21) 136 D4
Oisly (41) 128 E5
Oison (45) 110 A1
Oisseau (53) 81 F3
Oisseau-le-Petit (72) 82 D4
Oissel (76) 35 H3
Oissery (77) 59 J1
Oissy (80) 17 J2
Oisy (02) 12 E6
Oisy (58) 132 E4
Oisy (59) 12 C2
Oisy-le-Verger (62) 11 J3
Oizé (72) 106 C5
Oizon (18) 131 F4
Olargues (34) 291 G1
Olby (63) 202 B2
Olcani (2B) 317 D3
Oléac-debat (65) 285 H4
Oléac-Dessus (65) 285 J6
Olemps (12) 252 A3
Olendon (14) 54 B2
Oletta (2B) 317 D6
Olette (66) 314 A3
Olivese (2A) 321 F6
Olivet (45) 110 A5
Olivet (53) 80 D6
Olizy (51) 40 C6
Olizy-Primat (08) 42 C3
Olizy-sur-Chiers (55) 23 H6
Ollainville (88) 93 H5
Ollainville (91) 86 D1
Ollans (25) 138 B4
Ollé (28) 84 E4
Olley (54) 44 B5
Ollezy (02) 19 J4
les Ollières (74) 191 F5
Ollières (83) 297 G2
les Ollières-sur-Eyrieux (07) 239 K3
Olliergues (63) 203 J3
Ollioules (83) 300 B4
Olloix (63) 202 C4
les Olmes (69) 205 H1
Olmet (63) 203 J3
Olmet-et-Villecun (34) 273 F5
Olmeta-di-Capocorso (2B) 317 D4
Olmeta-di-Tuda (2B) 319 H1
Olmeto (2A) 322 D2
Olmi-Cappella (2B) 318 D3
Olmiccia (2A) 323 F2
Olmo (2B) 319 H3
Olonne-sur-Mer (85) 158 E3
Olonzac (34) 290 E5
Oloron-Sainte-Marie (64) 284 A5
Ols-et-Rinhodes (12) 250 E1
Oltingue (68) 97 C5
Olwisheim (67) 70 E2
Omblèze (26) 241 F2
Omécourt (60) 17 G6
Omelmont (54) 93 K2
les Omergues (04) 258 B5
Omerville (95) 36 D6
Omessa (2B) 319 F5
Omet (33) 230 A4
Omex (65) 304 A1
Omey (51) 62 E4
Omicourt (08) 22 E5
Omiécourt (80) 19 F3
Omissy (02) 20 A2
Ommeel (61) 54 D4
Ommeray (57) 67 F5
Ommoy (61) 54 C3
Omont (08) 22 D6
Omonville (76) 15 K3
Omonville-la-Petite (50) 28 A1
Omonville-la-Rogue (50) 28 B1
Omps (15) 235 G2
Oms (66) 314 E5
Onans (25) 139 F3
Onard (40) 264 C3
Onay (70) 137 G4
Oncieu (01) 189 J5
Oncy-sur-École (91) 87 F4
Ondefontaine (14) 53 G1
Ondes (31) 268 E4
Ondres (40) 262 B6
Ondreville-sur-Essonne (45) 86 E6
Onesse-Laharie (40) 244 D5
Onet-le-Château (12) 252 A2
Oneux (80) 9 H5
Ongles (04) 278 A1
Onglières (39) 156 B6
Onjon (10) 90 C4
Onlay (58) 152 B4
Onnaing (59) 12 D2
Onnion (74) 191 J2
Onoz (39) 173 G5
Ons-en-Bray (60) 37 F2
Ontex (73) 208 A2
Onville (54) 65 J1
Onzain (41) 128 D3
Oô (31) 305 G6
Oost-Cappel (59) 3 K3
Opio (06) 280 D5
Opoul-Périllos (66) 310 A4
Oppède (84) 276 E3
Oppedette (04) 277 J2
Oppenans (70) 138 D2

Oppy (62) 11 F2
Optevoz (38) 207 F2
Oraàs (64) 283 G2
Oradour (15) 236 C1
Oradour (16) 178 E6
Oradour-Fanais (16) 180 C3
Oradour-Saint-Genest (87) 180 E2
Oradour-sur-Glane (87) 180 E6
Oradour-sur-Vayres (87) 198 B2
Orain (21) 136 D2
Orainville (02) 41 F3
Oraison (04) 278 C2
Orange (84) 256 D5
Orbagna (39) 172 E3
Orbais-l'Abbaye (51) 61 G2
Orban (81) 270 C3
Orbec (14) 55 G1
Orbessan (32) 286 D1
Orbey (68) 96 A3
Orbigny (37) 147 F1
Orbigny-au-Mont (52) 116 D4
Orbigny-au-Val (52) 116 D4
l'Orbrie (85) 160 D4
Orçay (41) 130 C6
Orcemont (78) 85 K1
Orcenais (18) 167 F2
Orcet (63) 202 D3
Orcevaux (52) 116 C5
Orchamps (39) 155 H2
Orchamps-Vennes (25) 157 G2
Orches (86) 145 G5
Orchies (59) 7 F6
Orcier (74) 175 F6
Orcières (05) 243 H4
Orcinas (26) 241 F6
Orcines (63) 202 C2
Orcival (63) 202 A3
Orconte (51) 63 G6
Ordan-Larroque (32) 267 F5
Ordiarp (64) 283 G5
Ordizan (65) 285 H6
Ordonnac (33) 210 E1
Ordonnaz (01) 207 H1
Ore (31) 305 H3
Orée d'Anjou (49) 123 K2
Orègue (64) 282 E2
Oreilla (66) 313 K3
Orelle (73) 225 J3
Oresmaux (80) 18 A4
Organ (65) 286 B4
Organs-Blanchefontaine (25) ... 139 G6
Orgedeuil (16) 197 H3
Orgeix (09) 313 F1
Orgelet (39) 173 G4
Orgères (35) 79 G5
Orgères (61) 55 F4
Orgères-en-Beauce (28) 109 H1
Orgerus (78) 57 J4
Orges (52) 115 J2
Orgeux (21) 136 B5
Orgeval (02) 40 C1
Orgeval (78) 58 B3
Orgibet (09) 306 A3
Orglandes (50) 28 E5
Orgnac-l'Aven (07) 255 K3
Orgnac-sur-Vézère (19) 215 H2
Orgon (13) 276 D4
Orgueil (82) 269 F3
Oricourt (70) 138 D2
Orieux (65) 285 K5
Orignac (65) 285 J6
Origne (33) 229 H6
Origné (53) 104 E3
Orignolles (17) 212 A3
Origny (21) 135 G1
Origny-en-Thiérache (02) 21 G2
Origny-le-Butin (61) 83 G4
Origny-le-Roux (61) 83 G4
Origny-le-Sec (10) 89 H3
Origny-Sainte-Benoite (02) 20 B3
Orin (64) 283 K5
Orincles (65) 285 G6
Oriocourt (57) 66 C3
Oriol-en-Royans (26) 223 F6
Oriolles (16) 212 B1
Orion (64) 283 H2
Oris-en-Rattier (38) 242 C1
Orist (40) 262 D5
Orival (16) 212 D2
Orival (76) 35 G3
Orléans (45) 110 A4
Orléat (63) 203 G1
Orleix (65) 285 H1
Orliac (24) 232 D4
Orliac-de-Bar (19) 216 A2
Orliaguet (24) 233 G1
Orliénas (69) 205 K3
Orlu (09) 313 G6
Orly (94) 58 E5
Orly-sur-Morin (77) 60 C3
Ormancey (52) 116 B4
Ormenans (70) 138 B3
Ormersviller (57) 69 F2
Ormes (10) 90 B2
Ormes (27) 56 B1
Ormes (45) 109 K4
Ormes (51) 40 E4
Ormes (71) 172 A3
les Ormes (86) 145 J4
les Ormes (89) 112 D5
Ormes-et-Ville (54) 94 A2
Ormes-sur-Voulzie (77) 88 C3
Ormesson (77) 87 H6

Ormesson-sur-Marne (94) 59 G4
Ormoiche (70) 118 C5
Ormoy (28) 85 G1
Ormoy (70) 117 J4
Ormoy (89) 113 F3
Ormoy (91) 87 F1
Ormoy-la-Rivière (91) 86 C4
Ormoy-le-Davien (60) 39 F5
Ormoy-lès-Sexfontaines (52) 92 A6
Ormoy-Villers (60) 38 E5
Ornacieux (38) 222 E1
Ornaisons (11) 291 G6
Ornans (25) 156 C2
Ornes (55) 43 J4
Ornex (01) 190 E1
Ornézan (32) 286 D2
Orniac (46) 233 K6
Ornolac-Ussat-les-Bains (09) 307 H5
Ornon (38) 224 C5
Orny (57) 66 A1
Oroër (60) 37 H1
Oroix (65) 285 G4
Oron (57) 66 D2
Oroux (79) 162 A2
Orphin (78) 85 J1
Orpierre (05) 258 C3
Orquevaux (52) 92 D5
les Orres (05) 243 K6
Orret (21) 135 G2
Orriule (64) 283 H2
Orrouer (28) 84 E3
Orrouy (60) 38 E4
Orry-la-Ville (60) 38 B6
Ors (59) 12 E5
Orsan (30) 256 C5
Orsanco (64) 283 F4
Orsans (11) 289 H6
Orsans (25) 138 D6
Orsay (91) 58 C6
Orschwihr (68) 96 B6
Orschwiller (67) 71 A5
Orsennes (36) 165 H5
Orsinval (59) 12 E3
Orsonville (78) 85 K3
Ortaffa (66) 315 G3
Ortale (2B) 319 J5
Orthevielle (40) 262 E6
Orthez (64) 283 J1
Orthoux-Sérignac-Quilhan (30) .. 274 D3
Ortillon (10) 90 C2
Ortiporio (2B) 319 H3
Orto (2A) 320 D1
Ortoncourt (88) 94 D3
Orus (09) 307 G5
Orval (18) 167 F2
Orval sur Sienne (50) 30 D4
Orvault (44) 123 F3
Orvaux (27) 56 C2
Orve (25) 138 E5
Orveau (91) 86 D3
Orville (21) 136 B2
Orville (36) 148 A2
Orville (45) 87 F6
Orville (61) 10 B5
Orvillers-Sorel (60) 18 E6
Orvilliers (78) 57 H3
Orvilliers-Saint-Julien (10) 89 J3
Orx (40) 262 B5
Os-Marsillon (64) 284 A3
Osani (2A) 316 B1
Osches (55) 64 B1
Osenbach (68) 96 A5
Oslon (71) 171 K1
Osly-Courtil (02) 39 H2
Osmanville (14) 29 H6
Osmery (18) 149 J5
Osmets (65) 285 K4
Osmoy (18) 149 H3
Osmoy (78) 57 J4
Osmoy-Saint-Valery (76) 16 C3
Osne-le-Val (52) 92 B2
Osnes (08) 23 H5
Osny (95) 58 B1
Ossages (40) 264 C6
Ossas-Suhare (64) 283 H6
Osse (25) 138 B6
Ossé (35) 79 J5
Osse-en-Aspe (64) 302 E2
Osséja (66) 313 G5
Osselle-Routelle (25) 155 K2
Ossen (65) 304 A1
Ossenx (64) 283 J3
Osserain-Rivareyte (64) 283 G3
Ossès (64) 282 D4
Ossey-les-Trois-Maisons (10) 89 H3
Ossun (65) 285 G6
Ossun-Ez-Angles (65) 304 B1
Ostabat-Asme (64) 283 F4
Ostel (02) 40 C2
Ostheim (68) 96 C3
Osthoffen (67) 71 B1
Osthouse (67) 71 C3
Ostreville (62) 10 B1
Ostricourt (59) 11 H1
Ostwald (67) 71 D1
Ota (2A) 316 A1
Othe (54) 43 J1
Othis (77) 59 H1
Ottange (57) 44 D2
Ottersthal (67) 70 B1
Otterswiller (67) 70 B1
Ottmarsheim (68) 97 D2
Ottonville (57) 45 J4
Ottrott (67) 71 A3

Ottwiller (67) 69 F5
Ouagne (58) 133 F5
Ouainville (76) 15 F3
Ouanne (89) 132 E1
Ouarville (28) 85 J4
les Oubeaux (14) 31 H1
Ouchamps (41) 128 E4
Ouches (42) 186 D5
Oucques (41) 108 E5
Oudalle (76) 34 A1
Oudan (58) 132 D5
Oudeuil (60) 17 J3
Oudezeele (59) 3 J4
Oudincourt (52) 92 A6
l'Oudon (14) 54 C2
Oudon (44) 123 K2
Oudrenne (57) 45 D2
Oudry (71) 170 C3
Oueilloux (65) 285 H3
Ouerre (28) 57 G5
Ouessant (29) 72 A1
Ouézy (14) 33 A6
Ouffières (14) 53 H1
Ouge (70) 117 F3
Ouges (21) 136 A6
Ougney (39) 137 G6
Ougney-Douvot (25) 138 C5
Ougny (58) 151 J3
Ouhans (25) 156 H3
Ouides (43) 238 A2
Ouillon (64) 284 E4
Ouilly-du-Houley (14) 34 A5
Ouilly-le-Tesson (14) 54 A1
Ouilly-le-Vicomte (14) 33 K5
Ouistreham (14) 33 F3
Oulches (36) 164 E3
Oulches-la-Vallée-Foulon (02) 40 C2
Oulchy-la-Ville (02) 39 J5
Oulchy-le-Château (02) 39 J5
Oulins (28) 57 G3
Oulles (38) 224 C5
Oullins (69) 206 A3
Oulmes (85) 160 E5
Oulon (58) 151 F1
Ounans (39) 155 H4
Oupia (34) 291 F5
Our (39) 155 H2
Ourches (26) 240 E5
Ourches-sur-Meuse (55) 65 F6
Ourde (65) 305 G3
Ourdis-Cotdoussan (65) 304 B1
Ourdon (65) 304 A2
Ourouër (58) 151 F3
Ourouer-les-Bourdelins (18) 150 A5
Ouroux (69) 187 K2
Ouroux-en-Morvan (58) 152 B2
Ouroux-sous-le-Bois-
   Sainte-Marie (71) 170 D6
Ouroux-sur-Saône (71) 171 K2
Oursbelille (65) 285 G4
Oursel-Maison (60) 17 K6
Ourton (62) 10 C1
Ourville-en-Caux (76) 15 F2
Ousse (64) 284 D4
Ousse-Suzan (40) 264 D1
Oussières (39) 155 H5
Ousson-sur-Loire (45) 131 K2
Oussoy-en-Gâtinais (45) 111 H4
Oust (09) 306 D4
Oust-Marest (80) 8 C1
Ousté (64) 304 A1
Outarville (45) 86 B6
Outines (51) 91 G1
Outreau (62) 4 A3
Outrebois (80) 10 A4
Outremécourt (52) 93 F5
Outrepont (51) 63 D5
Outriaz (01) 189 J4
Ouvans (25) 138 E6
Ouve-Wirquin (62) 5 F4
Ouveillan (11) 291 H5
Ouville (50) 30 D4
Ouville-la-Bien-Tournée (14) 54 C1
Ouville-la-Rivière (76) 15 J2
Ouville-l'Abbaye (76) 15 H4
Ouvrouer-les-Champs (45) 110 C5
Ouzilly (86) 163 F1
Ouzouer-des-Champs (45) 111 H4
Ouzouer-le-Doyen (41) 108 E3
Ouzouer-sous-Bellegarde (45) 111 F3
Ouzouer-sur-Loire (45) 111 H4
Ouzouer-sur-Trézée (45) 131 J1
Ouzous (65) 303 K2
Ovanches (70) 137 J1
Ovillers-la-Boisselle (80) 10 E6
Oxelaëre (59) 3 J5
Oyé (71) 187 F1
Oye-et-Pallet (25) 156 E5
Oye-Plage (62) 2 E2
Oyeu (38) 207 G6
Oyonnax (01) 190 A1
Oyré (86) 145 J5
Oyrières (70) 137 F3
Oysonville (28) 86 A4
Oytier-Saint-Oblas (38) 206 C5
Oz (38) 224 D4
Ozan (01) 171 K6
Ozenay (71) 171 J4
Ozenx-Montestrucq (64) 283 J2
Ozeville (50) 29 F4
Ozières (52) 92 E6

Ozillac (17) 195 J6
Ozoir-la-Ferrière (77) 59 H5
Ozoir-le-Breuil (28) 109 G3
Ozolles (71) 170 E6
Ozon (07) 222 A4
Ozon (65) 285 K6
Ozouer-le-Voulgis (77) 59 J6
Ozourt (40) 264 C5

P

Paars (02) 40 B3
Pabu (22) 48 C5
la Pacaudière (42) 186 C5
Pacé (35) 79 F3
Pacé (61) 82 C3
Pact (38) 222 C1
Pacy-sur-Armançon (89) 114 B6
Pacy-sur-Eure (27) 57 F1
Padern (11) 309 J4
Padiès (81) 271 F1
Padirac (46) 234 A2
Padoux (88) 94 E4
Pageas (87) 198 C3
Pagney (39) 137 G6
Pagney-derrière-Barine (54) 65 H5
Pagnoz (39) 155 K4
Pagny-la-Blanche-Côte (55) 93 G1
Pagny-la-Ville (21) 154 D3
Pagny-le-Château (21) 154 D3
Pagny-lès-Goin (57) 66 A2
Pagny-sur-Meuse (55) 65 G5
Pagny-sur-Moselle (54) 65 J2
Pagolle (64) 283 G5
Pailhac (65) 304 E3
Pailharès (07) 221 J5
Pailherols (15) 236 A1
Pailhès (09) 307 F1
Pailhès (34) 291 K3
Paillart (60) 18 B5
Paillé (17) 178 A5
Paillencourt (59) 12 B3
Paillet (33) 229 K4
Pailloles (47) 248 B1
le Pailly (52) 116 D5
Pailly (89) 88 D4
Paimbœuf (44) 122 C3
Paimpol (22) 48 D2
Paimpont (35) 78 B5
Painblanc (21) 153 H2
Pair-et-Grandrupt (88) 95 J4
Paissy (02) 40 C2
Paisy-Cosdon (10) 89 H6
Paizay-le-Chapt (79) 178 C3
Paizay-le-Sec (86) 163 J3
Paizay-le-Tort (79) 178 C2
Paizay-Naudouin-
   -Embourie (16) 178 E4
Pajay (38) 222 E1
Paladru (38) 207 H5
Palairac (11) 309 J3
le Palais (56) 120 B3
le Palais-sur-Vienne (87) 199 F1
Palaiseau (91) 58 D5
Palaiseul (52) 116 D5
Palaja (11) 290 B6
Palaminy (31) 287 H6
Palante (70) 138 E1
Palantine (25) 156 A2
Palasca (2B) 318 E2
Palau-de-Cerdagne (66) 313 G5
Palau-del-Vidre (66) 315 H3
Palavas-les-Flots (34) 293 H2
Palazinges (19) 215 K4
Paley (77) 87 K6
Palhers (48) 253 J1
Palinges (71) 170 C4
Palise (25) 138 A5
Palisse (19) 216 E1
Palladuc (63) 186 A6
Pallanne (32) 285 K1
Palleau (71) 154 B4
Pallegney (88) 94 D4
le Pallet (44) 142 A1
Palleville (81) 289 H2
la Pallu (53) 81 K2
Palluau (85) 141 H5
Palluau-sur-Indre (36) 147 H4
Palluaud (16) 213 F1
Pallud (73) 209 H3
Palluel (62) 11 H3
Palmas d'Aveyron (12) 252 D2
la Palme (11) 310 C3
Palneca (2A) 321 G4
Palogneux (42) 204 B2
la Palud-sur-Verdon (04) 279 G4
Paluel (76) 15 F3
Pamfou (77) 87 K3
Pamiers (09) 307 H1
Pampelonne (81) 251 H6
Pamplie (79) 161 H3
Pamproux (79) 162 B5
Panassac (32) 286 C3
Panazol (87) 199 F1
Pancé (35) 103 G1
Pancheraccia (2B) 321 H1
Pancy-Courtecon (02) 40 B2
Pandrignes (19) 216 B3
Pange (57) 45 G6
Panges (21) 135 H5
Panissage (38) 207 G5
Panissières (42) 205 F2
Panjas (32) 266 A3
Pannecé (44) 103 K6

Pannecières (45) 86 C5
Pannes (45) 111 H3
Pannes (54) 65 G2
Pannessières (39) 173 G2
Panon (72) 82 E4
Panossas (38) 206 E3
la Panouse (48) 237 K4
Pansey (52) 92 C2
Pantin (93) 59 F3
Panzoult (37) 145 G2
Papleux (02) 13 G6
Paradou (13) 276 A5
Parassy (18) 149 H1
Parata (2B) 319 J4
Paray-Douaville (78) 85 K3
Paray-le-Frésil (03) 169 G3
Paray-le-Monial (71) 170 B5
Paray-sous-Briailles (03) 185 H1
Paray-Vieille-Poste (91) 58 E5
Paraza (11) 291 F5
Parbayse (64) 284 B3
le Parc (50) 52 A4
Parc-d'Anxtot (76) 14 D1
Parçay-les-Pins (49) 126 D4
Parçay-Meslay (37) 127 J4
Parçay-sur-Vienne (37) 145 H2
Parcé (35) 80 A4
Parcé-sur-Sarthe (72) 105 K4
Parcey (39) 155 G3
Parcieux (01) 188 C6
Parcoul-Chenaud (24) 212 D3
le Parcq (62) 9 J2
Parcy-et-Tigny (02) 39 J4
Pardailhan (34) 291 G3
Pardaillan (47) 231 F4
Pardies (64) 284 A3
Pardies-Piétat (64) 284 D5
Pardines (63) 202 E5
Paréac (65) 285 G6
Pareid (55) 44 A6
Parempuyre (33) 211 G6
Parennes (72) 106 A1
Parent (63) 202 E4
Parentignat (63) 203 F5
Parentis-en-Born (40) 244 D2
Parenty (62) 4 C5
Parey-Saint-Césaire (54) 93 K1
Parey-sous-Montfort (88) 93 J5
Parfondeval (02) 21 H4
Parfondeval (61) 83 G2
Parfondru (02) 40 C1
Parfondrupt (55) 44 B5
Parfouru-sur-Odon (14) 32 B6
Pargnan (02) 40 C2
Pargny (80) 19 G3
Pargny-Filain (02) 40 A2
Pargny-la-Dhuys (02) 61 F2
Pargny-les-Bois (02) 20 D4
Pargny-lès-Reims (51) 40 E5
Pargny-sous-Mureau (88) 93 F4
Pargny-sur-Saulx (51) 63 H4
Pargues (10) 114 C2
Parignargues (30) 274 E3
Parigné (35) 80 B2
Parigné-l'Évêque (72) 106 C4
Parigné-le-Pôlin (72) 106 C4
Parigné-sur-Braye (53) 81 F4
Parigny (42) 186 B5
Parigny-la-Rose (58) 132 E6
Parigny-les-Vaux (58) 150 D3
Paris (75) 58 E4
Paris-l'Hôpital (71) 153 H5
Parisot (81) 270 A4
Parisot (82) 250 D4
Parlan (15) 235 F2
Parleboscq (40) 266 B2
Parly (89) 112 D6
Parmain (95) 37 J6
Parmilieu (38) 207 F1
Parnac (36) 165 F5
Parnac (46) 249 H1
Parnans (26) 222 E4
Parnay (18) 149 H6
Parnay (49) 126 B6
Parné-sur-Roc (53) 105 F2
Parnes (60) 36 D5
Parnoy-en-Bassigny (52) 117 F2
les Paroches (55) 64 E3
Paron (89) 88 C6
Paroy (25) 156 A3
Paroy (77) 88 C3
Paroy-en-Othe (89) 113 F2
Paroy-sur-Saulx (52) 92 B2
Paroy-sur-Tholon (89) 112 E3
Parpeville (02) 20 C3
Parranquet (47) 232 B4
Parroy (54) 66 E5
Pars-lès-Chavanges (10) 90 E2
Pars-lès-Romilly (10) 89 H2
Parsac-Rimondeix (23) 183 F2
Parthenay (79) 161 J2
Parthenay-de-Bretagne (35) 78 E3
Partinello (2A) 316 D3
Parux (54) 95 H1
Parves et Nattages (01) 207 K2
Parville (27) 56 C1
Parvillers-le-Quesnoy (80) 18 E4
Parzac (16) 179 J5
le Pas (53) 81 F2
Pas-de-Jeu (79) 144 C4
Pas-en-Artois (62) 10 C4
le Pas-Saint-l'Homer (61) 84 B2
Pasilly (89) 134 A1
Paslières (63) 185 J6

Pasly (02) 39 J2
Pasques (21) 135 J5
le Pasquier (39) 156 A6
Passa (66) 315 F3
le Passage (38) 207 H5
le Passage (47) 248 A4
Passais Villages (61) 81 F1
Passavant (25) 138 D6
Passavant-en-Argonne (51) 63 K1
Passavant-la-Rochère (70) 117 K3
Passavant-sur-Layon (49) 143 K2
Passel (60) 19 G6
Passenans (39) 155 H6
Passins (38) 207 G3
Passirac (16) 212 C1
Passonfontaine (25) 157 F2
Passy (71) 171 F4
Passy (74) 192 A5
Passy (89) 112 D1
Passy-en-Valois (02) 39 H5
Passy-Grigny (51) 40 B6
Passy-sur-Marne (02) 61 F1
Passy-sur-Seine (77) 88 D3
Pastricciola (2A) 320 D2
Patay (45) 109 J2
Patornay (39) 173 H3
Patrimonio (2B) 317 D5
Pau (64) 284 C4
Paucourt (45) 111 J2
Paudy (36) 148 B3
Pauilhac (32) 267 H3
Pauillac (33) 211 F3
Paule (22) 75 K3
Paulhac (15) 218 B6
Paulhac (31) 269 H4
Paulhac (43) 219 G2
Paulhac-en-Margeride (48) 237 H1
Paulhaguet (43) 219 H4
Paulhan (34) 292 C1
Paulhe (12) 253 G5
Paulhenc (15) 236 B2
Paulhiac (47) 232 B6
Pauligne (11) 308 D2
Paulin (24) 215 G6
Paulinet (81) 271 G3
Paulmy (37) 146 B4
Paulnay (36) 146 K6
Paulx (44) 141 F3
Paunat (24) 232 B1
Paussac-et-Saint-Vivien (24) 213 J1
Pauvres (08) 41 K2
Pavant (02) 60 D2
Pavezin (42) 205 J6
Pavie (32) 267 H6
le Pavillon-Sainte-Julie (10) 89 J4
les Pavillons-sous-Bois (93) 59 F3
Pavilly (76) 15 J4
Payns (10) 89 K4
Payra-sur-l'Hers (11) 289 F5
Payrac (46) 233 J4
Payré (86) 162 D6
Payrignac (46) 233 G4
Payrin-Augmontel (81) 290 B2
Payros-Cazautets (40) 265 H6
Payroux (86) 179 K2
Pays de Belvès (24) 232 D3
Payssous (31) 305 J2
Payzac (07) 255 G1
Payzac (24) 214 E1
Pazayac (24) 215 G4
Paziols (11) 309 K4
Pazy (58) 151 J1
le Péage-de-Roussillon (38) 222 A1
Péas (51) 61 H5
Peaugres (07) 222 A2
Péaule (56) 121 K1
Péault (85) 159 K3
Pébées (32) 287 K2
Pébrac (43) 219 H6
Pech (09) 307 J5
Pech-Luna (11) 289 F5
Péchabou (31) 288 C2
Pécharic-et-le-Py (11) 289 F6
Péchaudier (81) 289 G1
Pechbonnieu (31) 269 G5
Pechbusque (31) 288 B2
le Pêchereau (36) 165 G3
les Pechs du Vers (46) 233 J5
Pécorade (40) 265 H5
le Pecq (78) 58 C3
Pecquencourt (59) 11 J2
Pecqueuse (91) 58 B6
Pécy (77) 60 B6
Pédernec (22) 48 B4
Pégairolles-de-Buèges (34) 273 J4
Pégairolles-de-l'Escalette (34) 273 F4
Pégomas (06) 280 C6
le Pègue (26) 257 F2
Péguilhan (31) 286 D4
Peigney (52) 116 D4
Peillac (56) 102 A3
Peille (06) 281 H3
Peillon (06) 281 H4
Peillonnex (74) 191 H3
Peintre (39) 155 G1
les Peintures (33) 212 B5
Peipin (04) 259 F5
Peisey-Nancroix (73) 209 H4
Pel-et-Der (10) 90 D3
Pélissanne (13) 276 E6
Pellafol (38) 242 C4
Pelleautier (05) 242 E6
Pellefigue (32) 286 E2
Pellegrue (33) 230 D3

Pelleport (31) 268 C5
Pellerey (21) 135 H3
le Pellerin (44) 122 E4
la Pellerine (49) 126 C3
la Pellerine (53) 80 C4
Pellevoisin (36) 147 G4
Pelonne (26) 257 K2
Pelouse (48) 237 K6
Pelousey (25) 137 J6
Peltre (57) 45 F6
Pélussin (42) 221 K1
Pelves (62) 11 G3
Pelvoux (05) 243 J1
Penchard (77) 59 K2
Pencran (29) 46 C6
Pendé (80) 8 B4
Pénestin (56) 121 H2
Penguily (22) 77 J2
Penin (62) 10 C2
Penmarc'h (29) 98 A3
Pennautier (11) 290 A5
la Penne (06) 280 C1
Penne (81) 250 C6
Penne-d'Agenais (47) 248 D2
la Penne-sur-Huveaune (13) 296 D4
la Penne-sur-l'Ouvèze (26) 257 H4
Pennedepie (14) 33 K2
Pennes-le-Sec (26) 241 G5
les Pennes-Mirabeau (13) 296 B3
Pennesières (70) 138 A3
Penol (38) 222 E1
Pensol (87) 198 A4
Penta-Acquatella (2B) 319 H3
Penta-di-Casinca (2B) 319 J3
Penvénan (22) 48 B2
Péone (06) 261 F5
Pépieux (11) 290 E6
Pérassay (36) 166 C5
Peray (72) 83 F5
Perceneige (89) 88 E4
Percey (89) 113 J3
Percey-le-Grand (70) 136 D2
le Perchay (95) 37 F6
la Perche (18) 167 G3
Perche en Nocé (61) 83 J4
Perchède (32) 265 K4
Percy (38) 242 A2
Percy-en-Auge (14) 33 G6
Percy-en-Normandie (50) 52 B2
Perdreauville (78) 57 H2
Péré (17) 177 G3
Péré (65) 285 K6
Péreille (09) 307 K3
Perelli (2B) 319 H5
Pérenchies (59) 6 D4
Péret (34) 292 B1
Péret-Bel-Air (19) 200 C6
Péreyres (07) 239 G3
Pergain-Taillac (32) 248 A6
Peri (2A) 320 D4
le Périer (38) 242 D1
Périers (50) 30 E2
Périers-en-Auge (14) 33 G4
Périers-sur-le-Dan (14) 32 E4
Pérignac (16) 196 D6
Pérignac (17) 195 H3
Pérignat-lès-Sarliève (63) 202 D3
Pérignat-sur-Allier (63) 202 E3
Périgné (79) 178 C2
Périgneux (42) 204 D6
Périgny (03) 185 K2
Périgny (14) 53 G2
Périgny (17) 176 D2
Périgny (41) 108 C6
Périgny (94) 59 G6
Périgny-la-Rose (10) 89 G2
Périgueux (24) 213 K4
Périssac (33) 211 K5
Perles-et-Castelet (09) 307 K6
Pern (46) 249 J3
Pernand-Vergelesses (21) 153 K3
Pernant (02) 39 H3
Pernay (37) 127 G4
la Pernelle (50) 29 F2
Pernes (62) 5 J4
Pernes-lès-Boulogne (62) 4 B3
Pernes-les-Fontaines (84) 276 D1
Pernois (80) 9 K6
Pero-Casevecchie (2B) 319 J4
Pérols (34) 293 H1
Pérols-sur-Vézère (19) 200 C4
Péron (01) 190 C2
Péronnas (01) 189 F3
Péronne (71) 171 J5
Péronne (80) 19 G2
Péronne-en-Mélantois (59) 6 E5
Péronville (28) 109 G2
Pérouges (01) 189 F6
la Pérouille (36) 165 G2
Pérouse (90) 139 H1
Péroy-les-Gombries (60) 38 E5
Perpezac-le-Blanc (19) 215 F3
Perpezac-le-Noir (19) 215 G3
Perpezat (63) 202 A3
Perpignan (66) 315 G1
Perquie (40) 265 J2
Perrancey-les-Vieux-Moulins (52) 116 C4
le Perray-en-Yvelines (78) 57 K6
Perrecy-les-Forges (71) 170 C3
le Perréon (69) 187 K4
Perret (22) 76 C4
Perreuil (71) 153 H6
Perreux (42) 187 F4

le Perreux-sur-Marne (94) 59 F4
Perrex (01) 188 D2
Perrier (63) 202 E5
le Perrier (85) 140 D5
la Perrière (61) 83 G3
la Perrière (73) 209 H3
Perrières (14) 54 B2
Perriers-en-Beauficel (50) 52 D4
Perriers-la-Campagne (27) 34 E5
Perriers-sur-Andelle (27) 36 A2
Perrignier (74) 174 E6
Perrigny (39) 173 G2
Perrigny (89) 113 F5
Perrigny-lès-Dijon (21) 135 K6
Perrigny-sur-Armançon (89) 134 C1
Perrigny-sur-l'Ognon (21) 136 E5
Perrigny-sur-Loire (71) 169 J4
Perrogney-les-Fontaines (52) 116 B5
le Perron (50) 31 J4
Perros-Guirec (22) 48 A2
Perrou (61) 81 G1
Perrouse (70) 137 K5
Perroy (58) 132 C5
Perruel (27) 36 A2
Perrusse (52) 116 E1
Perrusson (37) 146 C2
Pers (79) 179 F2
Pers-en-Gâtinais (45) 111 K1
Pers-Jussy (74) 191 G3
Persac (86) 163 A6
Persan (95) 37 J6
Persquen (56) 76 B6
Pertain (80) 19 G3
Perthes (08) 41 H2
Perthes (52) 63 H6
Perthes (77) 87 G3
Perthes-lès-Brienne (10) 91 F3
Pertheville-Ners (14) 54 B3
le Perthus (66) 315 G4
le Pertre (35) 104 C2
le Pertuis (43) 220 D5
Pertuis (84) 277 H5
la Péruse (16) 180 A6
Pervenchères (61) 83 G3
Perville (82) 248 E5
Pescadoires (46) 249 G1
Peschadoires (63) 203 H1
le Pescher (19) 216 A5
Péseux (25) 139 F5
Peseux (39) 155 F4
Peslières (63) 203 G6
Pesmes (70) 137 F6
Pessac (33) 229 G2
Pessac-sur-Dordogne (33) 230 D2
Pessan (32) 267 H6
Pessans (25) 156 A3
la Pesse (39) 190 C1
Pessines (17) 195 F2
Pessoulens (32) 268 A3
Petersbach (67) 69 F5
Petit-Auverné (44) 103 K5
Petit-Bersac (24) 213 F2
le Petit-Bornand-les-Glières (74) 191 H4
Petit-Caux (76) 16 B1
le Petit-Celland (50) 52 B5
Petit-Couronne (76) 35 H2
Petit-Croix (90) 139 J1
Petit-Failly (54) 43 J2
Petit-Fayt (59) 13 F5
le Petit-Fougeray (35) 79 G6
Petit-Landau (68) 97 D2
Petit-Mars (44) 123 H2
le Petit-Mercey (39) 155 J1
Petit-Mesnil (10) 91 F4
Petit-Noir (39) 154 E4
Petit-Palais-et-Cornemps (33) 212 C6
le Petit-Pressigny (37) 146 C5
le Petit-Quevilly (76) 35 H2
Petit-Réderching (57) 69 F3
Petit-Tenquin (57) 68 B4
Petit-Verly (02) 20 C1
la Petite-Boissière (79) 143 F5
Petite-Chaux (25) 174 B2
la Petite-Fosse (88) 95 J4
la Petite-Marche (03) 183 K3
la Petite-Pierre (67) 69 F5
la Petite-Raon (88) 95 J3
Petite-Rosselle (57) 68 B1
la Petite-Verrière (71) 152 D3
Petitefontaine (90) 119 J5
les Petites-Armoises (08) 42 C1
les Petites-Loges (51) 41 G6
Petitmagny (90) 119 H6
Petitmont (54) 95 H1
Petiville (14) 33 F4
Petiville (76) 34 D1
Petosse (85) 160 C4
Petreto-Bicchisano (2A) 322 E1
Pettoncourt (57) 66 C4
Pettonville (54) 95 F1
Peujard (33) 211 J5
Peumerit (29) 98 B2
Peumerit-Quintin (22) 76 B2
Peuplingues (62) 2 C2
Peuton (53) 104 E4
Peuvillers (55) 43 H3
Peux-et-Couffouleux (12) 272 B4
Pévange (57) 66 E2
Pévy (51) 40 D4
Pexiora (11) 289 H5
Pexonne (54) 95 G2

Pey (40) 262 D5
Peymeinade (06) 280 C5
Peynier (13) 297 F2
Peypin (13) 296 E3
Peypin-d'Aigues (84) 277 J4
Peyrabout (23) 182 D3
le Peyrat (09) 308 B3
Peyrat-de-Bellac (87) 180 E3
Peyrat-la-Nonière (23) 183 G4
Peyrat-le-Château (87) 200 A2
la Peyratte (79) 162 A2
Peyraube (65) 285 J5
Peyraud (07) 222 A2
Peyre (40) 265 F6
Peyrecave (32) 267 K1
Peyrefitte-du-Razès (11) 308 C2
Peyrefitte-sur-l'Hers (11) 289 F5
Peyregoux (81) 270 D5
Peyrehorade (40) 262 E6
Peyreleau (12) 253 H5
Peyrelevade (19) 200 C3
Peyrelongue-Abos (64) 285 F2
Peyremale (30) 255 F3
Peyrens (11) 289 G4
Peyrestortes (66) 310 A6
Peyret-Saint-André (65) 286 C4
Peyriac-de-Mer (11) 310 B1
Peyriac-Minervois (11) 290 D5
Peyriat (01) 189 J3
Peyrière (47) 231 G5
Peyrieu (01) 207 J3
Peyrignac (24) 214 E4
Peyriguère (65) 285 K5
Peyrilhac (87) 181 F5
Peyrillac-et-Millac (24) 233 H2
Peyrilles (46) 233 H5
Peyrins (26) 222 D5
Peyrissac (19) 199 K5
Peyrissas (31) 287 G4
Peyrole (81) 270 A4
Peyrolles (11) 309 F3
Peyrolles (30) 254 D6
Peyrolles-en-Provence (13) 277 J6
Peyroules (04) 279 K3
Peyrouse (65) 303 K1
Peyrouzet (31) 287 F5
Peyruis (04) 259 F6
Peyrun (65) 285 J4
Peyrus (26) 240 E1
Peyrusse (15) 218 D4
Peyrusse-Grande (32) 266 D6
Peyrusse-le-Roc (12) 251 G1
Peyrusse-Massas (32) 267 G4
Peyrusse-Vieille (32) 266 D6
Peyssies (31) 287 J4
Peyzac-le-Moustier (24) 214 D6
Peyzieux-sur-Saône (01) 188 C3
Pézarches (77) 60 A5
Pezé-le-Robert (72) 82 B6
Pézenas (34) 292 C3
Pézènes-les-Mines (34) 292 A1
Pezens (11) 290 A5
Pézilla-de-Conflent (66) 309 G6
Pézilla-la-Rivière (66) 315 F1
Pezou (41) 108 C4
Pezuls (24) 232 B1
Pfaffenheim (68) 96 B5
Pfalzweyer (67) 69 F6
Pfastatt (68) 97 B2
Pfetterhouse (68) 97 A5
Pfulgriesheim (67) 70 E2
Phaffans (90) 119 J6
Phalempin (59) 6 D6
Phalsbourg (57) 70 A1
Philippsbourg (57) 69 J4
Philondenx (40) 265 G6
Phlin (54) 66 B2
Pia (66) 310 B6
Piacé (72) 82 D5
le Pian-Médoc (33) 211 F6
le Pian-sur-Garonne (33) 230 A3
Piana (2A) 316 D4
Pianello (2B) 319 H5
Piano (2B) 319 H3
Pianottoli-Caldarello (2A) 323 F4
les Piards (39) 173 J4
la Piarre (05) 258 C1
Piazzali (2B) 319 J5
Piazzole (2B) 319 H4
Piblange (57) 45 H4
Pibrac (31) 268 E6
Picarreau (39) 173 H1
Picauville (50) 28 E5
Pichanges (21) 136 B4
Picherande (63) 202 A6
Picquigny (80) 17 K1
Pie-d'Orezza (2B) 319 H4
Pied-de-Borne (48) 255 F1
Piedicorte-di-Gaggio (2B) 319 H4
Piedicroce (2B) 319 H4
Piedigriggio (2B) 319 H4
Piedipartino (2B) 319 H5
Piégon (26) 257 G3
Piégros-la-Clastre (26) 240 E4
Piégut (04) 259 G1
Piégut-Pluviers (24) 197 K4
Piencourt (27) 34 B5
Piennes (54) 44 B3
Piennes-Onvillers (80) 18 E5
Pierlas (06) 261 G6
la Pierre (38) 224 C2
Pierre-Bénite (69) 206 A3
Pierre-Châtel (38) 224 A6

Pierre-de-Bresse (71) 154 E5
Pierre-la-Treiche (54) 65 H6
Pierre-Levée (77) 60 B3
Pierre-Morains (51) 62 A4
Pierre-Percée (54) 95 H2
Pierre-Perthuis (89) 133 H4
Pierreclos (71) 188 A3
Pierrecourt (70) 137 F1
Pierrecourt (76) 17 F2
Pierrefeu (06) 280 E2
Pierrefeu-du-Var (83) 300 E3
Pierrefiche (12) 252 E2
Pierrefiche (48) 238 A4
Pierrefiques (76) 14 B4
Pierrefitte (19) 215 K1
Pierrefitte (23) 183 G3
Pierrefitte (79) 144 A5
Pierrefitte (88) 94 A6
Pierrefitte-en-Auge (14) 33 K4
Pierrefitte-en-Beauvaisis (60) 37 G2
Pierrefitte-en-Cinglais (14) 53 J2
Pierrefitte-ès-Bois (45) 131 H3
Pierrefitte-Nestalas (65) 304 A2
Pierrefitte-sur-Aire (55) 64 C3
Pierrefitte-sur-Loire (03) 169 J4
Pierrefitte-sur-Sauldre (41) 130 C3
Pierrefitte-sur-Seine (93) 58 E2
Pierrefonds (60) 39 F3
Pierrefontaine-lès-Blamont (25) 139 H4
Pierrefontaine-les-Varans (25) 138 E6
Pierrefort (15) 236 B1
Pierregot (80) 18 B1
Pierrelatte (26) 256 C2
Pierrelaye (95) 58 C1
Pierrelongue (26) 257 H4
Pierremande (02) 19 K6
Pierremont (02) 10 A1
Pierremont-sur-Amance (52) 117 F5
Pierrepont (02) 20 E5
Pierrepont (14) 53 K3
Pierrepont (54) 44 A2
Pierrepont-sur-Avre (80) 18 D4
Pierrepont-sur-l'Arentèle (88) 95 F5
Pierrerue (04) 278 D2
Pierrerue (34) 291 H3
Pierres (28) 85 G1
Pierreval (76) 16 B6
Pierrevert (04) 278 A3
Pierreville (50) 28 B4
Pierreville (54) 93 K1
Pierrevillers (57) 44 E4
Pierric (44) 103 F4
Pierry (51) 61 K2
Pietra-di-Verde (2B) 319 J5
Pietracorbara (2B) 317 D3
Pietralba (2B) 319 F2
Pietraserena (2B) 319 H6
Pietricaggio (2B) 319 H5
Pietrosella (2A) 320 C6
Pietroso (2B) 321 G2
Piets-Plasence-Moustrou (64) 284 B1
Pieusse (11) 308 C2
les Pieux (50) 28 B4
Piève (2B) 319 G2
Piffonds (89) 112 C2
Pigna (2B) 318 C2
Pignan (34) 293 F1
Pignans (83) 298 B4
Pignicourt (02) 41 F2
Pignols (63) 203 F4
Pigny (18) 149 G2
Pihem (62) 5 G4
Pihen-lès-Guînes (62) 2 C4
Pila-Canale (2A) 320 D6
Pillac (16) 212 E2
Pillemoine (39) 173 K2
les Pilles (26) 257 H2
Pillon (55) 43 K2
Pimbo (40) 265 H6
Pimelles (89) 114 B5
Pimorin (39) 173 F4
Pimprez (60) 39 F1
le Pin (03) 169 K6
le Pin (14) 34 A4
le Pin (17) 211 K2
le Pin (30) 256 B6
le Pin (38) 207 H6
le Pin (39) 173 F2
le Pin (44) 124 A1
Pin (70) 137 J5
le Pin (77) 59 G3
le Pin (79) 143 G5
le Pin (82) 268 B1
le Pin-au-Haras (61) 54 D5
Pin-Balma (31) 269 G6
le Pin-la-Garenne (61) 83 H3
le Pin-Murelet (31) 287 H3
Pinas (65) 305 F1
Pinay (42) 204 D3
Pincé (72) 105 J5
Pindères (47) 246 E3
Pindray (86) 163 K4
les Pineaux (85) 159 K2
Pinel-Hauterive (47) 248 A1
Pinet (34) 292 D3
Pineuilh (33) 231 F2
Piney (10) 90 D4
Pino (2B) 317 C2
Pinols (43) 219 G5
Pinon (02) 39 K1
les Pins (16) 197 G1
Pins-Justaret (31) 288 B2

Pinsac (46).................................233 J2
Pinsaguel (31)..........................288 B2
Pinsot (38)................................224 D1
Pintac (65)...............................285 G4
Pinterville (27)...........................35 J5
Pintheville (55)...........................44 K4
les Pinthières (28).......................57 H5
Piobetta (2B)............................319 H5
Pioggiola (2B)...........................318 D3
Piolenc (84)..............................256 D5
Pionnat (23).............................182 E3
Pionsat (63).............................184 B4
Pioussay (79)...........................178 E4
Pipriac (35)...............................102 D2
Piquecos (82)............................249 H6
Pirajoux (01).............................172 D6
Piré-sur-Seiche (35).....................79 J5
Pirey (25).................................137 K6
Piriac-sur-Mer (44)....................121 H3
Pirmil (72)................................106 B3
Pirou (50)...................................30 D2
Pis (32)....................................267 J4
Pisany (17)...............................194 E2
Piscop (95)................................58 E2
Piseux (27).................................56 B4
Pisieu (38)................................222 D1
Pisseleu (60)...............................37 G1
Pisseloup (52)...........................117 G5
la Pisseure (70).........................118 B4
Pissos (40)...............................245 G3
Pissotte (85).............................160 D4
Pissy (80)....................................17 K2
Pissy-Pôville (76).........................35 G1
Pisy (89)...................................134 B3
Pitgam (59)....................................3 H3
Pithiviers (45)............................110 D1
Pithiviers-le-Vieil (45)................110 D1
Pithon (02)..................................19 J4
Pîtres (27)..................................35 J3
Pittefaux (62)................................4 B3
Pizay (01).................................188 E6
Pizieux (72)................................83 F4
le Pizou (24).............................212 D5
le Pla (09)................................313 J1
Plabennec (29)............................46 A5
Placé (53)...................................80 E5
les Places (27)............................34 B5
Placey (25)...............................137 H6
Plachy-Buyon (80)........................18 A3
Placy (14)...................................53 J2
Placy-Montaigu (50)......................31 J4
le Plagnal (07)...........................238 D4
Plagne (01)...............................190 B2
Plagne (31)...............................287 H6
la Plagne Tarentaise (73).............209 A4
Plagnole (31)............................287 H3
Plaigne (11)..............................289 F6
Plailly (60)..................................38 B6
Plaimbois-du-Miroir (25).............157 H1
Plaimbois-Vennes (25)................157 G1
Plaimpied-Givaudins (18)...........149 G4
la Plaine (49)............................143 G2
Plaine (67)..................................95 K2
Plaine-de-Walsch (57)..................67 K5
Plaine-Haute (22)........................77 F1
la Plaine-sur-Mer (44).................122 A4
Plainemont (70).........................118 B4
Plaines-Saint-Lange (10)............114 D3
Plainfaing (88)...........................95 J6
Plainoiseau (39)........................173 F1
les Plains-et-
  -Grands-Essarts (25)...............139 H5
Plaintel (22)................................77 F1
Plainval (60)...............................38 A1
Plainville (27).............................34 C6
Plainville (60).............................18 C6
Plaisance (12)...........................271 H2
Plaisance (24)...........................231 J4
Plaisance (32)...........................266 B6
Plaisance (86)...........................163 K6
Plaisance-du-Touch (31)............287 K1
Plaisia (39)...............................173 G4
Plaisians (26)............................257 J4
Plaisir (78)...................................58 A4
Plaissan (34).............................292 D1
le Plan (31)................................287 J6
Plan (38)...................................223 G2
Plan-d'Aups-
  -Sainte-Baume (83)................297 F4
Plan-de-Baix (26).......................241 F2
Plan-de-Cuques (13)..................296 D4
le Plan-de-la-Tour (83)...............298 E3
Plan-d'Orgon (13)......................276 C4
Planaise (73)............................208 D5
Planay (21)...............................114 D6
Planay (73)...............................209 K6
la Planche (44)..........................141 K3
Plancher-Bas (70)......................119 G6
Plancher-les-Mines (70).............119 G5
Plancherine (73)........................209 F3
Planches (61)..............................55 F5
les Planches-en-Montagne (39)..174 H4
les Planches-près-Arbois (39)....155 K5
Planchez (58)............................152 C2
Plancoët (22)...............................50 B4
Plancy-l'Abbaye (10)...................89 K1
la Planée (25)............................156 E5
Planès (66)................................313 J4
Planèzes (66)............................309 J5
Planfoy (42)..............................221 H1
Planguenoual (22).......................49 H6
Planioles (46)............................234 D5
le Planois (71)...........................154 E6
le Planquay (27)..........................34 B6

Planquery (14).............................31 K3
Planques (62).................................5 F6
Planrupt (52)...............................91 H2
les Plans (30)............................255 H5
les Plans (34)............................272 E5
le Plantay (01)...........................188 E4
les Plantiers (30)........................254 C6
le Plantis (61).............................83 F1
Planty (10)...................................89 G5
Planzolles (07)...........................255 G1
Plappeville (57)...........................44 E5
Plasne (39)...............................155 J6
Plasnes (27)................................34 D5
Plassac (17)..............................195 G5
Plassac (33)..............................211 G4
Plassac-Rouffiac (16).................196 D5
Plassay (17)..............................195 F1
Plats (07)..................................222 A6
Plaudren (56)............................101 H5
Plauzat (63)..............................202 D4
Plavilla (11)..............................289 G6
Plazac (24)...............................214 D5
Pleaux (15)...............................216 E4
Pléboulle (22).............................50 A3
Pléchâtel (35)............................103 F1
Plédéliac (22)..............................77 K1
Plédran (22)...............................77 G1
Pléguien (22)..............................48 E4
Pléhédel (22)..............................48 E3
Pleine-Fougères (35)...................51 H4
Pleine-Selve (02).........................20 C3
Pleine-Selve (33)......................211 G1
Pleine-Sève (76)..........................15 G3
Plélan-le-Grand (35)....................78 C5
Plélan-le-Petit (22).......................50 B5
Plélauff (22)................................76 B4
Plélo (22)....................................48 E5
Plémy (22)..................................77 G2
Plénée-Jugon (22).......................77 K2
Pléneuf-Val-André (22)................49 J5
Plénise (39)..............................156 B6
Plénisette (39)..........................156 B6
Plerguer (35)..............................50 E4
Plérin (22)...................................49 G6
Plerneuf (22)..............................49 F6
Plescop (56)..............................100 E5
Plesder (22).................................50 E6
Plésidy (22).................................76 C1
Pleslin-Trigavou (22)...................50 C4
Plesnois (57)..............................44 E5
Plesnoy (52)..............................116 E4
Plessé (44)................................102 D5
le Plessier-Huleu (02)..................39 J5
le Plessier-Rozainvillers (80).......18 D4
le Plessier-sur-Bulles (60)...........37 K1
le Plessier-sur-Saint-Just (60)......38 A1
le Plessis-aux-Bois (77)...............59 J2
Plessis-Barbuise (10)...................89 G1
le Plessis-Belleville (60)...............59 J1
le Plessis-Bouchard (95)..............58 D2
le Plessis-Brion (60)....................38 E2
Plessis-de-Roye (60)...................19 F6
le Plessis-Dorin (41)..................108 A2
le Plessis-Feu-Aussoux (77)........60 A5
le Plessis-Gassot (95)..................59 F1
le Plessis-Grammoire (49)..........125 H3
le Plessis-Grimoult (14)................53 G2
le Plessis-Grohan (27).................56 D2
le Plessis-Hébert (27)..................57 F2
le Plessis-Lastelle (50).................30 E1
le Plessis-l'Échelle (41)..............109 F5
le Plessis-l'Évêque (77)................59 J2
le Plessis-Luzarches (95).............38 A6
le Plessis-Pâté (91).....................86 E1
le Plessis-Patte-d'Oie (60)...........19 H5
le Plessis-Placy (77)....................60 A1
le Plessis-Robinson (92)..............58 D4
Plessis-Saint-Benoist (91)............86 B3
Plessis-Saint-Jean (89)................88 D4
le Plessis-Sainte-
  -Opportune (27)........................56 A1
le Plessis-Trévise (94).................59 G4
Plessix-Balisson (22)...................50 C4
Plestan (22)................................77 J1
Plestin-les-Grèves (22)................47 J3
Pleubian (22)...............................48 D1
Pleucadeuc (56).........................101 J4
Pleudaniel (22)...........................48 C2
Pleudihen-sur-Rance (22)............50 D5
Pleugriffet (56)...........................101 G1
Pleugueneuc (35)........................50 E6
Pleumartin (86)..........................163 J1
Pleumeleuc (35)..........................78 D3
Pleumeur-Bodou (22)..................47 K2
Pleumeur-Gautier (22).................48 C2
Pleure (39)................................155 G5
Pleurs (51)...................................61 J6
Pleurtuit (35)...............................50 C4
Pleuven (29).................................98 D2
Pleuvezain (88)............................93 J3
Pleuville (16).............................179 K4
Pléven (22)..................................50 A5
Plévenon (22)..............................50 A3
Plévin (22)...................................75 J3
Pleyben (29)................................74 E3
Pleyber-Christ (29)......................47 F5
Pliboux (79)...............................179 F2
Plichancourt (51).........................63 G5
Plieux (32)................................267 J2
Plivot (51)....................................62 A1
Plobannalec-Lesconil (29)............98 B3
Plobsheim (67)............................71 D2
Ploemel (56)..............................100 C5
Ploemeur (56).............................99 J5

Ploërdut (56)...............................76 A5
Ploeren (56)..............................100 E5
Ploërmel (56)............................101 J2
Plœuc-l'Hermitage (22)................77 G2
Ploéven (29)................................74 C4
Ploëzal (22).................................48 C3
Plogastel-Saint-Germain (29).......74 B6
Plogoff (29).................................73 B2
Plogonnec (29)............................74 C5
Ploisy (02)...................................39 J3
Plombières-les-Bains (88)..........118 D3
Plombières-lès-Dijon (21)..........135 K5
Plomelin (29)...............................98 C2
Plomeur (29)................................98 B3
Plomion (02).................................21 G3
Plomodiern (29)...........................74 C3
Plonéis (29).................................74 C5
Plonéour-Lanvern (29).................98 B2
Plonévez-du-Faou (29).................75 F3
Plonévez-Porzay (29)...................74 C4
Plorec-sur-Arguenon (22)............50 A5
Plottes (71)................................171 K4
Plou (18)...................................148 D4
Plouagat (22)...............................48 E5
Plouaret (22)...............................48 A4
Plouarzel (29)..............................72 B3
Plouasne (22)..............................78 D1
Plouay (56)................................100 A1
Ploubalay (22).............................50 C4
Ploubazlanec (22).......................48 C2
Ploubezre (22).............................47 K3
Ploudalmézeau (29).....................72 C2
Ploudaniel (29)............................46 B4
Ploudiry (29)................................46 B5
Plouëc-du-Trieux (22)..................48 C4
Plouédern (29).............................46 C5
Plouégat-Guérand (29)................47 H4
Plouégat-Moysan (29).................47 J5
Plouénan (29)..............................46 E4
Plouër-sur-Rance (22)..................50 D4
Plouescat (29).............................46 D3
Plouézec (22)..............................48 E3
Plouezoc'h (29)...........................47 G4
Ploufragan (22)............................49 F6
Plougar (29).................................46 D4
Plougasnou (29)..........................47 G3
Plougastel-Daoulas (29)..............74 B1
Plougonvelin (29).........................72 B4
Plougonven (29)...........................47 H5
Plougonver (22)............................48 A6
Plougoulm (29).............................46 E3
Plougoumelen (56).....................100 D5
Plougourvest (29)........................46 D4
Plougras (22)................................47 J5
Plougrescant (22)........................48 C1
Plouguenast (22).........................77 G3
Plouguerneau (29).......................72 E1
Plouguernével (22).......................76 B3
Plouguiel (22)..............................48 C2
Plouguin (29)...............................72 D2
Plouha (22)..................................48 E4
Plouharnel (56)..........................100 C6
Plouhinec (29).............................73 D3
Plouhinec (56)...........................100 A4
Plouider (29)................................46 C4
Plouigneau (29)...........................47 H5
Plouisy (22).................................48 C5
Ploulec'h (22)..............................47 K3
Ploumagoar (22)..........................48 C5
Ploumilliau (22)...........................47 K3
Ploumoguer (29)..........................72 B4
Plounéour-Ménez (29)................47 F6
Plounéour-Trez (29).....................46 B3
Plounérin (22)..............................47 J5
Plounéventer (29)........................46 C5
Plounévez-Lochrist (29)...............46 C4
Plounévez-Moëdec (22)...............47 K5
Plounévez-Quintin (22)................76 B3
Plounévézel (22)..........................75 J2
Plourac'h (22)..............................75 J1
Plouray (56).................................75 K4
Plourhan (22)...............................49 F4
Plourin (22)..................................72 C2
Plourin-lès-Morlaix (29)...............47 G5
Plourivo (22)................................48 D3
Plouvain (62)...............................11 G3
Plouvara (22)...............................48 E6
Plouvien (29)................................46 A4
Plouvorn (29)...............................46 E4
Plouyé (29)..................................75 G2
Plouzané (29)...............................72 C4
Plouzélambre (22)........................47 J4
Plouzévédé (29)...........................46 D4
Plovan (29)..................................98 A2
Ployart-et-Vaurseine (02)............40 C1
le Ployron (60)............................18 D6
Plozévet (29)...............................73 D3
Pludual (22).................................48 E4
Pluduno (22)................................50 B4
Plufur (22)...................................47 J4
Pluguffan (29).............................74 C6
Pluherlin (56).............................101 K5
Plumaudan (22)...........................50 C6
Plumaugat (22)............................78 B2
Pluméliau (56)...........................100 D1
Plumelec (56)............................101 G3
Plumelin (56).............................100 D1
Plumergat (56)...........................100 D4
Plumetot (14)...............................32 E3
Plumieux (22)...............................77 H5
Plumont (39)..............................155 J2
Plumelec (56).............................101 K5
Pluneret (56).............................100 D5
Plurien (22)..................................49 K5
Plusquellec (22)...........................75 K1

Plussulien (22).............................76 D3
Pluvault (21)..............................154 D1
Pluvet (21).................................154 E1
Pluvigner (56)............................100 D3
Pluzunet (22)...............................48 A4
Pocancy (51)................................62 B2
Pocé-les-Bois (35).......................80 A6
Pocé-sur-Cisse (37)...................128 B4
Podensac (33)............................229 K4
le Poët (05)................................258 E3
le Poët-Célard (26).....................240 E5
le Poët-en-Percip (26)................257 K4
le Poët-Laval (26).......................240 D6
le Poët-Sigillat (26)....................257 J2
Pœuilly (80)..................................19 J2
Poey-de-Lescar (64)...................284 B3
Poey-d'Oloron (64)....................283 K4
Pœzat (03).................................185 G4
Poggio-di-Nazza (2B).................321 H3
Poggio-di-Venaco (2B)...............319 F6
Poggio-d'Oletta (2B)..................317 D5
Poggio-Marinaccio (2B)..............319 H4
Poggio-Mezzana (2B).................319 J4
Poggiolo (2A)............................320 D2
Pogny (51)...................................62 E3
Poids-de-Fiole (39)....................173 G3
Poigny (77)..................................88 D2
Poigny-la-Forêt (78)....................57 J6
Poil (58)....................................152 C6
Poilcourt-Sydney (08)..................41 F2
Poilhes (34)...............................291 J4
Poillé-sur-Vègre (72).................105 K3
Poilley (35)..................................80 A2
Poilley (50)..................................51 K4
Poilly (51)....................................40 D5
Poilly-lez-Gien (45)....................131 G1
Poilly-sur-Serein (89).................113 J6
Poilly-sur-Tholon (89)................112 E5
Poinçon-lès-Larrey (21).............114 E4
le Poinçonnet (36).....................165 J1
Poincy (77)..................................59 K2
Poinsenot (52)...........................115 K6
Poinson-lès-Fayl (52).................117 F6
Poinson-lès-Grancey (52)..........115 K6
Poinson-lès-Nogent (52)............116 D3
Pointel (61)..................................53 J5
Pointis-de-Rivière (31)...............305 H1
Pointis-Inard (31)......................305 K1
Pointre (39)................................155 G1
Pointvillers (25)..........................156 A3
Poinville (28)...............................86 A6
le Poiré-de-Velluire (85)............160 C5
le Poiré-sur-Vie (85)..................141 J6
Poiroux (85)..............................159 G3
Poisat (38).................................224 A4
Poiseul (52)...............................116 E4
Poiseul-la-Grange (21)...............135 H2
Poiseul-la-Ville-
  -et-Laperrière (21)...................135 G2
Poiseul-lès-Saulx (21)................135 K2
Poiseux (58)...............................150 E2
Poisieux (18)..............................148 D4
le Poislay (41)............................108 C2
Poisson (71)...............................170 C6
Poissons (52)...............................92 B3
Poissy (78)...................................58 B3
Poisvilliers (28)............................85 G2
Poisy (74)...................................190 E5
Poitiers (86)...............................162 E3
Poivres (10)..................................62 C6
Poix (51)......................................63 F2
Poix-de-Picardie (80)...................17 H3
Poix-du-Nord (59)........................12 E4
Poix-Terron (08)...........................22 C5
le Poizat-Lalleyriat (01)..............190 A3
Polaincourt-et-
  -Clairefontaine (70)..................117 K4
Polastron (31)............................287 G4
Polastron (32)............................287 F1
Poleymieux-au-Mont-d'Or (69)...205 K1
Poliénas (38).............................223 H3
Polignac (17)..............................211 K2
Polignac (43)..............................220 B5
Poligné (35)................................103 F1
Poligny (05)...............................242 E4
Poligny (10)..................................90 D2
Poligny (39)...............................155 J6
Poligny (77)..................................87 J6
Polisot (10)................................114 D2
Polisy (10)..................................114 D2
Pollestres (66)...........................315 G2
Polliat (01).................................188 C2
Pollieu (01)................................207 K1
Pollionnay (69)...........................205 J2
Polminhac (15)...........................235 J1
Polveroso (2B)...........................319 H4
Pomacle (51)................................41 G3
la Pomarède (11).......................289 G3
Pomarède (46)...........................232 E6
Pomarez (40)..............................264 C5
Pomas (11).................................308 E1
Pomayrols (12)...........................253 F1
Pomerol (33)..............................230 B1
Pomérols (34)............................292 C3
Pomeys (69)...............................205 G4
Pommard (21)............................153 K4
Pommera (80)................................10 B4
la Pommeraye (14).......................53 J2
Pommeret (22)..............................77 H1
Pommereuil (59)...........................12 D5
Pommereux (76)...........................16 E6
Pommeréval (76)..........................16 B4
Pommerit (53).............................104 D4
Pommérieux (57)..........................66 A1

Pommerit-Jaudy (22)....................48 C3
Pommerit-le-Vicomte (22)...........48 D4
Pommerol (26)...........................258 A1
Pommeuse (77)............................60 A4
Pommevic (82)...........................248 E6
Pommier (62)................................10 D4
Pommier-de-Beaurepaire (38)....222 D1
Pommiers (02).............................39 H3
Pommiers (30)...........................273 J2
Pommiers (36)...........................165 H4
Pommiers (42)...........................204 C1
Pommiers (69)...........................188 A5
Pommiers-la-Placette (38)..........223 K2
Pommiers-Moulons (17).............211 K1
Pomoy (70).................................138 C1
Pompaire (79)............................161 K3
Pompéjac (33)............................246 B2
Pompertuzat (31).......................288 C2
Pompey (54)................................65 K4
Pompiac (32).............................287 H2
le Pompidou (48)........................254 B5
Pompierre (88).............................93 F5
Pompierre-sur-Doubs (25)..........138 E4
Pompiey (47)..............................247 G4
Pompignac (33)..........................229 J2
Pompignan (30).........................274 B3
Pompignan (82)..........................268 E4
Pompogne (47)...........................247 F3
Pomponne (77)............................59 H3
Pomport (24)..............................231 H3
Pomps (64).................................284 B1
Pomy (11)..................................308 C2
Poncé-sur-le-Loir (72)................107 J6
Poncey-lès-Athée (21)...............136 D6
Poncey-sur-l'Ignon (21).............135 H3
le Ponchel (62)...............................9 J3
Ponches-Estruval (80)....................9 G2
Ponchon (60)................................37 H3
Poncin (01)................................189 H4
Poncins (42)...............................204 D3
Pondaurat (33)...........................230 C6
le Pondy (18).............................167 H1
Ponet-et-Saint-Auban (26).........241 F3
Ponlat-Taillebourg (31)..............305 H1
Pons (17)...................................195 G4
Ponsampère (32)........................286 A2
Ponson-Debat-Pouts (64)...........285 G4
Ponson-Dessus (64)..................285 G4
Ponsonnas (38)..........................242 B1
Pont (21)...................................154 E1
Pont-à-Marcq (59)..........................6 E6
Pont-à-Mousson (54)...................65 J2
Pont-à-Vendin (62)..........................6 C6
Pont-Arcy (02)..............................40 B3
Pont-Audemer (27).......................34 C3
Pont-Authou (27)..........................34 E4
Pont-Aven (29).............................99 G3
Pont-Bellanger (14)......................52 D2
le Pont-Chrétien-Chabenet (36)..165 F3
Pont-Croix (29).............................73 D3
Pont-d'Ain (01)...........................189 G4
Pont-de-Barret (26)....................240 D5
le Pont-de-Beauvoisin (38).........207 J5
le Pont-de-Beauvoisin (73).........207 J5
Pont-de-Buis-
  -lès-Quimerc'h (29).....................74 D2
Pont-de-Chéruy (38)..................206 D2
le Pont-de-Claix (38).................223 K4
Pont-de-Labeaume (07).............239 G4
Pont-de-l'Arche (27)....................35 J4
Pont-de-Larn (81).......................290 B2
Pont-de-l'Isère (26)....................222 B6
Pont-de-Metz (80)........................18 A2
Pont de Montvert-
  -Sud Mont Lozère (48).............254 C3
Pont-de-Poitte (39)....................173 H3
Pont-de-Roide-
  -Vermondans (25)....................139 G4
Pont-de-Ruan (37).....................127 H6
Pont-de-Salars (12)...................252 C4
Pont-de-Vaux (01)......................172 A5
Pont-de-Veyle (01).....................188 C2
Pont-d'Héry (39)........................156 A5
Pont-d'Ouilly (14)........................53 J3
Pont-du-Bois (70).......................118 A3
Pont-du-Casse (47)...................248 B4
Pont-du-Château (63).................202 E2
Pont-du-Navoy (39)...................173 H1
Pont-en-Royans (38)..................223 G5
Pont-et-Massène (21).................134 C4
Pont-Évêque (38).......................206 B5
Pont-Farcy (14)............................52 C2
Pont-Hébert (50)..........................31 G2
Pont-la-Ville (52)........................115 J2
Pont-l'Abbé (29)...........................98 B3
Pont-l'Abbé-d'Arnoult (17).........177 F6
Pont-lès-Bonfays (88)..................94 A6
Pont-les-Moulins (25)................138 D5
Pont-l'Évêque (14).......................33 K3
Pont-l'Évêque (60)........................19 H6
Pont-Melvez (22)..........................48 B6
Pont-Noyelles (80).......................18 C1
Pont-Péan (35)............................79 F5
Pont-Remy (80)..............................9 G6
Pont-Saint-Esprit (30)................256 C4
Pont-Saint-Mard (02)...................39 J1
Pont-Saint-Martin (44)...............123 G5
Pont-Saint-Pierre (27)..................35 K3
Pont-Saint-Vincent (54)...............65 K6
Pont-Sainte-Marie (10)................90 B5
Pont-Sainte-Maxence (60)...........38 B4
Pont-Salomon (43).....................221 F2

Pont-Scorff (56) 99 K4
Pont-sur-l'Ognon (70) 138 D3
Pont-sur-Madon (88) 94 A3
Pont-sur-Meuse (55) 64 E4
Pont-sur-Sambre (59) 13 G4
Pont-sur-Seine (10) 89 G2
Pont-sur-Vanne (89) 88 E6
Pont-sur-Yonne (89) 88 G5
Pontacq (64) 285 F5
Pontailler-sur-Saône (21) 136 D6
Pontaix (26) 241 G3
Pontamafrey-Montpascal (73) 225 G2
Pontarion (23) 182 C5
Pontarlier (25) 156 E5
Pontarmé (60) 38 B6
Pontaubault (50) 51 K3
Pontaubert (89) 133 J3
Pontault-Combault (77) 59 G4
Pontaumur (63) 201 J1
Pontavert (02) 40 D2
Pontcarré (77) 59 H4
Pontcey (70) 137 K1
Pontchardon (61) 54 E2
Pontcharra (38) 208 C6
Pontcharra-sur-Turdine (69) 205 G1
Pontcharraud (23) 201 F1
Pontchâteau (44) 122 B1
Pontcirq (46) 233 F6
Pontécoulant (14) 53 G3
Ponteilla (66) 315 F2
Ponteils-et-Brésis (30) 255 F2
Pontenx-les-Forges (40) 244 D3
le Pontet (73) 208 E5
le Pontet (84) 276 B2
les Pontets (25) 174 B1
Pontevès (83) 297 J1
Ponteyraud (24) 213 F3
Pontfaverger-Moronvilliers (51) 41 H4
Pontgibaud (63) 202 A1
Pontgouin (28) 84 D2
Ponthévrard (78) 86 A2
Ponthion (51) 63 G5
Ponthoile (80) 9 F4
le Ponthou (29) 47 H5
Pontiacq-Viellepinte (64) 285 G3
Pontigny (89) 113 H4
Pontis (04) 243 H6
Pontivy (56) 76 D5
Pontlevoy (41) 128 D5
Pontmain (53) 80 C2
Pontoise (95) 58 C1
Pontoise-lès-Noyon (60) 19 H6
Pontonx-sur-l'Adour (40) 264 B3
Pontorson (50) 51 H4
Pontours (24) 232 A2
Pontoux (71) 154 C5
Pontoy (57) 66 B1
Pontpierre (57) 45 K6
Pontpoint (60) 38 C4
Pontrieux (22) 48 C3
Pontru (02) 19 K2
Pontruet (02) 19 K2
Ponts (50) 51 K3
les Ponts-de-Cé (49) 125 G4
Ponts-et-Marais (76) 8 C6
Pontvallain (72) 106 D6
Popian (34) 273 H6
Popolasca (2B) 319 F4
Porcaro (56) 78 B6
Porcelette (57) 45 K5
Porchères (33) 212 C5
la Porcherie (87) 199 H4
Porcheux (60) 37 F3
Porcheville (78) 57 J2
Porcieu-Amblagnieu (38) 207 G1
Pordic (22) 49 F5
le Porge (33) 228 C1
Pornic (44) 122 B5
Pornichet (44) 121 G4
Porquéricourt (60) 19 G6
Porri (2B) 319 G3
Porspoder (29) 72 B2
Port (01) 189 K3
le Port (09) 307 F4
Port-Brillet (53) 80 C6
Port-de-Bouc (13) 295 K6
Port-de-Lanne (40) 262 D6
Port-de-Piles (86) 145 J4
Port-d'Envaux (17) 177 H6
Port-des-Barques (17) 176 D5
Port-en-Bessin-Huppain (14) 32 A2
Port-Jérôme-sur-Seine (76) 34 D1
Port-la-Nouvelle (11) 310 C2
Port-Launay (29) 74 D4
Port-le-Grand (80) 9 F4
Port-Lesney (39) 155 K3
Port-Louis (56) 99 K5
le Port-Marly (78) 58 C4
Port-Mort (27) 36 A5
Port-Saint-Louis-du-Rhône (13) 295 G5
Port-Saint-Père (44) 122 E5
Port-Sainte-Foy-
et-Ponchapt (24) 231 F2
Port-Sainte-Marie (47) 247 J4
Port-sur-Saône (70) 117 K6
Port-sur-Seille (54) 66 A4
Port-Vendres (66) 315 J4
Port-Villez (78) 57 G1
la Porta (2B) 319 H4
Porta (66) 313 F3
Portbail (50) 28 C6
la Porte du Der (52) 91 H2
Porte du Ried (68) 96 C3
Porte-Joie (27) 35 K4

Porté-Puymorens (66) 313 F3
le Portel (62) 4 A3
Portel-des-Corbières (11) 310 B2
Portes (27) 56 B1
Portes (30) 255 F4
les Portes-en-Ré (17) 158 B5
Portes-en-Valdaine (26) 240 C6
Portes-lès-Valence (26) 240 C2
Portet (64) 265 K6
Portet-d'Aspet (31) 305 K3
Portet-de-Luchon (31) 305 F5
Portet-sur-Garonne (31) 288 B2
Portets (33) 229 J4
Portieux (88) 94 C4
Portiragnes (34) 292 B4
Porto (2A) 316 D4
Porto-Vecchio (2A) 323 H3
Ports (37) 145 J3
Posanges (21) 135 F4
Poses (27) 35 K4
Possesse (51) 63 H3
la Possonnière (49) 125 F4
la Postolle (89) 88 E5
Postroff (57) 68 D6
Potangis (51) 89 G1
Potelières (30) 255 H4
Potelle (59) 12 E4
la Poterie-Cap-d'Antifer (76) 14 B4
la Poterie-Mathieu (27) 34 C4
Pothières (21) 115 F4
Potigny (14) 54 A2
Potte (80) 19 G3
Pouan-les-Vallées (10) 90 A2
Pouançay (86) 144 C2
Pouancé (49) 104 A5
Pouant (86) 145 F3
Poubeau (31) 305 F5
Poucharramet (31) 287 J3
Poudenas (47) 247 G6
Poudenx (40) 265 F6
Poudis (81) 289 H2
Poueyferré (65) 285 F6
Pouffonds (79) 178 D2
la Pouge (23) 182 D5
le Pouget (34) 292 D1
Pougnadoresse (30) 256 A6
Pougne-Hérisson (79) 161 H2
Pougny (01) 190 D3
Pougny (58) 132 A5
Pougues-les-Eaux (58) 150 D3
Pougy (10) 90 D3
Pouillac (17) 212 A2
Pouillat (01) 172 E6
Pouillé (41) 128 E6
Pouillé (85) 160 C4
Pouillé (86) 163 H4
Pouillé-les-Côteaux (44) 124 A3
Pouillenay (21) 134 E3
Pouilley-Français (25) 155 K1
Pouilley-les-Vignes (25) 137 J6
Pouillon (40) 264 B5
Pouillon (51) 40 E4
Pouilloux (71) 170 E3
Pouilly (57) 45 F6
Pouilly (60) 37 G4
Pouilly-en-Auxois (21) 135 F6
Pouilly-le-Monial (69) 188 A5
Pouilly-lès-Feurs (42) 204 E2
Pouilly-les-Nonains (42) 186 D5
Pouilly-sous-Charlieu (42) 186 E3
Pouilly-sur-Loire (58) 132 A6
Pouilly-sur-Meuse (55) 23 G6
Pouilly-sur-Saône (21) 154 C3
Pouilly-sur-Serre (02) 20 C5
Pouilly-sur-Vingeanne (21) 136 D3
le Poujol-sur-Orb (34) 291 J1
Poujols (34) 273 F4
Poulaines (36) 147 K2
Poulainville (80) 18 B1
Poulan-Pouzols (81) 270 D3
Poulangy (52) 116 C2
Pouldergat (29) 74 B5
Pouldouran (22) 48 C2
Pouldreuzic (29) 98 A1
Poule-les-Écharmeaux (69) 187 J3
Pouliacq (64) 284 D1
les Poulières (88) 95 G5
Pouligney-Lusans (25) 138 B5
Pouligny-Notre-Dame (36) 166 B5
Pouligny-Saint-Martin (36) 166 B4
Pouligny-Saint-Pierre (36) 164 B2
le Pouliguen (44) 121 J5
Poullan-sur-Mer (29) 73 E2
Poullaouen (29) 75 H2
Poullignac (16) 196 C6
Poulx (30) 275 G4
Poumarous (65) 285 J6
Poupas (82) 268 A2
Poupry (28) 109 K2
Pouques-Lormes (58) 133 H6
Pourcharesses (48) 254 E1
Pourchères (07) 239 J3
Pourcieux (83) 297 G2
Pourcy (51) 40 E5
Pourlans (71) 154 D4
Pournoy-la-Chétive (57) 65 K1
Pournoy-la-Grasse (57) 66 A1
Pourrain (89) 112 E6
Pourrières (83) 297 F2
Poursac (16) 179 G3
Poursay-Garnaud (17) 177 K5
Poursiugues-Boucoue (64) 265 H6
Pouru-aux-Bois (08) 23 G4
Pouru-Saint-Remy (08) 23 G4

Poussan (34) 292 E2
Poussanges (23) 200 E1
Poussay (88) 94 A4
Pousseaux (58) 133 F3
Poussignac (47) 247 F2
Poussy-la-Campagne (14) 33 H5
Pousthomy (12) 271 J3
le Pout (33) 229 K2
Pouvrai (61) 83 G5
Pouxeux (88) 118 E1
Pouy (65) 286 C5
Pouy-de-Touges (31) 287 H4
Pouy-Loubrin (32) 286 D2
Pouy-Roquelaure (32) 267 G1
Pouy-sur-Vannes (10) 89 G5
Pouyastruc (65) 285 J4
Pouydesseaux (40) 265 H1
Pouydraguin (32) 266 B5
Pouylebon (32) 285 K1
Pouzac (65) 304 C1
Pouzauges (85) 142 E6
Pouzay (37) 145 J3
Pouze (31) 288 C3
Pouzilhac (30) 275 J1
le Pouzin (07) 240 B3
Pouzol (63) 184 D4
Pouzolles (34) 292 A2
Pouzols (34) 273 H6
Pouzols-Minervois (11) 291 F5
Pouzy-Mésangy (03) 168 B2
Poyanne (40) 264 C4
Poyans (70) 136 E4
Poyartin (40) 264 C5
Poyols (26) 241 H5
Pozières (80) 10 E6
le Pradal (34) 272 D6
les Pradeaux (63) 203 F5
Pradelle (26) 241 G5
Pradelles (43) 238 C3
Pradelles (59) 5 K3
Pradelles-Cabardès (11) 290 C3
Pradelles-en-Val (11) 309 H1
Pradère-les-Bourguets (31) 268 D6
Prades (07) 239 G5
Prades (09) 308 A5
Prades (43) 219 J6
Prades (66) 314 B2
Prades (81) 270 B6
Prades-d'Aubrac (12) 236 C6
Prades-le-Lez (34) 274 B5
Prades-Salars (12) 252 D4
Prades-sur-Vernazobre (34) 291 H3
le Pradet (83) 300 D4
Pradettes (09) 307 K3
Pradières (09) 307 J3
Pradiers (15) 218 C3
Pradinas (12) 251 H4
Pradines (19) 200 B5
Pradines (42) 187 F5
Pradines (46) 249 J1
Pradons (07) 255 J1
Prads-Haute-Bléone (04) 260 A4
Prahecq (79) 178 B1
Prailles (79) 161 K6
Pralognan-la-Vanoise (73) 209 K6
Prâlon (21) 135 H6
Pralong (42) 204 C3
Pranles (07) 239 K3
Pranzac (16) 197 F3
Praslay (52) 116 A6
Praslin (10) 114 C2
Prasville (28) 85 J5
Prat (22) 48 B3
Prat-Bonrepaux (09) 306 B2
Prato-di-Giovellina (2B) 319 F4
Prats-de-Carlux (24) 233 G1
Prats-de-Mollo-la-Preste (66) 314 C5
Prats-de-Sournia (66) 309 G6
Prats-du-Périgord (24) 232 D4
Pratviel (81) 270 A6
Pratz (39) 173 H6
Pray (41) 128 C1
Praye (54) 93 K2
Prayols (09) 307 H3
Prayssac (46) 249 G1
Prayssas (47) 247 K3
Praz-sur-Arly (74) 191 K6
le Pré-d'Auge (14) 33 J4
Pré-en-Pail-Saint-Samson (53) 82 A2
Pré-Saint-Évroult (28) 85 F6
le Pré-Saint-Gervais (93) 58 E3
Pré-Saint-Martin (28) 85 J6
Préaux (07) 221 K4
les Préaux (27) 34 C3
Préaux (36) 147 H4
Préaux (53) 105 H3
Préaux (76) 35 J1
Préaux-Bocage (14) 32 C6
Prébois (38) 242 A3
Précey (50) 51 K4
Préchac (32) 267 H4
Préchac (33) 246 B2
Préchac (65) 304 A2
Préchac-sur-Adour (32) 266 B6
Préchacq-Josbaig (64) 283 K4
Préchacq-les-Bains (40) 264 C4
Préchacq-Navarrenx (64) 283 K4
Précieux (42) 204 D4
Précigné (72) 105 J3
Précilhon (64) 284 A5
Précy (18) 150 B3
Précy-le-Sec (89) 133 J2
Précy-Notre-Dame (10) 90 E3
Précy-Saint-Martin (10) 90 E3

Précy-sous-Thil (21) 134 D5
Précy-sur-Marne (77) 59 J3
Précy-sur-Oise (60) 37 K5
Précy-sur-Vrin (89) 112 C3
Prédefin (62) 5 G6
Préfailles (44) 140 B1
Préfontaines (45) 111 H2
Prégilbert (89) 133 G2
Préguillac (17) 195 G3
Préhy (89) 113 H6
Preignac (33) 229 K5
Preignan (32) 267 H5
Preigney (70) 117 H5
Preixan (11) 308 E1
Prémanon (39) 174 A4
Premeaux-Prissey (21) 154 B2
Prémery (58) 151 F2
Prémesques (59) 6 D3
Prémeyzel (01) 207 J3
Prémian (34) 291 F2
Premières (21) 154 E1
les Premiers Sapins (25) 156 E2
Prémilhat (03) 183 K1
Prémillieu (01) 189 K6
Prémont (02) 12 C6
Prémontré (02) 20 B6
Prendeignes (46) 234 E4
Préneron (32) 266 E4
la Prénessaye (22) 77 H4
Prenois (21) 135 J5
Prény (54) 65 J2
Préporché (58) 152 A5
les Prés (26) 241 K6
Présailles (43) 238 D2
Préseau (59) 12 D2
Présentevillers (25) 139 G3
Préserville (31) 288 D2
Présilly (39) 173 G3
Présilly (74) 190 E3
Presle (73) 208 D6
Presles (38) 223 G5
Presles (95) 37 J6
Presles-en-Brie (77) 59 H5
Presles-et-Boves (02) 40 A3
Presles-et-Thierry (02) 40 B1
Presly (18) 130 E5
Presnoy (45) 111 G3
Pressac (86) 179 K3
Pressagny-l'Orgueilleux (27) 36 B6
Pressignac (16) 197 K1
Pressignac-Vicq (24) 232 A1
Pressigny (52) 117 F6
Pressigny (79) 162 A1
Pressigny-les-Pins (45) 111 J4
Pressins (38) 207 J5
Pressy (62) 5 H6
Pressy-sous-Dondin (71) 171 F5
la Prétière (25) 139 F3
Pretin (39) 155 K4
Prétot-Vicquemare (76) 15 H4
Prêtreville (14) 33 K6
Préty (71) 171 K4
Pretz-en-Argonne (55) 64 A2
Preuilly (18) 148 E3
Preuilly-la-Ville (36) 164 B2
Preuilly-sur-Claise (37) 146 C6
Preures (62) 4 D5
Preuschdorf (67) 25 A2
Preuseville (76) 16 D2
Preutin-Higny (54) 44 B3
Preux-au-Bois (59) 12 E4
Preux-au-Sart (59) 12 E3
Préval (72) 83 H5
Prévelles (72) 83 G6
Prévenchères (48) 238 C6
Préveranges (18) 166 D5
Prévessin-Moëns (01) 190 E1
la Prévière (49) 104 A5
Prévillers (60) 17 H6
Prévinquières (12) 251 H2
Prévocourt (57) 66 C2
Prey (27) 56 D2
Prey (88) 95 F6
Preyssac-d'Excideuil (24) 214 D2
Prez (08) 21 K3
Prez-sous-Lafauche (52) 92 E5
Priaires (17) 177 J3
Priay (01) 189 G5
Priez (02) 39 H6
Prignac (17) 195 J1
Prignac-en-Médoc (33) 210 D1
Prignac-et-Marcamps (33) 211 H5
Prigonrieux (24) 231 H2
Primarette (38) 222 D1
Primat (08) 42 C3
Primelin (29) 73 C3
Primelles (18) 148 E5
Prin-Deyrançon (79) 177 J2
Prinçay (86) 145 F4
Princé (35) 80 B5
Pringy (51) 62 E4
Pringy (74) 190 E5
Pringy (77) 87 G2
Prinquiau (44) 122 C2
Prinsuéjols (48) 237 F4
Printzheim (67) 69 H6
Prisces (02) 21 F3
Prisches (59) 13 F5
Prissac (36) 164 E4
Prissé (71) 188 B1
Prissé-la-Charrière (79) 177 K2
Privas (07) 239 K4
Privezac (12) 251 G2
Prix-lès-Mézières (08) 22 D4

Priziac (56) 75 K5
Prizy (71) 170 C6
la Proiselière-et-Langle (70) 118 E4
Proissans (24) 233 F1
Proisy (02) 20 E2
Proix (02) 20 C2
Projan (32) 265 J6
Promilhanes (46) 250 D2
Prompsat (63) 184 E6
Prondines (63) 201 J1
Pronleroy (60) 38 B2
Pronville (62) 11 G4
Propiac (26) 257 H3
Propières (69) 187 J3
Propriano (2A) 322 D2
Prosnes (51) 41 H5
Prouilly (51) 40 D4
Proupiary (31) 287 F6
Prouvais (02) 40 E2
Prouville (80) 9 J5
Prouvy (59) 12 C2
Prouzel (80) 18 A3
Provenchère (25) 139 F5
Provenchère (70) 118 A6
Provenchères-lès-Darney (88) 117 J1
Provenchères-et-Colroy (88) 95 K4
Provency (89) 133 K3
Proverville (10) 91 G6
Proveysieux (38) 223 K2
Proville (59) 11 J4
Provin (59) 6 C6
Provins (77) 88 D2
Proviseux-et-Plesnoy (02) 40 E2
Proyart (80) 18 E2
Prudemanche (28) 56 D5
Prugnanes (66) 309 G5
Prugny (10) 89 K5
Pruillé-le-Chétif (72) 106 D3
Pruillé-l'Éguillé (72) 107 F5
Pruines (12) 235 J6
Prunay (51) 41 G5
Prunay-Belleville (10) 89 H4
Prunay-Cassereau (41) 128 A1
Prunay-en-Yvelines (78) 85 K2
Prunay-le-Gillon (28) 85 H4
Prunay-le-Temple (78) 57 H1
Prunay-sur-Essonne (91) 86 E4
Prunelli-di-Casacconi (2B) 319 H3
Prunelli-di-Fiumorbo (2B) 321 H3
Prunet (07) 239 G5
Prunet (15) 235 H3
Prunet (31) 288 E1
Prunet-et-Belpuig (66) 314 D3
Prunières (05) 243 H5
Prunières (38) 242 B1
Prunières (48) 237 G3
Pruniers (36) 166 B1
Pruniers-en-Sologne (41) 129 H6
Pruno (2B) 319 J4
Prusly-sur-Ource (21) 115 G4
Prusy (10) 114 A3
Pruzilly (71) 188 A2
Puberg (67) 69 F5
Publier (74) 175 F5
Publy (39) 173 G2
Puceul (44) 103 G6
le Puch (09) 313 J1
Puch-d'Agenais (47) 247 H3
Puchay (27) 36 C3
Puchevillers (80) 10 B6
le Puech (34) 273 F5
Puéchabon (34) 273 K5
Puéchoursi (81) 289 G2
Puechredon (30) 274 C2
Puessans (25) 138 C4
Puget (84) 277 F4
Puget-Rostang (06) 280 C1
Puget-sur-Argens (83) 299 F2
Puget-Théniers (06) 280 C1
Puget-Ville (83) 298 A4
Pugey (25) 156 B1
Pugieu (01) 207 J3
Puginier (11) 289 G3
Pugnac (33) 211 H4
Pugny (79) 161 G1
Pugny-Chatenod (73) 208 B3
Puichéric (11) 290 D5
le Puid (88) 95 J3
Puihardy (79) 161 G4
Puilacher (34) 292 D1
Puilaurens (11) 308 E5
Puilboreau (17) 176 D2
Puilly-et-Charbeaux (08) 23 J5
Puimichel (04) 278 D1
Puimisson (34) 291 K3
Puimoisson (04) 278 E3
la Puisaye (28) 84 B1
Puiseaux (45) 87 F6
Puiselet-le-Marais (91) 86 D4
Puisenval (76) 16 D2
le Puiset (28) 85 K6
Puiseux (08) 22 B6
Puiseux (28) 57 F6
Puiseux-en-Bray (60) 36 E2
Puiseux-en-France (95) 59 F1
Puiseux-en-Retz (02) 39 G4
Puiseux-le-Hauberger (60) 37 J5
Puiseux-Pontoise (95) 58 D1
Puisieulx (51) 41 F5
Puisieux (62) 10 E5
Puisieux (77) 59 K1
Puisieux-et-Clanlieu (02) 20 D3
Puissalicon (34) 292 A3

Puisseguin (33) ... 230 C1
Puisserguier (34) ... 291 J4
Puits (21) ... 114 E6
Puits-et-Nuisement (10) ... 90 E6
Puits-la-Vallée (60) ... 17 K6
Puivert (11) ... 308 C3
Pujaudran (32) ... 287 J1
Pujaut (30) ... 276 A1
Pujo (65) ... 285 H3
Pujo-le-Plan (40) ... 265 H3
les Pujols (09) ... 307 J1
Pujols (33) ... 230 C2
Pujols (47) ... 248 B2
Pujols-sur-Ciron (33) ... 229 K5
le Puley (71) ... 171 G2
Puligny-Montrachet (21) ... 153 K4
Pullay (27) ... 56 A5
Pulligny (54) ... 94 A1
Pulney (54) ... 93 K3
Pulnoy (54) ... 66 B5
Pulvérières (63) ... 202 B1
Pulversheim (68) ... 97 B1
Punchy (80) ... 19 F3
Punerot (88) ... 93 G2
Puntous (65) ... 286 B4
Pupillin (39) ... 155 J5
Pure (08) ... 23 H5
Purgerot (70) ... 117 K6
Pusey (70) ... 138 A1
Pusignan (69) ... 206 C2
Pussay (91) ... 86 B4
Pussigny (37) ... 145 J4
Pusy-et-Épenoux (70) ... 138 A1
Putanges-le-Lac (61) ... 53 K4
Puteaux (92) ... 58 D3
Putot-en-Auge (14) ... 33 G4
Putot-en-Bessin (14) ... 32 C4
Puttelange-aux-Lacs (57) ... 68 C3
Puttelange-lès-Thionville (57) ... 45 F1
Puttigny (57) ... 66 D3
Puxe (54) ... 44 B5
Puxieux (54) ... 44 C6
le Puy (25) ... 138 B5
le Puy (33) ... 230 D4
Puy-d'Arnac (19) ... 216 A6
Puy-de-Serre (85) ... 160 E3
Puy-du-Lac (17) ... 177 G5
le Puy-en-Velay (43) ... 220 B5
Puy-Guillaume (63) ... 185 J6
Puy-l'Évêque (46) ... 249 G1
Puy-Malsignat (23) ... 183 G5
le Puy-Notre-Dame (49) ... 144 A2
Puy-Saint-André (05) ... 243 K1
Puy-Saint-Eusèbe (05) ... 243 H5
Puy-Saint-Gulmier (63) ... 201 J2
Puy-Saint-Martin (26) ... 240 D5
Puy-Saint-Pierre (05) ... 243 K1
Puy-Saint-Vincent (05) ... 243 J2
le Puy-Sainte-Réparade (13) ... 277 H5
Puy-Sanières (05) ... 243 J5
Puybarban (33) ... 230 C5
Puybegon (81) ... 270 A4
Puybrun (46) ... 234 B1
Puycalvel (81) ... 270 C5
Puycasquier (32) ... 267 J4
Puycelsi (81) ... 269 J1
Puycornet (82) ... 249 H5
Puydaniel (31) ... 288 B4
Puydarrieux (65) ... 286 A4
la Puye (86) ... 163 J2
Puygaillard-de-Lomagne (82) ... 268 C2
Puygaillard-de-Quercy (82) ... 269 J1
Puygiron (26) ... 240 C6
Puygouzon (81) ... 270 D3
Puygros (73) ... 208 C4
Puyjourdes (46) ... 250 D2
Puylagarde (82) ... 250 D3
Puylaroque (82) ... 250 B4
Puylaurens (81) ... 289 H1
Puylausic (32) ... 287 G2
Puyloubier (13) ... 297 F1
Puymaurin (31) ... 286 E3
Puyméras (84) ... 257 G4
Puymiclan (47) ... 231 G6
Puymirol (47) ... 248 C5
Puymoyen (16) ... 196 E4
Puynormand (33) ... 212 C6
Puyol-Cazalet (40) ... 265 G6
Puyoô (64) ... 283 H1
Puyravault (17) ... 177 G3
Puyravault (85) ... 160 A5
Puyréaux (16) ... 179 G6
Puyrenier (24) ... 197 H5
Puyrolland (17) ... 177 J4
Puységur (32) ... 267 H4
Puysségur (31) ... 268 C4
Puysserampion (47) ... 231 G5
Puyvalador (66) ... 313 J2
Puyvert (84) ... 277 G4
Puzeaux (80) ... 19 F3
Puzieux (57) ... 66 C3
Puzieux (88) ... 93 K4
Py (66) ... 314 B4
la Pyle (27) ... 35 F2
Pys (80) ... 10 E5

Q

Quaëdypre (59) ... 3 J3
Quaix-en-Chartreuse (38) ... 223 K3
Quantilly (18) ... 149 G1
Quarante (34) ... 291 H4
Quarouble (59) ... 12 E2
Quarré-les-Tombes (89) ... 134 A5

la Quarte (70) ... 117 G5
le Quartier (63) ... 184 B3
Quasquara (2A) ... 320 E5
Quatre-Champs (08) ... 42 C2
les Quatre-Routes-du-Lot (46) ... 215 J6
Quatremare (27) ... 35 H5
Quatzenheim (67) ... 70 D3
Quéant (62) ... 11 G4
Queaux (86) ... 163 H6
Québriac (35) ... 78 E1
Quédillac (35) ... 78 B2
Queige (73) ... 209 G2
Quelaines-Saint-Gault (53) ... 104 G3
Quelmes (62) ... 5 F3
Quelneuc (56) ... 102 C2
Quéménéven (29) ... 74 D4
Quemigny-Poisot (21) ... 154 A1
Quemigny-sur-Seine (21) ... 135 G1
Quemper-Guézennec (22) ... 48 D3
Quemperven (22) ... 48 B3
Quend (80) ... 8 E2
Quenne (89) ... 113 G6
Quenoche (70) ... 138 A3
Quenza (2A) ... 323 F1
Quercamps (62) ... 4 E3
Quercitello (2B) ... 319 H4
Quérénaing (59) ... 12 D3
Quérigut (09) ... 313 J1
Quernes (62) ... 5 H5
Querré (49) ... 105 F6
Querrien (29) ... 99 J2
Querrieu (80) ... 18 C1
Quers (70) ... 118 D6
Quesmy (60) ... 19 H5
le Quesne (80) ... 17 G2
le Quesnel (80) ... 18 D3
le Quesnel-Aubry (60) ... 37 K1
le Quesnoy (80) ... 12 E3
le Quesnoy-en-Artois (62) ... 9 J2
Quesnoy-le-Montant (80) ... 8 E3
Quesnoy-sur-Airaines (80) ... 17 H1
Quesnoy-sur-Deûle (59) ... 6 D3
Quesques (62) ... 4 D3
Quessoy (22) ... 77 H1
Questembert (56) ... 101 J5
Questrecques (62) ... 4 C4
Quet-en-Beaumont (38) ... 242 C2
Quetigny (21) ... 136 A5
Quettehou (50) ... 29 F3
Quetteville (14) ... 34 A3
Quettreville-sur-Sienne (50) ... 30 D5
Queudes (51) ... 61 H6
la Queue-en-Brie (94) ... 59 G4
la Queue-les-Yvelines (78) ... 57 J4
Queuille (63) ... 184 C5
Quevauvillers (80) ... 17 J3
Quéven (56) ... 99 K4
Quévert (22) ... 50 C5
Quevillon (76) ... 35 G2
Quevilloncourt (54) ... 93 K2
Quévreville-la-Poterie (76) ... 35 J3
Queyrac (33) ... 210 D1
Queyrières (43) ... 220 D5
Queyssac (24) ... 231 J1
Queyssac-les-Vignes (19) ... 234 B1
Quézac (15) ... 235 F4
Quézac (48) ... 254 A3
Quiberon (56) ... 120 B2
Quiberville (76) ... 15 J2
Quibou (50) ... 31 G4
Quié (09) ... 307 H4
Quiers (77) ... 88 A1
Quiers-sur-Bézonde (45) ... 111 F3
Quiéry-la-Motte (62) ... 11 G2
Quierzy (02) ... 19 J6
Quiestède (62) ... 5 H4
Quiévelon (59) ... 13 J3
Quiévrechain (59) ... 12 E1
Quiévrecourt (76) ... 16 C4
Quiévy (59) ... 12 C4
Quilen (62) ... 4 D5
Quillan (11) ... 308 D4
Quillebeuf-sur-Seine (27) ... 34 C1
le Quillio (22) ... 76 E3
Quilly (08) ... 42 A2
Quilly (44) ... 102 C6
Quimper (29) ... 74 D6
Quimperlé (29) ... 99 H3
Quincampoix (76) ... 35 J1
Quincampoix-Fleuzy (60) ... 17 G4
Quinçay (86) ... 162 D3
Quincerot (21) ... 134 C2
Quincerot (89) ... 114 B4
Quincey (21) ... 154 B2
Quincey (70) ... 138 B1
Quincié-en-Beaujolais (69) ... 187 K3
Quincieu (38) ... 223 G2
Quincieux (69) ... 188 B6
Quincy (18) ... 148 E2
Quincy-Basse (02) ... 39 J1
Quincy-Landzécourt (55) ... 43 G1
Quincy-le-Vicomte (21) ... 134 C2
Quincy-sous-le-Mont (02) ... 40 A4
Quincy-sous-Sénart (91) ... 59 F6
Quincy-Voisins (77) ... 59 K3
Quinéville (50) ... 29 F4
Quingey (25) ... 155 K2
Quinquempoix (60) ... 18 C6
Quins (12) ... 251 J4
Quinsac (24) ... 197 K6
Quinsac (33) ... 229 J3
Quinson (04) ... 278 D5
Quinssaines (03) ... 183 K1
Quint-Fonsegrives (31) ... 288 C1

Quintal (74) ... 208 C1
la Quinte (72) ... 106 C2
Quintenas (07) ... 221 K4
Quintenic (22) ... 49 K6
Quintigny (39) ... 173 F1
Quintillan (11) ... 309 K3
Quintin (22) ... 76 E1
le Quiou (22) ... 78 D1
Quirbajou (11) ... 308 D5
Quiry-le-Sec (80) ... 18 B5
Quissac (30) ... 274 C3
Quissac (46) ... 234 A5
Quistinic (56) ... 100 C2
Quittebeuf (27) ... 35 G6
Quivières (80) ... 19 H3
Quœux-Haut-Maînil (62) ... 9 J3

R

Rabastens (81) ... 269 J4
Rabastens-de-Bigorre (65) ... 285 J3
Rabat-les-Trois-Seigneurs (09) ... 307 G4
la Rabatelière (85) ... 142 A5
Rabou (05) ... 242 D5
Rabouillet (66) ... 309 F6
Racécourt (88) ... 94 A5
Rachecourt-sur-Marne (52) ... 92 A2
Rachecourt-Suzémont (52) ... 91 J3
Râches (59) ... 11 J1
Racines (10) ... 113 J2
la Racineuse (71) ... 154 D6
Racquinghem (62) ... 5 H3
Racrange (57) ... 66 E2
Raddon-et-Chapendu (70) ... 118 D4
Radenac (56) ... 101 G1
Radepont (27) ... 36 A3
Radinghem (62) ... 5 F5
Radinghem-en-Weppes (59) ... 6 C4
Radonvilliers (10) ... 90 E4
Raedersdorf (68) ... 97 C6
Raedersheim (68) ... 96 B6
Raffetot (76) ... 14 E5
Rageade (15) ... 219 F5
Rahart (41) ... 108 C4
Rahay (72) ... 107 K3
Rahling (57) ... 68 E4
Rahon (25) ... 139 F5
Rahon (39) ... 155 H4
Rai (61) ... 55 H5
Raids (50) ... 31 F2
Raillencourt-Sainte-Olle (59) ... 11 J4
Railleu (66) ... 313 K3
Raillicourt (08) ... 22 C5
Raillimont (02) ... 21 H4
Raimbeaucourt (59) ... 11 H1
Rainans (39) ... 155 G2
Raincheval (80) ... 10 B5
Raincourt (70) ... 117 H4
le Raincy (93) ... 59 F3
Rainfreville (76) ... 15 J3
Rainneville (80) ... 18 B1
Rainsars (59) ... 13 H5
Rainville (88) ... 93 H4
Rainvillers (60) ... 37 G2
les Rairies (49) ... 125 K1
Raismes (59) ... 12 C2
Raissac (09) ... 307 K3
Raissac-d'Aude (11) ... 291 G5
Raissac-sur-Lampy (11) ... 289 J5
Raival (55) ... 64 B3
Raix (16) ... 179 F5
Raizeux (78) ... 85 J1
Ramasse (01) ... 189 H2
Ramatuelle (83) ... 301 K3
Rambaud (05) ... 243 F6
Rambervillers (88) ... 94 E4
Rambluzin-et-
  -Benoite-Vaux (55) ... 64 C2
Rambouillet (78) ... 57 K6
Rambucourt (55) ... 65 G3
Ramburelles (80) ... 17 F1
Rambures (80) ... 17 F1
Ramecourt (62) ... 10 A2
Ramecourt (88) ... 93 K4
Ramerupt (10) ... 90 C2
Ramicourt (02) ... 20 A1
Ramillies (59) ... 12 A4
Rammersmatt (68) ... 119 K5
Ramonchamp (88) ... 119 G3
Ramonville-Saint-Agne (31) ... 288 C1
Ramoulu (45) ... 86 D6
Ramous (64) ... 283 H1
Ramousies (59) ... 13 H5
Ramouzens (32) ... 266 D3
Rampan (50) ... 31 G3
Rampieux (24) ... 232 B4
Rampillon (77) ... 88 B2
Rampoux (46) ... 233 G5
Rancé (01) ... 188 C5
Rancenay (25) ... 156 A1
Rancennes (08) ... 24 C2
Rances (10) ... 91 F3
Ranchal (69) ... 187 H3
Ranchy (14) ... 32 A4
Rancogne (16) ... 197 G3
Rançon (87) ... 181 G3
Rançonnières (52) ... 116 E3
Rancourt (80) ... 11 G6
Rancourt (88) ... 94 A5
Rancourt-sur-Ornain (55) ... 63 J4
Rancy (71) ... 172 B3
Randan (63) ... 185 H5
Randens (73) ... 209 F4

Randevillers (25) ... 138 E5
Rânes (61) ... 54 A6
Rang (25) ... 138 E5
Rang-du-Fliers (62) ... 8 E1
Rangecourt (52) ... 116 E2
Rangen (67) ... 70 C2
Ranguevaux (57) ... 44 D3
Rannée (35) ... 104 A3
Ranrupt (67) ... 70 A6
Rans (39) ... 155 J2
Ransart (62) ... 10 E4
Ranspach (68) ... 119 J3
Ranspach-le-Bas (68) ... 97 D4
Ranspach-le-Haut (68) ... 97 C4
Rantigny (60) ... 38 A3
Ranton (86) ... 144 C3
Rantzwiller (68) ... 97 C3
Ranville (14) ... 33 F4
Ranville-Breuillaud (16) ... 178 D6
Ranzevelle (70) ... 117 J4
Ranzières (55) ... 64 D1
Raon-aux-Bois (88) ... 118 E2
Raon-lès-Leau (54) ... 95 J1
Raon-l'Étape (88) ... 95 H3
Raon-sur-Plaine (88) ... 95 K1
Rapaggio (2B) ... 319 H4
Rapale (2B) ... 319 G2
Rapey (88) ... 94 B4
Rapilly (14) ... 53 K3
Rapsécourt (51) ... 63 H1
Raray (60) ... 38 C4
Rarécourt (55) ... 43 F6
Rasiguères (66) ... 309 H5
Raslay (86) ... 144 D2
Rasteau (84) ... 257 F4
Ratenelle (71) ... 172 A4
Ratières (26) ... 222 C4
Ratte (71) ... 172 D2
Ratzwiller (67) ... 69 F4
Raucoules (43) ... 221 F4
Raucourt (54) ... 66 A4
Raucourt-au-Bois (59) ... 12 E4
Raucourt-et-Flaba (08) ... 23 F5
Raulhac (15) ... 235 K2
Rauret (43) ... 238 B3
Rauville-la-Bigot (50) ... 28 C4
Rauville-la-Place (50) ... 28 D5
Rauwiller (67) ... 68 E6
Rauzan (33) ... 230 B3
Raveau (58) ... 150 C2
Ravel (63) ... 203 G2
Ravenel (60) ... 38 B1
Ravenoville (50) ... 29 F4
Raves (88) ... 95 J4
Ravières (89) ... 114 C6
Ravigny (53) ... 82 B3
Raville (57) ... 45 H6
Raville-sur-Sânon (54) ... 66 D6
Ravilloles (39) ... 173 J5
la Ravoire (73) ... 208 B4
Ray-sur-Saône (70) ... 137 H2
Raye-sur-Authie (62) ... 9 H3
Rayet (47) ... 232 B4
Raymond (18) ... 149 J4
Raynans (25) ... 139 G2
Rayol-Canadel-sur-Mer (83) ... 301 H4
Rayssac (81) ... 271 G4
Razac-de-Saussignac (24) ... 231 F2
Razac-d'Eymet (24) ... 231 H4
Razac-sur-l'Isle (24) ... 213 J4
Raze (70) ... 137 K2
Razecueillé (31) ... 305 K3
Razengues (32) ... 268 B6
Razès (87) ... 181 H4
Razimet (47) ... 247 G2
Razines (37) ... 145 G4
Réal (66) ... 313 J2
Réallon (05) ... 243 H5
Réalmont (81) ... 270 D4
Réalville (82) ... 249 K6
Réans (32) ... 266 B3
Réau (77) ... 87 G1
Réaumont (38) ... 223 H1
Réaumur (85) ... 160 D1
Réaup-Lisse (47) ... 247 G6
Réauville (26) ... 256 D1
Réaux sur Trèfle (17) ... 195 J5
Rebais (77) ... 60 C4
Rébénacq (64) ... 284 C6
Rebergues (62) ... 4 E3
Rebets (76) ... 36 A1
Rebeuville (88) ... 93 G4
Rebigue (31) ... 288 C2
Rebourguil (12) ... 271 K3
Reboursin (36) ... 148 A3
Rebréchien (45) ... 110 B3
Rebreuve-Ranchicourt (62) ... 10 D1
Rebreuve-sur-Canche (62) ... 10 B3
Rebreuviette (62) ... 10 B3
Recanoz (39) ... 155 G6
Recey-sur-Ource (21) ... 115 J5
Réchésy (90) ... 97 A5
Réchicourt-la-Petite (54) ... 66 E5
Réchicourt-le-Château (57) ... 67 G5
Récicourt (55) ... 43 F5
Réclainville (28) ... 85 J4
Reclesne (71) ... 152 E3
Réclinville (54) ... 95 F1
Reclonville (54) ... 95 F1
Recloses (77) ... 87 H4
Recologne (25) ... 137 H6
Recologne (70) ... 137 H2
Recologne-lès-Rioz (70) ... 137 K3

Recoubeau-Jansac (26) ... 241 H4
Recoules-d'Aubrac (48) ... 236 D4
Recoules-de-Fumas (48) ... 237 G5
Récourt (62) ... 11 H3
Récourt-le-Creux (55) ... 64 C1
Recouvrance (90) ... 139 J2
le Recoux (48) ... 253 G3
Recques-sur-Course (62) ... 4 C6
Recques-sur-Hem (62) ... 3 F4
Recquignies (59) ... 13 H3
Reculfoz (25) ... 174 B1
Recurt (65) ... 286 B5
Recy (51) ... 62 C2
Rédange (57) ... 44 C1
Rédené (29) ... 99 J3
Redessan (30) ... 275 H3
Réding (57) ... 67 J4
Redon (35) ... 102 B4
la Redorte (11) ... 290 E5
Redortiers (04) ... 258 C5
Réez-Fosse-Martin (60) ... 38 E6
Reffannes (79) ... 161 K3
Reffroy (55) ... 64 D6
Reffuveille (50) ... 52 B5
Régades (31) ... 305 J2
Régat (09) ... 308 A3
Regnauville (62) ... 9 H2
Regnévelle (88) ... 117 J3
Regnéville-sur-Mer (50) ... 30 D4
Regnéville-sur-Meuse (55) ... 43 H4
Regney (88) ... 94 B4
Régnié-Durette (69) ... 188 A3
Regnière-Écluse (80) ... 9 F3
Regniowez (08) ... 22 A1
Regny (02) ... 20 B3
Régny (42) ... 187 F5
la Regrippière (44) ... 142 B1
Réguiny (56) ... 101 F1
Réguisheim (68) ... 96 C6
Régusse (83) ... 278 E5
Rehaincourt (88) ... 94 D4
Rehainviller (54) ... 94 D1
Rehaupal (88) ... 95 H4
Reherrey (54) ... 95 G1
Réhon (54) ... 44 B1
Reichsfeld (67) ... 71 A4
Reichshoffen (67) ... 69 K4
Reichstett (67) ... 25 A6
Reignac (16) ... 196 A6
Reignac (33) ... 211 H2
Reignac-sur-Indre (37) ... 146 C1
Reignat (83) ... 203 F2
Reigneville-Bocage (50) ... 28 E5
Reignier-Ésery (74) ... 191 G3
Reigny (18) ... 166 E4
Reilhac (15) ... 217 G6
Reilhac (46) ... 234 A4
Reilhaguet (46) ... 233 J3
Reilhanette (26) ... 257 K5
Reillanne (04) ... 277 K3
Reillon (54) ... 67 F6
Reilly (60) ... 36 E4
Reims (51) ... 41 F4
Reims-la-Brûlée (51) ... 63 G5
Reinhardsmunster (67) ... 70 B2
Reininge (68) ... 97 B2
Reipertswiller (67) ... 69 H4
Reithouse (39) ... 173 F3
Réjaumont (32) ... 267 G3
Réjaumont (65) ... 286 B6
Rejet-de-Beaulieu (59) ... 12 E6
Relanges (88) ... 117 K1
Relans (39) ... 172 E1
le Relecq-Kerhuon (29) ... 46 A6
Relevant (01) ... 188 D4
Rely (62) ... 5 H5
Remaisnil (80) ... 10 A4
Rémalard en Perche (61) ... 83 K3
Remaucourt (02) ... 20 A2
Remaucourt (08) ... 21 J6
la Remaudière (44) ... 123 K4
Remaugies (80) ... 18 E5
Remauville (77) ... 87 J6
Rembercourt-Sommaisne (55) ... 64 B3
Rembercourt-sur-Mad (54) ... 65 H2
Rémécourt (60) ... 38 A2
Rémelfang (57) ... 45 J3
Rémelfing (57) ... 68 D3
Rémeling (57) ... 45 H2
Remennecourt (55) ... 63 J4
Remenoville (54) ... 94 D2
Rémérangles (60) ... 37 J2
Réméréville (54) ... 66 C5
Rémering (57) ... 45 K4
Rémering-lès-Puttelange (57) ... 68 C3
Remicourt (51) ... 63 H2
Remicourt (88) ... 93 K5
Remiencourt (80) ... 18 B3
Remies (02) ... 20 C5
Remigny (02) ... 20 A4
Remigny (71) ... 153 J5
Rémilly (57) ... 66 C1
Rémilly (58) ... 152 A6
Remilly-Aillicourt (08) ... 23 F5
Remilly-en-Montagne (21) ... 135 H6
Remilly-les-Pothées (08) ... 22 B3
Remilly-sur-Lozon (50) ... 31 F2
Remilly-sur-Tille (21) ... 136 B5
Remilly-Wirquin (62) ... 5 F4
Réminiac (56) ... 102 A1
Remiremont (88) ... 118 E2
Remoiville (55) ... 43 H2
Remollon (05) ... 259 H1
Remomeix (88) ... 95 J4

Remoncourt (54) 67 F5
Remoncourt (88) 93 K5
Rémondans-Vaivre (25) 139 G4
Remoray-Boujeons (25) 156 D6
Remouillé (44) 141 K2
Remoulins (30) 275 J2
Removille (88) 93 H4
Rempnat (87) 200 B3
la Remuée (76) 14 D6
Rémuzat (26) 257 K2
Remy (60) 38 C2
Rémy (62) 11 G3
Renac (35) 102 C3
Renage (38) 223 H2
Renaison (42) 186 D4
Renansart (02) 20 B4
Renaucourt (70) 137 H1
la Renaudie (63) 203 K3
Renauvoid (88) 94 C6
Renay (41) 108 D5
Renazé (53) 104 B5
Rencurel (38) 223 H4
René (72) 82 E5
Renédale (25) 156 D3
Renescure (59) 5 H3
Renève (21) 136 C3
Réning (57) 68 B4
Rennemoulin (78) 58 B4
Rennepont (52) 115 J1
Rennes (35) 79 G4
Rennes-en-Grenouilles (53) 81 H2
Rennes-le-Château (11) 308 E3
Rennes-les-Bains (11) 309 F4
Rennes-sur-Loue (25) 155 K3
Renneval (02) 21 G4
Renneville (08) 21 H5
Renneville (27) 35 K2
Renneville (31) 288 E3
Renno (2A) 320 C1
le Renouard (61) 54 D2
Rentières (63) 218 C3
Renty (62) 5 F5
Renung (40) 265 H4
Renwez (08) 22 C3
la Réole (33) 230 C5
la Réorthe (85) 160 B2
Réotier (05) 243 K4
Repaix (54) 67 G6
la Répara-Auriples (26) 240 D4
Réparsac (16) 196 A2
Repel (88) 93 J4
Repentigny (14) 33 H4
Replonges (01) 188 C1
le Reposoir (74) 191 H4
les Repôts (39) 172 E2
Reppe (90) 119 K6
Requeil (72) 106 D5
Réquista (12) 271 H1
Résenlieu (61) 55 F4
la Résie-Saint-Martin (70) 137 F5
Résigny (02) 21 J4
Resson (55) 64 B4
Ressons-l'Abbaye (60) 37 G4
Ressons-le-Long (02) 39 G3
Ressons-sur-Matz (60) 38 D1
les Ressuintes (28) 84 B1
Restigné (37) 126 D6
Restinclières (34) 274 C5
le Retail (79) 161 H2
Rétaud (17) 195 F3
Reterre (23) 183 J4
Rethel (08) 41 J1
Retheuil (02) 39 F3
Rethondes (60) 38 E2
Rethonvillers (80) 19 G4
Retiers (35) 103 J1
Retjons (40) 246 B5
Retonfey (57) 45 G5
Rétonval (76) 16 E3
Retournac (43) 220 D3
Retschwiller (67) 25 B2
Rettel (57) 45 G1
Rety (62) 2 C4
Retzwiller (68) 139 K1
Reugney (25) 156 C3
Reugny (03) 167 H5
Reugny (37) 128 A3
Reuil (51) 61 H1
Reuil-en-Brie (77) 60 C2
Reuil-sur-Brêche (60) 37 J1
Reuilly (27) 35 J6
Reuilly (36) 148 C3
Reuilly-Sauvigny (02) 61 G1
Reulle-Vergy (21) 154 A1
Reumont (59) 12 C5
la Réunion (47) 247 F3
Reutenbourg (67) 70 C2
Reuves (51) 61 H4
Reuville (76) 15 H4
Reux (14) 33 J4
Réveillon (51) 60 E5
Réveillon (61) 83 H2
Revel (31) 289 H2
Revel (38) 224 B3
Revel-Tourdan (38) 222 D1
Revelles (80) 17 K3
Revens (30) 253 J6
Reventin-Vaugris (38) 206 A6
Revercourt (28) 56 C5
Revest-des-Brousses (04) 277 K1
Revest-du-Bion (04) 258 B6
le Revest-les-Eaux (83) 300 C4
Revest-les-Roches (06) 280 E2
Revest-Saint-Martin (04) 278 B1

Reviers (14) 32 D3
Revigny (39) 173 G2
Revigny-sur-Ornain (55) 63 K4
Réville (50) 29 G2
Réville-aux-Bois (55) 43 H3
Revin (08) 22 C1
Revonnas (01) 189 G3
Rexingen (67) 68 E5
Rexpoëde (59) 3 K3
Reyersviller (57) 69 G3
Reygade (19) 216 B6
Reynel (52) 92 C5
Reynès (66) 314 E4
Reyniès (82) 269 F2
Reyrevignes (46) 234 C5
Reyrieux (01) 188 C6
Reyssouze (01) 171 K5
Reyvroz (74) 175 F6
Rezay (18) 166 C2
Rezé (44) 123 G4
Rézentières (15) 218 D4
Rezonville (57) 44 D6
Rezza (2A) 320 D2
Rhèges (10) 89 K2
le Rheu (35) 78 E4
Rhinau (67) 71 D4
Rhodes (57) 67 H4
Rhodon (41) 108 D6
Rhuis (60) 38 C4
Ri (61) 54 B4
Ria-Sirach (66) 314 B3
Riaillé (44) 103 K6
le Rialet (81) 290 C1
Rians (18) 149 J2
Rians (83) 278 A6
Riantec (56) 100 A4
Riaucourt (52) 92 B6
Riaville (55) 44 A6
Ribagnac (24) 231 H3
Ribarrouy (64) 284 D1
Ribaute (11) 309 J1
Ribaute-les-Tavernes (30) 274 D1
le Ribay (53) 81 J3
Ribeaucourt (55) 92 C1
Ribeaucourt (80) 9 J5
Ribeauville (02) 12 D6
Ribeauvillé (68) 96 B2
Ribécourt-Dreslincourt (60) 38 E1
Ribécourt-la-Tour (59) 11 K3
Ribemont (02) 20 B3
Ribemont-sur-Ancre (80) 18 D1
Ribennes (48) 237 H5
Ribérac (24) 213 G3
Ribes (07) 255 H1
Ribeyret (05) 258 B2
Ribouisse (11) 289 G6
Riboux (83) 297 G4
la Ricamarie (42) 221 G1
Ricarville (76) 15 F5
Ricarville-du-Val (76) 16 B3
Ricaud (11) 289 G4
Ricaud (65) 285 K6
les Riceys (10) 114 D3
la Richardais (35) 50 D3
Richardménil (54) 66 A6
Richarville (91) 86 B3
la Riche (37) 127 H5
Riche (57) 66 E2
Richebourg (52) 116 A2
Richebourg (62) 6 B5
Richebourg (78) 57 H4
Richecourt (55) 65 G3
Richelieu (37) 145 G3
Richeling (57) 68 C3
Richemont (57) 44 E3
Richemont (76) 16 E3
Richerenches (84) 256 E2
Richeval (57) 67 H6
Richeville (27) 36 C4
Richtolsheim (67) 71 C5
Richwiller (68) 97 B2
Ricourt (32) 285 J2
Ricquebourg (60) 19 F6
Riec-sur-Belon (29) 99 G3
Riedisheim (68) 97 C2
Riedseltz (67) 25 C1
Riel-les-Eaux (21) 115 G3
Riencourt (80) 17 J2
Riencourt-lès-Bapaume (62) 11 F5
Riencourt-lès-Cagnicourt (62) 11 G4
Riervescemont (90) 119 H5
Riespach (68) 97 B5
Rieucazé (31) 305 J2
Rieucros (09) 307 K1
Rieulay (59) 12 A2
Rieumajou (31) 289 F3
Rieumes (31) 287 J3
Rieupeyroux (12) 251 H3
Rieussec (34) 291 F3
Rieutort-de-Randon (48) 237 J5
Rieux (51) 61 F4
Rieux (56) 102 B4
Rieux (60) 38 B4
Rieux (76) 16 E1
Rieux-de-Pelleport (09) 307 H4
Rieux-en-Cambrésis (59) 12 B4
Rieux-en-Val (11) 309 H2
Rieux-Minervois (11) 290 D5
Rieux-Volvestre (31) 287 J5
Riez (04) 278 D3
Rigarda (66) 314 C2
Rigaud (06) 280 D1
Rignac (12) 251 H2
Rignac (46) 234 A3

Rigney (25) 138 B4
Rignieux-le-Franc (01) 189 F6
Rignosot (25) 138 B4
Rignovelle (70) 118 D5
Rigny (70) 137 F3
Rigny-la-Nonneuse (10) 89 G3
Rigny-la-Salle (55) 65 F6
Rigny-le-Ferron (10) 89 G6
Rigny-Saint-Martin (55) 65 G6
Rigny-sur-Arroux (71) 170 B4
Rigny-Ussé (37) 126 E6
Riguepeu (32) 266 E5
Rilhac-Lastours (87) 198 D4
Rilhac-Rancon (87) 181 H6
Rilhac-Treignac (19) 199 K5
Rilhac-Xaintrie (19) 216 E4
Rillans (25) 138 C4
Rillé (37) 126 E4
Rillieux-la-Pape (69) 206 B1
Rilly-la-Montagne (51) 41 F5
Rilly-Sainte-Syre (10) 89 K3
Rilly-sur-Aisne (08) 42 A1
Rilly-sur-Loire (41) 128 C4
Rilly-sur-Vienne (37) 145 H3
Rimaucourt (52) 92 C5
Rimbach-près-Guebwiller (68) 96 A6
Rimbach-près-Masevaux (68) 119 A6
Rimbachzell (68) 96 A6
Rimbez-et-Baudiets (40) 247 F6
Rimboval (62) 4 E6
Rimeize (48) 237 G3
Rimling (57) 69 F3
Rimogne (08) 22 B3
Rimon-et-Savel (26) 241 G4
Rimons (33) 230 D4
Rimont (09) 306 E2
Rimou (35) 51 H6
Rimplas (06) 261 H5
Rimsdorf (67) 68 E5
Ringeldorf (67) 69 J6
Ringendorf (67) 69 J6
Rinxent (62) 2 C4
Riocaud (33) 231 F3
Riolas (31) 287 G4
Riols (34) 291 F2
le Riols (81) 250 E5
Riom (63) 185 F6
Riom (63) 185 F6
Riom-ès-Montagnes (15) 217 K3
Rioms (26) 258 A3
Rion-des-Landes (40) 264 C2
Rions (33) 229 K4
Riorges (42) 186 E4
Riotord (43) 221 G3
Rioux (17) 195 F3
Rioux-Martin (16) 212 C3
Rioz (70) 138 A4
Riquewihr (68) 96 B3
Ris (63) 185 J5
Ris (65) 304 E4
Ris-Orangis (91) 59 F6
Riscle (32) 266 A5
Risoul (05) 227 A4
Ristolas (05) 227 D2
Rittershoffen (67) 25 C3
Ritzing (57) 45 H1
Riupeyrous (64) 284 E3
Rivarennes (36) 165 F3
Rivarennes (37) 126 E6
Rivas (42) 204 E4
Rive-de-Gier (42) 205 J5
Rivecourt (60) 38 D3
Rivedoux-Plage (17) 158 D6
Rivehaute (64) 283 H3
Rivel (11) 308 B3
Riventosa (2B) 319 F6
Rivèrenert (09) 306 D3
Riverie (69) 205 H4
Rivery (80) 18 B2
les Rives (34) 272 E3
Rives (38) 223 H1
Rives d'Andaine (61) 81 H1
Rives Dervoises (52) 91 G2
Rives de l'Yon (85) 159 J2
Rives-en-Seine (76) 34 E1
Rivesaltes (66) 310 A5
la Rivière (33) 211 K6
Rivière (37) 145 F2
la Rivière (38) 223 H4
Rivière (62) 10 E3
la Rivière-de-Corps (10) 90 A5
la Rivière-Drugeon (25) 156 D5
la Rivière-Enverse (74) 191 K4
Rivière-les-Fosses (52) 136 C1
Rivière-Saas-et-Gourby (40) 262 E4
la Rivière-Saint-Sauveur (14) 34 A4
Rivière-sur-Tarn (12) 253 G5
Rivières (16) 197 G2
Rivières (30) 255 J4
Rivières (81) 270 B2
les Rivières-Henruel (51) 63 F6
Rivières-le-Bois (52) 116 D6
Riville (76) 14 E4
Rivolet (69) 187 K5
Rix (39) 174 A1
Rix (58) 133 F4
Rixheim (68) 97 C2
la Rixouse (39) 173 J4
Rizaucourt-Buchey (52) 91 J5
Roaillan (33) 230 A6
Roaix (84) 257 F4
Roanne (42) 186 E5
Roannes-Saint-Mary (15) 235 H2

Robécourt (88) 117 G1
Robecq (62) 5 K5
Robersart (59) 12 E4
Robert-Espagne (55) 63 K5
Robertot (76) 15 G4
Roberval (60) 38 C4
Robiac-Rochessadoule (30) 255 G4
la Robine-sur-Galabre (04) 259 H4
Robion (84) 276 D3
le Roc (46) 233 H2
Rocamadour (46) 233 K3
Rocbaron (83) 297 K4
Rocé (41) 108 C5
Roche (38) 206 D4
Roche (42) 204 B4
la Roche-Bernard (56) 121 K2
la Roche-Blanche (44) 124 A3
la Roche-Blanche (63) 202 B3
la Roche-Canillac (19) 216 C4
la Roche-Chalais (24) 212 C4
la Roche-Clermault (37) 145 F2
la Roche-d'Agoux (63) 184 A4
la Roche-de-Glun (26) 222 B6
la Roche-de-Rame (05) 243 K3
la Roche-Derrien (22) 48 B3
la Roche-des-Arnauds (05) 242 D5
la Roche-en-Brenil (21) 134 B5
Roche-et-Régnier (43) 220 C3
Roche-et-Raucourt (70) 137 G2
la Roche-Guyon (95) 57 H1
Roche-la-Molière (42) 205 F6
la Roche-l'Abeille (87) 198 E4
la Roche-le-Peyroux (19) 217 G1
la Roche-lès-Clerval (25) 138 E4
Roche-lez-Beaupré (25) 138 A6
la Roche-Mabile (61) 82 B2
la Roche-Maurice (29) 46 C5
la Roche-Morey (71) 117 G6
la Roche-Noire (63) 202 E3
la Roche-Posay (86) 146 B6
la Roche-Rigault (86) 144 E4
Roche-Saint-Secret-Béconne (26) 257 F1
la Roche-sur-Foron (74) 191 G4
la Roche-sur-Grane (26) 240 D4
la Roche-sur-le-Buis (26) 257 J3
Roche-sur-Linotte-et-Sorans-les-Cordiers (70) 138 B3
la Roche-sur-Yon (85) 159 H1
la Roche-Vanneau (21) 135 F4
la Roche-Vineuse (71) 171 H6
Rochebaudin (26) 240 E5
la Rochebeaucourt-et-Argentine (24) 197 G5
Rochebrune (05) 259 H1
Rochebrune (26) 257 H3
Rochechinard (26) 223 F5
Rochechouart (87) 198 A1
Rochecolombe (07) 239 H6
Rochecorbon (37) 127 J4
Rochefort (17) 176 E5
Rochefort (73) 207 K4
Rochefort-du-Gard (30) 275 K2
Rochefort-en-Terre (56) 101 K5
Rochefort-en-Valdaine (26) 240 C6
Rochefort-en-Yvelines (78) 86 B1
Rochefort-Montagne (63) 202 A3
Rochefort-Samson (26) 222 E6
Rochefort-sur-Brévon (21) 115 G6
Rochefort-sur-la-Côte (52) 92 B6
Rochefort-sur-Loire (49) 125 F4
Rochefort-sur-Nenon (39) 155 G2
la Rochefoucauld (16) 197 G2
Rochefourchat (26) 241 G5
la Rochegiron (04) 258 C6
Rochegude (26) 256 D4
Rochegude (30) 255 J4
Rochejean (25) 174 D1
la Rochelle (52) 116 D2
la Rochelle (70) 117 G6
Rochemaure (07) 240 A5
la Rochénard (79) 177 J2
Rochepaule (07) 221 H5
la Rochepot (21) 153 J4
Rocher (07) 239 G6
le Rochereau (86) 162 D1
Roches (23) 182 E1
Roches (41) 109 F5
Roches-Bettaincourt (52) 92 B4
les Roches-de-Condrieu (38) 205 K6
Roches-lès-Blamont (25) 139 H4
les Roches-l'Évêque (41) 108 A5
Roches-Prémarie-Andillé (86) 163 F4
Roches-sur-Marne (52) 91 K1
Rocheservière (85) 141 J4
Rochessauve (07) 239 K4
Rochesson (88) 119 G3
Rochetaillée (52) 116 A4
Rochetaillée-sur-Saône (69) 206 A1
Rochetoirin (38) 207 G4
Rochetrejoux (85) 142 D6
la Rochette (04) 280 C2
la Rochette (05) 243 F5
la Rochette (07) 239 F1
la Rochette (16) 197 F1
la Rochette (73) 208 D2
la Rochette (77) 87 H2
la Rochette-du-Buis (26) 257 K3
Rocheville (50) 28 D4
Rochonvillers (57) 44 D2
Rochy-Condé (60) 37 H2
Rocles (03) 168 B5
Rocles (07) 239 F6

Rocles (48) 238 B4
Roclincourt (62) 11 F2
Rocourt (88) 117 G1
Rocourt-Saint-Martin (02) 39 K6
Rocquancourt (14) 32 E6
Rocquefort (76) 15 G5
Rocquemont (60) 38 D4
Rocquemont (76) 16 B6
Rocquencourt (60) 18 C5
Rocquencourt (78) 58 C4
Rocques (14) 33 K5
Rocquigny (02) 13 H6
Rocquigny (08) 21 J4
Rocquigny (62) 11 G6
Rocroi (08) 22 B2
Rodalbe (57) 68 A5
Rodelinghem (62) 2 D4
Rodelle (12) 252 B1
Rodemack (57) 45 F1
Roderen (68) 119 K5
Rodern (68) 71 A6
Rodès (66) 314 D2
Rodez (12) 252 B3
Rodilhan (30) 275 G4
Rodome (11) 308 C5
la Roë (53) 104 B3
Roëllecourt (62) 10 B2
Rœschwoog (67) 25 C3
Rœulx (59) 12 B3
Rœux (62) 11 G3
Roézé-sur-Sarthe (72) 106 C4
Roffey (89) 113 K4
Roffiac (15) 218 D5
Rogécourt (02) 20 B5
Rogerville (76) 34 A1
Rogéville (54) 65 J4
Roggenhouse (68) 96 D6
Rogliano (2B) 317 D1
Rogna (39) 173 H6
Rognac (13) 296 A2
Rognaix (73) 209 G4
Rognes (13) 277 G5
Rognon (25) 138 C4
Rognonas (13) 276 A3
Rogny (02) 20 E4
Rogny-les-Sept-Écluses (89) 111 K6
Rogues (30) 273 H3
Rogy (80) 18 A4
Rohaire (28) 56 A6
Rohan (56) 77 F6
Rohr (67) 70 D2
Rohrbach-lès-Bitche (57) 69 F3
Rohrwiller (67) 25 B4
Roiffé (86) 144 D2
Roiffieux (07) 221 K3
Roiglise (80) 19 F5
Roilly (21) 134 D4
Roinville (28) 85 J3
Roinville (91) 86 B2
Roinvilliers (91) 86 D4
Roisel (80) 19 J1
les Roises (55) 93 F3
Roisey (42) 221 K1
Roissard (38) 241 K1
Roissy-en-Brie (77) 59 H4
Roissy-en-France (95) 59 F2
Roiville (61) 54 E3
Roizy (08) 41 G2
Rolampont (52) 116 C3
Rolbing (57) 69 G1
Rollainville (88) 93 G4
Rollancourt (62) 9 J1
Rolleboise (78) 57 H1
Rolleville (76) 14 B6
Rollot (80) 18 E6
Rom (79) 179 F1
Romagnat (63) 202 D3
la Romagne (08) 21 K5
Romagne (33) 230 B3
Romagné (35) 80 A3
la Romagne (49) 142 D2
Romagne (86) 179 H1
Romagne-sous-les-Côtes (55) 43 J3
Romagne-sous-Montfaucon (55) 42 E3
Romagnieu (38) 207 J4
Romagny (68) 139 K1
Romagny Fontenay (50) 52 D5
Romagny-sous-Rougemont (90) 119 J6
Romain (25) 138 D4
Romain (39) 155 J1
Romain (51) 40 C3
Romain (54) 94 C2
Romain-aux-Bois (88) 117 G1
Romain-sur-Meuse (52) 92 E6
la Romaine (70) 137 J3
Romainville (93) 59 F3
Roman (27) 56 C4
Romanèche-Thorins (71) 188 B2
Romange (39) 155 H2
Romans (01) 188 D3
Romans (79) 161 K6
Romans-sur-Isère (26) 222 D5
Romanswiller (67) 70 C2
Romazières (17) 178 C5
Romazy (35) 79 H1
Rombach-le-Franc (68) 96 B1
Rombas (57) 44 E4
Rombies-et-Marchipont (59) 12 E2
Rombly (62) 5 H5
Romegoux (17) 177 G6
Romelfing (57) 68 D6
Romenay (71) 172 B4

Romeny-sur-Marne (02) 60 D2
Romeries (59) 12 D4
Romery (02) 20 E2
Romery (51) 40 E6
Romescamps (60) 17 G4
Romestaing (47) 246 E1
Romeyer (26) 241 H3
la Romieu (32) 267 G1
Romigny (51) 40 C5
Romiguières (34) 272 E4
Romillé (35) 78 E3
Romilly (41) 108 B3
Romilly-la-Puthenaye (27) 56 A2
Romilly-sur-Aigre (28) 108 E3
Romilly-sur-Andelle (27) 35 K3
Romilly-sur-Seine (10) 89 H2
Romont (88) 94 E3
Romorantin-Lanthenay (41) ... 129 J5
Rompon (07) 240 B3
Rônai (61) 54 B4
Roncenay (10) 90 A6
Roncey (50) 31 F5
Ronchamp (70) 119 F6
Ronchaux (25) 156 A3
Ronchères (02) 40 B6
Ronchères (89) 132 B1
Roncherolles-en-Bray (76) 16 D5
Roncherolles-sur-le-Vivier (76) . 35 J1
Ronchin (59) 6 E5
Ronchois (76) 16 E4
Roncourt (57) 44 D4
Roncq (59) 6 E3
la Ronde (17) 160 D6
la Ronde-Haye (50) 30 E3
Rondefontaine (25) 174 B1
Ronel (81) 270 E4
Rongères (03) 185 J1
Ronnet (03) 184 B2
Ronno (69) 187 H5
Ronquerolles (95) 37 J5
Ronsenac (16) 196 E5
Ronssoy (80) 19 J1
Rontalon (69) 205 J3
Rontignon (64) 284 D4
Ronvaux (55) 43 K6
Roost-Warendin (59) 11 H1
Roppe (90) 119 H6
Roppenheim (67) 25 D3
Roppentzwiller (68) 97 C5
Roppeviller (57) 69 H2
la Roque-Alric (84) 257 G5
la Roque-Baignard (14) 33 J5
la Roque-d'Anthéron (13) 277 F5
la Roque-en-Provence (06) ... 280 D2
la Roque-Esclapon (83) 279 K4
la Roque-Gageac (24) 233 F2
la Roque-Sainte-
    -Marguerite (12) 253 H6
la Roque-sur-Cèze (30) 256 A5
la Roque-sur-Pernes (84) 276 D1
Roquebillière (06) 261 K6
Roquebrun (34) 291 H2
Roquebrune (32) 266 E5
Roquebrune (33) 230 D5
Roquebrune-Cap-Martin (06) ... 281 J3
Roquebrune-sur-Argens (83) ... 299 F2
la Roquebrussanne (83) 297 J3
Roquecor (82) 248 E3
Roquecourbe (81) 270 E6
Roquecourbe-Minervois (11) ... 290 C5
Roquedur (30) 273 J2
Roquefère (11) 290 B4
Roquefeuil (11) 308 B5
Roquefixade (09) 307 K3
Roquefort (32) 267 H4
Roquefort (40) 246 B6
Roquefort (47) 248 A5
Roquefort-de-Sault (11) 308 D6
Roquefort-des-Corbières (11) ... 310 B3
Roquefort-la-Bédoule (13) 296 E5
Roquefort-les-Cascades (09) ... 307 K3
Roquefort-les-Pins (06) 280 D5
Roquefort-sur-Garonne (31) ... 287 G6
Roquefort-sur-Soulzon (12) ... 272 C4
Roquelaure (32) 267 H5
Roquelaure-Saint-Aubin (32) ... 268 B5
Roquemaure (30) 256 D6
Roquemaure (81) 269 H4
Roquepine (32) 267 G2
Roqueredonde (34) 272 E4
Roques (31) 288 B2
Roques (32) 266 E3
Roquesérière (31) 269 J5
Roquessels (34) 292 A1
Roquesteron (06) 280 D2
Roquetaillade (11) 308 D3
Roquetoire (62) 5 H4
la Roquette (27) 36 A4
la Roquette-sur-Siagne (06) ... 280 D6
la Roquette-sur-Var (06) 281 F3
Roquettes (31) 288 A2
Roquevaire (13) 296 E3
Roquevidal (81) 270 A6
Roquiague (64) 283 H5
la Roquille (33) 231 F3
Rorbach-lès-Dieuze (57) 68 D4
Rorschwihr (67) 71 A6
Rosans (05) 258 A2
Rosay (39) 172 G4
Rosay (76) 16 B4
Rosay (78) 57 J3
Rosay-sur-Lieure (27) 36 B3
Rosazia (2A) 320 C2
Rosbruck (57) 68 B2

Roscanvel (29) 72 D5
Roscoff (29) 46 E2
Rosel (14) 32 D4
Rosenau (68) 97 D3
Rosenwiller (67) 71 B2
Roset-Fluans (25) 155 K1
Rosey (70) 137 K2
Rosey (71) 171 H1
Rosheim (67) 71 B2
la Rosière (70) 119 F3
Rosières (07) 255 H1
Rosières (43) 220 C4
Rosières (60) 38 D5
Rosières (81) 270 D1
Rosières-aux-Salines (54) 66 C6
Rosières-en-Haye (54) 65 J4
Rosières-en-Santerre (80) 18 B3
Rosières-près-Troyes (10) 90 A5
Rosières-sur-Barbèche (25) ... 139 F5
Rosières-sur-Mance (70) 117 H4
Rosiers-de-Juillac (19) 215 F2
Rosiers-d'Égletons (19) 216 C1
les Rosiers-sur-Loire (49) 125 K5
Rosis (34) 272 C6
Rosnay (36) 164 D2
Rosnay (51) 40 D4
Rosnay (85) 159 J3
Rosnay-l'Hôpital (10) 90 E3
Rosnoën (29) 74 C2
Rosny-sous-Bois (93) 59 F3
Rosny-sur-Seine (78) 57 H2
Rosoy (60) 38 B3
Rosoy (89) 112 D1
Rosoy-en-Multien (60) 39 F6
Rospez (22) 48 A3
Rospigliani (2B) 321 G1
Rosporden (29) 99 F2
Rosselange (57) 44 E4
Rossfeld (67) 71 C4
Rossillon (01) 207 H1
Rosteig (67) 69 G5
Rostrenen (22) 76 A3
Rosult (59) 12 B1
Rosureux (25) 139 G6
Rotalier (39) 173 F3
Rotangy (60) 17 J2
Rothau (67) 70 A5
Rothbach (67) 69 H5
la Rothière (10) 91 F4
Rothois (76) 17 H6
Rothonay (39) 173 F4
Rots (14) 32 D4
Rott (67) 25 B1
Rottelsheim (67) 70 E1
Rottier (26) 257 K1
Rou-Marson (49) 126 A6
Rouairoux (81) 290 D2
Rouans (44) 122 D4
la Rouaudière (53) 104 A4
Roubaix (59) 7 F3
Roubia (11) 291 F5
Roubion (06) 261 G5
Roucamps (14) 53 G1
Roucourt (59) 11 J2
Roucy (02) 40 D3
Roudouallec (56) 75 G4
Rouécourt (52) 92 A4
Rouède (31) 306 A2
Rouelles (52) 116 A5
Rouen (76) 35 H2
Rouessé-Fontaine (72) 82 D4
Rouessé-Vassé (72) 82 A6
Rouet (34) 274 A4
Rouez (72) 82 B6
Rouffach (68) 96 B5
Rouffange (39) 155 J1
Rouffiac (15) 216 E6
Rouffiac (16) 212 D2
Rouffiac (17) 195 H3
Rouffiac (81) 270 C3
Rouffiac-d'Aude (11) 308 E1
Rouffiac-des-
    -Corbières (11) 309 H4
Rouffiac-Tolosan (31) 269 G6
Rouffignac (17) 211 J1
Rouffignac-de-Sigoulès (24) ... 231 H3
Rouffignac-Saint-
    -Cernin-de-Reilhac (24) ... 214 C5
Rouffilhac (46) 233 H3
Rouffy (51) 62 A3
Rougé (44) 103 H2
Rouge-Perriers (27) 35 F2
Rougefay (62) 9 K3
Rougegoutte (90) 119 H5
Rougemont (21) 134 C1
Rougemont (25) 138 C3
Rougemont-le-Château (90) ... 119 H6
Rougemontiers (27) 34 E3
Rougemontot (25) 138 C4
Rougeou (41) 129 G5
Rougeries (02) 20 E3
les Rouges-Eaux (88) 95 G5
le Rouget-Pers (15) 235 F2
Rougeux (52) 117 F5
Rougiers (83) 297 H3
Rougnac (16) 197 F5
Rougnat (23) 183 J4
Rougon (04) 279 H3
Rouhe (25) 156 A3
Rouhling (57) 68 C2
Rouillac (16) 196 E3
Rouillac (22) 77 K3
Rouillé (86) 162 B5

Rouillon (72) 106 D2
Rouilly (77) 88 D1
Rouilly-Sacey (10) 90 C4
Rouilly-Saint-Loup (10) 90 B5
Roujan (34) 292 B2
Roulans (25) 138 B5
le Roulier (88) 94 E6
Roullens (11) 290 A6
Roullet-Saint-Estèphe (16) ... 196 C4
Roumagne (47) 231 G5
Roumare (76) 35 G1
Roumazières-Loubert (16) 179 K6
Roumégoux (15) 235 F2
Roumégoux (81) 270 E6
Roumengoux (09) 308 B2
Roumens (31) 289 G2
Roumoules (04) 278 E3
Rountzenheim (67) 25 C4
Roupeldange (57) 45 H4
Rouperroux (61) 82 B1
Rouperroux-le-Coquet (72) ... 83 G5
Roupy (02) 19 J3
la Rouquette (12) 250 E3
Roure (06) 261 G5
le Rouret (06) 280 D5
Rousies (59) 13 H3
Roussac (87) 181 G4
Roussas (26) 256 D2
Roussayrolles (81) 250 D6
Rousseloy (60) 37 K4
Roussennac (12) 251 H1
Roussent (62) 9 F2
les Rousses (39) 174 A4
Rousses (48) 254 B5
Rousset (05) 243 G6
Rousset (13) 296 E2
Rousset-les-Vignes (26) 257 G2
le Rousset-Marizy (71) 170 C3
Roussieux (26) 258 A3
Roussillon (38) 222 A1
Roussillon (84) 277 F2
Roussillon-en-Morvan (71) ... 152 D4
Roussines (16) 197 J2
Roussines (36) 165 F5
Rousson (30) 255 H1
Rousson (89) 112 C2
Roussy-le-Village (57) 44 E1
Routes (76) 15 G4
Routier (11) 308 D1
Routot (27) 34 E3
Rouvenac (11) 308 D3
Rouves (54) 66 A3
la Rouvière (30) 274 E2
Rouvignies (59) 12 C2
Rouville (60) 38 E5
Rouville (76) 14 E6
Rouvillers (60) 38 C2
Rouvray (21) 134 B4
Rouvray (27) 57 F1
Rouvray (89) 113 G4
Rouvray-Catillon (76) 16 D6
Rouvray-Saint-Denis (28) 86 A5
Rouvray-Sainte-Croix (45) ... 109 J2
Rouvrel (80) 18 C4
Rouvres (14) 54 B1
Rouvres (28) 57 G2
Rouvres (77) 59 H1
Rouvres-en-Multien (60) 39 F6
Rouvres-en-Plaine (21) 154 C1
Rouvres-en-Woëvre (55) 44 A4
Rouvres-en-Xaintois (88) 93 K4
Rouvres-la-Chétive (88) 93 G4
Rouvres-les-Bois (36) 147 J3
Rouvres-les-Vignes (10) 91 H5
Rouvres-Saint-Jean (45) 86 D5
Rouvres-sous-Meilly (21) 153 H1
Rouvres-sur-Aube (52) 115 K4
Rouvrois-sur-Meuse (55) 64 E2
Rouvrois-sur-Othain (55) 43 K2
Rouvroy (02) 20 A3
Rouvroy (62) 11 G1
Rouvroy-en-Santerre (80) 18 B5
Rouvroy-les-Merles (60) 18 B5
Rouvroy-Ripont (51) 42 B5
Rouvroy-sur-Audry (08) 22 B3
Rouvroy-sur-Marne (52) 92 A4
Rouvroy-sur-Serre (02) 21 J4
le Roux (07) 238 E5
Rouxmesnil-Bouteilles (76) ... 15 K2
Rouy (58) 151 H4
Rouy-le-Grand (80) 19 G4
Rouy-le-Petit (80) 19 G4
Rouze (09) 308 C6
Rouzède (16) 197 H3
Rouziers (15) 235 F2
Rouziers-de-Touraine (37) ... 127 H3
le Rove (13) 296 B3
Roville-aux-Chênes (88) 94 E3
Roville-devant-Bayon (54) 94 B2
Rovon (38) 223 H4
Roy-Boissy (60) 17 H6
Royan (17) 194 C3
Royas (38) 206 D5
Royat (63) 202 C2
Royaucourt (60) 18 D6
Royaucourt-et-Chailvet (02) ... 40 A1
Royaumeix (54) 65 H4
Roybon (38) 223 F3
Roye (70) 118 E6
Roye (80) 19 F4
Roye-sur-Matz (60) 19 F5
Royer (71) 171 J4
Royère-de-Vassivière (23) ... 200 B1
Royères (87) 199 G1

Roynac (26) 240 D5
Royon (62) 4 E6
Royville (76) 15 J3
Roz-Landrieux (35) 51 F4
Roz-sur-Couesnon (35) 51 H4
Rozay-en-Brie (77) 60 A6
le Rozel (50) 28 A4
Rozelieures (54) 94 D2
Rozérieulles (57) 44 E6
Rozerotte (88) 93 K5
Rozès (32) 267 F3
Rozet-Saint-Albin (02) 39 J3
le Rozier (48) 253 H5
Rozier-Côtes-d'Aurec (42) 220 D1
Rozier-en-Donzy (42) 204 E2
Rozières-en-Beauce (45) 109 J4
Rozières-sur-Crise (02) 39 J3
Rozières-sur-Mouzon (88) ... 117 G1
Roziers-Saint-Georges (87) ... 199 H2
Rozoy-Bellevalle (02) 60 E3
Rozoy-le-Vieil (45) 111 K1
Rozoy-sur-Serre (02) 21 H4
Ruages (58) 133 H6
Ruan (45) 110 A1
Ruan-sur-Egvonne (41) 108 C3
Ruaudin (72) 106 E3
Rubécourt-et-Lamécourt (08) ... 23 F4
Rubelles (77) 87 H2
Rubempré (80) 10 B6
Rubercy (14) 31 K1
Rubescourt (80) 18 D6
Rubigny (08) 21 J3
Rubrouck (59) 3 H4
Ruca (22) 50 A4
Ruch (33) 230 C3
Rucqueville (14) 32 C4
Rudeau-Ladosse (24) 197 H5
Rudelle (46) 234 C4
Rue (80) 8 E3
la Rue-Saint-Pierre (60) 37 J2
la Rue-Saint-Pierre (76) 16 B3
Ruederbach (68) 97 B5
Rueil-la-Gadelière (28) 56 B5
Rueil-Malmaison (92) 58 D3
Ruelisheim (68) 97 C1
Ruelle-sur-Touvre (16) 196 E3
les Rues-des-Vignes (59) 11 K5
Ruesnes (59) 12 D3
Rueyres (46) 234 B3
Ruffec (16) 179 G4
Ruffec (36) 164 D3
Ruffey-le-Château (25) 137 H6
Ruffey-lès-Beaune (21) 154 A4
Ruffey-lès-Echirey (21) 136 A5
Ruffey-sur-Seille (39) 173 F1
Ruffiac (47) 246 E2
Ruffiac (56) 102 A2
Ruffieu (01) 190 A5
Ruffieux (73) 208 A1
Ruffigné (44) 103 H3
Rugles (27) 55 J4
Rugney (88) 94 B4
Rugny (89) 114 B4
Ruhans (70) 138 A3
Ruillé-en-Champagne (72) ... 106 B2
Ruillé-Froid-Fonds (53) 105 F3
Ruillé-sur-Loir (72) 107 H6
Ruisseauville (62) 5 F6
Ruitz (62) 5 K6
Rullac-Saint-Cirq (12) 252 A6
Rully (60) 38 D5
Rully (71) 153 J5
Rumaucourt (62) 11 H3
Rumegies (59) 7 G6
Rumersheim-le-Haut (68) 97 D1
Rumesnil (14) 33 H4
Rumigny (08) 21 J3
Rumigny (80) 18 A3
Rumilly (62) 4 E5
Rumilly (74) 190 D6
Rumilly-en-Cambrésis (59) 11 J5
Rumilly-lès-Vaudes (10) 114 C1
Ruminghem (62) 3 G2
Rumont (55) 64 B4
Rumont (77) 87 F5
Runan (22) 48 C3
Rungis (94) 58 E5
Ruoms (07) 255 J1
Rupéreux (77) 60 D6
Ruppes (88) 93 G2
Rupt (52) 92 A3
Rupt-aux-Nonains (55) 64 A6
Rupt-devant-
    -Saint-Mihiel (55) 64 D3
Rupt-en-Woëvre (55) 64 D1
Rupt-sur-Moselle (88) 119 F3
Rupt-sur-Othain (55) 43 J2
Rupt-sur-Saône (70) 137 J1
Rurange-lès-Thionville (57) ... 45 F3
Rurey (25) 156 B2
Rusio (2B) 319 G5
Russ (67) 70 A4
Russange (57) 44 C1
le Russey (25) 157 J1
Russy (14) 32 A3
Russy-Bémont (60) 39 F4
Rustenhart (68) 96 D5
Rustiques (11) 290 C6
Rustrel (84) 277 H2
Rustroff (57) 45 G1
Rutali (2B) 319 H2
Ruvigny (10) 90 B5
Ruy-Montceau (38) 207 F4
Ruyaulcourt (62) 11 H5

Ruynes-en-Margeride (15) ... 218 E6
Ry (76) 36 A1
Rye (39) 155 F5
Ryes (14) 32 B3

S

Saâcy-sur-Marne (77) 60 C2
Saales (67) 95 K3
Saâne-Saint-Just (76) 15 J3
Saasenheim (67) 71 C4
Sabadel-Latronquière (46) ... 234 D4
Sabadel-Lauzès (46) 233 K6
Sabaillan (32) 287 F2
Sabalos (65) 285 H4
Sabarat (09) 307 F1
Sabarros (65) 286 B5
Sabazan (32) 266 B5
Sablé-sur-Sarthe (72) 105 J4
les Sables-d'Olonne (85) 158 E3
Sablet (84) 257 F5
Sablières (07) 238 E6
Sablonceaux (17) 194 D2
Sablonnières (77) 60 D3
Sablons (33) 212 A5
Sablons (38) 222 A2
Sablons sur Huisne (61) 84 A4
Sabonnères (31) 287 H2
la Sabotterie (08) 22 C6
Sabran (30) 256 B5
Sabres (40) 245 G5
Saccourvielle (31) 305 G5
Sacé (53) 81 F6
Sacey (50) 51 J5
Saché (37) 127 G6
Sachin (62) 5 H6
Sachy (08) 23 G5
Sacierges-Saint-Martin (36) ... 164 E4
Saclas (91) 86 C4
Saclay (91) 58 C5
Saconin-et-Breuil (02) 39 H3
Sacoué (65) 305 G2
Sacquenay (21) 136 C2
Sacquenville (27) 35 H6
Sacy (51) 40 E5
Sacy-le-Grand (60) 38 B3
Sacy-le-Petit (60) 38 C3
Sadeillan (32) 286 A3
Sadillac (24) 231 H3
Sadirac (33) 229 J2
Sadournin (65) 286 A4
Sadroc (19) 215 J2
Saessolsheim (67) 70 C2
Saffais (54) 94 B1
Saffloz (39) 173 J2
Saffré (44) 103 G5
Saffres (21) 135 F5
Sagelat (24) 232 D3
Sagnat (23) 182 A1
Sagnes-et-Goudoulet (07) ... 239 F3
Sagonne (18) 150 A6
Sagy (71) 172 D3
Sagy (95) 58 A1
Sahorre (66) 314 B3
Sahune (26) 257 J2
Sahurs (76) 35 G3
Sai (61) 54 C5
Saignes (15) 217 H2
Saignes (46) 234 C2
Saigneville (80) 9 F5
Saignon (84) 277 H3
Saiguède (31) 287 J1
Sail-les-Bains (42) 186 C2
Sail-sous-Couzan (42) 204 C3
Sailhan (65) 304 E4
Saillac (19) 215 J6
Saillac (46) 250 C3
Saillagouse (66) 313 H4
Saillans (26) 241 F4
Saillans (33) 211 K6
Saillant (63) 204 B6
Saillat-sur-Vienne (87) 198 A1
Saillenard (71) 172 E2
Sailly (08) 23 H5
Sailly (52) 92 C3
Sailly (71) 171 G4
Sailly (78) 57 K1
Sailly-Achâtel (57) 66 B2
Sailly-au-Bois (62) 10 D5
Sailly-en-Ostrevent (62) 11 G3
Sailly-Flibeaucourt (80) 9 F4
Sailly-Labourse (62) 6 A6
Sailly-Laurette (80) 18 D2
Sailly-le-Sec (80) 18 D2
Sailly-lez-Cambrai (59) 11 J4
Sailly-lez-Lannoy (59) 7 F4
Sailly-Saillisel (80) 11 G6
Sailly-sur-la-Lys (62) 6 B4
Sain-Bel (69) 205 J2
Saincaize-Meauce (58) 150 D5
Sainghin-en-Mélantois (59) 6 E5
Sainghin-en-Weppes (59) 6 C5
Sainneville (76) 14 C6
Sainpuits (89) 132 D3
Sains (35) 51 H4
Sains-du-Nord (59) 13 H5
Sains-en-Amiénois (80) 18 B3
Sains-en-Gohelle (62) 10 E1
Sains-lès-Fressin (62) 4 E6
Sains-lès-Marquion (62) 11 H4
Sains-lès-Pernes (62) 5 H6
Sains-Morainvillers (60) 18 C6
Sains-Richaumont (02) 20 D3
le Saint (56) 75 J5

Saint-Abit (64)............... 284 D5
Saint-Abraham (56)......... 101 J3
Saint-Acheul (80).............. 9 K4
Saint-Adjutory (16)......... 197 H2
Saint-Adrien (22)............. 48 C6
Saint-Affrique (12)......... 272 B2
Saint-Affrique-
  les-Montagnes (81) 289 K2
Saint-Agathon (22)........... 48 D5
Saint-Agil (41)............... 108 A2
Saint-Agnan (58)............ 134 B6
Saint-Agnan (71)............ 169 K4
Saint-Agnan (81)............ 269 J5
Saint-Agnan (89)............. 88 B5
Saint-Agnan-de-Cernières (27)... 55 F2
Saint-Agnan-en-Vercors (26).... 241 H1
Saint-Agnan-sur-Sarthe (61).... 55 G6
Saint-Agnant (17)........... 176 E6
Saint-Agnant-de-Versillat (23)... 181 K1
Saint-Agnant-près-Crocq (23)... 201 F2
Saint-Agne (24)............. 231 K2
Saint-Agnet (40)............ 265 J6
Saint-Agnin-sur-Bion (38).... 206 E5
Saint-Agoulin (63).......... 185 F5
Saint-Agrève (07)........... 221 G6
Saint-Aignan (08)............ 22 E5
Saint-Aignan (33).......... 211 K6
Saint-Aignan (41).......... 128 E6
Saint-Aignan (56)............ 76 D4
Saint-Aignan (72)............ 83 F6
Saint-Aignan (82).......... 268 C1
Saint-Aignan-de-Couptrain (53).. 81 K2
Saint-Aignan-de-Cramesnil (14).. 32 E6
Saint-Aignan-des-Gués (45)... 110 E5
Saint-Aignan-des-Noyers (18)... 167 J1
Saint-Aignan-Grandlieu (44)... 123 J5
Saint-Aignan-le-Jaillard (45)... 111 F6
Saint-Aignan-sur-Roë (53)... 104 B4
Saint-Aignan-sur-Ry (76)..... 36 A1
Saint-Aigny (36)............ 164 B2
Saint-Aigulin (17).......... 212 C4
Saint-Ail (54).............. 44 D5
Saint-Alban (01)............ 189 J3
Saint-Alban (22)............. 49 J5
Saint-Alban (31)............ 269 F5
Saint-Alban-Auriolles (07)... 255 J2
Saint-Alban-d'Ay (07)....... 221 K4
Saint-Alban-de-Montbel (73)... 208 A4
Saint-Alban-de-Roche (38)... 206 E4
Saint-Alban-des-Villards (73)... 225 F2
Saint-Alban-d'Hurtières (73)... 208 E5
Saint-Alban-du-Rhône (38)... 205 K6
Saint-Alban-en-Montagne (07).. 238 C4
Saint-Alban-Leysse (73)..... 208 B5
Saint-Alban-les-Eaux (42)... 186 D5
Saint-Alban-sur-Limagnole (48).. 237 H3
Saint-Albin-de-Vaulserre (38).. 207 K5
Saint-Alexandre (30)........ 256 B4
Saint-Algis (02)............. 20 E2
Saint-Allouestre (56)....... 101 F2
Saint-Alpinien (23)......... 183 G5
Saint-Alyre-d'Arlanc (63)... 219 J1
Saint-Alyre-ès-Montagne (63)... 218 C1
Saint-Amadou (09).......... 307 J1
Saint-Amancet (81)......... 289 J2
Saint-Amand (23).......... 183 G5
Saint-Amand (50)............ 31 J4
Saint-Amand (62)............ 10 A7
Saint-Amand-de-Coly (24)... 215 F5
Saint-Amand-de-Vergt (24)... 213 K6
Saint-Amand-en-Puisaye (58)... 132 B3
Saint-Amand-Jartoudeix (23)... 182 A6
Saint-Amand-le-Petit (87)... 199 K2
Saint-Amand-les-Eaux (59)... 12 C1
Saint-Amand-Longpré (41)... 128 B1
Saint-Amand-Magnazeix (87)... 181 H3
Saint-Amand-Montrond (18)... 167 G2
Saint-Amand-sur-Fion (51)... 63 F4
Saint-Amand-sur-Ornain (55)... 64 D6
Saint-Amand-sur-Sèvre (79)... 143 F5
Saint-Amandin (15)......... 217 K2
Saint-Amans (09)........... 288 C6
Saint-Amans (11).......... 289 J4
Saint-Amans (48).......... 237 H5
Saint-Amans-de-Pellagal (82)... 249 F4
Saint-Amans-des-Cots (12)... 235 K4
Saint-Amans-du-Pech (82)... 248 D3
Saint-Amans-Soult (81)..... 290 C2
Saint-Amans-Valtoret (81)... 290 C2
Saint-Amant-de-Boixe (16)... 196 D1
Saint-Amant-de-Bonnieure (16)... 197 F1
Saint-Amant-
  de-Montmoreau (16) 212 E1
Saint-Amant-de-Nouère (16)... 196 C2
Saint-Amant-Roche-Savine (63).. 203 J5
Saint-Amant-Tallende (63)... 202 D3
Saint-Amarin (68).......... 119 J4
Saint-Ambreuil (71)........ 171 J2
Saint-Ambroix (18)......... 148 D5
Saint-Ambroix (30)......... 255 H4
Saint-Amé (88)............. 119 F2
Saint-Amour (39).......... 172 D5
Saint-Amour-Bellevue (71)... 188 B1
Saint-Andelain (58)........ 132 A6
Saint-Andéol (26).......... 241 G3
Saint-Andéol (38).......... 223 J6
Saint-Andéol-de-Berg (07)... 239 J6
Saint-Andéol-de-
  Fourchades (07) 239 G2
Saint-Andéol-de-Vals (07)... 239 H4
Saint-Andéol-le-Château (69)... 205 K4
Saint-Andeux (21).......... 134 B5
Saint-Andiol (13).......... 276 C3

Saint-André (31)........... 287 F5
Saint-André (32)........... 287 F1
Saint-André (66)........... 315 H5
Saint-André (73)........... 225 J3
Saint-André (81)........... 271 G2
Saint-André-Capcèze (48)... 254 E2
Saint-André-d'Allas (24)... 232 E2
Saint-André-d'Apchon (42)... 186 D5
Saint-André-de-Bâgé (01)... 188 C1
Saint-André-de-Boëge (74)... 191 H2
Saint-André-de-Bohon (50)... 31 F2
Saint-André-de-Briouze (61)... 53 K5
Saint-André-de-Buèges (34)... 273 J3
Saint-André-de-Chalencon (43).. 220 C3
Saint-André-de-Corcy (01)... 188 D6
Saint-André-de-Cruzières (07).. 255 H3
Saint-André-de-Cubzac (33)... 211 H6
Saint-André-de-Double (24)... 213 F4
Saint-André-de-la-Roche (06)... 281 G4
Saint-André-de-Lancize (48)... 254 D4
Saint-André-de-l'Épine (50)... 31 J3
Saint-André-de-l'Eure (27)... 56 E3
Saint-André-de-Lidon (17)... 194 E4
Saint-André-de-
  Majencoules (30) 273 J1
Saint-André-de-Messei (61)... 53 H5
Saint-André-de-Najac (12)... 251 F5
Saint-André-de-
  Roquelongue (11) 310 A1
Saint-André-de-
  Roquepertuis (30) 256 A4
Saint-André-de-Rosans (05)... 258 A2
Saint-André-de-Sangonis (34)... 273 H6
Saint-André-de-Seignanx (40)... 262 B6
Saint-André-de-Valborgne (30)... 254 C5
Saint-André-de-Vézines (12)... 253 H5
Saint-André-d'Embrun (05)... 243 K5
Saint-André-des-Eaux (22)... 50 D6
Saint-André-des-Eaux (44)... 121 K4
Saint-André-d'Hébertot (14)... 34 A3
Saint-André-d'Huiriat (01)... 188 C2
Saint-André-d'Olérargues (30)... 256 A4
Saint-André-du-Bois (33)... 230 B5
Saint-André-en-Barrois (55)... 64 B1
Saint-André-en-Bresse (71)... 172 B2
Saint-André-en-Morvan (58)... 133 J5
Saint-André-en-Royans (38)... 223 G5
Saint-André-en-
  Terre-Plaine (89) 134 A4
Saint-André-en-Vivarais (07)... 221 G4
Saint-André-et-Appelles (33)... 231 F2
Saint-André-Farivillers (60)... 18 A6
Saint-André-Goule-d'Oie (85)... 142 B5
Saint-André-la-Côte (69)... 205 J4
Saint-André-Lachamp (07)... 255 G1
Saint-André-le-Bouchoux (01)... 188 E3
Saint-André-le-Coq (63)... 185 G5
Saint-André-le-Désert (71)... 171 F4
Saint-André-le-Gaz (38)... 207 H5
Saint-André-le-Puy (42)... 204 E4
Saint-André-les-Alpes (04)... 279 H1
Saint-André-les-Vergers (10)... 90 A5
Saint-André-lez-Lille (59)... 6 D4
Saint-André-sur-Cailly (76)... 16 B6
Saint-André-sur-Orne (14)... 32 E5
Saint-André-sur-Sèvre (79)... 143 G6
Saint-André-sur-
  Vieux-Jonc (01) 189 F3
Saint-Androny (33)........ 211 G3
Saint-Ange-et-Torçay (28)... 56 D6
Saint-Ange-le-Viel (77)... 87 K5
Saint-Angeau (16)......... 197 F1
Saint-Angel (03)......... 167 H4
Saint-Angel (19)......... 200 E5
Saint-Angel (63)......... 184 D5
Saint-Anthème (63)....... 204 B5
Saint-Anthot (21)........ 135 G6
Saint-Antoine (15)....... 235 G3
Saint-Antoine (25)....... 156 E6
Saint-Antoine (32)....... 248 D6
Saint-Antoine-Cumond (24)... 212 E2
Saint-Antoine-d'Auberoche (24).. 214 C4
Saint-Antoine-de-Breuilh (24)... 230 E2
Saint-Antoine-de-Ficalba (47)... 248 C3
Saint-Antoine-du-Queyret (33)... 230 D2
Saint-Antoine-du-Rocher (37)... 127 H3
Saint-Antoine-la-Forêt (76)... 14 E6
Saint-Antoine-l'Abbaye (38)... 222 E4
Saint-Antoine-sur-l'Isle (33)... 212 D5
Saint-Antonin (06)....... 280 D2
Saint-Antonin (32)....... 267 K5
Saint-Antonin-de-Lacalm (81)... 271 F4
Saint-Antonin-
  de-Sommaire (27) 55 J4
Saint-Antonin-du-Var (83)... 298 B1
Saint-Antonin-Noble-Val (82)... 250 C5
Saint-Antonin-sur-Bayon (13)... 296 E1
Saint-Aoustrille (36)..... 148 A5
Saint-Août (36).......... 166 A2
Saint-Apollinaire (05)... 243 H5
Saint-Apollinaire (21)... 136 A5
Saint-Apollinaire-de-Rias (07).. 239 K1
Saint-Appolinaire (69)... 187 H1
Saint-Appolinard (38)... 223 F3
Saint-Appolinard (42)... 221 K2
Saint-Aquilin (24)....... 213 H3
Saint-Aquilin-de-Corbion (61)... 55 H6
Saint-Aquilin-de-Pacy (27)... 57 F2
Saint-Araille (31)....... 287 G4
Saint-Arailles (32)...... 266 E6
Saint-Arcons-d'Allier (43)... 219 J5
Saint-Arcons-de-Barges (43)... 238 C2
Saint-Arey (38).......... 242 B2
Saint-Armel (35).......... 79 G5

Saint-Armel (56).......... 101 F6
Saint-Armou (64)......... 284 D2
Saint-Arnac (66)......... 309 H5
Saint-Arnoult (14)........ 33 J3
Saint-Arnoult (41)....... 108 A6
Saint-Arnoult (60)........ 17 G5
Saint-Arnoult (76)........ 15 F6
Saint-Arnoult-des-Bois (28)... 84 E2
Saint-Arnoult-en-Yvelines (78)... 86 A1
Saint-Arroman (32)....... 286 C2
Saint-Arroman (65)....... 305 F2
Saint-Arroumex (82)...... 268 B1
Saint-Astier (24)........ 213 H4
Saint-Astier (47)........ 231 F3
Saint-Auban (06)......... 280 A3
Saint-Auban-d'Oze (05)... 242 C6
Saint-Auban-sur-l'Ouvèze (26)... 257 K3
Saint-Aubert (59)......... 12 C4
Saint-Aubin (02).......... 39 H1
Saint-Aubin (10).......... 89 F3
Saint-Aubin (21)........ 153 J4
Saint-Aubin (36)........ 148 C6
Saint-Aubin (39)........ 154 B3
Saint-Aubin (40)........ 264 E4
Saint-Aubin (47)........ 248 D1
Saint-Aubin (59)......... 13 G4
Saint-Aubin (62).......... 4 B6
Saint-Aubin (91)......... 58 C5
Saint-Aubin-Celloville (76)... 35 J3
Saint-Aubin-d'Appenai (61)... 83 F2
Saint-Aubin-d'Arquenay (14)... 32 E4
Saint-Aubin-d'Aubigné (35)... 79 G2
Saint-Aubin-de-Blaye (33)... 211 H2
Saint-Aubin-de-Bonneval (61)... 55 F2
Saint-Aubin-de-Branne (33)... 230 B2
Saint-Aubin-de-Cadelech (24)... 231 H4
Saint-Aubin-de-Courteraie (61)... 55 G6
Saint-Aubin-de-Crétot (76)... 15 F6
Saint-Aubin-de-Lanquais (24)... 231 J4
Saint-Aubin-de-Locquenay (72)... 82 C5
Saint-Aubin-de-Médoc (33)... 229 F1
Saint-Aubin-de-Nabirat (24)... 233 G4
Saint-Aubin-de-Scellon (27)... 34 C5
Saint-Aubin-de-Terregatte (50)... 52 A6
Saint-Aubin-des-Bois (14)... 52 B3
Saint-Aubin-des-Bois (28)... 85 F3
Saint-Aubin-des-Châteaux (44)... 103 H3
Saint-Aubin-des-Chaumes (58)... 133 H5
Saint-Aubin-des-Coudrais (72)... 83 H6
Saint-Aubin-des-Landes (35)... 79 K4
Saint-Aubin-des-Ormeaux (85)... 142 D3
Saint-Aubin-des-Préaux (50)... 51 J1
Saint-Aubin-du-Cormier (35)... 79 J2
Saint-Aubin-du-Désert (53)... 82 A4
Saint-Aubin-du-Pavail (35)... 79 H5
Saint-Aubin-du-Perron (50)... 30 E3
Saint-Aubin-du-Plain (79)... 143 J4
Saint-Aubin-du-Thenney (27)... 55 H1
Saint-Aubin-en-Bray (60)... 37 F2
Saint-Aubin-en-Charollais (71)... 170 C4
Saint-Aubin-Épinay (76)... 35 J2
Saint-Aubin-Fosse-Louvain (53)... 80 E2
Saint-Aubin-la-Plaine (85)... 160 B4
Saint-Aubin-le-Cauf (76)... 16 A2
Saint-Aubin-le-Cloud (79)... 161 H2
Saint-Aubin-le-Dépeint (37)... 127 F1
Saint-Aubin-le-Monial (03)... 168 A4
Saint-Aubin-le-Vertueux (27)... 55 J1
Saint-Aubin-lès-Elbeuf (76)... 35 G4
Saint-Aubin-les-Forges (58)... 150 E2
Saint-Aubin-Montenoy (80)... 17 J3
Saint-Aubin-Rivière (80)... 17 G2
Saint-Aubin-Routot (76)... 14 C6
Saint-Aubin-sous-Erquery (60)... 38 A2
Saint-Aubin-sur-Aire (55)... 64 D5
Saint-Aubin-sur-Gaillon (27)... 36 A6
Saint-Aubin-sur-Loire (71)... 169 J4
Saint-Aubin-sur-Mer (14)... 32 E3
Saint-Aubin-sur-Mer (76)... 15 J1
Saint-Aubin-sur-Quillebeuf (27)... 34 C1
Saint-Aubin-sur-Scie (76)... 15 K2
Saint-Aubin-sur-Yonne (89)... 112 D3
Saint-Augustin (17)...... 194 B2
Saint-Augustin (19)...... 216 B1
Saint-Augustin (62)........ 5 H4
Saint-Augustin (77)....... 60 A4
Saint-Augustin-des-Bois (49)... 124 E3
Saint-Aulaire (19)....... 215 G3
Saint-Aulais-la-Chapelle (16)... 196 B6
Saint-Aulaye-Puymangou (24)... 212 E3
Saint-Aunès (34)......... 274 C6
Saint-Aunix-Lengros (32)... 266 B6
Saint-Aupre (38)......... 223 K1
Saint-Austremoine (43)... 219 G5
Saint-Auvent (87)........ 198 B2
Saint-Avaugourd-
  des-Landes (85) 159 G3
Saint-Avé (56)........... 101 F5
Saint-Aventin (31)....... 305 G5
Saint-Avertin (37)....... 127 J5
Saint-Avit (16).......... 212 D3
Saint-Avit (26).......... 222 C3
Saint-Avit (40).......... 265 G2
Saint-Avit (41).......... 108 A2
Saint-Avit (47).......... 231 F5
Saint-Avit (63).......... 201 H1
Saint-Avit (81).......... 289 J2
Saint-Avit-de-Soulège (33)... 230 E2
Saint-Avit-de-Tardes (23)... 183 G6
Saint-Avit-de-Vialard (24)... 232 C1
Saint-Avit-Frandat (32)... 267 H1
Saint-Avit-le-Pauvre (23)... 182 E5
Saint-Avit-les-Guespières (28)... 84 E5

Saint-Avit-Rivière (24)... 232 C3
Saint-Avit-Saint-Nazaire (33)... 231 F2
Saint-Avit-Sénieur (24)... 232 B3
Saint-Avold (57).......... 68 A3
Saint-Avre (73).......... 225 F1
Saint-Ay (45)........... 109 J3
Saint-Aybert (59)......... 12 E1
Saint-Babel (63)......... 203 F4
Saint-Baldoph (73)....... 208 B5
Saint-Bandry (02)......... 39 H3
Saint-Baraing (39)....... 155 F4
Saint-Barbant (87)....... 180 C3
Saint-Bard (23).......... 183 H6
Saint-Bardoux (26)....... 222 C5
Saint-Barnabé (22)........ 77 G5
Saint-Barthélemy (38)... 222 D2
Saint-Barthélemy (40)... 282 D1
Saint-Barthélemy (50)... 52 D5
Saint-Barthélemy (56)... 100 C2
Saint-Barthélemy (70)... 118 C5
Saint-Barthélemy (77)... 60 D4
Saint-Barthélemy-
  d'Agenais (47) 231 G6
Saint-Barthélemy-d'Anjou (49)... 125 G3
Saint-Barthélemy-de-
  Bellegarde (24) 212 E5
Saint-Barthélemy-
  de-Bussière (24) 198 A4
Saint-Barthélemy-
  de-Séchilienne (38) 224 B5
Saint-Barthélemy-de-Vals (26)... 222 B4
Saint-Barthélemy-Grozon (07)... 221 J6
Saint-Barthélemy-le-Meil (07)... 239 J2
Saint-Barthélemy-le-Plain (07)... 222 A5
Saint-Barthélemy-Lestra (42)... 205 F3
Saint-Basile (07)........ 239 K1
Saint-Baslemont (88)...... 93 J4
Saint-Baudel (18)........ 148 E6
Saint-Baudelle (53)....... 81 G4
Saint-Baudille-de-la-Tour (38)... 207 F2
Saint-Baudille-et-Pipet (38)... 242 B3
Saint-Bauld (37)......... 146 B1
Saint-Baussant (54)....... 65 G3
Saint-Bauzeil (09)....... 307 H1
Saint-Bauzély (30)....... 274 B2
Saint-Bauzile (07)....... 240 A4
Saint-Bauzile (48)....... 254 A1
Saint-Bauzille-de-la-Sylve (34)... 273 H6
Saint-Bauzille-de-Montmel (34)... 274 C4
Saint-Bauzille-de-Putois (34)... 273 K3
Saint-Bazile (87)........ 198 A2
Saint-Bazile-de-la-Roche (19)... 216 C4
Saint-Bazile-de-Meyssac (19)... 215 K5
Saint-Béat (31).......... 305 H3
Saint-Beaulize (12)....... 272 D3
Saint-Beauzeil (82)...... 248 D3
Saint-Beauzély (12)...... 252 E5
Saint-Beauzire (43)...... 219 F3
Saint-Beauzire (63)...... 202 E1
Saint-Bénézet (30)....... 274 D1
Saint-Bénigne (01)....... 172 A5
Saint-Benin (59).......... 12 D5
Saint-Benin-d'Azy (58)... 151 F4
Saint-Benin-des-Bois (58)... 151 G2
Saint-Benoist-sur-Mer (85)... 159 J4
Saint-Benoist-sur-Vanne (10)... 89 G6
Saint-Benoît (01)........ 207 F5
Saint-Benoît (11)........ 308 C2
Saint-Benoît (86)........ 162 E3
Saint-Benoît-de-Carmaux (81)... 270 D1
Saint-Benoît-des-Ombres (27)... 34 D4
Saint-Benoît-des-Ondes (35)... 50 E3
Saint-Benoît-d'Hébertot (14)... 34 A3
Saint-Benoît-du-Sault (36)... 165 F5
Saint-Benoit-en-Diois (26)... 241 G4
Saint-Benoît-la-Forêt (37)... 145 G1
Saint-Benoît-sur-Loire (45)... 110 D5
Saint-Benoît-sur-Seine (10)... 90 A4
Saint-Bérain (43)........ 219 J6
Saint-Berain-
  sous-Sanvignes (71) 170 D2
Saint-Bérain-sur-Dheune (71)... 153 H6
Saint-Bernard (01)....... 188 B6
Saint-Bernard (21)....... 154 B2
Saint-Bernard (38)....... 224 B2
Saint-Bernard (68)........ 97 A3
Saint-Béron (73)......... 207 K5
Saint-Berthevin (53)..... 104 E1
Saint-Berthevin-
  la-Tannière (53) 80 D3
Saint-Bertrand-
  de-Comminges (31) 305 G2
Saint-Biez-en-Belin (72)... 106 E5
Saint-Bihy (22).......... 76 E2
Saint-Blaise (06)........ 281 F3
Saint-Blaise (74)........ 190 E4
Saint-Blaise-du-Buis (38)... 223 H1
Saint-Blaise-la-Roche (67)... 95 K3
Saint-Blancard (32)...... 286 D4
Saint-Blimont (80)........ 8 D7
Saint-Blin (52).......... 92 D5
Saint-Boès (64).......... 283 J1
Saint-Bohaire (41)....... 128 D1
Saint-Boil (71).......... 171 H2
Saint-Boingt (54)........ 94 D3
Saint-Bomer (28)......... 83 K6
Saint-Bômer-les-Forges (61)... 53 G6
Saint-Bon (51)........... 60 E6
Saint-Bon-Tarentaise (73)... 209 J4
Saint-Bonnet (16)....... 196 B5
Saint-Bonnet-Avalouze (19)... 216 B3
Saint-Bonnet-Briance (87)... 199 H3

Saint-Bonnet-de-Bellac (87)... 180 D3
Saint-Bonnet-
  de-Chavagne (38) 223 F4
Saint-Bonnet-de-Chirac (48)... 253 H1
Saint-Bonnet-de-Condat (15)... 218 A3
Saint-Bonnet-de-Cray (71)... 187 F2
Saint-Bonnet-de-Four (03)... 184 D1
Saint-Bonnet-de-Joux (71)... 170 E5
Saint-Bonnet-
  de-Montauroux (48) 238 A3
Saint-Bonnet-de-Mure (69)... 206 C3
Saint-Bonnet-de-Rochefort (03).. 185 F3
Saint-Bonnet-
  de-Salendrinque (30) ... 274 B1
Saint-Bonnet-de-Salers (15)... 217 H4
Saint-Bonnet-
  de-Valclérieux (26) 222 E3
Saint-Bonnet-
  de-Vieille-Vigne (71) ... 170 D4
Saint-Bonnet-
  des-Bruyères (69) 187 J2
Saint-Bonnet-des-Quarts (42)... 186 C3
Saint-Bonnet-du-Gard (30)... 275 H2
Saint-Bonnet-Elvert (19)... 216 B4
Saint-Bonnet-en-Bresse (71)... 154 D6
Saint-Bonnet-
  en-Champsaur (05) 242 E4
Saint-Bonnet-la-Rivière (19)... 215 G2
Saint-Bonnet-le-Bourg (63)... 203 J6
Saint-Bonnet-le-Chastel (63)... 203 J6
Saint-Bonnet-le-Château (42)... 220 D1
Saint-Bonnet-le-Courreau (42)... 204 B4
Saint-Bonnet-le-Froid (43)... 221 H4
Saint-Bonnet-le-Troncy (69)... 187 H4
Saint-Bonnet-l'Enfantier (19)... 215 H2
Saint-Bonnet-lès-Allier (63)... 202 E3
Saint-Bonnet-les-Oules (42)... 205 F5
Saint-Bonnet-
  les-Tours-de-Merle (19) ... 216 D5
Saint-Bonnet-près-Bort (19)... 201 G5
Saint-Bonnet-près-Orcival (63).. 202 B3
Saint-Bonnet-près-Riom (63)... 185 F6
Saint-Bonnet-sur-Gironde (17)... 211 G1
Saint-Bonnet-Tronçais (03)... 167 G4
Saint-Bonnot (58)........ 151 F1
Saint-Bouize (18)........ 131 K6
Saint-Brancher (89)...... 134 A4
Saint-Branchs (37)....... 146 A1
Saint-Brandan (22)........ 77 F2
Saint-Brès (30).......... 255 H4
Saint-Brès (32).......... 267 K4
Saint-Brès (34).......... 274 C6
Saint-Bresson (30)....... 273 J2
Saint-Bresson (70)....... 118 C4
Saint-Bressou (46)....... 234 D4
Saint-Brevin-les-Pins (44)... 122 A3
Saint-Briac-sur-Mer (35)... 50 C3
Saint-Brice (16)......... 195 K3
Saint-Brice (33)......... 230 B4
Saint-Brice (50).......... 52 A5
Saint-Brice (53)......... 105 H4
Saint-Brice (61).......... 81 G1
Saint-Brice (77).......... 88 D1
Saint-Brice-Courcelles (51)... 40 E4
Saint-Brice-de-Landelles (50)... 80 B1
Saint-Brice-en-Coglès (35)... 51 K6
Saint-Brice-sous-Forêt (95)... 58 E2
Saint-Brice-sous-Rânes (61)... 54 A5
Saint-Brice-sur-Vienne (87)... 180 D6
Saint-Brieuc (22)......... 49 G6
Saint-Brieuc-de-Mauron (56)... 77 K6
Saint-Brieuc-des-Iffs (35)... 78 E2
Saint-Bris-des-Bois (17)... 195 H2
Saint-Bris-le-Vineux (89)... 113 G6
Saint-Brisson (58)....... 134 B6
Saint-Brisson-sur-Loire (45)... 131 H2
Saint-Broing (70)........ 137 G4
Saint-Broing-les-Moines (21)... 135 J1
Saint-Broingt-le-Bois (52)... 116 D6
Saint-Broingt-les-Fosses (52)... 116 C6
Saint-Broladre (35)....... 51 G4
Saint-Bueil (38)......... 207 J5
Saint-Calais (72)........ 107 J4
Saint-Calais-du-Désert (53)... 81 K2
Saint-Calez-en-Saosnois (72)... 83 F4
Saint-Cannat (13)........ 277 F6
Saint-Caprais (03)....... 167 J4
Saint-Caprais (18)....... 149 F4
Saint-Caprais (32)........ 267 K6
Saint-Caprais (46)....... 232 E5
Saint-Caprais-de-Blaye (33)... 211 G2
Saint-Caprais-
  de-Bordeaux (33) 229 J3
Saint-Caprais-de-Lerm (47)... 248 C4
Saint-Capraise-de-Lalinde (24)... 231 K2
Saint-Capraise-d'Eymet (24)... 231 J4
Saint-Caradec (22)........ 77 F4
Saint-Caradec-Trégomel (56)... 76 A6
Saint-Carné (22)......... 50 C6
Saint-Carreuc (22)........ 77 G2
Saint-Cassien (24)....... 232 B4
Saint-Cassien (38)....... 223 J1
Saint-Cassin (73)........ 208 B5
Saint-Cast-le-Guildo (22)... 50 B3
Saint-Castin (64)........ 284 D3
Saint-Célerin (72)....... 107 G1
Saint-Céneré (53)........ 105 G1
Saint-Céneri-le-Gérei (61)... 82 B3
Saint-Céols (18)......... 149 J1
Saint-Céré (46).......... 234 C2
Saint-Cergues (74)....... 191 G1
Saint-Cernin (15)........ 217 G5
Saint-Cernin-de-Labarde (24)... 231 J3
Saint-Cernin-de-Larche (19)... 215 G5

Saint-Cernin-de-l'Herm (24) 232   D5
Saint-Césaire (17) 195   H2
Saint-Césaire-de-
  -Gauzignan (30) 274   E1
Saint-Cézaire-sur-Siagne (06) 280   B5
Saint-Cézert (31) 268   D4
Saint-Chabrais (23) 183   G3
Saint-Chaffrey (05) 225   J6
Saint-Chamant (15) 217   H5
Saint-Chamant (19) 216   B4
Saint-Chamarand (46) 233   H4
Saint-Chamas (13) 295   J3
Saint-Chamassy (24) 232   C2
Saint-Chamond (42) 205   H6
Saint-Champ (01) 207   K2
Saint-Chaptes (30) 275   F2
Saint-Charles-la-Forêt (53) 105   G3
Saint-Chartier (36) 166   A3
Saint-Chef (38) 207   F4
Saint-Chels (46) 234   B6
Saint-Chély-d'Apcher (48) 237   H1
Saint-Chély-d'Aubrac (12) 236   C5
Saint-Chéron (51) 63   F6
Saint-Chéron (91) 86   C2
Saint-Chinian (34) 291   H4
Saint-Christ-Briost (80) 19   G3
Saint-Christaud (31) 287   J4
Saint-Christaud (32) 285   K1
Saint-Christo-en-Jarez (42) 205   H5
Saint-Christol (07) 239   H2
Saint-Christol (34) 274   D5
Saint-Christol (84) 277   H1
Saint-Christol-de-Rodières (30) .. 256   A4
Saint-Christol-lès-Alès (30) 255   G6
Saint-Christoly-de-Blaye (33) 211   H4
Saint-Christoly-Médoc (33) 210   E1
Saint-Christophe (03) 185   K3
Saint-Christophe (16) 180   C5
Saint-Christophe (17) 177   F2
Saint-Christophe (23) 182   C4
Saint-Christophe (28) 109   F1
Saint-Christophe (69) 187   K2
Saint-Christophe (73) 207   K6
Saint-Christophe (81) 251   F5
Saint-Christophe (86) 145   G5
Saint-Christophe-à-Berry (02) .. 39   G2
Saint-Christophe-d'Allier (43) .. 238   A2
Saint-Christophe-de-
  Chaulieu (61) 52   E4
Saint-Christophe-de-
  Double (33) 212   C5
Saint-Christophe-de-
  Valains (35) 79   J1
Saint-Christophe-des-
  Bardes (33) 230   C1
Saint-Christophe-des-Bois (35) .. 80   A5
Saint-Christophe-
  Dodinicourt (10) 90   E3
Saint-Christophe-du-Bois (49) .. 142   D3
Saint-Christophe-du-Foc (50) .. 28   B3
Saint-Christophe-du-
  Jambet (72) 82   C5
Saint-Christophe-du-
  Lignéron (85) 141   F5
Saint-Christophe-du-Luat (53) .. 81   H6
Saint-Christophe-en-
  Bazelle (36) 147   K1
Saint-Christophe-en-
  Boucherie (36) 166   C2
Saint-Christophe-en-
  Bresse (71) 172   A1
Saint-Christophe-en-
  Brionnais (71) 187   F1
Saint-Christophe-en-
  Champagne (72) 106   A3
Saint-Christophe-en-
  Oisans (38) 224   E6
Saint-Christophe-et-
  -le-Laris (26) 222   D3
Saint-Christophe-le-
  Chaudry (18) 166   E3
Saint-Christophe-sur-Avre (27) .. 56   A5
Saint-Christophe-sur-
  -Condé (27) 34   D4
Saint-Christophe-sur-
  Dolaison (43) 220   B6
Saint-Christophe-sur-
  Guiers (38) 207   K6
Saint-Christophe-sur-
  le-Nais (37) 127   G2
Saint-Christophe-sur-Roc (79) 161   H5
Saint-Christophe-Vallon (12) 251   K1
Saint-Cibard (33) 230   C1
Saint-Cierge-la-Serre (07) 240   A3
Saint-Cierge-sous-
  le-Cheylard (07) 239   H1
Saint-Ciergues (52) 116   C4
Saint-Ciers-Champagne (17) 195   K6
Saint-Ciers-d'Abzac (33) 211   K5
Saint-Ciers-de-Canesse (33) 211   H4
Saint-Ciers-du-Taillon (17) 195   K6
Saint-Ciers-sur-Bonnieure (16) .. 196   E1
Saint-Ciers-sur-Gironde (33) 211   G2
Saint-Cirgue (81) 271   F2
Saint-Cirgues (43) 219   G4
Saint-Cirgues (46) 234   E4
Saint-Cirgues-de-Jordanne (15) .. 217   J6
Saint-Cirgues-de-Malbert (15) .. 217   G5
Saint-Cirgues-de-Prades (07) .. 239   G5
Saint-Cirgues-en-
  Montagne (07) 238   G3
Saint-Cirgues-la-Loutre (19) 216   D5
Saint-Cirgues-sur-Couze (63) .. 202   D5
Saint-Cirice (82) 248   D6

Saint-Cirq (24) 232   C1
Saint-Cirq (82) 250   B5
Saint-Cirq-Lapopie (46) 250   B1
Saint-Cirq-Madelon (46) 233   G3
Saint-Cirq-Souillaguet (46) 233   H4
Saint-Civran (36) 165   F4
Saint-Clair (07) 221   K2
Saint-Clair (46) 233   H4
Saint-Clair (82) 248   E5
Saint-Clair (86) 144   D5
Saint-Clair-d'Arcey (27) 55   J1
Saint-Clair-de-Halouze (61) 53   G5
Saint-Clair-de-la-Tour (38) 207   G4
Saint-Clair-du-Rhône (38) 205   K6
Saint-Clair-sur-Epte (95) 36   D5
Saint-Clair-sur-Galaure (38) 222   E3
Saint-Clair-sur-l'Elle (50) 31   H2
Saint-Clair-sur-les-Monts (76) .. 15   G5
Saint-Clar (32) 267   K3
Saint-Clar-de-Rivière (31) 287   K2
Saint-Claud (16) 179   J6
Saint-Claude (39) 173   J5
Saint-Claude-de-Diray (41) 129   F2
Saint-Clément (02) 21   H3
Saint-Clément (03) 186   B4
Saint-Clément (07) 239   G1
Saint-Clément (15) 235   K1
Saint-Clément (19) 215   K2
Saint-Clément (30) 274   C4
Saint-Clément (54) 94   E1
Saint-Clément (89) 88   D6
Saint-Clément-à-Arnes (08) 41   J4
Saint-Clément-de-la-Place (49) .. 124   E2
Saint-Clément-de-Régnat (63) .. 185   G5
Saint-Clément-de-Rivière (34) .. 274   B5
Saint-Clément-de-Valorgue (63) .. 204   B6
Saint-Clément-de-Vers (69) 187   H2
Saint-Clément-des-
  Baleines (17) 158   A5
Saint-Clément-les-Levées (49) .. 125   K5
Saint-Clément-les-Places (69) .. 205   K2
Saint-Clément-Rancoudray (50) .. 52   E5
Saint-Clément-sur-
  -Durance (05) 243   K4
Saint-Clément-sur-Guye (71) .. 171   G3
Saint-Clément-sur-
  Valsonne (69) 187   J6
Saint-Clet (22) 48   C4
Saint-Cloud (92) 58   D4
Saint-Cloud-en-Dunois (28) 109   F2
Saint-Colomb-de-Lauzun (47) .. 231   H5
Saint-Colomban (44) 141   H3
Saint-Colomban-
  des-Villards (73) 225   F2
Saint-Côme (33) 246   C1
Saint-Côme-de-Fresné (14) 32   C3
Saint-Côme-d'Olt (12) 252   D1
Saint-Côme-et-Maruéjols (30) .. 274   E4
Saint-Congard (56) 101   K4
Saint-Connan (22) 76   D1
Saint-Connec (22) 76   E4
Saint-Constant-Fournoulès (15) .. 235   F4
Saint-Contest (14) 32   D4
Saint-Corneille (72) 107   F2
Saint-Cosme (68) 119   K6
Saint-Cosme-en-Vairais (72) 83   G5
Saint-Couat-d'Aude (11) 290   D6
Saint-Couat-du-Razès (11) 308   C2
Saint-Coulitz (29) 74   D3
Saint-Coulomb (35) 50   E3
Saint-Coutant (16) 179   J5
Saint-Coutant (79) 178   E2
Saint-Coutant-le-Grand (17) 177   G5
Saint-Créac (32) 267   K2
Saint-Créac (65) 304   A1
Saint-Crépin (05) 243   K3
Saint-Crépin (17) 177   H4
Saint-Crépin-aux-Bois (60) 39   F2
Saint-Crépin-d'Auberoche (24) .. 214   B4
Saint-Crépin-de-
  -Richemont (24) 197   J6
Saint-Crépin-et-Carlucet (24) .. 215   F6
Saint-Crépin-Ibouvillers (60) 37   G4
Saint-Crespin (76) 15   K3
Saint-Cricq (32) 268   B5
Saint-Cricq-Chalosse (40) 264   E5
Saint-Cricq-du-Gave (40) 283   G1
Saint-Cricq-Villeneuve (40) 265   H2
Saint-Cybardeaux (16) 196   C2
Saint-Cybranet (24) 232   E3
Saint-Cyprien (19) 215   G3
Saint-Cyprien (24) 232   D2
Saint-Cyprien (42) 204   E5
Saint-Cyprien (46) 249   H3
Saint-Cyprien (66) 315   H2
Saint-Cyr (07) 222   A3
Saint-Cyr (50) 28   E4
Saint-Cyr (71) 171   K2
Saint-Cyr (86) 163   F1
Saint-Cyr (87) 198   C2
Saint-Cyr-au-Mont-d'Or (69) 206   A1
Saint-Cyr-de-Favières (42) 186   E5
Saint-Cyr-de-Salerne (27) 34   D5
Saint-Cyr-de-Valorges (42) 187   G6
Saint-Cyr-des-Gâts (85) 160   C3
Saint-Cyr-du-Bailleul (50) 80   E1
Saint-Cyr-du-Doret (17) 177   G5
Saint-Cyr-du-Gault (41) 128   B2
Saint-Cyr-en-Arthies (95) 37   J1
Saint-Cyr-en-Bourg (49) 144   C1
Saint-Cyr-en-Pail (53) 81   K3
Saint-Cyr-en-Talmondais (85) .. 159   J4
Saint-Cyr-en-Val (45) 110   A5
Saint-Cyr-la-Campagne (27) 35   H4

Saint-Cyr-la-Lande (79) 144   B3
Saint-Cyr-la-Rivière (91) 86   C4
Saint-Cyr-la-Roche (19) 215   G3
Saint-Cyr-la-Rosière (61) 83   J4
Saint-Cyr-le-Chatoux (69) 187   K5
Saint-Cyr-le-Gravelais (53) 104   C2
Saint-Cyr-l'École (78) 58   B4
Saint-Cyr-les-Champagnes (24) .. 215   F1
Saint-Cyr-les-Colons (89) 113   H6
Saint-Cyr-les-Vignes (42) 205   F3
Saint-Cyr-Montmalin (39) 155   J4
Saint-Cyr-sous-Dourdan (91) 86   B1
Saint-Cyr-sur-le-Rhône (69) 206   A5
Saint-Cyr-sur-Menthon (01) 188   D1
Saint-Cyr-sur-Loire (37) 127   G4
Saint-Cyr-sur-Mer (83) 300   A4
Saint-Cyr-sur-Morin (77) 60   C3
Saint-Cyran-du-Jambot (36) 146   E4
Saint-Dalmas-le-Selvage (06) .. 260   E3
Saint-Daunès (46) 249   H3
Saint-Denis (11) 289   K4
Saint-Denis (30) 255   H4
Saint-Denis (93) 58   E3
Saint-Denis-Catus (46) 233   G6
Saint-Denis-Combarnazat (63) .. 185   H5
Saint-Denis-d'Aclon (76) 15   J2
Saint-Denis-d'Anjou (53) 105   H5
Saint-Denis-d'Augerons (27) 55   G2
Saint-Denis-d'Authou (28) 84   B4
Saint-Denis-de-Cabanne (42) .. 187   F3
Saint-Denis-de-Gastines (53) .. 80   E4
Saint-Denis-de-Jouhet (36) 165   K4
Saint-Denis-de-l'Hôtel (45) 110   C4
Saint-Denis-de-Mailloc (14) 34   A6
Saint-Denis-de-Méré (14) 53   H3
Saint-Denis-de-Palin (18) 149   H5
Saint-Denis-de-Pile (33) 212   A6
Saint-Denis-de-Vaux (71) 153   J6
Saint-Denis-des-Coudrais (72) .. 107   G1
Saint-Denis-des-Monts (27) 35   F4
Saint-Denis-des-Murs (87) 199   H2
Saint-Denis-des-Puits (28) 84   D4
Saint-Denis-d'Oléron (17) 176   A4
Saint-Denis-d'Orques (72) 105   K2
Saint-Denis-du-Maine (53) 105   G3
Saint-Denis-du-Payré (85) 159   J5
Saint-Denis-en-Bugey (01) 189   G5
Saint-Denis-en-Margeride (48) .. 237   J4
Saint-Denis-en-Val (01) 110   A4
Saint-Denis-la-Chevasse (85) .. 141   K5
Saint-Denis-le-Ferment (27) 36   D3
Saint-Denis-le-Gast (50) 31   F5
Saint-Denis-le-Thiboult (76) 36   A2
Saint-Denis-le-Vêtu (50) 30   E5
Saint-Denis-lès-Bourg (01) 189   F2
Saint-Denis-lès-Martel (46) 233   K1
Saint-Denis-lès-Ponts (28) 108   E2
Saint-Denis-lès-Rebais (77) 60   C4
Saint-Denis-lès-Sens (89) 88   D6
Saint-Denis-sur-Coise (42) 205   G4
Saint-Denis-sur-Huisne (61) 83   H2
Saint-Denis-sur-Loire (41) 129   F2
Saint-Denis-sur-Sarthon (61) 82   B2
Saint-Denis-sur-Scie (76) 15   K4
Saint-Deniscourt (60) 17   G6
Saint-Denœux (62) 4   D6
Saint-Denoual (22) 49   K6
Saint-Derrien (29) 46   D4
Saint-Désert (71) 171   H1
Saint-Désir (14) 33   K5
Saint-Désirat (07) 222   A3
Saint-Désiré (03) 167   F4
Saint-Dézéry (30) 275   F1
Saint-Didier (21) 134   C5
Saint-Didier (35) 79   J4
Saint-Didier (39) 173   F2
Saint-Didier (58) 133   G5
Saint-Didier (84) 276   D1
Saint-Didier-au-Mont-d'Or (69) .. 206   A2
Saint-Didier-d'Allier (43) 238   A1
Saint-Didier-d'Aussiat (01) 188   E1
Saint-Didier-de-Bizonnes (38) .. 207   F6
Saint-Didier-de-Formans (01) .. 188   B5
Saint-Didier-de-la-Tour (38) 207   G5
Saint-Didier-des-Bois (27) 35   H4
Saint-Didier-en-Bresse (71) 154   C6
Saint-Didier-en-Brionnais (71) .. 187   F1
Saint-Didier-en-Donjon (03) 169   K6
Saint-Didier-en-Velay (43) 221   F2
Saint-Didier-la-Forêt (03) 185   H2
Saint-Didier-sous-Aubenas (07) .. 239   H5
Saint-Didier-sous-Écouves (61) .. 82   C1
Saint-Didier-sous-Riverie (69) .. 205   J4
Saint-Didier-sur-Arroux (71) 152   D6
Saint-Didier-sur-Beaujeu (69) .. 187   K3
Saint-Didier-sur-
  -Chalaronne (01) 188   C3
Saint-Didier-sur-Doulon (43) .. 219   J2
Saint-Didier-sur-Rochefort (42) .. 204   A2
Saint-Dié-des-Vosges (88) 95   H4
Saint-Dier-d'Auvergne (63) 203   H3
Saint-Diéry (63) 202   C5
Saint-Dionisy (30) 274   E4
Saint-Divy (29) 46   B5
Saint-Dizant-du-Bois (17) 195   G6
Saint-Dizant-du-Gua (17) 195   F6
Saint-Dizier (52) 63   H3
Saint-Dizier-en-Diois (26) 241   J6
Saint-Dizier-l'Évêque (90) 139   J3
Saint-Dizier-les-Domaines (23) .. 182   E1
Saint-Dizier-Leyrenne (23) 182   B5
Saint-Dolay (56) 102   B5
Saint-Domet (23) 183   H4

Saint-Domineuc (35) 50   E6
Saint-Donan (22) 49   F6
Saint-Donat (63) 201   K6
Saint-Donat-sur-l'Herbasse (26) .. 222   C4
Saint-Dos (64) 283   G1
Saint-Doulchard (18) 149   F3
Saint-Drézéry (34) 274   C5
Saint-Dyé-sur-Loire (41) 129   G1
Saint-Ébremond-
  de-Bonfossé (50) 31   G4
Saint-Edmond (71) 187   F2
Saint-Égrève (38) 223   K3
Saint-Élier (27) 56   B2
Saint-Éliph (28) 84   B3
Saint-Élix (32) 286   E2
Saint-Élix-le-Château (31) 287   J5
Saint-Élix-Séglan (31) 287   F6
Saint-Élix-Theux (32) 286   B3
Saint-Ellier-du-Maine (53) 80   C3
Saint-Ellier-les-Bois (61) 82   B2
Saint-Éloi (01) 189   F6
Saint-Éloi (23) 182   C4
Saint-Éloi (58) 150   E4
Saint-Éloi-de-Fourques (27) 35   G4
Saint-Éloy (29) 74   D1
Saint-Éloy-d'Allier (03) 166   E5
Saint-Éloy-de-Gy (18) 149   F2
Saint-Éloy-la-Glacière (63) 203   H5
Saint-Éloy-les-Mines (63) 184   C3
Saint-Éloy-les-Tuileries (19) 199   F6
Saint-Éman (28) 84   D4
Saint-Émiland (71) 153   G5
Saint-Émilion (33) 230   B1
Saint-Ennemond (03) 168   E2
Saint-Épain (37) 145   J2
Saint-Epvre (57) 66   C2
Saint-Erblon (35) 79   G5
Saint-Erblon (53) 104   A5
Saint-Erme-Outre-
  et-Ramecourt (02) 40   D1
Saint-Escobille (91) 86   A3
Saint-Esteben (64) 282   E3
Saint-Estèphe (24) 197   J4
Saint-Estèphe (33) 210   E2
Saint-Estève (66) 315   G1
Saint-Estève-Janson (13) 277   G5
Saint-Étienne (42) 205   G6
Saint-Étienne-à-Arnes (08) 41   K4
Saint-Étienne-au-Mont (62) 4   B3
Saint-Étienne-au-Temple (51) .. 62   D1
Saint-Étienne-aux-Clos (19) 201   G5
Saint-Étienne-Cantalès (15) 235   F1
Saint-Étienne-d'Albagnan (34) .. 291   G2
Saint-Étienne-de-Baïgorry (64) .. 282   C5
Saint-Étienne-de-Boulogne (07) .. 239   J4
Saint-Étienne-de-Brillouet (85) .. 160   B3
Saint-Étienne-de-Carlat (15) 235   J2
Saint-Étienne-de-Chigny (37) .. 127   G5
Saint-Étienne-de-Chomeil (15) .. 217   J2
Saint-Étienne-de-Crossey (38) .. 223   K1
Saint-Étienne-de-Cuines (73) .. 225   F1
Saint-Étienne-de-
  Fontbellon (07) 239   H5
Saint-Étienne-de-Fougères (47) .. 248   K2
Saint-Étienne-de-Fursac (23) .. 181   K3
Saint-Étienne-de-Gourgas (34) .. 273   G4
Saint-Étienne-de-Lisse (33) 230   C1
Saint-Étienne-de-l'Olm (30) 274   E1
Saint-Étienne-de-Lugdarès (07) .. 238   D5
Saint-Étienne-de-Maurs (15) .. 235   F4
Saint-Étienne-de-
  Mer-Morte (44) 141   G4
Saint-Étienne-de-Montluc (44) .. 122   E3
Saint-Étienne-de-
  Puycorbier (24) 213   F5
Saint-Étienne-de-
  -Saint-Geoirs (38) 223   G2
Saint-Étienne-de-Serre (07) 239   J3
Saint-Étienne-de-Tinée (06) 261   F4
Saint-Étienne-de-Tulmont (82) .. 269   G1
Saint-Étienne-de-Valoux (07) .. 222   A3
Saint-Étienne-de-Vicq (03) 185   K3
Saint-Étienne-de-Villeréal (47) .. 232   A5
Saint-Étienne-des-Champs (63) .. 201   H1
Saint-Étienne-des-
  -Guérets (41) 128   C2
Saint-Étienne-des-
  -Oullières (69) 188   A4
Saint-Étienne-des-Sorts (30) .. 256   C5
Saint-Étienne-d'Orthe (40) 262   D6
Saint-Étienne-du-Bois (01) 189   G1
Saint-Étienne-du-Bois (85) 141   H5
Saint-Étienne-du-Grès (13) 275   K4
Saint-Étienne-du-
  -Gué-de-l'Isle (22) 77   G5
Saint-Étienne-du-Rouvray (76) .. 35   H3
Saint-Étienne-du-
  -Valdonnez (48) 254   B1
Saint-Étienne-du-Vauvray (27) .. 35   J4
Saint-Étienne-du-Vigan (43) 238   B3
Saint-Étienne-en-Bresse (71) .. 172   A2
Saint-Étienne-en-Coglès (35) .. 51   K6
Saint-Étienne-Estréchoux (34) .. 272   D4
Saint-Étienne-la-Cigogne (79) .. 177   K3
Saint-Étienne-la-Geneste (19) .. 201   H4
Saint-Étienne-la-Thillaye (14) .. 33   J3
Saint-Étienne-la-Varenne (69) .. 188   A4
Saint-Étienne-l'Allier (27) 34   C4
Saint-Étienne-Lardeyrol (43) .. 220   C5
Saint-Étienne-le-Laus (05) 243   F6
Saint-Étienne-le-Molard (42) .. 204   D3
Saint-Étienne-les-Orgues (04) .. 258   D6
Saint-Étienne-lès-
  -Remiremont (88) 118   E2

Saint-Étienne-Roilaye (60) 39   F3
Saint-Étienne-sous-Bailleul (27) .. 36   A6
Saint-Étienne-sous-
  -Barbuise (10) 90   B2
Saint-Étienne-sur-Blesle (43) .. 218   E2
Saint-Étienne-sur-
  -Chalaronne (01) 188   C3
Saint-Étienne-sur-
  -Reyssouze (01) 172   A5
Saint-Étienne-sur-Suippe (51) .. 41   F3
Saint-Étienne-sur-Usson (63) .. 203   G5
Saint-Étienne-Vallée-Française
  (48) 254   D5
Saint-Eugène (02) 61   F2
Saint-Eugène (17) 195   K5
Saint-Eugène (71) 170   C1
Saint-Eulien (51) 63   J6
Saint-Euphraise-
  -et-Clairizet (51) 40   D5
Saint-Euphrône (21) 134   D4
Saint-Eusèbe (71) 171   F2
Saint-Eusèbe (74) 190   D5
Saint-Eusèbe-en-
  -Champsaur (05) 242   E3
Saint-Eustache (74) 208   D1
Saint-Eustache-la-Forêt (76) .. 14   D6
Saint-Eutrope (16) 196   D6
Saint-Eutrope-de-Born (47) 232   A5
Saint-Évarzec (29) 98   D2
Saint-Evroult-de-Montfort (61) .. 55   F4
Saint-Evroult-Notre-Dame-
  du-Bois (61) 55   G4
Saint-Exupéry (33) 230   C5
Saint-Exupéry-les-Roches (19) .. 201   F5
Saint-Fargeau (89) 132   B2
Saint-Fargeau-Ponthierry (77) .. 87   G2
Saint-Fargeol (03) 184   A3
Saint-Faust (64) 284   C4
Saint-Félicien (07) 221   J5
Saint-Féliu-d'Amont (66) 314   E2
Saint-Féliu-d'Avall (66) 315   F2
Saint-Félix (03) 185   J2
Saint-Félix (16) 212   C1
Saint-Félix (17) 177   J3
Saint-Félix (46) 234   E5
Saint-Félix (60) 37   J3
Saint-Félix (74) 208   B1
Saint-Félix-de-Bourdeilles (24) .. 197   H6
Saint-Félix-de-Foncaude (33) .. 230   C4
Saint-Félix-de-l'Héras (34) 273   G6
Saint-Félix-de-Lodez (34) 273   G6
Saint-Félix-de-Lunel (12) 235   J6
Saint-Félix-de-Pallières (30) 274   B1
Saint-Félix-de-Reillac-
  et-Mortemart (24) 214   B6
Saint-Félix-de-Rieutord (09) 307   J2
Saint-Félix-de-Sorgues (12) 272   C3
Saint-Félix-de-Tournegat (09) .. 307   K1
Saint-Félix-de-Villadeix (24) 232   A1
Saint-Félix-Lauragais (31) 289   G3
Saint-Fergeux (08) 21   J6
Saint-Ferjeux (70) 138   E2
Saint-Ferme (33) 230   D4
Saint-Ferréol (74) 209   F2
Saint-Ferréol-d'Auroure (43) .. 221   F2
Saint-Ferréol-de-
  -Comminges (31) 286   E4
Saint-Ferréol-des-Côtes (63) .. 203   K5
Saint-Ferréol-Trente-Pas (26) .. 257   F2
Saint-Ferriol (11) 308   E4
Saint-Fiacre (22) 48   D6
Saint-Fiacre (77) 60   A3
Saint-Fiacre-sur-Maine (44) 123   H5
Saint-Fiel (23) 182   D2
Saint-Firmin (05) 242   D3
Saint-Firmin (54) 94   A3
Saint-Firmin (58) 151   F3
Saint-Firmin (71) 153   G6
Saint-Firmin-des-Bois (45) 111   K3
Saint-Firmin-des-Prés (41) 108   C5
Saint-Firmin-sur-Loire (45) 131   H2
Saint-Flavy (10) 89   H4
Saint-Florent (2B) 317   C5
Saint-Florent (45) 131   F1
Saint-Florentin (36) 148   A3
Saint-Florentin (89) 113   H3
Saint-Floret (63) 202   D5
Saint-Floris (62) 5   K4
Saint-Flour (15) 218   D6
Saint-Flour (63) 203   H3
Saint-Flour-de-Mercoire (48) .. 238   B4
Saint-Flovier (37) 146   D4
Saint-Floxel (50) 29   F4
Saint-Folquin (62) 3   F3
Saint-Fons (69) 206   A3
Saint-Forgeot (71) 152   E4
Saint-Forget (78) 58   B5
Saint-Forgeux (69) 205   G1
Saint-Forgeux-Lespinasse (42) .. 186   D3
Saint-Fort-sur-Gironde (17) 195   F5
Saint-Fort-sur-le-Né (16) 195   K4
Saint-Fortunat-sur-Eyrieux (07) .. 240   A2
Saint-Fraigne (16) 178   E5
Saint-Fraimbault (61) 81   F2
Saint-Fraimbault-
  de-Prières (53) 81   G4
Saint-Frajou (31) 287   F4
Saint-Franc (73) 207   K5
Saint-Franchy (58) 151   G2
Saint-François-de-Sales (73) .. 208   C3
Saint-François-Lacroix (57) 45   H3

Saint-François-Longchamp (73)..209 F6
Saint-Frégant (29)......................46 B4
Saint-Fréjoux (19)......................201 F5
Saint-Frézal-d'Albuges (48)........238 B6
Saint-Frichoux (11)....................290 H6
Saint-Frion (23)..........................200 E1
Saint-Fromond (50)....................31 H1
Saint-Front (16)..........................179 H6
Saint-Front (43)..........................220 E6
Saint-Front-d'Alemps (24)..........214 A2
Saint-Front-de-Pradoux (24)......213 G5
Saint-Front-la-Rivière (24)..........197 K6
Saint-Front-sur-Lémance (47)......232 C5
Saint-Front-sur-Nizonne (24)......197 J5
Saint-Froult (17)........................176 D5
Saint-Fulgent (85)......................142 B5
Saint-Fulgent-des-Ormes (61)......83 G4
Saint-Fuscien (80)......................18 B3
Saint-Gabriel-Brécy (14)............32 C3
Saint-Gal (48)............................237 H5
Saint-Gal-sur-Sioule (63)............184 E4
Saint-Galmier (42)......................205 F4
Saint-Gand (70)..........................137 H3
Saint-Ganton (35)......................102 D2
Saint-Gatien-des-Bois (14)..........33 K3
Saint-Gaudens (31)....................305 J1
Saint-Gaudent (86)....................179 H3
Saint-Gaudéric (11)....................308 B1
Saint-Gaultier (36)......................165 F3
Saint-Gauzens (81)....................270 A5
Saint-Gein (40)..........................265 J3
Saint-Gelais (79)........................161 H5
Saint-Gély-du-Fesc (34)............274 A5
Saint-Génard (79)......................178 D2
Saint-Gence (87)........................181 F6
Saint-Généroux (79)..................144 B5
Saint-Genès-Champanelle (63)...202 C3
Saint-Genès-Champespe (63)......218 A1
Saint-Genès-de-Blaye (33)..........211 H4
Saint-Genès-de-Castillon (33)....230 C1
Saint-Genès-de-Fronsac (33)......211 J5
Saint-Genès-de-Lombaud (33)....229 K3
Saint-Genès-du-Retz (63)............185 G4
Saint-Genès-la-Tourette (63)......203 G5
Saint-Genest (03)......................183 K2
Saint-Genest (88)........................94 D3
Saint-Genest-d'Ambière (86)......145 G6
Saint-Genest-de-Beauzon (07)....255 H2
Saint-Genest-de-Contest (81)......270 D4
Saint-Genest-Lachamp (07)........239 H2
Saint-Genest-Lerpt (42)..............205 F6
Saint-Genest-Malifaux (42)........221 G2
Saint-Genest-sur-Roselle (87)......199 G3
Saint-Geneys-près-
  -Saint-Paulien (43)..................220 B4
Saint-Gengoulph (02)..................39 H6
Saint-Gengoux-de-Scissé (71)......171 J5
Saint-Gengoux-le-National (71)...171 H3
Saint-Geniès (24)........................215 F6
Saint-Geniès-Bellevue (31)........269 G5
Saint-Geniès-de-Comolas (30)....256 C6
Saint-Geniès-de-Fontedit (34)....291 K2
Saint-Geniès-de-Malgoirès (30)..274 E2
Saint-Geniès-de-Varensal (34).....272 C5
Saint-Geniès-des-
  Mourgues (34)........................274 C4
Saint-Geniez (04)......................259 G4
Saint-Geniez-d'Olt
  et d'Aubrac (12)......................252 E1
Saint-Geniez-ô-Merle (19)..........216 D5
Saint-Genis-de-Saintonge (17)...195 G5
Saint-Génis-des-
  -Fontaines (66)........................315 G3
Saint-Genis-d'Hiersac (16)........196 C2
Saint-Genis-du-Bois (33)............230 B4
Saint-Genis-l'Argentière (69)......205 H3
Saint-Genis-Laval (69)................206 A3
Saint-Genis-les-Ollières (69)......205 K2
Saint-Genis-Pouilly (01)............190 D1
Saint-Genis-sur-Menthon (01)...188 D1
Saint-Genix-sous-Guiers (73)......207 J4
Saint-Genou (36)........................147 F5
Saint-Genouph (37)....................127 H5
Saint-Geoire-en-Valdaine (38)...207 J6
Saint-Geoirs (38)........................223 G2
Saint-Georges (15)......................218 C6
Saint-Georges (16)......................179 G5
Saint-Georges (32)......................268 B5
Saint-Georges (47)......................248 E1
Saint-Georges (57)......................67 H5
Saint-Georges (62).........................9 J2
Saint-Georges (82)......................250 B4
Saint-Georges-Antignac (17)......195 H5
Saint-Georges-Armont (25)........138 E4
Saint-Georges-Blancaneix (24)...231 G1
Saint-Georges-Buttavent (53)......81 F4
Saint-Georges-
  -d'Annebecq (61)......................53 K6
Saint-Georges-d'Aurac (43)........219 J4
Saint-Georges-de-Baroille (42)...204 D1
Saint-Georges-de-Chesné (35).....79 K2
Saint-Georges-de-
  -Commiers (38)........................223 K5
Saint-Georges-
  -de-Didonne (17)....................194 C3
Saint-Georges-de-
  -Gréhaigne (35)........................51 H4
Saint-Georges-de-
  -la-Couée (72)........................107 H5
Saint-Georges-de-
  -la-Rivière (50)..........................28 B5
Saint-Georges-de-Lévéjac (48)...253 H3
Saint-Georges-de-Livoye (50)......52 B4

Saint-Georges-de-
  -Longuepierre (17)..................178 A4
Saint-Georges-de-
  -Luzençon (12)........................272 C1
Saint-Georges-de-Mons (63)......184 C6
Saint-Georges-de-
  -Montaigu (85)........................142 A4
Saint-Georges-de-Montclard
  (24)..231 K1
Saint-Georges-de-Noisné (79)....161 J4
Saint-Georges-de-
  -Pointindoux (85)....................159 F2
Saint-Georges-de-Poisieux (18)...167 F2
Saint-Georges-de-
  -Reintembault (35)....................80 A1
Saint-Georges-de-Reneins (69)...188 B4
Saint-Georges-de-Rex (79)..........177 H1
Saint-Georges-de-Rouelley (50)...53 F6
Saint-Georges-d'Elle (50)............31 J3
Saint-Georges-des-Agoûts (17)..211 G1
Saint-Georges-
  -des-Coteaux (17)....................195 F2
Saint-Georges-
  -des-Groseillers (61)..................53 G4
Saint-Georges-
  -d'Espéranche (38)..................206 D5
Saint-Georges-d'Hurtières (73)...209 F5
Saint-Georges-d'Oléron (17)......176 B4
Saint-Georges-d'Orques (34)......274 A6
Saint-Georges-du-Bois (17)........177 H2
Saint-Georges-du-Bois (72)........106 C3
Saint-Georges-du-Mesnil (27)....34 C5
Saint-Georges-du-Rosay (72)......83 G6
Saint-Georges-du-Vièvre (27)......34 D4
Saint-Georges-en-Auge (14)......54 D1
Saint-Georges-en-Couzan (42)...204 B3
Saint-Georges-Haute-Ville (42)..204 D5
Saint-Georges-la-Pouge (23)......182 D5
Saint-Georges-Lagricol (43)........220 B2
Saint-Georges-le-Fléchard (53)...105 H2
Saint-Georges-le-Gaultier (72)....82 B4
Saint-Georges-
  -lès-Baillargeaux (86)..............163 F2
Saint-Georges-les-Bains (07)......240 B2
Saint-Georges-les-Landes (87)...164 E6
Saint-Georges-Montcocq (50)....31 H3
Saint-Georges-Motel (27)..........57 F4
Saint-Georges-Nigremont (23)...200 E1
Saint-Georges-sur-Allier (63)......202 E3
Saint-Georges-sur-Arnon (36)....148 D4
Saint-Georges-sur-Baulche (89)..113 F5
Saint-Georges-sur-Cher (41)......128 C5
Saint-Georges-sur-Erve (53)........81 K6
Saint-Georges-sur-Eure (28)........85 F3
Saint-Georges-
  -sur-Fontaine (76)....................16 A6
Saint-Georges-sur-la-Prée (18)...148 B1
Saint-Georges-sur-l'Aa (59)............3 F2
Saint-Georges-sur-Layon (49)....143 K1
Saint-Georges-sur-Loire (49)......124 E4
Saint-Georges-sur-Moulon (18)..149 G2
Saint-Georges-sur-Renon (01)....188 E3
Saint-Geours-d'Auribat (40)........264 C4
Saint-Geours-de-Maremne (40)..262 C6
Saint-Gérand (56)........................76 E5
Saint-Gérand-de-Vaux (03)........168 E6
Saint-Gérand-le-Puy (03)............185 J2
Saint-Géraud (47)........................230 E5
Saint-Géraud-de-Corps (24)........212 E6
Saint-Géréon (44)........................124 A4
Saint-Germain (07)......................239 H6
Saint-Germain (10)......................90 A5
Saint-Germain (54)......................94 C3
Saint-Germain (70)......................118 E6
Saint-Germain (86)......................164 A3
Saint-Germain-
  -au-Mont-d'Or (69)..................188 B6
Saint-Germain-Beaupré (23)......181 K1
Saint-Germain-Chassenay (58)...168 E1
Saint-Germain-d'Anxure (53)......81 F5
Saint-Germain-d'Arcé (72)..........126 E1
Saint-Germain-d'Aunay (61)........55 F2
Saint-Germain-de-Belvès (24).....232 D3
Saint-Germain-de-
  -Calberte (48)..........................254 D4
Saint-Germain-de-
  -Clairefeuille (61)......................54 E5
Saint-Germain-
  -de-Coulamer (53)....................82 A5
Saint-Germain-de-Fresney (27)...56 E2
Saint-Germain-de-Grave (33)......230 A4
Saint-Germain-de-Joux (01)........190 B2
Saint-Germain-
  -de-la-Coudre (61)....................83 H5
Saint-Germain-
  -de-la-Grange (78)....................58 A4
Saint-Germain-
  -de-la-Rivière (33)..................211 K6
Saint-Germain-
  -de-Livet (14)............................33 K6
Saint-Germain-de-
  -Longue-Chaume (79)..............161 J1
Saint-Germain-de-
  -Lusignan (17)........................195 H6
Saint-Germain-de-
  -Marencennes (17)..................177 H1
Saint-Germain-de-
  -Martigny (61)..........................83 G1
Saint-Germain-de-Modéon (21)..134 B5
Saint-Germain-de-
  -Montbron (16)........................197 G2
Saint-Germain-de-
  -Pasquier (27)............................35 G4
Saint-Germain-de-Prinçay (85)...160 B1

Saint-Germain-de-Salles (03)......185 G3
Saint-Germain-de-
  -Tournebut (50)..........................28 E3
Saint-Germain-de-
  -Varreville (50)..........................29 G5
Saint-Germain-de-Vibrac (17)....195 J6
Saint-Germain-d'Ectot (14)........32 B5
Saint-Germain-d'Elle (50)..........31 J3
Saint-Germain-des-Angles (27)...35 J6
Saint-Germain-des-Bois (18)......149 G5
Saint-Germain-des-Bois (58)......133 F5
Saint-Germain-des-
  -Champs (89)............................133 K4
Saint-Germain-des-
  -Essourts (76)............................16 B6
Saint-Germain-des-Fossés (03)..185 J2
Saint-Germain-des-Grois (61)......84 A3
Saint-Germain-des-Prés (24)......214 C2
Saint-Germain-des-Prés (45)......111 J3
Saint-Germain-des-Prés (49)......124 D4
Saint-Germain-des-Prés (81)......289 H1
Saint-Germain-des-Vaux (50)......28 A1
Saint-Germain-d'Esteuil (33)......210 E2
Saint-Germain-d'Étables (76)......16 A3
Saint-Germain-du-Bel-Air (46)....233 H5
Saint-Germain-du-Bois (71)........172 C1
Saint-Germain-du-Corbéis (61)...82 C3
Saint-Germain-du-Pert (14)........29 H6
Saint-Germain-du-Pinel (35)......104 B2
Saint-Germain-du-Plain (71)......172 A2
Saint-Germain-du-Puch (33)......229 K2
Saint-Germain-du-Puy (18)........149 H3
Saint-Germain-du-
  -Salembre (24)..........................213 H4
Saint-Germain-du-Seudre (17)...195 F5
Saint-Germain-du-Teil (48)........253 G1
Saint-Germain-en-
  -Brionnais (71)........................170 D6
Saint-Germain-en-Coglès (35)....80 A3
Saint-Germain-en-Laye (78)........58 C3
Saint-Germain-en-
  -Montagne (39)........................156 A6
Saint-Germain-et-Mons (24)......231 J2
Saint-Germain-la-
  -Blanche-Herbe (14)..................32 D5
Saint-Germain-la-
  -Campagne (27)........................55 G1
Saint-Germain-la-
  -Montagne (42)........................187 H2
Saint-Germain-la-Poterie (60)....37 G2
Saint-Germain-la-Ville (51)........62 E3
Saint-Germain-Langot (14)........53 K2
Saint-Germain-Laprade (43)......220 C6
Saint-Germain-Laval (42)............204 C1
Saint-Germain-Laval (77)............88 A4
Saint-Germain-Lavolps (19)........200 E4
Saint-Germain-Laxis (77)............87 H1
Saint-Germain-le-Châtelet (90)...119 J6
Saint-Germain-le-Fouilloux (53)...80 E6
Saint-Germain-le-Gaillard (28)....84 E3
Saint-Germain-le-Gaillard (50)....28 B4
Saint-Germain-le-
  -Guillaume (53)..........................80 E5
Saint-Germain-le-Rocheux (21)..115 G6
Saint-Germain-le-Vasson (14)....53 K1
Saint-Germain-le-Vieux (61)......55 F1
Saint-Germain-Lembron (63)......202 E5
Saint-Germain-lès-Arpajon (91)..86 D1
Saint-Germain-les-Belles (87)....199 H4
Saint-Germain-lès-Buxy (71)......171 J2
Saint-Germain-lès-Corbeil (91)...87 F1
Saint-Germain-les-
  -Paroisses (01)........................207 J2
Saint-Germain-lès-Senailly (21)..134 C2
Saint-Germain-les-Vergnes (19)..215 J3
Saint-Germain-Lespinasse (42)..186 D4
Saint-Germain-l'Herm (63)........203 H6
Saint-Germain-Nuelles (69)........205 J1
Saint-Germain-
  -près-Herment (63)..................201 H3
Saint-Germain-sous-Cailly (76)...16 A6
Saint-Germain-sous-Doue (77)...60 B4
Saint-Germain-sur-Avre (27)......56 E5
Saint-Germain-sur-Ay (50)..........30 C1
Saint-Germain-sur-Bresle (80)...17 F3
Saint-Germain-sur-Eaulne (76)...16 D4
Saint-Germain-sur-École (77)......87 F3
Saint-Germain-sur-Ille (35)........79 G2
Saint-Germain-sur-Meuse (55)...65 F6
Saint-Germain-sur-Morin (77)....59 J3
Saint-Germain-sur-Renon (01)...188 E4
Saint-Germain-sur-Rhône (74)...190 B4
Saint-Germain-sur-Sarthe (72)...82 D5
Saint-Germain-sur-Sèves (50)....30 E2
Saint-Germain-sur-Vienne (37)..144 E1
Saint-Germain-Village (27)........34 C3
Saint-Germainmont (08)............41 H1
Saint-Germé (32)........................265 K5
Saint-Germer-de-Fly (60)............36 E2
Saint-Germier (31)......................288 E2
Saint-Germier (32)......................268 B5
Saint-Germier (79)......................162 B4
Saint-Germier (81)......................270 E5
Saint-Géron (43)........................219 F2
Saint-Gérons (15)......................235 F1
Saint-Gervais (30)......................256 B5
Saint-Gervais (33)......................211 H5
Saint-Gervais (38)......................223 H5
Saint-Gervais (85)......................140 D4
Saint-Gervais (95)........................36 E5
Saint-Gervais-
  -d'Auvergne (63)....................184 C5
Saint-Gervais-de-Vic (72)..........107 J4
Saint-Gervais-des-Sablons (61)...54 D3

Saint-Gervais-du-Perron (61)......82 D1
Saint-Gervais-en-Belin (72)........106 E4
Saint-Gervais-en-Vallière (71)...154 B4
Saint-Gervais-la-Forêt (41)........128 E2
Saint-Gervais-les-Bains (74)......192 B6
Saint-Gervais-les-
  -Trois-Clochers (86)................145 G5
Saint-Gervais-
  -sous-Meymont (63)................203 J3
Saint-Gervais-sur-Couches (71)..153 H5
Saint-Gervais-sur-Mare (34)......272 C6
Saint-Gervais-sur-Roubion (26)..240 C5
Saint-Gervasy (30)......................275 H3
Saint-Gervazy (63)......................218 E1
Saint-Géry (24)..........................213 H6
Saint-Géry (46)..........................250 A1
Saint-Geyrac (24)......................214 B5
Saint-Gibrien (51)........................62 C2
Saint-Gildas (22)..........................76 D1
Saint-Gildas-de-Rhuys (56)........120 E2
Saint-Gildas-des-Bois (44)..........102 C5
Saint-Gilles (30)..........................275 G5
Saint-Gilles (35)............................78 E3
Saint-Gilles (36)..........................165 F5
Saint-Gilles (50)............................31 G3
Saint-Gilles (51)............................40 B4
Saint-Gilles (71)..........................153 J5
Saint-Gilles-Croix-de-Vie (85)...158 C1
Saint-Gilles-de-Crétot (76)..........15 G4
Saint-Gilles-de-la-Neuville (76)...14 D6
Saint-Gilles-des-Marais (61)........53 F6
Saint-Gilles-les-Bois (22)............48 D4
Saint-Gilles-les-Forêts (87)........199 J4
Saint-Gilles-Pligeaux (22)............76 D2
Saint-Gilles-Vieux-Marché (22)...76 D3
Saint-Gineis-en-Coiron (07)......239 J5
Saint-Gingolph (74)....................175 J5
Saint-Girons (09)........................306 C3
Saint-Girons-d'Aiguevives (33)..211 H4
Saint-Girons-en-Béarn (64)........264 C6
Saint-Gladie-Arrive-Munein (64)..283 G3
Saint-Glen (22)............................77 J2
Saint-Goazec (29)........................75 G4
Saint-Gobain (02)........................20 B4
Saint-Gobert (02)..........................20 E3
Saint-Goin (64)..........................283 K4
Saint-Gondon (45)......................131 G1
Saint-Gondran (35)......................78 E2
Saint-Gonlay (35)..........................78 C4
Saint-Gonnery (56)......................77 F5
Saint-Gor (40)............................246 C6
Saint-Gorgon (56)......................102 A4
Saint-Gorgon (88)........................95 F4
Saint-Gorgon-Main (25)............156 E3
Saint-Gourgon (41)....................128 B1
Saint-Gourson (16)....................179 H5
Saint-Goussaud (23)..................181 K4
Saint-Gratien (80)........................18 C1
Saint-Gratien (95)........................58 D2
Saint-Gratien-Savigny (58)........151 J5
Saint-Gravé (56)..........................101 K4
Saint-Grégoire (35)......................79 G3
Saint-Grégoire (81)....................270 E2
Saint-Grégoire-d'Ardennes (17)..195 H5
Saint-Grégoire-du-Vièvre (27)....34 D4
Saint-Griède (32)........................266 A4
Saint-Groux (16)........................179 F6
Saint-Guen (22)............................76 E4
Saint-Guilhem-le-Désert (34)....273 H5
Saint-Guillaume (38)..................223 J6
Saint-Guinoux (35)......................50 E4
Saint-Guiraud (34)......................273 G5
Saint-Guyomard (56)..................101 H4
Saint-Haon (43)..........................238 B2
Saint-Haon-le-Châtel (42)..........186 D4
Saint-Haon-le-Vieux (42)..........186 D4
Saint-Héand (42)........................205 F5
Saint-Hélen (22)..........................50 D5
Saint-Hélier (21)........................135 G5
Saint-Hellier (76)..........................16 A4
Saint-Herblain (44)....................123 F4
Saint-Hérent (63)........................202 D6
Saint-Hernin (29)........................75 H3
Saint-Hervé (22)..........................77 F3
Saint-Hilaire (03)........................168 B5
Saint-Hilaire (11)........................308 K1
Saint-Hilaire (25)........................138 B5
Saint-Hilaire (31)........................287 K3
Saint-Hilaire (38)........................224 B2
Saint-Hilaire (43)........................219 H1
Saint-Hilaire (46)........................234 C5
Saint-Hilaire (63)........................184 A4
Saint-Hilaire (91)........................86 B3
Saint-Hilaire-au-Temple (51)......62 D1
Saint-Hilaire-Bonneval (87)......199 G3
Saint-Hilaire-Cottes (62)..............5 J5
Saint-Hilaire-Cusson-la-
  -Valmitte (42)..........................220 D1
Saint-Hilaire-de-Beauvoir (34)...274 C4
Saint-Hilaire-de-Brens (38)......207 F3
Saint-Hilaire-de-Brethmas (30)..255 G6
Saint-Hilaire-de-Briouze (61)......53 K5
Saint-Hilaire-de-Chaléons (44)..122 C6
Saint-Hilaire-de-Clisson (44)......142 A2
Saint-Hilaire-de-Court (18)........148 C1
Saint-Hilaire-de-Gondilly (18)...150 B3
Saint-Hilaire-de-la-Côte (38)......223 F1
Saint-Hilaire-de-la-Noaille (33)..230 D5
Saint-Hilaire-de-Lavit (48)........254 K4
Saint-Hilaire-de-Loulay (85)......142 A3
Saint-Hilaire-de-Lusignan (47)..247 K4
Saint-Hilaire-de-Riez (85)..........140 D6
Saint-Hilaire-de-
  -Villefranche (17)....................177 J6

Saint-Hilaire-de-Voust (85)........161 F3
Saint-Hilaire-des-Landes (35)......79 K1
Saint-Hilaire-des-Loges (85)......160 E4
Saint-Hilaire-d'Estissac (24)......213 H6
Saint-Hilaire-d'Ozilhan (30)......275 J2
Saint-Hilaire-du-Bois (17)..........195 H6
Saint-Hilaire-du-Bois (33)..........230 C4
Saint-Hilaire-du-Harcouët (50)...52 C6
Saint-Hilaire-du-Maine (53)........80 D5
Saint-Hilaire-du-Rosier (38)......223 F5
Saint-Hilaire-en-Lignières (18)...166 C2
Saint-Hilaire-en-Morvan (58)....152 A3
Saint-Hilaire-en-Wöevre (55)......44 A6
Saint-Hilaire-Foissac (19)..........216 E2
Saint-Hilaire-Fontaine (58)........169 G3
Saint-Hilaire-la-Croix (63)........184 E4
Saint-Hilaire-la-Forêt (85)........159 G4
Saint-Hilaire-la-Gérard (61)......54 C6
Saint-Hilaire-la-Gravelle (41)....108 D4
Saint-Hilaire-la-Palud (79)........177 H1
Saint-Hilaire-la-Plaine (23)........182 D3
Saint-Hilaire-la-Treille (87)........181 H2
Saint-Hilaire-le-Château (23)....182 D5
Saint-Hilaire-le-Châtel (61)........83 H1
Saint-Hilaire-le-Grand (51)........41 K5
Saint-Hilaire-le-Petit (51)............41 J4
Saint-Hilaire-le-Vouhis (85)......160 A1
Saint-Hilaire-les-Andrésis (45)...112 A2
Saint-Hilaire-les-Courbes (19)..200 A4
Saint-Hilaire-les-Monges (63)...201 J2
Saint-Hilaire-les-Places (87)......198 D4
Saint-Hilaire-lez-Cambrai (59)...12 C4
Saint-Hilaire-Luc (19)................216 E2
Saint-Hilaire-Petitville (50)........31 G1
Saint-Hilaire-Peyroux (19)........215 K3
Saint-Hilaire-Saint-Mesmin (45)..109 K4
Saint-Hilaire-sous-Charlieu (42)..187 F3
Saint-Hilaire-sous-Romilly (10)..89 G2
Saint-Hilaire-sur-Benaize (36)...164 C4
Saint-Hilaire-sur-Erre (61)........83 J4
Saint-Hilaire-sur-Helpe (59)......13 G5
Saint-Hilaire-sur-Puiseaux (45)..111 H4
Saint-Hilaire-sur-Risle (61)........55 G5
Saint-Hilaire-sur-Yerre (28)......108 D2
Saint-Hilaire-Taurieux (19)........216 B5
Saint-Hilarion (78)........................85 J1
Saint-Hilliers (77)........................88 D1
Saint-Hippolyte (12)..................235 K4
Saint-Hippolyte (15)..................217 K3
Saint-Hippolyte (17)..................177 F5
Saint-Hippolyte (25)..................139 H5
Saint-Hippolyte (33)..................230 B1
Saint-Hippolyte (37)..................146 D3
Saint-Hippolyte (66)..................310 B5
Saint-Hippolyte (68)....................71 A5
Saint-Hippolyte-de-Caton (30)..255 H6
Saint-Hippolyte-de-
  -Montaigu (30)........................275 H1
Saint-Hippolyte-du-Fort (30)......274 B2
Saint-Hippolyte-le-
  -Graveyron (84)......................257 G5
Saint-Honoré (38)......................242 B1
Saint-Honoré (76)........................16 A3
Saint-Honoré-les-Bains (58)......152 A5
Saint-Hostien (43)......................220 D5
Saint-Hubert (57)..........................45 G4
Saint-Huruge (71)......................171 G3
Saint-Hymer (14)..........................33 K4
Saint-Hymetière (39)..................173 F6
Saint-Igeaux (22)..........................76 C3
Saint-Igest (12)..........................251 F2
Saint-Ignan (31)..........................286 D6
Saint-Ignat (63)..........................185 G6
Saint-Igny-de-Roche (71)..........187 G3
Saint-Igny-de-Vers (69)............187 J2
Saint-Illide (15)..........................217 F5
Saint-Illiers-la-Ville (78)............57 G2
Saint-Illiers-le-Bois (78)............57 G2
Saint-Ilpize (43)..........................219 G4
Saint-Imoges (51)........................40 E6
Saint-Inglevert (62)........................2 D1
Saint-Ismier (38)........................224 B3
Saint-Izaire (12)..........................271 K2
Saint-Jacques (04)......................279 G1
Saint-Jacques-
  -d'Aliermont (76)......................16 B5
Saint-Jacques-d'Ambur (63)......184 B6
Saint-Jacques-d'Atticieux (07)..221 F6
Saint-Jacques-de-
  -la-Lande (35)............................79 F5
Saint-Jacques-de-Néhou (50).....28 C5
Saint-Jacques-de-Thouars (79)..144 B4
Saint-Jacques-des-Arrêts (69)...187 K2
Saint-Jacques-des-Blats (15)....217 K5
Saint-Jacques-des-
  -Guérets (41)............................107 K5
Saint-Jacques-en-
  -Valgodemard (05)..................242 E3
Saint-Jacques-
  -sur-Darnétal (76)......................35 J2
Saint-Jacut-de-la-Mer (22)........50 B3
Saint-Jacut-les-Pins (56)..........102 A3
Saint-Jal (19)..............................215 K1
Saint-James (50)..........................51 K5
Saint-Jammes (64)......................284 E3
Saint-Jans-Cappel (59)................6 B3
Saint-Jean (31)............................287 J1
Saint-Jean-aux-Amognes (58)...151 F4
Saint-Jean-aux-Bois (08)..............21 K4
Saint-Jean-aux-Bois (60)............38 E3
Saint-Jean-Bonnefonds (42)......205 G6
Saint-Jean-Brévelay (56)............101 F3
Saint-Jean-Cap-Ferrat (06)........281 G4
Saint-Jean-Chambre (07)..........239 K1

Saint-Jean-d'Aigues-Vives (09) ...308 A3
Saint-Jean-d'Alcapiès (12) 272 B2
Saint-Jean-d'Angély (17) 177 K5
Saint-Jean-d'Angle (17) 194 D1
Saint-Jean-d'Ardières (69) 188 B3
Saint-Jean-d'Arves (73) 225 F3
Saint-Jean-d'Arvey (73) 208 C4
Saint-Jean-d'Assé (72) 82 D6
Saint-Jean-d'Ataux (24) 213 G4
Saint-Jean-d'Aubrigoux (43) 220 A2
Saint-Jean-d'Aulps (74) 192 A1
Saint-Jean-d'Avelanne (38) 207 J5
Saint-Jean-de-Barrou (11) 310 A3
Saint-Jean-de-Bassel (57) 68 D6
Saint-Jean-de-Beauregard (91) 58 C6
Saint-Jean-de-Belleville (73) 209 H6
Saint-Jean-de-Beugné (85) 160 A3
Saint-Jean-de-Blaignac (33) 230 B2
Saint-Jean-de-Boiseau (44) 122 E4
Saint-Jean-de-Bonneval (10) 114 A1
Saint-Jean-de-Bournay (38) 206 D5
Saint-Jean-de-Braye (45) 110 A4
Saint-Jean-de-Buèges (34) 273 J4
Saint-Jean-de-Ceyrargues (30) ...274 E1
Saint-Jean-de-Chevelu (73) 208 A3
Saint-Jean-de-Côle (24) 198 A6
Saint-Jean-de-Cornies (34) 274 C5
Saint-Jean-de-Couz (73) 208 A6
Saint-Jean-de-Crieulon (30) 274 C2
Saint-Jean-de-Cuculles (34) 274 A5
Saint-Jean-de-Daye (50) 31 G2
Saint-Jean-de-Duras (47) 231 F4
Saint-Jean-de-Folleville (76) 14 E6
Saint-Jean-de-Fos (34) 273 H5
Saint-Jean-de-Gonville (01) 190 D2
Saint-Jean-de-la-Blaquière (34) ...273 G5
Saint-Jean-de-la-Croix (49) 125 F4
Saint-Jean-de-la-Haize (50) 51 K2
Saint-Jean-de-la-
      Léqueraye (27) 34 C4
Saint-Jean-de-la-Motte (72) 106 C6
Saint-Jean-de-la-Neuville (76) 14 D6
Saint-Jean-de-la-Porte (73) 208 D4
Saint-Jean-de-la-Rivière (50) 28 B5
Saint-Jean-de-la-Ruelle (45) 109 K4
Saint-Jean-de-Laur (46) 250 D2
Saint-Jean-de-Lier (40) 264 C3
Saint-Jean-de-Linières (45) 125 F3
Saint-Jean-de-Liversay (17) 177 F1
Saint-Jean-de-Livet (14) 33 H5
Saint-Jean-de-Losne (21) 154 E2
Saint-Jean-de-Luz (64) 263 B1
Saint-Jean-de-Marcel (81) 270 E1
Saint-Jean-de-Marsacq (40) 262 C5
Saint-Jean-de-
      Maruéjols-et-Avéjan (30) 255 J4
Saint-Jean-de-Maurienne (73) 225 G2
Saint-Jean-de-Minervois (34) 291 F3
Saint-Jean-de-Moirans (38) 223 J1
Saint-Jean-de-Monts (85) 140 C5
Saint-Jean-de-Muzols (07) 222 B5
Saint-Jean-de-Nay (43) 219 K5
Saint-Jean-de-Niost (01) 206 E1
Saint-Jean-de-Paracol (11) 308 C3
Saint-Jean-de-Rebervilliers (28) 84 E1
Saint-Jean-de-Rives (81) 269 K5
Saint-Jean-de-Sauves (86) 144 D5
Saint-Jean-de-Savigny (50) 31 J2
Saint-Jean-de-Serres (30) 274 D1
Saint-Jean-de-Sixt (74) 191 H5
Saint-Jean-de-Soudain (38) 207 G4
Saint-Jean-de-Tholome (74) 191 H3
Saint-Jean-de-Thouars (79) 144 B4
Saint-Jean-de-Thurac (47) 248 C5
Saint-Jean-de-Thurigneux (01) 188 C5
Saint-Jean-de-Touslas (69) 205 J4
Saint-Jean-de-Trézy (71) 153 H6
Saint-Jean-de-Valériscle (30) 255 G4
Saint-Jean-de-Vals (81) 270 C5
Saint-Jean-de-Vaulx (38) 224 A6
Saint-Jean-de-Vaux (71) 153 J6
Saint-Jean-de-Védas (34) 293 G1
Saint-Jean-de-Verges (09) 307 H2
Saint-Jean-d'Elle (50) 31 J3
Saint-Jean-Delnous (12) 271 G1
Saint-Jean-des-Champs (50) 51 J1
Saint-Jean-des-Échelles (72) 107 J1
Saint-Jean-des-Essartiers (14) 31 K4
Saint-Jean-des-Mauvrets (49) 125 H4
Saint-Jean-des-Ollières (63) 203 G4
Saint-Jean-des-Vignes (69) 205 J1
Saint-Jean-d'Estissac (24) 213 H5
Saint-Jean-d'Étreux (39) 172 E5
Saint-Jean-devant-
      Possesse (51) 63 H3
Saint-Jean-d'Eyraud (24) 213 H6
Saint-Jean-d'Hérans (38) 242 B2
Saint-Jean-d'Heurs (63) 203 G2
Saint-Jean-d'Illac (33) 229 F2
Saint-Jean-d'Ormont (88) 95 J4
Saint-Jean-du-Bois (72) 106 B4
Saint-Jean-du-Bouzet (82) 268 A1
Saint-Jean-du-Bruel (12) 273 F1
Saint-Jean-du-Cardonnay (76) 35 H1
Saint-Jean-du-
      Castillonnais (09) 306 A3
Saint-Jean-du-
      Corail-des-Bois (50) 52 B4
Saint-Jean-du-Doigt (29) 47 G3
Saint-Jean-du-Falga (09) 307 H1
Saint-Jean-du-Gard (30) 254 E6
Saint-Jean-du-Pin (30) 255 F6
Saint-Jean-du-Thenney (27) 55 G1

Saint-Jean-en-Royans (26) 223 F6
Saint-Jean-en-Val (63) 203 F5
Saint-Jean-et-Saint-Paul (12) 272 C2
Saint-Jean-Froidmentel (41) 108 D3
Saint-Jean-Kerdaniel (22) 48 D5
Saint-Jean-Kourtzerode (57) 67 K4
Saint-Jean-la-Bussière (69) 187 H5
Saint-Jean-la-Fouillouse (48) 238 A4
Saint-Jean-la-Poterie (56) 102 B4
Saint-Jean-la-Vêtre (42) 204 A2
Saint-Jean-Lachalm (43) 238 A1
Saint-Jean-Lagineste (46) 234 B3
Saint-Jean-Lasseille (66) 315 G3
Saint-Jean-le-Blanc (14) 53 G2
Saint-Jean-le-Blanc (45) 110 A4
Saint-Jean-le-Centenier (07) 239 J5
Saint-Jean-le-Comtal (32) 286 C1
Saint-Jean-le-Thomas (50) 51 J1
Saint-Jean-le-Vieux (01) 189 H4
Saint-Jean-le-Vieux (38) 224 B3
Saint-Jean-le-Vieux (64) 282 E5
Saint-Jean-lès-Buzy (55) 44 D5
Saint-Jean-lès-
      Deux-Jumeaux (77) 60 A2
Saint-Jean-Lès-Longuyon (54) 43 J2
Saint-Jean-Lespinasse (46) 234 B2
Saint-Jean-Lherm (31) 269 H5
Saint-Jean-Ligoure (87) 199 F3
Saint-Jean-Mirabel (46) 234 E5
Saint-Jean-Pied-de-Port (64) 282 D5
Saint-Jean-Pierre-Fixte (28) 84 A5
Saint-Jean-Pla-de-Corts (66) 315 F4
Saint-Jean-Poudge (64) 284 E1
Saint-Jean-Poutge (32) 267 F4
Saint-Jean-Rohrbach (57) 68 B4
Saint-Jean-Roure (07) 239 H1
Saint-Jean-Saint-Germain (37) 146 D3
Saint-Jean-Saint-Gervais (63) 219 G1
Saint-Jean-Saint-
      Maurice-sur-Loire (42) 186 D5
Saint-Jean-Saint-Nicolas (05) 243 G4
Saint-Jean-Saverne (67) 70 B1
Saint-Jean-Soleymieux (42) 204 C5
Saint-Jean-sur-Couesnon (35) 79 K2
Saint-Jean-sur-Erve (53) 105 J2
Saint-Jean-sur-Mayenne (53) 80 E1
Saint-Jean-sur-Moivre (51) 63 F3
Saint-Jean-sur-Reyssouze (01) 172 B6
Saint-Jean-sur-Tourbe (51) 63 F2
Saint-Jean-sur-Veyle (01) 188 C2
Saint-Jean-sur-Vilaine (35) 79 J4
Saint-Jean-Trolimon (29) 98 B3
Saint-Jeannet (04) 278 E2
Saint-Jeannet (06) 280 E4
Saint-Jeanvrin (18) 166 D3
Saint-Jeoire (74) 191 H3
Saint-Jeoire-Prieuré (73) 208 C5
Saint-Jeure-d'Andaure (07) 221 H5
Saint-Jeure-d'Ay (07) 221 K4
Saint-Jeures (43) 220 E5
Saint-Joachim (44) 122 A1
Saint-Jodard (42) 204 D1
Saint-Joire (55) 92 D1
Saint-Jorioz (74) 208 D1
Saint-Jory (31) 269 F5
Saint-Jory-de-Chalais (24) 198 B5
Saint-Jory-las-Bloux (24) 214 C1
Saint-Joseph (42) 205 J5
Saint-Joseph (50) 28 D3
Saint-Joseph-de-Rivière (38) 223 K1
Saint-Joseph-des-Bancs (07) 239 H4
Saint-Josse (62) 4 B6
Saint-Jouan-de-l'Isle (22) 78 B2
Saint-Jouan-des-Guérets (35) 50 D3
Saint-Jouin (33) 33 H4
Saint-Jouin-Bruneval (76) 14 B5
Saint-Jouin-de-Blavou (61) 83 G3
Saint-Jouin-de-Marnes (79) 144 C5
Saint-Jouin-de-Milly (79) 143 G6
Saint-Jouvent (87) 181 G5
Saint-Juan (25) 138 C5
Saint-Judoce (22) 78 D1
Saint-Juéry (12) 271 J3
Saint-Juéry (48) 236 E3
Saint-Juéry (81) 270 E2
Saint-Juire-Champgillon (85) 160 B3
Saint-Julia (31) 289 G2
Saint-Julia-de-Bec (11) 308 E4
Saint-Julien (21) 136 B4
Saint-Julien (22) 77 F1
Saint-Julien (34) 291 G1
Saint-Julien (39) 172 E5
Saint-Julien (69) 188 A5
Saint-Julien (83) 278 C5
Saint-Julien (88) 117 J2
Saint-Julien-aux-Bois (19) 216 E4
Saint-Julien-Beychevelle (33) 211 F3
Saint-Julien-Boutières (07) 221 G6
Saint-Julien-Chapteuil (43) 220 D6
Saint-Julien-Chapteuil (43) 220 D6
Saint-Julien-d'Ance (43) 220 B2
Saint-Julien-d'Armagnac (40) 266 A1
Saint-Julien-d'Asse (04) 278 D2
Saint-Julien-de-Briola (11) 289 G6
Saint-Julien-de-Cassagnas (30) ...255 H4
Saint-Julien-de-Chédon (41) 128 D5
Saint-Julien-de-Civry (71) 170 D1
Saint-Julien-de-Concelles (44) 123 J3
Saint-Julien-de-Coppel (63) 203 F3
Saint-Julien-de-Crempse (24) 213 H6
Saint-Julien-de-
      Gras-Capou (09) 308 A2
Saint-Julien-de-Jonzy (71) 187 F2
Saint-Julien-de-la-Liègue (27) 35 K6

Saint-Julien-de-la-Nef (30) 273 K2
Saint-Julien-de-Lampon (24) 233 G2
Saint-Julien-de-l'Escap (17) 177 K5
Saint-Julien-de-l'Herms (38) 206 D6
Saint-Julien-de-Peyrolas (30) 256 B3
Saint-Julien-de-Raz (38) 223 K1
Saint-Julien-de-Toursac (15) 235 F3
Saint-Julien-de-Vouvantes (44) 103 K4
Saint-Julien-des-Chazes (43) 219 J5
Saint-Julien-des-Landes (85) 158 A2
Saint-Julien-des-Points (48) 255 F4
Saint-Julien-d'Eymet (24) 231 H3
Saint-Julien-d'Oddes (42) 204 C1
Saint-Julien-du-Gua (07) 239 H3
Saint-Julien-du-Pinet (43) 220 D4
Saint-Julien-du-Puy (81) 270 C4
Saint-Julien-du-Sault (89) 112 D2
Saint-Julien-du-Serre (07) 239 H5
Saint-Julien-du-Terroux (53) 81 J2
Saint-Julien-du-Tournel (48) 254 C1
Saint-Julien-du-Verdon (04) 279 J2
Saint-Julien-en-Beauchêne (05) ...242 A5
Saint-Julien-en-Born (40) 244 C5
Saint-Julien-en-
      Champsaur (05) 243 F4
Saint-Julien-en-Genevois (74) 190 E3
Saint-Julien-en-Quint (26) 241 G2
Saint-Julien-en-
      Saint-Alban (07) 240 A3
Saint-Julien-en-Vercors (26) 223 H5
Saint-Julien-Gaulène (81) 271 F4
Saint-Julien-la-Geneste (63) 184 B4
Saint-Julien-la-Genête (23) 183 J3
Saint-Julien-la-Vêtre (42) 204 A2
Saint-Julien-Labrousse (07) 239 J1
Saint-Julien-l'Ars (86) 163 G3
Saint-Julien-le-Châtel (23) 183 G4
Saint-Julien-le-Faucon (14) 33 J6
Saint-Julien-le-Pèlerin (19) 216 D6
Saint-Julien-le-Petit (87) 199 K1
Saint-Julien-le-Roux (07) 240 A1
Saint-Julien-le-Vendômois (19) 199 F6
Saint-Julien-lès-Gorze (54) 65 H1
Saint-Julien-lès-Metz (57) 45 F5
Saint-Julien-lès-
      Montbéliard (25) 139 G2
Saint-Julien-les-Rosiers (30) 255 G5
Saint-Julien-lès-Russey (25) 139 G6
Saint-Julien-les-Villas (10) 90 B5
Saint-Julien-Maumont (19) 215 K6
Saint-Julien-Molhesabate (43) 221 G4
Saint-Julien-Molin-Molette (42) 221 J2
Saint-Julien-Mont-Denis (73) 225 G2
Saint-Julien-près-Bort (19) 217 G1
Saint-Julien-Puy-Lavèze (63) 201 J3
Saint-Julien-sous-
      les-Côtes (55) 65 F4
Saint-Julien-sur-Bibost (69) 205 H2
Saint-Julien-sur-Calonne (14) 33 K3
Saint-Julien-sur-Cher (41) 129 J6
Saint-Julien-sur-Dheune (71) 171 F1
Saint-Julien-sur-Garonne (31) 287 J5
Saint-Julien-sur-
      Reyssouze (01) 172 B5
Saint-Julien-sur-Sarthe (61) 83 F2
Saint-Julien-sur-Veyle (01) 188 D2
Saint-Julien-Vocance (07) 221 H4
Saint-Junien (87) 180 D6
Saint-Junien-la-Bregère (23) 199 K1
Saint-Junien-les-Combes (87) 181 F4
Saint-Jure (57) 66 A2
Saint-Jurs (04) 278 E2
Saint-Just (01) 189 G2
Saint-Just (18) 149 H4
Saint-Just (24) 213 H2
Saint-Just (27) 36 B6
Saint-Just (34) 274 D6
Saint-Just (35) 102 D2
Saint-Just (63) 204 A6
Saint-Just-Chaleyssin (38) 206 C4
Saint-Just-d'Ardèche (07) 256 B3
Saint-Just-d'Avray (69) 187 J5
Saint-Just-de-Claix (38) 223 F5
Saint-Just-en-Bas (42) 204 B3
Saint-Just-en-Brie (77) 88 B1
Saint-Just-en-Chaussée (60) 38 A1
Saint-Just-en-Chevalet (42) 186 C6
Saint-Just-et-le-Bézu (11) 308 E4
Saint-Just-et-Vacquières (30) 255 H6
Saint-Just-Ibarre (64) 283 F5
Saint-Just-la-Pendue (42) 187 G6
Saint-Just-le-Martel (87) 199 G1
Saint-Just-Luzac (17) 194 C1
Saint-Just-Malmont (43) 221 F2
Saint-Just-près-Brioude (43) 219 G3
Saint-Just-Saint-Rambert (42) 204 E5
Saint-Just-Sauvage (51) 89 H2
Saint-Just-sur-Dive (49) 144 C1
Saint-Just-sur-Viaur (12) 251 J6
Saint-Justin (32) 285 J2
Saint-Justin (40) 265 J1
Saint-Juvat (22) 78 C1
Saint-Juvin (08) 42 D3
Saint-Lactencin (36) 147 H5
Saint-Lager (69) 188 A3
Saint-Lager-Bressac (07) 240 A4
Saint-Lamain (39) 155 H6
Saint-Lambert (14) 53 H2
Saint-Lambert-et-
      Mont-de-Jeux (08) 42 A1
Saint-Lambert-la-Potherie (49) 125 F3
Saint-Lambert-sur-Dive (61) 54 D4
Saint-Langis-lès-Mortagne (61) 83 H2
Saint-Lanne (65) 266 A6

Saint-Laon (86) 144 C4
Saint-Lary (09) 306 A3
Saint-Lary (32) 267 G3
Saint-Lary-Boujean (31) 286 E5
Saint-Lary-Soulan (65) 304 E4
Saint-Lattier (38) 222 E5
Saint-Launeuc (22) 77 K4
Saint-Laure (63) 185 G6
Saint-Laurent (08) 22 D3
Saint-Laurent (18) 148 E1
Saint-Laurent (22) 48 C2
Saint-Laurent (23) 182 D3
Saint-Laurent (31) 286 E4
Saint-Laurent (47) 247 H4
Saint-Laurent (74) 191 H4
Saint-Laurent-Blangy (62) 11 F3
Saint-Laurent-Bretagne (64) 284 E3
Saint-Laurent-Chabreuges (43) 219 G3
Saint-Laurent-d'Agny (69) 205 J4
Saint-Laurent-d'Aigouze (30) 294 A2
Saint-Laurent-d'Andenay (71) 171 F1
Saint-Laurent-d'Arce (33) 211 H5
Saint-Laurent-de-Belzagot (16) 212 D1
Saint-Laurent-de-
      Brèvedent (76) 14 C6
Saint-Laurent-de-Carnols (30) 256 A4
Saint-Laurent-de-Cerdans (66) 314 D5
Saint-Laurent-de-Céris (16) 179 J5
Saint-Laurent-de-
      Chamousset (69) 205 G2
Saint-Laurent-de-Cognac (16) 195 J2
Saint-Laurent-de-Condel (14) 53 J1
Saint-Laurent-de-Cuves (50) 52 B4
Saint-Laurent-de-Gosse (40) 262 C6
Saint-Laurent-de-Jourdes (86) 163 G6
Saint-Laurent-de-
      la-Barrière (17) 177 H4
Saint-Laurent-de-
      la-Cabrerisse (11) 309 J1
Saint-Laurent-de-la-Prée (17) 176 E4
Saint-Laurent-de-
      la-Salanque (66) 310 C5
Saint-Laurent-de-la-Salle (85) 160 C3
Saint-Laurent-de-Lévézou (12) 252 E5
Saint-Laurent-de-Lin (37) 126 E3
Saint-Laurent-de-Mure (69) 206 C3
Saint-Laurent-de-Muret (48) 237 F5
Saint-Laurent-de-Neste (65) 305 F1
Saint-Laurent-de-
      Terregatte (50) 52 A6
Saint-Laurent-de-Veyrès (48) 236 C3
Saint-Laurent-des-Arbres (30) 256 C6
Saint-Laurent-des-Bois (27) 56 E4
Saint-Laurent-des-Bois (41) 109 F5
Saint-Laurent-des-Combes (16) 212 D1
Saint-Laurent-des-Combes (33) 230 B1
Saint-Laurent-des-
      Hommes (24) 213 F5
Saint-Laurent-des-Mortiers (53) ...105 G5
Saint-Laurent-des-Vignes (24) 231 H2
Saint-Laurent-d'Oingt (69) 187 K6
Saint-Laurent-d'Olt (12) 253 F2
Saint-Laurent-d'Onay (26) 222 D4
Saint-Laurent-du-Bois (33) 230 B4
Saint-Laurent-du-Cros (05) 242 E4
Saint-Laurent-du-Mont (14) 33 H5
Saint-Laurent-du-Pape (07) 240 D2
Saint-Laurent-du-Plan (33) 230 B5
Saint-Laurent-du-Pont (38) 223 K1
Saint-Laurent-du-
      Tencement (27) 55 G3
Saint-Laurent-du-Var (06) 281 F5
Saint-Laurent-du-Verdon (04) 278 D4
Saint-Laurent-en-
      Beaumont (38) 242 C1
Saint-Laurent-en-Brionnais (71) ...187 G2
Saint-Laurent-en-Caux (76) 15 H4
Saint-Laurent-en-Gâtines (37) 127 K2
Saint-Laurent-en-
      Grandvaux (39) 173 K3
Saint-Laurent-en-Royans (26) 223 G5
Saint-Laurent-la-Conche (42) 204 E3
Saint-Laurent-la-Gâtine (28) 57 G5
Saint-Laurent-la-Vallée (24) 232 E3
Saint-Laurent-la-Vernède (30) 256 A6
Saint-Laurent-l'Abbaye (58) 132 A5
Saint-Laurent-le-Minier (30) 273 J2
Saint-Laurent-les-Bains (07) 238 D5
Saint-Laurent-les-Églises (87) 181 K6
Saint-Laurent-les-Tours (46) 234 C2
Saint-Laurent-Lolmie (46) 249 H3
Saint-Laurent-Médoc (33) 210 E3
Saint-Laurent-Nouan (41) 109 H6
Saint-Laurent-Rochefort (42) 204 B2
Saint-Laurent-sous-Coiron (07) 239 J5
Saint-Laurent-sur-Gorre (87) 198 C2
Saint-Laurent-sur-Mer (14) 29 K6
Saint-Laurent-sur-Othain (55) 43 J2
Saint-Laurent-sur-Oust (56) 101 K4
Saint-Laurent-sur-Saône (01) 188 C1
Saint-Laurent-sur-Sèvre (85) 142 E4
Saint-Laurs (79) 161 F4
Saint-Léger (06) 260 E6
Saint-Léger (16) 196 C6
Saint-Léger (17) 195 G3
Saint-Léger (47) 247 H3
Saint-Léger (53) 105 H1
Saint-Léger (62) 11 F4
Saint-Léger (73) 208 B6
Saint-Léger (77) 60 C4
Saint-Léger-aux-Bois (60) 39 F2
Saint-Léger-aux-Bois (76) 16 E3
Saint-Léger-de-Balson (33) 245 K1

Saint-Léger-de-Fougeret (58) 152 B4
Saint-Léger-de-
      la-Martinière (79) 178 D2
Saint-Léger-de-Montbrillais (86) ..144 C3
Saint-Léger-de-Montbrun (79) 144 C4
Saint-Léger-de-Peyre (48) 237 G5
Saint-Léger-Dubosq (14) 33 H4
Saint-Léger-des-Aubées (28) 85 J3
Saint-Léger-des-Bois (49) 124 E3
Saint-Léger-des-Prés (35) 51 G6
Saint-Léger-des-Vignes (58) 151 G6
Saint-Léger-du-Bois (71) 153 G4
Saint-Léger-du-
      Bourg-Denis (76) 35 J2
Saint-Léger-du-Gennetey (27) 34 E4
Saint-Léger-du-Malzieu (48) 237 G2
Saint-Léger-du-Ventoux (84) 257 J4
Saint-Léger-Dubosq (14) 33 H4
Saint-Léger-en-Bray (60) 37 G3
Saint-Léger-en-Yvelines (78) 57 J5
Saint-Léger-la-Montagne (87) 181 J5
Saint-Léger-le-Guérétois (23) 182 C3
Saint-Léger-le-Petit (18) 150 C2
Saint-Léger-lès-Authie (80) 10 C5
Saint-Léger-lès-Domart (80) 9 J6
Saint-Léger-les-Mélèzes (05) 243 F4
Saint-Léger-lès-Paray (71) 170 B5
Saint-Léger-les-Vignes (44) 122 E5
Saint-Léger-Magnazeix (87) 181 G1
Saint-Léger-près-Troyes (10) 90 A6
Saint-Léger-sous-Beuvray (71) 152 B3
Saint-Léger-sous-Brienne (10) 90 B3
Saint-Léger-sous-Cholet (49) 142 E2
Saint-Léger-
      sous-la-Bussière (71) 187 K1
Saint-Léger-sous-Margerie (10) 90 E2
Saint-Léger-sur-Bresle (80) 17 F2
Saint-Léger-sur-Dheune (71) 153 H6
Saint-Léger-sur-Roanne (42) 186 D4
Saint-Léger-sur-Sarthe (61) 83 F2
Saint-Léger-sur-Vouzance (03) 170 A6
Saint-Léger-Triey (21) 136 D5
Saint-Léger-Vauban (89) 134 A4
Saint-Léomer (86) 164 B5
Saint-Léon (03) 169 H6
Saint-Léon (31) 288 C3
Saint-Léon (33) 230 A4
Saint-Léon (47) 247 H3
Saint-Léon-d'Issigeac (24) 232 A4
Saint-Léon-sur-l'Isle (24) 213 H4
Saint-Léon-sur-Vézère (24) 214 D6
Saint-Léonard (32) 267 K3
Saint-Léonard (51) 41 F5
Saint-Léonard (62) 4 B3
Saint-Léonard (76) 14 D4
Saint-Léonard (88) 95 H5
Saint-Léonard-de-Noblat (87) 199 H1
Saint-Léonard-des-Bois (72) 82 B4
Saint-Léonard-des-Parcs (61) 55 F6
Saint-Léonard-en-Beauce (41) 109 F5
Saint-Léons (12) 253 F4
Saint-Léopardin-d'Augy (03) 168 B2
Saint-Léry (56) 78 A4
Saint-Leu-d'Esserent (60) 38 A5
Saint-Leu-la-Forêt (95) 58 D2
Saint-Lézer (65) 285 G3
Saint-Lieux-Lafenasse (81) 270 C6
Saint-Lieux-Lavaur (81) 269 K4
Saint-Lin (79) 161 J4
Saint-Lions (04) 279 G1
Saint-Lizier (09) 306 C2
Saint-Lizier-du-Planté (32) 287 G3
Saint-Lô (50) 31 H3
Saint-Lô-d'Ourville (50) 28 C6
Saint-Lon-les-Mines (40) 262 E5
Saint-Longis (72) 83 F4
Saint-Lormel (22) 50 B4
Saint-Lothain (39) 155 H6
Saint-Loube (32) 287 G3
Saint-Loubert (33) 230 B5
Saint-Loubès (33) 229 F1
Saint-Loubouer (40) 265 G5
Saint-Louet-sur-Seulles (14) 32 B6
Saint-Louet-sur-Vire (50) 31 J5
Saint-Louis (57) 67 K4
Saint-Louis (68) 97 E4
Saint-Louis-de-
      Montferrand (33) 211 H6
Saint-Louis-en-l'Isle (24) 213 G5
Saint-Louis-et-Parahou (11) 309 F4
Saint-Louis-lès-Bitche (57) 69 G4
Saint-Loup (03) 168 E6
Saint-Loup (17) 177 J4
Saint-Loup (23) 183 G3
Saint-Loup (39) 154 E4
Saint-Loup (41) 129 K6
Saint-Loup (50) 52 A5
Saint-Loup (51) 61 J5
Saint-Loup (58) 132 A4
Saint-Loup (69) 187 J6
Saint-Loup (82) 248 D6
Saint-Loup-Cammas (31) 269 G5
Saint-Loup-de-Buffigny (10) 89 G3
Saint-Loup-de-Fribois (14) 33 H6
Saint-Loup-de-Gonois (45) 111 K2
Saint-Loup-de-Naud (77) 88 C2
Saint-Loup-de-Varennes (71) 171 J1
Saint-Loup-des-Chaumes (18) 149 G6
Saint-Loup-des-Vignes (45) 111 F2
Saint-Loup-d'Ordon (89) 112 C3
Saint-Loup-du-Dorat (53) 105 H4
Saint-Loup-du-Gast (53) 81 G3
Saint-Loup-en-
      Champagne (08) 41 G2

Saint-Loup-en-Comminges (31)..286 C5
Saint-Loup-Géanges (71) 154 A4
Saint-Loup-Hors (14)............32 B3
Saint-Loup-Lamairé (79) 144 B6
Saint-Loup-Nantouard (70)....137 G4
Saint-Loup-sur-Aujon (52) 116 A4
Saint-Loup-sur-Semouse (70) 118 B4
Saint-Loup-Terrier (08)..........22 C6
Saint-Lubin-de-Cravant (28)....56 C5
Saint-Lubin-de-la-Haye (28)....57 H4
Saint-Lubin-des-
-Joncherets (28)................56 D5
Saint-Lubin-en-Vergonnois (41)..128 D2
Saint-Luc (27) 56 E2
Saint-Lucien (28) 57 H6
Saint-Lumier-en-
-Champagne (51)..............63 F4
Saint-Lumier-la-Populeuse (51)....63 H5
Saint-Lumine-de-Clisson (44)....142 A2
Saint-Lumine-de-Coutais (44) 141 A1
Saint-Lunaire (35)................50 C3
Saint-Luperce (28) 84 E3
Saint-Lupicin (39) 173 J5
Saint-Lupien (10) 89 H4
Saint-Lyé (10)......................90 A4
Saint-Lyé-la-Forêt (45)......110 A2
Saint-Lyphard (44) 121 K3
Saint-Lys (31)....................287 J2
Saint-Macaire (33) 230 A5
Saint-Macaire-du-Bois (49)....144 A2
Saint-Maclou (27) 34 B3
Saint-Maclou-de-Folleville (76)....16 A5
Saint-Maclou-la-Brière (76) 14 E5
Saint-Macoux (86) 179 G3
Saint-Maden (22) 78 C1
Saint-Magne (33) 229 G6
Saint-Magne-de-Castillon (33) 230 C2
Saint-Maigner (63) 184 A5
Saint-Maigrin (17) 195 K6
Saint-Maime (04) 278 A4
Saint-Maime-de-Péreyrol (24) ..213 J6
Saint-Maixant (23) 183 G5
Saint-Maixant (33) 230 A5
Saint-Maixent (72) 107 J1
Saint-Maixent-de-Beugné (79) 161 F4
Saint-Maixent-l'École (79) 161 K5
Saint-Maixent-sur-Vie (85)....141 F6
Saint-Maixme-Hauterive (28)....84 D1
Saint-Malo (35) 50 D3
Saint-Malo-de-Beignon (56)....78 B6
Saint-Malo-de-Guersac (44)....122 A2
Saint-Malo-de-la-Lande (50) 30 D3
Saint-Malo-de-Phily (35) 102 E1
Saint-Malo-des-
-Trois-Fontaines (56)........101 J1
Saint-Malô-du-Bois (85) 142 E4
Saint-Malo-en-Donziois (58)....132 D6
Saint-Malon-sur-Mel (35)......78 C4
Saint-Mamert (69) 187 K2
Saint-Mamert-du-Gard (30)....274 E3
Saint-Mamet (31)..............305 H5
Saint-Mamet-la-Salvetat (15) ..235 G2
Saint-Mammès (77) 87 J4
Saint-Mandé (94) 59 F4
Saint-Mandé-sur-Brédoire (17)....178 B4
Saint-Mandrier-sur-Mer (83) ..300 C5
Saint-Manvieu-Bocage (14) 52 D3
Saint-Manvieu-Norrey (14) 32 D5
Saint-Marc-à-Frongier (23) ..183 F6
Saint-Marc-à-Loubaud (23)....200 C1
Saint-Marc-du-Cor (41) 108 B3
Saint-Marc-Jaumegarde (13)..296 D1
Saint-Marc-la-Lande (79) 161 H4
Saint-Marc-le-Blanc (35) 79 J1
Saint-Marc-sur-Couesnon (35)....79 K2
Saint-Marc-sur-Seine (21) ..135 F1
Saint-Marcan (35) 51 G4
Saint-Marceau (08) 22 D4
Saint-Marceau (72) 82 D6
Saint-Marcel (01) 188 D5
Saint-Marcel (08) 22 B4
Saint-Marcel (27) 36 B6
Saint-Marcel (36) 165 G3
Saint-Marcel (54) 44 D4
Saint-Marcel (56) 101 J3
Saint-Marcel (70) 117 H5
Saint-Marcel (71) 171 K1
Saint-Marcel (73) 209 H5
Saint-Marcel-Bel-Accueil (38)..206 E3
Saint-Marcel-Campes (81)....250 E6
Saint-Marcel-d'Ardèche (07) ..256 B3
Saint-Marcel-de-Careiret (30)....256 A5
Saint-Marcel-de-Félines (42)..204 E1
Saint-Marcel-du-Périgord (24)..232 A1
Saint-Marcel-d'Urfé (42)......204 B1
Saint-Marcel-en-Marcillat (03)..183 K3
Saint-Marcel-en-Murat (03)....184 E1
Saint-Marcel-l'Éclairé (69) ..205 G1
Saint-Marcel-lès-Annonay (07)..221 J2
Saint-Marcel-lès-Sauzet (26)..240 B5
Saint-Marcel-lès-Valence (26)..222 C4
Saint-Marcel-Paulel (31) 269 H6
Saint-Marcel-sur-Aude (11) ..291 G5
Saint-Marcelin-de-Cray (71)..171 F4
Saint-Marcellin (38)............223 F4
Saint-Marcellin-en-Forez (42)..204 D6
Saint-Marcellin-lès-Vaison (84)..257 G4
Saint-Marcet (31)..............286 A6
Saint-Marcory (24) 232 C4
Saint-Marcouf (14)..............31 J1
Saint-Marcouf (50) 29 F4
Saint-Mard (02) 40 B3
Saint-Mard (17) 177 H3
Saint-Mard (54) 94 B2

Saint-Mard (77)....................59 H1
Saint-Mard (80) 19 F5
Saint-Mard-de-Réno (61) 83 J2
Saint-Mard-de-Vaux (71)......153 J6
Saint-Mard-lès-Rouffy (51) 62 B2
Saint-Mard-sur-Auve (51) 63 G1
Saint-Mard-sur-le-Mont (51)....63 H3
Saint-Mards (76) J3
Saint-Mards-de-Blacarville (27)....34 C2
Saint-Mards-de-Fresne (27) 34 B6
Saint-Mards-en-Othe (10) 113 J1
Saint-Marien (23) 166 D5
Saint-Mariens (33) 211 J4
Saint-Mars-de-Coutais (44)....122 E5
Saint-Mars-de-Locquenay (72)..107 G3
Saint-Mars-d'Égrenne (61)......81 F1
Saint-Mars-d'Outillé (72) 107 F4
Saint-Mars-du-Désert (44) ..123 H2
Saint-Mars-du-Désert (53)......82 A4
Saint-Mars-la-Brière (72) 107 F2
Saint-Mars-la-Jaille (44) 124 A2
Saint-Mars-la-Réorthe (85) ..142 E5
Saint-Mars-sur-Colmont (53)....81 F3
Saint-Mars-sur-la-Futaie (53) 80 C2
Saint-Mars-Vieux-Maisons (77)....60 D5
Saint-Marsal (66) 314 D3
Saint-Martial (07) 239 G2
Saint-Martial (15) 236 D2
Saint-Martial (16) 212 D1
Saint-Martial (17) 177 K4
Saint-Martial (30) 273 K1
Saint-Martial (33) 230 B4
Saint-Martial-d'Albarède (24)..214 D2
Saint-Martial-d'Artenset (24)..212 E5
Saint-Martial-de-Gimel (19) ..216 B3
Saint-Martial-de-
-Mirambeau (17) 195 G6
Saint-Martial-de-Nabirat (24)..233 F3
Saint-Martial-de-Valette (24)..197 J5
Saint-Martial-de-Vitaterne (17)..195 H5
Saint-Martial-Entraygues (19)..216 C5
Saint-Martial-le-Mont (23) ..183 F4
Saint-Martial-le-Vieux (23) ..201 F3
Saint-Martial-sur-Isop (87)....180 C3
Saint-Martial-sur-Né (17) 195 J4
Saint-Martial-Viveyrol (24) ..213 G1
Saint-Martin (32) 286 A2
Saint-Martin (54) 95 F1
Saint-Martin (65) 285 H6
Saint-Martin (67) 70 B6
Saint-Martin-au-Bosc (76) 17 F3
Saint-Martin-aux-Arbres (76)....15 H5
Saint-Martin-aux-Bois (60) 38 B1
Saint-Martin-aux-Buneaux (76)..14 E3
Saint-Martin-aux-Champs (51)....62 E4
Saint-Martin-aux-
-Chartrains (14) 33 J3
Saint-Martin-Belle-Roche (71)..171 J6
Saint-Martin-Bellevue (74) ..191 F5
Saint-Martin-Boulogne (62) 4 B3
Saint-Martin-Cantalès (15) ..217 F5
Saint-Martin-Château (23) ..200 A1
Saint-Martin-Choquel (62)......4 D4
Saint-Martin-Curton (47)......246 E3
Saint-Martin-d'Abbat (45)....110 D5
Saint-Martin-d'Ablois (51) 61 J2
Saint-Martin-d'Août (26) 222 C3
Saint-Martin-d'Arberoue (64)..282 E3
Saint-Martin-d'Arc (73) 225 H3
Saint-Martin-d'Ardèche (07)..256 B3
Saint-Martin-d'Armagnac (32)..266 A4
Saint-Martin-d'Arrossa (64)..282 D4
Saint-Martin-d'Ary (17) 212 A3
Saint-Martin-d'Aubigny (50)....31 F2
Saint-Martin-d'Audouville (50)....29 F4
Saint-Martin-d'Auxigny (18)..149 G1
Saint-Martin-d'Auxy (71) 171 F2
Saint-Martin-de-Bavel (01) ..207 J1
Saint-Martin-de-Beauville (47)..248 C4
Saint-Martin-de-Belleville (73)..225 H1
Saint-Martin-de-
-Bernegoue (79)..............178 B1
Saint-Martin-de-Bienfaite-
-la-Cressonnière (14) 55 F1
Saint-Martin-de-Blagny (14)....31 J1
Saint-Martin-de-Bonfossé (50)..31 G4
Saint-Martin-de-
-Boscherville (76) 35 G2
Saint-Martin-de-Bossenay (10)..89 G3
Saint-Martin-de-Boubaux (48)..254 E5
Saint-Martin-de-
-Bréthencourt (78)..........86 A2
Saint-Martin-de-Brômes (04)..278 C4
Saint-Martin-de-Caralp (09) ..307 G3
Saint-Martin-de-Castillon (84)..277 H3
Saint-Martin-de-Cenilly (50)....31 F5
Saint-Martin-de-Clelles (38)..241 K2
Saint-Martin-de-Commune (71)..153 G5
Saint-Martin-de-Connée (53)....81 K5
Saint-Martin-de-Coux (17)....212 B4
Saint-Martin-de-Crau (13) ..295 G2
Saint-Martin-de-Fenouillet (66)..309 G5
Saint-Martin-de-Fontenay (14)....32 E5
Saint-Martin-de-
-Fraigneau (85) 160 E5
Saint-Martin-de-
-Fressengeas (24) 198 A6
Saint-Martin-de-Fugères (43)..238 C2
Saint-Martin-de-Goyne (32)..267 H1
Saint-Martin-de-Gurson (24)..212 D6
Saint-Martin-de-Hinx (40) ..262 C6
Saint-Martin de l'If (76) 15 H6
Saint-Martin-de-Juillers (17)..178 A5
Saint-Martin-de-Jussac (87)..180 D6

Saint-Martin-de-
-la-Brasque (84).............277 J4
Saint-Martin-de-la-Cluze (38)..223 K6
Saint-Martin-de-la-Lieue (14)....33 K6
Saint-Martin-de-la-Mer (21)..152 E1
Saint-Martin-de-la-Place (49)..126 A5
Saint-Martin-de-la-Porte (73)..225 H2
Saint-Martin-de-l'Arçon (34)..291 H1
Saint-Martin-de-Lansuscle (48)..254 C4
Saint-Martin-de-Laye (33) ..212 A5
Saint-Martin-de-Lenne (12)..252 E2
Saint-Martin-de-Lerm (33)....230 C4
Saint-Martin-de-Lixy (71) ..187 G2
Saint-Martin-de-Londres (34)..273 K4
Saint-Martin-de-Mâcon (79)..144 C3
Saint-Martin-de-Mailloc (14)....34 A6
Saint-Martin-de-Mieux (14) 54 A3
Saint-Martin-de-Nigelles (28)....85 H1
Saint-Martin-de-Pallières (83)..278 C6
Saint-Martin-de-Queyrières (05)..243 K2
Saint-Martin-de-Ré (17) 158 C5
Saint-Martin-de-Ribérac (24)..213 G3
Saint-Martin-de-
-Saint-Maixent (79) 161 K5
Saint-Martin-de-Salencey (71)..171 F4
Saint-Martin-de-Sanzay (79)..144 B2
Saint-Martin-de-Seignanx (40)..262 B6
Saint-Martin-de-Sescas (33)..230 B5
Saint-Martin-de-Valamas (07)..239 H1
Saint-Martin-de-Valgalgues (30)..255 G5
Saint-Martin-de-Varreville (50)....29 G5
Saint-Martin-de-Vaulserre (38)..207 J5
Saint-Martin-de-Villeréal (47)..232 B5
Saint-Martin-de-Villereglan (11)..308 D1
Saint-Martin-des-
-Fontaines (85) 160 C3
Saint-Martin-des-Bois (41)..107 K6
Saint-Martin-des-Champs (18)..150 B2
Saint-Martin-des-Champs (29)....47 G4
Saint-Martin-des-Champs (50)....51 K3
Saint-Martin-des-Champs (77)....60 D5
Saint-Martin-des-Champs (78)....57 J3
Saint-Martin-des-Champs (89)..132 A1
Saint-Martin-des-Combes (24)..213 J6
Saint-Martin-des-Entrées (14)....32 B3
Saint-Martin-des-Lais (03)....169 H2
Saint-Martin-des-Landes (61)....82 B1
Saint-Martin-des-Monts (72)..107 H1
Saint-Martin-des-Noyers (85)..142 B6
Saint-Martin-des-Olmes (63)..204 A5
Saint-Martin-des-Pézerits (61)....55 G6
Saint-Martin-des-Plains (63)..203 F6
Saint-Martin-des-Prés (22) 76 E3
Saint-Martin-des-Puits (11)..309 H2
Saint-Martin-des-Tilleuls (85)..142 C1
Saint-Martin-d'Estréaux (42)..186 B2
Saint-Martin-
-d'Hardinghem (62) 5 F4
Saint-Martin-d'Hères (38) ..224 A4
Saint-Martin-d'Heuille (58) ..150 E3
Saint-Martin-d'Ollières (63) ..219 H1
Saint-Martin-d'Oney (40) 264 E2
Saint-Martin-d'Ordon (89) ..112 C3
Saint-Martin-d'Oydes (09) ..288 C6
Saint-Martin-du-Bec (76) 14 B5
Saint-Martin-du-Bois (33) ..211 K5
Saint-Martin-du-Bois (49) ..104 E6
Saint-Martin-du-Boschet (77)....60 E5
Saint-Martin-du-Clocher (16)..179 F4
Saint-Martin-du-Fouilloux (49)..124 E4
Saint-Martin-du-Fouilloux (79)..162 A3
Saint-Martin-du-Frêne (01) ..189 K3
Saint-Martin-du-Lac (71) 186 E2
Saint-Martin-du-Limet (53) ..104 C4
Saint-Martin-du-Manoir (76)....14 B6
Saint-Martin-du-Mont (01) ..189 G3
Saint-Martin-du-Mont (21) ..135 H4
Saint-Martin-du-Mont (71) ..172 D3
Saint-Martin-du-Puy (33) 230 C4
Saint-Martin-du-Puy (58) 133 J3
Saint-Martin-du-Tartre (71)..171 G3
Saint-Martin-du-Tertre (89) 88 D6
Saint-Martin-du-Tertre (95) 37 K6
Saint-Martin-du-Tilleul (27)....34 C6
Saint-Martin-du-Var (06) 281 F3
Saint-Martin-du-
-Vieux-Bellême (61) 83 H3
Saint-Martin-du-Vivier (76) 35 J1
Saint-Martin-d'Uriage (38) ..224 B4
Saint-Martin-en-Bière (77) 87 G3
Saint-Martin-en-Bresse (71)..154 C6
Saint-Martin-en-Gâtinois (71)..154 B4
Saint-Martin-en-Haut (69) ..205 H3
Saint-Martin-en-Vercors (26)..223 H5
Saint-Martin-Gimois (32) 287 F2
Saint-Martin-la-Campagne (27)..56 C1
Saint-Martin-la-Garenne (78)....57 J1
Saint-Martin-la-Méanne (19)..216 C4
Saint-Martin-la-Patrouille (71)..171 G3
Saint-Martin-la-Plaine (42) ..205 J5
Saint-Martin-la-Sauveté (42)..204 B1
Saint-Martin-Labouval (46) ..250 C1
Saint-Martin-Lacaussade (33)..211 G4
Saint-Martin-Laguépie (81) ..250 E5
Saint-Martin-l'Aiguillon (61)....54 A6
Saint-Martin-Lalande (11) ..289 H4
Saint-Martin-l'Ars (86) 179 K2
Saint-Martin-Lars-
-en-Sainte-Hermine (85) ..160 C2
Saint-Martin-l'Astier (24) ..213 F5
Saint-Martin-le-Beau (37) ..128 A5
Saint-Martin-le-Bouillant (50) ..52 B4

Saint-Martin-le-Châtel (01) ..188 E1
Saint-Martin-le-Colonel (26) ..223 F6
Saint-Martin-le-Gaillard (76) 16 C1
Saint-Martin-le-Gréard (50) 28 C3
Saint-Martin-le-Mault (87) ..164 D6
Saint-Martin-le-Nœud (60) 37 G2
Saint-Martin-le-Pin (24) 197 J5
Saint-Martin-le-Redon (46) ..232 D6
Saint-Martin-le-Vieil (11) ..289 J5
Saint-Martin-le-Vieux (87) ..198 D2
Saint-Martin-le-Vinoux (38)..223 K3
Saint-Martin-les-Eaux (04) ..278 A3
Saint-Martin-lès-Langres (52)..116 C4
Saint-Martin-lès-Melle (79) ..178 C2
Saint-Martin-lès-Seyne (04)..259 J2
Saint-Martin-Lestra (42) 205 F3
Saint-Martin-lez-Tatinghem (62)....5 G3
Saint-Martin-l'Heureux (51) 41 J4
Saint-Martin-l'Hortier (76) 16 C4
Saint-Martin-Longueau (60) 38 B3
Saint-Martin-Lys (11) 308 E5
Saint-Martin-Osmonville (76)....16 B5
Saint-Martin-Petit (47) 230 D5
Saint-Martin-Rivière (02) 12 D6
Saint-Martin-Saint-Firmin (27)....34 C4
Saint-Martin-Sainte-
-Catherine (23) 182 A5
Saint-Martin-Sepert (19) 199 G6
Saint-Martin-sous-
-Montaigu (71) 153 J6
Saint-Martin-sous-
-Vigouroux (15) 236 B1
Saint-Martin-sur-Armançon (89)..114 A4
Saint-Martin-sur-Cojeul (62) 11 F4
Saint-Martin-sur-Écaillon (59)....12 D3
Saint-Martin-sur-
-la-Chambre (73) 225 F1
Saint-Martin-sur-Lavezon (07)..240 A5
Saint-Martin-sur-le-Pré (51)....62 D2
Saint-Martin-sur-Nohain (58)..132 A3
Saint-Martin-sur-Ocre (45)..131 H1
Saint-Martin-sur-Oust (56) ..102 A2
Saint-Martin-Terressus (87)..181 J6
Saint-Martin-Valmeroux (15)..217 G5
Saint-Martin-Vésubie (06) ..261 J5
Saint-Martinien (23) 183 J1
Saint-Martory (31) 287 G6
Saint-Mary (16) 197 G1
Saint-Mary-le-Plain (15) 218 E4
Saint-Masmes (51) 41 H4
Saint-Mathieu (87) 198 A3
Saint-Mathieu-de-Tréviers (34)..274 B4
Saint-Mathurin (85) 158 E2
Saint-Matré (46) 249 G2
Saint-Maudan (22) 77 F5
Saint-Maudez (22) 50 B5
Saint-Maugan (35) 78 C3
Saint-Maulvis (80) 17 G2
Saint-Maur (18) 166 E3
Saint-Maur (32) 286 A2
Saint-Maur (36) 147 J6
Saint-Maur (39) 173 G3
Saint-Maur (60) 17 H5
Saint-Maur-des-Bois (50) 52 B3
Saint-Maur-des-Fossés (94)....59 F4
Saint-Maur-sur-le-Loir (28) ..109 F1
Saint-Maurice (52) 116 D4
Saint-Maurice (58) 151 H3
Saint-Maurice (63) 202 E3
Saint-Maurice (67) 96 B1
Saint-Maurice (94) 59 F4
Saint-Maurice-aux-Forges (54)..95 G1
Saint-Maurice-aux-
-Riches-Hommes (89) 89 F4
Saint-Maurice-Colombier (25)..139 F3
Saint-Maurice-Crillat (39)....173 J3
Saint-Maurice-d'Ardèche (07)..239 H6
Saint-Maurice-de-Beynost (01)..206 B1
Saint-Maurice-de-
-Cazevieille (30) 274 E1
Saint-Maurice-de-
-Gourdans (01)................206 B1
Saint-Maurice-de-Lestapel (47)..231 J5
Saint-Maurice-de-Lignon (43)..220 E3
Saint-Maurice-de-Rémens (01)..189 G5
Saint-Maurice-de-
-Rotherens (73)..............207 J4
Saint-Maurice-de-
-Satonnay (71) 171 J5
Saint-Maurice-des-
-Champs (71) 171 G3
Saint-Maurice-des-Lions (16)..180 B5
Saint-Maurice-des-Noues (85)..160 E2
Saint-Maurice-d'Ételan (76)....34 D1
Saint-Maurice-d'Ibie (07) ..239 J6
Saint-Maurice-en-
-Chalencon (07) 239 K2
Saint-Maurice-en-Cotentin (50)..28 C5
Saint-Maurice-en-Gourgois (42)..220 E1
Saint-Maurice-en-Quercy (46)..234 C4
Saint-Maurice-en-Rivière (71)..154 B6
Saint-Maurice-en-Trièves (38)..242 A3
Saint-Maurice-en-
-Valgodemard (05) 242 C2
Saint-Maurice Étusson (79)..143 J3
Saint-Maurice-la-Clouère (86)..163 F6
Saint-Maurice-la-
-Souterraine (23) 181 J2
Saint-Maurice-le-Girard (85)..160 D2
Saint-Maurice-le-Vieil (89)..112 D5
Saint-Maurice-les-
-Brousses (87) 198 E3
Saint-Maurice-lès-
-Charencey (61) 55 K6

Saint-Maurice-lès-
-Châteauneuf (71)..........187 G2
Saint-Maurice-lès-
-Couches (71) 153 H5
Saint-Maurice-l'Exil (38) 222 A1
Saint-Maurice-
-Montcouronne (91) 86 C1
Saint-Maurice-Navacelles (34)..273 H3
Saint-Maurice-près-Crocq (23)..201 F1
Saint-Maurice-près-
-Pionsat (63) 183 K4
Saint-Maurice-Saint-
-Germain (28) 84 C2
Saint-Maurice-sous-
-les-Côtes (55) 65 F1
Saint-Maurice-sur-Adour (40)..265 G3
Saint-Maurice-sur-Aveyron (45)..111 K5
Saint-Maurice-sur-Dargoire (69)..205 J4
Saint-Maurice-sur-Eygues (26)..257 F3
Saint-Maurice-sur-Fessard (45)..111 G3
Saint-Maurice-sur-
-Mortagne (88) 94 E3
Saint-Maurice-sur-Moselle (88)..119 G4
Saint-Maurice-sur-
-Vingeanne (21) 136 D2
Saint-Maurice-Thizouaille (89)..112 E5
Saint-Maurin (47) 248 D4
Saint-Max (54) 66 A5
Saint-Maxent (80) 9 F6
Saint-Maximin (30) 275 G1
Saint-Maximin (38) 208 C6
Saint-Maximin (60) 38 A5
Saint-Maximin-
-la-Sainte-Baume (83) 297 H2
Saint-Maxire (79) 161 G5
Saint-May (26) 257 J2
Saint-Mayeux (22) 76 D3
Saint-Méard (87) 199 H3
Saint-Méard-de-Drône (24)..213 G3
Saint-Méard-de-Gurçon (24)..230 E1
Saint-Médard (16) 196 B5
Saint-Médard (17) 195 J6
Saint-Médard (31) 287 F6
Saint-Médard (32) 286 B2
Saint-Médard (36) 147 F4
Saint-Médard (46) 233 G6
Saint-Médard (57) 66 E3
Saint-Médard (64) 284 A1
Saint-Médard (79) 178 B2
Saint-Médard-d'Aunis (17) ..176 E2
Saint-Médard-de-Guizières (33)..212 C5
Saint-Médard-de-
-Mussidan (24) 213 G5
Saint-Médard-de-Presque (46)..234 B2
Saint-Médard-d'Excideuil (24)..214 D2
Saint-Médard-d'Eyrans (33) ..229 H3
Saint-Médard-en-Forez (42)..205 F4
Saint-Médard-en-Jalles (33)..229 F1
Saint-Médard-la-Rochette (23)..183 F4
Saint-Médard-Nicourby (46)..234 D3
Saint-Médard-sur-Ille (35)....79 G2
Saint-Méen (29) 46 C4
Saint-Méen-le-Grand (35) 78 B3
Saint-Melaine-sur-Aubance (49)..125 G4
Saint-Mélany (07) 238 G6
Saint-Méloir-des-Bois (22)....50 B5
Saint-Méloir-des-Ondes (35)....50 E3
Saint-Même-les-Carrières (16)..196 B3
Saint-Memmie (51) 62 D2
Saint-Menge (88) 93 J5
Saint-Menges (08) 23 F4
Saint-Menoux (03) 168 C3
Saint-Merd-de-Lapleau (19)..216 D3
Saint-Merd-la-Breuille (23)..201 G3
Saint-Merd-les-Oussines (19)..200 C4
Saint-Méry (77) 87 J1
Saint-Meslin-du-Bosc (27) 35 F5
Saint-Mesmes (77) 59 H2
Saint-Mesmin (10) 89 K3
Saint-Mesmin (21) 135 G5
Saint-Mesmin (24) 214 E2
Saint-Mesmin (85) 143 F6
Saint-Mexant (19) 215 K2
Saint-Mézard (32) 267 H1
Saint-M'Hervé (35) 80 B5
Saint-M'Hervon (35) 78 C2
Saint-Micaud (71) 171 F2
Saint-Michel (02) 21 H2
Saint-Michel (09) 288 C6
Saint-Michel (16) 196 D3
Saint-Michel (31) 287 H6
Saint-Michel (32) 286 B3
Saint-Michel (34) 273 G3
Saint-Michel (45) 110 E2
Saint-Michel (64) 282 D6
Saint-Michel (82) 268 B1
Saint-Michel-Chef-Chef (44)..122 A4
Saint-Michel-d'Aurance (07)..239 H1
Saint-Michel-de-Bannières (46)..215 K6
Saint-Michel-de-Boulogne (07)..239 H4
Saint-Michel-de-Castelnau (33)..246 D3
Saint-Michel-de-
-Chabrillanoux (07) 239 K2
Saint-Michel-de-Chaillol (05)..243 H4
Saint-Michel-de-
-Chavaignes (72) 107 H2
Saint-Michel-de-Dèze (48)..254 E4
Saint-Michel-de-Double (24)..213 F5
Saint-Michel-de-Feins (53)..105 G5
Saint-Michel-de-Fronsac (33)..230 A1
Saint-Michel-de-la-Pierre (50)....30 E3
Saint-Michel-de-la-Roë (53)..104 B3
Saint-Michel-de-Lanès (11) ..288 E4
Saint-Michel-de-Lapujade (33)..230 D5

Saint-Michel-de-Llotes (66)........314 D2
Saint-Michel-de-Maurienne (73)..225 H3
Saint-Michel-de-
  Montaigne (24) 230 D1
Saint-Michel-de-Montjoie (50)....52 C4
Saint-Michel-de-Plélan (22)........50 B5
Saint-Michel-de-Rieufret (33) 229 J4
Saint-Michel-de-
  -Saint-Geoirs (38) 223 G2
Saint-Michel-de-Vax (81).........250 C6
Saint-Michel-de-Veisse (23) 182 E6
Saint-Michel-de-Villadeix (24) 213 K6
Saint-Michel-de-Volangis (18) 149 H2
Saint-Michel-d'Euzet (30) 256 B5
Saint-Michel-d'Halescourt (76)....17 F6
Saint-Michel-en-Beaumont (38)..242 C2
Saint-Michel-en-Brenne (36) 146 E6
Saint-Michel-en-Grève (22) 47 J3
Saint-Michel-en-l'Herm (85) 159 K5
Saint-Michel-Escalus (40) 262 D2
Saint-Michel-et-
  -Chanveaux (49) 104 B6
Saint-Michel-Labadié (81) 271 G1
Saint-Michel-le-Cloucq (85) 160 E4
Saint-Michel-les-Portes (38) 241 K2
Saint-Michel-l'Observatoire (04)...277 K2
Saint-Michel-Loubéjou (46) 234 B2
Saint-Michel-sous-Bois (62) 4 D6
Saint-Michel-sur-Loire (37) 126 E5
Saint-Michel-sur-Meurthe (88).....95 H4
Saint-Michel-sur-Orge (91) 86 E1
Saint-Michel-sur-Rhône (42) 205 K6
Saint-Michel-sur-Savasse (26) 222 H4
Saint-Michel-sur-Ternoise (62) 10 B2
Saint-Michel-Tubœuf (61) 55 J5
Saint-Mihiel (55) 64 E3
Saint-Mitre-les-Remparts (13) 295 J4
Saint-Molf (44) 121 J3
Saint-Momelin (59) 3 G5
Saint-Mont (82) 265 K5
Saint-Montan (07) 256 B2
Saint-Moré (89) 133 H2
Saint-Moreil (23) 199 K1
Saint-Morel (08) 42 B3
Saint-Morillon (33) 229 H4
Saint-Mury-Monteymond (38) 224 C3
Saint-Myon (63) 185 F5
Saint-Nabor (67) 71 A3
Saint-Nabord (88) 118 C2
Saint-Nabord-sur-Aube (10) 90 C2
Saint-Nauphary (82) 269 G2
Saint-Nazaire (30) 256 B5
Saint-Nazaire (44) 122 A3
Saint-Nazaire (66) 315 H2
Saint-Nazaire-d'Aude (11) 291 G5
Saint-Nazaire-de-Ladarez (34) ...291 J2
Saint-Nazaire-de-Pézan (34) 274 D6
Saint-Nazaire-de-
  -Valentane (82) 248 E4
Saint-Nazaire-des-Gardies (30) ..274 C2
Saint-Nazaire-en-Royans (26) 223 F5
Saint-Nazaire-le-Désert (26) 241 G5
Saint-Nazaire-les-Eymes (38) 224 B3
Saint-Nazaire-sur-Charente (17)..176 D5
Saint-Nectaire (63) 202 A4
Saint-Nexans (24) 231 J2
Saint-Nic (29) 74 B3
Saint-Nicodème (22) 76 A2
Saint-Nicolas (62) 10 E3
Saint-Nicolas-aux-Bois (02) 20 B6
Saint-Nicolas-d'Aliermont (76) 16 E2
Saint-Nicolas-de-Bourgueil (37) ..126 C6
Saint-Nicolas-de-
  -la-Balerme (47) 248 C5
Saint-Nicolas-de-la-Grave (82)...248 E6
Saint-Nicolas-de-la-Haie (76) 15 F6
Saint-Nicolas-de-la-Taille (76) 34 C1
Saint-Nicolas-de-Macherin (38) ..223 J1
Saint-Nicolas-de-
  -Pierrepont (50) 28 D4
Saint-Nicolas-de-Port (54) 66 B6
Saint-Nicolas-de-Redon (44) 102 C4
Saint-Nicolas-des-
  -Sommaire (61) 55 J4
Saint-Nicolas-des-Biefs (03) 186 B4
Saint-Nicolas-des-Bois (50) 52 B4
Saint-Nicolas-des-Bois (61) 82 C2
Saint-Nicolas-des-Motets (37) ...128 B2
Saint-Nicolas-du-Pélem (22) 76 A2
Saint-Nicolas-la-Chapelle (10)....88 E2
Saint-Nicolas-la-Chapelle (73)...209 G1
Saint-Nicolas-lès-Cîteaux (21) ...154 C2
Saint-Nizier-d'Azergues (69) 187 J4
Saint-Nizier-de-Fornas (42) 220 D1
Saint-Nizier-du-
  -Moucherotte (38) 223 J4
Saint-Nizier-le-Bouchoux (01) 172 C5
Saint-Nizier-le-Désert (01) 189 F4
Saint-Nizier-sous-Charlieu (42)...187 F3
Saint-Nizier-sur-Arroux (71) 152 D6
Saint-Nolff (56) 101 G5
Saint-Nom-la-Bretèche (78) 58 B3
Saint-Offenge (73) 208 C2
Saint-Omer (14) 53 J2
Saint-Omer (62) 5 G3
Saint-Omer-Capelle (62) 3 F1
Saint-Omer-en-Chaussée (60)....37 G1
Saint-Ondras (38) 207 H5
Saint-Onen-la-Chapelle (35) 78 B3
Saint-Oradoux-de-
  -Chirouze (23) 201 F3
Saint-Oradoux-près-Crocq (23) ..201 G1
Saint-Orens (32) 268 A5

Saint-Orens-de-Gameville (31) ...288 C1
Saint-Orens-Pouy-Petit (32) 267 F2
Saint-Ost (32) 286 B3
Saint-Ouen (41) 108 C5
Saint-Ouen (80) 9 J6
Saint-Ouen (93) 58 E3
Saint-Ouen-d'Aunis (17) 176 E1
Saint-Ouen-de-la-Cour (61) 83 H3
Saint-Ouen-de-Mimbré (72) 82 C4
Saint-Ouen-de-Pontcheuil (27)....35 G4
Saint-Ouen-de-
  -Sécherouvre (61) 83 G1
Saint-Ouen-du-
  -Thouberville (27) 35 F3
Saint-Ouen-des-Alleux (35) 79 J1
Saint-Ouen-des-Champs (27) 34 C2
Saint-Ouën-des-Toits (53) 80 D6
Saint-Ouën-des-Vallons (53) 81 G6
Saint-Ouen-Domprot (51) 90 D1
Saint-Ouen-du-Breuil (76) 15 J5
Saint-Ouen-du-
  -Mesnil-Oger (14) 33 G5
Saint-Ouen-du-Tilleul (27) 35 G4
Saint-Ouen-en-Belin (72) 106 D5
Saint-Ouen-en-Brie (77) 87 K2
Saint-Ouen-en-
  -Champagne (72) 106 A3
Saint-Ouen-la-Rouërie (35).........51 J5
Saint-Ouen-la-Thène (17) 178 C6
Saint-Ouen-l'Aumône (95) 58 C1
Saint-Ouen-le-Brisoult (61) 81 J2
Saint-Ouen-le-Mauger (76) 15 J4
Saint-Ouen-le-Pin (14) 33 J5
Saint-Ouen-lès-Parey (88) 93 G6
Saint-Ouen-les-Vignes (37) 128 B4
Saint-Ouen-Marchefroy (28) 57 G3
Saint-Ouen-sous-Bailly (76) 16 B2
Saint-Ouen-sur-Gartempe (87) ..180 E3
Saint-Ouen-sur-Iton (61) 55 J5
Saint-Ouen-sur-Loire (58) 151 F5
Saint-Ouen-sur-Morin (77) 60 C3
Saint-Oulph (10) 89 J2
Saint-Ours (63) 202 B1
Saint-Ours (73) 208 C2
Saint-Outrille (18) 148 B2
Saint-Ovin (50) 52 A5
Saint-Oyen (73) 209 G5
Saint-Pabu (29) 72 D2
Saint-Paër (76) 35 F1
Saint-Pair (14) 33 F5
Saint-Pair-sur-Mer (50) 51 H1
Saint-Pal-de-Chalencon (43) 220 C2
Saint-Pal-de-Mons (43) 221 F2
Saint-Pal-de-Senouire (43) 219 K3
Saint-Palais (03) 166 E5
Saint-Palais (18) 149 G1
Saint-Palais (33) 211 G1
Saint-Palais (64) 283 F3
Saint-Palais-de-Négrignac (17) ..212 A2
Saint-Palais-de-Phiolin (17) 195 G5
Saint-Palais-du-Né (16) 195 K4
Saint-Palais-sur-Mer (17) 194 B3
Saint-Pancrace (24) 197 J6
Saint-Pancrace (73) 225 F2
Saint-Pancrasse (38) 224 B2
Saint-Pancré (54) 26 B2
Saint-Pandelon (40) 264 A5
Saint-Pantaléon (46) 249 H2
Saint-Pantaléon (84) 276 E3
Saint-Pantaléon-de-
  -Lapleau (19) 216 E2
Saint-Pantaléon-de-Larche (19)..215 H4
Saint-Pantaléon-les-Vignes (26)..257 F2
Saint-Pantaly-d'Ans (24) 214 C3
Saint-Pantaly-d'Excideuil (24) ...214 C2
Saint-Papoul (11) 289 H4
Saint-Pardon-de-Conques (33) ..230 B5
Saint-Pardoult (17) 177 K4
Saint-Pardoux (63) 184 E4
Saint-Pardoux (79) 161 J3
Saint-Pardoux (87) 181 G4
Saint-Pardoux-Corbier (19) 215 H1
Saint-Pardoux-d'Arnet (23) 201 F1
Saint-Pardoux-de-Drône (24) 213 G3
Saint-Pardoux-du-Breuil (47) 247 G1
Saint-Pardoux-et-Vielvic (24) 232 D3
Saint-Pardoux-Isaac (47) 231 G5
Saint-Pardoux-la-Croisille (19) ...216 C3
Saint-Pardoux-la-Rivière (24) 197 K5
Saint-Pardoux-le-Neuf (19) 201 F4
Saint-Pardoux-le-Neuf (23) 183 G6
Saint-Pardoux-le-Vieux (19) 201 F4
Saint-Pardoux-les-Cards (23) 183 F4
Saint-Pardoux-l'Ortigier (19) 215 J2
Saint-Pardoux-Morterolles (23) ..182 C6
Saint-Pargoire (34) 292 D2
Saint-Parize-en-Viry (58) 168 E1
Saint-Parize-le-Châtel (58) 150 D6
Saint-Parres-aux-Tertres (10) 90 B5
Saint-Parres-lès-Vaudes (10) 114 C1
Saint-Parthem (12) 235 G5
Saint-Pastour (47) 248 A1
Saint-Pastous (65) 304 A2
Saint-Paterne (72) 82 D3
Saint-Paterne-Racan (37) 127 G4
Saint-Pathus (77) 59 J1
Saint-Patrice (37) 126 E6
Saint-Patrice-de-Claids (50) 30 E1
Saint-Patrice-du-Désert (61) 81 K1
Saint-Paul (19) 216 B3
Saint-Paul (33) 211 G4
Saint-Paul (60) 37 G2
Saint-Paul (61) 53 G4
Saint-Paul (65) 305 G1

Saint-Paul (73) 207 K3
Saint-Paul (87) 199 G2
Saint-Paul (88) 93 H4
Saint-Paul-aux-Bois (02) 39 H1
Saint-Paul-Cap-de-Joux (81) 270 B6
Saint-Paul-de-Baïse (32) 267 F4
Saint-Paul-de-Fenouillet (66) 309 G5
Saint-Paul-de-Fourques (27) 35 F4
Saint-Paul-de-Jarrat (09) 307 J4
Saint-Paul-de-Salers (15) 217 H4
Saint-Paul-de-Serre (23) 213 J5
Saint-Paul-de-Tartas (43) 238 C3
Saint-Paul-de-Varax (01) 189 F4
Saint-Paul-de-Varces (38) 223 K5
Saint-Paul-de-Vence (06) 280 E4
Saint-Paul-de-Vern (46) 234 C2
Saint-Paul-de-Vézelin (42) 204 D1
Saint-Paul-des-Landes (15) 235 G1
Saint-Paul-d'Espis (82) 248 E5
Saint-Paul-d'Izeaux (38) 223 G2
Saint-Paul-d'Oueil (31) 305 G4
Saint-Paul-du-Bois (49) 143 H2
Saint-Paul-du-Vernay (14) 32 A4
Saint-Paul-d'Uzore (42) 204 D3
Saint-Paul-en-Born (40) 244 C3
Saint-Paul-en-Chablais (74) 175 G5
Saint-Paul-en-Cornillon (42) 221 F1
Saint-Paul-en-Forêt (83) 280 A6
Saint-Paul-en-Gâtine (79) 161 F2
Saint-Paul-en-Jarez (42) 205 H6
Saint-Paul-en-Pareds (85) 142 D5
Saint-Paul-et-Valmalle (34) 273 J6
Saint-Paul-Flaugnac (46) 249 J4
Saint-Paul-la-Coste (30) 255 F6
Saint-Paul-la-Roche (24) 198 C6
Saint-Paul-le-Froid (48) 237 J3
Saint-Paul-le-Gaultier (72) 82 B4
Saint-Paul-le-Jeune (07) 255 G3
Saint-Paul-lès-Dax (40) 264 A4
Saint-Paul-lès-Durance (13) 278 A5
Saint-Paul-les-Fonts (30) 256 B6
Saint-Paul-lès-Monestier (38) 241 K1
Saint-Paul-lès-Romans (26) 222 E5
Saint-Paul-Lizonne (24) 213 F2
Saint-Paul-Mont-Penit (85) 141 G5
Saint-Paul-sur-Isère (73) 209 G4
Saint-Paul-sur-Save (31) 268 D5
Saint-Paul-sur-Ubaye (04) 227 B6
Saint-Paul-Trois-Châteaux (26) ..256 D3
Saint-Paulet (11) 289 G3
Saint-Paulet-de-Caisson (30) 256 B4
Saint-Paulien (43) 220 B4
Saint-Pavace (72) 106 D2
Saint-Pé-d'Ardet (31) 305 H2
Saint-Pé-de-Bigorre (65) 303 K1
Saint-Pé-de-Léren (64) 283 F1
Saint-Pé-Delbosc (31) 286 D5
Saint-Pé-Saint-Simon (47) 266 C1
Saint-Pée-sur-Nivelle (64) 263 C2
Saint-Pellerin (28) 108 C2
Saint-Pellerin (50) 31 G1
Saint-Péran (35) 78 C4
Saint-Péravy-la-Colombe (45) ...109 J3
Saint-Péray (07) 240 C1
Saint-Perdon (40) 265 F2
Saint-Perdoux (24) 231 J3
Saint-Perdoux (46) 234 D4
Saint-Père (35) 50 E4
Saint-Père (58) 132 A5
Saint-Père (89) 133 H4
Saint-Père-en-Retz (44) 122 B4
Saint-Père-sur-Loire (45) 110 E6
Saint-Péreuse (58) 151 K3
Saint-Pern (35) 78 D2
Saint-Perreux (56) 102 B4
Saint-Péver (22) 48 D6
Saint-Pey-d'Armens (33) 230 C2
Saint-Pey-de-Castets (33) 230 C2
Saint-Phal (10) 113 K1
Saint-Philbert-de-Bouaine (85) ..141 J3
Saint-Philbert-de-
  -Grand-Lieu (44) 141 H2
Saint-Philbert-des-
  -Champs (14) 34 A5
Saint-Philbert-du-Peuple (49) 126 B4
Saint-Philbert-sur-Boissey (27) ...34 E4
Saint-Philbert-sur-Orne (61) 53 J3
Saint-Philbert-sur-Risle (27) 34 D4
Saint-Philibert (21) 154 B1
Saint-Philibert (56) 100 D6
Saint-Philippe-d'Aiguille (33) 230 C1
Saint-Philippe-du-Seignal (33) ...231 F2
Saint-Piat (28) 85 H2
Saint-Pierre (04) 280 C2
Saint-Pierre (15) 217 G1
Saint-Pierre (31) 269 J6
Saint-Pierre (39) 173 K3
Saint-Pierre (51) 62 C2
Saint-Pierre (67) 71 B4
Saint-Pierre-à-Arnes (08) 41 J4
Saint-Pierre-Aigle (02) 39 H3
Saint-Pierre-Avez (05) 258 D4
Saint-Pierre-Azif (14) 33 H3
Saint-Pierre-Bellevue (23) 182 C6
Saint-Pierre-Bénouville (76) 15 J4
Saint-Pierre-Bois (67) 71 A4
Saint-Pierre-Canivet (14) 54 A2
Saint-Pierre-Chérignat (23) 182 A5
Saint-Pierre-Colamine (63) 202 C5
Saint-Pierre-d'Albigny (73) 208 D4
Saint-Pierre-d'Alvey (73) 207 K4
Saint-Pierre-d'Amilly (17) 177 H2
Saint-Pierre-d'Argençon (05) 242 A6

Saint-Pierre-d'Arthéglise (50) 28 C5
Saint-Pierre-d'Aubézies (32) 266 D5
Saint-Pierre-d'Aurillac (33) 230 B5
Saint-Pierre-d'Autils (27) 36 B6
Saint-Pierre-de-Bailleul (27) 36 A6
Saint-Pierre-de-Bat (33) 230 A4
Saint-Pierre-de-Belleville (73) 209 F5
Saint-Pierre-de-Bœuf (42) 222 A1
Saint-Pierre-de-Bressieux (38) ...223 F2
Saint-Pierre-de-Buzet (47) 247 H4
Saint-Pierre-de-Cernières (27) 55 H2
Saint-Pierre-de-Chandieu (69) ...206 C4
Saint-Pierre-de-Chartreuse (38) ..224 B1
Saint-Pierre-de-Chérennes (38)..223 H4
Saint-Pierre-de-Chevillé (72) 127 F1
Saint-Pierre-de-Chignac (24) 214 B4
Saint-Pierre-de-Clairac (47) 248 C5
Saint-Pierre-de-Côle (24) 214 A1
Saint-Pierre-de-Colombier (07) ..239 G4
Saint-Pierre-de-Cormeilles (27) ...34 B4
Saint-Pierre-de-Coutances (50) ...30 E4
Saint-Pierre-de-Curtille (73) 208 A2
Saint-Pierre-de-Frugie (24) 198 C4
Saint-Pierre-de-Fursac (23) 181 K3
Saint-Pierre-de-Genebroz (73) ...207 K6
Saint-Pierre-de-Jards (36) 148 C3
Saint-Pierre-de-Juillers (17) 178 A5
Saint-Pierre-de-la-Fage (34) 273 G4
Saint-Pierre-de-Lages (31) 288 D1
Saint-Pierre-de-Lamps (36) 147 H4
Saint-Pierre-de-l'Isle (17) 178 A4
Saint-Pierre-de-Maillé (86) 163 K2
Saint-Pierre-de-Manneville (76)...35 G2
Saint-Pierre-de-Méaroz (38) 242 B2
Saint-Pierre-de-Mésage (38) 224 A5
Saint-Pierre-de-
  -Mézoargues (13) 275 J3
Saint-Pierre-de-Mons (33) 230 A5
Saint-Pierre-de-Nogaret (48) 253 G1
Saint-Pierre-de-Plesguen (35) 50 E5
Saint-Pierre-de-Rivière (09) 307 H3
Saint-Pierre-de-Salerne (27) 34 D5
Saint-Pierre-de-Semilly (50) 31 F4
Saint-Pierre-de-Soucy (73) 208 D5
Saint-Pierre-de-Trivisy (81) 271 G4
Saint-Pierre-de-
  -Varengeville (76) 35 G1
Saint-Pierre-de-Varennes (71) ...153 G6
Saint-Pierre-de-Vassols (84) 257 G6
Saint-Pierre-dels-Forcats (66) 313 J4
Saint-Pierre-d'Entremont (38) 208 A6
Saint-Pierre-d'Entremont (61) 53 G3
Saint-Pierre-d'Entremont (73) 208 A6
Saint-Pierre-des-Bois (72) 106 A3
Saint-Pierre-des-
  -Échaubrognes (79) 143 F3
Saint-Pierre-des-Fleurs (27) 35 G4
Saint-Pierre-des-Ifs (14) 33 J6
Saint-Pierre-des-Ifs (27) 34 D4
Saint-Pierre-des-
  -Jonquières (76) 16 D2
Saint-Pierre-des-Landes (53) 80 C4
Saint-Pierre-des-Loges (61) 55 G5
Saint-Pierre-des-Nids (53) 82 B3
Saint-Pierre-des-Ormes (72) 83 G4
Saint-Pierre-des-Tripiers (48) 253 H4
Saint-Pierre-d'Exideuil (86) 179 H3
Saint-Pierre-d'Eyraud (24) 231 G2
Saint-Pierre-d'Irube (64) 282 B1
Saint-Pierre-d'Oléron (17) 176 B5
Saint-Pierre-du-
  -Bosguérard (27) 35 F4
Saint-Pierre-du-Bû (14) 54 A3
Saint-Pierre-du-Champ (43) 220 B3
Saint-Pierre-du-Chemin (85) 160 E1
Saint-Pierre-du-Fresne (14) 32 A6
Saint-Pierre-du-Jonquet (14) 33 G5
Saint-Pierre-du-Lorouër (72) 107 G5
Saint-Pierre-du-Mont (14) 29 J5
Saint-Pierre-du-Mont (40) 265 F2
Saint-Pierre-du-Mont (58) 132 E5
Saint-Pierre-du-Palais (17) 212 B3
Saint-Pierre-du-Perray (91) 87 F1
Saint-Pierre-du-Regard (61) 53 H1
Saint-Pierre-du-Val (27) 34 B2
Saint-Pierre-du-Vauvray (27) 35 J4
Saint-Pierre-Église (50) 28 E2
Saint-Pierre-en-Faucigny (74) 191 H4
Saint-Pierre-en-Port (76) 14 E3
Saint-Pierre-en-Val (76) 8 C6
Saint-Pierre-en-Vaux (21) 153 G3
Saint-Pierre-es-Champs (60) 36 D2
Saint-Pierre-Eynac (43) 220 D5
Saint-Pierre-la-Bourlhonne (63)..203 K3
Saint-Pierre-la-Bruyère (61) 83 K4
Saint-Pierre-la-Cour (53) 80 C6
Saint-Pierre-la-Garenne (27) 36 A5
Saint-Pierre-la-Noaille (42) 186 E3
Saint-Pierre-la-Palud (69) 205 J2
Saint-Pierre-la-Rivière (61) 54 E4
Saint-Pierre-la-Roche (07) 239 K5
Saint-Pierre-Lafeuille (46) 233 H6
Saint-Pierre-Langers (50) 51 J1
Saint-Pierre-Lavis (76) 15 F5
Saint-Pierre-le-Bost (23) 166 D6
Saint-Pierre-le-Chastel (63) 202 A2
Saint-Pierre-le-Moûtier (58) 168 C1
Saint-Pierre-le-Vieux (48) 237 G2
Saint-Pierre-le-Vieux (71) 187 J1
Saint-Pierre-le-Vieux (76) 15 H2
Saint-Pierre-le-Vieux (85) 160 E5

Saint-Pierre-le-Viger (76) 15 H3
Saint-Pierre-lès-Bitry (60) 39 G2
Saint-Pierre-lès-Bois (18) 166 D2
Saint-Pierre-lès-Elbeuf (76) 35 H4
Saint-Pierre-lès-Étieux (18) 167 H2
Saint-Pierre-lès-
  -Franqueville (02) 20 E3
Saint-Pierre-lès-Nemours (77) 87 H5
Saint-Pierre-Quiberon (56) 120 B1
Saint-Pierre-Roche (63) 202 A3
Saint-Pierre-Saint-Jean (07) 255 G1
Saint-Pierre-sur-Dives (14) 54 C1
Saint-Pierre-sur-Doux (07) 221 H4
Saint-Pierre-sur-Dropt (47) 231 F4
Saint-Pierre-sur-Erve (53) 105 J2
Saint-Pierre-sur-Orthe (53) 82 A5
Saint-Pierre-sur-Vence (08) 22 C4
Saint-Pierre-Toirac (46) 234 C6
Saint-Pierremont (02) 21 F4
Saint-Pierremont (08) 42 D1
Saint-Pierremont (88) 94 E2
Saint-Pierreville (07) 239 J3
Saint-Pierrevillers (55) 44 A2
Saint-Plaisir (03) 168 A3
Saint-Plancard (31) 286 C6
Saint-Planchers (50) 51 J1
Saint-Plantaire (36) 165 H5
Saint-Point (71) 171 G6
Saint-Point-Lac (25) 156 E6
Saint-Pois (50) 52 C4
Saint-Poix (53) 104 C2
Saint-Pol-de-Léon (29) 46 E3
Saint-Pol-sur-Ternoise (62) 10 B3
Saint-Polgues (42) 186 D6
Saint-Polycarpe (11) 308 E2
Saint-Pompain (79) 161 F2
Saint-Pompont (24) 232 E4
Saint-Poncy (15) 218 E4
Saint-Pons (04) 260 C2
Saint-Pons (07) 239 K5
Saint-Pons-de-Mauchiens (34) ..292 D2
Saint-Pons-de-Thomières (34) ...291 F2
Saint-Pons-la-Calm (30) 256 B6
Saint-Pont (03) 185 G3
Saint-Porchaire (17) 194 E1
Saint-Porquier (82) 268 D1
Saint-Pôtan (22) 50 A4
Saint-Pouange (10) 90 A6
Saint-Pourçain-sur-Besbre (03)..169 H5
Saint-Pourçain-sur-Sioule (03) ..185 G1
Saint-Prancher (88) 93 J4
Saint-Préjet-Armandon (43) 219 J3
Saint-Préjet-d'Allier (43) 237 K1
Saint-Prest (28) 85 G2
Saint-Preuil (16) 196 A4
Saint-Priest (07) 239 J4
Saint-Priest (23) 183 H4
Saint-Priest (69) 206 B3
Saint-Priest-Bramefant (63) 185 J5
Saint-Priest-d'Andelot (03) 185 F4
Saint-Priest-des-Gimel (19) 216 B2
Saint-Priest-des-Champs (63) 184 B5
Saint-Priest-en-Jarez (42) 205 F6
Saint-Priest-en-Murat (03) 184 D1
Saint-Priest-la-Feuille (23) 181 K2
Saint-Priest-la-Marche (18) 166 C5
Saint-Priest-la-Plaine (23) 182 A3
Saint-Priest-la-Prugne (42) 186 B5
Saint-Priest-la-Roche (42) 186 E6
Saint-Priest-la-Vêtre (42) 204 A2
Saint-Priest-les-Fougères (24)....198 C5
Saint-Priest-Ligoure (87) 199 F4
Saint-Priest-Palus (23) 182 A6
Saint-Priest-sous-Aixe (87) 198 D1
Saint-Priest-Taurion (87) 181 J6
Saint-Prim (38) 206 A6
Saint-Privat (07) 239 H5
Saint-Privat (19) 216 D4
Saint-Privat (34) 273 G5
Saint-Privat-d'Allier (43) 219 K6
Saint-Privat-
  -de-Champclos (30) 255 J3
Saint-Privat-de-Vallongue (48) ..254 D4
Saint-Privat-des-Prés (24) 212 E3
Saint-Privat-des-Vieux (30) 255 G5
Saint-Privat-du-Dragon (43) 219 H4
Saint-Privat-du-Fau (48) 237 G1
Saint-Privat-la-Montagne (57) 44 D5
Saint-Privé (71) 171 G2
Saint-Privé (89) 132 A1
Saint-Prix (03) 186 A2
Saint-Prix (07) 239 J1
Saint-Prix (71) 152 C4
Saint-Prix (95) 58 D2
Saint-Prix-lès-Arnay (21) 153 G2
Saint-Projet (46) 233 J3
Saint-Projet (82) 250 C3
Saint-Projet-de-Salers (15) 217 H5
Saint-Projet-
  -Saint-Constant (16) 197 G2
Saint-Prouant (85) 142 D6
Saint-Pryvé-Saint-Mesmin (45) ..109 K4
Saint-Puy (32) 267 G3
Saint-Python (59) 12 C4
Saint-Quantin-
  -de-Rançanne (17) 195 G4
Saint-Quay-Perros (22) 48 A2
Saint-Quay-Portrieux (22) 49 F4
Saint-Quentin (02) 20 A3
Saint-Quentin-de-Baron (33) 230 A2
Saint-Quentin-de-Blavou (61) 83 G2
Saint-Quentin-de-Caplong (33) ..230 D3
Saint-Quentin-de-Chalais (16) ...212 D2
Saint-Quentin-des-Isles (27) 55 H1

Saint-Quentin-des-Prés (60).........36 E1
Saint-Quentin-du-Dropt (47).......231 J4
Saint-Quentin-
  -en-Tourmont (80) 8 E3
Saint-Quentin-Fallavier (38).........206 D4
Saint-Quentin-
  -la-Chabanne (23) 200 D1
Saint-Quentin-la-
  -Motte-Croix-au-Bailly (80) 8 C5
Saint-Quentin-la-Poterie (30).......275 G1
Saint-Quentin-la-Tour (09).........308 D4
Saint-Quentin-le-Petit (08) 21 H6
Saint-Quentin-le-Verger (51).........89 H1
Saint-Quentin-les-Anges (53) 104 D5
Saint-Quentin-les-
  Chardonnets (61)......................53 F4
Saint-Quentin-les-Marais (51) 63 F4
Saint-Quentin-sur-
  -Charente (16).......................197 K1
Saint-Quentin-sur-Coole (51) 62 D4
Saint-Quentin-sur-Indrois (37).....146 D1
Saint-Quentin-sur-Isère (38).......223 J2
Saint-Quentin-sur-
  -le-Homme (50) 51 K3
Saint-Quentin-sur-Nohain (58).....132 A5
Saint-Quentin-sur-
  -Sauxillanges (63) 203 G5
Saint-Quintin-sur-Sioule (63) 184 A4
Saint-Quirc (09)....................288 C5
Saint-Quirin (57) 67 J6
Saint-Rabier (24) 214 E4
Saint-Racho (71) 187 H2
Saint-Rambert-d'Albon (26) 222 B2
Saint-Rambert-en-Bugey (01) 189 H5
Saint-Raphaël (24) 214 D2
Saint-Raphaël (83) 299 G2
Saint-Régis-du-Coin (42) 221 H2
Saint-Règle (37) 128 B4
Saint-Remèze (07) 256 A2
Saint-Remimont (54)...................94 B2
Saint-Remimont (88) 93 H5
Saint-Rémy (01) 189 F2
Saint-Rémy (12) 251 F2
Saint-Rémy (14) 53 H2
Saint-Rémy (19) 201 F4
Saint-Rémy (21) 134 D2
Saint-Rémy (24) 212 E6
Saint-Remy (70) 118 A4
Saint-Rémy (71) 171 J1
Saint-Rémy (79) 161 G5
Saint-Remy (88) 95 G3
Saint-Rémy-au-Bois (62) 9 G2
Saint-Rémy-aux-Bois (54) 94 C3
Saint-Rémy-Blanzy (02) 39 J4
Saint-Rémy-Boscrocourt (76).........8 C6
Saint-Remy-Chaussée (59) 13 G4
Saint-Rémy-de-Blot (63) 184 D4
Saint-Rémy-de-Chargnat (63).......203 F5
Saint-Rémy-de-
  -Chaudes-Aigues (15)..............236 D3
Saint-Rémy-de-Maurienne (73) 208 E6
Saint-Rémy-de-Provence (13) 276 B4
Saint-Rémy-de-Sillé (72) 82 B6
Saint-Rémy-des-Monts (72) 83 F4
Saint-Rémy-du-Nord (59) 13 G3
Saint-Rémy-du-Plain (35) 79 H1
Saint-Rémy-du-Val (72) 82 E4
Saint-Remy-en-Bouzemont-
  -Saint-Genest-et-Isson (51)......63 F6
Saint-Remy-en-l'Eau (60) 38 A2
Saint-Rémy-en-Rollat (03) 185 H3
Saint-Rémy-la-Calonne (55) 64 E1
Saint-Rémy-la-Vanne (77) 60 C4
Saint-Rémy-la-Varenne (49) 125 J4
Saint-Rémy-le-Petit (08) 41 G2
Saint-Rémy-lès-Chevreuse (78) 58 B5
Saint-Rémy-l'Honoré (78) 58 A5
Saint-Rémy-sous-Barbuise (10) 90 B2
Saint-Rémy-sous-Broyes (51) 61 H5
Saint-Rémy-sur-Avre (28) 56 E5
Saint-Rémy-sur-Bussy (51) 63 F1
Saint-Rémy-sur-Creuse (86) 145 K4
Saint-Rémy-sur-Durolle (63) 203 J1
Saint-Renan (29) 72 C3
Saint-Restitut (26) 256 D3
Saint-Révérend (85) 158 D1
Saint-Révérien (58) 151 G1
Saint-Rieul (22) 77 K1
Saint-Rimay (41) 108 A6
Saint-Riquier (80) 9 H5
Saint-Riquier-en-Rivière (76) 16 E2
Saint-Riquier-ès-Plains (76) 15 F3
Saint-Rirand (42) 186 C4
Saint-Rivoal (29) 74 E1
Saint-Robert (19) 215 F3
Saint-Robert (47) 248 C4
Saint-Roch (37) 127 H4
Saint-Roch-sur-Égrenne (61).........53 F6
Saint-Rogatien (17) 176 D2
Saint-Romain (16) 212 E2
Saint-Romain (21) 153 J4
Saint-Romain (63) 204 B6
Saint-Romain (86) 179 H2
Saint-Romain-au-
  -Mont-d'Or (69) 206 A1
Saint-Romain-d'Ay (07) 221 K4
Saint-Romain-de-Benet (17) 194 E4
Saint-Romain-de-Colbosc (76) 14 C6
Saint-Romain-de-Jalionas (38) 206 E2
Saint-Romain-de-Lerps (07) 222 A6
Saint-Romain-de-
  -Monpazier (24) 232 B4
Saint-Romain-de-Popey (69) 205 H1
Saint-Romain-de-Surieu (38).......222 B1

Saint-Romain-d'Urfé (42) 204 A1
Saint-Romain-en-Gal (69) 206 A5
Saint-Romain-en-Gier (69) 205 K5
Saint-Romain-en-Jarez (42) 205 H5
Saint-Romain-en-Viennois (84) 257 G4
Saint-Romain-et-
  -Saint-Clément (24) 198 B6
Saint-Romain-la-Motte (42) 186 D4
Saint-Romain-la-Virvée (33) 211 J6
Saint-Romain-Lachalm (43) 221 G4
Saint-Romain-le-Noble (47).........248 C5
Saint-Romain-le-Puy (42) 204 D5
Saint-Romain-les-Atheux (42) 221 G2
Saint-Romain-sous-
  -Gourdon (71) 170 E3
Saint-Romain-sous-
  -Versigny (71) 170 C3
Saint-Romain-sur-Cher (41) 129 F6
Saint-Romain-sur-Gironde (17) 194 E5
Saint-Roman (26) 241 H4
Saint-Roman-de-Codières (30) 273 K1
Saint-Roman-de-Malegarde
  (84) 257 F4
Saint-Romans (38) 223 G4
Saint-Romans-des-Champs
  (79) 178 B2
Saint-Romans-lès-Melle (79) 178 C2
Saint-Rome (31) 288 E3
Saint-Rome-de-Cernon (12) 272 B1
Saint-Rome-de-Dolan (48) 253 H4
Saint-Rome-de-Tarn (12) 272 B1
Saint-Rustice (31) 268 E4
Saint-Saëns (76) 16 B5
Saint-Saire (76) 16 D5
Saint-Salvadour (19) 216 A1
Saint-Salvi-de-Carcavès (81) 271 H4
Saint-Salvy (47) 247 J3
Saint-Salvy-de-la-Balme (81) 271 F6
Saint-Samson (14) 33 G5
Saint-Samson-de-
  -la-Roque (27) 34 B2
Saint-Samson-la-Poterie (60) 17 F6
Saint-Samson-sur-Rance (22) 50 D5
Saint-Sandoux (63) 202 D4
Saint-Santin (12) 235 F5
Saint-Santin-Cantalès (15) 217 F6
Saint-Santin-de-Maurs (15) 235 F5
Saint-Sardos (47) 247 K3
Saint-Sardos (82) 268 D3
Saint-Satur (18) 131 J5
Saint-Saturnin (15) 218 A3
Saint-Saturnin (16) 196 C3
Saint-Saturnin (18) 166 D4
Saint-Saturnin (48) 253 H2
Saint-Saturnin (51) 89 J1
Saint-Saturnin (63) 202 D4
Saint-Saturnin (72) 106 D2
Saint-Saturnin-de-Lenne (12) 253 F2
Saint-Saturnin-de-Lucian (34) 273 G5
Saint-Saturnin-du-Bois (17) 177 H3
Saint-Saturnin-du-Limet (53) 104 B4
Saint-Saturnin-lès-Apt (84) 277 G2
Saint-Saturnin-lès-Avignon (84) ...276 C2
Saint-Saturnin-sur-Loire (49) 125 H4
Saint-Saud-Lacoussière (24) 198 A5
Saint-Sauflieu (80) 18 A3
Saint-Saulge (58) 151 H3
Saint-Saulve (59) 12 D2
Saint-Saury (15) 234 E2
Saint-Sauvant (17) 195 H1
Saint-Sauvant (86) 162 C6
Saint-Sauves-d'Auvergne (63) 201 K4
Saint-Sauveur (05) 243 J5
Saint-Sauveur (21) 136 D5
Saint-Sauveur (24) 231 J2
Saint-Sauveur (29) 46 E6
Saint-Sauveur (31) 269 F4
Saint-Sauveur (33) 210 E3
Saint-Sauveur (38) 223 G4
Saint-Sauveur (54) 95 H1
Saint-Sauveur (60) 38 D4
Saint-Sauveur (70) 118 C5
Saint-Sauveur (80) 18 A1
Saint-Sauveur-Campriou (30) 254 A6
Saint-Sauveur-d'Aunis (17) 177 F1
Saint-Sauveur-de-
  -Carrouges (61) 82 B1
Saint-Sauveur-de-
  -Cruzières (07) 255 H3
Saint-Sauveur-de-Flée (49).........104 E5
Saint-Sauveur-de-
  -Ginestoux (48) 237 K4
Saint-Sauveur-de-Meilhan (47) 230 C6
Saint-Sauveur-de-
  -Montagut (07) 239 K2
Saint-Sauveur-de-Peyre (48) 237 G5
Saint-Sauveur-de-
  -Pierrepont (50) 28 C5
Saint-Sauveur-de-
  -Puynormand (33) 212 C6
Saint-Sauveur-d'Émalleville (76)....14 C5
Saint-Sauveur-des-Landes (35)....79 K1
Saint-Sauveur-en-Diois (26) 241 F4
Saint-Sauveur-en-Puisaye (89) 132 C2
Saint-Sauveur-en-Rue (42).........221 H3
Saint-Sauveur-Gouvernet (26) 257 J3
Saint-Sauveur-la-
  -Pommeraye (50) 30 D6
Saint-Sauveur-la-Sagne (63) 219 K1
Saint-Sauveur-Lalande (24) 213 F6
Saint-Sauveur-le-Vicomte (50) 28 D5
Saint-Sauveur-Lendelin (50) 30 E3
Saint-Sauveur-lès-Bray (77) 88 C3
Saint-Sauveur-Marville (28) 84 E1

Saint-Sauveur-sur-École (77).........87 G2
Saint-Sauveur-sur-Tinée (06) 261 H5
Saint-Sauvier (03) 166 E6
Saint-Sauvy (32) 267 K5
Saint-Savin (33) 211 J4
Saint-Savin (38) 207 F4
Saint-Savin (65) 303 K2
Saint-Savin (86) 163 K3
Saint-Savinien (17) 177 H6
Saint-Saviol (86) 179 G3
Saint-Savournin (13) 296 D3
Saint-Sébastien (23) 165 G6
Saint-Sébastien (38) 242 B2
Saint-Sébastien-
  -d'Aigrefeuille (30) 255 F6
Saint-Sébastien-
  -de-Morsent (27) 56 C1
Saint-Sébastien-de-Raids (50) 30 E2
Saint-Sébastien-sur-Loire (44).....123 G4
Saint-Secondin (86) 163 G6
Saint-Ségal (29) 74 D3
Saint-Séglin (35) 102 C1
Saint-Seine (69) 169 J2
Saint-Seine-en-Bâche (21) 155 F2
Saint-Seine-l'Abbaye (21) 135 H4
Saint-Seine-sur-Vingeanne (21) ...136 D3
Saint-Selve (33) 229 J4
Saint-Senier-de-Beuvron (50) 51 K4
Saint-Senier-sous-
  -Avranches (50) 51 K3
Saint-Senoch (37) 146 C3
Saint-Senoux (35) 102 E1
Saint-Sériès (34) 274 D5
Saint-Sernin (07) 239 H6
Saint-Sernin (11) 289 F5
Saint-Sernin (47) 231 F4
Saint-Sernin-du-Bois (71) 153 G6
Saint-Sernin-du-Plain (71) 153 H5
Saint-Sernin-lès-Lavaur (81) 289 H1
Saint-Sernin-sur-Rance (12) 271 H3
Saint-Sève (33) 230 C5
Saint-Sever (40) 265 F4
Saint-Sever-Calvados (14)............52 C3
Saint-Sever-de-Rustan (65) 285 J3
Saint-Sever-de-Saintonge (17) 195 H2
Saint-Sever-du-Moustier (12) 271 J4
Saint-Séverin (16) 213 F2
Saint-Séverin-d'Estissac (24) 213 H5
Saint-Séverin-sur-
  -Boutonne (17) 178 A3
Saint-Siffret (30) 275 H1
Saint-Sigismond (45) 109 H3
Saint-Sigismond (49) 124 C3
Saint-Sigismond (74) 191 K3
Saint-Sigismond (85) 160 E6
Saint-Sigismond-de-
  -Clermont (17) 195 G5
Saint-Silvain-Bas-le-Roc (23) 183 G1
Saint-Silvain-Bellegarde (23) 183 H5
Saint-Silvain-Montaigut (23) 182 B3
Saint-Silvain-sous-Toulx (23) 183 F2
Saint-Siméon (27) 34 C4
Saint-Siméon (77) 60 C4
Saint-Siméon-de-
  -Bressieux (38) 223 F2
Saint-Simeux (16) 196 C3
Saint-Simon (02) 19 J4
Saint-Simon (15) 235 J1
Saint-Simon (16) 196 B3
Saint-Simon (46) 234 B4
Saint-Simon-de-Bordes (17) 195 H6
Saint-Simon-de-Pellouaille (17) ...195 H3
Saint-Sixt (74) 191 G4
Saint-Sixte (42) 204 C2
Saint-Sixte (47) 248 C5
Saint-Solve (19) 215 G2
Saint-Sorlin (69) 205 J4
Saint-Sorlin-d'Arves (73) 225 F3
Saint-Sorlin-de-Conac (17).........211 F1
Saint-Sorlin-de-Morestel (38) 207 G4
Saint-Sorlin-de-Vienne (38) 206 B6
Saint-Sorlin-en-Bugey (01) 189 H6
Saint-Sorlin-en-Valloire (26) 222 B2
Saint-Sornin (03) 168 B6
Saint-Sornin (16) 197 G3
Saint-Sornin (17) 194 C1
Saint-Sornin-la-Marche (87) 180 E3
Saint-Sornin-Lavolps (19) 215 G1
Saint-Sornin-Leulac (87) 181 H2
Saint-Soulan (32) 287 F2
Saint-Souplet (59) 12 D6
Saint-Souplet-sur-Py (51) 41 K4
Saint-Soupplets (77) 59 J1
Saint-Sozy (46) 233 J2
Saint-Stail (88) 95 J3
Saint-Suliac (35) 50 D4
Saint-Sulpice (01) 188 E1
Saint-Sulpice (46) 234 B6
Saint-Sulpice (53) 105 F3
Saint-Sulpice (58) 151 F3
Saint-Sulpice (60) 37 H3
Saint-Sulpice (63) 201 J4
Saint-Sulpice (70) 138 D2

Saint-Sulpice (73) 208 A4
Saint-Sulpice-d'Arnoult (17) 194 E1
Saint-Sulpice-de-Cognac (16).......195 J2
Saint-Sulpice-de-Faleyrens (33)...230 B1
Saint-Sulpice-de-Favières (91) 86 C2
Saint-Sulpice-de-
  -Grimbouville (27) 34 B2
Saint-Sulpice-de-
  -Guilleragues (33) 230 D5
Saint-Sulpice-de-Mareuil (24)......197 H6
Saint-Sulpice-de-
  -Pommeray (41) 128 D2
Saint-Sulpice-de-
  -Pommiers (33) 230 B4
Saint-Sulpice-de-
  -Roumagnac (24) 213 G3
Saint-Sulpice-de-Royan (17) 194 C3
Saint-Sulpice-de-Ruffec (16) 179 H5
Saint-Sulpice-des-Landes (35) 103 G3
Saint-Sulpice-des-Landes (44).....124 A2
Saint-Sulpice-des-Rivoires (38) 207 J6
Saint-Sulpice-d'Excideuil (24) 214 C1
Saint-Sulpice-et-Cameyrac (33)...229 K1
Saint-Sulpice-la-Forêt (35) 79 H3
Saint-Sulpice-la-Pointe (81) 269 J4
Saint-Sulpice-Laurière (87) 181 J4
Saint-Sulpice-le-Dunois (23) 182 B1
Saint-Sulpice-le-Guérétois (23) 182 C2
Saint-Sulpice-les-Bois (19) 200 D4
Saint-Sulpice-les-Champs (23) 182 E5
Saint-Sulpice-les-Feuilles (87) 181 H1
Saint-Sulpice-sur-Lèze (31) 288 E4
Saint-Sulpice-sur-Risle (61) 55 J4
Saint-Supplet (54) 44 B2
Saint-Sylvain (14) 33 F6
Saint-Sylvain (19) 216 B4
Saint-Sylvain (76) 15 F2
Saint-Sylvestre (07) 222 A6
Saint-Sylvestre (74) 208 C1
Saint-Sylvestre (87) 181 H5
Saint-Sylvestre-Cappel (59) 5 K2
Saint-Sylvestre-de-
  -Cormeilles (27) 34 B4
Saint-Sylvestre-Pragoulin (63) 185 H4
Saint-Sylvestre-sur-Lot (47) 248 C2
Saint-Symphorien (18) 149 F6
Saint-Symphorien (27) 34 C3
Saint-Symphorien (33) 245 K1
Saint-Symphorien (35) 78 C2
Saint-Symphorien (48) 237 K2
Saint-Symphorien (72) 106 B1
Saint-Symphorien (79) 177 K1
Saint-Symphorien-
  -d'Ancelles (71) 188 B2
Saint-Symphorien-de-Lay (42) 187 F6
Saint-Symphorien-de-Mahun
  (07) 221 J4
Saint-Symphorien-de-
  -Marmagne (71) 153 F6
Saint-Symphorien-de-
  -Thénières (12) 236 A4
Saint-Symphorien-des-
  -Bois (71) 187 G1
Saint-Symphorien-des-
  -Bruyères (61) 55 H4
Saint-Symphorien-d'Ozon (69)....206 A4
Saint-Symphorien-le-
  -Château (28) 85 J2
Saint-Symphorien-sous-
  -Chomérac (07) 240 A4
Saint-Symphorien-sur-
  -Coise (69) 205 G4
Saint-Symphorien-sur-
  -Couze (87) 181 G4
Saint-Symphorien-
  -sur-Saône (21) 154 E2
Saint-Thégonnec
  Loc-Eguiner (29) 47 F5
Saint-Thélo (22) 77 F4
Saint-Théodorit (30) 274 D2
Saint-Théoffrey (38) 224 A6
Saint-Thibaud-de-Couz (73) 208 A5
Saint-Thibault (10) 90 B6
Saint-Thibault (21) 134 E5
Saint-Thibault (60) 17 G4
Saint-Thibault-des-Vignes (77) 59 H3
Saint-Thibaut (02) 40 B4
Saint-Thibéry (34) 292 C3
Saint-Thiébaud (39) 156 A4
Saint-Thiébault (52) 93 F6
Saint-Thierry (51) 40 E4
Saint-Thois (29) 75 F4
Saint-Thomas (02) 40 D1
Saint-Thomas (31) 287 H2
Saint-Thomas-de-Conac (17) 195 F6
Saint-Thomas-
  -de-Courceriers (53) 81 K5
Saint-Thomas-en-Argonne (51) ...42 C5
Saint-Thomas-en-Royans (26) 223 F5
Saint-Thomas-la-Garde (42) 204 D5
Saint-Thomé (07) 256 B1
Saint-Thonan (29) 46 B5
Saint-Thual (35) 78 D1
Saint-Thurial (35) 78 D5
Saint-Thuriau (56) 76 D6
Saint-Thurien (27) 34 C2
Saint-Thurien (29) 99 H2
Saint-Thurin (42) 204 B2
Saint-Tricat (62) 2 C1
Saint-Trimoël (22) 77 J2
Saint-Trinit (84) 258 A6
Saint-Trivier-de-Courtes (01) 172 B5
Saint-Trivier-sur-Moignans (01) ...188 C4

Saint-Trojan (33) 211 G4
Saint-Trojan-les-Bains (17) 176 C6
Saint-Tropez (83) 299 F4
Saint-Tugdual (56) 76 A5
Saint-Ulphace (72) 83 K6
Saint-Ulrich (68) 139 K1
Saint-Uniac (35) 78 C3
Saint-Urbain (29) 46 C6
Saint-Urbain (85) 140 D4
Saint-Urbain-Maconcourt (52) 92 B3
Saint-Urcisse (47) 248 C5
Saint-Urcisse (81) 269 H2
Saint-Urcize (15) 236 D4
Saint-Usage (10) 115 F1
Saint-Usage (21) 154 E2
Saint-Usuge (71) 172 C2
Saint-Utin (51) 90 E2
Saint-Uze (26) 222 B4
Saint-Vaast-de-Longmont (60) 38 D4
Saint-Vaast-d'Équiqueville (76) 16 B3
Saint-Vaast-Dieppedalle (76) 15 G3
Saint-Vaast-du-Val (76) 15 J4
Saint-Vaast-en-Auge (14) 33 H3
Saint-Vaast-en-Cambrésis (59) 12 C4
Saint-Vaast-en-Chaussée (80) 18 A1
Saint-Vaast-la-Hougue (50) 29 G3
Saint-Vaast-lès-Mello (60) 37 K4
Saint-Vaast-sur-Seulles (14) 32 B5
Saint-Vaize (17) 195 G1
Saint-Valbert (70) 118 D4
Saint-Valentin (36) 148 B4
Saint-Valérien (85) 160 C3
Saint-Valérien (89) 88 B6
Saint-Valery (60) 17 F4
Saint-Valery-en-Caux (76) 15 G2
Saint-Valery-sur-Somme (80) 8 E4
Saint-Vallerin (71) 171 H2
Saint-Vallier (16) 212 C2
Saint-Vallier (26) 222 B4
Saint-Vallier (71) 170 E3
Saint-Vallier (88) 94 C5
Saint-Vallier-de-Thiey (06) 280 B4
Saint-Vallier-sur-Marne (52) 116 D5
Saint-Varent (79) 144 A5
Saint-Vaury (23) 182 B2
Saint-Venant (62) 5 K4
Saint-Vénérand (43) 238 A2
Saint-Vérain (58) 132 B4
Saint-Véran (05) 227 C3
Saint-Vérand (38) 223 G4
Saint-Vérand (69) 187 J6
Saint-Vérand (71) 188 B2
Saint-Vert (43) 219 H1
Saint-Viance (19) 215 H3
Saint-Viâtre (41) 130 A3
Saint-Viaud (44) 122 C3
Saint-Victeur (72) 82 C4
Saint-Victor (03) 167 G6
Saint-Victor (07) 221 K5
Saint-Victor (15) 217 H4
Saint-Victor (24) 213 H2
Saint-Victor-de-Buthon (28) 84 B3
Saint-Victor-de-Cessieu (38) 207 G5
Saint-Victor-
  -de-Chrétienville (27) 34 C6
Saint-Victor-de-Malcap (30) 255 H4
Saint-Victor-de-Morestel (38) 207 H3
Saint-Victor-d'Épine (27) 34 D5
Saint-Victor-des-Oules (30) 275 H1
Saint-Victor-en-Marche (23) 182 C3
Saint-Victor-et-Melvieu (12) 272 A1
Saint-Victor-la-Coste (30) 256 C6
Saint-Victor-la-Rivière (63) 202 B5
Saint-Victor-l'Abbaye (76) 16 A5
Saint-Victor-Malescours (43) 221 F2
Saint-Victor-Montvianeix (63) 185 K6
Saint-Victor-Rouzaud (09) 307 H1
Saint-Victor-sur-Arlanc (43) 220 A2
Saint-Victor-sur-Avre (27) 56 A5
Saint-Victor-sur-Ouche (21) 153 J1
Saint-Victor-sur-Rhins (42) 187 G5
Saint-Victoret (13) 296 A3
Saint-Victour (19) 201 G6
Saint-Victurnien (87) 180 E6
Saint-Vidal (43) 220 A5
Saint-Vigor (27) 35 K6
Saint-Vigor-des-Mézerets (14) 53 G2
Saint-Vigor-des-Monts (50) 52 C2
Saint-Vigor-d'Ymonville (76) 34 B1
Saint-Vigor-le-Grand (14) 32 B3
Saint-Vincent (31) 288 E3
Saint-Vincent (43) 220 B4
Saint-Vincent (63) 202 D5
Saint-Vincent (64) 285 F6
Saint-Vincent-Bragny (71) 170 B4
Saint-Vincent-Cramesnil (76) 34 B1
Saint-Vincent-d'Autéjac (82).......249 K5
Saint-Vincent-
  -de-Barbeyrargues (34) 274 B5
Saint-Vincent-de-Barrès (07) 240 A4
Saint-Vincent-de-Boisset (42) 187 F5
Saint-Vincent-
  -de-Connezac (24) 213 G4
Saint-Vincent-de-Cosse (24) 232 E2
Saint-Vincent-de-Durfort (07) 239 K3
Saint-Vincent-
  -de-Lamontjoie (47) 247 K6
Saint-Vincent-de-Mercuze (38) ...224 C1
Saint-Vincent-de-Paul (33) 211 H6
Saint-Vincent-de-Paul (40) 264 B4
Saint-Vincent-de-Pertignas (33)...230 C2
Saint-Vincent-de-Reins (69) 187 H4
Saint-Vincent-de-Salers (15) 217 H4
Saint-Vincent-de-Tyrosse (40) 262 C5

Saint-Vincent-des-Bois (27) 57 F1
Saint-Vincent-des-Landes (44)....103 H4
Saint-Vincent-des-Prés (71) 171 G5
Saint-Vincent-des-Prés (72) 83 F5
Saint-Vincent-d'Olargues (34) ...291 G1
Saint-Vincent-du-Boulay (27) 34 C6
Saint-Vincent-du-Lorouër (72) ...107 G5
Saint-Vincent-du-Pendit (46) 234 C2
Saint-Vincent-en-Bresse (71) 172 B2
Saint-Vincent-Jalmoutiers (24) ...212 E3
Saint-Vincent-la-Châtre (79) 178 E5
Saint-Vincent-
-la-Commanderie (26)..........240 E1
Saint-Vincent-le-Paluel (24) 233 C2
Saint-Vincent-les-Forts (04) 259 K1
Saint-Vincent-Lespinasse (82)....248 E5
Saint-Vincent-Rive-d'Olt (46) ...249 H1
Saint-Vincent-Sterlanges (85) ...142 C6
Saint-Vincent-sur-Graon (85) 159 H3
Saint-Vincent-sur-Jabron (04) ...258 D5
Saint-Vincent-sur-Jard (85) 159 G4
Saint-Vincent-sur-l'Isle (24) ...214 B3
Saint-Vincent-sur-Oust (56) 102 B3
Saint-Vit (25) 155 K1
Saint-Vital (73) 209 F3
Saint-Vite (47) 248 C1
Saint-Vitte (18) 167 G4
Saint-Vitte-sur-Briance (87) 199 H4
Saint-Vivien (17) 176 E3
Saint-Vivien (24) 230 E1
Saint-Vivien-de-Blaye (33) 211 H4
Saint-Vivien-de-Médoc (33) 194 C6
Saint-Vivien-de-Monségur (33)....230 E5
Saint-Voir (03) 169 F6
Saint-Vougay (29) 46 D4
Saint-Vrain (51) 63 H5
Saint-Vrain (91) 86 E2
Saint-Vran (22) 77 J4
Saint-Vulbas (01) 206 E1
Saint-Waast (59) 13 F3
Saint-Witz (95) 38 B6
Saint-Xandre (17) 176 D2
Saint-Yaguen (40) 264 D2
Saint-Yan (71) 170 B6
Saint-Ybard (19) 199 H6
Saint-Ybars (09) 288 B5
Saint-Yon (91) 86 C2
Saint-Yorre (03) 185 J4
Saint-Yrieix-la-Montagne (23) ...200 C1
Saint-Yrieix-la-Perche (87) 198 E5
Saint-Yrieix-le-Déjalat (19) 200 C6
Saint-Yrieix-les-Bois (23) 182 D4
Saint-Yrieix-sous-Aixe (87) 198 D1
Saint-Yrieix-sur-Charente (16) ..196 D3
Saint-Ythaire (71) 171 G3
Saint-Yvi (29) 98 E2
Saint-Yvoine (63) 202 E4
Saint-Yzan-de-Soudiac (33) 211 J4
Saint-Yzans-de-Médoc (33) 210 D1
Saint-Zacharie (83) 297 F3
Sainte-Adresse (76) 33 J1
Sainte-Agathe (63) 203 J2
Sainte-Agathe-d'Aliermont (76) ...16 C3
Sainte-Agathe-en-Donzy (42) 205 F1
Sainte-Agathe-la-
-Bouteresse (42) 204 C3
Sainte-Agnès (06) 281 H3
Sainte-Agnès (38) 224 C4
Sainte-Agnès (39) 173 F3
Sainte-Alauzie (46) 249 H3
Sainte-Alvère-Saint-Laurent
les Bâtons (24)..............232 B1
Sainte-Anastasie (15) 218 C4
Sainte-Anastasie (30) 275 F2
Sainte-Anastasie-
-sur-Issole (83) 298 A3
Sainte-Anne (25) 156 B4
Sainte-Anne (32) 268 B4
Sainte-Anne (41) 108 C6
Sainte-Anne-d'Auray (56) 100 D4
Sainte-Anne-Saint-Priest (87) ...199 K3
Sainte-Anne-sur-Brivet (44) 102 C6
Sainte-Anne-sur-Gervonde (38)....206 E5
Sainte-Anne-sur-Vilaine (35) 102 E3
Sainte-Aulde (77) 60 C2
Sainte-Aurence-Cazaux (32) 286 B3
Sainte-Austreberthe (62) 9 J2
Sainte-Austreberthe (76) 15 J6
Sainte-Barbe (57) 45 G5
Sainte-Barbe (88) 95 F3
Sainte-Bazeille (47) 230 D6
Sainte-Beuve-en-Rivière (76) 16 D4
Sainte-Blandine (38) 207 G5
Sainte-Blandine (79) 178 B1
Sainte-Brigitte (56) 76 C4
Sainte-Camelle (11) 289 F5
Sainte-Catherine (62) 10 E3
Sainte-Catherine (63) 203 G6
Sainte-Catherine (69) 205 H4
Sainte-Catherine-
-de-Fierbois (37) 145 K2
Sainte-Cécile (50) 52 B3
Sainte-Cécile (71) 171 G6
Sainte-Cécile (85) 142 C6
Sainte-Cécile-d'Andorge (30) 255 F4
Sainte-Cécile-du-Cayrou (81) 269 K1
Sainte-Cécile-les-Vignes (84) ...256 E4
Sainte-Céronne-
-lès-Mortagne (61) 83 H1
Sainte-Cérotte (72) 107 J4
Sainte-Christie (32) 267 H4
Sainte-Christie-
-d'Armagnac (32) 266 B4
Sainte-Christine (63) 184 C4

Sainte-Colombe (05)............258 C3
Sainte-Colombe (16)............197 F1
Sainte-Colombe (17)............211 K2
Sainte-Colombe (25)............156 D5
Sainte-Colombe (33)............230 C1
Sainte-Colombe (35)............103 H1
Sainte-Colombe (40)............265 F5
Sainte-Colombe (46)............234 D4
Sainte-Colombe (50).............28 D5
Sainte-Colombe (69)............206 B5
Sainte-Colombe (76).............15 G3
Sainte-Colombe (77).............88 D2
Sainte-Colombe (89)............133 K3
Sainte-Colombe-de-Duras (47)....230 E4
Sainte-Colombe-de-la-
-Commanderie (66)............315 F2
Sainte-Colombe-de-Peyre (48)....237 F4
Sainte-Colombe-de-
-Villeneuve (47)..............248 B2
Sainte-Colombe-des-Bois (58)....132 C6
Sainte-Colombe-en-Auxois (21)...134 E4
Sainte-Colombe-
-en-Bruilhois (47)............247 K5
Sainte-Colombe-la-
-Commanderie (27).............35 G6
Sainte-Colombe-
-près-Vernon (27)............36 A6
Sainte-Colombe-
-sur-Gand (42) 204 E1
Sainte-Colombe-
-sur-Guette (11) 308 E6
Sainte-Colombe-sur-l'Hers (11)...308 B3
Sainte-Colombe-
-sur-Loing (89).............132 C2
Sainte-Colombe-sur-Seine (21)...115 F4
Sainte-Colome (64)............303 G1
Sainte-Consorce (69)..........205 J2
Sainte-Croix (01)............188 E6
Sainte-Croix (02).............40 C1
Sainte-Croix (12)............250 E2
Sainte-Croix (24)............232 B3
Sainte-Croix (26)............241 G3
Sainte-Croix (71)............172 C3
Sainte-Croix (81)............270 C2
Sainte-Croix-à-Lauze (04)....277 J2
Sainte-Croix-aux-Mines (68)....96 A2
Sainte-Croix-de-Caderle (30)...254 E6
Sainte-Croix-de-Mareuil (24)...197 G6
Sainte-Croix-de-
-Quintillargues (34) 274 B4
Sainte-Croix-du-Mont (33).....230 A5
Sainte-Croix-du-Verdon (04)....278 E4
Sainte-Croix-en-Jarez (42)....205 J6
Sainte-Croix-en-Plaine (68)....96 C5
Sainte-Croix-Grand-Tonne (14)...32 C4
Sainte-Croix-Hague (50).......28 B2
Sainte-Croix-sur-Buchy (76)....16 C6
Sainte-Croix-sur-Mer (14).....32 D3
Sainte-Croix-
-Vallée-Française (48) 254 C5
Sainte-Croix-Volvestre (09)....306 D1
Sainte-Dode (32)..............286 A3
Sainte-Eanne (79).............162 A5
Sainte-Engrâce (64)...........302 C2
Sainte-Enimie (48)............253 K3
Sainte-Eugénie-de-
-Villeneuve (43)..............219 J4
Sainte-Eulalie (07)...........239 F3
Sainte-Eulalie (11)...........289 K5
Sainte-Eulalie (15)...........217 G5
Sainte-Eulalie (33)...........229 J1
Sainte-Eulalie (48)...........237 H3
Sainte-Eulalie-d'Ans (24).....214 C3
Sainte-Eulalie-de-Cernon (12)...272 D2
Sainte-Eulalie-d'Eymet (24)....231 G4
Sainte-Eulalie-d'Olt (12).....252 E1
Sainte-Eulalie-en-Born (40)....244 C3
Sainte-Eulalie-en-Royans (26)...223 G5
Sainte-Euphémie (01)..........188 B5
Sainte-Euphémie-
-sur-Ouvèze (26)..............257 K3
Sainte-Eusoye (60).............18 A6
Sainte-Fauste (36)............148 B6
Sainte-Féréole (19)...........215 J3
Sainte-Feyre (23).............182 D3
Sainte-Feyre-
-la-Montagne (23) 183 G6
Sainte-Flaive-des-Loups (85)....159 G2
Sainte-Florence (33)..........230 C2
Sainte-Florine (43)...........219 F1
Sainte-Foi (09)...............308 B1
Sainte-Fortunade (19).........216 A3
Sainte-Foy (40)...............265 H2
Sainte-Foy (71)...............187 F1
Sainte-Foy (76)...............16 A3
Sainte-Foy (85)...............159 F3
Sainte-Foy-d'Aigrefeuille (31)...288 D1
Sainte-Foy-de-Belvès (24).....232 D3
Sainte-Foy-de-Longas (24).....232 A1
Sainte-Foy-de-Peyrolières (31)...287 J2
Sainte-Foy-la-Grande (33).....231 F2
Sainte-Foy-la-Longue (33).....230 B5
Sainte-Foy-l'Argentière (69)....205 G3
Sainte-Foy-lès-Lyon (69)......206 A2
Sainte-Foy-Saint-Sulpice (42)...204 D2
Sainte-Foy-Tarentaise (73)....193 B4
Sainte-Gauburge-Sainte-
-Colombe (61)................55 G5
Sainte-Gemme (17)............194 D1
Sainte-Gemme (32)............267 K4
Sainte-Gemme (33)............230 D5
Sainte-Gemme (36)............147 F6
Sainte-Gemme (51).............40 B6
Sainte-Gemme (79)............144 A5
Sainte-Gemme (81)............251 G6

Sainte-Gemme-
-en-Sancerrois (18) 131 J5
Sainte-Gemme-la-Plaine (85) 160 A4
Sainte-Gemme-Martaillac (47)....247 G2
Sainte-Gemme-Moronval (28) 57 F5
Sainte-Gemmes (41)............108 E5
Sainte-Gemmes-d'Andigné (49)....104 D6
Sainte-Gemmes-le-Robert (53)....81 J6
Sainte-Gemmes-sur-Loire (49)....125 G4
Sainte-Geneviève (02).........21 H4
Sainte-Geneviève (50).........29 F2
Sainte-Geneviève (54).........65 K3
Sainte-Geneviève (60).........37 H4
Sainte-Geneviève (76).........16 C5
Sainte-Geneviève-
-des-Bois (45)...............111 J5
Sainte-Geneviève-
-des-Bois (91)...............58 E6
Sainte-Geneviève-
-lès-Gasny (27)..............36 C6
Sainte-Hélène (33)............210 D6
Sainte-Hélène (48)............254 B1
Sainte-Hélène (56)............100 B4
Sainte-Hélène (71)............171 G1
Sainte-Hélène (88).............95 F4
Sainte-Hélène-Bondeville (76)...14 E3
Sainte-Hélène-du-Lac (73).....208 C5
Sainte-Hélène-sur-Isère (73)....209 F4
Sainte-Hermine (85)...........160 B3
Sainte-Honorine-de-Ducy (14)....32 A5
Sainte-Honorine-des-
-Pertes (14).................32 A2
Sainte-Honorine-du-Fay (14)....32 D6
Sainte-Honorine-la-
-Chardonne (61)..............53 H3
Sainte-Honorine-la-
-Guillaume (61)..............53 J4
Sainte-Innocence (24).........231 H3
Sainte-Jalle (26).............257 J3
Sainte-Jamme-
-sur-Sarthe (72) 106 D1
Sainte-Julie (01)............189 G6
Sainte-Juliette (82)..........249 G3
Sainte-Juliette-sur-Viaur (12)...252 A4
Sainte-Léocadie (66)..........313 H5
Sainte-Lheurine (17)..........195 J5
Sainte-Livrade (31)...........268 C6
Sainte-Livrade-sur-Lot (47)....248 A2
Sainte-Lizaigne (36)..........148 C4
Sainte-Luce (38)..............242 C2
Sainte-Luce-sur-Loire (44)....123 H3
Sainte-Lucie-de-Tallano (2A)....323 F2
Sainte-Lunaise (18)...........149 H5
Sainte-Magnance (89)..........134 B4
Sainte-Marguerite (43)........219 J3
Sainte-Marguerite (88)........95 J4
Sainte-Marguerite-de-
-Carrouges (61) 82 A1
Sainte-Marguerite-
-de-Viette (14)..............54 D1
Sainte-Marguerite-d'Elle (14)...31 J2
Sainte-Marguerite-
-Lafigère (07)...............255 F1
Sainte-Marguerite-
-sur-Duclair (76)............35 F1
Sainte-Marguerite-
-sur-Fauville (76)...........15 F5
Sainte-Marguerite-sur-Mer (76)...15 J2
Sainte-Marie (05)............258 A1
Sainte-Marie (08).............42 B4
Sainte-Marie (15)............236 C2
Sainte-Marie (25)............139 G3
Sainte-Marie (32)............268 A5
Sainte-Marie (35)............102 C3
Sainte-Marie (58)............151 G2
Sainte-Marie (65)............305 H3
Sainte-Marie (66)............315 H1
Sainte-Marie-à-Py (51)........41 K4
Sainte-Marie-au-Bosc (76).....14 B4
Sainte-Marie-aux-Chênes (57)....44 D5
Sainte-Marie-aux-Mines (68)....96 A2
Sainte-Marie-Cappel (59).......3 J5
Sainte-Marie-d'Alloix (38)....224 C1
Sainte-Marie-d'Alvey (73).....207 K4
Sainte-Marie-d'Attez (27).....56 B4
Sainte-Marie-de-Chignac (24)....214 B4
Sainte-Marie-de-Cuines (73)....225 F1
Sainte-Marie-de-Gosse (40)....262 D6
Sainte-Marie-de-Ré (17).......158 C6
Sainte-Marie-de-Vatimesnil (27)...36 C4
Sainte-Marie-de-Vaux (87).....198 C1
Sainte-Marie-des-Champs (76)....15 G5
Sainte-Marie-du-Bois (53).....81 H2
Sainte-Marie-du-Lac-
-Nuisement (51)..............91 H1
Sainte-Marie-du-Mont (38).....208 B6
Sainte-Marie-du-Mont (50).....29 G5
Sainte-Marie-en-Chanois (70)...118 E4
Sainte-Marie-en-Chaux (70)....118 C5
Sainte-Marie-Kerque (62).......3 H1
Sainte-Marie-la-Blanche (21)....154 A4
Sainte-Marie-la-Robert (61)....54 A6
Sainte-Marie-Lapanouze (19)....217 J1
Sainte-Marie-Outre-l'Eau (14)...52 C2
Sainte-Marie-sur-Ouche (21)....135 H6
Sainte-Marthe (27).............56 A2
Sainte-Marthe (47)...........247 G2
Sainte-Maure (10).............90 A4
Sainte-Maure-de-Peyriac (47)....266 D1
Sainte-Maure-de-Touraine (37)...145 K2
Sainte-Maxime (83)............299 F4
Sainte-Même (17).............177 K6
Sainte-Menehould (51).........42 D6
Sainte-Mère (32).............267 J1

Sainte-Mère-Église (50).......29 F5
Sainte-Mesme (78)............86 A2
Sainte-Mondane (24)..........233 G2
Sainte-Montaine (18).........130 E4
Sainte-Nathalène (24)........233 G1
Sainte-Néomaye (79)..........161 J5
Sainte-Olive (01)............188 D5
Sainte-Opportune (61).........53 J4
Sainte-Opportune-du-Bosc (27)...35 F5
Sainte-Opportune-la-Mare (27)...34 C2
Sainte-Orse (24).............214 D3
Sainte-Osmane (72)...........107 H4
Sainte-Ouenne (79)...........161 G5
Sainte-Pallaye (89)..........133 G2
Sainte-Paule (69)............187 K5
Sainte-Pazanne (44)..........122 D5
Sainte-Pexine (85)...........160 A3
Sainte-Pôle (54)..............95 G1
Sainte-Preuve (02)............21 F5
Sainte-Radegonde (12)........252 B3
Sainte-Radegonde (17)........177 F6
Sainte-Radegonde (24)........231 K4
Sainte-Radegonde (32)........267 H3
Sainte-Radegonde (33)........230 D2
Sainte-Radegonde (71)........170 B2
Sainte-Radegonde (79)........144 A4
Sainte-Radegonde (86)........163 J3
Sainte-Radégonde-
-des-Noyers (85) 160 B5
Sainte-Ramée (17)............195 F6
Sainte-Reine (70)............137 H3
Sainte-Reine (73)............208 D4
Sainte-Reine-de-Bretagne (44)...102 A3
Sainte-Ruffine (57)...........44 E6
Sainte-Sabine (21)...........153 H1
Sainte-Sabine-sur-Longève (72)...106 D1
Sainte-Savine (10)............90 A5
Sainte-Scolasse-
-sur-Sarthe (61) 83 F1
Sainte-Segrée (80)............17 H4
Sainte-Sève (29)..............47 F5
Sainte-Sévère (16)...........196 A2
Sainte-Sévère-sur-Indre (36)....166 B5
Sainte-Sigolène (43).........221 F3
Sainte-Solange (18)..........149 H2
Sainte-Soline (79)...........178 E1
Sainte-Souline (16)..........212 C1
Sainte-Soulle (17)...........176 C2
Sainte-Suzanne (09)..........288 B5
Sainte-Suzanne (25)..........139 G3
Sainte-Suzanne-et-
-Chammes (53) 105 J1
Sainte-Suzanne-sur-Vire (50)....31 H4
Sainte-Terre (33)............230 C2
Sainte-Thérence (03).........183 K2
Sainte-Thorette (18).........148 E3
Sainte-Tréphine (22)..........76 C3
Sainte-Trie (24).............214 E2
Sainte-Tulle (04)............278 A4
Sainte-Valière (11)..........291 G5
Sainte-Vaubourg (08)..........42 A2
Sainte-Verge (79)............144 B3
Sainte-Vertu (89)............113 K6
Saintes (17).................195 G2
Saintines (60)................38 D4
Saintry-sur-Seine (91)........87 F1
Saints (77)...................60 B5
Saints-en-Puisaye (89).......132 D2
Saints-Geosmes (52)..........116 C5
Sainville (28)................85 K3
Saires (86)..................145 F5
Saires-la-Verrerie (61).......53 H5
Saissac (11).................289 J4
Saisseval (80)................17 K2
Saisy (71)...................153 H4
Saivres (79).................161 J5
le Saix (05).................258 D1
Saïx (81)....................289 K1
Saix (86)....................144 D2
Saizenay (39)................156 A4
Saizerais (54)...............65 J4
Saizy (58)...................133 H5
Sajas (31)...................287 H3
Salagnac (24)................214 E2
Salagnon (38)................207 F3
Salaise-sur-Sanne (38).......222 B2
Salans (39)..................155 K1
Salasc (34)..................273 F6
Salaunes (33)................210 E6
Salavas (07).................255 K2
Salavre (01).................172 D6
Salazac (30).................256 A4
Salbris (41).................130 B4
les Salces (48)..............237 F6
Saléchan (65)................305 H3
Saleich (31).................306 B2
Saleignes (17)...............178 C4
Saleilles (66)...............315 H2
les Salelles (07)............255 G2
les Salelles (48)............253 H1
Salency (60)..................19 H6
Saléon (05)..................258 C2
Salérans (05)................258 C4
Salerm (31)..................287 F4
Salernes (83)................279 F6
Salers (15)..................217 H4
Sales (74)...................190 D6
Salesches (59)................12 D4
la Salette-Fallavaux (38)....242 D2
Salettes (26)................240 D6
Salettes (43)................238 D2
Saleux (80)..................18 A2
Salice (2A)..................320 D2
Saliceto (2B)................319 G2

Saliès (81)..................270 D3
Salies-de-Béarn (64).........283 H1
Salies-du-Salat (31).........306 B1
Salignac (04)................259 F5
Salignac-de-Mirambeau (17)...211 H1
Salignac-Eyvigues (24).......215 F6
Salignac-sur-Charente (17)...195 J3
Saligney (39)................155 H1
Saligny (89)..................88 D6
Saligny-le-Vif (18)..........149 K3
Saligny-sur-Roudon (03)......169 J3
Saligos (65).................304 A3
Salindres (30)...............255 G5
Salinelles (30)..............274 D4
Salins (15)..................217 G4
Salins (77)...................88 A3
Salins-Fontaine (73).........209 H5
Salins-les-Bains (39)........156 A4
Salives (21).................135 J2
Sallagriffon (06)............280 C2
Sallanches (74)..............191 K5
Sallaumines (62)..............11 F1
la Salle (71)................171 K5
la Salle (88).................95 H3
la Salle-en-Beaumont (38)....242 C2
la Salle-les-Alpes (05)......225 J4
Sallebœuf (33)...............229 J2
Sallèdes (63)................203 F4
Sallèles-Cabardès (11).......290 B4
Sallèles-d'Aude (11).........291 H5
Sallen (14)...................31 K3
Sallenelles (14).............33 F4
Sallenôves (74)..............190 D4
Sallertaine (85).............140 D4
Salles (33)..................228 E5
Salles (47)..................232 B6
Salles (65)..................303 K2
Salles (79)..................162 A5
Salles (81)..................251 F6
Salles-Adour (65)............285 H5
Salles-Arbuissonnas-en-
-Beaujolais (69) 188 A4
Salles-Courbatiès (12).......251 F1
Salles-Curan (12)............252 D5
Salles-d'Angles (16).........195 J3
Salles-d'Armagnac (32).......266 B3
Salles-d'Aude (11)...........291 J5
Salles-de-Barbezieux (16)....196 B6
Salles-de-Belvès (24)........232 D4
les Salles-de-Castillon (33)...230 D1
Salles-de-Villefagnan (16)...179 F5
les Salles-du-Gardon (30)....255 F5
Salles-et-Pratviel (31)......305 H4
Salles-la-Source (12)........252 A2
Salles-Lavalette (16)........213 F1
les Salles-Lavauguyon (87)...197 K2
Salles-Mongiscard (64).......283 J1
Salles-sous-Bois (26)........256 E1
Salles-sur-Garonne (31)......287 J5
Salles-sur-l'Hers (11).......289 F4
Salles-sur-Mer (17)..........176 E3
les Salles-sur-Verdon (83)...279 F4
Sallespisse (64).............283 K1
Salmagne (55)................64 C5
Salmaise (21)................135 G4
Salmbach (67)................25 D7
Salmiech (12)................252 A5
Salomé (59)...................6 C5
Salon (10)...................62 A6
Salon (24)...................214 A6
Salon-de-Provence (13).......295 K2
Salon-la-Tour (19)...........199 H5
Salonnes (57)................66 D4
Salornay-sur-Guye (71).......171 G4
Salouël (80)..................18 A2
Salperwick (62)...............5 G2
Salsein (09).................306 B3
Salses-le-Château (66).......310 B5
Salsigne (11)................290 B4
Salt-en-Donzy (42)...........205 F3
Salvagnac (81)...............269 J3
Salvagnac-Cajarc (12)........250 D1
la Salvetat-Belmontet (82)...269 H2
la Salvetat-Lauragais (31)...289 F1
la Salvetat-Peyralès (12)....251 G4
la Salvetat-Saint-Gilles (31)...287 K1
la Salvetat-sur-Agout (34)...290 E1
Salvezines (11)..............308 E5
Salviac (46).................233 F4
Salvizinet (42)..............204 E2
Salza (11)...................309 G3
Salzuit (43).................219 H3
Samadet (40).................265 G5
Saman (31)...................286 E5
Samaran (32).................286 C3
Samatan (32).................287 G2
Samazan (47).................247 F1
Sambin (41)..................128 E4
Sambourg (89)................114 A6
Saméon (59)...................7 G6
Samer (62)....................4 C4
Samerey (21).................155 F3
Sames (64)...................282 E1
Sammarçolles (86)............144 E3
Sammeron (77)................60 B2
Samoëns (74).................192 B3
Samognat (01)................189 K1
Samogneux (55)...............43 H4
Samois-sur-Seine (77)........87 J3
Samonac (33).................211 G4
Samoreau (77)................87 J3
Samouillan (31)..............287 G5
Samoussy (02)................20 E6

Sampans (39) 155 F2
Sampigny (55) 64 E4
Sampigny-lès-Maranges (71) 153 J5
Sampolo (2A) 321 F4
Sampzon (07) 255 J2
Samson (25) 156 A3
Samsons-Lion (64) 285 F2
Samuran (65) 305 H2
San-Damiano (2B) 319 J4
San-Gavino-d'Ampugnani (2B) 319 J4
San-Gavino-di-Carbini (2A) 323 G1
San-Gavino-di-Fiumorbo (2B) 321 H4
San-Gavino-di-Tenda (2B) 319 G2
San-Giovanni-di-Moriani (2B) 319 J4
San-Giuliano (2B) 319 J5
San-Lorenzo (2B) 319 G4
San-Martino-di-Lota (2B) 317 E4
San-Nicolao (2B) 319 J4
Sana (31) 287 H5
Sanary-sur-Mer (83) 300 B4
Sancé (71) 171 J6
Sancergues (18) 150 B2
Sancerre (18) 131 J6
Sancey (25) 139 F5
Sancheville (28) 85 G6
Sanchey (88) 94 C6
Sancoins (18) 150 B5
Sancourt (27) 36 D3
Sancourt (59) 11 J6
Sancourt (80) 19 H4
Sancy (54) 44 C3
Sancy (77) 60 A3
Sancy-les-Cheminots (02) 39 K2
Sancy-lès-Provins (77) 60 E6
Sand (67) 71 C3
Sandarville (28) 84 E4
Sandaucourt (88) 93 H5
Sandillon (45) 110 B5
Sandouville (76) 34 A1
Sandrans (01) 188 D4
Sangatte (62) 2 C3
Sanghen (62) 4 D2
Sanguinet (40) 228 C6
Sanilhac (07) 239 G6
Sanilhac-Sagriès (30) 275 G2
Sannat (23) 183 J4
Sannerville (14) 33 F5
Sannes (84) 277 H4
Sannois (95) 58 D2
Sanous (65) 285 G3
Sanry-lès-Vigy (57) 45 G5
Sanry-sur-Nied (57) 45 G6
Sans-Vallois (88) 94 A6
Sansa (66) 313 J3
Sansac-de-Marmiesse (15) 235 G2
Sansac-Veinazès (15) 235 H4
Sansais (79) 177 J1
Sansan (32) 286 D1
Sanssac-l'Église (43) 220 A5
Sanssat (03) 185 J2
Santa-Lucia-di-Mercurio (2B) 319 G5
Santa-Lucia-di-Moriani (2B) 319 K4
Santa-Maria-di-Lota (2B) 317 D4
Santa-Maria-Figaniella (2A) 322 E2
Santa-Maria-Poggio (2B) 319 J5
Santa-Maria-Siché (2A) 320 E5
Santa-Reparata-di-Balagna (2B) 318 C2
Santa-Reparata-di-Moriani (2B) 319 J5
Sant'Andréa-di-Bozio (2B) 319 H5
Sant'Andréa-di-Cotone (2B) 319 J5
Sant'Andréa-d'Orcino (2A) 320 C3
Santans (39) 155 H3
Sant'Antonino (2B) 318 C2
Santeau (45) 110 C4
Santec (29) 46 E3
Santenay (21) 153 J5
Santenay (41) 128 C2
Santeny (94) 59 G5
Santes (59) 6 D5
Santeuil (28) 85 J4
Santeuil (95) 37 F6
Santigny (89) 134 B3
Santilly (28) 109 K1
Santilly (71) 171 H3
Santo-Pietro-di-Tenda (2B) 319 G2
Santo-Pietro-di-Venaco (2B) 319 F6
Santoche (25) 138 E4
Santosse (21) 153 H4
Santranges (18) 131 J3
Sanvensa (12) 251 F3
Sanvignes-les-Mines (71) 170 D2
Sanxay (86) 162 B4
Sanzey (54) 65 H4
Saon (14) 31 K1
Saône (25) 138 A6
Saonnet (14) 31 K1
Saorge (06) 311 C4
Saosnes (72) 82 E3
Saou (26) 240 E5
le Sap-André (61) 55 F4
Sap-en-Auge (61) 55 F3
Sapignicourt (51) 63 H6
Sapignies (62) 11 F5
Sapogne-et-Feuchères (08) 22 D5
Sapogne-sur-Marche (08) 23 J5
Sapois (39) 173 K1
Sapois (88) 119 G2
Saponay (02) 40 A5
Saponcourt (70) 117 K2
le Sappey (74) 191 F3
le Sappey-en-Chartreuse (38) 224 A2
Saramon (32) 286 E1
Saran (45) 109 K3

Saraz (25) 156 B4
Sarbazan (40) 246 B6
Sarcé (72) 106 D6
Sarceaux (61) 54 C5
Sarcelles (95) 58 E2
Sarcenas (38) 224 A2
Sarcey (52) 116 C2
Sarcey (69) 205 H1
Sarcos (32) 286 D3
Sarcus (60) 17 G5
Sarcy (51) 40 D5
Sardan (30) 274 C3
Sardent (23) 182 C4
Sardieu (38) 222 E1
Sardon (63) 185 G5
Sardy-lès-Épiry (58) 151 J2
Sare (64) 263 C2
Sargé-lès-le-Mans (72) 106 E2
Sargé-sur-Braye (41) 108 A4
Sari-d'Orcino (2A) 320 C3
Sari-Solenzara (2A) 321 J5
Sariac-Magnoac (65) 286 C3
Sarlabous (65) 304 D1
Sarlande (24) 198 D3
Sarlat-la-Canéda (24) 233 F2
Sarliac-sur-l'Isle (24) 214 B3
Sarniguet (65) 285 H4
Sarnois (60) 17 H5
Saron-sur-Aube (51) 89 H1
Sarp (65) 305 G2
Sarpourenx (64) 283 K2
Sarragachies (32) 266 A5
Sarrageois (25) 174 C1
Sarraguzan (32) 286 A3
Sarralbe (57) 68 D4
Sarraltroff (57) 67 J4
Sarran (19) 216 C1
Sarrance (64) 302 E1
Sarrancolin (65) 304 E3
Sarrant (32) 268 A4
Sarras (07) 222 A4
Sarrazac (24) 198 C6
Sarrazac (46) 215 J6
Sarraziet (40) 265 G4
Sarre-Union (67) 68 D5
Sarrebourg (57) 67 J4
Sarrecave (31) 286 C5
Sarreguemines (57) 68 D2
Sarreinsming (57) 68 D3
Sarremezan (31) 286 D5
Sarrewerden (67) 68 D5
Sarrey (52) 116 D3
Sarriac-Bigorre (65) 285 H3
Sarrians (84) 257 F6
Sarrigné (49) 125 H3
Sarrogna (39) 173 G3
Sarrola-Carcopino (2A) 320 C3
Sarron (40) 265 J6
Sarrouilles (65) 285 H5
Sarroux (19) 217 G1
Sarry (51) 62 D3
Sarry (71) 186 E1
Sarry (89) 134 A1
le Sars (62) 10 E6
Sars-et-Rosières (59) 12 B1
Sars-le-Bois (62) 10 B3
Sars-Poteries (59) 13 H4
Sartène (2A) 322 E3
Sartes (88) 93 F5
Sartilly-Baie-Bocage (50) 51 J2
Sarton (62) 10 B5
Sartrouville (78) 58 C2
Sarzay (36) 166 A3
Sarzeau (56) 121 F1
Sasnières (41) 108 A6
Sassangy (71) 171 G2
Sassay (41) 129 F5
Sassegnies (59) 13 F4
Sassenage (38) 223 K3
Sassenay (71) 154 B6
Sassetot-le-Malgardé (76) 15 H3
Sassetot-le-Mauconduit (76) 14 E3
Sasseville (76) 15 F3
Sassey (27) 56 D1
Sassey-sur-Meuse (55) 43 F2
Sassierges-Saint-Germain (36) 166 A1
Sassis (65) 304 A4
Sassy (14) 54 B1
Sathonay-Camp (69) 206 B1
Sathonay-Village (69) 206 B1
Satillieu (07) 221 J4
Satolas-et-Bonce (38) 206 D3
Saturargues (34) 274 D5
Saubens (31) 288 A2
Saubion (40) 262 C4
Saubole (64) 285 F4
Saubrigues (40) 262 C5
Saubusse (40) 262 D5
Saucats (33) 229 G4
Saucède (64) 283 K4
la Saucelle (28) 56 C6
Sauchay (76) 16 A2
Sauchy-Cauchy (62) 11 H3
Sauchy-Lestrée (62) 11 H4
Sauclières (12) 273 F2
Saudemont (62) 11 H3
Saudoy (51) 61 H6
Saudron (52) 92 C2
Saudrupt (55) 63 K5
Saugeot (39) 173 J3
Saugnac-et-Cambran (40) 264 B5
Saugnacq-et-Muret (40) 245 G1
Saugon (33) 211 H3
Saugues (43) 237 J1

Sauguis-Saint-Étienne (64) 283 H5
Saugy (18) 148 J4
Saujac (12) 250 D1
Saujon (17) 194 D3
la Saulce (05) 259 F1
Saulce-sur-Rhône (26) 240 B4
Saulces-Champenoises (08) 41 K2
Saulces-Monclin (08) 22 B6
Saulcet (03) 185 G1
Saulchery (02) 60 D2
le Saulchoy (60) 17 K5
Saulchoy (62) 9 G2
Saulchoy-sous-Poix (80) 17 H4
Saulcy (10) 91 H5
le Saulcy (88) 95 J3
Saulcy-sur-Meurthe (88) 95 H5
Saules (25) 156 D2
Saules (71) 171 H2
Saulgé (86) 163 K6
Saulgé-l'Hôpital (49) 125 H5
Saulges (53) 105 H2
Saulgond (16) 180 C5
Sauliac-sur-Célé (46) 234 A6
Saulieu (21) 134 C6
Saulles (52) 116 E6
Saulmory-et-Villefranche (55) 43 F2
Saulnay (36) 147 F5
Saulnes (54) 26 D2
Saulnières (28) 56 E6
Saulnières (35) 103 G1
Saulnot (70) 139 F2
Saulny (57) 44 E5
Saulon-la-Chapelle (21) 154 C1
Saulon-la-Rue (21) 154 C1
la Saulsotte (10) 89 F2
Sault (84) 257 K5
Sault-Brénaz (01) 207 G1
Sault-de-Navailles (64) 264 E6
Sault-lès-Rethel (08) 41 J1
Sault-Saint-Remy (08) 41 G2
Saultain (59) 12 D2
Saulty (62) 10 C4
Saulvaux (55) 64 D5
Saulx (70) 118 C6
Saulx-le-Duc (21) 135 K3
Saulx-les-Champlon (55) 44 A6
Saulx-les-Chartreux (91) 58 D6
Saulx-Marchais (78) 57 K4
Saulxerotte (54) 93 J2
Saulxures (52) 117 F3
Saulxures (67) 95 K3
Saulxures-lès-Bulgnéville (88) 93 H6
Saulxures-lès-Nancy (54) 66 B5
Saulxures-lès-Vannes (54) 93 G2
Saulxures-sur-Moselotte (88) 119 G3
Saulzais-le-Potier (18) 167 F3
Saulzet (03) 185 G3
Saulzet-le-Froid (63) 202 B4
Saulzoir (59) 12 C3
Saumane (04) 258 C6
Saumane (30) 254 D6
Saumane-de-Vaucluse (84) 276 D2
Sauméjan (47) 246 E4
Saumeray (28) 84 E5
Saumont (47) 247 K5
Saumont-la-Poterie (76) 16 E6
Saumos (33) 210 C6
Saumur (49) 126 A6
Saunay (37) 128 B2
la Saunière (23) 182 D3
Saunières (71) 154 C5
Sauqueville (76) 15 K2
Saurais (79) 162 A2
Saurat (09) 307 G4
Sauret-Besserve (63) 184 C5
Saurier (63) 202 C5
Sausheim (68) 97 C2
Saussan (34) 293 F1
Saussay (28) 57 F3
Saussay (76) 15 J5
Saussay-la-Campagne (27) 36 B3
la Saussaye (27) 35 G4
Saussemesnil (50) 28 E3
Saussenac (81) 270 E2
Saussens (31) 288 E1
Sausset-les-Pins (13) 295 K6
Sausseuzemare-en-Caux (76) 14 C5
Saussey (21) 153 H3
Saussey (50) 30 E4
Saussignac (24) 231 G2
Saussines (34) 274 D4
Saussy (21) 135 K4
Sautel (09) 307 K3
Sauternes (33) 229 K6
Sauteyrargues (34) 274 B3
Sauto (66) 313 J4
Sautron (44) 123 F3
les Sauvages (69) 187 H6
Sauvagnac (16) 197 J2
Sauvagnas (47) 248 C4
Sauvagnat (63) 201 J2
Sauvagnat-Sainte-Marthe (63) 202 E4
Sauvagney (25) 137 J5
Sauvagnon (64) 284 C3
Sauvagny (03) 167 J3
Sauvain (42) 204 B3
Sauvat (15) 217 H2
Sauve (30) 274 C2
la Sauve (33) 229 K3
Sauvelade (64) 283 K3
Sauverny (01) 174 B6
Sauvessanges (63) 220 B1
la Sauvetat (32) 267 G3

la Sauvetat (63) 202 E4
la Sauvetat-de-Savères (47) 248 C4
la Sauvetat-du-Dropt (47) 231 G4
la Sauvetat-sur-Lède (47) 248 C1
Sauveterre (30) 276 A1
Sauveterre (32) 287 F2
Sauveterre (65) 285 H2
Sauveterre (81) 290 D2
Sauveterre (82) 249 H4
Sauveterre-de-Béarn (64) 283 G2
Sauveterre-de-Comminges (31) 305 J2
Sauveterre-de-Guyenne (33) 230 C4
Sauveterre-de-Rouergue (12) 251 J4
Sauveterre-la-Lémance (47) 232 D5
Sauveterre-Saint-Denis (47) 248 B5
Sauviac (32) 286 D3
Sauviac (33) 246 C2
Sauvian (34) 292 A5
Sauviat (63) 203 H3
Sauviat-sur-Vige (87) 182 A6
Sauvignac (16) 212 B2
Sauvigney-lès-Gray (70) 137 G4
Sauvigney-lès-Pesmes (70) 137 F5
Sauvigny (55) 93 G2
Sauvigny-le-Beuréal (89) 134 B4
Sauvigny-le-Bois (89) 133 K5
Sauvigny-les-Bois (58) 150 E4
Sauville (08) 22 D6
Sauville (88) 93 G6
Sauvillers-Mongival (80) 18 C4
Sauvimont (32) 287 G2
Sauvoy (55) 65 F6
Saux (46) 249 F2
Saux-et-Pomarède (31) 286 E6
Sauxillanges (63) 203 F5
Sauze (06) 260 E5
le Sauze-du-Lac (05) 243 G6
Sauzé-Vaussais (79) 179 F3
Sauzelles (36) 164 B2
Sauzet (26) 240 B5
Sauzet (30) 274 E2
Sauzet (46) 249 H2
la Sauzière-Saint-Jean (81) 269 H2
Sauzon (56) 120 A3
Savarthès (31) 305 K1
Savas (07) 221 K2
Savas-Mépin (38) 206 D5
Savasse (26) 240 B5
Savenay (44) 122 C2
Savenès (82) 268 C3
Savennes (23) 182 D4
Savennes (63) 201 H4
Savennières (49) 125 F4
Saverdun (09) 288 D5
Savères (31) 287 H3
Saverne (67) 70 B1
Saveuse (80) 18 A2
Savianges (71) 171 G2
Savières (10) 89 K3
Savigna (39) 173 G3
Savignac (12) 250 E3
Savignac (33) 230 B6
Savignac-de-Duras (47) 230 E4
Savignac-de-l'Isle (33) 212 A6
Savignac-de-Miremont (24) 214 C6
Savignac-de-Nontron (24) 197 K5
Savignac-Lédrier (24) 214 E1
Savignac-les-Églises (24) 214 B2
Savignac-les-Ormeaux (09) 307 K6
Savignac-Mona (32) 287 H2
Savignac-sur-Leyze (47) 248 C1
Savignargues (30) 274 D2
Savigné (86) 179 H3
Savigné-l'Évêque (72) 106 E2
Savigné-sous-le-Lude (72) 126 C1
Savigné-sur-Lathan (37) 126 E4
Savigneux (01) 188 C5
Savigneux (42) 204 D4
Savignies (60) 37 F2
Savigny (50) 31 F4
Savigny (52) 117 F6
Savigny (69) 205 H2
Savigny (74) 190 D4
Savigny (88) 94 B4
Savigny-en-Revermont (71) 172 E2
Savigny-en-Sancerre (18) 131 J4
Savigny-en-Septaine (18) 149 H3
Savigny-en-Terre-Plaine (89) 134 B3
Savigny-en-Véron (37) 144 E1
Savigny-le-Sec (21) 136 A4
Savigny-le-Temple (77) 87 G1
Savigny-le-Vieux (50) 80 C1
Savigny-lès-Beaune (21) 153 K3
Savigny-Lévescault (86) 163 G4
Savigny-Poil-Fol (58) 169 K1
Savigny-sous-Faye (86) 145 F5
Savigny-sous-Mâlain (21) 135 H5
Savigny-sur-Aisne (08) 42 B3
Savigny-sur-Ardres (51) 40 C4
Savigny-sur-Braye (41) 107 K4
Savigny-sur-Clairis (89) 112 B2
Savigny-sur-Grosne (71) 171 H3
Savigny-sur-Orge (91) 58 E6
Savigny-sur-Seille (71) 172 B3
Savilly (21) 152 E2
Savines-le-Lac (05) 243 H6
Savins (77) 88 C2
Savoillan (84) 257 K5
Savoisy (21) 114 E6
Savolles (21) 136 C5
Savonnières (37) 127 G5
Savonnières-devant-Bar (55) 64 B5
Savonnières-en-Perthois (55) 92 A1
Savouges (21) 154 C1

Savournon (05) 258 D1
Savoyeux (70) 137 G2
Savy (02) 19 J3
Savy-Berlette (62) 10 D2
Saxel (74) 191 H1
Saxi-Bourdon (58) 151 G3
Saxon-Sion (54) 93 K3
Sayat (63) 202 C1
Saze (30) 275 K2
Sazeray (36) 166 B5
Sazeret (03) 184 D1
Sazilly (37) 145 G2
Sazos (65) 304 A3
Scaër (29) 75 G6
Scata (2B) 319 H4
Sceau-Saint-Angel (24) 197 K5
Sceautres (07) 239 K5
Sceaux (89) 134 A3
Sceaux (92) 58 D5
Sceaux-d'Anjou (49) 125 F1
Sceaux-du-Gâtinais (45) 111 G2
Sceaux-sur-Huisne (72) 107 H1
Scey-Maisières (25) 156 C2
Scey-sur-Saône-et-Saint-Albin (70) 137 J1
Schaeffersheim (67) 71 C3
Schaffhouse-près-Seltz (67) 25 D2
Schaffhouse-sur-Zorn (67) 70 D1
Schalbach (57) 68 E6
Schalkendorf (67) 69 J6
Scharrachbergheim-Irmstett (67) 71 B1
Scheibenhard (67) 25 D1
Scherlenheim (67) 70 D1
Scherwiller (67) 71 A5
Schillersdorf (67) 69 H5
Schiltigheim (67) 25 A6
Schirmeck (67) 70 A5
Schirrhein (67) 25 B4
Schirrhoffen (67) 25 B4
Schleithal (67) 25 C1
Schlierbach (68) 97 C3
Schmittviller (57) 68 E4
Schneckenbusch (57) 67 J5
Schnersheim (67) 70 D2
Schœnau (67) 71 D5
Schœnbourg (67) 69 F6
Schœneck (57) 68 C1
Schœnenbourg (67) 25 B2
Schopperten (67) 68 D4
Schorbach (57) 69 G3
Schweighouse-sur-Moder (67) 69 K6
Schweighouse-Thann (68) 97 A2
Schwenheim (67) 70 C2
Schwerdorff (57) 45 J2
Schweyen (57) 69 G2
Schwindratzheim (67) 70 D1
Schwoben (68) 97 B4
Schwobsheim (67) 71 C5
Sciecq (79) 161 G5
Scientrier (74) 191 G3
Scieurac-et-Flourès (32) 285 J1
Sciez (74) 174 C3
Scillé (79) 161 G3
Scionzier (74) 191 J4
Scolca (2B) 319 H2
Scorbé-Clairvaux (86) 145 G6
Scrignac (29) 47 H6
Scrupt (51) 63 H5
Scy-Chazelles (57) 44 E6
Scye (57) 137 K1
Séailles (32) 266 C4
la Séauve-sur-Semène (43) 221 F2
Sébazac-Concourès (12) 252 B2
Sébécourt (27) 56 A2
Sébeville (50) 29 F5
Seboncourt (02) 20 B1
Sebourg (59) 12 E2
Sébrazac (12) 235 K6
Séby (64) 284 C2
Secenans (70) 138 E2
Séchault (08) 42 B4
Sécheras (07) 222 A4
Sécheval (08) 22 C2
Séchilienne (38) 224 B5
Séchin (25) 138 C5
Seclin (59) 6 D5
Secondigné-sur-Belle (79) 178 B2
Secondigny (79) 161 H2
Secourt (57) 66 B2
Sedan (08) 23 F4
Sédeilhac (31) 286 C6
Séderon (26) 258 B4
Sedze-Maubecq (64) 285 F3
Sedzère (64) 284 E3
Seebach (67) 25 C2
Sées (61) 54 D6
Séez (73) 193 A3
Ségalas (47) 231 J5
Ségalas (65) 285 H3
la Ségalassière (15) 235 F2
Séglien (56) 76 C5
Ségny (01) 190 E1
Segonzac (16) 196 A4
Segonzac (19) 215 F2
Segonzac (24) 213 H3
Ségos (32) 265 J6
Ségoufielle (32) 268 C3
Segré (49) 104 D6
Ségreville (31) 288 E2
Ségrie (72) 82 C6
Segrois (21) 154 A2
Ségry (36) 148 D5
la Séguinière (49) 142 E2

Commune	Page	Réf.
Ségur (12)	252	D4
le Ségur (81)	251	F6
Ségur-le-Château (19)	199	F6
Ségur-les-Villas (15)	218	B3
Ségura (09)	307	J2
Séguret (84)	257	F4
Ségus (65)	304	A1
Seich (65)	305	F2
Seichamps (54)	66	B5
Seichebrières (45)	110	D3
Seicheprey (54)	65	G3
Seiches-sur-le-Loir (49)	125	J2
Seignalens (11)	308	B1
Seigné (17)	178	C5
Seignelay (89)	113	G4
Seigneulles (55)	64	B3
Seignosse (40)	262	B4
Seigny (21)	134	E2
Seigy (41)	147	G1
Seilh (31)	269	F5
Seilhac (19)	215	K1
Seilhan (31)	305	G2
Seillac (41)	128	C3
Seillans (83)	279	K5
Seillonnaz (01)	207	G1
Seillons-Source-d'Argens (83)	297	H2
Seine-Port (77)	87	G2
Seingbouse (57)	68	B2
Seissan (32)	286	C2
Seix (09)	306	D4
le Sel-de-Bretagne (35)	103	G1
Selaincourt (54)	93	J2
Selens (02)	39	H1
Sélestat (67)	71	B5
Séligné (79)	178	B3
Séligney (39)	155	G4
la Selle-Craonnaise (53)	104	C4
la Selle-en-Coglès (35)	51	K6
la Selle-en-Hermoy (45)	111	K3
la Selle-en-Luitré (35)	80	B4
la Selle-Guerchaise (35)	104	A3
la Selle-la-Forge (61)	53	H4
la Selle-sur-le-Bied (45)	111	K2
Selles (27)	34	C3
Selles (51)	41	H4
Selles (62)	4	D3
Selles (70)	117	K3
Selles-Saint-Denis (41)	130	A5
Selles-sur-Cher (41)	129	G6
Selles-sur-Nahon (36)	147	H4
Sellières (39)	155	H6
Selommes (41)	108	D6
Seloncourt (25)	139	H3
Selongey (21)	136	B2
Selonnet (04)	259	J2
Seltz (67)	25	D3
la Selve (02)	21	G6
la Selve (12)	252	A6
Sem (09)	307	G5
Sémalens (81)	289	J1
Semallé (61)	82	D2
Semarey (21)	135	G6
Sembadel (43)	219	K3
Sembas (47)	248	B3
Semblançay (37)	127	H3
Sembleçay (36)	147	K1
Sembouès (32)	285	J2
Séméac (65)	285	H5
Séméacq-Blachon (64)	285	F1
Semécourt (57)	44	E5
Sémelay (58)	152	A6
Semens (33)	230	A5
Sementron (89)	132	D2
Sémeries (59)	13	H5
Semezanges (21)	154	A1
Sémézies-Cachan (32)	286	E2
Semide (08)	42	A3
Semillac (17)	195	G6
Semilly (52)	92	D5
Semmadon (70)	117	H6
Semoine (10)	62	A6
Semond (21)	115	F6
Semondans (25)	139	F2
Semons (38)	206	E6
Semousies (59)	13	H4
Semoussac (17)	195	G6
Semoutiers-Montsaon (52)	115	K2
Semoy (45)	110	A4
Sempesserre (32)	267	H1
Sempigny (60)	19	H6
Sempy (62)	4	D6
Semur-en-Auxois (21)	134	D3
Semur-en-Brionnais (71)	186	E2
Semur-en-Vallon (72)	107	J2
Semussac (17)	194	D3
Semuy (08)	42	B1
le Sen (40)	245	K5
Sénac (65)	285	J3
Senaide (88)	117	H3
Sénaillac-Latronquière (46)	234	D3
Sénaillac-Lauzès (46)	233	K5
Senailly (21)	134	C2
Senan (89)	112	E4
Senantes (28)	57	H6
Senantes (60)	36	E1
Sénarens (31)	287	G4
Senargent-Mignafans (70)	138	E2
Senarpont (80)	17	F2
Sénas (13)	276	D4
Senaux (81)	271	J4
Sencenac-Puy- -de-Fourches (24)	213	K2
Senconac (09)	307	J5
Sendets (33)	246	D1
Sendets (64)	284	D4
Séné (56)	101	F6
Sénéchas (30)	255	F3
Sénergues (12)	235	J5
Sénestis (47)	247	G1
Séneujols (43)	238	B1
Senez (04)	279	H2
Sénezergues (15)	235	H4
Sengouagnet (31)	305	J2
Séniergues (46)	233	J4
Senillé-Saint-Sauveur (86)	145	J6
Seningham (62)	4	E3
Senlecques (62)	4	D4
Senlis (60)	38	B5
Senlis (62)	5	F5
Senlis-le-Sec (80)	10	D6
Senlisse (78)	58	B6
Senneçay (18)	149	G5
Sennecey-le-Grand (71)	171	J4
Sennecey-lès-Dijon (21)	136	A6
Sennely (45)	130	C1
Sennevières (37)	146	D2
Senneville-sur-Fécamp (76)	14	D1
Sennevoy-le-Bas (89)	114	C5
Sennevoy-le-Haut (89)	114	C5
Senon (54)	43	K4
Senonches (28)	84	C1
Senoncourt (70)	117	K5
Senoncourt-les-Maujouy (55)	64	C1
Senones (88)	95	J3
Senonges (88)	93	K6
Senonnes (53)	104	A4
Senots (60)	37	G4
Senouillac (81)	270	B2
Sénoville (50)	28	B4
Senozan (71)	171	K6
Sens (89)	88	D6
Sens-Beaujeu (18)	131	H6
Sens-de-Bretagne (35)	79	H1
Sens-sur-Seille (71)	172	D1
Sentein (09)	306	A4
Sentelie (80)	17	J4
Sentenac-de-Sérou (09)	307	F3
Sentenac-d'Oust (09)	306	D4
Sentheim (68)	119	K5
Sentilly (61)	54	B4
la Sentinelle (59)	12	C2
Sentous (65)	286	A5
Senuc (08)	42	C3
Senven-Léhart (22)	76	D1
Sépeaux-Saint-Romain (89)	112	C4
Sepmeries (59)	12	D3
Sepmes (37)	145	K3
Seppois-le-Bas (68)	97	A5
Seppois-le-Haut (68)	97	A5
Sept-Frères (14)	52	C2
Sept-Meules (76)	16	C1
Sept-Saulx (51)	41	H6
Sept-Sorts (77)	60	B3
Sept-Vents (14)	31	K4
Septème (38)	206	C5
Septèmes-les-Vallons (13)	296	C3
Septeuil (78)	57	J3
Septfonds (82)	250	B5
Septfontaines (25)	156	D4
Septmoncel (39)	173	K6
Septmonts (02)	39	J3
Septsarges (55)	43	F4
les Septvallons (02)	40	B3
Septvaux (02)	20	A6
Sepvigny (55)	93	F1
Sepvret (79)	178	D1
Sepx (31)	287	F6
Sequedin (59)	6	D4
Sequehart (02)	20	A2
le Sequestre (81)	270	D3
Serain (02)	12	B6
Seraincourt (08)	21	J5
Seraincourt (95)	57	K1
Sérandon (19)	217	G2
Séranon (06)	280	A4
Serans (60)	36	E5
Séranville (54)	94	D2
Séranvillers-Forenville (59)	12	B5
Seraucourt-le-Grand (02)	19	K3
Séraumont (88)	93	F3
Serazereux (28)	85	F1
Serbannes (03)	185	H4
Serbonnes (89)	88	C5
Serches (02)	39	K3
Sercœur (88)	94	E5
Sercus (59)	5	J3
Sercy (71)	171	H3
Serdinya (66)	314	A3
Sère (32)	286	D3
Sère-en-Lavedan (65)	303	K2
Sère-Lanso (65)	304	B1
Sère-Rustaing (65)	285	K5
Serécourt (88)	117	H2
Séreilhac (87)	198	D2
Serémange-Erzange (57)	44	E3
Sérempuy (32)	267	K4
Sérénac (81)	271	F2
Sérent (56)	101	H3
Sérévillers (60)	18	C5
Serez (27)	57	F2
Sérézin-de-la-Tour (38)	207	F5
Sérézin-du-Rhône (69)	206	A4
Sergeac (24)	214	D6
Sergenaux (39)	155	G5
Sergenon (39)	155	G5
Sergines (89)	88	D4
Sergy (01)	190	D1
Sergy (02)	40	A5
Séricourt (62)	10	A3
Sériers (15)	236	D1
Sérifontaine (60)	36	E3
Sérignac (46)	249	F2
Sérignac (82)	268	B2
Sérignac-Péboudou (47)	231	H3
Sérignac-sur-Garonne (47)	247	K4
Sérignan (34)	292	A5
Sérignan-du-Comtat (84)	256	E5
Sérigné (85)	160	D3
Sérigny (61)	83	H4
Sérigny (86)	145	H2
Sérilhac (19)	215	K5
Seringes-et-Nesles (02)	40	A5
Séris (41)	109	G3
Serley (71)	154	D6
Sermages (58)	152	A4
Sermaise (49)	125	K3
Sermaise (91)	86	B2
Sermaises (45)	86	D5
Sermaize (60)	19	G6
Sermaize-les-Bains (51)	63	J4
Sermamagny (90)	119	H6
Sermange (39)	155	H1
Sermano (2B)	319	G5
Sermentizon (63)	203	H2
Sermérieu (38)	207	H3
Sermersheim (67)	71	C4
Sermesse (71)	154	C5
Sermiers (51)	40	E5
Sermizelles (89)	133	J3
Sermoise (02)	39	K3
Sermoise-sur-Loire (58)	150	D5
Sermoyer (01)	172	A4
Sermur (23)	183	J5
Sernhac (30)	275	H2
Serocourt (88)	117	H1
Séron (65)	285	F4
Serpaize (38)	206	B5
la Serpent (11)	308	D3
Serques (62)	3	G5
Serqueux (52)	117	G3
Serqueux (76)	16	D5
Serquigny (27)	34	E6
Serra-di-Ferro (2A)	322	C1
Serra-di-Fiumorbo (2B)	321	H4
Serra-di-Scopamène (2A)	323	F1
Serralongue (66)	314	D5
Serraval (74)	209	F1
la Serre (12)	271	J3
la Serre-Bussière-Vieille (23)	183	J4
Serre-les-Moulières (39)	155	H1
Serre-les-Sapins (25)	137	J6
Serre-Nerpol (38)	223	G3
Serres (05)	258	C1
Serres (11)	309	F3
Serres (54)	66	D5
Serres-Castet (64)	284	D3
Serres-et-Montguyard (24)	231	H4
Serres-Gaston (40)	265	F5
Serres-Morlaàs (64)	284	E4
Serres-Sainte-Marie (64)	284	B2
Serres-sur-Arget (09)	307	G3
Serreslous-et-Arribans (40)	264	E5
Serriera (2A)	316	A4
Serrières (07)	222	A2
Serrières (71)	188	A1
Serrières-de-Briord (01)	207	G1
Serrières-en-Chautagne (73)	190	C6
Serrières-sur-Ain (01)	189	J3
Serrigny (89)	113	K5
Serrigny-en-Bresse (71)	154	C5
Serris (77)	59	J4
Serrouville (54)	44	C2
Serruelles (18)	149	G5
Sers (16)	197	F4
Sers (65)	304	B3
Servais (02)	20	A5
Serval (02)	40	B3
Servance (70)	119	F4
Servanches (24)	212	E4
Servant (63)	184	D3
Servas (01)	189	F3
Servas (30)	255	H5
Servaville-Salmonville (76)	35	K1
Serverette (48)	237	H4
Serves-sur-Rhône (26)	222	B4
Servian (34)	292	A3
Servières (48)	237	H6
Servières-le-Château (19)	216	D4
Serviers-et-Labaume (30)	275	F1
Serviès (81)	270	C6
Serviès-en-Val (11)	309	H1
Servignat (01)	172	B5
Servigney (70)	118	C6
Servigny (50)	30	D3
Servigny-lès-Raville (57)	45	H6
Servigny-lès-Sainte-Barbe (57)	45	G5
Serville (28)	57	G5
Servilly (03)	185	K2
Servin (25)	138	D5
Servins (62)	10	D1
Servon (50)	51	J4
Servon (77)	59	G5
Servon-Melzicourt (51)	42	C5
Servon-sur-Vilaine (35)	79	J4
Servoz (74)	192	B5
Séry (08)	21	K6
Séry (89)	133	H2
Séry-lès-Mézières (02)	20	B4
Séry-Magneval (60)	38	E4
Serzy-et-Prin (51)	40	C4
Sessenheim (67)	25	C4
Sète (34)	292	E3
Setques (62)	5	F3
Seugy (95)	37	K6
Seuil (08)	41	J1
Seuil-d'Argonne (55)	63	K2
Seuillet (03)	185	J2
Seuilly (37)	144	E2
Seulline (14)	32	B6
Seur (41)	128	E3
le Seure (17)	195	J1
Seurre (21)	154	D4
Seux (80)	17	K2
Seuzey (55)	64	C2
Sevelinges (42)	187	G4
Sevenans (90)	139	H2
Sévérac (44)	102	B5
Sévérac d'Aveyron (12)	253	F3
Seveux (70)	137	G2
Sévignac (22)	77	K3
Sévignacq (64)	284	E2
Sévignacq-Meyracq (64)	284	C6
Sévigny (61)	54	C4
Sévigny-la-Forêt (08)	22	B2
Sévigny-Waleppe (08)	21	H6
Sévis (76)	16	A4
Sevrai (61)	54	B5
Sevran (93)	59	G3
Sèvremoine (49)	142	D2
Sèvremont (85)	142	E5
Sèvres (92)	58	D4
Sèvres-Anxaumont (86)	163	G3
Sevrey (71)	171	J1
Sévrier (74)	191	F6
Sévy (18)	150	A2
Sewen (68)	119	H4
Sexcles (19)	216	C5
Sexey-aux-Forges (54)	65	K6
Sexey-les-Bois (54)	65	J5
Sexfontaines (52)	91	K6
Seychalles (63)	203	F2
Seyches (47)	231	F6
Seyne (04)	259	K2
la Seyne-sur-Mer (83)	300	C5
Seynes (30)	255	J6
Seynod (74)	190	E6
Seyre (31)	288	D4
Seyresse (40)	264	A4
Seyssel (01)	190	C5
Seyssel (74)	190	C5
Seysses (31)	288	A2
Seyssinet-Pariset (38)	223	K3
Seyssins (38)	223	K4
Seyssuel (38)	206	A5
Seytroux (74)	191	K1
Sézanne (51)	61	H5
Siarrouy (65)	285	G4
Siaugues-Sainte-Marie (43)	219	J5
Sibiril (29)	46	E3
Sibiville (62)	10	A3
Siccieu-Saint-Julien-et- -Carisieu (38)	207	F2
Sichamps (58)	150	E2
Sickert (68)	119	J5
Sideville (50)	28	C3
Sidiailles (18)	166	E4
Siecq (17)	196	A1
Siegen (67)	25	C2
les Sièges (89)	89	F6
Sierck-les-Bains (57)	45	G1
Sierentz (68)	97	D3
Siersthal (57)	69	G3
Sierville (76)	15	K6
Siest (40)	262	E5
Sieurac (81)	270	C4
Sieuras (09)	288	A6
Siévoz (38)	242	C1
Siewiller (67)	68	E6
Sigale (06)	280	C2
Sigalens (33)	246	E1
Sigean (11)	310	C2
Sigloy (45)	110	D5
Signac (31)	305	H3
Signes (83)	297	H4
Signéville (52)	92	C5
Signy-l'Abbaye (08)	22	A4
Signy-le-Petit (08)	21	J2
Signy-Montlibert (08)	23	J6
Signy-Signets (77)	60	B3
Sigogne (16)	196	B2
Sigonce (04)	278	B1
Sigottier (05)	258	C1
Sigoulès (24)	231	H3
Sigournais (85)	160	C1
Sigoyer (04)	259	F3
Sigoyer (05)	259	F1
Siguer (09)	307	H5
Sigy (77)	88	C3
Sigy-en-Bray (76)	16	D6
Sigy-le-Châtel (71)	171	G4
Silfiac (56)	76	C4
Silhac (07)	239	K2
Sillans (38)	223	G2
Sillans-la-Cascade (83)	278	C6
Sillars (86)	163	J5
Sillé-le-Guillaume (72)	82	A6
Sillé-le-Philippe (72)	107	F1
Sillegny (57)	66	A1
Sillery (51)	41	G5
Silley-Amancey (25)	156	C3
Silley-Bléfond (25)	138	C5
Sillingy (74)	190	E5
Silly-en-Gouffern (61)	54	D4
Silly-en-Saulnois (57)	66	B1
Silly-la-Poterie (02)	39	G5
Silly-le-Long (60)	38	D6
Silly-sur-Nied (57)	45	G5
Silly-Tillard (60)	37	H3
Silmont (55)	64	B5
Siltzheim (67)	68	D3
Silvareccio (2B)	319	H3
Silvarouvres (52)	115	H2
Simacourbe (64)	284	E2
Simandre (71)	172	A3
Simandre-sur-Suran (01)	189	H2
Simandres (69)	206	B4
Simard (71)	172	C1
Simencourt (62)	10	D3
Simeyrols (24)	233	G1
Simiane-Collongue (13)	296	C3
Simiane-la-Rotonde (04)	277	J1
Simorre (32)	286	E2
Simplé (53)	104	D3
Sin-le-Noble (59)	11	H2
Sinard (38)	242	A1
Sinceny (02)	19	K6
Sincey-lès-Rouvray (21)	134	B4
Sindères (40)	244	E6
Singles (63)	201	H5
Singleyrac (24)	231	H3
Singly (08)	22	D5
Sinsat (09)	307	J5
Sinzos (65)	285	J5
Sion (32)	266	B4
Sion-les-Mines (44)	103	G3
Sioniac (19)	216	A6
Sionne (88)	93	F3
Sionviller (54)	66	D6
Siorac-de-Ribérac (24)	213	G3
Siorac-en-Périgord (24)	232	D2
Siouville-Hague (50)	28	A3
Sirac (32)	268	B5
Siracourt (62)	10	A2
Siradan (65)	305	H3
Siran (15)	234	E1
Siran (34)	290	E4
Sireix (65)	303	K2
Sirod (39)	173	K1
Siros (64)	284	B3
Sisco (2B)	317	D3
Sissonne (02)	21	F6
Sissy (02)	20	B3
Sistels (82)	248	C6
Sisteron (04)	259	F4
Sivergues (84)	277	G3
Sivignon (71)	171	F5
Sivry (54)	66	A3
Sivry-Ante (51)	63	H2
Sivry-Courtry (77)	87	J2
Sivry-la-Perche (55)	43	G5
Sivry-sur-Meuse (55)	43	G3
Six-Fours-les-Plages (83)	300	B5
Sixt-Fer-à-Cheval (74)	192	B4
Sixt-sur-Aff (35)	102	C2
Sizun (29)	46	D6
Smarves (86)	162	E4
Smermesnil (76)	16	D3
Soccia (2A)	320	D1
Sochaux (25)	139	H2
Socourt (88)	94	B3
Socx (59)	3	J3
Sode (31)	305	H5
Sœurdres (49)	105	G5
Sognolles-en-Montois (77)	88	C2
Sogny-aux-Moulins (51)	62	D3
Sogny-en-l'Angle (51)	63	H4
Soignolles (14)	54	A1
Soignolles-en-Brie (77)	59	H6
Soindres (78)	57	J2
Soing-Cubry-Charentenay (70)	137	J2
Soings-en-Sologne (41)	129	G4
Soirans (21)	154	E1
Soissons (02)	39	J3
Soissons-sur-Nacey (21)	136	E6
Soisy-Bouy (77)	88	D2
Soisy-sous-Montmorency (95)	58	E2
Soisy-sur-École (91)	87	F3
Soisy-sur-Seine (91)	59	F6
Soize (02)	21	H4
Soizé (28)	84	A6
Soizy-aux-Bois (51)	61	H4
Solaize (69)	206	A4
Solaro (2B)	321	H5
Solaure en Diois (26)	241	H4
Solbach (67)	70	A5
Soleilhas (04)	279	K2
Solemont (25)	139	G5
Solente (60)	19	G4
le Soler (66)	315	F2
Solérieux (26)	256	D3
Solers (77)	59	H6
Solesmes (59)	12	D4
Solesmes (72)	105	J4
Soleymieu (38)	207	F3
Soleymieux (42)	204	C5
Solférino (40)	245	F4
Solgne (57)	66	B2
Soliers (14)	32	E5
Solignac (87)	199	F2
Solignac-sous-Roche (43)	220	C3
Solignac-sur-Loire (43)	238	C1
Solignat (63)	202	D4
Soligny-la-Trappe (61)	55	H6
Soligny-les-Étangs (10)	89	F3
Sollacaro (2A)	322	D1
Sollières-Sardières (73)	226	B2
Solliès-Pont (83)	300	D3
Solliès-Toucas (83)	300	D3

Solliès-Ville (83) 300 D4
Sologny (71) 171 H6
Solomiac (32) 268 A4
Solre-le-Château (59) 13 J4
Solrinnes (59) 13 J4
Solterre (45) 111 H4
Solutré-Pouilly (71) 188 B1
Somain (59) 12 B2
Sombacour (25) 156 D4
Sombernon (21) 135 G6
Sombrin (62) 10 C3
Sombrun (65) 285 G2
Somloire (49) 143 H3
Sommaing (59) 12 D3
Sommancourt (52) 91 K2
Sommant (71) 152 D3
Sommauthe (08) 42 D1
Somme-Bionne (51) 42 B6
Somme-Suippe (51) 42 A6
Somme-Tourbe (51) 42 B6
Somme-Vesle (51) 63 F2
Somme-Yèvre (51) 63 G2
Sommecaise (89) 112 C5
Sommedieue (55) 43 J6
Sommeilles (55) 63 J3
Sommelans (02) 39 J4
Sommelonne (55) 63 K6
Sommepy-Tahure (51) 41 K4
Sommerance (08) 42 D3
Sommerau (67) 70 B2
Sommerécourt (52) 93 F5
Sommereux (60) 17 H5
Sommeron (02) 21 F1
Sommervieu (14) 32 B3
Sommerviller (54) 66 C6
Sommery (76) 16 D5
Sommesnil (76) 15 F4
Sommesous (51) 62 B5
la Sommette (25) 157 G1
Sommette-Eaucourt (02) 19 J4
Sommeval (10) 113 K1
Sommevoire (52) 91 H3
Sommières (30) 274 D4
Sommières-du-Clain (86) 179 H1
Sompt (79) 178 D3
Sompuis (51) 62 D6
Somsois (51) 90 E1
Son (08) 21 K6
Sonac (46) 234 B4
Sonchamp (78) 85 K1
Soncourt (88) 93 H3
Soncourt-sur-Marne (52) 92 A5
Sondernach (68) 119 K2
Sondersdorf (68) 97 C5
la Sône (38) 223 F4
Songeons (60) 17 G6
Songeson (39) 173 J2
Songy (51) 62 E4
Sonnac (46) 234 E6
Sonnac (17) 178 B6
Sonnac-sur-l'Hers (11) 308 B2
Sonnay (38) 222 B1
Sonnaz (73) 208 B4
Sons-et-Ronchères (02) 20 D4
Sonthonnax-la-Montagne (01).. 189 H3
Sonzay (37) 127 G3
Soorts-Hossegor (40) 262 B5
Soppe-le-Bas (68) 119 K6
Sor (09) 306 B3
Sorans-lès-Breurey (70) 137 K4
Sorbais (02) 21 F2
Sorbets (32) 266 B4
Sorbets (40) 265 H5
Sorbey (55) 43 K2
Sorbey (57) 66 B1
Sorbier (03) 169 H6
Sorbiers (05) 258 E6
Sorbiers (42) 205 G6
Sorbo-Ocagnano (2B) 319 J3
Sorbollano (2A) 323 F1
Sorbon (08) 41 H1
Sorbs (34) 273 J3
Sorcy-Bauthémont (08) 41 K1
Sorcy-Saint-Martin (55) 65 F5
Sorde-l'Abbaye (40) 283 F1
Sore (40) 245 J2
Soréac (65) 285 J4
Sorède (66) 315 H4
Sorel (80) 11 H6
Sorel-en-Vimeu (80) 9 G6
Sorel-Moussel (28) 57 F4
Sorèze (81) 289 H3
Sorgeat (09) 308 A6
Sorges et Ligueux
  en Périgord (24) 214 B2
Sorgues (84) 276 B1
Sorigny (37) 127 J6
les Sorinières (44) 123 G5
Sorio (2B) 319 G2
Sormery (89) 113 H2
Sormonne (08) 22 B3
Sornac (19) 200 E3
Sornay (70) 137 G6
Sornay (71) 172 C3
Sornéville (54) 66 C4
Sorquainville (76) 14 E4
Sorrus (62) 4 B6
Sort-en-Chalosse (40) 264 B5
Sortosville (50) 28 C4
Sortosville-en-Beaumont (50).. 28 B5
Sos (47) 247 F6
Sospel (06) 281 H2
Sossais (86) 145 G5
Sost (65) 305 G4

Sotta (2A) 323 G3
Sottevast (50) 28 D4
Sotteville (50) 28 B3
Sotteville-lès-Rouen (76) 35 H2
Sotteville-sous-le-Val (76) ... 35 J3
Sotteville-sur-Mer (76) 15 H2
Soturac (46) 249 F1
Sotzeling (57) 66 E3
Souain-Perthes-lès-Hurlus (51).. 42 A5
Soual (81) 289 J1
Souancé-au-Perche (28) 84 A5
Souanyas (66) 314 A3
Souastre (62) 10 C3
Soubès (34) 273 F4
Soubise (17) 176 E5
Soublecause (65) 285 G1
Soubran (17) 211 H1
Soubrebost (23) 182 C5
Soucé (53) 81 F2
Soucelles (49) 125 H2
la Souche (07) 239 F5
Souchez (62) 10 E2
Soucht (57) 69 G4
Soucia (39) 173 H4
Soucieu-en-Jarrest (69) 205 K3
Soucirac (46) 233 J4
Souclin (01) 189 H6
Soucy (02) 39 G4
Soucy (89) 88 D5
Soudaine-Lavinadière (19) .. 199 K5
Soudan (44) 103 H3
Soudan (79) 162 A5
Soudat (24) 197 H4
Souday (41) 108 A2
Soudé (51) 62 C5
Soudeilles (19) 200 D6
Soudorgues (30) 254 D6
Soudron (51) 62 B4
Soueich (31) 305 J2
Soueix-Rogalle (09) 306 D4
Souel (81) 270 B1
Soues (65) 285 H5
Soues (80) 17 J1
Souesmes (41) 130 C4
Souffelweyersheim (67) 25 A6
Soufflenheim (67) 25 C3
Souffrignac (16) 197 H4
Sougé (36) 147 H4
Sougé (41) 107 J5
Sougé-le-Ganelon (72) 82 B4
Sougéal (35) 51 H5
Sougères-en-Puisaye (89) . 132 D3
Sougraigne (11) 309 F4
Sougy (45) 109 J2
Sougy-sur-Loire (58) 151 F6
les Souhesmes-Rampont (55).. 43 G6
Souhey (21) 134 E3
le Souich (62) 10 B4
Souilhanels (11) 289 G4
Souilhe (11) 289 G4
Souillac (46) 233 H2
Souillé (72) 106 D1
Souilly (55) 64 B1
Soula (09) 307 J3
Soulac-sur-Mer (33) 194 B4
Soulages (15) 219 F5
Soulages-Bonneval (12) 236 B4
Soulaines-Dhuys (10) 91 G4
Soulaines-sur-Aubance (49) 125 G4
Soulaire-et-Bourg (49) 125 G2
Soulaires (28) 85 H2
Soulan (09) 306 D3
Soulanges (51) 62 E4
Soulangis (18) 149 H2
Soulangy (14) 54 A2
Soulatgé (11) 309 G4
Soulaucourt-sur-Mouzon (52) 93 F6
Soulaures (24) 232 C5
Soulce-Cernay (25) 139 H5
Souleuvre en Bocage (14) ... 52 E2
Soulgé-sur-Ouette (53) 105 G1
le Soulié (34) 290 E1
Soulières (51) 61 K3
Soulignac (33) 230 A4
Souligné-Flacé (72) 106 C3
Souligné-sous-Ballon (72) . 106 E1
Soulignonne (17) 194 E1
Souligny (10) 89 K6
Soulitré (72) 107 G2
Soullans (85) 140 E5
Soulles (50) 31 G4
Soulom (65) 303 K3
Soulomès (46) 233 J5
Soulosse-sous-
  -Saint-Élophe (88) 93 G3
Soultz-Haut-Rhin (68) 96 B6
Soultz-les-Bains (67) 71 B1
Soultz-sous-Forêts (67) 25 B2
Soultzbach-les-Bains (68) ... 96 A4
Soultzeren (68) 119 K1
Soultzmatt (68) 96 B5
Soulvache (44) 103 H2
Soumaintrain (89) 113 J3
Soumans (23) 183 H1
Soumensac (47) 231 G4
Souméras (17) 211 J2
Soumont (34) 273 F5
Soumont-Saint-Quentin (14) 54 A2
Soumoulou (64) 284 E4
Soupex (11) 289 G4
Soupir (02) 40 B2
Souppes-sur-Loing (77) 87 H6
Souprosse (40) 264 E3
Souraïde (64) 263 D2

Sourans (25) 139 F4
Source-Seine (21) 135 G3
Sourcieux-les-Mines (69) ... 205 J2
le Sourd (02) 20 E2
Sourdeval (50) 52 D4
Sourdeval-les-Bois (50) 52 A2
Sourdon (80) 18 B4
Sourdun (77) 88 D2
le Sourn (56) 76 D6
Sournia (66) 309 G6
Sourniac (15) 217 G3
Sourribes (04) 259 F5
Sours (28) 85 H3
Soursac (19) 216 E3
Sourzac (24) 213 G5
sous-Parsat (23) 182 D4
Sousceyrac-en-Quercy (46). 234 D2
Sousmoulins (17) 211 K2
Souspierre (26) 240 D6
Soussac (33) 230 D3
Soussans (33) 211 H5
Soussey-sur-Brionne (21) .. 135 F5
Soustelle (30) 255 F5
Soustons (40) 262 C3
Sousville (38) 242 B1
Souternon (42) 204 C1
la Souterraine (23) 181 J2
Soutiers (79) 161 J3
Souvans (39) 155 G4
Souvignargues (30) 274 D4
Souvigné (16) 178 E5
Souvigné (37) 127 F3
Souvigné (79) 161 K6
Souvigné-sur-Même (72) 83 J6
Souvigné-sur-Sarthe (72) .. 105 J4
Souvigny (03) 168 C4
Souvigny-de-Touraine (37) 128 C4
Souvigny-en-Sologne (41) . 130 C2
Souyeaux (65) 285 J5
Souzay-Champigny (49) 126 B6
Souzy (69) 205 G3
Souzy-la-Briche (91) 86 C2
Soveria (2B) 319 F5
Soyans (26) 240 D5
Soyaux (16) 196 E3
Soye (25) 138 E3
Soye-en-Septaine (18) 149 H4
Soyécourt (80) 19 F2
Soyers (52) 117 G4
Soyons (07) 240 C2
Sparsbach (67) 69 G5
Spay (72) 106 D3
Spechbach (68) 97 A3
Speloncato (2B) 318 D2
Spéracèdes (06) 280 C5
Spézet (29) 75 G3
Spicheren (57) 68 C1
Spincourt (55) 44 A3
Sponville (54) 44 C6
Spoy (10) 91 F6
Spoy (21) 136 B4
Spycker (59) 3 H2
Squiffiec (22) 48 C4
Staffelfelden (68) 97 B1
Stains (93) 58 E2
Stainville (55) 64 B6
Staple (59) 5 J3
Stattmatten (67) 25 C4
Stazzona (2B) 319 H4
Steenbecque (59) 5 H4
Steene (59) 3 H3
Steenvoorde (59) 3 K4
Steenwerck (59) 6 B3
Steige (67) 70 A6
Steinbach (68) 97 A1
Steinbourg (67) 70 C1
Steinbrunn-le-Bas (68) 97 C3
Steinbrunn-le-Haut (68) 97 C3
Steinseltz (67) 25 B1
Steinsoultz (68) 97 C5
Stenay (55) 43 F1
Sternenberg (68) 119 K6
Stes-Maries-de-la-Mer (13) 294 C4
Stetten (68) 97 C4
Still (67) 71 A1
Stiring-Wendel (57) 68 C1
Stonne (08) 23 F6
Storckensohn (68) 119 J4
Stosswihr (68) 119 K1
Stotzheim (67) 71 B4
Strasbourg (67) 71 D1
Strazeele (59) 6 A3
Strenquels (46) 215 J6
Strueth (68) 97 A4
Struth (67) 69 F5
Stuckange (57) 45 F3
Stundwiller (67) 25 C2
Sturzelbronn (57) 69 J3
Stutzheim-Offenheim (67) 70 E2
Suarce (90) 139 K2
Suaux (16) 197 H1
le Subdray (18) 149 H4
Sublaines (37) 128 B6
Subles (14) 32 A4
Subligny (18) 131 J5
Subligny (50) 51 K2
Subligny (89) 112 C1
Suc-et-Sentenac (09) 307 G5
Succieu (38) 207 H5
Sucé-sur-Erdre (44) 123 G2
Sucy-en-Brie (94) 59 F5
Suèvres (41) 129 F1
Sugères (63) 203 G4

Sugny (08) 42 B3
Suhescun (64) 282 E4
Suilly-la-Tour (58) 132 B5
Suin (71) 171 F5
Suippes (51) 41 K6
Suisse (57) 66 E2
Suizy-le-Franc (51) 61 H2
Sulignat (01) 188 D3
Sully (14) 32 A3
Sully (60) 17 G6
Sully (71) 153 G4
Sully-la-Chapelle (45) 110 C3
Sully-sur-Loire (45) 110 E6
Sulniac (56) 101 H5
Sumène (30) 273 K2
Sundhoffen (68) 96 C4
Sundhouse (67) 71 C5
Supt (39) 156 B5
Surat (63) 185 G6
Surba (09) 307 H4
Surbourg (67) 25 B2
Surcamps (80) 9 J5
Surdoux (87) 199 J4
Suré (61) 83 F4
Suresnes (92) 58 D3
Surfonds (72) 107 G3
Surfontaine (02) 20 B4
Surgères (17) 177 G3
Surgy (58) 133 F3
Suriauville (88) 93 H6
Surin (79) 161 G4
Surin (86) 179 H4
Suris (16) 197 J1
Surjoux (01) 190 B4
Surmont (25) 139 F5
Surques (62) 4 D3
Surrain (14) 29 K6
Surtainville (50) 28 B4
Surtauville (27) 35 H5
Survie (61) 54 E3
Surville (14) 33 K3
Surville (27) 35 H5
Survilliers (95) 38 B6
Sury (08) 22 C3
Sury-aux-Bois (45) 110 C3
Sury-en-Vaux (18) 131 J5
Sury-ès-Bois (18) 131 H4
Sury-le-Comtal (42) 204 E5
Sury-près-Léré (18) 131 K4
Surzur (56) 101 G6
Sus (64) 283 J4
Sus-Saint-Léger (62) 10 B3
Susmiou (64) 283 J3
Sussac (87) 199 J3
Sussargues (34) 274 C5
Sussat (03) 184 E3
Sussey (21) 153 F1
Susville (38) 242 B1
Sutrieu (01) 190 A5
Suzan (09) 307 F2
Suzanne (08) 42 A1
Suzanne (80) 19 F1
Suzannecourt (52) 92 B3
Suzay (27) 36 B4
Suze (26) 240 E3
Suze-la-Rousse (26) 256 D3
la Suze-sur-Sarthe (72) 106 C4
Suzette (84) 257 G5
Suzoy (60) 19 G6
Suzy (02) 20 B6
Sy (08) 42 C1
Syam (39) 173 K2
Sylvains-lès-Moulins (27) 56 C3
Sylvanès (12) 272 B4
le Syndicat (88) 119 F2

T

Tabaille-Usquain (64) 283 H3
Tabanac (33) 229 J3
la Table (73) 208 D5
le Tablier (85) 159 J3
Tabre (09) 308 A3
la Tâche (16) 179 H6
Tachoires (32) 286 D2
Tacoignières (78) 57 J4
Taconnay (58) 133 F6
Taden (22) 50 D5
Tadousse-Ussau (64) 284 E1
Taglio-Isolaccio (2B) 319 J4
la Tagnière (71) 170 C1
Tagnon (08) 41 H2
Tagolsheim (68) 97 B3
Tagsdorf (68) 97 B4
Tailhac (43) 219 H6
Taillades (84) 276 D3
le Taillan-Médoc (33) 229 G1
Taillancourt (55) 93 F2
Taillant (17) 177 J6
Taillebois (61) 53 K3
Taillebourg (17) 177 H6
Taillebourg (47) 247 G1
Taillecavat (33) 230 E4
Taillecourt (25) 139 H3
la Taillée (85) 160 B5
Taillefontaine (02) 39 H4
Taillepied (50) 28 D5
Taillet (66) 314 E4
Taillette (08) 22 B1
Taillis (35) 80 A5
Tailly (08) 42 D2
Tailly (21) 153 K4
Tailly (80) 17 H2
Tain-l'Hermitage (26) 222 B5
Taingy (89) 132 E2

Taintrux (88) 95 H5
Taisnières-en-Thiérache (59).. 13 F5
Taisnières-sur-Hon (59) 13 G2
Taissy (51) 41 F5
Taïx (81) 270 D1
Taizé (71) 171 H4
Taizé-Aizie (16) 179 G4
Taizé-Maulais (79) 144 B4
Taizy (08) 41 H1
Tajan (65) 286 B6
Talairan (11) 309 J2
Talais (33) 194 B5
Talange (57) 45 F4
Talant (21) 135 K5
Talasani (2B) 319 J4
la Talaudière (42) 205 G6
Talazac (65) 285 G4
Talcy (41) 109 F6
Talcy (89) 134 A2
Talence (33) 229 H2
Talencieux (07) 222 A3
Talensac (35) 78 D4
Talissieu (01) 190 B6
Talizat (15) 218 D5
Tallans (25) 138 C4
Tallard (05) 259 G1
Tallenay (25) 137 K5
Tallende (63) 202 D3
Taller (40) 264 A2
Talloires-Montmin (74) 208 E1
Tallone (2B) 319 J6
le Tallud (79) 161 J2
Tallud-Sainte-Gemme (85) . 160 D1
Talmas (80) 10 A6
Talmay (21) 136 E5
Talmont-Saint-Hilaire (85) . 159 F4
Talmont-sur-Gironde (17) .. 194 D4
Talmontiers (60) 36 D3
Talon (58) 133 F5
Talus-Saint-Prix (51) 61 H4
Taluyers (69) 205 K4
Tamerville (50) 28 E3
Tamnay-en-Bazois (58) 151 K3
Tamniès (24) 214 E6
Tanavelle (15) 218 C6
Tanay (21) 136 C4
Tancarville (76) 34 C1
Tancon (71) 187 G2
Tanconville (54) 67 H6
Tancrou (77) 60 B2
Tangry (62) 5 H6
Taninges (74) 191 K3
Tanis (50) 51 J4
Tanlay (89) 114 B5
Tannay (08) 42 C1
Tannay (58) 133 G5
Tanneron (83) 280 C6
Tannerre-en-Puisaye (89) . 112 B6
Tannières (02) 40 A4
Tannois (55) 64 B5
Tanques (61) 54 B5
Tantonville (54) 94 A2
le Tanu (50) 51 K1
Tanus (81) 251 J6
Tanville (61) 82 C1
Tanzac (17) 195 G4
Taponas (69) 188 B3
Taponnat-Fleurignac (16) .. 197 G2
Tarabel (31) 288 E2
Taradeau (83) 298 D2
Tarare (69) 187 J6
Tarascon (13) 275 K4
Tarascon-sur-Ariège (09) .. 307 H4
Tarasteix (65) 285 G4
Tarbes (65) 285 H5
Tarcenay (25) 156 C1
Tardes (23) 183 H3
Tardets-Sorholus (64) 283 H6
la Tardière (85) 160 E2
Tardinghen (62) 2 B4
Tarentaise (42) 221 H1
Tarerach (66) 314 C2
Targassonne (66) 313 H4
Target (03) 184 E1
Targon (33) 230 A3
Tarnac (19) 200 B3
Tarnès (33) 211 J6
Tarnos (40) 262 A6
Taron-Sadirac-Viellenave (64).. 284 E1
Tarquimpol (57) 67 F4
Tarrano (2B) 319 H5
Tarsac (32) 266 A5
Tarsacq (64) 284 B3
Tarsul (21) 135 K3
Tart-l'Abbaye (21) 154 D1
Tart-le-Bas (21) 154 D1
Tart-le-Haut (21) 154 D1
Tartaras (42) 205 J5
Tartas (40) 264 D3
Tartécourt (70) 117 J4
Tartiers (02) 39 H2
Tartigny (60) 18 B5
Tartonne (04) 259 K6
le Tartre (71) 172 D1
le Tartre-Gaudran (78) 57 H5
Tarzy (08) 21 K2
Tasque (32) 266 B5
Tassé (72) 106 A4
Tassenières (39) 155 G5
Tassillé (72) 106 B2
Tassin-la-Demi-Lune (69) .. 205 K2
Tasso (2A) 321 F4
le Tâtre (16) 196 A6
Taugon (17) 160 D6

Taulé (29) 47 F4
Taulignan (26) 257 F1
Taulis (66) 314 D4
Taupont (56) 101 J2
Tauriac (33) 211 H5
Tauriac (46) 234 B1
Tauriac (81) 269 H3
Tauriac-de-Camarès (12) 272 C4
Tauriac-de-Naucelle (12) 251 H5
Tauriers (07) 239 G6
Taurignan-Castet (09) 306 C2
Taurignan-Vieux (09) 306 C2
Taurinya (66) 314 B3
Taurize (11) 309 G5
Taussac (12) 235 K3
Taussac-la-Billière (34) 272 C6
Tautavel (66) 309 K5
Tauves (63) 201 J5
Tauxigny (37) 146 B1
Tavaco (2A) 320 D3
Tavant (37) 145 G2
Tavaux (39) 155 F3
Tavaux-et-
  -Pontséricourt (02) 21 F4
Tavel (30) 275 K1
Tavera (2A) 320 K3
Tavernay (71) 152 E4
Tavernes (83) 278 D6
Taverny (95) 58 D1
Tavers (45) 109 H6
Tavey (70) 139 G2
Taxat-Senat (03) 185 F3
Taxenne (39) 155 H1
Tayac (33) 212 C6
Taybosc (32) 267 J4
Tayrac (12) 251 H5
Tayrac (47) 248 D4
Tazilly (58) 169 K1
le Tech (66) 314 D5
Têche (38) 223 G3
Técou (81) 270 B3
le Teich (33) 228 C4
Teigny (58) 133 G5
le Teil (07) 240 A6
Teilhède (63) 184 E6
Teilhet (09) 307 K1
Teilhet (63) 184 C4
Teillay (35) 103 H2
Teillé (44) 123 K1
Teillé (72) 82 D6
Teillet (81) 271 F4
Teillet-Argenty (03) 183 K2
le Teilleul (50) 80 E1
Teillots (24) 214 E3
Teissières-de-Cornet (15) 235 G1
Teissières-lès-Bouliès (15) 235 J3
Telgruc-sur-Mer (29) 74 B3
Tellancourt (54) 43 K1
Tellecey (21) 136 C6
Tellières-le-Plessis (61) 55 F6
Teloché (72) 106 E4
le Temple (33) 228 D1
le Temple (41) 108 A3
le Temple-de-Bretagne (44) 122 C2
Temple-Laguyon (24) 214 D3
le Temple-sur-Lot (47) 248 A2
Templemars (59) 6 D5
Templeuve-en-Pévèle (59) 7 F6
Templeux-la-Fosse (80) 19 H1
Templeux-le-Guérard (80) 19 J1
Tenay (01) 189 J6
Tence (43) 221 F5
Tencin (38) 224 C2
Tende (06) 311 C3
Tendon (88) 95 F6
Tendron (18) 150 A4
Tendu (36) 165 G3
Teneur (62) 9 K1
Tennie (72) 106 B1
Tenteling (57) 68 C2
Tercé (86) 163 G4
Tercillat (23) 166 B6
Tercis-les-Bains (40) 262 E5
Terdeghem (59) 3 J4
Tergnier (02) 20 A5
Terjat (03) 184 A2
Termes (11) 309 H3
Termes (48) 237 F3
Termes-d'Armagnac (32) 266 B5
Termignon (73) 226 B2
Terminiers (28) 109 J2
Ternand (69) 187 J6
Ternant (17) 177 J5
Ternant (21) 154 A1
Ternant (58) 169 J1
Ternant-les-Eaux (63) 202 D6
Ternas (62) 10 B2
Ternat (52) 116 A4
Ternay (41) 107 K6
Ternay (69) 206 A4
Ternay (86) 144 C3
les Ternes (15) 218 C6
Ternuay-Melay-et-
  -Saint-Hilaire (70) 119 F5
Terny-Sorny (02) 39 J2
Terramesnil (80) 10 B5
la Terrasse (38) 224 C2
la Terrasse-sur-Dorlay (42) 205 H6
Terrasson-Lavilledieu (24) 215 F4
Terrats (66) 315 F3
Terraube (32) 267 G2
Terre-Clapier (81) 270 E3
Terre-et-Marais (50) 31 F1
Terrebasse (31) 287 G5

Terrefondrée (21) 115 J6
Terrehault (72) 83 F6
les Terres-de-Chaux (25) 139 G5
Terroles (11) 309 F3
Terrou (46) 234 D3
Tersanne (26) 222 D3
Tersannes (87) 181 F1
Terssac (81) 270 C2
le Tertre-Saint-Denis (78) 57 H2
Tertry (80) 19 H2
Terville (57) 44 E3
Tessancourt-sur-Aubette (78) 58 A1
Tessé-Froulay (61) 81 J1
Tessel (14) 32 C5
Tesson (17) 195 F3
Tessonnière (79) 144 B6
la Tessoualle (49) 142 C3
Tessy Bocage (50) 31 H5
la Teste-de-Buch (33) 228 B4
Tétaigne (08) 23 G5
Téteghem-Coudekerque-
  -Village (59) 3 J2
Téterchen (57) 45 J4
Téthieu (40) 264 B4
Teting-sur-Nied (57) 45 K6
Teuillac (33) 211 H4
Teurthéville-Bocage (50) 28 E3
Teurthéville-Hague (50) 28 B3
Teyjat (24) 197 J4
Teyran (34) 274 B5
Teyssières (26) 257 G1
Teyssieu (46) 234 C1
Teyssode (81) 270 B6
Thaas (51) 61 J6
Thairé (17) 176 E3
Thaims (17) 194 E3
Thaix (58) 151 J6
Thal-Drulingen (67) 68 E5
Thal-Marmoutier (67) 70 B2
Thalamy (19) 201 G5
Thann (68) 119 K4
Thannenkirch (68) 96 B2
Thanvillé (67) 96 B1
Thaon (14) 32 D4
Tharaux (30) 255 J4
Tharoiseau (89) 133 J4
Tharot (89) 133 J3
Thaumiers (18) 149 J6
Thauron (23) 182 C5
Thauvenay (18) 131 K6
Thèbe (65) 305 G3
Théding (57) 68 B2
Thédirac (46) 233 G5
Thégra (46) 234 A3
Théhillac (56) 102 B5
le Theil (03) 168 C6
le Theil-de-Bretagne (35) 103 J1
le Theil-en-Auge (14) 34 A3
le Theil-Nolent (27) 34 C5
Theil-Rabier (16) 178 E4
Theillay (41) 130 B6
Theillement (27) 35 F4
Theix-Noyalo (56) 101 G5
Theizé (69) 187 K6
Théligny (72) 83 K6
Thélis-la-Combe (42) 221 J2
Thélod (54) 93 K1
Thelonne (08) 23 F5
Thélus (62) 11 F2
Théméricourt (95) 37 F6
Thémines (46) 234 B4
Théminettes (46) 234 B4
Thénac (17) 195 F3
Thénac (24) 231 G3
Thenailles (02) 21 F3
Thenay (36) 165 F3
Thenay (41) 128 E5
Thenelles (02) 20 B3
Thénésol (73) 209 F2
Theneuil (37) 145 H2
Theneuille (03) 167 K3
Thénezay (79) 162 B1
Thénioux (18) 148 B1
Thenissey (21) 135 G3
Thénisy (77) 88 C2
Thennelières (10) 90 B5
Thennes (80) 18 C3
Thénorgues (08) 42 D2
Théoule-sur-Mer (06) 299 J1
Therdonne (60) 37 H2
Thèreval (50) 31 G3
Thérines (60) 17 H6
Thermes-Magnoac (65) 286 C4
Thérondels (12) 236 B2
Thérouanne (62) 5 G4
Thérouldeville (76) 14 E3
Thervay (39) 137 F6
Thésée (41) 128 E5
Thésy (39) 156 A5
Theuley (70) 137 H1
Théus (05) 243 F6
Theuville (28) 85 H4
Theuville (95) 37 G6
Theuville-aux-Maillots (76) 14 E3
Thevet-Saint-Julien (36) 166 B3
Théville (50) 28 E2
They-sous-Montfort (88) 93 J5
They-sous-Vaudemont (54) 93 K3
Theys (38) 224 C2
Théza (66) 315 H2
Thézac (17) 194 E3
Thézac (47) 249 F2

Thézan-des-Corbières (11) 309 K1
Thézan-lès-Béziers (34) 291 K3
Thèze (04) 258 E3
Thèze (64) 284 D2
Thézey-Saint-Martin (54) 66 B2
Théziers (30) 275 J3
Thézillieu (01) 189 K6
Thézy-Glimont (80) 18 C3
Thiais (94) 58 E5
Thiancourt (90) 139 J2
Thianges (58) 151 G5
Thiant (59) 12 C3
Thiat (87) 180 E1
Thiaucourt-Regniéville (54) 65 H2
Thiaville-sur-Meurthe (54) 95 G3
Thiberville (27) 34 B5
Thibie (51) 62 B3
Thibivillers (60) 37 F4
Thibouville (27) 34 E5
Thicourt (57) 66 D1
Thiébauménil (54) 66 E6
Thiéblemont-Farémont (51) 63 G5
Thiébouhans (25) 139 H5
Thieffrain (10) 90 E6
Thieffrans (70) 138 C3
Thiéfosse (88) 119 G2
Thiel-sur-Acolin (03) 169 G4
Thiembronne (62) 4 E5
Thiénans (70) 138 C3
Thiennes (59) 5 J4
Thiepval (80) 10 E6
Thiergeville (76) 14 E3
Thiernu (02) 20 E4
Thiers (63) 203 H1
Thiers-sur-Thève (60) 38 B4
Thierville (27) 34 E4
Thierville-sur-Meuse (55) 43 H5
Thiéry (06) 280 D1
Thiescourt (60) 19 G6
Thiétreville (76) 14 E4
le Thieulin (28) 84 C3
Thieulloy-la-Ville (80) 17 H4
Thieulloy-l'Abbaye (80) 17 H3
Thieuloy-Saint-Antoine (60) 17 H5
la Thieuloye (62) 10 B1
Thieux (60) 37 K1
Thieux (77) 59 H2
Thiéville (14) 54 C1
Thièvres (62) 10 C5
Thièvres (80) 10 C5
Thiézac (15) 217 K6
Thignonville (45) 86 C5
Thil (01) 206 C1
Thil (10) 91 H4
le Thil (27) 36 D3
Thil (31) 268 D5
Thil (51) 40 E4
Thil (54) 44 C1
Thil-Manneville (76) 15 J2
le Thil-Riberpré (76) 16 E5
Thil-sur-Arroux (71) 170 B1
Thilay (08) 22 D2
le Thillay (95) 59 F2
Thilleux (52) 91 H3
les Thilliers-en-Vexin (27) 36 C5
Thillois (51) 40 E4
Thillombois (55) 64 D3
Thillot (55) 65 F1
le Thillot (88) 119 G4
Thilouze (37) 145 J1
Thimert-Gâtelles (28) 84 E1
Thimonville (57) 66 C2
Thimory (45) 111 G4
Thin-le-Moutier (08) 22 B4
Thiolières (63) 203 K4
Thionne (03) 169 G6
Thionville (57) 44 E2
Thiouville (76) 15 F4
Thiraucourt (88) 93 K4
Thiré (85) 160 B3
Thiron-Gardais (28) 84 B4
This (08) 22 C4
Thise (25) 138 A6
Thivars (28) 85 F4
Thivencelle (59) 12 E1
Thiverny (60) 38 A4
Thiverval-Grignon (78) 58 A4
Thivet (52) 116 C3
Thiviers (24) 198 B6
Thiville (28) 109 F2
Thizay (36) 148 B5
Thizay (37) 144 E1
Thizy (89) 134 A2
Thizy-les-Bourgs (69) 187 G5
Thoard (04) 259 H5
Thodure (38) 222 E2
Thoigné (72) 82 E5
Thoiras (30) 274 B1
Thoiré-sous-Contensor (72) 82 E4
Thoiré-sur-Dinan (72) 107 G6
Thoires (21) 115 G4
Thoirette (39) 189 J1
Thoiria (39) 173 H4
Thoiry (01) 190 D2
Thoiry (73) 208 C4
Thoiry (78) 57 K3
Thoissey (01) 188 D3
Thoissia (39) 172 E5
Thoisy-la-Berchère (21) 134 D1
Thoisy-le-Désert (21) 153 G1
Thoix (80) 17 J4
Thol-lès-Millières (52) 116 E1
Thollet (86) 164 C5
Thollon-les-Mémises (74) 175 H5

le Tholonet (13) 296 D1
le Tholy (88) 119 G1
Thomery (77) 87 J3
Thomirey (21) 153 H3
Thonac (24) 214 D6
Thônes (74) 191 G6
Thonnance-lès-Joinville (52) 92 B3
Thonnance-les-Moulins (52) 92 C3
Thonne-la-Long (55) 23 K6
Thonne-le-Thil (55) 23 J6
Thonne-les-Près (55) 23 J6
Thonnelle (55) 23 K6
Thonon-les-Bains (74) 175 F5
les Thons (88) 117 H3
Thonville (57) 66 D1
le Thor (84) 276 C2
Thorailles (45) 111 K3
Thoraise (25) 156 A1
Thorame-Basse (04) 260 B5
Thorame-Haute (04) 260 B5
Thoras (43) 237 J2
Thoré-la-Rochette (41) 108 B3
Thorée-les-Pins (72) 106 C6
Thorens-Glières (74) 191 G4
Thorey (89) 114 B4
Thorey-en-Plaine (21) 154 C1
Thorey-Lyautey (54) 93 J3
Thorey-sous-Charny (21) 134 E5
Thorey-sur-Ouche (21) 153 H3
Thorigné (79) 178 C1
Thorigné-d'Anjou (49) 125 F1
Thorigné-en-Charnie (53) 105 J2
Thorigné-Fouillard (35) 79 G3
Thorigné-sur-Dué (72) 107 H2
Thorigny (85) 159 K2
Thorigny-sur-le-Mignon (79) 177 J2
Thorigny-sur-Marne (77) 59 H3
Thorigny-sur-Oreuse (89) 88 E5
le Thoronet (83) 298 A2
Thorrenc (07) 222 A3
Thors (10) 91 H1
Thors (17) 195 K1
Thory (80) 18 C4
Thory (89) 133 K3
Thoste (21) 134 C4
le Thou (17) 177 J3
Thou (18) 131 H4
Thou (45) 131 K2
Thouaré-sur-Loire (44) 123 H3
Thouars (79) 144 B4
Thouars-sur-Arize (09) 287 K6
Thouars-sur-Garonne (47) 247 H4
Thouarsais-Bouildroux (85) 160 D2
le Thoult-Trosnay (51) 61 G4
le Thour (08) 41 F1
Thourie (35) 103 H2
Thouron (87) 181 G5
Thourotte (60) 38 E2
Thoury (41) 129 G2
Thoury-Férottes (77) 87 K5
Thoux (32) 268 B5
Thubœuf (53) 81 H2
le Thuel (02) 21 H5
Thuellin (38) 207 H2
Thuès-entre-Valls (66) 313 K4
Thueyts (07) 239 F4
Thugny-Trugny (08) 41 J1
la Thuile (73) 208 C5
les Thuiles (04) 260 B2
Thuilley-aux-Groseilles (54) 93 J1
Thuillières (88) 93 J6
Thuir (66) 315 F2
le Thuit (27) 36 A4
le Thuit de l'Oison (27) 35 G4
Thulay (25) 139 H4
Thumeréville (54) 44 B5
Thumeries (59) 6 D6
Thun-l'Évêque (59) 12 B4
Thun-Saint-Amand (59) 7 H6
Thun-Saint-Martin (59) 12 B4
Thurageau (86) 162 E1
Thuré (86) 145 H6
Thuret (63) 185 G5
Thurey (71) 172 B1
Thurey-le-Mont (25) 138 A4
Thurins (69) 205 J3
Thury (21) 153 G3
Thury (89) 132 D2
Thury-en-Valois (60) 60 D1
Thury-sous-Clermont (60) 37 K3
Thusy (74) 190 D5
Thuy (65) 285 J5
Thyez (74) 191 J3
Tibiran-Jaunac (65) 305 G2
Ticheville (61) 54 E3
Tichey (21) 154 E4
Tieffenbach (67) 69 F5
Tiercé (49) 125 H1
Tiercelet (54) 44 C1
le Tiercent (35) 79 J1
Tierceville (14) 32 C3
Tieste-Uragnoux (32) 285 H1
la Tieule (48) 253 G2
Tiffauges (85) 142 C3
Tigeaux (77) 59 K4
Tigery (91) 59 F6
Tignac (09) 307 K6
Tignécourt (88) 117 H2
Tignes (73) 193 B5
le Tignet (06) 280 B5
Tignieu-Jameyzieu (38) 206 E2
Tigny-Noyelle (62) 9 F2
Tigy (45) 110 C5
Til-Châtel (21) 136 B3
Tilh (40) 264 C6

Tilhouse (65) 304 E1
Tillac (32) 285 K2
Tillay-le-Péneux (28) 109 J1
Tillé (60) 37 H2
Tillenay (21) 154 E1
le Tilleul (76) 14 B4
Tilleul-Dame-Agnès (27) 56 A2
le Tilleul-Lambert (27) 35 G6
le Tilleul-Othon (27) 34 E6
Tilleux (88) 93 G4
Tillières (49) 142 C1
Tillières-sur-Avre (27) 56 C5
Tilloloy (80) 19 F5
Tillou (79) 178 D3
Tilloy-et-Bellay (51) 63 F1
Tilloy-Floriville (80) 16 E1
Tilloy-lès-Conty (80) 17 K4
Tilloy-lès-Hermaville (62) 10 D2
Tilloy-lès-Mofflaines (62) 11 F3
Tilloy-lez-Cambrai (59) 11 J4
Tilloy-lez-Marchiennes (59) 12 B1
Tilly (27) 36 B6
Tilly (36) 164 D5
Tilly (78) 57 H3
Tilly-Capelle (62) 9 H3
Tilly-la-Campagne (14) 32 E6
Tilly-sur-Meuse (55) 64 D1
Tilly-sur-Seulles (14) 32 B5
Tilques (62) 5 G2
Tincey-et-Pontrebeau (70) 137 H2
Tinchebray-Bocage (61) 53 F4
Tincourt-Boucly (80) 19 H1
Tincques (62) 10 C2
Tincry (57) 66 C2
Tingry (62) 4 C4
Tinqueux (51) 40 E4
Tinténiac (35) 78 E1
Tintry (71) 153 G5
Tintury (58) 151 H4
Tiranges (43) 220 C2
Tirent-Pontéjac (32) 286 E1
Tirepied (50) 52 A4
Tissey (89) 113 K5
le Titre (80) 9 G4
Tivernon (45) 110 A1
Tiviers (15) 218 E5
Tizac-de-Curton (33) 230 A2
Tizac-de-Lapouyade (33) 211 K5
Tocane-Saint-Apre (24) 213 G3
Tocqueville (27) 34 D2
Tocqueville (50) 29 F2
Tocqueville-en-Caux (76) 15 J3
Tocqueville-les-Murs (76) 14 E5
Tœufles (80) 9 F5
Toges (08) 42 C2
Togny-aux-Bœufs (51) 62 E4
Tolla (2A) 320 E4
Tollaincourt (88) 117 G1
Tollent (62) 9 H3
Tollevast (50) 28 C3
la Tombe (77) 88 B4
Tombebœuf (47) 231 H6
Tomblaine (54) 66 A5
Tomino (2B) 317 D2
les Tonils (26) 241 F5
Tonnac (81) 250 D6
Tonnay-Boutonne (17) 177 H5
Tonnay-Charente (17) 177 F5
Tonneins (47) 247 H2
Tonneville (50) 28 C2
Tonnoy (54) 94 B1
Tonquédec (22) 48 A3
Torcé (35) 79 K5
Torcé-en-Vallée (72) 107 F1
Torcé-Viviers-en-Charnie (53) 105 K1
Torcenay (52) 116 E5
Torchamp (61) 81 F1
Torchefelon (38) 207 G5
Torcheville (57) 68 B5
Torcieu (01) 189 H6
Torcy (62) 4 E6
Torcy (71) 170 E1
Torcy (77) 59 H4
Torcy-en-Valois (02) 60 D1
Torcy-et-Pouligny (21) 134 C3
Torcy-le-Grand (10) 90 B2
Torcy-le-Grand (76) 16 A3
Torcy-le-Petit (10) 90 B2
Torcy-le-Petit (76) 16 A3
Tordères (66) 315 F3
Torfou (91) 86 D2
Torigny-les-Villes (50) 31 J4
Tornac (30) 274 C1
Tornay (52) 117 F6
le Torp-Mesnil (76) 15 H4
Torpes (25) 156 A1
Torpes (71) 154 E6
le Torpt (27) 34 B3
le Torquesne (14) 33 K4
Torreilles (66) 310 C6
Torsac (16) 196 E4
Torsiac (43) 218 E2
Tortebesse (63) 201 J3
Tortefontaine (62) 9 H2
Tortequesne (62) 11 H3
Torteron (18) 150 B4
Torteval-Quesnay (14) 32 A5
Tortezais (03) 167 K5
Torvilliers (10) 89 K5
Torxé (17) 177 J5
Tosny (27) 36 A5
Tosse (40) 262 C4
Tossiat (01) 189 G3
Tostat (65) 285 H4

Tostes (27) 35 H4
Totainville (88) 93 J4
Tôtes (76) 15 K5
Touchay (18) 166 D2
la Touche (26) 240 C6
les Touches (44) 123 H1
les Touches-de-Périgny (17) 178 B6
Toucy (89) 112 D6
Toudon (06) 280 E2
Touët-de-l'Escarène (06) 281 G2
Touët-sur-Var (06) 280 D1
Touffailles (82) 249 F4
Toufflers (59) 7 F4
Touffréville (14) 33 F5
Touffreville (27) 36 B3
Touffreville-la-Corbeline (76) 15 G6
Touffreville-sur-Eu (76) 8 B6
Touget (32) 268 A5
Touille (31) 306 B1
Touillon (21) 134 E1
Touillon-et-Loutelet (25) 156 E6
Toujouse (32) 265 K3
Toul (54) 65 H5
Toulaud (07) 240 B1
Toulenne (33) 230 A5
Touligny (08) 22 C5
Toulis-et-Attencourt (02) 20 E4
Toulon (83) 300 C4
Toulon-sur-Allier (03) 168 E4
Toulon-sur-Arroux (71) 170 C2
Toulonjac (12) 251 F2
Toulouges (66) 315 G2
Toulouse (31) 269 G6
Toulouse-le-Château (39) 155 H6
Toulouzette (40) 264 E4
Toulx-Sainte-Croix (23) 183 G1
Touques (14) 33 J3
le Touquet-Paris-Plage (62) 4 A5
Touquettes (61) 55 G5
Touquin (77) 60 A5
la Tour (06) 281 F1
la Tour (74) 191 H4
la Tour-du-Crieu (09) 307 J1
la Tour-Blanche (24) 213 H1
la Tour-d'Aigues (84) 277 K5
la Tour-d'Auvergne (63) 201 K5
Tour-de-Faure (46) 250 C1
la Tour-de-Salvagny (69) 205 K1
la Tour-de-Sçay (25) 138 B4
la Tour-du-Meix (39) 173 G4
le Tour-du-Parc (56) 121 G1
la Tour-du-Pin (38) 207 G4
Tour-en-Bessin (14) 32 A3
la Tour-en-Jarez (42) 205 G6
Tour-en-Sologne (41) 129 G3
la Tour-Saint-Gelin (37) 145 G3
la Tour-sur-Orb (34) 272 D6
Tourailles (41) 128 C1
Tourbes (34) 292 B3
Tourcelles-Chaumont (08) 42 A2
Tourch (29) 75 F5
Tourcoing (59) 6 E3
Tourdun (32) 285 J1
la Tourette (42) 220 D1
la Tourette-Cabardès (11) 290 A3
Tourette-du-Château (06) 280 E2
Tourgéville (14) 33 H2
Tourliac (47) 232 B4
Tourly (60) 37 F5
Tourmignies (59) 6 E6
Tourmont (39) 155 J5
Tournai-sur-Dive (61) 54 C4
Tournan (32) 286 E3
Tournan-en-Brie (77) 59 J5
Tournans (25) 138 C4
Tournavaux (08) 22 D2
Tournay (65) 285 J6
Tournay-sur-Odon (14) 32 C6
le Tourne (33) 229 J3
Tournebu (14) 53 K2
Tournecoupe (32) 267 K3
Tournedos-Bois-Hubert (27) 35 G6
Tournedos-sur-Seine (27) 35 K4
Tournefeuille (31) 288 A1
Tournefort (06) 280 E1
Tournehem-sur-la-Hem (62) 2 E4
Tournemire (12) 272 C2
Tournemire (15) 217 H5
Tournes (08) 22 C4
Tourneville (27) 35 H6
Tournières (14) 31 J2
Tournissan (11) 309 J2
Tournoisis (45) 109 H3
Tournon (73) 209 F3
Tournon-d'Agenais (47) 248 E2
Tournon-Saint-Martin (36) 164 B1
Tournon-Saint-Pierre (37) 164 B1
Tournon-sur-Rhône (07) 222 B5
Tournous-darré (65) 286 A4
Tournous-devant (65) 286 B5
Tournus (71) 171 K3
Tourouvre au Perche (61) 83 J1
Tourouzelle (11) 290 E5
Tourreilles (11) 308 D2
les Tourreilles (31) 305 G1
Tourrenquets (32) 267 J4
Tourrette-Levens (06) 281 G3
les Tourrettes (26) 240 B4
Tourrettes (83) 280 A5
Tourrettes-sur-Loup (06) 280 D4
Tourriers (16) 196 E1
Tours (37) 127 J4
Tours-en-Savoie (73) 209 G3
Tours-en-Vimeu (80) 8 E6

Tours-sur-Marne (51) 62 B1
Tours-sur-Meymont (63) 203 H3
Tourtenay (79) 144 C3
Tourteron (08) 22 C6
Tourtoirac (24) 214 D3
Tourtour (83) 279 G6
Tourtouse (09) 306 C1
Tourtrès (47) 231 H6
Tourtrol (09) 307 K2
Tourves (83) 297 H3
Tourville-en-Auge (14) 33 K3
Tourville-la-Campagne (27) 35 G4
Tourville-la-Rivière (76) 35 H3
Tourville-les-Ifs (76) 14 D4
Tourville-sur-Arques (76) 15 K2
Tourville-sur-Odon (14) 32 C5
Tourville-sur-Pont-Audemer (27) 34 C3
Tourville-sur-Sienne (50) 30 D4
Toury (28) 86 A6
Toury-Lurcy (58) 168 E2
Toury-sur-Jour (58) 168 D2
Tourzel-Ronzières (63) 202 D5
Toussaint (76) 14 D4
Toussieu (69) 206 C3
Toussieux (01) 188 C5
Tousson (77) 87 F4
Toussus-le-Noble (78) 58 C5
Toutainville (27) 34 C3
Toutenant (71) 154 C5
Toutencourt (80) 10 C6
Toutens (31) 288 E2
Toutlemonde (49) 143 F2
Toutry (21) 134 B3
Touvérac (16) 212 A1
le Touvet (38) 224 C1
Touville (27) 34 E3
Touvois (44) 141 G4
Touvre (16) 197 F3
Touzac (16) 196 A4
Touzac (46) 249 F1
Tox (2B) 319 J6
Toy-Viam (19) 200 B4
Tracy-Bocage (14) 32 B6
Tracy-le-Mont (60) 39 F2
Tracy-le-Val (60) 39 F1
Tracy-sur-Loire (58) 131 K6
Tracy-sur-Mer (14) 32 B3
Trades (69) 187 K1
Traenheim (67) 71 B1
Tragny (57) 66 C2
Traînel (10) 88 E3
Traînou (45) 110 C3
le Trait (76) 35 F1
Traitiéfontaine (70) 138 A4
Traize (73) 207 K3
Tralaigues (63) 183 K6
Tralonca (2B) 319 G5
Tramain (22) 77 K2
Tramayes (71) 187 K1
Trambly (71) 187 J1
Tramecourt (62) 5 F6
Tramery (51) 40 D5
Tramezaïgues (65) 304 D5
Tramolé (38) 206 E5
Tramont-Émy (54) 93 J3
Tramont-Lassus (54) 93 J3
Tramont-Saint-André (54) 93 J3
Tramoyes (01) 206 B1
Trampot (88) 92 D4
Trancault (10) 89 F4
la Tranche-sur-Mer (85) 159 H5
la Tranclière (01) 189 G3
Trancrainville (28) 85 K6
Trangé (72) 106 D2
le Tranger (36) 147 F4
Trannes (10) 91 F5
Tranqueville-Graux (88) 93 H3
Trans (53) 81 K5
Trans-en-Provence (83) 298 D1
Trans-la-Forêt (35) 51 H5
Trans-sur-Erdre (44) 103 J6
le Translay (80) 17 F1
le Transloy (62) 11 F6
Tranzault (36) 165 K3
Trappes (78) 58 B5
Trassanel (11) 290 B4
Traubach-le-Bas (68) 119 K6
Traubach-le-Haut (68) 119 K6
Trausse (11) 290 D4
Travaillan (84) 256 E5
Travecy (02) 20 A5
Traversères (32) 286 D1
Traves (70) 137 J2
le Travet (81) 271 F4
Trayes (79) 161 G2
Tréal (56) 102 A1
Tréauville (50) 28 B3
Trébabu (29) 72 B4
Treban (03) 168 C6
Tréban (81) 251 J6
Trébas (81) 271 G2
Trébédan (22) 50 B6
Trèbes (11) 290 C6
Trébeurden (22) 47 J2
Trébons (65) 304 C1
Trébons-de-Luchon (31) 305 G5
Trébons-sur-la-Grasse (31) 288 C5
Trébrivan (22) 75 K2
Trébry (22) 77 H2
Tréclun (21) 154 E1
Trécon (51) 62 A3
Trédaniel (22) 77 H2
Trédarzec (22) 48 C2

Trédias (22) 50 B6
Trédion (56) 101 H3
Trédrez-Locquémeau (22) 47 J3
Tréduder (22) 47 J3
Trefcon (02) 19 J2
Treffendel (35) 78 C5
Treffiagat (29) 98 B3
Treffieux (44) 103 G4
Treffléan (56) 101 G5
Treffort (38) 242 A1
Treffrin (22) 75 J2
Tréflaouénan (29) 46 D3
Tréflévénez (29) 46 C6
Tréflez (29) 46 C3
Tréfols (51) 61 F4
Tréfumel (22) 78 D1
Trégarantec (29) 46 B4
Trégarvan (29) 74 C2
Trégastel (22) 47 K2
Tréglamus (22) 48 B5
Tréglonou (29) 72 D2
Trégomeur (22) 49 F5
Trégon (22) 50 B4
Trégonneau (22) 48 C4
Trégourez (29) 75 F4
Trégrom (22) 48 A4
Tréguennec (29) 98 A2
Trégueux (22) 49 G6
Tréguidel (22) 48 E5
Tréguier (22) 48 C2
Trégunc (29) 99 F3
Tréhet (41) 107 H6
Tréhorenteuc (56) 78 A5
le Tréhou (29) 74 D1
Treignac (19) 200 A5
Treignat (03) 183 H1
Treigny (89) 132 C3
Treilles (11) 310 B4
Treilles-en-Gâtinais (45) 111 H2
Treillières (44) 123 F2
Treix (52) 116 B1
Treize-Septiers (85) 142 B3
Treize-Vents (85) 142 E4
Tréjouls (82) 249 H4
Trélans (48) 253 G1
Trélazé (49) 125 H3
Trélévern (22) 48 A2
Trelins (42) 204 C3
Trélissac (24) 214 A3
Trelly (50) 30 E5
Trélon (59) 13 J2
Trélou-sur-Marne (02) 61 G1
Trémaouézan (29) 46 C5
Trémargat (22) 76 B2
Trémauville (76) 14 E5
la Tremblade (17) 194 B1
Tremblay (35) 51 J6
le Tremblay (49) 104 C6
Tremblay-en-France (93) 59 G2
Tremblay-les-Villages (28) 85 F1
le Tremblay-Omonville (27) 35 G6
le Tremblay-sur-Mauldre (78) 58 A5
Tremblecourt (54) 65 H4
le Tremblois (70) 137 F5
Tremblois-lès-Carignan (08) 23 J5
Tremblois-lès-Rocroi (08) 22 B2
Trémeheuc (35) 51 G6
Trémentines (49) 143 F2
Tréméoc (29) 98 B2
Tréméreuc (22) 50 C4
Trémery (57) 45 F4
Trémeur (22) 78 A1
Tréméven (22) 48 D4
Tréméven (29) 99 J3
Trémilly (52) 91 H4
Tréminis (38) 242 B3
Trémoins (70) 139 G2
Trémolat (24) 232 B2
Trémons (47) 248 D2
Trémont (61) 82 E1
Trémont-sur-Saulx (55) 63 K5
Trémonzey (88) 118 B3
Tréogan (22) 75 J4
Tréogat (29) 98 A2
Tréon (28) 56 E6
Tréouergat (29) 72 D3
Trépail (51) 41 G6
le Tréport (76) 8 C6
Trépot (25) 156 C1
Tréprel (14) 53 K2
Trept (38) 207 F3
Trésauvaux (55) 43 K6
Tresbœuf (35) 103 H1
Trescault (62) 11 H5
Treschenu-Creyers (26) 241 J4
Trescléoux (05) 258 C2
Trésilley (70) 137 K4
Treslon (51) 40 D4
Tresnay (58) 168 D2
Trespoux-Rassiels (46) 249 J2
Tresques (30) 256 B6
Tressan (34) 292 C1
Tressandans (25) 138 C3

Tressange (57) 44 D2
Tressé (35) 50 E5
Tresserre (66) 315 F3
Tresserve (73) 208 B3
Tresses (33) 229 J2
Tressignaux (22) 48 E4
Tressin (59) 7 F3
Tresson (72) 107 H4
Treteau (03) 169 F6
la Trétoire (77) 60 C3
Trets (13) 297 F2
Treux (80) 18 D1
Treuzy-Levelay (77) 87 J5
Trévenans (90) 139 H2
Tréveneuc (22) 49 F4
Tréveray (55) 92 D1
Trévérec (22) 48 D4
Tréverien (35) 50 D6
Trèves (30) 253 K6
Trèves (69) 205 J5
Trévien (81) 251 G6
Trévières (14) 31 K1
Trévignin (73) 208 B2
Trévillach (66) 314 C1
Tréville (11) 289 G3
Trévillers (25) 139 H5
Trévilly (89) 134 A3
Trévol (03) 168 D3
Trévou-Tréguignec (22) 48 B2
Trévoux (01) 188 B6
le Trévoux (29) 99 H3
Trévron (22) 50 C6
Trézelles (03) 185 K1
Trézény (22) 48 J2
Tréziers (11) 308 B2
Trézilidé (29) 46 D4
Trézioux (63) 203 G3
Triac-Lautrait (16) 196 B3
le Triadou (34) 274 B5
Triaize (85) 159 K5
Tribehou (50) 31 G2
Trichey (89) 114 B4
Tricot (60) 18 D6
Trie-Château (60) 36 E4
Trie-la-Ville (60) 36 E4
Trie-sur-Baïse (65) 286 A4
Triel-sur-Seine (78) 58 B2
Triembach-au-Val (67) 70 B6
Trieux (54) 44 C3
Trigance (83) 279 H4
Trignac (44) 122 A2
Trigny (51) 40 D4
Triguères (89) 112 A4
Trilbardou (77) 59 J3
Trilla (66) 309 H6
Trilport (77) 60 A2
Trimbach (67) 25 C2
Trimer (35) 78 E1
la Trimouille (86) 164 B5
Trinay (45) 110 A2
la Trinitat (15) 236 C4
la Trinité (06) 281 G4
la Trinité (27) 56 E2
la Trinité (50) 52 A3
la Trinité (73) 208 D5
la Trinité-de-Réville (27) 55 H2
la Trinité-de-Thouberville (27) 35 F3
la Trinité-des-Laitiers (61) 55 F4
la Trinité-du-Mont (76) 14 E6
la Trinité-Porhoët (56) 77 H5
la Trinité-sur-Mer (56) 100 C6
la Trinité-Surzur (56) 101 G6
Triors (26) 222 E5
le Trioulou (15) 235 F4
Triquerville (27) 34 B3
Trith-Saint-Léger (59) 12 C2
Tritteling-Redlach (57) 45 K6
Trivy (71) 171 F6
Trizac (15) 217 H3
Trizay (17) 177 F6
Trizay-Coutretot-Saint-Serge (28) 84 A5
Trizay-lès-Bonneval (28) 84 E6
Troarn (14) 33 H5
Troche (19) 215 H1
Trochères (21) 136 C5
Trocy-en-Multien (77) 60 A1
Troësnes (02) 39 H5
Troguéry (22) 48 C3
Trogues (37) 145 H2
les Trois Chateaux (39) 172 E5
les Trois-Domaines (55) 64 C2
Trois-Fonds (23) 183 G2
Trois-Fontaines-l'Abbaye (51) 63 J5
Trois-Monts (14) 32 D6
les Trois-Moutiers (86) 144 D3
Trois-Palis (16) 196 D3
les Trois-Pierres (76) 14 D6
Trois-Puits (51) 41 F5
Trois-Vèvres (58) 151 G5
Trois-Villes (64) 283 H6
Troisfontaines (57) 67 K5
Troisfontaines-la-Ville (52) 91 K2
Troisgots (50) 31 H4
Troissereux (60) 37 G1
Troissy (51) 61 H1
Troisvaux (62) 10 B1
Troisvilles (59) 12 C5
Tromarey (70) 137 G5
Tromborn (57) 45 J4
Troncens (32) 285 J2
la Tronche (38) 224 A3
le Tronchet (35) 50 E5

le Tronchet (72) 82 C6
Tronchoy (89) 113 K4
Tronchy (71) 172 B1
le Troncq (27) 35 G5
Trondes (54) 65 G5
Tronget (03) 168 B5
le Tronquay (14) 31 K2
le Tronquay (27) 36 B1
Tronsanges (58) 150 C3
Tronville (54) 44 C6
Tronville-en-Barrois (55) 64 C5
Troo (41) 107 K5
Trosly-Breuil (60) 39 F3
Trosly-Loire (02) 39 H1
Trouans (10) 62 C6
Troubat (65) 305 G3
Trouhans (21) 154 E2
Trouhaut (21) 135 H5
Trouillas (66) 315 F3
Trouley-Labarthe (65) 285 J4
Troussencourt (60) 18 A6
Troussey (65) 65 F5
Troussures (60) 37 F3
Trouvans (25) 138 C4
Trouville (76) 15 F6
Trouville-la-Haule (27) 34 D2
Trouville-sur-Mer (14) 33 J2
Trouy (18) 149 F4
Troye-d'Ariège (09) 308 A2
Troyes (10) 90 A5
Troyon (55) 64 D1
la Truchère (71) 171 K4
Truchtersheim (67) 70 D2
Trucy (02) 40 B2
Trucy-l'Orgueilleux (58) 132 E4
Trucy-sur-Yonne (89) 133 G2
le Truel (12) 271 K1
Trugnac (21) 154 D4
Truinas (26) 240 E5
Trumilly (60) 38 D4
Trun (61) 54 C3
Trungy (14) 32 A4
Truyes (37) 127 K6
Tubersent (62) 4 B6
Tuchan (11) 309 H4
Tucquegnieux (54) 44 C3
Tudeils (19) 216 A5
Tudelle (32) 266 E5
Tuffalun (49) 125 J6
Tuffé Val de la Chéronne (72) 107 G1
Tugéras-Saint-Maurice (17) 211 J1
Tugny-et-Pont (02) 19 J4
la Tuilière (42) 186 C6
Tulette (26) 256 E3
Tulle (19) 216 A3
Tullins (38) 223 H2
Tully (80) 8 D5
Tupigny (02) 20 C1
Tupin-et-Semons (69) 205 K6
la Turballe (44) 121 H4
la Turbie (06) 281 H4
Turcey (21) 135 G4
Turckheim (68) 96 B4
Turenne (19) 215 J5
Turgon (16) 179 J5
Turgy (10) 114 A3
Turny (89) 113 H2
Turquant (49) 144 D1
Turquestein-Blancrupt (57) 67 J6
Turqueville (50) 29 F5
Turretot (76) 14 B5
Turriers (04) 259 H2
Tursac (24) 214 D6
Tusson (16) 178 E5
Tuzaguet (65) 305 F1
le Tuzan (33) 245 J1
Tuzie (16) 179 F5

U

Ubexy (88) 94 B4
Ubraye (04) 280 A2
Ucciani (2A) 320 C3
Ucel (07) 239 H5
Uchacq-et-Parentis (40) 265 F2
Uchaud (30) 275 F4
Uchaux (84) 256 D4
Uchentein (09) 306 A1
Uchizy (71) 171 K4
Uchon (71) 152 E6
Uckange (57) 44 E3
Ueberstrass (68) 97 A5
Uffheim (68) 97 D3
Uffholtz (68) 97 A1
Ugine (73) 209 G2
Uglas (65) 286 B6
Ugnouas (65) 285 H4
Ugny (54) 44 A1
Ugny-le-Gay (02) 19 J5
Ugny-l'Équipée (80) 19 H3
Ugny-sur-Meuse (55) 65 F6
Uhart-Cize (64) 282 D5
Uhart-Mixe (64) 283 F4
Uhlwiller (67) 69 K6
Uhrwiller (67) 69 J5
les Ulis (91) 58 C6
Ully-Saint-Georges (60) 37 J4
les Ulmes (49) 144 B1
Umpeau (28) 85 H3
Unac (09) 307 K5
Uncey-le-Franc (21) 135 F5
Unchair (51) 40 C4
Ungersheim (68) 96 B6
Unias (42) 204 E4

Uninville (10) 91 F4
Unieux (42) 221 F1
l'Union (31) 269 G6
Unverre (28) 84 C6
Unzent (09) 288 C6
Upaix (05) 258 G4
Upie (26) 240 D3
Ur (66) 313 G4
Urau (31) 306 B2
Urbalacone (2A) 320 D6
Urbanya (66) 314 A2
Urbeis (67) 96 A1
Urbès (68) 119 J4
Urbise (42) 186 C2
Urçay (03) 167 G3
Urcel (02) 40 A1
Urcerey (90) 139 G1
Urciers (36) 166 C4
Urcuit (64) 282 C1
Urcy (21) 135 J6
Urdens (32) 267 J3
Urdès (64) 284 A2
Urdos (64) 303 F3
Urepel (64) 263 E6
Urgons (40) 265 G5
Urgosse (32) 266 B4
Uriménil (88) 118 C1
Urmatt (67) 70 B4
Urost (64) 285 F3
Urou-et-Crennes (61) 54 C4
Urrugne (64) 263 B2
Urs (09) 307 J5
Urschenheim (68) 96 D4
Urt (64) 282 D1
Urtaca (2B) 319 F2
Urtière (25) 139 J6
Uruffe (54) 93 G1
Urval (24) 232 C2
Urville (10) 91 G6
Urville (14) 53 K1
Urville (50) 28 E4
Urville (88) 93 G6
Urville-Nacqueville (50) 28 B2
Urvillers (02) 20 A3
Ury (77) 87 G4
Urzy (58) 150 E3
Us (95) 37 H6
Usclades-et-Rieutord (07) 239 F3
Usclas-d'Hérault (34) 292 C2
Usclas-du-Bosc (34) 273 G5
Usinens (74) 190 C4
Ussac (19) 215 H4
Ussat (09) 307 H5
Usseau (79) 177 J2
Usseau (86) 145 H5
Ussel (15) 218 C5
Ussel (19) 201 F5
Ussel (46) 233 J5
Ussel-d'Allier (03) 185 F2
Usson (63) 203 F5
Usson-du-Poitou (86) 179 K1
Usson-en-Forez (42) 220 C1
Ussy (14) 53 K2
Ussy-sur-Marne (77) 60 B2
Ustaritz (64) 263 D1
Ustou (09) 306 D3
Utelle (06) 281 F1
Uttenheim (67) 71 C3
Uttenhoffen (67) 69 J5
Uttwiller (67) 69 H6
Uvernet-Fours (04) 260 C2
Uxeau (71) 170 A2
Uxegney (88) 94 C6
Uxelles (39) 173 J3
Uxem (59) 3 J2
Uz (65) 303 K2
Uza (40) 244 C4
Uzan (64) 284 B2
Uzay-le-Venon (18) 149 G6
Uzech (46) 233 H5
Uzein (64) 284 C3
Uzel (22) 77 F3
Uzelle (25) 138 D3
Uzemain (88) 118 C1
Uzer (07) 239 G6
Uzer (65) 304 D1
Uzerche (19) 215 J1
Uzès (30) 275 G1
Uzeste (33) 246 B1
Uzos (64) 284 D4

V

Vaas (72) 126 E1
Vabre (81) 271 G5
Vabres (15) 218 E6
Vabres (30) 274 B1
Vabres-l'Abbaye (12) 272 A2
Vacherauville (55) 43 H4
Vachères (04) 277 K2
Vachères-en-Quint (26) 241 G3
Vacheresse (74) 175 G6
la Vacheresse-et-la-Rouillie (88) 93 G6
la Vacherie (27) 35 H6
Vacognes-Neuilly (14) 32 C6
la Vacquerie (14) 31 K3
la Vacquerie-et-Saint-Martin-
-de-Castries (34) 273 G4
Vacquerie-le-Boucq (62) 9 K3
Vacqueriette-Erquières (62) 9 J2
Vacqueville (54) 95 G2
Vacqueyras (84) 257 G5
Vacquières (34) 274 B3
Vacquiers (31) 269 G4

Vadans (39) 155 J4
Vadans (70) 137 F5
Vadelaincourt (55) 43 G6
Vadenay (51) 62 D1
Vadencourt (02) 20 C2
Vadencourt (80) 18 C1
Vadonville (55) 64 E4
Vagnas (07) 255 J3
Vagney (88) 119 F2
Vahl-Ebersing (57) 68 A3
Vahl-lès-Bénestroff (57) 68 B3
Vahl-lès-Faulquemont (57) 66 E1
Vaiges (53) 105 J1
Vailhan (34) 292 A1
Vailhauquès (34) 273 K6
Vailhourles (12) 250 E3
Vaillant (52) 116 B6
Vailly (10) 90 B4
Vailly (74) 175 F6
Vailly-sur-Aisne (02) 40 A1
Vailly-sur-Sauldre (18) 131 H4
Vains (50) 51 J3
Vair-sur-Loire (44) 124 B4
Vaire (25) 138 B6
Vairé (85) 158 E2
Vaire-sous-Corbie (80) 18 D2
Vaires-sur-Marne (77) 59 H3
Vaison-la-Romaine (84) 257 G4
Vaïssac (82) 269 H1
Vaite (70) 137 G2
la Vaivre (70) 118 C3
Vaivre-et-Montoille (70) 138 A1
le Val (83) 297 K2
Val-au-Perche (61) 83 J5
Val Buëch-Méouge (05) 258 E4
le Val-d'Ajol (88) 118 D3
Val d'Arcomie (15) 237 F1
Val-d'Auzon (10) 90 D3
le Val-David (27) 56 E2
Val-de-Bride (57) 68 A6
Val de Chaise (74) 209 F2
Val-de-Chalvagne (04) 280 B2
Val-de-Fier (74) 190 C6
le Val-de-Gouhenans (70) 138 D1
le Val-de-Guéblange (57) 68 C4
Val-de-la-Haye (76) 35 G3
Val de Lambronne (11) 308 D2
Val-de-Mercy (89) 133 G1
Val-de-Meuse (52) 116 E3
Val de Moder (67) 69 J5
Val-de-Reuil (27) 35 J4
Val-de-Roulans (25) 138 C6
Val-de-Saâne (76) 15 J4
Val-de-Vesle (51) 41 G5
Val-de-Vie (14) 54 E2
Val-de-Vière (51) 63 G4
Val de Virvée (33) 211 G2
Val d'Épy (39) 172 E6
Val-des-Marais (51) 61 K4
Val-des-Prés (05) 225 K6
le Val-d'Esnoms (52) 136 B1
Val des Vignes (16) 196 C5
Val-d'Hazey (27) 35 K5
Val-d'Isère (73) 193 K2
Val d'Issoire (87) 180 D3
Val-d'Izé (35) 79 K3
le Val d'Ocre (89) 112 D5
Val-d'Ornain (55) 64 A4
Val d'Oronaye (04) 227 C6
Val d'Oust (56) 101 J3
Val-du-Layon (49) 125 F5
Val-et-Châtillon (54) 95 H1
Val-Fouzon (36) 147 J1
Val-Maravel (26) 241 K5
Val-Mont (27) 153 H1
Val-Revermont (01) 189 H1
le Val-Saint-Éloi (70) 118 B6
le Val-Saint-Germain (91) 86 B1
le Val-Saint-Père (50) 51 K3
Val-Suzon (21) 135 J4
Valady (12) 251 K1
Valailles (27) 34 D6
Valaire (41) 128 D4
Valanjou (49) 125 F6
Valaurie (26) 256 D2
Valavoire (04) 259 G3
Valay (70) 137 F5
Valbeleix (63) 202 C6
Valbelle (04) 258 E5
Valbois (55) 65 F2
Valbonnais (38) 242 C1
Valbonne (06) 280 D5
Valcabrère (31) 305 G2
Valcanville (50) 29 F2
Valcebollère (66) 313 H5
Valcivières (63) 204 A4
Valcourt (52) 91 J1
Valdahon (25) 156 E1
Valdallière (14) 53 G3
Valdampierre (60) 37 G4
Valdeblore (06) 261 H5
Valderiès (81) 270 E1
Valderoure (06) 280 A3
Valdieu-Lutran (68) 139 K1
Valdivienne (86) 163 H4
Valdoie (90) 119 H6
Valdrôme (26) 241 K6
Valdurenque (81) 290 A1
Valeille (42) 205 F3
Valeilles (82) 248 E2
Valeins (01) 188 C3
Valempoulières (39) 156 A6
Valençay (36) 147 J2
Valence (16) 179 H6

Valence (26) 240 C1
Valence (82) 248 D6
Valence-d'Albigeois (81) 271 G1
Valence-en-Brie (77) 87 K3
Valence-sur-Baïse (32) 267 F3
Valenciennes (59) 12 D1
Valencin (38) 206 C4
Valencisse (41) 128 D2
Valencogne (38) 207 H5
Valennes (72) 107 K3
Valensole (04) 278 C3
Valentigney (25) 139 H3
Valentine (31) 305 J1
Valenton (94) 59 F5
Valergues (34) 274 D6
Valernes (04) 259 F3
Valescourt (60) 38 A1
Valette (15) 217 J3
la Valette (38) 224 B6
la Valette-du-Var (83) 300 D4
Valeuil (24) 213 J2
Valeyrac (33) 194 D6
Valff (67) 71 B3
Valfin-sur-Valouse (39) 173 F6
Valflaunès (34) 274 B4
Valfleury (42) 205 H5
Valframbert (61) 82 D2
Valfroicourt (88) 93 K6
Valgorge (07) 238 E5
Valhey (54) 66 D5
Valhuon (62) 10 B1
Valiergues (19) 201 F6
Valignat (03) 184 E3
Valigny (03) 167 J2
Valines (80) 8 E5
Valjouffrey (38) 242 D1
Valjouze (15) 218 D4
la Valla-en-Gier (42) 221 H1
la Valla-sur-Rochefort (42) 204 A5
Vallabrègues (30) 275 J3
Vallabrix (30) 256 A6
Vallan (89) 113 F6
Vallangoujard (95) 37 H6
Vallans (79) 177 J2
Vallant-Saint-Georges (10) 89 J3
Vallauris (06) 280 D6
Valle-d'Alesani (2B) 319 J5
Valle-di-Campoloro (2B) 319 J5
Valle-di-Mezzana (2A) 320 C3
Valle-di-Rostino (2B) 319 G3
Valle-d'Orezza (2B) 319 H4
Vallecalle (2B) 319 H2
la Vallée (17) 177 F6
la Vallée-au-Blé (02) 20 E2
la Vallée-Mulâtre (02) 12 D6
les Vallées de la Vanne (89) 112 E1
Vallées en Champagne (02) 61 G2
Vallègue (31) 288 E3
Valleiry (74) 190 D3
Vallenay (18) 166 E1
Vallentigny (10) 91 F3
Vallerange (57) 66 E2
Vallérargues (30) 255 J5
Valleraugue (30) 254 B6
Vallères (37) 127 G5
Valleret (52) 91 K2
Vallereuil (24) 213 H5
Vallerois-le-Bois (70) 138 C2
Vallerois-Lorioz (70) 138 A2
Valleroy (25) 138 A4
Valleroy (52) 117 F6
Valleroy (54) 44 D2
Valleroy-aux-Saules (88) 94 A5
Valleroy-le-Sec (88) 93 K6
Vallery (89) 88 B6
Vallesvilles (31) 288 D1
Vallet (44) 142 B1
Valletot (27) 34 D3
Vallica (2B) 318 E3
Vallière (23) 182 E6
Vallières (10) 114 A3
Vallières (74) 190 D6
Vallières-les-Grandes (41) 128 C4
Valliguières (30) 275 J1
Valliquerville (76) 15 F5
Valloire (73) 225 H3
Vallois (54) 94 E2
les Vallois (88) 94 A6
Vallon-en-Sully (03) 167 G4
Vallon-Pont-d'Arc (07) 255 K2
Vallon-sur-Gée (72) 106 A3
Vallorcine (74) 192 D4
Vallouise (05) 243 J2
Valmanya (66) 314 C3
Valmascle (34) 292 A1
Valmeinier (73) 225 H3
Valmestroff (57) 45 F2
Valmigère (11) 309 F3
Valmondois (95) 37 H6
Valmont (57) 68 A3
Valmont (76) 14 E4
Valmunster (57) 45 J4
Valmy (51) 42 C6
Valognes (50) 28 E4
Valojoulx (24) 214 E6
Valonne (25) 139 F5
Valorbiquet (14) 55 F1
Valoreille (25) 139 G5
Valouse (26) 257 H1
Valprionde (43) 220 D2
Valpuiseaux (91) 86 D4
Valras-Plage (34) 292 A5
Valravillon (89) 112 E4
Valréas (84) 257 F2

Valros (34) 292 B3
Valroufié (46) 233 H6
Vals (09) 307 K1
Vals-des-Tilles (52) 116 A6
Vals-le-Chastel (43) 219 H3
Vals-les-Bains (07) 239 H4
Vals-près-le-Puy (43) 220 B6
Valsemé (14) 33 J4
Valserres (05) 243 F6
le Valtin (88) 119 J1
Valuéjols (15) 218 C5
Valvignères (07) 256 B1
Valz-sous-Châteauneuf (63) 219 G1
Valzergues (12) 251 H1
Vanault-le-Châtel (51) 63 G3
Vanault-les-Dames (51) 63 H4
Vançais (79) 179 F1
Vancé (72) 107 H5
la Vancelle (67) 96 B1
Vandeins (01) 188 E2
Vandelainville (54) 65 J1
Vandelans (70) 138 B4
Vandeléville (54) 93 J3
Vandélicourt (60) 38 D1
Vandenesse (58) 151 K5
Vandenesse-en-Auxois (21) 153 H1
Vandeuil (51) 40 C4
Vandières (51) 40 E6
Vandières (54) 65 J2
Vandœuvre-lès-Nancy (54) 66 A6
Vandoncourt (25) 139 H3
Vandrimare (27) 36 A3
Vandré (17) 177 G4
Vandy (08) 42 B2
Vanlay (10) 114 A2
Vannaire (21) 115 F4
Vanne (70) 137 H2
le Vanneau-Irleau (79) 161 F6
Vannecourt (57) 66 D3
Vannecrocq (27) 34 D3
Vannes (56) 101 F5
Vannes-le-Châtel (54) 93 G1
Vannes-sur-Cosson (45) 130 D1
Vannoz (39) 156 A6
Vanosc (07) 221 J3
les Vans (07) 255 G2
Vantoux (57) 45 F5
Vantoux-et-Longevelle (70) 137 H4
Vanves (92) 58 D4
Vanvey (21) 115 G3
Vanxains (24) 213 F3
Vany (57) 45 F5
Vanzac (17) 211 K1
Vanzay (79) 179 F2
Vanzy (74) 190 C4
Vaour (81) 250 C6
Varacieux (38) 223 G3
Varages (83) 278 C6
Varaignes (24) 197 H4
Varaire (46) 250 C3
Varaize (17) 178 A5
Varambon (01) 189 G4
Varanges (21) 154 D1
Varangéville (54) 66 B6
Varaville (14) 33 G4
Varces-Allières-et-Risset (38) 223 K5
Vareilles (23) 181 J1
Vareilles (71) 187 G1
Varen (82) 250 D5
Varengeville-sur-Mer (76) 15 J3
Varenguebec (50) 28 D6
Varenne-l'Arconce (71) 187 F1
Varenne-Saint-Germain (71) 170 B5
Varennes (24) 231 K2
Varennes (31) 288 E2
Varennes (37) 146 C3
Varennes (80) 10 C6
Varennes (82) 269 G3
Varennes (86) 162 D1
Varennes (89) 113 H4
Varennes-Changy (45) 111 H5
Varennes-en-Argonne (55) 42 E4
Varennes-Jarcy (91) 59 G6
Varennes-le-Grand (71) 171 K2
Varennes-lès-Mâcon (71) 188 B1
Varennes-lès-Narcy (58) 150 C1
Varennes-Saint-Honorat (43) 219 J4
Varennes-Saint-Sauveur (71) 172 C4
Varennes-sous-Dun (71) 187 H1
Varennes-sur-Allier (03) 185 H1
Varennes-sur-Amance (52) 117 F4
Varennes-sur-Loire (49) 126 C6
Varennes-sur-Morge (63) 185 F6
Varennes-sur-Seine (77) 87 K4
Varennes-sur-Tèche (03) 186 A1
Varennes-sur-Usson (63) 203 F5
Varennes-Vauzelles (58) 150 D4
Varès (47) 247 J1
Varesnes (60) 19 H6
Varetz (19) 215 H4
Varilhes (09) 307 H2
Varinfroy (60) 39 F6
Variscourt (02) 40 E2
Varize (28) 109 G2
Varize (57) 45 H5
Varmonzey (88) 94 B4
Varneville (55) 65 F3
Varneville-Bretteville (76) 15 K5
Varogne (70) 118 B6
Varois-et-Chaignot (21) 136 B5
Varouville (50) 29 F2
Varrains (49) 144 C1

Varreddes (77) 59 K2
Vars (05) 227 A5
Vars (16) 196 D2
Vars (70) 136 E3
Vars-sur-Roseix (19) 215 G3
Varsberg (57) 45 K5
Varzay (17) 195 F2
Varzy (58) 132 E5
Vascœuil (27) 36 A2
Vasles (79) 162 B3
Vasperviller (57) 67 J6
Vassel (63) 203 F2
Vasselay (18) 149 G2
Vasselin (38) 207 G4
Vassens (02) 39 G2
Vassieux-en-Vercors (26) 241 H1
Vassimont-et-Chapelaine (51) 62 D5
Vassincourt (55) 63 K4
Vassogne (02) 40 C2
Vassonville (76) 15 K4
Vassy-sous-Pisy (89) 134 B2
le Vast (50) 29 F2
Vasteville (50) 28 B3
les Vastres (43) 221 F6
Vatan (36) 148 A3
Vathiménil (54) 94 D2
Vatierville (76) 16 D3
Vatilieu (38) 223 G3
Vatimont (57) 66 C1
Vatry (51) 62 C4
Vattetot-sous-Beaumont (76) 14 D5
Vattetot-sur-Mer (76) 14 C4
Vatteville (27) 35 K4
Vatteville-la-Rue (76) 34 E1
Vauban (71) 187 G2
Vaubecourt (55) 64 A2
Vaubexy (88) 94 B5
Vaucelles (14) 32 A3
Vaucelles-et-Beffecourt (02) 40 A1
Vauchamps (25) 138 B6
Vauchamps (51) 61 G3
Vauchassis (10) 89 K6
Vauchelles (60) 19 G6
Vauchelles-lès-Authie (80) 10 C5
Vauchelles-lès-Domart (80) 9 J6
Vauchelles-lès-Quesnoy (80) 9 G5
Vauchignon (21) 153 J4
Vauchonvilliers (10) 90 E5
Vauchoux (70) 137 K1
Vauchrétien (49) 125 G5
Vauciennes (51) 61 J1
Vauciennes (60) 39 F5
Vauclaix (58) 152 A1
Vauclerc (51) 63 G5
Vaucluse (25) 139 G6
Vauclusotte (25) 139 G5
Vaucogne (10) 90 D2
Vauconcourt-Nervezain (70) 137 H1
Vaucouleurs (55) 93 F1
Vaucourt (54) 67 F5
Vaucourtois (77) 60 A3
Vaucresson (92) 58 C4
Vaudancourt (60) 36 D4
Vaudebarrier (71) 170 D5
Vaudelnay (49) 144 B2
Vaudeloges (14) 54 C2
Vaudemange (51) 41 G6
Vaudémont (54) 93 K3
Vaudes (10) 90 B6
Vaudesincourt (51) 41 J5
Vaudesson (02) 40 A2
Vaudeurs (89) 113 F1
Vaudevant (07) 221 J5
Vaudeville (54) 94 A2
Vaudéville (88) 94 C5
Vaudeville-le-Haut (55) 93 F3
Vaudherland (95) 59 F2
Vaudigny (54) 94 A3
le Vaudioux (39) 173 K2
Vaudoncourt (55) 44 A3
Vaudoncourt (88) 93 H5
le Vaudoué (77) 87 F4
Vaudoy-en-Brie (77) 60 B6
Vaudreching (57) 45 J3
Vaudrecourt (52) 93 F6
Vaudrémont (52) 115 J1
le Vaudreuil (27) 35 J4
Vaudreuille (31) 289 H3
Vaudreville (50) 29 F4
Vaudry (39) 155 H4
Vaudricourt (62) 6 A6
Vaudricourt (80) 8 D5
Vaudrimesnil (50) 30 E2
Vaudringhem (62) 4 E4
Vaudrivillers (25) 138 D6
Vaufrey (25) 139 J4
Vaugines (84) 277 G4
Vaugneray (69) 205 J2
Vaugrigneuse (91) 86 C1
Vauhallan (91) 58 D5
Vaujany (38) 224 D4
Vaujours (93) 59 G3
le Vaulmier (15) 217 J4
Vaulnaveys-le-Bas (38) 224 B4
Vaulnaveys-le-Haut (38) 224 B4
Vaulry (87) 181 F5
Vault-de-Lugny (89) 133 J3
Vaulx (62) 9 J3
Vaulx (74) 190 D5
Vaulx-en-Velin (69) 206 B2
Vaulx-Milieu (38) 206 E4
Vaulx-Vraucourt (62) 11 G5
le Vaumain (60) 37 F3

Vaumas (03) 169 G5
Vaumeilh (04) 259 F3
Vaumoise (60) 39 F5
Vaumort (89) 112 E1
Vaunac (24) 214 B1
Vaunaveys-la-Rochette (26) 240 D3
Vaunoise (61) 83 G4
la Vaupalière (76) 35 G1
Vaupillon (28) 84 B3
Vaupoisson (10) 90 C2
Vauquois (55) 42 E5
Vauréal (95) 58 B1
Vaureilles (12) 251 G1
le Vauroux (60) 37 F3
Vausseroux (79) 162 A3
Vautebis (79) 161 K4
Vauthiermont (90) 119 K6
Vautorte (53) 80 E4
Vauvenargues (13) 296 E1
Vauvert (30) 275 F5
Vauville (14) 33 J3
Vauville (50) 28 A2
Vauvillers (70) 118 A3
Vauvillers (80) 18 E3
Vaux (03) 167 G5
Vaux (31) 289 F2
Vaux (57) 44 E6
Vaux (86) 179 G1
Vaux-Andigny (02) 12 D6
Vaux-Champagne (08) 41 K2
Vaux-devant-Damloup (55) 43 J5
Vaux-en-Amiénois (80) 18 A1
Vaux-en-Beaujolais (69) 187 K4
Vaux-en-Bugey (01) 189 H6
Vaux-en-Dieulet (08) 42 E1
Vaux-en-Pré (71) 171 G3
Vaux-en-Vermandois (02) 19 J3
Vaux-et-Chantegrue (25) 156 D6
Vaux-Lavalette (16) 196 E6
Vaux-le-Moncelot (70) 137 H2
Vaux-le-Pénil (77) 87 H2
Vaux-lès-Mouron (08) 42 C4
Vaux-lès-Mouzon (08) 23 J5
Vaux-lès-Palameix (55) 64 E1
Vaux-lès-Prés (25) 137 J6
Vaux-lès-Rubigny (08) 21 J4
Vaux-lès-Saint-Claude (39) 173 H6
Vaux-Marquenneville (80) 17 J2
Vaux-Montreuil (08) 22 B6
Vaux-Rouillac (16) 196 B2
Vaux-Saules (21) 135 H4
Vaux-sur-Aure (14) 32 B3
Vaux-sur-Blaise (52) 91 J2
Vaux-sur-Eure (27) 57 F1
Vaux-sur-Lunain (77) 87 K6
Vaux-sur-Mer (17) 194 C3
Vaux-sur-Poligny (39) 155 J6
Vaux-sur-Saint-Urbain (52) 92 B4
Vaux-sur-Seine (78) 58 A2
Vaux-sur-Seulles (14) 32 B4
Vaux-sur-Somme (80) 18 D2
Vaux-sur-Vienne (86) 145 J5
Vaux-Villaine (08) 22 B3
Vauxaillon (02) 39 K2
Vauxbons (52) 116 B4
Vauxbuin (02) 39 J3
Vauxrenard (69) 188 A2
Vauxrezis (02) 39 J2
Vauxtin (02) 40 B3
Vavincourt (55) 64 B4
Vavray-le-Grand (51) 63 G4
Vavray-le-Petit (51) 63 G4
Vaxainville (54) 95 F1
Vaxoncourt (88) 94 C4
Vaxy (57) 66 D3
Vay (44) 103 F5
Vaychis (09) 307 K6
Vaylats (46) 250 B3
Vayrac (46) 234 A1
Vayres (33) 229 K1
Vayres (87) 198 A2
Vayres-sur-Essonne (91) 86 E3
Vazeilles-Limandre (43) 219 K5
Vazerac (82) 249 H5
Veauce (03) 184 B3
Veauche (42) 204 E5
Veauchette (42) 204 E5
Veaugues (18) 149 K1
Veauville-lès-Baons (76) 15 G5
Veauville-lès-Quelles (76) 15 G4
Vèbre (09) 307 J5
Vebret (15) 217 H2
Vebron (48) 254 B4
Veckersviller (57) 68 E4
Veckring (57) 45 G3
Vecoux (88) 119 F2
Vecquemont (80) 18 C2
Vecqueville (52) 92 A3
Vedène (84) 276 B2
Védrines-Saint-Loup (15) 219 F5
Végennes (19) 216 A6
Vého (54) 67 G6
Veigné (37) 127 J6
Veigy-Foncenex (74) 191 G1
Veilhes (81) 270 A6
Veilleins (41) 129 H4
Veilly (21) 153 H1
Veix (19) 200 A5
Velaine-en-Haye (54) 65 J5
Velaine-sous-Amance (54) 66 B5
Velaines (55) 64 C3
Velanne (38) 207 J3
Velars-sur-Ouche (21) 135 J5
Velaux (13) 296 B1

Velennes (60) 37 H2
Velennes (80) 17 J4
Velesmes-Échevanne (70) 137 G4
Velesmes-Essarts (25) 155 K1
Velet (70) 137 F4
Vélieux (34) 290 E3
Vélines (24) 230 E2
Vélizy-Villacoublay (78) 58 C4
Velle-le-Châtel (70) 137 K2
Velle-sur-Moselle (54) 94 B1
Vellèches (86) 145 J4
Vellechevreux-et-
  -Courbenans (70) 138 E2
Velleclaire (70) 137 H4
Vellefaux (70) 138 A2
Vellefrey-et-Vellefrange (70) .. 137 H4
Vellefrie (70) 118 B6
Velleguindry-et-Levrecey (70) . 138 A2
Velleminfroy (70) 138 C1
Vellemoz (70) 137 H3
Velleron (84) 276 D2
Vellerot-lès-Belvoir (25) 139 F5
Vellerot-lès-Vercel (25) 138 D6
Velles (36) 165 H2
Velles (52) 117 G5
Vellescot (90) 139 J2
Vellevans (25) 138 E5
Vellexon-Queutrey-
  -et-Vaudey (70) 137 H2
Velloreille-lès-Choye (70) 137 G4
Velluire (85) 160 C5
Velogny (21) 134 E4
Velone-Orneto (2B) 319 H4
Velorcey (70) 118 B5
Velosnes (55) 43 J1
Velotte-et-Tatignécourt (88) 94 A5
Vélu (62) 11 G5
Velving (57) 45 J4
Vélye (51) 62 B3
Velzic (15) 217 J6
Vémars (95) 59 G1
Venables (27) 35 K5
Venaco (2B) 319 F6
Venansault (85) 159 G1
Venanson (06) 261 J5
Venarey-les-Laumes (21) 134 E3
Venas (03) 167 J3
Venasque (84) 276 E1
Vence (06) 280 E4
Vendargues (34) 274 C6
Vendat (03) 185 H3
Vendays-Montalivet (33) 210 C1
Vendegies-au-Bois (59) 12 D4
Vendegies-sur-Écaillon (59) 12 D3
Vendel (35) 79 K2
la Vendelée (50) 30 D3
Vendelles (02) 19 J2
Vendémian (34) 292 D1
Vendenesse-lès-Charolles (71) . 170 D5
Vendenesse-sur-Arroux (71) ... 170 B3
Vendenheim (67) 25 A6
Vendes (14) 32 C5
Vendeuil (02) 20 A4
Vendeuil-Caply (60) 18 A5
Vendeuvre (14) 54 B1
Vendeuvre-du-Poitou (86) 162 E1
Vendeuvre-sur-Barse (10) 90 E5
Vendeville (59) 6 E5
Vendhuile (02) 11 J6
Vendières (02) 60 E3
Vendin-le-Vieil (62) 6 C6
Vendin-lès-Béthune (62) 5 K5
Vendine (31) 289 F1
Vendœuvres (36) 147 G6
Vendoire (24) 197 F6
Vendôme (41) 108 C5
Vendranges (42) 187 F6
Vendrennes (85) 142 C5
Vendres (34) 291 K5
Vendresse (08) 22 D5
Vendresse-Beaulne (02) 40 B2
Vendrest (77) 60 B1
la Vendue-Mignot (10) 114 B1
Vénéjan (30) 256 C5
Venelles (13) 277 H6
Vénérand (17) 195 G1
Venère (70) 137 G5
Vénérieu (38) 206 E3
Vénérolles (02) 20 D1
Venerque (31) 288 B3
Vénès (81) 270 D5
Venesmes (18) 149 F6
Vénestanville (76) 15 H3
Venette (60) 38 D2
Veneux-les-Sablons (77) 87 J4
Veney (54) 95 G2
Venise (25) 138 A5
Venisey (70) 117 J4
Vénissieux (69) 206 B3
Venizel (02) 39 K3
Venizy (89) 113 H2
Vennans (25) 138 B5
Vennecy (45) 110 B3
Vennes (25) 157 G1
Vennezey (54) 94 D2
Venon (27) 35 H5
Venon (38) 224 A4
Vénosc (38) 224 E6
Venouse (89) 113 G4
Venoy (89) 113 G5
Vensac (33) 194 C6
Vensat (63) 185 F4
Ventabren (13) 296 B1
Ventalon en Cévennes (48) 254 D4

Ventavon (05) 258 E2
Ventelay (51) 40 D3
Ventenac (09) 307 J2
Ventenac-Cabardès (11) 290 A5
Ventenac-en-Minervois (11) 291 G5
Venterol (04) 259 G1
Venterol (26) 257 G2
les Ventes (27) 56 C2
les Ventes-de-Bourse (61) 82 E2
Ventes-Saint-Rémy (76) 16 B4
Venteuges (43) 219 H6
Venteuil (51) 61 J1
Venthon (73) 209 G3
Ventiseri (2B) 321 H4
Ventouse (16) 179 H6
Ventron (88) 119 H3
la Ventrouze (61) 83 J1
Venzolasca (2B) 319 J3
Ver (50) 30 E6
Ver-lès-Chartres (28) 85 G4
Ver-sur-Launette (60) 38 C6
Ver-sur-Mer (14) 32 C3
Vérac (33) 211 J6
Véranne (42) 221 K1
Vérargues (34) 274 D5
Véraza (11) 308 E3
Verberie (60) 38 D4
Verbiesles (52) 116 B2
Vercel-Villedieu-le-Camp (25) . 157 F1
Verchain-Maugré (59) 12 C3
Verchaix (74) 192 A3
Vercheny (26) 241 G4
les Verchers-sur-Layon (49) ... 144 A1
Verchin (62) 5 G6
Verchocq (62) 4 E5
Vercia (39) 172 E3
Verclause (26) 257 K2
Vercoiran (26) 257 J3
Vercourt (80) 9 F3
Verdaches (04) 259 K3
Verdalle (81) 289 J2
Verdelais (33) 230 A5
Verdelot (77) 60 D3
Verdenal (54) 67 G6
Verderel-lès-Sauqueuse (60) 37 H1
Verderonne (60) 38 B3
Verdèse (2B) 319 H4
Verdets (64) 283 K5
le Verdier (81) 270 A2
la Verdière (83) 278 C5
Verdigny (18) 131 J5
Verdille (16) 178 D6
Verdilly (02) 60 E1
Verdon (24) 231 K2
Verdon (51) 61 G2
le Verdon-sur-Mer (33) 194 B4
Verdonnet (21) 114 D6
Verdun (09) 307 J5
Verdun (55) 43 H5
Verdun-en-Lauragais (11) 289 H4
Verdun-sur-Garonne (82) 268 E3
Verdun-sur-le-Doubs (71) 154 B5
Vereaux (18) 150 B5
Verel-de-Montbel (73) 207 K4
Verel-Pragondran (73) 208 B4
Véretz (37) 127 K5
Vereux (70) 137 F3
Verfeil (31) 269 J6
Verfeil (82) 250 D5
Verfeuil (30) 255 K5
Vergaville (57) 68 A6
Vergéal (35) 79 K5
la Vergenne (70) 138 E1
le Verger (35) 78 D4
Vergeroux (17) 176 E5
Verges (39) 173 G2
Vergetot (76) 14 C5
Vergezac (43) 219 K6
Vergèze (30) 274 E5
Vergheas (63) 184 A5
Vergies (80) 17 G1
Vergigny (89) 113 H3
Vergisson (71) 188 A1
la Vergne (17) 177 J5
la Vergne (17) 177 K3
Vergoignan (32) 265 K4
Vergoncey (50) 51 J4
Vergongheon (43) 219 F1
Vergonnes (49) 104 B5
Vergons (04) 279 J2
Vergranne (25) 138 D4
Vergt (24) 213 K5
Vergt-de-Biron (24) 232 B3
le Verguier (02) 19 J2
Véria (39) 172 E5
Vérignon (83) 279 F5
Vérigny (28) 85 F3
Vérin (42) 205 K6
Vérines (17) 176 E2
Vérissey (71) 172 B2
Vérizet (71) 172 D6
Verjon (01) 172 B4
Verjux (71) 154 B5
Verlans (70) 139 G2
Verlhac-Tescou (82) 269 H2
Verlin (89) 112 E5
Verlincthun (62) 4 B4
Verlinghem (59) 6 D4
Verlus (32) 265 K6
Vermand (02) 19 J2
Vermandovillers (80) 19 F3
Vermelles (62) 6 B6
Vermenton (89) 133 H1
le Vermont (88) 95 J3
Vern-sur-Seiche (35) 79 G5
Vernais (18) 167 H1

Vernaison (69) 206 A4
Vernajoul (09) 307 H3
Vernancourt (51) 63 H3
Vernantes (49) 126 C4
Vernantois (39) 173 F3
la Vernarède (30) 255 F4
Vernas (38) 206 E2
Vernassal (43) 219 K4
Vernaux (09) 307 K5
Vernay (69) 187 J3
la Vernaz (74) 175 G6
Verne (25) 138 C4
Vernègues (13) 276 E5
Verneiges (23) 183 H2
Verneil-le-Chétif (72) 106 E6
Verneix (03) 167 H6
la Vernelle (36) 147 H1
le Vernet (03) 185 J4
le Vernet (04) 259 K3
le Vernet (09) 288 D6
Vernet (31) 288 B3
le Vernet (43) 219 K6
Vernet-la-Varenne (63) 203 G6
Vernet-les-Bains (66) 314 B3
le Vernet-Sainte-
  -Marguerite (63) 202 B4
Verneugheol (63) 201 H2
Verneuil (16) 197 K2
Verneuil (18) 149 J6
Verneuil (51) 40 B6
Verneuil (58) 151 H6
Verneuil-en-Bourbonnais (03) . 185 G1
Verneuil-en-Halatte (60) 38 B4
Verneuil-Grand (55) 23 K6
Verneuil-le-Château (37) 145 H3
Verneuil-l'Étang (77) 59 J4
Verneuil-Moustiers (87) 164 C6
Verneuil-Petit (55) 23 K6
Verneuil-sous-Coucy (02) 39 J1
Verneuil-sur-Avre (27) 56 B5
Verneuil-sur-Igneraie (36) 166 B3
Verneuil-sur-Indre (37) 146 D3
Verneuil-sur-Seine (78) 58 B2
Verneuil-sur-Serre (02) 20 D5
Verneuil-sur-Vienne (87) 198 D1
Verneusses (27) 55 G3
Vernéville (57) 44 D5
Vernie (72) 82 C6
Vernierfontaine (25) 156 E2
Vernines (63) 202 B3
Verniolle (09) 307 H1
Vernioz (38) 206 B6
Vernix (50) 52 A4
Vernoil (49) 126 C4
le Vernois (39) 173 G1
Vernois-lès-Belvoir (25) 139 F5
Vernois-lès-Vesvres (21) 136 B1
Vernois-sur-Mance (70) 117 H4
Vernols (15) 218 B3
Vernon (07) 255 H1
Vernon (27) 36 B6
Vernon (86) 163 G5
Vernonvilliers (10) 91 G4
Vernosc-lès-Annonay (07) 221 K3
Vernot (21) 135 K3
la Vernotte (70) 137 H3
Vernou-en-Sologne (41) 129 H3
Vernou-la-Celle-sur-Seine (77) . 87 J4
Vernou-sur-Brenne (37) 127 K4
Vernouillet (28) 57 F5
Vernouillet (78) 58 B2
Vernoux (01) 172 B4
Vernoux-en-Gâtine (79) 161 G2
Vernoux-en-Vivarais (07) 240 A2
Vernoux-sur-Boutonne (79) ... 178 C2
le Vernoy (25) 139 F2
Vernoy (89) 112 B2
Vernusse (03) 184 D2
Verny (57) 66 A1
Vero (2A) 320 D3
Véron (89) 112 D1
Véronne (26) 241 F3
Véronnes (21) 136 C3
la Vergne (17) 171 F6
Verosvres (71) 171 F6
Verpel (08) 42 D2
la Verpillière (38) 206 D4
Verpillières (80) 19 F5
Verpillières-sur-Ource (10) 115 F2
Verquières (13) 276 B3
Verquigneul (62) 6 A6
Verquin (62) 6 A6
Verrens-Arvey (73) 209 F3
Verreries-de-Moussans (34) ... 290 E3
Verrey-sous-Drée (21) 135 G5
Verrey-sous-Salmaise (21) 135 G4
Verricourt (10) 90 D3
Verrie (49) 125 K6
la Verrie (85) 142 D4
la Verrière (78) 58 A5
Verrières (08) 42 C1
Verrières (10) 90 B6
Verrières (12) 253 F5
Verrières (16) 195 K4
Verrières (51) 63 J1
Verrières (61) 83 K5
Verrières (63) 202 C5
Verrières (86) 163 H5
Verrières-de-Joux (25) 156 D1
Verrières-du-Grosbois (25) 156 D1
Verrières-en-Anjou (49) 125 H3
Verrières-en-Forez (42) 204 C5
Verrières-le-Buisson (91) 58 D5
Verrue (86) 144 E5

Verruyes (79) 161 J4
Vers (46) 250 A1
Vers (71) 171 J3
Vers (74) 190 D3
Vers-en-Montagne (39) 156 A6
Vers-Pont-du-Gard (30) 275 H2
Vers-sous-Sellières (39) 155 G6
Vers-sur-Méouge (26) 258 B4
Vers-sur-Selle (80) 18 A3
Versailles (78) 58 C4
Versailleux (01) 188 D3
Versainville (14) 54 A2
la Versanne (42) 221 H4
Versaugues (71) 170 B6
Verseilles-le-Bas (52) 116 C6
Verseilles-le-Haut (52) 116 C5
Versigny (02) 20 B5
Versigny (60) 38 D5
Versols-et-Lapeyre (12) 272 B3
Verson (14) 32 D5
Versonnex (01) 190 E1
Versonnex (74) 190 D5
le Versoud (38) 224 B3
Vert (40) 245 J5
Vert (78) 57 J2
le Vert (79) 178 A3
Vert-en-Drouais (28) 56 E5
Vert-le-Grand (91) 86 E1
Vert-le-Petit (91) 86 E2
Vert-Saint-Denis (77) 87 G1
Vert-Toulon (51) 61 J4
Vertain (59) 12 D4
Vertaizon (63) 203 F2
Vertamboz (39) 173 H3
Vertault (21) 114 D4
Verteillac (24) 213 G1
Verteuil-d'Agenais (47) 247 J1
Verteuil-sur-Charente (16) 179 G5
Verthemex (73) 208 A4
Vertheuil (33) 210 E3
Vertolaye (63) 203 K4
Verton (62) 8 E1
Vertou (44) 123 H4
Vertrieu (38) 189 H6
Vertus (51) 61 K3
Vervant (16) 196 D1
Vervant (17) 177 K5
Vervezelle (88) 95 F5
Vervins (02) 21 F3
Véry (55) 42 E4
Verzé (71) 171 H6
Verzeille (11) 309 F1
Verzenay (51) 41 G5
Verzy (51) 41 G6
Vesaignes-sous-Lafauche (52) . 92 D5
Vesaignes-sur-Marne (52) 116 C3
Vesancy (01) 174 B6
Vesc (26) 241 F6
Vescemont (90) 119 H5
Vescheim (57) 69 F6
Vescles (39) 173 G6
Vescours (01) 172 A5
Vescovato (2B) 319 J3
Vesdun (18) 167 F4
Vésigneul-sur-Marne (51) 62 E3
Vésines (01) 171 K6
le Vésinet (78) 58 C3
Vesles-et-Caumont (02) 20 E5
Veslud (02) 40 C1
Vesly (27) 36 D4
Vesly (50) 30 D1
Vesoul (70) 138 A1
la Vespière-Friardel (14) 55 G1
Vesseaux (07) 239 H5
Vestric-et-Candiac (30) 275 F5
Vesvres (21) 135 F2
Vesvres-sous-Chalancey (52) . 136 B1
Vétheuil (95) 57 J1
Vétraz-Monthoux (74) 191 G2
Vétrigne (90) 119 H6
Veuil (36) 147 H2
Veuilly-la-Poterie (02) 60 C1
Veules-les-Roses (76) 15 H2
Veulettes-sur-Mer (76) 15 F2
le Veurdre (03) 168 B1
Veurey-Voroize (38) 223 J2
la Veuve (51) 62 C1
Veuves (41) 128 C4
Veuvey-sur-Ouche (21) 153 J1
Veuxhaulles-sur-Aube (21) 115 H3
Vevy (39) 173 G2
Vexaincourt (88) 95 J2
Vexin-sur-Epte (27) 36 C5
le Vey (14) 53 H2
Veynes (05) 242 C6
Veyrac (87) 181 F6
Veyras (07) 239 K4
Veyre-Monton (63) 202 D3
Veyreau (12) 253 J5
Veyrier-du-Lac (74) 191 F6
Veyrières (15) 217 G2
Veyrières (19) 201 G6
Veyrignac (24) 233 G2
Veyrines-de-Domme (24) 232 E3
Veyrines-de-Vergt (24) 214 A6
les Veys (50) 29 G6
Veyssilieu (38) 206 E3
Vez (60) 39 F4
Vézac (15) 235 J2
Vézac (24) 232 E2
Vézannes (89) 113 J4
Vézaponin (02) 39 H2
Vèze (15) 218 C3
la Vèze (25) 156 B1

Vézelay (89) 133 H4
Vézelise (54) 93 K2
Vézelois (90) 139 H1
Vezels-Roussy (15) 235 K3
Vézénobres (30) 274 D1
Vézeronce-Curtin (38) 207 G3
Vézézoux (43) 219 G1
le Vézier (51) 60 E4
Vézières (86) 144 E2
Vézillon (27) 36 A5
Vézilly (02) 40 C5
Vezin-le-Coquet (35) 79 F4
Vézinnes (89) 113 K4
Vezins (49) 143 G2
Vézins-de-Lévézou (12) 252 E4
Vezot (72) 82 E4
Vezzani (2B) 321 G1
Viala-du-Pas-de-Jaux (12) 272 C2
Viala-du-Tarn (12) 252 D6
Vialas (48) 254 E3
Vialer (64) 284 E1
Viam (19) 200 B4
Viane (81) 271 H5
Vianges (21) 152 E2
Vianne (47) 247 H4
Viâpres-le-Petit (10) 90 A1
Viarmes (95) 37 K6
Vias (34) 292 C4
Viazac (46) 234 E5
le Vibal (12) 252 C3
Vibersviller (57) 68 C5
Vibeuf (76) 15 H4
Vibrac (16) 196 B3
Vibrac (17) 211 K1
Vibraye (72) 107 J2
Vic-de-Chassenay (21) 134 C4
Vic-des-Prés (21) 153 H3
Vic-en-Bigorre (65) 285 H3
Vic-Fezensac (32) 266 E4
Vic-la-Gardiole (34) 293 F2
Vic-le-Comte (63) 202 E4
Vic-le-Fesq (30) 274 D3
Vic-sous-Thil (21) 134 D5
Vic-sur-Aisne (02) 39 G2
Vic-sur-Cère (15) 217 J6
Vic-sur-Seille (57) 66 D4
Vicdessos (09) 307 G5
le Vicel (50) 29 F2
Vichel (63) 219 F1
Vichel-Nanteuil (02) 39 J5
Vichères (28) 84 A5
Vicherey (88) 93 J3
Vichy (03) 185 J3
Vico (2A) 320 C2
la Vicogne (80) 10 A6
la Vicomté-sur-Rance (22) 50 D5
Vicq (03) 184 E1
Vicq (52) 117 F3
Vicq (59) 12 E1
Vicq (78) 57 K4
Vicq-d'Auribat (40) 264 C3
Vicq-Exemplet (36) 166 C3
Vicq-sur-Breuilh (87) 199 G4
Vicq-sur-Gartempe (86) 163 K1
Vicq-sur-Mer (50) 28 E1
Vicq-sur-Nahon (36) 147 H3
Vicques (14) 54 B2
Victot-Pontfol (14) 33 H5
Vidai (61) 83 F2
Vidaillac (46) 250 D3
Vidaillat (23) 182 D5
Vidauban (83) 298 D2
Videcosville (50) 29 F3
Videix (87) 197 K2
Videlles (91) 87 F3
Vidou (65) 285 K4
Vidouze (65) 285 G2
Viefvillers (60) 17 K5
le Vieil-Dampierre (51) 63 J2
le Vieil-Évreux (27) 56 E2
Vieil-Hesdin (62) 9 J2
Vieil-Moutier (62) 4 D4
Vieille-Brioude (43) 219 G3
Vieille-Chapelle (62) 6 A5
Vieille-Église (62) 2 E3
Vieille-Église-en-Yvelines (78) ... 57 K6
la Vieille-Loye (39) 155 H4
la Vieille-Lyre (27) 55 K3
Vieille-Toulouse (31) 288 B2
Vieilles-Maisons-
   sur-Joudry (45) 111 F4
Vieillespesse (15) 218 E5
Vieillevie (15) 235 H5
Vieillevigne (31) 288 D3
Vieillevigne (44) 141 J3
Vieilley (25) 138 A5
Vieilmoulin (21) 135 G6
Viel-Arcy (02) 40 B3
Viel-Saint-Remy (08) 22 B5
Viella (32) 265 K6
Viella (65) 304 B4
Vielle-Adour (65) 285 H6
Vielle-Aure (65) 304 E6
Vielle-Louron (65) 304 E4
Vielle-Saint-Girons (40) 262 C1
Vielle-Soubiran (40) 246 C6
Vielle-Tursan (40) 265 G5
Viellenave-d'Arthez (64) 284 B2
Viellenave-de-Navarrenx (64) ... 283 J3
Viellességure (64) 283 K3
Vielmanay (58) 132 B6
Vielmur-sur-Agout (81) 270 C6
Vielprat (43) 238 D2
Viels-Maisons (02) 60 E3

Vielverge (21) 136 E6
Viennay (79) 161 K2
Vienne (38) 206 B5
Vienne-en-Arthies (95) 57 J1
Vienne-en-Bessin (14) 32 C3
Vienne-en-Val (45) 110 C5
Vienne-la-Ville (51) 42 C5
Vienne-le-Château (51) 42 D5
Viens (84) 277 J2
Vienville (88) 95 G6
Vier-Bordes (65) 304 A2
Viersat (23) 183 J2
Vierville (28) 86 A4
Vierville (50) 29 G6
Vierville-sur-Mer (14) 29 K6
Vierzon (18) 148 D1
Vierzy (02) 39 J4
Viesly (59) 12 C4
Viéthorey (25) 138 D4
Vieu (01) 190 A6
Vieu-d'Izenave (01) 189 J4
Vieure (03) 167 K4
Vieussan (34) 291 H1
Vieuvicq (28) 84 D5
Vieuvy (53) 80 E2
Vieux (14) 32 D6
Vieux (81) 270 A1
Vieux-Berquin (59) 6 A3
Vieux-Boucau-les-Bains (40) ... 262 B3
Vieux-Bourg (14) 33 K3
le Vieux-Bourg (22) 76 D2
le Vieux-Cérier (16) 179 J5
Vieux-Champagne (77) 88 B1
Vieux-Charmont (25) 139 H2
Vieux-Château (21) 134 B4
Vieux-Condé (59) 7 J6
Vieux-Ferrette (68) 97 B5
Vieux-Fumé (14) 33 G6
Vieux-lès-Asfeld (08) 41 F2
Vieux-Lixheim (57) 67 K4
Vieux-Manoir (76) 16 B6
le Vieux-Marché (22) 47 K4
Vieux-Mareuil (24) 197 H6
Vieux-Mesnil (59) 13 G3
Vieux-Moulin (60) 38 E3
Vieux-Moulin (88) 95 J3
Vieux-Pont (61) 54 B6
Vieux-Pont-en-Auge (14) 54 C1
Vieux-Port (27) 34 D2
Vieux-Reng (59) 13 H2
Vieux-Rouen-sur-Bresle (76) ... 17 F3
la Vieux-Rue (76) 35 K1
Vieux-Ruffec (16) 179 J5
Vieux-Thann (68) 119 K4
Vieux-Viel (35) 51 H5
Vieux-Vy-sur-Couesnon (35) ... 79 H1
Vieuzos (65) 286 B5
Viévigne (21) 136 C4
Viéville (52) 92 A5
Viéville-en-Haye (54) 65 H2
Viévy (21) 153 G3
Viévy-le-Rayé (41) 108 E4
Viey (65) 304 B4
Vif (38) 223 K5
Viffort (02) 60 E2
le Vigan (30) 273 J2
le Vigan (46) 233 H4
le Vigean (15) 217 G3
le Vigeant (86) 180 A2
Vigeois (19) 215 H1
Viger (65) 304 A1
Vigeville (23) 182 E3
Viggianello (2A) 322 E6
Viglain (45) 110 D6
Vignacourt (80) 9 K6
Vignale (2B) 319 H2
Vignats (14) 54 B3
le Vignau (40) 265 J4
Vigneaux (05) 243 J2
Vignec (65) 304 E4
Vignely (77) 59 J3
Vignemont (60) 38 D1
les Vignes (48) 253 H4
Vignes (64) 284 C1
Vignes (89) 134 B3
Vignes-la-Côte (52) 92 C5
Vigneul-sous-Montmédy (55) ... 43 H1
Vigneulles (54) 94 C1
Vigneulles-lès-
   Hattonchâtel (55) 65 F2
Vigneux-de-Bretagne (44) 122 E4
Vigneux-Hocquet (02) 21 G4
Vigneux-sur-Seine (91) 59 H4
Vignevieille (11) 309 H2
Vignieu (38) 207 G4
Vignoc (35) 79 F2
Vignol (58) 133 G5
Vignoles (21) 154 A3
Vignolles (16) 196 B5
Vignols (19) 215 G2
Vignonet (33) 230 B2
Vignory (52) 92 A5
Vignot (55) 65 F4
Vignoux-sous-les-Aix (18) 149 G2
Vignoux-sur-Barangeon (18) ... 148 E1
Vigny (57) 66 B2
Vigny (95) 58 A1
Vigoulant (36) 166 B5
Vigoulet-Auzil (31) 288 B2
Vigoux (36) 165 F4
Vigueron (82) 268 C3
Vigy (57) 45 G4

Vijon (36) 166 C5
Vilcey-sur-Trey (54) 65 J2
Vildé-Guingalan (22) 50 B5
le Vilhain (03) 167 J4
Vilhonneur (16) 197 G3
Villabé (91) 87 F1
Villabon (18) 149 J3
Villac (24) 215 F4
Villacerf (10) 89 K4
Villacourt (54) 94 C2
Villadin (10) 89 G5
Villafans (70) 138 D2
Village-Neuf (68) 97 E4
les Villages Vovéens (28) 85 H5
Villaines-en-Duesmois (21) ... 135 F1
Villaines-la-Carelle (72) 82 E3
Villaines-la-Gonais (72) 107 H1
Villaines-la-Juhel (53) 81 K4
Villaines-les-Prévôtes (21) ... 134 D3
Villaines-les-Rochers (37) 145 H1
Villaines-sous-Bois (95) 58 E1
Villaines-sous-Lucé (72) 107 G4
Villaines-sous-Malicorne (72) ... 106 B5
Villainville (76) 14 C5
Villalier (11) 290 B5
Villamblain (45) 109 G3
Villamblard (24) 213 H5
Villamée (35) 80 A2
Villampuy (28) 109 G2
Villandraut (33) 246 B1
Villandry (37) 127 G5
Villanière (11) 290 B4
Villanova (2A) 320 A4
Villapourçon (58) 152 B5
Villar-d'Arène (05) 225 G5
Villar-en-Val (11) 309 G1
Villar-Loubière (05) 243 F2
Villar-Saint-Anselme (11) 308 E2
Villar-Saint-Pancrace (05) 243 K1
Villard (23) 182 B1
Villard (74) 191 H2
Villard-Bonnot (38) 224 B3
Villard-d'Héry (73) 208 D5
Villard-Léger (73) 208 E5
Villard-Notre-Dame (38) 224 D4
Villard-Reculas (38) 224 D4
Villard-Reymond (38) 224 D5
Villard-Saint-Christophe (38) ... 224 B6
Villard-Saint-Sauveur (39) 173 J6
Villard-Sallet (73) 208 D5
Villard-sur-Bienne (39) 173 K4
Villard-sur-Doron (73) 209 H2
Villard de Lans (38) 223 J5
Villardebelle (11) 309 F2
Villardonnel (11) 290 A4
Villards-d'Héria (39) 173 H5
les Villards-sur-Thônes (74) ... 191 H6
Villarembert (73) 225 F2
Villargent (70) 138 E2
Villargoix (21) 134 D6
Villargondran (73) 225 G2
Villariès (31) 269 G4
Villarodin-Bourget (73) 225 K3
Villaroger (73) 193 B4
Villaroux (73) 208 D6
Villars (24) 197 K6
Villars (28) 85 G6
Villars (42) 205 F6
le Villars (71) 171 K4
Villars (84) 277 G2
Villars-Colmars (04) 260 C4
Villars-en-Azois (52) 115 H2
Villars-en-Pons (17) 195 G4
Villars-et-Villenotte (21) 134 D3
Villars-Fontaine (21) 154 A2
Villars-le-Pautel (70) 117 J2
Villars-le-Sec (90) 139 J3
Villars-lès-Blamont (25) 139 H4
Villars-les-Bois (17) 195 J1
Villars-les-Dombes (01) 188 E5
Villars-Saint-Georges (25) ... 155 K6
Villars-Santenoge (52) 115 K6
Villars-sous-Dampjoux (25) ... 139 G3
Villars-sous-Écot (25) 139 G4
Villars-sur-Var (06) 280 E1
Villarzel-Cabardès (11) 290 C4
Villarzel-du-Razès (11) 308 D1
Villasavary (11) 289 H5
Villate (31) 288 B2
Villaudric (31) 269 G3
Villautou (11) 289 F6
Villavard (41) 108 A6
Villaz (74) 191 F5
Ville (60) 19 G6
Villé (67) 70 B6
Ville-au-Montois (54) 44 B2
Ville-au-Val (54) 65 K3
la Ville-aux-Bois (10) 91 G4
la Ville-aux-Bois-lès-Dizy (02) ... 21 G5
la Ville-aux-Bois-
   lès-Pontavert (02) 40 D2
la Ville-aux-Clercs (41) 108 C4
la Ville-aux-Dames (37) 127 J4
Ville-d'Avray (92) 58 D4
Ville-devant-Belrain (55) 64 C3
Ville-devant-Chaumont (55) ... 43 H4
Ville-di-Paraso (2B) 318 D2
Ville-di-Pietrabugno (2B) 317 D5
Ville-Dieu-du-Temple (82) 268 D1
Ville-Dommange (51) 40 E5
Ville-du-Bois (91) 58 D6
Ville-du-Pont (25) 157 F3
Ville-en-Blaisois (52) 91 J3
Ville-en-Sallaz (74) 191 H3

Ville-en-Selve (51) 41 F6
Ville-en-Tardenois (51) 40 D5
Ville-en-Vermois (54) 66 B6
Ville-en-Woëvre (55) 44 A6
la Ville-ès-Nonais (35) 50 D4
Ville-Houdlémont (54) 26 B2
Ville-la-Grand (74) 191 F2
Ville-Langy (58) 151 G5
Ville-le-Marclet (80) 9 J6
Ville-Saint-Jacques (77) 87 K4
Ville-Savoye (02) 40 B4
Ville-sous-Anjou (38) 222 B1
Ville-sous-la-Ferté (10) 115 H1
la Ville-sous-Orbais (51) 61 G2
Ville-sur-Ancre (80) 18 D1
Ville-sur-Arce (10) 114 E1
Ville-sur-Cousances (55) 43 F6
Ville-sur-Illon (88) 94 B6
Ville-sur-Jarnioux (69) 187 K5
Ville-sur-Lumes (08) 22 D4
Ville-sur-Retourne (08) 41 J2
Ville-sur-Saulx (55) 63 K5
Ville-sur-Terre (10) 91 H4
Ville-sur-Tourbe (51) 42 C5
Ville-sur-Yron (54) 44 C6
Villeau (28) 85 H5
Villebadin (61) 54 D4
Villebarou (41) 128 E2
Villebaudon (50) 31 G5
Villebazy (11) 309 F2
Villebéon (77) 87 K6
Villebernier (49) 126 B6
Villeberny (21) 135 F4
Villebichot (21) 154 C2
Villeblevin (89) 88 B5
Villebois (01) 207 G1
Villebois-Lavalette (16) 197 F5
Villebois-les-Pins (26) 258 B3
Villebon (28) 84 D4
Villebon-sur-Yvette (91) 58 D5
Villebougis (89) 88 C6
Villebourg (37) 127 G1
Villebout (41) 108 D2
Villebramar (47) 231 H6
Villebret (03) 184 A2
Villebrumier (82) 269 G2
Villecelin (18) 148 E6
Villecerf (77) 87 J4
Villecey-sur-Mad (54) 65 J1
Villechantria (39) 172 E6
Villechauve (41) 128 A1
Villechenève (69) 205 G2
Villechétif (10) 90 B5
Villechétive (89) 113 F2
Villecien (89) 112 D3
Villécloye (55) 43 H1
Villecomtal (12) 235 J6
Villecomtal-sur-Arros (32) 285 J3
Villecomte (21) 136 A3
Villeconin (91) 86 C2
Villecourt (80) 19 H3
Villecresnes (94) 59 G5
Villecroze (83) 279 F6
Villedaigne (11) 291 G6
Villedieu (15) 218 D6
Villedieu (21) 114 D4
la Villedieu (23) 200 B3
les Villedieu (25) 174 C1
la Villedieu (48) 237 J4
Villedieu (84) 257 F2
la Villedieu-du-Clain (86) 163 F5
la Villedieu-en-Fontenette (70) ... 118 B5
Villedieu-le-Château (41) 107 H6
Villedieu-lès-Bailleul (61) 54 C4
Villedieu-les-Poêles-
   Rouffigny (50) 52 B3
Villedieu-sur-Indre (36) 147 H6
Villedômain (37) 147 F3
Villedômer (37) 128 A3
Villedoux (17) 176 E1
Villedubert (11) 290 B5
Villefagnan (16) 179 F4
Villefargeau (89) 113 F6
Villefavard (87) 181 G3
Villeferry (21) 135 F4
Villefloure (11) 309 F1
Villefollet (79) 178 B3
Villefontaine (38) 206 D4
Villefort (11) 308 C3
Villefort (48) 254 E2
Villefranche (32) 286 E3
Villefranche-d'Albigeois (81) ... 271 F3
Villefranche-d'Allier (03) 167 K6
Villefranche-de-Conflent (66) ... 314 B3
Villefranche-de-Lauragais (31) ... 288 E3
Villefranche-de-Lonchat (24) ... 212 D6
Villefranche-de-Panat (12) ... 252 C6
Villefranche-de-Rouergue (12) ... 251 F3
Villefranche-du-Périgord (24) ... 232 D5
Villefranche-du-Queyran (47) ... 247 G3
Villefranche-le-Château (26) ... 258 B4
Villefranche-sur-Cher (41) 129 J6
Villefranche-sur-Mer (06) 281 G4
Villefranche-sur-Saône (69) ... 188 B5
Villefrancœur (41) 128 D1
Villefranque (64) 263 D1
Villefranque (65) 285 G1
Villegailhenc (11) 290 B5
Villegats (16) 179 G5
Villegats (27) 57 G2
Villegaudin (71) 154 C6
Villegenon (18) 131 G4

Villegly (11) 290 C5
Villegongis (36) 147 J5
Villegouge (33) 211 K6
Villegouin (36) 147 G4
Villegusien-le-Lac (52) 116 C6
Villeherviers (41) 129 J5
Villejésus (16) 178 E6
Villejoubert (16) 196 E1
Villejuif (94) 58 E4
Villejust (91) 58 D5
Villelaure (84) 277 H4
Villeloin-Coulangé (37) 146 E2
Villelongue (65) 304 A3
Villelongue-d'Aude (11) 308 C2
Villelongue-de-la-Salanque (66) ... 315 H1
Villelongue-dels-Monts (66) ... 315 G4
Villeloup (10) 89 J4
Villemade (82) 249 H6
Villemagne (11) 289 J4
Villemagne-l'Argentière (34) ... 272 D6
Villemain (79) 178 D4
Villemandeur (45) 111 H3
Villemanoche (89) 88 C5
Villemardy (41) 108 D6
Villemaréchal (77) 87 K5
Villemareuil (77) 60 A3
Villematier (31) 269 G3
Villembits (65) 285 K4
Villembray (60) 37 F1
Villemer (77) 87 J5
Villemereuil (10) 90 A6
Villemeux-sur-Eure (28) 57 G6
Villemoirieu (38) 206 E3
Villemoiron-en-Othe (10) 89 H6
Villemoisan (49) 124 D3
Villemoisson-sur-Orge (91) ... 58 E6
Villemolaque (66) 315 G3
Villemomble (93) 59 F3
Villemontais (42) 186 D5
Villemontoire (02) 39 J4
Villemorien (10) 114 C2
Villemorin (17) 178 B4
Villemort (86) 164 A4
Villemotier (01) 172 D6
Villemoustaussou (11) 290 B5
Villemoutiers (45) 111 G3
Villemoyenne (10) 90 C6
Villemur (65) 286 C5
Villemur-sur-Tarn (31) 269 G3
Villemurlin (45) 130 E1
Villemus (04) 277 K3
Villenauxe-la-Grande (10) 89 F3
Villenauxe-la-Petite (77) 88 D3
Villenave (40) 264 D1
Villenave-de-Rions (33) 229 K4
Villenave-d'Ornon (33) 229 H3
Villenave-près-Béarn (65) 285 F3
Villenave-près-Marsac (65) ... 285 H4
Villenavotte (89) 88 C5
Villeneuve (01) 188 C5
Villeneuve (04) 278 B2
Villeneuve (09) 306 B3
Villeneuve (12) 251 F2
la Villeneuve (23) 183 J6
Villeneuve (33) 211 G4
Villeneuve (63) 202 E6
la Villeneuve-au-Châtelot (10) ... 89 G2
Villeneuve-au-Chemin (10) ... 113 J2
la Villeneuve-au-Chêne (10) ... 90 D5
la Villeneuve-Bellenoye-
   -et-la-Maize (70) 118 B6
Villeneuve-d'Allier (43) 219 G4
Villeneuve-d'Amont (25) 156 B4
Villeneuve-d'Ascq (59) 6 E4
Villeneuve-d'Aval (39) 155 J4
Villeneuve-de-Berg (07) 239 J6
Villeneuve-de-Duras (47) 231 F3
Villeneuve-de-la-Raho (66) ... 315 G2
Villeneuve-de-Marc (38) 206 D6
Villeneuve-de-Marsan (40) ... 265 J2
Villeneuve-de-Rivière (31) ... 305 H1
Villeneuve-d'Entraunes (06) ... 260 E5
Villeneuve-d'Olmes (09) 307 K4
Villeneuve-du-Latou (09) 288 B6
Villeneuve-du-Paréage (09) ... 288 D6
la Villeneuve-en-Chevrie (78) ... 57 G1
Villeneuve-en-Montagne (71) ... 171 G1
Villeneuve-en-Perseigne (72) ... 82 E3
Villeneuve-en-Retz (44) 140 E2
Villeneuve-Frouville (41) 108 E5
Villeneuve-la-Comptal (11) ... 289 G5
Villeneuve-la-Comtesse (17) ... 177 K3
Villeneuve-la-Dondagre (89) ... 112 B1
Villeneuve-la-Garenne (92) ... 58 E3
Villeneuve-la-Guyard (89) 88 B4
Villeneuve-la-Lionne (51) 60 E5
Villeneuve-la-Rivière (66) 315 F1
Villeneuve-l'Archevêque (89) ... 89 F6
Villeneuve-le-Comte (77) 59 J4
Villeneuve-le-Roi (94) 58 E5
Villeneuve-Lécussan (31) 286 B6
Villeneuve-lès-Avignon (30) ... 276 A2
Villeneuve-lès-Béziers (34) ... 292 A4
Villeneuve-lès-Bordes (77) 88 B3
Villeneuve-lès-Bouloc (31) ... 269 F4
Villeneuve-les-Cerfs (63) 185 H5
la Villeneuve-lès-Charleville (51) ... 61 G4
Villeneuve-lès-Charnod (39) ... 173 F6
Villeneuve-les-Convers (21) ... 135 F2
Villeneuve-les-Corbières (11) ... 309 K3
Villeneuve-les-Genêts (89) ... 112 B6
Villeneuve-lès-Lavaur (81) ... 289 F1
Villeneuve-lès-Maguelone (34) ... 293 G2
Villeneuve-lès-Montréal (11) ... 289 J6

Villeneuve-les-Sablons (60) 37 G4
Villeneuve-Loubet (06) 280 E5
Villeneuve-Minervois (11) 290 C4
Villeneuve-Renneville-
  -Chevigny (51) 62 A3
Villeneuve-Saint-Denis (77) 59 J4
Villeneuve-Saint-Georges (94) 59 F5
Villeneuve-Saint-Germain (02) 39 J3
Villeneuve-Saint-Salves (89) 113 G5
Villeneuve-Saint-
  -Vistre-et-Villevotte (51) 61 H6
Villeneuve-sous-Charigny (21) 134 D4
Villeneuve-sous-
  -Dammartin (77) 59 H1
Villeneuve-sous-Pymont (39) 173 F2
la Villeneuve-sous-Thury (60) 39 G6
Villeneuve-sur-Allier (03) 168 D2
Villeneuve-sur-Auvers (91) 86 D3
Villeneuve-sur-Bellot (77) 60 D3
Villeneuve-sur-Cher (18) 148 E4
Villeneuve-sur-Conie (45) 109 H2
Villeneuve-sur-Fère (02) 39 K5
Villeneuve-sur-Lot (47) 248 A5
Villeneuve-sur-Verberie (60) 38 C4
Villeneuve-sur-Vère (81) 270 C1
Villeneuve-sur-Yonne (89) 112 D2
Villeneuve-Tolosane (31) 288 A2
Villeneuvette (34) 273 G6
Villennes-sur-Seine (78) 58 B3
Villenouvelle (31) 288 D5
Villenoy (77) 59 K3
Villentrois (36) 147 H1
Villeny (41) 129 J2
Villepail (53) 81 K3
Villeparisis (77) 59 G2
Villeparois (70) 138 B1
Villeperdrix (26) 257 J1
Villeperdue (37) 145 K1
Villeperrot (89) 88 C5
Villepinte (11) 289 J5
Villepinte (93) 59 G2
Villeporcher (41) 128 B1
Villepot (44) 103 K3
Villepreux (78) 58 B4
Villequier-Aumont (02) 19 K5
Villequiers (18) 150 A3
Viller (57) 66 E1
Villerable (41) 108 B6
Villerbon (41) 128 E1
Villeréal (47) 232 A5
Villereau (45) 110 B2
Villereau (59) 12 E3
Villerest (42) 186 E5
Villeret (02) 19 J1
Villeret (10) 91 F2
Villereversure (01) 189 H2
Villermain (41) 109 G4
Villeromain (41) 108 C6
Villeron (95) 59 G1
Villerouge-Termenès (11) 309 J2
Villeroy (77) 59 J4
Villeroy (80) 17 F1
Villeroy (89) 112 C1
Villeroy-sur-Méholle (55) 64 E6
Villers (42) 187 G3
Villers (88) 94 A4
Villers-Agron-Aiguizy (02) 40 C5
Villers-Allerand (51) 41 F5
Villers-au-Bois (62) 10 E2
Villers-au-Flos (62) 11 G5
Villers-au-Tertre (59) 11 J3
Villers-aux-Bois (51) 61 K3
Villers-aux-Érables (80) 18 D3
Villers-aux-Nœuds (51) 40 E5
Villers-aux-Vents (55) 63 K3
Villers-Bocage (14) 32 B6
Villers-Bocage (80) 18 B1
Villers-Bouton (70) 137 K4
Villers-Bretonneux (80) 18 D2
Villers-Brûlin (62) 10 C2
Villers-Buzon (25) 155 K1
Villers-Campsart (80) 17 G2
Villers-Canivet (14) 54 A2
Villers-Carbonnel (80) 19 G2
Villers-Cernay (08) 23 G4
Villers-Châtel (62) 10 D2
Villers-Chemin-et-Mont-
  -lès-Étrelles (70) 137 H4
Villers-Chief (25) 138 D6
Villers-Cotterêts (02) 39 G4
Villers-devant-Dun (55) 43 F2
Villers-devant-le-Thour (08) 41 F1
Villers-devant-Mouzon (08) 23 G5
Villers-Écalles (76) 15 J6
Villers-en-Argonne (51) 63 J1
Villers-en-Arthies (95) 36 D6
Villers-en-Cauchies (59) 12 C4
Villers-en-Haye (54) 65 J3
Villers-en-Vexin (27) 36 C4
Villers-Farlay (39) 155 J4
Villers-Faucon (80) 19 J1
Villers-Franqueux (51) 40 E3
Villers-Grélot (25) 138 B5
Villers-Guislain (59) 11 J6
Villers-Hélon (02) 39 H4
Villers-la-Chèvre (54) 44 A1
Villers-la-Combe (25) 138 D6
Villers-la-Faye (21) 154 A2
Villers-la-Montagne (54) 44 B1
Villers-la-Ville (70) 138 D2
Villers-le-Château (51) 62 C2
Villers-le-Lac (25) 157 H2
Villers-le-Rond (54) 43 J1
Villers-le-Sec (02) 20 C3

Villers-le-Sec (51) 63 H4
Villers-le-Sec (55) 64 C6
Villers-le-Sec (70) 138 B2
Villers-le-Tilleul (08) 22 D5
Villers-le-Tourneur (08) 22 B5
Villers-les-Bois (39) 155 H5
Villers-lès-Cagnicourt (62) 11 H4
Villers-lès-Guise (02) 20 D2
Villers-lès-Luxeuil (70) 118 C5
Villers-lès-Mangiennes (55) 43 J3
Villers-lès-Moivrons (54) 66 B4
Villers-lès-Nancy (54) 66 A5
Villers-lès-Pots (21) 154 E1
Villers-lès-Roye (80) 18 E4
Villers-l'Hôpital (62) 9 K4
Villers-Marmery (51) 41 G6
Villers-Outréaux (59) 12 B6
Villers-Pater (70) 138 B3
Villers-Patras (21) 115 F4
Villers-Plouich (59) 11 J5
Villers-Pol (59) 12 E3
Villers-Robert (39) 155 G4
Villers-Rotin (21) 155 F2
Villers-Saint-Barthélemy (60) 37 F2
Villers-Saint-Christophe (02) 19 J3
Villers-Saint-Frambourg (60) 38 C4
Villers-Saint-Genest (60) 38 E6
Villers-Saint-Martin (25) 138 D5
Villers-Saint-Paul (60) 38 A4
Villers-Saint-Sépulcre (60) 37 J3
Villers-Semeuse (08) 22 D4
Villers-Sir-Simon (62) 10 C2
Villers-Sire-Nicole (59) 13 H2
Villers-sous-Ailly (80) 9 H6
Villers-sous-Chalamont (25) 156 B5
Villers-sous-Châtillon (51) 40 D6
Villers-sous-Foucarmont (76) 16 E3
Villers-sous-Montrond (25) 156 C2
Villers-sous-Pareid (55) 44 B6
Villers-sous-Prény (54) 65 J2
Villers-sous-Saint-Leu (60) 37 K5
Villers-Stoncourt (57) 45 H6
Villers-sur-Auchy (60) 36 E1
Villers-sur-Authie (80) 9 F2
Villers-sur-Bar (08) 22 E5
Villers-sur-Bonnières (60) 37 F1
Villers-sur-Coudun (60) 38 D1
Villers-sur-Fère (02) 40 A5
Villers-sur-le-Mont (08) 22 C5
Villers-sur-le-Roule (27) 36 A5
Villers-sur-Mer (14) 33 H3
Villers-sur-Meuse (55) 64 D1
Villers-sur-Nied (57) 66 D2
Villers-sur-Port (70) 117 K6
Villers-sur-Saulnot (70) 139 F2
Villers-sur-Trie (60) 36 E4
Villers-Tournelle (80) 18 C5
Villers-Vaudey (70) 137 G1
Villers-Vermont (60) 17 F6
Villers-Vicomte (60) 18 A5
Villerserine (39) 155 H5
Villersexel (70) 138 D2
Villerupt (54) 44 C1
Villerville (14) 33 J2
Villery (10) 114 A1
Villes (01) 190 B3
Villes-sur-Auzon (84) 257 H6
Villeselve (60) 19 J5
Villeseneux (51) 62 B4
Villesèque (46) 249 H2
Villesèque-des-Corbières (11) 310 A2
Villesèquelande (11) 289 K5
Villesiscle (11) 289 J5
Villespassans (34) 291 G3
Villespy (11) 289 J4
Villetaneuse (93) 58 E2
la Villetelle (23) 183 H6
Villetelle (34) 274 D5
Villethierry (89) 88 B3
Villeton (47) 247 H2
Villetoureix (24) 213 G2
Villetritouls (11) 309 G2
Villetrun (41) 108 D5
la Villette (14) 53 H2
Villette (54) 43 J1
Villette (78) 57 J3
Villette-d'Anthon (38) 206 D2
Villette-de-Vienne (38) 206 B4
Villette-lès-Arbois (39) 155 J5
Villette-lès-Dole (39) 155 G3
Villette-sur-Ain (01) 189 G3
Villette-sur-Aube (10) 90 B2
Villettes (27) 35 H5
les Villettes (43) 220 E3
Villeurbanne (69) 206 B2
Villevallier (89) 112 D3
Villevaudé (77) 59 H3
Villevenard (51) 61 H4
Villevêque (49) 125 H2
Villeveyrac (34) 292 E2
Villevieille (30) 274 D4
Villevieux (39) 172 E1
Villevocance (07) 221 J3
Villevoques (45) 111 G3
Villexanton (41) 109 F6
Villexavier (17) 211 J1
le Villey (39) 155 G6
Villey-le-Sec (54) 65 J6
Villey-Saint-Étienne (54) 65 J5
Villey-sur-Tille (21) 136 A2
Villez-sous-Bailleul (27) 36 A6
Villez-sur-le-Neubourg (27) 35 F5
Villié-Morgon (69) 188 A3
Villiers (36) 146 E5

Villiers (86) 162 D2
Villiers-Adam (95) 58 D1
Villiers-au-Bouin (37) 126 E2
Villiers-aux-Corneilles (51) 89 G1
Villiers-Charlemagne (53) 105 F3
Villiers-Couture (17) 178 C5
Villiers-en-Bière (77) 87 G2
Villiers-en-Bois (79) 178 A3
Villiers-en-Désœuvre (27) 57 G2
Villiers-en-Lieu (52) 63 J4
Villiers-en-Morvan (21) 152 E2
Villiers-en-Plaine (79) 161 G5
Villiers-Fossard (50) 31 H3
Villiers-Herbisse (10) 62 B6
Villiers-le-Bâcle (91) 58 C5
Villiers-le-Bel (95) 58 E2
Villiers-le-Bois (10) 114 A3
Villiers-le-Duc (21) 115 G5
Villiers-le-Mahieu (78) 57 J3
Villiers-le-Morhier (28) 85 G1
Villiers-le-Pré (50) 51 J4
Villiers-le-Roux (16) 179 F4
Villiers-le-Sec (14) 32 C3
Villiers-le-Sec (52) 116 A1
Villiers-le-Sec (58) 132 E5
Villiers-le-Sec (95) 58 E1
Villiers-lès-Aprey (52) 116 B6
Villiers-les-Hauts (89) 114 B6
Villiers-Louis (89) 88 E6
Villiers-Saint-Benoît (89) 112 C6
Villiers-Saint-Denis (02) 60 D2
Villiers-Saint-Fréderic (78) 58 A4
Villiers-Saint-Georges (77) 60 E6
Villiers-Saint-Orien (28) 109 G1
Villiers-sous-Grez (77) 87 H5
Villiers-sous-Mortagne (61) 83 H2
Villiers-sous-Praslin (10) 114 C2
Villiers-sur-Chizé (79) 178 B3
Villiers-sur-Loir (41) 108 B5
Villiers-sur-Marne (94) 59 G4
Villiers-sur-Morin (77) 59 K4
Villiers-sur-Orge (91) 58 E6
Villiers-sur-Seine (77) 88 E3
Villiers-sur-Suize (52) 116 B3
Villiers-sur-Tholon (89) 112 D4
Villiers-sur-Yonne (58) 133 G5
Villiers-Vineux (89) 113 J4
Villiersfaux (41) 108 B6
Villieu-Loyes-Mollon (01) 189 F6
Villing (57) 45 K3
Villognon (16) 179 F6
Villon (89) 114 B4
Villoncourt (88) 94 D5
Villons-les-Buissons (14) 32 D4
Villorceau (45) 109 H5
Villosanges (63) 184 A6
Villotran (60) 37 G3
Villotte (88) 117 G1
Villotte-devant-Louppy (55) 63 K3
Villotte-Saint-Seine (21) 135 G4
Villotte-sur-Aire (55) 64 C3
Villotte-sur-Ource (21) 115 G4
Villuis (77) 88 D3
Villy (08) 23 H6
Villy (89) 113 H4
Villy-Bocage (14) 32 B6
Villy-en-Auxois (21) 135 G4
Villy-en-Trodes (10) 90 D6
Villy-le-Bois (10) 114 B1
Villy-le-Bouveret (74) 191 F4
Villy-le-Maréchal (10) 90 A6
Villy-le-Moutier (21) 154 B3
Villy-le-Pelloux (74) 190 E4
Villy-lez-Falaise (14) 54 B3
Villy-sur-Yères (76) 16 D1
Vilory (70) 118 B6
Vilosnes-Haraumont (55) 43 G3
Vilsberg (57) 70 A1
Vimarcé (53) 82 A6
Vimenet (12) 252 E2
Viménil (88) 94 E5
Vimines (73) 208 A5
Vimont (14) 33 F5
Vimory (45) 111 H4
Vimoutiers (61) 54 E2
Vimpelles (77) 88 C3
Vimy (62) 11 F2
Vinantes (77) 59 H2
Vinassan (11) 291 J6
Vinax (17) 178 C4
Vinay (38) 223 G3
Vinay (51) 61 J2
Vinça (66) 314 C2
Vincelles (39) 173 F3
Vincelles (51) 40 B6
Vincelles (71) 172 C2
Vincelles (89) 133 G1
Vincelottes (89) 133 G1
Vincennes (94) 59 F4
Vincent-Froideville (39) 155 G6
Vincey (88) 94 C4
Vincly (62) 5 F5
Vincy-Manœuvre (77) 60 A1
Vincy-Reuil-et-Magny (02) 21 H4
Vindecy (71) 170 A6
Vindefontaine (50) 31 G3
Vindelle (16) 196 D2
Vindey (51) 61 H6
Vindrac-Alayrac (81) 250 E6
Vinets (10) 90 C2
Vineuil (36) 147 J5
Vineuil (41) 128 E2
Vineuil-Saint-Firmin (60) 38 A5
la Vineuse (71) 171 G5

Vinezac (07) 239 G6
Vingrau (66) 309 K4
Vinnemerville (76) 14 E3
Vinneuf (89) 88 B4
Vinon (18) 131 J4
Vinon-sur-Verdon (83) 278 B4
Vins-sur-Caramy (83) 298 A2
Vinsobres (26) 257 G3
le Vintrou (81) 290 C2
Vinzelles (63) 185 H6
Vinzelles (71) 188 B1
Vinzier (74) 175 G6
Vinzieux (07) 221 K2
Viocourt (88) 93 H4
Viodos-Abense-de-Bas (64) 283 H4
Violaines (62) 6 B5
Violay (42) 205 F1
Violès (84) 257 F5
Violot (52) 116 D6
Viols-en-Laval (34) 273 K5
Viols-le-Fort (34) 273 K5
Vioménil (88) 118 A1
Vion (07) 222 A5
Vion (72) 105 K5
Vions (73) 208 A1
Vionville (57) 44 D6
Viozan (32) 286 B3
Viplaix (03) 166 E5
Vira (09) 307 K2
Vira (66) 309 F5
Virac (81) 270 C1
Virandeville (50) 28 B3
Virargues (15) 218 B5
Virazeil (47) 231 F6
Viré (71) 171 J5
Viré-en-Champagne (72) 105 K3
Vire Normandie (14) 52 E3
Vire-sur-Lot (46) 249 F1
Vireaux (89) 114 A5
Virecourt (54) 94 B2
Virelade (33) 229 K4
Vireux-Molhain (08) 24 C2
Vireux-Wallerand (08) 24 C2
Virey-le-Grand (71) 154 A6
Virey-sous-Bar (10) 114 C1
Virginy (51) 42 C5
Viriat (01) 189 F2
Viricelles (42) 205 F4
Virieu (38) 207 G5
Virieu-le-Grand (01) 207 J1
Virieu-le-Petit (01) 190 B6
Virigneux (42) 205 F3
Virignin (01) 207 K2
Viriville (38) 222 E2
Virlet (63) 184 B3
Virming (57) 68 A5
Viroflay (78) 58 C4
Virollet (17) 195 F4
Vironchaux (80) 9 G3
Vironvay (27) 35 J3
Virsac (33) 211 J5
Virson (17) 177 F2
Virville (76) 14 C5
Viry (39) 190 B1
Viry (71) 170 D5
Viry (74) 190 D3
Viry-Châtillon (91) 58 E6
Viry-Noureuil (02) 19 K5
Vis-en-Artois (62) 11 G3
Visan (84) 257 F3
Viscomtat (63) 203 J1
Viscos (65) 304 A3
Viserny (21) 134 C3
Visker (65) 285 H6
Vismes (80) 8 E6
Visoncourt (70) 118 C5
Vissac-Auteyrac (43) 219 G5
Vissec (30) 273 G3
Visseiche (35) 79 K6
Viterbe (81) 270 B5
Viterne (54) 93 J1
Vitot (27) 35 F5
Vitrac (15) 235 G3
Vitrac (24) 233 F2
Vitrac (63) 184 C5
Vitrac-Saint-Vincent (16) 197 H2
Vitrac-sur-Montane (19) 216 C1
Vitrai-sous-Laigle (61) 55 J5
Vitray (03) 167 H3
Vitray-en-Beauce (28) 85 F5
Vitré (35) 80 A6
Vitreux (39) 137 G6
Vitrey (54) 93 K2
Vitrey-sur-Mance (70) 117 G5
Vitrimont (54) 66 C6
Vitrolles (05) 259 F1
Vitrolles (13) 296 B2
Vitrolles-en-Luberon (84) 277 J3
Vitry-aux-Loges (45) 110 D4
Vitry-en-Artois (62) 11 G2
Vitry-en-Charollais (71) 170 A5
Vitry-en-Montagne (52) 116 A5
Vitry-en-Perthois (51) 63 F5
Vitry-la-Ville (51) 62 E4
Vitry-Laché (58) 151 H1
Vitry-le-Croisé (10) 115 F1
Vitry-le-François (51) 63 F5
Vitry-lès-Cluny (71) 171 G4
Vitry-lès-Nogent (52) 116 C3
Vitry-sur-Loire (71) 169 H2
Vitry-sur-Orne (57) 44 E4
Vitry-sur-Seine (94) 58 E4
Vittarville (55) 43 H2
Vitteaux (21) 135 F5

Vittefleur (76) 15 F3
Vittel (88) 93 J6
Vittersbourg (57) 68 C4
Vittoncourt (57) 66 C1
Vittonville (54) 65 J2
Vitz-sur-Authie (80) 9 J3
Viuz-en-Sallaz (74) 191 H3
Viuz-la-Chiésaz (74) 208 C1
Vivaise (02) 20 C5
Vivans (39) 186 D3
Vivario (2B) 321 F1
Viven (64) 284 C2
Viverols (63) 204 B6
Vivès (66) 315 F4
Vivey (52) 116 A6
le Vivier (66) 309 G5
Vivier-au-Court (08) 22 E4
le Vivier-sur-Mer (35) 51 F3
Vivières (02) 39 G4
Viviers (07) 256 C1
Viviers (57) 66 C3
Viviers (89) 113 K5
Viviers-du-Lac (73) 208 B3
Viviers-lès-Gras (88) 117 J1
Viviers-lès-Lavaur (81) 269 K6
Viviers-lès-Montagnes (81) 289 K1
Viviers-lès-Offroicourt (88) 93 K5
Viviers-sur-Artaut (10) 114 E2
Viviers-sur-Chiers (54) 43 K1
Viviès (09) 307 K2
Viviez (12) 235 F6
Viville (16) 196 B5
Vivoin (72) 82 D5
Vivonne (86) 162 E5
Vivy (49) 126 B5
Vix (21) 115 F4
Vix (85) 160 D5
Vizille (38) 224 A5
Vizos (65) 304 A3
Vocance (07) 221 J3
Vodable (63) 202 D5
Vœgtlinshoffen (68) 96 B5
Vœlfling-lès-Bouzonville (57) 45 J3
Vœllerdingen (67) 68 E4
Vœuil-et-Giget (16) 196 D4
Vogelgrun (68) 96 E4
Voglans (73) 208 B3
Vogüé (07) 239 H6
Voharies (02) 20 E3
Void-Vacon (55) 65 F5
Voigny (10) 91 H5
Voilemont (51) 63 H1
Voillans (25) 138 D4
Voillecomte (52) 91 J2
Voimhaut (57) 66 C1
Voinémont (54) 94 A2
Voingt (63) 201 H2
Voinsles (77) 60 A6
Voipreux (51) 62 A3
Voires (25) 156 D2
Voiron (38) 223 J1
Voiscreville (27) 34 E4
Voise (28) 85 J3
Voisenon (77) 87 H1
Voisey (52) 117 G4
Voisines (52) 116 B4
Voisines (89) 88 B5
Voisins-le-Bretonneux (78) 58 B5
Voissant (38) 207 K5
Voissay (17) 177 J5
Voiteur (39) 173 G1
la Voivre (70) 118 E4
la Voivre (88) 95 H4
les Voivres (88) 118 B2
Voivres-lès-le-Mans (72) 106 C3
Volckerinckhove (59) 3 G4
Volesvres (71) 170 C5
Volgelsheim (68) 96 D4
Volgré (89) 112 D4
Volksberg (67) 69 F4
Vollore-Montagne (63) 203 J2
Vollore-Ville (63) 203 J2
Volmerange-lès-Boulay (57) 45 H5
Volmerange-les-Mines (57) 44 E1
Volmunster (57) 69 G2
Volnay (21) 153 K4
Volnay (72) 107 G3
Volon (70) 137 G1
Volonne (04) 259 F5
Volpajola (2B) 319 H3
Volstroff (57) 45 F3
Volvent (26) 241 H6
Volvic (63) 202 C1
Volx (04) 278 B3
Vomécourt (88) 94 E4
Vomécourt-sur-Madon (88) 94 A4
Voncourt (52) 117 G6
Voncq (08) 42 B1
Vonges (21) 136 D6
Vongnes (01) 207 K1
Vonnas (01) 188 D2
Voray-sur-l'Ognon (70) 137 K5
Voreppe (38) 223 K2
Vorey (43) 220 B4
Vorges (02) 40 B1
Vorges-les-Pins (25) 156 A2
Vorly (18) 149 G5
Vornay (18) 149 J4
Vosbles (39) 173 F6
Vosne-Romanée (21) 154 B2
Vosnon (10) 113 J1
Vou (37) 146 B3
Vouarces (51) 89 J1
Voudenay (21) 153 F3

Voué (10).................. 90 B3
Vouécourt (52).................. 92 A5
Vougécourt (70).................. 117 J3
Vougeot (21).................. 154 B2
Vougrey (10).................. 114 C2
Vougy (42).................. 187 F4
Vougy (74).................. 191 J4
Vouharte (16).................. 196 D1
Vouhé (17).................. 177 G2
Vouhé (79).................. 161 J3
Vouhenans (70).................. 138 D1
Vouillé (79).................. 161 H6
Vouillé (86).................. 162 D2
Vouillé-les-Marais (85).................. 160 C5
Vouillers (51).................. 63 H6
Vouillon (36).................. 148 B6
Vouilly (14).................. 31 H1
Voujeaucourt (25).................. 139 G3
Voulaines-les-Templiers (21).................. 115 H5
Voulangis (77).................. 59 K4
Voulême (86).................. 179 G3
Voulgézac (16).................. 196 D5
Voulmentin St-Clémentin (79).................. 143 H4
Voulon (86).................. 162 D6
Voulpaix (02).................. 20 E3
la Voulte-sur-Rhône (07).................. 240 B3
Voulton (77).................. 88 D1
Voulx (77).................. 88 A5
Vouneuil-sous-Biard (86).................. 162 E3
Vouneuil-sur-Vienne (86).................. 163 G1
Vourey (38).................. 223 H2
Vourles (69).................. 205 K3
Voussac (03).................. 184 E1
Voutenay-sur-Cure (89).................. 133 H3
Voutezac (19).................. 215 H2
Vouthon (16).................. 197 G3
Vouthon-Bas (55).................. 93 F2
Vouthon-Haut (55).................. 93 F2
Voutré (53).................. 81 K6
Vouvant (85).................. 160 E3
Vouvray (37).................. 127 K4
Vouvray-sur-Huisne (72).................. 107 H1
Vouvray-sur-Loir (72).................. 107 G6
Vouxey (88).................. 93 H4
Vouzailles (86).................. 162 C1
Vouzan (16).................. 197 F4
Vouzeron (18).................. 148 E1
Vouziers (08).................. 42 B2
Vouzon (41).................. 130 B2
Vouzy (51).................. 62 B3
Vovray-en-Bornes (74).................. 191 H4
Voyenne (02).................. 20 E4
Voyennes (80).................. 19 H4
Voyer (57).................. 67 J5
la Vraie-Croix (56).................. 101 H5
Vraignes-en-Vermandois (80).................. 19 H2
Vraignes-lès-Hornoy (80).................. 17 H3
Vraincourt (52).................. 92 A5
Vraiville (27).................. 35 H5
Vraux (51).................. 62 C1
Vrécourt (88).................. 93 G6
Vred (59).................. 11 J1
Vregille (70).................. 137 J5
Vregny (02).................. 39 K2
Vrély (80).................. 18 E3
Vriange (39).................. 155 H1
Vrigne-aux-Bois (08).................. 22 E4
Vrigne-Meuse (08).................. 22 E4
Vrigny (45).................. 110 D2
Vrigny (51).................. 40 E5
Vritz (44).................. 124 B2
Vrocourt (60).................. 37 F1
Vroil (51).................. 63 J4
Vron (80).................. 9 F2
Vroncourt (54).................. 93 K2
Vroncourt-la-Côte (52).................. 116 E1
Vroville (88).................. 94 A4
Vry (57).................. 45 G5
Vue (44).................. 122 D4
Vuillafans (25).................. 156 D3
Vuillecin (25).................. 156 E4
Vuillery (02).................. 39 J2
Vulaines (10).................. 89 G6
Vulaines-lès-Provins (77).................. 88 C2
Vulaines-sur-Seine (77).................. 87 J3
Vulbens (74).................. 190 C3
Vulmont (57).................. 66 B2
Vulvoz (39).................. 173 J6
Vy-le-Ferroux (70).................. 137 J2
Vy-lès-Filain (70).................. 138 B3
Vy-lès-Lure (70).................. 138 D1
Vy-lès-Rupt (70).................. 137 J1
Vyans-le-Val (70).................. 139 G2
Vyt-lès-Belvoir (25).................. 139 F5

W

Waben (62).................. 8 E2
Wacquemoulin (60).................. 38 C1
Wacquinghen (62).................. 2 B5
Wadelincourt (08).................. 23 F4
Wagnon (08).................. 22 A5
Wahagnies (59).................. 6 D6
Wahlbach (68).................. 97 C4
Wahlenheim (67).................. 70 E1
Wail (62).................. 9 J2
Wailly (62).................. 10 E3
Wailly-Beaucamp (62).................. 9 F1
Walbach (68).................. 96 A4
Walbourg (67).................. 25 A3
Waldersbach (67).................. 70 A5
Waldhambach (67).................. 68 E5
Waldhouse (57).................. 69 H2
Waldighofen (68).................. 97 C5

Waldolwisheim (67).................. 70 C1
Waldweistroff (57).................. 45 H2
Waldwisse (57).................. 45 J2
Walheim (68).................. 97 B4
Walincourt-Selvigny (59).................. 12 B6
Wallers (59).................. 12 C2
Wallers-en-Fagne (59).................. 13 K6
Wallon-Cappel (59).................. 5 J3
Walschbronn (57).................. 69 H2
Walscheid (57).................. 67 K5
Waltembourg (57).................. 67 K4
Waltenheim (68).................. 97 C3
Waltenheim-sur-Zorn (67).................. 70 E1
Waly (55).................. 64 A1
Wambaix (59).................. 12 B5
Wambercourt (62).................. 9 J1
Wambez (60).................. 36 E1
Wambrechies (59).................. 6 D4
Wamin (62).................. 9 J1
Wanchy-Capval (76).................. 16 C2
Wancourt (62).................. 11 F3
Wandignies-Hamage (59).................. 12 B1
Wangen (67).................. 70 C3
Wangenbourg-Engenthal (67).................. 70 B3
Wannehain (59).................. 7 F5
Wanquetin (62).................. 10 D3
la Wantzenau (67).................. 25 B6
Warcq (08).................. 22 C3
Warcq (55).................. 44 A5
Wardrecques (62).................. 5 H3
Wargemoulin-Hurlus (51).................. 42 B5
Wargnies (80).................. 10 A6
Wargnies-le-Grand (59).................. 12 E3
Wargnies-le-Petit (59).................. 12 E3
Warhem (59).................. 3 J2
Warlaing (59).................. 12 B1
Warlencourt-Eaucourt (62).................. 11 F5
Warlincourt-lès-Pas (62).................. 10 C4
Warloy-Baillon (80).................. 10 C6
Warluis (60).................. 37 H3
Warlus (62).................. 10 E3
Warlus (80).................. 17 H2
Warluzel (62).................. 10 C4
Warmeriville (51).................. 41 G3
Warnécourt (08).................. 22 C4
Warneton (59).................. 6 D3
Warsy (80).................. 18 E4
Warvillers (80).................. 18 E4
Wasigny (08).................. 21 K5
Wasnes-au-Bac (59).................. 12 A3
Wasquehal (59).................. 6 E4
Wasselonne (67).................. 70 C2
Wasserbourg (68).................. 96 A5
Wassigny (02).................. 12 E6
Wassy (52).................. 91 J2
le Wast (62).................. 4 C3
Watigny (02).................. 21 J2
Watronville (55).................. 43 K5
Watten (59).................. 3 G4
Wattignies (59).................. 6 D5
Wattignies-la-Victoire (59).................. 13 H4
Wattrelos (59).................. 7 F3
Wattwiller (68).................. 97 A3
Wavignies (60).................. 18 B6
Waville (54).................. 65 H1
Wavrans-sur-l'Aa (62).................. 5 F4
Wavrans-sur-Ternoise (62).................. 10 A1
Wavrechain-sous-Denain (59).................. 12 C2
Wavrechain-sous-Faulx (59).................. 12 B3
Wavrille (55).................. 43 H3
Wavrin (59).................. 6 C5
Waziers (59).................. 11 H2
Weckolsheim (68).................. 96 D5
Wegscheid (68).................. 119 J5
Weinbourg (67).................. 69 H5
Weislingen (67).................. 69 F5
Weitbruch (67).................. 25 A4
Weiterswiller (67).................. 69 G5
Welles-Pérennes (60).................. 18 C6
Wemaers-Cappel (59).................. 3 J4
Wentzwiller (68).................. 97 D5
Werentzhouse (68).................. 97 C5
Wervicq-Sud (59).................. 6 D2
West-Cappel (59).................. 3 J3
Westhalten (68).................. 96 B5
Westhoffen (67).................. 71 A1
Westhouse (67).................. 71 C3
Westhouse-Marmoutier (67).................. 70 C2
Westrehem (62).................. 5 H5
Wettolsheim (68).................. 96 B4
Weyer (67).................. 68 E6
Weyersheim (67).................. 25 A5
Wickerschwihr (68).................. 96 C3
Wickersheim-Wilshausen (67).................. 69 H6
Wicquinghem (62).................. 4 B5
Wicres (59).................. 6 C5
Widehem (62).................. 4 B5
Widensolen (68).................. 96 D4
Wiège-Faty (02).................. 20 D2
Wiencourt-l'Équipée (80).................. 18 D3
Wierre-au-Bois (62).................. 4 C4
Wierre-Effroy (62).................. 2 B5
Wiesviller (57).................. 68 E3
Wignehies (59).................. 13 H6
Wignicourt (08).................. 22 C6
Wihr-au-Val (68).................. 96 A4
Wildenstein (68).................. 119 J2
Wildersbach (67).................. 70 A5
Willeman (62).................. 9 K2
Willems (59).................. 7 F4
Willencourt (62).................. 9 J3
Willer (68).................. 97 C4
Willer-sur-Thur (68).................. 119 K4
Willeroncourt (55).................. 64 C5

Willerval (62).................. 11 F2
Willerwald (57).................. 68 D3
Willgottheim (67).................. 70 C2
Williers (08).................. 23 J5
Willies (59).................. 13 J5
Wilwisheim (67).................. 70 C1
Wimereux (62).................. 4 B2
Wimille (62).................. 4 B2
Wimmenau (67).................. 69 G5
Wimy (02).................. 21 G1
Windstein (67).................. 69 K4
Wingen (67).................. 25 A1
Wingen-sur-Moder (67).................. 69 G5
Wingersheim les
  Quatre Bans (67).................. 70 E1
Wingles (62).................. 6 C6
Winkel (68).................. 97 B6
Winnezeele (59).................. 3 K4
Wintersbourg (57).................. 67 K4
Wintershouse (67).................. 69 K6
Wintzenbach (67).................. 25 D2
Wintzenheim (68).................. 96 B4
Wintzenheim-Kochersberg (67).................. 70 D2
Wirwignes (62).................. 4 C3
Wiry-au-Mont (80).................. 17 G1
Wisches (67).................. 70 A4
Wisembach (88).................. 95 K4
Wiseppe (55).................. 43 F2
Wismes (62).................. 5 F4
Wisques (62).................. 5 G3
Wissant (62).................. 2 B3
Wissembourg (67).................. 25 B1
Wissignicourt (02).................. 39 K1
Wissous (91).................. 58 E5
Witry-lès-Reims (51).................. 41 F4
Wittelsheim (68).................. 97 B2
Wittenheim (68).................. 97 C1
Witternesse (62).................. 5 H4
Witternheim (67).................. 71 C4
Wittersdorf (68).................. 97 B4
Wittersheim (67).................. 69 K6
Wittes (62).................. 5 H4
Wittisheim (67).................. 71 C5
Wittring (57).................. 68 E3
Wiwersheim (67).................. 70 D2
Wizernes (62).................. 5 G3
Woël (55).................. 64 G1
Wœlfling-lès-
  -Sarreguemines (57).................. 68 D3
Wœrth (67).................. 69 K4
Woignarue (80).................. 8 D5
Woimbey (55).................. 64 D2
Woincourt (80).................. 8 D5
Woippy (57).................. 44 E5
Woirel (80).................. 17 G1
Wolfersdorf (68).................. 139 K1
Wolfgantzen (68).................. 96 D4
Wolfisheim (67).................. 71 C1
Wolfskirchen (67).................. 68 D5
Wolschheim (67).................. 70 C2
Wolschwiller (68).................. 97 C6
Wolxheim (67).................. 71 B1
Wormhout (59).................. 3 J3
Woustviller (57).................. 68 C3
Wuenheim (68).................. 97 A1
Wuisse (57).................. 66 E3
Wulverdinghe (59).................. 3 G4
Wy-Dit-Joli-Village (95).................. 36 E6
Wylder (59).................. 3 J3

X

Xaffévillers (88).................. 94 E3
Xaintrailles (47).................. 247 H4
Xaintray (79).................. 161 G4
Xambes (16).................. 196 D1
Xammes (54).................. 65 H2
Xamontarupt (88).................. 95 F6
Xanrey (57).................. 66 E4
Xanton-Chassenon (85).................. 160 E4
Xaronval (88).................. 94 A3
Xermaménil (54).................. 94 D1
Xertigny (88).................. 118 D2
Xeuilley (54).................. 93 K1
Xirocourt (54).................. 94 A3
Xivray-et-Marvoisin (55).................. 65 G3
Xivry-Circourt (54).................. 44 B3
Xocourt (57).................. 66 C2
Xonrupt-Longemer (88).................. 119 H1
Xonville (54).................. 65 H1
Xouaxange (57).................. 67 H5
Xousse (54).................. 67 F5
Xures (54).................. 66 E5

Y

Y (80).................. 19 H3
Yainville (76).................. 35 F2
Yaucourt-Bussus (80).................. 9 H5
Ychoux (40).................. 244 E2
Ydes (15).................. 217 H2
Yébleron (76).................. 14 E5
Yèbles (77).................. 59 J6
Yenne (73).................. 207 K3
Yermenonville (28).................. 85 H2
Yerres (91).................. 59 F5
Yerville (76).................. 15 H5
Yèvre-la-Ville (45).................. 110 E1
Yèvres (28).................. 84 D6
Yèvres-le-Petit (10).................. 90 E2
Yffiniac (22).................. 49 G6
Ygos-Saint-Saturnin (40).................. 264 D1
Ygrande (03).................. 168 A4
Ymare (76).................. 35 J3

Ymeray (28).................. 85 J2
Ymonville (28).................. 85 J5
Yolet (15).................. 235 J1
Yoncq (08).................. 23 F6
Yonval (80).................. 9 F5
Youx (63).................. 184 C3
Yport (76).................. 14 C4
Ypreville-Biville (76).................. 14 E4
Yquebeuf (76).................. 16 B6
Yquelon (50).................. 30 C6
Yronde-et-Buron (63).................. 202 E4
Yrouerre (89).................. 113 K5
Yssac-la-Tourette (63).................. 184 E6
Yssandon (19).................. 215 G3
Yssingeaux (43).................. 220 E4
Ytrac (15).................. 235 G1
Ytres (62).................. 11 G6
Yutz (57).................. 45 F2
Yvecrique (76).................. 15 H4
Yvernaumont (08).................. 22 C5
Yversay (86).................. 162 D2
Yves (17).................. 176 E4
les Yveteaux (61).................. 53 K5
Yvetot (76).................. 15 G5
Yvetot-Bocage (50).................. 28 D4
Yvias (22).................. 48 D3
Yviers (16).................. 212 C2
Yvignac-la-Tour (22).................. 78 B1
Yville-sur-Seine (76).................. 35 F2
Yvoire (74).................. 174 D6
Yvoy-le-Marron (41).................. 129 K2
Yvrac (33).................. 229 J1
Yvrac-et-Malleyrand (16).................. 197 G2
Yvré-le-Pôlin (72).................. 106 D5
Yvré-l'Évêque (72).................. 106 E2
Yvrench (80).................. 9 H4
Yvrencheux (80).................. 9 H4
Yzengremer (80).................. 8 D6
Yzernay (49).................. 143 G3
Yzeron (69).................. 205 H3
Yzeure (03).................. 168 E4
Yzeures-sur-Creuse (37).................. 164 A1
Yzeux (80).................. 17 K1
Yzosse (40).................. 264 A4

Z

Zaessingue (68).................. 97 C4
Zalana (2B).................. 319 H6
Zarbeling (57).................. 68 A5
Zegerscappel (59).................. 3 H3
Zehnacker (67).................. 70 C2
Zeinheim (67).................. 70 C2
Zellenberg (68).................. 96 B3
Zellwiller (67).................. 71 B3
Zermezeele (59).................. 3 J4
Zérubia (2A).................. 323 F1
Zetting (57).................. 68 E3
Zévaco (2A).................. 320 E5
Zicavo (2A).................. 321 F5
Zigliara (2A).................. 320 E6
Zilia (2B).................. 318 C3
Zilling (57).................. 67 K4
Zillisheim (68).................. 97 B3
Zimmerbach (68).................. 96 A4
Zimmersheim (68).................. 97 C3
Zimming (57).................. 45 J5
Zincourt (88).................. 94 D4
Zinswiller (67).................. 69 J5
Zittersheim (67).................. 69 G5
Zœbersdorf (67).................. 69 H6
Zommange (57).................. 68 B6
Zonza (2A).................. 323 G1
Zoteux (62).................. 4 D4
Zouafques (62).................. 2 E4
Zoufftgen (57).................. 44 E1
Zoza (2A).................. 323 F1
Zuani (2B).................. 319 H6
Zudausques (62).................. 5 F3
Zutkerque (62).................. 2 E4
Zuydcoote (59).................. 3 J1
Zuytpeene (59).................. 3 J5